U0142935

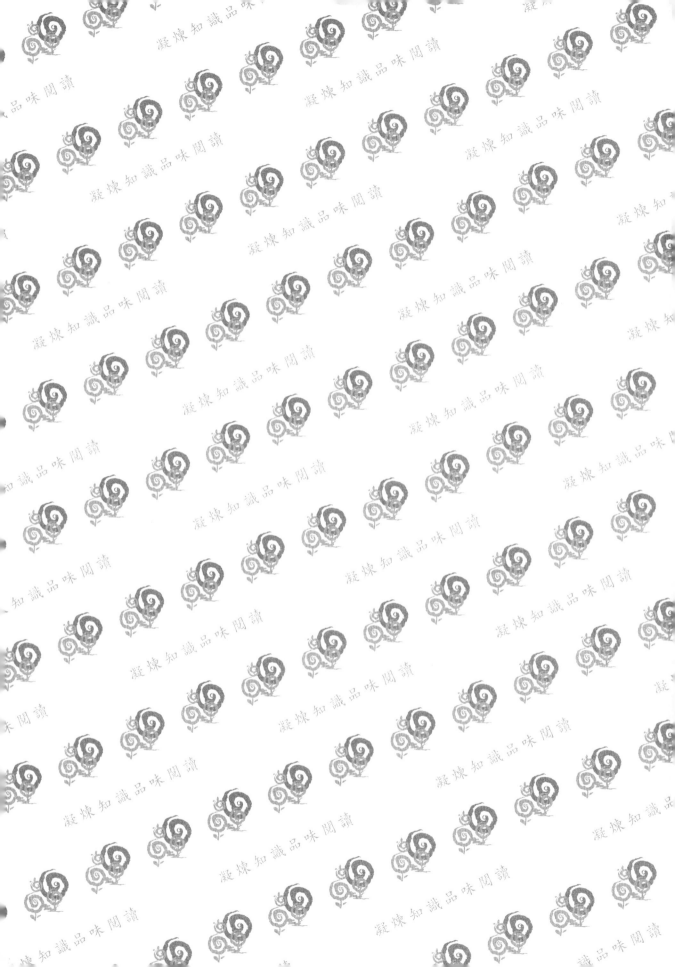

STaTa
在財務金融與經濟分析的應用

張紹勳 著

五南圖書出版公司 印行

自 序

　　根據產學研的經驗法則，統計學、經濟理論和數學這三者對於真正了解現代經濟生活中的數量關係來說，都是必要的，但各自並非是充分條件。而三者結合起來，就有力量，這種結合便構成了計量經濟學，計量經濟學係藉由統計工具將概念性的經濟理論付諸實際的一項學科。

　　STaTa 是一個具有龐大功能的統計軟體，其優秀的統計功能遠超越 SPSS、SAS、LISREL/HLM、JMulTi、Gretl、AMOS、LIMDEP 及 Eviews 等軟體，STaTa 可處理的資料如：(1) 橫斷面研究模型、縱貫面研究模型、縱橫面研究模型。(2) 單一迴歸方程式、線性 vs. 非線性迴歸、工具變數之二階段迴歸、似不相關迴歸、廣義結構方程、共整合等聯立方程式。(3) 可線上直接擷取「美國聯邦準備理事會 FRED」資料庫，大大節省收集樣本的時間。(4)（線性 / 非線性）單變量、多變量橫斷面 / 時間序列 / panel 都可處理。(4) 多變量統計分析。(5) 流行病學。(6) 試題反應理論……等都有最新處理方法。

　　STaTa 同時提供眾多（內建 vs. 外掛）指令，幾乎坊間教科書你看的統計分析，它都可解決。此外，STaTa 為了減低電腦使用者對程式設計的憂慮，它亦提供 Menu 選擇表之對應視窗，讓你能輕鬆操作 Menu，來進行統計分析。而 STaTa 提供的 longitudinal-data 及 panel-data 線性 / 非線性迴歸、單層次 / 多層次迴歸、單階段 / 二階段 OLS 迴歸…，都是坊間最佳的統計工具。迄今 STaTa 更是計量經濟、財金、社科等領域的最佳統計利器。

　　有鑑於 STaTa 分析功能龐大，本書作者分成幾冊書來進行一系列的介紹，包括：

1. STaTa 高等統計分析（適合工商、教育、社會科學、生物醫學）。

2. STaTa 在財務金融與經濟分析的應用（適合商科、社會科學、教育、生物醫學）。

3. STaTa 在結構方程模型及試題反應理論的應用（適合工商、教育、社會科學、生物醫學）。

4. Panel-data 迴歸模型：STaTa 在廣義時間序列的應用（適合工商、教育、社會科學、生物醫學）。

5. STaTa 在生物醫學統計分析（適合商科、社會科學、生物醫學）。

其中，有關 longitudinal-data 各種迴歸（如 AR、MA、ARIMA、VAR 及 VECM 等），在作者「總體經濟與財務金融：STaTa 時間序列分析」一書介紹；panel-data 迴歸則在「Panel-data 迴歸模型」本書來介紹。至於橫斷面（cross section）迴歸、動態模型、聯立迴歸式及三階段等迴歸，請見作者「STaTa 高等統計分析」一書。

此外，研究者如何選擇正確的計量方法，包括適當的估計與檢定方法、與統計概念等，都是實證研究中很重要的內涵，這也是本書撰寫的目的之一。為了讓研究者能正確且精準使用時間序列，本書內文儘量結合「理論、方法、統計」，其中，方法包括：ARIMA、ARCH/GARCH、VAR/Structural VAR、共整合檢定、VECM。期望能夠對產學界有拋磚引玉的效果。

最後，感謝全傑科技公司（http://www.softhome.com.tw），提供 STaTa 軟體，晚學才有機會撰寫 STaTa 一系列的書，以嘉惠學習者。

張紹勳（彰師大工教系）

敬上

Contents

Contents

Chapter 04　線性迴歸模型的再進階　237

Chapter 05　單根 (Unit Root) 檢定及隨機趨勢　397

Contents

Chapter 06 時間序列迴歸 ARIMA — 447

Chapter 07

單變量 ARCH-GARCH、多變量 MGARCH　　543

Contents

Chapter 08　共整合 (共同隨機趨勢)、VECM　645

Chapter 09 　聯立迴歸式：非定態 / 定態都可分析之 VECM　687

Chapter 10 　聯立迴歸式：只限定態才可分析之 VAR　759

Contents

Chapter 11 聯立迴歸式：定態之 Structural VAR (SVAR) 941

參考文獻 1019

Chapter

01

認識 Stata

本書中每章都有 Stata analysis 範例，倘若你採用 Stata v12 以前的版本，則可能無法讀入 CD 所附「*.dta」，故你可先用 Excel 開啓「*.csv」資料檔 (變數全部反白)，再直接「貼至」Stata「Data Edit 視窗」即可。

1-1 Stata 介紹

Stata 由美國電腦資源中心 (Computer Resource Center) 研製，是一套完整整合式的統計分析軟體，提供研究人員所需的資料分析、資料管理與強大繪圖功能。它同時具有數據管理軟體、統計分析軟體、繪圖軟體、矩陣計算軟體和程式語言的特點，功能強大卻又小巧玲瓏。從 1985 年到現在不斷更新和擴充，內容日趨完善，Menu 操作視窗非常容易使用。迄今 Stata 已在美國各大學廣爲流傳。

新版本 Stata 更增加許多新功能，包含：多階混合模型 (multilevel mixed models)、精確羅吉斯迴歸 (exact logistic regression)、多元對應分析 (multiple correspondence analysis)、圖形編輯、時間與日期變數 (time-and-date variables)。在其官網 (www.stata.com) 可看到更多 Stata 新版本功能。利用其 regress screenshot 快速、精確且容易使用，利用點選式介面，加上直覺式語法與線上支援，使得 Stata 相形於其他統計軟體更爲容易上手。且您可以在 Stata 出版的英文書中找到所有的分析功能。

一、完整統計功能

Stata 可讓您輕鬆於彈指間操作數百種統計工具，從先進的生存模型(survival models with frailty)、動態追蹤資料迴歸 (dynamic panel data regressions)、一般估計方程 (GEE)、多階混合模型、抽樣模型、ARCH 以及複雜調查樣本估計，到標準模型，例如：線性與一般線性模型 (GLM)、引數迴歸 / 二元迴歸 (regressions with count or binary outcomes)、ANOVA/ MANOVA、整合移動平均自迴歸模型 (autoregressive integrated moving average model, ARIMA)、群組分析、標準化比率 (standardization of rates)、病例對照研究 (case–control analysis)、結構方程模型 (structural equation modeling, SEM)、Contrasts and pairwise comparisons、多重補插法 (multiple imputation)、時間序列 Time series(UCM--unobserved-components models、ARFIMA、Spectral density with parametric estimates after ARIMA, ARFIMA and UCM)，Stata 皆完整收錄。因此，Stata 可以說是一個相當強而有力的統計軟體。

二、完整資料管理功能

Stata 資料管理指令可協助您完整控制所有類型的資料，包含：合併與更新資料、管理變數與類似 excel 的資料編輯功能。支援的變數格式包含：byte、integer、long、float、double 與 string。Stata 也擁有先進的工具可管理獨特的資料、時間序列資料與 panel/longitudinal 資料、類別資料 (binary、ordered、Multinomial、count 型變數) 與調查資料 (矩陣) 管理。

三、可直接用於研究發表的圖型

Stata 可讓您輕鬆製作各類直接用於研究發表的圖型，包含：regression fit 圖、distributional plots (Poisson 分配、負二項分配、Zero-inflated Poisson 分配)、time-series graphs 與 survival plots。透過整合式圖形編輯功能，您可利用點選來改變各種圖型設定。

您可選擇利用現有圖型或自己創建新圖形。

四、Stata 軟體 (www.stata.com)

功能強大且多元化，如圖 1-1 所示。

Treatment effects	Multilevel models
■ Inverse-probability weights (IPW) ■ Regression adjustment ■ Propensity-score matching ■ Covariate matching ■ Doubly robust methods ■ Continuous, binary,and count outcomes ■ Endogenous treatment models ■ More	■ Negative binomial ■ Ordered logistic ■ Ordered probit ■ Multinomial logistic ■ GLM ■ Hierarchical and crossed models ■ More

Power and sample size	Generalized SEM
■ Means, proportions, variances, correlations ■ ANOVA, including repeated measures ■ Case–control and cohort studies ■ Interactive control panel ■ Tabular results ■ Automatic graphs ■ More	■ Generalized linear responses: binary, count, ordered outcomes ■ Multilevel models: nested (hierarchical) and crossed ■ Random slopes and intercepts ■ Fast ■ More

Forecasting	Long strings
■ Time series and panels ■ One to thousands of equations ■ Identities ■ Add factors ■ Dynamic and static ■ CIs via stochastic simulation ■ Compare scenarios ■ More	■ Two billion character strings ■ Text strings ■ Binary large objects (BLOBs) ■ Import/Export/ODBC/SQL ■ Work just like Stata strings ■ More

Panel data	Project Manager
■ Ordered outcomes ■ Random-effects ordered probit ■ Random-effects ordered logistic ■ Random-effects multinomial logit ■ Cluster–robust SEs ■ More	■ Organize files (1–10,000) ■ Multiple projects ■ Filter on filenames ■ Click to open ■ Click to run ■ More

Censored continuous outcomes	Univariate time series
■ Selection models ■ Random effects and random coefficients ■ Endogenous covariates ■ Treatment effects (ATEs) ■ Endogenous switching models ■ More	■ IRFs for ARIMA and ARFIMA ■ Parametric autocorrelations ■ Parametric spectral densities ■ Stability checks for ARIMA ■ More

Effect sizes	More documentation
■ Comparison of means ■ ANOVA Meta效果量 ■ Linear regression ■ Confidence intervals ■ Cohen's d, Hedges's g, Glass's Δ, η^2, ω^2 ■ More	■ Three all-new manuals ■ 11,000+ total pages ■ Thousands of worked examples ■ Statistical overviews ■ Fast and easy navigation ■ See the video

圖 1-1 Stata 網站 (www.stata.com/stata13/)

Stata 各統計功能簡易說明：

線性模型 (linear models)

regression; bootstrap, jackknife, and robust Huber/White/sandwich variance estimates; instrumental variables; three-stage least squares;constraints; quantile regression; GLS 等。

多層次混合效果模型 (multilevel mixed-effects models)

continuous, binary, and count outcomes; two-, three-, and multi-way random-intercepts and random-coefficients models; crossed random effects; ML and REML estimation; BLUPs of effects and fitted values; hierarchical models 等。

二元、計數及受限依變數 (binary, count, and limited dependent variables)

logistic, probit, tobit; Poisson and negative-binomial; conditional, multinomial, nested, ordered, rank-ordered, and stereotype logistic; multinomial probit; zero-inflated and zero-truncated count models; selection models; marginal effects 等。

追蹤資料 / 橫斷面 / 時間序列 (panel data/cross-sectional/time-series)

random- and fixed-effects with robust standard errors, linear mixed models, random-effects probit, GEE, random- and fixed-effects Poisson, dynamic panel data models, and instrumental variables regression; AR(1) disturbances 等。

廣義線性模型 (GLM)(generalized linear models, GLMs)

ten link functions, user-dcfined links, seven distributions, ML and Iteratively Reweighted Least Square(IRLS) estimation, nine variance estimators, seven residuals 等。

無母數參數 (nonparametric methods)

Wilcoxon–Mann–Whitney, Wilcoxon signed ranks and Kruskal–Wallis tests; Spearman and Kendall correlations; Kolmogorov–Smirnov tests; exact binomial CIs 等。

精確統計量 (exact statistics)

exact logistic and Poisson regression, exact case–control statistics, binomial tests, Fisher's exact test for r × c tables 等。

ANOVA/MANOVA

balanced and unbalanced designs; factorial, nested, and mixed designs; repeated measures 等。

多變量統計 (multivariate methods)

factor analysis; principal components; discriminant analysis; rotation; multidimensional scaling; Procrustean analysis; correspondence analysis; biplots; dendrograms; user-extensible analyses 等。

Cluster analysis

hierarchical clustering; kmeans and kmedian nonhierarchical clustering; dendrograms; stopping rules; user-extensible analyses 等。

樣本重抽及模擬 **(resampling and simulation methods)**
bootstrapping, jackknife and Monte Carlo simulation; permutation tests 等。
Model testing and postestimation support
Wald tests; LR tests; linear and nonlinear combinations, tests, and predictions; marginal effects; adjusted means; Hausman tests 等。

繪圖 **(graphics)**
line charts, scatterplots, bar charts, pie charts, hi–lo charts, Graph editor, regression diagnostic graphs, survival plots, nonparametric smoothers, distribution Q–Q plots 等。

存活統計法 **(survey methods)**
sampling weights, multistage designs; stratification, poststratification; deff; means, proportions, ratios, totals; summary tables; bootstrap, jackknife, and linearization-based variance estimation; regression, instrumental variables, probit, Cox regression 等。

存活分析 **(survival analysis)**
Kaplan–Meier and Nelson–Aalen estimators, Cox regression (frailty); parametric models (frailty); hazards; time-varying covariates; left and right censoring, Weibull, exponential, and Gompertz analysis; sample size and power analysis 等。

流行病學 **(tools for epidemiologists)**
standardization of rates, case–control, cohort, matched case–control, Mantel–Haenszel, pharmacokinetics, ROC analysis, ICD-9-CM 等。

時間序列 **(time series)**
ARIMA, ARCH/GARCH, VAR, VECM, high-frequency data, correlograms, periodograms, white-noise tests, unit root tests, Holt–Winters smoothers, Haver Analytics data, rolling and recursive estimation 等。
Maximum likelihood
user-specified functions; NR, DFP, BFGS, BHHH; OIM, OPG, robust, bootstrap, and jackknife matrices; Wald tests; survey data; numeric or analytic derivatives 等。
Transforms and normality tests
Box–Cox transforms, power transforms, Shapiro–Wilk and Shapiro–Francia tests 等。

其他統計法 **(other statistical methods)**
sample size and power, nonlinear regression, imputations, stepwise regression, statistical and mathematical functions 等。

程式 / 指令語言 **(programming language)**
adding new commands, command scripting, if, while, command parsing, debugging, menu and dialog-box programming, markup and control language 等。

矩陣程式 (matrix programming—Mata)

interactive sessions, large-scale development projects, optimization, matrix inversions, decompositions, eigen values and eigenvectors, LAPACK engine, real and complex numbers, string matrices, interface to Stata datasets and matrices 等。

廣義結構方程模型 (SEM)

結構方程模型 (SEM) 是一個統計學的測試和估計使用統計數據和定性的因果假設的組合因果關係的技術。結構方程模型 (SEM) 同時允許驗證和探索性建模,這意味著它們適合於在理論測試和理論的發展。因素分析 (Factor analysis)、路徑分析 (path analysis) 及 OLS 迴歸都是 SEM 特例。常見的 SEM 分析,包括:(1) 測量不變性 / 恆等性 (Measurement invariance),測量量表的穩定性,有 MCFA 法、IRT-LR 法和 DFIT 法。(2) 多群組建模 (Multiple group modeling)。(3) 潛在成長模型 Latent growth modeling。(4) 階層 / 多階層 (Hierarchical/multilevel) 模型;(4) 試題反應理論模型 (item response theory models)。(5) 混合模型 Mixture model (latent class) SEM。Stata 另提供不同的估計法及檢定技術、Robust 推論、Survey 抽樣分析。多方法多特質模型 (Multi-method multi-trait models)。SEM (Trees),它結合 Structural Equation Models 及決策樹 (decision trees) 特色。

五、常見 Stata 問題之線上解答

http://www.ats.ucla.edu/stat/stata/ado/analysis/

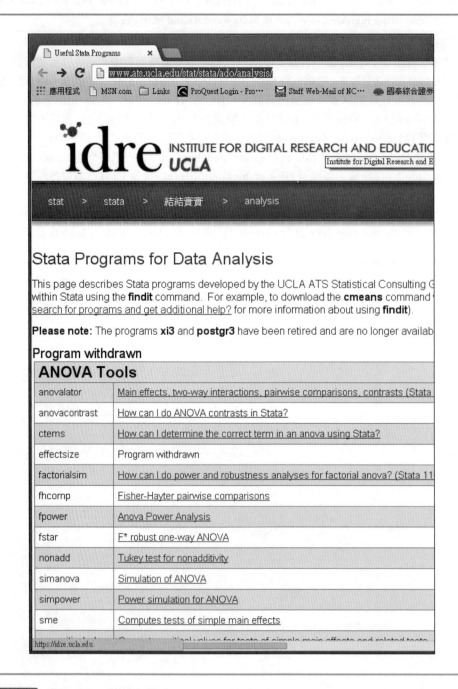

圖 1-2 常見 Stata 問題之網址 http://www.ats.ucla.edu/stat/stata/ado/analysis/

六、Stata 軟體之臺灣代理商：全傑科技公司

全傑科技公司之網址：http://www.softhome.com.tw/html/

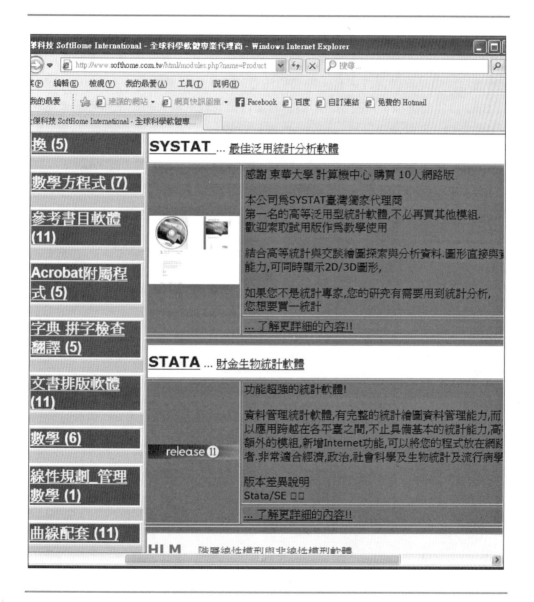

圖 1-3 全傑科技公司之網址 (http://www.softhome.com.tw)

1-2 Stata 安裝設定

一、Stata 安裝

　　Stata 所須的記憶體容量不大，只有 4.03MB。此外，安裝也相當簡單，只要在「SETUP」上點兩下，安裝完成後再分別輸入 "Sn"、"Code" 和" Key" 即可開始使用。但是安裝過程中有一點必須注意的是，如下圖所示，有 "Intercooled 和 "Small" 兩個選項。一般而言，為了方便日後要設定較大的記憶體容量來處理大筆的資料，通常選擇以 "Intercooled" 進行安裝。

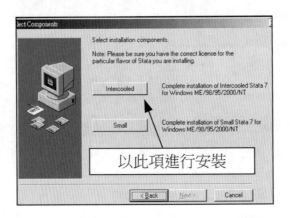

圖 1-4 Stata 安裝之畫面

二、視窗介紹

　　安裝完成後，點選桌面上 Stata 圖示或「開始 > 程式集 > Stata」選擇表，進入 Stata 視窗畫面如下圖所示。

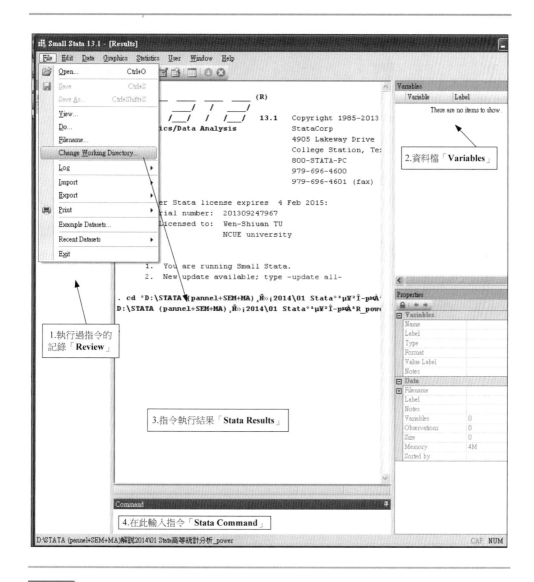

圖 1-5 進入 Stata 之初始操作畫面

接下來，我們依序介紹四個視窗的功用：

1. 執行過指令的記錄「**Review**」：此一視窗用於記錄在開啟 Stata 後所執行過的所有指令。因此，若欲使用重複的指令時，只要在該指令上點選兩下即可執行相同的指令；若欲使用類似的指令時，在該指令上點一下，該指令即會出現在視窗 "Stata Command" 上，再進行修改即可。此外，Stata 還可以將執行過的指令儲存下來，存在一個do-file內(*.ado)，下次即可再執行相同的指令。

2. 資料檔「**Variables**」：此一視窗用於呈現某筆資料中的所有變數。換言之，當資料中的變數都有其名稱時，變數名稱將會出現在此一視窗中。只要資料有讀進 Stata 中，變數名稱就會出現。它的優點是 (1) 確認資料輸入無誤；(2) 只要在某變數上點選兩下，該變數即會出現在視窗 "Stata Command" 上。

3. 指令執行結果「**Stata Results**」：此一視窗用於呈現並記錄指令執行後的結果。

4. 在此輸入指令「**Stata Command**」：此一視窗用於輸入所欲執行的指令。

三、Stata 安裝之後「工作目錄」設定

本書 CD 所附資料檔，你先 copy 到硬碟之任一資料夾中，再依下圖之步驟，設定好「你的工作目錄」。例如，作者自定「D:\Stata(pannel+SEM+MA) 解說 2014\01 Stata 高等統計分析 _power」為工作目錄。

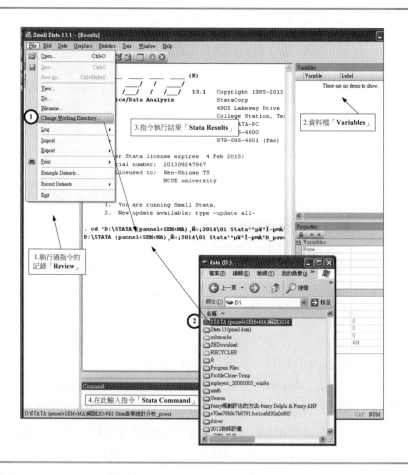

圖 1-6 界定 Stata 資料檔儲存之資料夾

1-2-1 輸入資料 (Entering data)

在本小節中，我們將介紹如何把資料讀進 Stata。但是在正式介紹之前，我們必須先對幾個一般性的指令 (general command) 有所了解，說明如下：

cd：即 change directory，簡言之，告知 Stata 資料儲存的地方。例如，你事先在 d 磁碟機新建「sample」資料夾來儲存資料，則 Stata 使用前必須在「command」畫面先輸入 cd d:\sample、或設定「File > Changing working directory」。

dir/ls：用來顯示目錄的內容。

set memory #m：設定記憶體的容量。例如：當有一筆龐大的資料要處理時，則可設定 100mb 的容量，此時可輸入 set memory 100m。(輸入指令 **memory** 可以知道記憶體容量的大小以及使用情況。)

set matsize #：設定所需的變數個數。一般而言，不須對此部分進行設定，除非欲處理的資料龐大或是當執行後出現 matsize too small 的訊息時再進行修改即可。內建為 40。

set more off/on：若欲執行結果以分頁的型式呈現時，則輸入 set more on；若欲執行結果同時呈現時，則輸入 set more off。

help：求助鍵。後面接的必須是指令。說明如何使用該指令，例如：help regress。

search：求助鍵。後面可接任何文字。說明在何處可以找到該文字。例如：search normal distribution。

clear：清除鍵。用來刪除所有資料。

接下來，根據資料類型或指令的不同，資料輸入的方法可分成以下 4 種：

一、輸入 Excel 資料

將 Excel 的資料輸入 Stata 的方式還可細分成以下兩種：

1. 將 Excel 的資料輸入 Stata 之前，必須先將資料存成 csv 檔，再利用指令 **insheet** 來讀資料。

範例：

(1) 當 csv 檔的第一列無變數名稱時：請見「sample1-1.csv」

```
* 人工方式，事先用「檔案總管」，在 D 磁碟機新建「sample」資料夾
cd d:\sample
dir
memory
set memory 10m
* 這是讀取 Excel *.csv 檔最快速的方法。
insheet using sample1-1.csv
```

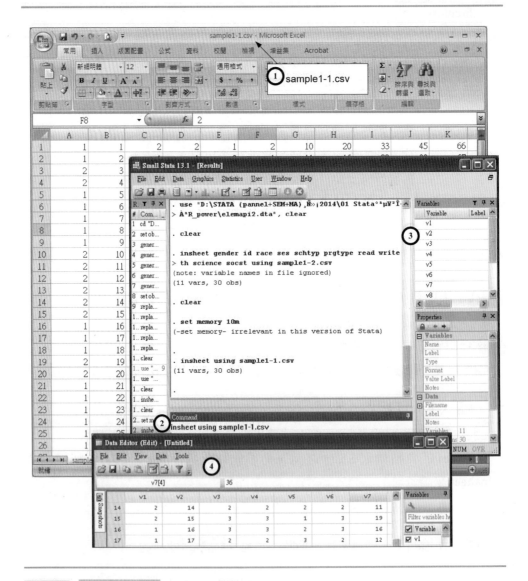

圖 1-7 sample1-1.csv 之 Excel 資料檔

(2) 當 csv 檔的第一列有變數名稱時：請見「sample1-2.csv」

```
insheet gender id race ses schtyp prgtype read write math science socst using
sample1-2.csv
```

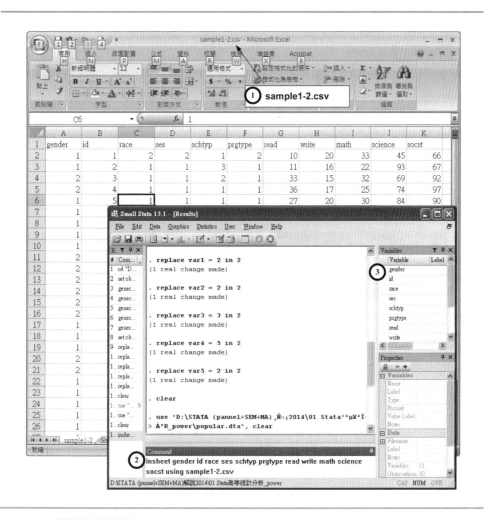

圖 1-8 sample1-2.csv 之 Excel 資料檔

2. Excel 欄位反白，直接 "Paste" 至 Stata 之 Data Editor 工作表：

　　直接「反白 Excel 數據」再複製到 Stata：Stata「Window」下點選「Data
>Data Editor(Edit)」，等出現「Data Editor (Edit)」工作表，再到 "Edit" 下選取
"Paste" 即可貼上資料。

二、輸入 ASCII 的資料型態

依資料型態區分，將 ASCII 的資料輸入 Stata 的方式也有以下兩種：

(1) 資料型態一：見「sample1-3.txt」

```
clear
infile gender id race ses schtyp str12 prgtype read write math science socst
using sample1-3.txt
```

Note：記住文字的設定方式 (str# variable name)。

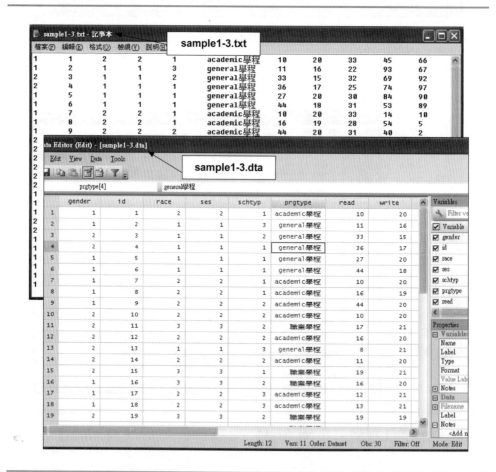

圖 1-9 ASCII 資料格式之 sample1-3.txt「infile」轉成 dta 格式檔

(2) 資料型態二：請見「sample1-4.txt」

第二種的資料型態通常需要 codebook。如下表所示。

變數命名	欄位
id	1-2
eng	3-4
math	5-6
sex	7
micro	8-9
macro	10-11

infix Gender 1 id 4-5 race 8 ses 11 schtyp 14 prgtype 17 read 20-21 write 24-25 math 28-29 science 32-33 socst 36-37 using sample1-4.txt

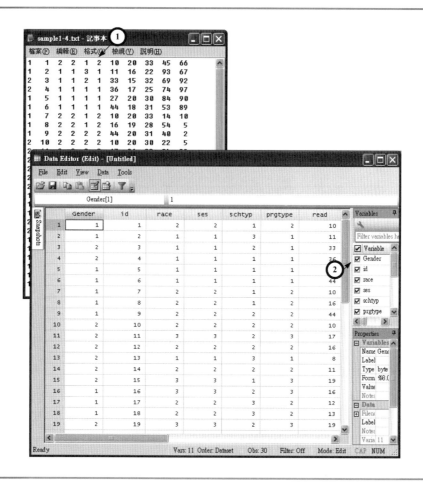

圖 1-10 sample1-4.txt 內容

三、利用「Input end 指令」

方法一 Do-file editor 搭配「Input end 指令」輸入資料

　　將資料或是指令寫入 Do-file editor，再執行即可。例如：將下面資料複製並貼在 Do-file editor(選取「Window」下的「Do-file editor」) 上，再選擇「tools >Execute(do)」執行即可。最後再「File > Save as」為「Input_Example.do」檔。

```
clear
cd d:\
input id female race ses str3 schtype prog read write math science socst
147 1 1 3 pub 1 47 62 53 53 61
108 0 1 2 pub 2 34 33 41 36 36
 18 0 3 2 pub 3 50 33 49 44 36
153 0 1 2 pub 3 39 31 40 39 51
 50 0 2 2 pub 2 50 59 42 53 61
 51 1 2 1 pub 2 42 36 42 31 39
102 0 1 1 pub 1 52 41 51 53 56
 57 1 1 2 pub 1 71 65 72 66 56
160 1 1 2 pub 1 55 65 55 50 61
136 0 1 2 pub 1 65 59 70 63 51
end
```

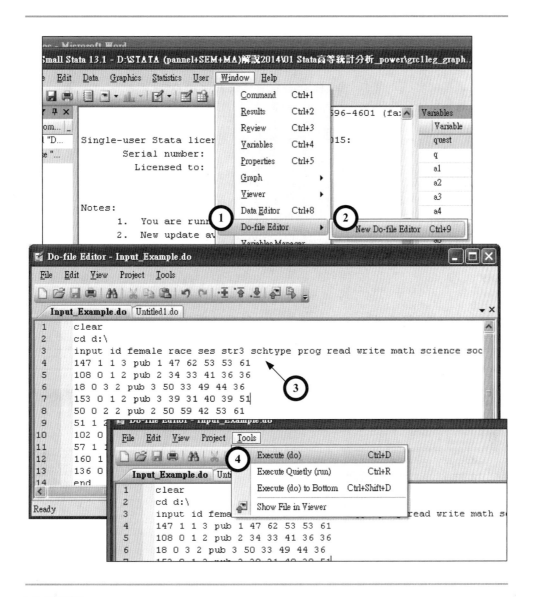

圖 1-11 編輯「Input_Example.do」檔之畫面

方法二 先在「記事本」輸入下列之資料及「Input end 指令」，再全部反白，
貼至「Do-file Editor」來執行，並存到「Input_Example.do」檔，如下圖。

```
* 先清檔
. clear all

* 直接讀入六個變數。其中，第 2 個變數為「字串長 25 字元」。
input quest str25 q       a1 a2 a3 a4 a5 a6
1 "Question 1"            0  2  37 45 12 4
1 "Benchmark Q1"         2  5  25 47 17 4
2 "Question 2"            1  37 2  40 17 3
2 "Benchmark Q2"         2  5  25 47  4 17
3 "Question 3"            1  2  40 37 17 3
3 "Benchmark Q3"         2  5  25 47 17 4
4 "Question 4"            1  2  37 17  3 40
4 "Benchmark Q4"         2  5  47 25 17 4
end

* 資料檔「grc1leg_graph.dta」存到「D:\01 Stata 高等統計分析 _power」資料夾
save " d:\", replace
```

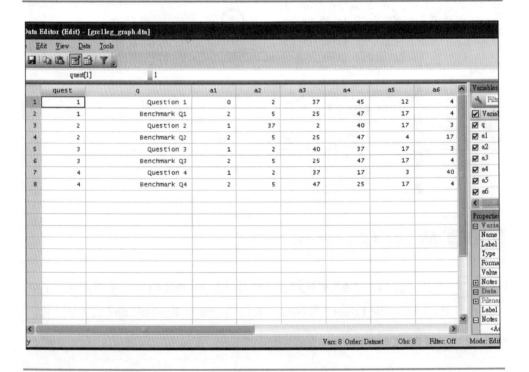

圖 1-12 用「input end」指令建資料檔 (存在 grc1leg_graph.dta)

四、編輯 / 開啟 Stata 的資料格式

除了以上三種方法之外，還可以開啟之前以 Stata 儲存的資料。

```
use grc11eg_graph.dta
```

Note：webuse 指令則用在讀取網路上的資料 (**webuse** http://www. 某網址)。
　　　 sysuse 指令則用在讀取 Stata 內附之資料檔。

最後，將資料輸入的相關指令整理成下表。

insheet	read ASCII(text) data created by a spreadsheet
infile	read unformatted ASCII(text) data
infix	read ASCII(text) data in fixed format
input	enter data from keyboard
use	load a Stata-format dataset

五、用 Stata 之「Data Editor」視窗來新建資料檔 (*.dta)

Step 1. 選擇表「Data > Data Editor > Data Editor(Edit)」

Step 2. 先 key in 數據，「var_1、var_2、…、var_n」再改成你容易記的變數名稱。
變數名第一個字，限英文字母，第二字以後就可用英文字母與阿拉伯數字或 "_" 字元的混合。

Step 3. 輸入「變數 Label」及「Value Label」

例如，性別 (sex)，編號：1= 男，0= 女。其建構「Value Label」的步驟如下圖。

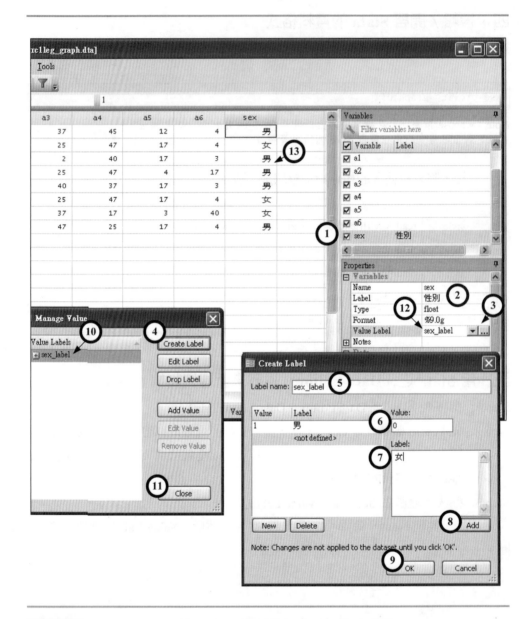

圖 1-13 性別 (sex)，1= 男，0= 女之建構「Value Label」畫面

```
. label define sex_label 1 "男" 0 "女"

. label values sex sex_label
```

1-2-2 資料檔內容之探索 (Exploring data)

為了更詳細地呈現出在資料探索時所需使用的相關指令，我們利用 sample1-4 來說明指令的用法。首先，利用前節所提及的資料輸入方法將 sample1-4.txt 讀進 Stata 變成「sample1-4.dta」。

假設在正式分析資料檔「sample1-4.dta」之前，我們可以利用一個 log 檔來儲存之後所要執行的指令以及所得到的結果。指令的表示方法如下：

> . log **using result1-4, text**（即電腦 log 的儲存檔為「**result1-4.log**」）

接下來，我們可以先利用下面的指令來檢視「sample1-4.dta」的資料：

count：可得樣本數。

describe：描述資料來源以及資料大小。

list：依序列出觀察值的各個變數值。

codebook：描述資料的詳細內容。

此外，我們可以利用 **summarize**、**tabulate** 和 **tabstat** 等指令得到資料的敘述統計與基本特性。表示如下：

1. **summarize** 指令：列出連續變數的敘述統計。

範例：

```
* 在開啟新資料檔之前，需先清空「正在使用之資料檔」
Clear
* 開啟「File > Open」新資料檔 sample1-4.dta
. use sample1-4.dta
. summarize write, detail
*(sum 是 summarize 的簡寫 )
. sum write if read>=60
. sum write if prgtype=="academic"
. summarize write, detail
. sum write if read>=60
*( 接在 if 之後的句子中的 "=" 要放兩個，表示「equal」；字串要用 "" 括起來 )
. sum write if prgtype=="academic"
*( 只列出第 1 筆到第 40 筆資料 )
. sum write in 1/40
```

2. **tabulate** 指令：列出類別變數的次數表。

範例：

```
. tabulate prgtype
. tabulate prgtype race
. tabulate prgtype, summarize(read)
. tabulate prgtype race, summarize(write)
```

3. **tabstat** 指令：列出變數的敘述統計。

範例：

tabstat read write math, by(prgtype) stat(n mean sd)

tabstat write, stat(n mean sd p25 p50 p75) by(prgtype)

4. 畫圖的指令

接下來，我們簡略介紹一些用來畫圖的指令：

莖葉圖：**stem** write

stem write, lines(2)

直方圖：**graph** write, bin(10)

graph write, hist normal bin(10)

箱形圖：**graph** write, box

sort prgtype (要先排序指令，才能執行下一個指令)

graph write, box by(prgtype)

此外，利用 **correlate** 或是 **pwcorr** 可以得到相關矩陣；亦可利用 **graph** 畫出散布圖。

```
* 求三個變數的積差相關
. correlate write read science
* 求三個變數的積差相關之觀察值個數、機率值 p
. pwcorr write read science, obs sig
* 畫二個連續變數之散布圖
. twoway (scatter write read)
* 畫 4 個連續變數之散布圖矩陣
. graph matrix read write math science
```

現在我們可以將 log 檔結束了，指令輸入如下：

```
. log close
```

若欲檢視 log 檔中的結果，可以輸入指令：

```
. type result1-4.log
```

或是到所儲存的目錄下點選。

最後，將資料探索的相關指令整理成下表。

count	印樣本數 (Show the number of observations)
describe	描述樣本之基本統計 (Describe contents of data in memory or on disk)
list	列出所有變數 (List values of variables)
codebook	資料檔之詳細內容 (Detailed contents of a dataset)
log	建一個記錄檔 (Create a log file)
summarize	描述性統計 (Descriptive statistics)
tabulate	一維／二維表格 (One- & two-way frequency tables)
tabstat	描述性統計表 (Table of descriptive statistics)
stem	莖葉圖 (Stem-and-leaf plot)
graph	繪高解析圖 (High resolution graphs)
sort	樣本排序 (Sort observations in a dataset)
hist	類別變數的直方圖 (Histogram of a categorical variable)
correlate	相關值 (Correlations)
pwcorr	配對相關 (Pairwise correlations)
type	次 ASCII 的印出 (Display an ASCII file)

1-2-3 修改資料 (Modifying data)

在本小節中，我們亦利用 sample1-4.dta 的資料進行說明。首先，讀進資料。讀完資料後，可以利用 label 指令為此資料取個名稱，指令如下：

```
. label data "High School and Beyond, 200 cases"
```

現在我們可以將變數的順序作一排列。例如：原先的變數順序為 gender、id 和 race…，但是我們想把順序改成 id、gender 和 race…，則可以利用下面的 order 指令來執行：

```
. order id gender
```

在執行 **codebook** 時，我們會發現有些變數尚未加上標籤 (label)，為了更清楚地表達變數所代表的意義，我們可以執行以下的指令：

```
. label variable schtyp " 學生選讀之學校型態 "
```

現在，我們想要產生一個新變數 **total**，此變數代表 **read**、**write** 和 **math** 的總和。指令如下：

```
. generate total = read + write + math
```

此外，若是我們想加總的分數是 **read**、**write** 和 **socst**，而非 **read**、**write** 和 **math**，此時的指令輸入如下：

```
. replace total = read + write + socst
```

另一方面，我們還可以將變數 **total** 表示成以等級 (A、B、C、D and F) 的形式。指令如下：

```
. generate grade = total
. recode grade 0/80=0 80/110=1 110/140=2 140/170=3 170/300=4
* 新建一個 value label 叫 abcdf
. label define abcdf 0 "F 1 "D" 2 "C" 3 "B" 4 "A"
* 將 value label 叫 abcdf，套用在 grade 變數身上
. label values grade abcdf
```

為了記憶變數的意義為何，我們還可以利用 note 的指令來記錄變數。指令如下：

```
. notes race: values of race coded as 5 were recoded to be missing
*( 叫出 note 的指令 )
. notes
```

另外，介紹一些利用公式來產生變數的指令。

```
* std( ) 求 read 之標準化 z 分數，並存至 zread 新變數
. egen zread = std(read)
* 求出 zread 新變數之描述統計
. summarize zread
* 列出 zread 新變數之 1-10 筆觀察值
. list read zread in 1/10
* 以 ses 排序之後，mean( ) 再求 read 之平均數，並存至 rmean 新變數
. egen rmean = mean(read), by(ses)
. list read ses rmean in 1/10
. egen mread = median(read), by(prog)
. list read prog mread in 1/10
```

最後，我們可以將以上的執行結果儲存下來。指令如下：

```
*( 存成另一個檔 )
. save sample1-5
*( 取代原來的 sample1-4)
. save sample1-4
```

label data	資料檔的註解 (apply a label to a data set)
order	資料檔中變數的次序 (order the variables in a data set)
label variable	變數的註解 (apply a label to a variable)
generate	新建一個變數 (creates a new variable)
replace	變數值的置換 (replaces one value with another value)
recode	變數值的重編碼 (recode the values of a variable)

Label values	值的註解 (apply value labels to a variable)
label define	定義類別變數值之一組註解 (define a set of a labels for the levels of a categorical variable)
notes	資料檔的註證 (apply notes to the data file)
egen	建新變數 (extended generate - has special functions that can be used when creating a new variable)
save	存檔 (store the dataset currently in memory on disk in Stata data format)

1-2-4 管理資料 (Managing data)

在本節中，我們將進一步介紹如何將資料作一些特殊的處理，例如：保留所欲分析的資料、刪除多餘的資料或是將兩份資料合併等等。

假設我們只想針對部分的資料進行處理，而又同時想保留原始資料時，則有以下兩種方法可進行：

1. 另存新檔：即將所欲分析的部分資料儲存在另一個檔案中。例如：我們只針對 read 成績大於或等於 60 分的學生進行分析，則可利用下面的指令來篩選。

```
* 只保留 read>= 60 的觀察值
keep if read >= 60
summarize
save sample1-6
```

Note：當只要保留某些變數時 (其餘刪除)，則利用指令 keep。例如：keep read write。

2. 直接處理：亦即在原始資料上進行分析。承上例，指令輸入如下：

```
preserve
drop if read < 60
summarize
restore
```

Note：若要刪除某些變數時，則利用指令 drop。例如：drop read write。

接下來，我們介紹如何將兩資料檔「sample_1、sample_2」合併在一起。資料的結合主要可以分為兩種，水平合併和垂直合併。前者是指變數的增加；後

者則是指樣本數的增加。說明如下：

1. 水平合併

```
use sample_1.dta
append using sample_2.dta
```

2. 垂直合併

```
use sample_1.dta
sort id
save sample_1.dta, replace
use sample_2.dta, clear
sort id
save , replace
use sample_1.dta
merge id using sample_2.dta
```

Note：在垂直合併前要記得先 **sort**。

最後，我們將管理資料的相關指令整理成下表。

keep if	滿足條件的觀察值才保留 (keep observations if condition is met)
drop if	滿足條件的觀察值予以刪除 (drop observations if condition is met)
keep	只保留這些變數 (keep variables, dropping others)
drop	刪除這些變數 [drop variables(keeping others)]
append using	檔料檔尾再加資料值 (append a data file to current file)
sort	排序觀察值 (sort observations)
merge	與現有啓動檔作合作 (merge a data file with current file)

由上述可知，Stata 在使用上眞的相當方便、容易，尤其對於初學者而言，更是一個相當值得推薦的套裝軟體。最後，筆者整理一些 Stata 的相關網站以供讀者參考：

http://www.ats.ucla.edu/stat/stata/default.htm

http://www.stata.com/

http://www.princeton.edu/~erp/stata/main.html

1-2-5 運算子 (Operators)、日期格式

一、運算子的語法

算術 (arithmetic) 運算子	邏輯 (logical) 運算子	關係 (relational) 運算子
+ addition (加法)	& and (且)	> greater than (大於)
- subtraction (減法)	| or (或)	< less than (小於)
* multiplication (乘法)	! not (非)	>=> or equal (或等於)
/ division (除法)	~ not (非)	<=< or equal (或等於)
^ power (指數)		== equal (等於)
- negation (負數)		!= not equal (不等於)
+ string concatenation (字串連接)		~= not equal (不等於)

1. A double equal sign (==) is used for equality testing.
2. The order of evaluation (from first to last) of all operators is ! (or ~), ^, - (negation), /, *, - (subtraction), +, != (or ~=), >, <, <=, >=, ==, &,and |.

例如：

```
. sysuse auto
. generate weight2 = weight^2
. count if rep78 > 4
. count if rep78 > 4 & weight < 3000
. list make if rep78 == 5 | mpg > 25
```

二、日期格式

Stata 的日期格式「%d dates」, 是從「January 1, 1960」開始計數, 計數單位可以是：1 單位、日、週、月、年。

0	對應	01 Jan 1960
1	對應	02 Jan 1960
2	對應	03 Jan 1960
3	對應	04 Jan 1960
15000	對應	25 Jan 2001
-1	對應	31Dec1959

　　例如，第 8 章「interest-inflation.dta」資料檔內容如下圖，其「季」資料係從 1972 年夏季開始，故時間的 key in 換算如下：

Step1.　時間變數 t(季為單位)，從 1960Q1 年開始計數，故對應的 1972Q2 為 49

Step2.　時間變數 t，格式從 float，改為 "%tqCCYY-!Qq"，即可將數值「49」改為 Stata 時間格式「1972-Q2」。

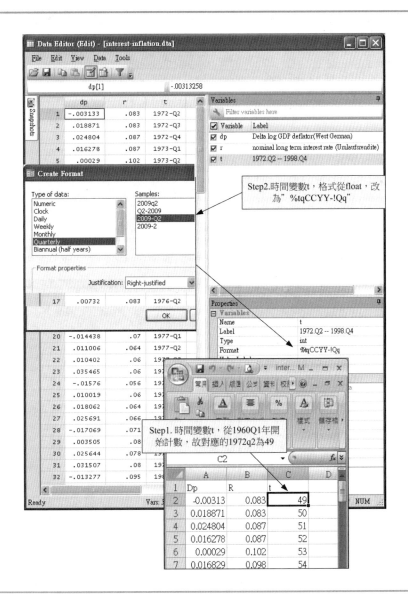

圖 1-14　「interest-inflation.dta」資料檔 (Excel 先建資料檔，再貼至 Stata 並改 format)

1-3 外掛的命令檔 ado：Stata 外掛的 Package

Stata 外掛指令 (*.ado) 非常眾多，如下圖所示，包括：FITSTAT ,sg103, effectsize, rsquare…等。

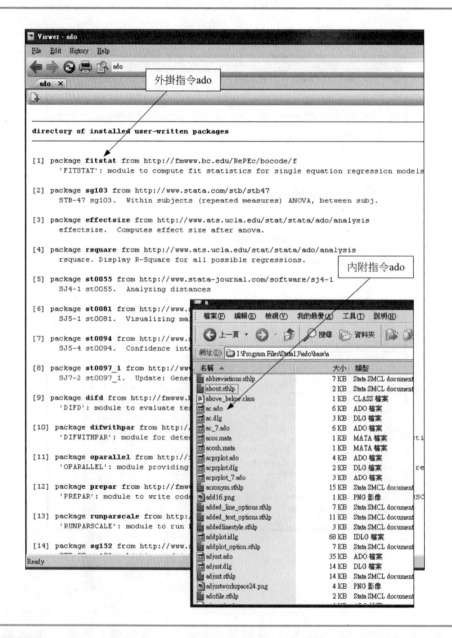

圖 1-15　Stata 外掛指令檔 ado 之種類 (及內附指令檔 ado)

如何安裝 Stata 外掛之 Package(各 *.ado 檔)

只要是安裝 Stata 的合法軟體，你都可以用「findit 某某 Package」指令來下載此指令檔「*.ado 檔」。例如，「findit prgen」指令下載此「prgen.ado」檔，系統內定將它存在「c:\ C:\ado\plus\ 某資料夾」，即下圖之「p」資料夾係存「prgen.ado」p 開頭之 Package。

值得一提的是，若下載此「*.ado」檔之後，Stata 仍無法執行該指令，你可用「檔案總管」將它複製到你「工作資料夾」(你可複製本書所附資料檔到硬碟之資料夾，例如 "c:\Stata 範例 dta file")，再執行它。

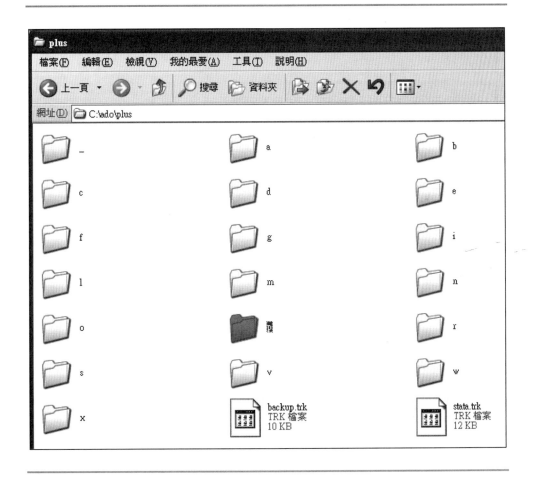

圖 1-16 所有 p 開頭的指令檔 (p 某某 .ado)，都會存在「p」資料夾

1-4 SSC 外援技術 (外掛指令)

SSC 撰寫許多很棒的 Stata 外掛指令。SSC 全名為 Statistical Software Components 又稱 Boston College Archive，其網址為：http://www.repec.org。

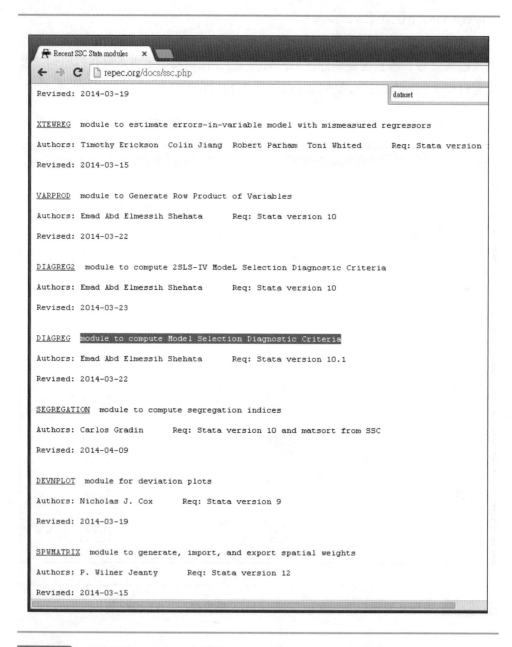

圖 1-17　SSC 新增 package 之清單 (http://repec.org/docs/ssc.php)

ssc 範例如下：

指令	說明
. ssc new	SSC 最近發表之外掛指令 (describe most recently added or updated packages at SSC)
. ssc hot	SSC 近期最熱門之外掛指令 (describe the most popular packages at SSC)
. ssc describe oaxaca	說明 oaxaca 指令的功能 (describe the package oaxaca)
. ssc describe oaxaca, saving(oaxaca.log)	說明並儲存 oaxaca 指令 (describe the package oaxaca and save the description to the file oaxaca.log)
. ssc describe o	列出 "o" 開頭之外掛指令 (list all packages, along with a brief description, that begin with the letter o)
. ssc describe o, saving(o.index)	列出並存檔 "o" 開頭之指令清單 (same as above, but also save the listing to the file o.index)
. ssc install oaxaca	安裝 oaxaca 指令 (install package oaxaca)
. ssc uninstall oaxaca	解除 oaxaca 指令 (uninstall previously installed package oaxaca)
. ssc type whitetst.hlp	顯示 whitetst.hlp 說明檔之內容 (type file whitetst.hlp that is stored at SSC)
. ssc copy whitetst.ado	拷貝 whitetst.ado 外掛指令至我們電腦 (copy file whitetst.ado from SSC to your computer)

1-5 線上擷取「美國聯邦準備理事會 FRED」資料庫

1-5-1 擷取美國最新「定存利率」資料庫

例如，您若要使用美國聯邦準備理事會 FRED(Federal Reserve Economic Database) 最新的資料庫，您可「findit freduse」來外掛 freduse 指令，或線上抓取「ssc install freduse」。例如：「freduse GS5 CPN3M GS1M」即可抓取「GS1M CPN3M GS5」這三個時間序列，分別代表美國之「5-Year Treasury Constant Maturity Rate」(5 年期美國債固定期限利率)、「3-Month AA Nonfinancial Commercial Paper Rate」(3 月期 AA 非金融商業票據利率)、「1-Month Treasury Constant Maturity Rate」數據。有關美國 Federal Reserve Economic Data 中的各

項數據，請自行上網查：http://research.stlouisfed.org/fred2/。其中，ssc 指令係 Boston 大學有提供許多 Statistical Software Components 之 package。

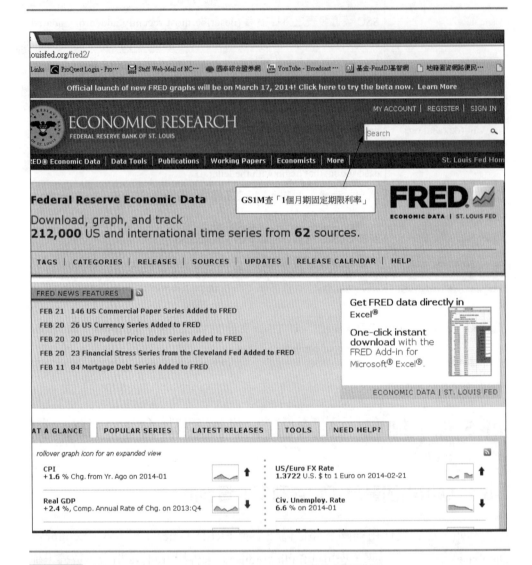

圖 1-18 美國 Federal Reserve Economic Data 庫的各項數據

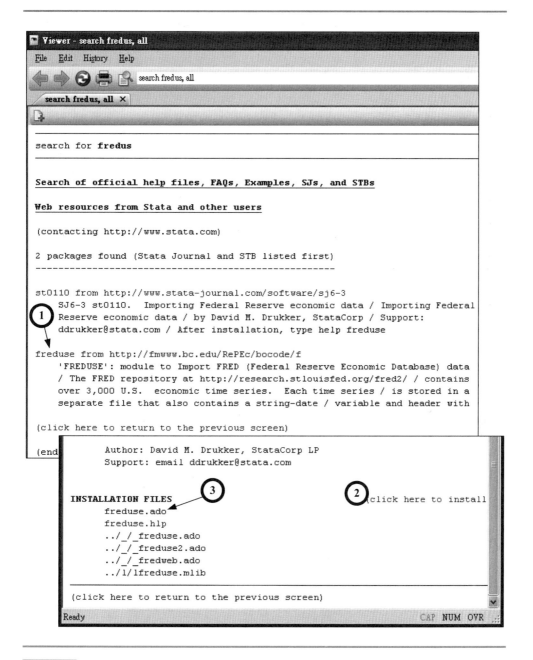

外掛 findit freduse 指令之畫面 (. ssc install freduse，指令亦可)

1-5-2 擷取美國「原油價格、道瓊、農產出口價、恐慌指數、能源價格」

假設您設計一個迴歸模型如下：

原油價格 $= \beta_0 + \beta_1 \times$ 農產出口價 $+ \beta_2 \times$ 恐慌指數 $+ \beta_3 \times$ 道瓊指數 $+ \beta_4 \times$ 能源價格

那您就需要這 4 個變數之原始數據。Stata 可讓你直接擷取美國聯邦理事會之即時資料庫數據，網址為 http://research.stlouisfed.org/fred2/，但你要事先查詢這欄位之代碼。代碼查詢程序如下：

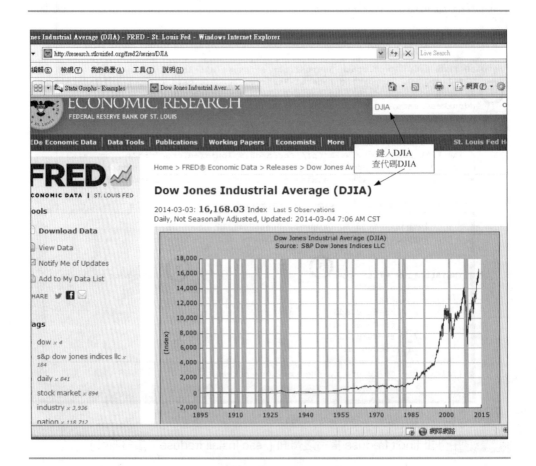

圖 1-20　FRED 資料庫，查出道瓊指數之代碼為 DJIA

圖 1-21 FRED 查出美國農產品出口價格 (Agricultural commodities) 之代碼 IQAG
(Index 2000 年 =100)

Stata 在財務金融與經濟分析的應用

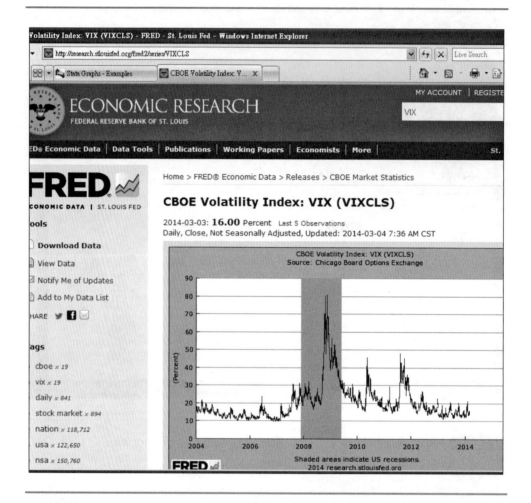

圖 1-22 FRED 資料庫，查出恐慌 VIX 指數之代碼為 VIXCLS (%)

圖 1-23 FRED 資料庫，查出布蘭特原油指數之代碼為 DCOILBRENTEU (英磅)

查出上述 5 個變數 (原油價格、美國農產品出口價格、恐慌指數、道瓊指數、能源價格) 對應之代碼為 (DCOILBRENTEU、IQAG、VIXCLS、DJIA、CPIENGSL)。再使用 freduse 指令，直接擷取這 5 個變數。

```
. freduse DCOILBRENTEU IQAG VIXCLS DJIA CPIENGSL, clear
```

圖 1-24 Consumer Price Index for All Urban Consumers_Energy 代碼 CPIENGSL

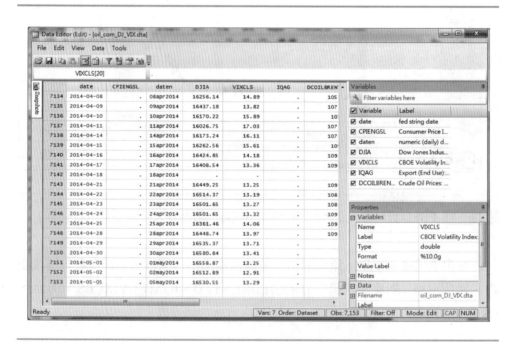

圖 1-25 「oil_corn_DJ_VIX.dta」 資料檔內容 (variables=7, N=7153)

1-5-3 擷取美國「教師人數、實質個人消費金額、美國總人口數、就業率」資料庫

假設您設計一個迴歸模型如下：

$$教師人數需求 = \beta_0 + \beta_1 \times 實質個人消費金額 + \beta_2 \times 美國總人口數 + \beta_3 \times GDP + \beta_4 \times 失業週數$$

那您就需要這 5 個變數之原始數據。Stata 可讓你直接擷取美國聯邦理事會之即時資料庫數據，但您要事先查詢這欄位之代碼。代碼查詢程序如下：

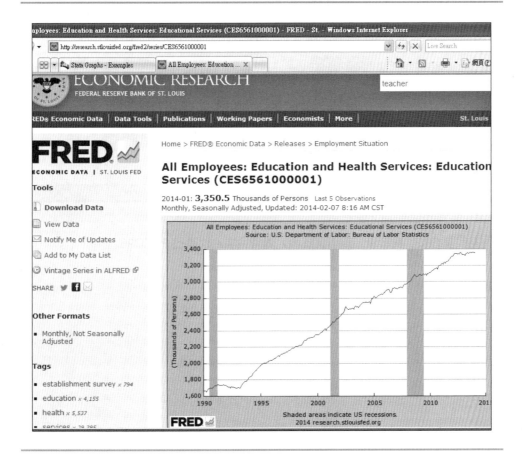

圖 1-26 FRED 資料庫，查出美國教師及保健人數之代碼為 CES6561000001(千人)

註：http://research.stlouisfed.org/fred2/

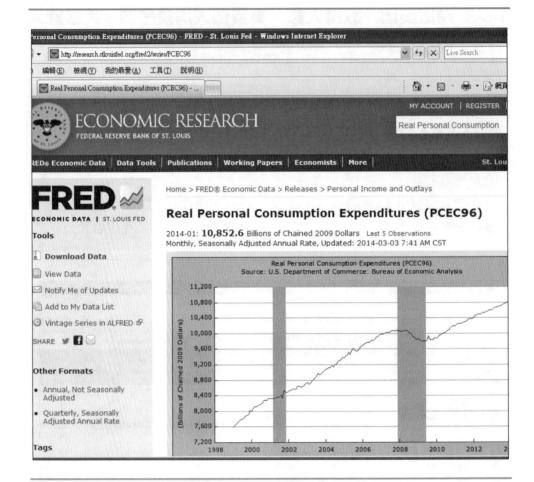

圖 1-27 FRED 資料庫,查出**實質個人消費金額**之代碼為 PCEC96

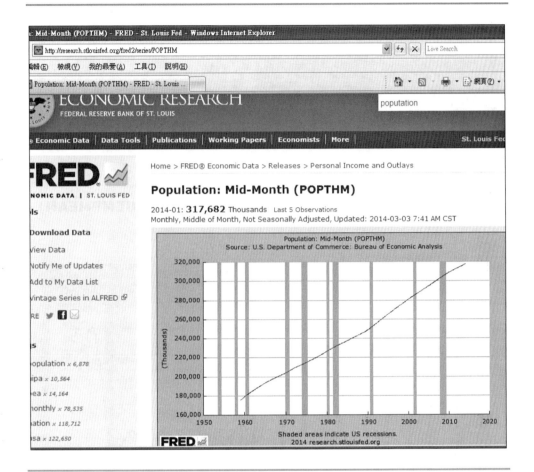

圖 1-28 　FRED 資料庫，查出全國總人數之代碼為 POPTHM (千人)

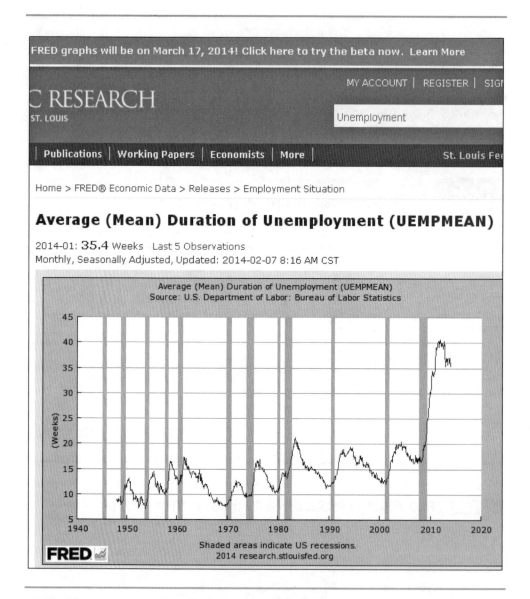

圖 1-29　FRED 資料庫，查出失業率指數之代碼為 UEMPMEAN (失業週數)

　　將上述 5 個變數 (教師人數、實質個人消費金額、美國總人口數、GDP、失業週數) 對應之代碼 (EMRATIO、CES6561000001、POPTHM、GDPC1、UEMPMEAN)，利用 freduse 指令，即可線上擷取 FRED 資料庫。

```
. freduse EMRATIO CES6561000001 POPTHM GDPC1 UEMPMEAN, clear
```

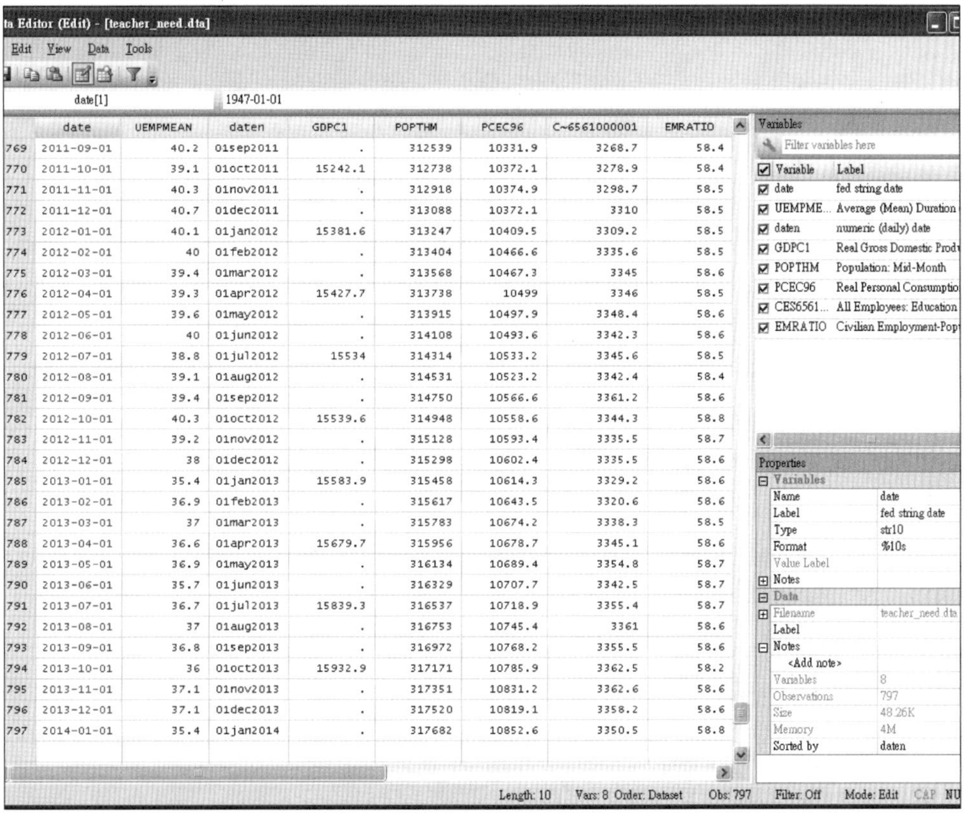

	date	UEMPMEAN	daten	GDPC1	POPTHM	PCEC96	C~6561000001	EMRATIO
769	2011-09-01	40.2	01sep2011	.	312539	10331.9	3268.7	58.4
770	2011-10-01	39.1	01oct2011	15242.1	312738	10372.1	3278.9	58.4
771	2011-11-01	40.3	01nov2011	.	312918	10374.9	3298.7	58.5
772	2011-12-01	40.7	01dec2011	.	313088	10372.1	3310	58.5
773	2012-01-01	40.1	01jan2012	15381.6	313247	10409.5	3309.2	58.5
774	2012-02-01	40	01feb2012	.	313404	10466.6	3335.6	58.5
775	2012-03-01	39.4	01mar2012	.	313568	10467.3	3345	58.6
776	2012-04-01	39.3	01apr2012	15427.7	313738	10499	3346	58.5
777	2012-05-01	39.6	01may2012	.	313915	10497.9	3348.4	58.6
778	2012-06-01	40	01jun2012	.	314108	10493.6	3342.3	58.6
779	2012-07-01	38.8	01jul2012	15534	314314	10533.2	3345.6	58.5
780	2012-08-01	39.1	01aug2012	.	314531	10523.2	3342.4	58.4
781	2012-09-01	39.4	01sep2012	.	314750	10566.6	3361.2	58.6
782	2012-10-01	40.3	01oct2012	15539.6	314948	10558.6	3344.3	58.8
783	2012-11-01	39.2	01nov2012	.	315128	10593.4	3335.5	58.7
784	2012-12-01	38	01dec2012	.	315298	10602.4	3335.5	58.6
785	2013-01-01	35.4	01jan2013	15583.9	315458	10614.3	3329.2	58.6
786	2013-02-01	36.9	01feb2013	.	315617	10643.5	3320.6	58.6
787	2013-03-01	37	01mar2013	.	315783	10674.2	3338.3	58.5
788	2013-04-01	36.6	01apr2013	15679.7	315956	10678.7	3345.1	58.6
789	2013-05-01	36.9	01may2013	.	316134	10689.4	3354.8	58.7
790	2013-06-01	35.7	01jun2013	.	316329	10707.7	3342.5	58.7
791	2013-07-01	36.7	01jul2013	15839.3	316537	10718.9	3355.4	58.7
792	2013-08-01	37	01aug2013	.	316753	10745.4	3361	58.6
793	2013-09-01	36.8	01sep2013	.	316972	10768.2	3355.5	58.6
794	2013-10-01	36	01oct2013	15932.9	317171	10785.9	3362.5	58.2
795	2013-11-01	37.1	01nov2013	.	317351	10831.2	3362.6	58.6
796	2013-12-01	37.1	01dec2013	.	317520	10819.1	3358.2	58.6
797	2014-01-01	35.4	01jan2014	.	317682	10852.6	3350.5	58.8

圖 1-30「teacher_need.dta」資料檔內容 (variables=8 , N=797)

時間序列及計量經濟
之專有名詞

時間序列 (Time series) 是實證經濟學的一種統計方法。時間序列是用時間排序的一組隨機變數，例如國內生產毛額 (GDP)、消費者物價指數 (CPI)、臺灣加權股價指數、利率、匯率等等都是時間序列。

時間序列的時間間隔可以是分、秒 (如高頻金融數據)，可以是日、周、月、季度、年，甚至更大的時間單位。

時間序列是計量經濟學所研究的三大數據形態 (另兩大爲橫截面數據和縱面數據) 之一，在總體經濟學、國際經濟學、金融學、金融工程學等學科中有廣泛應用。

前言

工欲善其事，必先利其器，故研究者，除了要精通自己領域的「理論」基礎外，正確選用創新性之「研究方法」及「統計」技術，三者間如何有效整合應用更是成爲頂尖研究者不可缺乏的基本功夫。

自從計量經濟學 (Econometrics) 作爲經濟學中的一支顯學，其主題是研究如何正確有效地使用統計數量方法來分析經濟資料。經濟學是一門非常實用的社會科學；經濟理論往往伴隨一個解釋及預測經濟趨勢的目的，而計量經濟學便是協助經濟學家解讀經濟資料的方法。計量經濟學就是用統計迴歸的方法來估計財金及經濟的變數 (包含一些數理統計)。

財經資料大致可分爲橫斷面資料和時間數列資料，前者是在一個恆定時點對眾多的經濟個體進行普查所獲得的資料，後者則是在不同時點對同一個財經問題所收集的歷史資料。和統計學一樣，計量經濟學對這兩種資料有著相當不同的處理方法。可以這麼說，從 1970 年代到 1980 年代上半葉，我們看到的是橫斷面計量經濟學如日中天的推展，這個研究方向最後造就了 2000 年的諾貝爾經濟學獎頒發給這個領域的兩位大師：海克曼 (James Heckman) 和麥克費登 (Daniel McFadden)。但近二十多年來，計量經濟學的風騷應該是屬於對時間數列的研究。當 2000 年 Heckman 和 McFadden 得獎後，大多數經濟學家也都在等待時間數列計量經濟學家的獲獎，而安格爾和格蘭傑無疑便是其中的最傑出者。

研究時間數列資料的特性在於這種資料的「跨時相關性」：不論是國民產值、物價水準、失業率、利率、某產品需求 (例如 CRB、黃金、教師人數預測)，乃至於股票價格、農業收成、臭氧排放、河水流量、股匯市等預測，每一個時點的觀察值都與該時點之前和之後的觀察值有密切的關係。所謂的長期趨

勢、季節循環、短期波動，也不外乎是這種跨時相關性的表徵。研究時間數列資料的跨時相關性是一門有悠久歷史的學問，在橫斷面計量經濟學如火如荼發展的 1970 年代，時間數列的研究已經相當成熟，在當時就已有所謂的「巴克斯 - 簡金斯」研究步驟，幾乎已成為分析財經時間數列的制式操作方法。一門學問成熟到有了一個制式的操作方法，事實上就表示它已遇到了發展瓶頸，甚或是已在走下坡路了。

很幸運地，由於財經資料的豐富以及計量經濟學知識的普及 (所有財經學家在接受大學或研究所教育時，都要修習多門計量經濟學的課程)，經濟學家對財經時間數列資料陸續證實了許多有趣卻又難解的現象，而安格爾和格蘭傑就是在這關鍵時刻，分別提出了分析這些現象的重要計量方法。

財經時間數列之非定態 (stationarity) 波動程度

財經學家發現財經資料 (諸如股票、期貨、選擇權等的報酬率、利率、通貨膨脹率等) 都有平均水準無法預測，而波動程度則呈現非定態但卻相當規則的方式演變。具體來說，財經資料的高波動時期通常都不是突然發生驟然結束，而會有相當的持續性。

由於財經資料的波動程度通常都具風險的含意，而風險又是決定金融資產價格的最重要因素，因此，財經學家必須尋求一個能夠描述波動程度規律性的計量模型。安格爾適時的提出了所謂的 ARCH 模型 (自我迴歸異質波動模型)，將分析時間數列平均水準的「巴克斯─簡金斯」研究步驟，巧妙的轉變成對波動程度的分析工具。

安格爾的 ARCH 模型一經提出，不僅成為對財經資料進行學術研究的利器，也廣泛的被金融市場業者拿來分析市場風險。在經濟學研究中，很少有像 ARCH 模型一樣，還是一個處在發展階段的重要學術研究課題，竟就能同時對千萬人的經濟生活發生重大的影響。

多個總體時間數列之共同趨勢 (共整合檢定)

總體經濟學家發現諸多總體經濟資料 (例如國民產值、物價水準等) 既非依照一個平穩的均值上下擺動，也非遵循一個定態的長期趨勢線逐步演進，乃是呈現隨機漫步形式的不穩定跳動。也就是說，若要對這些總體經濟資料進行下一期的預測，我們除了粗略地知道預測值大約應該是在本期觀察值的附近外，過去所有的歷史觀察值都無助於改進這項預測。

　　總體經濟資料的這種特性有一個很嚴重的後果：我們無法再採用標準的迴歸模型 (OLS) 來研究各總體經濟資料之間的因果關係。兩個不穩定的總體經濟變數之間，縱使我們確知它們彼此完全無關，但若用迴歸模型來估計兩者之間的關係，絕大多數的計算均會得到非常顯著的迴歸係數估計。因此，估計結果常會錯誤的讓我們以為一個總體經濟變數是因，另一個總體經濟變數是果。這個現象對迴歸分析習以為常的總體計量經濟學家來說是一個夢魘。1950、60 年代以來，集數百經濟學家之心血，包括多位早期得過諾貝爾經濟獎的大師所苦心經營，根基於總體經濟時間數列資料的大規模總體經濟計量模型，其正當性幾乎是一夜之間為之動搖。

　　在那個尷尬的年代，格蘭傑提出了所謂的「共整合」概念，認為總體經濟變數本身可能是不穩定的，但它們之間卻完全有可能存在著一個穩定的長期均衡關係，這個關係造成了它們的同步趨勢。總體計量經濟學家的責任，便是找出這種「共整合」的長期均衡關係，作為進一步研究總體經濟變數之間短期及長期因果關係的基礎。「共整合」概念一經提出，所有對總體經濟時間數列資料的研究無不受其牽動，對直接影響國計民生的總體經濟分析與預測都得以更為深入且大為改進。

2-1　認識數學符號

2-1-1　數學符號

　　攻讀社會科學的人，常會很害怕數學及統計，追根究柢，就是無法深入理解抽象的數學符號，導致量化研究常常無法有新突破，尤其在方法論與統計的結合方面，總是有填不完的漏洞。常見的數學符號如下：

1. 英文字母：在工程數學、微積分、線性代數、統計學、資料結構、數值分析的書中，常見的：大小寫 a, b, c 代表常數 (constant) 或係數 (coefficient)。f, g, h 代表函數。i, j, k 代表整數。小寫 x, y, z 代表變數；大寫 X, Y, Z 代表矩陣。

2. $|X|$：若 X 為變數，則 $|X|$ 為絕對值，例如，$|-8| = 8$。若 X 為 $m \times m$ 矩陣，則 $|X|$ 為行列式 (determinant)，它是將 m 列 $\times m$ 行矩陣 (二維陣列) 轉成常數值。行列式在數學中，是一個函數，其定義域為矩陣 A，「取值」為一個純量，寫法 $\det(A)$ 或 $|A|$。行列式可以看做是有向面積或體積的概念在一般的歐幾里得空間中的推廣。或者說，在 n 維歐幾里得空間中，行列式描述的是一個線

性變換對「體積」所造成的影響。無論是在線性代數、多項式理論，還是在微積分學中 (如換元積分法)，行列式作爲基本的數學工具，都有著重要的應用。行列式概念最早出現在 17 世紀，使用行列式來確定線性方程組解的個數以及形式。19 世紀以後，矩陣概念的引入使得更多有關行列式的性質被發現，行列式在許多領域都逐漸顯現出重要的意義和作用，出現了線性自同態和向量組的行列式的定義。行列式的特性可以被概括爲一個多次交替線性形式，這個本質使得行列式在歐幾里德空間中可以成爲描述「體積」的函數。

3. $\bar{X}$ (bar)：代表某一序列 X_i 的算術平均數。

4. $\vec{X}$：$\vec{X}$ 爲 $m \times 1$ 向量 (vector)，它是二維矩陣 (matrix) 的特例，$\vec{X}$ 是 m 列 1 直行的矩陣，格式如：$\vec{X} = \begin{bmatrix} 0.3 \\ 0.1 \\ 0.2 \\ 0.4 \end{bmatrix}$

5. $\tilde{X}$：$\tilde{X}$ 若爲模糊數 (fuzzy number)，最常見的是三角模糊數，例如 $\tilde{X}$ = (下界 , 平均數 , 上界) = (4, 5, 6)，亦可能是梯形模糊數，例如 $\tilde{X}$ = (3, 4, 7, 9)。$\tilde{X}$ 若爲多項式，例如 $\tilde{X} = X_1 + X_2 + X_3$，則 $\tilde{X}$ 可能是投資組合，其中，X_1 爲電子股，X_2 爲金融股，X_3 爲營建股。

6. $\hat{X}$ (hat)：變數 X 的預測值。例如，簡單迴歸式 $Y = bX + a$ 中，採最小平方法的目標係求誤差 ε 的總和 $\sum_{i=1}^{n}(Y_i - \hat{Y})^2$ 達到最小值，利用偏微分來求得線性迴歸的預測值 $\hat{Y}$，其公式如下：

$$b_{Y.X} = \frac{\sum_{i=1}^{N} X_i Y_i - \frac{\sum_{i=1}^{N} X_i \sum_{i=1}^{N} Y_i}{N}}{\sum_{i=1}^{N} X_i^2 - \frac{(\sum X_i)^2}{N}} = \frac{\sum_{i=1}^{N}(X_i - \overline{X})(Y_i - \overline{Y})}{\sum_{i=1}^{N}(X_i - \overline{X})^2}$$

$$= \frac{\text{Cross-Product}}{SS_X} = \frac{\frac{\sum_{i=1}^{N}(X_i - \overline{X})(Y_i - \overline{Y})}{N-1}}{\frac{\sum_{i=1}^{N}(X_i - \overline{X})^2}{N-1}} = \frac{COV_{xy}}{S_x^2}$$

$$a = \overline{Y} - b\overline{X}$$

其中，Cross-Product 表示交乘積。

7. X'(prime)：有三種意義：

(1) 在微積分、微分方程式中，X' 代表「常微分一次」。例如，假設 $Y = X^2 + 3$，則$Y' = \dfrac{dy}{dx} = 2X$。

(2) 在多變量統計學中，X' 代表矩陣 X 的轉置，例如，$X = \begin{bmatrix} 0.2 & 0.1 & 0.4 \\ 0.5 & 0.2 & 0.4 \\ 0.3 & 0.7 & 0.2 \end{bmatrix}$，

則$X' = \begin{bmatrix} 0.2 & 0.5 & 0.3 \\ 0.1 & 0.2 & 0.7 \\ 0.4 & 0.4 & 0.2 \end{bmatrix}$，$X^2 = X'X = \begin{bmatrix} 0.2 & 0.5 & 0.3 \\ 0.1 & 0.2 & 0.7 \\ 0.4 & 0.4 & 0.2 \end{bmatrix} \times \begin{bmatrix} 0.2 & 0.1 & 0.4 \\ 0.5 & 0.2 & 0.4 \\ 0.3 & 0.7 & 0.2 \end{bmatrix}$。

(3) 在變數變換時，常用新變數 X' 來代表原先 X 變數經轉變後之值。日常中常見的變數變換，包括，尺度變換 (正規化 / 標準化、常態化)、空間變換 (例如 $X - Y$ 二維平面空間的各種轉軸變化) 兩種。

8. X'(transpose)：代表矩陣 X 的 90 度轉置。

9. X^{-1}(inverse)：若 X 為變數，則 X^{-1} 為倒數，例如，$4^{-1} = 0.25$，即 $4 \times 4^{-1} = 1$。若 X 為 $m \times n$ 矩陣，則 X^{-1} 為逆矩陣，即 $XX^{-1} = I$ (單位矩陣)。例如，

$X = \begin{bmatrix} 0.2 & 0.1 & 0.4 \\ 0.5 & 0.2 & 0.4 \\ 0.3 & 0.7 & 0.2 \end{bmatrix}$，則 $X^{-1} = \dfrac{\begin{bmatrix} 1 & 0 & 0 \\ 0 & 1 & 0 \\ 0 & 0 & 1 \end{bmatrix}}{\begin{bmatrix} 0.2 & 0.1 & 0.4 \\ 0.5 & 0.2 & 0.4 \\ 0.3 & 0.7 & 0.2 \end{bmatrix}}$

我們要如何求反矩陣呢？方法有二：(1) 例如 A 矩陣，求 A 的反矩陣，令 $[A|I]$，經由高斯消去法，得 $[I|B]$，其中，B 為 A 的反矩陣。(2) 例如 A 矩陣，求 A 的反矩陣，公式為：反矩陣 $= [adjA]/|A|$。A 的反矩陣 $= A$ 的伴隨矩陣 / A 的行列式值。由此可見，反矩陣不一定存在，因為 $|A|$ 有時會為 0。

10. $X_{m \times n} = [x_{ij}]$：$[x_{ij}]$ 為矩陣 $X_{m \times n}$ 中第 i 列，第 j 直行的元素。小寫 x, y, z 代表變數；大寫 X, Y, Z 代表矩陣。小寫 $\varepsilon, \beta, \gamma, \tau, \omega$ 等希臘字代表迴歸模型之係數；大寫 $\Gamma, \Omega, \Pi, \Phi, \Psi$ 等希臘字代表迴歸模型之係數矩陣。

11. 函數 (function)：以 f, g, h 符號表示。例如，$f(x) = 2x + 3$、$g(x, y) = 3x - 2y$。一個函數表示每個輸入值對應唯一輸出值。函數 f 中對應輸入值 x 的輸出值的標準符號為 $f(x)$。包含某個函數所有的輸入值的集合被稱作這個函數的定義域，包含所有的輸出值的集合被稱作值域 (range)。函數常見衍生形式有三種：

(1) $y = f(t)$ 是一般常見的函式，代表給定一個 t 值，丟到 f 函式中會回傳一個值給 y。

(2) $y = \max f(t)$ 代表 y 是 $f(t)$ 函式所有的值中最大的值。

(3) $y = \arg \max f(t)$ 代表 y 是 $f(t)$ 函式中，會產生最大值的那個參數 t。

12. $\sum X$ 或 $\sum\limits_{i=1}^{n} X_i$ (summation)：將數列 $X_1, X_2, X_3, ..., X_N$ 全部加總。即 $\sum\limits_{i=1}^{n} X_i = X_1 + X_2 + \cdots + X_N$。算術平均數 $M = \dfrac{\sum\limits_{i=1}^{n} X_i}{n}$ 常當作統計學、財經學之平均數。

13. ΔX(Delta)：對數列 X 差分一次。$\Delta X_t = X_t - X_{t-1}$，例如，$X$ 代表臺積電 N 期的股價，假設數列 $X = (50,51,51,50,48,53,54,52)$，則 $\Delta X = (1,0,-1,-2,5,1,-2)$。在時間數列中，若遇到非定態的數列，在求其波動特性 (如 auto-regression，ARIMA 等) 前，常常需將它差分一次後，再代入向量自我迴歸 (VAR) 或 VECM 求出因果關係。

2-1-2 希臘字符號

在傳統之統計學裡，樣本的參數 (平均數 M、標準差 S…) 慣用大寫英文字；母群體樣本的參數 (平均數 μ、標準差 σ…) 慣用小寫希臘字。習慣上，大小寫 a, b, c 代表常數 (constant) 或係數 (coefficient)。f, g, h 代表函數。i, j, k 代表整數。小寫 x, y, z 代表變數；大寫 X, Y, Z 代表矩陣。倘若這些英文字「符號」仍不夠用，統計學家會納入希臘字符號。

在多變量統計、計量經濟之時間序列裡，由於它包含多個迴歸式，這多個迴歸「恆等式」同時求解，就叫聯立方程式，又稱向量迴歸。人們為了簡化這種波動性「向量迴歸」的預測或共整合關係式，就改用「矩陣形式」恆等式來求該係數矩陣的特徵值 (Eigenvalue)、特徵向量 (Eigenvector)，進而求出「聯立迴歸式」的解。為了統合這些代表矩陣的符號，於是，數學家就以「小寫英文字」代表變數 (序列)。「大寫希臘字」代表係數向量／係數矩陣 (coefficient matrix)，它是 $(m \times n)$ 矩陣。「小寫希臘字」代表單一係數 (coefficient)。

表 2-1　希臘字母大小寫之意義

大寫	對應小寫	發音	大寫	對應小寫	發音
A(係數矩陣)	α(係數，係數向量)	Alpha	N(樣本數)	ν(常數項)	Nu

大寫	對應小寫	發音	大寫	對應小寫	發音
B(係數矩陣)	β(係數，係數向量)	Beta	Ξ(係數矩陣)	ξ(殘差項)	Xi
Γ(係數矩陣)	γ(係數)	Gamma	O(演算法時間複雜度)	ο	Omicron
Δ或∇ (差分運算子)	δ(誤差)	Delta	Π (連乘運算子、係數矩陣)	π(係數)	Pi
E(期望值)	ε(誤差)	Epsilon	P	ρ(相關係數)	Rho
Z(內生矩陣)	ζ(誤差)	Zeta	Σ (連加，共變數矩陣)	σ(標準差)	Sigma
H	η(係數)	Eta	T(時間總期數)	τ(無母數統計量)	Tau
Θ(誤差矩陣)	θ(參數，誤差)	Theta	Y (內生變數矩陣)	υ(殘差項)	Upsilon
I(整合階數數)	ι	Iota	Φ(係數矩陣)	φ(相關係數)	Phi
K(共整合個數)	κ(無母數統計量)	Kappa	X (外生變數矩陣)	χ(統計量)	Chi
Λ(共變數矩陣或 MANOVA 統計量)	λ(特徵值)	Lambda	Ψ(殘差矩陣)	ψ(殘差項)	Psi
M(樣本平均數)	μ(平均數)	Mu	Ω(係數矩陣)	ω	Omega

2-1-3 統計量數

一、集中量數 (measures of central location)

我們在生活裡，習慣用一個數字「代表」一整群的數字。舉例來說，當我們想要知道一個國家的人是否富裕時，我們會看這個國家的「平均國民所得」是多少，這裡所說的「平均國民所得」、「平均每人國民生產毛額」……都是一個集中量數。

(一) 平均每人國民生產毛額、平均每人國民所得

1. 平均每人國民生產毛額 (Per Capital GNP) 即國民生產毛額除以期中人口數 (期初人口數與期末人口數之平均數) 而得之商數，簡稱每人生產毛額，代表平

均每一國民之生產能力。

平均每人國民所得 (Per Capital NI) 為按市價計算之國民所得除以期中人口數而得，簡稱每人所得，代表平均每一國民之所得水準。另外亦常有以按要素成本計算之國民所得除以期中人口數而得之結果，代表平均每人所得者。惟國際間的比較，習慣以平均每人 GNP 或平均每人 NI(按市價計算) 作指標。

2. 個人所得 (Personal Income, PI)

個人所得是指用來衡量家計單位在一定期間內實際獲得之所得，在國民所得 (NI) 中，有部分未分配至家計單位中，如企業繳納給政府的營利事業所得稅，公民營企業未分配盈餘、政府財產與企業所得，而家計單位中有一部分並非是生產要素參與生產所得，如退休金、災難救濟金等，稱之為國內外對家計單位之移轉性支付。所以個人所得可以表示為：

$PI = NI -$〔營利事業所得稅 + 未分配盈餘 + 政府財產與企業所得〕+ 國內外對家計單位之移轉性支付

相關資料可以參考主計處統計局《國民所得統計答客問》之「國民生產、國民所得與國民支出之間關係為何？」網站：http://www.dgbas.gov.tw/mp.asp?mp=1 。

(二) 經濟成長率和人口增加率平均每人國民所得之間的關係

經濟成長率是指一國的國內生產毛額 (Gross Domestic Product)，是該國「國內」在「一定時間內」所生產出來的勞務與貨品之最終市場價值。計算方式是以當年的國內生產毛額除以前一年的國內生產毛額所算出的增減比率。

公式：$經濟成長率 = \dfrac{當期實質GDP - 前期實質GDP}{前期實質GDP} = \dfrac{當期實質GDP}{前期實質GDP} - 1$

假設，去年的國內生產毛額 GDP $= A$，去年的人口總數為 N，那麼去年的平均每人國民所得為 A/N。

假設今年的經濟成長率為 g，人口成長率為 r，那今年的平均每人國民所得為：

$$\frac{A \times (1+g)}{N(1+r)} = \frac{A}{N} \times \frac{1+g}{1+r}$$

其中，A/N 為去年的平均每人國民所得，成長率就是 $\frac{1+g}{1+r} - 1$，近似於 $g - r$。所以：經濟成長率 – 人口成長率 = 平均每人國民所得成長率。

舉個數字例子，經濟成長率為 10%，人口成長率為 5%，那麼平均每人國民所得成長率就是：

$$\frac{1+10\%}{1+5\%}-1=0.048，約為 10\%-5\%=0.05。$$

至於全球所有國家的平均國民所得資料，您可上 IMF(世界貨幣基金會) 的網站：http://www.imf.org/external/pubind.htm。

(三) 平均數

1. 算術平均數 (arithmetic mean, M)

算術平均數 (arithmetic mean, arithmetic average) 將一組數或量相加總，再除以該組數的個數，是最常用的集中量度。因為它最常被用到，所以當我們沒有特別指明時，「平均數」指的就是算術平均數。其公式為：$\overline{X}=\frac{\sum X_i}{N}$。

例：7、8、8、3、7、4、3、3、4、3 的算術平均數為：

$(7+8+8+3+7+4+3+3+4+3)\div 10=5$

算術平均數可用在平均成績、平均身高上。

2. 算數平均數的特性

(1) 所有數到算術平均之總和為 0：$\sum(X_i-\overline{X})=0$

(2) 算術平均數是使平方和最小的數字。$\sum(X_i-\overline{X})^2 \le \sum(X_i-C)^2$，其中 C 為任意數。

(3) 易受極端值的影響。

3. 幾何平均數

幾何平均數是一種由 n 個正數之乘積的 n 次方根表示，稱之為幾何平均數。即若有 n 個正數，其幾何平均數為：

$$\overline{X}=\sqrt[n]{\prod_{i=1}^{n}X_i}$$

像全球的人數變化即成為一種幾何級數的一種代表，所以幾何平均數即可求人數的平均數。

4. 調和平均數 (harmonic mean)

若有兩實數 a、b，H 為兩數的調和平均數，則

$$H=\frac{2ab}{a+b}$$

假如，某人上山速度 V_1，下山速度 V_2，求平均速率 (上山與下山路程相同) 的題目，這用調和平均數就很自然。

假設距離爲 S，上山速度爲 V_1，下山速度爲 V_2；則上山時間 $T_1 = S/V_1$，下山時間 $T_2 = S/V_2$，

=> 總花時間 = $T_1 + T_2 = (S/V_1) + (S/V_2)$

=> 平均速度 $v = \dfrac{2S}{(S/V_1) + (S/V_2)} = \dfrac{2}{(1/V_1) + (1/V_2)} = \dfrac{2V_1 \times V_2}{(V_1 + V_2)}$

例 2-1　小明上山的速率是每小時 5 公里，下山速率是每小時 15 公里，請問其平均速率是多少？

答：$\dfrac{2}{1/5 + 1/15} = \dfrac{30}{4} = 7.5$

(四) 加權平均數 (weighted mean, weighted average)

股價指數以最常見的計算方式，大體上可分爲「算術平均數」和「加權指數」兩種。

其中，算術平均數就是以採樣的股票，將其股價加總後除以採樣股票總數而得。例如美國的道瓊工業指數，就是以 30 家具有代表性的各產業股票股價除以 30 得到的指數，以 1897 年的 100 點開始起跳，迄今已經成長到一萬點以上，意味此 30 支股票至今日的平均股價爲 1897 年的一百倍以上。這種算法的優點是明瞭易懂，但是缺點就包括如暴漲暴跌個股對股價指數的影響、或除權除息時股價向下調整等等。

加權股價指數爲現今多數市場所使用的計算方式。其方法爲賦予每一支股票不同的權數，顯示其在股票市場中不同組成因素的重要性，因此這種方式使得股價指數更具有指標性。影響股票權數的因素包括市價、發行股票總額 (資本額) 或者已上市的股票總額等等，牽涉計算公式頗爲繁雜，在此便不多做贅述。而採樣的股票，除了「全額交割股」以外，其他「上市股票」均列入計算；但是權證與基金、上市可轉換公司債等等，理應不屬於計算範圍。

發行加權股價指數的好處，如除權時雖然股價會向下調整，但因資本額相對增加，所以股價指數不受影響 (惟除息時仍然會有股價向下調整的情形，但對大盤影響不會如算術平均數般劇烈)。

國內上市公司中，金融股的資本額普遍較大，因此金融股的漲跌往往左右加權指數的漲跌。因此，就產生了如不含金融股指數，就是將金融股剔除，保

留其他各產業所計算的指數；另外還有針對各類股所製作的指數，如電子股指數、水泥股指數等等。

1. 定義與特性

每一個數字的「重要性」不同時，我們就會需要加權。當計算各個數量的平均數，有時因各個數量重要性不同，必須用不同權數表示不同比重 (所謂權數即用以權衡各數值比重的數)。如果依據數量的重要性，分別加權，然後平均，即稱之為加權算術平均數。如投籃的分數有 3 分球與 2 分球之區別、期末分數乘以上課的節數做為期末的平均分數，亦是加權平均數的一種。

例如，學生的段考成績常有以每週課堂數為權重之加權計算。課堂數愈高的，其重要性也愈大。公式為：$\overline{X} = \dfrac{\sum w_i X_i}{\sum w_i}$。

分組資料之平均數即為其組中點之值，以個數為權重之加權平均。

2. 重要指數與其加權平均方法

指數名稱	平均方法
TAIEX，臺灣證券交易所發行量加權股價指數	新上市公司股票在上市滿一個日曆月的次月第一個營業日納入樣本。
MSCI Taiwan	1.由 Morgan Stanley Capital International Inc.(MSCI) 自臺灣證券交易所中選出市場流通性最佳、最具代表性的 77 支股票按市值加權編製而成。 2.佔整個臺灣證券交易所市值的 67%。
KOSPI 漢城綜合指數	1.KOSPI 指數由漢城股票交易所中精選 200 支股票按市值加權平均編製而成。 2.佔整個韓國證券交易所市值的 93%。
DJ Euro stock 50 Index	由歐洲 50 大藍籌股組成的市值加權平均指數，該指數以 1991 年 12 月 31 日為基期 (基期為 1000)。
Nikkei 225 Index 日經 225 指數	由東京股票交易所中特選 225 支股票按價格算術平均編製而成。
S&P 500 Index	由各產業具有代表性的 500 支股票，經由市值加權平均編製而成。
NASDAQ 100 Index 那斯達克 100 指數	由在美國 NASDAQ 掛牌之大型非金融類股按市值加權平均編製而成。
Dow Jones Industrial Average 道瓊工業指數	1.由 30 家大型藍籌股按價格算術平均編製而成。 2.代表 NYSE(紐約證券交易所) 約 15 ～ 20% 之市值。
NASDAQ Composite Index 那斯達克綜合指數	由超過 5400 家在美國 NASDAQ 掛牌之股票按市值加權編製而成。

(五) 中位數 (median, M_d)

中位數就是排序後某序列裡最中間的那個數：$M_d = P_{50}$。中位數最重要的特質是不易受極端值影響。在計算上如集合個數為雙數，則取中央兩數之平均。此外，集合中所有數字與中位數的距離和：$\sum |X - M_d|$，比與其他任何數之距離和小。

例如，香港的收盤價格即以收盤前一段時間交易的中位數作為其收盤價。

舉例來說，假設我們擷取臺灣股市的每日收盤加權指數、成交量及匯市收盤價量，再以 Stata 軟體的分量迴歸 (Quantile regression) 來估計報酬率的中位數、兩尾和成交量的關係，結果可發現：在臺灣的上市股市裡「價量齊揚」的效果比「價跌量縮」來得強。上櫃股市裡「價量齊揚」和「價跌量縮」的差距不像上市股市那麼大。在匯市裡，新臺幣升貶和成交量對稱關係並不像簡單迴歸所推論的那麼完美，當匯市成交量逐漸擴大時，所對應新臺幣升貶值幅度呈現遞增的狀態。若比較簡單迴歸和中位數分量迴歸所估計報酬率與成交量的關係，則發現當報酬率為不偏分配時 (如：上市及上櫃股市)，簡單迴歸和中位數分量迴歸的估計結果是一樣的。而不對稱的報酬率分配 (如：外匯市場)，簡單迴歸和中位數分量迴歸 (Eview 軟體) 的估計結果並不一致，此時以不受極端量數影響中位數分量迴歸估計的結果較具代表性，也比較符合樣本期間有大量淨外匯匯入使新臺幣升值的事實。

例 **2-2**　Suppose we add an additional observation to a data set and that this observation is larger than all the previous observations.

True of false: The new observation always causes the median to increase.

True of false: The new observation sometimes causes the median to increase.

True of false: The new observation always causes the mean to increase.

答：a.. False；the median could remain constant. b. True c. True。
假設一組數字 1、2、3、3、5、6，再加入 7、8，中位數仍為 3，並未增加。

(六) 眾數 (mode, M_o)

某數列中，發生次數最多之數字。

1. 平均值、中位數及眾數的關係

皮爾生認為眾數、中位數與平均數有如下關係：$M_0 = 3M_d - 2M$。

2. 中位數及眾數的使用時機

當處理類別資料時，中位數與平均數均無法適用，此時就會用眾數。如選舉時 2 號最多票為勝。而當次數分配不規則或無明顯趨勢時，眾數會失去意義。當處理順序 (sorted) 資料時，中位數會比平均數更符合邏輯上的意義。

(七) 截尾平均數 (trimmed average, truncated average)

避免極端值之影響，如國民平均所得、奧運會跳水項目會去除評審最高及最低給分。舉例來說，我們可以取去除頭尾 5% 的資料作為平均數之計算範圍，這就是截尾平均數。

(八) 集中量度之平移與縮放

當我們以 $Y = aX + b$ 將原始資料 X 轉換為 Y 時，平均數、中位數、眾數都成為 a 倍加上 b。

二、相對地位量度

相對地位量度之主要功能在於表達一個數值在全部觀察點中之相對地位。

1. 百分位數 (Percentile) ≠ 百分等級

(1) 百分位數：累積相對次數 1%、2%、……、99% 所對應的數就稱為第 1、2、……、99 百分位數，其中第 k 百分位數表示至少有 k% 的資料值小於或等於這個數。

(2) 百分等級：若某個資料值在整組資料中有 k% 的資料值小於或等於它，而且有 $(100 - k)$% 的資料值大於或等於它，我們就稱這個數值的百分等級為 k，或說其 PR 值為 k。

百分位數和百分等級，是九年一貫課程新增的部分，加上求法不唯一，各版本教科書寫法各異，因此國中數學老師本身也是一個頭兩個大。

不過，簡單來說，就是將所有資料由大至小排序，然後分成一百的等級，而所求的那筆資料所在的位置贏過幾個等級即為該筆資料的百分等級 (PR 值)，而該組資料的最小數即為該組的百分位數 (這個說法並不完全正確，但比較容易理解)。

例如：某次數學競賽，甲生的原始分數 80 分，PR 值為 95，可以粗略地表示他勝過 95% 的考生；而 PR 值為 95 的考生中最低分為 78 分，則第 95 百分位

數爲 78。

當我們將 N 個觀察值由小排到大後，第 n 個百分位數表示第 $\frac{n}{100}$ 個數。也就是其下之數值占了百分之 n。若大雄的身高爲 P_{30}，表示有 30% 的人比大雄還矮。將資料分爲百組，通常我們用 P_n 表示第 n 個百分位數。中位數等於 P_{50}。我們通常用 $L_y = (N+1)\frac{n}{100}$ 來計算其位置。

例 **2-3**　Find out P_{75} given the following observations: 8%, 10%, 12%, 13%, 15%, 17%, 17%, 18%, 19%, 23%, 24%

答：$L_y = (11+1)\frac{75}{100} = $ 第 9 位置，所以 $P_{75} = 19\%$。

---

2. 四分位數 (quartiles)

(1) 第一四分位數 Q_1 是前一半資料的中位數。

(2) 第三四分位數 Q_3 是後一半資料的中位數。

(3) 四分位差 IQR $= Q_3 - Q_1$。

　百分之二十五、五十以及七十五的值，習慣上以 Q_i 表示。

3. 五分位數 (quintiles)

　將資料分爲五組：20%、40%、60%、80%、100%。

4. 十分位數 (deciles)

　將資料分爲十組。

三、分散程度、波動程度量度

(一) 變異量數的概念

　測量資料之分散情形的量數，衡量散布的範圍。

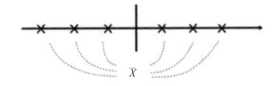

　屬於離散的觀念，距離平均數有多遠、多散布。在財務投資上，離散代表

的就是風險。舉例來說，保證賺 5% 的投資 vs. 平均賺 5%，但有可能賺 90% 或賠 80% 的投資，這兩個你會選哪一個？

(二) 全距 (range)

全距＝最大值 – 最小值，樣本與母體無異。計算容易、提供之資訊較少。

例 2-4　What is the range for the 10-year annualized total returns for five investment managers if the managers' individual return were 30%, 12%, 28%, 25% and 21%

答：18%

(三) 平均差 (MAD, mean absolute deviation 或 AD, average deviation)

1. $AD = \dfrac{\sum |X - \overline{X}|}{N}$

2. $\dfrac{\sum X}{N} - \overline{X} = 0$

(四) 變異數 (variance)

1. 變異數 (variance)

變異數是一種最常用來衡量一群數值散布範圍的指標。其公式為：

$$\sigma^2 = \frac{\sum (X_i - \mu)^2}{n} \text{ 。}$$

(1) 共變數 (covariance)：是關聯性的指標，表示一群人的兩個變數之間共變的情形。

(2) 變異數 (variance)：是分散情形的指標，表示一個團體內各成員在某一變數方面的個別差異大小。

2. 樣本變異數 (sample variance)

樣本變異數真正的意義必須在學到了抽樣與估計的概念後才能說得清楚。在此處只要記得，樣本變異數是一個用來估計母體真正變異數的指標，這種估計的指標有一個專有名詞稱為統計量。樣本變異數的公式是：

$$s^2 = \frac{n}{n-1} \times \frac{\sum (X_i - \overline{X})^2}{n} = \frac{\sum (X_i - \overline{X})^2}{n-1} = \frac{SS_X}{n-1}$$

其中 $SS_x = \sum (X_i - \overline{X})^2 = \sum X_i^2 - \sum \overline{X}^2$。

(五) 標準差

1. 標準差～風險值

標準差是變異數開根號後的數值，衡量的是所有數值與平均數的平均距離。其公式為：

$$\sigma = \sqrt{\frac{\sum (X_i - \mu)^2}{N}}$$

標準差必然是正值，而且其單位與原資料相同。也就是說我們會說某一群人的身高標準差 5 公分，但是你不能說某一群人的身高變異數是 5 公分。如果是變異數，你要說 5(公分)^2。

2. 樣本標準差

樣本標準差是樣本變異數開根號後的數值，因此就等於：

$$s = \sqrt{\frac{\sum (X_i - \overline{X})^2}{n-1}}$$

例 **2-5** (AIMR Sample 2004-21)Which of the following statements about standard deviation is most accurate? Standard deviation: (A) is the square of the variance. (B) can be a positive number or a negative number. (C) is denominated in the same units as the original data. (D) is the arithmetic mean of the squared deviations from the mean.

答：(C)

(六) 四分位差 (quartile range)

$Q = \dfrac{Q_3 - Q_1}{2}$，其中 $Q_3 - Q_1$ 為內四分位數全距 (inter-quartile range)，Q_3 為第 $\frac{3}{4}N$ 個觀察值，Q_1 為第 $\frac{1}{4}N$ 個觀察值。四分位差表示中央 50% 的資料的變異。

(七) 變異量度的平移及縮放

1. $Var(aX + b) = a^2 Var(X)$
2. $Var(aX + Y) = a^2 Var(X) + Var(Y) + Cov(X, Y)$

假設一組數字：1、2、3、4、5，$\overline{X} = 3$。

集中趨勢量度：所有數字變 4 倍時，數列：4、8、12、16、20，$\overline{X} = 4 \times 3$；所有數字 + 4，$\overline{X} = 3 + 4$。

變異量度：當序列所有數字變 4 倍，則標準差 ×4、變異數 ×16。

四、機率、分配

(一) 常態分配

一般迴歸模型：OLS、ARIMA、VAR、ARCH、VECM，都會假定迴歸模型之誤差項 $u_t \overset{iid}{\sim} N(0, \sigma^2)$，表示前後期誤差項是彼此獨立且同態 (iid)(如常態分配 Normal())、平均數 0 而且變異數 σ^2。例如，標準常態分配之檢定，就需判定其偏態是否近 0；峰度是否近 3。若是，表示它屬常態分配。

(二) 偏態 (skewness)

1. 定義

偏態是 3 級動差 (moment) 概念，用以判定分配之偏移狀態及程度。其定義如下：

$$偏態 = \frac{\sum(X - \mu)^3}{N} \times \frac{1}{\sigma^3}$$

2. 圖形

正偏態或右偏態 (positive skewed 或 right skewed)(尾巴向右側)

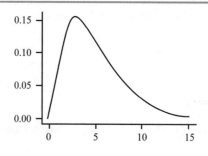

負偏態或左偏態 (negative skewed 或 left skewed)(尾巴向左側)

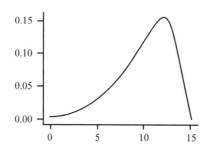

3. 偏態分配下之平均、中位數與眾數大小關係

以下關係是正常數據的表現：

(1) 右傾 (right skewness)：Mean > Median > Mode

(2) 左傾 (left skewness)：Mean < Median < Mode

4. 近似值

由皮爾生經過大量量測得知 $M_o = M - 3(M - M_d)$。

5. 應用

大的正偏態，表示出現正向偏誤的情形常見。在做投資時，如果有 5% 的平均收益，10% 的標準差，則顯著的負偏態告訴我們的訊息是，多半的時候，報酬高於平均，但是偶而會遇到大災難。許多投資股票的人都經歷過類似的經驗，這就是負偏態的現象。你能夠想得通嗎？

例 2-6 在集中量數中，下列何種情況最不可能出現？(A) $M > M_d > M_o$
(B) $M_o > M_d > M$　(C) $M > M_o > M_d$　(D) $M = M_o = M_d$。
答：(C)

(三) 峰度 K(kurtosis)

1. 基本概念

峰度是 4 級動差 (moment) 概念，用來衡量一組數據是不是比常態分配更尖。以四級動差描述。

$$峰度 = \frac{\sum(X - \mu)^4}{n} \times \frac{1}{\sigma^4}$$

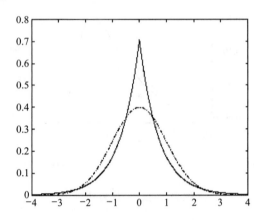

峰度僅在單峰分配下有意義。常態分配之 $K = 3$，大於 3 者為高狹峰 (leptokurtic)，小於 3 者為低闊峰(platykurtic)。(lepto 為修長的，platy 為寬廣的)。

高狹峰表示：(1) 較高的峰 (peak) 及 (2) 較肥的尾 (fat-tail)。要注意，這兩件事是同時發生的。

2. 超峰度 G(excess kurtosis)

$G = K - 3$，超峰 G 為峰度 K 減 3。

3. 應用

高峰等於肥尾。這在財務上的重要性是提醒我們極端值 (extreme value) 發生的可能性，表示發生的機率較大。以 1926-2002 年間 S&P 500 的月報酬率為例，其超峰度 (excess kurtosis) 高達 9.4645，這表示發生大於三個標準差外的情況遠多於常態分配下的狀況。對於做風險控管的人來說，如果你是用其標準差 5.65% 來思考，危機就不遠了。

五、夏普量度 (Sharpe's measure)

(一) 夏普量度

夏普公式：$\dfrac{\bar{r}_p - r_f}{\sigma_p}$，其中，$\bar{r}_p$ 為期望投資組合報酬，r_f 為無風險之利率，σ_p 為投資組合之標準差。它係計算每一單位風險的承受下，所獲取的利益貼水 (premium)。舉例來說，若公債利率為 2%(假設無任何風險 risk-free interest rate)，投資某張股票的獲利平均為 10%，標準差為 5%，其夏普量度為

$$\frac{10\% - 2\%}{5\%} = 1.6 \,\text{。}$$

(二) 變異係數 (Coefficient of Variation)

變異係數：$CV = \dfrac{S}{X}$。主要目的在於標準化比較之基準，爲標準化後的標準差。例：單單比較臺灣 (近年約 7000～9000 點) 與美國道瓊 (近年約 11000～16000 點) 的股市之變異並無意義，需要標準化後的資訊。因爲 CV 常以百分比表示，故許多書籍將其定義列爲 $CV = 100 \times \dfrac{S}{X}\%$。

2-2 時間序列之統計分類

統計學的分類，常見包括：(1) 單變量、多變量，都可用 SPSS/SAS 軟體來分析。(2) 初等統計、高等統計、多變量統計，亦可用 SPSS/SAS 軟體來分析。(3) 定態 / 恆定 (stationarity) 資料、非定態 / 非恆定資料。定態數列可用 SPSS/SAS 軟體來分析，非定態序列則可用：(I) 免寫指令的 JMulTi(可以由 www.jmulti.de 免費下載)；(II) 要寫指令的 RATS 及 Eviews；(III) 功能強大且要寫指令的財經軟體 R(http://cran.r-project.org/bin/windows/base/) 等 4 種軟體來分析。(4) 橫斷面分析、縱貫面之時間序列 (time series) 分析、橫斷面＋縱貫面之 Panel data 分析，可用 Limdep 軟體來分析。

橫斷面係指同一時間，收集許多資料；縱貫面係指每一時間片段，只收集一個資料，因此又叫時間序列 (time series)。

所謂定態 (恆定) 的時間序列資料即在一個外生衝擊發生時，只會產生短暫的影響，但隨著時間的經過將使時間序列回到長期均衡水準。反之，則稱爲非定態 (非恆定) 的時間序列資料。

Stata, JMulTi 或 Eviews 統計的主功能，包括：

1. Unit root(判定序列是否具有穩定性)。

2. Cointegration(分析二個以上序列是否有長期共同移動趨勢)。

3. Granger causality(分析二個以上序列之間的領先一落後關係)。

4. Vector error correction model(VECM)(二個以上序列之間的跨期長短期互動，即序列間的因果關係；或做樣本外預測)。

5. ARIMA：定態或非定態單一序列的預測。

6. VAR 之 Impulse response function(內衝擊影響力) => G-IRF、

VAR 之 Variance decomposition(波動解釋力) => G-VDC。

上述時間序列分析法，其中，向量自我迴歸 (VAR) 或 Structural VAR 研究法之步驟，依序為：

Step 1：運用 Johansen(1994) 五個向量自我相關 (VAR 模型，共整測試 (Cointegration test) 諸變數是否具有長期均衡關係 (long term equilibrium relationship)，對各變數穩定性 (stationarity) 作單根 (unit-root) 測試，單根測試是共整分析前所必須條件。

Step 2：誤差修正模型進行短期互動測試。

Step 3：採用 Granger(1988) 考慮誤差修正項之 ECM 模型進行 Granger Causality 因果關係測試。

Step 4：運用衝擊反應函數 (Impulse Response Function) 來評估各變數間的跨期動態效果。

Step 5：採用變異數分解 (Variance Decomposition) 來判定各變數的相對外生性 (exogeneity ordering)。

表 2-2　統計分析技術之分類

	定態 / 恆定 (stationarity) 資料		非定態 / 非恆定 (non-stationarity) 資料 (y_t 需差分一次後，Δy_t 才定態)	
	單變量統計 (單一個依變數)	多變量統計 (多個依變數)	單變量時間序列	多變量時間序列
横斷面	χ^2、t 檢定、相關 r、變異數 / 共變數 F 檢定、線性迴歸 (OLS、GLS)	典型相關 ρ、MDS、信度分析、因素分析、集群分析、區別分析、結構模式分析 (SEM)、(Fuzzy)AHP、(Fuzzy)TOPSIS、網路分析法 (ANP)、詮譯結構法 (ISM)、決策實驗室分析法 (DEMATEL)		

	定態／恆定 (stationarity) 資料		非定態／非恆定 (non-stationarity) 資料 (y_t 需差分一次後，Δy_t 才定態)	
	單變量統計 (單一個依變數)	多變量統計 (多個依變數)	單變量時間序列	多變量時間序列
縱貫面	相依樣本 t 檢定、自我迴歸 (AR)、ARIMA、重複量數之 MANOVA/MACOVA	向量自我迴歸 (VAR)/TAR、結構向量自我迴歸 (Structural VAR)	自我迴歸、貝氏自我迴歸、無參數自我迴歸 (NAR、NSAR、SDNAR、SHNAR)、單變量 ARCH-GARCH	向量誤差修正模型 (VECM)、非線性之平滑移動迴歸 (STR)、多變量 GARCH(1,1)
橫斷＋縱貫面	二因子混合設計 ANOVA/MOCOVA、階層線性模型 (Hierarchical Linear Model 或稱 Multilevel Mixed Effect Model)	panel data 迴歸分析		

註：1. 階層線性模型可用 HLM 軟體 (http://www.estat.us/id38.html) 來分析。
　　 2. SEM 可用 Stata、LISREL、AMOS、EQS 等軟體來分析。
　　 3. 在「網底」範圍，都是本書探討之重點。
　　 4. 雙線之框內，都可用 Stata,SPSS、或張紹勳在五南出版之另一中文書《Fuzzy Multi-Criteria Decision Making for Evaluation Method》所寫的 Excel 程式來解析。

　　易言之，本書涵蓋財經、金融研究法的時間序列，包括：

1. Autoregressive estimation(自我迴歸)。
2. ARIMA(自我迴歸移動平均)。
3. ARCH(自我相關條件異質變異)。
4. GARCH(一般化自我相關條件異質變異)。
5. Vector Autoregression(向量自我迴歸)。
6. VECM(向量誤差修正模型)。
7. Cointegration test(共整合檢定) 包括：(1)Engle-Granger 共整合檢定；(2) 兩兩同階次的非穩態 (nonstationary，非定態) 變數進行共整合檢定；(3)Johansen 共整合檢定；(4) 可一次進行多個非穩態 (nonstationary，非定態) 變數的共整合檢定。
8. 非線性迴歸 (平滑轉換迴歸 STR、平滑轉換自我迴歸 STAR)。

2-2-1 何謂穩定性 (定態)

總體經濟變數中，許多時間序列行為往往呈現各種不同的長期趨勢，而與定態時間序列有很大的差異。目前一般實證分析上主要考慮決定項趨勢 (deterministic trend) 與隨機趨勢 (stochastic trend) 兩種。基本上，時間序列具有決定項趨勢者，在模型中加入時間趨勢項後，可成為定態序列；但時間序列具隨機趨勢者〔通常為 $I(1)$ 數列，即時間序列經一次差分可為定態序列〕，由於在模型中加入時間趨勢項，並不會使模型的期望值與變異數收斂，故必須將序列加以差分，使其成為定態序列後，才能作正確的統計推論。

當資料含隨機趨勢時，如直接以 OLS 估計，會導致 Granger & Newbold(1974) 所提出的虛假迴歸 (spurious regression) 問題。Granger & Newbold(1974) 發現，虛假迴歸 (spurious regression) 的結果，通常會產生 R^2 很高，但 Durbin-Watson 統計量的值很低的情形。

因此，在進行實證分析前，應先就時間序列的穩定性加以檢定。判斷時間序列是否為非定態序列的方法除觀察圖形外，目前一般採取的檢定方法為納入序列之常數項與時間趨勢項的 ADF 單根檢定 (Augmented Dickey Fuller unit-root test)。雖然樣本數增加，有助於以圖形判斷資料是否為確定趨勢或隨機趨勢，惟管中閔 (1999) 認為圖形與單根檢定均有限制，並不能完全解決判斷資料產生的過程究竟為確定趨勢或隨機趨勢。

假設欲檢定時間序列 y_t 是否為定態序列，根據 ADF 單根檢定的做法，即是檢定下列之時間序列模型中 y_{t-1} 的係數估計值 ρ 是否等於 1。

$$\Delta y_t = a_0 + (\rho - 1)y_{t-1} + a_2 Trend + \sum_{i=1}^{p} b_i \Delta y_{t-i} + e_t$$

如檢定結果無法拒絕單根虛無假設，即 $\rho = 1$，則 y_t 為非定態序列。對於非定態序列，應取差分並持續反覆以 ADF 檢定，直到差分後的序列為定態時，再進行迴歸分析 (如 VAR、SVAR)。此外，如時間序列具有結構改變時，應改以 Banerjee, Lumsdaine & Stock(1992) 建議的遞迴檢定 (recursive test)、滾動檢定 (rolling test) 或連續檢定 (sequential test) 三種檢定方法之一進行檢定。

何謂單根 (Unit Root)？

$$\Delta y_t = \phi \times y_{t-1} + \sum_{j=1}^{p-1} \alpha_j \Delta y_{t-j} + \varepsilon_t$$

以上式來說，「單根」("one" root) 係指，y_{t-1} 的係數 ϕ 理論上會趨近「1」("one")，表示，若序列 y_t 有趨勢存在，則該序列差分後的後 p 期(Δy_{t-p})都可預期當期 Δy_t。

2-2-2 經濟分析常用的時間序列模型

一、向量誤差修正模型 (vector error correction models, VECMs)

統計上，整合階數 1 之 I(1) 序列的線性組合仍為 I(1)，但若存有某種線性組合是 I(0)，則這些 I(1) 序列具有共整合 (co-integration) 關係。由於共整合關係可以捕捉 I(1) 序列之間的共同趨勢 (common trend)，故若能從長期的角度確認變數之間的領先落後關係，則可利用共整合關係中的變數來預測其他變數的長期趨勢。

就經濟分析的角度觀之，經濟變數的共整合關係可視為長期均衡 (long-run equilibrium)。當經濟變數為 I(1) 序列時，以差分後的序列設定迴歸模型，雖使模型合乎定態的假設前提，但卻造成模型估計結果損失長期資訊[1]。為了讓模型的設定能將經濟變數間的長期均衡關係與短期的調整狀況 (含調整速度) 同時呈現，目前普遍被接受的做法即是採取共整合分析方法。

檢定經濟變數之間是否具有共整合關係，可利用 Engle & Granger(1987) 兩階段共整合分析法，和 Johansen(1988) 與 Johansen & Juselius(1990) 最大概似法 (maximum likelihood, MLE)。由於前者僅限於分析單條共整合關係式，且經常無法得知對共整合向量的極限分配；故為避免得到不具效率 (inefficient) 的共整合向量估計結果，扭曲經濟變數間的長期均衡關係與調整速度，一般較允當

---

[1] 假設 c 表示消費，y 表示所得，設定迴歸模型 $\Delta y_t = \beta \Delta c_t + \varepsilon_t$ 進行分析，雖滿足定態時間數列的前提，但從經濟分析的角度來看，由於長期下，c 與 y 將維持穩定狀態 (steady state)，即 $\Delta y_t = \Delta c_t = 0$，隱含迴歸方程式為 $0 = \beta \times 0 + \varepsilon_t$，在缺乏 c 與 y 的長期關係下，該方程式意義不大。

的分析方式係依據 Johansen(1988) 多變量共整合分析法 (vector error correction models; VECMs)。以最大概似法之概度比檢定統計量檢定共整合向量個數與共整合關係。一旦共整合關係的個數確定,透過 Granger 表現定理 (Granger representation theorem) 將可以誤差修正模型描繪經濟變數的長期均衡關係與短期的動態調整 [2]。

二、向量自我迴歸模型 (vector-autoregressive models, VARs) 與結構化向量自我迴歸模型 (structural vector-autoregressive models, SVARs)

一組經濟變數以向量 Z_t 表示,經檢定為定態數列後,可直接以 OLS 估計並進行 VAR 模型分析,其 VAR 模型的表示為:

$$Z_t = \alpha + \sum_{i=1}^{p} \beta_i Z_{t-i} + e_t \qquad (\text{其中 } e_t \text{ 為白噪音})$$

Sim(1980) 提倡以 VAR 模型分析經濟體系的動態模型,以免除傳統總體模型在「認定固定地排除限制條件」與「決定經濟體系變數的內生或外生」等問題。由於經濟變數內生或外生難以區分,Sim 主張將所有的經濟變數均視為內生變數,並在估計一未受限制的 VAR 模型後,假設經濟變數的同期交互影響 (contemporaneous interaction) 為遞迴關係,即以變數的排列次序,認定結構模型的衝擊 (structural shock),以便由衝擊反應函數 (impulse response functions)

---

[2] 設一 k 階 n 維向量自我迴歸 (vector-autoregressive; VAR) 模型 Z_t 為 $Z_t = A_1 Z_{t-1} + A_2 Z_{t-2} + \cdots + A_k Z_{t-k} + u_t$,$u_t \sim N(0, \sum)$,根據 Granger 表現定理,可將其改寫為 $\Delta Z_t = \Gamma_1 \Delta Z_{t-1} + \Gamma_2 \Delta Z_{t-2} + \cdots + \Pi Z_{t-1} + u_t$,其中,$\Gamma_i = -(I - A_1 - A_2 - \cdots - A_i)$,$i = 1, 2, \cdots, k-1$,$\Pi = -(I - A_1 - A_2 - \cdots - A_k)$,$\Pi = \alpha\beta'$,($\alpha$ 為調整速度,β 為共整合向量個數)。Johansen (1988) 之最大概似法檢定係檢定 Π 的秩 (rank),當

(1) Π 為滿秩 (full rank) 時,表示向量 Z_t 中所有變數均為定態數列,VAR 模型可直接以變數之水準值估計;

(2) Π 為零矩陣時,Z_t 中的變數間無共整合關係,故 VAR 模型可就 Z_t 中所有變數取差分後,進行估計;

(3) Π 的秩為 $r < n$,表示向量 Z_t 中的變數存在 r 個共整合關係,應以誤差修正模型進行分析。

描繪解釋樣本期間內衝擊對經濟體系的影響,並透過變異數分解 (variance decomposition) 評估造成體系內經濟變數變異的因素之相對重要性。

就經濟分析的角度觀之,VAR 模型是結構模型的縮減式,其背後可以代表無窮種類的結構模型,因此須加以認定,才能使縮減式的 VAR 模型還原為具有明確經濟理論基礎的結構模型。換言之,VAR 模型是一種對資料的統計敘述 (statistical description),在加入經濟理論的限制式後,結構化的 VAR(structural VAR) 模型才具經濟分析的意義 [3]。

在結構模型的認定上,一般最常採取遞迴的認定方法 (recursive identification scheme)[4],但 Cooley & LeRoy(1985) 指出此種認定方法,因變數排列順序不同將影響所認定的結構模型的參數,故其所認定的模型並不一定同等於原始的結構模型。由於大部分的經濟理論對於經濟變數的同期關係的限制式通常不足完整認定模型,故部分學者以經濟理論的長期限制式 (long-run restrictions) 協助 VAR 模型的認定,如 Balnchard & Quah(1989) 假設供給面的衝擊對於實質面有永久性效果 (permanent effect) 但需求面的衝擊對實質變數只有暫時性效果 (temporary effect),認定結構模型的衝擊。Quah & Vahey(1995),假設核心物價變動對物價水準有持續性的效果 (persistent effect),認定核心物價變動率的衝擊。另外,Bernake & Mihov(1998) 將 VAR 體系的變數分為政策與非政策變數,並假設當期非政策 (總體) 變數不受當期政策變數的影響,利用區塊遞迴認定法 (block-recursive identification scheme) 設定貨幣政策變數的限制式,以認定政策變數的結構衝擊。

三、狀態空間模型 (State space models, SSM)

狀態空間,一般由兩組方程式加以定義如 (2-1) 式與 (2-2) 式,其中 (2-1) 式稱為 state equation 或 transition equation,是決定體系的動態,(2-2) 式稱為 output equation 或 measurement equation,是近似於靜態的迴歸方程式。

$$\begin{cases} \alpha_t = c_t + T_t\alpha_{t-1} + R_t\eta_t, & \eta_t \sim N(0,Q_t) & \text{(2-1)} \\ y_t = d_t + Z_t\alpha_t + \varepsilon_t, & \varepsilon_t \sim N(0,Q_t) & \text{(2-2)} \end{cases}$$

---

[3] VAR 模型除有認定的問題外,模型落後期數的決定,亦容易產生自由度不足或過度配適 (over-fitting) 的情形。

[4] 在此遞迴認定方法即指 Cholesky decomposition。

向量 α_t 代表 p 個狀態變數 (無法觀測的變數)，y_t 代表 N 個結果 (output)，干擾項變異數隨時間改變。

在計量分析上，SSM 主要應用在結構時間數列模型 (structural time series models)、特定無法觀察項目模型 (specific unobserved component models)、參數隨時間變動的模型 (time-varying parameter models) 與資料估計 (data estimation) 等。其估計方法為 MLE，估計步驟包括設定初值、利用 Kalman filter 評估 MLE 的估計的預測誤差 (prediction error)，以及用數值分析 (numerical procedure) 找到參數估計值。

至於在經濟分析方面，SSM 常用於估計無法觀測的經濟變數，相關的實證研究如 Smets(2002) 以設立 SSM 估計潛在產出、Staiger 和 Stock & Watson(1977) 與 Bank of England(1999) 以 SSM 估計無加速通貨膨脹失業率 (non-accelerating inflation rate of unemployment, NAIRU) 等。

2-2-3 時間序列之統計軟體

橫斷面變數可用 SPSS/SAS 軟體來分析。縱貫面之時間序列 (time series) 則可用：免寫指令的 JMulTi(可以由 http://www.jmulti.de 免費下載)、或用要寫指令的 RATS 及 Eviews、或功能強大且要寫指令的財經軟體 R(http://cran.r-project.org/bin/windows/base/) 等 4 種軟體來分析。橫斷面＋縱貫面之 Panel data 分析，可用 Limdep 軟體來分析。

常見時間序列分析軟體，包括：分析定態資料之 SPSS；分析非定態資料之 Stata、JMulti(免費的)、S-PLUS、R、RATS、EViews、Limdep(for Panel data analysis) 軟體。

1. JMulTi 統計軟體

JMulTi 是所有時間序列軟體最優者，它的內建程式包括：OLS Regression、UnitRoot、Co-integation、VAR、SVAR、ARCH- GARCH、VECM、Nonparametric Time Series、Smooth transition Regression、ARIMA⋯。

2. RATS 統計軟體

RATS 軟體裡面有內建程式包括：GARCH、EGARCH、ARCH、GJR-GARCH。倘若我們要分析：雙變量 GARCH 和雙變量 GJR-GARCH-M 的程式，則可用 RATS Wizards 來建模。

3. EViews 統計軟體

EViews 是在處理一般統計分析、時間序列 (time series) 估計與預測、橫斷面資料 (cross-section)、縱橫資料 (panel data)、大規模模型模擬、繪製研究圖形或簡單資料管理的最佳選擇。

2-3 計量經濟之專有名詞

一、領先指標 (leading indicator)

經濟的領先指標，係指未來經濟波動轉好或轉壞之前，事前可由一些徵候或一些現象出現，先表露出某訊息。就像生病一樣，要感冒之前會先打噴嚏，那麼打噴嚏就是感冒的領先徵候。經濟變動也是一樣，有領先的徵候出現。將這些徵候想辦法用數字來表示其大小或強弱，就叫做領先指標。

所謂「領先指標綜合指數」是由數項能提前反映景氣變動情況的指標所構成，用來預測短期未來景氣變化。意義上，領先指標的高峰與谷底會比經濟循環的階段要出現得早，因此是重要的預測與規劃工具。

臺灣經濟景氣循環之領先指標，是由行政院經濟建設委員會之經濟研究處編印按月發表。經建會所計算的領先指標，是根據下列七項的變動因素綜合編成的：(1) 臺北市房屋建築申請面積。(2) 與上年同月比較之製造業新接訂單指數變動率。(3) 製造業平均每人每月工作時數。(4) 與上年同月比較之股價指數變動率。(5) 與六個月前比較之躉售物價指數變動率。(6) 與上年度同月比較之海關出口值變動率。(7) 與上年度同月比較之貨幣供給額變動率等七項。依據上述七項綜合平均計算臺海經濟景氣的領先指標。國內的經濟領先指標與股價走向關係密切，值得投資人注意。

舉例來說，美國道瓊是臺股領先指標、石油價格是道瓊領先指標、大宗物價 (玉米代表) 是石油價格領先指標，即「芝加哥玉米指數 (大宗物資) → NJ 油價 → 美股道瓊 → 臺股」。假設玉米期貨領先臺股 4 週，故欲知臺股未來 1 個月的走勢，可查玉米期貨之網站：(1)http://www.bloomberg.com/markets/commodities/futures/，彭博 CRB 商品期貨。(2)http://www.cnyes.com/futures/javachart/CCON.html，鉅亨網 → 期貨 → 玉米。

圖 2-1 玉米期貨是臺股遠期之領先指標

(一) 景氣指標的應用

　　景氣指標是景氣預測工具之一，目前經建會所編製的「臺灣景氣指標」包括三部分：(1) 景氣對策信號。(2) 景氣動向指標。(3) 產業景氣調查。前二者是根據客觀的統計資料，顯示我國總體經濟之狀況，產業景氣調查則根據廠商提供的客觀數據及主觀判斷，來了解個別產業之景氣狀況。

1. 景氣對策信號是根據貨幣供給變動率等九項與景氣變動較為密切的經濟指標

編製而成，九項指標中包含：(1) 製造業新接訂單。(2) 出口。(3) 工業生產。(4) 製造業成品存貨率。(5) 非農業部門就業等五項實質面的指標。(6) 貨幣供給 (M1B)。(7) 放款。(8) 票據交換。(9) 股價。後四項為金融面的指標。

每一項指標依變動率或比率訂出四個分界點 (檢查值) 共 5 分最高 5 分最低 1 分。區分為五種信號燈來表示景氣的好壞：(1)「紅燈」表示景氣過熱，38-45 分。(2)「黃紅燈」表示景氣活絡，32-37 分。(3)「綠燈」表示景氣穩定，23-31 分。(4)「黃藍燈」表示景氣欠佳，17-22 分。(5)「藍燈」表示景氣衰退，9-16 分。由於景氣對策信號將個別指標之變動情形，以區間分段方式判定燈號，因此，當指標變動幅度在同一區段時，不會改變燈號，但若某月份指標變動幅度雖與上月差異不大，卻正好超過臨界點而處不同區段，燈號即改變。此為其特點，亦為其限制，顯示景氣對策信號是以區間劃分的方式，將總體經濟狀況作一判定，目的在簡要地顯示景氣概況。若欲了解總體景氣變動的幅度，則須使用景氣動向指標。

2. 景氣動向指標是將所選取的統計數列，經過季節調整、標準化因子調整、加權平均等統計處理後，合併成一個綜合指數時間數列，不但可以反映景氣變動的方向，而且可以顯示景氣變動的幅度。其中，領先指標綜合指數是根據能夠提前反映景氣變動情況的指標編製而成，可用來預測未來景氣之變動。過去常將領先指標連續上升 (下降) 三個月視為景氣復甦 (下降) 的標竿，近年來的研究顯示，當領先指標下降 1～2%，且半年內至少有一半的構成項目下降時，表示景氣趨降。目前我國納入領先指標綜合指數的指標有七項，包括：製造業新接訂單變動率、製造業每月平均工作時數、臺灣地區房屋建築申請面積、海關出口值變動率、躉售物價變動率、貨幣供給 (M1B) 變動率，以及股價變動率。同時指標綜合指數是根據能夠反映當時景氣狀況的指標編製而成，可用來判斷當時的景氣狀況。目前我國納入同時指標綜合指數的指標有六項，包括工業生產變動率、製造業生產變動率、國內貨運量、製造業銷售值、製造業平均每月薪資變動率及票據交換金額變動率。

3. 欲了解產業的景氣狀況須參考景氣調查，該調查是以問卷方式，廣泛徵詢各業廠商之營業狀況及其對未來景氣的判斷。由各個產業之產銷、訂單、存貨及利潤之變動情形，可了解各行業之景氣狀況，由廠商對未來三個月的景氣預期，可看出短期未來不同行業之景氣的變動方向。

　　實務上，股市投資者想要逃過股災，就要緊盯股市最重要的三大領先指標：

1. 貨幣供給 (M1B) 變動率，它代表資金動態，因為沒量就沒價，中央銀行網址：

http://www.cbc.gov.tw/mp1.html。

2. 景氣燈號：它與景氣變動較爲密切的統計系列，經建會之景氣指標查詢系統：http://index.cepd.gov.tw/。

3. GDP：國內生產毛額 (Gross Domastic Product) 代表一國國內人民在某一單位時間中，生產的所有最終商品和勞務的市場價值。在美國，GDP 是每季數據，但以月份爲基礎，由經濟分析局 (BEA) 公布。其中估計值先行 (Advance) 報告，公布於當季結束後的第一個月內。臺灣主計處網址：http://www.dgbas.gov.tw。

以上景氣三大領先指標，若有其中二個指標同時出現由高點開始轉低「下跌」跡象，就是減碼投資股市的最佳時機；反之，就是進場股市的時機。領先指標之投資術，最好能配合「技術分析」來 Double Check(客觀互驗)。

(二) 領先指標的研究法

領先指標在研究法之如何應用呢？假設期貨指數若有領先現貨價格，則可拿過去「前 1 期或數期」期貨與現貨來進行相關的時間序列模型檢定，包括：自我迴歸 AR(p)、自我平均移動迴歸 ARMA(p, d, q)、向量自我迴歸 VAR(p)、共整合分析之 VECM、或異質性變異之自我迴歸 ARCH 與 GARCH 等，再從該迴歸結果來發現前期的期貨價格與現貨價格是否有顯著相關，及落差幾期。例如，用向量自我迴歸 (VAR) 模式探討美、日、英、港、臺五國股市間的相關程度、相互影響力以及領先與落後的動態關係。VAR 結果顯示，各國股市報酬率皆受美國前一天報酬率的影響，但美國卻不受他國影響，亦即美國股市可作爲其他股市的領先指標。又如，利用 Granger 因果關係模型檢定美國道瓊工業指數、NASDAQ 指數、費城半導體指數，以及臺灣加權股價指數等五種股價指數長期與短期領先或落後的關係。Granger 因果分析發現，只有美國道瓊工業指數、NASDAQ 指數、費城半導體指數單一方影響臺灣加權股價指數與臺灣電子股，且美國費城半導體指數對臺灣電子股指數，具有長期及短期領先關係。

(三) 美國經濟指標

表 2-3　美國經濟指標有 17 個

1. 指標：褐皮書 (Beige Book)	
指標內容	由聯準會所屬十二個地區分行向當地企業家、經濟學家等專業人士蒐集的資訊彙整而成，用來作為聯準會公開市場委員會 (FOMC) 集會時制定金融政策的依據，不過這些資料並不代表任何央行官員的正式意見。
來源	聯邦準備理事會 (Federal Reserve Board)。
統計頻率	每年八次。
發布時間	美東時間 2:00 PM，在聯準會公開市場委員會每次集會前兩週的星期三發布。
重要性	中，有時會影響金融市場走勢，在與其他近期的經濟報告整體考量時，可以衡量目前經濟的強勢。
2. 指標：耐久財訂單 (Durable Goods Orders)	
指標內容	用以衡量耐久財貨製造商收訖訂單的總金額變化，所衡量的財貨則指至少可以使用三年的產品，例如新車、電腦及冰箱等各類價格較昂貴的商品。
來源	商務部 (The Commerce Department)。
統計頻率	每月。
發布時間	美東時間 8:30 AM，通常在每月 26 日左右發布前一月份的資料。
重要性	高，由於它是工廠區隔的主要經濟指標，而且內容時效性強，因此經常會影響金融市場走勢，惟其單月數據的波動性甚強。
3. 指標：成屋銷售量 (Existing Home Sales)	
指標內容	用以衡量成屋的銷售速率，數據內容包括地理區分以及房價和市場餘屋庫存資訊，以預測房市的供需程度。
來源	全國不動產商協會 (National Association of Realtors，NAR)。
統計頻率	每月。
發布時間	美東時間 10:00 AM，通常在每月 25 日或之後的第一個工作日發布前一月份的資料。
重要性	中，有時會影響金融市場走勢，而且，鑑於此一資料的即時性強，因此它是一個用以衡量所有房市相關項目的指標。
4. 指標：工業生產指數 (Industrial Production)	
指標內容	用以衡量全國包括礦業、工廠及公用事業在內的工業產出，該報告並附帶一個名為產能利用率 (Capacity Utilization) 的指標，以衡量工業生產距離發生瓶頸的程度。
來源	聯邦準備理事會 (Federal Reserve Board)。

統計頻率	每月。
發布時間	美東時間 9:15 AM，通常在每月的第 15 日左右發布前一月份的資料。
重要性	中高，經常會影響金融市場走勢，而且由於這一數據是在每一月份結束後的大約兩週便發布，因此其時效性也非常高，附帶發布的產能利用率則是一個通膨的指標。

5. 指標：消費者物價指數 (Consumer Price Index)

指標內容	用以衡量同樣一組財貨及服務的成本變化，內容包括：食物、能源、衣物、住屋、交通、醫療及教育等。
來源	勞工部 (Labor Department)。
統計頻率	每月。
發布時間	美東時間 8:30 AM，通常在每月的第 15 日左右發布前一月份的資料。
重要性	高，只要是與通膨意涵有關的經濟數據都會影響金融市場變化，尤以扣除食物與能源兩項波動劇烈成分的核心指數更受到市場關注。

6. 指標：零售業銷售額 (Retail Sales)

指標內容	用以衡量消費者在零售市場的消費金額變化，但統計內容並不包含服務項目的支出，後者經常占有消費者整體消費金額的一半。
來源	商務部 (Department of Commerce)。
統計頻率	每月。
發布時間	美東時間 8:30 AM，通常在每月的第 12 日左右發布前一月份的資料，一個月後再發布修正數據。
重要性	非常高，幾乎都會影響金融市場走勢，而且由於這一數據是在每一月份結束後的大約兩週便發布，因此其時效性也非常高，並提供當月稍後發布之個人消費支出 (Personal Consumption Expenditures，PCE) 報告一些指引。

7. 指標：就業報告 (Employment Report)

指標內容	用以衡量淨增加的新工作數目，同時也統計出失業率、工人平均時薪，以及平均每週工時的數據。
來源	勞工部 (Labor Department)。
統計頻率	每月。
發布時間	美東時間 8:30 AM，每月第一個週五發布前一月份的統計。
重要性	非常高，通常會影響金融市場走勢，而且由於該數據的時效性很強，並同時包含了就業市場與工資水準的成長率，因此通常都被視為是用來衡量經濟健康情況的最佳單一指標，其意涵並經常會延伸至當月其他經濟報告的取向。

8. 指標：生產者物價指數 (Producer Price Index)

指標內容	用以衡量國內工廠、農場及加工廠的產品交貨價格變化。顧及食物和能源兩項成分經常受季節因素影響而波動劇烈，因此這項報告又計算扣除該二成分的核心物價，稱為生產者物價核心指數。
來源	勞工部 (Labor Department)。
統計頻率	每月。
發布時間	美東時間 8:30 AM，通常在每月的第 13 日左右發布前一月份的資料。
重要性	高，通常會影響金融市場走勢，而且其時效性及通膨意涵也廣泛受到市場追蹤。

9. 指標：新屋銷售 (New Home Sales)

指標內容	用以衡量一家庭新屋的銷售速率變化，數據內容包含地區性的統計、價格及市場餘屋 (以可供市場消化的月份數目表示)。
來源	商務部 (Commerce Department)。
統計頻率	每月。
發布時間	美東時間 10:00 AM，每月最後一個工作日或次月第一個工作日左右發布前一月份的數據。
重要性	中上，有時會影響市場走勢，而且這一數據也被視為近期與房市相關支出的指標，例如家具、新廚具等等。新屋銷售占美國整體房屋市場大約 15% 的銷售量，其餘則為成屋。

10. 指標：消費者信心指數 (Consumer Confidence Index)

指標內容	這一指數係將 1985 年的水準定為 100，由紐約民間組織工商協進會每月抽樣向 5,000 戶家庭調查而得，調查內容包括消費者對經濟景氣、就業市場，以及個人收入的展望等。
來源	工商協進會 (The Conference Board)。
統計頻率	每月。
發布時間	美東時間 10:00 AM，每月最後一個週二發布當月份的數據。
重要性	中等，有時也會影響市場走勢。在與其他諸如密西根大學消費信心等指數合併觀察時，將有助了解消費者目前及未來的心態。

11. 指標：工廠訂單 (Factory Orders)

指標內容	用以衡量製造業訂單、出貨及庫存的變化。
來源	商務部 (Commerce Department)。
統計頻率	每月。
發布時間	美東時間 10:00 AM，每月第一週擇日發布前二月份的數據。

重要性	中低，因為此一數據大約 55% 是由耐久財訂單、45% 是由非耐久財訂單組成，而耐久財訂單通常會先此數據一週便發布，因此其時效性也就不強，甚少影響金融市場的走勢，不過市場人士會多少會注意一下前一月份的修正數據，並利用報告中的製造業庫存來協助預測季度的國內生產毛額 (GDP)。

12. 指標：首次申請失業保險金人數 (Initial Jobless Claims)

指標內容	用以衡量首次申請政府失業保險金的人數。
來源	勞工部 (Labor Department)。
統計頻率	每週。
發布時間	美東時間每週四 8：30 AM，發布截至前一週週六的數據。
重要性	中上，偶而會影響市場走勢，而且因其時效性強，因此也被視為勞動力及就業市場的極佳指標，但其每週數據的波動劇烈，因此四週的移動平均數是判斷未來趨勢的較佳指標。

13. 指標：經濟領先指標 (Leading Economic Indicators)

指標內容	這一指數係整合十項經濟指標，並將 1992 年的水準定為 100，用以預測未來六到九個月的經濟活動。其組成指數包含就業報告、首次申請失業保險金人數、工廠訂單、採購經理人協會指數、新屋開工、史坦普 500 指數水準、貨幣供給額、10 年期國庫債券與隔夜拆款利率的差距及密西根大學的消費信心指數。
來源	工商協進會 (The Conference Board)。
統計頻率	每月。
發布時間	美東時間 10：00 AM，每月月底附近發布前一月份的數據。
重要性	低，也幾乎從未影響市場走勢，因其指標大部分的成分指數均早已個別公布。

14. 指標：新屋開工與營建許可 (Housing Starts and Building Permits)

指標內容	用以衡量私有住屋破土動工的數目，以及在三、四個月後也將化身為新屋開工之營建許可數目的變化，地區別的資料同時也提供。
來源	商務部 (Commerce Department)。
統計頻率	每月。
發布時間	美東時間 8：30 AM，每月 18 日左右發布前一月的數據。
重要性	中，有時會影響市場走勢，因為它是房屋銷售以及整體支出的一個甚佳的領先指標，而且新屋開工資料也可用來預測國內生產毛額中的住宅投資成分。

15. 指標：商業庫存 (Business Inventories)

指標內容	用以衡量包括製造、批發及零售三個階段在內的整體商業庫存，以及這三個階段的銷貨金額。
來源	商務部 (Commerce Department)。
統計頻率	每月。
發布時間	美東時間 8：30 AM，每月 13 日左右發布前二月份的數據。
重要性	低，甚少影響市場走勢，因為除了零售階層的存貨是新資訊之外，其餘數據都已見諸其他報告，例如零售業銷售額在此之前已公布，批發庫存報告則已顯示批發階段的庫存資訊，工廠訂單報告則同時顯示製造層級的庫存資料。不過，這項報告仍有助用來預測國內生產毛額。

16. 指標：國內生產毛額 (Gross Domestic Product)

指標內容	用以衡量全國國內財貨與服務產值的經濟活動總金額，其中個人消費支出占數據成分的大約 68%，其餘則由投資、政府支出及淨出口金額組成。
來源	商務部經濟分析局 (Bureau of Economic Analysis，US Department of Commerce)。
統計頻率	每季與每年，而且每次數據會修正兩次。
發布時間	美東時間 8:30 AM，逢 1、4、7 及 10 月底時，所發布的資料為前一季度的先期報告 (advance report)，次月底經修。
重要性	非常高，尤其在與市場的期待值相提並論時，實際發布的經濟成長率或衰退率經常會左右金融市場的走勢。

17. 指標：採購經理人指數 (Purchasing Managers' Index)

指標內容	NAPM 每月彙整大約 350 家製造商的資料，衡量美國製造業的景氣現況，如果指數超過 50 便意味製造業仍繼續擴張，反之，表示陷入衰退。
來源	全國採購經理人協會 (National Association of Purchasing Management, NAPM)。
統計頻率	每月。
發布時間	美東時間 10: 00 AM，逢每月第一個工作日發布前一月份的數據。
重要性	非常高，幾乎都會影響市場的走勢，因其數據不僅時效性高，而且指數內容涵蓋新訂單、生產、僱用、交貨、庫存、價格、外銷新訂單、進口，以及累積訂單等九大成分，因此被視為衡量工廠區隔最佳的單一指標。

二、國內生產毛額 (GDP)

1. 國民生產毛額 (GNP)：本國人 (以國籍為準) 所生產出最終財貨與勞務 (中間財貨不計算，以避免重複計算) 的市場價值 (外國人在本國生產的不算)。

2. 國內生產毛額 (GDP)：在本國境內的人 (以地區為準) 所生產出最終財貨與勞務 (中間財貨不計算，以避免重複計算) 的市場價值 (本國人在外國的投資不算)。

GDP 的公式如下：

GDP = [C(民間消費) + I(投資) + G(政府)](D: 國內需求) + [X – M](F: 國外淨需求)

　　國內生產毛額 (Gross Domastic Product，GDP) 代表一國國內人民在某一單位時間中，生產的所有最終商品和勞務的市場價值。在美國，GDP 是每季數據，但以月份為基礎，由經濟分析局 (BEA) 公布。其中估計值先行 (Advance) 報告，公布於當季結束後的第一個月內。這份報告的估計值代表相當不完整的資料，因此某些數據通常會出現大幅修正。因為第一個估計值並不精確，因此經濟分析局會於接下來兩個月內公布初步的 (Preliminary) 與修正的 (Revised) 估計值。

　　GDP 是以生產所在地的國境界定範圍，依照 GDP 的定義，外籍勞工在本國從事生產所創造出來的價值包括在本國 GDP 中，但是本國國民僑居在海外者，其生產價值不包括在本國 GDP 中。因此就定義上來說，GDP 與 GNP 的估計值都來自於相同的支出資料，但兩者以不同的方式衡量國外資源的淨所得。

　　GDP 成長率呈現當前經濟狀況。成長率高，則代表經濟成長強勁，反之，則必須擔心經濟是否陷入衰退。然市場如何反映 GDP 報告，取決於市場原先對 GDP 的預期。GDP 成長率不如預期對債市而言是利多消息，對股市則否，因股市擔心經濟將陷入衰退。對匯市而言，不如預期的 GDP 低成長是項利空消息，因市場認為聯準會將被迫放寬信用，故本國貨幣將呈貶值走勢。

　　在實際應用上，消費者物價指數 (CPI) 是一項很重要的通膨指標；分析師通常會研究指數相較於上月及去年同期的變動，來判斷通貨膨脹的狀況。此外，分析師也會觀察去除食物及能源後的核心 PPI(core PPI)，以正確判斷物價的真正走勢，這是由於食物及能源價格一向受到季節及供需的影響，波動劇烈。不過，若食物或能源價格上揚的情況持續，且可能影響中長期物價水準及通膨狀況，則不可輕率忽略它們的變動。

　　GDP 的計算方式共有四種：生產面、所得面、支出面、成本面，現行流通的計算方式只有前面三種，「成本面」主計處並未公布如何計算。

　　(1) 生產面 GDP：所有最終財貨或勞務的市價總值。

　　(2) 所得面 GDP：地租 (租金) + 工資 + 利息 + 利潤 + 間接稅淨額 + 折舊。

(3) 支出面 GDP：民間消費支出 (C) + 國內毛投資 (Ig) + 政府消費支出 (G) + 淨出口 (X − M)。

GDP(國內生產毛額)
+ 國外要素所得淨額

GNP(國民生產毛額)
− 折舊

NNP(國民生產淨額)
− 間接稅淨額 (− 間接稅＋補貼)
政府公賣收入

NI(國民所得)
− 營利事業所得稅
公司未分配盈餘
保險費
+ 政府移轉性支出
片面移轉性所得
公債利息

PI(個人所得)
− 個人直接稅

DI(可用所得)
− 個人消費支出

S(儲蓄)

三、通貨

通貨 (currency) 就是「通用貨幣」的簡稱，而這裡所指的貨幣不單單只是我們一般所認知的現金，而現金的定義在這裡也不只是新臺幣，也包含了信用卡和旅行支票等流通程度。貨幣可分爲狹義的貨幣 M1 和廣義的貨幣 M2，其中 M1 又可細分爲 M1A 及 M1B 兩種：

M1A = 通貨淨額 + 支票存款 + 活期存款，這三種通貨都是流動性高且極富交易媒介價值的。

公式：M1B = M1A + 活期儲蓄存款。

公式：M2 = M1B + 準貨幣 (包括企業及個人在貨幣機構之定期性存款與外匯存款，郵匯局吸收之郵政儲金總數，企業及個人持有貨幣機構之附買回交易餘額，以及外國人持有之新臺幣存款。

M1B 與 M2 年增率下滑，代表貨幣減少、景氣下滑，M1B 是景氣領先指標，除非央行調降利率實施擴張措施，否則景氣可能繼續萎縮，有出現交叉的可能性。

M1B 通常指的是隨時可在股市進出的資金，死亡交叉表示活存的錢跑到定存或海外，錢從流動性較高的地方轉到流動性較低的地方，表示短期內資金需求變小，資金動能不足，股市偏空，是景氣轉冷指標之一。

央行每月都會公布 M1A、M1B 和 M2 等三大貨幣指標年增率統計，就像 3 個內包的同心圓。最裡面一圈是 M1A，即通貨 (民眾口袋中的錢)、支票存款和活期存款總和；第 2 圈為 M1B，比 M1A 多一層活期儲蓄存款。最外面一圈是 M2，即 M1B 外加定期性存款。

四、通貨膨脹～物價指數 (price index)

經濟學家將通貨膨脹 (inflation) 定義為「一般物價水準在某一時期內，連續性地以相當的幅度上漲」。從這個定義，我們可以知道，要稱為通貨膨脹，還得符合一些要件。通貨膨脹，簡稱通膨，意指整體物價水準相對特定數額貨幣 (購買力) 持續上升的狀態。與貨幣貶值不同，整體通貨膨脹為特定經濟體內之貨幣價值的下降，而貨幣貶值為貨幣在經濟體間之相對價值的降低。前者影響此貨幣在使用國內的價值，而後者影響此貨幣在國際市場上的價值。兩者之相關性為經濟學上的爭議之一。

因為不同物價影響不同人，通貨膨脹有許多不同的衡量方式，最常見兩種衡量指數為衡量帳面消費者物價的消費者物價指數，和衡量新出現的商品和服務的通貨膨脹的 GDP 平減指數。

主流經濟學家對於通貨膨脹起因的看法可大略分為兩派，「貨幣主義者」相信貨幣是通膨率數值最主要的影響，「凱因斯主義者」相信貨幣、利率和產出間的相互作用才是最主要的影響，凱因斯主義者也傾向除了一般標準消費性商品物價通膨外再另附上生產性商品 (資本) 通膨。其他理論，例如奧地利經濟學派，相信通膨是中央銀行增加貨幣供給導致。

通膨之相對概念包括：通貨緊縮 (deflation)，又稱通縮，意指整體物價水準下降。通貨膨脹減緩 (disinflation)，意指通膨率的降低。惡性通貨膨脹 (hyper-inflation)，意指通膨失去控制急遽增加。停滯性通膨 (stagflation)，又稱滯脹，意指通膨率與失業率同時增加。通貨再膨脹 (reflation)，意指企圖提高物價以反制來自通貨緊縮的壓力。

　　大體上，經濟學家是以對整體經濟活動的影響程度，來界定是不是出現了通貨膨脹的現象。例如，臺灣的通膨率預測約為 1.044%，可用 Litterman(1986) 貝氏 (Bayes') 向量自我迴歸來預測，實務上，最適貝氏向量自我迴歸模型，其對核心消費者物價樣本外中長期通膨預測 (八季預測) 的表現亦最佳，優於許多其他模型。通貨膨脹，因國而異，在不同的經濟結構，不同的歷史背景下，各國對通貨膨脹的容忍程度也不同。有時候，通貨膨脹只是一個相對的觀念。有些國家，譬如墨西哥，它的物價上漲率經常是 20% 以上，有時甚至於超過 100%；如果能把它降到 15% 以下，物價或許就算是穩定了。

　　但是，對一些國家而言，譬如歐美國家及我國，近年來物價平穩，上漲率都在 5% 以下，故對物價漲幅的要求也較嚴格。因此，關於物價上漲幅度多少才算通貨膨脹，只能粗略地以「超過正常的上漲幅度」界定之。

例 2-7　去年我國第一季實質 GDP 為新臺幣 23,261 億，今年度第一季實質 GDP 初步統計為新臺幣 23,509 億，則今年度第一季經濟成長率為 1.06%。

答：$\dfrac{23509 - 23261}{23261} \times 100\% = 1.06\%$

例 2-8　假設去年名目 GDP 為 1,200 億元，實質 GDP 為 1,250 億元，今年名目 GDP 為 1,250 億元，實質 GDP 為 1,200 億元，今年經濟成長率怎麼計算？

公式：$經濟成長率 = \dfrac{本期實質GDP - 前期實質GDP}{前期實質GDP} = \dfrac{本期實質GDP}{前期實質GDP} - 1$

答：$\dfrac{1200 - 1250}{1250} \times 100\% = -4\%$

例 **2-9** 假設以 20XX 年爲基期,去年及今年的物價指數分別爲 110 及 125,而去年及今年的 GDP 分別爲 3,520 億元及 4,500 億元,則今年的實際經濟成長率爲?

公式: $$實質GDP = \frac{名目GDP}{物價指數}$$

答:先算去年的實質 GDP,即 3520/110% = 3,200 億元;再算出今年實質 GDP,即 4,500/125% = 3,600 億元。實質經濟成長率爲 (3,600 − 3,200)/3,200 = 12.5%。

例 **2-10** 去年的名目 GDP 爲 400 億美元,今年的名目 GDP 爲 540 億美元,若這段期間的物價膨脹率爲 20%,則實際經濟成長率約爲?

答:先算去年的實質 GDP,即 400/100% = 400 億美元;再算今年實質 GDP,即 540/120% = 450 億美元。實質經濟成長率爲 (450 − 400)/400 = 12.5%。

例 **2-11** 同樣地,去年的名目 GDP 爲 400 億美元,今年的名目 GDP 爲 540 億美元,若這段期間的物價膨脹率爲 2 倍 = 40%,則實際經濟成長率約爲?

答:先算去年的實質 GDP,即 400/100% = 400 億美元;再算今年實質 GDP,即 540/140% = 385.7 億美元。實質經濟成長率爲 (385.7 − 400)/400 = 負 3.6%。

由以上舉例得知,當一個國家物價通貨膨脹率愈高的話,實質經濟成長率將出現衰退現象,甚至出現負的經濟成長率,故物價通貨膨脹率常常是各國經濟的絆腳石,不利經濟發展。

五、通貨緊縮

(一) 通貨緊縮 (Deflation)

是指貨幣供應量少於流通領域對貨幣的實際需求量而引起的貨幣升值,從而引起的商品和勞務的貨幣價格總水平的持續下跌現象。通貨緊縮,包括物價

水平、貨幣供應量和經濟增長率三者同時持續下降；它是當市場上的貨幣減少，購買能力下降，影響物價之下跌所造成的；長期的貨幣緊縮會抑制投資與生產，導致失業率升高與經濟衰退。

經濟學者普遍認為，當消費者物價指數 (CPI) 連跌兩季，即表示已出現為通貨緊縮。通貨緊縮就是物價、工資、利率、糧食、能源等統統價格不能停頓的持續下跌，而且全部處於供過於求的狀況。

(二) 通貨緊縮的肇因，理論上可分為：

1. 來自技術進步與解除管制 (例如開放電信市場) 帶動之生產效率提升，此為 90 年代全球物價得以持穩之關鍵因素。
2. 緊縮性貨幣政策或生產過剩及消費減退，促使物價下跌，長期則造成生產萎縮。

(三) 依據國際貨幣基金 (IMF) 定義，因需求減少致物價持續兩年下跌，始視為通貨緊縮，目前預測 1XX 年消費者物價指數 (CPI) 跌 0.82%，雖不符合 IMF 所界定之通貨緊縮現象，惟通貨緊縮壓力已漸增

當市場上流通的貨幣減少，人民的貨幣所得減少，購買力下降，影響物價之下跌，就會造成通貨緊縮 (Deflation)。長期的貨幣緊縮會抑制投資與生產，導致失業率升高及經濟衰退。

通貨緊縮對經濟與民生的傷害力比通貨膨脹還要厲害。當要發生潛在的通貨緊縮問題時，央行會採行寬鬆貨幣政策，讓企業或家計部門不致因資金供給短缺而借貸無門。通貨緊縮將使民眾消費與理財行為趨於保守，資金流向存款貨幣機構，迫使存款機構降息，若降息無法帶動民間投資，則利息縮水將使通貨緊縮更加惡化，導致國內企業獲利面臨強大下修壓力。

理論上來說，通貨緊縮時經濟處於谷底，正適合嫻熟衍生性金融產品的專業投資人大展身手，類似認股權證一類產品，都有以小搏大的機會。一般投資人難以犀利掌握時機，還是降低對投資報酬率的要求，保本為先，靜待經濟走出陰暗的谷底。

有關通貨緊縮資訊可參考的網站有：

1. 中央銀行 - 消費者保護系列—認識通貨膨脹

http://www.cbc.gov.tw/secretariant/inflation.htm

2. 行政院主計處 - 物價指數

http://www.dgbas.gov.tw/np.asp?ctNode=2825

3. 中華民國統計資訊網 (專業人士)

   http://www.stat.gov.tw/lp.asp?CtNode=486&CtUnit=331&BaseDSD=7

六、CPI

　　CPI 即消費者物價指數 (Consumer Price Index)，是反映與居民生活有關的產品及勞務價格統計出來的物價變動指標，通常作爲觀察通貨膨脹水準的重要指標。如果消費者物價指數升幅過大，表明通膨已經成爲經濟不穩定因素，央行會有緊縮貨幣政策和財政政策的風險，從而造成經濟前景不明朗。因此，該指數過高的升幅往往不被市場歡迎。例如，在過去 12 個月，消費者物價指數上升 2.3%，那表示，生活成本比 12 個月前平均上升 2.3%。當生活成本提高，你的金錢價值便隨之下降。也就是說，一年前收到的一張 100 元紙幣，今日只可以買到價值 97.70 元的貨品及服務。一般說來當 CPI 有 3% 的增幅時，謂之 Inflation，就是通貨膨脹；而當 CPI 有 5% 的增幅時，稱爲 Serious Inflation，就是嚴重的通貨膨脹。

　　CPI 是一個落後性的資料，但它往往是市場經濟活動與政府貨幣政策的一個重要參考指標。CPI 穩定、就業充分及 GDP 增長往往是最重要的社會經濟目標。不過，從中國的現實情況來看，CPI 的穩定及其重要性並不像發達國家所認爲的那樣「有一定的權威性，市場的經濟活動會根據 CPI 的變化來調整」。近幾年來歐美國家 GDP 增長一直在 2% 左右波動，CPI 也同樣在 0%～3% 的範圍內變化，而中國的情況則完全不同。首先 (1) 國內經濟快速增長，近兩年來 GDP 增長都在 9% 以上，CPI 卻沒有多少波動，表面看來這可以說得上是「政府對經濟運行調控自如，市場行爲反映十分理性」。(2) 一年之內 CPI 大起大落，前後相差幾個百分點；一般情況下，除非經濟生活中有重大的突發事件 (如 1997 年的亞洲金融危機)，CPI 是不可能大起大落的，所以 2004 年中國的 CPI 大幅波動有些異常。(3) 隨著 CPI 大幅波動，國內經濟一時間通貨膨脹率過高，民衆儲蓄負利率嚴重，一時間居民儲蓄又告別負收益，通貨緊縮陰影重現。這樣一種經濟環境令人擔憂，因此，如何理解 CPI 指數便成爲一個十分重要的問題。

七、失業率 (unemployment rate)

　　政府失業率統計 (行政院主計處)，基本上都是用狹義而非廣義，廣義失業率包含了非勞動力之中的「想工作而未找工作且隨時可以開始工作者」。如果要計算進去，其實失業率並非政府所說。

現在政府一直再釋出短期就業方案，這種只是治標不治本，等到約聘時間到了，還不是又失業，要改善失業率，必須要從經濟面上去改善，也就是工作職位釋出，而非只是政府一直創造短期公部門工作，這樣只會增加政府財政負擔。

八、匯率 (exchange rate)

匯率是兩國貨幣的兌換比率，又稱為「匯價」。經濟景氣與匯率的關係，呈現相同方向的變動關係，匯率漲跌有落後景氣走向之現象。當景氣熱絡時，民間企業投資意願高、資金需求量上升而使利率水準上揚，其導致國內投資市場獲利率提高而吸引海外資金流入，均會促使新臺幣(對美元)匯價呈現升值壓力。

如果我們要算交叉匯率，目前國際市場上分為直接貨幣及間接貨幣，這是以兌美元的匯率而分的，直接貨幣有：歐元、英磅、澳幣及紐幣，其他都是屬於間接匯率。如果你要直接與直接就是兩者匯率相除。例如：20XX 年歐元／美元 1.23，英磅／美元 1.83，英磅／歐元就是 1.83/1.23 = 1.59，表示一英磅可以兌換 1.59 歐元。

間接與間接兩者匯率可能都是一樣比值，例如：美元／日幣 109.80，美元／新臺幣 32.500，則新臺幣／日幣 109.80/32.500 = 3.3785，表示 1 元新臺幣可以兌換 3.3785 日幣。

我國採浮動匯率制度，一般來講，全球金融體系自 1973 年 3 月以後，以美元為中心的固定匯率制度就不復存在，而被浮動匯率制度所代替。

同時，一國國際收支狀況所引起的外匯供求變化是影響匯率變化的主要因素：國際收支順差的國家，外匯供給增加，外國貨幣價格下跌、匯率下浮；國際收支逆差的國家，對外匯的需求增加，外國貨幣價格上漲、匯率上浮。匯率上下波動是外匯市場的正常現象，一國貨幣匯率上浮，就是貨幣升值，下浮就是貶值。由於新的匯率協議使各國在匯率制度的選擇上具有很強的自由度，所以現在各國實行的匯率制度多種多樣，有單獨浮動、釘住浮動、彈性浮動、聯合浮動等等。

Q：實質匯率 (real exchange rate) 是如何決定的？

實質有效匯率指數就是將有效匯率指數平減物價指數，可顯示本國貨幣對外國貨幣的平均真正價值，由絕對數值的變動，表示本國貨幣在一段期間內的升貶走勢。若實質有效匯率指數上升，表示本國貨幣相對於外幣是升值；反之，

則表示本國貨幣趨於貶值。另外，當實質有效匯率指數大於 100 時，表示當期本國貨幣較基期升值；反之，則表示當期本國貨幣較基期貶值

Q：匯率與淨出口 (net exports) 有何關係？

　　新臺幣升值，首先影響的是「出口」。新臺幣升值，出口商依美元計價的商品，其新臺幣實收金額也相對減少了。一雙鞋子的美元報價是 20 美元，若 1 美元 = 27.5 新臺幣，則可收取 550 元新臺幣；若新臺幣升值使得 1 美元 = 26 元新臺幣，則依新匯率計算只能收取 520 元新臺幣。廠商若欲提高美元報價來增加新臺幣實收金額，則美商可能轉向印尼、馬來西亞、南韓鞋廠訂購，我國廠商即降低出口市場競爭力，而使銷貨數量減少了！因此，新臺幣升值對於出口有不利之影響。相反地，新臺幣貶值，則能提高我國輸出產品的價格競爭力，對於出口能夠產生有利之影響。換句話說，外匯匯率與出口的關係，呈現相反方向之變動關係。基本上，「新臺幣升值→出口額減退」，「新臺幣貶值→出口額擴增」。

Q：名目匯率 (nominal exchange rate) 又是如何決定的？

1. 名目匯率 = $\dfrac{國內物價(以國內貨幣計價)}{國外物價(以國外貨幣計價)}$

2. 實質匯率 = 名目匯率 × $\dfrac{外國物價水準}{本國物價水準}$

　　名目匯率係衡量一國貨幣與另種外國貨幣的相對價值，而名目有效匯率係將本國貨幣對一籃子各種外國貨幣的名目匯率予以綜合加權。至於實質有效匯率則係將名目匯率透過物價或生產成本指數排除物價變動影響後，再予以綜合加權所得的值。相對於基期的實質有效匯率指數值 100，指數 < 100 表示本國對外價格競爭力上升，原因包括本國貨幣對外價值下跌及本國物價相對下跌；指數 > 100 表示本國對外價格競爭力下跌，原因包括本國貨幣對外價值上升及本國物價相對上升。

九、風險值 (Value at Risk, VaR)

　　VaR(風險值)，是當前最廣受運用且有效的風險控管工具，其以一個簡單易懂且明確的數字，來描繪在當前日趨複雜的金融環境下，投資部位所承擔、暴露的風險，也正由於它簡單、易懂之特性，使得我們所採用的估計模型及解讀時需特別的小心，因為不同的模型，在不同的假設及不同的參數使用下，將估算出不同的風險值。

這些模型除了應當估算之準確度高，還要易於被政府、法人機構、投資機構及投資者所了解、計算、接受及操作。

(一) 風險值模型中厚尾 (fat-tailed) 形成原因

風險值模型中 Fat-Tailed 形成原因的名詞：混合常態 (Mixture of Normal Distribution)、波動性叢聚 (volatility clustering)、條件分配 (conditional distribution)、非條件分配 (nonconditional distribution)、時變波動性 (time-varying volatility) 的正確定義為何？

1. 混合常態 (Mixture of Normal Distribution)

是 Zangari(1996) 提出來取代原本的常態分配，其基本原理是假設報酬的分配，服從兩個參數的常態分配組合，其概念為，因為許多估計風險值模型常因為常態分配假設下，無法相對精確估計出風險值，也就是說，無法捕捉具有厚尾的分配。由於極端值發生次數的頻率會比使用常態分配之風險值所估計的次數還要多，如此會造成面臨模型風險，而導致第二次的損失風險，因此使用常態分配之風險值模型，大都無法真實反映出極端值的事件特性。於是有些學者提除此模型。

2. 波動性叢聚 (volatility clustering)

一般指資產報酬率才具有波動性叢聚的現象 (Akgiray, 1989)，亦即大波動伴隨著大波動，小波動伴隨著小波動。絕大多數的金融資產報酬率序列呈現高狹峰 (leptokurtic)、厚尾 (fat-tailed) 的特性。

Engle(1982) 考慮波動性的動態現象，提出自我迴歸條件異質變異數模型 (autoregressive conditional heteroskedastic model, ARCH)，可以有效描述此一現象。

3. 條件分配 (conditional distribution)、非條件分配 (nonconditional distribution)

可參考，廖哲宏 (民 93) 條件與非條件分配型態設定對期貨避險績效影響之研究，國立高雄第一科技大學 / 財務管理所 / 93 / 碩士。

4. 時變波動性 (time-varying volatility)

請見：林楚雄、張簡彰程 (2005)，「波動與時改變的歷史模擬法風險值模式」。

以上這些風險名詞正確定義，亦可找原文來看，如：French、Schwert 與 Stambaugh(1987)，Hamao、Masulis 與 Ng(1990)，以及 Bailis 與 DeGennaro(1990) 的研究發現，存在一種波動性叢聚 (Cluster Together) 的現象，

也就是「與時而變」的風險 (Time-varying Volatility)。

(二) 資本資產定價理論 (capital asset pricing model, CAPM)

在金融界的理論中有三個重要理論：現代投資組合理論、CAPM 理論、以及套利定價理論 APT(Arbitrage Pricing Theory)。

CAPM 是一個考慮市場風險之公式，其公式如下：

證券的期望報酬率 R_i = 無風險投資報酬率 R_f + β×(市場的期望報酬率 R_m − 無風險投資報酬率 R_f)

其中，小括弧裡的東西就是風險溢價 (risk premium)，i 代表第 i 種股票。

馬科維茨 (Markowitz, 1952) 首提分散投資與效率組合投資理論之數理工具，向人們展示了一個風險厭惡的投資者在眾多風險資產中如何構建最優資產組合的方法。此一理論帶有很強的規範 (normative) 意味，告訴了投資者應該如何進行投資選擇。

可惜，應用馬科維茨的理論仍是一項煩瑣、令人生厭的高難度工作，它與現實的投資世界嚴重脫節，進而很難完全被投資者採用。例如，鮑莫爾 (Baumol,1966) 認為馬科維茨理論，即使它從較簡化模式為出發點，但要從上千隻證券股中挑選出有效率的投資組合，若每執行一次電腦需要耗費 150～300 美元，而如果要執行完整的馬科維茨運算，所需的成本至少是前述金額的 50 倍；而且此模型還有一前提，就是分析師必須能夠持續且精確地估計標的證券的預期報酬、風險及相關係數，否則整個運算過程將變得毫無意義。

有鑑於有此疑問，從 1960 年開始，夏普 (Sharpe, 1964)、林特納 (Lintner, 1965) 和莫辛 (Mossin, 1966) 等經濟學家，開始從實證角度出發，思考馬科維茨的理論在現實應用中如何簡化？這些學者，進而導出資本資產定價模型 (capital asset pricing model, CAPM)，把資產的預期收益與預期風險之間的理論關係改用一個簡單的線性關係來表達，認為一個資產的預期收益率與衡量該資產風險值之間存在正相關關係。此 CAPM 公式，不僅大大簡化了投資組合選擇的運算過程，使馬科維茨的投資組合選擇理論朝向實務應用邁向一大步，而且也使得證券理論從以往的定性分析轉入定量分析，從規範性轉入實證性，進而對證券投資的理論研究和實際操作。

近幾十年，我們關注的資本市場均衡理論模型中，CAPM 的形式已經遠遠超越了夏普、林特納和莫辛提出的傳統模型。

　　相對地，套利定價理論 APT 是 CAPM 的拓廣。APT 認為，有 k 個共同因素會影響風險性資產的預期報酬率，故又稱為多因素模式 (multi-factors model)，APT 公式為：

$$E(R_j) = R_f + \beta_{j1} \times R_1 + \beta_{j2} \times R_2 + \cdots + \beta_{jk} \times R_k$$

套利定價理論認為，套利行為是現代有效率市場 (即市場均衡價格) 形成的一個決定因素。如果市場未達到均衡狀態的話，市場上就會存在無風險套利機會。並且用多個因素來解釋風險資產收益，並根據無套利原則，得到風險資產均衡收益與多個因素之間存在 (近似的) 線性關係。而前面的 CAPM 模型預測所有證券的收益率都與唯一的公共因數 (市場證券組合) 的收益率存在著線性關係。

1. Beta 係數

　　Beta 係數 (β)：測量基金的系統風險 (Systematic Risk)，因非系統風險可以利用多角化投資消除，所以只有系統風險才是投資人決定投資組合時所要考慮的風險、β 值愈小表示基金對市場大盤漲跌的反映愈小，反之則愈大。股價指數的 β 值為 1，若同期間內基金淨值的 β 係數大於 1，表示風險及報酬均大於市場，指數上漲時獲利可觀，但行情不佳時也損失慘重。

　　Beta 係數是衡量基金波幅與參考指數波幅的關聯，公式如下：

$$\beta = \frac{\sigma_{im}^2}{\sigma_m^2} = \frac{\rho_{im}\sigma_i\sigma_m}{\sigma_m^2} = \frac{\rho_{im}\sigma_i}{\sigma_m}$$

σ_{im}^2：第 i 種證券與市場投資組合 (像「臺灣 50」) 之間的共變數。

$$\sigma_{im}^2 = \rho_{im}^2 \sigma_i \sigma_m = E[(\widetilde{R}_i - E(R_i))(\widetilde{R}_m - E(R_m))]$$

σ_m^2：市場投資組合的變異數，$\sigma_m^2 = \dfrac{\sum(R_m - \overline{R_m})^2}{n}$。

　　若某基金的 β 係數為 1.0，表示基金的波幅與指數波幅相同，例如指數上漲 10%，理論上 β 係數為 1.0 的基金會上升 10%。指數下跌 10%，基金亦會下跌 10%。相對地，基金 β 係數小於 1.0，表示基金的波幅低於對應指數的波幅。

例 **2-12** 假設一項資產的 β 係數是 1.8，無風險 (保障) 利率是 5%，市場 (投資) 報酬率是 10%，請計算該資產所要求之投資報酬率是多少？

答：代入公式如下：

$$K_e = R_f + \beta (K_m - R_f)$$

其中，

K_e = 要求之投資報酬率。

R_f = 無風險 (保障) 利率 (一般是指國庫券的利率)。

β = Beta 係數。

K_m = 市場 (投資) 報酬率。

2. CAPM 理論的內涵

　　Sharpe 的 CAPM(Capital Asset Pricing Model) 模型大大簡化了最優投資組合的確定，認為無風險投資組合的最優組合只有一種，那就是市場組合。因此，在確定風險資產的投資組合時，不需要用到投資者的效用函數，只要按照市值比例來確定投資比例即可。從整個投資組合理論的發展過程，可以歸納出資本資產定價模型是現代投資組合理論的簡化模型。

　　Sharpe 指數是基金績效指標之一，由 Sharpe 提出的風險調整績效衡量方法，報酬對變異數比率。夏普績效指標的風險是指投資組合報酬率的標準差，也就是總風險，包括非系統風險和系統風險。Sharpe 績效指標代表每單位總風險下所獲得的超額報酬率，值愈大表示績效愈佳，反之則愈差。

　　Sharpe 的資本資產定價模式為我們思索關於報酬和風險的問題，CAPM 用來描寫市場上資產的價格是如何被決定的，模式的主要貢獻是界定個別資產和市場報酬之間的風險與報酬的替換關係。其目的有二：

(1) 描述在證券供需達到平衡狀態時，存在於證券的市場風險與預期報酬的關係。

(2) 協助投資人創造最佳的投資組合，評估與決定各種證券的價值，使其能制定合宜的投資決策。

　　在市場均衡中，投資者只能獲取承受系統風險的報償 (無法被分散的風險類型)。他們無法因為承擔特有的風險而獲得報償，因為這種不確定性可以透過適當的分散風險來減輕。此 CAPM 之隱含概念是：只是承擔風險是無法獲得報償

的。否則，你將在拉斯維加斯賺大錢。如果有風險就一定有報酬，它必須是特別的，否則這世界就是瘋狂的。

3. CAPM 模式推導

CAPM 只有一個考慮市場風險，只有一個 β(Beta) 相關係數，它決定了投資者對個別股票所要求的風險溢酬水準。

資本資產定價模式吸引人之處，在於邏輯簡潔有力，投資人購買一項風險性資產 (例如股票)，希望至少要有「無風險利率」的報酬率，至於額外所冒險的預期報酬率，則由風險數量 (即 Beta 係數) 乘上風險價格 (即預期市場報酬率減去無風險利率)，二者相乘的結果便是第 i 種證券的風險溢酬。這可由資本資產定價模式的公式：

> 投資報酬率＝無風險利率＋相關係數 × (市場報酬率 − 無風險利率)

$$E(R_i) = R_f + \beta_i \left[E(R_m) - R_f\right]$$

其中，風險貼損與投資風險成正比。

$E(R_i)$：第 i 種證券的預期報酬率。

R_f：無風險 (Risk Free) 利率，通常以國庫券或短期的定存利率代表，在臺灣慣用銀行一年 (或 3 個月) 期定存利率來衡量。

$E(R_m)$：市場 (Market) 投資組合的預期報酬率。

β_i：Beta 相關係數，即第 i 種證券報酬率相對於市場投資組合報酬率變動的程度。以股票而言，表示個股與大盤的相關程度，例如大盤漲 10%，個股會漲多少 %。

$\left[E(R_m) - R_f\right]$：市場風險溢酬 (RP_m) 又稱市場風險貼損 (risk premium)，係指投資者對投資風險所要求的較高報酬率，以彌補投資者對高風險的承受，這種額外增加的報酬率，稱風險貼損。

$\beta_i \left[E(R_m) - R_f\right]$：第 i 種證券的風險溢酬。風險溢酬即指預期報酬率減掉無風險利率後的差 (代表你承擔風險可以得到的補償)。例如有一組投資組合的預期報酬率為 10%；而且在投資時當下的郵局定存利率為 2%(即不用冒任何風險即可得到的報酬為「無風險利率」)，10% − 2% = 8%(這 8% 即為你的風險溢酬；也就是你願意承擔你投資組合的風險所換來的報酬)。

對每一證券而言，β 係數衡量了該證券報酬率對市場報酬率的敏感程度。廣義的來說，更是衡量了一個特定投資和市場相比的相對風險性，為了想要獲得優於市場報酬率的結果，投資者必須能承擔高風險。以股票投資組合的觀點來看，β 係數可用以正確的衡量股票風險；同理，公司在取得實質資產組合時也必須注意個別資產的風險性。若 β 大過 1，顯示該股較受股市波動影響大，若 β 少於 1，即股價對市場的敏感度較低。實務上，臺灣有些投信公司規定，β 係數大於 2 的股票不能納入投資組合中，以免風險太大。

由上述之 CAPM 方程式亦可推導出證券市場線 (security market line; SML)，是指當證券市場達到均衡時，個別證券的預期報酬率與系統風險的關係。

例 2-13 假設國庫券收益率是 6%，和市場風險貼損是 7%。試問如何建構一個 β 係數為 0.25 的投資組合？此一策略的預期報酬率為何？

答：Q1：如何建構一個 β 係數為 0.25 的投資組合？

假設我們把資金投資在 (1) 市場組合、(2) 國庫券兩個商品中。

一般來說，我們認定

「市場組合」的 β 係數 = 1，「國庫券」的 β = 0，因為報酬率不隨市場變化而變化。故要建立一個 β = 0.25 的投資組合公式：

投資組合 β 係數 = (市場組合比例 × 市場 β 係數) + (國庫券比例 × 國庫券 β 係數)

$0.25 = (25\% \times 1) + (75\% \times 0)$

結論就是，25% 資金在「市場組合」，75% 在「國庫券」。

Q2：此一策略的預期報酬率？

需先知道兩個投資標的的報酬率，「國庫券」報酬率為 6%。

投資組合的報酬率 = 無風險利率 + 預期的風險貼損

(一般視「國庫券」的報酬率為無風險報酬率)

故市場組合報酬率 = 無風險利率 + 市場風險貼損

= 6% + 7% = 13%。

固此策略的預期報酬率

= (市場組合投資比例 × 市場組合報酬率) + (國庫券投資比例 × 國庫券報酬率)

= (0.25×13%) + (75%×6%)

= 7.75%

4. 市場模式

$$E(R_i) = R_f + \beta_i \left[E(R_m) - R_f \right]$$
$$= R_f - \beta_i \times R_f + \beta_i \times E(R_m)$$
$$= (1 - \beta_i) R_f + \beta_i \times E(R_m)$$

上式亦可看成:

$$R_i = a_i + b_i R_m + e_i$$
$$\sigma_i^2 = 常數 + b_i^2 \sigma_m^2 + \sigma_{ei}^2$$
$$\sigma_i^2 = 常數 + 系統風險 + 非系統風險$$

十、利率 (interest rate)

諸如,房貸利率、定存利率、銀行利率,都以利率為基礎。利率的理論包括:

(一) 國際利率平價說

1. 利率平價理論 (theory of interest parity)

在國際間資金完全自由情況下,一國通貨對另一國通貨的遠期外匯折溢價,與兩國利率差距有關,利率較高國家之通貨對利率較低國家通貨會產生遠期外匯折價,或稱貼水;反之,會發生遠期外匯溢價,或稱升水。

假設現在新臺幣一年期定存利率是 2.63%,美元一年期定存利率是 3.50% 的話,則根據利率平價理論,新臺幣對美金未來一年後將會升值 0.87%,(3.50% − 2.63%) 的可能。現在,1 新臺幣 = 0.0308 美元 (1 美元 = 32.4660 新臺幣)。所以假如新臺幣升值的話,就是 0.030×1.0087 = 0.030261(1 新臺幣 = 0.030261 美金,或 1 美金 = 33.045835)。

購買力平價說 (Theory of Purchasing Power Parity, PPP 理論) 是一種比較古

老的學說，早在 16 世紀就出現了該思想的萌芽。16 世紀中葉，西班牙的薩拉蒙卡學派研究了貨幣供給與價格的關係，並指出國內價格上漲是一國貨幣供給量增加所引起的；貨幣貶值則是由國內物價上漲所導致的。1802 年，英國經濟學家桑頓 (H.Thornton) 最早提出購買力平價思想。其後，1916 年瑞典經濟學家卡塞爾 (Gustav Cassel)，系統地提出：兩國貨幣的匯率主要是由兩國貨幣的購買力決定的。這一理論被稱為購買力平價說。

購買力評價說分為兩種形式：絕對購買力平價 (Absolute PPP) 和相對購買力平價 (Relative PPP)。

絕對購買力平價認為：一國貨幣的價值及對它的需求是由單位貨幣在國內所能買到的商品和勞務的量決定的，即由它的購買力決定的，因此兩國貨幣之間的匯率可以表示為兩國貨幣的購買力之比。而購買力的大小是通過物價水平體現出來的。根據這一關係式，本國物價的上漲將意味著本國貨幣相對外國貨幣的貶值。

相對購買力平價彌補了絕對購買力平價一些不足的方面。它的主要觀點可以簡單地表述為：兩國貨幣的匯率水平將根據兩國通膨率的差異而進行相應地調整。它表明兩國間的相對通貨膨脹決定兩種貨幣間的均衡匯率。從總體上看，購買力平價理論較為合理地解釋了匯率的決定基礎，雖然它忽略了國際資本流動等其他因素對匯率的影響，但該學說至今仍受到西方經濟學者的重視，在基礎分析中被廣泛地應用於預測匯率走勢的數學模型。

傳統的購買力平價說以兩國總的價格對比來計算購買力平價，並以此作為均衡匯率。實際上，它假定所有的商品都是貿易品，但是，總的價格對比中包括了許多非貿易品 (無法進行國際交換的商品)，這些商品有些由於本身的特點，有些由於人為的限制，而不能進入國際商品流通。它們僅在國內交易，不影響外匯供求，其價格與匯率之間並無直接的聯繫。因此，以總的價格水平對比即一般物價指數比率計算的購買力平價不能反映兩國貨幣的實際均衡匯率水準。為了克服這一缺陷，購買力平價支持者提出了擴展的購買力平價說。

2. 國際利率平價說

(1) 未拋補利率平價

若未考慮遠期外匯市場，則有

$$\frac{1+R^i}{1+R^j} = \frac{E(\varepsilon^{ij}_{t+1})}{\varepsilon^{ij}_t} \tag{2-3}$$

R：名目利率，i，j：國名，t：當期，$t+1$：下期

ε^{ij}：一元 j 幣所能換的 i 幣，E：表預期

(2) 拋補利率平價

若考慮遠期外匯市場，則有

$$\frac{1+R^i}{1+R^j} = \frac{f^{ij}_{t,t+1}}{\varepsilon^{ij}_t} \tag{2-4}$$

R：名目利率，i，j：國名，t：當期，$t+1$：下期

ε^{ij}：一元 j 幣所能換的 i 幣 (即期匯率)

f^{ij}：一元 j 幣所能換的 i 幣 (遠期匯率)

國際利率平價說啓示如下：

(a) 就未拋補利率平價模型而言，i 國採浮動匯率制度，若其利率較 j 國高，則外資傾向流入，但此時 i 幣即期價升值，預期價貶值，使外資無利可圖，形成自動擋住外資的機制，故 i 國不必調降利率，且不必干擾貨幣自主。

(b) 就拋補利率平價模型而言，若套利者能利用各種避險工具使其在浮動匯率下，仍能獲利，則國際間的資本移動仍會使名目利率趨於一致。對匯率可採的避險工具有：遠期合約避險、貨幣市場避險、期貨合約避險、選擇權合約避險、報價策略、提前或延遲收付策略、外匯風險分攤、風險沖銷法、再發貨單中心……等。

(二) 國內重貼現率 (discount rate) 和市場利率交互影響

中央銀行爲避免銀行進行無風險套利，可能會調整重貼現率至市場利率水準，此稱爲技術調整 (technical adjustment)。而央行調整重貼現率所產生的貨幣政策效果也會正向影響市場利率。重貼現率和市場利率的互動隱含國外及國內因素的交互影響。

(三) 何謂隔拆利率 (Interbank call loan rate)？

隔拆利率就是「隔夜拆款利率」，是銀行與銀行間的短期借款利率，若有人提領大量金額，銀行極需要大量現金，而一時又沒有這麼多，也來不及向總行或中央銀行提領 (有一部分存款必須轉存入中央銀行)，這時就近向其他銀行調用，隔日再還款回入，這種行爲就叫拆款，借款要算利息，這種利息的利率就叫「隔拆利率」。

(四) 何謂存款準備率 (deposit reserve rate)？

存款準備率就是銀行存款準備金和存款間的比率。若銀行存款準備金額度超出央行所規定的比率 (「法定存款準備金」)，超出的部分則稱爲「超額準備金」。調整存款準備率爲各國中央銀行重要的貨幣政策工具之一。就定義而言，銀行的存款準備率愈小，可以創造貨幣愈多。

十一、基金 (fund)、債券 (bond 或 notes)、外匯 (exchange) 的比較

1. 基金→共同基金 (Mutual Fund)

共同基金是由專業的證券投資信託公司以發行公司股份或者發行受益憑證的方式，募集多數人的資金交由專家去投資運用；是共同承擔風險、共同分享投資利潤的投資方式，最大的特色在於投資風險的分散。一般基金的組合，通常包含多種不同的股票或債券等，以降低市場風險和波動性。國內基金多以股票、債券、票券等證券類型爲標的，國外則有更多的變化，如投資於外匯、期貨、選擇權、貴金屬、原油、房地產等更多不同的標的。

2. 債券 (Bond)

發行人透過發行一年期以上之有價證券，直接或間接地向投資大眾籌措所需資金，故相對地需承擔債務，該種具有流通性的有價證券乃是債權之借款憑證。債券代表了發行人的負債，不論發行人的獲利狀況爲何，均需依其發行條件定期支付一定金額或比率的利息及償還本金。由於係將債權予以證券化，因此得以在資本市場交易，投資債券就是將錢借給發行人。

3. 外匯 (Exchange)

貨幣與貨幣間的匯率就是外匯，也就是二種貨幣交換的基準點，而匯率會隨政治、經濟、國際貿易等因素而有所變動，所以如果外幣升值，資金自然也就膨脹，但相對在下跌時，我們就必須承受來自匯兌所產生的損失。

十二、財務槓桿 (financial leverage)

當人們錢不夠時，借款額度除以資產額度的比值，叫財務槓桿，只要有借貸行爲就會改變資本結構，進而增加人們的風險。

十三、所得替代率 (income replacementrate)

所得替代率公式係指最初年金給付額占退休前一年所得的百分比，此一百分比視各國國情之不同而異，也是退休後每月所得除以退休前每月收入所得之比例。可視爲退休後生活品質之重要指標。

給付水準的內涵係以維持基本生活為基礎，但往往由於制度上的差異而產生不同的計算方法，一般給付水準的計算公式的內涵包括：投保年資、投保薪資、居住年數、給付率、工作人口薪資水準等，其中又以投保年資及投保薪資為主要計算方式。

依照現行法令，勞工原本有兩筆退休金可拿，一筆是勞基法退休金，一筆是勞保的老年給付，例如：一名月薪 3 萬元的勞工，工作年資 30 年，60 歲退休時，可以領到勞基法中，由雇主所給付的 45 個月平均工資，約為 135 萬元，另外還可以領到同等金額的勞保老年給付，加起來一共 270 萬元，放在銀行定存，以年利率 3% 計算，每個月有利息 6750 元，本金不動。即使以上述 270 萬元本金按月領取來計算，以平均餘命 20 年為準，每個月至少還有 11,250 元 (尚未計入遞延領取的利息)。

十四、CRB 原物料指數

所謂「商品」行情，英文是 Commodity，其實意譯應該翻作「大宗物資」。廣義的大宗物資，只要是由土地種出來、挖出來、養出來……具經濟價值的東西，都叫「大宗物資」。

大宗物資沒有一定的範圍，依所談論的主題有不同的涵意：

(一) 一般所談大宗物資包括「基本金屬」與「軟性原物料 (即農產品)」

(二) 根據 CRB(Commodity Research Bureau Futures Price Index) 指數的規格定義，包括：http://www.crbtrader.com/crbindex/futures_current.asp

　　1. 能源：輕原油、熱燃油、天然氣 (17.6%)

　　2. 農產品：玉米、黃豆、小麥 (17.6%)

　　3. 工業：銅、棉花 (11.8%)

　　4. 畜產品：活牛、活豬 (11.8%)

　　5. 貴金屬：金、白金、白銀 (17.6%)

　　6. 軟性商品：可可、咖啡、橘汁、糖 (23.5%)

由以上的組成結構看來，最重要的三種商品類別是穀物、金屬和能源。就 CRB 指數的驅動力量來說，CBOT(芝加哥期貨交易所) 的穀物市場影響最大；石油為工業發展的重要原料，也是重要的國際商品，其價格走向常會牽動其他物價的波動，且常被視為通膨的領先指標之一，因此對它不可輕忽；黃金價格對通貨膨脹的敏感度高，而銅與銀的需求程度可顯現出景氣的榮衰，所以金屬市場亦是觀察的重點。總體來說，分析 CRB 期貨物價指數時應同時觀察 21 種

成分商品，但重點尤應放在穀物、能源和金屬上。

1986 年起，CRB 指數開始在紐約商品期貨交易所交易，2001 年更名爲路透 CRB 指數；2005 年 CRB 指數第十次調整後，又改名爲 RJ/CRB 指數 (Reuters/ Jefferies CRB Index)，包含了 19 種商品期貨，其中增加了無鉛汽油、鋁和鎳三種商品，白金則被剔除。原來的路透 CRB 指數 (第九次修正) 包含 17 種商品期貨，後來更名爲連續商品指數 CCI(Continuous Commodity Index)，仍可在市場上繼續交易。

基本上 RJ/CRB 和 CCI 指數的走勢大都是一致的，不過因爲所含的商品有所差異，加上合約月份不同，因此每天價格的漲跌不一定相同，此外，由於 RJ/ CRB 是 2005 年調整後新推的指數，成交量很小，甚至單日的成交量爲零，交易所會有一套公式計算每日的結算價，也會使得 RJ/CRB 和 CCI 指數價格有較大的差異。

目前市場上提到 CRB 指數時，有時指的是 RJ/CRB 有時是 CCI，雖然 RJ/ CRB 指數期貨的交易不熱絡，但其價格仍是根據所包含的商品價格計算出的，基本上兩個指數的走勢均能供投資人作爲商品行情的參考，只是，若有意操作商品指數，RJ/CRB 因成交量過小，風險頗大，建議還是選擇 CCI 指數期貨較好。

CRB 期貨指數歷年來的 (日) 資料，有下列網站可以提供下載：

http://www.bloomberg.com/apps/cbuilder?ticker1=2809:HK

http://www.bloomberg.com/apps/cbuilder?ticker1=CRB:Sp

2-4 金融專有名詞

一、衍生性金融商品 (Financial Derivatives)

(一) 定義

衍生性金融商品，就是由傳統或基礎金融市場上 (包括貨幣市場、債券和股票市場、外匯市場等) 衍生出來的商品；換言之，即是從外匯、債券、股票、短期票券等現貨市場上所衍生出來的金融商品。更具體一點的說，衍生性金融商品是一種財務工具或契約，其價值是由買賣雙方根據標的資產的價值 (如外匯的匯率、短期票券的利率、股票的價格等) 或其他指標如股價指數、物價指數來決定。

(二) 種類

　　衍生性商品的種類相當繁多，一般將衍生性商品分成基本四類：選擇權、遠期契約、期貨契約及交換契約。這四種基本的衍生性商品，有人稱之為基石或積木 (building block)，就好像有些積木的堆積是幾種基本的積木堆積而成的，許多新的衍生性商品也都是由這四種基本衍生性商品組合而成。以下將簡單介紹這四種基本的衍生性商品。

1. 遠期契約 (Forwards)：一種在今日約定未來特定時日交易特定標的物的契約，契約的買方同意在未來約定時日，支付一定金額，以交換賣方特定數量的商品、通貨或利息支付方式。雖然遠期契約與其他三種工具在風險管理的功能上重複，但卻因契約條件較具彈性，能夠滿足部分交易者的特殊需求，因此在金融市場中仍占有一席之地。

2. 期貨契約 (Futures)：由期貨的英文 Futures 可知，期貨就是「未來的商品」之意。所以買賣期貨，就是買賣未來東西的一個契約。指當事人約定，於未來特定期間，依特定價格及數量等交易條件買賣約定標的物，或於到期前或到期時結算差價之契約。

　　期貨契約與遠期契約同樣是買賣雙方約定在未來某一特定時日，以特定價格，買賣特定數量商品的交易行為，但兩者最大的不同在於期貨契約交易標的物已經過標準化，買賣雙方除價格外幾無任何彈性協議空間，不過也正因為它是經過標準化的金融商品，透過交易所的居間撮合可以節省許多搜尋交易對手的成本，而使其交易量迅速擴大，成為國際金融市場中不可或缺的基本金融商品。

3. 選擇權 (Options)：選擇權是一種契約，買方在支付權利金後，即擁有在一定時間、以一定價格、一定數量向賣方執行買進或賣出之權利，但沒有義務；反之，選擇權之賣方，於買方要求履約時，有依選擇權約定履行契約之義務。遠期契約與期貨契約在買賣雙方契約成立後，均負有應買與應賣的權利與義務，在財務理論的術語上稱為「風險對稱」，但選擇權則是一種風險不對稱的金融商品，因為選擇權的買方在支付貼損 (premium) 之後對賣方有買進或賣出的權利。

4. 交換契約 (Swaps)：交換交易 (金融交換) 是買賣雙方在一定期間內一連串現金流量的交換。依其標的資產的不同，可分為通貨交換、利率交換、換匯等多種，金融交換交易與遠期交易相同，是在店頭市場上進行的，以簽訂契約完成。

長久以來大家所熟悉的 Swap 交易一直是指各國央行之間的通貨交換，以作爲維持其貨幣匯率的一種操作工具，或者是指投資者在外匯市場同時買進或賣出兩種等值貨幣的行爲，但今日的金融交換市場，已全面發展成一個負債市場。

5. 牛熊證：牛熊證與一般認購售權證，最大的不同在於牛熊證純粹是價內發行，完全沒有時間價值，所以可以相當貼近現貨的價格 (當然愈貼近才愈有個股的替代性)，而另一個就是他的回收機制，標的股價走反了，不用等到時間到就可提前到期。牛熊證扣的稅是千分之一而且也不用扣股利稅，遇除權息時也沒有停資停券、及融券強制回補的困擾。相對地，現股還有融資券扣千分之三的交易稅和股利稅。

(三) 功能

1. 做爲風險管理的工具：衍生性商品最早開始的目的便是作爲風險管理 (risk management) 之用。譬如臺灣的進口商可以買入遠期美元，以規避美元升值、新臺幣貶值的損失，因此衍生性商品最初的目的大都是在避險 (hedging)。但是也有交易者在沒有現貨的情形下，買賣衍生性商品而承擔風險，就是所謂的投機 (speculating)。也就是說，避險者或不想承擔風險的投資人，可藉由衍生性商品把風險移轉給願意承擔風險的投機者，因此衍生性商品可作爲風險管理之用。

2. 具有交易上的優勢：衍生性商品比現貨更具有優勢的地方包括：

   (1) 交易成本低：衍生性商品的交易成本一般會比現貨低，譬如同樣是看漲股市，買入期貨的交易成本就比股票來得低。目前臺灣股票的交易稅是千分之 1，而臺指期貨的交易稅是千分之 0.25。

   (2) 流動性高：有些期貨或選擇權的交易量比現貨還多，因此流動性較佳，這或許是因爲衍生性商品的交易需要的資金比較少的緣故。

   (3) 賣空較容易：衍生性商品的賣空不受限制；而有些商品如股票等，則會有賣空等限制。譬如臺灣股票有平盤以下不能賣空的規定、券商不能賣空股票等限制。

3. 具有價格發現的功能：本來衍生性商品的價格是依附在現貨價格上，也就是說現貨價格變動，衍生性商品價格才會跟著改變。但是我們常常聽說衍生性商品如期貨或遠期契約的價格，對未來現貨的價格走勢隱含一些有用的資訊。也就是說，從期貨的價格可以預測未來現貨的走勢。據美國研究資料顯

示，S & P 500 股價指數期貨常常會有領先大盤指數的情況出現，這是因為衍生性商品在交易上的一些優勢。當市場上有一些重大訊息出現，譬如美國聯邦儲備理事會 (Fed) 調降利率，投資者反映這個多頭消息在股價指數期貨 (如 S & P500 股價指數期貨) 比較快。但如果要在五百種股票完全反映這個好的重大訊息，可能需要一段時間。同理，臺指期貨的價格也會領先臺股現貨。臺灣股票投資人會很注意 SIMEX 摩根臺指期貨在早上 8:45 開盤的情形，以作為操作臺股現貨的參考。此外，由於期貨的交易成本比現貨小，投資者會傾向於反映訊息在期貨交易上。因此，期貨的價格變動往往會領先現貨價格的變動，所以說衍生性商品具有價格發現 (price discovery) 的功能。

4. 促進市場效率及完整性：由於衍生性商品的價格和現貨商品的價格存在一定的關係，如果兩者的關係不符合理論價格，便存在套利機會。而套利的結果將會使價格快速調整到合理的價位，直到沒有套利機會為止，因此可以促進市場效率。另外，由於衍生性商品的種類非常多，而交易策略也相當多，因此可以提供投資者許多不同的風險與報酬的組合，適合各種不同的風險需求者，使金融市場的產品更加完整。

(四) 特性

1. 以小搏大、槓桿大、風險大：衍生性商品最大的特性也是最吸引人的特點就是以小搏大，也就是所謂的槓桿操作 (leverage trading)。槓桿操作是指交易者只要付出少量的保證金或權利金，就可以操作倍數價值的資產。譬如只要付出 10% 左右的保證金，就可以操作十倍金額的臺股指數期貨。但也因為衍生性商品的槓桿過大，所以常常可以在極短時間內賺得數倍本金的利潤，但也可能在極短時間內損失好幾倍的投資金額。

2. 產品複雜、評價難：衍生性商品日趨複雜，因此愈來愈難加以評價。衍生性商品雖然包括遠期契約、期貨、選擇權、交換四種基本商品，但是由於這些基本商品又不斷有新的產品衍生出來，因此評價愈來愈難，大部分要靠數學計算或電腦模擬。對於在交易所交易的商品，因為有公開買賣，因此有市價可供參考。但是對於一些客戶量身製作的店頭市場之衍生性商品，由於沒有公開買賣，缺乏客觀的價格依據，因此一般投資人不太了解。

3. 交易策略繁多，風險難以衡量：衍生性商品的交易策略繁多，這點和現貨交易不同。譬如選擇權的交易策略就有好幾十種，因此一般投資者除非深入了解投資策略，否則不大了解風險的可能程度。

4. 資產負債表外交易：衍生性商品交易一般不列入資產負債表內，而於表外加以註解說明。由於衍生性商品的交易一般均沒有實體，不影響資產及負債，而且 OTC 的交易也沒有公平市價可衡量，所以操作衍生性商品之盈虧金額及發生的時點比較難以衡量及認定。因此許多企業在從事衍生性商品交易時，一般並未加入會計分錄，而只採列為資產負債表外交易。由於公司行號所交易之衍生性商品情形，並無法由財務報表完全揭露，所以，無論公司的股東、債權銀行或金融監理機構，常常無法完全了解這些衍生性商品的潛在風險。

二、基本面分析

有關財務報表分析的工具與指標，基本面一般可分為以下五類指標：

(一) 財務結構

用以分析企業資金來源，以及資金來源用以採購固定資產的比重。

1. 淨值占資產比率 = 股東權益淨額 / 資產總額
2. 負債占資產比率 = 負債總額 / 資產總額
3. 長期資金占固定資產比率 = (股東權益淨額 + 長期負債) / 固定資產淨額

(二) 償債能力

用以分析企業長短期的債務清償能力。

1. 流動比率 = 流動資產 / 流動負債
2. 利息保障倍數 = 所得稅及利息費用之前純益 / 本期利息支出
3. 速動比率 = [(流動資產 − 存貨 − 預付款項) / 流動負債]×100%

(三) 經營能力

用以分析企業主要資產的周轉變現能力。

1. 應收帳款週轉率 = 銷貨淨額 / 平均應收帳款餘額
2. 應收帳款收現天數 =365 日 / 平均應收帳款週轉率
3. 固定資產週轉率 = 銷貨淨額 / 平均固定資產淨額
4. 總資產週轉率 = 銷貨淨額 / 平均資產總額
5. 存貨週轉率 = 銷貨成本 / 平均存貨額
6. 平均銷貨日數 = 365 日 / 存貨週轉率

(四) 獲利能力

用以分析企業、股東以及持有資產的獲利高低。

1. 資產報酬率 = [稅後損益 + 利息費用 (1 - 稅率)] / 平均資產總額

2. 股東權益報酬率 = 稅後損益 / 平均股東權益淨額

3. 純益率 = 稅後損益 / 銷貨淨額

4. 每股盈餘 = (稅後淨利 - 特別股股利) / 加權平均流通在外普通股股數

5. 營業利益占實收資本比率 = (營業利益 / 實收資本)×100%

6. 稅前純益占實收資本比率 = (稅前純益 / 實收資本)×100%

(五) 現金流量

用以衡量企業現金支出與流入的來源，以及清償債務能力，支付現金股利的能力。

1. 現金流量比率 = 營業活動淨現金流量 / 流動負債

2. 現金流量允當比率 = 最近五年度營業活動淨現金流量 / 最近五年度 (資本支出 + 存貨增加額 + 現金股利)

3. 現金再投資比率 = (營業活動淨現金流量 - 現金股利) / (固定資產毛額 + 長期投資 + 其他資產 + 營運資金)

除了以上比率分析法之外，財務報表分析的工具尚有以下二種輔助工具：

1. **垂直與水平的共同比財務報表分析**：可將同年的 (垂直) 或者是跨年之間 (水平) 的財務報表中的個別項目以百分比顯示，並從中了解個別科目金額的變化比重。

2. **趨勢分析**：將兩期以上財務報表並列，並選擇某一期為基期，計算各期各項目對基期同一項目的趨勢百分數，可了解各項目在不同期間變動趨勢。

三、技術面分析

股市如果是短線操作，技術面要看哪幾支指標呢？

(一) 相對強弱指標 (RSI)

相對強弱指標 (relative strength index，簡稱 RSI)。它與隨機指標 KD 線一樣，原為美國期貨市場所慣用的技術性分析方法之一，但因其理論與實際操作效果極適合股票市場中短線投資人的口味，因此為一般技術性分析人員所常採用。

相對強弱指標 (RSI) 的理論基礎是先行指標的一種，它是以一定期間內行情

價格的變動關係為基礎，去研判未來價位變動的方向，由於計算方式的限制，不論股價或指數如何變動，RSI 都僅能在 0 至 100 之間起伏。若將每天指數或股價的動量振盪點連續記錄起來，便因每天動量振盪速度的不同，而產生超買、超賣、整理、交叉、反轉、及型態等多種現象。從這些現象所引伸出來的功能中，我們自然可以利用它來尋找出買點和賣點，以作為買賣股票的依據或參考。

1. RSI 計算方法

RSI 的採樣計算日期，有多樣化的設定，期間的長短因使用者目的而異。因 RSI 指標和移動平均線一樣，計算日期愈長，判斷愈穩定；計算日期愈短，敏感度愈高，依習慣性多以九日及十四日的 RSI 為主。

※ 九日 RSI 計算方式

9 日相對強度 (RS) = 9 日內收盤上漲總數的平均值 / 9 日內收盤下跌總數的平均值

9 日強弱指標 (RSI)= 100 − (100 /(1 + RS)) 或

9 日強弱指標 (RSI) = 100×9 日內收盤上漲總數的平均值 / 9 日內收盤上漲總數的平均值 + 9 日內收盤下跌總數的平均值

※ 十二日 RSI 計算方式

12 日相對強度 (RS) = 12 日內收盤上漲總數的平均值 / 12 日內收盤下跌總數的平均值

12 日強弱指標 (RSI) = 100 − [100 /(1 + RS)] 或

12 日強弱指標 (RSI) = 100×12 日內收盤上漲總數的平均值 / 12 日內收盤上漲總數的平均值 +12 日內收盤下跌總數的平均值

2. RSI 應用

RSI 值，永遠介於 0 與 100 之間，不像動盪量在 0 軸線上下擺盪，正負值難以確定，不便於圖上繪製。因此是圖表上較為實用輔助分析工具。

RSI 值在圖表上，與直線圖或 K 線圖比較，可以發現有以下的功能：

(1) 頭部或底部形成徵兆：當 RSI 值上升至 70 以上或 30 以下，RSI 的圖形通常較實際市場 (即 K 線圖形) 的頭部或底部提早出現到頂或到底的徵兆。

(2) 圖形型態：RSI 的圖形直線圖 (或 K 線圖) 的圖形較為清晰，如頭肩頂底、三角旗形、雙頭、雙底等。較容易判斷突破、買進點與賣出點。

(3) 虛弱迴轉 (或虛弱反轉)：RSI 在 70 以上或 30 以下的迴轉，是市場趨勢反轉的強烈訊號。

(4) 背離訊號：在實際的直線圖上，頭部形成一頭比一頭高，而在 RSI 的曲線

上卻出現一頭比一頭低的情形時，即爲「背離訊號」。此種背離，顯現了價格虛漲的現象，通常意味著大反轉下跌的前兆。

RSI 綜合起來，可說有相當的缺點，然而作爲輔助分析的工具，仍然是相當重要的指標。根據 RSI，投資可研究市場的多頭、空頭氣氛，作爲買賣的參考依據。

(二) 能量潮 (OBV)

即價與量的關係，量先價行之觀念。

在了解 On Balance Volume(OBV) 的計算之前，先要對兩個專有名詞有所認識，「收集」和「派發」。所謂「收集」意指大戶做手暗地裡在市場內逢低買進、逢高出貨。在大戶本身尚未吃進足夠的籌碼之前，大戶一邊出貨一邊進貨，出少進多而不讓行情上漲。等到大戶握有相當籌碼之後，即「收集」完成之後，大戶才開始大力買進以促使行情大幅上漲。相反地，「派發」指大戶做手暗地裡逢高賣出、逢低買進，此時出多進少，在大戶手頭上的籌碼出脫的差不多時，才一起殺出，以求獲利了結。「收集」與「派發」幾乎全在暗地裡進行。OBV 的理論即希望能夠從價格變動與成交量增減的關係，推測市場內的情況是在「收集階段」或「派發階段」。

計算 OBV 非常簡單。當今日收盤價高於昨日收盤價時，今日的成交量爲「正值」。而當今日收盤價低於昨日收盤價時，則今日的成交量爲「負值」。一連串時間內的正負值累計相加，即爲 OBV 數值。

一般技術分析專家認爲，光是觀察 OBV 的升降，並無意義。OBV 須配合圖表的走勢，才有實質的效用。

(三) 指數移動平均線 (EMA)

指數移動平均線 (exponential moving average，簡稱 EMA)，它的理論基礎是延伸均價線 MA 而來，旨在修正均價線若干缺失但同類型的一種技術分析工具。

從均價線的說明可知，其計算的方式是將前面若干期間的資料相加總再除以該期間數，這是最早且被廣泛使用的算法。但爲何最近的行情價位與若干期間前的價位所代表的比重是一樣；難道昨天的消息行情與前幾天前的影響力是一樣的？

因此，後來就有修正的均價線理論被提出，包括「加權移動平均線」和「指數移動平均線」。其中，加權移動平均線還可依計算方法分類爲「階梯加權」(step weighted)、「線性加權」(linear weighted)、「平方加權」(square factor weighted)。

「指數移動平均線」算法亦有所差異，最簡明的方法計算，其算式如下：

$$3\text{EMA} = \text{前一日的 EMA} \times (2/3) + \text{今日收盤價} \times (1/3)$$

指數移動平均線 EMA 優點是較算術平均線 MA 對行情變化的靈敏度高，在研判行情買賣進出時較能掌握先機；缺點則對相對的盤整時也較易發生誤判的情形。

(四) 隨機指標 (KD)

KD 線中文名「隨機指標」，在威廉氏的 %R 指標中，其指標幾乎僅用判斷商品價格的買超與賣超的現象。但在隨機指標中，融合了移動平均線速度的概念，形成了非常準確的買賣訊號依據。隨機指標 KD 線的訊號，用在商品期貨的交易上成果輝煌，因此也是時下美國商品市場非常重要的技術指標。

假定 RSV 值即在最近 9 日週期中，為第九收盤價在 9 日行情的最高價與最低價間的差值 (百分比)。

$$\text{RSV} = (\text{第 9 日收盤價} - \text{9 日內最低價}) \div (\text{9 日內最高價} - \text{9 日內最低價}) \times 100$$

公式：RSV 值 $= (Ct - 9L) \div (9H - 9L)$

註：RSV 值恰為 %R 的相反值，兩者之和等於 100%，而 RSV 值亦永遠介於 0 與 100 之間。其中 K 線為 RSV 的三日平滑移動平均線；而 D 線又為 K 線的三日平滑移動平均線。

$$K \text{ 值} = \text{當日 RSV} \times (1/3) + \text{前一日 } K \text{ 值} \times (2/3)$$

$$D \text{ 值} = \text{當日 } K \text{ 值} \times (1/3) + \text{前一日 } D \text{ 值} \times (2/3)$$

$\%K_t = \text{RSV} \times (1/3) + \%K_{t-1} \times (2/3)$

$\%D_t = \%K_t \times (1/3) + \%D_{t-1} \times (2/3)$

以根據快速、慢速移動平均線原理，K 線向上突破 D 線 (即 K 值 > D 值) 為買進訊號；K 線跌破 D 線 (即 K 值 < D 值) 為賣出訊號。

KD 線有以下五個功能上的應用：

1. 買超區與賣超區的判斷，D 值在 70 以上時，市場呈現買超；KD 值在 30 以下時，市場則呈現賣超現象。

2. 當 K 線發生傾斜度趨於平淡時，是為警告訊號。

3. KD 線的交叉，在 75 以上；25 以下時，通常會有較準確的買進、賣出訊號。

4. *KD* 線不僅可以使用在日線圖上，較長期的週線圖與日常的分時圖亦有相當高的使用價值。投資者可兼用以作為長、中、短線上的使用。

(五) 乖離率 (BIAS)

乖離率 = (當日收盤價 − *N* 日平均價) ／ *N* 日平均價 ×100%

乖離率乃是依據葛藍碧法則推演而成，其特性為當股價距平均線太遠時，便會向平均線靠近，但它並沒有明示距離多遠時股價才會向平均線靠近，這與市場強弱有關。亦即，強勢空頭與弱勢空頭其股價距平均線之距離，也往往出人意料，因此為測量此一距離，於是發展出乖離率指標。乖離率乃是表現當日指數或個別股當日收盤價與移動平均線之間的差距。

一般乖離率研判要點如下：

1. 可分為正乖離率與負乖離率，當股價在平均線之上，則為正乖離率；股價在平均線之下，則為負乖離率；當股價與平均線相交時，則乖離率零。正的乖離率愈大，表示短期獲利愈大，則獲利回吐的可能性愈高；負的乖離率愈大，則空頭回補的可能性也愈高。

2. 每股行情股價與平均線間的乖離率達到最大百分比時，就會向零值逼近，甚至會低於零或高於零，這是正常現象。

3. 在大勢上升市場如過負乖離率，可以持回跌價買進，因為進場危險性小。

4. 在大勢下跌的走勢中如過正乖離，可以持升高價出售。

(六) 指數平滑異同平均線 (MACD)

MACD 全名為 Moving Average Convergence and Divergence，其原理乃為運用快速與慢速移動平均線聚合與分離的徵兆功能，加以雙重平滑運算，用以研判買進與賣出的時機、訊號，為時下歐美流行，廣泛使用的分析工具。

假定運用移動平均線作為買賣時機的判斷，最頭痛的莫過於碰上牛皮盤檔的行情，此時所有的買賣幾乎一無是處，績效利益奇差無比。但是**趨勢明顯**時，又能獲致最巨大的利潤績效。根據移動平均線原理發展出來的 MACD，一則去除掉移動平均線頻繁的假訊號缺陷，二則能確保平均線最大戰果的功用。

假定以移動線特性而言，在一段真正持續的漲勢中，該商品移動的快速 (短期) 移動平均線與慢速 (長期) 移動平均線間的距離必將愈拉愈遠 (即兩者之間的乖離率愈來愈大)。漲勢若是趨於緩慢，則兩者之間的距離也必然縮小，甚至互相交叉。同樣地在持續跌勢中，快速線在慢速線之下，互相之間的距離也愈

拉愈遠。

假定因此，在持續的漲勢中，12 日 EMA 在 26 日 EMA 之上。其間的正差離值(+DIF)會愈來愈大。反之，在跌勢中，差離值可能變負(–DIF)也愈來愈大。

假定至於行情開始反回轉，正或負離值要縮小到怎樣的程度，才真正是行情反轉的訊號。MACD 的反號界定為「差離值」的 9 日移動平均值(9 日 EMA)。

假定在 MACD 的指數平滑移動平均線計算法則，都分別加重最近一日的份量權數。

12 日 EMA 的計算：

$$\boxed{\text{EMA } 12 = \text{前一日 EMA12} \times (11/13) + \text{今日收盤價} \times (2/13)}$$

26 日 EMA 的計算：

$$\boxed{\text{EMA } 26 = \text{前一日 EMA26} \times (25/27) + \text{今日收盤價} \times (2/27)}$$

差離值 (DIF) 的計算：

$$\boxed{\text{DIF} = \text{EMA12} - \text{EMA26}}$$

假定然後再根據差離值計算其 9 日的 EMA 即 (差離平均值)(MACD)。計算出的 DIF 與 MACD 均為正或負值，因而形成 O 軸上下移動的兩條快速與慢速線。為了方便判斷，亦可用 DIF 法減去 MACD 用以繪製柱圖。

1. 用 MACD 來判定買賣時機

MACD 的買賣交易的判斷上，有以下幾個訊號功能：

(1) 差離值 (DIF) 與「差離平均值」在 O 軸之上，市場趨向為 (牛市)。兩者在 O 軸以下則為 (熊市)。

(2) 差離值向上突破「差離平均值」是為買進訊號。唯在 O 軸以下交叉，僅適宜空頭平倉。

(3) 差離值向下跌破「差離平均值」是為賣出訊號。唯在 O 軸以上交叉，僅適宜多頭平倉。

2. 背離訊號的判斷

不管是差離值的交叉，或「差離值柱線」都可應用「背離訊號」。所謂「背離」即在 K 線圖或直線圖的圖形上，價位出現一頭比一頭高的頭部，在 MACD 的圖形卻出現一頭比一頭低的頭部。這種背離訊號的產生，意味較正確的跌勢訊號。

四、詹森指標 (Jensen's Performance Index)

中文名稱	詹森指標
英文名稱	Jensen's Performance Index
名詞定義	此衡量方法依據證券市場線 (Security Market Line, SML) 的觀念而來，當 CAPM 成立，且沒有超額報酬時，可用該指標衡量投資組合績效。
計算公式	$R_p - R_F = \alpha + (R_m - R_F) \times \beta_p$ 其中， R_p：投資組合的報酬率 R_F：無風險性資產的報酬率 R_m：市場投資組合的報酬率 β_p：投資組合的 Beta 係數 當 CAPM 成立，且沒有超額報酬時，$\alpha = 0$
使用方式	詹森於 1968 年提出另一種投資組合績效評估的方法，該方法利用投資組合平均超額報酬與市場投資組合超額報酬的差異，計算報酬差異性指標，稱為詹森指標或 α 指標。 該指標移項後， $\alpha = (R_p - R_F) - (R_m - R_F) \times \beta_p$ 當 $\alpha > 0$，表示此投資組合績效比市場佳 $\alpha < 0$，表示此投資組合績效比市場差 $\alpha = 0$，表示此投資組合績效與市場相同
應用模型	・投資組合績效評估系統 ・共同基金績效評估指標計算器——基準比較法
備　　註	詹森指標的好處，就是容易了解，讓投資者可立即辨別出某一基金的績效比其他基金的績效較好或較差。

五、股票型基金 vs. 債券型基金

　　共同基金是集合投資大眾的資金，在「經理與保管分開」的基礎上，交由證券投資信託公司 (投信公司) 管理投資，投資所得之盈虧分配給基金全體投資人。簡單的說，也就是假設您有一筆錢，看好股市卻只能作有限的投資，又擔心買到高點，乾脆把錢委託專家操盤，而投信公司聚集投資人的小錢為大錢，由基金經理人進行投資，既可獲利共享，又能分散風險。

1. 股票型基金 (Equity Fund)

大部分的共同基金為股票型基金，這類基金以股票為主要投資標的，有時也會依基金經理人的專業判斷，少量投資於可轉換公司債、認股權證或其他金融商品上。針對開放式的股票型基金，經理人會保留部分資金投資於高流動性的金融工具中，以隨時準備基金贖回。此外，在國外亦可能採融資操作，以期在多頭市場時達到資本大幅增長的目的，但若行情判斷錯誤，基金跌幅也較深。

2. 債券型基金 (Bond Fund)

債券型基金的投資標的為債券，利息收入為債券型基金的主要收益來源，影響整體基金的投資報酬率為匯兌及債券市場價格的波動。通常預期市場的利率將下跌時，債券市場價格便會上揚，利率上漲，債券的價格就下跌。凡是國內法令經報備上架的基金，都可以在半官方的「境外基金資訊觀測站」(announce.fundclear.com.tw/MOPSFundWeb) 找到，點選「基金總覽」→「基金種類 / 細項」中，又細分「政府債」、「企業債」、「通膨聯繫債券」、「高收益債券」、「新興市場債」、「可轉換債券」、「複合債」等七項。

六、重貼現率 (discount rate)

重貼現率是指存款金融機構 (depository institutions) 向美國聯邦準備銀行調度資金的利率。Fed 提供三種不同的重貼現率，分別是基本利率 (primary credit)、次級利率 (secondary credit)，以及季節性利率 (seasonal credit) 等三大貼現窗口，在基本利率部分是極短期 (通常是隔夜) 的利率，這是為了要求所有銀行能夠達到最基本而且可靠的財務狀況；次級利率則是為了滿足短期流動性需求或解決銀行遇到的財務困難的利率；季節性利率是提供規模較小的銀行在景氣循環波動時所出現的資金需求。一般而言，基本利率就是指 Fed 所稱的重貼現率，該利率比短期市場利率水準高，次級利率又比基本利率高，季節性利率則是某些市場利率的平均水準。重貼現率是各個聯邦準備銀行提出建議，交由 Fed 核定後執行，重貼現率除了宣布調整的時候才會變化，其他時間所有聯邦準備銀行都是維持一樣的利率水準。

七、國內外股市之資料庫

研究國外股市，常見樣本資料來源，包括：FTSE All Share Total Return Index、FTA British Government Bond Index、Reuters Commodities Price Index、Composite Index、Tins Index 、Plantations Index、Properties Index and Finance

Index。

　　至於樣本資料獲得，道瓊工業指數、那斯達克指數與史坦普 500 指數來自於美國股價資料庫 (The Center for Research in Security Prices, 簡稱 CRSP)，臺灣加權股價指數來自於經濟統計資料庫 (AREMOS) 與雅虎奇摩股市資料庫，亦可直接向臺灣經濟新報 (http://www.tej.com.tw/twsite)、或「財團法人經濟資訊推廣中心」所建置的「AREMOS 經濟統計資料庫」購買。

表 2-4　常見金融變數之資料庫來源

原始資料變數	單位	資料庫	資料頻率
美國聯邦基金目標利率	%	Federal Reserve Bank of ST LOUIS,CBOT	日資料
美國聯邦基金利率	%	Federal Reserve Bank of ST. LOUIS	月資料
美元即期收盤匯率	%	全球金融資料庫 (GFD)	日資料
臺灣消費者物價指數	指數	AREMOS	月資料
臺灣工業生產指數	指數	AREMOS	月資料
臺灣金融業隔夜拆款利率	%	ARMOS	月資料
美元即期匯率 (銀行間收盤匯率)	%	ARMOS	月資料

八、指數型基金 vs. 指數股票型基金 (ETF) 有何不同

　　不少國內投資人以為，指數型基金就是 ETF (Exchange Traded Fund)，兩者投資邏輯是相同的，均是被動式管理，但細分兩者還是有差異，前者是以追蹤大盤指數為主，後者則可能投資大盤成分股，追蹤大盤成分股指數，可稱指數股票型基金。

　　此外，指數型基金的購買方式如同一般共同基金，銀行、投信、券商等銷售通路皆可，因採被動式管理，周轉率低，因此基金交易成本下降，總費用僅股票型基金的一半。但 ETF 則必須在集中交易市場買賣，僅有買賣股票的交易成本及部分管理費。

1. 指數型基金的購買方式如同一般共同基金，銀行、投信、券商等銷售通路皆可，因採被動式管理，周轉率低，因此基金交易成本下降，總費用僅股票型基金的一半。

2. ETF 指數型基金，就是將資金按照約定的比例，去投資一籃子股票的基金。
必須在集中交易市場買賣，僅有買賣股票的交易成本及部分管理費。

優點是：省去選股的麻煩，能納入 ETF 裏面的股票，公司的體質、規模通常
有一定水準，以臺灣目前一檔 ETF「臺灣 50」爲例，就是將臺灣前 50 大公司
按比例來投資，它的走勢和大盤有九成的相似性，因此若看好臺股，就可以
直接買「臺灣 50」，大盤漲，臺灣 50 也會跟著漲。此外，ETF 是股票，像
股票一樣的買賣交割，不是像一般的基金，交易便利，交易稅較低也是它的
優點。缺點是：波動性不高，要 50 支股票通通漲或通通跌，這種情況不容易
發生，大部分的情況是有些漲有些跌，因此股價的走勢比較平穩。

2-5 財經變數

　　經濟市場的變動，存在許多不同型態的關聯結構，因此發展出
AR(autoregressive model) 模型來形容時間的延續性及 MA(Moving Average
Model) 模型，MA 模型隱含了在經濟行爲體系中，其結構式有「error
correction」的特性，之後又定義了共整合效用 (Cointegration)，而有誤差修正
模型 (error-correction model)。大部分的財務時間序列資料，都具條件變異數
不同質的現象，於是如何將這種會因時而異的條件變異數模型化，因而發展出
ARCH(Autoregressive Conditional Heteroscedasticity) 模型 (Engle, 1982)。又如
財務資料具高狹峰分配及波動叢聚的特性，恰可以 ARCH/GARCH(Generalized
autoregressive conditional heteroskedasticity) 模型適切地描述 (Bollerslev, 1986)。
爲了避險及估計報酬，延伸出現了 ARCH-M(ARCH in mean) 模型 (Engle 等人，
1987)。這些都是爲了解決實際社會所發生的問題，促使了模型的演化。

　　時間序列資料經常發生非定態的性質，當變數是非定態時，最大的影響不
外乎是由 Granger & Newbold(1974) 發現非定態變數之間，可能會出現假迴歸的
問題，使得原本毫無關聯性的變數之間，出現假象的關聯性，即實際上在迴歸
模型中反映出的顯著性，並沒有眞正的經濟意義。

　　接著，Engle & Granger(1987) 提出共整合 (cointegration) 理論，發現非定態
(nonstationary) 變數之間的迴歸關係如果出現共整合現象，則這樣的迴歸關係仍
然有經濟意義，而使原迴歸推論性質也可以適用。

　　一般而言，非定態的模型都可拆解兩個影響成分來解釋，一爲決定性趨勢
(deterministic trend)，二爲隨機趨勢 (stochastic trend)。

一、決定性趨勢 (deterministic trend)

所謂「決定性趨勢」，是指變數隨時間變動而變動具趨勢性，並可以完全被預測，其模型可以分成下列幾種：(1) 線性趨勢 (Linear Time Trend)、(2) 多項式時間趨勢、(3) 片斷趨勢。

二、隨機趨勢 (stochastic trend)

所謂「隨機趨勢」就是變數中的隨機成分 (stochastic component) 對該變數所形成永久性 (permanence) 的影響 (Enders, 2004)。我們可從 random walk(RW) 模型來模擬這個現象，從此模型產生方式可以發現，原來 RW 模型其實就是 AR(1) 模型落後一期的係數等於 1 時的自我相關特例，我們自然就可用自我相關模型來轉化這種時間序列的不平穩問題。

Random Walk 模型有三種：

(1) Pure random walk(不含截距項)

$$y_t = y_{t-1} + e_t$$

(2) Random walk with drift(含有漂移項 a_0)

$$y_t = a_0 + y_{t-1} + e_t$$

(3) Random walk with noise(含有隨機干擾項)

$$y_t = u_t + e_t \text{ 且 } u_t = u_{t-1} + v_t$$

2-5-1 虛擬變數 (Dummy variable)

一、多元 (複) 迴歸分析 (Multiple Regression Analysis) 之重點整理

1. 利用 OLS(ordinary least squares) 來做多元迴歸可能是社會學研究中最常用的統計分析方法。利用最小平方法的基本條件是依變數為一個分數型的變數 (等距尺度測量的變數)，而自變數之測量尺度則無特別的限制。當自變數為類別變數時，我們可依類別數 (k) 建構 $k - 1$ 個數值為 0 與 1 之虛擬變數 (dummy variable) 來代表不同之類別。因此，如果能適當的使用的話，多元迴歸分析是一相當有力的工具。

多元 (複) 迴歸模型為：

$$Y_i = \beta_0 + \beta_1 X_{i1} + \beta_2 X_{i2} + \cdots + \beta_k X_{ik} + \varepsilon_j$$

其中 $\varepsilon_i \overset{iid}{\sim} N(0,\sigma^2)$ 且 $i = 1, 2, \cdots, n$

$$或 \begin{bmatrix} Y_1 \\ Y_2 \\ \vdots \\ Y_n \end{bmatrix} = \begin{bmatrix} 1 & X_{11} & \cdots & X_{1k} \\ 1 & X_{21} & \cdots & X_{2k} \\ \vdots & \vdots & \ddots & \vdots \\ 1 & X_{n1} & \cdots & X_{nk} \end{bmatrix} \begin{bmatrix} \beta_0 \\ \beta_1 \\ \vdots \\ \beta_k \end{bmatrix} + \begin{bmatrix} \varepsilon_1 \\ \varepsilon_2 \\ \vdots \\ \varepsilon_n \end{bmatrix}$$

$$Y_{n \times 1} = X_{n \times (k+1)} \beta_{(k+1) \times 1} + \varepsilon_{n \times 1}$$

(1) 簡單迴歸估計方程式 (最小平方法)

$\hat{Y} = X\hat{\beta}$，其中 $\hat{\beta} = (X'X)^{-1}X'Y$

(2) 變異數分析表

表 2-5　ANOVA

變異來源	平方和 SS	自由度 df	均方 MS	F
迴歸	$SS_R = \Sigma \hat{y}^2 = \Sigma(\hat{Y} - \overline{Y})^2$	k	$MS_R = \dfrac{SS_R}{k}$	$F = \dfrac{MS_R}{MS_E}$
殘差	$SS_E = \Sigma e^2 = \Sigma(Y - \hat{Y})^2$	$n - k - 1$	$MS_E = \dfrac{SS_E}{n - k - 1}$	
總和	$SS_T = \Sigma y^2 = \Sigma(Y - \overline{Y})^2$	$n - 1$		

註：殘差 $e_i = y_i - \hat{y}_i$，$i = 1, 2, ..., n$

2. 多元迴歸分析主要有三個步驟：

　　Step 1：利用單變數和雙變數分析來檢視各個準備納入複迴歸分析的變數是否符合 OLS 線性迴歸分析的基本假定。

　　Step 2：選定迴歸模式，並評估所得到的參數估計和適合度檢定 (goodness of fit)。

　　Step 3：在我們認真考慮所得到的迴歸分析結果前，應做殘餘值 (residuals) 之診斷分析 (diagnosis)。但通常我們是先確定迴歸模式之設定 (specification) 是否恰當後，才會做深入之殘餘值分析。

3. 迴歸分析的第一步是一一檢視每個即將納入迴歸分析模式的變數。首先，我們必須先確定依變數有足夠的變異 (variability)，而且是接近常態分配 (迴歸係數的估計並不要求依變數是常態分配，但對此估計做假設測定時，則是要求殘餘值應為常態分配。而依變數離開常態分配的狀態很遠時，殘餘值不是

常態分配的可能性增大)。其次，各自變數也應該有適當的變異，並且要了解其分配之形狀和異常的個案 (outlying cases, outliers)。

我們可用直方圖 (histogram) 和 Normal P-P(probability plot) 圖等來測定依變數是否拒絕其為常態分配的假設，以及是否有異常之個案。同樣地，我們可用直方圖和其他單變數之統計來檢視各個自變數之分配形狀、程度，以及異常個案等。

4. 做雙變數相關之分析之主要目的是檢視變數間之關係是否為線性關係 (linearity) 和是否為共線性 (collinearity) 之情況。最基本的做法是看雙變數之相關矩陣。如果依變數與自變數間之關係很弱或比自變數間之相關弱的話，就應質疑所設定之多元迴歸模式是否適當。

檢視自變數與依變數間是否為線性關係的基本做法是看雙變數間之散布圖 (scatter plot)。進階且比較好的做法是在控制其他自變數後，再看某一自變數與依變數間之部分線性關係 (partial linearity)。線性關係是迴歸分析重要的假定，而且指的是自變數與依變數間之部分線性關係。我們並不用太關心自變數間是否為線性關係，但如對自變數間關係之設定有誤時，也會導致我們對虛假關係不適當的控制和解釋上的錯誤。

探索自變數與依變數間部分線性關係的方式是在控制其他自變數後，逐一檢視某一自變數及進一步加入此自變數之平方後，看看兩個迴歸模式間是否達顯著之差異。如果是的話，則此自變數與依變數間之關係並不是線性關係。當發現自變數與依變數間並非線性關係時，除了將該自變數之平方加入迴歸分析的方法外，也可將該自變數做對數轉換 (log transformation)，例如我們常將個人之收入做對數轉換之處理。究竟如何處理是適當的，是以理論為基礎。

5. 在決定迴歸分析的模式後，我們應進一步檢視自變數間是否有多元共線性 (multicollinearity) 的問題，也就是自變數間是否有高度相關的問題。如果自變數間高度相關的話，會影響到對迴歸係數之假設測定。我們可以用因素分析來檢查自變數間是否有多元共線性，或者是逐一將某一自變數 (當成為依變數) 和所有其他自變數做多元迴歸分析。

在以 SPSS 做迴歸分析時，我們也可在其 Statistic 之選項中選擇 partial correlation 與 collinearity 之統計。SPSS 所提供之 collinearity 的統計包括 Tolerance、VIF(variance inflation factor) 和 Condition Index 等。這些統計是有關聯性的。如 Tolerance 與 VIF 就是互為倒數，如果是 Tolerance 愈小，就表示該自變數與其他自變數間之共線性愈高或幾乎是其他自變數的線性組合。

6. 如果自變數是類別的變數，我們可以將這些類別一一建構成為虛擬變數。依照類別數目 (k)，我們只需建構 k – 1 個虛擬變數即可。如性別有兩類，因此我們只需建構一個「男性」的虛擬變數。如果受訪者為男性，則其「男性」變數為 1，如為女性，則其「男性」變數為 0。同理，如果一個類別變數有四類，如臺灣地區別是分成北、中、南、東等四區，則我們可將此類別變數建構成「中部」、「南部」及「東部」等三個虛擬變數。當受訪者是在北部時，其在此三虛擬變數的值會都是 0。至於將那個類別作為參考類別 (reference category)，也就是不建構為虛擬變數的類別，通常是次數最多的類別。我們也可依理論或研究假設的需要，來考量將那個類別作為參考類別。

當我們將這些虛擬變數納入迴歸模式後，個別虛擬變數的迴歸係數 (如果達統計顯著的話)，就是此虛擬變數所代表之類別與參考類別間在截距上的差距。如果我們假設此類別變數對依變數的影響，不只是在截距上的不同，且會有不同的斜率，也就是與另一自變數間有交互作用 (interaction)，我們可以進一步將虛擬變數與此另一自變數相乘而成另一新變數 (如「男性 × 受教育年數」)。我們可將原來的兩個自變數及此新變數一起納入迴歸分析中。如果此新變數之迴歸係數達顯著的話，則其意義是與虛擬變數相乘之自變數 (如受教育年數) 對依變數的影響會因虛擬變數所代表的類別不同 (如性別) 而有不同的斜率 (即影響力)。例如，當受教育年數對收入的影響，男性比女性來得大時，則迴歸分析結果可能一方面表現在「男性」此一虛擬變數的正向係數達顯著，表示在受同樣教育年數的條件下，男性的起薪比女性高，另一方面也表現在「男性 × 受教育年數」之正向係數達顯著，表示男性每年受教育對收入的回報大過女性。

此外，當我們假設自變數與依變數的關係為∩型時，或是依變數會隨自變數之數值增大而變化趨緩時，我們就可建構一自變數的平方，將此自變數及其平方一起納入，如果此平方的變數達顯著，則我們可知此自變數對依變數的影響不是直線性的。

7. 在完成以上之基礎工作後，而且發現沒有問題或將問題做了適當的處理後，我們就可開始做多元迴歸的分析。

檢視多元迴歸分析之結果的步驟是先檢視整體模式之適合度 (goodness of fit)。這是看迴歸分析結果之 ANOVA 表中之 F test 是否達到顯著。如果是的話，我們可說此模式在母群體之 R^2 不是 0，或至少有一個自變數對依變數有解釋力。R^2(或納入自變數數目做了調整後之 adjusted R^2) 的意義是所有自變

數解釋了多少比例之依變數的變異量。

在檢視完整體模式之解釋力後，下一步是逐一檢視各自變數之斜率 (slope)，也就是迴歸係數是否達到顯著 (即測定其是否為 0 之虛無假設)。這是要看每一自變數迴歸係數的 t-test 及 p 值 (通常應至少小於 0.05)。如果某一自變數之係數達顯著水準的話，則其意義是在控制其他自變數的情況下，此一自變數對依變數之獨特影響力 (unique effect) 為何。另一說法是，自變數每增加一個測量時用的單位，會改變多少依變數測量時之單位。我們可代入此自變數一個數值 (如此變數之平均數)，然後計算在此數值和 B(unstandardized coefficient) 乘積，這乘積就是此自變數在此數值時，依變數的數值有多大。

如果我們要知道和其他自變數比較，哪一個自變數對依變數之獨特影響力比較大，則我們是要看 Beta(standardized coefficient) 或部分相關係數 (看此比較好)。

8. 如果我們的迴歸分析是建立在一個因果模式上，則可進行階層式迴歸分析 (hierarchical regression)。端看我們研究的焦點為何，可逐一將自變數加入迴歸模式中，然後視不同階段之迴歸模式的整體解釋力和各個自變數解釋力的變化。

9. 嚴謹的迴歸分析是要進一步對殘差（residuals）做檢視後，才報告分析所得到之結果。殘餘值是指每一個案將其自變數之數值代入迴歸模式中計算在依變數之預測值，然後將實際觀察到之值與此預測值相減後所得到之殘餘。對殘餘值之診斷主要有兩項：

(1) Influence diagnosis：此診斷要看的是有無一些異常的個案可能對迴歸模式的估計造成不當之影響，並膨脹 standard errors。特別是當樣本數較小時，我們要當心此可能性。在 SPSS 的迴歸分析之 Save 的選項中，可將標準化處理後之殘餘值 (standardized residuals) 儲存起來。SPSS 也會將標準化之殘餘值大於 3 的個案之 ID 報告出來。如果此類個案數目不多的話 (依機率，每一百個標準化之殘餘值中會有 5 個殘餘值之 z 值大於 2)，那我們就可說是沒有異常個案影響迴歸模式估計的問題。

(2) 常態性 (Normality) 與異質性 (hetroskedasticity)：OLS 迴歸分析假定在預測函數 (prediction function) 之不同 level 的殘餘值是常態分配，而且變異量是相同的。因此，我們可利用單變數之分析來檢視預測值和殘餘值是否為常態分配，以及兩者間是否有相關 (依照假定迴歸模式之殘餘項應和自變數間沒有相關)，以及殘餘值在預測函數 (prediction function) 之各水準 (level) 是否有相同之變異。

二、虛擬變數之迴歸式

在迴歸方程式中，我們假設所有的變數皆為連續變數。如果遇到名目尺度變數，我們可以用虛擬變數來進行分析。

虛擬變數 (D) 又稱為類別變數 (categorical variables)，通常以 (0,1) 來區別類別。例如男性 $D = 1$，女性 $D = 0$。

虛擬變數可以用來比較下列效果：

(1) 時間效果 (Temporal effect)：戰時 vs. 平時，顛峰 vs. 非顛峰，假日 vs. 週間。

(2) 地區效果 (Spatial effects)：都市 vs. 鄉村。

(3) 質性變數 (Qualitative variables)：已婚 vs. 未婚，男性 vs. 女性，白人 vs. 非白人。

(4) 化約變數 (Broad groupings of quantitative variables)。

比較基底 (Base case) 或參考組 (reference group)：當虛擬變數為 0 時的所有觀察值。因此虛擬變數的迴歸係數衡量比較基底與非比較基底兩群樣本之間的差異。

1. 質性變數

例如性別、人種、產業別、政治傾向、公司是否提供員工退休金計畫、是否擁有電腦……。質性變數有二種。

(1) 質性自變數：虛擬自變數。

(2) 質性應變數：線性機率模型。

2. 虛擬變數 (dummy variable)，又稱為二元變數 (binary variable)

(1) 數值不是 0 就是 1 的變數 (1 表某特徵或屬性存在)。

(2) 事實上，任何兩個不同的值都可以。但 0 或 1 的選取有助於參數直接、清楚地解釋。

3. 虛擬變數之迴歸模型

考慮一個簡單模型，其中包含一個連續變數 (x) 和一個虛擬變數 (d)：

$y = \beta_0 + \delta_0 d + \beta_1 x + u$

以上可以解釋成是截距的移動

若 $d = 0$，則 $y = \beta_0 + \beta_1 x + u$

若 $d = 1$，則 $y = (\beta_0 + \delta_0) + \beta_1 x + u$

屬性 d 設為 0 的是當成比較基礎群 (base group)。

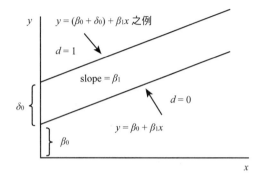

$\delta_0 > 0$ 之例

圖 2-2 虛擬變數迴歸之示意圖

4. 多類別的虛擬變數

任何的類別變數 (categorical variable) 皆可轉變成一組虛擬變數，所以我們可用虛擬變數來控制多類別的事件。如果有 n 個種類，則因為截距表示比較基礎群，所以只需要 $n - 1$ 個虛擬變數。如果有 n 個種類，但迴歸模型沒有截距項，則需要 n 個虛擬變數。

例如，在資料中的每一個人不是高中被退學、高中畢業就是大學畢業。為了將高中及大學畢業者和高中被退學者 (基礎群) 做一比較，我們使用 2 個虛擬變數：

若只有高中畢業 hight_school = 1，其他為 0

若大學畢業設 coll_school = 1，其他為 0

5. 虛擬變數之條件式

$E(Y_i \mid X_i, D_i) = \beta_0 + \beta_1 X_i + \beta_2 D_i$

$Y =$ 薪資所得

$X =$ 年資

$D =$ 是否具有博士學位 $\begin{cases} 1 \text{ 若樣本為 PhD} \\ 0 \text{ 若樣本為非 PhD} \end{cases}$

標準型 $E(Y_i \mid X_i, D_i) = \beta_0 + \beta_1 X_i + \beta_2 D_i$

若 $D = 0$，則 $E(Y_i \mid X_i, D_i = 0) = \beta_0 + \beta_1 X_i + \beta_2(0) = \beta_0 + \beta_1 X_i$

若 $D = 1$，則 $E(Y_i \mid X_i, D_i = 1) = \beta_0 + \beta_1 X_i + \beta_2(1) = \beta_0 + \beta_2 + \beta_1 X_i$

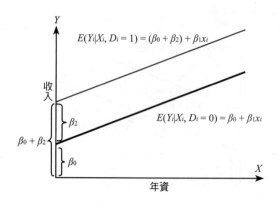

圖 2-3 虛擬變數之條件式示意圖

假設 $E(Y_i \mid X_i, D_i) = 15000 + 1000X_i + 2500D_i$

若 $D = 0$，則 $E(Y_i \mid X_i, D_i = 0) = 15000 + 1000X_i$

若 $D = 1$，則 $E(Y_i \mid X_i, D_i = 1) = (15000 + 2500(1)) + 1000X_i$

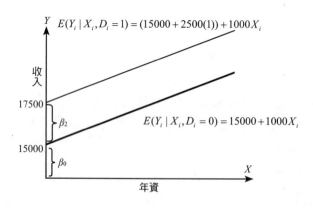

圖 2-4 虛擬變數之條件式示意圖 2

三、虛擬變數之編碼

虛擬變數 (Dummy variable) 通常用於線性迴歸分析中，由於類別自變數 (x_i) 無法直接適用於 linear regression，爲了讓類別變數也能夠進行迴歸分析，必須做虛擬化的動作，簡單的概念就是：類別變數中的數字並不代表任何意義，若

視爲連續變數，就沒辦法解釋了。因此，我們把原變數分切爲多個虛擬出來的變數，讓它們變成 0,1 資料後，才能對單一結果做解釋。

　　假設我們的類別變數只有兩分類，例如性別，直接將男性編碼爲 1，女性編碼爲 0。如果自變數有 4 種類別 (或 levels)，如下表之「學習型態」有 4 類，它就需要增設 3 個新虛擬變數 ($x1, x2, x3$) 來模擬，其中，「1：適應型」爲參考組。

表 2-6　4 類「學習型態」對應之 3 個虛擬變數

學習型態 ＼ 虛擬變數	x1	x2	x3
1(適應型)	0	0	0
2(收斂型)	1	0	0
3(同化型)	0	1	0
4(發散型)	0	0	1

　　由此例可知，$x1$ = 收斂型，$x2$ = 同化型，$x3$ = 發散型。

2-5-2　120 項非定態經濟變數

　　時間序列統計軟體 (Stata, JMulTi、RATS、Eviews、R、Matlab、Gauss、S-Plus 等)，都有提供 ADF 單根檢定，讓你檢查各經濟變數是否屬於單根的條件，若有單根 (整合階數爲 1，I(1) 表示)，表示該數列是非定態。

　　常見非定態之財經變數，有表 2-7 所列 120 項。若該變數 y_t 呈常態分配，但非定態，則「一階差分」Δy_t；若該變數 y_t 非常態分配，且非定態，則「取自然對數後一階差分」$\Delta Ln(y_t)$。因爲很多非常態變數，經自然對數「ln()」函數變換後，會呈常態。非定態之財經變數，絕大多數差分一次就會變定態序列，接著將它再代入 VAR 等迴歸型來求解。

表 2-7　常見 120 項經濟變數即爲樣本變數 (x_t)

#	變數名稱	單位	處理方法
1	泰國重貼現率	百分比	一階差分
2	臺灣對泰國進出口貿易總額	千美元	取 Ln() 後，再一階差分
3	臺灣對菲律賓進出口貿易總額	千美元	取 Ln() 後，再一階差分

#	變數名稱	單位	處理方法
4	菲律賓重貼現率	百分比	一階差分
5	香港重貼現率 (月底值)	百分比	一階差分
6	香港失業率 (月)	百分比	一階差分
7	新加坡隔夜拆款利率	百分比	一階差分
8	臺灣對大陸進出口貿易總額	千美元	取 Ln() 後，再一階差分
9	美元對人民幣匯率 (月底值)	人民幣	取 Ln() 後，再一階差分
10	臺灣對新加坡進出口貿易總額	千美元	取 Ln() 後，再一階差分
11	臺灣對韓國進出口貿易總額	百分比	一階差分
12	美元兌韓圜匯率 (月底值)	韓圜	取 Ln() 後，再一階差分
13	南韓工業生產指數 IPI× 年增率 (2005 = 100)	指數	取 Ln() 後，再一階差分
14	南韓工業生產指數 IPI (2005 = 100)	指數	取 Ln() 後，再一階差分
15	臺灣對日本進出口貿易總額	千美元	取 Ln() 後，再一階差分
16	美元兌日圓匯率 (月底值)	日圓	取 Ln() 後，再一階差分
17	日本貨幣市場利率 (月均值)	百分比	一階差分
18	日本失業率 (SA)	百分比	一階差分
19	美元兌歐元匯率 (月底值)	歐元	取 Ln() 後，再一階差分
20	歐元區工業生產指數 IPI× 年增率 (2005 = 100)	指數	取 Ln() 後，再一階差分
21	德國失業率 - 季調	百分比	一階差分
22	德國拆款利率 (月均值)	百分比	一階差分
23	德國公債殖利率 (三年期以上)	百分比	一階差分
24	馬來西亞基本利率	百分比	一階差分
25	美國消費者信心指數 (1985 = 100)	指數	取 Ln() 後，再一階差分
26	美國官方聯邦資金利率	百分比	一階差分
27	美國十年期公債殖利率	百分比	一階差分
28	美國信用重貼現率 (月底值)	百分比	一階差分
29	美國聯邦資金市場利率 - 市場實際拆款利率	百分比	一階差分
30	IMF 能源及非能源商品價格指數 (2005 = 100)	指數	取 Ln() 後，再一階差分
31	IMF 非能源主要商品價格指數 (2005 = 100)	指數	取 Ln() 後，再一階差分
32	IMF 食物類價格總指數 (2005 = 100)	指數	取 Ln() 後，再一階差分
33	IMF 食物類價格指數：蘋果等農產品 (2005 = 100)	指數	取 Ln() 後，再一階差分

#	變數名稱	單位	處理方法
34	IMF 飲料類價格指數：咖啡、可可亞、茶 (2005 = 100)	指數	取 Ln() 後，再一階差分
35	IMF 工業輸入價格指數 (2005 = 100)	指數	取 Ln() 後，再一階差分
36	IMF 金屬價格指數 (2005 = 100)	指數	取 Ln() 後，再一階差分
37	IMF 能源商品價格指數 (2005 = 100)	指數	取 Ln() 後，再一階差分
38	IMF 平均原油現貨價格指數 (2005 = 100)	指數	取 Ln() 後，再一階差分
39	工業生產指數 - 總指數	指數	取 Ln() 後，再一階差分
40	工業生產指數 - 礦業及土石採取業	指數	取 Ln() 後，再一階差分
41	工業生產指數 - 製造業	指數	取 Ln() 後，再一階差分
42	工業生產指數 - 金屬機械工業	指數	取 Ln() 後，再一階差分
43	工業生產指數 - 資訊電子工業	指數	取 Ln() 後，再一階差分
44	工業生產指數 - 化學工業	指數	取 Ln() 後，再一階差分
45	工業生產指數 - 民生工業	指數	取 Ln() 後，再一階差分
46	工業生產指數 - 電力及煤氣供應業	指數	取 Ln() 後，再一階差分
47	工業生產指數 - 用水供應業	指數	取 Ln() 後，再一階差分
48	外銷訂單 - 資訊及通信產品	百萬元	取 Ln() 後，再一階差分
49	外銷訂單 - 電子產品	百萬元	取 Ln() 後，再一階差分
50	外銷訂單 - 基本金屬及其製品	百萬元	取 Ln() 後，再一階差分
51	外銷訂單 - 精密儀器、鐘錶、樂器	百萬元	取 Ln() 後，再一階差分
52	外銷訂單 - 塑膠、橡膠及其製品	百萬元	取 Ln() 後，再一階差分
53	外銷訂單 - 化學品	百萬元	取 Ln() 後，再一階差分
54	外銷訂單 - 電機產品	百萬元	取 Ln() 後，再一階差分
55	外銷訂單 - 機械	百萬元	取 Ln() 後，再一階差分
56	失業率	百分比	一階差分
57	平均薪資 - 礦業及土石採取業	元	取 Ln() 後，再一階差分
58	平均薪資 - 製造業	元	取 Ln() 後，再一階差分
59	平均薪資 - 電力及燃氣供應業	元	取 Ln() 後，再一階差分
60	平均薪資 - 營造業	元	取 Ln() 後，再一階差分
61	平均薪資 - 批發及零售業	元	取 Ln() 後，再一階差分
62	平均薪資 - 運輸及倉儲業	元	取 Ln() 後，再一階差分
63	平均薪資 - 住宿及餐飲業	元	取 Ln() 後，再一階差分

#	變數名稱	單位	處理方法
64	平均薪資 - 資訊及通訊傳播業	元	取 Ln() 後,再一階差分
65	平均薪資 - 金融及保險業	元	取 Ln() 後,再一階差分
66	平均薪資 - 不動產業	元	取 Ln() 後,再一階差分
67	平均薪資 - 專業、科學及技術服務業	元	取 Ln() 後,再一階差分
68	平均薪資 - 支援服務業	元	取 Ln() 後,再一階差分
69	平均薪資 - 醫療保健及社會工作服務業	元	取 Ln() 後,再一階差分
70	平均薪資 - 藝術、娛樂及休閒服務業	元	取 Ln() 後,再一階差分
71	平均薪資 - 其他服務業	元	取 Ln() 後,再一階差分
72	受僱員工每人每月平均工時 - 礦業及土石採取業	小時	取 Ln() 後,再一階差分
73	受僱員工每人每月平均工時 - 用水供應及污染整治業	小時	取 Ln() 後,再一階差分
74	受僱員工每人每月平均工時 - 電力及燃氣供應業	小時	取 Ln() 後,再一階差分
75	受僱員工每人每月平均工時 - 營造業	小時	取 Ln() 後,再一階差分
76	受僱員工每人每月平均工時 - 服務業部門	小時	取 Ln() 後,再一階差分
77	受僱員工每人每月平均工時 - 批發及零售業	小時	取 Ln() 後,再一階差分
78	受僱員工每人每月平均工時 - 運輸及倉儲業	小時	取 Ln() 後,再一階差分
79	受僱員工每人每月平均工時 - 住宿及餐飲業	小時	取 Ln() 後,再一階差分
80	受僱員工每人每月平均工時 - 資訊及通訊傳播業	小時	取 Ln() 後,再一階差分
81	受僱員工每人每月平均工時 - 金融及保險業	小時	取 Ln() 後,再一階差分
82	受僱員工每人每月平均工時 - 不動產業	小時	取 Ln() 後,再一階差分
83	受僱員工每人每月平均工時 - 專業、科學及技術服務業	小時	取 Ln() 後,再一階差分
84	受僱員工每人每月平均工時 - 支援服務業	小時	取 Ln() 後,再一階差分
85	受僱員工每人每月平均工時 - 醫療保健及社會服務業	小時	取 Ln() 後,再一階差分
86	受僱員工每人每月平均工時 - 藝術、娛樂及休閒服務業	小時	取 Ln() 後,再一階差分
87	受僱員工每人每月平均工時 - 其他服務業	小時	取 Ln() 後,再一階差分
88	電力 (企業)	總用電量十億度	取 Ln() 後,再一階差分

#	變數名稱	單位	處理方法
89	非農業部門就業人數	千人	取 Ln() 後,再一階差分
90	臺灣工業及服務業加班工時	小時	
91	核發建照面積 (住宅類住宅、商業辦公、工業倉儲)	千方公尺	取 Ln() 後,再一階差分
92	進出口貿易總值 - 出口總值	百萬元	取 Ln() 後,再一階差分
93	進出口貿易總值 - 進口總值	百萬元	取 Ln() 後,再一階差分
94	製造業銷售值	十億元	取 Ln() 後,再一階差分
95	製造業存貨量指數	指數	取 Ln() 後,再一階差分
96	貨幣機構與中華郵政儲匯處以外各部門持有通貨	百萬元	取 Ln() 後,再一階差分
97	存款貨幣 - 合計	百萬元	取 Ln() 後,再一階差分
98	存款貨幣 - 支票存款	百萬元	取 Ln() 後,再一階差分
99	存款貨幣 - 活期存款	百萬元	取 Ln() 後,再一階差分
100	存款貨幣 - 活期儲蓄存款	百萬元	取 Ln() 後,再一階差分
101	準貨幣 - 合計	百萬元	取 Ln() 後,再一階差分
102	準貨幣 - 定期及定期儲蓄存款	百萬元	取 Ln() 後,再一階差分
103	準貨幣 - 外匯存款	百萬元	取 Ln() 後,再一階差分
104	準貨幣 - 郵政儲金	百萬元	取 Ln() 後,再一階差分
105	準貨幣 - 附買回交易餘額	百萬元	取 Ln() 後,再一階差分
106	準貨幣 - 外國人新臺幣存款	百萬元	取 Ln() 後,再一階差分
107	貨幣總計數 -M1A	百萬元	取 Ln() 後,再一階差分
108	貨幣總計數 -M1B	百萬元	取 Ln() 後,再一階差分
109	貨幣總計數 -M2	百萬元	取 Ln() 後,再一階差分
110	消費者物價分類指數 - 商品類 (含食物)	指數	取 Ln() 後,再一階差分
111	消費者物價分類指數 - 商品類 (不含食物)	指數	取 Ln() 後,再一階差分
112	消費者物價分類指數 - 商品類 - 半耐久性消費品 (不含食物)	指數	取 Ln() 後,再一階差分
113	消費者物價分類指數 - 商品類 - 耐久性消費品	指數	取 Ln() 後,再一階差分
114	消費者物價分類指數 - 服務類	指數	取 Ln() 後,再一階差分
115	消費者物價分類指數 - 服務類 - 家外食物	指數	取 Ln() 後,再一階差分

#	變數名稱	單位	處理方法
116	消費者物價分類指數 - 服務類 - 衣著	指數	取 Ln() 後，再一階差分
117	消費者物價分類指數 - 服務類 - 居住	指數	取 Ln() 後，再一階差分
118	消費者物價分類指數 - 服務類 - 交通	指數	取 Ln() 後，再一階差分
119	消費者物價分類指數 - 服務類 - 醫療保健	指數	取 Ln() 後，再一階差分
120	消費者物價分類指數 - 服務類 - 教養娛樂	指數	取 Ln() 後，再一階差分

表 2-8　三項經濟變數即為可觀測變數 (y_t)，且皆為非定態變數

#	變數名稱	單位	處理方法
$y1$	臺灣五大行庫 - 一個月期存款利率	百分比	一階差分
$y2$	臺灣放款基準利率 - 五行庫平均利率	百分比	一階差分
$y3$	金融隔夜拆款利率	百分比	一階差分

財經變數之資料庫來源

以上 120 個財經變數，資料庫 (如 TEJ) 來源當然都不同。舉例來說，若以全球 REITs 指數與美國 10 年公債殖利率、全球股票指數和全球公債指數為研究對象，探討彼此間長期共整關係與因果關係。假設資料皆為「月」資料，至於資料來源，你可取自下列資料庫：

1. 全球 REITs 指數

為 UBS 全球 REITs 指數資料取自 Bloomberg(www.bloomberg.com)，Bloomberg tick 為 UREIUDIN，資料型態皆為月資料，有效資料共 1xx 筆。

2. 美國 10 年公債殖利率

資料取自 Bloomberg，Bloomberg tick 為 USGG10YR，資料型態皆為月資料。

3. 全球股票指數

為 MSCI 全球股票指數，資料取自 Bloomberg，Bloomberg tick 為 MXWO，資料型態皆為月資料。

4. 全球公債指數

為 MSCI 全球公債指數，資料取自 Bloomberg，Bloomberg tick 為 MCW0TR，資料型態皆為月資料。

Chapter

03

時間序列入門
及動態模型

3-1 預測

預測 (prediction) 目的

以某商品之市場需求爲例，預測目的係協調和控制所有的需求來源。需求來源包括：

1. 相依需求：需求來自於其他的產品或服務。
2. 獨立需求：需求不直接來自其他產品，亦是預測的重點。

3-1-1 預測類型

1. 定性法 (qualification)

主觀判斷，仰賴估計與個人觀點。包括：草根法、市調法、群體意見法、歷史類推法、Delphi 法。

(1) 草根法：假設愈接近顧客或最終產品使用者的人，愈了解未來的需求。故彙整最基層的預測値，並進行上一個更高的層級計算。例如，地區性的配銷中心，將安全存量與訂購批量的數量，提供給上一個層級，也許是區域性配銷中心，反覆進行計算，直到得出最高層級的輸入値爲止。

(2) 市調法：蒐集資料的主要方法是問卷和訪談。旨在尋找新產品的靈感、對既有產品的意見、及在特定產品 / 服務類別中，最喜歡哪一位競爭者的產品服務等進行研究。

(3) 群體意見法：係假定三個臭皮匠勝過一個諸葛亮。故經由開放式會議，來交換所有管理層級和個人自由意見。此法之困難點，係職位較低的員工會被較高管理階層所影響。

(4) 歷史類推法：以現有的同類產品來作爲預測的模式，在預測新產品的需求時，新需求包括：互補產品 (例如對 CD 的需求引發對 CD 音響的需求)、替代性產品 (例如百事可樂與可口可樂) 兩種。

(5) Delphi 法：對參與研究的個人採「匿名」方式來進行，其實施步驟如下：

Step 1. 選擇專家，包含各個不同領域中具備專業知識的人。

Step 2. 經由問卷或 E-mail，從參與者取得預測値。

Step 3. 綜合結果，並找出合適的新問題，回饋給所有的參與者。

Step 4. 再次整理，修正預測和條件，並再次整理新問題。

Step 5. 如有必要，重複步驟 4，將最後結論發給所有參與者。

2. 時間序列分析

依據過去的歷史資料預測未來的需求。

3. 因果預測法

需求與環境中許多要素有關。

4. 模擬模型

對未來的情境在一個規範的假設下做預測。

3-1-2 時間序列分析

依據過去的歷史資料預測未來的需求。研究法包括：簡單移動平均 (moving average, MA)(如股 MA5、MA20)、加權移動平均、指數平滑法、迴歸分析 (ARIMA、VAR、VECM、非線性迴歸 STR⋯)。

一、簡單移動平均 (moving average method)

簡單移動平均 (如股票五日移動均線 MA5、十日移動均線 MA10) 可有效去除不規律變異對預測的影響。其使用時機：產品的需求量並非快速的成長或下降、不受季節因素的影響。

$$F_t = \frac{A_{t-1} + A_{t-2} + \ldots + A_{t-n}}{n}$$

其中，

F_t = 預測值

n = 期數

$A_{t-1}, A_{t-2}, \cdots, A_{t-n}$：實際歷史資料

舉例來說，未來三週及九週的簡單移動平均需求預測，如下：

週	需求	3週	9週	週	需求	3週	9週
1	800			16	1,700	2,200	1,811
2	1,400	=(800+1400+1000)/3		17	1,800	2,000	1,800
3	1,000			18	2,200	1,833	1,811
4	1,500	1,067		19	1,900	1,900	1,911
5	1,500	1,300		20	2,400	1,967	1,933
6	1,300	1,333		21	2,400	2,167	2,011
7	1,800	1,433		22	2,600	2,233	2,111
8	1,700	1,533	前9週平均	23	2,000	2,467	2,144
9	1,300	1,600		24	2,500	2,333	2,111
10	1,700	1,600	1,367	25	2,600	2,367	2,167
11	1,700	1,567	1,467	26	2,200	2,367	2,267
12	1,500	1,567	1,500	27	2,200	2,433	2,311
13	2,300	1,633	1,556	28	2,500	2,333	2,311
14	2,300	1,833	1,644	29	2,400	2,300	2,378
15	2,000	2,033	1,733	30	2,100	2,367	2,378

圖 3-1 未來三週及九週的簡單移動平均需求預測

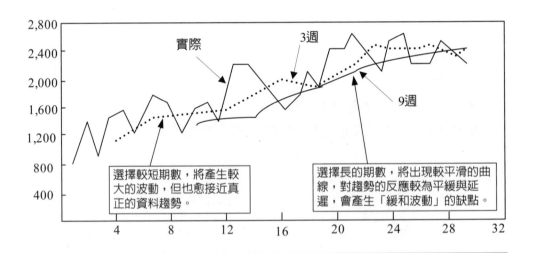

圖 3-2 實際需求與三週及九週的移動平均圖

簡單移動平均法缺點在於預測時，它必須放棄一筆舊資料與加入一筆新的資料，再重新計算。這對預測三或六期的移動平均法影響不大。但對於以 60 天為期數，分別預測倉庫中 20,000 個貨品的需求時，就需要處理大量的資料。

二、加權移動平均 (weighted moving average)

1. 賦予每一個變數相對應的權重值，權重值的總和等於 1。
2. 加權的法則沒有一定的規則。

$$F_t = w_1 A_{t-1} + w_2 A_{t-2} + \cdots + w_n A_{t-n}$$

$$w_1 + w_2 + \cdots + w_n = 1$$

其中，w_n 為第 t-n 期的權重。

n 為預測的總期數。

3. 選擇加權值 w_n：經驗法則、試誤法。

近期的資料對於未來的預測，是比遠期來得相對重要，故要有較高的權重。

資料若是季節性的，那權重的分配就要根據季節而定。

4. 好處：它可以改變過去每一資料點對未來的影響力。
5. 缺點：麻煩且費時。

三、指數平滑法 (exponential smoothing method)

指數平滑法只需要下列三項資料：

1. 最近的預測結果。
2. 最近一期的實際需求。
3. 平滑常數 alpha(α)。

$$F_t = F_{t-1} + \alpha(A_{t-1} - F_{t-1}) \qquad 0 \le \alpha \le 1$$

其中

F_t：第 t 期的預測值

F_{t-1}：第 t-1 期的預測值

A_{t-1}：第 t-1 期的實際需求

α：調整係數

指數平滑法廣泛的被接受原因：

1. 準確。
2. 建構指數平滑的公式較為簡單。

3. 使用者可以理解它是如何運作,運算簡易。

4. 僅使用少量的歷史資料,所以資料的儲存空間小。

5. 驗證此法則的準確度也很簡單。

四、迴歸分析

時間序列常見的迴歸分析,包括:ARIMA、VAR、Structural VAR(SVAR)、STR、非線性迴歸、VECM⋯等。

3-2 線性迴歸 vs. 時間序列迴歸

時間序列 (Time Series) 是一組有順序的且隨時間變化的序列資料,廣泛受社會、經濟、醫學等領域運用,這是因為資料的產生及記錄多為多變量時間序列 (Multivariate time Series) 的資料型態。在醫學上,我們觀測一群糖尿病患在血糖濃度上的變化,記錄每個時間點的血糖濃度量,則隨著時間 t 變化即可蒐集到一組多變量時間序列的資料。多變量時間序列資料矩陣的特色是,其中的一個維度必須給時間軸 t,且有二個以上時間序列之依變數。

時間序列分析法理論自 Yule 教授 1920 年代發明以來,直到 1970 年初始由 Box 與 Jenkeins 兩位教授大力推廣發展而完成 ARIMA 模式建立法。近年來,統計學家對這方面的探討研究更是不遺餘力,加以電腦統計軟體 (如 Stata, JMulTi) 之快速發展,使得時間序列分析法易於應用於經濟、工程、自然與社會科學領域等方面,做為預測之用。

一、進行統計分析時應注意之事項

OLS 可用來估計下述複迴歸中,解釋變數 x 與被解釋變數 y 的關係:

$$y_i = \beta_0 + \beta_1 x_{1i} + \beta_2 x_{2i} + \cdots + \beta_k x_{ki} + \varepsilon_i$$

若殘差 (residual) 符合下列假設,則 OLS 估計出的係數具有「最佳線性不偏估計量」(Best Linear Unbiased Estimator, **BLUE**) 的性質。

1. 殘差期望值為零 (zero mean),即 $E(\varepsilon_i)=0$。

2. 解釋變數與殘差無相關 (orthogonality),即 $Cov(x_{ki}, \varepsilon_i)=0$。若違反,就有內生性 (endogeneity) 問題。

3. 殘差無序列相關 (non-autocorrelation),即 $Cov(\varepsilon_i, \varepsilon_j)=0$, $i \neq j$。

4. 殘差具同質變異 (homoskedasticity)，即 $\text{Var}(\varepsilon_i) = \sigma^2$。

　　若 OLS 違反解釋變數與殘差無相關的假設，將發生內生性 (endogeneity) 的問題。若解釋變數與殘差為正相關，則估計係數將高估。可透過描繪殘差與解釋變數的散布圖，或是計算殘差與解釋變數的相關係數，檢視是否具內生性。Hausman 檢定可用來檢定變數是否具內生性，其虛無假設為變數不具內生性。若拒絕虛無假設，表示變數具內生性，OLS 估計式不一致者，應採用 2 階段最小平方法 (Two Stage Least Squares, 2SLS) 或一般化動差法 (Generalized Method of Moment, GMM) 等方式，以獲得一致性估計式。

　　2SLS 的做法，首先找到一組工具變數 (Instrumental Variable, IV)，將解釋變數拆解成 2 部分，與殘差相關的部分及與殘差無關的部分，再以與殘差無關的部分估計參數。

　　工具變數乃是用來將解釋變數與殘差無關的部分，分離出來，用以建立一致性的估計式。假設 z 是一個工具變數，z 應符合 2 項條件：

1. $\text{Cov}(z, \varepsilon)=0$，工具變數需與殘差無關，亦即工具變數應為外生 (exogenous)。
2. $\text{Cov}(z, x) \neq 0$，工具變數需與解釋變數相關。

　　通常會根據常識、經濟理論等找尋工具變數，接著進行第一階段迴歸，如下：

$$x_i = \pi_0 + \pi_1 z_1 + v_i$$

若係數 π_1 不顯著，則表示 $\text{Cov}(z, x) \neq 0$ 的條件可能不成立，應找尋其他工具變數。若 π_1 顯著，則進行第二階段迴歸，如下：

$$y_i = \beta_0 + \beta_1 \hat{x}_1 + \varepsilon_i$$

其中，$\hat{x}_1 = \hat{\pi}_0 + \hat{\pi}_1 \hat{z}_1$，表示 x 中與殘差無關的部分。

　　在大樣本的情況下，2SLS 可獲得一致的估計式，且為常態分配，但標準誤 (standard error) 較大。若欲降低標準誤，可找尋與解釋變數相關性較高的工具變數。值得注意的是，若所選擇的工具變數與解釋變數僅存在些許相關，甚至無關時，此法所得之估計式是不一致的。基本上，工具變數至少需要與內生的解釋變數一樣多，若工具變數個數大於內生變數個數，稱為過度認定 (over identified，有解)，若等於，稱為恰好認定 (just identified)，若小於，稱為不足認定 (under identified，無解)。當過度認定時，可進行過度認定限制檢定，檢定某些工具變數是否與誤差項相關。

3-2-1 最小平方法 (OLS) 之重點整理

　　財務與經濟計量主要是運用統計學的方法來探討財務或經濟變數的關係，通常是藉助「迴歸模型 (regression model)」的架構來探討某一個變數的變動對另一個變數的影響關係，在分析的過程中對於模型的估計 (estimate)、檢定 (test) 與預測 (forecast) 將會是方法論上的研讀重點。

　　Panel data 最簡單的線性迴歸，就是合併式 (pooled) OLS 法，即 Stata 之 regress 指令係採用最小平方法 (Ordinary least squares, OLS)，OLS 又稱線性迴歸，所謂最小平方「Least squares」，係指係數 β's 估計值，會使各個觀察值誤差 ε's 的總合達到最小值 (minimise the sum of the ε's)，即 $\min \sum (\varepsilon_i)^2$。

　　OLS 模型之數學方程式為：

$$y_i = \alpha_i + x_{i1}\beta_1 + x_{i2}\beta_2 + x_{i3}\beta_3 + \ldots\ldots + x_{iK}\beta_K + \varepsilon_i$$

1. OLS 向量形式為

$$y_i = x_i'\beta + \varepsilon_i$$

其中，x_i' 為解釋變數 (explanatory variables) 的向量；β 為係數向量。

$$y_i = \begin{bmatrix} x_{i1} & x_{i2} & x_{i3} & . & . & x_{iK} \end{bmatrix} \begin{bmatrix} \beta_1 \\ \beta_2 \\ \beta_3 \\ . \\ . \\ \beta_K \end{bmatrix} + \varepsilon_i$$

值得一提的是，論文／書上常將 x'β 簡寫成 xβ。

2. OLS 矩陣形式為

$y = X'\beta + \varepsilon$　即

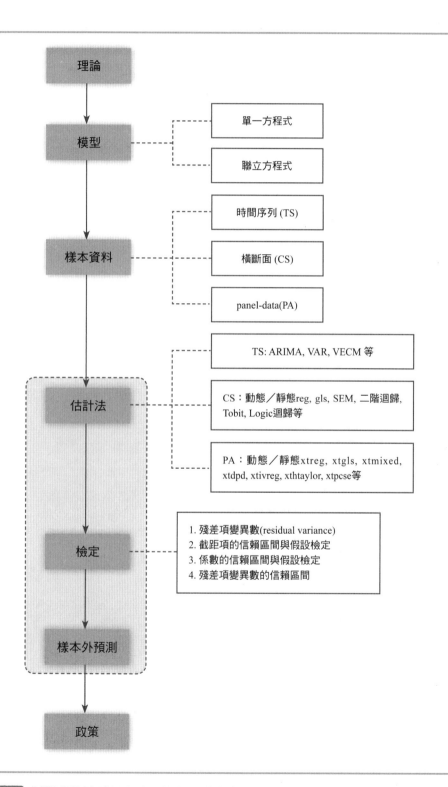

理論

模型 ── 單一方程式

聯立方程式

樣本資料 ── 時間序列 (TS)

橫斷面 (CS)

panel-data(PA)

估計法 ── TS: ARIMA, VAR, VECM 等

CS：動態／靜態reg, gls, SEM, 二階迴歸, Tobit, Logic迴歸等

PA：動態／靜態xtreg, xtgls, xtmixed, xtdpd, xtivreg, xthtaylor, xtpcse等

檢定 ── 1. 殘差項變異數(residual variance)
2. 截距項的信賴區間與假設檢定
3. 係數的信賴區間與假設檢定
4. 殘差項變異數的信賴區間

樣本外預測

政策

圖 3-3 財務與經濟計量方法應用之研究流程

$$
\begin{bmatrix} y_1 \\ y_2 \\ y_3 \\ y_4 \\ y_5 \\ . \\ . \\ . \\ y_N \end{bmatrix} = \begin{bmatrix} x_{11} & x_{12} & x_{13} & . & . & x_{1K} \\ x_{21} & x_{22} & x_{23} & . & . & x_{2K} \\ x_{31} & x_{32} & x_{33} & . & . & x_{3K} \\ x_{41} & x_{42} & x_{43} & . & . & x_{4K} \\ x_{51} & x_{52} & x_{53} & . & . & x_{5K} \\ . & . & . & . & . & . \\ . & . & . & . & . & . \\ . & . & . & . & . & . \\ x_{N1} & x_{N2} & x_{N3} & . & . & x_{NK} \end{bmatrix} \begin{bmatrix} \beta_1 \\ \beta_2 \\ \beta_3 \\ . \\ . \\ . \\ \beta_K \end{bmatrix} + \begin{bmatrix} \varepsilon_1 \\ \varepsilon_2 \\ \varepsilon_3 \\ . \\ . \\ . \\ . \\ . \\ \varepsilon_N \end{bmatrix}
$$

一、OLS 迴歸模型

1. 母體迴歸式 (population linear regression)

$$E(Y_t \mid X_t) = \beta_1 + \beta_2 X_t$$

2. 隨機干擾項或誤差項 (stochastic disturbance or stochastic error term)

$$\varepsilon_t = Y_t - E(Y_t \mid X_t)$$

3. 簡單迴歸模型 (simple linear regression model)

$$Y_t = E(Y_t \mid X_t) + \varepsilon_t = \beta_1 + \beta_2 X_t + \varepsilon_t$$

其中

Y_t 為依變數 (dependent variable)

X_t 為自變數 (independent variable)

ε_t 為誤差項 (error)

β_1, β_2 為迴歸係數 (coefficient of regression)

為何會有誤差項？

答：1. 遺漏重要自變數。

2. 調查或統計誤差。

3. 變數間非線性關係。

4. 樣本間非預期的效果。

(一)OLS 迴歸之基本假定 (assumptions)

A1. 線性 (linear)：指迴歸模型 β_1 和 β_2 為一次式。

A2. 誤差 ε 與解釋變數 X 係無相關 (uncorrelated)：$E(\varepsilon_i \mid X_i) = 0$

   (1) 若解釋變數 (regressor) 是內生性 (endogenous)，則違反 A2 假定：$E(\varepsilon_i \mid X_i) = 0$

   (2) 當 $Cov(x, \varepsilon) \neq 0$ 時，OLS 是有偏誤的。此時，自變數 x 是內生 (endogenous) 的。

   (3) 例如，女性勞工供給模型裡，生小孩數目，它會影響婦女是否需要就業，故「婦女生小孩數目」就可視為工具變數 (Instrumental Variables, IV)，因為它會干擾婦女是否需要就業。工具變數迴歸是在 x 與 ε 相關時，允許我們得到一致估計式的方法。工具變數用來將 x 變動裏與 ε 無關的部分分離出來，進一步建立一致性的參數。

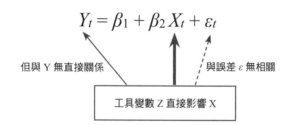

$$Y_t = \beta_1 + \beta_2 X_t + \varepsilon_t$$

但與 Y 無直接關係   與誤差 ε 無相關

工具變數 Z 直接影響 X

圖 3-4 工具變數 Z 直接影響 x，但與 y 無直接關係，且與誤差 ε 無相關

A3. 誤差預期值 (the expected value of the error) 為 0

$$E(\varepsilon_t \mid X_t) = 0 \Leftrightarrow E(Y_t) = \beta_1 + \beta_2 X_t$$

A4. 誤差變異數 (the variance of the error) 同質 (homoskedasticity)

$$E(\varepsilon_t \mid X_t) = \sigma^2 = Var(Y_t \mid X_t)$$

A5. 序列獨立 (series independent)：誤差之間彼此獨立，不互相影響 (ε's uncorrelated with each other)

$$Cov(\varepsilon_t, \varepsilon_s \mid X_t) = 0 = Cov(Y_t, Y_s \mid X_t)$$

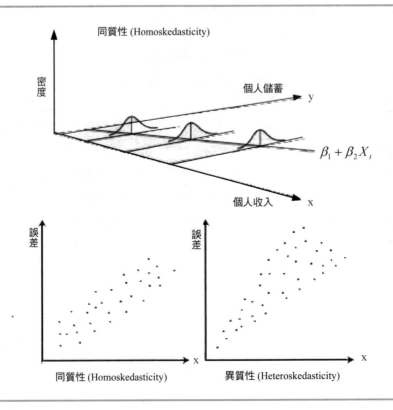

圖 3-5 誤差同質性 vs. 異質性之示意圖

A6. X_t 是非隨機變數，至少有兩個觀察值 (並由 A2 隱含 $Cov(X_t, \varepsilon_t) = 0$)

A7. 干擾項，又稱誤差 $\varepsilon_t \sim$ 符合 $N(0, \sigma^2)$ (非必要性)

干擾項 (Distubances) 是 iid (常態分布 , 平均數 0, 固定變異數)。

(二) 違反基本假定時做法

1. 增加虛擬變數 (dummy variable)：(1) 虛擬變數設定。(2)CHOW 檢定找到斷裂點之後，再分時段個別執行迴歸。

2. 異質性 (heteroskedasticity)：Stata 各種迴歸指令中勾選 Robust 選項。

3. 誤差自我相關 (auto-correlation) 或序列相關 (series-correlation)。

4. 隨機自變數 (random regressor) 與工具變數 (instrumental variables)：隨機模型、二階段迴歸。

5. 改用非線性迴歸。

6. 改用動態迴歸。

複迴歸 (Multiple regression model)，其模型為：

$$y = \beta_0 + \beta_1 X_1 + \beta_2 X_2 + \cdots + \beta_k X_k + e$$

OLS 七個假定	診斷法	違反假定的補救法
A1. 線性 (linear)：係指迴歸模型 β_1 和 β_2 為一次式。	(1) 橫斷面：test、testparm 指令 (Wald test of linear hypotheses). testnl 指令 (Wald test of nonlinear hypotheses)	(1) 橫：改用非線性迴歸，例如 Poisson 迴歸、負二項迴歸、probit、logit 等模型。 (2) panel：xtpoisson、xtnbreg 等指令。詳見見作者「Panel-data 迴歸模型」一書第 8 章。
A2. 誤差 ε's 與解釋變數 X's 係無相關 (uncorrelated)：$E(\varepsilon_i \mid X_i) = 0$ (1) 若解釋變數 (regressor) 是内生性 (endogenous)，則違反 A2 假定：$E(\varepsilon_i \mid X_i) = 0$ (2) 當 $Cov(x, \varepsilon) \neq 0$ 時，OLS 是有偏誤的。此時，自變數 x 是内生性 (endogenous) 的。	(1) 橫斷面：Wu-Hausman 内生性檢定 (「estat endogenous」指令。 (2) panel-data：xthtaylor 指令。	(1) 橫：二階段最小平方法 (2SLS) ivregress 2sls 指令。 (2) panel：二階段最小平方法 (2SLS)。最常見用 xtivreg 指令。 隨機解釋變數 (random regressor) 與工具變數 (instrumental variable)：隨機模型 (gllamm、xtabond、xtcloglog、xtgee、xtintreg、xtlogit、xtmelogit、xtmepoisson、xtmixed、xtnbreg、xtpoisson、xtprobit、xtreg、xtregar、xttobit 等指令搭配 re 選項)、兩階段迴歸 (xtivreg 指令、ivregress 指令)。至於工具變數之兩階段迴歸，請見作者「Panel-data 迴歸模型」第 6 章。
A3. 誤差預期值 (the expected value of the error) 為 0 $E(\varepsilon_t \mid X_t) = 0$ $\Leftrightarrow E(Y_t) = \beta_1 + \beta_2 X_t$	(1) 橫斷面：量表當測量工具來施測，量表本身一定有誤差存在，故其信度不可能為 1 之完美狀態。	(1) 橫：SEM, Errors-in-variables 迴歸 (eivreg 指令)
A4. 誤差變異數 (the variance of the error) 同質性 (homoskedasticity) $E(\varepsilon_t \mid X_t) = \sigma^2 = Var(Y_t \mid X_t)$	(1) 橫斷面：1vr2p1ot 圖法 predict d1, cooksd 指令，estat hettest 指令 whitetst 指令 (2) 縱斷面：見「Stata 在財務金融與經濟分析的應用」ch07 ARCH、GARCH。	(1) 橫：來源 http://www.ats.ucla.edu/stat/stata/dae/rreg.htm 強健（robust）迴歸 rreg 指令. 分量迴歸。 (2) 縱：見「Stata 在財務金融與經濟分析的應用」ch07 ARCH、GARCH。

OLS 七個假定	診斷法	違反假定的補救法
	(3) panel-data：見作者「Panel-data 迴歸模型」一書。	(3) panel：Stata 各種迴歸指令中勾選 Robust 選項之穩健標準誤、重新定義變數 (將原始的線性模型轉換為 log-log 模型)、加權最小平方方法、或者將 xtreg 指令改成「xtgls…, panels(hetero) corr(ar1)」指令。詳見「Panel-data 迴歸模型」第 4 章介紹。
A5. 序列獨立 (series independent)：誤差之間彼此獨立，不互相影響 (ε's uncorrelated with each other) $Cov(\varepsilon_t, \varepsilon_S \mid X_t) = 0 = Cov(Y_t, Y_S \mid X_t)$	(1) 縱斷面：見「STaTa 在財務金融與經濟分析的應用」ch3、ch9、ch10。 (2) panel-data：見「Panel-data 迴歸模型」第 3 章及第 9 章。	(1) 縱：見「STaTa 在財務金融與經濟分析的應用」ch3、ch9、ch10。 (2) panel：改用動態迴歸，xtgls、xtregar、xtgee、xtmepoisson、xtabond 指令，將落遲項 (lags) 一併納入迴歸分析. 詳見「Panel-data 迴歸模型」第 3 章及第 9 章。
A6. X_t 是非隨機變數，至少有兩個觀察值。(並由 A2 隱含 $Cov(X_t, \varepsilon_t) = 0$)	Stata 目前無指令解決	Stata 目前無指令解決
A7. 干擾項 又稱誤差 $\varepsilon_t \sim$ 符合 $N(0, \sigma^2)$。 干擾項 (Distubances) 是 iid (常態分布，平均數 0, 固定變異數)。	來源：Stata 高統 ch02 (1) 橫斷面：方法 1：用 Statag 指令 iqr、swilk(Shapiro-Wilk W 常態檢定) PP 圖、QQ 圖、Shapiro-Wilk W、Shapiro-Francia W、Kolmogorov-Smirnov D (2) 縱斷面：時間序列常態性 Jarque-Bera 檢定。 (3) panel-data：varnorm、vecnorm 事後指令。	(1) 橫：方法 1：非常態變數取 log(x) 變數變換。 方法 2：改用無母數 (nonparametric) 方法：Kolmogorov-Smirnov 檢定，Kruscal-Wallis 檢定、Wilcoxon Rank-Sum 檢定。 (2) 縱：非常態變數取 log(x) 變數變換。 (3) panel：非常態變數取 log(x) 變數變換。

註：網底字為 Stata 指令

(三) 樣本迴歸式 (sample linear regression)

$$Y_t = \hat{\beta}_1 + \hat{\beta}_2 X_t + \hat{\varepsilon}_t, \ t = 1, 2, ..., T$$
$$\hat{Y}_t (= Y_t - \hat{\varepsilon}_t) = \hat{\beta}_1 + \hat{\beta}_2 X_t; \ t = 1, 2, ..., T$$

其中

$\hat{\varepsilon}_t$ 為殘差項 (residual)

$\hat{\beta}_1$ 和 $\hat{\beta}_2$ 為 β_1 和 β_2 估計量 (estimator)

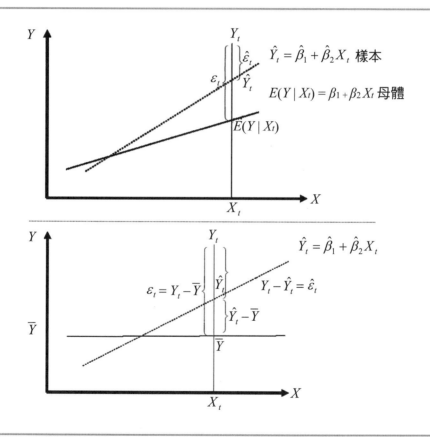

圖 3-6 樣本迴歸線 vs. 母體迴歸線

(四) 違反基本假設所產生的問題和原因

1. 違反 A1 假定,變數或係數間存在非線性關係。

2. 違反 A2 假定,$E(\varepsilon_t) \neq 0$,可能因遺漏重要變數。

3. 違反 A3 假定，$\text{Var}(\varepsilon_t) = \sigma_t^2$，發生異質性 (heteroskedasticity)。

4. 違反 A4 假定，$\text{Cov}(\varepsilon_t, \varepsilon_S) \neq 0$，發生序列相關 (serial correlation)。

5. 違反 A5 假定，X_t 呈隨機變數特徵。

6. 常態性假定在樣本數夠多時，相對的就比前面的五個假定較不重要，因為只要樣本數夠大，OLS 所得到估計式之分配將可漸近為常態分配。

二、迴歸模型的幾個特性

1. 兩變數 X, Y 的迴歸分析，並不保證兩變數的「相關係數 r_{xy}」一定有關係，也不代表兩變數的「因果」關係，因為還要看兩者有沒有「共同」外生變數。

2. 通常符合假設 A2-A5 的隨機變數，我們通常稱之為獨立同態 (independent identical distribution, iid)。

三、參數估計

1. **最小平方法原則** (Least Squares Principle)：Ordinary Least Squares (OLS)

存在一單變量樣本迴歸式：$\hat{Y}_t = \hat{\beta}_1 + \hat{\beta}_2 X_t + \hat{\varepsilon}_t$，可得殘差項估計式：

$$\hat{\varepsilon}_t = \hat{Y}_t - (\hat{\beta}_1 + \hat{\beta}_2 X_t)$$

接著，將所有樣本殘差項開平方後加總：

$$\sum_{t=1}^{T} \hat{\varepsilon}_t^2 = \sum_{t=1}^{T} (Y_t - \hat{\beta}_1 - \hat{\beta}_2 X_t)^2$$

再透過未知參數的一階條件 (對未知數 $\hat{\beta}_1$ 及 $\hat{\beta}_2$ 做偏微分)：

$$\frac{\partial \sum_{t=1}^{T} \hat{\varepsilon}_t^2}{\partial \hat{\beta}_1} = 0$$

$$\frac{\partial \sum_{t=1}^{T} \hat{\varepsilon}_t^2}{\partial \hat{\beta}_2} = 0$$

取得正規方程式 (normal equations)：

$$\begin{cases} \dfrac{\partial \sum\limits_{t=1}^{T}\hat{\varepsilon}_t^2}{\partial \hat{\beta}_1} = \dfrac{\partial \sum\limits_{t=1}^{T}(Y_t - \hat{\beta}_1 - \hat{\beta}_2 X_t)^2}{\partial \hat{\beta}_1} = 2\sum\limits_{t=1}^{T}(Y_t - \hat{\beta}_1 - \hat{\beta}_2 X_t)(-1) = -2\sum\limits_{t=1}^{T}\hat{\varepsilon}_t = 0 \\[3mm] \dfrac{\partial \sum\limits_{t=1}^{T}\hat{\varepsilon}_t^2}{\partial \hat{\beta}_2} = \dfrac{\partial \sum\limits_{t=1}^{T}(Y_t - \hat{\beta}_1 - \hat{\beta}_2 X_t)^2}{\partial \hat{\beta}_2} = 2\sum\limits_{t=1}^{T}(Y_t - \hat{\beta}_1 - \hat{\beta}_2 X_t)(-X_t) = -2\sum\limits_{t=1}^{T}\hat{\varepsilon}_t X_t = 0 \end{cases}$$

上式，整理後，可得最小平方參數估計量 (證明)：

$$\hat{\beta}_1 = \overline{Y} - \hat{\beta}_2\overline{X}$$

$$\hat{\beta}_2 = \frac{T\sum\limits_{t=1}^{T}X_t Y_t - \sum\limits_{t=1}^{T}Y_t \sum\limits_{T=1}^{T}X_t}{T\sum\limits_{t=1}^{T}X_t^2 - \left(\sum\limits_{t=1}^{T}X_t\right)^2}$$

證明：正規方程式推得最小平方參數估計量過程

$$\Rightarrow \begin{cases} \sum\limits_{t=1}^{T}(Y_t - \hat{\beta}_1 - \hat{\beta}_2 X_t)=0 \\ \sum\limits_{t=1}^{T}(X_t Y_t - \hat{\beta}_1 X_t - \hat{\beta}_2 X_t^2)=0 \end{cases} \Rightarrow \begin{cases} \sum\limits_{t=1}^{T}Y_t - \sum\limits_{t=1}^{T}\hat{\beta}_1 - \sum\limits_{t=1}^{T}\hat{\beta}_2 X_t =0 \\ \sum\limits_{t=1}^{T}X_t Y_t - \sum\limits_{t=1}^{T}\hat{\beta}_1 X_t - \sum\limits_{t=1}^{T}\hat{\beta}_2 X_t^2 =0 \end{cases}$$

$$\Rightarrow \begin{cases} \sum\limits_{t=1}^{T}Y_t - T\hat{\beta}_1 - \hat{\beta}_2 \sum\limits_{t=1}^{T}X_t =0 \\ \sum\limits_{t=1}^{T}X_t Y_t - \hat{\beta}_1 \sum\limits_{t=1}^{T}X_t - \hat{\beta}_2 \sum\limits_{t=1}^{T}X_t^2 =0 \end{cases}$$

$$\Rightarrow \begin{cases} \hat{\beta}_1 = \dfrac{\sum\limits_{t=1}^{T}Y_t}{T} - \hat{\beta}_2\dfrac{\sum\limits_{t=1}^{T}X_t}{T} \\ \sum\limits_{t=1}^{T}X_t Y_t - \left(\dfrac{\sum\limits_{t=1}^{T}Y_t}{T} - \hat{\beta}_2\dfrac{\sum\limits_{t=1}^{T}X_t}{T}\right)\sum\limits_{t=1}^{T}X_t - \hat{\beta}_2\sum\limits_{t=1}^{T}X_t^2 =0 \end{cases}$$

$$\Rightarrow \begin{cases} \hat{\beta}_1 = \overline{Y} - \hat{\beta}_2\overline{X} \\ \hat{\beta}_2 = \dfrac{\sum\limits_{t=1}^{T}X_t Y_t - \dfrac{\sum\limits_{t=1}^{T}Y_t \sum\limits_{t=1}^{T}X_t}{T}}{\sum\limits_{t=1}^{T}X_t^2 - \dfrac{\sum\limits_{t=1}^{T}X_t \sum\limits_{t=1}^{T}X_t}{T}} \end{cases}$$

$$\hat{\beta}_1 = \overline{Y} - \hat{\beta}_2 \overline{X}$$

$$\hat{\beta}_2 = \frac{T \sum\limits_{t=1}^{T} X_t Y_t - \sum\limits_{t=1}^{T} Y_t \sum\limits_{t=1}^{T} X_t}{T \sum\limits_{t=1}^{T} X_t^2 - \left(\sum\limits_{t=1}^{T} X_t\right)^2} = \frac{\sum\limits_{t=1}^{T} X_t Y_t - T \overline{YX}}{\sum\limits_{t=1}^{T} X_t^2 - T \overline{X}^2}$$

2. 最大概似法原則 (Maximum Likelihood Estimation, MLE)：係數估計法

除了最小平方法 (OLS)、最大概似法 (MLE) 和動差法 (MM)，還有其他的方法亦可推估迴歸模型的參數。

若 ε_t 的機率密度函數 (p.d.f.) 為：

$$f(\varepsilon_t; \sigma^2) = \frac{1}{\sqrt{2\pi\sigma^2}} \exp\left(-\frac{\varepsilon_t^2}{2\sigma^2}\right)$$

將殘差項估計式代入，得到：

$$f(\varepsilon_t; \beta_1, \beta_2, \sigma^2) = \frac{1}{\sqrt{2\pi\sigma^2}} \exp\left(-\frac{(Y_t - \beta_1 - \beta_2 X)^2}{2\sigma^2}\right)$$

將所有樣本 p.d.f. 相乘，得概似函數 (Likelihood function)：

$$L(\beta_1, \beta_2, \sigma^2) = \prod_{t=1}^{T} f(\varepsilon_t; \beta_1, \beta_2, \sigma^2) = \frac{1}{2\pi^{\frac{T}{2}}\sigma^T} \exp\left(-\frac{\sum\limits_{t=1}^{T}(Y_t - \beta_1 - \beta_2 X_t)^2}{2\sigma^2}\right)$$

取對數，得：

$$\ln L(\beta_1, \beta_2, \sigma^2) = -\frac{T}{2}(\ln(2\pi) + \ln\sigma^2) - \frac{\sum\limits_{t=1}^{T}(Y_t - \beta_1 - \beta_2 X_t)^2}{2\sigma^2}$$

極大化 $\ln L(\beta_1, \beta_2, \sigma^2)$，並針對 $\beta_1, \beta_2, \sigma^2$ 的一階條件，得：

$$\frac{\partial \ln L(\beta_1, \beta_2, \sigma^2)}{\partial \beta_1} = 0$$

$$\frac{\partial \ln L(\beta_1, \beta_2, \sigma^2)}{\partial \beta_2} = 0$$

$$\frac{\partial \ln L(\beta_1, \beta_2, \sigma^2)}{\partial \sigma^2} = 0$$

經整理，可得：

$$\Rightarrow \begin{cases} \dfrac{\sum\limits_{t=1}^{T}(Y_t-\beta_1-\beta_2 X_t)(-1)}{\sigma^2}=0 \\ \dfrac{\sum\limits_{t=1}^{T}(Y_t-\beta_1-\beta_2 X_t)(-X_t)}{\sigma^2}=0 \\ -\dfrac{T}{2}\dfrac{1}{\sigma^2}+\dfrac{\sum\limits_{t=1}^{T}(Y_t-\beta_1-\beta_2 X_t)^2}{2\sigma^4}=0 \end{cases} \Rightarrow \begin{cases} \sum\limits_{t=1}^{T}(Y_t-\beta_1-\beta_2 X_t)=0 \\ \sum\limits_{t=1}^{T}(Y_t-\beta_1-\beta_2 X_t)X_t=0 \\ \dfrac{\sum\limits_{t=1}^{T}(Y_t-\beta_1-\beta_2 X_t)^2}{2\sigma^4}=\dfrac{T}{2}\dfrac{1}{\sigma^2} \end{cases}$$

得最大概似法估計量：

$$\beta_1^{MLE}=\overline{Y}-\beta_t^{MLE}\overline{X}$$

$$\beta_2^{MLE}=\frac{T\sum\limits_{t=1}^{T}X_tY_t-\sum\limits_{t=1}^{T}Y_t\sum\limits_{t=1}^{T}X_t}{T\sum\limits_{t=1}^{T}X_t^2-\left(\sum\limits_{t=1}^{T}X_t\right)^2}$$

$$\sigma_{MLE}^2=\frac{\sum\limits_{t=1}^{T}(Y_t-\beta_1^{MLE}-\beta_2^{MLE}X_t)^2}{T}=\frac{\sum\limits_{t=1}^{T}\hat{\varepsilon}^2}{T}$$

3. 動差法 (Method of Moments)：係數估計法

(1) 母體動差 (population moments)

$E(\varepsilon_t)=0 \Rightarrow E(Y_t-\beta_1-\beta_2 X_t)=0$

$E(X_t\,\varepsilon_t)=0 \Rightarrow E[X_t(Y_t-\beta_1-\beta_2 X_t)]=0$

(2) 樣本動差 (sample moments)

$$\frac{\sum\limits_{t=1}^{T}(Y_t-\hat{\beta}_1-\hat{\beta}_2 X_t)}{T}=0$$

$$\frac{\sum\limits_{t=1}^{T}X_t(Y_t-\hat{\beta}_1-\hat{\beta}_2 X_t)}{T}=0$$

經整理，可得：

$$\Rightarrow \begin{cases} \sum\limits_{t=1}^{T}(Y_t-\hat{\beta}_1-\hat{\beta}_2 X_t)=0 \\ \sum\limits_{t=1}^{T}X_t(Y_t-\hat{\beta}_1-\hat{\beta}_2 X_t)=0 \end{cases}$$

得動差法估計量：

$$\hat{\beta}_1^{Moment} = \overline{Y} - \hat{\beta}_2^{Moment} \overline{X}$$

$$\hat{\beta}_2^{Moment} = \frac{T \sum\limits_{t=1}^{T} X_t Y_t - \sum\limits_{t=1}^{T} Y_t \sum\limits_{t=1}^{T} X_t}{T \sum\limits_{t=1}^{T} X_t^2 - \left(\sum\limits_{t=1}^{T} X_t\right)^2}$$

四、檢定

1. 殘差項變異數 (residual variance) σ_ε^2 的不偏估計量

$$\hat{\sigma}^2 = \frac{\sum\limits_{t=1}^{T} (Y_t - \hat{Y}_t)^2}{T-2} = \frac{\sum\limits_{t=1}^{T} \hat{\varepsilon}_t^2}{T-2}$$

2. 截距項 β_1 的信賴區間與假設檢定

$\hat{\beta}_1$ 的期望值與變異數：

$$E(\hat{\beta}_1) = \beta_1$$

$$Var(\hat{\beta}_1) = \frac{\sigma^2 \sum\limits_{t=1}^{T} X_t^2}{T \sum\limits_{t=1}^{T} (X_t - \overline{X})^2}$$

$\hat{\beta}_1$ 的樣本信賴區間：

$$P\left(-t_c \leq \frac{\hat{\beta}_1 - \beta_1}{\sqrt{V\hat{a}r(\hat{\beta}_1)}} \leq t_c\right) = 1 - \alpha \ ; \ Var(\hat{\beta}_1) = \frac{\hat{\sigma}^2 \sum\limits_{t=1}^{T} X_t^2}{T \sum\limits_{t=1}^{T} (X_t - \overline{X})^2}$$

$\hat{\beta}_1$ 的檢定：

$$H_0 : \beta_1 = 0$$

$$H_1 : \beta_1 \neq 0$$

$$\Rightarrow t_0 = \frac{\hat{\beta}_1 - 0}{\sqrt{V\hat{a}r(\hat{\beta}_1)}} \ ; \ 若 -t_c \leq t_0 \leq t_c，則接受 H_0$$

3. 係數 β_2 的信賴區間與假設檢定

$\hat{\beta}_2$ 的期望值與變異數：

$$E(\hat{\beta}_2) = \beta_2$$

$$Var(\hat{\beta}_2) = \frac{\sigma^2}{\sum\limits_{t=1}^{T} (X_t - \overline{X})^2}$$

$\hat{\beta}_2$ 的樣本信賴區間：

$$P\left(-t_c \le \frac{\hat{\beta}_2 - \beta_2}{\sqrt{V\hat{a}r(\hat{\beta}_2)}} \le t_c\right) = 1 - \alpha \ ; \ Var(\hat{\beta}_2) = \frac{\hat{\sigma}^2}{\sum\limits_{t=1}^{T}(X_t - \overline{X})^2}$$

$\hat{\beta}_2$ 的檢定：

$H_0 : \beta_2 = 0$

$H_1 : \beta_2 \ne 0$

$\Rightarrow t_0 = \frac{\hat{\beta}_2 - 0}{\sqrt{V\hat{a}r(\hat{\beta}_2)}}$ ；若 $-t_c \le t_0 \le t_c$，則接受 H_0

4. $\hat{\beta}_1$ 和 $\hat{\beta}_2$ 的共變異數

$$Cov(\hat{\beta}_1, \hat{\beta}_2) = -\frac{\overline{X}\sigma^2}{\sum\limits_{t=1}^{T}(X_t - \overline{X})^2}$$

5. $\hat{\sigma}_\varepsilon^2$ 的信賴區間

$$\sum\limits_{t=1}^{T}\left(\frac{\hat{\varepsilon}_t - 0}{\sigma}\right)^2 \sim \chi_T^2$$

$$V_0 = \sum\limits_{t=1}^{T}\left(\frac{\hat{\varepsilon}_t}{\sigma}\right)^2 = \frac{(T-2)\hat{\sigma}^2}{\sigma^2}$$

$H_0 : \sigma^2 = 0$

$H_1 : \sigma^2 \ne 0$

$V_c \le V_0$，則拒絕 H_0

五、預測

1. 在已知的 X_0 值預測 Y_0 值：點預測 (point forecast)

預測值：$\hat{Y}_0 = \hat{\beta}_1 + \hat{\beta}_2 X_0$

迴歸式：$Y_t = \beta_1 + \beta_2 X_t + \varepsilon_t$

預測誤差 (forecast error)：$\hat{Y}_0 - Y_0$

期望值：$E(\hat{Y}_0 - Y_0) = 0$

變異數：$Var(\hat{Y}_0 - Y_0) = \sigma^2\left(1 + \frac{1}{T} + \frac{(X_0 - \overline{X})^2}{\sum\limits_{t=1}^{T}(X_t - \overline{X})^2}\right)$

點預測信賴區間 (confidence interval for the point forecast)

$$P\left(-t_c \le \frac{(\hat{Y}_0 - Y_0) - 0}{\sqrt{Var(\hat{Y}_0 - Y_0)}} \le t_c\right) = 1 - \alpha$$

Y_0 的點預測信賴區間

$$\hat{Y}_0 \pm t_c \sqrt{\sigma^2\left(1 + \frac{1}{T} + \frac{(X_0 - \overline{X})^2}{\sum\limits_{t=1}^{T}(X_t - \overline{X})^2}\right)}$$

2. 在已知的 X_0 值預測 $E(Y \mid X_0)$ 值：均值預測值 (mean predictor)

預測值：$\hat{Y}_0 = \hat{\beta}_1 + \hat{\beta}_2 X_0$

均值迴歸式：$E(Y \mid X_0) = \beta_1 + \beta_2 X_0$

預測值與均值差距：$Y_0 - E(Y \mid X_0)$

期望值：$E(\hat{Y}_0 - E(Y \mid X_0)) = 0$

變異數：$Var(\hat{Y}_0 - E(Y \mid X_0)) = \sigma^2\left(\frac{1}{T} + \frac{(X_0 - \overline{X})^2}{\sum\limits_{t=1}^{T}(X_t - \overline{X})^2}\right)$

均值預測值信賴區間 (confidence interval for the point forecast)

$$P\left(-t_c \le \frac{(\hat{Y}_0 - E(Y \mid X_0)) - 0}{\sqrt{Var(\hat{Y}_0 - E(Y \mid X_0))}} \le t_c\right) = 1 - \alpha$$

$E(Y \mid X_0)$ 的信賴區間

$$\hat{Y}_0 \pm t_c \sqrt{\sigma^2\left(\frac{1}{T} + \frac{(X_0 - \overline{X})^2}{\sum\limits_{t=1}^{T}(X_t - \overline{X})^2}\right)}$$

3. 預測績效

通常我們可用預測誤差作為評估預測品質的方法，假定 Y_t 為實際值，Y_t^f 為預測值，常用的模型預測績效指標，包括：

· mean squared error (MSE) $= \dfrac{\Sigma(Y_t^f - Y_t)^2}{T}$

· root mean squared error (RMSE) $= \sqrt{\dfrac{\Sigma(Y_t^f - Y_t)^2}{T}} = \sqrt{MSE}$

· mean absolute error (MAE) $= \dfrac{1}{T}\Sigma|Y_t - Y_t^f|$

· mean absolute percent error (MAPE) $= \dfrac{1}{T}\Sigma 100\dfrac{|Y_t - Y_t^f|}{Y_t}$

· mean squared percent error (MSPE) $= \frac{1}{T} \Sigma \left(100 \frac{Y_t - Y_t^f}{Y_t} \right)^2$

· root mean squared percent error (RMSPE) $= \sqrt{\frac{1}{T} \Sigma \left(100 \frac{Y_t - Y_t^f}{Y_t} \right)^2} = \sqrt{MSPE}$

六、模型適配度 (goodness of fit)

1. 判定係數 (coefficient of determination)：R^2

   假定個體樣本觀察值與樣本均值的差距為 $Y_t - \overline{Y}$，則

   $$Y_t - \overline{Y} = Y_t + (-\hat{Y}_t + \hat{Y}_t) - \overline{Y} = (Y_t - \hat{Y}_t) + (\hat{Y}_t - \overline{Y})$$

   將上式左右兩式開平方，可得下式：

   $$(Y_t - \overline{Y})^2 = (Y_t - \hat{Y}_t)^2 + (\hat{Y}_t - \overline{Y})^2 + 2(Y_t - \hat{Y}_t)(\hat{Y}_t - \overline{Y})$$

   將上式所有樣本變異加總，得到：

   $$\sum_{t=1}^{T} (Y_t - \overline{Y})^2 = \sum_{t=1}^{T} (Y_t - \hat{Y}_t)^2 + \sum_{t=1}^{T} (\hat{Y}_t - \overline{Y})^2 + 2 \sum_{t=1}^{T} (Y_t - \hat{Y}_t)(\hat{Y}_t - \overline{Y})$$

   總變異 SS_T＝總誤差變異 SS_E＋迴歸模型可解釋總變異 SS_R＋0

   定義：

   總變異 $SS_T = \sum_{t=1}^{T} (Y_t - \overline{Y})^2$

   總誤差變異 $SS_E = \sum_{t=1}^{T} (Y_t - \hat{Y}_t)^2$

   迴歸模型可解釋總變異 $SS_R = \sum_{t=1}^{T} (\hat{Y}_t - \overline{Y})^2$

   $2 \sum_{t=1}^{T} (Y_t - \hat{Y}_t)(\hat{Y}_t - \overline{Y}) = 0$，證明如下：

$$\sum_{t=1}^{T} 2(Y_t - \hat{Y}_t)(\hat{Y}_t - \overline{Y}) = \sum_{t=1}^{T} 2\hat{\varepsilon}_t(\hat{\beta}_1 + \hat{\beta}_2 X_t - \overline{Y})$$

$$= \sum_{t=1}^{T} 2\hat{\varepsilon}_t \hat{\beta}_1 + \sum_{t=1}^{T} 2\hat{\varepsilon}_t \hat{\beta}_2 X_t - \sum_{t=1}^{T} 2\hat{\varepsilon}_t \overline{Y}$$

$$= 2\hat{\beta}_1 \sum_{t=1}^{T} \hat{\varepsilon}_t + 2\hat{\beta}_2 \sum_{t=1}^{T} \hat{\varepsilon}_t X_t - 2\overline{Y} \sum_{t=1}^{T} \hat{\varepsilon}_t$$

根據正規方程式 $\sum_{t=1}^{T} \hat{\varepsilon}_t = 0$ 和 $\sum_{t=1}^{T} \hat{\varepsilon}_t X_t = 0$，上式爲 0。

因此，可以定義下式關係：

總變異 $SS_T =$ 總誤差變異 $SS_E +$ 迴歸模型可解釋總變異 SS_R

再定義判定係數 R^2 如下：

$$R^2 = \frac{SS_R}{SS_T} = 1 - \frac{SS_E}{SS_T}$$

2. 判定係數 R^2 的一些特性

(1) R^2 並不是衡量迴歸模型的品質 (quality)，而是適配度的指標之一。

(2) R^2 介於 0 和 1 之間 (無截距項的迴歸模型則例外)。

(3) $R^2 = 0.35$ 代表迴歸模型解釋因變數均值變異的 35%。

(4) R^2 偏低，不代表迴歸係數的估計值就沒有意義。

3. R^2 與變異數分析 (ANOVA)：$k = 2$ 單變量迴歸模型 (其中，k 爲待估計迴歸係數個數量)

變異來源	平方和 SS	自由度 df	均方 MS	判斷法則
模型	$SS_R = \sum_{t=1}^{T} (\hat{Y}_t - \overline{Y})^2$	k−1	$MS_R = SS_R /(k-1)$	
殘差	$SS_E = \sum_{t=1}^{T} (Y_t - \hat{Y}_t)^2$	T−k	$MS_E = SS_E /(T-k)$	$F^0 = \dfrac{MS_R}{MS_E}$
總變異	$SS_T = \sum_{t=1}^{T} (Y_t - \overline{Y})^2$	T−1		

$$\begin{cases} H_0 : \beta_2 = 0 \\ H_1 : \beta_2 \neq 0 \end{cases}$$

$\Rightarrow F_0 = \dfrac{MS_R}{MS_E}$，若查表的 $F_c \leq$ 觀測的 F_0，則拒絕 H_0。

特性：F 檢定與 t 檢定並不衝突，在單變量迴歸模型 $F = t^2$。

七、其他模型適配度 (goodness of fit)

R^2 的功能是迴歸模型所有自變數用來解釋因變數平均變異的一個比例，$\overline{R}^2$ 的提出是另將自變數增加所產生的自由度損失考慮到指標中。晚近又有一些模型選擇準則被提出，主要重點是著重在殘差平方和「$SS_E = \sum_{t=1}^{T}(Y_t - \hat{Y}_t)^2 = \sum_{t=1}^{T} \hat{\varepsilon}_t^2$」與自變數增加所產生的自由度損失，常用的有下述幾個指標，這些指標的判斷準則不同於 R^2 與 $\overline{R}^2$，而是以指標值愈小模型愈佳。

- Akaike information criteria (AIC): $\ln\left(\dfrac{SSE}{T}\right) + \left(\dfrac{2k}{T}\right)$

- Schwarz criteria (SC): $\ln\left(\dfrac{SSE}{T}\right) + \left(\dfrac{k}{T}\ln T\right)$

- Finite prediction error (FPE): $\ln\left(\dfrac{SSE}{T}\right) + \ln\left(\dfrac{T+k}{T-k}\right)$

八、概似比檢定 (likelihood ratio test, LR test)：二個敵對模型之適配度比較

Stata 提供 lr 指令之概似比檢定，它不等於「最大概似法」之係數估計法，而是二個敵對模型之適配度做比較。

九、估計的意義

估計 (estimation) 又稱推定，其意義是指利用樣本統計量去估計母體中未知的參數，其內容又區分為點估計及區間估計兩大類。

十、估計式的評斷標準

1. 符號：以 θ 表示 (某個我們感興趣的) 隨機變數之母體參數 (是一個固定但未知的常數)，$\hat{\theta}$ 代表 θ 的估計式 (隨機變數)。

2. 估計誤差 (estimation error)：以 $\hat{\theta}(x_1, x_2, ..., x_n)$ 估計 θ 時，$(\hat{\theta} - \theta)$ 稱為估計誤差。

3. 判斷估計式優劣的直覺：良好估計式的估計誤差應該愈小愈好。

   (1) 估計誤差有正有負，評估時應將估計誤差都變成正值 (平方)，所有的可能的估計誤差均應納入考量 (期望值)，這就導致了底下的評估準則。

   (2) 均方誤 (mean squared error, MSE；平均平方誤差)：一估計式 $\hat{\theta}$ 的均方誤定義為

$$MS_E(\hat{\theta}) = E[(\hat{\theta} - \theta)^2]$$

口語上的解釋：誤差平方的平均值，可解釋爲「估計式的平均誤差」。當然，MSE 越小代表估計式越準確。

(3) 均方誤差可進一步拆解如下

$$MSE(\hat{\theta}) = E[(\hat{\theta} - \theta)^2] = E[[(\hat{\theta} - E[\hat{\theta}]) + (E[\hat{\theta}] - \theta)]^2]$$
$$= E[(\hat{\theta} - E[\hat{\theta}])^2] + E[(E[\hat{\theta}] - \theta)^2] + E[2(\hat{\theta} - E[\hat{\theta}])(E[\hat{\theta}] - \theta)]$$
$$= E[(\hat{\theta} - E[\hat{\theta}])^2] + E[(E[\hat{\theta}] - \theta)^2] + 2(E[\hat{\theta}] - \theta)E[\hat{\theta} - E[\hat{\theta}]]$$
$$= E[(\hat{\theta} - E[\hat{\theta}])^2] + E[(E[\hat{\theta}] - \theta)^2]$$
$$= \underbrace{V(\hat{\theta})}_{\text{估計式的變異數}} + \underbrace{[E(\hat{\theta}) - \theta]^2}_{\text{估計式的偏誤}}$$

(4) MSE 由兩個非負值的部分組成：估計式的變異數 $V(\hat{\theta})$ 估計式偏誤之平方 $E[(\hat{\theta} - \theta)^2]$。因此，要使得 MSE 較小可從二方面著手：

「$V(\hat{\theta})$ 愈小愈好」、「$E[(\hat{\theta} - \theta)^2]$ 愈小愈好」。

(5) 我們定義之第一個估計式評估準「不偏性」，目的就在使得 $E[(\hat{\theta} - \theta)^2] = 0$。

4. 定義：偏誤 (bias)

$E(\hat{\theta})$ 與 θ 的差距，稱爲偏誤。即 $\text{Bias}(\hat{\theta}) = E(\hat{\theta}) - \theta$

當 $\text{Bias}(\hat{\theta}) = 0$ ⇒ 不偏 (左圖)

當 $\text{Bias}(\hat{\theta}) > 0$ ⇒ 正偏 (中圖) ⇒ 平均而言，估計值比眞實參數大，高估參數值。

當 $\text{Bias}(\hat{\theta}) < 0$ ⇒ 負偏 (右圖) ⇒ 平均而言，估計值比眞實參數小，低估參數值。

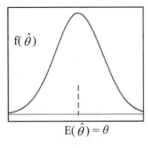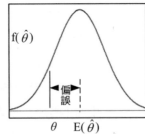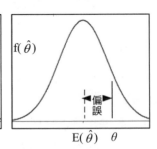

圖 3-7　三種偏誤情況之示意圖

5. 定義：不偏性 (unbiasedness)

當估計量之抽樣分配的期望值等於母體參數值時，稱之爲不偏性 (Unbiased)，而具有不偏性的估計量，是一不偏估計量 (Unbiased Estimator)；反之，則稱爲偏估計量 (biased Estimator)。

(1) 設$\hat{\Theta}$爲參數 θ 之估計式，若 $E(\hat{\Theta}) \neq \theta$，但

$$\lim_{n \to \infty} E(\hat{\Theta}) = \theta$$

則稱估計式$\hat{\Theta}$爲參數 θ 之極限不偏估計式 (asymptotic unbiased estimator)。

(2) 設$\hat{\Theta}(X_1, X_2, ..., X_n)$爲參數 θ 之函數 $\pi(\theta)$ 之估計式，且

$$E(\hat{\Theta}(X_1, X_2, ..., X_n)) = \pi(\theta)$$

則稱$\hat{\Theta}(X_1, X_2, ..., X_n)$爲函數 $\pi(\theta)$ 之不偏估計式。

3-2-2 Stata 之廣義最小平方迴歸 (GLS)

Stata 會根據你分析的依變數，是屬連續變數或類別變數，自動挑選：OLS 線性迴歸或線性機率迴歸來分析，甚至加權最小平方法、Robust 迴歸、動態模型分析都是同一個指令「**reg**ress」。可見 Stata 是有智慧判斷的軟體。

一、範例 1：簡單線性迴歸

(一) 問題說明

例題：簡單線性迴歸 (參考林清山，民 81，p149)

　　下表是去年 10 名高中畢業生高中成績和大學入學成績。試根據此一資料求一預測公式。

學　　　生	A	B	C	D	E	F	G	H	I	J
高中成績(X)	11	10	6	5	3	7	3	8	9	2
大學入學成績(Y)	12	9	9	7	5	5	6	6	10	3

計算 $Y = bx + a$ 迴歸方程式的方法：

根據 X 變數來預測 Y 變數時的「迴歸係數」(regression coefficient) 公式爲：

$$b_{Y.X} = \frac{\sum XY - \frac{\sum X \sum Y}{N}}{\sum X^2 - \frac{(\sum X)^2}{N}} = \frac{\sum(X - \overline{X})(Y - \overline{Y})}{\sum(X - \overline{X})^2}$$

$$= \frac{\text{Cross} - \text{Product}}{SS_X} = \frac{\frac{\sum(X - \overline{X})(Y - \overline{Y})}{N-1}}{\frac{\sum(X - \overline{X})^2}{N-1}} = \frac{\text{COV}_{xy}}{S_x^2}$$

得 $b = \dfrac{\sum XY - \dfrac{\sum X \sum Y}{N}}{\sum X^2 - \dfrac{(\sum X)^2}{N}} = \dfrac{523 - \dfrac{(64)(72)}{10}}{498 - \dfrac{(64)^2}{10}} = \dfrac{62.2}{88.4} = .7036$

而截距 a 之公式為：

$$a_{Y.X} = \overline{Y} - b_{Y.X}\overline{X} = 7.2 - (.7036)(6.4) = 2.6970$$

(二) 資料檔之內容

資料檔「linear_regression_p154.dta」，自變數 x 為高中成績 (連續變數)，依變數 y 為大學入學考成績。資料檔內容如下圖。

圖 3-8 「linear_regression_p154.dta」資料檔 (N＝10，2 variables)

(三) 線性迴歸之選擇表操作

```
Statistics > Linear models and related > Linear regression
```

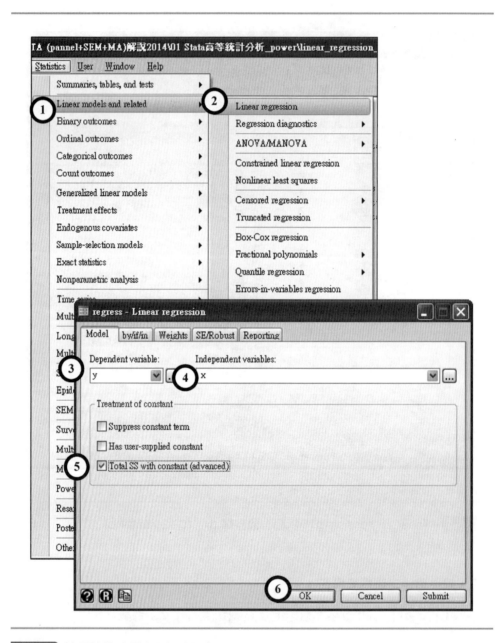

圖 3-9 簡單線性迴歸之選擇表操作

(四) 分析結果與討論

先設定工作目錄,「File > Chang working directory」,指定 CD 所附資料夾之路徑,接著再選「File > Open」,開啟「linear_regression_p154.dta」資料檔。

```
. use linear_regression_p154.dta

. regress y x, tsscons
```

Source	SS	df	MS			
				Number of obs =		10
				F(1, 8) =		14.69
Model	43.7651584	1	43.7651584	Prob > F =		0.0050
Residual	23.8348416	8	2.9793552	R-squared	=	0.6474
				Adj R-squared =		0.6033
Total	67.6	9	7.51111111	Root MSE	=	1.7261

y	Coef.	Std. Err.	t	P>|t|	[95% Conf. Interval]	
x	.7036199	.1835841	3.83	0.005	.2802743	1.126966
_cons	2.696833	1.295537	2.08	0.071	-.2906801	5.684345

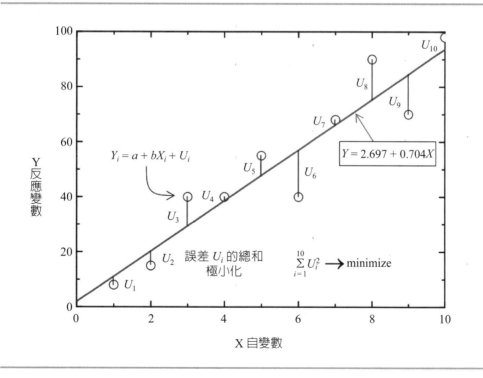

圖 3-10 線性迴歸分析結果之示意圖

1 迴歸的變異數分析摘要表，$SS_{reg} = 43.765$，$SS_{res} = 23.835$，$p < 0.05$ 達顯著水準。列出迴歸係數 (B = 0.7036)、標準誤 = 0.183。95% 信賴區間 = [0.28,1.227] 未含 0 故達顯著水準。

2. 多元相關係數 R = 0.805、決定係數 R Square = 0.647。

3. b = 0.704，a = 2.697，故本例題的迴歸方程式可寫成：

Y = 2.697 + 0.704 X

若有一個學生的高中成績為4，代入此方程式，則其大學入學考之預測成績為：

Y = 2.697 + 0.704×4 = 5.5113

3-2-3 計量經濟之迴歸模型

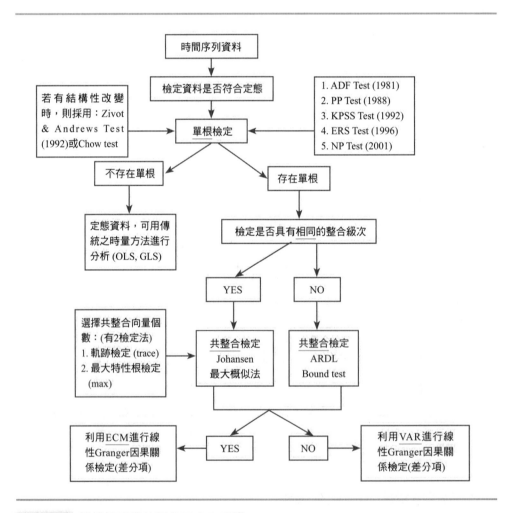

圖 3-11 單根檢定及共整合之分析流程

一、時間序列模型的分析

所謂時間序列分析 (Time Series Analysis)，乃探討一串按時序列間的關係，並藉由此關係前瞻至未來。時間序列分析模式是計量經濟模式的一般化，可分為狹義及廣義。狹義的時間序列分析是 Box 和 Jankins 在 1961 年所提出的 ARIMA 模式和後人延伸的 ARIMA 相關系統；廣義的時間序列除了 ARIMA 及其相關體系外，還包括趨勢預測、時間序列分解、譜系分析及狀況空間分析等模式。其中，ARIMA 轉移函數為高度一般化的模式，其特例簡化為自我迴歸模式及多項式遞延落差模式；而向量 ARIMA 模式更可簡化為聯立方程式模式。ARIMA、ARIMA 轉移函數及向量 ARIMA 構成了 ARIMA 系統。

事實上，除了 ARIMA 模式外，尚有其他可用以預測外生變數之統計模式，但每種模式皆適用於不同的研究特性，如表 3-1 所示。表中，依模式誤差、變數性質、資料特性，可產生六種不同情況的組合，每一組合的預測，均有適當的統計模式可用。

表 3-1　預測模式之適用場合

模式特性	變數特性	資料特性	
		連續性	季節性
非隨機性	外生變數	趨勢預測	時間序列分解
隨機性	外生變數	ARIMA	SARIMA
	內生變數	ARIMAT	SARIMAT

模式依特性可分為非隨機模式和隨機模式。非隨機模式 (Non-stochastic Model) 的誤差項背後無隨機過程的假定，亦即時間序列不是由隨機過程產生。典型的非隨機模式為趨勢預測模式。這種模式非常單純，僅用一個數學函數，配適在所觀察到的時間序列上，再用函數的特性，產生未來的預測。趨勢預測模式有誤差項，假定遵循 $N \overset{iid}{\sim} (0, \sigma^2)$。

非隨機模式的特例為確定性模式 (Deterministic Model)，模式中無誤差項，純為數學結構，不是統計推理的應用，沒有假說檢定，也沒有常態分配的觀念存在。典型的確定性模式，就是時間序列分解模式。這種模式用數學的方式，將時間序列分解成長期趨勢、循環變動、季節變動、不規則變動。預測時，捨

棄不規則變動，將其他三個因子分別預測至未來，再組合起來即得。

另一類模式是隨機模式 (Stochastic Model)，假定所觀察到的時間序列是一個隨機樣本，共有 T 個觀察值，抽取自我一個隨機過程 (Stochastic Process)。隨機模式中，時間序列是樣本，而隨機過程是母體。ARIMA 體系內的所有模式，包括 ARIMA、ARIMAT、SARIMA、SARIMAT，均屬隨機模式。

變數依特性可分爲外生變數與內生變數。外生變數 (Exogenous Variable) 不受其他變數影響，內生變數 (Endogenous Variable) 是會受其他變數的影響。變數之外生性或內生性，不是與生俱來的本質，而要視在研究架構中所扮演的角色。例如，行銷研究中，單位需求受國民所得的影響，國民所得爲外生變數；而在經濟研究中，國民所得受消費、投資、政府支出的影響，故國民所得爲內生變數。同樣是國民所得，在兩個研究領域中所扮演的角色，卻截然不同。不過，這兩個研究卻彼此相關，行銷研究預測市場需求時，要先預測經濟環境，而經濟環境的預測，是由經濟研究完成的。

資料依特性可分爲連續性資料 (Consecutive Data) 與季節性資料 (Seasonal Data)，連續性資料不會定期循環，季節性資料則會定期循環。年資料因不會產生定期循環，大多爲連續性資料。而季資料、月資料，是否爲季節性資料，就要視是否會產生定期循環而異了。例如，可樂銷售量月資料，會產生夏天高、冬天低的定期循環，屬季節性資料；而利率月資料，不會有定期循環的情況產生，屬連續性資料。

ARIMA 有狹義與廣義之分。狹義指 ARIMA 模式。而廣義則指 ARIMA 體系，包括四個模式，分別爲 ARIMA 模式、ARIMAT 模式、SARIMA 模式、SARIMAT 模式。僅提 ARIMA，未特別指明是哪一個模式的話，基本上，視爲廣義的 ARIMA，泛指四個模式中的一個。

茲以每人牛奶用量預測爲例，說明 ARIMA 體系的應用。長期預測適合以年資料爲基礎，如以過去 30 年資料預測未來 5 年，解釋變數爲國民所得，早期所得低時，消費者喝不起牛奶，量會較少。短期預測適合以月資料爲基礎，如以過去 36 個月資料預測未來 3 個月，解釋變數則爲月均溫，天氣熱時，每人用量會較多。

ARIMA 與 AIRMAT 適用於以年資料產生長期預測。ARIMA 模式適用於外生變數、連續性資料之預測，可用以預測國民所得。ARIMAT 爲 ARIMA 轉移函數 (Transfer Function)，適用於內生變數、連續性資料之預測，可用以估計每人用量與國民所得之轉移函數，並將國民所得預測代入轉移函數，產生每人用

量預測。

　　SARIMA 與 SAIRMAT 適用於以月資料產生短期預測。SARIMA 模式為季節性 ARIMA(Seasonal ARIMA) 模式，適用於外生變數、季節性資料之預測，可用以預測月均溫。SARIMAT 為季節性 ARIMA 轉移函數 (Seasonal ARIMA Transfer Function) 模式，適用於內生變數、季節性資料之預測，可用以估計每人用量與月均溫之轉移函數，並將月均溫預測代入轉移函數，產生每人用量預測。

(一) 模型設定與估計

　　ARIMA (p,d,q) 模式，如下所示：

$$(1 - \phi_1 B - \phi_2 B^2 - \cdots - \phi_p B^p)[\nabla^d Y_t - \mu] = (1 - \theta_1 B - \theta_2 B^2 - \cdots - \theta_q B^q)e^t$$

　　其中，符號「∇^d」為 d 階差分，實務應用上，通常取 $d = 1$。

　　ARIMA (p,d,q) 模式可改寫為：

$$(1 - \phi_1 B - \phi_2 B^2 - \cdots - \phi_p B^p)y_t = (1 - \theta_1 B - \theta_2 B^2 - \cdots - \theta_q B^q)e_t$$
$$\Rightarrow \phi(B)y_t = \theta(B)e_t$$

Step1. d 之辨認

　　d 是序列之差分階數，通常可藉由序列之趨勢圖加以判定，若趨勢為水平，則設定 d = 0；若趨勢為直線，則不論是直線上升或直線下降，皆設定 d = 1；若趨勢為二次式，皆設定 d = 2。

　　在辨認 d 值之後，應對原始序列進行差分 d 階之工作。將差分後之序列 $(\nabla^d Y_t)$ 減去差分後之均值 (μ)，即產生一差分後之新序列 y_t，亦即 $y_t = \nabla^d Y_{t-\mu}$。差分之目的，就是在使新序列 y_t 滿足定態之要求。

Step2. (p,q) 之辨認

　　模式設定之第二個步驟是 (p,q) 之辨認，依據準則是 ACF、PACF 等二圖之型式，在辨認 (p,q) 時，應先檢驗模式是否為單純 AR(p) 或單純 MA(q) 模式，若二者皆不是，便可判定模式為 ARMA(p,q)。

表 3-2 **(p,q)** 辨認準則

模式	相關函數		
	ACF	IACF	PACF
AR(p)	尾部收斂	p 階後切斷	p 階後切斷
MA(q)	q 階後切斷	尾部收斂	尾部收斂
ARMA(p,q)	尾部收斂	尾部收斂	尾部收斂

圖 3-12，由於 ACF 為尾部收斂，PACF 皆在一階後切斷，故可辨認出模式為 AR(1)。

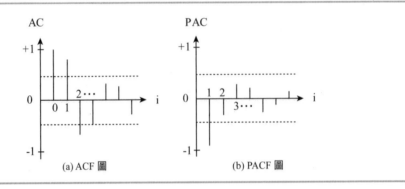

(a) ACF 圖　　　　(b) PACF 圖

圖 3-12 單純 AR 之相關函數

另一方面，根據辨認準則，單純 MA 之相關函數如圖 3-13 所示。若 ACF 在 q 階後切斷，PACF 皆為尾部收斂，則可辨認出模式為 MA(q)。圖中，由於 ACF 在一階後切斷，PACF 皆為尾部收斂，故可辨認出模式為 MA(1) 型式。

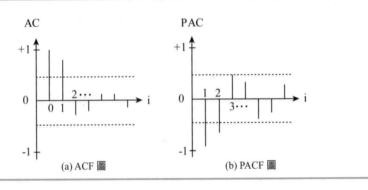

(a) ACF 圖　　　　(b) PACF 圖

圖 3-13 單純 MA 之相關函數

　　然而，若 ACF、PACF 等二圖都沒有明顯的切斷點時，序列很可能屬於 ARMA(p,q) 模式。遇到 ARMA(p,q) 模式時，實務上可用試誤法 (Trial and Error)。將所有可能的模式分別進行分析，最後由模式診斷來判定何者較爲合適。

　　或者，從差分後之序列的自我相關係數估計值可以觀察出。以自我相關係數估計值落在信賴區間外之最大落差項爲 q。

　　爲要考驗落差項高於 q 之自我相關係數是否爲零，可用 Bartlett 計算第 k 項落差 (k > q) 之自我相關係數 (r_k) 之變異數，並假設 r_k 爲一平均值爲零之常態分配變數，從而建立一個信賴區間。Bartlett 公式如下：

$$\Rightarrow Var(r_k) = \frac{1}{n}\left(1 + 2\sum_{j=1}^{q} r_j^2\right)$$

　　若自我相關係數在此信賴區間內則模型建立正確。

(二) 模型診斷

　　有關模型設定是否正確可用 Q 檢驗值來診斷如果模型之設定正確時，檢驗值 $Q = n\sum_{K=1}^{K} r_K^2(\hat{a})$ 爲卡方分配，自由度爲 K – p – q，即 $\chi^2(K-p-q)$。其中 $r_k(\hat{a})$ 爲誤差項 $\hat{a}$ 之自我關係數估計值 p 和 q 爲 AR 及 MA 之級次，K 爲檢驗配適度時所使用之落差個數。

二、時間序列模型的挑選

　　採用向量自我迴歸 (VAR) 進行計量估計可了解各變數間相互影響效果，但使用 VAR 時必須注意其使用的條件。

　　進行 VAR 模型估計之前必須檢查資料是否具有單根性質。如果沒有單根性質則直接使用 VAR(p) 估計即可；反之若資料有單根性質，則必須先判斷資料有無共整合關係，如果沒有共整合關係，使用差分後 VAR(p-1) 即可，亦即差分後之 VAR(簡稱 DVAR) 來進行估計；如果資料有共整合關係，則必須採用誤差修正模型 (Vector Error Correction Model, VECM) 進行估計 (圖 3-14)。

　　若一個隨機過程所產生的時間序列資料，其機率分配與時間呈相互獨立的關係，不會隨時間變動而改變，則稱此序列資料爲定態 (Stationary)。而任何外生干擾或衝擊對定態時間序列資料只有短暫性的影響，隨著時間的經過而逐漸消失，返回長期均衡水準，不會有長期性的影響。然而，在總體經濟變數之時間序列資料普遍具有非穩定性 (nonstationary) 的特徵，且存在單根 (unit root) 現

象，非穩定時間序列資料一旦受到外生干擾或衝擊，隨時間的經過，將產生恆久性的累積效果，終將發散而遠離長期均衡水準。有鑑於此，我們在做時間序列的分析，有一重要分水嶺，就是先檢定該序列是否具有單根。下圖之計量模型的選取，即引導著我們該採何種統計分析。

我們週遭常發生諸多財經問題，這類穩定性資料 (指標) 的預測或指標彼此間的因果關係的證明，都與本章介紹的自我迴歸 AR(p)、ARIMA(p,0,q) 模型有關。例如：預測明年經濟成長率、REITs 指數時間序列分析；臺股指數期貨與摩根臺股指數期貨關聯性；股票與基金市場相關性；臺股指數與國際指數互動關係、臺灣加權股價指數與總體經濟變數之關聯性；臺灣通貨膨脹預測；美國存託憑證報酬與風險傳遞；貨幣政策之衝擊對股市多頭與空頭之影響效果；房價、股價、利率互動關係…等問題的求解，都可利用本書介紹的 Eviews、JMulTi 軟體操作，即可迎刃而解。

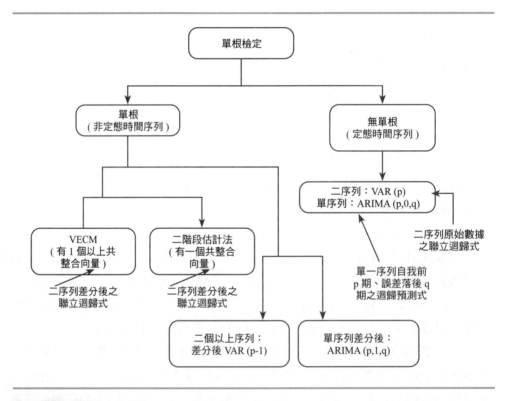

圖 3-14 計量模型的選取 (二個序列以上)

時間序列分析最早源自 17 世紀牛頓觀測太陽光，其將光線分解成光譜，並利用傅立葉轉換 (Fourier transform) 加以分析，此即光譜分析 (spectrum analysis) 之由來。至 1920 年代，Yule 與 Slutsky 開始採用共變數分析 (covariance analysis) 研究時間序列，經過幾十年發展，1961 年 Box 與 Jenkins 提出自我迴歸整合移動平均模型 (autoregressive integrated moving average model, ARIMA model)，時間序列分析才有重大的突破與改善。Box 與 Cox 更於 1964 年提出 Box-Cox 轉換，解決 ARIMA 模型於長期預測時所遭遇的問題，使得這類以共變數分析方法研究時間序列，普遍受到世人認同為一有效的統計方法。

Box 與 Jenkins (1961) 提出自我迴歸整合移動平均模型 (auto regression integrated moving average model, ARIMA) 統計模型，主要目的為時間序列預測，在此之前，時間序列預測已發展出許多預測模型，包括：移動平均方法 (moving average method)、迴歸分析 (regression analysis)、指數平滑 (exponential smoothing)、趨勢分析 (trend analysis) 等，故 Box 與 Jenkins 提出的 ARIMA 模型，是一個高度一般化 (generalized) 模型，可將上述各預測模型整合成 ARIMA 模型。

常見時間序列之預測，包括三種迴歸模型：自我迴歸 (AR)、向量自我迴歸 (VAR)、向量誤差修正模型 (VECM)。

(一) AR 模型

自我迴歸模型 (autoregressive model, AR) 就是現在的某一變數值與過去發生的值有關，可能與上一個時間點或者上二、三個時間差的變數值有關。舉例來說 AR(1) 模型可以描述某經濟變數恰好與其上一期的變數值發生某一種延續性的關係。這樣的結構可將其表達成函數的型式並且用遞迴方式推算出未來任一期的變數值。在模型中加入誤差項也符合經濟長期均衡的意義。

例如，某投資標的物之「投資報酬率」為 y_t 序列：
1. AR 考量重點：過去的報酬 (即 y_{t-1}、y_{t-2}、…、y_{t-p}) 是否有影響力。
2. MA 考量重點：過去的預測誤差 (即 e_{t-1}、e_{t-2}、…、e_{t-q}) 是否有影響力。

在效率市場下，我們預期 AR 或 MA 的參數是 0。但倘若迴歸式的參數是顯著的，是否真的表示市場不具有效率？若 AR(p) 或 MA(q) 檢定出某模型是適配的，那麼我們仍應注意：
1. 此模型解釋力的高低。
2. 交易成本與借貸限制是否有干擾著該報酬模型。

3. 樣本內與樣本外，套入這個同一模型，是否仍穩健。

4.「時變」風險，是否能夠被漠視？

若一變數時間序列的 $\{Y_t\}$ 的衍生過程，其一階自我迴歸過程 [AR(1) process] 爲 (Toda, et al.,1995)：

$$Y_t = \rho y_{t-1} + \varepsilon_t \quad , \quad \varepsilon_t \overset{iid}{\sim} N(0, \sigma^2)$$

ρ：自我迴歸係數，爲一係數。

ε_t：誤差項，爲白噪音 (white noise)。若非定態 (non-stationary，非恆定) 時，先「差分一次Δ」再代入其他迴歸模型。

何謂白噪音？

白噪音 (噪音、雜訊) 分爲兩種，弱性白噪音與強性白噪音，它的特徵是沒有自我相關，固定變異數 $\varepsilon_t \overset{iid}{\sim} N(0, \sigma^2)$。統計上的無相關，只有指無直線相關，但不排除「非直線相關」。如果爲強性白噪音，則謂之 $\varepsilon_t \overset{iid}{\sim} N(0, \sigma^2)$，所謂 iid 即是 independent identical distribution (彼此是獨立且同一型分配)，亦即 ε_t 不但沒有自我相關 (ε_t 與 ε_s 爲互相獨立) 且同態。即表示，ε_t 爲強白噪音，ε_t 與 ε_s 不但沒有直線相關，也沒有非直線相關。

若 $|\rho| < 1$ 則 $\{Y_t\}$ 爲定態；若 $|\rho| \geq 1$ 則 $\{Y_t\}$ 爲非定態。$|\rho| = 1$ 則稱 $\{Y_t\}$ 爲一階整合 I(1)「即 ARIMA(0,1,0) 型」，具有單根 (unit root)；所謂單根係指 $\{Y_{t-1}\}$ 前面的係數爲「one」，這種基型，才好套入差分運算「$\Delta Y_t = Y_t - 1 \times Y_{t-1}$」。一般而言，大部分的總體變數時間序列的 $|\rho|$ 爲一或小於一，因此，在進行單根檢定時，令虛無假設 (null hypothesis) H_0 爲 $|\rho| = 1$，亦即單根存在，時間序列爲非定態；而對立假設 (alternative hypothesis) H_1 爲 $|\rho| < 1$。

(二) VAR 模型

過去傳統的經濟計量模式是依據先驗的理論而建構出來的，但是，此種計量模型很難區分模型內的變數到底何者是內生變數或是外生變數，以及不能明確地找出變數間的因果關係，所以產生了認定上的困難。學者 Sim (1980) 指出傳統計量模型的建立是一種較不嚴謹的方法，並認爲實際上的情形比一般傳統計量模型所建構的複雜，因此提出了「向量自我迴歸模型」(Vector Autoregress model, VAR)。此模型是根據資料本身的特性來進行研究，而不事先根據先驗的

理論基礎來決定變數間的關係，並且也不必擔心變數間的因果關係。在 VAR 模型內的所有變數都被認定是內生變數，所以不必去區分何者是內生變數或是外生變數。同時其是以一組迴歸方程式來探討變數間彼此的相互關係，而不是只以一組迴歸方程式，並且每一迴歸方程式皆以本身變數的落後項以及其他變數的落後項為解釋變數，因此 VAR 模型較符合時間序列分析法的精神，因為時間數列分析法認為變數的落後項涵蓋了所有相關的資訊。

向量自我迴歸 (VAR) 模型是屬於一種時間數列的動態模式。此模型是根據資料本身的特性來進行研究，模型內所有的變數都被認定是內生變數，而不事先根據先驗理論來決定變數間的關係，也不用擔心變數間的因果關係。VAR 模型是以一組迴歸方程式表示各變數間彼此的互動關係，而每一迴歸方程式的解釋變數是由所有變數的落遲項所組成。且 VAR 模型的限制較少，落遲項沒一定的理論形式，因此較具彈性與一般性。

採用 VAR 進行計量估計可了解各變數間相互影響效果，但使用 VAR 時必須注意其使用的條件。進行 VAR 模型估計之前必須檢查資料是否具有單根性質。如果沒有單根性質則直接使用 VAR(p) 估計即可；反之，若資料有單根性質，則必須先判斷資料有無共整合關係，如果沒有共整合關係，使用差分後 VAR(p-1) 即可，亦即差分後之 VAR 來進行估計；如果資料有共整合關係，則必須採用誤差修正模型 (Vector Error Correction Model, VECM) 進行估計。

共整合的定義，也就是將一組非定態時間序列變數的線性組合變成定態。共整合檢定是一種檢定變數間是否具有長期穩定均衡關係的檢定方法，因此，共整合常被解釋為「經濟變數間具有長期均衡關係」。

3-2-4 二個時間序列之 AR(1) 計算

舉例來說，假設有二個序列 x_t 及 y_t 資料如下 (t = 10 期)，它們是「$x_t \rightarrow y_t$」自我迴歸模型。請問如何算出 AR 數學式呢？

期數	1	2	3	4	5	6	7	8	9	10 期
x_t	11	10	6	5	3	7	3	8	9	2
y_t	12	9	9	7	5	5	6	6	10	3

(一) 如何計算 AR(1)

這種 Autoregression 統計軟體很多，若我們用 SPSS 來分析，結果如圖 3-15。

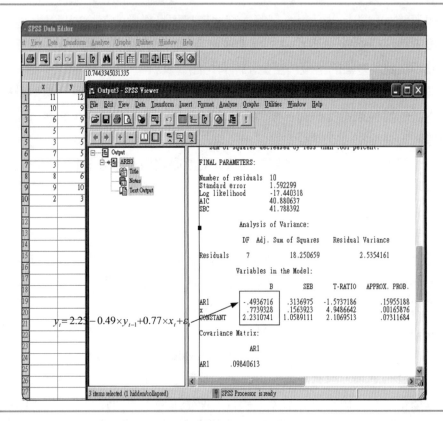

圖 3-15 SPSS 「Autoregression」 分析結果 ($y_t = 2.23 - 0.49 \times y_{t-1} + 0.77 \times x_t + \varepsilon_t$)

如圖 3-15 所示，SPSS 算 AR1 = −0.49367，即 $y_t = 2.23 - 0.49 \times y_{t-1} + 0.77 \times x_t + \varepsilon_t$。人工如何計算 AR1 呢？

解：AR1 自迴歸模型：$x_t = ax_{t-1} + \varepsilon_t$

$$\Rightarrow x_t = a(ax_{t-2} + \varepsilon_{t-1}) + \varepsilon_t \qquad (3-1)$$

$$E(x_t x_{t-1}) = E[(a(ax_{t-2} + \varepsilon_{t-1}) + \varepsilon_t) \cdot (a(ax_{t-3} + \varepsilon_{t-2}) + \varepsilon_{t-1})]$$

$$= E[(a^2 x_{t-2} + a\varepsilon_{t-1} + \varepsilon_t) \cdot (a^2 x_{t-3} + a\varepsilon_{t-2} + \varepsilon_{t-1})]$$

$x_{t-2} = a(ax_{t-4} + \varepsilon_{t-3}) + \varepsilon_{t-2} = \cdots\cdots$

$x_{t-3} = a(ax_{t-5} + \varepsilon_{t-4}) + \varepsilon_{t-3} = \cdots\cdots$ [依照 (3-1) 式；一直把 x_{t-i} 疊代掉]

$\because E(\varepsilon_i) = 0 \Rightarrow E(x_t x_{t-1}) = aE(\varepsilon^2_{t-1}) + a^3 E(\varepsilon^2_{t-2}) + a^5 E(\varepsilon^2_{t-3}) + \cdots\cdots$

$$\because E(\varepsilon_i^2) = 1 \Rightarrow E(x_t x_{t-1}) = a + a^3 + a^5 + \cdots\cdots = \frac{a}{1-a^2} \quad (\text{為 } \varepsilon \text{ 的變異數})$$

用 sample mean 估計 $\Rightarrow \dfrac{1}{n-1}\sum_{i=1}^{n} x_i y_i = \dfrac{a}{1-a^2} \Rightarrow$ 求出 a 即所求 AR1。

$$\frac{1}{n-1}\sum_{i=1}^{n} x_i y_i \approx 58.111 = \frac{a}{1-a^2} \Rightarrow a = 58.111 - 58.111a^2$$

$$\Rightarrow 58.111a^2 + a - 58.111 = 0$$

$$\Rightarrow a = \frac{-1 \pm \sqrt{1 + 58.111^2}}{2 \times 58.111} \approx -0.494$$

3-3 迴歸模型三大殘差診斷法：殘差之自我相關、JB 常態性、ARCH-LM

常見時間序列之預測，包括三種迴歸模型：自我迴歸 (AR)、向量自我迴歸 (VAR)、向量誤差修正模型 (VECM)，量測該模型是否適配 (fit)，可由「誤差之分配」是否 iid 來判定，即 JMulTi 的三大殘差診斷法。

較好的向量自我迴歸 (VAR) 模型，其第 t 期殘差估計值 $\hat{u}_t$，應符合 $e_t \overset{iid}{\sim} N(0, \sigma^2)$，即「殘差間彼此獨立」、「殘差符合常態」、「殘差符合異質性變異數，即當期波動變異是否可用以前 q 期波動變異來預測」。

任可常用的迴歸分析 (OLS、ARIMA、VAR、VECM、STR)，分析前，我們都假定 (assmuption) 該模型中，$\varepsilon_t \overset{iid}{\sim} N(0, \sigma^2)$。即誤差項彼此獨立且同屬一個分配，倘若 ε_t 沒有 iid 如何做迴歸？正確做法是做「變數變換」，例如，取 ln(x)，將資料做轉換。

例如：Plot of e_i versus e_{i-1}，即可觀察 e_t 之間是獨立性。

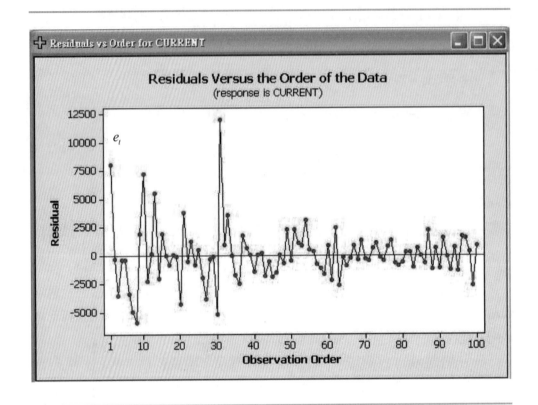

圖 3-16 殘差間不具獨立性之殘差圖 (顯示 e_t 之間非獨立)

　　由殘差圖可發現，圖形左右起伏不一致，所以殘差間非獨立。故需做「變數變換」，其方法就是資料需要轉置，例如，把某一個變數取 log() 後，再做一次殘差圖，結果如下，發現圖形散布均勻，所以殘差間是獨立。故我們可放心將它做迴歸分析。

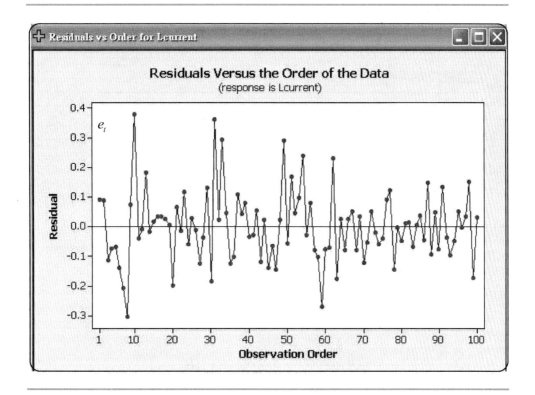

圖 3-17 殘差間具獨立性之殘差圖 (顯示 e_t 之間是獨立)

　　值得一提的就是資料轉換有很多方式，取 log 只是其中的一種方法，凡是轉換後之殘差圖形的散布是均勻的即可。

　　基於上述理由，故 JMulTi 提供三種殘差檢定來判定該迴歸模型是否適配：殘差之自我相關檢定 (Portmanteau 及 Breusch-Godfrey)、殘差項之 Jarque-Bera 常態性檢定、殘差項以 ARCH-LM 檢定其 ARCH(q) 模型。

　　JMulTi 可再對線性 ARIMA 模型做殘差診斷性檢定 (misspecification test)，以檢查模型是否有序列相關或異質變異的問題存在：

1. Portmanteau Test (Ljung-Box Q 檢定)

　　若一時間序列資料共 T 個樣本數，在進行 ARIMA(p,d,q) 迴歸後所得之殘差項數列為 $\hat{u}_t$ $(t = 1, 2, \cdots, T)$。

　　標準化殘差 $\hat{u}_t^s = \dfrac{\hat{u}_t - \bar{\hat{u}}}{\tilde{\sigma}_u}$，其中，$\tilde{\sigma}_u^2 = \dfrac{\sum\limits_{t=1}^{T}(\hat{u}_t - \bar{\hat{u}})^2}{T}$、$\bar{\hat{u}} = \dfrac{\sum\limits_{t=1}^{T}\hat{u}_t}{T}$

Portmanteau 檢定：

ARIMA(p,d,q) 模型之殘差間的自我相關係數 $\hat{\rho}_{u,j}^2 = \dfrac{\sum\limits_{t=j+1}^{T} \hat{u}_t^s \hat{u}_{t-j}^s}{T}$

虛無假設 H_0 與對立假設 H_1 為

$$\begin{cases} H_0 : \rho_{u,1} = \rho_{u,2} = \cdots = \rho_{u,h} = 0 \\ H_1 : 至少有一個 \rho_{u,i} \neq 0, \ i = 1, \cdots, h \end{cases}$$

其中，$\rho_{u,i} = \mathrm{Corr}(u_t, u_{t-1})$ 為該殘差數列之 AC 係數。

JMulTi 仍需求出 Q_h、LB_h 二個統計量，以考驗其顯著性：

$$Q_h = T \sum_{j=1}^{h} \hat{\rho}_{u,j}^2 \ \text{、} \ LB_h = T^2 \sum_{j=1}^{T} \frac{\hat{\rho}_{u,j}^2}{T-j}$$

其中，$\hat{\rho}_{u,j}^2 = \dfrac{\sum\limits_{t=j+1}^{T} \hat{u}_t^s \hat{u}_{t-j}^s}{T}$

Portmanteau 檢定 (Ljung-Box Q 統計量) 之顯著性檢定為：

$$Q(p) = T(T+2) \sum_{i=1}^{p} \rho(i)^2 / (T-i) \tag{3-2}$$

Q 統計量服從自由度 p 之 χ^2(h-p-q) 分配。

2. ARCH-LM 檢定

除了殘差存在自我相關會造成所估計參數會不具有效性之外，迴歸的殘差條件異質變異亦會造成所估計參數會不具有效性，故模型的條件異質變異數檢定是模型診斷必要的步驟。ARCH-LM 檢定是文獻上常見的檢定。

Stata JMulTi 軟體之多變量 **ARCH-LM** 檢定，是以下列之多變量迴歸模型為基礎。

$$vech(\hat{u}_t, \hat{u}_t') = \beta_0 + \beta_1 vech(\hat{u}_{t-1}, \hat{u}_t') + \cdots + \beta_q vech(\hat{u}_{t-q}, \hat{u}_t') + error_t$$

其中，

$\hat{u}_t$ 殘差矩陣。

「$vech$ (.)」是將一 (K×K) 方陣之下三角元素依序排列而形成的行向量，進而變成 ($\frac{K(K+1)}{2} \times 1$) 向量。

β_0 是 $\frac{K(K+1)}{2}$ 維的向量。

方陣 β_j 是 $(\frac{K(K+1)}{2} \times \frac{K(K+1)}{2})$ 維的係數矩陣，$j = 1, 2, \cdots, q$。上式之虛無假設及對立假設如下：

$$\begin{cases} H_0 : \beta_1 = \beta_2 = \cdots = \beta_q = 0 \\ H_1 : \beta_1 \neq 0 或 \beta_2 \neq 0 \cdots 或 \beta_q \neq 0 \end{cases}$$

根據上面迴歸模型的基礎，JMulTi 檢定異質性變異數 (ARCH) 模型，是要估計 ARCH(q) 模型的殘差：

$$\hat{u}_t^2 = \beta_0 + \beta_1 \hat{u}_{t-1}^2 + \cdots + \beta_q \hat{u}_{t-q}^2 + error_t$$

並且檢定下列虛無假設：

$$ARCH_{LM}(q) = \frac{T \times K \times (K+1)}{2} R_m^2$$

其中，$R_m^2 = 1 - \frac{2}{K \times (K+1)} Tr(\hat{\Omega}\hat{\Omega}_0^{-1}) \sim \chi^2(\frac{q \times K^2(K+1)}{4})^2$

$\hat{\Omega}$ 為 $\frac{K \times (K+1)}{2}$ 維之殘差共變數矩陣，而 $\hat{\Omega}_0$ 是 $q = 0$ 時 $\hat{\Omega}$ 對應之殘差矩陣。

並且考驗其假設：$\begin{cases} H_0 : \beta_1 = \beta_2 = \cdots = \beta_q = 0 \\ H_1 : \beta_1 \neq 0 或 \beta_2 \neq 0 \cdots 或 \beta_q \neq 0 \end{cases}$

在符合常態性的假定下，LM 統計量是從判定係數 R^2 來決定：

$$VARCH_{LM}(q) = T \times R^2 \sim \chi^2(q) \text{ 分配}$$

其中，T 為序列的總期數。

3-3-1 MA(q)、AR(p) 參數值之適配性考驗

進行時間數列研究，為修正殘差項自我相關之問題，遞延期數 K 之選擇極為重要。遞延期數太長，會產生參數過度化現象，遞延期數太短，則有參數被簡化之疑慮。

故 JMulTi 有四個訊息準則，讓我們來判定 VAR、ARIMA、VECM 等模型之參數設定 (共整合關係有幾個、落後期數、要不要加常數項或季節虛擬變數…) 是否適配。

1. $AIC(n) = \log \hat{\sigma}_u^2(n) + \dfrac{2}{T} \times n$ Akaike (1973,1974)

2. $HQ(n) = \log \hat{\sigma}_u^2(n) + \dfrac{2\log(\log(T))}{T} \times n$ Hannan & Quinn (1979)

3. $SC(n) = \log \hat{\sigma}_u^2(n) + \dfrac{\log(T)}{T} \times n$ Schwarz (1978) & Rissanen (1978)

4. $FPE(n) = \hat{\sigma}_u^2(n) \times \dfrac{T + n^*}{T - n^*}$ Akaike (1969)

其中，

K：外生變數的個數 (即聯立迴歸式有幾個)

n：內生變數之落後階數 (order)

n^*：每一方程式之參數有幾個

殘差之白噪音共變數矩陣 $\hat{\sigma}_u^2(n)$：是 $\dfrac{\widehat{u'\hat{u}}}{T}$ 最小平方法的估計值。

由於 $\hat{\sigma}_u^2(n)$ 愈小，AIC 等準則就愈小，表示模型愈適配。但是當模型的內生變數之落後階數 n 愈大，本身就已違反「建模要愈精簡愈好」原則，故以上四種準則都有「懲罰」參數個數 (n^*) 過多或落後階數 n 過多的機制，即 n 或 n^* 愈大，AIC 等準則就變大，讓評鑑的模型顯現得愈不適配。

3-3-2　殘差之自我相關檢定

JMulTi 對殘差之自我相關檢定，有二種檢定法：Portmanteau 及 Breusch-Godfrey。

1. Portmanteau 殘差之自我相關檢定

在迴歸估計的基本假設中，殘差必需符合無自我相關與常態分配，較好的迴歸模型 (如 AR、VAR、VECM)，其第 t 期殘差估計值 $\hat{u}_t$，應符合「殘差間彼此獨立」。Portmanteau 之虛無假設及對立假設為：

$$\begin{cases} H_0 : (u_t u_{t-i}') = 0, \quad i = 1,2,...,h 期 \\ H_1 : 至少有一個自我共變數非0 \end{cases}$$

H_0 是假設前後期殘差之間是獨立的，此假設之顯著性檢定為：

$$Q_h = T \sum_{j=1}^{h} Trace(\dfrac{\hat{C}_j'}{\hat{C}_0} \times \dfrac{\hat{C}_j}{\hat{C}_0}) \sim \chi^2(K^2 h - n^*)$$

其中，

$$\hat{C}_i = T^{-1} \sum_{t=i+1}^{T} \hat{u}_t \hat{u}_t'$$

$\hat{u}_t$：迴歸模型的殘差

n^*：迴歸模型估計的參數的個數

h：落後之期數

T：迴歸分析序列的總期數。

當抽樣是大樣本，上式就非常適合 $h \to \infty$；反之，小樣本且落後期數 h 很大，則可改下列之修正模式：

$$Q_h^* = T^2 \sum_{j=1}^{h} \frac{1}{T-j} Trace(\frac{\hat{C}_j'}{\hat{C}_0} \times \frac{\hat{C}_j}{\hat{C}_0})$$

2. Breusch-Godfrey 殘差之自我相關檢定

h 階 (order) 殘差之自我相關的 Breusch-Godfrey 檢定模型爲：

$$u_t = B_1^* u_{t-1} + \cdots + B_h^* u_{t-h} + error_t$$

其顯著性檢定爲：

$$\begin{cases} H_0 : B_0^* = \cdots = B_h^* = 0 \\ H_1 : B_0^* \neq 0或\cdots或B_h^* \neq 0 \end{cases}$$

Breusch-Godfrey 修正模式之殘差 $\hat{u}_t$

$$\hat{u}_t = (A_1 y_{t-1} + \cdots + A_p y_{t-p}) + (B_0 x_t + \cdots + B_q x_{t-q}) + C \times D_t + (B_1^* \hat{u}_{t-h} + \cdots + B_h^* \hat{u}_{t-h}) + e_t$$

上面二式，JMulTi 都是用未限制模式多變量 LS 估計法，來估算殘差 $\hat{u}_t$。

其中，$e_t (t = 1, \cdots, T)$ 爲待估計之殘差共變異矩陣。

此 Breusch-Godfrey 修正模式之殘差爲：

$$\hat{\Sigma}_e = \frac{1}{T} \sum_{t=1}^{T} \hat{e}_t \hat{e}_t'$$

上式並沒有考慮落後期之殘差 $\hat{e}_{t-i}$，它是限制 $B_0^* = \cdots = B_h^* = 0$，且其對應之殘差矩陣 $\hat{e}_t^R$ 爲：

$$\hat{\Sigma}_R = \frac{1}{T} \sum_{t=1}^{T} \hat{e}_t^R \times (\hat{e}_t^R)'$$

故統計量 LM 之顯著性考驗為：

$$LM_h = T(K - Trace(\frac{\hat{\Sigma}_e}{\hat{\Sigma}_R})) \approx \chi^2(h \times K^2)$$

Edferton & Shuker (1992) 發現此 LM 套在小樣本會產生偏誤 (bias)，故他提出 VAR 修正式為：

$$LMF_h = \frac{\sqrt[r]{1-(1-R_r^2)}}{\sqrt[r]{(1-R_r^2)}} \times \frac{N \times r - q}{K \times m}$$

其中，

$$R_r^2 = 1 - \frac{|\hat{\Sigma}_e|}{|\hat{\Sigma}_R|}$$

$$r = \sqrt{\frac{K^2 m^2 - 4}{K^2 + m^2 - 5}} \text{，} q = \frac{Km}{2} - 1 \text{，} N = T - K - m - \frac{K - m + 1}{2} \text{，}$$

$m = Kh$ 為增加到修正系統之迴歸式個數。

顯著性考驗之 p 值～$F(hK^2, [Nr - q])$ 分配，

$[Nr - q]$ 為小於 $(Nr - q)$ 之最大整數。

3-3-3 殘差之常態性檢定

較佳的迴歸模型 (如 ARIMA、VAR、VECM)，其第 t 期殘差估計值 $\hat{u}_t$，應符合「殘差符合常態性」。

Stata, JMulTi 軟體之 Jarque-Bera 統計量是針對所估計模型之殘差檢定其是否服從常態分配，首先需計算出殘差之偏態係數 (skewness) $S = 0$ 嗎？峰態係數 (kurtosis) $K = 3$ 嗎？即計算第三動差 (moments) 之偏態是否為 0 及第四動差之峰度是否為 3。

首先，JMulTi 估計殘差共變矩陣 $\tilde{\Sigma}_u$：

$$\tilde{\Sigma}_u = \frac{\sum_{t=1}^{T}(\hat{u}_t - \bar{\hat{u}})(\hat{u}_t - \bar{\hat{u}})'}{T}$$

並算出平方根矩陣 $\tilde{\Sigma}_u^{1/2}$。即 JMulTi 係以「已標準化殘差」$\hat{u}_t^s$ 的偏態及峰度來判定是否常態性：

$$\hat{u}_t^s = (\hat{u}_{1t}^s, \cdots, \hat{u}_{Kt}^s)' = \widetilde{\Sigma}_u^{1/2} (\hat{u}_t - \overline{\hat{u}})$$

$$\text{定義} \begin{cases} b_1 = (b_{11}, \cdots, b_{1k})' \text{，其中 } b_{1k} = \dfrac{\sum\limits_{t=1}^{T} (\hat{u}_{kt}^s)^3}{T} \\[4mm] b_2 = (b_{21}, \cdots, b_{2k})' \text{，其中 } b_{2k} = \dfrac{\sum\limits_{t=1}^{T} (\hat{u}_{kt}^s)^4}{T} \end{cases}$$

由 b_1 及 b_2 即可衍生出下二個定義：

$$\begin{cases} s_3^2 = Tb_1'b_1 / 6 \sim \chi^2(K) \text{極限分配} \\ s_4^2 = T(b_2 - 3_K)'(b_2 - 3_K)/24 \sim \chi^2(K) \text{極限分配} \end{cases}$$

Jarque-Bera (JB) 之虛無假設 vs. 對立假設為：

$$\begin{cases} H_0 = \text{偏態} e(u_t^t)^3 = 0; \text{ 及峰度} e(u_t^t)^4 = 3 \\ H_1 = \text{偏態} e(u_t^t)^3 \neq 0; \text{ 或} r \text{峰度} e(u_t^t)^4 \neq 3 \end{cases}$$

Jarque-Bera (JB) 之檢定統計為：

若 H_0 成立時，$JB_K = s_3^2 + s_4^2 \sim$ 漸近 $\chi^2(2K)$。

3-3-4 以 ARCH-LM 檢定 ARCH(q) 模型

殘差是否具有 ARCH(異質性變異數)，即當期波動變異是否可以後 q 期波動變異來預測。

條件異質變異 (ARCH) 之檢定

(一) ARCH(q) 模型

條件異質變異 ARCH(q) 之模型，係根據波動第二動差之誤差 u_t 變異來建模：

$$\hat{u}_t^2 = \beta_0 + \beta_1 \hat{u}_{t-1}^2 + \cdots + \beta_q \hat{u}_{t-q}^2 + Error_t$$

其中，$\hat{u}_t^2$ 為第 t 期誤差變異，它受前 q 期誤差變異的影響，表示 q 期波動變異會影響當期變異數。

ARCH(q) 之虛無假設如下，H_0 係表示前幾期都不會影響當期的誤差變異，若能拒絕 H_0，則表示有單根，前幾期可以來預測當期：

$$\begin{cases} H_0 : \beta_0 = \beta_1 = \cdots = \beta_q = 0 \\ H_1 : \beta_0 \neq \text{或} \beta_1 \neq 0 \text{或} \cdots \beta_q \neq 0 \end{cases}$$

JMulTi 係以 ARCH$_{-LM}$ 值大小來顯示 ARCH(q) 模型之顯著性：

$$\text{ARCH}_{-LM} = T \times R^2 \sim \chi^2(q)$$

其中，R^2 為決定 (determination) 係數；T 為總期數。

若 y_t 單一序列波動變異數 (第 2 級動差) 特性，具有落後 q 期的現象，稱 y_t 是具有「條件異質變異數」之 ARCH(q) 模型。這種 ARCH 檢定在自我迴歸 (AR)、向量自我迴歸 (VAR) 之建模過程時，在估計時間序列時該選「落後幾期」非常有用。

(二) ARCH-LM 檢定

定義：ARCH-LM 檢定

JMulTi 軟體之多變量 ARCH-LM 檢定，是以下列之多變量迴歸模型為基礎：

$vech(\hat{u}_t, \hat{u}_t') = \beta_0 + \beta_1 vech(\hat{u}_{t-1}, \hat{u}_t') + \cdots + \beta_q vech(\hat{u}_{t-q}, \hat{u}_t') + error_t$

其中，$\hat{u}_t$ 殘差矩陣。

「$vech(.)$」是將一 (K×K) 方陣之下三角元素依序排列而形成的行向量，它是 $(\dfrac{K(K+1)}{2} \times 1)$ 向量。

β_0 $_{\frac{K(K+1)}{2}}$ 是 $\dfrac{K(K+1)}{2}$ 維的向量。

方陣 β_j 是 $(\dfrac{K(K+1)}{2} \times \dfrac{K(K+1)}{2})$ 維的係數矩陣，$j = 1, 2, \cdots, q$。上式之虛無假設及對立假設如下：

$$\begin{cases} H_0 : \beta_1 = \beta_2 = \cdots = \beta_q = 0 \\ H_1 : \beta_1 \neq 0 \text{或} \beta_2 \neq 0 \cdots \text{或} \beta_q \neq 0 \end{cases}$$

根據上面迴歸模型的基礎，檢定異質性變異數 (ARCH) 模型，是要估計 ARCH(q) 模型的殘差：

$$\hat{u}_t^2 = \beta_0 + \beta_1 \hat{u}_{t-1}^2 + \cdots + \beta_q \hat{u}_{t-q}^2 + error_t$$

並且檢定下列虛無假設：

$$VARCH_{LM}(q) = \frac{T \times K \times (K+1)}{2} R_m^2$$

其中，$R_m^2 = 1 - \frac{2}{K \times (K+1)} Tr(\hat{\Omega}\hat{\Omega}_0^{-1}) \sim \chi^2(\frac{q \times K^2(K+1)}{4})^2$

$\hat{\Omega}$ 為 $\frac{K \times (K+1)}{2}$ 維之殘差共變數矩陣，而 $\hat{\Omega}_0$ 是 $q = 0$ 時 $\hat{\Omega}$ 對應之殘差矩陣。

並且考驗其假設：$\begin{cases} H_0 : \beta_1 = \beta_2 = \cdots = \beta_q = 0 \\ H_1 : \beta_1 \neq 0 或 \beta_2 \neq 0 \cdots 或 \beta_q \neq 0 \end{cases}$

在符合常態性的假定下，LM 統計量是從判定係數 R^2 來決定：

$$VARCH_{LM}(q) = T \times R^2 \sim \chi^2(q)$$

其中，T 為序列的總期數。

3-4 Stata 預測 GDP 法：OLS vs. 動態模型

3-4-1 時間序列之 OLS 迴歸：殘差異質性

計量經濟範例：多元迴歸

(一) 問題說明

為了解 1900 年影響美國 GDP 的原因有哪些？(分析單位：美國每年經濟數據) 研究者先文獻探討以歸納出「影響美國 GDP」的原因，並整理成下表，此「US90.dta」資料檔之變數如下：

變數名稱	美國每年經濟數據	編碼 Codes/Values
year	西元	
gdpgr	Y1:GDP 成長率 (%)	1.5~5.0
gdpcapgr	Y2: 人均 GDP(%) GDP per capita growth	0.7~4.2
consgr	X1: 私人民間消費成長 (%) private consumption growth	2.4~5.3

變數名稱	美國每年經濟數據	編碼 Codes/Values
invgr	X2: 投資成長率 (%) investment growth	3.3～10.7
producgr	X3: 製造生產力成長率 (%) manufacturing labor productivity growth	1.9～7.2
unemp	X4: 失業人口 (百萬) unemployment rate	4.0～7.5
inf	X5: 通貨膨脹 (%) inflation rate	1.5～3.4

本例的迴歸模型為

$$GDP = 消費 + 生產 + 投資 + 失業率 + 通膨 + \varepsilon$$

(二) 建立 Stata 資料檔

方法一 先在「記事本」輸入下列之資料及「Input end 指令」，再全部反白，
貼至「Do-file Editor」來執行，並存到「US90.do」執行檔，如下圖。

```
US90.txt - 記事本
檔案(F)  編輯(E)  格式(O)  檢視(V)  說明(H)
input year gdpgr consgr invgr unemp    gdpcapgr inf producgr
1992    3.1   2.9    5.2   7.5      1.9     3     5.1
1993    2.7   3.4    5.7   6.9      1.5     3     1.9
1994    4     3.8    7.3   6.1      3       2.6   3
1995    2.7   3      5.4   5.6      1.7     2.8   3.9
1996    3.6   3.2    8.4   5.4      2.6     2.9   3.4
1997    4.4   3.6    8.8   5        3.4     2.3   3.8
1998    4.4   4.7    10.7  4.5      3.4     1.5   6.2
1999    4.2   5.3    9.1   4.2      3.2     2.2   5.8
2000    5     5.3    8.8   4        4.2     3.4   7.2
2001    1.5   2.5    3.3   4.4      0.7     2.6   4.1
2002    2.5   2.4    3.8   5        1.8     2.2   3
end
```

圖 3-18 記事本 key in 調查資料之 ASCII 檔「US90.txt」

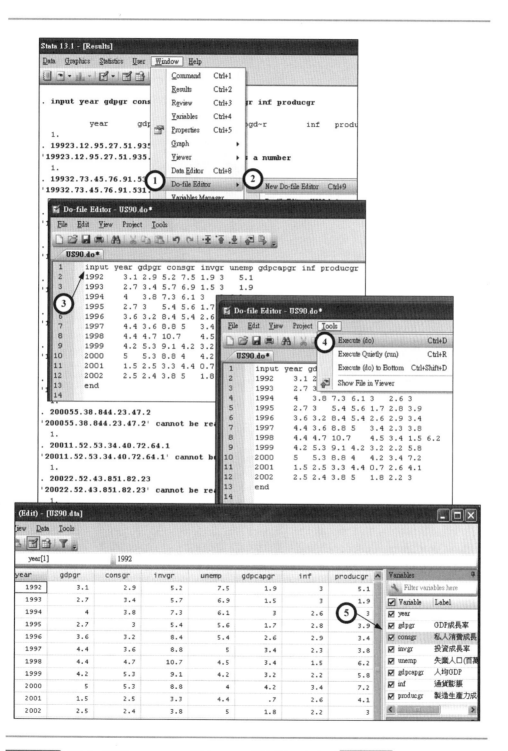

圖 3-19 在 do 檔用 input-end 建立 Stata 資料檔 (存在「US90.dta」檔)

方法二 先在「記事本」輸入下列之資料及「Input end 指令」，再全部反白，
貼至「Command」區來執行。

你亦可「反白」下表，貼到 Stata 下端「Command」區，直接讀入 ASCII 原
始資料檔。

```
.clear
input year gdpgr consgr  invgr unemp  gdpcapgr inf producgr
1992  3.1  2.9  5.2  7.5  1.9  3.0  5.1
1993  2.7  3.4  5.7  6.9  1.5  3.0  1.9
1994  4.0  3.8  7.3  6.1  3.0  2.6  3
1995  2.7  3.0  5.4  5.6  1.7  2.8  3.9
1996  3.6  3.2  8.4  5.4  2.6  2.9  3.4
1997  4.4  3.6  8.8  5.0  3.4  2.3  3.8
1998  4.4  4.7 10.7  4.5  3.4  1.5  6.2
1999  4.2  5.3  9.1  4.2  3.2  2.2  5.8
2000  5.0  5.3  8.8  4.0  4.2  3.4  7.2
2001  1.5  2.5  3.3  4.4  0.7  2.6  4.1
2002  2.5  2.4  3.8  5.0  1.8  2.2  3
end

. label variable gdpgr "GDP 成長率 "
. label variable consgr " 私人民間消費成長 "
. label variable invgr " 投資成長率 "
. label variable unemp " 失業人口 ( 百萬 )"
. label variable gdpcapgr " 人均 GDP"
. label variable inf " 通貨膨脹 "
. label variable producgr " 製造生產力成長率 "
```

(三) 先探索資料的特徵

1. 連續變數之描述性統計

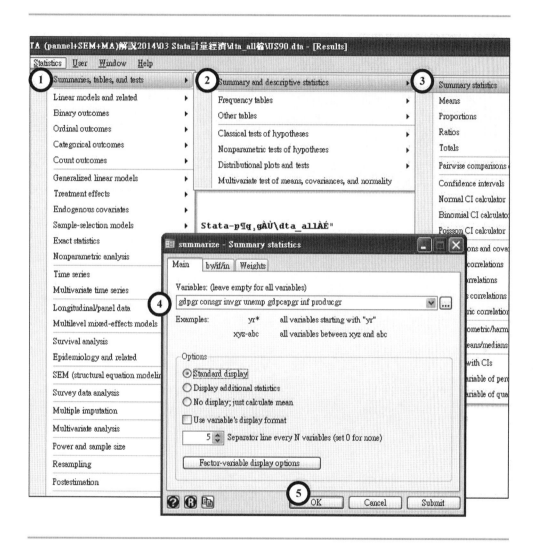

圖 3-20　Summarize 之畫面，共納入「gdpgr consgr invgr unemp gdpcapgr inf producgr」

```
. summarize gdpgr consgr invgr unemp gdpcapgr inf producgr

    Variable |     Obs       Mean    Std. Dev.      Min       Max
-------------+--------------------------------------------------------
       gdpgr |      11    3.463636    1.050974       1.5         5
      consgr |      11    3.645455     1.03476       2.4       5.3
       invgr |      11    6.954545    2.408885       3.3      10.7
       unemp |      11    5.327273    1.125247         4       7.5
    gdpcapgr |      11    2.490909    1.048289        .7       4.2
-------------+--------------------------------------------------------
         inf |      11    2.590909    .5204893       1.5       3.4
     producgr |      11    4.309091    1.590883       1.9       7.2
```

2. 用繪圖來描述這 3 個連續變數

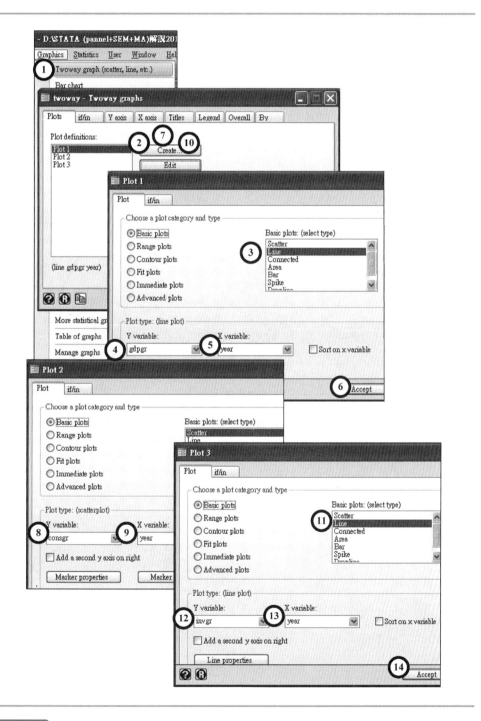

圖 3-21 繪二個線圖及一個散布圖之畫面

* 繪二個線圖及一個散布圖之指令
. twoway (line gdpgr year) (scatter consgr year) (line invgr year)

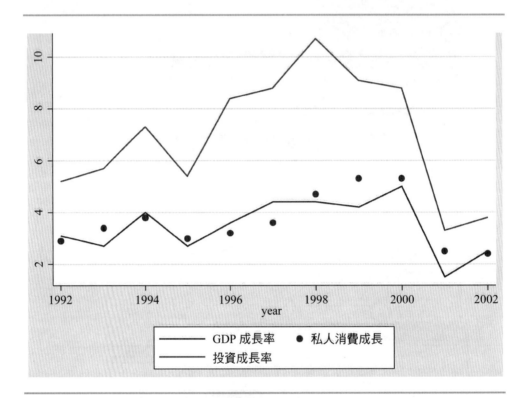

圖 3-22　繪二個線圖及一個散布圖之結果

(四) 分析結果與討論

Step 1. 求連續變數的相關

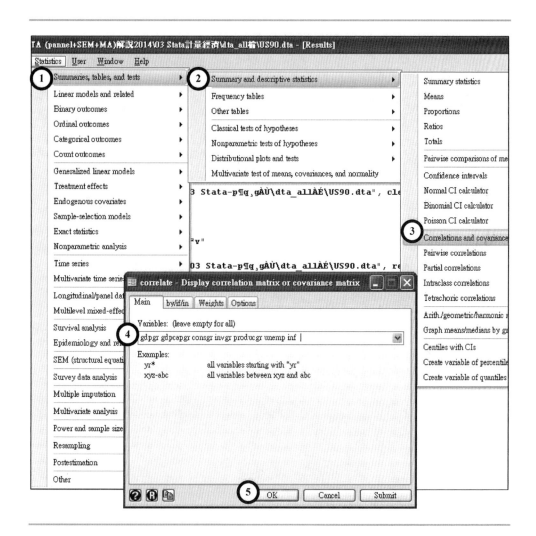

圖 3-23 求連續變數的相關之畫面

註：Statistics > Summaries, tables, and tests > Summary and descriptive statistics > Correlations and covariances

```
* 你亦可直接用「correlate」求相關係數矩陣
. correlate gdpgr gdpcapgr consgr invgr producgr unemp inf
(obs=11)

             |   gdpgr gdpcapgr   consgr    invgr producgr    unemp      inf
-------------+---------------------------------------------------------------
       gdpgr |  1.0000
    gdpcapgr |  0.9890   1.0000
      consgr |  0.8394   0.8347   1.0000
       invgr |  0.9097   0.8841   0.8270   1.0000
    producgr |  0.5708   0.6003   0.7050   0.5238   1.0000
       unemp | -0.3035  -0.4143  -0.4761  -0.3684  -0.5336   1.0000
         inf | -0.1012  -0.1230  -0.1198  -0.3090  -0.0832   0.3590   1.0000
```

1. GDP 與「人均 GDP、民間消費成長、投資、工業生產力」呈高度正相關。
2. 「失業率及通貨膨脹」與「GDP 及人均 GDP」呈中度負相關。

Step 2. 求簡單迴歸分析

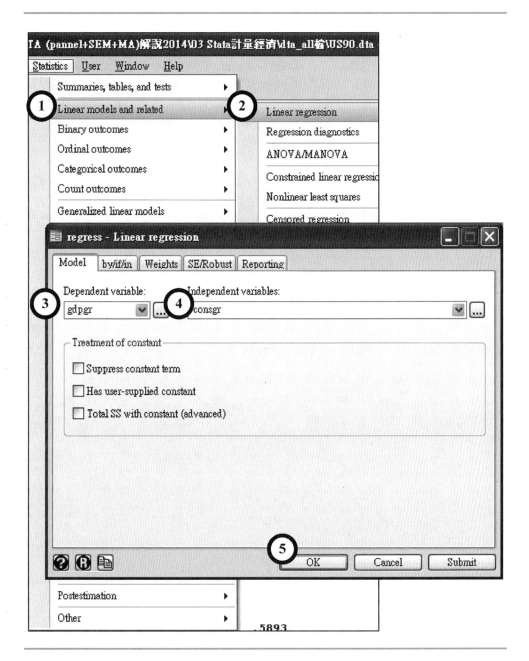

圖 3-24 「gdpgr consgr」簡單迴歸分析之畫面

```
. regress gdpgr consgr

      Source |       SS       df       MS              Number of obs =      11
-------------+------------------------------           F(  1,      9) =   21.46
       Model |  7.78197201     1   7.78197201           Prob > F      =  0.0012
    Residual |  3.26348251     9   .362609168           R-squared     =  0.7045
-------------+------------------------------           Adj R-squared =  0.6717
       Total |  11.0454545    10   1.10454545           Root MSE      =  .60217


      gdpgr |     Coef.   Std. Err.      t    P>|t|     [95% Conf. Interval]
-------------+----------------------------------------------------------------
      consgr |  .8525216   .1840263     4.63   0.001    .4362251    1.268818
       _cons |  .3558076   .6949943     0.51   0.621   -1.216379    1.927994
```

1. 民間消費成長率 (consgr) 預測 GDP 成長率 (gdpgr)，t = 4.63, p<0.05，主要效果達 0.05 顯著水準。兩者呈顯著正相關。
2. 簡單迴歸模型為：gdpgr = 0.3558 + 0.8525×consgr

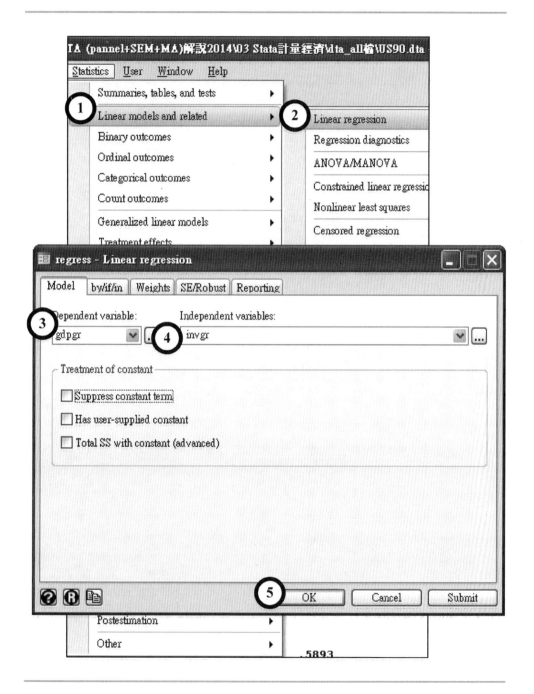

圖 3-25 「gdpgr invgr」簡單迴歸分析之畫面

```
. regress gdpgr invgr

     Source |       SS       df       MS              Number of obs =      11
------------+------------------------------           F(  1,      9) =   43.22
      Model |  9.14164404    1  9.14164404           Prob > F      =  0.0001
   Residual |  1.90381048    9  .211534498           R-squared     =  0.8276
------------+------------------------------           Adj R-squared =  0.8085
      Total |  11.0454545   10  1.10454545           Root MSE      =  .45993


      gdpgr |     Coef.   Std. Err.       t    P>|t|     [95% Conf. Interval]
------------+-------------------------------------------------------------------
      invgr |  .3969137   .0603774     6.57   0.000     .2603305    .5334969
      _cons |  .7032821   .4422039     1.59   0.146    -.2970526   1.703617
```

1. 國內投資成長率 (invgr) 預測 GDP 成長率 (gdpgr)，t = 6.57, p < 0.05，主要效果達 0.05 顯著水準。兩者呈顯著正相關。
2. 簡單迴歸模型為：gdpgr = 0.7032 + .8525×0.3969

Step 3. 求多元迴歸分析

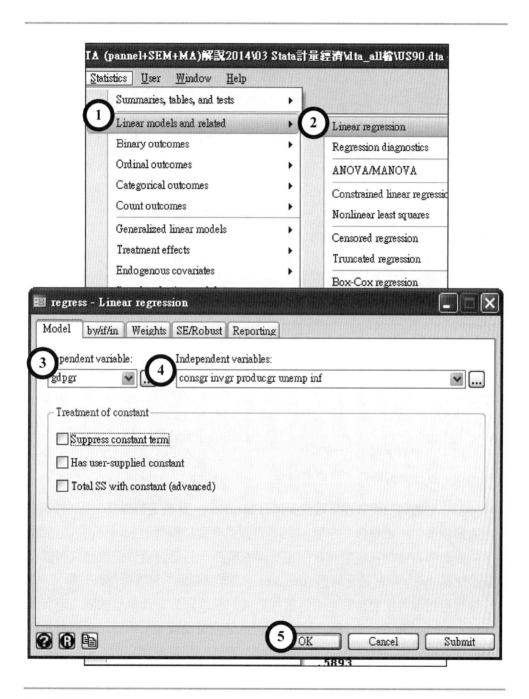

圖 3-26 「gdpgr consgr invgr producgr unemp inf」多元迴歸分析之畫面

```
. regress gdpgr consgr invgr producgr unemp inf

      Source |       SS           df       MS               Number of obs =      11
-------------+----------------------------------            F(  5,      5) =    7.27
       Model |  9.70924721        5   1.94184944            Prob > F      =  0.0242
    Residual |  1.33620731        5   .267241462            R-squared     =  0.8790
-------------+----------------------------------            Adj R-squared =  0.7581
       Total |  11.0454545       10   1.10454545            Root MSE      = .51695


       gdpgr |      Coef.   Std. Err.      t    P>|t|     [95% Conf. Interval]
-------------+----------------------------------------------------------------
       consgr |   .1822094   .3605194     0.51   0.635    -.7445351    1.108954
        invgr |   .3448859   .1338048     2.58   0.050     .0009296    .6888422
     producgr |   .0490201   .1547288     0.32   0.764    -.3487228    .4467631
        unemp |   .0551669   .1897954     0.29   0.783    -.4327176    .5430514
          inf |   .3019558   .372596      0.81   0.455    -.6558326    1.259744
        _cons |  -.8865854   1.492931    -0.59   0.578    -4.724287    2.951116
```

1. 利用 consgr(私人民間消費成長)、invgr(投資成長率)、producgr(製造生產力
   成長率)、unemp(失業人口)、inf(通貨膨脹) 來預測 gdpgr(GDP 成長率)。
   分析結果，只剩 invgr(投資成長率) 勉強還可以有效預測 GDP 成長率，
   t=2.58(p<0.05)。其餘 4 個自變數都無法有效預測 gdpgr(GDP 成長率)，結果
   顯示這 5 個預測變數合併在一起，反而比上述二個「個別」簡單迴歸來得不
   如預期。故我們需再做「殘差異質性」、「常態性 J-B」檢定。

   Step 4. 自變數與依變數要呈線性關係 (Linearity)，此假定若違反，則取 log()
   　　迴歸模型中，依變數和自變數之間的關係必須是線性 (Linearity)，也就是
   說，依變數與自變數存在著相當固定比率的關係，若是發現依變數與自變數呈
   現非線性關係時，可以透過轉換 (transform) 成線性關係，再進行迴歸分析。
   　　檢視自變數與依變數間是否為線性關係的基本做法是看雙變數間之散布圖
   (scatter plot)。進階且比較好的做法是在控制其他自變數後，再看某一自變數與
   依變數間之部分線性關係 (partial linearity)。線性關係是迴歸分析重要的假定，
   而且指的是自變數與依變數間之部分線性關係。我們並不用太關心自變數間是
   否為線性關係，但如對自變數間關係之設定有誤時，也會導致我們對虛假關係
   不適當的控制和解釋上的錯誤。

探索自變數與依變數間部分線性關係的方式是在控制其他自變數後，逐一檢視某一自變數及進一步加入此自變數之平方後，看看兩個迴歸模式間是否達顯著之差異。如果是的話，則此自變數與依變數間之關係並不是線性關係。當發現自變數與依變數間並非線性關係時，除了將該自變數之平方加入迴歸分析的方法外，也可將該自變數做對數轉換 (log transformation)，例如我們常將個人之收入做對數轉換之處理。究竟如何處理是適當的，則需以理論爲基礎。

Step 4-1. 每個預測變數，用 **acprplot** 指令繪 **augmented component-plus-residual** 圖

迴歸分析之前，可用 augmented component-plus-residual 圖，來診斷自變數與依變數之間是否符合「線性關係」的假定。

1. 繪 gnpgr 自變數之 augmented component-plus-residual 圖

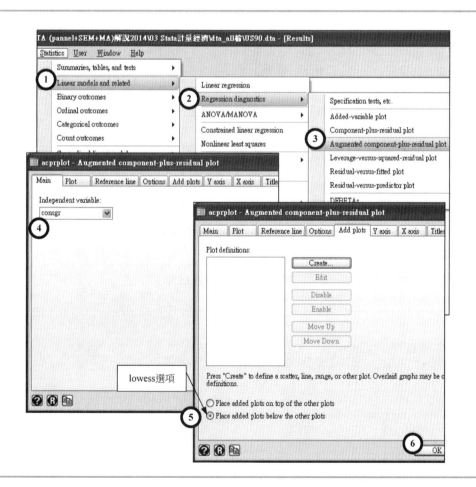

圖 3-27 繪自變數 consgr 之 augmented component-plus-residual 圖

註：Statistics > Linear models and related > Regression diagnostics > Augmented component-plus-residual plot

```
. quietly regress gdpgr consgr invgr producgr unemp inf
. acprplot consgr, lowess
```

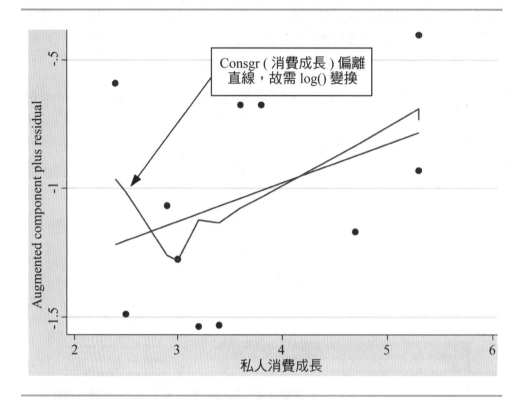

> Consgr (消費成長) 偏離
> 直線，故需 log() 變換

圖 3-28 consgr 之 augmented component-plus-residual 圖

```
*再檢定自變數 invgr( 投資成長率 ) 是否符合「直線性」檢定
. acprplot invgr, lowess
```

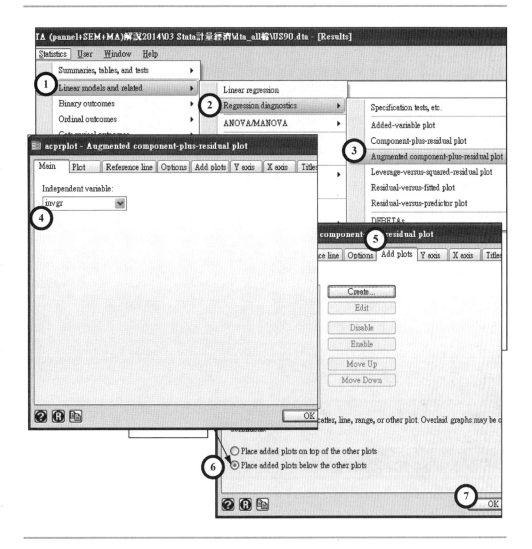

圖 3-29 invgr 之 augmented component-plus-residual 圖的畫面

2. 繪自變數 invgr 之 augmented component-plus-residual 圖

```
. acprplot invgr, lowess
```

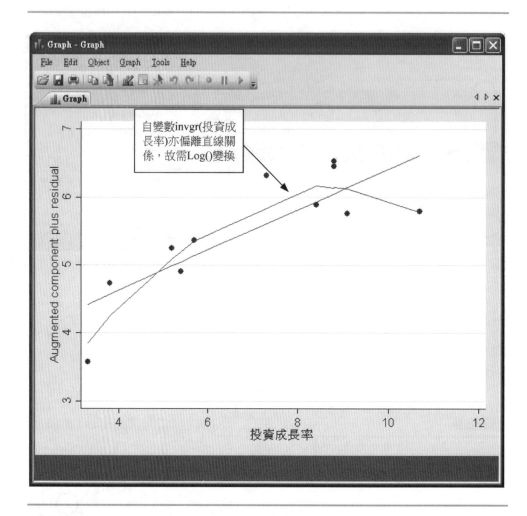

圖 3-30 invgr 之 augmented component-plus-residual 圖

　　由 consgr(私人民間消費成長)、invgr(投資成長率) 二個預測變數之
augmented component-plus-residual 圖，可比較出來，consgr 及 invgr 殘差分布圖
都是偏離「直線性」，故可判定「consgr(私人民間消費成長)、invgr(投資成長
率)」兩者對依變數 (gdpgr) 都不是「直線關係」，這已違反迴歸「(Linearity)」
假定。

2. 當發現自變數與依變數間並非線性關係時，除了將該自變數之平方加入迴歸
　分析的方法外，也可將該自變數做對數轉換 (log transformation)。

3. 此外，其餘 3 個預測變數也是一樣，都違反迴歸「(Linearity)」假定，故 5 個
　自變數及 1 個依變數，共六個變數都需取 log()，做變數變換。

Step4-2. 各變數取 log()

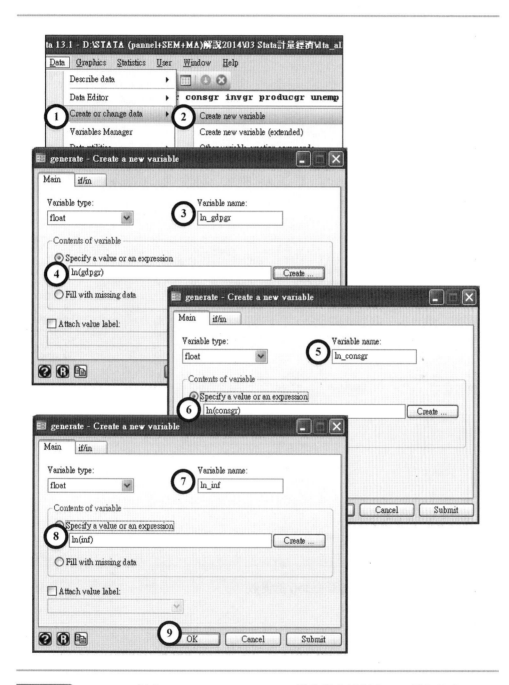

圖 3-31 Generate 指令 gdpgr、consgr、inf 三變數做自然對數 ln() 變換的畫面

註：**Data > Create or change data > Create new variable**

```
* 六個變數都做自然對數 ln( ) 之變數變換
. gen ln_gdpgr=ln(gdpgr)
. gen ln_consgr=ln(consgr)
. gen ln_invgr=ln(invgr)
. gen ln_produc=ln(producgr)
. gen ln_unemp=ln(unemp)
. gen ln_inf=ln(inf)
```

圖 3-32 資料檔中已新增 6 個取 ln() 的變數

Step5. 取 ln() 之後才的自變數們，再執行 log-linear 迴歸分析

```
. regress ln_gdpgr ln_consgr ln_invgr ln_produc ln_unemp ln_inf

      Source |       SS       df       MS              Number of obs =      11
-------------+------------------------------           F(  5,    5) =    7.19
       Model |  1.07467131      5  .214934262           Prob > F      = 0.0247
    Residual |  .149400242      5  .029880048           R-squared     = 0.8779
-------------+------------------------------           Adj R-squared = 0.7559
       Total |  1.22407155     10  .122407155           Root MSE      = .17286


    ln_gdpgr |      Coef.   Std. Err.      t    P>|t|     [95% Conf. Interval]
-------------+----------------------------------------------------------------
    ln_consgr |   .114882   .4666926     0.25   0.815    -1.08479    1.314554
     ln_invgr |   .779761   .3081229     2.53   0.052    -.0122942   1.571816
    ln_produc |  .0950277   .1935535     0.49   0.644    -.4025174    .5925728
     ln_unemp |  .2009322   .3716735     0.54   0.612    -.7544849   1.156349
       ln_inf |  .1184624   .2785439     0.43   0.688    -.5975574    .8344822
        _cons | -.9912522    .787582    -1.26   0.264    -3.015796   1.033292
```

1. 之前，未做「線性關係」診斷時，雖然，預測 invgr(投資成長率) 這個自變數預測 gnpgr 達到 0.05 顯著水準。但它仍違反迴歸「Linearity」這項假定。

2. 違反「線性假定」的五個變數，經 ln() 變數變換之後，就貼近常態。再將五個變數納入 log-linear 迴歸分析。分析結果如上表。顯示這 5 個預測變數對 ln_gdpgr 仍然都沒有顯著的預測效果。

3. 本例 OLS 迴歸及 log-linear 迴歸分析結果，似乎「違反學理」，其可能原因是違反 OLS 某假定，包括：

   (1) 自變數與依變數關係「非線性」。

   (2) 變數本身非常態性，Stata 診斷常態性，可用 jb 指令來做 Jarque-Bera asymptotic test for normality。

   (3) OLS 迴歸分析之殘差異質性。Stata 診斷異質性，可用 hettest 指令來做「Breush Pagan Test of Heteroskedasticity」、或「estat imtest, white」指令來做「White's General Heteroskedasticity Test」。

   故接下來，我們再進行以上三種 OLS 假定的診斷。

Step6. Linear Hypothesis 診斷

為了再次確定：投資成長的「matters」對 GDP 成長的相關 (非因果檢定)，你可用「test」Linear Hypothesis 指令。

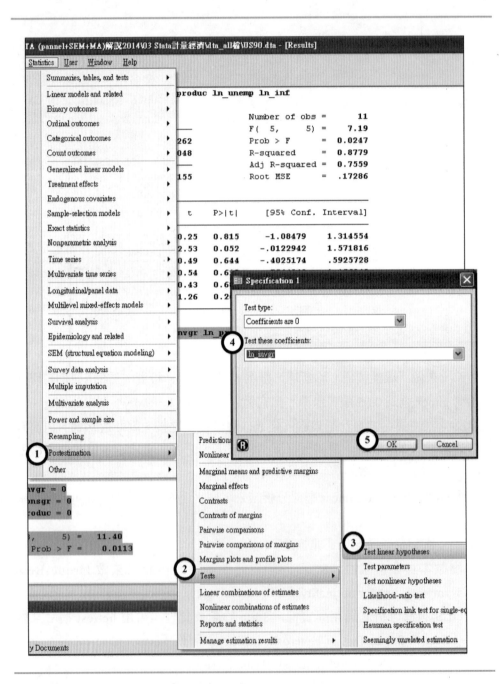

圖 3-33 test「ln_invgr 變數」迴歸係數是否為 0 之畫面

```
. quietly regress ln_gdpgr ln_consgr ln_invgr ln_produc ln_unemp ln_inf

. test (ln_invgr)

 ( 1)  ln_invgr = 0

       F(  1,     5) =     6.40
            Prob > F =    0.0525

* 診斷 joint significance of two or more covariates
. test (ln_invgr ln_consgr ln_produc)

 ( 1)  ln_invgr = 0
 ( 2)  ln_consgr = 0
 ( 3)  ln_produc = 0

       F(  3,     5) =    11.40
            Prob > F =    0.0113
```

1. 第一個指令：test「ln_invgr 變數」迴歸係數是否為 0，結果 $p > 0.05$，接受「H_0: 係數為 0」，故投資成長率無法有效預測 GDP。

2. 第二個 test 指令：檢定 3 個自變數聯合 (joint) 係數是否為 0？結果 $p < 0.05$，拒絕「H_0：所有共變值為零 (all covariates are zero)」，故三個預測變數當中，至少有一個迴歸係數不為 0。表示「ln_invgr、ln_consgr、ln_produc」三者之中存有某「matter」會影響 GDP 成長，這個「matter」就有賴「動態模型」來找出答案。

Step 7. 常態性診斷

Step7-1. 繪圖法：Kdensity 指令「**normal**」選項來繪「**GDP**」kernel density plot

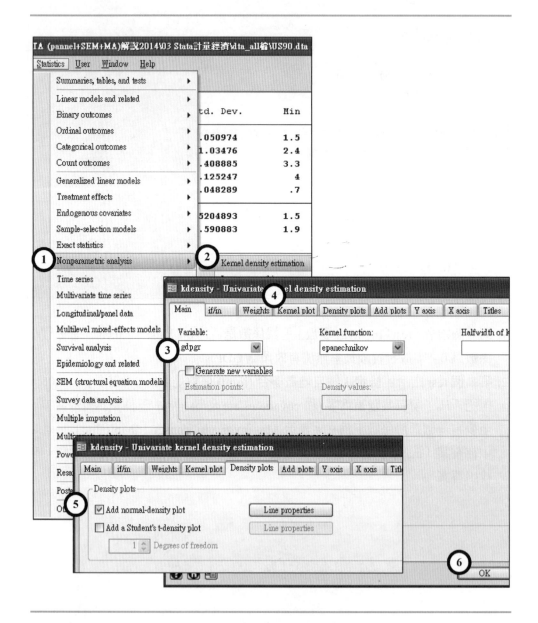

圖 3-34　Kdensity 指令「normal」選項之選擇表操作（gdpgr 變數）

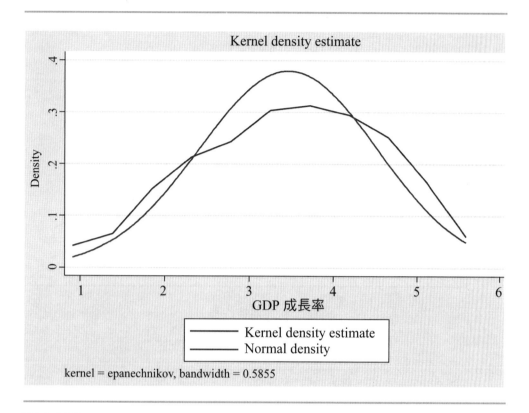

圖 3-35 Kdensity 指令「normal」選項來畫「GDP」kernel density 圖

　　「gdpgr 變數」之「kernel density 圖」，並沒有貼近常態密度分配。故我們懷疑本例 gdpgr 可能非常態分配。故需進一步做 Jarque-Bera 常態檢定。

```
.* 依序繪各變數之常態比較圖，
. kdensity gdpgr, normal
. kdensity consgr, normal
. kdensity invgr, normal
. kdensity producgr, normal
. kdensity unemp, normal
. kdensity inf, normal
```

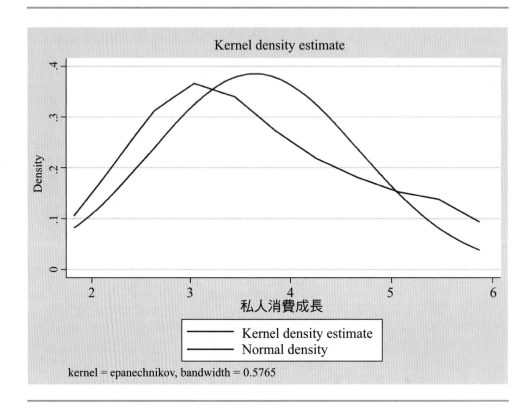

圖 3-36 Kdensity 指令「normal」選項所畫出「consgr」kernel density 圖

有鑑於「gdpgr 變數」之「kernel density 圖」，並沒有貼近常態密度分配。故我們亦懷疑本例 gdpgr 可能非常態分配。甚至，其餘的變數也都是非常態分配。

故再用 Stata 之 Jarque-Bera 常態檢定法，進一步確定這些連續變數是否真的違反常態性？

Stp7-2. 統計檢定法：Jarque-Bera 常態檢定法

在 Command 區打「findit jb」，即會出現下圖之安裝畫面。

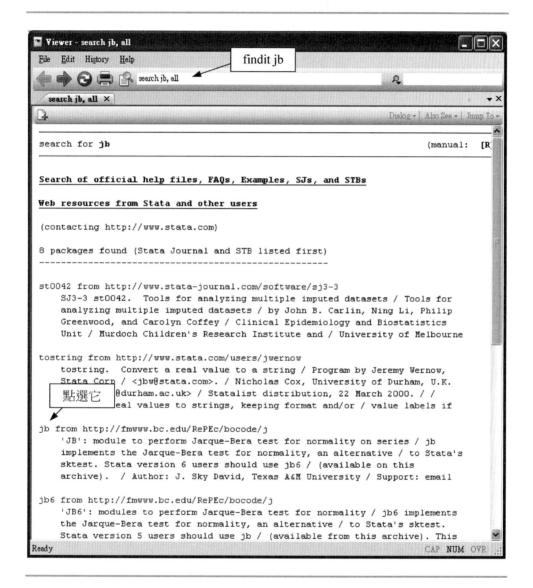

圖 3-37 安裝 Jarque-Bera「jb 外掛指令」之畫面

Jarque-Bera 常態檢定之指令如下：

```
* 安裝外掛指令 jb
. findit jb

. jb gdpgr
Jarque-Bera normality test:    .5182 Chi(2)    .7717
Jarque-Bera test for Ho: normality:

. jb consgr
Jarque-Bera normality test:    1.05 Chi(2)    .5917
Jarque-Bera test for Ho: normality:

. jb invgr
Jarque-Bera normality test:    .7155 Chi(2)    .6992
Jarque-Bera test for Ho: normality:

. jb producgr
Jarque-Bera normality test:    .5822 Chi(2)    .7474
Jarque-Bera test for Ho: normality:

. jb unemp
Jarque-Bera normality test:    1.058 Chi(2)    .5893
Jarque-Bera test for Ho: normality:

. jb inf
Jarque-Bera normality test:    .5524 Chi(2)    .7587
Jarque-Bera test for Ho: normality:
```

Jarque-Bera 常態性的分析結果，顯示「gdpgr、consgr、invgr、unemp、inf、producgr」6 個變數的 p 值都 > 0.05，故接受「H_0：是常態分配」，所以本例 6 個變數都符合常態性之假定 (assumption)。

Step8. 殘差異質性

「殘差同質性」是多元迴歸的假定 (assumption)，若違反此假定，則需改用 Robust OLS 或加權最小平方迴歸來克服殘差異質性之問題。

Step8-1. 用 **rvfplot** 指令「**yline(0)**」選項,來繪殘差散布圖

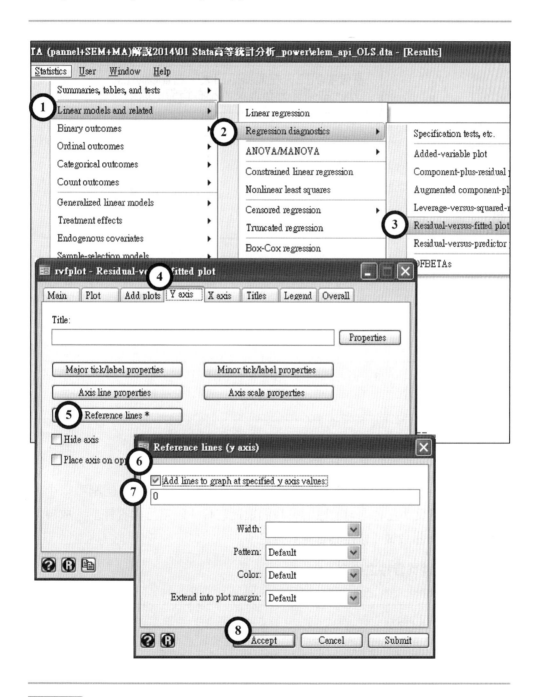

圖 3-38 Residual-versus-fitted plot 之畫面操作

註:Statistics > Linear models and related > Regression diagnostics > Residual-versus- fitted plot

```
rvfplot , yline(0)
```

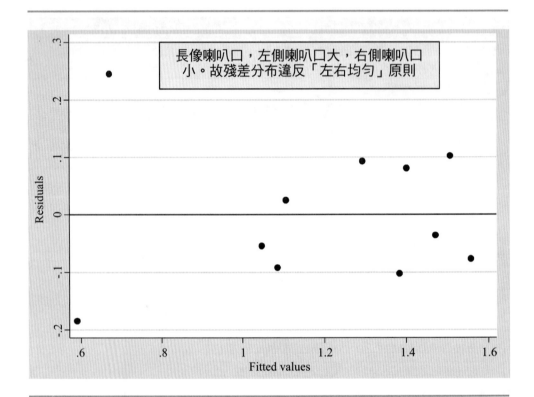

圖 3-39 rvfplot 指令繪出的 Residual-versus-fitted 圖

Residual-versus-fitted 圖，長像喇叭口，左側喇叭口大，右側喇叭口小。故殘差分布違反「左右均勻」原則，我們懷疑它有「殘差呈異質性」。故再用 imtest、hettest 指令做「殘差異質性」檢定。

Step8-2. 殘差異質性之檢定

```
use US90.dta , clear
* 殘差診斷前，先執行 OLS，但不印出
quietly regress ln_gdpgr ln_consgr ln_invgr ln_produc ln_unemp ln_inf


* 做 Breush Pagan Test of Heteroskedasticity
. estat hettest
```

```
Breusch-Pagan / Cook-Weisberg test for heteroskedasticity
        Ho: Constant variance
        Variables: fitted values of ln_gdpgr

        chi2(1)      =      4.67
        Prob > chi2  =    0.0306

* 做 White's General Heteroskedasticity 檢定
. estat imtest, white

White's test for Ho: homoskedasticity
        against Ha: unrestricted heteroskedasticity

        chi2(10)     =     11.00
        Prob > chi2  =    0.3575

Cameron & Trivedi's decomposition of IM-test

---------------------------------------------------
            Source |    chi2     df       p
-------------------+-------------------------------
Heteroskedasticity |   11.00     10    0.3575
          Skewness |    4.71      5    0.4518
          Kurtosis |    0.33      1    0.5633
-------------------+-------------------------------
             Total |   16.05     16    0.4496
---------------------------------------------------
```

1. Breush Pagan Test of Heteroskedasticity，結果 $\chi^2_{(1)} = 4.67$, $p < 0.05$，拒絕「H_0: Constant variance」，故拒絕「固定不變殘差」，表示 OLS 殘差異質性。

2. 此外，White's General Heteroskedasticity 檢定，結果 $\chi^2_{(10)} = 11.00$, $p = 0.3575 > 0.05$，接受「H_0: homoskedasticity」，亦顯示本例之 OLS 殘差具有異質性。這已違反 OLS 的假定。故需改用 Robust OLS 來克服殘差異質性之問題。

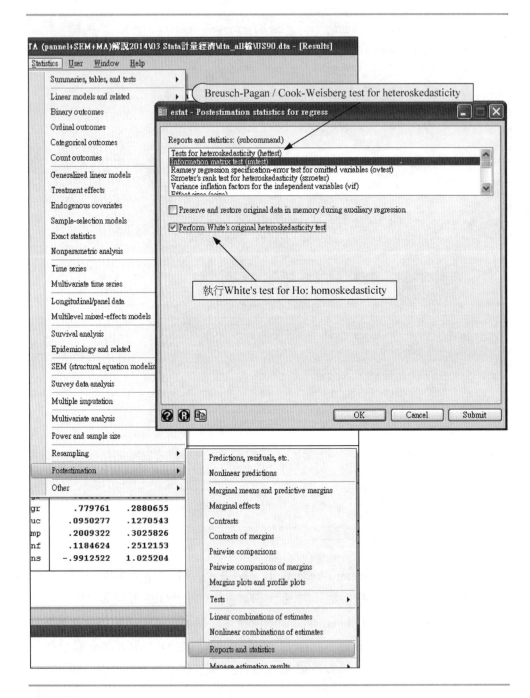

圖 3-40 執行 White's General Heteroskedasticity 檢定之畫面

Step 8-3. Robust 迴歸

```
use US90.dta , clear

* 因異質性，故改用 OLS regression with heterosk robust standard errors
. regress ln_gdpgr ln_consgr ln_invgr ln_produc ln_unemp ln_inf, vce(robust)

Linear regression                              Number of obs =        11
                                               F( 5,     5) =      9.96
                                               Prob > F      =    0.0123
                                               R-squared     =    0.8779
                                               Root MSE      =    .17286

-------------------------------------------------------------------------------
             |              Robust
   ln_gdpgr  |    Coef.    Std. Err.      t     P>|t|    [95% Conf. Interval]
-------------+-----------------------------------------------------------------
   ln_consgr |   .114882   .3643733     0.32   0.765   -.8217694   1.051533
    ln_invgr |   .779761   .2880655     2.71   0.042    .039265    1.520257
   ln_produc |  .0950277   .1270543     0.75   0.488   -.2315758   .4216312
    ln_unemp |  .2009322   .3025826     0.66   0.536   -.5768812   .9787455
      ln_inf |  .1184624   .2512153     0.47   0.657   -.5273071   .7642319
       _cons | -.9912522   1.025204    -0.97   0.378   -3.626622   1.644117
-------------------------------------------------------------------------------
```

Robust 迴歸分析結果，顯示民間消費成長 (ln_invgr) 對 GDP 有顯著的預測效果 (t = 2.71, P < 0.05)。

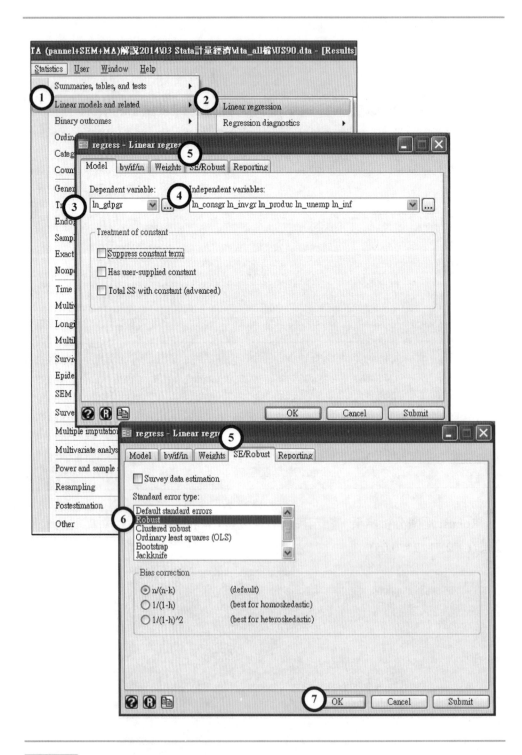

圖 3-41 Robust 迴歸分析之畫面 (專門處理殘差異性之問題)

Step9. 樣本外之預測

假設本例之資料檔外加了 n = 4 筆「樣本外之觀察值」。

受限於本例樣本數 N = 11，太少。假如你的樣本數 N > 50，則可用下列指令，仿照本例之語法，來做樣本外之預測。

```
* 因電腦只記住最近一次的模型，故再次執行 Robust 迴歸分析
regress ln_gdpgr ln_consgr ln_invgr ln_produc ln_unemp ln_inf, vce(robust)

* 在資料檔中，時間序列再加4筆觀察值
. tsappend , add(4)

* Robust 迴歸之預測值，存到 y_hat 變數
. predict y_hat
* 繪出樣本內及4筆樣本外之預測值 (y_hat) 的走勢圖
. tsline ln_gdpgr y_hat
```

小結

1. 經驗法則告訴我們，學界常見的 150 種財經變數，絕大多數都是非常態的。故它們都需取自然對數 Ln(x)，將它轉成常態之分布，再做 Time series 進一步分析 (如 Robust 線性迴歸 , ARIMA, VAR, SVAR, VECM)。

2. 由於教學書定義 GDP 之公式：

   GDP = [C(民間消費) + I(投資) + G(政府)](D: 國內需求) + [X-M](F: 國外淨需求)

   國內生產毛額 (Gross Domastic Product，GDP) 代表一國國內人民在某一單位時間中，生產的所有最終商品和勞務的市場價值。

   本例是： GDP = 消費 + 生產 + 投資 + 失業率 + 通膨

   可惜的是，本例 OLS 分析結果，竟然只有「I(投資)」對 GDP 有顯著預測效果，而「C(民間消費)」、「生產」對 GDP 都沒有顯著預測效果。有可能是你遺漏了「時間序列特徵」，就是 (自、依) 變數本身的前後期會有「自我相關」，故接下來，我們將介紹動態模型之迴歸分析。

3-4-2 動態模型 (Dynamic models)

一、GMM(廣義動差法) 應用於動態 Panel Data 模型

例如，在下述動態模型進行系統 GMM 估計 (含常數項)：

$$n_{it} = \gamma n_{it-1} + \beta_0 w_{it} + \beta_1 w_{it-1} + \beta_2 w_{it-2} + \delta_0 k_{it} + \delta_1 k_{it-1} + \delta_2 k_{it-2}$$
$$+ \sum_{j=0}^{5} \alpha_j yr_{198j} + \phi year + u_i + \varepsilon_{it}$$

實務上，除了靜態模型外，你亦可採用動態縱橫資料模型 (Dynamic Panel Data Model)，例如，在原有的靜態模型中加入波動度不對稱性的落後項 $\gamma^*_{i,t-1}$，並採用廣義動差估計法 (Generalized Method of Moment, GMM) 對模型作參數估計，GMM 法自 Hansen(1982) 提出後，便被廣泛應用於處理計量問題，除了對實證研究產生極大的影響，GMM 方法並對最小平方法 (OLS)、工具變數法 (IV) 和最大概似法 (MLE) 提出了統一的理論解釋基礎，而上述的三種方法則只是 GMM 方法的特例而已。Hansen 認為當樣本數趨近於無限大時，樣本動差會收斂到母體動差，故使用 GMM 法可求出符合一致性的估計，即模型無須假設母體為何種分配，且允許誤差項有序列相關及異質變異，但其缺點是需要大樣本，即使你的研究只有 29 家公司，亦可配合以 Panel Data 來解決此問題。

GMM 的估計方法可特別應用於總體經濟模型與財務模型，主要因為一般模型中選取的自變數，可能因內生變數以致造成殘差項可能與自變數相關，而使得估計式不具一致性。而 Hansen 所提出 GMM 法，允許我們選取包含應變數及自變數在內的後期當作工具變數，採用正交條件 (orthogonality conditions)，選擇最適的權數矩陣，得到參數估計值具有最小漸近共變異矩陣。而在另一方面 GMM 亦有其缺點，首先工具變數並不確定，而隨機動差亦必須存在。

至於動態模型之 Stata 指令，除了下例之 regress 指令外，xtdpdsys、xtdpd、xtabond、gmm 都有可用的 Stata 指令，詳請請見作者「Stata 廣義時間序列：Panel data 迴歸模型」一書。

二、範例：GDP 預測之動態模型 (regress 指令)

承上例之資料檔「US90.dta」。儘管我們已改用 Robust 迴歸，仍無法證明「民間消費」、「生產」對 GDP 有顯著預測效果。故我們改採動態模型來重做線性迴歸，即考量「時間序列前期數據會影響後期」。

Step 1. 民間消費預測 **GDP** 之動態模型

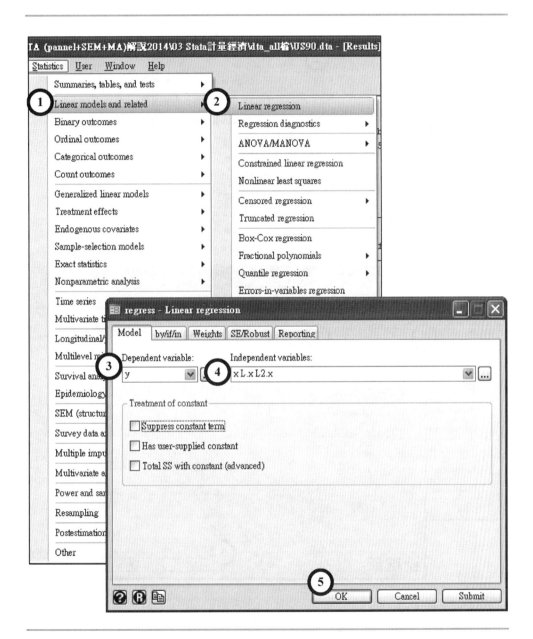

圖 3-42 「FDL of order 2」動態模型之畫面

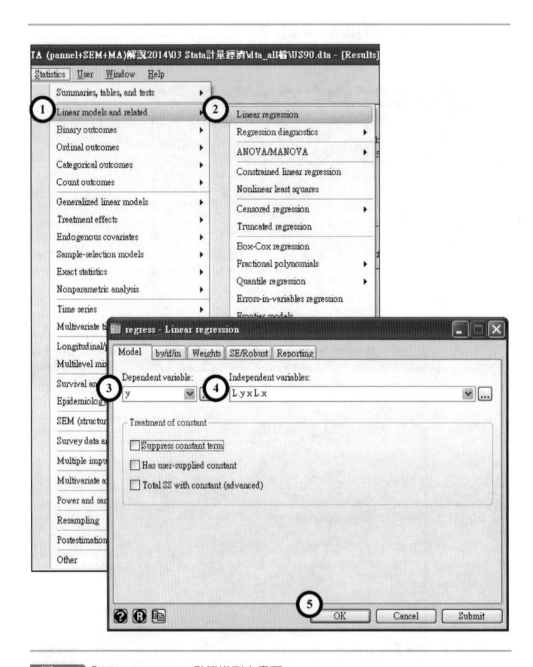

圖 3-43 「RDL of order 1」動態模型之畫面

```
use US90.dta , clear

* 執行動態模型 OLS 前，先設定時間序列為 t 變數
tsset t

* 執行動態模型 OLS

* 先刪除 y x 變數
drop y x
* 為了好記，我們改用 y x 變數來代表「依變數 預測變數」
gen y=ln_gdpgr
gen x=ln_consgr

*FDL of order 2
reg y x L.x L2.x

*RDL of order 1
reg y L.y x L.x
```

動態模型分析結果如下：

```
. *FDL of order 2

. reg y x L.x L2.x

     Source |       SS       df       MS              Number of obs =       9
------------+------------------------------           F(  3,    5) =   22.32
      Model | 1.09173903      3  .36391301            Prob > F      =  0.0025
   Residual | .081534985      5  .016306997           R-squared     =  0.9305
------------+------------------------------           Adj R-squared =  0.8888
      Total | 1.17327402      8  .146659252           Root MSE      =   .1277

------------------------------------------------------------------------------
          y |      Coef.   Std. Err.      t    P>|t|     [95% Conf. Interval]
------------+-----------------------------------------------------------------
          x |
        --. |   1.322465   .2059664     6.42   0.001     .7930119    1.851919
```

```
      L1. |   -.7487908    .2212252    -3.38   0.020    -1.317468    -.1801132
      L2. |   -.0757075    .2439988    -0.31   0.769    -.7029265     .5515115
          |
     _cons |    .6150722    .4230097     1.45   0.206     -.472309    1.702453
-------------------------------------------------------------------------------

. *RDL of order 1

. reg y L.y x L.x

      Source |       SS          df       MS              Number of obs =      10
-------------+----------------------------------          F(  3,     6) =   12.28
       Model |  1.04916621        3  .349722071           Prob > F      =  0.0057
    Residual |  .170834198        6  .028472366           R-squared     =  0.8600
-------------+----------------------------------          Adj R-squared =  0.7900
       Total |  1.22000041        9  .135555601           Root MSE      =  .16874


           y |      Coef.   Std. Err.      t    P>|t|     [95% Conf. Interval]
-------------+----------------------------------------------------------------
           y |
         L1. |  -.1664313   .2822511    -0.59   0.577    -.8570748    .5242121
             |
           x |
         --. |   1.360347   .2266315     6.00   0.001     .8058001    1.914895
         L1. |   -.461473   .3781356    -1.22   0.268    -1.386738    .4637916
             |
       _cons |   .2616527   .3394053     0.77   0.470    -.5688421    1.092147
-------------------------------------------------------------------------------
```

1.「FDL of order 2」迴歸模型達顯著效果 $(F = 22.32, p < 0.05)$，$R_a^2 = 0.89$ 效果解釋量很高：

$y_t = 0.615 + 1.32x_t - 0.749x_{t-1} - 0.076x_{t-2}$

本例 x_{t-2} 係數未達顯著，故你亦可重新執行一次「reg y x L.x」。

2.「RDL of order 1」迴歸模型達顯著效果 $(F = 12.28, p < 0.05)$，$R_a^2 = 0.79$ 效果解釋量很高：

$y_t = 0.26 - 0.167y_{t-1} + 1.36x_t - 0.46x_{t-1}$

3. 民間消費 (x_t) 預測 GDP(y_t) 之動態模型係有顯著效果，表示，有為政府，若能獎勵民間消費 (e.g 國民旅遊卡、彈性放連假…)，對促進 GDP 成長，係有效果的。

Step 2. 生產預測 GDP 之動態模型

```
use US90.dta , clear

* 執行動態模型 OLS

* 先刪除 y x 變數
drop y x
* 為了好記，我們改用 y x 變數來代表「依變數 預測變數」
gen y=ln_gdpgr
gen x= ln_produc

*FDL of order 2
reg y x L.x L2.x

*RDL of order 1
reg y L.y x L.x
```

動態模型分析結果如下：

```
. reg y x L.x L2.x

    Source |       SS       df       MS              Number of obs =       9
-----------+------------------------------           F(  3,     5) =    2.60
     Model |  .715164574     3   .238388191          Prob > F      = 0.1645
  Residual |  .458109441     5   .091621888          R-squared     = 0.6095
-----------+------------------------------           Adj R-squared = 0.3753
     Total |  1.17327402     8   .146659252          Root MSE      = .30269


-----------------------------------------------------------------------------
         y |      Coef.   Std. Err.      t    P>|t|     [95% Conf. Interval]
-----------+-----------------------------------------------------------------
         x |
```

```
       --. |   1.068405   .4129996     2.59   0.049    .0067554   2.130054
       L1. |  -.7798912   .3416489    -2.28   0.071   -1.658128   .0983453
       L2. |   .1227734   .2785888     0.44   0.678   -.5933618   .8389087
           |
     _cons |   .5868406   .6212004     0.94   0.388   -1.010006   2.183687
------------------------------------------------------------------------------

. *RDL of order 1

. reg y L.y x L.x

      Source |       SS           df       MS            Number of obs =      10
-------------+----------------------------------         F(  3,    6) =    1.55
       Model |  .532648183        3   .177549394         Prob > F      =  0.2960
    Residual |  .687352227        6   .114558705         R-squared     =  0.4366
-------------+----------------------------------         Adj R-squared =  0.1549
       Total |  1.22000041        9   .135555601         Root MSE      =  .33847

------------------------------------------------------------------------------
           y |      Coef.   Std. Err.      t    P>|t|     [95% Conf. Interval]
-------------+----------------------------------------------------------------
           y |
       L1. |  -.1438522   .4052791    -0.35   0.735   -1.135534   .8478301
           |
           x |
       --. |   .6200501    .351009     1.77   0.128   -.2388379   1.478938
       L1. |  -.4352072   .3132684    -1.39   0.214   -1.201747   .3313329
           |
     _cons |    1.14317   .5204658     2.20   0.070    -.130364   2.416704
------------------------------------------------------------------------------
```

1.「FDL of order 2」迴歸模型未達顯著效果 (F = 2.60, $p > 0.05$)，R_a^2 = 0.37 效果解釋量不高。

2.「RDL of order 1」迴歸模型亦未達顯著效果 (F = 1.55, $p > 0.05$)，R_a^2 = 0.15 效果解釋量很低。

3. 美國國內生產 (x_t) 預測 GDP(y_t) 之動態模型未達顯著效果，表示，擴大美國國內生產，對促進 GDP 成長，係無效果，自費力氣。

Step 3. 投資預測 **GDP** 之動態模型

```
use US90.dta , clear
* 執行動態模型 OLS

* 先刪除 y x 變數
drop y x
* 為了好記，我們改用 y x 變數來代表「依變數 預測變數」
gen y=ln_gdpgr
gen x= ln_invgr

*FDL of order 2
reg y x L.x L2.x

*RDL of order 1
reg y L.y x L.x
```

動態模型分析結果如下：

```
.  *FDL of order 2

.

.  reg y x L.x L2.x

      Source |       SS           df       MS            Number of obs  =        9
-------------+------------------------------            F(  3,    5) =    15.76
       Model |  1.06109353         3   .353697845        Prob > F      =   0.0056
    Residual |  .112180482         5   .022436096        R-squared     =   0.9044
-------------+------------------------------            Adj R-squared =   0.8470
       Total |  1.17327402         8   .146659252        Root MSE      =   .14979

------------------------------------------------------------------------------
           y |      Coef.   Std. Err.      t    P>|t|     [95% Conf. Interval]
-------------+----------------------------------------------------------------
           x |
         --. |   .9454357   .1447442     6.53   0.001     .5733589    1.317512
         L1. |  -.2154386    .166658    -1.29   0.253    -.6438466    .2129694
```

```
      L2. |   .0504801    .2098871     0.24    0.819      -.489052    .5900122
          |
     _cons |  -.2707455    .513216     -0.53    0.620     -1.590009   1.048518
```

```
. *RDL of order 1

. reg y L.y x L.x

      Source |       SS       df       MS              Number of obs =      10
-------------+------------------------------           F(  3,    6) =   32.04
       Model |  1.14831284     3   .382770947          Prob > F      =  0.0004
    Residual |   .07168757     6   .011947928          R-squared     =  0.9412
-------------+------------------------------           Adj R-squared =  0.9119
       Total |  1.22000041     9   .135555601          Root MSE      =  .10931


           y |      Coef.   Std. Err.      t     P>|t|     [95% Conf. Interval]
-------------+----------------------------------------------------------------
           y |
         L1. |  -.7410668   .3453176     -2.15   0.076    -1.586029    .1038949
             |
           x |
         --. |   .8226322    .116964      7.03   0.000     .5364317   1.108833
         L1. |    .579079   .3700244      1.56   0.169    -.3263381   1.484496
             |
       _cons |  -.5791031   .2696925     -2.15   0.075    -1.239017    .0808107
```

1. 「FDL of order 2」迴歸模型達顯著效果 ($F = 15.76$, $p < 0.05$)，$R_a^2 = 0.85$ 效果解釋量很高：

   $y_t = -0.27 + 0.945x_t - 0.215x_{t-1} - 0.05x_{t-2}$

2. 「RDL of order 1」迴歸模型達顯著效果 ($F = 32.04$, $p < 0.05$)，$R_a^2 = 0.91$ 效果解釋量很高：

   $y_t = -0.579 - 0.741y_{t-1} + 0.823x_t + 0.579x_{t-1}$

3. 政府及民間投資 (x_t) 預測 GDP(y_t) 之動態模型係有顯著效果，表示，擴大政府及民間投資，對促進 GDP 成長，係有效果的，不錯的藥方。

Step 4. 失業率預測 **GDP** 之動態模型

```
use US90.dta , clear
* 執行動態模型 OLS

* 先刪除 y x 變數
drop y x
* 為了好記，我們改用 y x 變數來代表「依變數 預測變數」
gen y=ln_gdpgr
gen x= ln_unemp

*FDL of order 2
reg y x L.x L2.x

*RDL of order 1
reg y L.y x L.x
```

動態模型分析結果如下：

```
. reg y x L.x L2.x

      Source |       SS       df       MS              Number of obs =       9
-------------+------------------------------           F(  3,      5) =    9.38
       Model |   .9962993        3   .332099767        Prob > F      =  0.0170
    Residual |  .176974715       5   .035394943        R-squared     =  0.8492
-------------+------------------------------           Adj R-squared =  0.7587
       Total |  1.17327402       8   .146659252        Root MSE      =  .18814

------------------------------------------------------------------------------
           y |      Coef.   Std. Err.      t    P>|t|     [95% Conf. Interval]
-------------+----------------------------------------------------------------
           x |
         --. |  -7.110292    1.45354    -4.89   0.005    -10.84674   -3.373849
         L1. |   10.50245   2.690158     3.90   0.011     3.587177    17.41772
         L2. |  -4.429091   1.637039    -2.71   0.043    -8.637235   -.2209478
             |
       _cons |   2.907259   .7984972     3.64   0.015     .8546563    4.959861
```

```
. *RDL of order 1
. reg y L.y x L.x

     Source |      SS          df       MS              Number of obs =      10
------------+------------------------------             F(  3,     6) =   36.01
      Model | 1.15580315        3  .385267718           Prob > F      =  0.0003
   Residual | .064197256        6  .010699543           R-squared     =  0.9474
------------+------------------------------             Adj R-squared =  0.9211
      Total | 1.22000041        9  .135555601           Root MSE      =  .10344


          y |    Coef.   Std. Err.      t     P>|t|     [95% Conf. Interval]
------------+----------------------------------------------------------------
          y |
        L1. | -.7876859   .1319167    -5.97   0.001    -1.110474   -.4648974
            |
          x |
        --. | -7.224157   .7040794   -10.26   0.000    -8.946977   -5.501337
        L1. |  5.344389   .5239893    10.20   0.000     4.062233    6.626544
            |
      _cons |  4.982979   .5306262     9.39   0.000     3.684584    6.281375
```

1. 「FDL of order 2」迴歸模型達顯著效果 ($F = 9.38$, $p < 0.05$)，$R_a^2 = 0.76$ 效果解釋量很高：

   $$y_t = 2.91 - 7.11x_t + 10.5x_{t-1} - 4.42x_{t-2}$$

2. 「RDL of order 1」迴歸模型達顯著效果 ($F = 36.01$, $p < 0.05$)，$R_a^2 = 0.92$ 效果解釋量很高：

   $$y_t = 4.98 - 0.787y_{t-1} - 7.22x_t + 5.34x_{t-1}$$

3. 失業率 (x_t) 預測 GDP(y_t) 之動態模型顯示，不是無能的政府，每人都會想藉由控制失業率來促進 GDP 成長，它係有效果的且不錯的藥方。

Step 5. 通貨膨脹率預測 GDP 之動態模型

```
use US90.dta , clear
* 執行動態模型 OLS

* 先刪除 y x 變數
drop y x
* 為了好記，我們改用 y x 變數來代表「依變數 預測變數」
gen y=ln_gdpgr
gen x= ln_inf

*FDL of order 2
reg y x L.x L2.x

*RDL of order 1
reg y L.y x L.x
```

動態模型分析結果如下：

```
. *FDL of order 2
. reg y x L.x L2.x

    Source |       SS       df       MS              Number of obs =       9
-----------+------------------------------           F(  3,    5) =    0.63
     Model |  .320573985    3  .106857995            Prob > F      =  0.6283
  Residual |   .85270003    5  .170540006            R-squared     =  0.2732
-----------+------------------------------           Adj R-squared = -0.1628
     Total |  1.17327402    8  .146659252            Root MSE      =  .41296


------------------------------------------------------------------------------
         y |      Coef.   Std. Err.      t    P>|t|     [95% Conf. Interval]
-----------+------------------------------------------------------------------
         x |
       --. |  -.0446608    .824705    -0.05   0.959    -2.164632    2.075311
       L1. |  -.7970678   .7135448    -1.12   0.315    -2.631293    1.037157
       L2. |  -.1179267   .7960354    -0.15   0.888    -2.164201    1.928347
```

```
             |
       _cons |   2.112278   1.167207      1.81    0.130    -.8881233    5.112679
-----------------------------------------------------------------------------

. *RDL of order 1
. reg y L.y x L.x

      Source |       SS           df       MS            Number of obs =       10
-------------+------------------------------          F(  3,      6) =    0.84
       Model |  .359904724        3   .119968241        Prob > F      =  0.5210
    Residual |  .860095686        6   .143349281        R-squared     =  0.2950
-------------+------------------------------          Adj R-squared = -0.0575
       Total |  1.22000041        9   .135555601        Root MSE      =  .37861


-----------------------------------------------------------------------------
           y |      Coef.   Std. Err.      t    P>|t|     [95% Conf. Interval]
-------------+---------------------------------------------------------------
           y |
         L1. |  -.0514151   .3636644     -0.14   0.892    -.9412698    .8384397
             |
           x |
         --. |   .0033519   .5754756      0.01   0.996    -1.404786     1.41149
         L1. |  -.8856836   .5843857     -1.52   0.180    -2.315624    .5442567
             |
       _cons |   2.095228   .8574374      2.44   0.050    -.0028456    4.193302
-----------------------------------------------------------------------------
```

　　通貨膨脹率預測 GDP 之動態模型顯示，中央銀行，若想藉由控制通貨膨脹率來促進 GDP 成長，係沒有效果的 (自費力氣)。

線性迴歸模型的再進階

Stata 預測用途之統計法

		橫斷面	縱貫面	
			限定態 (有差分變數)	不限非定態
1. 單一方程式之迴歸	1. OLS(最小平方法) 迴歸 2. WLS(加權平方法) 3. Probit 迴歸 4. Robust 迴歸 (rreg 指令) 5. Prais-Winsten 迴歸 6. 分量 (Quantile) 迴歸 7. Logit 迴歸 8. Conditional logistic 9. Ordered Logit 10. Ordered Probit 11. Multinomial Logit 12. Zero-inflated Poisson 迴歸 13. negative binomial 迴歸 14. 截取迴歸 (censored regression) 15. 斷尾迴歸 (truncated regression 16. Errors-in-variables 迴歸 17. 有限資訊最大概似估計法 (limited-information max likelihood) 18. 廣義動差估計法 (generalized method of moments) 19. 動態模型	1. ARMA(若無單根)，類似 ARIMA(p,l,q) 2. ARCH/GARCH 模型	1. ARIMA(p,l,q)，若有單根，則為 ECM
2. 聯立方程式之迴歸	1. 似不相關迴歸 2. 兩階段 (2- stage) 迴歸 3. 三階段 (three-stage) 迴歸	1. 向量自我迴歸 (VAR) 2. Structural VAR	向量誤差修正模型 (VECM)

　　Stata 除了廣義線性迴歸 (reg 指令) 外，尚還有下列指令，讓你執行各種類型之歸迴。

Stata 指令	說明
areg	帶虛擬變之迴歸 (an easier way to fit regressions with many dummy variables)
arch	帶 ARCH 誤差的迴歸 (regression models with ARCH errors)
arima	ARIMA 模型 (ARIMA models)
boxcox	Box-Cox 模型

Stata 指令	說明
cnsreg	受限之線性迴歸 (constrained linear regression)
eivreg	變數含誤差之迴歸 (errors-in-variables regression)
etregress	內生處理效果之迴歸 (linear regression with endogenous treatment effects)
frontier	隨機前緣模型 (stochastic frontier models)
gmm	廣義動差估計 (generalized method of moments estimation)
heckman	Heckman 選擇模型
intreg	區間迴歸 (interval regression)
ivregress	主見變數之迴歸 (single-equation instrumental-variables regression)
ivtobit	內生變數之 tobit 迴歸 (tobit regression with endogenous variables)
newey	帶 Newey-West 標準誤 (standard errors) 之迴歸
nl	非線性最小平方法 (nonlinear least-squares estimation)
nlsur	非線性方程式 (estimation of nonlinear systems of equations)
qreg	分量迴歸 (quantile (including median) regression)
reg3	三階段最小平方法之迴歸 (three-stage least-squares (3SLS) regression)
rreg	強健迴歸 (a type of robust regression)
gsem	廣義結構方程模型 (generalized structural equation models)
sem	結構方程模型 (linear structural equation models)
sureg	俱不相關迴歸 (seemingly unrelated regression)
tobit	tobit 迴歸
truncreg	斷尾迴歸 (truncated regression)
xtabond	Arellano-Bond 線性動態 panel 估計 (linear dynamic panel-data estimation)
xtdpd	panel 線性動態模型 (linear dynamic panel-data estimation)
xtfrontier	panel 隨機前緣迴歸 (panel-data stochastic frontier model)
xtgls	panel GLS 迴歸 (panel-data GLS models)
xthtaylor	誤差成分模型之 Hausman-Taylor 估計
xtintreg	追蹤資料 (panel-data interval regression models)
xtivreg	panel I 見變數迴歸 [panel-data instrumental-variables (2SLS) regression]
xtpcse	帶 panel 相關標準誤之迴歸 (linear regression with panel-corrected standard errors)
xtreg	固定 / 隨機效果之線性迴歸 (fixed- and random-effects linear models)
xtregar	固定 / 隨機效果之 AR(1) 誤差的線性迴歸 (fixed- and random-effects linear models with an AR(1) disturbance)
xttobit	panel-data tobit 迴歸

Stata「regress」之後指令 (postestimation)：

Stata 指令	說明
estat archlm	檢定殘差是否有 ARCH 效果 (test for ARCH effects in the residuals)
estat bgodfrey	高階序列相關 Breusch-Godfrey 檢定 (Breusch-Godfrey test for higher-order serial correlation)
estat durbinalt	Durbin's 序列相關之檢定 (alternative test for serial correlation)
estat dwatson	Durbin-Watson d 值一階序列相關之檢定 (statistic to test for first-order serial correlation)
dfbeta	DFBETA 影響值 (influence statistics)
estat hettest	異值性檢定 (tests for heteroskedasticity)
estat imtest	資訊矩陣檢定 (information matrix test)
estat ovtest	有遺漏變數之 Ramsey 迴歸 (Ramsey regression specification-error test for omitted variables)
estat szroeter	Szroeter's 異質性之等效檢定 (rank test for heteroskedasticity)
estat vif	自變數之變異膨脹 (variance inflation factors for the independent variables)
estat esize	n^2 及 Ω^2 效果量 (eta-squared and omega-squared effect sizes)
迴歸參數的檢定 (Tests of parameters)	
test	Wald 線性假設之檢定 (test of linear hypotheses)
testnl	Wald 非性假設之檢定 (test of nonlinear hypotheses)
lrtest	概似比檢定 (likelihood-ratio tests)
hausman	Hausman 檢定 (specification test)
suest	廣義 Hausman 檢定 (generalization of the Hausman test)

4-1 了解各類型迴歸分析

迴歸分析係以數學和統計方法來確認一組變數中的系統性部分，並依此解釋過去的現象和預測未來，它將研究的變數區分為依變數與自變數，建立依變數為自變數之函數模型，其主要目的是用來解釋資料過去的現象及自由變數來預測依變數未來可能產生之數值。

1. 自變數 (Independent variable)：數學方程式之預測變數。

2. 依變數 (Dependent variable)：又稱應變數，據以預測依變數的值之變數。

3. 簡單線性迴歸 (Simple Linear Regression)：僅有一自變數與一依變數，且其關係大致上可用一直線表示。

$$Y = \alpha + \beta X + U$$

其中，

α，β 為未知參數 (迴歸係數)，需要我們去估計。

U 代表不能由 $\alpha + \beta X$ 所描述的 Y 行為，亦即 Y 與線性模型之間的誤差。

4. 複迴歸 (Multiple Regression)：兩個以上自變數的迴歸。

5. 多變數迴歸 (Multi-Variable Regression)：又稱向量迴歸 (如 VAR,VECM)，用多個自變項預測數個依變數，建立之聯立迴歸方程式。例如，Stata 的 Multiple Equation 迴歸。

4-1-1 各類型迴歸之適用情境

自變數 (predictor) 依變數 (outcome)	連續變數	類別變數	連續 + 類別變數
連續變數	線性迴歸 censored 迴歸 truncated 迴歸 Robust 迴歸 Quantile 迴歸 Constrained 迴歸 Errors-in-variables 迴歸	線性迴歸 censored 迴歸 truncated 迴歸 Robust 迴歸 Quantile 迴歸 Constrained 迴歸 Errors-in-variables 迴歸	線性迴歸 censored 迴歸 truncated 迴歸 Robust 迴歸 Quantile 迴歸 Constrained 迴歸 Errors-in-variables 迴歸
bianry 變數	線性迴歸 ≈ Logistic 迴歸 ≈ probit 迴歸 Conditional logistic 迴歸	線性迴歸 ≈ Logistic 迴歸 ≈ probit 迴歸 Conditional logistic 迴歸	線性迴歸 ≈ Logistic 迴歸 ≈ probit 迴歸 Conditional logistic 迴歸
Ordinal 變數	Ordered Logit and Ordered Probit Analysis	Ordered Logit and Ordered Probit Analysis	Ordered Logit and Ordered Probit Analysis

自變數 (predictor) / 依變數 (outcome)	連續變數	類別變數	連續 + 類別變數
Nominal 類別變數	Multinomial Logit 及相關模型	Multinomial Logit 及相關模型	Multinomial Logit 及相關模型
Count 變數：Count 迴歸	1. Poisson 迴歸 2. Zero-inflated Poisson 迴歸 3. negative binomial 迴歸 4. Zero-inflated negative binomial 迴歸 5. Truncated negative binomial 迴歸 6. Truncated Poisson 迴歸 7. Zero-truncated Poisson 迴歸 8. Mixed-effects Poisson 迴歸	1. Poisson 迴歸 2. Zero-inflated Poisson 迴歸 3. negative binomial 迴歸 4. Zero-inflated negative binomial 迴歸 5. Truncated negative binomial 迴歸 6. Truncated Poisson 迴歸 7. Zero-truncated Poisson 迴歸 8. Mixed-effects Poisson 迴歸	1. Poisson 迴歸 2. Zero-inflated Poisson 迴歸 3. negative binomial 迴歸 4. Zero-inflated negative binomial 迴歸 5. Truncated negative binomial 迴歸 6. Truncated Poisson 迴歸 7. Zero-truncated Poisson 迴歸 8. Mixed-effects Poisson 迴歸
多個依變數	Multiple Equation 迴歸 seemingly unrelated 迴歸 (同一組自變數)	Multiple Equation 迴歸 seemingly unrelated 迴歸 (同一組自變數)	Multiple Equation 迴歸 seemingly unrelated 迴歸 (同一組自變數)

註：網底字之迴歸，請參考張紹勳著，Stata 與高等統計分析，臺北：五南書局。最小平方和法是最實用的迴歸方法，而近似無相關迴歸、兩階段最小平方和法、三階段最小平方和法、有限資訊最大概似估計法、廣義動差估計法都是最小平方和法的延伸。

依變數	Stata 提供的模型	Codes/Value
二元 (binary) 依變數模型	linear probability model (LPM), probit, logit	e.g. 是與否、同意與不同意。接受貸款申請與否、購屋與否。
多項選擇模型 (multinomial choice)	multinomial probit, multinomial logit	選擇主修經濟、財務、企管、會計或資管。
有序 (ordered) 選擇模型	ordered probit	依變數為非數字，但具有自然的順序。 e.g. 成績 A, B, C, D。 債券等級 AAA, AA 等。

依變數	Stata 提供的模型	Codes/Value
計數資料 (count data) 模型	Poisson 迴歸	依變數為非負整數。 e.g. 某戶子女人數。 某人一年看醫生次數。
個體選擇模型	Tobit 迴歸	y 基本上為連續的正值,但其值為 0 的機率大於 0。 e.g.(1) 保險額度。 (2) 退休基金投資於股票的額度。
Heckit 模型: 解釋變數 x 可以觀察到,但由於另外一些因素的影響,y 並非全部可觀察	heckprobit 迴歸	(1) 截取迴歸 (censored regression):依變數超過某門檻就不存此觀測值,但自變數資訊存在。Stata 有提供 Tobit 迴歸。 (2) 斷尾迴歸 (truncated regression):自變數與依變數超過某門檻,就都不存在觀測值。Stata 有 Truncated regression。

1. 以上多數的模型通常並不適合 OLS 估計法 (因為「違反常態性」假定),可以採用非線性最小平方方法 (NLS) 來估計,但 NLS 估計式常常是無效率的 (inefficient),一般都採用最大概似估計法 (maximum likelihood estimation)。

2. 最大概似估計法在小樣本中它的性質是未知的,但是我們可以證明在大樣本裡 (有學者主張樣本數 500 以上),最大概似估計式是常態分配的、一致的,而且是最佳的。

3. 我們必須將以上的迴歸函數解釋為機率的預測。

名詞解釋

1. 質量依變數(qualitative dependent variable):依變數的本質是質性的、離散的。

2. 受限依變數 (limited dependent variable):依變數值的範圍受到限制。

   (1) 多數的經濟變數是受限的,例如必須為正。但如果變數值可視為連續,並不需要特殊的經濟模型來處理。

   (2) 如果變數值是離散、受限於幾個數據,則以連續變數來處理並不合理。

4-1-2 線性迴歸之基本概念

一、預測變數與效標變數

在迴歸分析中,我們利用一組已知而且經常是可以控制的獨立變數 X_i 來預

測依變數 Y_i 的值。此處 X_i 是用來預測的變數，稱為預測變數或解釋變數；Y_i 是被預測的變數，稱為效標變數。例如以智力測驗的分數來預測學業成績，則智力分數為預測變數，學業成績為效標變數。

在迴歸分析中，如果預測變數 (X_i) 只有一個，則稱之為簡單迴歸分析。如果預測變數有二個以上，則稱為多元迴歸分析或複迴歸分析。

二、線性迴歸分析的前提假定 (assumption)：線性關係、常態性、同質變異數、殘差項獨立

在使用迴歸分析前，必須要確認資料是否符合迴歸分析的基本統計假定，否則，當資料違反迴歸分析的基本統計假定時，會導致統計推論偏誤的發生。

迴歸分析的基本統計假定有下列 4 項：

1. 線性關係

依變數和自變數之間的關係必須是線性，也就是說，依變數與自變數存在著相當固定比率的關係，若是發現依變數與自變數呈現非線性關係時，亦可以透過轉換 (transform) 成線性關係，再進行迴歸分析；或者直接採用 Stata non-linear regression 指令來分析。

線性迴歸中的「線性」二字是指模型為參數 (而非變數) 的線性函數。

例如：$\alpha + \beta X^2$，$\alpha + \beta \log X$ 都是線性迴歸模型。

$\alpha + X^\beta$ 不是線性迴歸模型。

---

2. 常態性 (normality)

若是資料呈現常態分配 (normal distribution)，則殘差項也會呈現同樣的分配。常態性檢定法有：

(1) 繪圖法：當樣本數夠大時，簡單的檢查方式是使用 Histogram (直方圖)，若是樣本數較小時，檢查的方式則是使用 normal probability plot (p-p plot)、Normal quantile- quantile (q-q plot)。若樣本殘差值的累積機率分布，剛好成一條右上到左下的四十五度線，則表示樣本觀察值符合常態性之假定。

(2) 統計檢定法：Kolmogorov-Smirnov 法、Shapiro-Wilks 法 (一般僅用在樣本數 n < 50 的情況)。

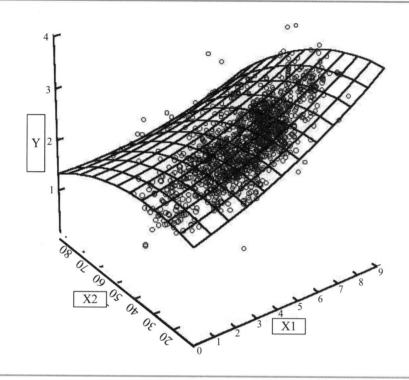

圖 4-1 非線性多元迴歸之示意圖

(3) 求出常態分配之偏態或峰度，分別代入下列對應的 Z 公式，若 Z 值介於
[+1.96，-1.96] 之間，則算符合常態性。樣本之各個變數經以上檢定若皆符
合常態性，則不必再進行資料轉換。

$$Z_{skewness} = \frac{skewness}{\sqrt{6/N}} , (N：樣本數)$$

$$Z_{kurtosis} = \frac{kurtosis}{\sqrt{24/N}} , (N：樣本數)$$

3. 殘差項的獨立性

　　自變數的殘差項相互之間應該是獨立的，也就是殘差項與殘差項之間沒有
相互關係，否則，在估計迴歸參數時，會降低統計的檢定力，我們可以藉由殘
差 (Residuals) 的圖形分析來檢查，尤其是與時間序列和事件相關的資料，特別
需要注意去處理。

4. 殘差項的變異數同質 (Homoscedasticity)

自變數的殘差項除了需要呈現常態性分配外，其變異數也需要相等，變異數的不相等 (heteroscedasticity) 會導致自變數無法有效的估計依變數，例如：殘差分布分析時，所呈現的三角形分布和鑽石分布。當變異數的不相等發生時，可以透過：(1) 轉換 (transform) 成變異數的相等後、(2)Welch's test 再修正 F 值的自由度，再進行迴歸分析。

三、共線性檢定

主要有下列四種方式：

1. 變數間的相關係數：依 Judge 等人 (1982) 的標準，若任兩個自變數間的相關係數超過 0.8，表示兩者中間存著嚴重的多元共線性問題，但它並非是檢定共線性問題的充分條件。

2. VIF 值：利用 STATA REGRESSION 分析之迴歸係數的容忍值與變異數膨脹因素 (VIF)，作為檢定自變數間是否有線性重合問題的參考，其中容忍值 (Tolerance) 的值在 0 與 1 之間，它是變異數膨脹因素值的倒數，變異數膨脹因素值愈大或容忍值值愈小，表示變數間線性重合的問題愈嚴重。通常 VIF 值大於 10 時，該自變數就可能與其他自變數間有高度的線性重合。

3. 條件指數 (condiction index, CI 值)：根據 Belsey, Kuh & Welsch(1980) 指出，若 CI 值在 10 左右，則表示變數間低共線性。若 CI 值介於 30 到 100 之間表示變數間具有中度至高度的線性相關。

四、自我相關 (AR) 的檢定

時間序列分析，如 OLS, ARIMA, GARCH, VCM, VECM 等迴歸分析，都會要求計算縱橫面之時間序列，本身是否有自我相關 (前期會影響後期)。

一般 Durbin-Wation(DW) 值若介於 1.5 至 2.5 之間，則表示無自我相關現象。

$$\text{Durbin-Waton test：} DW = \frac{\sum_{i=2}^{n}(e_i - e_{i-1})^2}{\sum_{i=1}^{n}e_i^2}$$

Serial Correlation 有下列三種校正法 (請見本章節)：

1. 執行 Prais-Winsten 迴歸分析。

2. 執行 Cochran Orcutt 迴歸分析。

3. 殘留 Newey-West 標準誤之迴歸。

五、直線迴歸 vs. 非直線迴歸

迴歸分析主要是想找出一適當的數學方程式來表示變數間的關係，這個方程式稱為迴歸方程式。當迴歸方程式具有線性特性時，稱為直線迴歸，否則稱為非直線迴歸。

迴歸係數

當變數間具有線性關係時，我們可用下式來表示：

美規寫法　$Y_i = \alpha + \beta X_i + e_i$，誤差 $e_i \sim$ 符合 $N(0, \sigma^2)$

歐規寫法　$Y_i = \alpha + \beta X_i + u_i$，誤差 $u_i \sim$ 符合 $N(0, \sigma^2)$

其中：

Y 依變數，又稱應變數 (dependent variable 或 regressand)。

X 自變數，又稱解釋變數 (explanatory variable 或 regressor)。

參數 α 和 β 稱作迴歸係數 (regression coefficient)。

α：截距項，β：斜率。

(1) 斜率係數 β，是衡量 X 的邊際效果，當 X 變動一單位時，估計的迴歸線會預測依變數。

(2) 截距係數 α 則表示當 X 為 0 時，估計的迴歸線所預測的應變數 Y。

母群的迴歸係數以 α 和 β 表示，其估計值則以 a 和 b 表示。

六、最小平方法之原理

估計迴歸係數最常用的方法之一，就是普通最小平方 (ordinary least squares, OLS)，又簡稱為最小平方法。OLS 方法所找的就是使誤差平方和 (或其平均) 最小的那條直線。

在散布圖上，我們可以畫一條直線，通過各點附近，使這一條直線最能代表各個點 (觀察值)，這條線稱為最適合線。求取最適合線的客觀且具有效率的方法即為最小平方法：即使各點至此線之平行於 Y 軸的距離的平方和變為最小。

定義：普通最小平方法 (ordinary least squares, OLS)

$$Y = \alpha + \beta X + U$$

找 α 和 β 使模型誤差 U_i 的平方和極小。採用誤差平方和是為了避免正負誤差之間互相抵銷。

---

1. 目標函數如下：

$$Q(\alpha, \beta) = \frac{1}{n}\sum_{i=1}^{n}(Y_i - \alpha - \beta X_i)^2 = \frac{1}{n}\sum_{i=1}^{n}U_i^2$$

2. 最小平方法所找的就是使誤差平方和 (或其平均) 最小的那條直線。

3. 如果目標函數改變 (如 U_i 的絕對值之和)，就會產生不同的迴歸線。

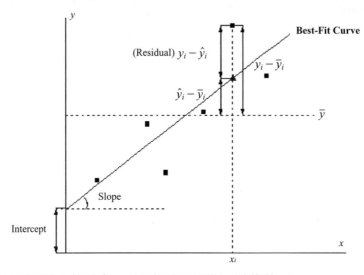

4. 為使目標函數之值最小，必須解出以下的一階條件 (first order condition)。

$$\frac{\partial}{\partial \alpha}Q(\alpha, \beta) = -2\frac{1}{n}\sum_{i=1}^{n}(Y_i - \alpha - \beta X_i) = 0$$

$$\frac{\partial}{\partial \beta}Q(\alpha, \beta) = -2\frac{1}{n}\sum_{i=1}^{n}(Y_i - \alpha - \beta X_i)X_i = 0$$

5. 這兩個一階條件又稱作**標準方程式 (normal equations)**。

6. 可從標準方程式中求出 α 和 β 的解，稱作最小平方估計式 (ordinary least squares estimator，簡稱 OLS estimator)，即

$$\hat{\beta}_n = \frac{\sum_{i=1}^{n}(X_i - \overline{X}_n)(Y_i - \overline{Y}_n)}{\sum_{i=1}^{n}(X_i - \overline{X}_n)^2}$$

$$\hat{\alpha}_n = \overline{Y}_n - \hat{\beta}_n\overline{X}_n$$

7. 若 X_i 為常數 (非變數)，$X_i = \overline{X}_n$，則 $\hat{\beta}_n$ 根本無法計算，這是為什麼需要「認定條件」的原因。

8. 將最小平方估計式 $\hat{\alpha}_n$ 和 $\hat{\beta}_n$ 代入設定的線性模型就可得到一條截距為 $\hat{\alpha}_n$，斜率為 $\hat{\beta}_n$ 的直線，稱作估計的**迴歸線 (estimated regression line)**。

9. 斜率係數估計式 $\hat{\beta}_n$ 衡量 X 的邊際效果：當 X 變動一單位時，估計的迴歸線會預測依變數 Y 將變動 $\hat{\beta}_n$ 個單位。

10. 截距係數 $\hat{\alpha}_n$ 則表示當 X 為 0 時，估計的迴歸線所預測的依變數 Y。

11. 將樣本中的變數 X_i 代入估計的迴歸線，即可求得估計的依變數。

一般而言，決定最適合線的步驟即是在樣本的斜率 b 和截距 a 的過程。

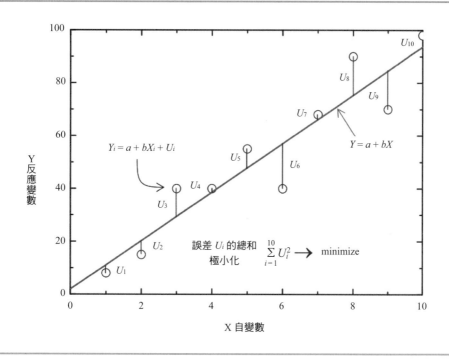

圖 4-2 最小平方法之示意圖

七、適配度 (goodness of fit) 和決定係數

根據現有的資料建立一個統計模式時，有一個重要的程序，即檢定此模式與資料的符合程度，或稱**適配度 (goodness of fit)**。

不同的解釋變數可能都適合描述依變數 Y 的系統性部分。如果可以衡量迴歸線的**適配度**，就可以選擇適配度較高的迴歸線來描述依變數的系統性部分。所以適配度的衡量指標就可以作為比較不同迴歸模型的基準。

檢定適配度最常用的量數是 R^2，或稱決定係數 (coefficient of determination)。

當 R^2 等於0表示變數間沒有線性關係存在，而不是沒有相關，這點須特別留意。

　　樣本的 R^2 是估計模式適配度的一個最佳估計值，但卻非母群 R^2 的不偏估計值。因此要估計母群的 R^2 時，須加以調整。Stata 會列印出調整後的 R^2 (Adjusted R Square)，使調整後的 R_a^2 更能反映出模式與母群的適配度。

$$\text{non-pseudo } R^2 = \frac{SS_R}{SS_T}$$

$$R_a^2 = R^2 - \frac{P(1-R^2)}{N-P-1}$$

式中，P 代表迴歸方程式中自變數的個數。

　　最小平方法之迴歸模型 (OLS) 中，non-pseudo R-squared 最常用來檢視線性迴歸模型 (OLS) 的適配度。coefficient of determination 又分成置中的與非置中的決定係數兩種。

$$\text{置中的} R^2 = \frac{\sum_{i=1}^{n}(Y_i-\hat{Y}_n)^2}{\sum_{i=1}^{n}(Y_i-\bar{Y}_n)^2} = 1 - \frac{\sum_{i=1}^{n}\hat{U}_i^2}{\sum_{i=1}^{n}(Y_i-\bar{Y}_n)^2}$$

$$\text{非置中的} R^2 = \frac{\sum_{i=1}^{n}\hat{Y}_i^2}{\sum_{i=1}^{n}Y_i^2} = 1 - \frac{\sum_{i=1}^{n}\hat{U}_i^2}{\sum_{i=1}^{n}Y_i^2}$$

八、Stata 六種 Pseudo R^2

$$R^2 = \frac{\left[\sum_{i=1}^{n}(\hat{Y}_i-\bar{\hat{Y}}_n)(Y_i-\bar{Y}_n)\right]^2}{\left[\sum_{i=1}^{n}(Y_i-\bar{Y}_n)^2\right]\left[\sum_{i=1}^{n}(\hat{Y}_i-\bar{\hat{Y}}_n)^2\right]} = \frac{\left[\sum_{i=1}^{n}(X_i-\bar{X}_n)(Y_i-\bar{Y}_n)\right]^2}{\left[\sum_{i=1}^{n}(Y_i-\bar{Y}_n)^2\right]\left[\sum_{i=1}^{n}(X_i-\bar{X}_n)^2\right]}$$

　　Logistic 迴歸、Probit 迴歸、Tobin 等迴歸的 R^2 不等同於 OLS 迴歸的 R^2，因為 Logistic 迴歸改採最大概似疊代法 (maximum likelihood) 來估計迴歸係數，所以 OLS 迴歸的適配度就不適合 Logistic 迴歸。

　　為此理由，Stata 另外提供下表所列之 pseudo R-squareds。稱作「pseudo」R-squareds 是因為它們在意義上相似於 OLS 迴歸的 R^2，且 $R^2 \in [0,1]$，此值愈高，表示該模型適配愈佳。但是，這六個 pseudo R-squareds 不能解釋為 OLS 迴歸的 R^2。

表 4-1　Stata「fitstat」指令之 6 種 Pseudo R-Squareds

Pseudo R^2	公式 (Formula)	說明
1. Efron's	$R^2 = 1 - \dfrac{\sum_{i=1}^{N}(y_i - \hat{\pi}_i)^2}{\sum_{i=1}^{N}(y_i - \bar{y})^2}$ $\hat{\pi}_i$ = model predicted probabilities	Efron's R^2 等於「預測值與實際值之間的相關平方」。 Efron's R^2 不可當作 OLS 迴歸的 R^2。Logistic 迴歸的依變數是機率值 (已不是連續變數)，但在 OLS 迴歸中，依變數是連續變數，故兩者在解釋義意上是不相同的。
2. McFadden's	$R^2 = 1 - \dfrac{\ln \hat{L}(M_{Full})}{\ln \hat{L}(M_{intercept})}$ M_{full} = Model with predictors $M_{intercept}$ = Model without predictors $\hat{L}$ = Estimated likelihood	McFadden's R^2 比前一個公式，多了自然對數 Ln() 外，其餘都一樣。 R^2 係根據截距的模式和完全估計模式的對數概似之比值。
3. McFadden's (adjusted)	$R^2_{adj} = 1 - \dfrac{\ln \hat{L}(M_{Full}) - K}{\ln \hat{L}(M_{intercept})}$ $\hat{L}$ = Estimated likelihood	常預測變數多元常態時較適合
4. Cox & Snell	$R^2 = 1 - \left\{ \dfrac{L(M_{intercept})}{L(M_{Full})} \right\}^{2/N}$	Cox & Snell's R^2 採取本表公式 2。此比值代表整個模型在截距模型的改進。
5. Nagelkerke / Cragg & Uhler's	$R^2 = \dfrac{1 - \left\{ \dfrac{L(M_{intercept})}{L(M_{Full})} \right\}^{2/N}}{1 - L(M_{intercept})^{2/N}}$	Nagelkerke/Cragg & Uhler's R^2 採取本表公式 2。它調整 Cox & Snell's R^2，故其值域為 0 到 1。 當 $L(M_{full}) = 1$，則 $R^2 = 1$； 當 $L(M_{full}) = L(M_{intercept})$，則 $R^2 = 0$。
6. McKelvey & Zavoina	$R^2 = \dfrac{\hat{V}ar(\hat{y}^*)}{\hat{V}ar(\hat{y}^*) + Var(\varepsilon)}$	McKelvey & Zavoina's R^2 類似本表公式 1，但其依變數仍是連續潛在變數 (值 = [0,1])。
7. Count	$R^2 = \dfrac{\#Correct}{Total\ Count}$	此公式不適合 OLS。它轉換連續型勝算機率為 binary 變數，再評判預測值是否正確？
8. Adjusted Count	$R^2 = \dfrac{Correct - n}{Total - n}$ n = Count of most frequent outcome	Adjusted Count R-Square 係改自本表公式 2。此調整公式不受預測變數的多或少個而影響。此調整與 OLS 或 McFadden's R-Squareds 的調整無關。
9. Efron's	$R = 1 - \dfrac{\sum_{i=1}^{N}(y_i - \hat{\pi}_i)^2}{\sum_{i=1}^{N}(y_i - \bar{y})^2}$ $\hat{\pi}$ = model predicted probabilities	

註：Stata 迴歸之勝算機率值 $\hat{\pi}$ 符號，有些教科書係改用 $\hat{p}$ 符號

九、線性迴歸分析的檢定公式

詳情請見第 2 章公式推理。主要公式如下：

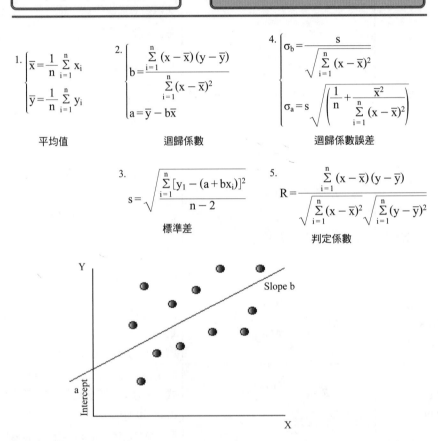

最小平方法：迴歸直接（整理）

$$y = (a \pm \sigma_a) + (b \pm \sigma_b)x$$

（完美配適）$1 > R^2 > 0$（無對應關係）

1.
$$\begin{cases} \overline{x} = \dfrac{1}{n}\sum_{i=1}^{n} x_i \\ \overline{y} = \dfrac{1}{n}\sum_{i=1}^{n} y_i \end{cases}$$

平均值

2.
$$\begin{cases} b = \dfrac{\sum_{i=1}^{n}(x-\overline{x})(y-\overline{y})}{\sum_{i=1}^{n}(x-\overline{x})^2} \\ a = \overline{y} - b\overline{x} \end{cases}$$

迴歸係數

4.
$$\begin{cases} \sigma_b = \dfrac{s}{\sqrt{\sum_{i=1}^{n}(x-\overline{x})^2}} \\ \sigma_a = s\sqrt{\left(\dfrac{1}{n} + \dfrac{\overline{x}^2}{\sum_{i=1}^{n}(x-\overline{x})^2}\right)} \end{cases}$$

迴歸係數誤差

3.
$$s = \sqrt{\dfrac{\sum_{i=1}^{n}[y_1-(a+bx_i)]^2}{n-2}}$$

標準差

5.
$$R = \dfrac{\sum_{i=1}^{n}(x-\overline{x})(y-\overline{y})}{\sqrt{\sum_{i=1}^{n}(x-\overline{x})^2}\sqrt{\sum_{i=1}^{n}(y-\overline{y})^2}}$$

判定係數

圖 4-3 最小平方法求線性迴歸之示意圖

十、概似比法 (Likelihood Ratio, LR)

(一) 點估計 : 最大概似法 (ML)

假如 (1) 教室玻璃被打破了，通常老師會從平常最調皮的同學開始問。(2) 有命案發生，從現場採到的指紋開始追查。這二個案例皆是認為這些人嫌疑

最大。(3) 醫生看診，通常也是從病人的症狀推測那一種病最易產生此症狀。從所得之觀測值，推測究竟參數爲何，會得到此一觀測值之機率最大，這也是一種常用的估計方法。在統計學裡稱爲最大概似法 (method of maximum likelihood)。所得之估計量稱爲最大概似估計量 (maximum likelihood estimator，簡稱 MLE)。

(二) 假設檢定 ： 概似比 (LR)

迴歸模型之適配度：概似比 Likelihood Ratio(LR) 檢定

例如，假設我們要檢定自我迴歸 AR(2) 模型是否比 AR(1) 模型來的好，因此我們可以分別算出兩個模型的最大概似值分別爲 L_U 與 L_R，LR 統計量爲：

$$LR = -2(L_R - L_U) \text{符合} \chi^2_{(m)} \text{分配}$$

假如，$p < 0.05$ 表示達顯著水準的話，則表示 AR(2) 模型優於 AR(1) 模型。

以 Logit 迴歸來說，假如，$LR_{(df)} = 188$，$p < 0.05$，表示我們認定的預測變數對依變數之模型，比「null model」顯著的好，即表示目前這個 Logit 迴歸模型適配得很好。

概似比特性：

1. 不受盛行率影響。

2. 將敏感度 (sensitivity)、特異度 (specificity) 結合成單一數字。

3. 可以量化檢驗結果之實務 (臨床) 意義。

4. 可以結合一連串檢驗換算成檢驗後事件發生率。

5. 但是，LR 依然受截止 (Cut off) 值影響。

4-1-3 Stata 各類型迴歸

(一) 線性機率迴歸

1. 線性機率模型 (Linear Probability Model, LPM)：

$$\Pr(y_i) = F(\beta_0 + \beta_1 x_i + u_i)$$

2. 依變數 y_i 有兩種結果 (outcome) 反應：$y_i = 0$ 或 $y_i = 1$。這種迴歸函數其依變數爲二元數值的迴歸，是爲機率的預測。

3. 依據 Bernoulli 分配，如果 y 是 0-1 二元變數，則其期望值表示 $y = 1$ 的機率。

4. 令 p 表示 y 為 1 的機率,則:

$$p = E(y|x) = P(y = 1|x)$$

5. 換句話說,對於一個二元變數,迴歸的預測值表示在給定 x 下,$y = 1$ 的機率。
6. 稱為線性機率模型是因為公式右邊為線性,而左邊取期望值是機率。

線性機率模型之缺點

1. p 與 x 呈線性關係。
2. 由於依變數不是 0 就是 1,因此殘差項不是常態分配,造成假設檢定失真。
3. 殘差項具異質性,$\text{var}(u_i) = p_i \times (1 - p_i)$。
4. 傳統 OLS 的 R^2 將失真,故 Stata 另外提供六種 Pseudo R^2。
5. 預測值可能在 (0,1) 範圍之外:$\hat{P} = \hat{\beta}_0 + \hat{\beta}_1 x_i + u_i$
6. 更合理的迴歸線應該呈現 S 型,故學者再推 Probit 迴歸。

(二)Probit 迴歸

1. 為了使機率保持在 (0,1) 的區間內,我們可以考慮不同的機率函數來描述其非線性關係,即選擇 $G(\beta_0 + \beta_1 x)$,且 $0 < G(z_i) = p_i < 1$。
2. Probit 模型:選擇 $G(z)$ 為標準常態分配的 C.D.F.。
3. 此模型是非線性的,因此不宜以 OLS 方式估計,一般都選擇採用最大概似估計法。

$$P_i = G(\beta_0 + \beta_1 x_i) = G(z_i)$$
$$P_i = \int_{-\infty}^{Z_i} \frac{1}{\sqrt{2\pi}} e^{-v^2/2} dv$$

其他教科書,係用下列符號來表示 Probit 模型:

$$decision_i = \beta_0 + \sum \beta_i x_i + u_i$$
其中,$\text{Prob}(1|x_i) = \int_{-\infty}^{\beta_0 + \sum \beta_i x_i + u_i} \phi(t) dt$

4. Probit 模型通常寫成:

$$z_i = G^{-1}(p_i) = \beta_0 + \beta_1 x_i$$

5. 一般而言,我們所關切的是 x 對 $p(y = 1|x)$ 的影響,即 $\frac{\partial p}{\partial x}$。

6. 在計算上，非線性模型比較複雜。如果 x 是連續變數，依微積分的觀念：

$$\frac{\partial p}{\partial v} = g(\beta_0 + \beta_1 x)\beta_1$$

其中，$g(z)$ 為 $\frac{dG}{dz}$。

上式說明了連續變數 x 增加對 p 的影響，其與 x 及 β_0、β_1 的估計有關。

7. 如果 x 是二元變數，如 0 或 1，則 x 由 0 改變為 1 的偏效應為

$$G(\beta_0 + \beta_1 x)\beta_0$$

如果 x 是離散變數，則 x 由 c 改變為 $c + 1$ 的偏效應為：

$$G[\beta_0 + \beta_1(c + 1)] - G[\beta_0 + \beta_1(c)]$$

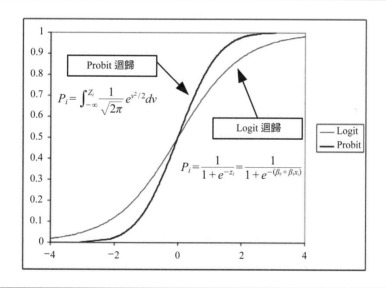

圖 4-4 Probit 模型 vs. Logit 模型之比較

(三) Logit 迴歸

1. Logit 模型：選擇 G(z) 為 logistic 分配。

2. 此模型也是非線性的，因此一般都是採用最大概似估計法。

$$P_i = G(\beta_0 + \beta_1 x_i) = G(z_i)$$

$$P_i = \frac{1}{1 + e^{-z_i}} = \frac{1}{1 + e^{-(\beta_0 + \beta_1 x_i)}}$$

其他教科書，係用下列符號來表示 Logit 模型：

$$\pi(x) = \frac{exp(\alpha + \beta x)}{1 + exp(\alpha + \beta x)}$$

或

$$P(y_n = 1 \mid x_n) = \frac{\exp(b_0 + b_1 X_1 + \ldots + b_k X_k)}{1 + \exp(b_0 + b_1 X_1 + \ldots b_k X_k)}$$

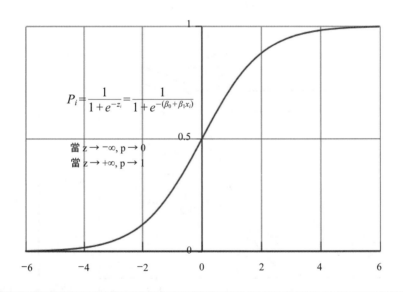

圖 4-5 Logit 模型之示意圖

Logit 模型經過轉換以後，可以用來預測事件發生的勝算 (odd)：

$$Ln\left(\frac{P_i}{1 - P_i}\right) = \beta_0 + \beta_1 x_i$$

(四)Probits 與 Logits 比較

1. Stata 的 Probits 迴歸與 Logits 迴歸之分析結果，z 值及 p 值都很相近。

2. Probit 與 logit 模型都是非線性的，因此需要採用最大概似估計法。

3. 傳統上，由於 logit 模型計算上比較容易，因此比較普遍。

4. Probit 與 logit 模型的參數不應直接比較。

5. 近年來 probit 與 logit 模型被廣泛地運用於各領域研究，其效果具體而顯著，
   如：

   (1) 各種疾病的危險族群等。

   (2) 預測財務艱困企業。

   (3) 預測消費族群的購買行為。

   (4) 計算客戶未來成為催收戶之機率模型。

   (5) 計算飛行員疏失的機率。

(五) 最大概似比率檢定 (maximum Likelihood ratio test)

1. 線性機率模型 (LPM) 及線性迴歸模型，都是採用 F 統計量來進行檢定。

2. Probit 模型與 logit 模型都採用最大概似比率檢定。

3. 最大概似估計法可以得到對數概似函數 (log-likelihood, LR)。

4. 進行最大概似比率檢定時，我們必須估計受限模型與非受限制模型。

5. 檢定的統計量為：

$$LR = 2(L_{ur} - L_r) \text{符合} \chi^2_{(q)} \text{分配。}$$

其中，L_{ur} 表示「未受限」之對數最大概似函數。

L_r 表示「受限」之對數最大概似函數，q 為受限數目。

(六) 適配度 (fitness)

1. Stata 另外提供 6 種 pseudo R^2。

2. 線性機率模型 (LPM) 及線性迴歸模型，我們可以比較 R^2 來判斷迴歸的適配
   度；R^2 值愈大迴歸模型就愈適配。

3. 但對於 probit 或 logit 迴歸，我們需要新的測度，叫做 pseudo R^2，其定義：

$$\text{pseudo } R^2 = 1 - \frac{L_{ur}}{L_0}$$

其中，

L_{ur} 表示未受限之對數最大概似函數。

L_0 表示僅含截距之對數最大概似函數。

通常 $|L_{ur}| < |L_0|$，因此 $1 - \frac{L_{ur}}{L_0} > 0$。

4. 你也可以比較樣本中正確預測的百分比 P

若 $P_i > 0.5$ 則 $\hat{y}_i = 1$；若 $P_i < 0.5$ 則 $\hat{y}_i = 0$。

5. 比較 y_i 預測值與實際值，稱為正確預測百分比 (percent correctly predicted)：

$$\frac{正確預測的數目}{觀察值總數目}$$

例如：樣本數 = 400，360 個實際值為 0，40 個實際值為 1。

預測結果：

　360 個中有 300 個預測正確

　40 個中有 0 個預測正確

　以 $y_i = 0$ 而言，正確預測百分比為 300/360

　以 $y_i = 1$ 而言，正確預測百分比為 0

　整體而言，正確預測百分比為 300/400

(七) Tobit 模型

1. Tobit 模型是一個截取 (censored) 迴歸模型，係由 James Tobin(1958) 提出，旨在描述一個非負因變數 y_i 和一個自變數 (或向量) x_i 之間的關係。

2. Tobit 模型特別適合處理個人的成績、家庭收入或公司的行為 (營收、增資額度)。

3. 例如：最近一年中，多數的家庭其捐款為 0。由於捐款的分配必定為正，範圍 0 至無窮大，但許多捐款集中為 0。

4. 又如：以家庭收入 (x) 來預測購屋花費 (y)，若某家庭無購屋，則 $y = 0$。基本上合理的迴歸模型，係假定 y 為連續的正值，且 $y = 0$ 機率很大。

5. 傳統我們慣用線性 OLS 或 LPM 來估計上例之迴歸參數，可是 OLS 或 LPM 得到 y 的預測值可能是負值，這是不合理的現象，因為捐款數或購屋花費不可能是負值。

6. 預防不合理的預測值出現，可使用 Tobit 模型來處理這種不合理的現象。

7. $y_i = \begin{cases} y_i^*, & if \quad y_i^* > 0 \\ 0, & if \quad y_i^* \le 0 \end{cases}$

其中，y_i^* 為潛在變數 (latent variable)。

$y^* = x\beta + u_i, \quad u_i \,|\, x \sim 符合 N(0, \sigma^2)$

但我們僅僅能觀察到 y，$y = \max(0, y^*)$

$$y_i = \begin{cases} y^* = \beta_0 + \beta_1 x_i + u_i, & y^* > 0 \\ 0 & , y^* \le 0 \end{cases}$$

也有教科書用下列符號來表示 Tobit 模型：

$$Y_i^* = \alpha X_i + \beta Z_i + \varepsilon_i$$

$$Y_i = \begin{cases} Y_i^* & if \quad Y_i^* > 0 \\ 0 & otherwise, i = 1, 2, ..., N. \end{cases}$$

$$y_{1i}^* = \alpha_1 y_{2i} + \beta_1 x_{1i} + \varepsilon_{1i}$$

$$y_{2i} = \alpha_2 y_{1i}^* + \beta_2 x_{2i} + \varepsilon_{2i}$$

$$y_{1i} = \begin{cases} y_{1i}^* & if \quad y_{1i}^* > 0 \\ 0 & otherwise, i = 1, 2, ..., N. \end{cases}$$

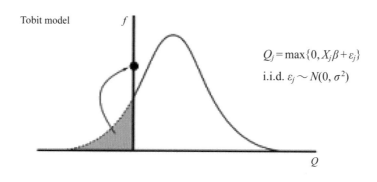

$$Q_j = \max\{0, X_j\beta + \varepsilon_j\}$$
i.i.d. $\varepsilon_j \sim N(0, \sigma^2)$

圖 4-6 Tobit 模型之示意圖

8. 關於 Tobit 模型，有兩種期望值是我們感興趣的：

$E(y \mid x)$

$E(y \mid y > 0, x)$

(1) $E(y \mid x)$ 表示給定 x 之下 y 的期望值。

(2) $E(y \mid y > 0, x)$：表示給定 x，在 $y > 0$ 時的期望值。

(3) $E(y \mid x) = \Phi(\frac{x\beta}{\sigma})x\beta + \sigma\phi(\frac{x\beta}{\sigma})$

上式表示，在 Tobit 模型下，$E(y \mid x)$ 是給定 x 下 y 的非線性函數。

進一步的證明：對於任何的 x 與 β，等式右邊恆為正值。

(4) $E(y|y > 0, x) = x\beta + \sigma\lambda(\dfrac{x\beta}{\sigma})$

其中 $\lambda(c) = \dfrac{\phi(c)}{\Phi(c)}$，稱爲 inverse Mills ratio。

上式表示 $E(y \mid y > 0, x)$ 等於 $x\beta$ 再加上一調整項。因此，僅以 $y > 0$ 的樣本採用 OLS 來估計參數是偏誤、不一致的。

9. Tobit 模型採用最大概似估計法來估計參數。

10. Stata 執行 Tobit 模型與 OLS 所得到的結果差異不大，但對參數的解釋與 OLS 並不一樣。

11. Tobit 模型參數的解釋：β 乃估計 x 對 y^* 的效應，而不是 y，除非潛伏變數 y^* 是我們興趣所在，我們並無法直接解釋參數。

12. Tobit 模型中，偏效應 (Partial Differentiation) 與所有的解釋變數以及所有的參數有關。

(1) $\dfrac{\partial E(y \mid x)}{\partial x_j} = \beta_j \times \Phi(\dfrac{x\beta}{\sigma})$

(2) $\dfrac{\partial E(y \mid y > 0, x)}{\partial x_j} = \beta_j \{1 - \lambda(\dfrac{x\beta}{\sigma})[\dfrac{x\beta}{\sigma} + \lambda(\dfrac{x\beta}{\sigma})]\}$

(八) Poisson 模型 (Count 依變數之迴歸)

假設 y 是 Poisson 隨機變數，則其機率質量函數爲：

$$p(y = h) = \frac{e^{-\lambda}\lambda^h}{h!}, \quad h = 0, 1, 2, \dots$$

$$E(y) = \mathrm{Var}(y) = \lambda$$

$$
\begin{aligned}
\sigma^2 &= E[(N - \mu)^2] = \sum_{x=0}^{\infty} (n - \mu)^2 P_N(n) = \sum_{x=0}^{\infty} (n - \lambda)^2 \frac{\lambda^x}{n!} e^{-\lambda} \\
&= e^{-\lambda} \sum_{x=0}^{\infty} (n^2 + \lambda^2 - 2n\lambda) \frac{\lambda^x}{n!} \\
&= e^{-\lambda}\left[\sum_{x=0}^{\infty} \frac{\lambda n \lambda^{n-1}}{(n-1)!} + \lambda^2 \sum_{x=0}^{\infty} \frac{\lambda^x}{n!} - 2\lambda^2 \sum_{x=0}^{\infty} \frac{\lambda^{n-1}}{(n-1)!} \right] \\
&= e^{-\lambda}\left[\sum_{x=0}^{\infty} \frac{\lambda(m+1)\lambda^m}{m!}\bigg|_{m-n-1} + \lambda^2 e^{\lambda} - 2\lambda^2 e^{\lambda} \right] \\
&= e^{-\lambda}\left[\lambda \sum_{x=0}^{\infty} \frac{m\lambda^m}{m!} + \lambda \sum_{x=0}^{\infty} \frac{\lambda^m}{m!} + \lambda^2 e^{\lambda} - 2\lambda^2 e^{\lambda} \right] \\
&= e^{-\lambda}(\lambda^2 e^{\lambda} + \lambda e^{\lambda} + \lambda^2 e^{\lambda} - 2\lambda^2 e^{\lambda}) = \lambda
\end{aligned}
$$

因為我們所感興趣的，是解釋變數 x 對 y 的影響，因此表示為：

$$p(y = h \mid x) = \frac{e^{-E(y|x)}[E(y \mid x)]^h}{h!}, \quad h = 0, 1, 2, \ldots$$

其他教科書，則用下例符號來表示 Poisson 模型：

$$P(Y_i = y_i) = \begin{cases} \pi_i(1 - \pi_i)\left(\dfrac{m_i}{1 + \phi m_i}\right)^{y_i}\dfrac{(1 + \phi y_i)^{y_i - 1}}{y_i}x \\[2ex] \exp\left\{\dfrac{-m_i(1 + \phi y_i)}{1 + \phi_{m_i}}\right\}, \quad y = 0 \\[2ex] (1 - \pi_i)\left(\dfrac{m_i}{1 + \phi m_i}\right)^{y_i}\dfrac{(1 + \phi y_i)^{y_i - 1}}{y_i}x \\[2ex] \exp\left\{\dfrac{-m_i(1 + \phi y_i)}{1 + \phi m_i}\right\}, \quad y > 0 \end{cases}$$

1. 一般的做法將條件期望值以指數函數來表示：

$$E(y \mid x) = e^{(\beta_0 + \beta_1 + \cdots + \beta_k x_k)}$$

2. 偏效應：

$$\frac{\partial E(y \mid x)}{\partial x_j} = e^{(\beta_0 + \beta_1 + \cdots + \beta_k x_k)} \times \beta_j$$

3. 參數的估計可以採用最大概似法 (MLE) 來進行。

4. 在採用 Poisson MLE 時，如果毋須假設 Poisson 分配完全正確，其修正步驟稱為 QMLE。

5. 排除性限制 (exclusion restrictions) 檢定可以採用最大概似比率進行。

(九) 截取迴歸 (Stata 有提供 Tobit 迴歸)

截取迴歸 (censored regression)：依變數超過某門檻就刪除此觀察值，但自變數資訊存在。

1. 上述介紹的 probit、logit、Tobit、Poisson 模型，基本上是希望能捕捉 y 分配的重要特徵，並沒有資訊不足的問題。若遇到資訊不足的問題，就可改用截取迴歸。

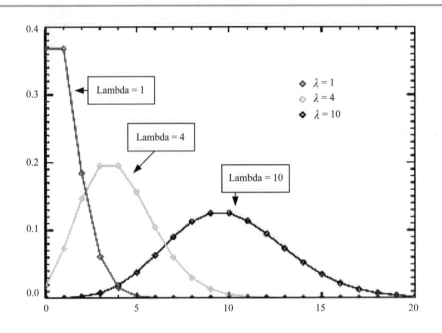

Poisson distribution, lambda = 5

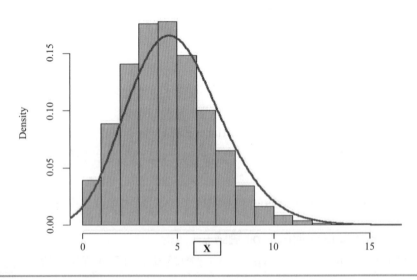

圖 4-7 Poisson 迴歸之示意圖

2. 例如：在問卷調查中，小於 $600,000 的收入可以填入，但大於 $600,000 之收入選「大於 $600,000」。儘管，上述例子，非常類似遺失資料的問題，不過我們仍然具有一些資訊。

依變數超過某門檻就不存在觀測值，但自變數資訊存在。Stata有Tobit迴歸

截取(censored) Normal Distribution

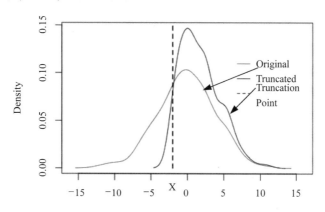

圖 4-8 截取迴歸之示意圖

3. 截取迴歸 (censored regression)

$$y = x\beta + u, \; u \mid x, c \sim 符合 N(0, \sigma^2)$$

右截取：斷點 $w = \min(y, c)$

左截取：斷點 $w = \max(y, c)$

4. 以 OLS 應用於未被截取的資料，或是以 OLS 應用於 w 都是不一致的估計式，我們必須採用最大概似估計法。

5. 截取迴歸與 Tobit 模型並不相同：

(1) 因為，Tobit 模型處理經濟行為，通常 y 會得到 0。而 Censored 迴歸之意思如上圖。截取迴歸面對的是資料蒐集的問題，由於某些緣故，資料被截斷了。

(2) 截取迴歸模型的參數解釋與一般的 OLS 一樣，但 Tobit 的參數解釋與一般的 OLS 係不一樣的。

(十) 斷尾迴歸 (truncated regression)

1. Stata 有 Zero-truncated Poisson 及 Zero-truncated negative binomial 迴歸。

2. 缺少母體裏某些 segment 全部的資訊。

3. 如果 y_i 超過 (或低於) 門檻值，則我們才可以隨機抽取樣本 (x_i, y_i)。

$$f_{Y|X}(y|x;\beta) = \frac{1}{\sigma}\phi\left(\frac{y-x'\alpha}{\sigma}\right) \quad \text{and} \quad p_2(\beta) = \int P(U > -x'\alpha)dF_X(x)$$

$$= \int \Phi\left(x'\frac{\alpha}{\sigma}\right)\mathrm{d}F_X(x)$$

4. 在截取迴歸裏，對於任何的隨機樣本，我們都有 x_i 的觀測值；在斷尾迴歸裏，若 y_i 超過門檻值，我們並無 x_i、y_i 的觀測值。

5. 斷尾迴歸最受質疑的問題就是違反隨機取樣，進而會違反「線性」假定 (assumption) 疑慮，即：依變數的平均值是迴歸係數和預測變數的「線性」組合。

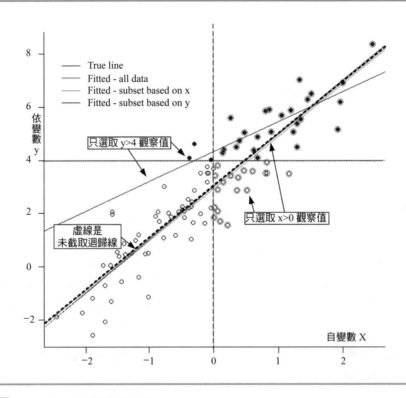

圖 4-9 Truncated 迴歸之示意圖

(十一) 非隨機樣本 (non-random sample)

下列原因都會造成非隨機樣本：

1. 以斷尾迴歸來篩選你要的觀察值。

2. 在分析已婚婦女薪資的決定因子裏，蒐集已婚婦女資料並詢問其薪資，如果是家庭主婦可能拒絕回答。以職業婦女的資料跑迴歸，這樣的樣本本身就是「斷尾」。

3. 假設 y 為家庭購屋花費，x 為經濟變數 (收入)。若某家庭無購屋，則 $y = 0$。考慮將收集的樣本中 $y = 0$ 的資料刪除再跑迴歸，此稱為內生樣本選擇。

4. 偶然斷尾 (incidental truncation)：解釋變數 x 可以觀察到，但由於另外一些因素的影響，y 並非全部可觀察。例如，$y = \beta_0 + \beta_1 \times income^o$，$income^o$ 表示受訪者有供薪水者。假如你在調查時，受訪者有工作，我們就有其薪資資料，但是，如果受訪者失業，我們無法觀察到 y。不過對於所有的調查對象，我們仍有他們的教育、工作經驗、性別、婚姻狀況等資料可以用。

(十二) Heckit 模型

1. 經濟學家 Heckman(1976) 所提出。

$$
\left.
\begin{aligned}
z_i^* &= w_i'\alpha + e_i \\
z_i &= 0 \quad \text{if} \quad z_i^* \leq 0 \\
z_i &= 1 \quad \text{if} \quad z_i^* > 0
\end{aligned}
\right\} \text{Selection equation}
$$

$$
\left.
\begin{aligned}
y_i^* &= x_i'\beta + u_i \\
y_i &= y_i^* \quad \text{if} \quad z_i = 1 \\
y_i &\quad \text{not observed} \quad z_i = 0
\end{aligned}
\right\} \text{Outcome equation}
$$

2. 旨在修正偶然斷尾樣本所產生的偏誤。

3. Stata 的 Sample-selection 模型有二種方法：Heckman selection model (ML)、Heckman selection model (two-step)。

4. 此方法包括兩個步驟：

   (1) 執行 probit 迴歸，解釋為什麼某些 y 不可觀察。

   (2) 執行可觀察 y 對解釋變數及修正項 inverse Mills ratio 之 OLS 迴歸。

5. 在原迴歸中，加入選擇方程式：

$$
y = x\beta + u, E(u \mid x) = 0
$$
$$
s = \text{I}[\gamma_1 z + v \geq 0]
$$

其中，

$$x\beta = \beta_0 + \beta_1 x_1 + ... + \beta_k x_k$$
$$z_\gamma = \gamma_0 + \gamma_1 z_1 + ... + \gamma_m z_m$$

x 是 z 的子集。

I[·] 是指標變數 (indicator variable)。

s = 1 表示 y 是可觀察的。

有的教科書係以下列符號來表示 Heckit 模型：

$y_1 = x_1\beta_1 + u_1$	(1a)
$y_2 = I[x_2\delta_2 + v_2 > 0]$	(1b)

6. 進一步證明：

$$E(y \mid z, s = 1) = x\beta + \rho \times \lambda(z\gamma)$$

7. Heckit 模型的目的是估計 β。

8. 以上的公式表示，我們可以採用 y 爲可觀察的樣本，但必須加上一修正項作 爲解釋變數。

9. 由於 γ 是未知的，因此 $\lambda(z\gamma)$ 也是未知的

第一步：以所有的樣本應用 probit 模型來估計 γ：

$$p(s = 1 \mid z) = \Phi(z\gamma)$$

第二步：以 y 可觀察的樣本，跑其對解釋變數及 inverse Mills ratio 迴歸。

10. 檢定 $H_0 : \rho = 0$，無樣本選擇問題

4-2 Continuous 依變數：線性迴歸模型

線性迴歸的應用例子，包括：

1. 毛豆合格莢產量之氣象估計模式的研究。

2. 臺南市空屋現象之觀察與分析。

3. 以尿中 TTCA 探討嫘縈絲工廠勞工二硫化碳暴露之生物偵測。

4. 臺灣高科技產業經營績效與其對大陸投資規模之研究。

5. 臺灣上市上櫃航運公司外匯風險暴露之研究。

6. 鐵路事故嚴重程度之研究。

7. 1960 年後過度開發引發鹹海大規模的削減。

8. 世界主要都市捷運路網型態與運輸需求特性關係之研究。

9. 區段人體組織成分之量測系統。

10. 建構於 iOS 智慧型手持裝置之行車記錄互動定位服務整合系統。

11. 蓮華池森林動態樣區之地形與土壤性質對於林木豐富度及生質量之影響。

12. 學校可及性對高中學生學習表現之影響──桃園縣之實證分析。

13. 第二型糖尿病與居住地空氣污染指標的相關性研究。

14. 臺灣地區年雨量趨勢與分布變化之研究。

15. 統計迴歸於聚丙烯製程反應之研究。

16. 大學學力測驗成績預測建模與分析──以臺南市某高中為例。

17. 外國直接投資越南決定因素之探討──河內與胡志明市之比較。

18. 來臺旅客旅遊景點分散程度之研究。

19. 實施石油管理法對臺灣經濟成長影響之研究。

20. 金融風暴後預測模型之研究──以臺灣紡織業為例。

4-2-1 簡單線性迴歸 (廣義 OLS 指令 reg)

　　Stata 會根據你分析的依變數，係屬連續變數或類別變數，自動挑選：OLS 線性迴歸或線性機率迴歸來分析，可見 Stata 是有智慧判斷的軟體。

一、範例 1：簡單線性迴歸

(一) 問題說明

> 例題：簡單線性迴歸　 (參考林清山，民 81，p149)
> 　　下表是 10 名高中畢業生高中成績和大學入學成績。試根據此一資料求一預測公式。

學　　　生	A	B	C	D	E	F	G	H	I	J
高中成績 (X)	11	10	6	5	3	7	3	8	9	2
大學入學成績 (Y)	12	9	9	7	5	5	6	6	10	3

計算 $Y = bx + a$ 迴歸方程式的方法：

根據 X 變數來預測 Y 變數時的「迴歸係數」(regression coefficient) 公式為：

$$b_{Y.X} = \frac{\sum XY - \frac{\sum X \sum Y}{N}}{\sum X^2 - \frac{(\sum X)^2}{N}} = \frac{\sum (X - \overline{X})(Y - \overline{Y})}{\sum (X - \overline{X})^2}$$

$$= \frac{Cross - Product}{SS_X} = \frac{\frac{\sum (X - \overline{X})(Y - \overline{Y})}{N - 1}}{\frac{\sum (X - \overline{X})^2}{N - 1}} = \frac{COV_{xy}}{S_x^2}$$

得 $b = \dfrac{\sum XY - \frac{\sum X \sum Y}{N}}{\sum X^2 - \frac{(\sum X)^2}{N}} = \dfrac{523 - \frac{(64)(72)}{10}}{498 - \frac{(64)^2}{10}} = \dfrac{62.2}{88.4} = .7036$

而截距 a 之公式為：

$$a_{Y.X} = \overline{Y} - b_{Y.X}\overline{X} = 7.2 - (.7036)(6.4) = 2.6970$$

(二) 資料檔之內容

先設定工作目錄，「File > Chang working directory」，指定 CD 所附資料夾之路徑，接著再選「File > Open」，開啓資料檔「簡單線性迴歸 p154.dta」。自變數 x 爲高中成績 (連續變數)，依變數 y 爲大學入學考成績。資料檔內容如下圖。

圖 4-10 「linear_regression_p154.dta」資料檔 (N＝10，2 variables)

(三) 線性迴歸之選擇表操作

```
Statistics > Linear models and related > Linear regression
```

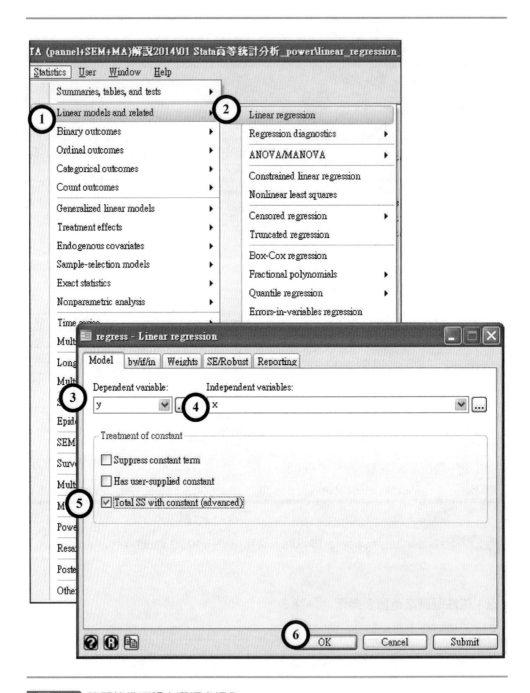

圖 4-11 簡單線性迴歸之選擇表操作

(四) 分析結果與討論

```
. use linear_regression_p154.dta

. regress y x, tsscons

      Source |       SS       df       MS              Number of obs =      10
-------------+------------------------------           F(  1,      8) =   14.69
       Model | 43.7651584        1  43.7651584         Prob > F      =  0.0050
    Residual | 23.8348416        8   2.9793552         R-squared     =  0.6474
-------------+------------------------------           Adj R-squared =  0.6033
       Total |       67.6        9  7.51111111         Root MSE      =  1.7261


-------------+----------------------------------------------------------------
           y |      Coef.   Std. Err.      t    P>|t|     [95% Conf. Interval]
-------------+----------------------------------------------------------------
           x |   .7036199   .1835841     3.83   0.005     .2802743    1.126966
       _cons |   2.696833   1.295537     2.08   0.071    -.2906801    5.684345
-------------+----------------------------------------------------------------
```

1. 簡單迴歸分析結果，如下圖。

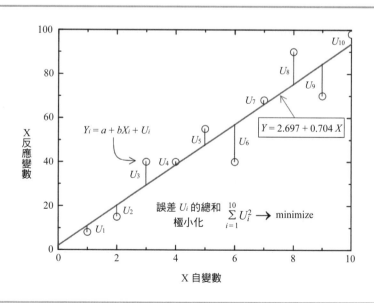

圖 **4-12** 線性迴歸分析結果之示意圖

2. 迴歸的變異數分析摘要表，$SS_{reg} = 43.765$，$SS_{res} = 23.835$，$p < 0.05$ 達顯著水準。列出迴歸係數 (B = 0.7036)、標準誤 = 0.183。95% 信賴區間 = [0.28,1.227] 未含 0 故達顯著水準。

3. 多元相關係數 $R = 0.805$、決定係數 R Square = 0.647。

4. 迴歸係數，$b = 0.704$，$a = 2.697$，故本例題的迴歸方程式可寫成：

$$Y = 2.697 + 0.704\ X$$

5. 若有一個學生的高中成績為 4，代入此方程式，則其大學入學考之預測成績為：

$$Y = 2.697 + 0.704 \times 4 = 5.5113$$

(五) 畫 95%CI 迴歸線

```
. use linear_regression_p154.dta
* quietly 係指，只做歸迴分析，但不印出結果
. quietly regress y x, tsscons

* 最近一次迴歸之預測值，存至 hat 變數
predict hat
* 最近一次迴歸之「standard error of the prediction」，存至 stf 變數
predict stf, stdf
* 新產生「預測 95%CI」
gen lo = hat - 1.96*stf
gen hi = hat + 1.96*stf

* 繪 1 個散布圖，3 條線性圖
twoway (scatter y x) (line hat x) (line lo x) (line hi x), ytitle ( 大學學測
Low/  Fitted/ High)
```

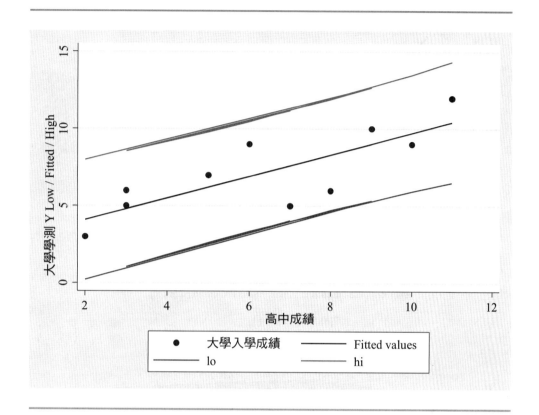

大學學測 Y Low / Fitted / High

圖 4-13 95% CI 迴歸線

4-2-2 多元線性迴歸 (廣義 OLS 指令 reg)

一、多元迴歸模型的意涵

例如，$Y = \beta_0 + \beta_1 X_1 + \beta_2 X_2 + residual$ 多元迴歸來說，其對應的多元迴歸模型的幾何圖，如下圖。

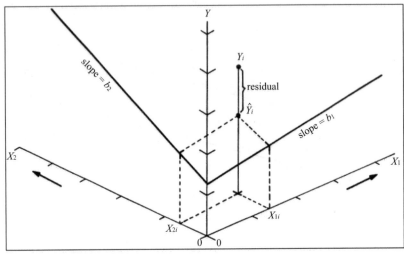

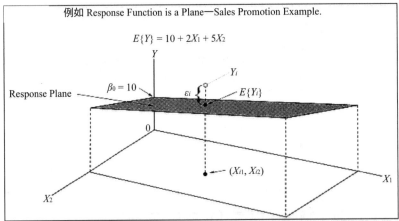

例如 Response Function is a Plane—Sales Promotion Example.

$E\{Y\} = 10 + 2X_1 + 5X_2$

圖 4-14 多元迴歸模型之示意圖

二、多元迴歸模型的分析流程圖

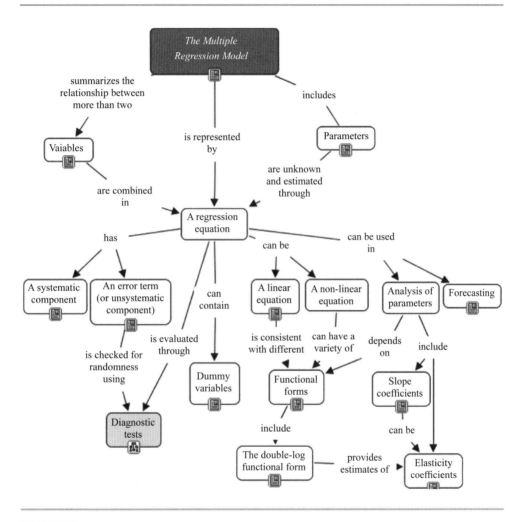

圖 4-15 多元迴歸模型之流程圖

三、多元迴歸模型的挑選

　　迴歸分析的目的之一在於找尋一些對依變數 (response variable) 重要的預測變數 (predicator variable)，以建立二者間的關係，並希望此關係建立後能夠對未來的反應結果提供預測。在迴歸模式的建構中常要從一群有潛力的預測變數中，挑選出一些最佳 (optimal) 的預測變數組合，以作為決定最佳迴歸模式之基

礎。一般而言，有二種方式：(1) 逐步迴歸 (stepwise regression)；(2) 所有可能迴歸 (all possible regressions) ——可用來挑選最佳的變數組合，由於使用逐步迴歸可能產生一些問題，例如無法認定 q 個最佳組合的預測變數。

所謂「所有可能迴歸」是對所有潛在的預測變數組合做檢查，利用某些準則 (criteria) 來決定所謂最佳的預測變數組合，可採用的準則相當多，例如：「coefficient of determination (R^2)」、「adjusted R^2」、「Anscombe-Tukey criterion (Ap)」、「Cp」、「PRESS」、「residual mean square (RMS)」、「mean square of error (MSE)」、「prediction criterion (PC)」、「Akaike information criterion (AIC)」、「Bayesian information criterion (BIC)」等 (Chatterjee, Hadi & Price, 2000)。

在上述的準則中，「adjusted R^2」和「Mallows Cp」係經常被當成挑選變數的標準，Olejnik, Mills 與 Keselman(2000) 認為，使用校正後 R^2 時所選取的校正後 R_a^2 的值愈高，所選的模式愈佳。Cp 是用來測量偏誤的，當模式的偏誤為零時，Cp 的期望值是 $k + 1$(k 為所投入的自變數個數)。所以，認定的最佳模式是當 Cp 和 $k + 1$ 差距的絕對值最小時。在實務上，最佳模式的認定經常是將 Cp 值最小時視為最佳模式。在準則的使用方面，Mallows (2000) 不建議使用 Cp 值最小的方式來挑選變數，他表示在一些例子中 (例如：很多競爭的變數組合之 Cp 值都相當接近)，以 Cp 值最小來挑選變數組合所得到的結果並不理想。Chatterjee, Hadi 與 Price (2000) 表示，不能只以 Cp 法來挑選變數。要有效運用 Cp 法必須同時注意 RMS 才能避免統計分析結果有扭曲之情形。Olejnik, Mills 與 Keselman (2000) 的研究結果顯示，當預測變數的數目愈少，變數間不具高相關。那麼，採取 Cp 的方式在選擇變數上或許可以提供好的抉擇。相反地，當預測變數太多，且變數與變數間有中等或高度的相關，則即使在很大的樣本之情況下，此種方式 (Cp 最小) 仍不太可能可以成功地識別出真正的變數。在 Olejnik, Mills 與 Keselman 的研究中所得到的重要結論乃是：採取上述兩個方式 (校正後 R_a^2 最大或 Cp 最小) 都不見得能挑選到最佳的模式。因此，建議研究者於選擇預測方程式中的變數時，必須加入理論或專業判斷。

Hubert 1989 年曾提出一種方法，可用來替代逐步迴歸。此法可分為二個步驟：(一) 就變數的選取加以敘述。(二) 就變數的重要性加以說明。具體言之，第一個步驟 (變數的選取) 又可區分成二個步驟：(1) 所有可能變數的組合。(2) 決定哪一種組合是最好的。所謂「所有可能變數的組合」係指：利用 Stata 外加的 package「RSQUARE」指令檔，電腦可提供 $2^n - 1$ 個迴歸公式 (n 表預測變數

的個數) 中各種變數組合的 R^2 與 Cp。研究者可在各組合中挑選複相關平方 (R^2) 最高者爲該組合中最佳的組合。所謂「決定哪一種組合是最好的」係指：當得知各種組合的 R^2 之後，再去決定自變數的個數。

決定自變數的個數時可依據校正後 R_a^2 值或 Cp 值來作判斷。而第二個步驟 (變數的重要性) 是指：當找出變數的最佳組合後，再著手於各變數相對的重要性。方法的步驟如下：$R_p^2 - R_{(1)}^2$，$i = 1, 2, \cdots$ p-1。例如有 X1、X2、X3、X4 四個預測變數與一個效標變數 Y。$R_{y.1234}^2$ 代表 R_p^2，而 $R_{y.234}^2$ 則代表 $R_{(1)}^2$，表示 X1 不在其中，而只有 X2、X3、X4 三個預測變數。則 $R_{y.1234}^2 - R_{y.234}^2$ 就代表 X1 所造成的差異部分，X2、X3、X4 依此類推。之後，再比較四個的差異值。最大者可謂相對的重要性較高，次大者其重要性次之。例如有人認爲以 R^2(挑最大)、MSE(挑最小) 或 Cp(挑最小) 值做判斷時，所選到的模式不一定相同。因此，建議分別以各種標準 (如 R^2、MSE 或 Cp) 挑出最佳模式，最後再從各種標準所挑選出的模式中找出共同者，作爲最後模式選擇的參考。而 Olejnik, Mills 與 Keselman (2000) 則認爲，研究者可檢視所有模式的校正後 R_a^2 值或 Cp 值。研究時，經常會有一些模式有類似的 R^2 值或 Cp 值，研究者或許可從這些競爭模式中挑選出較佳的模式。

若採取 Hubert 所提出的方式來選取迴歸之模式，先以 R^2 的大小爲依據，以各組合中 R^2 最高者爲該組合中最佳的組合。再以校正後 R^2(最大值)、Cp(最小值) 和 MSE(最小值) 來決定自變數的個數。由於以 Cp 最小值選取變數時可能有一些問題。因而，會再參酌校正後 R_a^2 和 MSE 之值來作綜合的判斷。此外，由於進行迴歸分析時必須符合一些假定。例如：準則 (效標) 變數與預測變數的直線關係；殘差項的變異數相等；殘差項的獨立性；殘差項分配的常態性。因而，研究者仍要對迴歸模式是否能符合迴歸分析之基本假定 (assumption) 進行檢定，以確定迴歸模式之適配性。最後，再去進行變數間關係之解釋 (亦即探討各變數相對的重要性)。

四、範例 2：多元迴歸

(一) 問題說明

> 例題：多元迴歸　(參考林清山，民 81，p561)
>
> 　　某教師想根據高中平均學業成績 (X1) 和智力測驗成績 (X2) 來預測大學入學考成績 (Y)，乃自去年參與大學入學考的學生中抽取一部分學生作為樣本。下表是這些學生每人的三項分數。試根據高中平均學業成績和智力測驗成績預測大學入學考成績時的多元迴歸預測公式及多元相關係數。
>
> 　　假定今年有一位應屆高三畢業生，其高中學業成績為 14，智力測驗成績為 9。試預測如果他也參加今年的大學入學考，他將得幾分？

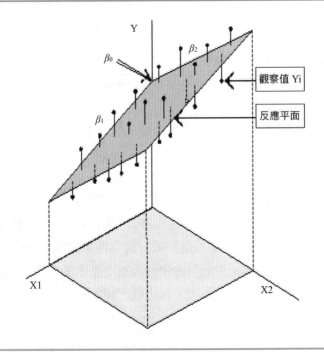

圖 4-16 多元迴歸之示意圖

學　　生	Y：大學入學考成績	X1：高中平均學業成績	X2：智力
A	11	13	8
B	5	9	6
C	8	10	4

學　生	Y：大學入學考成績	X1：高中平均學業成績	X2：智力
D	13	15	8
E	7	11	7
F	12	13	10
G	10	12	9
H	15	11	9
I	11	9	8
J	6	7	5

$\overline{Y} = 9.8$

$\overline{X}_1 = 11.0$

$\overline{X}_2 = 7.2$

$S_Y = 3.225$

$S_1 = 2.357$

$S_2 = 1.814$

$r_{Y1} = .643$

$r_{Y2} = .768$

$r_{12} = .598$

計算方法：

1. 標準化迴歸係數的計算

標準化迴歸方程式 $Z_y = \beta_1 Z_1 + \beta_2 Z_2$，其中二個係數公式為：

$$\beta_1 = \frac{\gamma_{Y1} - \gamma_{Y2}\gamma_{12}}{1 - \gamma_{12}^2} = \frac{.643 - (.768)(.598)}{1 - (.598)^2} = .286$$

$$\beta_2 = \frac{\gamma_{Y2} - \gamma_{Y1}\gamma_{12}}{1 - \gamma_{12}^2} = \frac{.786 - (.643)(.598)}{1 - (.598)^2} = .597$$

得標準分數化迴歸公式：

$$\hat{Z}_Y = 0.286Z_1 + 0.597Z_2$$

由標準分數化的迴歸係數可大約看出兩個預測變數的相對重要性。以本例而言，第二個預測變數 (智力測驗成績) 比第一個預測變數 (高中學業成績) 在預測大學入學考成績方面為較具重要性。

2. 原始分數迴歸方程式的計算

代入複相關係數 $R = \sqrt{\beta_1 \gamma_{Y1} + \beta_2 \gamma_{Y2}}$ 公式，得

$$R = \sqrt{.286(.643) + .597(.768)} = .8015$$
$$R^2 = .6424 \text{(決定係數)}$$

接著計算原始分數迴歸方程式 $Y = a + b_1 X_1 + b_2 X_2$ 這三個未知數，其中

$$b_1 = \beta_1 \frac{S_Y}{S_1} = (.286)\frac{3.225}{2.357} = .391$$

$$b_2 = \beta_2 \frac{S_Y}{S_2} = (.597)\frac{3.225}{1.814} = 1.061$$

$$a = \overline{Y} - b_1\overline{X_1} - b_2\overline{X_2} = 9.8 - (.391)(11.0) - (1.061)(7.2) = -2.140$$

最後得原始分數的迴歸方程式爲：

$$\hat{Y} = 0.391X_1 + 1.062X_2 - 2.140$$

(二) 資料檔之內容

先設定工作目錄，「File > Chang working directory」，指定 CD 所附資料夾之路徑，接著再選「File > Open」，開啓資料檔「Multi_linear_regression_p561.dta」，此資料檔內容如下圖。

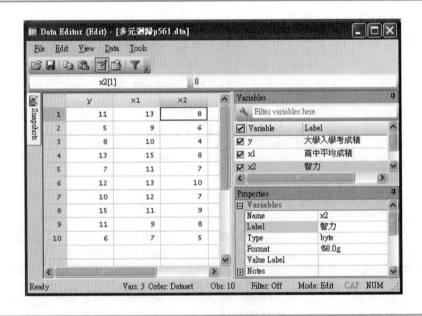

　圖 4-17 「Multi_linear_regression_p561.dta」資料檔 (N=10 , 3 variables)

(三) 多元迴歸之選擇表操作

Statistics > Linear models and related > Linear regression

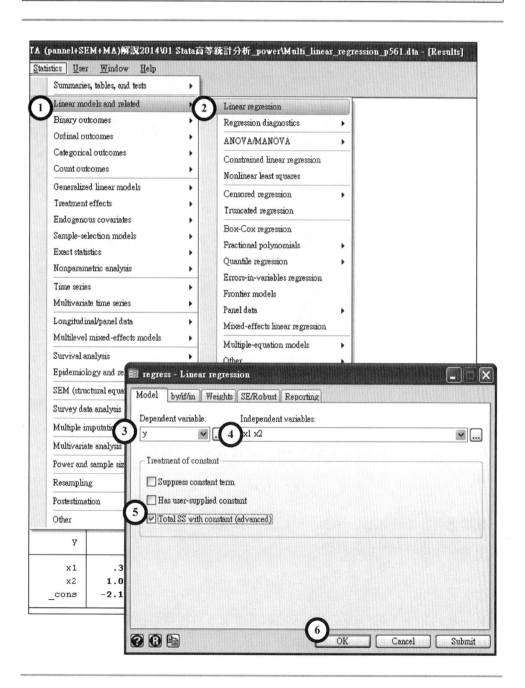

圖 4-18 多元迴歸之選擇表操作

(四) 分析結果與討論
Step 1. 全部自變數都納入分析

```
. use Multi_linear_regression_p561.dta

. regress y x1 x2, tsscons

      Source |       SS          df        MS              Number of obs =       10
-------------+------------------------------              F(  2,      7) =     6.28
       Model |  60.0883281        2    30.044164          Prob > F      =   0.0275
    Residual |  33.5116719        7    4.7873817          R-squared     =   0.6420
-------------+------------------------------              Adj R-squared =   0.5397
       Total |        93.6        9          10.4         Root MSE      =    2.188


-------------------------------------------------------------------------------
           y |      Coef.   Std. Err.      t    P>|t|     [95% Conf. Interval]
-------------+-----------------------------------------------------------------
          x1 |    .392429   .3860154     1.02   0.343    -.5203523    1.30521
          x2 |   1.059937   .5016996     2.11   0.072    -.1263942   2.246268
       _cons |  -2.148265   3.635505    -0.59   0.573    -10.74487   6.448339
-------------------------------------------------------------------------------
```

1. 多元相關係數 $R = 0.801$，決定係數 $R_a^2 = 0.539$，誤差的均方 (MS_E) 開根號，即 為「Root MS_E」，即 Root $MS_E = \sqrt{MS_E} = \sqrt{4.787} = 2.189$，此值愈小表示迴歸 模型愈佳。

2. $B_1 = 0.392$，$B_2 = 1.060$。故原始分數的迴歸方程式可寫成：

$$Y = -2.148 + 0.392X_1 + 1.06X_2$$

標準化迴歸係數 Beta1 = 0.287，Beta2 = 0.596，
故標準化迴歸方程式可寫成：

$$Z_Y = 0.287Z_1 + .596Z_2$$

3. $B_1 = 0.392(t = 1.02, p > 0.05)$ 未達顯著水準，故模型可捨棄它；且 95%CI = [−0.52, +1.31] 亦含 0 所以未達顯著。

$B_2 = 1.060$ $(t = 2.11, p < 0.05)$ 則達顯著水準。故基於迴歸模型要愈簡單的原 則，只需用一個 X2 預測變數，即可有效來預測 y(大學入學考)。

故再執行簡單迴歸「regress y x2, tsscons」，結果如下，顯示「Root MSE = 2.193」，幾乎近似前次多元迴歸的 MSE = 2.189。表示採用簡單迴歸之誤差，等同多元迴歸，故採用較簡潔之簡單迴歸是聰明的決策。此外，簡單迴歸 $R^2 = 0.589$ 的解釋量，亦近似於多元迴歸 $R^2 = 0.642$。故迴歸模型少納入一個 X_1 是最佳決擇。

Step 2. 捨棄部分不顯著的自變數

```
. regress y  x2, tsscons

      Source |       SS         df       MS              Number of obs =      10
-------------+------------------------------            F(  1,     8) =   11.47
       Model |  55.1405405      1   55.1405405          Prob > F      =   0.0095
    Residual |  38.4594595      8   4.80743243          R-squared     =   0.5891
-------------+------------------------------            Adj R-squared =   0.5377
       Total |        93.6      9         10.4          Root MSE      =   2.1926


           y |      Coef.   Std. Err.      t    P>|t|     [95% Conf. Interval]
-------------+----------------------------------------------------------------
          x2 |   1.364865   .4030053     3.39   0.010     .435533    2.294197
       _cons |   -.027027   2.983328    -0.01   0.993    -6.906594    6.85254
```

Step 3. 迴歸模型之適配度檢定

分析完任何迴歸 (clogit, cnreg, cloglog, intreg, logistic, logit, mlogit, nbreg, ocratio, ologit, oprobit, poisson, probit, regress, zinb, 及 zip) 之後，最近一次的迴歸分析會暫存在 Stata 記憶體中，因此事後才可用「fitstat」指令，來檢定「最後一次迴歸分析」的適配度。

Step 3-1. 先做多元迴歸之適配度

```
. use Multi_linear_regression_p561.dta
* quietly 係指，只做歸迴分析，但不印出結果
. quietly regress y x1 x2
. fitstat
```

1. 安裝 fitstat 指令檔之後，直接在 Command 鍵入「fitstat」，即可求得八種 pseudo R^2。R^2 值愈大，表示你最近一次分析的迴歸解釋量就愈高。

2. Stata 八種 pseudo R^2 計算公式，儘管與 non-pseudo R^2 不同，但背後之解釋意義卻很相似。

```
. clear
* 清除 資料檔
. use Multi_linear_regression_p561.dta
* 開啟此 資料檔

* quietly 係指，只做歸迴分析，但不印出結果
. quietly regress y x1 x2
* 執行 y= x1+ x2  多元迴歸，但不印出。只將迴歸分析結果暫存在記憶體

. * 先用「findit fitstat」找此 ado 命令檔，並人工 copy 至工作目錄之資料夾，再執
行它
. fitstat
* 適配度分析

Measures of Fit for regress of y

Log-Lik Intercept Only:      -25.372    Log-Lik Full Model:      -20.236
D(7):                         40.472    LR(2):                     10.271
                                        Prob > LR:                  0.006

R2:                            0.642    Adjusted R2:                0.540
AIC:                           4.647    AIC*n:                     46.472
BIC:                          24.354    BIC':                      -5.666
```

1. 迴歸模型的評估常使用判定係數 (coefficient of determination) non-pseudo R^2 公式：

$$non\text{-}pseudo\ R^2 = \frac{SS_R}{SS_T}$$

2. 多元迴歸之決定係數 R Square = 0.642。R square 代表的是一個迴歸模式的解釋能力，本例，迴歸模型的解釋能力高達 64.2%。

3. AIC (Akaike information criterion)，BIC (Bayesian information criterion) 兩項資訊準則。AIC 與 BIC 所計算出來的值越小，則代表模型的適配度越佳。

$$AIC = T \times Ln(SS_E) + 2k$$
$$BIC = T \times Ln(SS_E) + k \times Ln(T)$$

4. 判定係數 R^2、AIC 與 BIC，雖然是幾種常用的準則，但是卻沒有統計上所要求的『顯著性』。

5. 當我們利用判定係數或 AIC 與 BIC 找出一個適配度較佳的模型，但是我們卻不知道這個模型是否『顯著地』優於其他模型。

6. AIC (Akaike Information Criterion) 屬於一種判斷任何迴歸 (e.g 迴歸模型) 是否恰當的訊息準則，一般來說數值愈小，迴歸模型的適配較好。AIC=4.647。

7. BIC (Bayesian information criterion) 亦屬於一種判斷任何迴歸是否恰當的訊息準則，一般來說數值愈小，迴歸模型的適配較好。但較少有研究者用它。BIC=24.354。

8. 適配度：概似比 Likelihood Ratio(LR) 檢定
例如，假設我們要檢定 AR(2) 模型是否比 AR(1) 模型來的好，因此我們可以分別算出兩個模型的最大概似值分別爲 L_U 與 L_R，則 L_R 統計量爲：

$$LR = -2(L_R - L_U) \sim 符合 \chi^2_{(m)} 分配$$

假如，$P < 0.05$ 表示達顯著的話，則表示 AR(2) 模型優於 AR(1) 模型。

以本例 Logit 迴歸來說，結果得 LR(2)= 10.27, $p < 0.05$，表示我們認定的預測變數對依變數之模型，比「null model」顯著的好，即表示目前這個迴歸模型適配得很好。

Step 3-2. 再做簡單迴歸之適配度

```
* quietly 係指，只做歸迴分析，但不印出結果
. quietly regress y  x2

.

. fitstat

Measures of Fit for regress of y

Log-Lik Intercept Only:    -25.372    Log-Lik Full Model:      -20.924
D(8):                       41.849    LR(1):                     8.894
                                      Prob > LR:                 0.003
R2:                          0.589    Adjusted R2:               0.538
AIC:                         4.585    AIC*n:                    45.849
BIC:                        23.428    BIC':                     -6.592
```

1. 迴歸模型的評估常使用判定係數 (coefficient of determination) non-pseudo R^2 公式：

$$\text{non-pseudo } R^2 = \frac{SS_R}{SS_T}$$

本例迴歸之決定係數 R Square = 0.589。R square 代表的是一個迴歸模式的解釋能力，本例結果是 0.589，表示此模型的解釋能力高達 58.9%，略低多元迴歸之 64.2%。

2. AIC (Akaike information criterion), BIC (Bayesian information criterion) 兩項資訊準則。AIC 與 BIC 所計算出來的值越小，則代表模型的適配度越佳。

   AIC $= T \times Ln(SS_E) + 2k$

   BIC $= T \times Ln(SS_E) + k \times Ln(T)$

3. 本例 AIC (Akaike Information Criterion) = 4.585，略低多元迴歸之 AIC = 4.647。此值愈小，時間序列模型的適配較好。顯示簡單迴歸比多元迴歸更不會有 overfit(為增加 R^2 而需增加參數的個數) 問題。

4. 本例 BIC (Bayesian information criterion) = 23.428，近似多元迴歸之 BIC = 24.354。

5. 簡單迴歸 LR(2) 之 p = 0.003 < 0.05，多元迴歸之 p = 0.006 < 0.05。表示，多元迴歸及簡單迴歸兩者 model 都比「null model」顯著的好。故一個自變數係可以取代二個自變數之迴歸模型。

6. 判定係數 R^2、AIC 與 BIC，雖然是幾種常用的準則，但是卻沒有統計上所要求的『顯著性』。

7. 當我們利用判定係數或 AIC 與 BIC 找出一個適配度較佳的模型，但是我們卻不知道這個模型是否『顯著地』優於其他模型。

8. 適配度：概似比 Likelihood Ratio(LR) 檢定
   例如，假設我們要檢定 AR(2) 模型是否比 AR(1) 模型來的好，因此我們可以分別算出兩個模型的最大概似值分別為 L_U 與 L_R，則 L_R 統計量為：

$$LR = -2(L_R - L_U) \sim 符合 \chi^2_{(m)} 分配$$

   假如，$p < 0.05$ 表示達顯著水準的話，則表示 AR(2) 模型優於 AR(1) 模型。
   以本例簡單迴歸來說，結果得 LR(1) = 8.89, $p < 0.05$，表示我們認定的預測變數對依變數之模型比「null model」顯著的好，即表示目前這個簡單迴歸模型適配得很好。

Step 3-3. 直接「多元迴歸 vs. 簡單迴歸」兩模型之適配度比較

```
.* 限在同一個資料檔之下做適配度比較
 use Multi_linear_regression_p561.dta
* 先暫存多元迴歸之適配度 (R² 、AIC、BIC、Likelihood Ratio) 至 r2_1
. regress y x1 x2
. fitstat, sav(r2_1)
* 再做「簡單迴歸 vs. 多元迴歸」兩模型適配度差 (R² 、AIC、BIC、Likelihood Ratio)
. regress y  x2
. fitstat, using(r2_1)
```

```
. use Multi_linear_regression_p561.dta
* 先求多元迴歸之適配度
. regress y x1 x2

    Source |      SS       df       MS              Number of obs =      10
-------------+------------------------------        F( 2,      7) =    6.28
       Model | 60.0883281     2   30.044164        Prob > F      =  0.0275
    Residual | 33.5116719     7   4.7873817        R-squared     =  0.6420
-------------+------------------------------        Adj R-squared =  0.5397
       Total |      93.6      9        10.4        Root MSE      =   2.188


-------------------------------------------------------------------------------
         y |      Coef.   Std. Err.      t    P>|t|     [95% Conf. Interval]
-------------+-----------------------------------------------------------------
        x1 |   .392429   .3860154     1.02   0.343    -.5203523     1.30521
        x2 |  1.059937   .5016996     2.11   0.072    -.1263942    2.246268
     _cons |  -2.148265   3.635505    -0.59   0.573    -10.74487    6.448339
-------------------------------------------------------------------------------


.
. fitstat, sav(r2_1)

Measures of Fit for regress of y

Log-Lik Intercept Only:       -25.372    Log-Lik Full Model:        -20.236
D(7):                          40.472    LR(2):                      10.271
                                         Prob > LR:                   0.006
```

R2:	0.642	Adjusted R2:	0.540
AIC:	4.647	AIC*n:	46.472
BIC:	24.354	BIC':	-5.666

(Indices saved in matrix fs_r2_1)

* 再求簡單迴歸之適配度
. regress y x2

Source	SS	df	MS		Number of obs =	10
					F(1, 8) =	11.47
Model	55.1405405	1	55.1405405		Prob > F =	0.0095
Residual	38.4594595	8	4.80743243		R-squared =	0.5891
					Adj R-squared =	0.5377
Total	93.6	9	10.4		Root MSE =	2.1926

y	Coef.	Std. Err.	t	P>|t|	[95% Conf. Interval]	
x2	1.364865	.4030053	3.39	0.010	.435533	2.294197
_cons	-.027027	2.983328	-0.01	0.993	-6.906594	6.85254

.* 前次 (多元) 迴歸與最近模型之適配度比較
. fitstat, using(r2_1)

Measures of Fit for regress of y

*	簡單迴歸	多元迴歸	兩迴歸模型的差
	Current	Saved	Difference
Model:	regress	regress	
N:	10	10	0
Log-Lik Intercept Only:	-25.372	-25.372	0.000
Log-Lik Full Model:	-20.924	-20.236	-0.689
D:	41.849(8)	40.472(7)	1.377(1)
LR:	8.894(1)	10.271(2)	1.377(1)
Prob > LR:	0.003	0.006	0.241
R2:	0.589	0.642	-0.053
Adjusted R2:	0.538	0.540	-0.002
AIC:	4.585	4.647	-0.062

```
AIC*n:                    45.849          46.472          -0.623
BIC:                      23.428          24.354          -0.925
BIC':                     -6.592          -5.666          -0.925

Difference of    0.925 in BIC' provides weak support for current model.

Note: p-value for difference in LR is only valid if models are nested.
```

　　「簡單迴歸 vs. 多元迴歸」適配度的差 (Difference)，其 LR(1) = 1.377，p = 0.241>0.05，表示「前次 (多元) 迴歸與最近模型」這兩個模型的適配度並無顯著差別，故簡單迴歸可取代多元迴歸。

　　本例所有六種 pseudo R-squareds 都顯示，簡單迴歸模型比多元迴歸模型之適配度低：多放一個預測變數入迴歸模式 (即數學方程式) 中不會有問題；然而，針對類別變數，例如：性別 (男生、女生)、滿意度 (無、中等、大) 及血型 (O 型、A 型、B 型及 AB 型) 這類資料通常為非量化的特質；而如何將這些非量化的特質代入模式中，虛擬變數的使用即是用來解決這個問題的。

4-3 如何挑選預測變數的所有可能組合 (rsquare 指令)

一、範例：建立複迴歸模型 (x1 x2 x3 x4)

(一) 問題說明

　　研究者想了解，在有名河流之流域中，氮排放量的有效預測模型為何？預測的自變數挑 x1,x2,x3,x4 四個 (都是連續變數)，依變數 y 為氮排放量 (y 衡量河流受污染程度，因為氮化物會造成水質的優氧化)；因為氮排放量非常態分配，故取對數函數使它呈現常態分配，logy 為 Log(Y)。N= 54 河流域。

1. 依變數 y：河流流域之氮排放量。因它非常態故將它再取 log()，變成常態分配之 logy 變數。
2. x1 自變數：住宅人數 (百萬)，
3. x2 自變數：農耕面積。
4. x3 自變數：森林面積。
5. x4 自變數：工業 / 商業。

6. x2x3：人工新增的 x2 及 x3 交互作用項。因爲農耕面積增加，森林面積就會
   減少，故這兩個變數有「一增一減」交互關係。

(二) 資料檔之內容

　　「Select_Predictor_Variables.dta」資料檔內容如下圖。

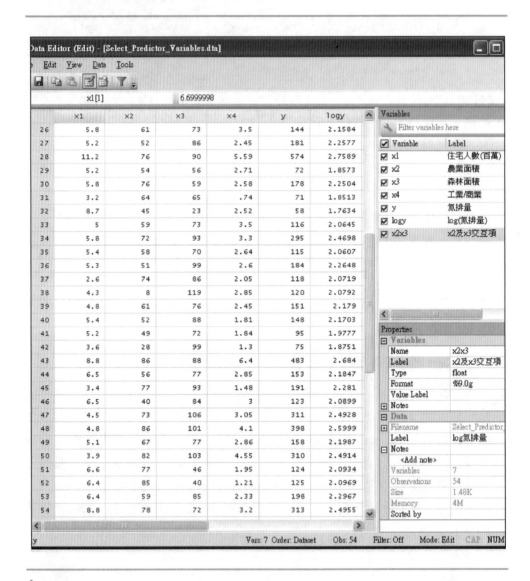

圖 4-19 「Select_Predictor_Variables.dta」資料檔 (N= 54 河流，7 variables)

1. 你可在 Stata 選「Data > Data editor > Data editor (Edit)」來新建資料檔 (如上圖)。
2. 亦可採用，Stata 新建資料檔「input」指令 (如下)：

```
. clear
. * 原始資
. input x1 x2 x3 x4 y logy
    6.7  62   81  2.59  200  2.3010
    5.1  59   66  1.70  101  2.0043
    7.4  57   83  2.16  204  2.3096
    6.5  73   41  2.01  101  2.0043
    7.8  65  115  4.30  509  2.7067
    5.8  38   72  1.42   80  1.9031
    5.7  46   63  1.91   80  1.9031
    3.7  68   81  2.57  127  2.1038
    6.0  67   93  2.50  202  2.3054
    3.7  76   94  2.40  203  2.3075
    6.3  84   83  4.13  329  2.5172
    6.7  51   43  1.86   65  1.8129
    5.8  96  114  3.95  830  2.9191
    5.8  83   88  3.95  330  2.5185
    7.7  62   67  3.40  168  2.2253
    7.4  74   68  2.40  217  2.3365
    6.0  85   28  2.98   87  1.9395
    3.7  51   41  1.55   34  1.5315
    7.3  68   74  3.56  215  2.3324
    5.6  57   87  3.02  172  2.2355
    5.2  52   76  2.85  109  2.0374
    3.4  83   53  1.12  136  2.1335
    6.7  26   68  2.10   70  1.8451
    5.8  67   86  3.40  220  2.3424
    6.3  59  100  2.95  276  2.4409
    5.8  61   73  3.50  144  2.1584
    5.2  52   86  2.45  181  2.2577
   11.2  76   90  5.59  574  2.7589
    5.2  54   56  2.71   72  1.8573
    5.8  76   59  2.58  178  2.2504
    3.2  64   65  0.74   71  1.8513
```

```
  8.7   45    23   2.52    58   1.7634
  5.0   59    73   3.50   116   2.0645
  5.8   72    93   3.30   295   2.4698
  5.4   58    70   2.64   115   2.0607
  5.3   51    99   2.60   184   2.2648
  2.6   74    86   2.05   118   2.0719
  4.3    8   119   2.85   120   2.0792
  4.8   61    76   2.45   151   2.1790
  5.4   52    88   1.81   148   2.1703
  5.2   49    72   1.84    95   1.9777
  3.6   28    99   1.30    75   1.8751
  8.8   86    88   6.40   483   2.6840
  6.5   56    77   2.85   153   2.1847
  3.4   77    93   1.48   191   2.2810
  6.5   40    84   3.00   123   2.0899
  4.5   73   106   3.05   311   2.4928
  4.8   86   101   4.10   398   2.5999
  5.1   67    77   2.86   158   2.1987
  3.9   82   103   4.55   310   2.4914
  6.6   77    46   1.95   124   2.0934
  6.4   85    40   1.21   125   2.0969
  6.4   59    85   2.33   198   2.2967
  8.8   78    72   3.20   313   2.4955
. end

. label variable y " 氮排量 "
. label variable x3 " 森林面積 "
. label variable x2 " 農耕面積 "
. label variable x1 " 住宅人數 ( 百萬 )"
. label variable x4 " 工業 / 商業 "
. gen x2x3=x2*x3
* 因為農耕面積增加，森林面積就會減少，故這兩個變數有「一增一減」交互作用關係
```

(三) 建立複迴歸模型 (x1 x2 x3 x4) 之選擇表操作

Statistics > Linear models and related > Linear regression

我們會依序檢測下列四個多元迴歸模型，看那一個模型最佳 (QQ 圖呈 45 度、誤差散布均勻)：

| 1. y = x1 + x2 + x3 + x4 |
| 2. logy = x1 + x2 + x3 + x4 |
| 3. y = x2 + x3 |
| 4. logy = x2 + x3 |

(四) 建立複迴歸模型 (x1 x2 x3 x4)

Step 1. 先判斷依變數 : y vs. logy 何者較適合於迴歸模型

Step 1-1. 先判斷 y 在 **(x1 x2 x3 x4)** 迴歸之殘差圖

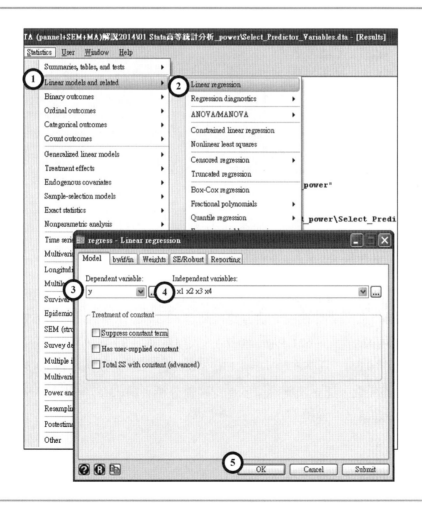

圖 4-20 多元線性迴歸之選擇表操作

293

```
. use Select_Predictor_Variables.dta
. regress y x1 x2 x3 x4


      Source |       SS          df       MS                Number of obs =        54
-------------+--------------------------------              F(  4,      49) =     62.79
       Model |  936264.538       4   234066.135             Prob > F      =    0.0000
    Residual |  182666.962      49   3727.89718             R-squared     =    0.8367
-------------+--------------------------------              Adj R-squared =    0.8234
       Total |  1118931.5       53   21111.9151             Root MSE      =    61.057



           y |      Coef.    Std. Err.      t     P>|t|     [95% Conf. Interval]
-------------+----------------------------------------------------------------
          x1 |   33.16383    7.017275     4.73    0.000     19.06209    47.26557
          x2 |    4.27186    .5633845     7.58    0.000     3.139696    5.404023
          x3 |   4.125738    .5111609     8.07    0.000     3.098522    5.152955
          x4 |   14.09156    12.52533     1.13    0.266    -11.07902    39.26215
       _cons |  -621.5975    64.80043    -9.59    0.000    -751.8189    -491.3762
-------------+----------------------------------------------------------------

. * 將這次迴歸之殘差 (residual)，存到資料檔 r 變數中
. predict r, resid

* 繪殘差常態機率圖 (Q-Q圖 ). 如下圖
. qnorm r, ylabel(-100(100)300) xlabel(-200(100)200)
```

　　複迴歸模型的輸出報表，由上表之 F value 顯示，其具有足夠的證據能夠拒絕虛無假設，並且調整後的 R 百分比可高達 82.34%，RMSE 為 61.057，其中各個迴歸截距項為 $\beta_0 = -621.59(p < 0.05)$、人口數 $\beta_1 = 33.16(p < 0.05)$、農耕面積 $\beta_2 = 4.27(p < 0.05)$、森林面積 $\beta_3 = 4.13(p < 0.05)$、工業面積 $\beta_4 = 14.09(p > 0.05)$，利用以上的係數，建立預測模型，進行殘差分析，得 $\sqrt{MS_E} = \sqrt{3727.897}$，高達 61.057，此結果並非理想。

殘差常態機率圖

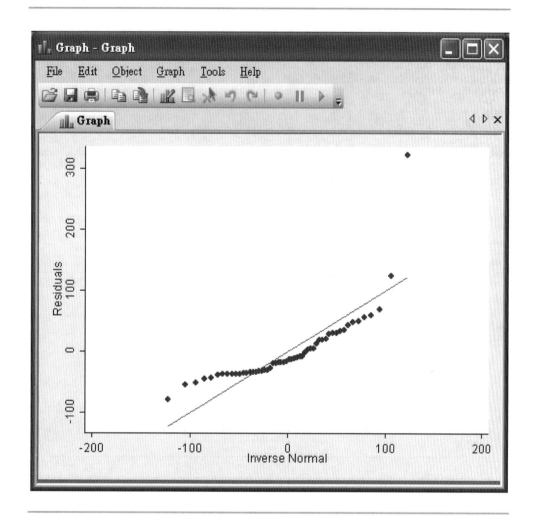

圖 4-21 (x1 x2 x3 x4) 對 y 預測的 Q-Q 圖 (未接近 45 度線，故未儘理想)

Step 1-2. 再判斷 **logy** 在 **(x1 x2 x3 x4)** 迴歸之殘差圖

```
* quietly 係指，只做歸迴分析，但不印出結果
. quietly regress logy x1 x2 x3 x4
* quietly 不印迴歸結果
* 將這次迴歸之殘差 (residual)，存到資料檔 r2 變數中
. predict r2, resid
```

```
* 繪殘差常態機率圖 (Q-Q 圖 ). 如下圖
. qnorm r2, ylabel(-.15(.6).15) xlabel(-.15(.6).15)
```

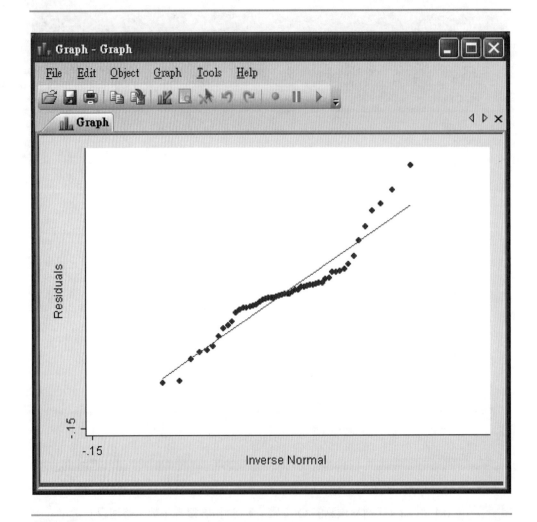

圖 4-22 (x1 x2 x3 x4) 對 logy 預測的 Q-Q 圖 (logy 比 y 更接近 45 度線，故 logy 較理想)

Step 2. 測試交互作用項 (x2×x3) 對 y vs. logy 迴歸， 何者較佳？

Step 2-1. 先測試交互作用項 (x2×x3) 在 y 的迴歸之殘差圖

由於 x2、x3 二預測變數有彼消此長 (一增一減關係)，故我們仍測試一下，這二個預測變數之「相乘積之交互作用項」是否適合來當預測變數？在此我們

先用繪圖法來看「交互作用項」殘差是否同質？

```
. quietly regress y x2  x3

* 將這次迴歸之殘差 (residual)，存到資料檔 r1 變數中
. predict r1, resid

* 繪殘差常態機率圖 (Q-Q圖). 如下圖
. graph twoway scatter r1 x2x3, ylabel(-200(100)400) xlabel(0(5000)10000)
```

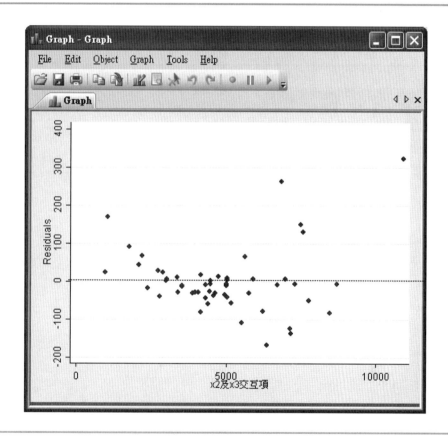

圖 4-23 交互作用項 (x2 × x3) 對 y 預測的殘差散布圖 (未均勻分布，故未儘理想)

　　儘管，x2、x3 二變數有彼消此長 (一增一減關係)，但殘差分布圖顯示：殘差是異質，呈現上下不均勻之非常態分配。故 x2、x3 二變數之「相乘積之交互作項」不適合來當預測變數。

Step 2-2. 再測交互作用項 **(x2×x3) 在 logy** 的迴歸之殘差圖

  由於 x2, x3 二變數之「相乘積之交互作用項」殘差呈現不均勻分布,我們懷疑可能是 y 變數本身不是常態分布,故 y 變數做變數變換,取對數 log(y) 存至 logy 變數,使用常態化。

  接著再繪 x2, x3 二變數「交互作用項」對 logy 依變數之殘差圖。

```
. quietly regress logy x2 x3
* 將這次迴歸之殘差 (residual),存到資料檔 r3 變數中
. predict r3, resid
* 繪殘差常態機率圖. 如下圖
. graph twoway scatter r3 x2x3, ylabel(-.4(.1)0.4) xlabel(0 5000 10000)
```

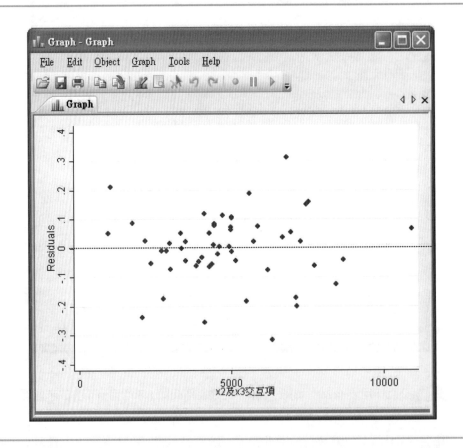

圖 4-24 (x2×x3) 對 logy 預測的殘差散布圖 (logy 比 y 更均勻分布,故 logy 較理想)

由於 (x2×x3) 交互作用項對 logy 之殘差圖，遠比對 y 來得均勻，故我們決定捨棄 y，改以 logy 來取代。

前次 Q-Q 圖發現 logy 殘差也比 y 更接近 45 度線。而且這次殘差散布圖 (上面二個圖)，logy 也比 y 更接近常態，故我們可肯定：logy 比 y 更適合於 (x1 x2 x3 x4)。

可惜本例之迴歸仍有一問題，就是此模型的殘差圖與 $\sqrt{MS_E}$ 值似乎不盡理想，所以，需再利用 Mallow's CpStatistic 與 Adjusted R-square (R_a^2) 的方法，進行較佳的模型篩選。

Step 3. 再次確認， logy 對 x1～X4 相關之散布圖， 是否呈均勻分布

```
. graph matrix logy x1 x2 x3 x4
```

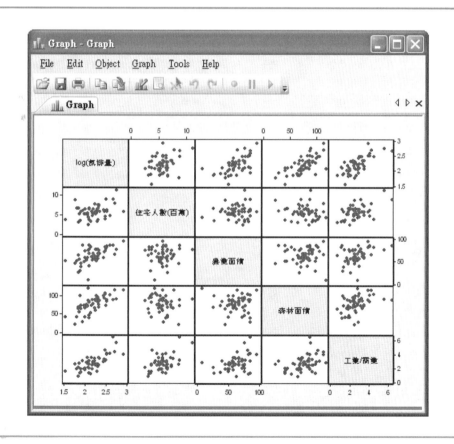

圖 4-25 logy 對 (x1 x2 x3 x4) 相關之散布圖矩陣 (大致都呈常態)

粗略來看，logy 對 (x1 x2 x3 x4) 相關之散布圖矩陣，大多呈常態分布。此圖再次確認 logy 是可被 (x1 x2 x3 x4) 所預測的。

Step 4. 用 「RSQUARE」 指令， 計算所有可能預測變數們的 rsquare， 即可自動地找出最佳的可能組合

Stata 有個外加「RSQUARE」package，你可用「findit rsquare」指令找 (或直接網址下載：http://www.ats.ucla.edu/stat/stata/ado/analysis)，並安裝它。接著再執行「**rsquare** logy x1 x2 x3 x4」指令即可。

```
. findit rsquare

* 模型比較 By Mallow's CpStatistic & Adjusted R-square
. rsquare logy x1 x2 x3 x4

Regression models for dependent variable : logy

R-squared  Mallows C      SEE       MSE      models with 1 predictor
0.1200      1510.59     3.4961    0.0672     x1
0.3515      1100.01     2.5763    0.0495     x2
0.4424       938.86     2.2153    0.0426     x3
0.5274       788.15     1.8776    0.0361     x4
R-squared  Mallows C      SEE       MSE      models with 2 predictors
0.4381       948.55     2.2325    0.0438     x1 x2
0.6458       580.14     1.4072    0.0276     x1 x3
0.5278       789.34     1.8758    0.0368     x1 x4
0.8130       283.67     0.7430    0.0146     x2 x3
0.6496       573.44     1.3922    0.0273     x2 x4
0.6865       507.90     1.2453    0.0244     x3 x4
R-squared  Mallows C      SEE       MSE      models with 3 predictors
0.9723         3.04     0.1099    0.0022     x1 x2 x3
0.6500       574.71     1.3905    0.0278     x1 x2 x4
0.7192       451.99     1.1156    0.0223     x1 x3 x4
0.8829       161.66     0.4652    0.0093     x2 x3 x4
R-squared  Mallows C      SEE       MSE      models with 4 predictors
0.9724         5.00     0.1098    0.0022     x1 x2 x3 x4
```

　　如何挑選本例 4 個預測變數之最佳組合呢？若用暴力法來排列組合，則有 15 種可能排列組合。因此採暴力法來測試最佳迴歸模型，係非常不智的。故你可改用，根據迴歸項各種組合來看「Mallow's CpStatistic & Adjusted R-square」值。總之，模型組合之挑選準則是：Mallow's Cp 挑最小者；Adjusted R-square 挑最大者。

1. 依「Mallows Cp 準則法」，我們挑「x1 x2 x3」，Mallows Cp=3.04 最小值。

2. 依「R^2_{Adj} 準則法」，我們挑最大值「x1 x2 x3 x4」，$R^2_{Adj} = 0.972$；或「x1 x2 x3」，$R^2_{Adj} = 0.972$。

　　根據上述二準則法的交集，從 4 個預測變數 15 種可能組合中，所挑選的最佳組合為：

　　「y= x1 +x2 +x3」。

Step 5. 用逐步 (stepwise) 迴歸， 再次確認最佳組合 「x1 x2 x3」

1. 逐步 (stepwise) 迴歸之選擇表

```
Statistics > Other > Stepwise estimation
```

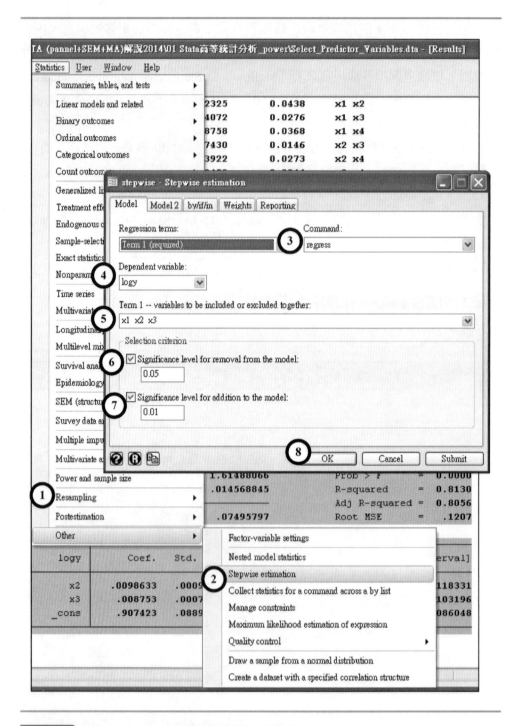

圖 4-26 逐步 (stepwise) 迴歸之選擇表 (只選「x1 x2 x3」)

註：Statistics > Other > Stepwise estimation

```
* 線性逐步 (stepwise) 迴歸之指令
. stepwise, pr(0.05) pe(0.01) : regress logy (x1  x2  x3)
                    begin with full model
p < 0.0500          for all terms in model


    Source |      SS        df       MS              Number of obs =      54
-----------+------------------------------          F(  3,    50) =  586.04
     Model | 3.86291372      3  1.28763791          Prob > F      =  0.0000
  Residual | .109858708     50  .002197174          R-squared     =  0.9723
-----------+------------------------------          Adj R-squared =  0.9707
     Total | 3.97277243     53   .07495797          Root MSE      =  .04687


      logy |    Coef.   Std. Err.      t    P>|t|    [95% Conf. Interval]
-----------+----------------------------------------------------------------
        x1 | .0692251   .0040779    16.98   0.000    .0610343    .0774159
        x2 | .0092945   .0003825    24.30   0.000    .0085263    .0100628
        x3 | .0095236   .0003064    31.08   0.000    .0089082    .0101391
     _cons | .4836209   .0426287    11.34   0.000    .3979985    .5692432
-----------+----------------------------------------------------------------
```

逐步 (stepwise) 迴歸結果：

1. 整體模型達顯著 $F_{.95(3,50)} = 586.04$，($p < 0.05$)。解釋量 $R^2_{Adj} = 97\%$ 非常高。誤差平方根 $\sqrt{MS_E} = 0.0468$ 非常小。

2. 最佳線性迴歸之組合為：y = 0.4836 + 0.0692 x1 + 0.0093 x2 + 0.0095 x3。即
   氮排放量 = 0.4836 + 0.069 住宅人口 + 0.009 農耕面積 + 0.010 森林面積

Step 6. 最佳線性迴歸的共線性診斷 (Collinearity diagnostics)

容忍值 (tolerance) 是共線性的指標，容忍值 = (1 − 自變數被其他變數所解釋的變異量)，容忍值 (0～1 之間)，愈大愈好。容忍值愈大，代表共線性問題愈小，容忍值的倒數 = 變異數膨脹因素 (VIF, variance inflation faction)，VIF 的值愈小愈好，代表愈沒有共線性問題。

```
. estat vif
*   自變數      變異數膨脹因素    容忍值
    Variable |         VIF        1/VIF
-------------+----------------------
          x1 |        1.03     0.970108
          x3 |        1.02     0.977506
          x2 |        1.01     0.991774
-------------+----------------------
    Mean VIF |        1.02
```

　　x1,x2,x3 的容忍值均大於 0.97 非常高，變異數膨脹因素均小於 1.01 都非常小，故三個自變數排除其他之後，自己可解釋的變異量都非常高。

4-4 殘差自我相關 3 種校正法：Prais-Winsten 迴歸等 (prais、newey 指令)

　　以下指令存於本書 CD 片之「Prais_Winsten_Reg_Lab2B.do」指令檔，旨在檢定「殘差自我相關」，並執行三種校正法：

1. Prais-Winsten 迴歸：prais 指令。
2. Cochrane-Orcutt 迴歸：prais 指令，corc 選項。
3. 殘留 Newey-West 標準誤之迴歸：newey 指令。

Step 1. 資料檔之內容描述如下

```
Obs:    108

    1. year                 1981 to 1989
    2. totacc               statewide total accidents
    3. fatacc               statewide fatal accidents
    4. injacc               statewide injury accidents
    5. pdoacc               property damage only accidents
    6. ntotacc              noninterstate total acc.
    7. nfatacc              noninterstate fatal acc.
    8. ninjacc              noninterstate injur acc.
    9. npdoacc              noninterstate property acc.
```

10.	rtotacc	total acc. on rural 65 mph roads
11.	rfatacc	fatal acc. on rural 65 mph roads
12.	rinjacc	injury acc. on rural 65 mph roads
13.	rpdoacc	property acc. on rural 65 mph roads
14.	ushigh	acc. on U.S. highways
15.	cntyrds	acc. on county roads
16.	strtes	acc. on state routes
17.	t	time trend
18.	tsq	t^2
19.	unem	state unemployment rate
20.	spdlaw	=1 after 65 mph in effect
21.	beltlaw	=1 after seatbelt law
22.	wkends	# weekends in month
23.	feb	=1 if month is Feb.
24.	mar	
25.	apr	
26.	may	
27.	jun	
28.	jul	
29.	aug	
30.	sep	
31.	oct	
32.	nov	
33.	dec	
34.	ltotacc	log(totacc)
35.	lfatacc	log(fatacc)
36.	prcfat	100*(fatacc/totacc)
37.	prcrfat	100*(rfatacc/rtotacc)
38.	lrtotacc	log(rtotacc)
39.	lrfatacc	log(rfatacc)
40.	lntotacc	log(ntotacc)
41.	lnfatacc	log(nfatacc)
42.	prcnfat	100*(nfatacc/ntotacc)
43.	lushigh	log(ushigh)
44.	lcntyrds	log(cntyrds)
45.	lstrtes	log(strtes)
46.	spdt	spdlaw*t
47.	beltt	beltlaw*t
48.	prcfat_1	prcfat[t-1]

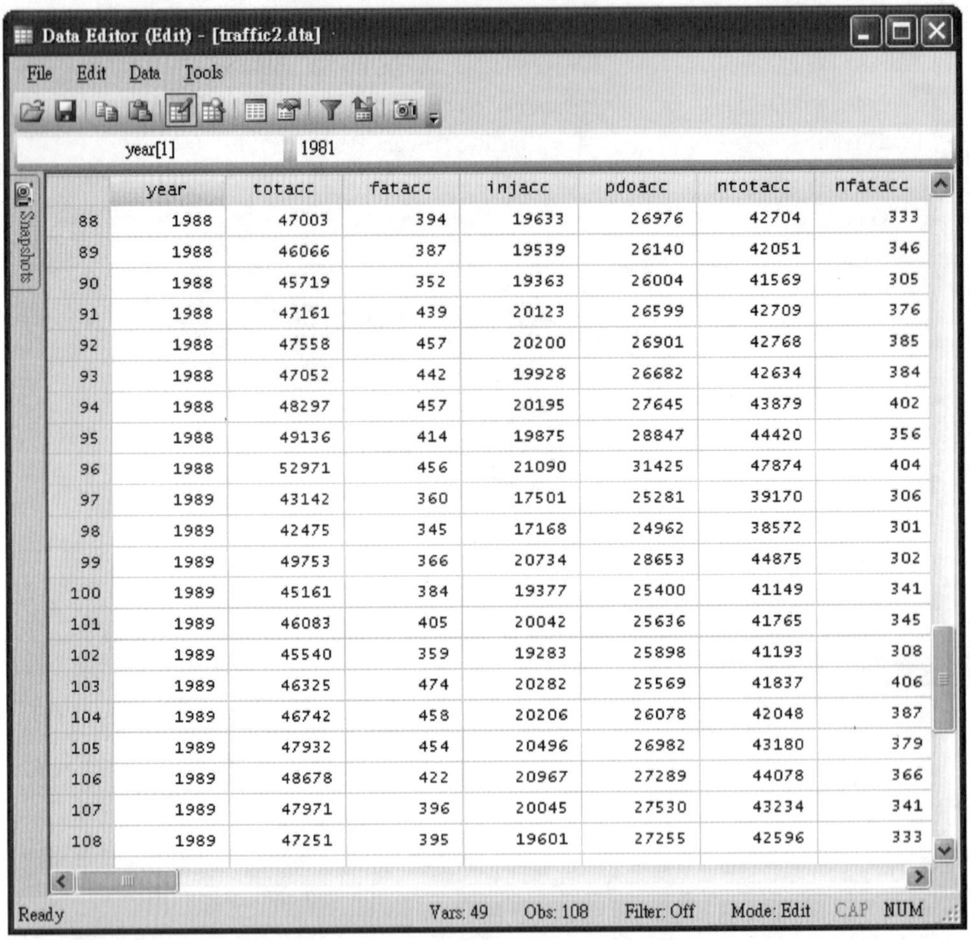

Data Editor (Edit) - [traffic2.dta]

File Edit Data Tools

year[1] 1981

	year	totacc	fatacc	injacc	pdoacc	ntotacc	nfatacc
88	1988	47003	394	19633	26976	42704	333
89	1988	46066	387	19539	26140	42051	346
90	1988	45719	352	19363	26004	41569	305
91	1988	47161	439	20123	26599	42709	376
92	1988	47558	457	20200	26901	42768	385
93	1988	47052	442	19928	26682	42634	384
94	1988	48297	457	20195	27645	43879	402
95	1988	49136	414	19875	28847	44420	356
96	1988	52971	456	21090	31425	47874	404
97	1989	43142	360	17501	25281	39170	306
98	1989	42475	345	17168	24962	38572	301
99	1989	49753	366	20734	28653	44875	302
100	1989	45161	384	19377	25400	41149	341
101	1989	46083	405	20042	25636	41765	345
102	1989	45540	359	19283	25898	41193	308
103	1989	46325	474	20282	25569	41837	406
104	1989	46742	458	20206	26078	42048	387
105	1989	47932	454	20496	26982	43180	379
106	1989	48678	422	20967	27289	44078	366
107	1989	47971	396	20045	27530	43234	341
108	1989	47251	395	19601	27255	42596	333

Ready Vars: 49 Obs: 108 Filter: Off Mode: Edit CAP NUM

圖 4-27 「traffic2.dta」資料檔內容 (N=108, Vars=49 個變數)

```
/* 用線性迴歸來分析 time series model 及 autocorrelation 檢定、並做 correct aut-
correlation。
本例數據來自美國聯邦 trafic accidents 資料，網址可查各變數描述：
http://fmwww.bc.edu/ec-p/data/wooldridge/traffic2.des
*/

clear
set more off
* 開啟 traffic2.dta 資料檔
use http://fmwww.bc.edu/ec-p/data/wooldridge/traffic2.dta, clear
```

Step 2. 殘差自我相關的診斷

```
* 令時間變數為：trend variable t
tsset t

* 殘差診斷前，先執行 OLS of prcfat on t, wkends, unem,spdlaw,beltlaw

reg prcfat t wkends unem spdlaw beltlaw

* 檢驗「residual at t and residuals at t-1」是否有相關
* 將最近一次 OLS 分析的 residual，存到 e 新變數
predict e, residual
* 取殘差 e 的 lag=1 值，並存到 lage 新變數
gen lage=1.e
* 相關分析
corr e lage

* 繪 e(t) 及 e(t-1) 二者之散布圖
graph matrix e lage

* 執行 Durbin Watson 殘差是否「自我相關」檢定
estat dwatson
```

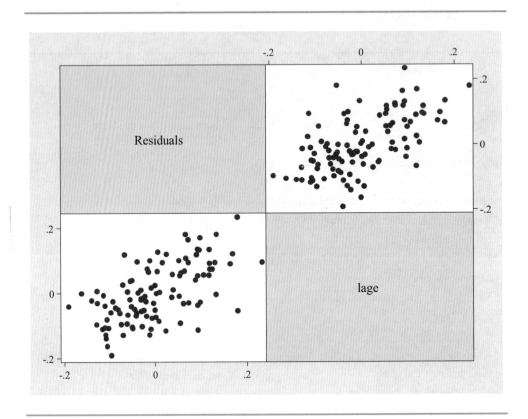

圖 4-28 繪 e(t) 及 e(t-1) 二者之散布圖

殘差自我相關的診斷結果如下：

```
. reg  prcfat t wkends unem spdlaw beltlaw

      Source |       SS       df       MS              Number of obs =      108
-------------+------------------------------           F(  5,    102) =     6.49
       Model |  .257171332      5  .051434266           Prob > F      =   0.0000
    Residual |  .808076822    102  .007922322           R-squared     =   0.2414
-------------+------------------------------           Adj R-squared =   0.2042
       Total |  1.06524815    107   .00995559           Root MSE      =   .08901


------------------------------------------------------------------------------
      prcfat |      Coef.   Std. Err.      t    P>|t|     [95% Conf. Interval]
-------------+----------------------------------------------------------------
```

```
         t |   -.0021869    .0006445    -3.39    0.001    -.0034653    -.0009084
    wkends |    .0081495    .0085296     0.96    0.342    -.0087689     .025068
      unem |   -.0187935    .0081645    -2.30    0.023    -.0349878    -.0025992
    spdlaw |    .0820838    .0316338     2.59    0.011     .0193382     .1448293
   beltlaw |   -.0509927    .0349523    -1.46    0.148    -.1203203     .0183349
     _cons |    1.031945    .1380627     7.47    0.000     .7580988     1.305792
--------------------------------------------------------------------------------.

. * 相關分析
. corr e lage
(obs=107)

             |        e       lage
-------------+------------------
         e |   1.0000
      lage |   0.5931    1.0000



. * 執行 Durbin Watson 殘差是否「自我相關」檢定
. estat dwatson

Durbin-Watson d-statistic(  6,    108) =    .809017
```

1. OLS 迴歸分析，預測變數 t 及 spdlaw 迴歸係數之顯著性，都達 0.05 顯著水準。但不要急著下結論，因為我們懷疑多數時間序列之 OLS 模型都可能有「殘差有自我相關」疑慮。

2. 殘差 e_t 與 e_{t-1} 相關 r，高達 0.5931。即 OLS 分析時，前期殘差 e_{t-1} 會影響後期殘差 e_t。

3. 一般 Durbin-Wation(DW) 值若介於 1.5 至 2.5 之間，則表示無自我相關現象。本例 Durbin Watson $d = 0.809$，不在 [1.5, 2.5] 範圍，故 OLS 分析之殘差有自我相關。

$$\text{Durbin-Waton test：} DW = \frac{\sum_{i=2}^{n}(e_i - e_{i-1})^2}{\sum_{i=1}^{n} e_i^2}$$

4. 由於殘差 e_t 與 e_{t-1} 之間是高相關，已違反線性迴歸「殘差要互相獨立」假定。故改用下列三種方法來校正 OLS。

Step 3. 殘差有自我相關之 3 種校正法

Correct for Serial Correlation 有下列三種校正法：

1. 執行 Prais_Winsten 迴歸分析。
2. 執行 Cochran Orcutt 迴歸分析。
3. 殘留 Newey-West 標準誤之迴歸。

Step 3-1. Prais-Winsten 迴歸：prais 指令

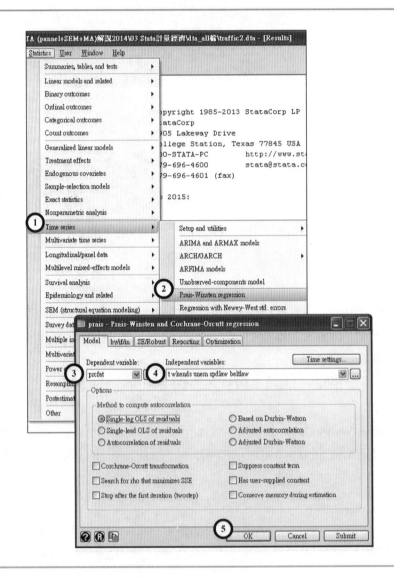

圖 4-29 Prais_Winsten 迴歸分析之畫面

Prais_Winsten 迴歸分析之結果

```
* 1. 執行 Prais_Winsten 迴歸分析。
. prais prcfat t wkends unem spdlaw beltlaw, rhotype(regress)

Iteration 0:   rho = 0.0000
Iteration 1:   rho = 0.5900
Iteration 2:   rho = 0.6231
Iteration 3:   rho = 0.6266
Iteration 4:   rho = 0.6270
Iteration 5:   rho = 0.6271
Iteration 6:   rho = 0.6271
Iteration 7:   rho = 0.6271


Prais-Winsten AR(1) regression -- iterated estimates

     Source |      SS          df       MS              Number of obs =      108
------------+------------------------------              F( 5,    102) =     6.68
      Model | .166348782        5   .033269756          Prob > F      =   0.0000
   Residual |  .50814217      102   .004981786          R-squared     =   0.2466
------------+------------------------------              Adj R-squared =   0.2097
      Total | .674490953      107   .006303654          Root MSE      =   .07058


------------------------------------------------------------------------------
     prcfat |     Coef.    Std. Err.      t     P>|t|    [95% Conf. Interval]
------------+-----------------------------------------------------------------
          t | -.0016746    .0011222    -1.49   0.139    -.0039005     .0005512
     wkends |  .0026836    .0047276     0.57   0.572    -.0066937     .0120609
       unem | -.0065605    .0113211    -0.58   0.564    -.0290159     .0158949
     spdlaw |  .0591205    .0533578     1.11   0.270    -.0467144     .1649554
    beltlaw | -.0250104    .0561688    -0.45   0.657    -.1364208     .0864001
      _cons |  .9815339     .131804     7.45   0.000     .7201014     1.242966
------------+-----------------------------------------------------------------
        rho |  .6270813
------------------------------------------------------------------------------
Durbin-Watson statistic (original)       0.809017
Durbin-Watson statistic (transformed)    1.814773
```

1. 之前，OLS 迴歸分析，預測變數 t 及 spdlaw 迴歸係數之顯著性，都達 0.05 顯著水準。但 Durbin Watson $d = 0.809$，不在 [1.5, 2.5] 範圍，故殘差有自我相關，因此 OLS 模型違反「殘差有自我相關」假定。

2. 之後，改用 Prais_Winsten 迴歸，Durbin-Watson = 1.81，落在 [1.5, 2.5] 範圍，已沒有「殘差有自我相關」問題。而且，預測變數 t 及 spdlaw 迴歸係數之顯著性，都變成「未達 0.05 顯著水準」。

Step 3-2. Cochrane-Orcutt 迴歸：prais 指令，corc 選項

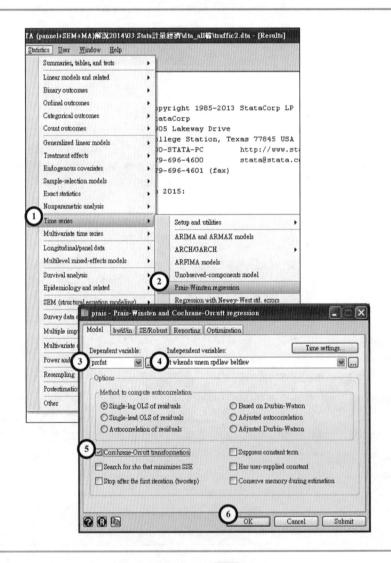

圖 4-30 Cochrane-Orcutt 迴歸分析之畫面 (corc 選項)

Cochrane-Orcutt 迴歸分析之結果

```
* 2. 執行 Cochran Orcutt 迴歸分析。
. prais prcfat t wkends unem spdlaw beltlaw, rhotype(regress) corc

Cochrane-Orcutt AR(1) regression -- iterated estimates

    Source |      SS       df       MS              Number of obs =     107
-----------+------------------------------          F(  5,   101) =    1.34
     Model | .033555723     5  .006711145          Prob > F      =  0.2525
  Residual | .504841856   101  .004998434          R-squared     =  0.0623
-----------+------------------------------          Adj R-squared =  0.0159
     Total | .538397579   106  .005079222          Root MSE      =   .0707


-------------------------------------------------------------------------------
    prcfat |     Coef.   Std. Err.      t    P>|t|     [95% Conf. Interval]
-----------+-------------------------------------------------------------------
         t | -.0020928   .0012198    -1.72   0.089    -.0045126    .0003269
    wkends |  .0027923   .0047513     0.59   0.558    -.0066331    .0122177
      unem | -.0084183   .011476     -0.73   0.465    -.0311836    .014347
    spdlaw |  .0663894   .0536413     1.24   0.219    -.0400205    .1727993
   beltlaw | -.0185949   .0565024    -0.33   0.743    -.1306805    .0934907
     _cons |  1.014428   .1368808     7.41   0.000     .7428936   1.285963
-----------+-------------------------------------------------------------------
       rho |  .621526
-------------------------------------------------------------------------------
Durbin-Watson statistic (original)     0.809017
Durbin-Watson statistic (transformed)  1.824939
```

1. 之前，OLS 迴歸分析，預測變數 t 及 spdlaw 迴歸係數之顯著性，都達 0.05 顯著水準。但 Durbin Watson d = 0.809，不在 [1.5, 2.5] 範圍，故殘差有自我相關，因此 OLS 模型違反「殘差有自我相關」假定。

2. 之後，改用 Cochrane-Orcutt 迴歸，Durbin-Watson = 1.82，落在 [1.5, 2.5] 範圍，已沒有「殘差有自我相關」問題。而且，預測變數 t 及 spdlaw 迴歸係數之顯著性，都變成「未達 0.05 顯著水準」。

Step 3-3. 殘留 Newey-West 標準誤之迴歸：newey 指令

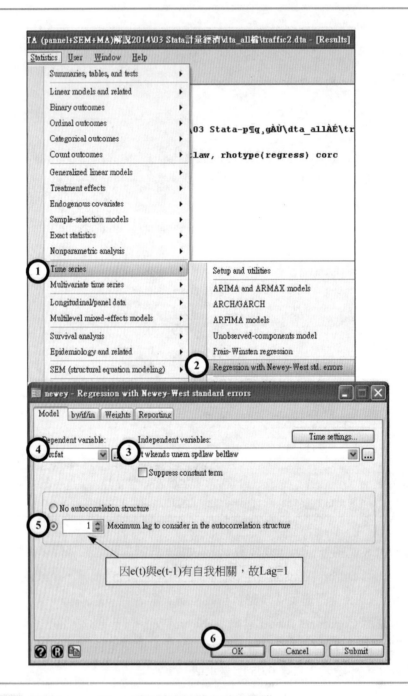

圖 4-31 殘留 Newey-West 標準誤之迴歸分析的畫面

殘留 Newey-West 標準誤之迴歸分析之結果

```
* 3.OLS with Autocorrelation Robust Standard errors
. newey prcfat t wkends unem spdlaw beltlaw, lag(1)

Regression with Newey-West standard errors      Number of obs  =        108
maximum lag: 1                                   F(  5,   102)  =       3.53
                                                 Prob > F       =     0.0055


------------------------------------------------------------------------------
              |             Newey-West
     prcfat   |    Coef.    Std. Err.      t     P>|t|    [95% Conf. Interval]
--------------+---------------------------------------------------------------
         t    | -.0021869   .0008955    -2.44   0.016    -.003963    -.0004107
      wkends  |  .0081495   .0074931     1.09   0.279    -.0067131    .0230121
        unem  | -.0187935   .0119791    -1.57   0.120    -.042554     .0049671
      spdlaw  |  .0820838   .0364832     2.25   0.027     .0097195    .154448
     beltlaw  | -.0509927   .0408999    -1.25   0.215    -.1321174    .030132
       _cons  |  1.031945   .1473942     7.00   0.000     .7395897   1.324301
------------------------------------------------------------------------------
```

1. 之前，OLS 迴歸分析，預測變數 t 及 spdlaw 迴歸係數之顯著性，都達 0.05 顯著水準。但 Durbin Watson $d = 0.809$，不在 [1.5, 2.5] 範圍，故殘差有自我相關，因此 OLS 模型違反「殘差有自我相關」假定。

2. 之後，改用「Regression with Newey-West standard errors」來校正殘差自我相關。分析結果與 OLS 類似，預測變數 t 及 spdlaw 迴歸係數之顯著性，仍「達 0.05 顯著水準」。

4-5 OLS 及 GLS 如何解決異質性 (heteroskedasticity)

一、建模實務

在進行實證計量時，經濟理論 (或是直覺上之推論) 僅能告訴我們經濟變數間關係之性質 (正向或負向關係)；而且很多經濟理論所描述的性質是建構在其他條件不變 (ceteris paribus) 的狀況下。這表示我們在建構計量模型時一定得面對兩個問題：

1. 經濟變數間的函數關係為何？

2. 到底應該考慮哪些變數以控制其他條件不變？

通常我們一開始所選取的計量模型一定跟資料配適得不是很好，有可能是模型解釋能力不好，或是計量模型的 (7 個) 基本假定 (assumption) 無法滿足 (例如殘差不是常態分配、或是用不同子樣本所得到的參數估計值差距很大)。

為了使計量模型得以設定正確 (correctly specified)，我們就必須對模型進行調整 (adjustment)，而這些調整必須基於模型的診斷檢定 (Diagnostic testing)。

二、模型的診斷 (Diagnostic tests)

1. 函數形式的檢定 (納入哪些解釋變數、變數間的函數形式為何 ?)。

2. 參數 β 不是固定常數。

3. 干擾項 ε 具異質變異 (heteroskedasticity)。它亦是本章重點。

4. 干擾項 ε 具序列相關 (serial correlation)。

5. 干擾項 ε 不是常態分配。

6. (正交條件) 檢定正交條件成立否 (內生性 vs. 外生性)。

7. 另一方面，會影響到被解釋變數 y 的解釋變數有可能非常多，若將全部的變數都納入，也許會造成模型無法估計 (參數個數超過觀察值個數) 或估計值非常無效率 (觀察值個數相對太少以至於自由度不夠)。現在又浮現另一問題就是，模型中應該納入多少變數？

三、解決誤差的異質性

當最小平方法迴歸 (OLS)、廣義線性迴歸 (GLS) 分析，若殘差違反「同質性」假定 (assumption) 時，有二個補救方法，即在 Stata 線性迴歸之畫面，加「Robust、Weight」選項，將 OLS 變成下列迴歸：

1. Robust 迴歸。

2. 加權最小平方之迴歸。

四、範例：工資的預測

(一) 問題說明

為了預測美國工資 (wage) 的預測模型？(分析單位：個人)

研究者收集「影響工資之因素」數據，並整理成下表，此「wage2.dta」資料檔之變數如下：

變數名稱	預測變數	編碼 Codes/Values
wage	工資	115 ～ 3078
educ	X1：教育程度	9 ～ 18
age	X2：年齡	28 ～ 38
IQ	X3：智力	50 ～ 145

(二) 資料檔之內容

「wage2.dta」資料檔內容如下圖。

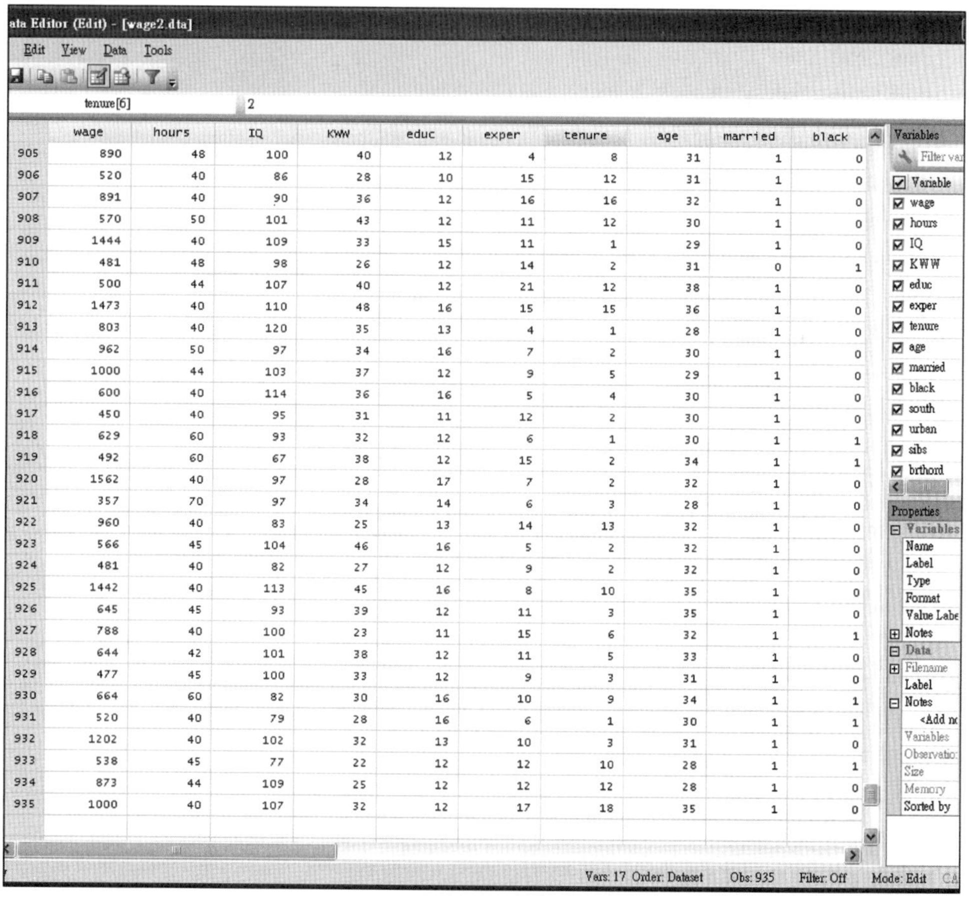

	wage	hours	IQ	KWW	educ	exper	tenure	age	married	black
905	890	48	100	40	12	4	8	31	1	0
906	520	40	86	28	10	15	12	31	1	0
907	891	40	90	36	12	16	16	32	1	0
908	570	50	101	43	12	11	12	30	1	0
909	1444	40	109	33	15	11	1	29	1	0
910	481	48	98	26	12	14	2	31	0	1
911	500	44	107	40	12	21	12	38	1	0
912	1473	40	110	48	16	15	15	36	1	0
913	803	40	120	35	13	4	1	28	1	0
914	962	50	97	34	16	7	2	30	1	0
915	1000	44	103	37	12	9	5	29	1	0
916	600	40	114	36	16	5	4	30	1	0
917	450	40	95	31	11	12	2	30	1	0
918	629	60	93	32	12	6	1	30	1	1
919	492	60	67	38	12	15	2	34	1	1
920	1562	40	97	28	17	7	2	32	1	0
921	357	70	97	34	14	6	3	28	1	0
922	960	40	83	25	13	14	13	32	1	0
923	566	45	104	46	16	5	2	32	1	0
924	481	40	82	27	12	9	2	32	1	0
925	1442	40	113	45	16	8	10	35	1	0
926	645	45	93	39	12	11	3	35	1	0
927	788	40	100	23	11	15	6	32	1	1
928	644	42	101	38	12	11	5	33	1	0
929	477	45	100	33	12	9	3	31	1	0
930	664	60	82	30	16	10	9	34	1	1
931	520	40	79	28	16	6	1	30	1	1
932	1202	40	102	32	13	10	3	31	1	0
933	538	45	77	22	12	12	10	28	1	1
934	873	44	109	25	12	12	12	28	1	0
935	1000	40	107	32	12	17	18	35	1	0

圖 4-32 「wage2.dta」資料檔 (N=935，17 variables)

觀察資料之特徵

```
clear
set more off

* 開啟「wage2.dta」資料檔
use wage2.dta, clear

* 描述各變數
. describe
Contains data from D:\STATA (pannel+SEM+MA) 解說 2014\03 Stata 計量經濟 \dta_
all 檔 \wage2.dta
 obs:           935
 vars:           17                              22 Mar 2014 08:44
 size:        63,580
-------------------------------------------------------------------------
              storage   display   value
variable name type      format    label    variable label
-------------------------------------------------------------------------
wage          float     %9.0g              工資
hours         float     %9.0g
IQ            float     %9.0g              智力
KWW           float     %9.0g
educ          float     %9.0g              學歷
exper         float     %9.0g              工作經驗
tenure        float     %9.0g              財產
age           float     %9.0g              年齡
married       float     %9.0g              結婚否？
black         float     %9.0g              黑人嗎？
south         float     %9.0g              南方人？
urban         float     %9.0g              住市區？
sibs          float     %9.0g              姐弟人數
brthord       float     %9.0g              出生序
meduc         float     %9.0g
feduc         float     %9.0g              配偶學歷
lwage         float     %9.0g
-------------------------------------------------------------------------
```

4-5-1 OLS 迴歸、殘差異質性診斷 (先 reg 再 estat hettest)

Step 1. 繪依變數 (wage) 與自變數 (educ age IQ) 之散布圖

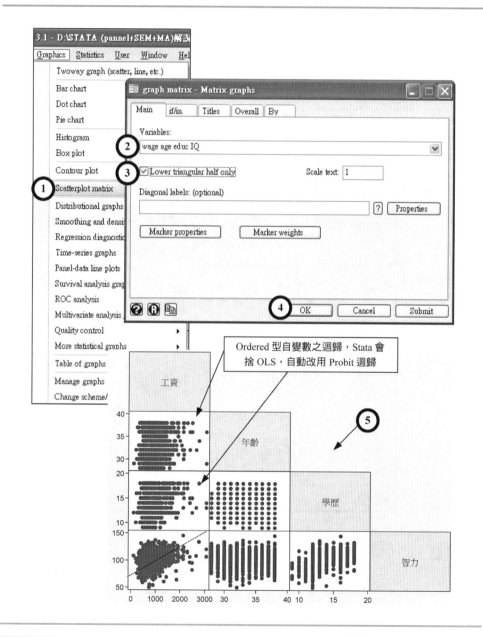

圖 4-33 依變數與自變數 (educ age IQ) 之散布圖 (語法：graph matrix wage age educ IQ)

註：Graphics > Scatterplot matrix

```
* 先看兩兩變數之間散布圖
graph matrix wage age educ IQ, half
```

Step 2. 執行 OLS 迴歸 ： wage= educ +age+ IQ

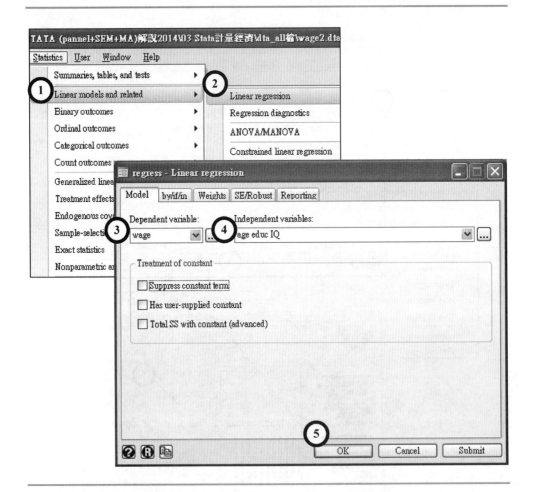

圖 4-34 執行 OLS 迴歸：wage = educ + age + IQ 之畫面

```
* 執行 OLS 迴歸：wage= educ +age+ IQ
. regress wage age educ IQ

      Source |       SS          df       MS              Number of obs =      935
-------------+------------------------------              F(  3,   931) =    60.03
       Model |  24753918.5        3   8251306.18          Prob > F      =   0.0000
    Residual |  127962250      931   137446.025           R-squared     =   0.1621
-------------+------------------------------              Adj R-squared =   0.1594
       Total |  152716168      934   163507.675           Root MSE      =   370.74


-------------------------------------------------------------------------------
        wage |      Coef.   Std. Err.      t    P>|t|     [95% Conf. Interval]
-------------+-----------------------------------------------------------------
         age |   21.88653   3.907387     5.60   0.000     14.21822    29.55484
        educ |     41.623    6.44611     6.46   0.000     28.97241    54.27359
          IQ |   5.368319    .941521     5.70   0.000      3.52057    7.216069
       _cons |   -870.379    160.478    -5.42   0.000     -1185.32   -555.4385
-------------------------------------------------------------------------------

* 儲存 residuals( 新變數 error) 及 fitted values( 新變數 y_hat)
predict error , residuals
predict y_hat
```

1. OLS 迴歸分析結果，因為「age、educ、IQ」三個預測變數對 wage 預測之係數顯著性考驗，*p* 都 < 0.05，故三者都有顯著預測效果。
2. 但由散布圖，我們懷疑「age、educ、IQ」與 wage 之預測模型，其殘差可能「異質性」。

Step 3. 儲存 residuals (新變數 error) 及 fitted values (新變數 y_hat)

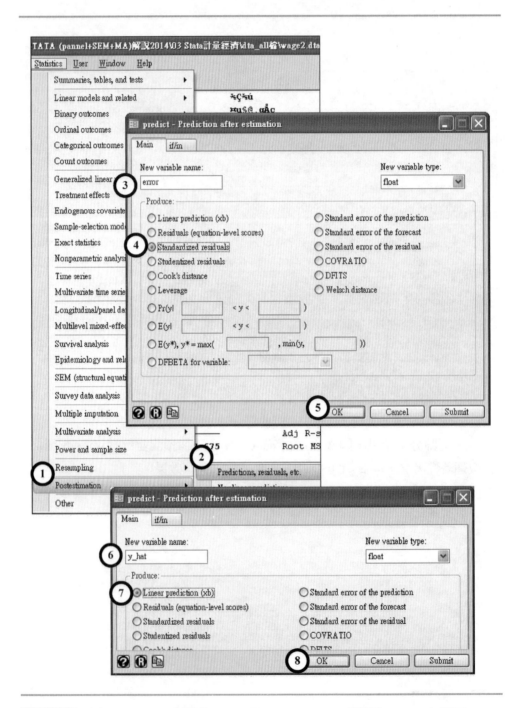

圖 4-35 儲存 residuals (新變數 error) 及 fitted values (新變數 y_hat) 之畫面

```
* 儲存 residuals( 新變數 error) 及 fitted values( 新變數 y_hat)
predict error, rstandard
predict y_hat
```

Step 4-1. 殘差可能「異質性」檢定：繪圖法

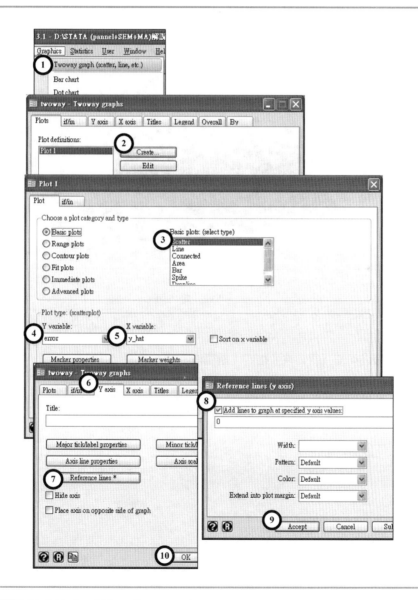

圖 4-36 繪殘差「異質性」散布圖之畫面 (殘差 error vs. 預測值 y_hat)

```
.  twoway (scatter error y_hat), yline(0)
```

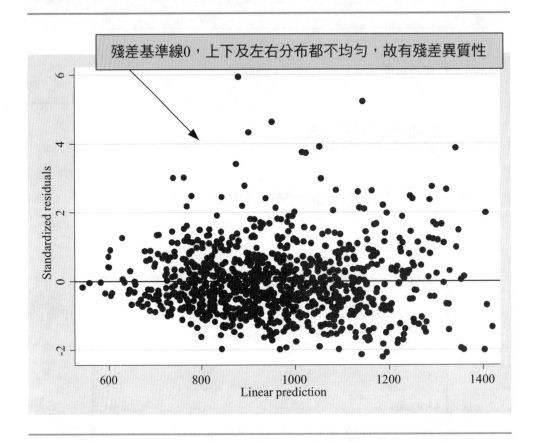

圖 4-37 殘差可能「異質性」檢定：繪圖法

Step 4-2. 殘差可能「異質性」檢定：統計法

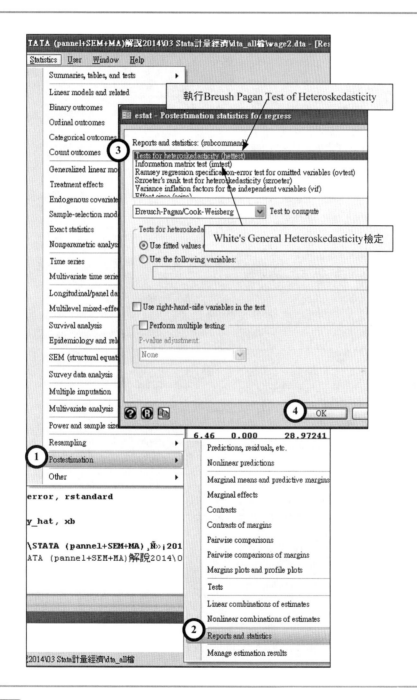

圖 4-38 hettest 指令做殘差「異質性」檢定之畫面

註：Statistics > Postestimation > Reports and statistics

```
* 執行 Breush Pagan Test of Heteroskedasticity
. estat hettest
Breusch-Pagan / Cook-Weisberg test for heteroskedasticity
        Ho: Constant variance
        Variables: fitted values of wage

        chi2(1)       =      43.44
        Prob > chi2 =     0.0000

* 執行 White's General Heteroskedasticity 檢定
. estat imtest, white
White's test for Ho: homoskedasticity
        against Ha: unrestricted heteroskedasticity

        chi2(9)       =      22.29
        Prob > chi2 =     0.0080

Cameron & Trivedi's decomposition of IM-test

---------------------------------------------------
        Source |      chi2     df       p
-------------------+--------------------------------
Heteroskedasticity |     22.29      9    0.0080
        Skewness |     14.80      3    0.0020
        Kurtosis |      5.40      1    0.0202
-------------------+--------------------------------
        Total |     42.49     13    0.0001
---------------------------------------------------
```

1. Breush Pagan 異質性檢定結果，$\chi^2_{(1)} = 43.44(p = 0.000 < 0.05)$，拒絕「$H_0$: Constant variance」，故本例 OLS 迴歸具有「殘差變異」異質性。

2. White's General Heteroskedasticity 檢定結果，$\chi^2_{(9)} = 22.29$ ($p = 0.008 < 0.05$)，拒絕「H_0：同質性 homoskedasticity」，故本例 OLS 迴歸具有「殘差變異」異質性。故宜改用 Robust 迴歸、加權最小平方法迴歸。

4-5-2 OLS 改成 Robust 迴歸 (regress⋯,vce(robust) 指令)

承上例之資料檔「wage2.dta」。當 OLS 迴歸、GLS 迴歸分析，圖形法及 hettest 統計法都發現，殘差違反「同質性」假定，故你可改採 Robust 迴歸、加權最小平方之迴歸。

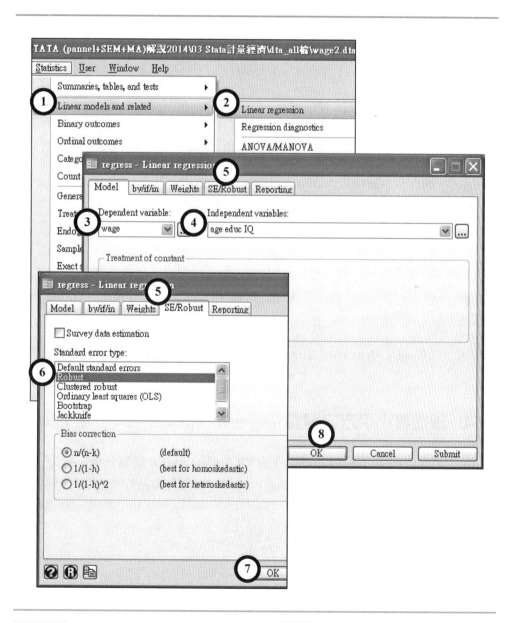

圖 4-39 工資預測 Robust 迴歸之畫面 (勾選 robust 選項)

```
* 執行「with heterosk robust standard errors」OLS 迴歸:「wage= educ +age+ IQ」
. regress wage age educ IQ, vce(robust)

Linear regression                              Number of obs =      935
                                               F(  3,   931) =    52.00
                                               Prob > F      =   0.0000
                                               R-squared     =   0.1621
                                               Root MSE      =   370.74

-------------------------------------------------------------------------
             |               Robust
        wage |     Coef.   Std. Err.      t    P>|t|    [95% Conf. Interval]
-------------+-----------------------------------------------------------
         age |  21.88653   3.981573     5.50   0.000    14.07263    29.70043
        educ |    41.623   6.610549     6.30   0.000     28.6497    54.59631
          IQ |  5.368319   .8979891     5.98   0.000    3.606002    7.130637
       _cons |  -870.379   167.9957    -5.18   0.000   -1200.073   -540.6849
-------------------------------------------------------------------------
```

1. Robust 迴歸分析結果，$F = 52.0$, $p < 0.05$，整體模型達到顯著水準。

2. 對工資 (wage) 預測，三個自變數 (wage age educ IQ) 都達到顯著預測效果。模型為：

$$\text{Wage} = -870.379 + 21.88 \times age + 41.62 \times educ + 5.368 \times IQ$$

4-5-3 加權最小平方之迴歸 (regress…,[aweight = 權重] 指令)

承上例之資料檔「wage2.dta」。當 OLS 迴歸、GLS 迴歸分析，圖形法及 hettest 統計法都發現，殘差違反「同質性」假定，故你可改採 Robust 迴歸、加權最小平方之迴歸。

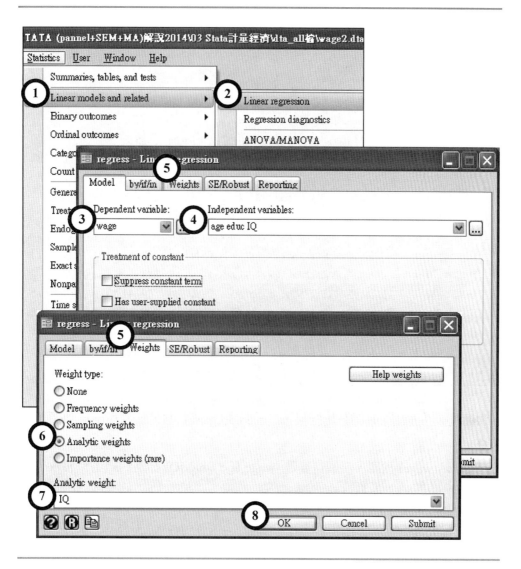

圖 4-40 加權最小平方迴歸之畫面 (勾選 weight)

```
* 以 IQ 加權之 OLS 迴歸：wage on educ age IQ by weighting the model by IQ
. regress wage age educ IQ [aweight = IQ]
(sum of wgt is    9.4699e+04)

      Source |       SS        df       MS              Number of obs =     935
-------------+------------------------------            F(  3,   931) =   58.56
       Model |  24960024.1       3   8320008.04         Prob > F      =  0.0000
    Residual |   132268267     931   142071.178         R-squared     =  0.1588
-------------+------------------------------            Adj R-squared =  0.1560
       Total |   157228291     934   168338.641         Root MSE      =  376.92


        wage |      Coef.   Std. Err.      t    P>|t|     [95% Conf. Interval]
-------------+----------------------------------------------------------------
         age |   22.24193   3.971601     5.60   0.000     14.44761    30.03626
        educ |   42.02155   6.491116     6.47   0.000     29.28263    54.76046
          IQ |   5.408298    .995117     5.43   0.000     3.455366    7.361231
       _cons |  -891.7019   164.9136    -5.41   0.000    -1215.347   -568.0565
```

1. 加權最大平方法之迴歸分析結果，$F = 58.56$, $p < 0.05$，整體模型達到顯著水準。

2. q 對工資 (wage) 預測，三個自變數 (wage age educ IQ) 都達到顯著預測效果。模型為：

$$\text{Wage} = -891.70 + 22.24 \times \text{age} + 42.02 \times \text{educ} + 5.41 \times \text{IQ}$$

4-6 Single-equation instrumental-variables 迴歸

一、隨機自變數 (random regressor) 與工具變數 (instrumental variable)

(一) 定義

X_t 為隨機的，且 $\text{Cov}(X_t, \varepsilon_t) \neq 0$。

(二) 影響

1. 估計參數會有偏差

存在一迴歸模型：$Y_t = \beta_1 + \beta_2 X_t + \varepsilon_t$，利用 $\hat{\beta}_2 = \beta_2 + \dfrac{\Sigma(X_t - \overline{X})^2 \varepsilon_t}{\Sigma(X_t - \overline{X})^2}$，整理後改

寫為 $\hat{\beta}_2 = \beta_2 + \dfrac{\dfrac{\Sigma(X_t - \overline{X})^2 \varepsilon_t}{T}}{\dfrac{\Sigma(X_t - \overline{X})^2}{T}}$，取期望值

$$E(\hat{\beta}_2) = E\left(\beta_2 + \dfrac{\dfrac{\Sigma(X_t - \overline{X})^2 \varepsilon_t}{T}}{\dfrac{\Sigma(X_t - \overline{X})^2}{T}}\right) = \beta_2 + E\left(\dfrac{\dfrac{\Sigma(X_t - \overline{X})^2 \varepsilon_t}{T}}{\dfrac{\Sigma(X_t - \overline{X})^2}{T}}\right) \neq \beta_2$$

2. 估計參數不再具備一致性

上式取機率極限

$$P\lim(\hat{\beta}_2) = \beta_2 + P\lim\left(\dfrac{\dfrac{\Sigma(X_t - \overline{X})^2 \varepsilon_t}{T}}{\dfrac{\Sigma(X_t - \overline{X})^2}{T}}\right) = \beta_2 + \dfrac{Cov(X_t, \varepsilon_t)}{Var(X_t)} \neq \beta_2$$

(三) 類型

1. errors-in-variables 問題

存在一迴歸模型：$Y_t = \beta_1 + \beta_2 X_t + \varepsilon_t$，但 X_t 無法被觀察到，因此選擇一個代理變數 (proxy variable) X_t^*，其中

$$X_t^* = X_t + e_t$$

因此實際估計上是採用下式

$$Y_t = \beta_1 + \beta_2 X_t^* + \varepsilon_t$$

惟理論上與實際估計模型存在下述關係

$$\begin{aligned} Y_t &= \beta_1 + \beta_2 X_t^* + \varepsilon_t \\ &= \beta_1 + \beta_2(X_t - e_t) + \varepsilon_t \\ &= \beta_1 + \beta_2 X_t + (\varepsilon_t - \beta_2 e_t) \end{aligned}$$

此時實際估計模型的自變數與殘差的共變異數為

$$Cov(X_t^*, \varepsilon_t - \beta_2 e_t) = E(X_t^*(\varepsilon_t - \beta_2 e_t)) = E((X_t + e_t)(\varepsilon_t - \beta_2 e_t))$$

$$= E(X_t \varepsilon_t + e_t \varepsilon_t - X_t \beta_2 e_t - \beta_2 e_t^2) = -X_t \beta_2 E(e_t) - \beta_2 E(e_t^2)$$

若 $E(e_t) = 0$，則上式等於 $-\beta_2 \sigma_e^2$，且 $-\beta_2 \sigma_e^2 \neq 0$。

(四) 解決 ：工具變數法 (instrumental Variable)

根據前述的動差法，通常可透過下面兩式取得未知參數 β_1 和 β_2。

$$E(\varepsilon_t) = 0 \Rightarrow E[(Y_t - \beta_1 - \beta_2 X_t)] = 0$$

$$E(X_t \varepsilon_t) = 0 \Rightarrow E[X_t(Y_t - \beta_1 - \beta_2 X_t)] = 0$$

此時若發生 $E(X_t, \varepsilon_t) \neq 0$，上面兩式就不適用。工具變數法是企圖找到一個工具變數 Z_t，並符合 $E(Z_t, \varepsilon_t) = 0$，因此可改用下面兩式取得未知參數 β_1 和 β_2，此時改用：

$$E(\varepsilon_t) = 0 \Rightarrow E[(Y_t - \beta_1 - \beta_2 X_t)] = 0$$

$$E(Z_t \varepsilon_t) = 0 \Rightarrow E[Z_t(Y_t - \beta_1 - \beta_2 X_t)] = 0$$

透過樣本動差 (sample moments)，整理得

$$\frac{\sum_{t=1}^{T}(Y_t - \hat{\beta}_1 - \hat{\beta}_2 X_t)}{T} = 0$$

$$\frac{\sum_{t=1}^{T} Z_t(Y_t - \hat{\beta}_1 - \hat{\beta}_2 X_t)}{T} = 0$$

經整理，得

$$\Rightarrow \begin{cases} \sum_{t=1}^{T}(Y_t - \hat{\beta}_1 - \hat{\beta}_2 X_t) = 0 \\ \sum_{t=1}^{T} Z_t(Y_t - \hat{\beta}_1 - \hat{\beta}_2 X_t) = 0 \end{cases}$$

可得推定量：

$$\hat{\beta}_1 = \overline{Y} - \hat{\beta}_2 \overline{X}$$

$$\hat{\beta}_2 = \frac{T\sum_{t=1}^{T} Z_t Y_t - \sum_{t=1}^{T} Y_t \sum_{t=1}^{T} Z_t}{T\sum_{t=1}^{T} Z_t X_t - \sum_{t=1}^{T} X_t \sum_{t=1}^{T} Z_t} = \frac{\sum_{t=1}^{T}(Z_t - \overline{Z})(Y_t - \overline{Y})}{\sum_{t=1}^{T}(Z_t - \overline{Z})(X_t - \overline{X})}$$

(五) 例子 ： 兩階段最小平方法 (two stage least square)

見本章後面之範例。

(六) 檢定 ： Hausman 檢定 (**hausman** 指令)

方法一 比較最小平方法與工具變數法兩種方法估計出的參數是否有差異，如
果沒有差異代表 $H_0 : \text{Cov}(X_t, \varepsilon_t) = 0$ 被接受。

方法二 若迴歸模型 $Y_t = \beta_1 + \beta_1 X_t + \varepsilon_t$ ，檢定 $H_0 : \text{Cov}(X_t, \varepsilon_t) = 0$ ，其步驟如下：

(1) 選取可使用的工具變數，例如 $Z_{t,1}$ 和 $Z_{t,2}$ ，來估計

$$X_t = \alpha_1 + \alpha_2 Z_{t,1} + \alpha_3 Z_{t,2} + u_t$$

求得 $\hat{u}_t = \hat{\alpha}_1 + \hat{\alpha}_2 Z_{t,1} + \hat{\alpha}_3 Z_{t,2}$ 。

(2) 續估計

$$Y_t = \beta_1 + \beta_2 X_t + \gamma \hat{u}_t + u_t$$

檢定 $H_0 : \gamma = 0$ (表示 X_t 與 ε_t 無相關)

二、工具變數之 Stata 指令

Stata 提供「ivregress」指令，可執行「Single-equation instrumental-variables」迴歸。ivregress 的語法如下：

```
ivregress estimator 依變數 [ 自變數們 ] ( 工具變數 = varlist_iv) [if] [in]
[weight] [, options]
```

ivregress 迴歸可搭配「estimator」的估計法，又有 3 類型：

1. 2sls：二階段最小平方 (two-stage least squares, 2SLS) 估計法。
2. liml：有限資訊最大概似估計法 (limited-information maximum likelihood, LIML)。
3. gmm：廣義動差估計法 (generalized method of moments, GMM)。

4-6-1a 為何「教育水準」需納入工具變數？

工具變數的估計法 (IV analysis) 原理是當自變數具有內生性之下，如果沒有進一步的假設或事前訊息，無法得到一致性的估計式，茲簡述哪些假設或是

事前訊息，對於一致性的估計式會有所幫助與 OLS 類似，不同的是，解釋變數與殘差的共變異數不再為零。對於工具變數的選擇上，工具變數必須符合外生性與相關性。例如，在 Milligan et al.(2004) 文中針對工具變數的分析上，採用了種族、性別、出生地、年齡，作為分析的工具變數，因為種族、性別、出生地、年齡對於公民來說是不能改變或是外生給定的，相當適合作為工具變數。

舉例來說，「健康 H_i 與教育 SCH_i 之間的因果」研究，其中，被解釋變數為自評健康 H_i 狀態，設為一虛擬變數。選用非線性機率模型 (nonlinear probability model) 中的普羅比模型 (probit model) 進行估計，並考慮內生解釋變數的存在，利用工具變數來處理可能產生的內生性問題。

首先，架構一個基本的普羅比 (probit) 模型，個人的健康狀況 H_i 為一個潛在變數 (latent variable) H_i^*，此變數之定義如下：

$$H_i^* = X_i\beta + \varepsilon_i \tag{4-1}$$

在 (4-1) 式中，X_i 包含所有外生解釋變數 Z_{1i} 以及內生解釋變數教育水準 SCH_i。ε_i 為一標準常態分配之隨機干擾項，$E(\varepsilon_i) = 0$。但是，由於 H_i^* 無法被直接量化，因此我們用虛擬變數 (自評「健康 H_i 良好」設為 1) H_i 來衡量健康狀況，這兩者之間的關係如下：

$$\begin{cases} H_i = 1 ，若 H_i^* > 0 \\ H_i = 0 ，若 H_i^* = 0 \end{cases}$$

自評健康良好的機率為：

$$\begin{aligned} \Pr(H_i = 1 \mid X) &= \Pr(H_i^* > 0 \mid X) = \Pr(X_i\beta + \varepsilon_i > 0 \mid X) \\ &= \Pr(\varepsilon_i > -X_i\beta \mid X) = \Pr\left(\frac{\varepsilon_i}{\sigma} > -X_i\frac{\beta}{\sigma}\right) \\ &= \Pr\left(\frac{\varepsilon_i}{\sigma} < X_i\frac{\beta}{\sigma}\right) = \Phi\left(\frac{X_i\beta}{\sigma}\right) \end{aligned} \tag{4-2}$$

其中，Φ 為標準常態分配之累積機率函數 (cumulative density function, CDF)，且由於機率相加總合必為 1，所以當 $H_i = 0$ 發生的機率為：

$$\Pr(H_i = 0 \mid X) = 1 - \Pr(H_i = 1 \mid X) = 1 - \Phi\left(\frac{X_i\beta}{\sigma}\right) \tag{4-3}$$

由 (4-2)(4-3) 式可導出觀察值 i 的概似函數 (likelihood function)：

$$\ell(H_i \mid X_i; \beta) = [\Phi(X_i\beta)]^{H_i}[1 - \Phi(X_i\beta)]^{1-H_i}, H_i = 0 \text{ 或 } 1 \tag{4-4}$$

而全體樣本之概似函數爲：

$$L = \prod_{i=1}^{N} \ell(H_i \mid X_i; \beta)$$
$$= \prod_{i=1}^{N} [\Phi(X_i\beta)]^{H_i}[1 - \Phi(X_i\beta)]^{1-H_i} \tag{4-5}$$

將以上概似函數取對數後可以得到對數概似函數 (log-likelihood function)：

$$L = \sum_{i=1}^{N} \{H_i\log[\Phi(X_i\beta)] + (1 - H_i)\log[1 - \Phi(X_i\beta)]\} \tag{4-6}$$

以最大概似估計法 (maximum likelihood estimation, MLE) 進行估計，可得到 β 的一致性估計式。但是普羅比模型的迴歸係數 β 只可以看出解釋變數對被解釋變數的影響方向，並非爲我們所關心的邊際效果 (marginal effect)，欲求出邊際效果，還必須乘上調整因子。

解釋變數 X_j 對被解釋變數 H_i 的邊際效果爲：

$$\frac{\partial \Pr(H_i = 1 \mid X)}{\partial(X_j)} = \frac{\partial \Phi(X_i\beta)}{\partial(X_j)} = \phi(X_i\beta)\beta_j$$

其中，ϕ 爲標準常態分配之機率分配函數 (probability density function, pdf)。

一、納入工具變數之普羅比模型

然而，教育 SCH_i 可能具有內生性問題，若 SCH_i 和 ε_i 中未能觀察到的變數 (例如能力、時間偏好) 相關，亦即：

$$\text{Cov}(SCH_i, \varepsilon_i) \neq 0$$

則可能造成教育對健康影響力的高估或低估。爲避免此偏誤估計的情形產生，我們以工具變數來進行兩階段普羅比迴歸分析。(4-1) 式可改寫如下：

$$H_i^* = X_i\beta + \varepsilon_i = Z_1\alpha_1 + \gamma SCH_i + \varepsilon_i \tag{4-7}$$
$$H_i = 1[H_i^* > 0] \tag{4-8}$$
$$SCH_i = Z_1\alpha_{i1} + Z_2\alpha_{i2} + e_i = Z_i\alpha_i + e_i \tag{4-9}$$

其中，(4-7) 及 (4-8) 式為結構式 (structural equation); (4-9) 式則為縮減式 (reduced form)，當縮減式的隨機誤差項 e_i 和 ε_i 相關時，即產生內生性的問題；Z_2 則為外生工具變數；e_i 和 ε_i 分別為 (4-7) 式及 (4-9) 式的隨機誤差項。假設 e_i 和 ε_i 都為常態分配，且和所有外生解釋變數及工具變數無關，其中

$$\varepsilon_i|Z_i \sim N(0, 1) \text{且} \varepsilon_i|Z_i \sim N(0, \eta_i^2)$$

若想知道教育水準是否存在內生性問題，也就是要討論 $\text{Cov}(e_i, \varepsilon_i)$ 是否等於零，若兩誤差項之相關係數等於零，則不存在內生性問題；反之，教育則有內生性問題。因此我們令兩隨機誤差項之關係為

$$\varepsilon_i = \delta_1 e_i + \mu_i，\text{所以 } \mu_i = \varepsilon_i - \delta_1 e_i，\text{其中} \delta_1 = \text{Cov}(\varepsilon_i, e_i)/\text{Var}(e_i)$$

此時，便可推得 μ_i 的變異數如下：

$$
\begin{aligned}
\text{Var}(\mu_i) &= \text{Var}(\varepsilon_i) + \delta_1^2 \text{Var}(e_i) - 2\delta_1 \text{Cov}(\varepsilon_i, e_i) \\
&= \text{Var}(\varepsilon_i) + \frac{\text{Cov}(\varepsilon_i, e_i)^2}{\text{Var}(e_i)^2}\text{Var}(e_i) - 2\frac{\text{Cov}(\varepsilon_i, e_i)}{\text{Var}(e_i)}\text{Cov}(\varepsilon_i, e_i) \\
&= \text{Var}(\varepsilon_i) - \frac{\text{Cov}(\varepsilon_i, e_i)^2}{\text{Var}(e_i)} \\
&= \text{Var}(\varepsilon_i) - [\text{Corr}(\varepsilon_i, e_i)]^2 \\
&= 1 - [\text{Corr}(\varepsilon_i, e_i)]^2 \\
&= 1 - \pi_i^2
\end{aligned}
$$

因此，

$$\mu_i|Z_i, e_i, SCH_i \sim N(0, 1 - \pi_i^2)$$

接下來可將 (4-7) 式改寫成：

$$
\begin{aligned}
H_i^* &= Z_1\alpha_1 + \gamma SCH_i + \varepsilon_i \\
&= Z_1\alpha_1 + \gamma SCH_i + \delta_1 e_i + \mu_i
\end{aligned}
$$

則 $H_i = 1$ 的機率為：

$$\Pr(H_i = 1 \mid Z_i, SCH_i, e_i) = \Pr[\mu_i > -(Z_1\alpha_1 + \gamma SCH_i + \delta_1 e_i) \mid Z_i, SCH_i, e_i]$$

$$= \Pr\left[\frac{\mu_i}{\pi_i} > \frac{-(Z_1\alpha_1 + \gamma SCH_i + \delta_1 e_i)}{\pi_i}\right]$$

$$= \Phi\left[\frac{1}{\pi_i}(Z_1\alpha_1 + \gamma SCH_i + \delta_1 e_i)\right]$$

$$= \Phi\left[Z_1\frac{\alpha_1}{\pi_i} + \frac{\gamma}{\pi_i}SCH_i + \frac{\delta_i}{\pi_i}e_i\right]$$

由於健康 H_i 與教育 SCH_i 皆為內生變數，我們需要推導出其聯合機率密度函數 (joint probability density function)：

$$f(H_i, SCH_i \mid Z_i) = f(H_i \mid SCH_i, Z_i)\, f(SCH_i \mid Z_i) \tag{4-10}$$

以便利用條件最大概似估計法來進行估計。

已知 $SCH_i \mid Z_i \sim N(Z_i\alpha_{1i}, \eta_i^2)$，因此：

$$f(SCH_i \mid Z_i) = \frac{1}{\eta_i}\phi\left(\frac{SCH_i - Z_i\alpha_i}{\eta_i}\right) \tag{4-11}$$

另外自評健康良好的條件機率 (conditional density) 為：

$$\Pr(H_i = 1 \mid SCH_i, Z_i) = \Pr(H_i^* > 0 \mid SCH_i, Z_i)$$

$$= \Pr[\mu_i > -(Z_1\alpha_1 + \gamma SCH_i + \delta_1 e_i \mid SCH_i, Z_i)]$$

$$= \Pr\{\mu_i > -[Z_1\alpha_1 + \gamma SCH_i + \delta_1(SCH_i - Z_i\alpha_i)] \mid SCH_i, Z_i\}$$

$$= \Phi\left[\frac{Z_1\alpha_1 + \gamma SCH_i + \delta_1(SCH_i - Z_i\alpha_i)}{\pi_i}\right]$$

$$= \Phi(m) \tag{4-12}$$

其中，我們令

$$\frac{Z_1\alpha_1 + \gamma SCH_i + \delta_1(SCH_i - Z_i\alpha_i)}{\pi_i} = m$$

因為機率總和為 1，故可得：

$$\Pr(H_i = 0 \mid SCH_i, Z_i) = 1 - \Pr(H_i = 1 \mid SCH_i, Z_i) = 1 - \Phi(m) \tag{4-13}$$

經由 (4-11)、(4-12)、(4-13) 三式，可將 (4-10) 式改寫成：

$$f(H_i, SCH_i \mid Z_i) = [\Phi(m)]^H [1 - \Phi(m)]^{1-H} \frac{1}{\eta_i} \phi\left(\frac{SCH_i - Z_i\alpha_i}{\eta_i}\right) \qquad (4\text{-}14)$$

因此，觀察值 i 的對數概似函數為：

$$H_i \log \Phi(m_i) + (1 - H_i) \log[1 - \Phi(m_i)] - \frac{1}{2}\log(\eta_i^2) - \frac{1}{2}\frac{(SCH_i - Z_i\alpha_i)^2}{\eta_i^2} \quad (4\text{-}15)$$

將 (4-15) 式中所有觀察值的加總，可得到全體樣本的對數概似函數，而極大化 $\alpha_1, \gamma, \alpha_i, \pi_i, \eta_i^2$ 的最大概似估計量，即為所求之迴歸係數值。

二、線性機率模型及普羅比模型之迴歸比較

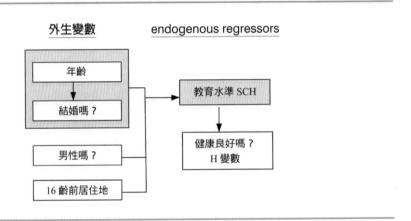

圖 4-41 健康 H 與教育 SCH 皆為內生變數之示意圖

(一) 建立資料檔

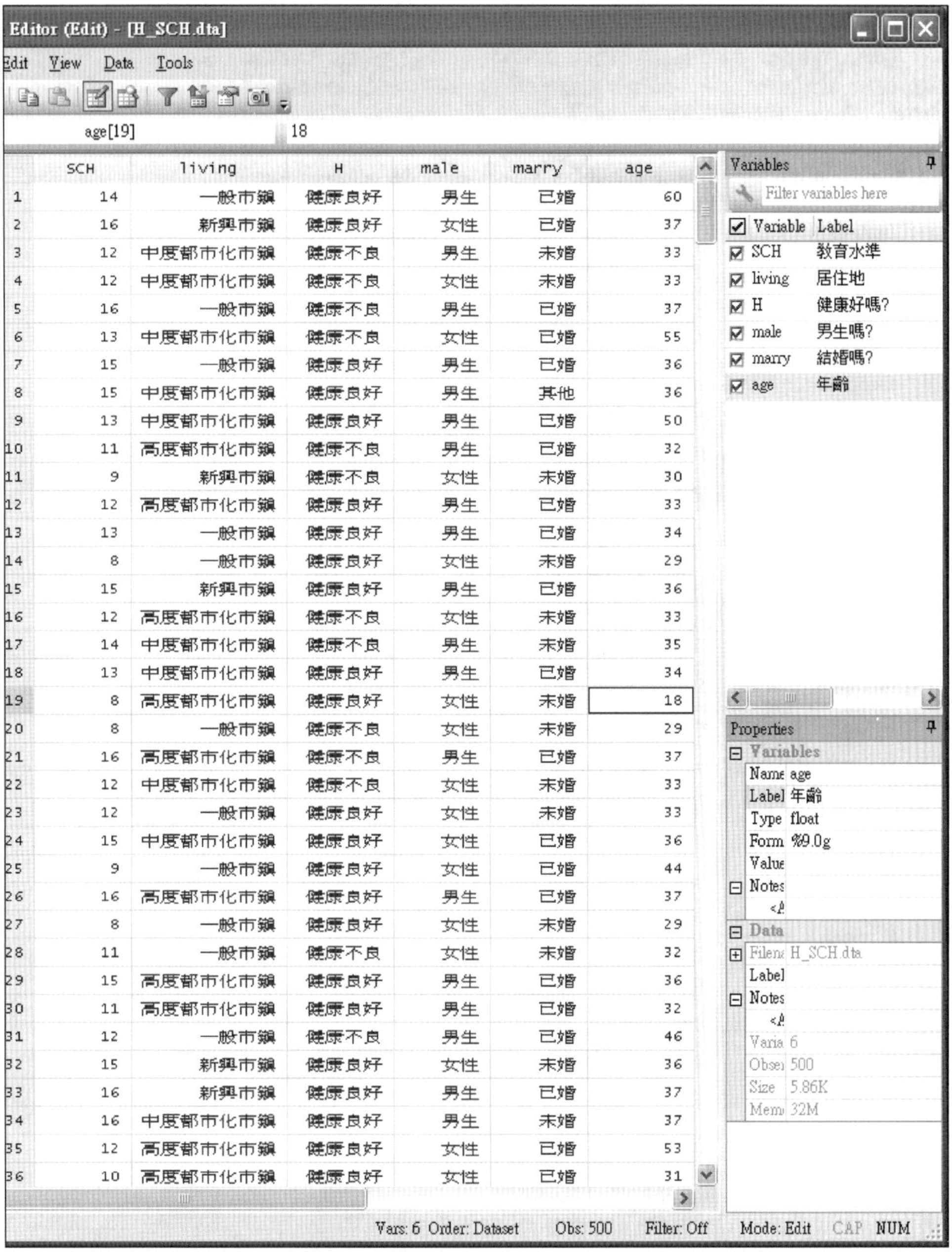

	SCH	living	H	male	marry	age
1	14	一般市鎮	健康良好	男生	已婚	60
2	16	新興市鎮	健康良好	女性	已婚	37
3	12	中度都市化市鎮	健康不良	男生	未婚	33
4	12	中度都市化市鎮	健康不良	女性	未婚	33
5	16	一般市鎮	健康不良	男生	已婚	37
6	13	中度都市化市鎮	健康不良	女性	已婚	55
7	15	一般市鎮	健康良好	男生	已婚	36
8	15	中度都市化市鎮	健康良好	男生	其他	36
9	13	中度都市化市鎮	健康良好	男生	已婚	50
10	11	高度都市化市鎮	健康不良	男生	已婚	32
11	9	新興市鎮	健康不良	女性	未婚	30
12	12	高度都市化市鎮	健康良好	男生	已婚	33
13	13	一般市鎮	健康良好	男生	已婚	34
14	8	一般市鎮	健康良好	女性	未婚	29
15	15	新興市鎮	健康良好	男生	已婚	36
16	12	高度都市化市鎮	健康不良	女性	未婚	33
17	14	中度都市化市鎮	健康不良	男生	未婚	35
18	13	中度都市化市鎮	健康良好	男生	已婚	34
19	8	高度都市化市鎮	健康良好	女性	未婚	18
20	8	一般市鎮	健康不良	女性	未婚	29
21	16	高度都市化市鎮	健康不良	男生	已婚	37
22	12	中度都市化市鎮	健康不良	女性	未婚	33
23	12	一般市鎮	健康良好	女性	未婚	33
24	15	中度都市化市鎮	健康良好	女性	已婚	36
25	9	一般市鎮	健康良好	女性	已婚	44
26	16	高度都市化市鎮	健康良好	男生	已婚	37
27	8	一般市鎮	健康良好	女性	未婚	29
28	11	一般市鎮	健康不良	女性	未婚	32
29	15	高度都市化市鎮	健康良好	男生	已婚	36
30	11	高度都市化市鎮	健康良好	男生	已婚	32
31	12	一般市鎮	健康不良	男生	已婚	46
32	15	新興市鎮	健康良好	女性	未婚	36
33	16	新興市鎮	健康良好	男生	已婚	37
34	16	中度都市化市鎮	健康良好	男生	未婚	37
35	12	高度都市化市鎮	健康良好	女性	已婚	53
36	10	高度都市化市鎮	健康良好	女性	已婚	31

圖 4-42 「H_SCH.dta」之模擬資料檔

(二) 比較四種迴歸之步驟

Step 1. 未納入工具變數之線性機率迴歸 (regress 指令)

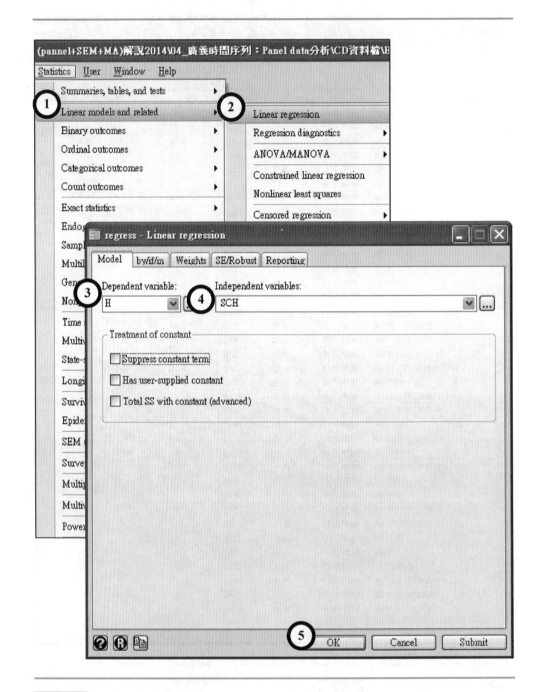

圖 4-43　線性機率迴歸之畫面

Step 2. 未納入工具變數的 Probit 迴歸 (probit 指令)

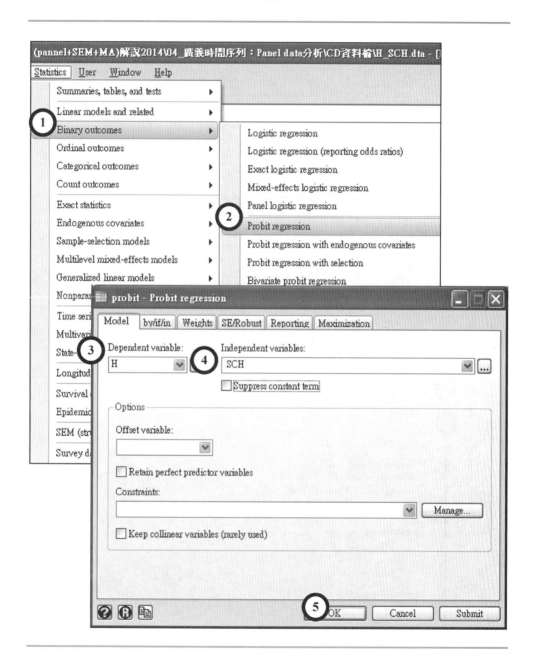

圖 4-44 未納入工具變數的 probit 迴歸之畫面

Step 3. 納入工具變數的機率線性迴歸 (ivregress 指令)

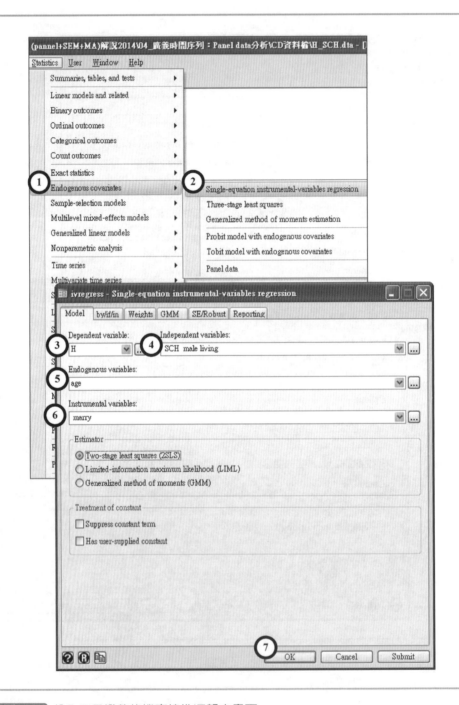

圖 4-45 納入工具變數的機率線性迴歸之畫面

1. 指令語法：

```
. ivregress 2sls H SCH  male living (age = marry)
```

2.「Instrumented: age」。

3.「Instruments: SCH male living marry」。

4. Wald 卡方之 p 值若 < 0.05，則表示你界定模型是 ok 的。

Step 4. 納入工具變數的 Probit 迴歸 (ivprobit 指令)

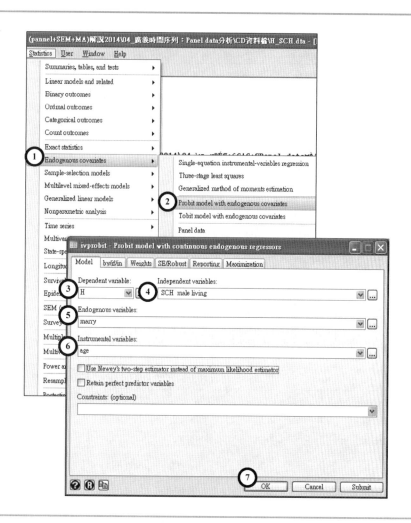

圖 4-46 納入工具變數的 probit 迴歸之畫面

343

Stata 在財務金融與經濟分析的應用

1. 指令語法：

```
. ivprobit H SCH  male living (marry = age)
```

2.「Instrumented: age」。

3.「Instruments: SCH male living marry」。

4. Wald test of exogeneity (/athrho = 0)：若卡方之 p 值要 < 0.05，則表示「納入工具變數至 ivprobit 迴歸」是不偏估計 (正確做法)。

(三) 四種迴歸之結果比較

解釋變數	線性機率 1	普羅比 1	線性機率 2	普羅比 2	線性機率 3	普羅比 3
常數項	0.236	−0.678	0.217	−0.732	0.238	−0.678
	(0.046)***	(0.119)***	(0.047)***	(0.123)***	(0.048)***	(0.125)***
教育水準 (年)	0.024	0.062	0.021	0.054	0.020	0.050
	(0.004)***	(0.010)***	(0.004)***	(0.011)***	(0.004)***	(0.011)***
16 歲前居住地 (基準組：一般市鎮)						
高度都市化市鎮	−0.031	−0.079	−0.032	−0.082	−0.041	−0.108
	(0.032)	(0.082)	(0.032)	(0.083)	(0.032)	(0.083)
中度都市化市鎮	−0.035	−0.089	−0.029	−0.075	−0.035	−0.092
	(0.034)	(0.088)	(0.034)	(0.088)	(0.034)	(0.088)
新興市鎮	0.039	0.100	0.041	0.106	0.044	0.113
	(0.037)	(0.096)	(0.037)	(0.096)	(0.037)	(0.097)
男性			0.068	0.175	0.060	0.153
			(0.024)***	(0.062)***	(0.024)**	(0.062)**
年齡 (基準組：40 歲以上)						
30 歲以下			0.043	0.109	−0.020	−0.052
			(0.034)	(0.088)	(0.040)	(0.103)
30-40 歲			0.030	0.076	0.013	0.035
			(0.029)	(0.072)	(0.029)	(0.074)
婚姻狀況 (基準組：已婚)						

解釋變數	線性機率 1	普羅比 1	線性機率 2	普羅比 2	線性機率 3	普羅比 3
未婚					0.092	0.235
					(0.032)***	(0.084)***
其他					−0.082	−0.201
					(0.061)	(0.160)
樣本數	1,708	1,708	1,708	1,708	1,707	1,707
(pseudo) R-square	0.026	0.019	0.031	0.023	0.038	0.028

註：*** 為 1% 顯著水準，** 為 5% 顯著水準，* 為 10% 顯著水準；括號內為標準誤。
來源：宋有容 (2010)

在此表的第 3 及第 4 欄中，進一步控制了性別以及年齡之後，教育水準對於自身健康狀況依然有顯著且正向的影響，顯示教育水準對於健康狀況影響的強健性 (robustness)。第 3 欄線性機率模型迴歸結果的係數即為教育的邊際效果，和第 1 欄相比，教育對健康的影響雖然顯著，但在影響程度上卻有些微的下降；而男性自評健康狀況良好的機率較女性來的大，這是和以往文獻的結果相符並且符合預期的，我們推測可能男性的自尊意識較女性來的強，因此在自評健康方面，也就會認為自己健康狀況較佳。考慮了個人特性作為解釋變數後，在第 5 及第 6 欄，進一步包含了可能因為他人行為而影響自評健康狀況的因子。在此我們考慮婚姻狀況，在包含婚姻狀況的變數後，教育水準對於自評健康狀況的影響依然顯著且正向，和第 1 及第 3 欄相比，線性機率模型的迴歸係數下降了一些，而迴歸結果顯示在婚姻狀況的部分，未婚的人顯著較已婚的人自評健康狀況良好；我們推測可能由於有伴侶的人相較於單身的人必須勞心於照顧另一半或是子女，甚至要加倍努力打拼來維持家計，使之產生精神上的疲勞，進而認為自己的健康狀況較差；相反的，未婚的人相較於已婚的人較為自由、心靈上也可能並未因為家計負擔而較輕鬆愉快，因而影響其認為自己較為健康。

三、納入工具變數的普羅比模型及線性機率模型之迴歸結果

然而，為了避免存在於隨機誤差項中的能力或是時間偏好等未能觀察到的變數和教育水準的相關性，導致自身教育水準對健康狀況影響的偏誤估計，進而影響研究結果的精確程度。因此，在和上表相同條件之下，我們進一步探討工具變數的迴歸結果是否依然具有強健性，再將其和未考慮工具變數的迴歸結果做比較。

在下表中，奇數欄為考慮工具變數後的線性機率模型之迴歸結果、偶數欄則為考慮工具變數後普羅比模型的迴歸結果。第 1 及第 2 欄可以發現，考慮了工具變數之後，教育水準對於健康的影響依然是正向且顯著的，且在線性機率

納入工具變數後線性機率模型及普羅比模型之迴歸結果比較

解釋變數	線性機率 4	普羅比 4	線性機率 5	普羅比 5	線性機率 6	普羅比 6
常數項	−0.191	−1.679	−0.338	−1.980	−0.313	−1.927
	(0.201)	(0.427)***	(0.338)	(0.628)***	(0.359)	(0.682)
教育水準 (年)	0.064	0.155	0.078	0.184	0.076	0.179
	(0.018)***	(0.038)***	(0.034)**	(0.065)***	(0.036)**	(0.070)
16 歲前居住地 (基準組：一般市鎮)						
高度都市化市鎮	−0.137	−0.334	−0.155	−0.367	−0.157	−0.373
	(0.053)***	(0.118)***	(0.072)**	(0.142)***	(0.071)**	(0.141)
中度都市化市鎮	−0.135	−0.329	−0.149	−0.353	−0.150	−0.357
	(0.052)***	(0.119)***	(0.073)**	(0.146)**	(0.073)**	(0.146)
新興市鎮	−0.036	−0.087	−0.043	−0.101	−0.038	−0.087
	(0.050)	(0.121)	(0.062)	(0.139)	(0.063)	(0.144)
男性			0.053	0.126	0.051	0.121
			(0.029)*	(0.073)*	(0.028)*	(0.070)
年齡 (基準組：40 歲以上)						
30 歲以下			−0.108	−0.255	−0.130	−0.308
			(0.099)	(0.213)	(0.085)	(0.178)
30-40 歲			−0.064	−0.151	−0.068	−0.159
			(0.070)	(0.155)	(0.067)	(0.148)
樣本數	1,593	1,593	1,593	1,593	1,592	1,592
Hausman 檢定 (卡方值)	13.72	5.65	15.03	4.13	16.21	2.85
p-value	0.018	0.018	0.059	0.069	0.094	0.092

註 1：*** 為 1% 顯著水準，** 為 5% 顯著水準，* 為 10% 顯著水準；括弧內為標準誤。
註 2：此部分迴歸分析皆考慮工具變數 (國中校數密度 * 出生世代)。
註 3：模型線性機率 6、普羅比 6 解釋變數中，皆包含婚姻狀況。
來源：宋有容 (2010)

模型的迴歸結果中可以看出教育水準對健康狀況的影響明顯增強許多；我們推
測可能因為義務教育年數由六年轉為九年，使得學童受教育的權力平等、也不
用在入學考試的窄門中擠破頭，因此透過義務教育的開放，教育變得更普及，
顯示使用工具變數下所估計之教育效果，可能包含了整體教育水準提升而對個
人教育程度所產生的外溢效果，進而使教育對於健康的影響力增強。而在 16 歲
前居住地區的部分，和我們預期高都市化市鎮醫療發達對健康會有較正面影響
的預期正好相反，居住在高度都市化市鎮與中度都市化市鎮的人相較於一般市
鎮的居民，身體會較為健康的機率顯著的不增反降；我們推測可能關鍵的原因
並非醫療設備發達與否，而是生活環境是否受汙染，高都市化市鎮相對於一般
市鎮而言開發較早、汙染也較多，如空氣汙染、水汙染、噪音汙染等都是有害
身體健康的不良因子；再加上居住在大都市的孩子，無論是求學方面、人際方
面等競爭力也相對大於居住在鄉間的孩子，家長對於孩子學業品格上的要求也
較為嚴苛，這部分也可能包含了心理壓力的影響，導致孩子身體機能較差的情
況，所以都市化程度越高的地方，居民會相對認為自己健康狀況較差。

　　接著在其他條件相同下，第 3 及第 4 欄進一步控制了性別以及年齡，在迴
歸結果中可見，男性受訪者認為自己身體狀況良好的機率顯著的大過女性，但
此時教育水準對於健康狀況的影響顯著性卻下降，在控制了工具變數後，仍然
得到和未控制前一樣的顯著結果。在年齡的部分結果和上表中相似，並未對健
康狀況有顯著的影響，但是相較於年齡較高的受訪者，這部分可看出年齡層較
低的受訪者有較為不健康的趨勢，我們推測年齡較高的族群，可能已經退休或
者工作穩定且相較於過往不再具有競爭及升遷的壓力，悠閒的生活、開朗的心
情都可能會使自己覺得身體狀況較好。而在第 5 及 6 欄中，控制了婚姻狀況後，
教育對健康的影響力依然為顯著的正向影響；年齡部分，此時在 30 歲以下的族
群，呈現對健康有顯著且負向的影響，可能因為相較於年齡層較高的族群，30
歲以下的受訪者可能還處於找工作階段、經濟狀況較不穩定，或是有升遷及生
活的壓力，導致身心較為疲憊，進而不看好自己健康狀況良好。在迴歸結果中
可以發現，無論控制何種條件之下、無論考慮工具變數的前後，自身的教育水
準對於健康狀況都為顯著且正向的影響，因此我們可以說教育對健康的影響具
有頑強性。

　　為了驗證考慮工具變數後的迴歸係數，是否為不偏誤的一致性估計量，我
們對考慮工具變數前後的迴歸結果進行 Hausman 檢定，檢定結果皆可得到卡方
(chi-square) 值顯著異於零的結果，此時必須拒絕虛無假設，亦即可知未考慮工

具變數的迴歸係數雖然顯著但卻爲偏誤估計量。因此，考慮工具變數後的迴歸分析，才可得到不偏誤的一致性估計量。

四、邊際效果 (marginal effect) 比較

本例 Stata 分析重點如下：

1. 選擇表：Statistics > Postestimation > Marginal effects
2. 事後指令 margins 之語法爲：

```
. margins [marginlist] [if] [in] [weight] [,response_options options]
```

3. 本例，事後指令 margins 之語法爲：

```
. margins SCH living male age marry
```

至此，我們只看出了在線性機率模型迴歸結果中，控制各種條件之下，教育水準及其他變數對於健康狀況的影響力大小，普羅比模型中解釋變數對健康的邊際效果呈現於下表中，由下表發現，在控制工具變數之前，線性機率模型迴歸的邊際效果和普羅比模型的邊際效果差距並不大；然而在控制工具變數之後，兩模型各變數的邊際效果出現了差距，和未控制工具變數前相比，增加的幅度更大。在此我們可以知道，未考慮工具變數之前，有部分影響效果存在於隨機誤差項中，教育水準對於健康良好的機率影響僅爲 2%；而使用工具變數後，因爲整體教育水準提升對於個人教育程度之外溢效果的關係，當自身教育程度提升一年，在線性機率模型迴歸中即可以增加 7.6% 健康狀況良好的機率，而在普羅比迴歸中則增加 7.1% 健康的可能性。在控制了工具變數後，住在高度都市化市鎮的居民，相較於住在一般市鎮的居民，身體健康較差的機率，在普羅比迴歸中，從原先較一般市鎮居民不健康的機率 4.3% 提高至 14.8%。但是，是否爲男性以及婚姻狀況對個人健康的影響力，都相較於控制工具變數前爲小，因此可以推測其部分影響效果是因爲義務教育的普及所致，導致其在未考慮工具變數前對自評健康狀況影響力的高估。

邊際效果比較表

解釋變數	線性機率模型	普羅比模型	線性機率模型考慮工具變數	普羅比模型考慮工具變數
教育水準 (年)	0.020	0.020	0.076	0.071
16 歲前居住地 (基準組：一般市鎮)				
高度都市化市鎮	−0.041	−0.043	−0.157	−0.148
中度都市化市鎮	−0.035	−0.037	−0.150	−0.141
新興市鎮	0.044	0.045	−0.038	−0.035
男性	0.060	0.060	0.051	0.048
年齡 (基準組：40 歲以上)				
30 歲以下	−0.020	−0.021	−0.130	−0.122
30-40 歲	0.013	0.014	−0.068	−0.063
婚姻狀況 (基準組：已婚)				
未婚	0.092	0.093	0.035	0.033
其他	−0.082	−0.084	−0.067	−0.064

五、Hausman 檢定

為了驗證考慮工具變數後的迴歸係數，是否為不偏誤的一致性估計量，我們對納入工具變數前後的迴歸結果進行 Hausman 檢定，檢定結果可得到卡方 (chi-square) 值，若它顯著異於零的結果，則拒絕虛無假設 H_0，亦即可知未納入工具變數的迴歸係數雖然顯著但卻為偏誤估計量。因此，納入工具變數後的迴歸分析，才可得到不偏誤的一致性估計量。

Stata 提供 Hausman 檢定有：hausman 指令、xthtaylor 指令。請見下一節的實作。

4-6-1b 橫斷面 Hausman 檢定：判定是否納入工具變數 (hausman 指令)

為了驗證考慮工具變數後的迴歸係數，是否為不偏誤的一致性估計量，我們對納入工具變數前後的迴歸結果進行 Hausman 檢定，檢定結果可得到卡方 (chi-square) 值，若它顯著異於零的結果，則拒絕虛無假設 H_0，亦即可知未納入工具變數的迴歸係數雖然顯著但卻為偏誤估計量。因此，納入工具變數後的迴歸分析，才可得到不偏誤的一致性估計量。

Stata 提供 hausman 檢定，有二個指令：

1. **hausman** 指令：它係「reg、mlogit、probit…」等迴歸之事後指令。

2. **xthtaylor** 指令：它係「xtreg」panel 迴歸之事後指令。

xthtaylor 指令，旨在「Hausman-Taylor estimator for error-components models」。

(一) Hausman 檢定之範例 (「hausman 某迴歸名稱」 指令)

範例一：先 OLS 迴歸再「heckman…, select」，最後再 hausman 檢定觀察變數的特徵

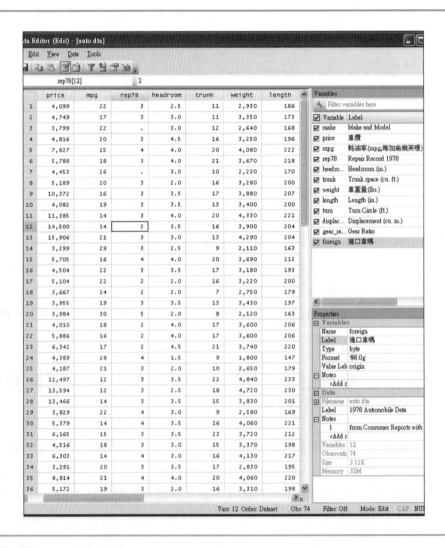

圖 4-47 「auto.dta」資料檔

Step 1. 先做 **OLS** 迴歸當作對照組

指令為：**regress** mpg price

Step 2. 再做 「heckman …, select」 迴歸， 以 select 來納入工具變數

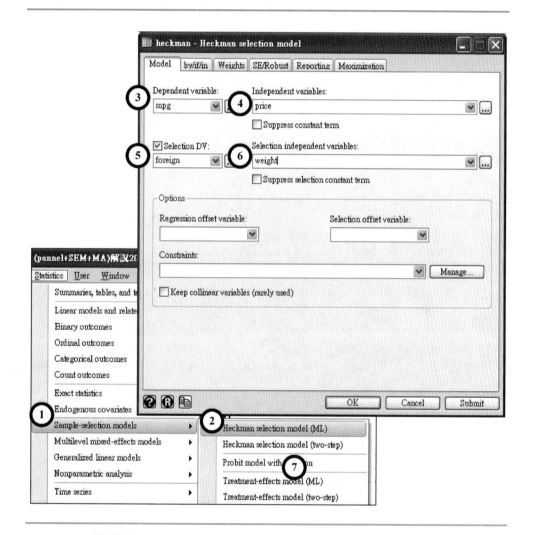

圖 4-48 「heckman mpg price, select (foreign＝weight)」之畫面

```
範例一：OLS 迴歸之後的 hausman 檢定
* 開啟 stata 系統之 auto.dta 資料檔
. sysuse auto

* 先「未納入工具變數」OLS 迴歸。依變數為耗油率 (mpg)；解釋變數為車價 (price)。
. regress mpg price
* 估計的係數存至資料檔中 reg 變數
. estimates store reg

* 再「heckman…, select」迴歸。依變數為耗油率 (mpg)；解釋變數為車價 (price)。
. heckman mpg price, select(foreign=weight)
```

Heckman selection model   Number of obs   =   74
(regression model with sample selection)   Censored obs   =   52
                                            Uncensored obs   =   22

                                            Wald chi2(1)   =   3.33
Log likelihood = -94.94709   Prob > chi2   =   0.0679

            | Coef.   Std. Err.   z   P>|z| [95% Conf. Interval]
------------+---
mpg |
      price | -.001053   .0005769   -1.83   0.068   -.0021837   .0000776
      _cons | 34.05654   3.015942   11.29   0.000   28.1454   39.96768
------------+---
foreign |
     weight | -.001544   .0003295   -4.69   0.000   -.0021898   -.0008983
      _cons | 3.747496   .8814804   4.25   0.000   2.019826   5.475166
------------+---
     /athrho | -.7340315   .5612249   -1.31   0.191   -1.834012   .3659491
     /lnsigma | 1.733092   .2358148   7.35   0.000   1.270904   2.195281
------------+---
        rho | -.6255256   .3416276   -.9502171   .3504433
      sigma | 5.658124   1.334269   3.564072   8.982524
     lambda | -3.539301   2.633223   -8.700324   1.621722

LR test of indep. eqns. (rho = 0):   chi2(1) =   1.25 Prob > chi2 = 0.2629

1. 本例先「未納入工具變數」OLS 迴歸當對照組。
2. 再執行「**heckman**⋯, select」迴歸，分析結果為：

   (1) Step 1 做 regression equation 之結果：$mpg_i = 34.06 - 0.001price_i + u_1$。
   車價(price)對耗油率(mpg)的 marginal effect 為係數 -0.0015，即車價(price)
   每增加一單位，耗油率就下降 0.0015 單位。

   (2) Step 2 做 selection equation 之結果：$foreign_i = 3.74 - 0.0015weight_i + u_2$

   (3) 二個迴歸式殘差「u_1 與 u_2」的相關 $\rho = -0.625$。

   (4) athrho 為 $\tan^{-1}(\rho) = \frac{1}{2}\ln(\frac{1+\rho}{1-\rho}) = -0.734$。

   (5) 依變數 mpg 此迴歸殘差的標準誤 $\sigma = 5.65$。

   (6) 經濟學家常以 lambda 值來判定「selectivity effect」，本例選擇效果 $\lambda = \rho\sigma = -3.539$。

   (7)「LR test of indep. eqns.」概似比，得到卡方=1.25($p > 0.05$)，故接受「Cov(u_1, u_2)」二個殘差係獨立的假定。

Step 3. hausman 檢定， 比較 OLS 迴歸 vs. 工具變數 heckman 迴歸， 來看哪
一個迴歸較優？

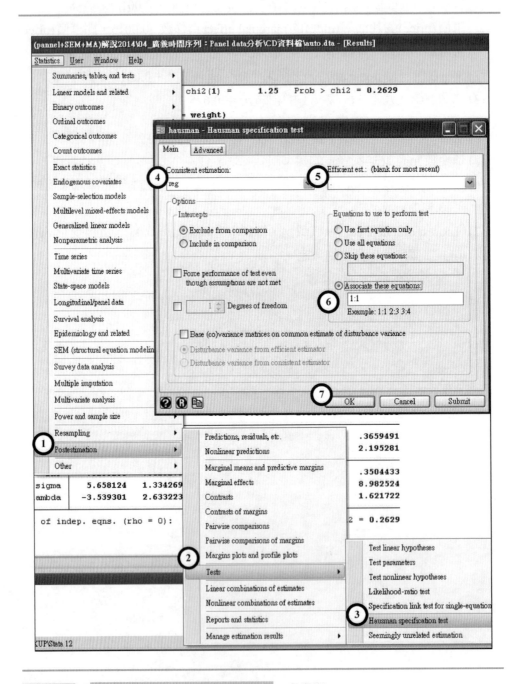

圖 4-49 「hausman reg ·, equation(1：1)」 之畫面

```
* 界定「equations()」選項:to force comparison when one estimator uses equa-
tion names and the other does not
. hausman reg ., equation(1:1)



          ---- Coefficients ----
        |      (b)           (B)            (b-B)      sqrt(diag(V_b-V_B))
        |      reg            .           Difference          S.E.
--------------+-----------------------------------------------------------
    price |  -.0009192      -.001053        .0001339                .
--------------------------------------------------------------------------
             b = consistent under Ho and Ha; obtained from regress
             B = inconsistent under Ha, efficient under Ho; obtained from heckman

   Test:  Ho:  difference in coefficients not systematic

             chi2(1) = (b-B)'[(V_b-V_B)^(-1)](b-B)
                     =    -0.06    chi2<0 ==> model fitted on these
                                   data fails to meet the asymptotic
                                   assumptions of the Hausman test;
                                   see suest for a generalized test
```

1. 本例，先「未納入工具變數」OLS 迴歸，再「**heckman**…, **select**」迴歸之後，
   接著 hausman 檢定，旨在判定「無工具變數」vs.「有工具變數」，何者較適
   切？結果得 $\chi^2_{(1)} = -0.06$，若卡方值 < 0，故接受「H_0: difference in coefficients
   not systematic」，表示本例採用「後者：「有工具變數」模型較適切；反之，
   若卡方值 > 0 則拒絕 H_0，則採用「無工具變數」模型較適切。

   　總之，由於本例 hausman 檢定，接受虛無假設 H_0，亦即納入工具變數後的
   迴歸分析，才可得到不偏誤的一致性估計量。

範例二：Probit 迴歸之後的 hausman 檢定

Step 1. 先做 probit 迴歸當作對照組

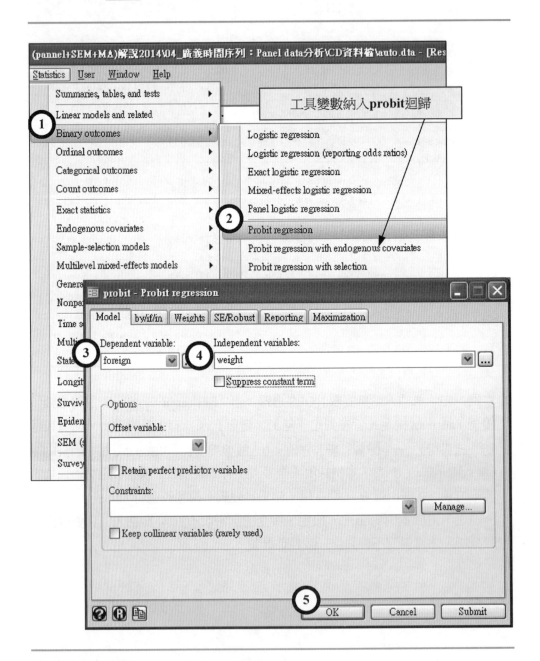

圖 4-50 「probit foreign weight」之畫面

Step 2. 再做 「heckman …, select」 迴歸， 以 select 來納入工具變數

Step 3. hausman 檢定， 比較 probit 迴歸 vs. 工具變數 heckman 迴歸， 來看
哪一個迴歸較優？

```
範例二：Probit 迴歸之後的 hausman 檢定
* 開啟 auto.dta 資料檔之前，先設定你的工作目錄「File > Change Working Dictionary」
. use auto
* 做 probit 迴歸。依變數為「進口車嗎 (foreign)」；解釋變數為車重量 (weight)。
. probit foreign weight
. estimates store probit_y
. heckman mpg price, select(foreign=weight)


Heckman selection model                        Number of obs    =        74
(regression model with sample selection)       Censored obs     =        52
                                               Uncensored obs   =        22

                                               Wald chi2(1)     =      3.33
Log likelihood = -94.94709                     Prob > chi2      =    0.0679


------------------------------------------------------------------------------
             |     Coef.   Std. Err.      z    P>|z|     [95% Conf. Interval]
-------------+----------------------------------------------------------------
mpg          |
       price |  -.001053    .0005769    -1.83   0.068    -.0021837    .0000776
       _cons |  34.05654    3.015942    11.29   0.000      28.1454    39.96768
-------------+----------------------------------------------------------------
foreign      |
      weight |  -.001544    .0003295    -4.69   0.000    -.0021898   -.0008983
       _cons |  3.747496    .8814804     4.25   0.000     2.019826    5.475166
-------------+----------------------------------------------------------------
     /athrho |  -.7340315   .5612249    -1.31   0.191    -1.834012    .3659491
     /lnsigma |  1.733092   .2358148     7.35   0.000     1.270904    2.195281
-------------+----------------------------------------------------------------
         rho |  -.6255256   .3416276                     -.9502171    .3504433
       sigma |  5.658124    1.334269                      3.564072    8.982524
      lambda |  -3.539301   2.633223                     -8.700324    1.621722
------------------------------------------------------------------------------
LR test of indep. eqns. (rho = 0):    chi2(1) =     1.25   Prob > chi2 = 0.2629
```

1. 本例，先「未納入工具變數」Probit 迴歸當對照組。
2. 再執行「**heckman**…, **select**」迴歸，分析結果為：
   (1) Step 1 做 regression equation 之 Logit 迴歸模型為：
       Pr(mpg) = F(34.06 − 0.001×price + u_1)。
       其中，F(.) 為標準常態分配的累積分析函數。
       在 Type I 誤差 α = 5% 水準下，車輛價格 (price) 與耗油率 (lfp) 之機率呈顯著負相關，即車子愈貴耗油率愈低，車子價格每貴一個單位，耗油率就降 0.001 單位。
   (2) Step 2 做 selection equation 之結果：Pr(foreign) = F(3.75 − 0.0015×weight + u_2)。
   (3) 二個迴歸式殘差「u_1 與 u_2」的相關 ρ = −0.625。
   (4) athrho 為 $\tan^{-1}(\rho) = \frac{1}{2}\ln(\frac{1+\rho}{1-\rho}) = -0.734$。
   (5) 依變數 mpg 此迴歸殘差的標準誤 σ = 5.65。
   (6) 經濟學家常以 lambda 值來判定「selectivity effect」，本例選擇效果 $\lambda = \rho\sigma$ = −3.539。
   (7)「LR test of indep. eqns.」概似比，得到卡方 = 1.25(p > 0.05)，故接受「Cov(u_1, u_2)」二個殘差係獨立的假定。

```
* 比較 :probit model and selection equation of heckman model
. hausman probit_y ., equation(1:2)

          ---- Coefficients ----
       |      (b)         (B)          (b-B)      sqrt(diag(V_b-V_B))
       |   probit_y        .         Difference        S.E.
-------+----------------------------------------------------------------
weight |  -.0015049    -.001544        .0000391          .
-------------------------------------------------------------------------
                  b = consistent under Ho and Ha; obtained from probit
       B = inconsistent under Ha, efficient under Ho; obtained from heckman

  Test:  Ho:  difference in coefficients not systematic

          chi2(1) = (b-B)'[(V_b-V_B)^(-1)](b-B)
                  =    -0.78    chi2<0 ==> model fitted on these
                               data fails to meet the asymptotic
                               assumptions of the Hausman test;
                               see suest for a generalized test
```

1. 本例，先「未納入工具變數」OLS 迴歸，再「**heckman…, select**」迴歸之後，
接著 hausman 檢定，旨在判定「無工具變數」vs.「有工具變數」，何者較適
切？結果得 $\chi^2_{(1)} = -0.78$，若卡方值 <0，故接受「H₀: difference in coefficients
not systematic」，表示本例採用「後者：「有工具變數」」模型較適切；反之，
若卡方值 > 0 則拒絕 H_0，則採用「無工具變數」模型較適切。

　　總之，由於本例 hausman 檢定，接受虛無假設 H_0，亦即納入工具變數後的
迴歸分析，才可得到不偏誤的一致性估計量。

4-6-1c　二階段最小平方方法 (2SLS)(ivregress 2sls 指令)

　　最小平方方法是最實用的迴歸方法，而近似無相關迴歸、二階段最小平方方法
和三階段最小平方方法則是最小平方方法的延伸。

一、進行統計分析時應注意之事項

　　若殘差 (residual) 符合下列假設，則 OLS 估計出的係數具有「最佳線性不偏
估計量」(Best Linear Unbiased Estimator, **BLUE**) 的性質。

　　OLS 可用來估計下述複迴歸中，解釋變數 x 與被解釋變數 y 的關係：

$$y_i = \beta_0 + \beta_1 x_{1i} + \beta_2 x_{2i} + \cdots + \beta_k x_{ki} + \varepsilon_i$$

　　若殘差 ε_i 符合以下假設，用 OLS 估計 β_k 將具有 BLUE 的性質。

1. 殘差期望值為零 (zero mean)，即 $E(\varepsilon_i) = 0$。
2. 解釋變數與殘差無相關 (orthogonality)，即 $Cov(x_{ki}, \varepsilon_i) = 0$。若違反，就有內生
性 (**endogeneity**) 問題。
3. 殘差無序列相關 (non-autocorrelation)，即 $Cov(\varepsilon_i, \varepsilon_j) = 0$。
4. 殘差具同質變異 (homoskedasticity)，即 $Var(\varepsilon_i) = \sigma^2$。

　　文獻上，常將符合上述要求的殘差稱為獨立相同分配 (independently
identical distribution, iid)。此外，若殘差屬於常態分配 (normal distribution)，則
OLS 估計所得之係數亦具有常態分配的性質。但若樣本數夠大，即使殘差不屬
於常態分配，OLS 估計所得之係數亦可漸進為常態分配。

(一) 內生性 (endogeneity)

　　若 OLS 違反解釋變數與殘差無相關的假設，將發生內生性 (endogeneity) 的
問題。若解釋變數與殘差為正相關，則估計係數將高估。可透過描繪殘差與解

釋變數的散布圖，或是計算殘差與解釋變數的相關係數，檢視是否具內生性。
Hausman 檢定可用來檢定變數是否具內生性，其虛無假設爲變數不具內生性。
若拒絕虛無假設，表示變數具內生性，OLS 估計式不一致者，應採用二階段最
小平方法 (Two Stage Least Squares, 2SLS) 或一般化動差法 (Generalized Method
of Moment, GMM) 等方式，以獲得一致性估計式。

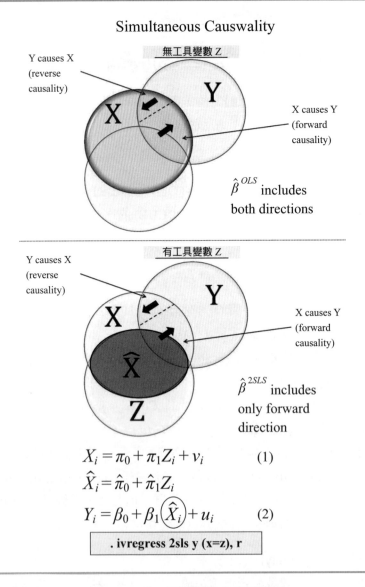

$$X_i = \pi_0 + \pi_1 Z_i + v_i \qquad (1)$$

$$\hat{X}_i = \hat{\pi}_0 + \hat{\pi}_1 Z_i$$

$$Y_i = \beta_0 + \beta_1 \left(\widehat{X}_i\right) + u_i \qquad (2)$$

```
. ivregress 2sls y (x=z), r
```

圖 4-51 Simultaneous Causality 中，工具變數 Z 之示意圖

2SLS 的做法，首先找到一組工具變數 (Instrumental Variable, IV)，將解釋變數拆解成 2 部分，與殘差相關的部分及與殘差無關的部分，再以與殘差無關的部分估計參數。

工具變數乃是用來將解釋變數與殘差無關的部分，分離出來，用以建立一致性的估計式。假設 z 是一個工具變數，z 應符合 2 項條件：

1. $Cov(z, \varepsilon) = 0$，工具變數需與殘差無關，亦即工具變數應為外生 (exogenous)。
2. $Cov(z, x) \neq 0$，工具變數需與解釋變數相關。

通常會根據常識、經濟理論等找尋工具變數，接著進行第一階段迴歸，如下：

$$x_i = \pi_0 + \pi_1 z_1 + v_i$$

若係數 π_1 不顯著，則表示 $Cov(z, x) \neq 0$ 的條件可能不成立，應找尋其他工具變數。若 π_1 顯著，則進行第二階段迴歸，如下：

$$y_i = \beta_0 + \beta_1 \hat{x}_1 + \varepsilon_i$$

其中，$\hat{x}_1 = \hat{\pi}_0 + \hat{\pi}_1 \hat{z}_1$，表示 x 中與殘差無關的部分。

在大樣本的情況下，2SLS 可獲得一致的估計式，且為常態分配，但標準誤 (standard error) 較大。若欲降低標準誤，可找尋與解釋變數相關性較高的工具變數。值得注意的是，若所選擇的工具變數與解釋變數僅存在些許相關，甚至無關時，此法所得之估計式是不一致的。基本上，工具變數至少需要與內生的解釋變數一樣多，若工具變數個數大於內生變數個數，稱為過度認定 (over identified，有解)，若等於，稱為恰好認定 (just identified)，若小於，稱為不足認定 (under identified，無解)。當過度認定時，可進行過度認定限制檢定，檢定某些工具變數是否與誤差項相關。

(二) 序列相關 (serial correlation)

若殘差之間具相關性，亦即 $Cov(\varepsilon_i, \varepsilon_j) \neq 0$，稱之為序列相關或自我相關 (autocorrelation)，使 OLS 估計式不具有效性，通常容易造成標準誤低估，使得 t 統計量偏高，假設檢定的結果不可信。

Durbin-Watson 檢定 (Durbin-Watson test, DW test) 常用於檢定殘差是否存在序列相關。DW 值介於 0～4 之間，DW 值接近 2 時，表示不存在序列相關，小於 2 則為正的序列相關，大於 2 則為負的序列相關。使用 DW 檢定有 3 項前提：

解釋變數中不得包含被解釋變數的落後項、僅能檢驗一階序列相關,以及迴歸式中必須包含常數項。

遺漏重要變數或模型設定錯誤時,可能造成非純粹的序列相關 (impure serial correlation),此時 OLS 估計式不僅不具有效性,甚至不具不偏性,因此發現序列相關時,應先檢查是否有遺漏變數或模型設定錯誤的問題,並加以排除。排除遺漏變數或模型設定錯誤的可能性後,利用 OLS 進行估計,再使用 Newey-West HAC 標準誤修正估計式的標準誤,惟 Newey-West HAC 標準誤適用於大樣本的情況,小樣本可能有所偏誤。另外,亦可使用一般化最小平方法 (Generalized Least Square Method, GLS) 估計。值得注意的是,時間序列因具有時間上的順序性,誤差項常呈現序列相關,進行分析時需特別注意。

(三) 殘差異質性

若殘差之變異數不為常數,隨著 X 改變而改變,即 $Var(\varepsilon_i) = \sigma_i^2$,稱為異質性 (heteroskedasticity)。違反同質性假設時,OLS 估計式仍具有不偏性及一致性,但標準誤有偏誤。通常導致標準誤低估,使得 t 統計量偏高,假設檢定的結果不可信。

最直觀的檢驗方法為圖示法,觀察解釋變數 X 與殘差的散布圖,若發生 X 增加,誤差若發生逐漸增加、減少或是不規則變化時,便可能存在異質性。另一個常用來檢定異質性的方法為 White 檢定 (White test)。White 檢定的虛無假設為不具異質性,若拒絕虛無假設表示存在異質性。

遺漏變數或模型設定錯誤時,將造成非純粹的異質性 (impure serial heteroskedasticity),此時 OLS 估計式不僅不具有效性,甚至不具不偏性,因此發現異質性時,應先檢查是否有遺漏變數或模型設定錯誤的問題。排除遺漏變數或模型設定錯誤的可能性後,因 OLS 估計式仍具不偏性,故可採用穩健異質性 (heteroskedasticity-robust) 標準誤修正標準誤,常用的有 White 穩健標準誤或 Newey-West HAC 標準誤。亦可使用加權最小平方估計法 (Weighted Least Squares, WLS),其概念為將模型轉換為均質變異的模型,再加以估計。

異質變異的特徵在某些序列中非常常見且重要,例如資產報酬序列,學者以特殊模型捕捉此一特性,詳見自我迴歸條件異質變異模型 (AutoRegressive Conditional Heteroskedasticity Model, ARCH)。

二、二階段最小平方迴歸之研究主題

二階段最小平方 (two-stage least squares) 迴歸之應用領域，包括：

1. 內部公司治理在臺灣私有化企業之角色。
2. 公司治理與盈餘管理關聯性之研究。
3. 資訊透明度與公司股價報酬變異——以證基會資訊揭露評鑑系統為例。
4. 幸福與信任的因果關係——跨國資料的工具變數分析。
5. 臺灣上市櫃公司不動產持有程度對公司風險及報酬之影響。
6. 宗教信仰與宗教捐獻之實證研究。
7. 優生保健法對婦女生育行為的影響。
8. 商用辦公室租金與空置率相關性之研究。
9. 上市 (櫃) 公司年報資訊透明度和資訊品質對報酬率影響之研究——以投資人情緒為干擾變數之分析。
10. 臺灣上市公司不動產管理策略對其股票報酬及風險關聯性之研究。
11. 自雇家戶低報所得之推估。
12. 影響中學生 PISA 成績因素之估計——臺灣、香港、日本、韓國之比較。
13. 過度教育、肥胖與薪資。
14. 臺指選擇權履約機率與報酬率之相關性研究：Black-Scholes 模型之應用。
15. 我國振興經濟方案效果評估。
16. 銀行資本結構與經營績效之分析——代理成本觀點。

二階段最小平方迴歸之推理，你可參考：http://en.wikipedia.org/wiki/Instrumental_variable。

三、Stata 範例：平均租屋價的預測模型

(一) 問題說明

為了預測平均租屋價 (rent) 的預測模型？(分析單位：美國各州)

研究者收集「影響平均租屋價之因素」數據，並整理成下表，此「wage2.dta」資料檔之變數如下：

變數名稱	預測變數	Codes/Values
rent	Y：平均租屋價	180～368 美元 / 月
pcturban	X：住都市化 %	33.77%～91.29%
(hsngval = faminc i.region)	工具變數 hsngval (平均自住房價) 為： (1) 平均家庭收入 (faminc) (2) 美國地區 (region)	31100～119400 美元 / 平均一戶 1459～28395 美元 / 月 1. NE 2. N Cntrl 3. South 4. West

(二) 資料檔之內容

「ivregress_hsng2.dta」資料檔內容如下圖。

ta Editor (Edit) - [ivregress_hsng2.dta]

Edit Data Tools

rent[1] 188

	state	division	region	pop	popgrow	popden	pcturban	faminc	hsng	hsnggrow	hsngval	rent
22	Michigan	E.N.C.	N Cntrl	9262078	4.3	1626.0	70.7	22107.00	3589912	21.4	39000.00	250.00
23	Minnesota	W.N.C.	N Cntrl	4075970	7.1	512.0	66.9	21185.00	1612960	26.4	54300.00	236.00
24	Mississippi	E.S.C.	South	2520638	13.7	534.0	47.3	14591.00	911627	30.4	31400.00	180.00
25	Missouri	W.N.C.	N Cntrl	4916686	5.1	713.0	68.1	18784.00	1988915	18.8	36700.00	211.00
26	Montana	Mountain	West	786690	13.3	54.0	52.9	18413.00	328465	33.2	46400.00	200.00
27	N. Carolina	S. Atl.	South	5881766	15.7	1204.0	48.0	16792.00	2274737	38.5	36000.00	205.00
28	N. Dakota	W.N.C.	N Cntrl	652717	5.7	94.0	48.8	18023.00	258772	26.7	43800.00	206.00
29	Nebraska	W.N.C.	N Cntrl	1569825	5.7	205.0	62.9	19122.00	624829	21.2	38000.00	213.00
30	Nevada	Mountain	West	800493	63.8	73.0	85.3	21311.00	339949	97.0	69200.00	310.00
31	New Hampshire	N. Eng.	NE	920610	24.8	1024.0	52.2	19723.00	386381	37.5	48000.00	251.00
32	New Jersey	Mid Atl	NE	7364823	2.7	9862.0	89.0	22906.00	2772149	16.1	61400.00	270.00
33	New Mexico	Mountain	West	1302894	28.1	107.0	72.1	16928.00	507513	55.6	45400.00	216.00
34	New York	Mid Atl	NE	17558072	-3.6	3706.0	84.6	20180.00	6867638	9.0	45900.00	249.00
35	Ohio	E.N.C.	N Cntrl	10797630	1.3	2633.0	73.3	20909.00	4108105	18.5	45100.00	224.00
36	Oklahoma	W.S.C.	South	3025290	18.2	441.0	67.3	17668.00	1237040	31.7	35600.00	214.00
37	Oregon	Pacific	West	2633105	25.9	274.0	67.9	20027.00	1083285	45.4	59000.00	257.00
38	Pennsylvania	Mid Atl	NE	11863895	0.5	2643.0	69.3	19995.00	4596431	17.0	39100.00	225.00
39	Rhode Island	N. Eng.	NE	947154	-0.2	8980.0	87.0	19448.00	372672	17.3	47000.00	222.00
40	S. Carolina	S. Atl.	South	3121820	20.5	1034.0	54.1	16978.00	1153709	41.5	35100.00	206.00
41	S. Dakota	W.N.C.	N Cntrl	690768	3.7	91.0	46.4	15993.00	276997	22.9	36600.00	188.00
42	Tennessee	E.S.C.	South	4591120	16.9	1116.0	60.4	16564.00	1747422	34.3	35600.00	203.00
43	Texas	W.S.C.	South	14229191	27.1	543.0	79.6	19618.00	5549352	44.9	39100.00	245.00
44	Utah	Mountain	West	1461037	37.9	178.0	84.4	20024.00	490006	55.2	60000.00	235.00
45	Vermont	N. Eng.	NE	511456	15.0	552.0	33.8	17205.00	223199	35.1	42300.00	226.00
46	Virginia	S. Atl.	South	5346818	14.9	1347.0	66.0	20018.00	2020941	35.3	48100.00	259.00
47	W. Virginia	S. Atl.	South	1949644	11.8	808.0	36.2	17308.00	747810	25.2	38500.00	195.00
48	Washington	Pacific	West	4132156	21.1	621.0	73.5	21696.00	1689450	38.3	60700.00	254.00
49	Wisconsin	E.N.C.	N Cntrl	4705767	6.5	865.0	64.2	20915.00	1863897	26.6	48600.00	234.00
50	Wyoming	Mountain	West	469557	41.3	48.0	62.7	22430.00	188217	61.8	60400.00	252.00

Vars: 16 Obs: 50 Filter: Off Mode: Edit CAP NUM

圖 4-52 「ivregress_hsng2.dta」資料檔 (N=50, 16 variables)

觀察資料之特徵

```
. describe

Contains data from D:\ivregress_hsng2.dta
  obs:            50                          1980 Census housing data
 vars:            16                          22 Mar 2014 16:04
 size:         3,600 (99.9% of memory free)
----------------------------------------------------------------------
```

```
              storage   display    value
variable name  type     format     label        variable label
-----------------------------------------------------------------------
state          str14    %14s                     State
division       int      %8.0g      division      Census division
region         int      %8.0g      美國地區      1. NE 2. N Cntrl 3. South 4. West
pop            long     %10.0g                   Population in 1980
popgrow        float    %6.1f                    Pop. growth 1970-80
popden         int      %6.1f                    Pop/sq. mile
pcturban       float    %8.1f                    住都市化 %
faminc         long     %8.2f                    平均家庭收入 ,1979
hsng           long     %10.0g                   Hsng units 1980
hsnggrow       float    %8.1f                    % housing growth
hsngval        long     %9.2f                    平均自住房價
rent           long     %6.2f                    平均租屋價
......
-----------------------------------------------------------------------
```

(三) 選擇表

```
Statistics > Endogenous covariates > Single-equation instrumental-variables
      regression
```

(四) Single-equation instrumental-variables 迴歸分析
二階段迴歸分析 (two-stage least squares, 2SLS)

在 1980 年，美國曾普查全國 50 州的自住房價 (hsngval) 及房屋平均月租金 (rent)，我們想要以當地自住房價 (hsngval) 及都市人口密度 (pcturban)i，來預測房租 (rent)，進而建立我們原始構思的迴歸模型，如下：

$$rent_i = \beta_0 + \beta_1 \times hsngval_i + \beta_2 \times pcturban_i + u_i$$

其中，i 為美國第 i 州。

u_i 為誤差項。

由於有股「隨機震盪」社會氣氛，會同時影響房價 (hsngval) 及租金 (rent)，房價 (hsngval) 可視為內生 (endogenous) 變數 (即有其他變數可預測它)。我們

有理由相信，上式迴歸中，房價 (hsngval) 與殘差 u_i (尚未納入考量的其他因素) 係有相關。故我們假定，pcturban 是外生 (exogenous) 變數 (即沒有其他變數可預測它)。

由於上式中，我們視 hsngval 為 endogenous regressor，故必須另找一個以上變數，它與房價 (hsngval) 有相關，但與殘差 u_i 卻無關。在此資料檔「ivregress_hsng2.tda」中，我找到「家庭收入 (faminc) 及美國不同地區 (region)」二者都會影響房價 (hsngval)，但與殘差 u_i 是無相關的。故上式迴歸模型，預測變數有：「pcturban, faminc, 及 factor variables 2.region, 3.region, 4.region」構成了一組工具 (instruments) 變數。將上式改為：

$$rent_i = \beta_0 + \beta_1 \times pcturban_i + \beta_2 \times (hsngval_i = \gamma_1 \times faminc + \gamma_2 \times i.region) + u_i$$

此概念模型，對應到 Stata 的工具變數的二階段 (2sls) 迴歸，如下：

```
. ivregress 2sls rent pcturban (hsngval = faminc i.region)
```

其中，小括弧「()」內只能認定「endogenous regressors、=、被排除外生變數」的數學方程式。等號右側，只能認定「另加的外生變數」；而且此外生變數 (如 faminc i.region) 在 ivregress 指令中，自動視為工具變數。

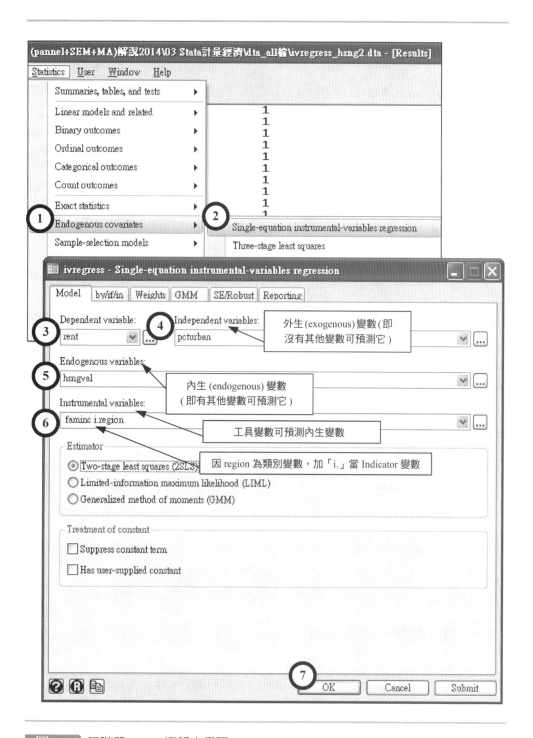

圖 4-53 二階段 (2sls) 迴歸之畫面

367

```
*「單一方程式工具變數迴歸」例子：平均租屋價 (rent) 之預測模型 ( 美國 50 州為例 )
* 開啟 Stata 內附資料檔「ivregress_hsng2.tda」
. use ivregress_hsng2.dta
* 適配 gression via 2SLS
. ivregress 2sls rent pcturban (hsngval = faminc i.region)

Instrumental variables (2SLS) regression          Number of obs =       50
                                                   Wald chi2(2)  =    90.76
                                                   Prob > chi2   =   0.0000
                                                   R-squared     =   0.5989
                                                   Root MSE      =   22.166


------------------------------------------------------------------------------
      rent |      Coef.   Std. Err.      z    P>|z|     [95% Conf. Interval]
-----------+------------------------------------------------------------------
   hsngval |   .0022398   .0003284     6.82   0.000     .0015961    .0028836
  pcturban |    .081516   .2987652     0.27   0.785    -.504053     .667085
     _cons |   120.7065   15.22839     7.93   0.000     90.85942    150.5536
------------------------------------------------------------------------------
Instrumented:  hsngval
Instruments:   pcturban faminc 2.region 3.region 4.region
```

1. 整體二階段 (2SLS) 迴歸結果，Wald $\chi^2_{(2)} = 90.76$，$P < 0.05$，故外生變數 (hsngval) 對租房價格有顯著預測效果，相反地，工具 (instruments) 變數「faminc 2.region 3.region 4.region」四者對租房價格 (rent) 則無顯著影響力。

2. 迴歸式為：

$$rent = 120.7 + 0.0022 * hsngval + 0.081 * pcturban \qquad (4\text{-}16)$$

房租價格 = 120.7+ 0.0022 * 當地平均房價 + 0.081 * 住都市人口比例

(4-16) 我們可視為下列二個模型的組合：

$$hsngval_i = \pi_0 + \pi_1 \times faminc_i + \pi_2 \times 2.regioni + \pi_3 \times 3.region_i + \pi_4 \times 4.region_i + v_i$$
$$rent_i = \pi_0 + \pi_1 \times hsngval_i + \pi_2 \times pcturban_i + u_i$$

　　上面二式，出現遞迴 recursive (triangular) 情況。因為依變數 rent 模型中有 hsngval，但依變數 hsngval 模型中卻沒有 rent。通常我們處理的，二階段迴歸多數係屬非遞迴之聯立方程式。假如，殘差 v_i 及 u_i 兩者是獨立的，在遞迴情況下，上面二式是可以「個別」進行 OLS 分析 (Kmenta, 1997, 719-720)。

4-6-2 有限資訊最大概似估計法 (limited-information max likelihood)(ivregress liml 指令)

　　有限資訊最大概似估計法之應用領域，包括：

1. 銀行業壞帳提列決策之影響因素分析。
2. 臺灣水泥業經營策略與經營績效之相關研究：PIMS 分析法之實證應用。

　　有關 limited-information max likelihood 之推理，你可參考：http://en.wikipedia.org/wiki/Simultaneous_equations_model。

　　對 k 類估計法而言，LIML 法在理論及 Monte Carlo exercises 方面都比 2SLS 法好。LIML 估計法偏誤較小、95% 信賴區間較佳覆蓋率 (Poi, 2006)。

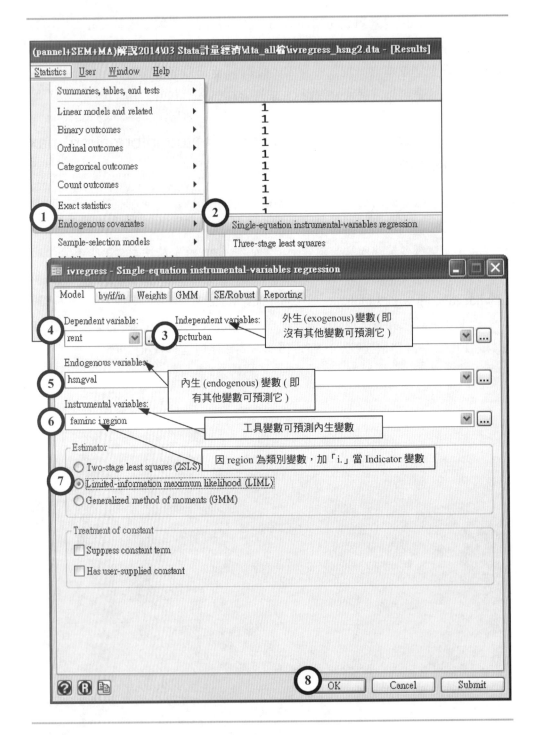

圖 4-54 limited-information maximum likelihood 估計法

```
*「單一方程式工具變數迴歸」例子：平均租屋價 (rent) 之預測模型 ( 美國 50 州為例 )
* 使用 LIML 估計法進行工具變數迴歸。因 region 為類別變數，加 "i." 當 Indicator 變
數
. ivregress liml rent pcturban (hsngval = faminc i.region)

Instrumental variables (LIML) regression      Number of obs =        50
                                               Wald chi2(2)  =     75.71
                                               Prob > chi2   =    0.0000
                                               R-squared     =    0.4901
                                               Root MSE      =    24.992

-------------------------------------------------------------------------
      rent |     Coef.   Std. Err.      z    P>|z|    [95% Conf. Interval]
-----------+-------------------------------------------------------------
   hsngval |  .0026686   .0004173     6.39   0.000    .0018507    .0034865
  pcturban | -.1827391   .3571132    -0.51   0.609   -.8826681    .5171899
     _cons |  117.6087   17.22625     6.83   0.000    83.84587    151.3715
-------------------------------------------------------------------------
Instrumented:  hsngval
Instruments:   pcturban faminc 2.region 3.region 4.region
```

1. 有限資訊最大概似估計法 (LIML) 之迴歸結果，Wald $\chi^2_{(2)} = 75.71$，$P < 0.05$，故外生變數 (hsngval) 對租房價格有顯著預測效果，相反地，工具 (instruments) 變數「faminc 2.region 3.region 4.region」四者對租房價格 (rent) 則無顯著影響力。

2. 迴歸式為：

$$rent = 117.6 + 0.0027 * hsngval - 0.183 * pcturban$$

房租價格 = 117.6 + 0.0027 * 當地平均房價 - 0.183 * 住都市人口比例

4-6-3 廣義動差估計法 (Generalized Method of Moments) (ivregress gmm 指令)

廣義動差估計法 (Generalized method of moments estimation, GMM) 之應用領域，包括：

1. 央行干預對匯率波動的影響。

2. 銀行非傳統業務是否有景氣循環？

3. 政府健康支出成長與經濟成長的關係：以 OECD 國家為例。

4. 金融情勢指標建構與央行利率法則之探討。

5. 探討影響美國電子產業之資本結構的因素：以動態追蹤模型分析。

6. 金融股報酬對經濟成長影響之研究。

7. 地方政府社會福利支出與經濟成長之研究。

8. 選舉、制衡與公共支出配置：臺灣地方政府實證分析。

9. 動態資本結構調整、公司治理、與財務危機關聯性之實證分析。

10. 流動性與預期報酬。

11. 環境品質與國際貿易：縱橫資料的應用。

12. 應用追蹤資料模型探討影響股價的因素。

13. 全球風險分散效果與外匯風險溢酬——美國存託憑證之實證。

14. 三因子 Sharpe-Lintner 資本資產定價模型聯立體系之檢定。

15. 動態追蹤資料在大樣本下參數估計漸近性的再探討。

16. 所得差異與消費的跨期替代決策。

有關 GMM 的推理，你可參考：http://en.wikipedia.org/wiki/Generalized_method_of_moments。

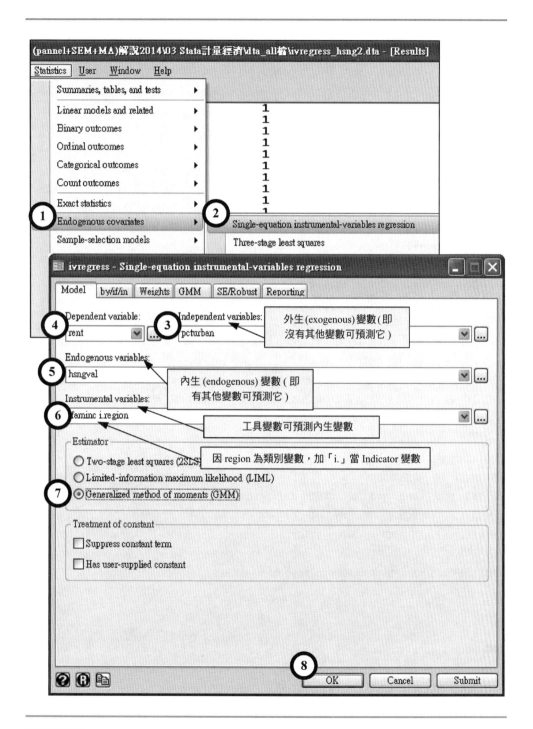

圖 4-55 generalized method of moments 估計法

373

```
*「單一方程式工具變數迴歸」例子：平均租屋價（rent）之預測模型（美國 50 州為例）

*Fit a regression via GMM using the default heteroskedasticity-robust weight
matrix
. ivregress gmm rent pcturban (hsngval = faminc i.region)


Instrumental variables (GMM) regression          Number of obs =        50
                                                  Wald chi2(2)  =    112.09
                                                  Prob > chi2   =    0.0000
                                                  R-squared     =    0.6616
GMM weight matrix: Robust                         Root MSE      =    20.358


------------------------------------------------------------------------------
             |               Robust
        rent |      Coef.   Std. Err.      z    P>|z|     [95% Conf. Interval]
-------------+----------------------------------------------------------------
     hsngval |   .0014643   .0004473     3.27   0.001     .0005877     .002341
     pcturban|   .7615482   .2895105     2.63   0.009     .1941181    1.328978
       _cons |   112.1227   10.80234    10.38   0.000     90.95052    133.2949
------------------------------------------------------------------------------
Instrumented:  hsngval
Instruments:   pcturban faminc 2.region 3.region 4.region

*Fit a regression via GMM using a heteroskedasticity-robust weight matrix,
requesting nonrobust standard errors
. ivregress gmm rent pcturban (hsngval = faminc i.region), vce(unadjusted)


Instrumental variables (GMM) regression          Number of obs =        50
                                                  Wald chi2(2)  =     64.47
                                                  Prob > chi2   =    0.0000
                                                  R-squared     =    0.6616
GMM weight matrix: Robust                         Root MSE      =    20.358


------------------------------------------------------------------------------
        rent |      Coef.   Std. Err.      z    P>|z|     [95% Conf. Interval]
-------------+----------------------------------------------------------------
     hsngval |   .0014643   .0004766     3.07   0.002     .0005302    .0023984
     pcturban|   .7615482   .2989475     2.55   0.011     .1756218    1.347474
```

```
      _cons |   112.1227    13.86695         8.09    0.000      84.94399    139.3014
-------------------------------------------------------------------------------
Instrumented:  hsngval
Instruments:   pcturban faminc 2.region 3.region 4.region
```

1. 廣義動差估計法 (GMM) 之迴歸結果，Wald $\chi^2_{(2)}$ = 112.09，$P < 0.05$，故外生變數 (hsngval) 及工具 (instruments) 變數「faminc 2.region 3.region 4.region」五者對租房價格有顯著預測效果。GMM 迴歸分析結果與「2SLS 法、LIML 法」略為不同。

2. 迴歸式為：

$$rent = 112.12 + 0.0014 * hsngval + 0.762 * pcturban$$

房租價格 = 112.12 + 0.0014 * 當地平均房價 + 0.762 * 住都市人口比例

「練習題」：教育的報酬 (returns)

```
clear
set more off

* 開啟資料檔
use card_reg_Lab4.dta, clear

* 因為 wage 變數非常態，故做對數變換，存到 logwage 新變數
gen logwage=log(wage)

* 工作經驗之平方，存到 exper_sq 新變數
gen exper_sq=exper^2

* 執行「多項式」非線性 OLS 迴歸
regress logwage educ exper exper_sq south black

* 做 two-stage least squares(2 SLS) 迴歸：使用 father and mother education 當工具 (instrument) 變數
ivregress 2sls logwage exper exper_sq south black (educ = fathereduc mother-
educ)
```

```
* 2 SLS using father and mother education and proximity to college as instru-
ments
ivregress 2sls logwage exper exper_sq south black (educ = fathereduc mother-
educ nearc2 nearc4)

* TESTS significance of instruments
estat firststage

* test of overidentification
estat overid

* test for endogeneity of all variables
estat endogenous

* GMM using the same instrument set
ivregress gmm logwage exper exper_sq south black (educ = fathereduc mother-
educ nearc2 nearc4)
```

4-7 三階段 (three-stage) 迴歸分析 (reg3 指令)

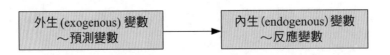

圖 4-56 外生變數預測內生變數之示意圖

名詞解說：

1. 單一方程式、單一迴歸型模型，我們稱預測變數為自變數 (因)；反應變數為依變數 (果)。

2. 二個以上方程式、二個以上迴歸型模型，我們稱預測變數為外生變數；反應變數為內生變數。

3. 二個以上方程式所組成的聯立方程式，稱作結構模型、結構系統。例如，作者另一本書叫「結構方程模型，SEM」、計量經濟也有：向量自我迴歸模型

(VAR) 及誤差修正模型 (VECM)，它們都有一共同特徵，就是屬聯立方程式，故只能用矩陣運算，來取代變數運算。

Three-stage least squares 迴歸之應用領域，包括：

1. 外資對中國大陸的經濟貢獻和環境汙染。
2. 人口結構、經濟成長與國防支出之關聯性。
3. 品牌價值與公司價值的關係。
4. 家戶運輸需求之探討。
5. 臺灣航太產業之競爭策略分析。
6. 證券市場中流動性風險與殖利率利差間之關係研究。
7. 各縣市社會福利支出、人力資本對所得分配影響之研究。
8. 資本結構、股權結構與經營績效之研究——以臺灣地區銀行業爲例。
9. 企業股利政策與成長機會互動關係之研究——以臺灣電子資訊科技業爲例。
10. 證券商資本適足率與經營風險之關聯性探討——以綜合證券商爲例。
11. 七大工業國景氣循環與傳導機制。
12. 證券商治理與績效關係之研究。
13. 臺灣出口與經濟成長：1970-1997 年。
14. 董事會特性對財務決策、經營績效之影響。
15. 可競爭市場理論在定期航運市場之研究。
16. 臺灣石油化學工業之生產要素需求分析——近似理想化需求體系之應用。

Zellner & Theil (1962) 提出 Three-stage least squares (3SLS) 迴歸，係「two-stage least squares (2SLS) 與 seemingly unrelated regressions (SUR)」組合。詳請你可參考：http://en.wikipedia.org/wiki/Simultaneous_equations_model。

4-7-1 三階段迴歸分析：國內消費 vs. 私部門工資

下列二個方程式，對「wagegovt、govt、capital1」外生 (exogenous) 變數而言，「consum 及 wagepriv」都算是內生 (endogenous) 變數。

$$consump = \beta_0 + \beta_1 \, wagepriv + \beta_2 \, wagegovt + \varepsilon_1$$
$$wagepriv = \beta_3 + \beta_4 \, consump + \beta_5 \, govt + \beta_6 \, capital1 + \varepsilon_2$$

　　三階段迴歸分析 (three-stage least square)「reg3」指令，可同時估計「多個方程式之結構方程式系統」，其中，「有些」方程式之內生變數「存在」於另一方程式解釋變數之中；但亦「有些」內生變數則「不存在」於另一方程式解釋變數之中 (不跨越另一方程式)。通常，這些內生變數又是另一方程式的依變數 (但不總是一定是這樣)。這些內生變數之間的擾動 (disturbance) 係有相關的，故這也違反 OLS「殘差彼此獨立」假定 (assumption)。

　　此外，由於某些解釋變數也是其他方程式的依變數，且方程式之間誤差是極有可能相關。故「reg3」改用工具變數 (instrumental-variables) 來產生估計值，並用廣義最小平方法 (generalized least squares, GLS) 來計算各方程式之間擾動的相關值。

　　三階段最小平方法，係透過三階段程序來產生迴歸係數：

Step 1. 求得所有內生變數的工具值 (instrumented values)

　　這些工具值係指結構系統內，所有外生變數對內生變數的預測值。第一階段旨在確定 2SLS 的第一步計算、及參數估計的一致性。

Step 2. 求各方程式擾動的共變數矩陣之一致估計值

　　第二階段估計各結構方程式的 2SLS 誤差。

Step 3. 以第二階段所估計之共變數矩陣， 採 GLS-type 來估計方程式 「＝」號右側內生變數的工具值。

　　「sureg 指令」：SURE 法可估計及使用第三階段擾動的共變矩陣，並改善第三階段估計的效率。

一、範例：三階段迴歸之聯立方程式

(一) 問題說明

　　總體經濟模型中，國民消費 (consump) 與公私部門工資 (wagegovt、wagepriv) 有關。同時，私部門工資亦有賴國民消費、政府總投資 (govt)、延遲 (lagged) 的股市資本 (capital1)。儘管這不是嚴謹模型，但仍可用下列二個方程式來表示：

$$consump = \beta_0 + \beta_1 \, wagepriv + \beta_2 \, wagegovt + \varepsilon_1$$

$$wagepriv = \beta_3 + \beta_4 \, consump + \beta_5 \, govt + \beta_6 \, capital1 + \varepsilon_2$$

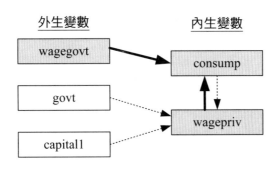

圖 4-57 三個外生變數預測二個內生變數

　　假設上述方程式是完全 (full) 系統，對「wagegovt、govt、capital1」外生變數而言，「consum 及 wagepriv」都算是內生變數。這些變數，來自 Klein(1950) 對美國經濟的調查。以下我們將用「reg3」指令來執行三階段迴歸分析。

　　Klein(1950) 收集數據可整理成下表，此「ivregress3_klein.dta」資料檔之變數如下：

變數名稱	變數	編碼 Codes/Values
consum	內生變數 1：國民消費	39.8～69.7（十億美元）
wagepriv	內生變數 2：私部門工資	25.5～53.3（仟元）
wagegovt	外生變數 1：公部門工資	2.2～8.5（仟元）
govt	外生變數 2：政府總投資	2.4～13.8（十億美元）
capital1	外生變數 3：延遲 (lagged) 的股市資本	180.1～216.7（十億美元）

(二) 資料檔之內容

「ivregress3_klein.dta」資料檔內容如下圖。

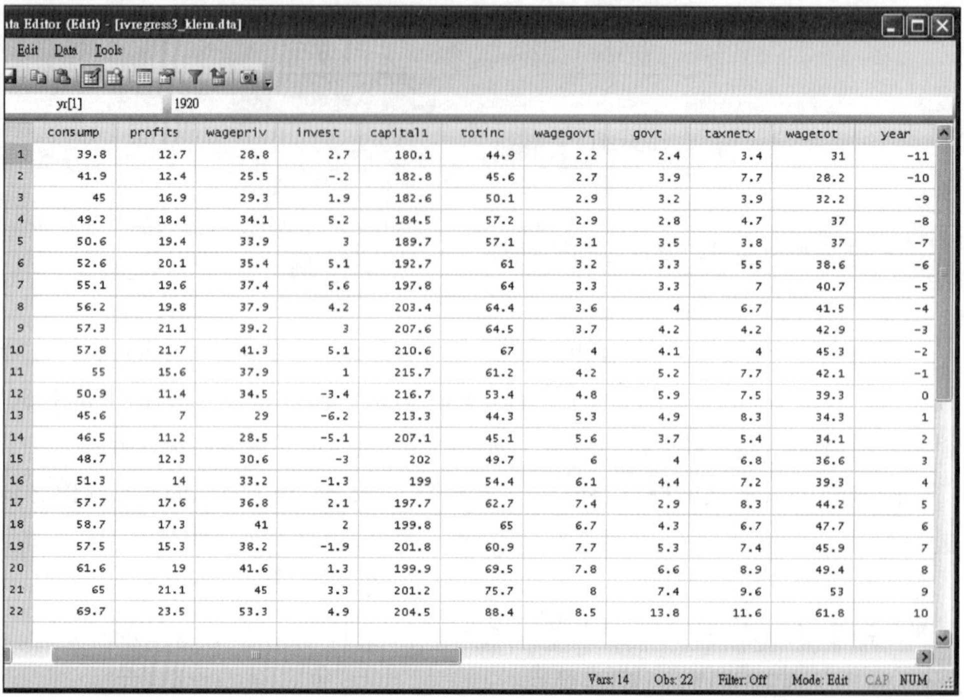

	consump	profits	wagepriv	invest	capital1	totinc	wagegovt	govt	taxnetx	wagetot	year
1	39.8	12.7	28.8	2.7	180.1	44.9	2.2	2.4	3.4	31	-11
2	41.9	12.4	25.5	-.2	182.8	45.6	2.7	3.9	7.7	28.2	-10
3	45	16.9	29.3	1.9	182.6	50.1	2.9	3.2	3.9	32.2	-9
4	49.2	18.4	34.1	5.2	184.5	57.2	2.9	2.8	4.7	37	-8
5	50.6	19.4	33.9	3	189.7	57.1	3.1	3.5	3.8	37	-7
6	52.6	20.1	35.4	5.1	192.7	61	3.2	3.3	5.5	38.6	-6
7	55.1	19.6	37.4	5.6	197.8	64	3.3	3.3	7	40.7	-5
8	56.2	19.8	37.9	4.2	203.4	64.4	3.6	4	6.7	41.5	-4
9	57.3	21.1	39.2	3	207.6	64.5	3.7	4.2	4.2	42.9	-3
10	57.8	21.7	41.3	5.1	210.6	67	4	4.1	4	45.3	-2
11	55	15.6	37.9	1	215.7	61.2	4.2	5.2	7.7	42.1	-1
12	50.9	11.4	34.5	-3.4	216.7	53.4	4.8	5.9	7.5	39.3	0
13	45.6	7	29	-6.2	213.3	44.3	5.3	4.9	8.3	34.3	1
14	46.5	11.2	28.5	-5.1	207.1	45.1	5.6	3.7	5.4	34.1	2
15	48.7	12.3	30.6	-3	202	49.7	6	4	6.8	36.6	3
16	51.3	14	33.2	-1.3	199	54.4	6.1	4.4	7.2	39.3	4
17	57.7	17.6	36.8	2.1	197.7	62.7	7.4	2.9	8.3	44.2	5
18	58.7	17.3	41	2	199.8	65	6.7	4.3	6.7	47.7	6
19	57.5	15.3	38.2	-1.9	201.8	60.9	7.7	5.3	7.4	45.9	7
20	61.6	19	41.6	1.3	199.9	69.5	7.8	6.6	8.9	49.4	8
21	65	21.1	45	3.3	201.2	75.7	8	7.4	9.6	53	9
22	69.7	23.5	53.3	4.9	204.5	88.4	8.5	13.8	11.6	61.8	10

圖 4-58 「ivregress3_klein.dta」資料檔 (N=22, 14 variables)

觀察資料之特徵

```
. use ivregress3_klein.dta

. describe
Contains data from ivregress3_klein.dta
  obs:            22
 vars:            14                         23 Mar 2014 08:23
 size:         1,232
-------------------------------------------------------------------------------
              storage   display    value
variable name   type    format     label      variable label
-------------------------------------------------------------------------------
```

yr	float	%9.0g	year
consump	float	%9.0g	國民消費
profits	float	%9.0g	private profits
wagepriv	float	%9.0g	私部門工資
invest	float	%9.0g	investment
capital1	float	%9.0g	延遲 (lagged) 的股市資本
totinc	float	%9.0g	total income/demand
wagegovt	float	%9.0g	公部門工資
govt	float	%9.0g	政府總投資
taxnetx	float	%9.0g	indirect bus taxes + net export
wagetot	float	%9.0g	total US wage bill
year	float	%9.0g	calendar year - 1931
profits1	float	%9.0g	last year's private profits
totinc1	float	%9.0g	last year's total income/demand

(三) reg3 迴歸之選擇表操作

Statistics > Endogenous covariates > Three-stage least squares

(四) 分析結果與討論

Step 1. 繪內生變數 consum wagepriv 之走勢圖

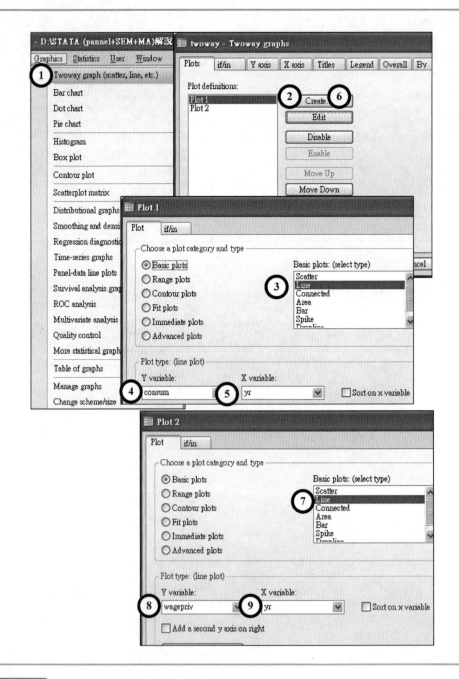

圖 4-59 繪內生變數 consum wagepriv 之畫面

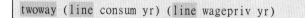

```
twoway (line consum yr) (line wagepriv yr)
```

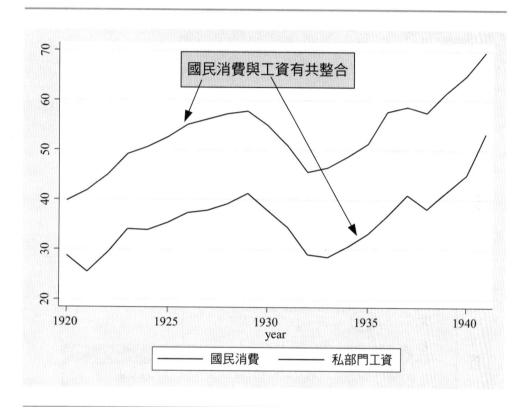

圖 4-60　繪內生變數 consum wagepriv 線形圖

Step 2. 三階段迴歸分析

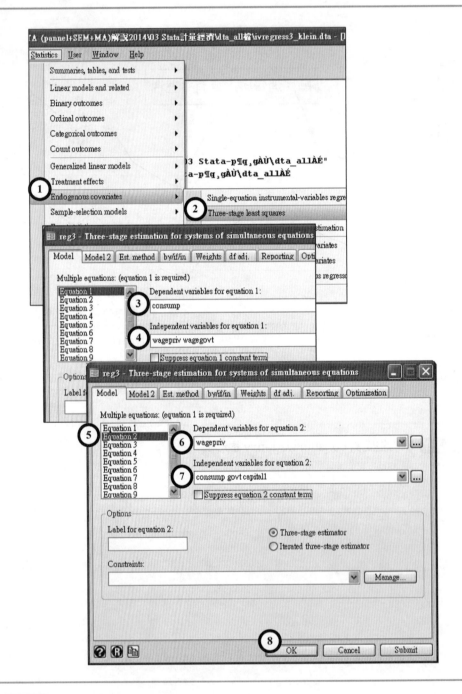

圖 4-61 三階段迴歸分析之畫面

```
. reg3 (consump = wagepriv wagegovt) (wagepriv = consump govt capital1)

Three-stage least-squares regression
-------------------------------------------------------------------------------
Equation           Obs  Parms       RMSE       "R-sq"          chi2        P

consump            22     2       1.776297     0.9388        208.02     0.0000
wagepriv           22     3       2.372443     0.8542         80.04     0.0000
-------------------------------------------------------------------------------


-------------------------------------------------------------------------------
            |       Coef.    Std. Err.      z     P>|z|    [95% Conf. Interval]
------------+------------------------------------------------------------------
consump     |
   wagepriv |     .8012754    .1279329     6.26   0.000    .5505314    1.052019
   wagegovt |     1.029531    .3048424     3.38   0.001     .432051    1.627011
      _cons |      19.3559    3.583772     5.40   0.000    12.33184    26.37996
------------+------------------------------------------------------------------
wagepriv    |
    consump |     .4026076    .2567312     1.57   0.117   -.1005764    .9057916
       govt |     1.177792    .5421253     2.17   0.030    .1152461    2.240338
   capital1 |    -.0281145    .0572111    -0.49   0.623   -.1402462    .0840173
      _cons |     14.63026    10.26693     1.42   0.154   -5.492552    34.75306
-------------------------------------------------------------------------------
Endogenous variables:  consump wagepriv
Exogenous variables:   wagegovt govt capital1
-------------------------------------------------------------------------------
```

三階段迴歸分析結果之系統結構圖，如下：

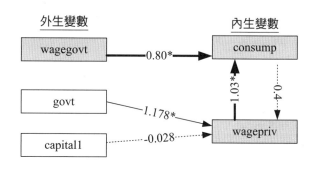

圖 4-62　三階段迴歸分析之系統結構圖 (*p<0.05)

4-7-2　一階段至三階段迴歸之比較：供應 vs. 需求均衡關係

一、範例：三階段迴歸之聯立方程式 (供應 vs. 需求均衡關係)

(一) 問題說明

經濟學所談的供應及需求均衡關係，可用下列二個方程式來表示。對「price、pcompete、income」外生 (exogenous) 變數而言，「qDemand」算是內生 (endogenous) 變數。對「price、praw」外生變數而言，「qSupply」算是內生變數。

$$qDemand = \beta_0 + \beta_1\, price + \beta_2\, pcompete + \beta_3\, income + \varepsilon_1$$
$$qSupply = \beta_4 + \beta_5\, price + \beta_6\, praw + \varepsilon_2$$

均衡 (Equilibrium) 條件：quantity = qDemand = qSupply

其中，

quantity：商品銷售量。

price：產品售價。

pcompete：競爭產品價格。

income：消費者平均收入。

praw：生產產品之原物料價格。

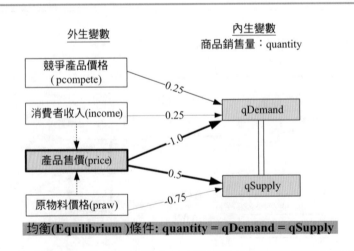

圖 4-63　供應及需求均衡關係

　　此聯立方程式中，價格 (price) 同時是二方程式的外生變數，但價格不是預定 (predetermined) 變數。即價格 (price) 與二個方程式的擾動都有相關。

　　為了具體說明此聯立方程式，我們利用電腦模擬出來「供需均衡關係」如下：

$$qDemand = 40 - 1.0 \text{ \textbf{price}} + 0.25 \text{ pcompete} + 0.25 \text{ income} + \varepsilon_1$$
$$qSupply = 0.5 \text{ \textbf{price}} - 0.75 \text{ praw} + \varepsilon_2$$

其中，

$\quad \varepsilon_1 \sim N(0, 2.4)$

$\quad \varepsilon_2 \sim N(0, 3.8)$

　　假設上述方程式是完全 (full) 系統，對「wagegovt、govt、capital1」外生變數而言，「consum 及 wagepriv」都算是內生變數。這些變數，來自 Klein(1950) 對美國經濟的調查。以下我們將用「reg3」指令來執行三階段迴歸分析。

　　Klein(1950) 收集數據可整理成下表，此「ivregress3_supDem.dta」資料檔之變數如下：

變數名稱	變數	編碼 Codes/Values
	內生變數 1：國民消費	39.8～69.7 (十億美元)
	內生變數 2：私部門工資	25.5～53.3 (仟元)
	外生變數 1：公部門工資	2.2～8.5 (仟元)
	外生變數 2：政府總投資	2.4～13.8 (十億美元)
	外生變數 3：延遲 (lagged) 的股市資本	180.1～216.7 (十億美元)

(二) 資料檔之內容

　　「ivregress3_supDem.dta」資料檔內容如下圖。

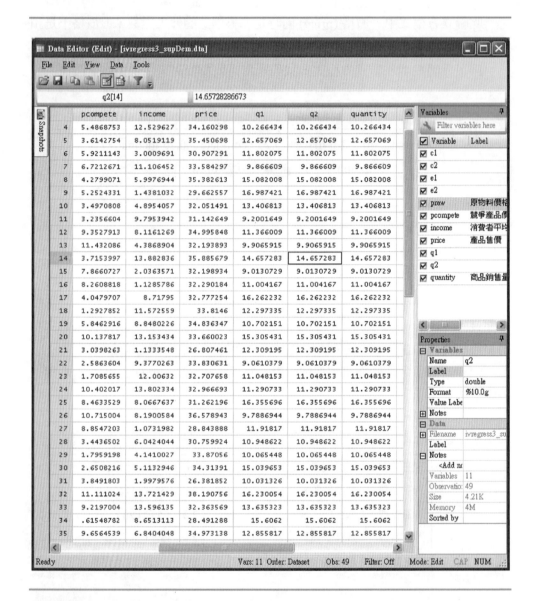

圖 4-64 「ivregress3_supDem.dta」資料檔 (N＝49，11 variables)

觀察資料之特徵

```
. use ivregress3_supDem.dta , clear

.
```

(三) reg3 迴歸之選擇表操作

Statistics > Endogenous covariates > Three-stage least squares

(四) 分析結果與討論

Step 1. OLS (一階段之最小平方法迴歸)

　　爲了比較一階段之 OLS，與三階段迴歸的差異，我們亦執行 OLS 來看它的失準度。

　　採用一階段OLS，就要對「供應、需求」分別做線性迴歸，其模型如下圖。

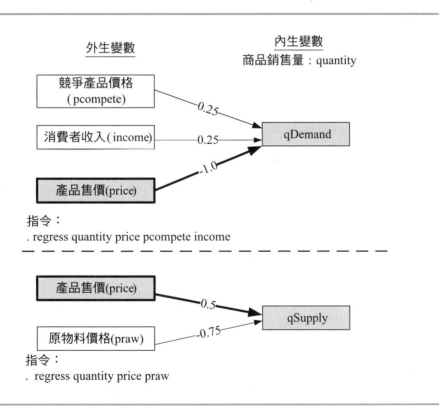

圖 4-65　一階段 OLS 對「供應、需求」分別做線性迴歸之示意圖

一階段 OLS 分析二個方程式，結果如下：

```
* 需求量的預測
. regress quantity price pcompete income

      Source |       SS       df       MS              Number of obs =      49
-------------+------------------------------           F(  3,     45) =    1.00
       Model |  23.1579302      3  7.71931008          Prob > F      =  0.4004
    Residual |  346.459313     45  7.69909584          R-squared     =  0.0627
-------------+------------------------------           Adj R-squared =  0.0002
       Total |  369.617243     48  7.70035923          Root MSE      =  2.7747


    quantity |      Coef.   Std. Err.      t    P>|t|     [95% Conf. Interval]
-------------+----------------------------------------------------------------
-
       price |   .1186265   .1716014     0.69   0.493    -.2269965    .4642496
    pcompete |   .0946416   .1200815     0.79   0.435    -.1472149    .3364981
      income |   .0785339   .1159867     0.68   0.502    -.1550754    .3121432
       _cons |   7.563261   5.019479     1.51   0.139     -2.54649    17.67301
-----------------------------------------------------------------------------

* 供應量的預測
. regress quantity price praw

      Source |       SS       df       MS              Number of obs =      49
-------------+------------------------------           F(  2,     46) =   35.71
       Model |  224.819549      2  112.409774          Prob > F      =  0.0000
    Residual |  144.797694     46  3.14777596          R-squared     =  0.6082
-------------+------------------------------           Adj R-squared =  0.5912
       Total |  369.617243     48  7.70035923          Root MSE      =  1.7742


    quantity |      Coef.   Std. Err.      t    P>|t|     [95% Conf. Interval]
-------------+----------------------------------------------------------------
       price |    .724675   .1095657     6.61   0.000     .5041307    .9452192
        praw |  -.8674796   .1066114    -8.14   0.000    -1.082077    -.652882
       _cons |   -6.97291   3.323105    -2.10   0.041    -13.66197    -.283847
-----------------------------------------------------------------------------
```

OLS 迴歸分析，得到的二個模型結果爲：

$$qDemand = 7.56 + 0.12\ \mathbf{price} + 0.095\ pcompete + 0.08\ income + \varepsilon_1$$
$$qSupply = -6.97 + 0.72\ \mathbf{price} - 0.86\ praw + \varepsilon_2$$

上述 OLS 分析結果，顯示：需求之三個預測變數全都未達顯著效果，這與學理相背。而且，OLS 結果與下面擬眞結果，相差亦甚大。

電腦模擬出來之具體「供需關係式」爲：

$$qDemand = 40 - 1.0\ \mathbf{price} + 0.25\ pcompete + 0.25\ income + \varepsilon_1$$
$$qSupply = 0.5\ \mathbf{price} - 0.75\ praw + \varepsilon_2$$

造成 OLS 二個方程式之主因，係 price 對這二個方程式之擾動是有相關的，這個條件已違反 OLS「殘差互相獨立」假定。故我們應捨一階段 OLS，嘗試改用二階段迴歸分析。因爲二階段迴歸係可克服「regressors 及 disturbances」之間相關。

Step 2. 二階段迴歸分析

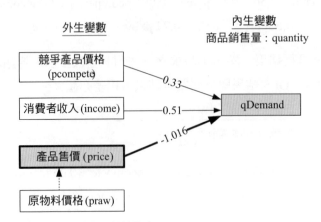

需求預測之二階段迴歸的指令：
. ivregress 2sls quantity (price = praw) pcompete income

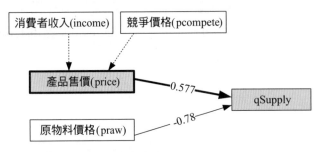

供應預測之二階段迴歸的指令：
. ivregress 2sls quantity (price = pcompete income) praw

圖 4-66 二階段迴歸分析之示意圖

```
* 需求預測之二階段迴歸的指令：
. ivregress 2sls quantity (price = praw) pcompete income

Instrumental variables (2SLS) regression        Number of obs  =       49
                                                 Wald chi2(3)   =     8.77
                                                 Prob > chi2    =   0.0326
                                                 R-squared      =        .
                                                 Root MSE       =   3.7333

-------------------------------------------------------------------------
```

```
    quantity |     Coef.    Std. Err.      z     P>|z|    [95% Conf. Interval]
-------------+----------------------------------------------------------------
       price |  -1.015817    .374209    -2.71    0.007    -1.749253   -.282381
    pcompete |   .3319504    .172912     1.92    0.055    -.0069508    .6708517
      income |   .5090607   .1919482     2.65    0.008     .1328491    .8852723
       _cons |   39.89988   10.77378     3.70    0.000     18.78366    61.01611
-----------------------------------------------------------------------------
Instrumented:  price
Instruments:   pcompete income praw
```

* 供應預測之二階段迴歸的指令
```
. ivregress 2sls quantity (price = pcompete income) praw

Instrumental variables (2SLS) regression          Number of obs   =        49
                                                  Wald chi2(2)    =     39.25
                                                  Prob > chi2     =    0.0000
                                                  R-squared       =    0.5928
                                                  Root MSE        =    1.7525


-----------------------------------------------------------------------------
    quantity |     Coef.    Std. Err.      z     P>|z|    [95% Conf. Interval]
-------------+----------------------------------------------------------------
       price |   .5773133   .1749974     3.30    0.001     .2343247    .9203019
        praw |  -.7835496   .1312414    -5.97    0.000    -1.040778   -.5263213
       _cons |  -2.550694   5.273067    -0.48    0.629    -12.88571    7.784327
-----------------------------------------------------------------------------
Instrumented:  price
Instruments:   praw pcompete income
```

1. 值得高興的是二階段迴歸分析之結果與擬眞「供需均衡關係之聯立方程式」
非常接近。

2. 倘若你將上述二回合之二階段迴歸分析，合併成一回合，Stata 就有提供三階
段迴歸分析，這項利器。

Stata 在財務金融與經濟分析的應用

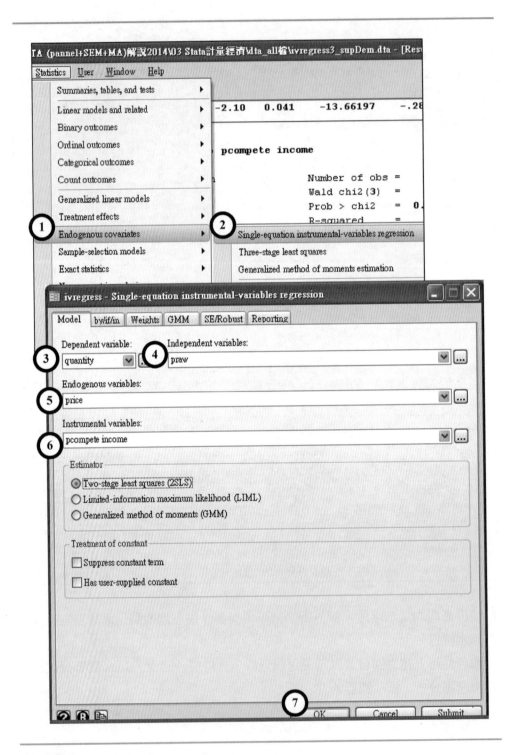

圖 4-67 供應預測模型採用二階段迴歸之畫面

Step 3. 三階段迴歸分析

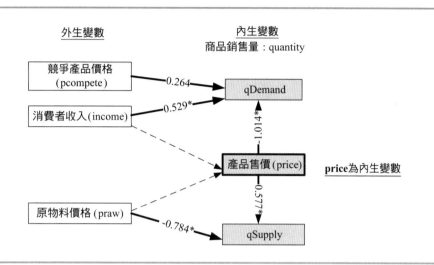

圖 4-68 三階段迴歸分析之示意圖 (* p<0.05)

　　三階段迴歸分析之前，需用內附指令「global」，分別認定下列二個迴歸方程式，並搭配 reg3 指令「endog」選項來宣告，**price** 為內生變數：

1. quantity = **price** + pcompete + income
2. quantity = **price** + praw

```
* 開啟資料檔
use ivregress3_supDem.dta
* 儲存 equations in global macros，巨集命名為 demand( 存需求模型 ) 及 supply( 存
供應模型 )
. global demand "(qDemand: quantity price pcompete income)"
. global supply "(qSupply: quantity price praw)"

* 估計結構系統 , 認定 price 為內生 (endogenous) 變數，呼叫巨集時，命字前面要加以
"$"
. reg3 $demand $supply, endog(price)
Three-stage least-squares regression
--------------------------------------------------------------------------------
Equation         Obs   Parms       RMSE      "R-sq"          chi2         P
--------------------------------------------------------------------------------
```

qDemand	49	3	3.739686	-0.8540		8.68	0.0338
qSupply	49	2	1.752501	0.5928		39.25	0.0000

	Coef.	Std. Err.	z	P>|z|	[95% Conf. Interval]	
qDemand						
price	-1.014345	.3742036	-2.71	0.007	-1.74777	-.2809194
pcompete	.2647206	.1464194	1.81	0.071	-.0222561	.5516973
income	.5299146	.1898161	2.79	0.005	.1578819	.9019472
_cons	40.08749	10.77072	3.72	0.000	18.97726	61.19772
qSupply						
price	.5773133	.1749974	3.30	0.001	.2343247	.9203019
praw	-.7835496	.1312414	-5.97	0.000	-1.040778	-.5263213
_cons	-2.550694	5.273067	-0.48	0.629	-12.88571	7.784327

Endogenous variables: quantity price
Exogenous variables: pcompete income praw

1. qDemand需求預測模型之效果解釋量 $R^2 = -0.85$，整體模型達顯著性($\chi^2 = 8.68$, $p < 0.05$)。模型為：

$$qDemand = 40.087 - 1.014\ price + 0.264\ pcompete + 0.529\ income$$
需求量 = 40.087 − 1.014 產品售價 + 0.264 競爭品價 + 0.529 消費者收入

2. qSupply 供給預測模型之效果解釋量 $R^2 = 0.59$，整體模型達顯著性 ($\chi^2 = 39.25$, $p < 0.05$)。模型為：

$$qSupply = -2.55 + 0.577\ price - 0.783\ praw$$
供給量 = −2.55 + 0.577 產品售價 − 0.783 生產產品之材料價格

單根 (Unit Root) 檢定及隨機趨勢

Stata 單根檢定 (unit root test)，有下列 4 類指令：

1. 一般人常見的時間序列單根：

    (1) dfgls 指令：DF-GLS unit-root 檢定。

    (2) dfuller 指令：Augmented Dickey-Fuller unit-root 檢定。

    (3) pperron 指令：Phillips-Perron unit-root 檢定。

2. Panel-data 單根檢定之指令「xtunitroot」，又分下列 6 類指令：

    (1) Levin-Lin-Chu 檢定 (指令為 xtunitroot llc)。

    (2) Harris-Tzavalis 檢定 (指令為 xtunitroot ht)。

    (3) Breitung 檢定 (指令為 xtunitroot breitung)。

    (4) Im-Pesaran-Shin 檢定 (指令為 xtunitroot ips)。

    (5) Fisher-type 檢定 (指令為 xtunitroot fisher)。

    (6) Hadri Lagrange multiplier stationarity 檢定 (指令為 xtunitroot hadri)

3. 外掛 sroot 指令來執行 seasonal unit-root 檢定。

4. 外掛 kpss 指令：來檢定時間序列的定態 (stationarity)。

單根檢定 (unit root test) 旨在判斷一時間序列資料是否具備穩定性。若資料呈現單根的情況下，則會以差分「Δ 或 ∇」的方式處理該時間序列資料，以達到欲分析資料為恆定態 (stationary) 的要求。

Nelson & Plosser (1982) 曾經對多個美國總體經濟變數進行單根檢定的檢驗，除了失業率水準值的時間序列資料呈定態以外，「大部分」總體經濟變數的水準值是非定態 (non-stationarity) 的時間序列，故該時間數列在進行 ARIMA、VAR 或 VECM 分析前須單根檢定，來排除該時間序列的隨機趨勢 (stochastic trend)。

我們周遭常發生諸多財經問題，諸如：

(1) 美國、日本與臺灣股票市場動態關係。

(2) 臺灣期貨市場之交易策略。

(3) 臺灣股價及國際油價之關聯性。

(4) 股票市場與房地產市場之關聯性。

(5) 臺灣地區房價、股價、利率互動關係。

(6) 策略資產配置。

(7) 國防支出與經濟成長的非線性關聯 (STR)。

(8) 結構性改變對東南亞五國貨幣供給之共整合關係。

(9) 新臺幣兌美元匯率與總體經濟變數之關聯性。

(10) 臺灣對中國大陸直接外人投資與進出口貿易決定因素及其互動關聯性……
等序列常伴隨「隨機波動」現象。

這類非定態資料 (指標) 做 ARIMA、VAR 預測或 Granger 因果證明，傳統
做法，係先將該序列做差分一次達到定態後，再求 ARIMA 或 VAR 最佳落後期
p 值、殘差診斷及樣本外預測。相對地，若二變數經過單根檢定，且發現二變數
之間有共整合 (cointergration) 現象，則用 Stata、Eviews、JMulTi 進行聯立迴歸
式 VECM 分析及其五大殘差診斷，來完成樣本內適配及樣本外預測。

5-1 單根檢定

單根檢定 (unit root test) 旨在檢定時間數列是否為定態 (stationary) 的檢定。
所謂定態時間數列是指變數的平均值、變異數及共變數與時間相互獨立，即是
當任一外生衝擊對其只能造成短暫的影響，且影響將隨時間的拉長而逐漸收斂
至長期均衡，否則為非定態 (nonstationary) 時間數列。資料的定態與否會影響計
量模型的選擇，因此，進行模型估計之前必須檢查資料是否具有單根性質。

蒐集時間序列的資料之後，通常需先進行 Jarque & Bera 常態性檢定與
單根檢定，以認定資料型態，若資料呈定態序列，則將不必進行共整合檢定
(cointegration test)；反之，若資料為非定態序列且整合階次一致時，則繼續完成
Johansen 共整合檢定。若共整合關係個數檢定為 0，則表示不存在共整合關係，
此為 VAR(Vector Auto Regressive) 模型，將無法進行 Johansen 共整合檢定；反
之，共整合關係個數檢定至少為 1 時，即可改用 VECM(Vector Error Correction
Model) 模型。

一般傳統計量模型都是假定變數為定態的前提下才進行時間序列檢定，否
則將發生 Granger & Newbold(1974) 所說的假性迴歸 (Spurious Regression) 情形；
使資料分析結果發生偏誤 (bias)「產生判定係數 (R^2) 或修正判定係數 (adj R^2) 很
高，而 Durbin-Waston 值很低的現象」，進而導致分析結果未有實質經濟意義。
在傳統計量模型中，如果發現時間序列為非定態時，通常會對變數取差分 (數學
運算子「Δ」或「∇」) 或去除時間序列中的隨機趨勢項，雖然這兩種方法皆可
解決非定態的問題，但會使變數原本具有的性質消失，故在進行分析前，須先
針對變數的定態性加以探討，且共整合檢定之變數必須有相同的整合階次，因
此，單根檢定是不可或缺的檢定方法。

一變數時間序列之機率分配，若不受時間變數的影響，則此一序列稱為

強定態序列 (strictly stationary)；而若一變數時間序列的平均值與變異數為不受時間影響，且互變異數與時間變數獨立，則此一序列稱為弱定態序列 (weakly stationary)。若一變數時間序列為定態時，最主要的特性是其值不會遠離平均值，而回到平均值的機率為 1，且相鄰跨越平均值的期望間隔為有限值，如白噪音 (white noise) 即為定態序列。反之，則為非定態序列，例如隨機漫步 (random walk) 模型，其特徵為「一級動差雖不隨時間而變，但二級動差隨時間而增加」。

若一變數時間序列的 $\{Y_t\}$ 的衍生過程，其一階自我迴歸過程「AR(1) process」為：

$$y_t = \rho y_{t-1} + \varepsilon_t \qquad\qquad \varepsilon_t \overset{iid}{\sim} N(0, \sigma^2)$$

ρ：自我迴歸係數，為一實數。

ε_t：誤差項 (噪音、雜訊)，為白噪音。

若 $|\rho| < 1$ 則 $\{Y_t\}$ 為定態；若 $|\rho| \geq 1$ 則 $\{Y_t\}$ 為非定態。$|\rho| = 1$ 則稱 $\{Y_t\}$ 為一階整合 I(1)(即 ARIMA(0,1,0) 型)，而且具有單根 (unit root)。一般而言，大部分的總體變數時間序列的 ρ 為 1 或小於 1，因此，在進行單根檢定時，虛無假設 (null hypothesis) H_0 為 $|\rho| = 1$，亦即單根存在，時間序列為非定態；而對立假設 (alternative hypothesis) H_1 為 $|\rho| < 1$。

定義：iid (independent and identically distributed)

統計學裡所教導的不論是估計或是推論，都是建立於「簡單隨機抽樣法 —— 抽出放回」設計的前提條件下，亦即是服從所謂「彼此相互獨立且具有相同的分配」(簡稱 iid) 的原理。

定義：單根 (Unit Root)

假設有一 y_t 序數：

$$y_t = \alpha_0 + \beta_0 y_{t-1} + \varepsilon_t$$
$$y_t - y_{t-1} = \alpha_0 + \beta_0 y_{t-1} - y_{t-1} + \varepsilon_t$$
$$\triangle y_t = \alpha_0 + (\beta_0 - 1)y_{t-1} + \varepsilon_t \text{，令 } \gamma = \beta_0 - 1$$
$$\triangle y_t = \alpha_0 + \gamma y_{t-1} + \varepsilon_t$$

若 $\beta_0 = 1 \rightarrow \gamma = 0$，代表時間序列具有單根，亦即為非穩定數列，因此只需估計最後一式迴歸式，並檢定 $\gamma = 0$ 即可，虛無假設為 $H_0 : \gamma = 0$ (有單根，亦即數列不穩定)。

上式可再延伸為下式，其中，「單根 ("one" root)」係指，y_{t-1} 的係數 γ，理論上會趨近「1」("one")，表示任一序列 y_t，若存在趨勢，則該序列差分後的後 p 期 (Δy_{t-p}) 都可預期當期 Δy_t。

$$\Delta y_t = \gamma \times y_{t-1} + \sum_{j=1}^{p-1} \alpha_j \Delta y_{t-j} + \varepsilon_t$$

定義：白噪音 (white noise)

白噪音分為兩種：弱性白噪音與強性白噪音，它的特徵是沒有自我相關，固定變異數 $\varepsilon_t \overset{iid}{\sim} N(0, \sigma^2)$。統計上的無相關，只有指無直線相關，但不排除「非直線相關」，如果為強性白噪音，則 $\varepsilon_t \overset{iid}{\sim} N(0, \sigma^2)$，所謂 *iid* 即 independent identical distribution(彼此相互獨立且具有相同的分配)，亦即 ε_t 不但沒有自我相關 (ε_t 與 ε_s 為互相獨立) 且同態。即表示，ε_t 為強白噪音，ε_t 與 ε_s 不但沒有直線相關，也沒有非直線相關。

5-1-1 定態性的意義

在對時間序列的資料進行研究時，迴歸分析是最為常用的方法，其基本假定 (assumption) 為時間序列的資料必須符合定態性 (stationarity，又稱恆定性 / 平穩性)。所謂的定態性是指一組時間序列資料的統計特性不會隨著時間的經過而改變。定態性又可以分為強式定態 (strictly stationarity) 以及弱式定態 (weakly stationarity)，強式定態是指資料在每一個觀察時點的機率分配「彼此相互獨立且具有相同的分配」(independently identical distribution, iid)；而弱式定態則僅要求資料的平均數、變異數，以及自我共變異數為有限 (finite) 的常數項。後者的定態性性質，有人稱它為共變數定態 (covariance stationarity)、二階定態 (second-order stationarity)，以及廣義的定態 (Enders, 2004)。坊間較常採用弱式定態的定義。

若使用非定態性 (non-stationarity) 的時間序列資料去進行迴歸分析，會導致該模型的估計式產生偏誤，Granger & Newbold (1974) 將此偏誤的現象命名為假

性迴歸 (spurious regression)。假性迴歸意指估計式發生不具有一致性的問題 (表示即使是兩不相關的變數，在此情形之下所做的檢定結果往往會接受此一不存在的迴歸關係)，將可能會發生迴歸式的判定係數 R^2 很高且 t 統計量很顯著，但是 Durbin-Waston 之值趨近於 0 的現象，以致於產生錯誤的統計推論。因此在進行實證分析之前，務必先探討每一個研究變數的序列資料是否符合定態性，以避免此問題造成實證上的錯誤。

定義：Durbin-Waston $= \dfrac{\sum\limits_{i=1}^{n-1}(\widetilde{\varepsilon}_{i+1} - \widetilde{\varepsilon}_i)^2}{\sum\limits_{i=1}^{n}\widetilde{\varepsilon}_i^2}$

D-W 檢定結果，若發現「殘差有自我相關」疑問，OLS 則需改採「第 4 章 Prais-Winsten 迴歸」來克服。

當序列資料為非定態性時，Granger & Newbold(1974) 提出了以 Box & Jankins(1970) 的差分 (difference) 運算「Δ」將其轉換成符合定態性的資料。如果所使用的一組非定態性的時間序列原始資料 Y_t 在經過了 d 階差分之後始呈現定態狀態，則稱此序列之整合級次 (integrated order) 為 d，並表示為 $Y_t \sim I(d)$。例如，Nelson & Plosser (1982) 就發現：大多數的總體經濟變數會存在有非定態性的特性，經濟學術語上稱之為具有「單根」。而欲了解變數的時間序列資料是否為定態性，單根檢定即為檢定時間序列資料是否為定態性的普遍方法。

5-1-2 常態分配之偏態與峰度

當問卷 (或實驗) 資料 (如身高、體重、體積、速度、強度、GDP、外匯利率、失業率等) 定義在一個連續樣本空間上時，則其產生的隨機變數或密度函數就為連續的。連續機率分配如同某些特殊的間斷機率分配 (如二項分配)，其圖形具有各種不同程度之偏態 (或完全對稱) 與峰度。

常態分配 (normal distribution) 是統計學中最重要的分配之一，其圖形 (即次數分配曲線) 呈鐘形 (bell-shaped)，稱為常態曲線 (normal curve)。常態曲線首先由法國數學家 De Moivre 於 1773 年所提出，其後又經高斯 (Carl Gauss; 1777-1855) 在研究重複測量的誤差時，亦導出此曲線的方程式，故常態分配又稱為高斯分配 (Gauss distribution)。

為何常態分配對統計學家而言，顯得特別重要呢？理由是：

(1) 在真實世界裡，許多自然現象、工業生產、商業問題及其他社會行為現象，均可用常態分配加以描述。

(2) 許多統計量的抽樣分配在大樣本下常呈常態分配，故對母群參數作推論時，經常以常態分配為其理論基礎。

(3) 有些連續機率分配或間斷機率分配 (如二項分配)，當樣本個數 N 非常大時，可用常態分配來逼近，且其所求出的近似解，常常可得到令人滿意的結果。

定義：常態曲線

若 X 為平均數 μ，變異數 σ^2 的常態隨機變數，則此常態曲線的方程式為

$$n(x;\mu,\sigma) = \frac{1}{\sqrt{2\pi\sigma^2}}e^{-1/2\left(\frac{x-\mu}{\sigma}\right)^2}, \quad -\infty < x < \infty$$

其中，$\pi = 3.14159$，$e = 2.71828$。

上式中，平均數 μ 與標準差 σ，兩者均是常態分配的重要參數。

習慣上，常態分配均以符號 $N(\mu, \sigma^2)$ 表示，根據此一分配公式可繪出鐘形 (對稱) 的常態曲線，如圖 5-1 中，我們可看出常態分配有下列幾個特性：

1. 常態分配為一對稱分配，故其平均數 μ、中位數 M_d、與眾數 (M_o) 三者皆位於常態曲線之中心位置或者最高點數所對應至橫軸的位置上。

2. 常態分配的原始分數可用下式轉換成 Z 分數：

$$z = \frac{X - \mu}{\sigma}$$

3. 轉換成 z 分數後，z 分數的平均數為 0，標準差為 1。知道常態分配時的 z 分數，便可代入下式，求出常態分配曲線的高度：

$$y = \frac{1}{\sqrt{2\pi}}e^{-\frac{1}{2}z^2}$$

例如，$z = 0$ 時，$y = 0.3989$，是曲線的最高點。

4. 常態曲線為以平均數 μ 為中心軸,而兩邊成對稱之曲線,其 μ 即為鐘形曲線之最高點所對稱應的常態值 (x)。

5. 以 μ 為中心,兩邊加減一個標準差的區間,即 $\mu - \sigma$ 至 $\mu + \sigma$,其機率 (面積) 約為 0.683,而區間 $(\mu - 2\sigma, \mu + 2\sigma)$ 之機率約為 0.954,區間 $(\mu - 3\sigma, \mu + 3\sigma)$ 之機率約為 0.997。

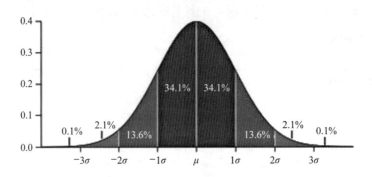

圖 5-1 常態曲線

一、偏態

分配之偏態 (Skewness) 公式如下:

$$Skewness = \frac{E(x - \mu)^3}{\sigma^3}$$

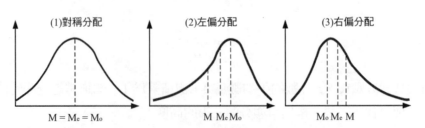

(1)曲線為對稱分配,此時中心位置就是平均數M、中位數Me與眾數Mo的所在,三者為同一點,呈現三點合一的情形。

(2)曲線為左偏分配,此時平均數最小,中位數則介於平均數與眾數之間。

(3)曲線為右偏分配,此時平均數為最大,且呈現與左偏分配相反之位置分布。

圖 5-2 左偏 vs. 右偏態圖

二、峰度

峰度 (kurtosis) 係衡量隨機變量概率分布的峰態：

$$Kurtosis = \frac{E(x-\mu)^4}{\sigma^4}$$

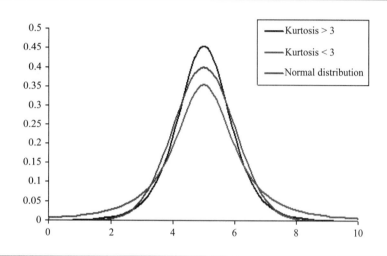

圖 5-3 峰度

三、常態性 Z 檢定：橫斷面方法

　　許多單變量或多變量統計，在分析時都要求資料必須符合幾個假定 (assumption)，等這些先前條件都具備了，才可進行該統計。例如，ANOVA 三種假定條件，其檢定法如下：

1. 常態性檢定：可用 (1) 繪圖法：Normal probability plot(p-p plot)、Normal quantile- quantile(q-q plot)。(2) 檢定法：卡方檢定、Kolmogorov- Smirnov 法、Shapiro- Wilks 法 (一般僅用在樣本數 n < 50 的情況)。(3) 將常態分配之偏態或峰度，分別代入其對應的 Z 公式，若 Z 值未超過臨界值 (+1.96～−1.96)，則常態性還算適合。(4) 時間序列之非定態資料，較適合改用 Jarque & Bera 常態性檢定。

2. 變異數同質性檢定：研究設計裡，各處理水準 (level) 之間的變異數都須同質。即 $H_0 : \sigma_1{}^2 = \sigma_2{}^2 = \sigma_3{}^2 = \cdots = \sigma_k{}^2 = \sigma^2$

方法一 Bartlett 檢定 (Levene 檢定)，較適合各組的樣本人數相同時。

檢定統計量：$b = \dfrac{(S_1^2)^{n_1-1}(S_2^2)^{n_2-1}\cdots(S_k^2)^{n_k-1}}{(S_p^2)^{n-k}} \sim$ Bartlett 分配

其中，$S_p^2 = \dfrac{\sum\limits_{i}^{k}(n_i-1)S_i^2}{n-k}$。

拒絕區：$\{b < b_k(a; n_1, n_2, n_3, \cdots, n_k)\}$

其中，$b_k(\alpha; n_1, n_2, \cdots, n_k) = \dfrac{\sum\limits_{i}^{k} n_i b_k(\alpha, n_i)}{n}$

修正檢定：$b = 2.303$ (g/c)，

其中，$g = (n-k)\log_{10} S_p^2 - \sum\limits_{i=1}^{k}(n_i-1)\log_{10} S_i^2$

$c = 1 + \dfrac{1}{3(k-1)}(\sum\limits_{i=1}^{k}\dfrac{1}{n_i-1} - \dfrac{1}{n-k})$。 $\rightarrow$ 拒絕區：$\{b > \chi_\alpha^2(k-1)\}$。

方法二 Cochran's 檢定：

檢定統計量 $G = \dfrac{Max(S_i^2)}{\sum\limits_{i=1}^{k} S_i^2} > g_\alpha$，則拒絕 H_0。

3. 獨立性：參見 (1) 作者張紹勳在五南書局《STATA 高統分析》的「ch06 線性迴歸的診斷」。(2) 本書「第 3 章 Stata 入門及動態模型」。

用 Stata 軟體進行迴歸分析必須先符合四種假定 (assumption) 檢定：線性 (linearity of the phenomenon)、變異數同質性 (constant variance of the error term)、誤差項獨立 (independence of the error term)、常態性 (normality of the error term distribution)。線性部分由自變數與依變數的相關係數來判斷。變異數同質性部分使用 Box's M 方法檢查變異數同質性 (Homoscedasticity) 之假設。誤差項獨立部分以 Durribin-Watson 來判斷，其值介於 1.5 至 2.5 之間是合適的。常態分配部分可以利用其分配的偏態 (skewness) 和峰態 (kurtosis) 的 Z 值來與研究所需的顯著水準臨界值比較，以判斷是否符合常態分配，要達 $\alpha = 0.05$ 顯著水準，所計算 Z 值不能超過臨界值 (+1.96～−1.96)。其計算公式如下 (Hair et al., 1998)：

$$Z_{skewness} = \frac{skewness}{\sqrt{6/N}} \text{，}(N : 樣本數)$$

$$Z_{kurtosis} = \frac{kurtosis}{\sqrt{24/N}} \text{，}(N : 樣本數)$$

常態分配時，其偏態峰度為 0，但做研究時，觀察各變數偏態峰度值雖然不為 0，但須接近 0，不可超過 z 值的臨界值 (+1.96～−1.96)。

四、Jarque & Bera 常態性檢定：縱貫面方法

倘若遇到縱貫面資料這類時間序列分析，則可改採 Jarque & Bera(1987) 常態性檢定，該檢定在 Stata、RATS、eViews、JMulti 軟體都可執行。

Stata「jb」指令，旨在做「Jarque-Bera asymptotic test for normality」，它衍生自偏態及峰度之常態性檢定概念。Jarque-Bera 檢定之虛無假設 H_0 為：

$$\begin{cases} H_0: E(u_t^t)^3 = 0 \text{ 且 } E(u_t^t)^4 = 3 \\ H_1: E(u_t^t)^3 \neq 0 \text{ 或 } E(u_t^t)^4 \neq 3 \end{cases} \text{（虛無假設 } H_0: \text{殘差 } u_t^t \text{ 的偏態之期望值 } = 0)$$

JB 常態性檢定之臨界值為：

$$JB = \frac{T}{6}[T^{-1}\sum_{t=1}^{T} E(\hat{u}_t^s)^3]^2 + \frac{T}{24}[T^{-1}\sum_{t=1}^{T} E(\hat{u}_t^s)^4 - 3]^2 \sim \chi^2(2) \text{ 極限分配}$$

其中，$\hat{u}_t^s$ 為第 t 期之標準化誤差，E() 為期望值，T 為資料之總期數。

5-1-3 單根檢定法之推理

在進行實證分析時，所採用的時間序列資料必須具備定態 (stationary) 的特性，但由於大多數的總體經濟變數皆屬非定態的時間序列資料，若直接以傳統的迴歸分析方法 (如普通最小平方法 (ordinary least square, OLS)) 進行估計與檢定，則容易產生 Granger & Newbold(1974) 所提出的假性迴歸 (spurious regression) 之問題，造成錯誤的統計推論。

時間序列資料必須具定態，再以計量模型進行分析與預測，其實證分析結果才有意義，而單根檢定即為檢定時間序列資料是否為定態的研究方法。

當時間序列資料呈現非定態，通常藉由差分「Δ」(difference) 方法使資料具有定態，若一個序列須經過 d 次差分才能成為定態，則稱此序列之整合階次為 d 階 (integrated of order d)，以 I(d) 表示。由於共整合檢定之變數必須為同階的整合階次，故單根檢定的主要目的在於確定時間序列的整合階次，以利判斷時間序列的定態性質。

一、時間序列資料之定態 (平穩性) 認定

有下列二種方法，來認定該序列是否具有定態 (平穩性)：

(一) 以圖形法來認定某序列是否定態 (平穩性)

任一時間序列模型均可由一組獨立同態 (iid) 的白噪音 $\{e_t\}t = 1, 2, \cdots, \infty$ 以線性組合而成:

$$y_t = \mu + \beta_0 e_t + \beta_1 e_{t-1} + \beta_2 e_{t-2} + \cdots, \quad e_t \overset{iid}{\sim} N(0, \sigma^2)$$

則 y_t 的變異數 $\gamma_0 = \text{Var}(y_t) = E(y_t, y_t)$

$$E(y_t, y_t) = E[\mu + \beta_0 e_t + \beta_1 e_{t-1} + \beta_2 e_{t-2} + \cdots, \mu + \beta_0 e_t + \beta_1 e_{t-1} + \beta_2 e_{t-2} + \cdots]$$
$$= \beta_0^2 \sigma^2 + \beta_1^2 \sigma^2 + \beta_2^2 \sigma^2 + \cdots$$
$$= \sigma^2 [\beta_0^2 + \beta_1^2 + \beta_2^2 + \cdots]$$

若當 $\beta_0^2 + \beta_1^2 + \beta_2^2 + \cdots = \sum_{i=0}^{\infty} \beta_i^2 < \infty$ 時,即為一恆定態的時間序列。

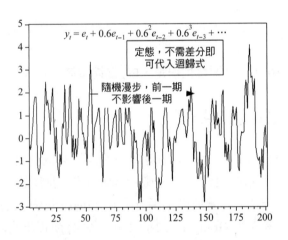

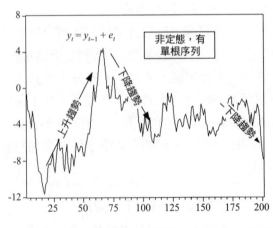

圖 5-4 時間序列資料之定態 (平穩性) (上圖為 White noise)

若 $y_t = y_{t-1} + e_t$

令 $y_0 = e_0$

則 $y_1 = y_0 + e_1 = e_0 + e_1$

$\quad y_2 = y_1 + e_2 = e_0 + e_1 + e_2$

$\quad y_3 = y_2 + e_3 = e_0 + e_1 + e_2 + e_3$

$\qquad \vdots$

$\quad y_t = y_{t-1} + e_t = e_0 + e_1 + \cdots + e_t$

當 $t \to \infty$ 時，$\mathrm{Var}(y_t) \to \infty$，表示它為不平穩的時間序列。

(二) 以 ADF 單根法來認定某序列是否定態 (平穩性)

假設有一 y_t 序數：

$$y_t = \alpha_0 + \beta_0 y_{t-1} + \varepsilon_t$$

$$y_t - y_{t-1} = \alpha_0 + \beta_0 y_{t-1} - y_{t-1} + \varepsilon_t$$

$$\triangle y_t = \alpha_0 + (\beta_0 - 1)y_{t-1} + \varepsilon_t，令 \gamma = \beta_0 - 1，則$$

$$\triangle y_t = \alpha_0 + \gamma y_{t-1} + \varepsilon_t$$

若 $\beta_0 = 1$，則 $\gamma = 0$，代表時間序列具有單根，亦即為非穩定數列，因此只需估計最後一式迴歸式，並檢定 $\gamma = 0$ 即可，虛無假設為 $H_0：\gamma = 0$ (有單根，亦即數列不穩定)。

實務上，有時需考慮 $\triangle y_t$ 有無漂移項，或有無時間 t 趨勢，另外，$\triangle y_t$ 亦可能存在自我相關，因此檢定式考慮如下：

$$\triangle y_t = \alpha_0 + \alpha_2 t + \gamma y_{t-1} + \sum_{i=1} \beta_i \triangle y_{t-1} + \varepsilon_t$$

三、單根檢定之統計法

單根檢定方法有：ADF 法、PP 法、Sims 法。其中，ADF 也是統計軟體 JMulTi 或 Eviews 最常用的方法。

Dickey & Fuller(1979) 最早提出單根檢定。接著 Said & Dickey(1984) 才提出當誤差項非為白噪音的 DF 修正模型，謂之 Augmented Dickey-Fuller(ADF) 檢定法。其解釋變數中加入一序列變數差分後的落後變數，而使誤差項更能接近白噪音。

一般來說，ADF 檢定分成三種形式：

1. 資料不含截距項與時間趨勢 (random walk)：$\triangle y_t = \gamma y_{t-1} + \sum_{i=2}^{p} \beta_i \triangle y_{t-i+1} + \varepsilon_t$

2. 含截距項 (random walk with drift)：$\Delta y_t = \alpha_0 + \gamma y_{t-1} + \sum_{i=2}^{p} \beta_i \Delta y_{t-i+1} + \varepsilon_t$

3. 含截距項與時間趨勢 (random walk with drift and trend)：

$$\Delta y_t = \alpha_0 + \gamma y_{t-1} + \alpha_1 t + \sum_{i=2}^{p} \beta_i \Delta y_{t-i+1} + \varepsilon_t$$

其中，p：最適落後期數。α_0：截距項。

t：時間趨勢。誤差 $\varepsilon_t \overset{iid}{\sim} N(0, \sigma^2)$

在 ADF 檢定下，虛無假設為 $H_0 : \gamma = 0$。若檢定結果無法拒絕虛無假設，表示時間數列有單根現象，資料為非定態數列；反之，若檢定結果拒絕虛無假設，表示時間數列沒有單根存在，資料呈現定態現象。實務上在進行 ADF 檢定時，通常會遇到的問題是檢定式中是否有截距項或時間趨勢項，此時可先描繪變數的圖形，再根據圖形做初步判斷，若圖形無明顯之時間趨勢，則推論檢定式中毋需加入截距項及趨勢項，但圖形若有明顯的趨勢時，檢定程序就比較複雜。

相對於 ADF，Phillips & Perron(1988) 則基於 ADF 法之下，考慮無擾攘 (nonnuisance parameter) 的單根檢定法，簡稱 PP 法。Sims(1988) 亦針對誤差項非為白噪音之下，適當地考量證實參數所包含的初始條件 (initial condition)，而以貝氏分析 (Bayesian procedure) 進行的單根檢定法，簡稱 Sims 法。

若原始序列 $\{Y_t\}$ 為定態則稱其為 I(0) 序列。如果經上述的檢定後，得知原始序列 $\{Y_t\}$，並非定態，則須再將之差分一次，並檢定其一次差分後的數列是否為定態。若檢定結果，一次差分後的序列為定態，則此序列的整合級次為一，稱為 I(1) 序列。若一次差分為非定態，則其整合級次將大於一，此時須再檢定，看經幾次差分後序列始為定態，若 k 次則序列為 I(k)。

5-1-4 單根檢定之流程

Enders (2004) 指出，若使用的變數包含時間趨勢項，但在 ADF 檢定時未加入趨勢項，會使檢定力下降；若使用的變數不包含時間趨勢項，但在檢定時加入，同樣會使檢定力下降。同樣的問題也會發生在是否該加入截距項的情況中。為了避免使用錯誤 ADF 檢定形式，以得到正確的檢定結果，Enders 建議單根檢定的步驟，如圖 5-5。各虛無假設的統計量並非 t 統計量及 F 統計量，而是 Dickey and Fuller 所推導的統計量，如表 5-1。

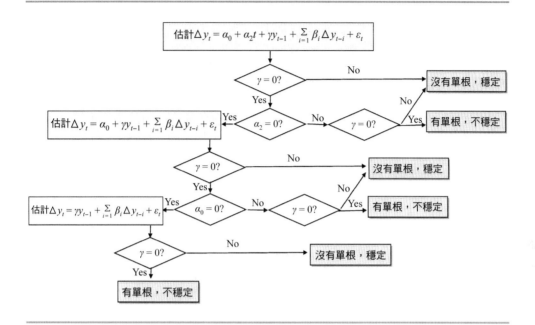

圖 5-5 單根檢定之步驟

來源：Enders (2004)，Applied Econometric Time Series 2nd, p.213

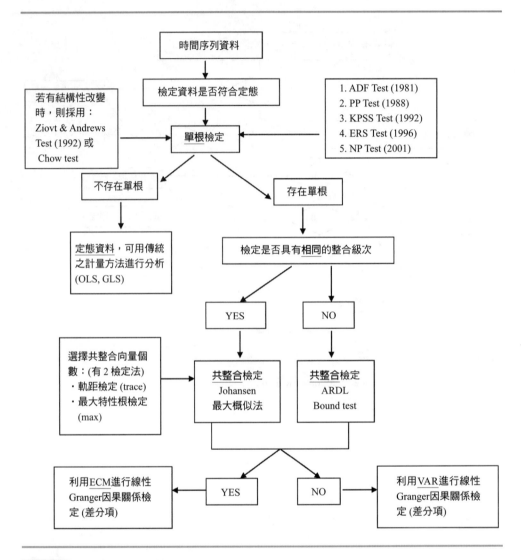

圖 5-6 單根檢定及共整合之分析流程

　　ADF 檢定的虛無假設及其所應對的檢定統計量與統計量的分配整理於表 5-1。ADF 檢定統計量的分配並非為傳統的 t 分配與 F 分配，而是一布朗運動 (Browian motion) 的函數，對於拒絕或是接受虛無假設的臨界值必須查閱 Dickey & Fuller(1981) 的模擬結果。

表 5-1 ADF 單根檢定虛無假設與對應統計量

模型	虛無假設	統計符號
1. random walk $\Delta y_t = \gamma y_{t-1} + \sum_{i=2}^{p} \beta_i \Delta y_{t-i+1} + \varepsilon_t$	$\gamma = 0$	τ
2. random walk with drift $\Delta y_t = \alpha_0 + \gamma y_{t-1} + \sum_{i=2}^{p} \beta_i \Delta y_{t-i+1} + \varepsilon_t$	$\gamma = 0$ $\gamma = \alpha_0 = 0$	τ_u ϕ_1
3. random walk with drift and trend $\Delta y_t = \alpha_0 + \gamma y_{t-1} + \alpha_2 t + \sum_{i=2}^{p} \beta_i \Delta y_{t-i+1} + \varepsilon_t$	$\gamma = 0$ $\gamma = \alpha_2 = 0$ $\gamma = \alpha_0 = \alpha_2 = 0$	τ_t ϕ_3 ϕ_2

Stata, JMulTi 都有提供受歡迎的 ADF 單根檢定法，其認定法就比 Enders (2004) 簡單且有效率。

5-1-5 認識常用的單根檢定法

為得知變數時間序列是否為定態序列，以及其整合級次，則首要進行單根檢定 (unit root test)，亦即定態性檢定。

Stata 提供單根檢定，有 6 種指令：
1. dfgls 指令：執行 DF-GLS 單根檢定。
2. dfuller 指令：執行 ADF(Augmented Dickey-Fuller) 單根檢定。
3. pperron 指令：執行 Phillips-Perron 單根檢定。
4. xtunitroot 指令：執行 Panel-data 單根檢定。
5. 外掛 sroot 指令：執行 seasonal 單根檢定。
6. 外掛 kpss 指令：執行 kpss。

單根檢定的主要目的在於檢定時間序列資料的定態性質，並決定該序列資料的整合級次，其檢定方法有六種：(1)Dickey & Fuller(1979) 提出的 Dickey-Fuller(DF) 檢定；(2)Augmented Dickey-Fuller(ADF) 檢定；(3)Phillips & Perron(1988) 提出的 Phillips-Perron(PP) 檢定；(4)Kwiatkowski 等人 (1992) 提出 KPSS 單根檢定；(5)ERS Point-Optimal 單根檢定；(6)Ng-Perron 單根檢定 (NP 檢定)。

Stata、JMulTi、Eviews 等軟體主力提供 ADF、PP 以及 KPSS 三種單根檢定法。其中，Kwiatkowski 等人 (1992) 提出 KPSS 檢定係以容許頻寬 (bandwidth)

來測試單根，它比 ADF 檢定及 PP 檢定更具效力，此檢定與以往的檢定最大的不同處，在於其虛無假設為定態性。上述六種單根檢定法，其中又以前四種最常被學術界採用，它們的數學模型如下。

5-1-5a Dickey-Fuller(DF) 單根檢定法

Dickey & Fuller(1979) 使用三種檢定模型用以檢驗時間序列的資料是否具有單根。DF 檢定是以「自我迴歸，落後 1 期」AR(1) 模型來檢定其係數是否為 1，它假定殘差項 (Residual) 為獨立，且存在一固定的變異。

1. 不含截距項與時間趨勢：隨機漫步 (random walk)

$$\triangle y_t = \gamma y_{t-1} + \varepsilon_t$$

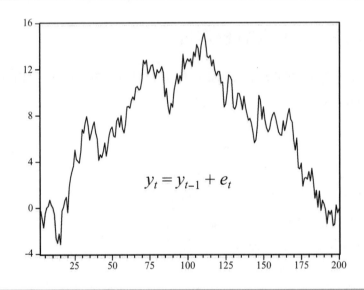

$$y_t = y_{t-1} + e_t$$

圖 5-7 第 1 型之單根數列

2. 包含截距項：有漂移項之隨機漫步 (random walk with drift)

$$\triangle y_t = a_0 + \gamma y_{t-1} + \varepsilon_t$$

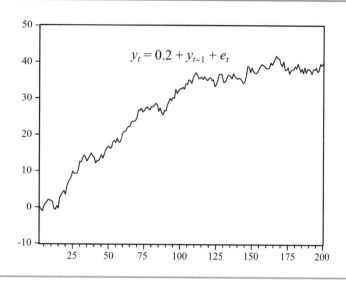

$$y_t = 0.2 + y_{t-1} + e_t$$

圖 5-8 第 2 型之單根數列 (亦屬 AR(1) 定態序列)

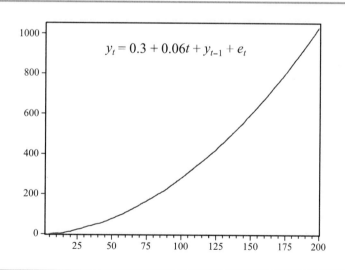

$$y_t = 0.3 + 0.06t + y_{t-1} + e_t$$

圖 5-9 第 3 型之單根數列

3. 包含截距項與時間趨勢 (random walk with drift around a stochastic trend)

$$\triangle y_t = a_0 + a_1 t + \gamma y_{t-1} + \varepsilon_t$$

其中，a_0 為截距項，t 為時間趨勢，ε_t 符合白噪音假設，以上三種模型之考驗統

415

計量分別為 τ、τ_μ 和 τ_τ，且虛無假設皆為 $H_0：\gamma = 0$，需利用 Dickey & Fuller (1979) 所提供之臨界值 (critical value) 來判斷是否接受虛無假設，若不拒絕虛無假設，則代表該時間序列資料為非定態。

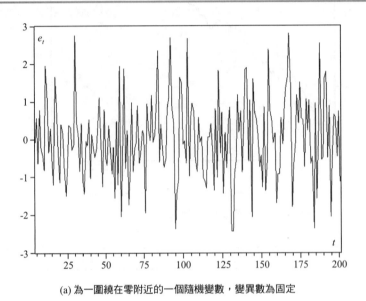

(a) 為一圍繞在零附近的一個隨機變數，變異數為固定

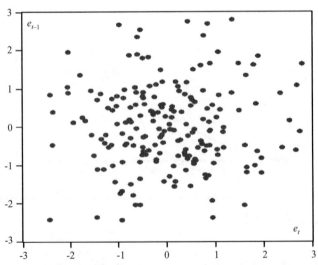

(b) 具有本期的資料與前期資料無關的特性，也就是，$E(\varepsilon_t, \varepsilon_s) = 0 \ (t \neq s)$，這樣的數列，稱為白噪音 (white noise)

圖 5-10　白噪音之序列

5-1-5b Augmented Dickey-Fuller(ADF) 單根檢定法

Dickey & Fuller(1981) 解決了殘差項也可能存在序列相關現象的這個問題，改以「落差 p 期之自我迴歸」AR(p) 模型來進行檢定，此處 p 爲自變數的落遲 (lag) 期數 (the numbers of lag)，這種考慮波動性的動態現象，提出自我迴歸條件異質變異數模型 (autoregressive conditional heteroskedastic model, ARCH) 是屬「ARCH(p)」型。AR(p) 模型在經過遞迴推算之後，會成爲一加入了差分落遲項的模型，也就是在原來的 AR(1) 模型中加入了差分落遲項的調整，可以使得殘差項 ε_i 達到無序列相關，亦稱之爲滿足白噪音的過程。

ADF 檢定的過程是對變數本身落遲一期的序列及變數的差分落遲項進行迴歸分析，但是序列本身的產生過程 (generating process) 仍然爲未知，也就是模型中的截距項與時間趨勢項的存在與否無法確定。所以理論上應分別對三種情形的 AR(p) 模型逐一的進行檢定，即：(1) 不含有截距項 (intercept)(又稱漂移項：drift) 與時間趨勢項 (trend)、(2) 含有截距項但無時間趨勢項，及 (3) 同時含有截距項與時間趨勢項。

由於 Dickey & Fuller(1979) 提出的 DF 檢定只適用在時間序列爲 AR(1) 的前提下，如果時間序列落後期數超過 1 期，將會違反殘差項爲白噪音 [$E(\varepsilon_t) = 0$, $Var(\varepsilon_t) = \sigma^2$, $t = 1, 2, 3, \cdots$, $Cov(\varepsilon_t, \varepsilon_s) = 0$，$t \neq s$)] 的假定，殘差會有自我相關的現象產生，此將影響 DF 的檢定能力。爲解決這個問題，Said & Dickey(1984) 提出 ADF(Augmented Dickey-Fuller)，落差可以擴大到 p 期的 AR(p) 模型爲基礎，求得「條件性異質」(conditional heteroskedasticity) 之「ARCH(p)」，致力使得殘差項成爲白噪音，其模型的形式有三：

第 1 型：無漂移項 (Drift)，無趨勢項

$$y_t = \beta y_{t-1} + \sum_{i=2}^{p} \gamma_i \triangle y_{t-i+1} + \varepsilon_t \tag{5-1}$$

第 2 型：有漂移項 α_0，無趨勢項

$$y_t = \alpha_0 + \beta y_{t-1} + \sum_{i=2}^{p} \gamma_i \triangle y_{t-i+1} + \varepsilon_t \tag{5-2}$$

第 3 型：有漂移項 α_0，有趨勢項 t

$$y_t = \alpha_0 + \alpha_1 t + \beta y_{t-1} + \sum_{i=2}^{p} \gamma_i \triangle y_{t-i+1} + \varepsilon_t \tag{5-3}$$

其中，$\Delta y_t = y_t - y_{t-1}$。

α_0 為截矩項。

t 為時間趨勢變數。

殘差項 $\varepsilon_t \overset{iid}{\sim} N(0, \sigma^2)$，$\alpha_1, \beta_1, \gamma_i$ 為未知的係數。

P 為差分項之最適落後期數。

(5-1) 式表示純粹的隨機漫步模型 (random walk)，(5-2) 式表示包含有截距項，(5-3) 式則表示同時包含有截距項及時間趨勢項。

其中，$p-1$：差分項的落後期數

y_t：所使用的變數在第 t 期的數值。

α_0：截距項。

T：時間趨勢項。

時間序列 y_t 的差分：$\Delta y_{t-i} = y_{t-i} - \Delta y_{t-i-1}$。

殘差項 ε_t 仍必須服從白噪音，選取落遲期數 $p-1$，其目的在於為了確保 ε_i 滿足白噪音的過程，使得迴歸式能夠盡量的呈現系統之動態。這三個公式中，當 $p = 0$ 時，即退化為 DF 檢定。

由上面三個公式得知，若 $\beta = 1$ 表示序列 y_t 不為定態性；若 $\beta \neq 1$ 則表示序列 y_t 為定態性。其統計檢定的假設為：

虛無假設 H_0：$\beta = 1$ (表示存在單根，序列具非定態性)

對立假設 H_1：$\beta \neq 1$ (表示不存在單根，序列具定態性)

如果序列 y_t 經過了 ADF 檢定而無法拒絕虛無假設 (H_0)，則須將序列進一步差分 (符號「Δ」) 之後再次代入上述 ADF 模型中去檢定其是否為定態性序列，其調整方式表示如下：

$$\Delta y_t = \delta y_{t-1} + \sum_{i=1}^{p-1} \gamma_i \Delta y_{t-i} + \varepsilon_t \tag{5-4}$$

$$\Delta y_t = \alpha_0 + \delta y_{t-1} + \sum_{i=1}^{p-1} \gamma_i \Delta y_{t-i} + \varepsilon_t \tag{5-5}$$

$$\Delta y_t = \alpha_0 + \alpha_1 t + \delta y_{t-1} + \sum_{i=1}^{p-1} \gamma_i \Delta y_{t-i} + \varepsilon_t \tag{5-6}$$

其中，$\Delta y_t = y_t - \Delta y_{t-1}$，表示為序列 y_t 在經過了一階差分後之新序列，如果此新序列 Δy_t 拒絕虛無假設，則表示可以接受該新的序列為定態性。

上面三個公式中，當 $p = 0$ 時即為 DF 檢定，三種模型皆在驗證 y_{t-1} 的係數

是否為零,即虛無假設為 H_0:$\delta = 0$ 即序列具單根,為非定態序列,若 δ 顯著異於零,拒絕虛無假設,則為定態序列,也就是不具有單根;反之,若統計值無法拒絕虛無假設,即為非定態的序列,即有單根存在。

虛無假設 H_0:$\delta = 0$ (表示存在單根,數列具非定態性)

對立假設 H_1:$\delta \neq 0$ (表示不存在單根,數列具定態性)

最適落後期數之選取

計算單根檢定、任何迴歸分析之後,你該選定 Lag= 多少期數,才是最佳的?這是很傷腦筋的問題。有幸地,Stata 迴歸 /ADF 單根 Lag 該選多少期?都可利用「estat ic」指令來認定,從 Stata 印出 Akaike's information criteria(AIC)及 Schwarz's Bayesian information criteria(BIC) 值之中,你挑選 IC 值最小之對應的 Lag 期數,就是最佳的模型適配。

由於 ADF 檢定法是以一個高階的 AR(p) 模型來進行估計,而差分項的 Lag 期數究竟要為多少,才能夠使得模型達到最佳的配適度。Engle & Yoo(1987)就曾建議以 Akaike(1973) 所提出的 AIC(Akaike's Information Criterion) 或用 Schwarz(1978) 提出的 SBC(Schwarz Bayesian Information Criterion) 二種指標,來認定該選那種模型才好。通常 AIC、SBC、HQ 值愈小愈好,表示該模型是愈佳的選擇。

AIC 以及 SBC 的計算方式分別表示如下:

AIC $= T \ln (SS_E) + 2n$

SBIC $= T \ln (SS_E) + n \ln (T)$

其中,T 為樣本總數,$\ln (SS_E)$ 為 SS_E (Sum Square of Error;殘差平方和) 取自然對數,$\ln (T)$ 為樣本總數取自然對數,n 為待估計參數的總數。

然而,這兩種指標有時候卻會出現衝突。一般而言,以 SBC 來作為選取指標時,樣本數愈大時愈能表現出一致性,這表示在樣本資料數愈大的情形下,SBC 愈能選出正確的模型。而同樣的情況下,AIC 會傾向選出落後期數較長的模型 (Enders, 2004, p.70; Brooks, 2002, p.58)。以 SBC 指標的公式來看,只要樣本總數 $T > 8$,$\ln (T)$ 就會大於 2,此時增加模型內的自變數時,N $\ln (T)$ 增加的速度就會超過 2N,所以用 SBC 來作為選取指標時,對自變數較多的模型會較為不利 (Enders, 2004, p.69)。

5-1-5c Phillips & Perron(PP) 單根檢定法

Phillips & Perron (1987) 進一步對 ADF 模型誤差項的分配給予更寬鬆的假設，以函數化中央極限定理之非參數法 (non-parameter) 假設誤差項具有弱相依與異質性的分配，來修正 DF 檢定與 ADF 檢定中同質性變異數的問題。檢定的模型可以表示如下：

$$MZ_\alpha^d = \frac{T^{-1}(y_T^d)^2 - f_0}{2k}$$

$$MZ_t^d = MZ_\alpha \times MS_B \qquad (MS_B \text{ 為 Mean Square of Between Group})$$

$$MS_B^{\ d} = \sqrt{\frac{k}{f_0}}$$

5-1-5d KPSS 單根檢定法

多數的單根檢定法之虛無假設為存在單根之非定態性現象；而 Kwiatkowski 等人 (1992) 則提出了以容許頻寬 (Bandwidth) 測試單根之 KPSS 單根檢定法，KPSS 單根檢定法與以往單根檢定法最大不同處在於其虛無假設為時間序列為不存在單根之非定態序列。模型可以表示如下：

$$\text{假設一個數列 } Y_t = \psi + \delta \times t + \zeta_t + \varepsilon_t$$

其中，ε_t 是一個定態程序，而 ζ_t 是一個隨機漫步程序 (random walk)，即 $\zeta_t = \zeta_{t-1} + \mu_t$，$\mu_t$ 為 $\overset{iid}{\sim} N(0, \sigma_\mu^2)$。此時虛無假設為 $H_0 : \sigma_\mu^2 = 0$（或 ζ_t 是一個常數），對立假設為 $H_0 : \sigma_\mu^2 > 0$，在虛無假設為真下可推導出 KPSS 檢定統計式：

$$LM = \frac{\sum_{t-1}^{T} S_t^2}{\widetilde{s}_{Tl}^2}$$

此處的 $s_{Tl}^2 = T^{-1} \sum_{t=1}^{T} e_t^2 + 2T^{-1} \sum_{\tau=1}^{l} \omega_{\tau l} \sum_{t=\tau+1}^{T} e_t e_{t-\tau}$ 是長期變異數 $\lim_{T \to \infty} \frac{E(S_T^2)}{T}$ 的異質暨自相關一致估計式 (HAC)，$\omega_{\tau l}$ 則是落後期共變異數的加權函數，KPSS 採用了 Newey & West (1987) 建議的 Bartlett window 準則來建構 $\omega_{\tau l}$ 加權函數：

$\omega_{\tau l} = 1 - \tau/(l+1)$。其中，$e_t$ 是迴歸式的殘差，而 $S_t = \sum_{i=1}^{t} e_i$，$t = 1, 2, \cdots, T$。當 $T \to \infty$ 時 $l \to \infty$ [通常 $l = o(\sqrt{T})$ 可滿足此一條件]，$\tilde{s}_{\tau l}^2$ 會是一致性估計，KPSS 推導出 LM 檢定統計量的漸進分配並模擬出臨界值表，此檢定為右尾檢定。若檢定值落於臨界值外，則拒絕虛無假設，表示 Y_t 沒有單根。

5-2 Stata 實作單根檢定

在進行兩個時間序列 x_t 及 y_t 之波動變化，是否具有共同隨機趨勢 (同向下、同上升) 之共整合檢定前，我們可使用 Stata 軟體，先檢查這兩個序列的波動 pattern 是否符合以下條件：

步驟 1. 描述性統計 (descriptive statistics)：認定平均數是否接近 0，標準差是否接近 1，若二個條件都符合，則可初步斷定 $y_t \sim N(0,1)$。接著，以較正式常態性 Jarque Bera 檢定，即以「偏態接近 0」、「峰度接近 3」兩準則，斷定序列 x_t 及 y_t 是否「非常態」，若 x_t 及 y_t 是「非常態」則下一階段再試試 x_t 及 y_t 是否需要差分才會定態。

步驟 2. 以 ADF 法進行單根檢定，以認定這二個序列是否同時具有單根 (若 $y_t \sim I(1)$，$\triangle y_t \sim I(0)$；若 $x_t \sim I(1)$，$\triangle x_t \sim I(0)$)，若 x_t 及 y_t 序列都需要差分一次，波動才會定態，表示 x_t 及 y_t「同時」具有單根，那麼就有機會構成「波動變動趨勢有共整合」的機會。

步驟 3. 條件異質變異數 (ARCH) 檢定

例如，Stata、JMulTi 軟體係以 ARCH-$_{LM}$ 法來檢定，y_t 單一序列波動變異數 (第 2 級動差) 特性，是否有落後 q 期的現象，若有，表示 y_t 是「條件異質變異數」之 ARCH(q) 模型。易言之，ARCH-$_{LM}$ 法可用來認定 y_t 序列，只要落後 q 期的差分，就已足夠預測前期的差分。這種 ARCH 檢定在鑑定自我迴歸 (AR)、向量自我迴歸 (VAR) 之建模是否適當，非常有用。

一、建資料檔

Stata 及 JMulTi 軟體都可匯入「import」的資料檔格式，包括：記事本之 ASCII 格式 "*.dat"、Excel 活頁簿之 "*.csv"。為了簡化操作難度，本例選「Excel」軟體來建資料檔 (副檔名慣用 "*.xls")，並將它轉成 Stata 資料格式再存至 CD 片「unitRoot.dat」資料檔。

(一) 先以 Excel 模擬二個時間序列 : y_WhiteNoise 及 y_UnitRoot 變數

「unitRoot.csv」資料檔係先用 Excel 模擬 100 期之二個序列：y_WhiteNoise、y_UnitRoot，其模擬的公式，如下圖所示。

---

y_WhiteNoise 變數：$y_t = y_t$。Excel 模擬指令「=Rand( )」

y_UnitRoot 變數：$y_t = y_{t-1} + u_t$。Excel 模擬指令「=NORMINV(RAND( ),0,1)」

其中，$t = 1, 2, \cdots, 100$ 期。

$u_t \overset{iid}{\sim} N(0,1)$ 可視為白噪音 (雜訊)，是 random walk 的隨機值，前後期彼此無關 (屬 Noise)，u_t 亦可視為某一序列 (如 x_t)。

累積曲線之 **Excel** 語法：NORMINV(機率，平均數，標準差)

註：若給機率值，NORMINV 會尋找 x 數值如 NORMDIST(x, mean, standard_dev, TRUE) = 機率。因此，NORMINV 精密度根據 NORMDIST 精密度而定。NORMINV 使用反覆的搜尋功能。如果在搜尋到 100 個重複之後未趨向一致，則此函數會傳回 #N/A 的錯誤值。

模擬時，當 $t = 1$，我們令 y_WhiteNoise$_1$ = y_UnitRoot$_1$。

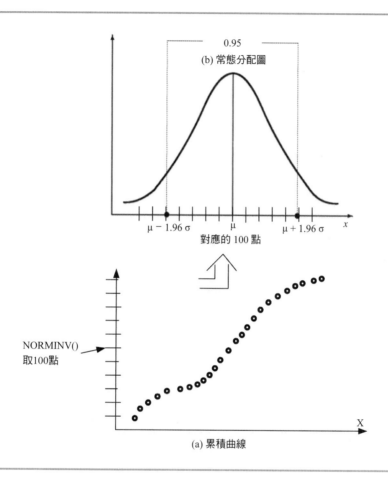

圖 5-11 累積概率曲線的意義

累積概率曲線的意義

累積概率是指在不確定分析中，當淨現值期望值相對較低，需進一步了解項目經濟效益發生在某一區間的可能性有多大，則應計算這個區間內所有可能取值的概率之和，即累積概率，用 P(NPV ≥ 0) 表示。

目前統計學者已導出幾十種經驗累積概率公式，其中大部分可用下列通式表達：

$$P_m = P(X \leq X_m) = \frac{m - 0.3}{n + 0.4}$$

P_m：大於或等於 X_m 的累積頻率。

X：表示樣品。

m：樣本從小到大的序號。

n：樣品個數。

為了能夠更加清楚地顯示數據性質，必須對累積概率值進行坐標變換，如正態變換、Gamma 變換、Logistic 變換等。

將變換後的坐標點 $\{x_m, \varphi(P_m)\}$ $(\varphi(P_m)$ (表示對 P_m 進行變換) 投影在概率圖上，就得到概率累積曲線 [如圖 5-11(a)]。

圖 **5-12** Excel 模擬二序列 (存在 unitRoot.xls)

(二) Stata 安裝之後 「工作目錄」 設定

本書 CD 所附資料檔，你先 copy 到硬碟之任一資料夾中，再依下圖之步驟，設定好「你的工作目錄」。例如，作者自定「D:\Stata(pannel+SEM+MA) 解說 2014」為工作目錄。

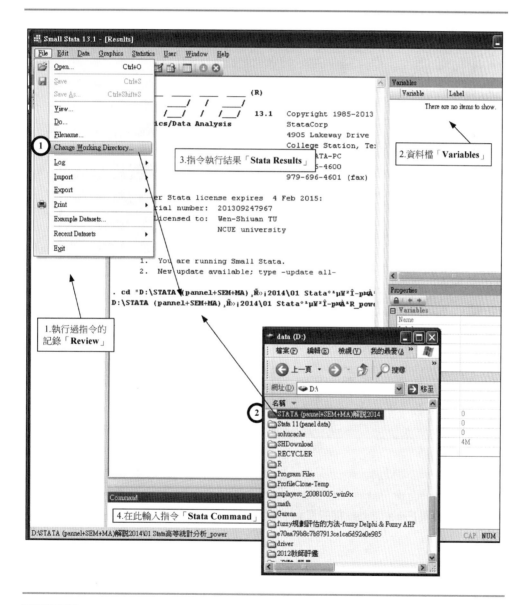

圖 5-13 界定 Stata 資料檔儲存之資料夾

(三) 用「insheet- using」讀入 Excel 之 unitRoot.csv 檔

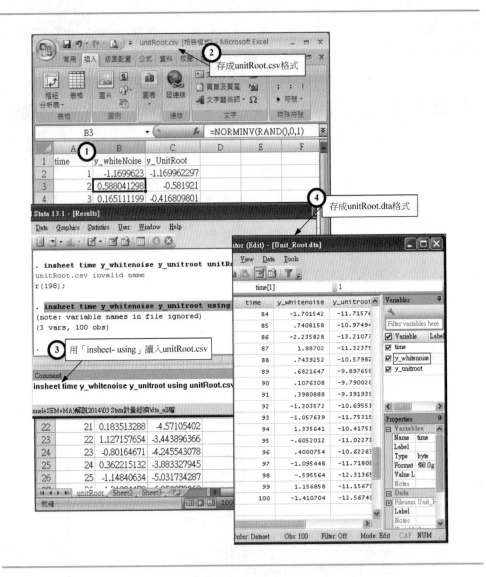

圖 **5-14** 讀入 Excel 之 csv 檔的畫面 (存到 Unit_Root.dta 檔)

5-3-1 Augmented Dickey-Fuller (ADF) 單根檢定法

以「Unit_Root.dta 檔」進行單根檢定

將 Excel 資料檔讀入到 Stata 之後，正式統計分析之步驟如下：

Step 1. 繪線形圖來判定是否存有上升 (下降)「趨勢」現象

如圖 5-14 畫面之操作步驟，繪出：y_UnitRoot：$y_t = y_{t-1} + u_t$，及 y_WhiteNoise：$y_t = u_t$ 的走勢圖，結果顯示，只有 y_UnitRoot 有下降 (上升) 趨勢，只有它最有可能具有單根之非定態序列。相對地，y_WhiteNoise 線形很像 random walk，上下波動與前一期無關，故應可猜出它是屬「白噪音」。

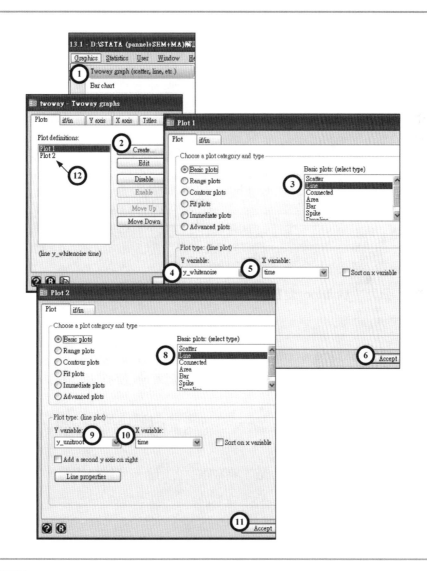

圖 5-15 繪 twoway (line) 來判定該序列是否有上升 (下降) 趨勢

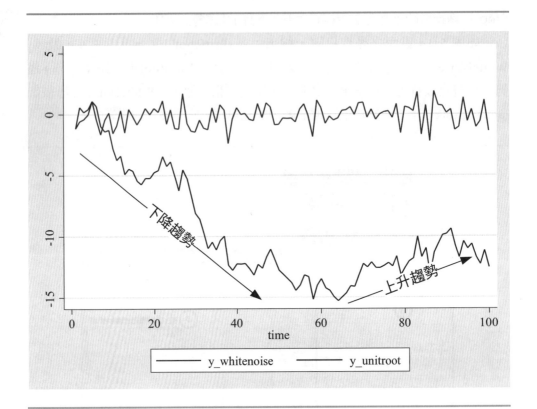

圖 5-16 只有 Y_UnitRoot 變數有上升（下降）趨勢

Step 2. 描述性統計 (descriptive statistics)

1. 偏態 (skewness)：表示資料分布是否對稱。如果是常態分布，會比較對稱，則偏態 = 0。

2. 峰度 (kurtosis)：表示其峰值的大小。如果是常態分布，會呈現鐘形，則峰度 = 3。

   假設你分析的任意 x_t 及 y_t 是「非常態」，則下一階段再確認 x_t 及 y_t 是否需要差分才會定態。

Step 2. Jarque-Bera 常態性

傳統常態分配之檢定係根據 x_i 數的偏態 (Skewness) 及峰度 (kurtosis) 大小，代入 Z 檢定來判定。偏態及峰度如下：

$$\text{Skewness} = \frac{E(x-\mu)^3}{\sigma^3} \text{（第三動差）}$$

$$Kurtosis = \frac{E(x-\mu)^4}{\sigma^4} \ (\text{第四動差})$$

Stata 軟體之 Jarque-Bera 常態性檢定如下。它係考驗殘差向量 $\hat{u}_t$ 的成分之間是否獨立，即計算其第三動差 (moments) 之偏態是否為 0 及第四動差之峰度是否為 3。

首先，Stata 估計殘差共變矩陣 $\tilde{\Sigma}_u$：

$$\tilde{\Sigma}_u = \frac{\sum_{t=1}^{T}(\hat{u}_t - \overline{\hat{u}})(\hat{u}_t - \overline{\hat{u}})'}{T}$$

並算出平方根矩陣 $\tilde{\Sigma}_u^{1/2}$。即 Stata 係以「已標準化殘差」$\hat{u}_t^s$ 的偏態及峰度來認定是否具常態性：

$$\hat{u}_t^s = (\hat{u}_{1t}^s, \cdots, \hat{u}_{Kt}^s)' = \tilde{\Sigma}_u^{1/2} (\hat{u}_t - \overline{\hat{u}})$$

$$定義 \begin{cases} b_1 = (b_{11}, \cdots, b_{1k})' \text{，此處 } b_{1k} = \dfrac{\sum_{t=1}^{T}(\hat{u}_{kt}^s)^3}{T} \\[3mm] b_2 = (b_{21}, \cdots, b_{2k})' \text{，此處 } b_{2k} = \dfrac{\sum_{t=1}^{T}(\hat{u}_{kt}^s)^4}{T} \end{cases}$$

由 b_1 及 b_2 即可衍生出下二個定義：

$$\begin{cases} s_3^2 = Tb_1'b_1/6 \sim \chi^2(K) \text{ 極限分配} \\ s_4^2 = T(b_2 - 3_K)'(b_2 - 3_K)/24 \sim \chi^2(K) \text{ 極限分配} \end{cases}$$

Jarque-Bera(JB) 之虛無假設 vs. 對立假設為：

$$\begin{cases} H_0 = \text{偏態} e(u_t^t)^3 = 0\text{；} and \text{ 峰度} e(u_t^t)^4 = 3 \\ H_1 = \text{偏態} e(u_t^t)^3 \neq 0\text{；} or \text{ 峰度} e(u_t^t)^4 \neq 3 \end{cases}$$

Jarque-Bera(JB) 之檢定統計為：

$$JB_K = s_3^2 + s_4^2 \sim \text{漸近} \chi^2 \text{ 分配，若 } H_0 \text{ 成立時。}$$

Stata 外掛 sktest 指令可執行 Skewness 及 kurtosis 之常態性 (normality) 檢定。故你先用「findit sktest」指令來安裝它，再執行「sktest y_whitenoise y_ unitroot」指令。

開啓 CD 所附資料檔前，先設定工作目錄，「File > Chang working directory」，指定 CD 所附資料夾之路徑，接著再選「File > Open」，開啓「Unit_Root.dta」資料檔。

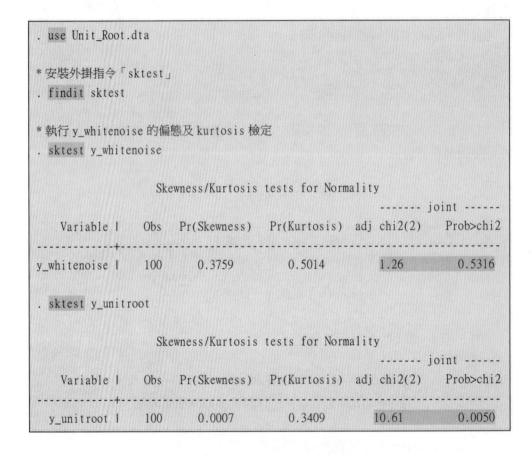

```
. use Unit_Root.dta

* 安裝外掛指令「sktest」
. findit sktest

* 執行 y_whitenoise 的偏態及 kurtosis 檢定
. sktest y_whitenoise

              Skewness/Kurtosis tests for Normality
                                                  ------- joint ------
   Variable |   Obs   Pr(Skewness)  Pr(Kurtosis)  adj chi2(2)   Prob>chi2
------------+---------------------------------------------------------------
y_whitenoise|   100      0.3759         0.5014        1.26          0.5316

. sktest y_unitroot

              Skewness/Kurtosis tests for Normality
                                                  ------- joint ------
   Variable |   Obs   Pr(Skewness)  Pr(Kurtosis)  adj chi2(2)   Prob>chi2
------------+---------------------------------------------------------------
y_unitroot  |   100      0.0007         0.3409       10.61          0.0050
```

判定該序列的平均數是否接近 0，標準差是否接近 1，若二個條件都符合，則可初步斷定 $y_t \sim N(0,1)$。接著，進行較嚴謹之常態性 Jarque Bera 檢定，即以「偏態接近 0」，「峰度接近 3」兩準則，斷定序列 y_whitenoise 及 y_unitroot 是否「非常態」。外掛指令「sktest」分析結果：

1. y_whitenoise 偏態爲 +0.3759 接近 0，屬右偏態分布。峰度 = 0.5 遠離 3，屬扁平之鐘形。單根檢定 $\chi^2_{(2)} = 1.26$ ($p > 0.05$)，接受「H_0：偏態 $e(u_t^t)^3 = 0$；*and* 峰度 $e(u_t^t)^4 = 3$」故屬常態分配。

2. y_unitroot 偏態爲 +0.0007 幾乎等於 0，沒有偏態分布。峰度 = 0.34 非常遠離

3，屬扁平之 Bell 形。單根檢定 $\chi^2_{(2)} = 10.61$ ($p < 0.05$)，拒絕「H_0：偏態 $e(u_t^t)^3$ $= 0$：和峰度 $e(u_t^t)^4 = 3$」故屬非常態分配。

Stata 提供「jb」外掛指令來執行 Jarque-Bera 檢定，它是坊間最受歡迎常態性檢定。

```
* 安裝外掛指令「jb」
. findit jb

* 執行 y_whitenoise 的 Jarque-Bera 常態性檢定
. jb y_whitenoise
Jarque-Bera normality test:  1.299 Chi(2)  .5223
Jarque-Bera test for Ho: normality:


. jb y_unitroot
Jarque-Bera normality test:  13.93 Chi(2)  9.5e-04
Jarque-Bera test for Ho: normality:
```

1. 變數 y_whitenoise 的 Jarque-Bera 常態性檢定結果，$\chi^2_{(2)} = 1.299, p > 0.05$，接受「Ho: normality」，故變數 y_whitenoise 屬常態分配。

2. 變數 y_unitroot 的 Jarque-Bera 常態性檢定結果，$\chi^2_{(2)} = 13.93, p < 0.05$，拒絕「Ho: normality」，故變數 y_whitenoise 屬非常態分配。

Step 3. 條件異質變異 (Autoregressive conditional heteroskedasticity, ARCH) 檢定

1. ARCH(q) 模型之認定

條件異質變異 ARCH(q) 之模型，係根據波動第二動差之誤差 u_t 變異數來建模：

$$\hat{u}_t^2 = \beta_0 + \beta_1 \hat{u}_{t-1}^2 + \cdots + \beta_q \hat{u}_{t-q}^2 + Error_t$$

其中，$\hat{u}_t^2$ 為第 t 期誤差變異，它受前 q 期誤差變異的影響，表示 q 期波動變異會影響當期變異數。

ARCH(q) 之虛無假設如下，H_0 係表示前幾期都不會影響當期的誤差變異，若能拒絕 H_0，則表示有單根，前幾期可以來預測當期：

$$\begin{cases} H_0 : \beta_0 = \beta_1 = \cdots = \beta_q = 0 \\ H_1 : \beta_0 \neq \vec{\mathbb{Q}} \beta_1 \neq 0, \ \vec{\mathbb{Q}} \cdots \beta_q \neq 0 \end{cases}$$

Stata 係以 ARCH-LM 值大小來顯示 ARCH(q) 模型之顯著性：

$$\text{ARCH-LM} = T \times R^2 \sim \chi^2(\text{q}) \ \text{分配}$$

其中，R^2 為決定 (determination) 係數；T 為總期數。

若 y_t 單一序列波動變異數 (第 2 級動差) 特性，具有落後 q 期的現象，稱 y_t 是具有「條件異質變異數」之 ARCH(q) 模型。這種 ARCH 檢定在自我迴歸 (AR)、向量自我迴歸 (VAR) 之建模過程時，在估計時間序列時該選「落後幾期」非常有用。

2. Stata 之 ARCH-LM 檢定

Stata 軟體之 ARCH-LM 檢定，是以下列之多變量迴歸模型為基礎。

$$vech(\hat{u}_t, \hat{u}_t^{'}) = \beta_0 + \beta_1 vech(\hat{u}_{t-1}, \hat{u}_t^{'}) + \cdots + \beta_q vech(\hat{u}_{t-q}, \hat{u}_t^{'}) + error_t$$

其中，

$\hat{u}_t$ 殘差矩陣。

$vech(\bullet)$ 是將一 (K×K) 方陣之下三角元素依序排列而形成的行向量，它是 $\left(\frac{K(K+1)}{2} \times 1\right)$ 向量。

$\beta_0 \left(\frac{K(K+1)}{2}\right)$ 是 $\left(\frac{K(K+1)}{2}\right)$ 維的向量。

方陣 β_j 是 $\left(\frac{K(K+1)}{2} \times \frac{K(K+1)}{2}\right)$ 維的係數矩陣，$j = 1, 2, \cdots, q$。上式之虛無假設如下：

$$\begin{cases} H_0 : \beta_1 = \beta_2 = \cdots = \beta_q = 0 \\ H_1 : \beta_1 \neq 0 \ \vec{\mathbb{Q}} \beta_2 \neq 0 \cdots \vec{\mathbb{Q}} \beta_q \neq 0 \end{cases}$$

根據上面迴歸模型的基礎，Stata 檢定異質性變異數 (ARCH) 模型，是要估計 ARCH(q) 模型的殘差：

$$\hat{u}_t^2 = \beta_0 + \beta_1 \hat{u}_{t-1}^2 + \cdots + \beta_q \hat{u}_{t-q}^2 + error_t$$

並且檢定下列虛無假設：

$$VARCH_{LM}(q) = \frac{T \times K \times (K+1)}{2} R_m^2$$

其中，$R_m^2 = 1 - \frac{2}{K \times (K+1)} Tr(\hat{\Omega}\hat{\Omega}_0^{-1}) \sim \chi^2(\frac{q \times K^2(K+1)}{4})^2$

$\hat{\Omega}$ 為 $\frac{K(K+1)}{2}$ 維之殘差共變數矩陣，而 $\hat{\Omega}_0$ 是 $q = 0$ 時 $\hat{\Omega}$ 對應之殘差矩陣。

並且檢定其假設：$\begin{cases} H_0 : \beta_1 = \beta_2 = \cdots = \beta_q = 0 \\ H_1 : \beta_1 \neq 0 \text{ 或 } \beta_2 \neq 0 \cdots \text{ 或 } \beta_q \neq 0 \end{cases}$

在符合常態性的假定下，LM 統計量是從判定係數來決定：

$$VARCH_M(q) = T \times R^2 \sim \chi^2(q) \text{ 分配}$$

其中，T 為序列的總期數。

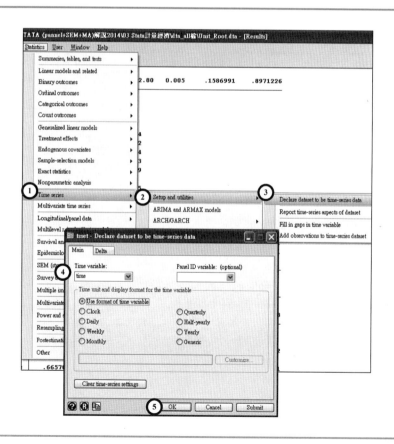

圖 5-17 tsset 指令之操作畫面 (界定以 time 變數當作時間序列之 period 計數)

```
* 界定以 time 變數當作時間序列之 period 計數
. tsset time
        time variable:  time, 1 to 100
               delta:  1 unit

* 定附指令 arch 來分析 y_whitenoise 變數
. arch y_whitenoise

(setting optimization to BHHH)
Iteration 0:   log likelihood = -130.56313
Iteration 1:   log likelihood = -130.56313

Time-series regression


Sample: 1 - 100                              Number of obs   =        100
Distribution: Gaussian                       Wald chi2(.)    =          .
Log likelihood = -130.5631                   Prob > chi2     =          .

------------------------------------------------------------------------------
             |                 OPG
y_whitenoise |    Coef.   Std. Err.     z    P>|z|    [95% Conf. Interval]
-------------+----------------------------------------------------------------
       _cons |  -.1256749  .090473    -1.39  0.165    -.3029988    .051649
-------------+----------------------------------------------------------------
     /SIGMA2 |  .7972281   .1268543    6.28  0.000    .5485981    1.045858
------------------------------------------------------------------------------

* 定附指令 arch 來分析 y_unitroot 變數
. arch y_unitroot

(setting optimization to BHHH)
Iteration 0:   log likelihood = -289.46953
Iteration 1:   log likelihood = -289.46953

Time-series regression


Sample: 1 - 100                              Number of obs   =        100
Distribution: Gaussian                       Wald chi2(.)    =          .
Log likelihood = -289.4695                   Prob > chi2     =          .
```

```
     --------------------------------------------------------------------
                   |               OPG
     y_unitroot    |   Coef.   Std. Err.      z     P>|z|    [95% Conf. Interval]
     --------------+-----------------------------------------------------
           _cons   | -9.65511  .6241439    -15.47   0.000   -10.87841    -8.43181
     --------------+-----------------------------------------------------
         /SIGMA2   | 19.13489  4.404158      4.34   0.000    10.5029     27.76689
     --------------------------------------------------------------------
```

ARCH 「$vech(\hat{u}_t,\hat{u}_t^{'}) = \beta_0 + \beta_1 vech(\hat{u}_{t-1},\hat{u}_t^{'}) + \cdots + \beta_q vech(\hat{u}_{t-q},\hat{u}_t^{'}) + error_t$」分析結果：

1. y_whitenoise 變數 SIGMA2 之 $z = 6.28(p < 0.05)$，拒絕「$H_0: \beta_1 = \beta_2 = \cdots = \beta_q = 0$」，表示 y_whitenoise 變數有一個 Beta 不為 0，故它的波動有條件異質性變異，屬 ARCH(2) 模型。

2. y_unitroot 變數 SIGMA2 之 z=4.34(p<0.05)，拒絕「$H_0: \beta_1 = \beta_2 = \cdots = \beta_q = 0$」，表示 y_unitroot 變數有一個 Beta 不為 0，故它的波動有條件異質性變異，屬 ARCH(2) 模型。

Step 4. Stata 進行 ADF 單根檢定

認定變數是否平穩時，通常有圖形認定法和計量檢定法兩大類。圖形認定法是以變數的時間序列圖以及自我相關函數 (autocorrelation function, ACF) 來判斷變數是否平穩。根據 Engle & Granger(1987) 的計量檢定法，若時間序列呈現不穩定的型態，即是序列存在單根，若對具單根的時間序列資料進行差分，則可使其成為穩定序列。若原始資料必須經過一次差分「以 I(1)」表示才能使序列達到穩定，則表示序列有單根；反之，若時間序列呈現穩定型態時，序列則無單根，以 I(0) 表示，表示採用 ARIMA(p,0,q) 模型來分析即可。

1. 單根的由來

根據差分定義：$\Delta y_t = y_t - y_{t-1}$。

若有一序列 y_t 之後一期會影響前一期：$y_t = y_{t-1} + u_t$，左右各減 y_{t-1}

$$y_t - y_{t-1} = u_t$$
$$即 \ \Delta y_t = u_t$$

將上式加以延伸爲：$\Delta y_t = \phi y_{t-1} + u_t$

若 $\phi = 0$，則 y_t 屬非定態，故有單根。因爲 $\phi = 0$，則 $\Delta y_t = u_t$，表示 y_t 作一次差分「Δ」後，就屬定態。

將上式再擴充 ADF 檢定模型：

$$\Delta y_t = \phi y_{t-1} + \sum_{j=1}^{p-1} \alpha_j^* \Delta y_{t-j} + u_t.$$

ADF 檢定之虛無假設如下：

$$\begin{cases} H_0 : \phi = 0 \\ H_1 : \phi < 0 \end{cases}$$

ADF 係用最小平方法 (OLS) 來估計迴歸係數 ϕ 顯著性，若係數 ϕ 對應的 t 值小於查表的臨界值 1.96，則拒絕 H_0。相對地，若 $\phi = 0$，表 y_t 爲非定態序列，具有單根，y_t 需要差分一次後才會平穩。

2. Stata 單根檢定之畫面操作

由前面「descriptive statistics」分析，得知：變數 y_WhiteNoise 屬正偏態 (右偏)、變數 y_UnitRoot 屬正偏態 (右偏)。以 y_WhiteNoise(正偏) 爲例，其 ADF 檢定如下圖，判斷它是否 reject H₀ 的準則，結果得知：y_UnitRoot 拒絕虛無假設；y_WhiteNoise(右偏) 亦拒絕虛無假設，表示二者都屬非定態序列，都有單根，仍需差分一次才會平穩。

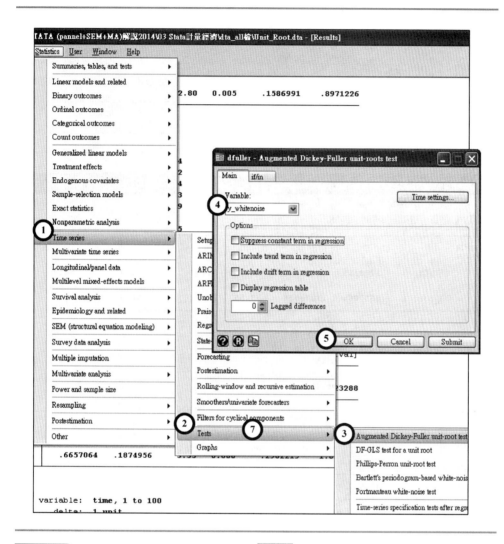

圖 5-18 y_WhiteNoise 單根檢定之畫面 (dfuller 指令)

Augmented Dickey-Fuller(ADF) unit-root 檢定如下：

```
. dfuller y_whitenoise, lags(0)

Dickey-Fuller test for unit root                    Number of obs   =        99

                                    ---------- Interpolated Dickey-Fuller ---------
```

	Test Statistic	1% Critical Value	5% Critical Value	10% Critical Value
Z(t)	-11.634	-3.511	-2.891	-2.580

MacKinnon approximate p-value for Z(t) = 0.0000

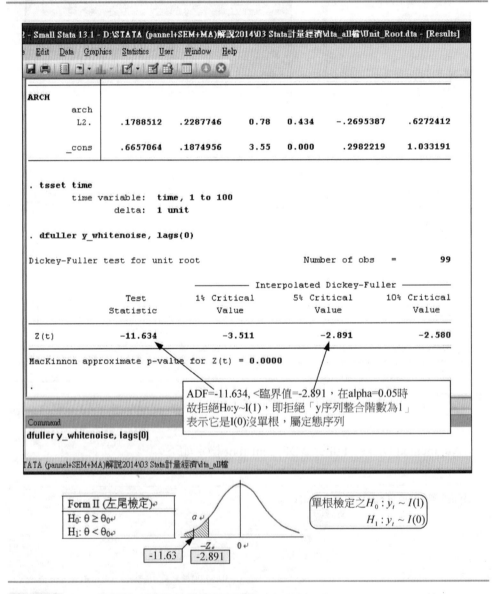

圖 5-19 ADF 單根檢定結果之示意圖 (變數 y_whitenoise)

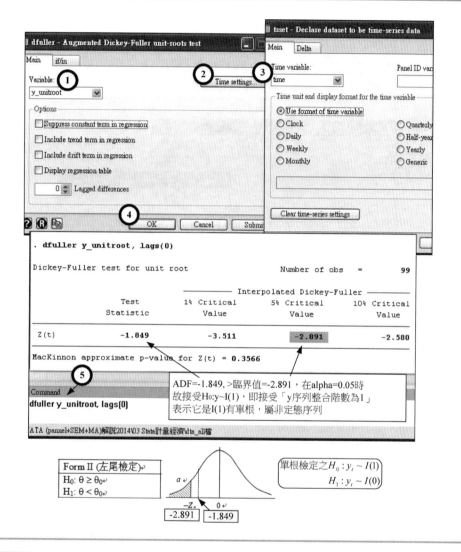

ADF=-1.849, >臨界值=-2.891，在alpha=0.05時
故接受H₀:y~I(1)，即接受「y序列整合階數為1」
表示它是I(1)有單根，屬非定態序列

圖 5-20 y_UnitRoot 變數的 ADF 單根檢定結果之示意圖

註：Statistics > Time series > Tests > Augmented Dickey-Fuller unit-root test

5-3-2 DF-GLS 單根檢定法

Stata 提供「dfgls」指令，此單根檢定是由 Elliott, Rothenberg 及 Stock(1996) 提出的，旨在修正 Dickey–Fuller 之 t 檢定。它是在單根檢定前，事先將時間序列做「廣義最小平方法 (generalized least squares(GLS) 迴歸」轉換。

$$\Delta y_t = \alpha + \beta y_{t-1} + \delta_t + (\xi_1 \Delta y_t + \cdots + \xi_k \Delta y_{t-k}) + u_t \text{ (Stock \& Watson)}$$

虛無假設 $H_0 : \beta = 0$，即 $H_0 : y_t \sim I(1)$。若「dfgls」檢定結果 $p > 0.05$，則接受「$H_0 : y_t \sim I(1)$」，表示該時間序列係屬非定態，有單根存在。

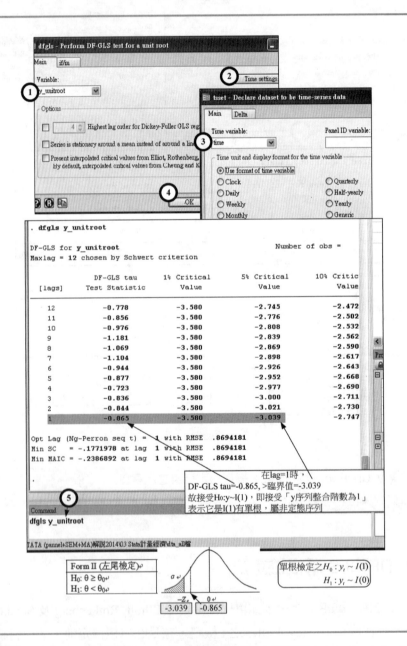

圖 5-21 y_UnitRoot 變數的 DF-GLS 單根檢定結果之示意圖 (Unit_Root.dta 檔)

註：Statistics > Time series > Tests > DF-GLS test for a unit root

```
. dfgls y_unitroot

DF-GLS for y_unitroot                                    Number of obs =
87
Maxlag = 12 chosen by Schwert criterion


                  DF-GLS tau    1% Critical   5% Critical   10% Critical
        [lags]   Test Statistic    Value         Value         Value
----------------------------------------------------------------------------
          12        -0.778        -3.580        -2.745        -2.472
          11        -0.856        -3.580        -2.776        -2.502
          10        -0.976        -3.580        -2.808        -2.532
           9        -1.181        -3.580        -2.839        -2.562
           8        -1.069        -3.580        -2.869        -2.590
           7        -1.104        -3.580        -2.898        -2.617
           6        -0.944        -3.580        -2.926        -2.643
           5        -0.877        -3.580        -2.952        -2.668
           4        -0.723        -3.580        -2.977        -2.690
           3        -0.836        -3.580        -3.000        -2.711
           2        -0.844        -3.580        -3.021        -2.730
           1        -0.865        -3.580        -3.039        -2.747


Opt Lag (Ng-Perron seq t) =  1 with RMSE  .8694181
Min SC    = -.1771978 at lag  1 with RMSE  .8694181
Min MAIC = -.2386892 at lag  1 with RMSE  .8694181
```

1. y_UnitRoot 變數的 DF-GLS 單根檢定結果：ADF = -0.865，大於臨界值 -3.039，
   故接受 H_0：y～I(1)，即接受「y 序列整合階數為 1」表示它屬 1 階的整合階
   數「I(1)」，有單根存在，係屬非定態序列。

2. SC = -0.177，AIC = -0.238。兩個資訊準則 (information criteria) 都很小，表示
   y_UnitRoot 變數的 DF-GLS 單根檢定是非常適配的。

【補充說明】：判斷模型適配度之訊息準則

　　事實上，財經序列通常都很複雜，九成五多屬非定態，且需一階差分該序
列才會平穩。故我們在建模時，參數個數 n 該選幾個，ARCH(q) 落後期數 q 該
選多少，Stata 提供下幾個訊息準則。同一類型之迴歸模型，因其不同的參數個
數 n、及不同落後期數 q 設定，都會納入 AIC 值計算的考量。以下各種訊息準

則 (如 AIC) 值愈小，表示「線性迴歸、向量自我迴歸 (VAR)、向量修正模型 (VECM)」模型愈適配：

1. $AIC(n) = \log \hat{\sigma}_u^2(n) + \dfrac{2}{T} \times n$ Akaike (1973, 1974)

2. $HQ(n) = \log \hat{\sigma}_u^2(n) + \dfrac{2\log(\log(T))}{T} \times n$ Hannan & Quinn(1979)

3. $SC(n) = \log \hat{\sigma}_u^2(n) + \dfrac{\log(T)}{T} \times n$ Schwarz (1978) & Rissanen (1978)

4. $FPE(n) = \hat{\sigma}_u^2(n) \times \dfrac{T + n^*}{T - n^*}$ Akaike (1969)

其中，

    K：外生變數的個數 (即聯立迴歸式有幾個)，

    n：內生變數之落後階數 (order)，

    n^*：每一方程式之參數有幾個，

    殘差之白噪音共變數矩陣 $\hat{\sigma}_u^2(n)$：是 $\dfrac{\hat{u}'\hat{u}}{T}$ 最小平方法的估計值。

由於 $\hat{\sigma}_u^2(n)$ 愈小，AIC 等準則就愈小，表示模型愈適配。但是當模型的內生變數之落後階數 n 愈大，本身就已違反「建模要愈精簡愈好」原則，故以上四種準則都有「懲罰」參數個數 (n^*) 過多或落後階數 n 過多的機制，即 n 或 n^* 愈大，AIC 等準則就變大，讓評鑑的模型顯現得愈不適配。

5-3-3　Phillips-Perron 單根檢定法

Phillips–Perron 單根檢定，命名源自 Peter C. B. Phillips 及 Pierre Perron 二人。Davidson 及 MacKinnon(2004) 認為，在有限樣本之情境下，Phillips–Perron test 比 augmented Dickey–Fuller test 差。故建議你，單根檢定，你挑選 ADF 才是上策。

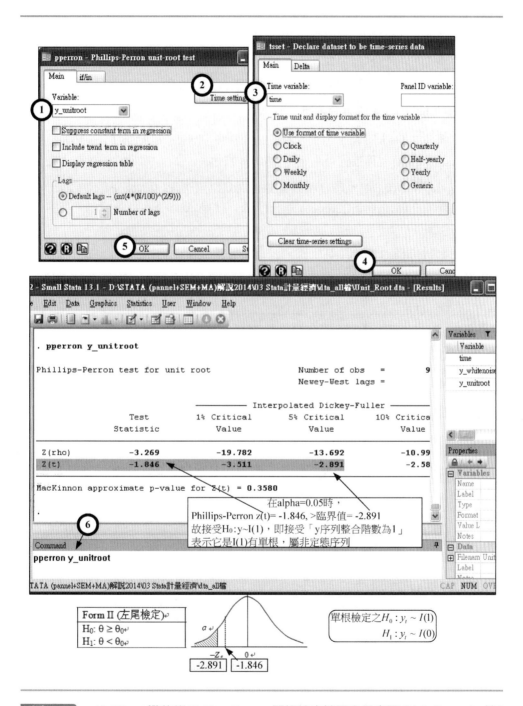

5-3 差分運算 (first-difference)，使變數變成定態

因為 y_unitroot 變數已證實，它有單根，是屬非定態，故需將 y_unitroot 再做「一階差分」，將它轉成定態。

Step 1. 因非定態，故再差分運算

差分運算子 (Δ)，唸 "delta"。典型「first-difference 定態程序」為隨機漫步過程 (random walk)，其數列可用 $x_t = x_{t-1} + \varepsilon_t$ 表示：

其中，$\varepsilon_t \overset{iid}{\sim} N(0, \sigma^2)$，即「$\varepsilon_t$ 獨立且同分配，平均數 0，固定的誤差變異數 σ^2」。所謂「一階 (first-difference) 差分運算」就是 $\Delta x_t = x_t - x_{t-1} = \varepsilon_t$，其中，$\varepsilon_t$ 是共變數定態。

本例二個原始變數做差分，需搭配「gen 及 replace」二指令。差分運算指令如下：

```
* 變數 y_unitroot 做一階差分之後，存到 ln_unitroot 新變數
* 首先，新產生 ln_unitroot 變數值，都是 missing value "."
gen ln_unitroot= .
* 更換 ln_unitroot 值，為 y_unitroot 後期減前期的差。"_" 符號開頭均為 Stata 系統
變數。
replace ln_unitroot=y_unitroot[_n] - y_unitroot[_n-1]
```

差分之後的新變數，先看走勢圖，再做一次單根檢定，來認定它是否已成定態，若差分之後新變數「ln_unitroot」是定態數列，則我們可放心進行 VAR 分析。

Step 2. 用繪圖法來認定 「差分之後」 最新變數是否 「定態」

```
. tsset   time
        time variable:  time, 1 to 100
                delta:  1 unit

* 選項 tsline 繪新的時間數列之線形圖
. twoway (tsline ln_unitroot)
```

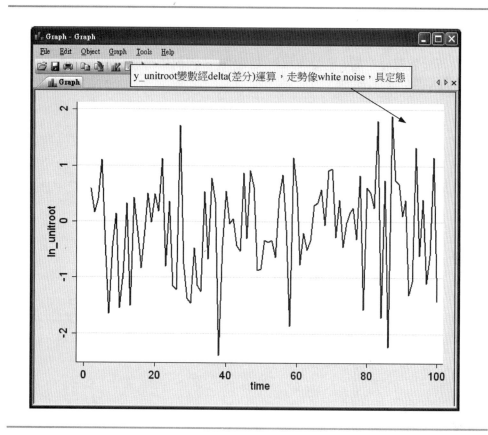

圖 5-23 y_unitroot 變數經 delta（差分）運算，走勢像 white noise，具定態之線形圖

Step 3. 用統計法：jb 指令來認定 「差分之後」 最新變數是否 「定態」

```
* 變數 ln_unitroot 做 ADF 單根檢定
. dfuller ln_unitroot
Dickey-Fuller test for unit root                Number of obs    =         98

                          ---------- Interpolated Dickey-Fuller ---------
                  Test        1% Critical       5% Critical      10% Critical
              Statistic          Value             Value             Value
-------------------------------------------------------------------------------
  Z(t)          -11.440          -3.513            -2.892            -2.581
-------------------------------------------------------------------------------
MacKinnon approximate p-value for Z(t) = 0.0000
```

用 dfuller 指令，執行 ADF 單根檢定，結果顯示「dfuller ln_unitroot」數列之 MacKinnon approximate p-value 小於 0.05，故拒絕「$H_0：X_t \sim I(1)$」，表示這個最新變數都屬定態 (已沒有單根)。此時，我們才可放心將它納入 VAR、SVAR、VECM 等分析。

時間序列迴歸 ARIMA

除了第 3 章解說 OLS 及第 4 章動態模型之外，在此特別介紹：

ARIMA 模型 (Autoregressive Integrated Moving Average model)：差分整合移動平均自我迴歸模型，又稱整合移動平均自我迴歸模型 (移動也可稱作滑動)，它是時間序列預測分析方法之一。ARIMA(p,d,q) 中，AR 是「自我迴歸」，p 為自迴歸項數；MA 為「移動平均」，q 為移動平均項數，d 為使之成為平穩序列所做的差分次數 (階數)。Δ (唸 delta) 運算子，代表「差分 (difference)」一詞雖未出現在 ARIMA 的英文名稱中，卻是關鍵步驟。

6-1 ARIMA 概念

常見時間數列的預測模型，有：ARIMA、VAR/SVAR、VECM 三類型。

一、ARIMA 模型

VAR 係由 ARIMA 進化而來的。因近代的預測已較鮮少看到人們用 ARIMA 模型來做匯率預測，且在第 4 章已介紹 ARIMA(p,d,q) 參數的適配性，所以在此只簡短介紹。

Box-Jenkins 於西元 1976 年，其著作《時間序列分析》提出所謂的「ARMA 模型」，旨在用於預測 (forecasting)。所謂的 ARMA 模型就是一種時間序列的「資料產生過程」，而所謂「資料產生過程 (data generating process)」，在時間序列理論來看，就是「現在的變數和過去的變數的函數或統計『關係』」。先看 AR (自我迴歸) 模型的經濟意義，即某一個時間序列的經濟變數，在結合某些經濟假設之後，會使該變數當期的數值和該變數過去的數值有某種關聯性，所以當期的變數 y_t 才會設定成是該變數過去變數值 y_{t-1} 之函數。而 MA 模型是隱含「經濟行為體系的結構式中，含有『誤差修正』的特性」。

二、Structural Vector Autoregression (SVAR) 模型

向量自我迴歸 (VAR 或 SVAR) 及 VEC 模型，都屬「聯立迴歸模型」。例如，臺灣加權股價指數與總體經濟變數間之相互關係即可聯立迴歸模型 (VAR/SVAR 或 VECM) 加以分析研究，總體經濟變數可選：領先指標指數 (例如景氣燈號)、同時指標指數、貨幣供給 (M1B)、消費者物價指數 (CPI)、利率及匯率等變數，以分析當前述變數變動時，臺灣加權股價指數會如何反應。「聯立迴歸模型」旨在探討變數間之互動關係，以了解總經變數的變動對股價指數之影響，以期

能歸納出通則，提供投資者在投資股票市場時之投資依據。

一般而言，多元迴歸係探討一個因變數對一個或多個解釋變數迴歸的單一迴歸方程模型有關之問題；從模型變數間之因果關係，係以解釋變數為「因」，而以因變數為「果」，亦即以解釋變數 X 來解釋因變數 Y。但是，許多情況顯示，此種單向的因果關係並無實際上之意義，而聯立方程式模型係由一個以上的方程式組成，而每一個方程式各有一相互因變數 (mutually dependent variable) 或稱內生變數 (endogenous variable) 由於每一方程式之因變數與其他方程式之解釋變數間有相互關係，因此，不像單一方程式模型，其參數的估計必須考慮整個體系其他方程式，對某一方程式所賦予的訊息關係。

向量自我迴歸 (VAR) 是一群時間序列的動態模型，Sims 支持對大的聯立方程模型用 VAR 當作一種方法來研究其整體間的關係。此方法有二個主要運用，(1) 用來測試隱含實際行為的正式理論；(2) 用來學習更多有關經濟的歷史動態。

在計量經濟學中 SVAR 係源由 Hurwicz (1962) 想法，若模型允許我們去預測干預的效應，那這個模型是屬結構式——有計畫的政策活動，或經濟體內的改變，已知型式的本質的改變。該 SVAR 做預測，我們必須在 JMulTi 中界定 SVAR 模型，干預是如何反應到模型中一些元素的改變 (參數，方程式，可觀察或不可觀察隨機變數)，該被改變後的 SVAR 模型，即是干預後行為者的一個準確特徵化的模型。

三、Vector Error Correction (VECM) 模型

多數匯率決定理論係屬 VECM，常見者包括：flexible 價格貨幣模型，sticky 價格貨幣模型、Hooper-Morton 模型，資產組合平衡模型及未拋補利率平價模型。

舉例來說，Sarantis 及 Stewart (1995) 研究 1973 年至 1990 年外匯變數，就用共整合－誤差修正法 (即 VECM) 來推導出的匯率方程是否具有長期均衡關係，並用 Johansen 最大概似共整合檢定，結果發現：資產組合平衡模式具有長期均衡關係，而且長期均衡關係是一個未拋補利率平價 (UIP) 關係。在全部預測水準上，它證明了匯率預測模型係基於 UIP，比資產組合平衡模型產生更能準確地做樣本外預測。接著，相對地，Baillie 及 Selover (1987) 用共整合檢定拒絕五個雙邊匯率 (各幣別相對於美元)，也證實了各國貨幣模型之間長期均衡關係是存在的。

6-1-1 ARIMA(p,d,q) vs. GARCH(p,q)

坊間常見定態之時間序列，包括：

1. 時間序列迴歸基本模型：

   自身迴歸 (AR, autoregressive)。

   移動平均 (MA, moving average)。

   ARIMA 模型 (AR 及 MA 兩者的混合)。

2. ARIMA(p,d,q) 模型：非定態的序列 y_t 可以先經過差分 (數學以 Δ 或 ∇ 符號表示) 的處理方式，將其轉變為恆定序列 (即 Δy_t)，再透過 ARIMA 的模型來預測。

   ARIMA 模型的精神是不透過經濟的理論而由資料或殘差項的過去值來說話。在本質上，ARIMA 模型可以視為一種非常複雜的內插法 / 外插法。

   ARIMA 模型處理序列的一階動差 [即 $(y_t - y_{t-1})^1$ 型]，前一期與後一期差分後才代入迴歸式。

3. GARCH(p,q) 模型則處理二級動差，係以序列波動之殘差的變異數 $\hat{\varepsilon}_t^2$ 為主。在財經方面，或其他高頻率的資料，資料往往不是呈現常態，而是具有偏態及峰態，我們發現偏態的問題不太嚴重，而峰態的問題相當嚴重。這些可能是 ARCH 引起的。檢定 ARCH 效果的重點在 (1) 一階無關，(2) 二階相關。即 ε_t 與 ε_{t-1}、ε_{t-2} 無關，但 ε_t^2 與 ε_{t-1}^2、ε_{t-2}^2 相關。

   一階無關的檢定可用 OLS 進行 y_t 對 x_t 迴歸，並計算出殘差值。再以 Durbin-Wation(DW) test 或 Q test 判定是否一階無關。確定一階無關後，以輔助模型 LM test 進行二階檢定。進行下列迴歸

$$\hat{\varepsilon}_t^2 = \hat{\alpha}_0 + \hat{\alpha}_1\hat{\varepsilon}_{t-1}^2 + \cdots + \hat{\alpha}_q\hat{\varepsilon}_{t-q}^2$$

   則沒有 ARCH 的假設為 $H_0 : \hat{\alpha}_1 = \hat{\alpha}_2 = \cdots = \hat{\alpha}_q = 0$。

   如果 $\alpha_1 = \alpha_2 = \cdots = \alpha_q = 0$，則表示 $h_t = \alpha_0$。此時沒有 ARCH 效果，且條件變異數等於非條件變異數。另外，變異數不可能為負，故要求 $\alpha_0, \alpha_1, \cdots, \alpha_q$ 均為正。

   由於 ARCH 的落後期可能很長，造成參數過多，且要求 $\alpha_0, \alpha_1, \cdots, \alpha_q$ 均為正不易達成，Bollerslev(1986) 提出了一般化自我迴歸條件變異數 (Generalized ARCH, GARCH)，一個 GARCH(p,q) 為：

$$y_t = x_t'b + \varepsilon_t \text{ (mean equation 平均數方程式)}$$

$$\varepsilon_t | \Omega_{t-1} \sim N(0, h_t)$$

$$h_t = \alpha_0 + \sum_{i=1}^{q} \alpha_1 \varepsilon_{t-i}^2 + \sum_{i=1}^{p} \beta_i h_{t-i} \text{ (variance equation 變異數方程式)}$$ 但使用較多的是
GARCH(1,1)。

總之，財經領域上，時間序列常用迴歸功能，包括：ARIMA 模型的
預測、向量自我迴歸模型 (VAR) 的結構檢定及預測、VECM 模型之共整合
(cointegration) 檢定及預測、單／多變量 GARCH(p,q) 條件異質變異性、Granger
因果關係 (VECM 模型)……。

6-1-2 ARIMA 建構模型之步驟

1970 年 Box 與 Jenkins 提出進階的建模技術並且以遞迴的方式對時間數列
資料建構模型，稱為 ARIMA 模型，其求解之遞迴方法主要分為 4 個步驟：

1. 鑑定模型 (Model Identification)。
2. 對未知參數作有效的估計 (Efficient Estimation)。
3. 診斷性檢查 (Model Checking)──如果殘差項並非白噪音有必要回到 1 重做；
   如果殘差項是白噪音則可進行下列動作。
4. 預測 (Forecasting)：
   在模型鑑定階段的首要工作即認定 ARIMA(p,d,q) 的階數。一個資料數列如果
   並非定態型 (nonstationary)，則需整合 (intergrated) 利用差分 (difference,d=1)
   方法使數列成為定態型 (stationary)。我們可利用數列的自我相關函數 (ACF)
   來認定數列是否為定態型。若模型僅為 AR 或是 MA 過程，則可利用樣本的
   ACF 及樣本的偏自我相關 PACF(partial autocorrelation function) 來作為認定 p
   與 q 階數的工具。

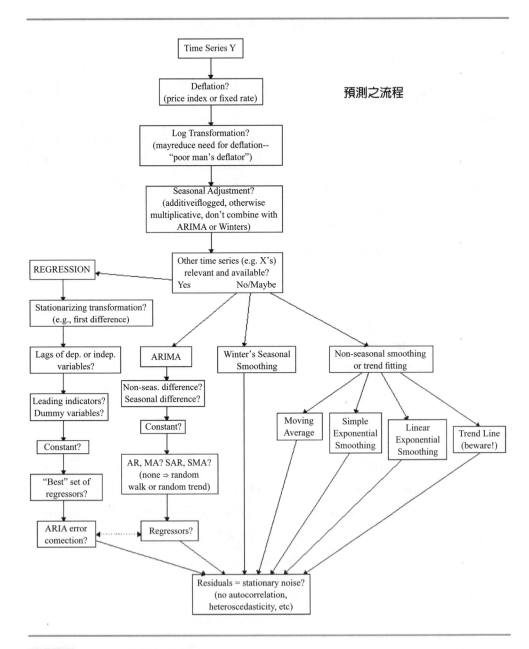

預測之流程

圖 6-1 ARIMA 分析之流程圖

6-1-3 ARIMA 應用領域

常見 ARIMA 應用領域，例如：

1. 利用時間序列模型探討自殺率變動 y_t 與相關總體經濟變數 x_t 之關係。

2. 時間數列應用於關渡自然公園鳥類數量消長預測模型。

3. 全球原物料行情預測。

4. 利率預測模型。

5. 匯率預測。

6. 黃金價格：全球需求報酬理論實證。

7. 某產業市場需求預測。

8. 以預測需求 x_t 控制訂貨減低成本 y_t 舒緩長鞭效應。

9. 資源回收價格訂定之研究──以廢塑膠為例。

10. 全民健保真實財務面之時間序列模型。

11. 證券金融事業資金需求量預測模型。

12. 總體經濟指標 $x1_t$ 與行為財務指標 $x2_t$ 對股票報酬率 y_t。

13. 臺灣電信產業營收淨額 x_t 與營運資金供需 y_t 預測。

14. 我國壽險有效契約總保費收入預測之研究──轉換函數模式之應用。

15. 大學院校會計師資未來之供需預測與潛在問題。

16. 附最低保證變額年金保險最適資產配置及準備金。

17. 國軍購油價格估測之研究──以 JP-8 油品為例。

18. 臺灣溫泉旅遊之生態承載量分析──以知本風景區為例。

19. 來華觀光旅客人數需求預測。

20. 用時間序列模式預測產品造形風格。

21. 建立醫院門診量預測模型──以地區醫院為例。

22. 以海水表面溫度 x_t 預測臺灣附近之降雨量 y_t。

23. 二氧化碳排放量 x_t 與股票指數變動 y_t 之關聯。

24. 自我相關性製程管制圖之研究：以 C 化工廠製程為例。

25. 原自來水加氯預估模式，與自來水處理工程中使用氯劑量時間數列的合理性。

6-1-4 樣本內及樣本外的預測

經濟學家通常會採用較方便的預測方法，俗稱「擬真樣本外預測」(pseudo out-of-sample forecasting)，簡稱「樣本外預測」(out-of-sample forecasting)。

樣本外預測的概念十分簡單，將手頭有的資料拆成兩部分，將其中 N 筆資料 $\{y_1, y_2, \cdots, y_N\}$ 稱做樣本內資料 (in-sample observations)，另外 P 筆資料 $\{y_{N+1}, y_{N+2}, \cdots, y_T\}$ 稱做樣本外資料 (out-of-sample observations)，$N + P = T$，一般而言，我們取「N/T」=10% 或是 15%。

之所以稱此為「擬真」(pseudo) 的樣本外預測，原因在於並不是執行真正的樣本外預測，所謂的「樣本外」意指樣本以外未知的資料點，必須是等到本期之後才會實現的資料。

在此，把已知樣本切成兩部分、一部分是「已知」，我們用來估計模型；另一部分我們「假裝未知」，利用這些資料點與模型的預測作比較，藉以評估模型的預測能力。

一、樣本內預測：以 AR(1) 為例

樣本內估計依照所使用的樣本期間 (sample span) 而有三種不同做法：

1. 遞迴法 (recursive scheme)

公式為：

$$\hat{\beta}_1^{(t)} = \left[\sum_{s=1}^{t} y_s^2\right]^{-1}\left[\sum_{s=1}^{t} y_s y_{s+1}\right]$$

其中，$t = (N-1), (N), \cdots, (N+P-2)$，$N$ 為樣本內人數。

2. 滾輪法 (rolling scheme)

$$\hat{\beta}_1^{(t)} = \left[\sum_{s=t-R+2}^{t} y_s^2\right]^{-1}\left[\sum_{s=t-R+2}^{t} y_{s-1} y_{s+1}\right]$$

其中，$t = (N-1), (N), \cdots, (N+P-2)$，N 為樣本內人數。

3. 固定法 (fixed scheme)

$$\hat{\beta}_1^{(t)} = \left[\sum_{s=1}^{R} y_{s-1}^2\right]^{-1}\left[\sum_{s=1}^{R} y_{s-1} y_s\right]$$

在固定法之下，只會利用 $\{y_1, y_2, \cdots, y_N\}$ 估計出一個 $\hat{\beta}_1$，而遞迴法與滾輪法就會估計出因時而變 (time-varying) 的估計式 $\hat{\beta}_1^{(t)}$。

遞迴法是利用 $\{y_1, y_2, \cdots, y_N\}$ 估計出 $\hat{\beta}_1^{(1)}$，接下來利用 $\{y_1, y_2, \cdots, y_N, y_{N+1}\}$ 估計出 $\hat{\beta}_1^{(2)}$, …依此類推。

滾輪法則是利用 $\{y_1, y_2, \cdots, y_N\}$ 估計出 $\hat{\beta}_1^{(1)}$，接下來利用 $\{y_2, y_3, \cdots, y_N, y_{N+1}\}$ 估計出 $\hat{\beta}_1^{(2)}$, …依此類推。

遞迴法下的樣本數會不斷增加，而滾輪法下的樣本數是固定的。

二、樣本外預測

通常，執行樣本外預測的程序為：

1. 以樣本內 $\{y_1, y_2, \cdots, y_N\}$ 來估計時間序列模型。
2. 建構預測：$\hat{y}_{(N+1)\leftarrow N}, \hat{y}_{(N+2)\leftarrow(N+1)}, \cdots, \hat{y}_{(T)\leftarrow(T-1)}$。
3. 以「$e = \hat{y} - y$」公式來建構預測誤差：$\hat{e}_{(N+1)\leftarrow N}, \hat{e}_{(N+2)\leftarrow(N+1)}, \cdots, \hat{e}_{(T)\leftarrow(T-1)}$。
4. 計算 MS_E 的估計式

$$\widehat{MSE} = \frac{1}{P} \sum_{j=T-P}^{T-1} \hat{e}_{j+1,j}^2$$

5. 如果有兩個時間序列模型 A 與 B，我們可以分別求得：誤差均方 MSE_A 與 MSE_B，若 $MSE_A < MSE_B$，則稱模型 A 之預測表現比 B 佳。

三、兩個敵對模型，誰比較適配你的樣本？有下列檢定法可偵測

二個兩個敵對模型，熟優熟劣，Stata 偵測法如下：

1. 專家之配對比較量表 (scale of paired comparison)：AHP 法 (層級分析法)。
2. SEM 適配度的準則 (Criteria for Goodness-of-fit)。

(1) 整體模型適配 (Overall model fit)
– Chi-Square test (建議值 p-value > 0.05)
(2) 增量適配指標 (Incremental fit indices)
– Comparative Fit Index (建議值 CFI >= 0.90)
– Non-Normed Fit Index (建議值 NNFI >=0.90)

(3) 殘差為主的指標 (Residual-based Indices)

– Root Mean Square Error of Approximation (建議值 RMSEA ,=0.05)

– Standardized Root Mean Square Residual (建議值 SRMR <= 0.05)

– Root Mean Square Residual (建議值 RMR <= 0.05)

– Goodness of Fit Index (建議值 GFI >= 0.95)

– Adjusted Goodness of Fit Index (建議值 AGFI >= 0.90)

(4) 比較兩個模型之指標 (Model Comparison Indices)

– Chi-Square Difference Test

– Akaike 資訊準則 (兩個競爭模型之 AIC 較小者，適配愈佳)

– Bayesian Information Criterion (兩個競爭模型之 BIC 較小者，適配愈佳)

3. 資訊準則 (information criteria, ic)：AIC、BIC。

4. 誤差愈小者愈佳。例如，樣本外預測，如上述步驟。

5. lr (概似檢定) 法：常用在 ARIMA(p,d,q)、VAR、SVAR(結構式向量自我迴歸)、二階段迴歸模型、似不相關迴歸、多層混合模型……。

6. 判定係數 R^2：線性複迴歸，其 R^2 值愈大表示模型適配愈佳；相對地，非線性複迴歸(e.g.機率迴歸、logit迴歸等)之 pseudo R^2 值愈大亦表示模型適配愈佳。

6-1-5　ARIMA 之事後檢定 (postestimation command)

指令	說明
psdensity	估計光譜密度 (estimate the spectral density)
estat	印出 AIC, BIC, VCE 值
estimates	結果分類印出 (cataloging estimation results)
lincom	點估計 (point estimates)，標準誤 (standard errors)，檢定 (testing)，係數的線性組合推論 (inference for linear combinations of coefficients)
lrtest	概似比檢定 (likelihood-ratio test)
margins	邊際平均 (marginal means)，預測邊際 (predictive margins)，邊際效果 (marginal effects)，平均邊際效果 (average marginal effects)
marginsplot	邊際圖 (graph the results from margins (profile plots, interaction plots, etc.))
nlcom	點估計 (point estimates)，標準誤 (standard errors)，檢定 (testing)，係數的線性組合之推論 (inference for nonlinear combinations of coefficients)

指令	說明
predict	預測值 (predictions)，殘差 (residuals)，推論值 (influence statistics)，診斷值 (diagnostic measures)
predictnl	點估計 (point estimates)，標準誤 (standard errors)，檢定 (testing)，廣義預測的推論 (inference for generalized predictions)
test	Wald 檢定 (Wald tests of simple and composite linear hypotheses)
testnl	非線性假設之 Wald 檢定 (Wald tests of nonlinear hypotheses)

6-2 穩定數列之移動平均模型 (MA)

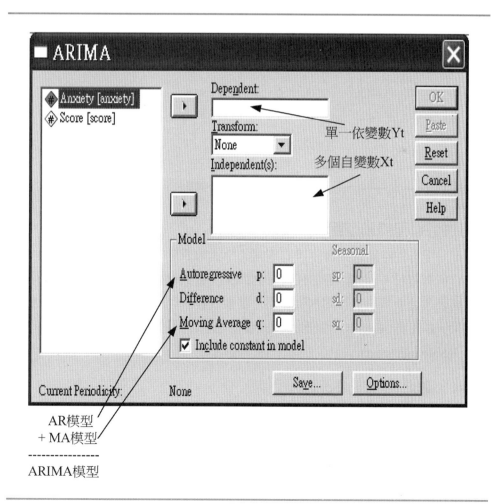

圖 6-2 MA 是屬 SPSS 軟體 ARIMA(0,0,q) 之基本款

定義：q 階移動平均模型

若隨機過程 $\{y_T\}$ 為現在與過去 q 期隨機衝擊 $(\varepsilon_t, \varepsilon_{t-1}, \cdots, \varepsilon_{t-q})$ 之加權平均：

$$y_t = \varepsilon_t + \theta_1 \varepsilon_{t-1} + \cdots + \theta_1 \varepsilon_{t-q}$$

$$\varepsilon_t \overset{iid}{\sim} N(0, \sigma^2)$$

則稱為 q 階移動平均模型 (q-ordermoving average model)，簡稱 MA(q) 模型。

MA 模型係穩定數列之模型 (Moving Average)。在 q 階的 MA 模型中，每個觀察值 y_t 是由過去 q 個隨機干擾項的加權平均而產生，可將 MA(q) 表示為：

$$y_t = \mu + e_t + \beta_1 e_{t-1} + \beta_2 e_{t-2} + \cdots + \beta_q e_{t-q}$$

其中，β 值可正可負，且誤差 $e_t \sim N(0, \sigma^2)$。

y 的變異數為：

$$\begin{aligned}
\mathrm{var}(y_t) &= \mathrm{var}(e_t) + \beta_1^2 \mathrm{var}(e_{t-1}) + \cdots + \beta_q^2 \mathrm{var}(e_{t-q}) \\
&= \sigma^2 + \beta_1^2 \sigma^2 + \beta_2^2 \sigma^2 + \cdots + \beta_q^2 \sigma^2 \\
&= \left(1 + \beta_1^2 + \beta_2^2 \sigma^2 + \cdots + \beta_q^2\right)\sigma^2
\end{aligned}$$

若 $1 + \beta_1^2 + \beta_2^2 + \cdots = \sum_{i=0}^{q} \beta_i^2 < \infty$，則 y_t 為一平穩的時間序列模型。

如何挑選適配的模型呢？

不同型態的時間數列需要建立不同的模式來表示，且沒有一種預測模式可以適合所有資料，因此，對於任何一個問題，首先你需要找出一個合適的預測模式來表示這些資料的時間相依關係，當模式建立以後，便可推演出有效的預測結果。Box 與 Jenkins 所提出的模式建構程序為一種試誤遞迴過程 (Trial and Error Iterative Process)。

Step 1 ： 鑑定 (Identification)

因為這類應用模式太廣泛，無法很方便地擬合某些資料，因此，可用較粗略的方法來鑑定這些模式之子類型。如此利用所蒐集的資料與對系統的了解來推測一個合適並合乎精簡原則 (Principal of Parsimony) 之子類型模式為暫訂模式。此外在鑑定過程中亦可產生模式中參數之初級估計值。

　　鑑定方法，為藉由圖 6-3 所示之自我相關函數 (Autocorrelation Function, ACF) 及偏自我相關函數 (Parital Autocorrelation Function, PACF) 來判斷，因為各種特定模式有其理論之 ACF 與 PACF 圖形，鑑定時由樣本資料計算出 ACF 及 PACF 圖形及其標準差，便可以判斷出樣本時間數列資料是屬於何種模式。

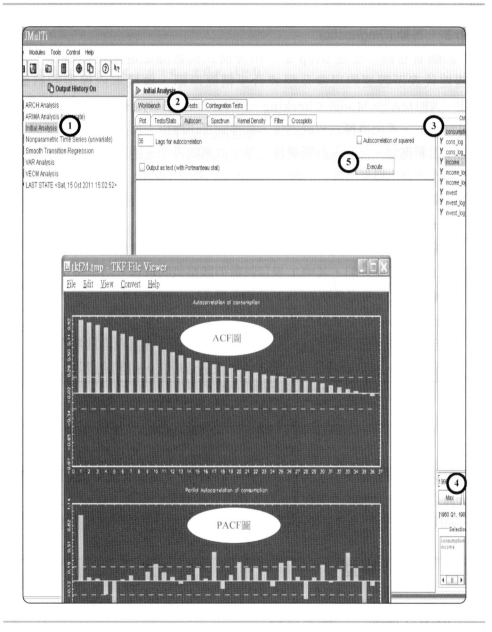

圖 6-3 JMulTi 之 ACF 及 PACF 圖 (Initial Analysis → Workbench → Autocorr.)

三、MA(1) 模型──範例

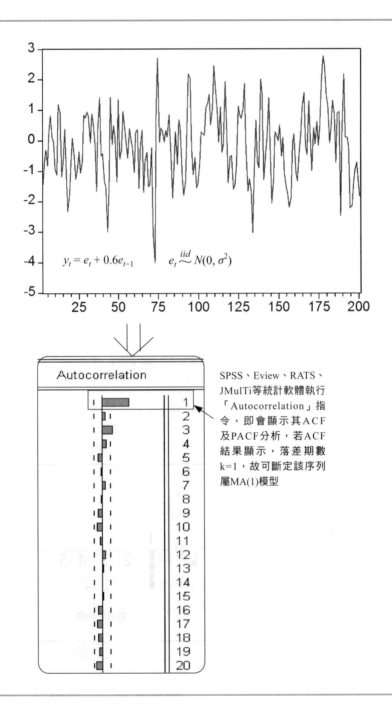

$$y_t = e_t + 0.6e_{t-1} \qquad e_t \overset{iid}{\sim} N(0, \sigma^2)$$

SPSS、Eview、RATS、JMulTi等統計軟體執行「Autocorrelation」指令，即會顯示其ACF及PACF分析，若ACF結果顯示，落差期數k=1，故可斷定該序列屬MA(1)模型

圖 6-5 MA(1) 模型──範例

6-2-2　MA(2) 模型

一、MA(2) 模型——基本性質

假設有一 MA(2) 模型：

$$y_t = \mu + e_t + \beta_1 e_{t-1} + \boxed{\beta_2 e_{t-2}}$$

1. 期望值 $E(y_t) = \mu$
2. 變異數 $\gamma_0 = \mathrm{Var}(y_t) = \sigma^2(1 + \beta_1^2 + \beta_2^2)$
3. 自我共變異數

$$\gamma_1 = E[y_t, y_{t-1}]$$
$$= E[\mu + e_t + \beta_1 e_{t-1} + \beta_2 e_{t-2}, \mu + e_{t-1} + \beta_1 e_{t-2} + \beta_2 e_{t-3}]$$
$$= \beta_1 \sigma^2 + \beta_1 \beta_2 \sigma^2$$

$$\gamma_2 = E[y_t, y_{t-2}]$$
$$= E[\mu + e_t + \beta_1 e_{t-1} + \beta_2 e_{t-2}, \mu + e_{t-2} + \beta_1 e_{t-3} + \beta_2 e_{t-4}] = 0$$
$$= \beta_2 \sigma^2$$

$$\gamma_k = 0，k \geq 3$$

二、MA(2) 模型——自我相關函數 (ACF)

MA(2) 的定義：

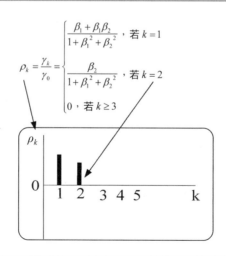

$$\rho_k = \frac{\gamma_k}{\gamma_0} = \begin{cases} \dfrac{\beta_1 + \beta_1 \beta_2}{1 + \beta_1^2 + \beta_2^2}，若 k = 1 \\[2ex] \dfrac{\beta_2}{1 + \beta_1^2 + \beta_2^2}，若 k = 2 \\[2ex] 0，若 k \geq 3 \end{cases}$$

圖 6-6 MA(2) 的定義之示意圖

三、MA(2) 模型——範例

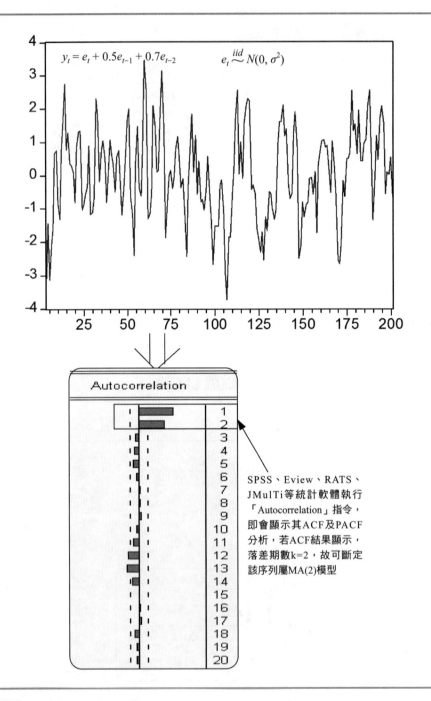

$$y_t = e_t + 0.5e_{t-1} + 0.7e_{t-2} \qquad e_t \overset{iid}{\sim} N(0, \sigma^2)$$

SPSS、Eview、RATS、
JMulTi等統計軟體執行
「Autocorrelation」指令,
即會顯示其ACF及PACF
分析,若ACF結果顯示,
落差期數k=2,故可斷定
該序列屬MA(2)模型

圖 6-7 MA(2) 模型——範例

6-2-3 MA(q) 模型

一、MA(q) 模型──基本性質

假設有一 MA(q) 模型：

$$y_t = \mu + e_t + \beta_1 e_{t-1} + \boxed{\beta_2 e_{t-2} + \cdots + \beta_q e_{t-q}}$$

1. 期望值 $E(y_t) = \mu$
2. 變異數 $\gamma_0 = \mathrm{Var}(y_t) = \sigma^2(1 + \beta_1^2 + \cdots + \beta_q^2) < \infty$（穩定）
3. MA(q) 自我相關函數

$$\rho_k \begin{cases} \neq 0 \ , \ \text{若}\ k \leq q \\[2mm] = 0 \ , \ \text{若}\ k > q \end{cases}$$

　　MA(q) 之 ACF 在落後期數 q 之後截斷 (cut off after lag q)，因此斷定 ACF 之落後 q 期時，就可斷定該序列屬 MA(q) 型。

二、MA(q) 模型──範例

1. Y_1 為不平穩數列，建立模型之前必須先平穩化。
2. 將 Y_1 差分（數學運算子「Δ」或「∇」）後，即為一平穩數列。

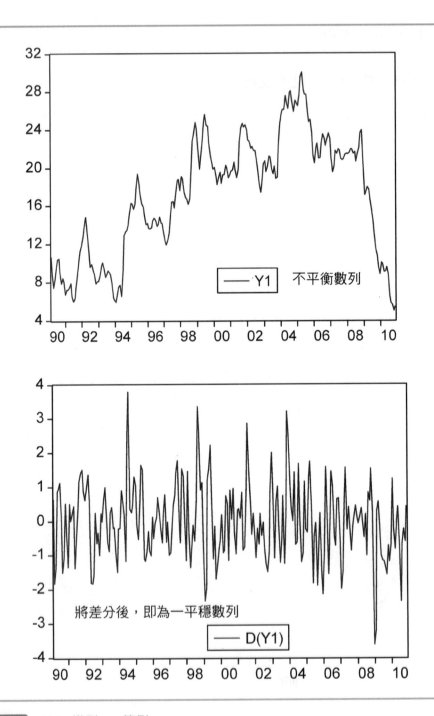

圖 6-8 MA(q) 模型──範例

6-2-4　Stata 分析 MA(q) 模型

儘管 Eviews 的資料檔及程式檔 (讓你下 Eviews 指令)，也是要個別分開存在硬碟。但 JMulTi 比較精明、人性化，其資料檔可以是「記事本」之 ASSCI 檔、「Excel 97 活頁簿」之 *.xls 檔、Gausse 檔格式…等，而且不用寫指令，操作非常方便。甚至像 ARIMA(p,d,q) 這種分析，JMulTi 就能以 SIC、HQ、SC 準則並一次找到「最佳模型」，省去傳統用 SPSS、SAS、Eviews 都需下例二步驟來判斷該模型是否適配：(1) 繪 ACF、PACF 圖；(2) 殘差分析。

一、分析 ARIMA(p,d,q) 的步驟

操作 Stata 分析 ARIMA(p,d,q)，基本上，有下列步驟：

Step 1. 認定 ARIMA 模型三個參數 (p,d,q) 之最佳值

當變數數目增加時，向量自我迴歸模型很容易產生參數過多 (over-parameterization) 與自由度不足的問題，而此問題會造成參數估計的不精確，並使得模型將過去資料中的若干雜訊 (noise) 誤認為變數間的關係，進而造成樣本外預測表現的惡化。

Stata、JMulTi、SPSS、Eviews 係先繪 ACF 圖、PACF 圖 pattern 來斷定屬哪一型？接著，做殘差分析再次確定被選定模型類型的正確性。相對地，JMulTi 比較精明，它會直接顯示 (p,d,q) 之最佳值，並告訴你，該模型對應之 SIC、HQ、SC 值，這三個訊息準則之值，是愈小愈好。

Step 2. 估計模型

認定 ARIMA(p,d,q) 三個參數最佳值？用 ac 及 pac 指令，即可認定最佳 p 及 q 值。

Step 3. 模型檢查

Stata、JMulTi 提供三種殘差檢定來認定該迴歸模型是否適配：殘差之自我相關檢定 (Portmanteau 及 Breusch-Godfrey)、「jb」指令做殘差項 Jarque-Bera 常態性檢定、診斷殘差項 ARCH-LM 是否屬 ARCH(q) 模型？

Step 4. 樣本外之預測 (未來 n 期之估計值)

利用指令「tsappend, add(n)」搭配「predict 新變數」，將樣本外 n 筆預測值存到「新變數」，即可用「tsline」指令來繪出樣本外預測之走勢圖。

二、用 ACF 認定 MA(1) 模型

將 CD 片中附的「MA_1.dta」檔，在 Stata 軟體中，用「File > Open」讀入
該資料檔，進行分析，即可得到下列畫面。

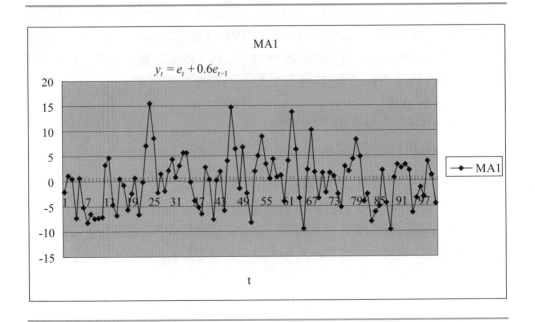

圖 6-9 MA(1) 趨勢圖

Step 1. 認定 ARIMA 模型三個參數 (p,d,q) 之最佳值為何？

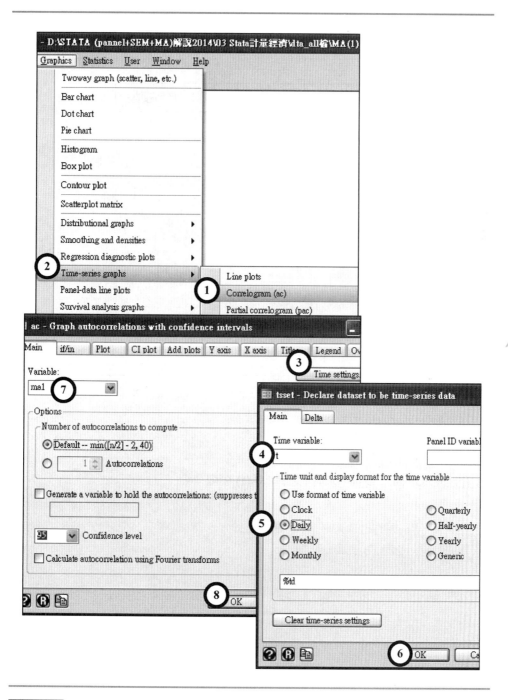

圖 6-10　ACF 圖形法來判定 MA(1) 模型之畫面

469

```
. use MA_1.dta, clear
. tsset t, daily
. ac ma1
```

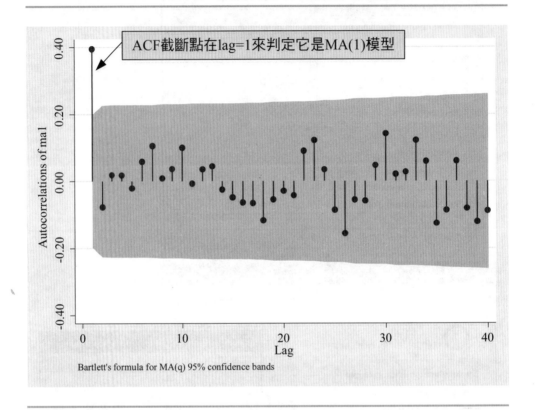

圖 6-11　ACF 圖形 lag=1 來判定它是 MA(1) 模型

Step 2. 估計模型

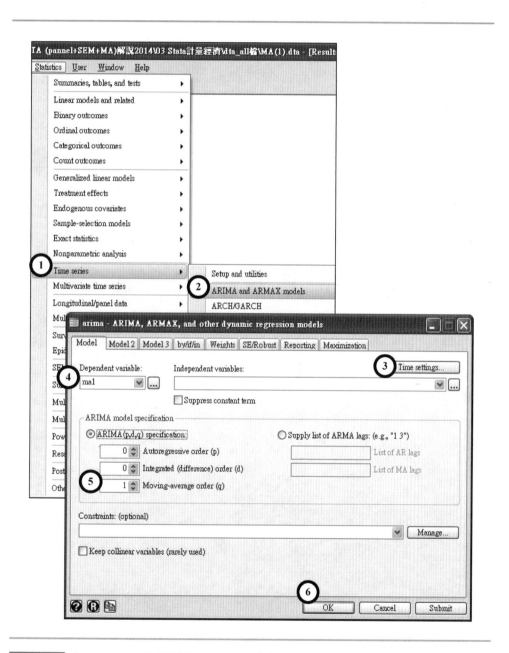

圖 6-12 在 ARIMA 界定畫面中,令 q=1 代表 MA(1) 模型

```
. arima ma1, arima(0,0,1)

(setting optimization to BHHH)
Iteration 0:    log likelihood = -293.09604
Iteration 1:    log likelihood = -292.85098
Iteration 2:    log likelihood = -292.82763
Iteration 3:    log likelihood = -292.82368
Iteration 4:    log likelihood = -292.82153
(switching optimization to BFGS)
Iteration 5:    log likelihood = -292.82082
Iteration 6:    log likelihood = -292.82023
Iteration 7:    log likelihood = -292.82023


ARIMA regression

Sample:  02jan1960 - 10apr1960          Number of obs    =       100
                                        Wald chi2(1)     =     79.56
Log likelihood = -292.8202              Prob > chi2      =    0.0000


------------------------------------------------------------------------------
             |              OPG
        ma1  |   Coef.    Std. Err.     z    P>|z|    [95% Conf. Interval]
-------------+----------------------------------------------------------------
ma1          |
       _cons | -.0207567  .774774    -0.03   0.979   -1.539286   1.497772
-------------+----------------------------------------------------------------
ARMA         |
         ma  |
         L1. |  .6498149  .0728528     8.92   0.000    .507026    .7926037
-------------+----------------------------------------------------------------
      /sigma |  4.51101   .3813332    11.83   0.000    3.763611   5.258409
------------------------------------------------------------------------------
Note: The test of the variance against zero is one sided, and the two-sided
confidence interval is truncated at zero.
```

1. ARIMA(0,0,1) 整體模型效果，Wald $\chi^2_{(1)}$ = 79.56，$P < 0.05$，達到 0.05 顯著效果。即本例迴歸型式為：$y_t = \mu + \beta_1 \varepsilon_{t-1}$

2. 細部來看，ma 在 Lag = 1 時，$z = 8.92$, $p < 0.05$，達 0.05 顯著水準，故本例符合 MA(1) 模型。

Step 3. 模型檢查 (四大殘差診斷 ： 殘差之自我相關、 JB 常態性、 ARCH-LM)
　　(見最後一個章節的範例介紹)。

Step 4. 「樣本外」 之預測值及走勢圖

　　經濟學家通常沒什麼耐性，於是我們會採用一種預測方法稱為「擬眞樣本外預測」(pseudo out-of-sample forecasting)，簡稱「樣本外預測」(out-of-sample forecasting)。

　　樣本外預測的概念十分簡單，將手頭有的資料拆成兩部分，將其中 N 筆資料 $\{y_1, y_2, \cdots, y_N\}$ 稱做樣本內資料 (in-sample observations)，另外 P 筆資料 $\{y_{N+1}, y_{N+2}, \cdots, y_T\}$ 稱做樣本外資料 (out-of-sample observations)，$N + P = T$，一般而言，$N/T = 10\%$ 或是 15%。

　　之所以稱此為「擬眞」(pseudo) 的樣本外預測，原因在於並不是執行眞正的樣本外預測，所謂的「樣本外」意指樣本以外未知的資料點，必須是等到本期之後才會實現的資料。

　　在此，把已知樣本切成兩部分，一部分是「已知」，我們用來估計模型；另一部分我們「假裝未知」，利用這些資料點與模型的預測作比較，藉以評估模型的預測能力。

Step 4-1. 資料檔外加 **n = 20** 筆「樣本外之觀察值」

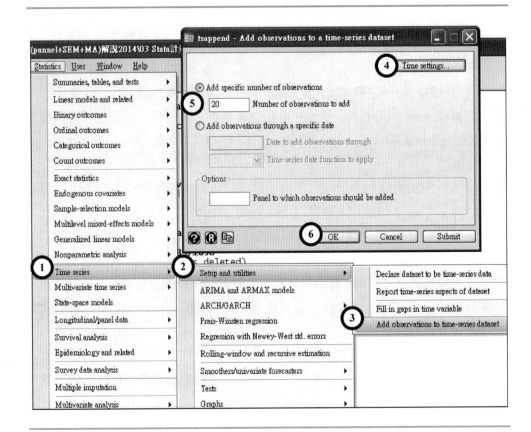

圖 6-13 資料檔外加 20 筆「樣本外觀察值」之畫面

註：Statistics > Time series > Setup and utilities > Add observations to time-series dataset

```
. tsset t
* 因電腦只記住最近一次的模型，故再次執行 arima(0,0,1) 分析，但不印出
. quietly  arima ma1, arima(0,0,1)

* 在資料檔中，時間序列再加 20 筆觀察值
. tsappend , add(20)

* arima(0,0,1) 之預測值，存到 y_hat 變數
. predict y_hat
```

Step 4-2. 預測樣本內及樣本外 20 筆「觀察值」之預測值

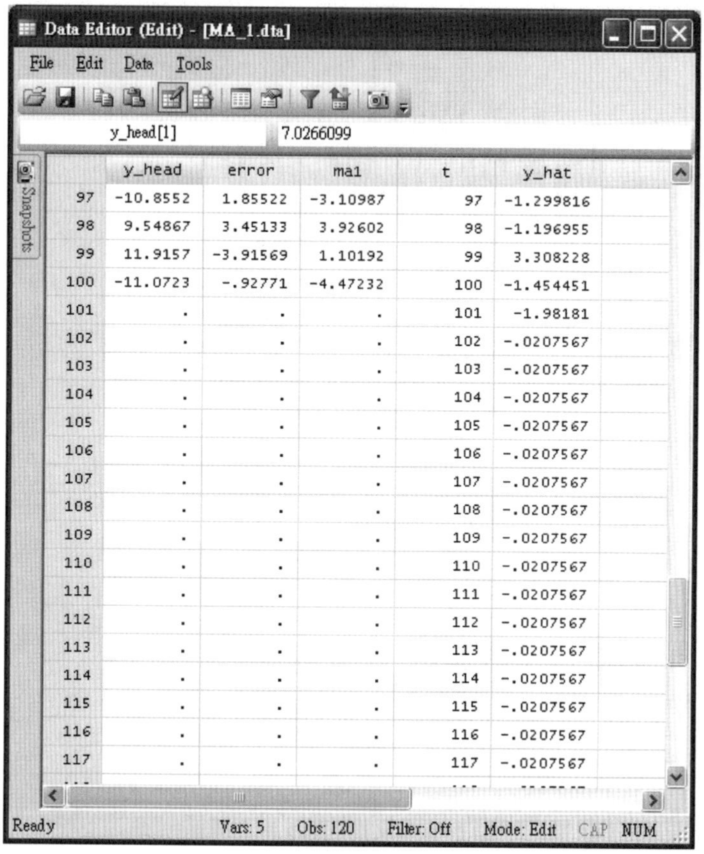

	y_head	error	ma1	t	y_hat
97	-10.8552	1.85522	-3.10987	97	-1.299816
98	9.54867	3.45133	3.92602	98	-1.196955
99	11.9157	-3.91569	1.10192	99	3.308228
100	-11.0723	-.92771	-4.47232	100	-1.454451
101	.	.	.	101	-1.98181
102	.	.	.	102	-.0207567
103	.	.	.	103	-.0207567
104	.	.	.	104	-.0207567
105	.	.	.	105	-.0207567
106	.	.	.	106	-.0207567
107	.	.	.	107	-.0207567
108	.	.	.	108	-.0207567
109	.	.	.	109	-.0207567
110	.	.	.	110	-.0207567
111	.	.	.	111	-.0207567
112	.	.	.	112	-.0207567
113	.	.	.	113	-.0207567
114	.	.	.	114	-.0207567
115	.	.	.	115	-.0207567
116	.	.	.	116	-.0207567
117	.	.	.	117	-.0207567

圖 6-14 predict 20 筆樣本外的預測值之結果

Step 4-3. 繪樣本內及樣本外預測值之走勢圖

```
* 繪出樣本內及 20 筆樣本外之預測值的走勢圖
. tsline  ma1  y_hat
```

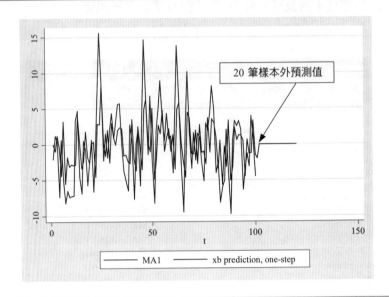

圖 6-15 tsline 繪出 ma1 及 y_hat 的走勢圖

三、用 ACF 認定 MA(2) 模型

將 CD 片中附的 「MA_2.dta」 檔，在 Stata 軟體中，用 「File > Open」 讀入該資料檔，進行分析，即可得到下列畫面。

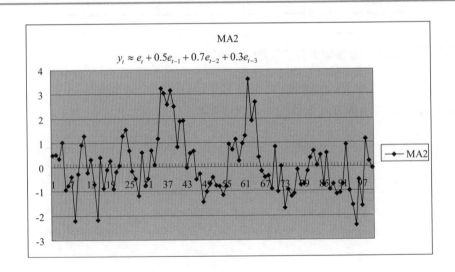

圖 6-16 MA(2) 趨勢圖

Step 1. 認定 ARIMA 模型三個參數 (p,d,q) 之最佳值為何？

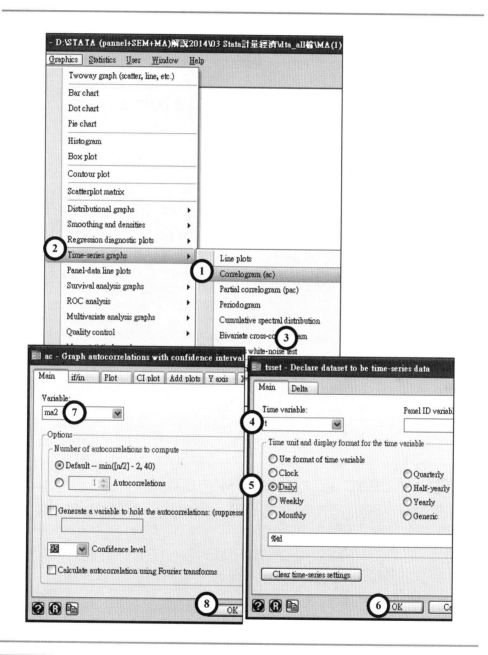

圖 6-17 ACF 圖形法來判定 MA(2) 模型之畫面

```
. use MA_2.dta, clear
. tsset t, daily
. ac ma2
```

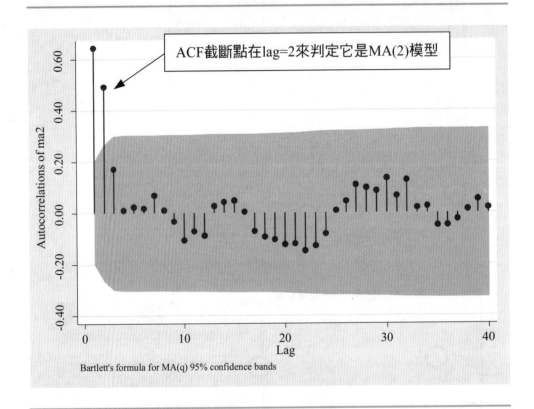

圖 6-18 ACF 截斷點在 lag＝2 來判定它是 MA(2) 模型

Step 2. 估計模型

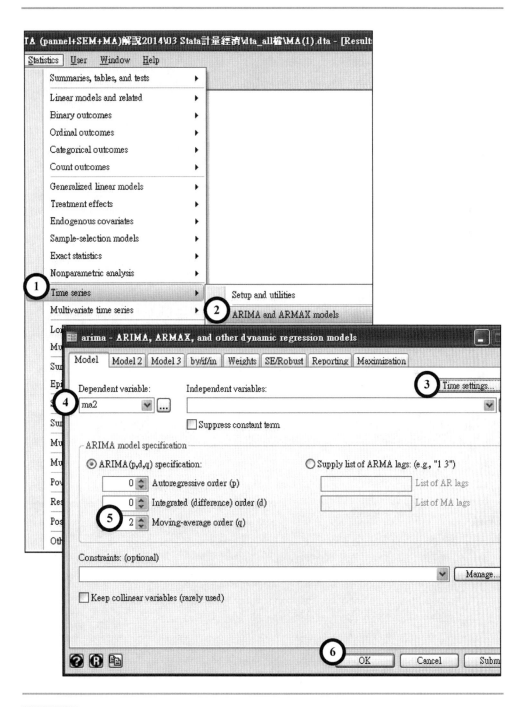

圖 6-19 在 ARIMA 界定畫面中，令 q = 2 代表 MA(2) 模型

```
. arima ma2, arima(0,0,2)

(setting optimization to BHHH)
Iteration 0:    log likelihood = -159.16397
Iteration 1:    log likelihood = -139.16343
Iteration 2:    log likelihood = -132.66122
Iteration 3:    log likelihood = -131.64753
Iteration 4:    log likelihood = -131.54811
(switching optimization to BFGS)
Iteration 5:    log likelihood = -131.53206
Iteration 6:    log likelihood = -131.52962
Iteration 7:    log likelihood = -131.52948
Iteration 8:    log likelihood = -131.52946
Iteration 9:    log likelihood = -131.52946


ARIMA regression


Sample:  02jan1960 - 10apr1960          Number of obs    =        100
                                        Wald chi2(2)     =      73.07
Log likelihood = -131.5295              Prob > chi2      =     0.0000


------------------------------------------------------------------------------
             |                 OPG
        ma2  |    Coef.   Std. Err.      z    P>|z|     [95% Conf. Interval]
-------------+----------------------------------------------------------------
ma2          |
       _cons | -.1309876   .1896353    -0.69   0.490    -.502666    .2406907
-------------+----------------------------------------------------------------
ARMA         |
         ma  |
         L1. |  .4562176   .0842868     5.41   0.000     .2910185    .6214166
         L2. |  .6262906   .0869121     7.21   0.000     .4559461    .7966351
-------------+----------------------------------------------------------------
      /sigma |  .8967018   .0749608    11.96   0.000     .7497814    1.043622
------------------------------------------------------------------------------
```

1. ARIMA(0,0,2) 整體模型效果，Wald $\chi^2_{(2)}$ = 73.07，P<0.05，達到 0.05 顯著效果。即本例迴歸型式為：$y_t = \mu + \beta_1 \varepsilon_{t-1} + \beta_2 \varepsilon_{t-2}$

2. 細部來看，ma 在 Lag = 1 時，$z = 5.41$，$p < 0.05$，達 0.05 顯著水準；ma 在 Lag = 2 時，$z = 7.21$，$p < 0.05$，亦達 0.05 顯著水準故本例符合 MA(2) 模型。

Step 3. 模型檢查 (四大殘差診斷 ： 殘差之自我相關、 JB 常態性、 ARCH-LM)

(見最後一個章節的範例介紹)。

6-3 穩定數列之自我迴歸模型 (AR)

坊間常見的自我相關函數，有二類：自我共變異數函數、自我迴歸 (autoregressive, AR) 模型。

一、自我共變異數函數

在一穩定隨機過程中，任取第 i 期及第 $i+j$ 期之隨機變數 y_i 與 y_{i+j}，自我共變數為：

$$\gamma_j = Cov(y_i, y_{i+j}) = \frac{\sum (y_i - \bar{y}_i)(y_{i+j} - \bar{y}_{i+j})}{S_{y_i} \times S_{y_{i+j}}}$$

任一期之變異數 $\gamma_0 = Cov(y_i, y_i) = Var(y_i)$。

γ_j 對稱於 0，亦即等於 γ_{-j}，因為

$$\gamma_{-j} = Cov(y_i, y_{i-j}) = Cov(y_{i-j}, y_i) = \gamma_j$$

$\{\gamma_j\}_{j=0, 1, 2, \cdots, \infty}$ 稱為自我共變異數函數。

二、自我迴歸 (AR) 模型

由自我相關係數可觀察第 i 期與第 $i+j$ 期的相關性強弱，及其方向。

令 ρ_j 為第 i 期與第 $i+j$ 期的相關係數，則

$$\gamma_j = Cov(y_i, y_{i+j}) = \frac{\sum (y_i - \bar{y}_i)(y_{i+j} - \bar{y}_{i+j})}{S_{y_i} \times S_{y_{i+j}}}$$

$\{\rho_j\}_{j=0, 1, 2, \cdots, \infty}$ 稱為自我相關函數 (Autocorrelation Function，簡稱 ACF)。

自我相關可區分：方向 (正負) 及強弱。若某一時間序列 y_t，其自我相關，可能是正相關，亦可能是負相關。

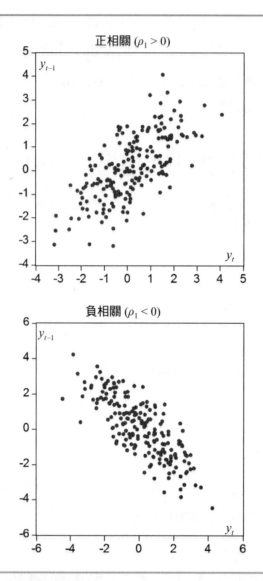

圖 6-20 自我相關 AR(1) 之正負相關

自我相關可能有強弱之分，如下圖所示。

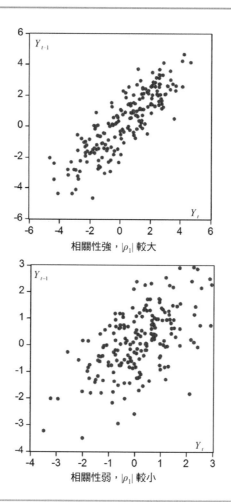

圖 6-21 自我相關 AR(1) 之強弱

6-3-1 AR(1) 模型

簡單的說，自我迴歸模型就是將時間序列自己過去的歷史資料當作解釋變數。如果我們簡單地僅只納入前一期的資料當作解釋變數，就稱為一階自我迴歸模型 (first-order autoregressive model)，簡稱為 AR(1) 模型。

像未來一年經濟的預測、未來一年出生人口的預測、未來一年國民所得成長率的預測，學生在校 n 年成績來預測其入學考的成績…等問題，大多屬 AR(1) 模型。

一、定義 AR(p) 模型

1. 在 p 階的 AR 模型中，每個觀察值 y_t 是由過去 p 期的線性組合，再加上一個

隨機干擾項，可將 AR(p) 表示為：

$$y_t = \mu + \alpha_1 y_{t-1} + \cdots + \alpha_p y_{t-p} + e_t \qquad e_t \overset{iid}{\sim} N(0, \sigma^2)$$

此處，α_i 可能是正，亦可為負。

序列當期的值可用落後 p 期的值來預測。

2. 定義：L 為落遲運算子 (Lag operator)，亦即 $y_{t-1} = L \times y_t$，則 $y_{t-2} = L \times y_{t-1} = L(L \times y_t) = L^2 y_t$，$\cdots$，如此類推到 L^p，AR(p) 則可表示為：

$$y_t = \mu + (\alpha_1 L + \cdots + \alpha_p L^p) y_t + e_t$$
$$或 \ (\alpha_1 L + \cdots + \alpha_p L^p)^{-1} y_t = \mu + e_t$$
$$或 \ y_t = \frac{\mu}{(\alpha_1 L + \cdots + \alpha_p L^p)} + \frac{e_t}{(\alpha_1 L + \cdots + \alpha_p L^p)^{-1}}$$

最後得 $\alpha(L) y_t = \mu + e_t$

其中，$\alpha(L) = 1 - \alpha L - \cdots - \alpha_p L^p$

二、AR(1) 模型——基本性質

$$y_t = \mu + \alpha_1 y_{t-1} + e_t \qquad e_t \overset{iid}{\sim} N(0, \sigma^2)$$

令 $y_0 = 0$

$y_1 = \mu + \alpha_1 y_0 + e_1 = \mu + e_1$

$y_1 = \mu + \alpha_1 y_1 + e_2 = \mu + \alpha_1 \mu + \alpha_1 e_1 + e_2$

$$\vdots \qquad \vdots \qquad\qquad \vdots$$

$y_t = \mu + \alpha_1 y_{t-1} + e_t$

$\quad = \mu(1 + \alpha_1 + \alpha_1^2 + \cdots) + (e_t + \alpha_1 e_{t-1} + \alpha_1^2 e_{t-2} + \cdots)$

若 $|\alpha_1| < 1$，則 $y_t = \dfrac{\mu}{1 - \alpha_1} + (e_t + \alpha_1 e_{t-1} + \alpha_1^2 e_{t-2} + \cdots)$

1. 平均數：$E(y_t) = \dfrac{\mu}{1 - \alpha_1}$

2. 變異數：$\gamma_0 = Var(y_t) = (1 + \alpha_1^2 + \alpha_1^4 + \cdots) \sigma^2$

　安定條件為 $|\alpha_1| < 1$，則變異數收斂至：$\gamma_0 = \dfrac{\sigma^2}{1 - \alpha_1^2}$

3. 自我共變異數為：$\alpha_1^k \dfrac{\sigma_\varepsilon^2}{1 - \alpha_1^2}$（$k$ 為落後期數）

$\gamma_1 = E(y_t, y_{t-1}) = E(\mu + \alpha_1 y_{t-1} + e_t, y_{t-1})$

$\quad = \alpha_1 \gamma_0$

$$\gamma_2 = E(y_t, y_{t-2}) = E(\mu + \alpha_1 y_{t-1} + e_t, y_{t-2})$$

$$= \alpha_1 \gamma_1$$

$$= \alpha_1^2 \gamma_0$$

$$\gamma_k = E(y_t, y_{t-k}) = \alpha_1^{k-1} \gamma_0 \, , \, k \geq 2$$

5. 落後期數 k 的自我相關：α_1^k

6. 無條件與條件動差

　　(1) 無條件動差

$$E(y_t) = \frac{\mu}{1-\alpha_1}; \ Var(y_t) = \frac{\sigma_\varepsilon^2}{1-\alpha_1^2}$$

　　(2) 條件動差

　　　　條件期望值：$E_{t-1}(y_t) = \mu + \alpha_1 y_{t-1}$

　　　　雖然無條件期望值是常數，但是條件期望值卻是「時變」的。

三、AR(1) 模型 ── 自我相關函數 (ACF)

$$\rho_1 = \frac{\gamma_1}{\gamma_0} = \frac{\alpha_1 \gamma_0}{\gamma_0} = \alpha_1 \neq 0$$

$$\rho_2 = \frac{\gamma_2}{\gamma_0} = \frac{\alpha_1^2 \gamma_0}{\gamma_0} = \alpha_1^2 \neq 0$$

$$\therefore \rho_k = \alpha_1^k$$

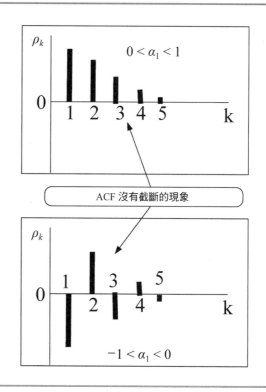

圖 6-22 AR(1) 模型 ── 自我相關函數 (ACF)

四、AR(1) 模型——偏自我相關函數 (PACF)

上圖顯示，AR 之 ACF 呈現遞減的狀態，並無截斷，因此不易判斷 AR 之落後期數，此時必須引入 Partial Autocorrelation Function (PACF) 藉以判斷 AR 之落後期數。

1. AR(1) 之 PACF 做法

估計：一階偏相關係數或二階偏相關係數？

AR(1) 模式：$y_t = \mu + \alpha_1 y_{t-1} + e_t$

step 1：估計 $y_t = \mu + \hat{\alpha}_1 y_{t-1} + e_t$

則一階偏相關係數 $\wp_1 = \hat{\alpha}_1$。

step 2：估計 $y_t = \mu + \hat{\alpha}_1 y_{t-1} + \hat{\alpha}_2 y_{t-2} + e_t$

則二階偏相關係數 $\wp_2 = \hat{\alpha}_2$。

若為 AR(1) 模型，則 $\wp_1 \neq 0$，且 $\wp_2 = \wp_3 = \cdots = 0$。

2. 繪圖法

若屬 AR(1) 模型，則其圖形之樣式如圖 6-23。顯示 AR 模型之 ACF 呈現遞減的狀態，落後「1」期並無截斷，因此不易判斷 AR 之落後期數，此時必須再引入 Partial Autocorrelation Function (PACF) 藉以判斷 AR 之落後期數。結果 PACF=1，表示此模型，初步屬 AR(1) 模型是適切的，若進一步證實「殘差」的 ACF 及 PACF 亦均為 0，則百分之百可以確定，該穩定資料之時間序列就是 AR(1) 型。

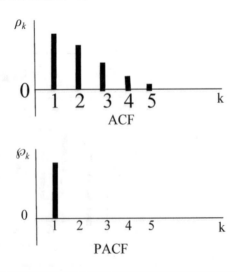

圖 6-23 AR(1) 模型的圖形之樣式

五、AR(1) 模型——範例

假設有一時間序列 $y_t = 0.6y_{t-1} + e_t$，$t = 1, 2, \cdots, 200$，$e_t \overset{iid}{\sim} N(0, \sigma^2)$，其對應之分析，根據「偏自我相關函數 (PACF)」為 1，證明它是屬 AR(1) 模型。

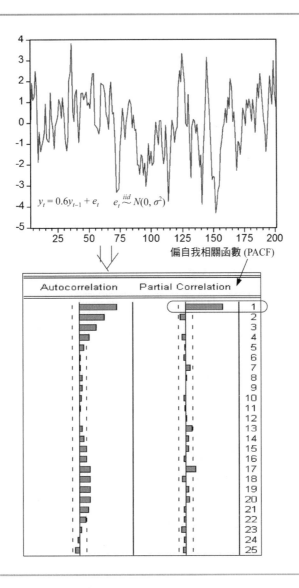

圖 6-24 AR(1) 模型——偏自我相關函數 (PACF)

6-3-2 AR(2) 模型

一、AR(2) 模型——基本性質

$$y_t = \mu + \alpha_1 y_{t-1} + \alpha_2 y_{t-2} + e_t \qquad e_t \overset{iid}{\sim} N(0, \sigma^2)$$

若令 L 為落遲運算子 (Lag operator)，即 $y_{t-1} = L \times y_t$，且 $y_{t-2} = L \times y_{t-1} = L \times (L \times y_t) = L^2 \times y_t$

上式 AR(2) 則可改寫成：

$$y_t = \boxed{\dfrac{\mu}{(1 - \alpha_1 L - \alpha_2 L^2)}}^{\hat{\mu}} + \boxed{\dfrac{e_t}{(1 - \alpha_1 L - \alpha_2 L^2)}}^{(1 + \phi_1 L + \phi_2 L + \cdots)e_t}$$

$$y_t = \hat{\mu} + e_t + \phi e_{t-1} + \phi e_{t-2} + \cdots$$

$$\because \frac{1}{1 - \alpha_1 L - \alpha_2 L^2} = 1 + \phi_1 L + \phi_2 L + \cdots$$

$$\Rightarrow 1 = (1 - \alpha_1 L - \alpha_2 L^2)(1 + \phi_1 L + \phi_2 L^2 + \cdots)$$

$$1 = 1 + (\phi_1 - \alpha_1)L + (\phi_2 - \alpha_2 - \phi_1 \alpha_1)L^2 + \cdots$$

$$\therefore \phi_1 - \alpha_1 = 0 \Rightarrow \phi_1 = \alpha_1$$

$$\phi_2 - \alpha_2 - \phi_1 \alpha_1 = 0 \Rightarrow \phi_2 = \alpha_2 + \alpha_1^2$$

$$\vdots \qquad \vdots \qquad \vdots \qquad \vdots$$

$$\phi_k = \alpha_1 \phi_{k-1} + \alpha_2 \phi_{k-1}, \; k \geq 2$$

$$\because y_t = \hat{\mu} + e_t + \phi_1 e_{t-1} + \phi_2 e_{t-2} + \cdots$$

平均數：$E(y_t) = \hat{\mu} = \dfrac{\mu}{1 - \alpha_1 - \alpha_2}$

自我共變異數：$\gamma_1 = E[y_t, y_{t-1}] \neq 0$

$$\vdots \qquad \vdots \qquad \vdots$$

$$\gamma_k = E[y_t, y_{t-k}] \neq 0$$

二、AR(2) 模型——自我相關函數 (ACF)

假設有一 AR(p) 序列，其自我相關函數 (ACF) 分析結果，如圖 6-25 所示，顯示 p 可以為 1、2、3、4。但如何認定它是否為 AR(2) 模型呢？我們有二個準則可用：

1. 自我相關函數 (ACF) 在落後「1」期無截斷，即 ACF 圖仍呈現落後好幾期的

遞減現象。

2. 而且，偏自我相關函數 (PACF) 在落後「2」期就截斷。

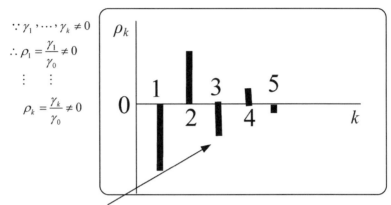

ACF 沒有在 k=1 就截斷的現象，故要改看
PACF 的 k 期數，就可斷定它是 AR(k 型)

圖 6-25 AR(2) 模型──自我相關函數 (ACF)

圖 6-26 顯示，AR 之 ACF 呈現遞減的狀態，在落後「1」期無截斷，因此不易判斷 AR 之落後期數，此時必須再引入 Partial Autocorrelation Function (PACF) 藉以判斷 AR 之落後期數。

三、AR(2) 模型——偏自我相關函數 (PACF)

$$y_t = \mu + \alpha_1 y_{t-1} + \alpha_2 y_{t-2} + e_t$$

PACF做法：估計 $y_t = \mu + \sum_{i=1}^{k} \hat{\alpha}_i y_{t-i} + e_t$

在 k 階偏自我相關係數，若為
AR(2)模型，則有二個條件：
(1)ACF之p有好幾期。

(2)PACF之q只有2期，即 $\wp_k = \hat{\alpha}_k$
$\wp_1 = \hat{\alpha}_1 \neq 0$，$\wp_2 = \hat{\alpha}_2 \neq 0$
$\wp_3 = \wp_4 = \cdots = 0$

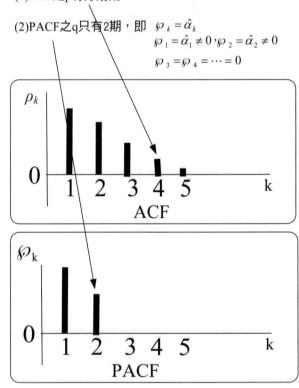

圖 6-26 AR(2) 模型——偏自我相關函數 (PACF)

四、AR(2) 模型——例子

假設有一如圖 6-27 之序列 $y_t = 0.5y_{t-1} + 0.4y_{t-2} + e_t$，$e_t \overset{iid}{\sim} N(0, \sigma^2)$，其 ACF 落差有好幾期，倘若再經 PACF，剛好落後 2 期就截斷，證明它是屬 AR(2) 模型。

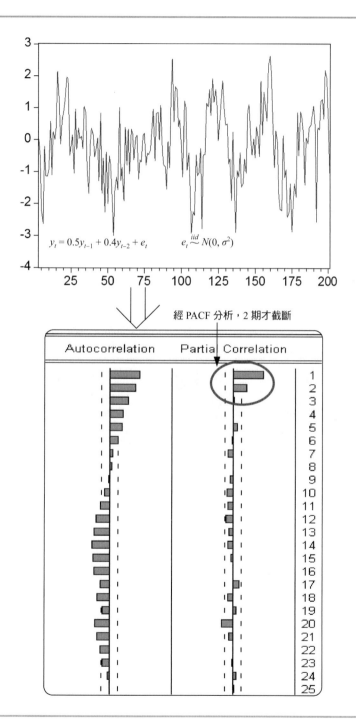

$$y_t = 0.5y_{t-1} + 0.4y_{t-2} + e_t \qquad e_t \overset{iid}{\sim} N(0, \sigma^2)$$

經 PACF 分析，2 期才截斷

圖 6-27 AR(2) 模型──例子

6-3-3 Stata 分析 AR(p) 模型

書中所附 CD 範例，已有 Stata 資料檔 (*.dta)，你只要啟動 Stata 軟體，再「File → Open」即可將它讀入。

一、PACF 圖認定 AR(1) 模型

將 CD 片中附的「AR_1.dta」檔，在 Stata 軟體中，用「File >Open」讀入該資料檔，進行分析，即可得到下列個畫面。

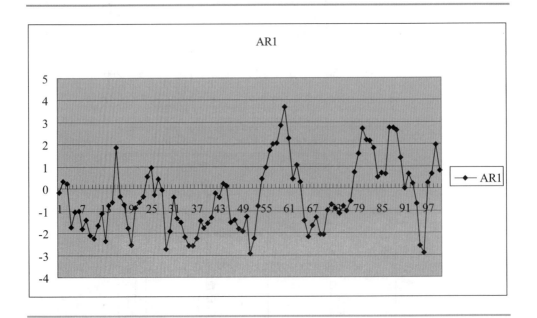

圖 6-28 AR(1) 趨勢圖

Step 1. 判定 ARIMA 模型三個參數 (p,d,q) 之最佳值為何？

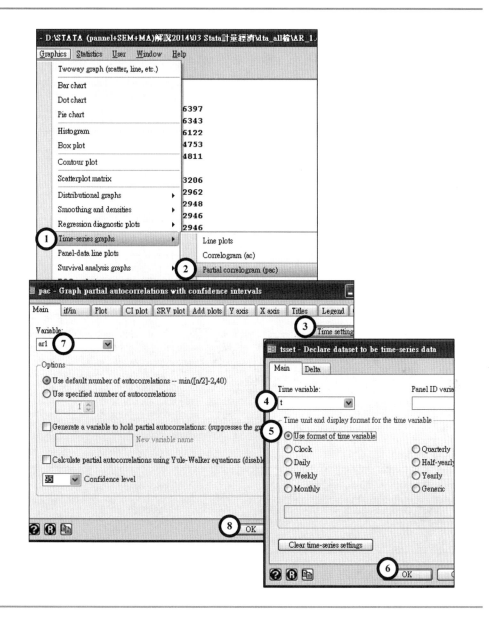

圖 6-29 PACF 圖形法來判定 AR(1) 模型之畫面

```
. clear
. use AR_1

. tsset t
        time variable:  t, 1 to 100
                delta:  1 unit

. pac ar1
```

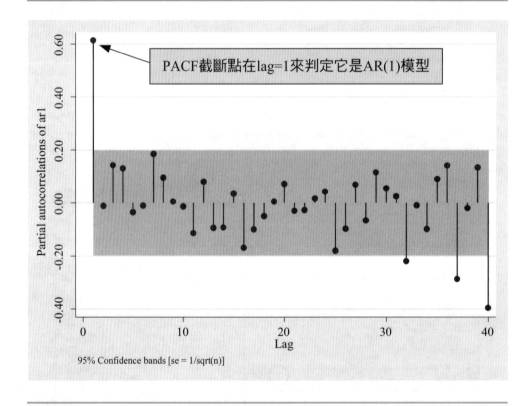

圖 6-30 PACF 截斷點在 lag=1 來判定它是 AR(1) 模型

Step 2. 估計模型

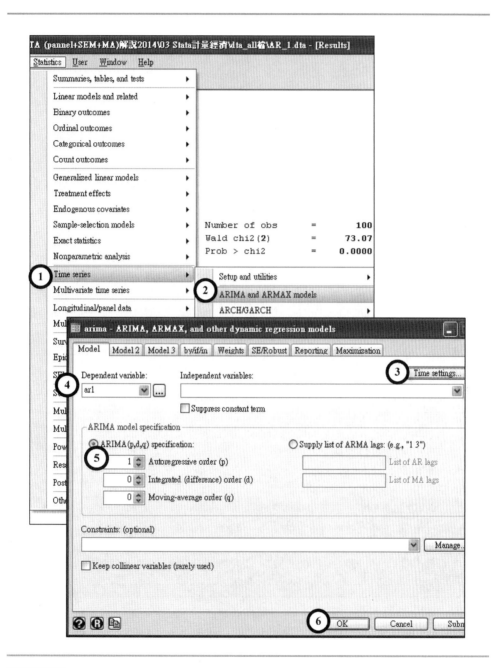

圖 6-31 在 ARIMA 界定畫面中，令 p=1 代表 AR(1) 模型

```
. clear
. use AR_1

. tsset t

. arima ar1, arima(1,0,0)

(setting optimization to BHHH)
Iteration 0:   log likelihood = -140.21187
Iteration 1:   log likelihood = -140.20692
Iteration 2:   log likelihood = -140.20689
Iteration 3:   log likelihood = -140.20689

ARIMA regression

Sample: 1 - 100                      Number of obs    =        100
                                     Wald chi2(1)     =      68.38
Log likelihood = -140.2069           Prob > chi2      =     0.0000


------------------------------------------------------------------------------
             |                  OPG
         ar1 |    Coef.   Std. Err.      z    P>|z|    [95% Conf. Interval]
-------------+----------------------------------------------------------------
ar1          |
       _cons |  .4844671  .2553492    1.90   0.058   -.0160081    .9849422
-------------+----------------------------------------------------------------
ARMA         |
          ar |
         L1. |  .6072434  .073433     8.27   0.000    .4633175    .7511694
-------------+----------------------------------------------------------------
      /sigma |  .9810099  .0689521   14.23   0.000    .8458664    1.116153
------------------------------------------------------------------------------
```

1. ARIMA(1,0,0) 整體模型效果，Wald $\chi^2_{(1)} = $ **68.38**，$p < 0.05$，達到 0.05 顯著效果。即本例迴歸型式為：$y_t = \mu + \alpha_1 y_{t-1}$。

2. 細部來看，ar 在 Lag = 1 時，$z = $ **8.27**, $p < 0.05$，達 0.05 顯著水準，故本例符合 AR(1) 模型。

Step 3. 模型檢查 (四大殘差診斷 ： 殘差之自我相關、 JB 常態性、 ARCH-LM)
(見最後一個章節的範例介紹)。

Step 4. 「樣本外」 之預測值及走勢圖

Step 4-1. 資料檔外加 **n=20** 筆「樣本外之觀察值」

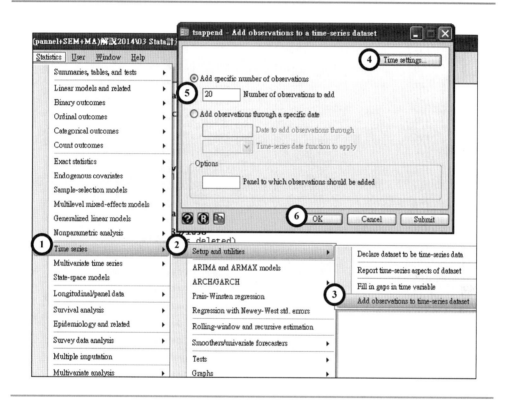

圖 6-32 資料檔外加 20 筆「樣本外觀察值」之畫面

註：Statistics > Time series > Setup and utilities > Add observations to time-series dataset

```
. tsset t
* 因電腦只記住最近一次的模型，故再次執行 arima(1,0,0) 分析，但不印出
. quietly  arima ar1, arima(1,0,0)


* 在資料檔中，時間序列再加 20 筆觀察值
. tsappend , add(20)


* arima(1,0,0) 之預測值，存到 y_hat 變數
. predict y_hat
```

Step 4-2. 預測樣本內及樣本外 20 筆「觀察值」之預測值

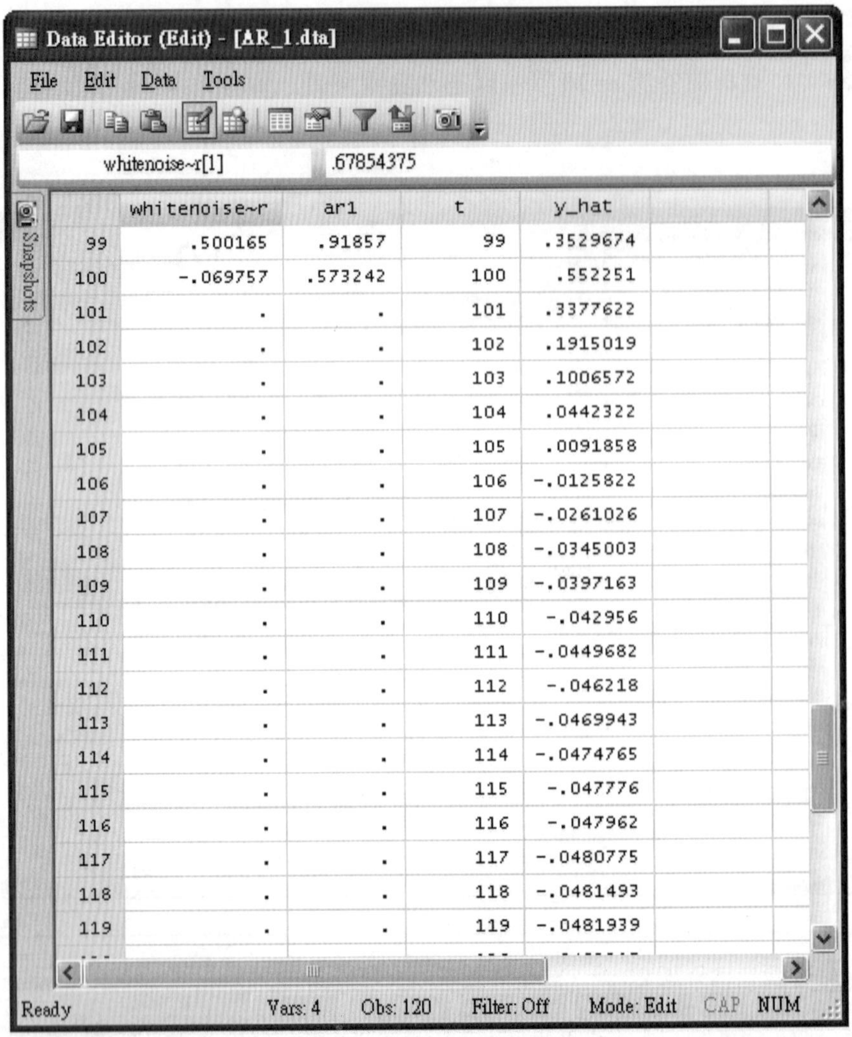

	whitenoise~r	ar1	t	y_hat
99	.500165	.91857	99	.3529674
100	-.069757	.573242	100	.552251
101	.	.	101	.3377622
102	.	.	102	.1915019
103	.	.	103	.1006572
104	.	.	104	.0442322
105	.	.	105	.0091858
106	.	.	106	-.0125822
107	.	.	107	-.0261026
108	.	.	108	-.0345003
109	.	.	109	-.0397163
110	.	.	110	-.042956
111	.	.	111	-.0449682
112	.	.	112	-.046218
113	.	.	113	-.0469943
114	.	.	114	-.0474765
115	.	.	115	-.047776
116	.	.	116	-.047962
117	.	.	117	-.0480775
118	.	.	118	-.0481493
119	.	.	119	-.0481939

圖 6-33 predict AR(1) 20 筆樣本外的預測值

Step 4-3. 繪樣本內及樣本外預測值之走勢圖

```
*繪出樣本內及 20 筆樣本外之預測值的走勢圖
. tsline ar1 y_hat
```

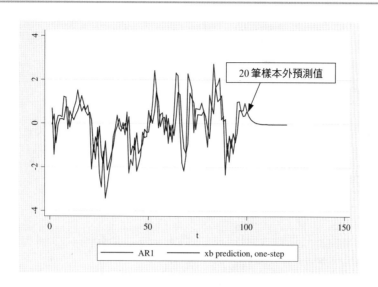

圖 6-34 tsline 繪出 ar1 及 y_hat 的走勢圖

二、PACF 圖認定 AR(2) 模型

　　將 CD 片中附的「AR_2.dta」檔，在 Stata 軟體中，用「File → Open」讀入該資料檔，進行分析，即可得到下列畫面。

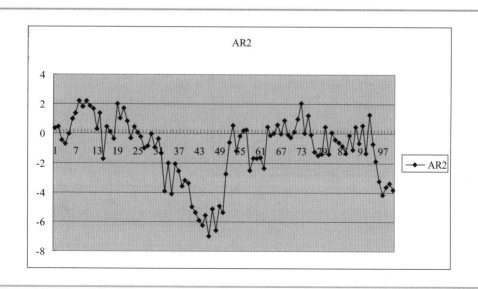

圖 6-35 AR(2) 趨勢圖

Step 1. 認定 ARIMA 模型三個參數 (p,d,q) 之最佳值為何？

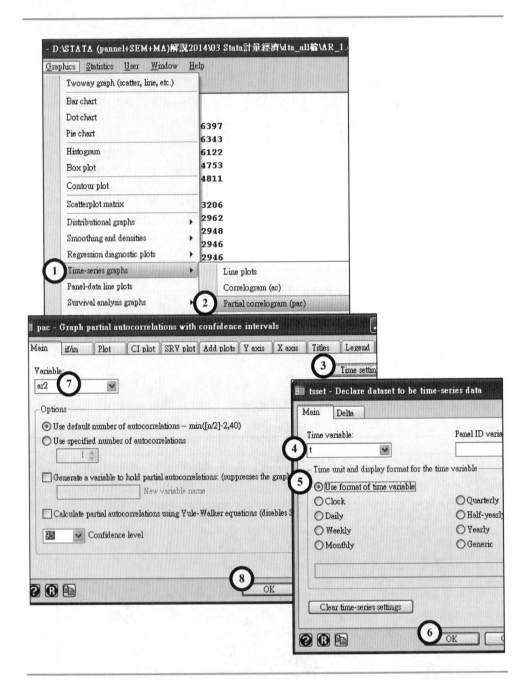

圖 6-36 PACF 圖形法來判定 AR(2) 模型之畫面

```
. clear
. use AR_2

. tsset t
        time variable:   t, 1 to 100
                delta:   1 unit

. pac ar2
```

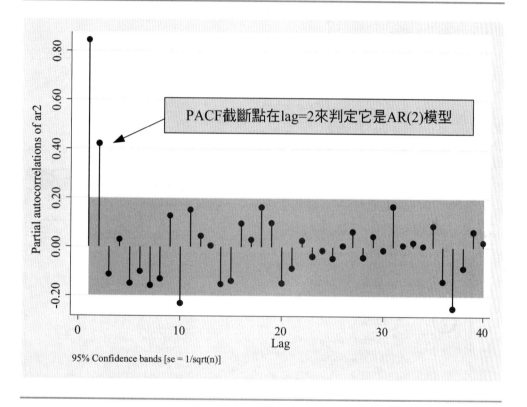

圖 **6-37** PACF 截斷點在 lag=2 來判定它是 AR(2) 模型

Step 2. 估計模型

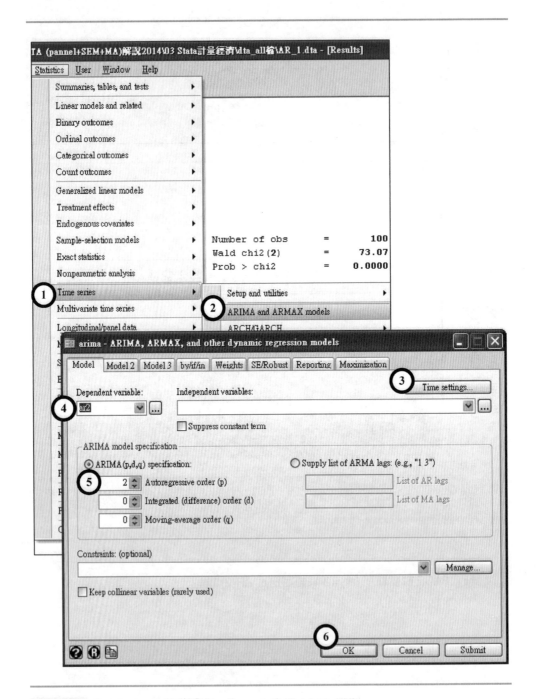

圖 6-38　在 ARIMA 界定畫面中，令 p＝2 代表 AR(2) 模型

```
. arima ar2, arima(2,0,0)

(setting optimization to BHHH)
Iteration 0:    log likelihood = -143.41697
Iteration 1:    log likelihood = -143.37619
Iteration 2:    log likelihood = -143.26038
Iteration 3:    log likelihood = -143.24887
Iteration 4:    log likelihood = -143.24233
(switching optimization to BFGS)
Iteration 5:    log likelihood = -143.24061
Iteration 6:    log likelihood = -143.23956
Iteration 7:    log likelihood = -143.23955


ARIMA regression

Sample:  1 - 100                          Number of obs   =        100
                                          Wald chi2(2)    =     231.80
Log likelihood = -143.2396                Prob > chi2     =     0.0000


------------------------------------------------------------------------
             |              OPG
        ar2  |    Coef.   Std. Err.      z    P>|z|   [95% Conf. Interval]
-------------+----------------------------------------------------------
ar2          |
       _cons | -1.261607  1.255889   -1.00   0.315  -3.723105   1.199891
-------------+----------------------------------------------------------
ARMA         |
          ar |
         L1. |  .4978736   .099313    5.01   0.000   .3032236   .6925236
         L2. |   .413351  .1074953    3.85   0.000    .202664    .624038
-------------+----------------------------------------------------------
      /sigma |  1.005242  .0637772   15.76   0.000   .8802414   1.130244
------------------------------------------------------------------------
```

1. ARIMA(1,0,0) 整體模型效果，Wald $\chi^2_{(1)}$ = **231.80**，$P < 0.05$，達到 0.05 顯著效果。即本例迴歸型式為：$y_t = \mu + \alpha_1 y_{t-1} + \alpha_2 y_{t-2}$。

2. 細部來看，ar 在 Lag = 1 時，z = **5.01**, $p < 0.05$，達 0.05 顯著水準。ar 在 Lag = 2 時，z = **3.85**, $p < 0.05$，達 0.05 顯著水準，故本例符合 AR(2) 模型。

Step 3. 模型檢查 (四大殘差診斷 ： 殘差之自我相關、 JB 常態性、 ARCH-LM)
(見最後一個章節的範例介紹)。

6-4 定態數列之 ARIMA 模型

Box and Jenkins (1976) 提出所謂的自我迴歸移動平均模型 (ARIMA Model)。
ARIMA 是由 AR 與 MA 兩種模型結合而成，所謂 AR (autoregressive) 模式主要
是指變數 (y_t) 除了受誤差項 ε_t 影響外，還受變數前期 ($y_{t-1}, y_{t-2}, \cdots, y_{t-p}$) 所影響。
AR(p) 的一般化模型表示如下：

$$y_t = \alpha_0 + \sum_{i=1}^{p} \alpha_i y_{t-i} + \varepsilon_t$$

其中 α_0 為常數截距項；p 為落後期數 (lag)；α_i 為 y_{t-i} 的係數；ε_i 是白噪音。
MA (moving average) 模式是指變數 (y_t) 與變數前期的誤差項 ($\varepsilon_{i-1}, \varepsilon_{i-2}, \cdots$) 有一定
的關係，而 MA(q) 的一般化模型可寫成：

$$y_t = \alpha_0 + \varepsilon_t + \sum_{j=1}^{q} \beta_j \varepsilon_{t-j}$$

其中 α_0 為常數截距項；q 為落後期數 (lag)；β_j 為 ε_{t-j} 的係數；ε_i 是白噪音。
因此，所謂的 ARIMA(p,0,q) 模型之正式定義，就可以表示成：

$$y_t = \mu + \sum_{i=1}^{p} \alpha_i y_{t-i} + \varepsilon_t + \sum_{j=1}^{q} \beta_j \varepsilon_{t-j}$$

一般而言，若非平穩型時間序列之原始序列經 d 次差分後 ($d > 0$) 可轉為平
穩型時間序列，再以前述 ARIMA 模式擬合，如此之模式稱為 (p,d,q) 階之整合
自我迴歸移動平均模型 [Autoregressive Integrated Moving Average Model of Order
(p,d,q)，ARIMA(p,d,q)]，其中 p 表示為自我迴歸過程之階數，d 為差分次數，q
表示為移動平均過程之階數。

6-4-1 ARIMA(p,d,q) 模型之概念

ARIMA(p,d,q) 模型之基本概念，在預測一個變數時，先取得此變數過去實
際發生觀察值，再為此時間序列找出一個適當參數的 ARIMA 模型，並以此模
型預測至未來，預測過程中，僅考慮此變數過去之行為，不考慮此變數受到其

他變數影響之關係，其形式係由 p、d、q 三個參數所決定，其中 p 為自我迴歸 (auto regression, AR) 階數，d 為差分 (differencing) 階數，q 為移動平均 (moving average, MA) 階數，差分目的在將非定態 (non-stationary) 時間序列調整為定態 (stationary) 時間序列。換句話說，ARIMA 模型係將時間序列經差分後，予以轉換成定態時間序列，再配以 ARIMA(p,q) 模型，形成 ARIMA(p,1,q) 模型 (差分一次)，而定態時間序列定義為同時滿足恆常均值、恆常變異、恆常自我相關三者條件：

$$[\Delta^d y_t - \mu] = \left(\frac{1 - \theta_1 B^1 - \theta_2 B^2 - \cdots - \theta_q B^q}{1 - \phi_1 B^1 - \phi_2 B^2 - \cdots - \phi_p B^p} \right) e_t$$

其中 $\triangle$ 或 $\triangledown$ 為差分運算子 (differencing operator)，B 為後退運算子 (backward shift operator)，y_t 為第 t 期觀察值，μ 為差分後總均值，p 為自我迴歸階數，d 為差分階數，q 為移動平均階數，$\phi_1, \phi_2, \cdots, \phi_p$ 為自我迴歸係數，$\theta_1, \theta_2, \cdots, \theta_q$ 為移動平均之係數，e_t 為誤差項，$e_t \overset{iid}{\sim} N(0, \sigma^2)$。

事實上，ARIMA(p,d,q) 模型可簡化為許多特例模型，如表 6-1 所示，由此可知不同 (p,d,q) 組合，可構成無限多組 ARIMA 模型，研究者在建構預測模型時，必須先認定序列最適參數組合 (p,d,q)，方能進一步估計係數及產生預測。

表 6-1 ARIMA 模型之特例模型

ARIMA 模型	特例模型
AIMRA(p,0,0)	AR(p)
AIMRA(0,0,q)	MA(q)
AIMRA(0,1,0)	直線趨勢預測
AIMRA(p,0,q)	不需差分之 ARIMA(p,q)
AIMRA(p,1,q)	需差分一次之 ARIMA(p,q)

一、定義 ARIMA (p,q) 模型

某一序列以上述分析法，若單純以 AR 模型或單純以 MA 模型仍不能完全捕捉數列走勢時，則可考慮以 AR 與 MA 模型混合使用，即 ARIMA(p,0,q) 模型：

$$y_t = \mu + \sum_{i=1}^{p} \alpha_i y_{t-i} + \varepsilon_t + \sum_{j=1}^{q} \beta_j \varepsilon_{t-j}$$

其中，p 為自我迴歸項 AR 的落後期數，q 為移動平均項 MA 的落後期數。

二、ARIMA(1,0,1) 模型 —— 基本性質

$$AR(1) + MA(1)$$

$$y_t = \mu + \boxed{\alpha_1 y_{t-1}} + e_t + \boxed{\beta_1 e_{t-1}}$$

$$\Rightarrow (1 - \alpha_1 L)y_t = \mu + (1 + \beta_1 L)e_t$$

$$\Rightarrow y_t = \boxed{\frac{\mu}{(1 - \alpha_1 L)}} + \boxed{\frac{1 + \beta_1 L}{(1 - \alpha_1 L)}e_t}$$

$$\hat{\mu} \qquad\qquad 1 + \phi_1 L + \phi_2 L^2 + \phi_3 L^3 - \cdots$$

$$\Rightarrow y_t = \hat{\mu} + e_t + \phi_1 e_{t-1} + \phi_2 e_{t-2} + \cdots$$

平均數：$E(y_t) = \hat{\mu} = \dfrac{\mu}{1 - \alpha_1}$

三、ARIMA(1,0,1) 模型 —— ACF 及 PACF

自我共變異函數 (ACF) 之模型為：

$$y_t = \mu + \alpha_1 y_{t-1} + e_t + \beta_1 e_{t-1}$$

$$\Rightarrow y_t = \hat{\mu} + e_t + \phi_1 e_{t-1} + \phi_2 e_{t-2} + \cdots$$

可展開為無窮期之 MA 模型，因此

$$\gamma_j = E(y_t, y_{t-1}) \neq 0 \text{，} j = 1, 2, \cdots$$

ACF：$\rho_j = \dfrac{\gamma_j}{\gamma_0} \neq 0$

PACF：$(1 - \alpha_1 L)y_t = \mu + (1 + \beta_1 L)e_t$

$$\Rightarrow \boxed{\frac{1 - \alpha_1 L}{(1 + \beta_1 L)}y_t} + \boxed{\frac{\mu}{(1 + \beta_1 L)}} + e_t$$

$$(1 - \pi_1 L - \pi_2 L^2 - \cdots)$$

$$\Rightarrow y_t = \frac{\mu}{(1 + \beta_1)} + \pi_1 y_{t-1} + \pi_2 y_{t-2} + \cdots + e_t$$

上式可展成無窮期之 AR 模型，因此偏相關係數為：$\wp_k \neq 0$

四、ARIMA(1,0,1) 模型 —— 範例

假設有一序列：$y_t = 0.5y_{t-1} + e_t + 0.6e_{t-1}$，其走趨如圖 6-39 所示。

1. 從 ACF 和 PACF 來看，兩個皆有截斷，因此可以推測 y_t 數列不僅有 AR，也有 MA。

2. 由於 PACF 在第 1 期特別突出，第 2 期後便收斂，因此推測模型中應含 AR(1)

3. 由於 ACF 在第 1 期特別突出，第 2 期後便明顯下降，因此可將 MA(1) 納入模型考量。

4. 但由於 ACF 中的第 2 期也較其他各期突出，因此 MA(2) 可能也需納入模型。

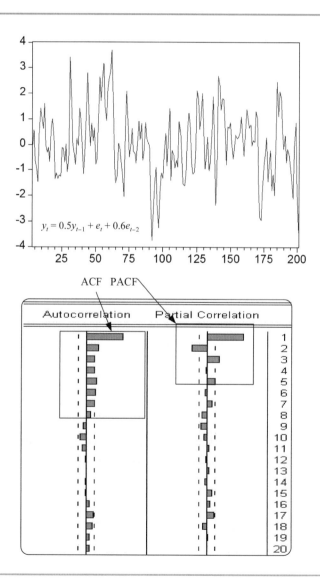

圖 6-39 ARIMA(1,0,1) 模型——範例

6-4-2 ARIMA(p,0,q) 模型之長相

例如，將 CD 片中附的本例子「AR1MA3.dta」檔，用 JMulTi 之「File > Open」讀入該資料檔，接著再如下圖操作，即可得到下列趨勢圖。

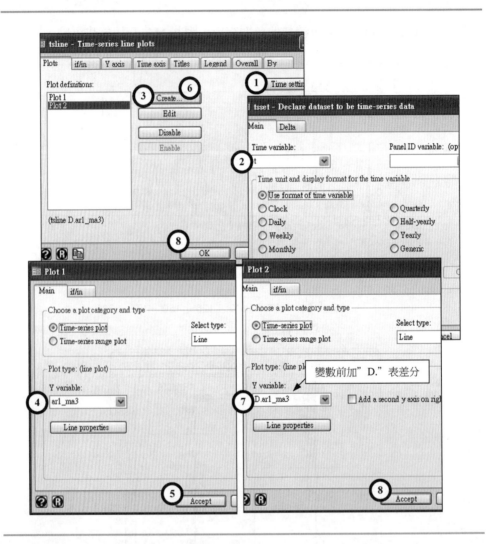

圖 6-40 繪 ARIMA(1,0,3) 趨勢圖之畫面 (ar1_ma3 及 D.ar1_ma3)

註：Statistics > Time series > Graphs > Line plots

```
* 繪二條時間序列之線形圖，ar1_ma3 變數前面加 "D." 符號，代表差分。
twoway (tsline ar1_ma3) (tsline D.ar1_ma3)
```

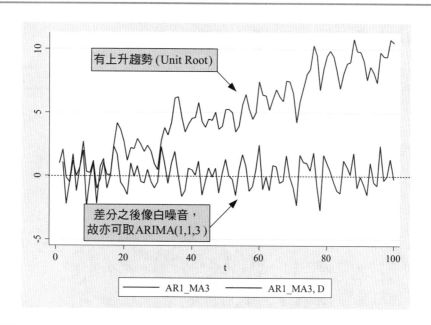

圖 6-41 ar1_ma3 有趨勢 (Unit Root) vs. 一階差分「D.ar1_ma3」無趨勢 (無單根)

由於 ar1_ma3 差分之後像白噪音 (沒有趨勢)，故你亦可改用 ARIMA(1,1,3)，來取代 ARIMA(1,0,3) 模型。

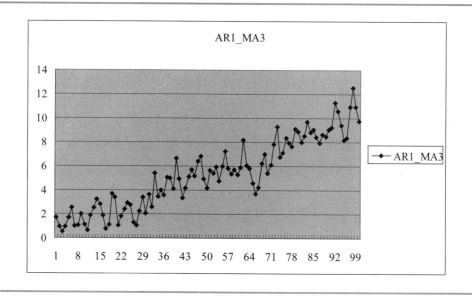

圖 6-42 ARIMA (1,0,3) 趨勢圖

　　將 CD 片中附的「AR3MA1.dta」檔，在 Stata 軟體中，用「File → Open」讀入該資料檔，進行分析，即可得到下列畫面。

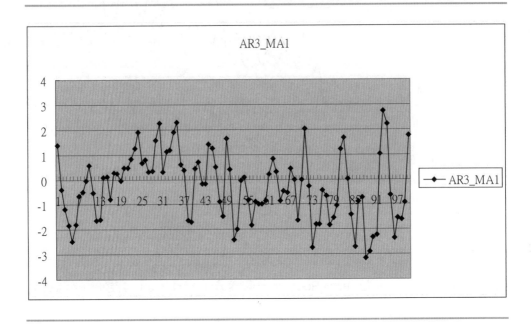

圖 6-43 ARIMA (3,0,1) 趨勢圖

6-5 Stata 如何認定 ARIMA(p,d,q) 三個參數呢？

　　時間序列預測長久以來，皆以線性統計方法爲基礎，例如：ARIMA 模型假設時間序列是線性過程 (linear processes)，而線性模型之優點乃對於時間序列較容易分析、解釋與應用；但事實上，在眞實世界中變數間常存在複雜的非線性關係，因此往昔學者，發展出許多非線性模型，諸如雙線性模型 (bilinear model)、起始點自我迴歸模型 (threshold autoregressive model, TAR)、自我迴歸條件異質性模型 (autoregressive conditional heteroscedastic model, ARCH)。然而，這些非線性模型仍被限制於須先假設樣本資料符合一個明確的非線性關係，再以統計檢定方法判別假設模型是否顯著成立，但在多種非線性模型中，如何人工選擇適當的非線性模型是很困難的 (Zhang, Patuwo & Hu, 1998)。可是，有了 Stata 軟體之後，此煩惱問題就容易多了。因爲 Stata 軟體 ACF、PACF「截斷點」

會建議你：ARIMA(p,d,q) 三參數最佳值爲何、ARCH-GARCH(p,q) 二參數最佳值爲何。

6-5-1 ARIMA(1,1,4) 模型之建模

一、範例 1：ARIMA(1,1,4) 型

(一) 問題說明

為了解美國批發 (Wholesale) 價格指標的自我迴歸之預測模型？(分析單位：季物價)

研究者收集數據並整理成下表，此「wpi1.dta」資料檔之變數如下：

變數名稱		編碼 Codes/Values
時間序列 wpi	美國批發 (Wholesale) 價格指標	30.5～116.2 美元
時間索引 (下標) t	季	1960q1～1990q4
ln_wpi	wpi 變數取自然對數	

(二) 資料檔之內容

讀入資料檔之前，先設定工作目錄，「File > Chang working directory」，指定 CD 所附資料檔之路徑，接著再選「File > Open」，開啓「wpi1」資料檔。

「wpi1.dta」資料檔內容如下圖。

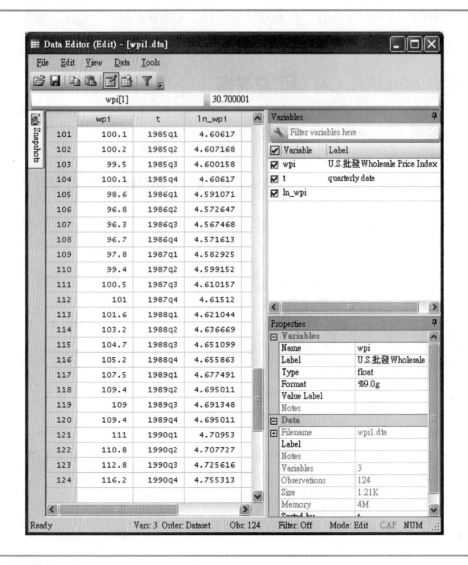

圖 6-44 「wpi1.dta」資料檔 (N=124 季，3 variables)

(三) ARIMA 迴歸之選擇表操作

Statistics > Time series > ARIMA and ARMAX models

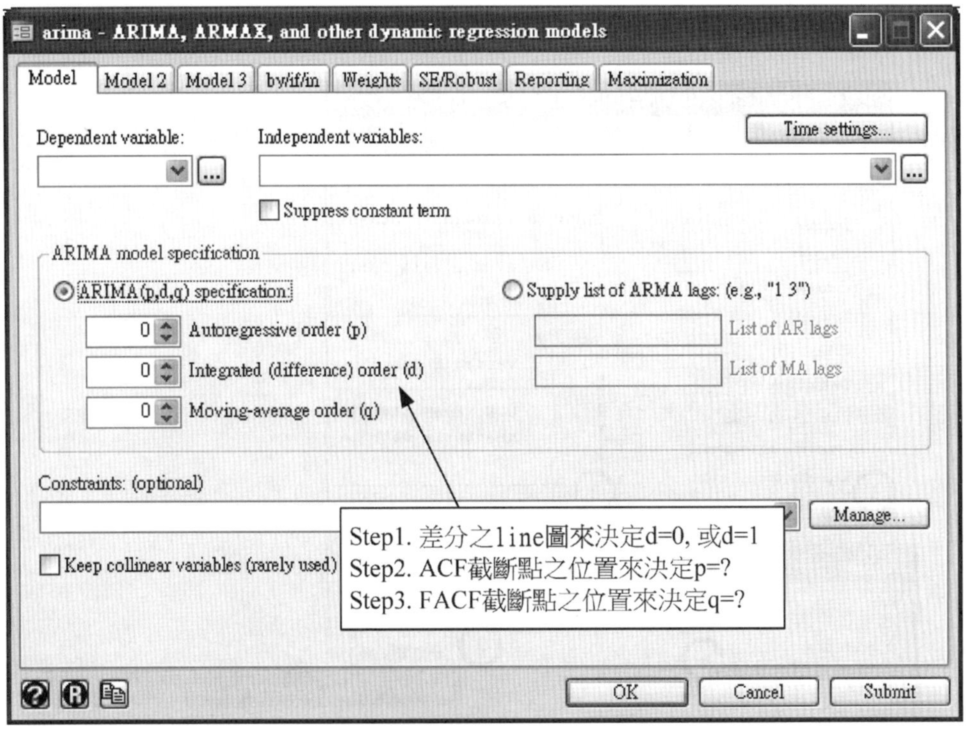

圖 6-45 ARIMA(p,d,q) 三參數等你來界定

ARIMA(p,d,q) 三參數之分析步驟如下：

Step1. 差分之 line 圖來決定 d = 0，或 d = 1

Step2. ACF 截斷點之位置來決定 q = ?

Step3. PACF 截斷點之位置來決定 p = ?

(四) 分析結果與討論

ARIMA 模型的建立過程，主要步驟有四，模型認定 (model identification)、參數 (p,d,q) 估計 (parameter estimate)、該模型四大殘差之檢查、與樣本外之預測。

Step 1. 繪 wpi 之走勢 line 圖

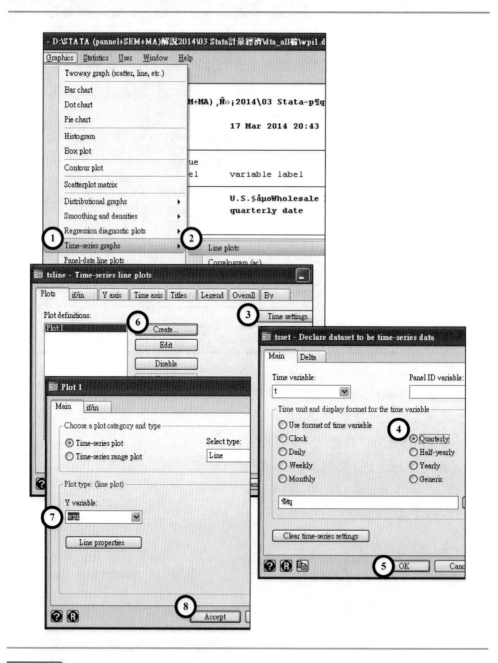

圖 6-46 繪 wpi 走勢 line 圖之畫面

註:Statistics > Time series > Graphs > Line plots

```
. ac wpi
. twoway (tsline wpi)
```

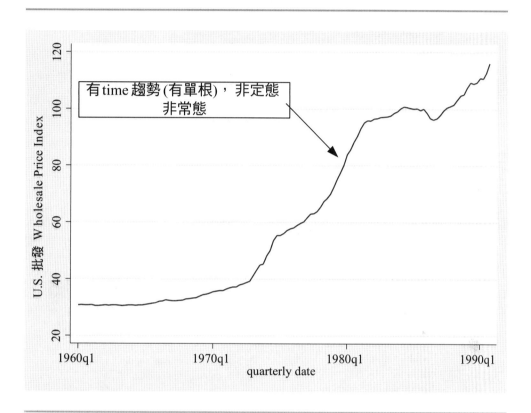

圖 6-47 繪出 wpi 之走勢 line 圖

Step 2-1. 繪 ln_wpi 之走勢 line 圖

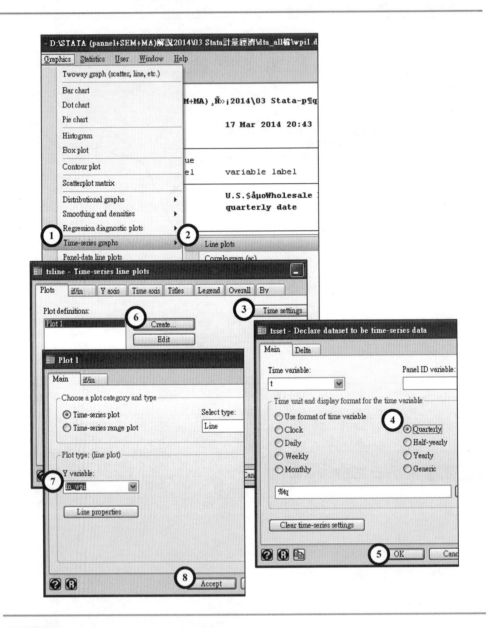

圖 6-48 繪 ln_wpi 之走勢 line 圖之畫面

註：Statistics > Time series > Graphs > Line plots

```
. ac ln_wpi
. twoway (tsline ln_wpi)
```

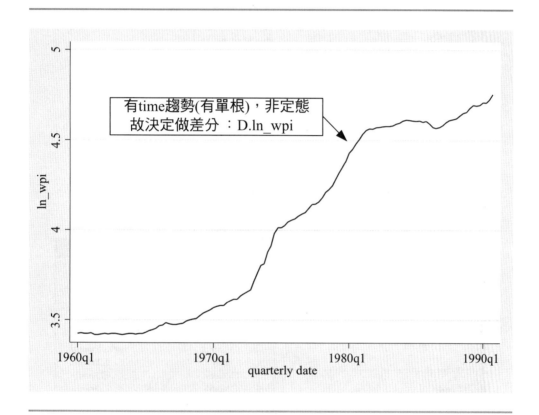

圖 6-49 繪出 ln_wpi 之走勢 line 圖

Step 2-2. 繪 D.ln_wpi 之走勢 line 圖

Stata 之變數前,加「D.」代表一階差分。

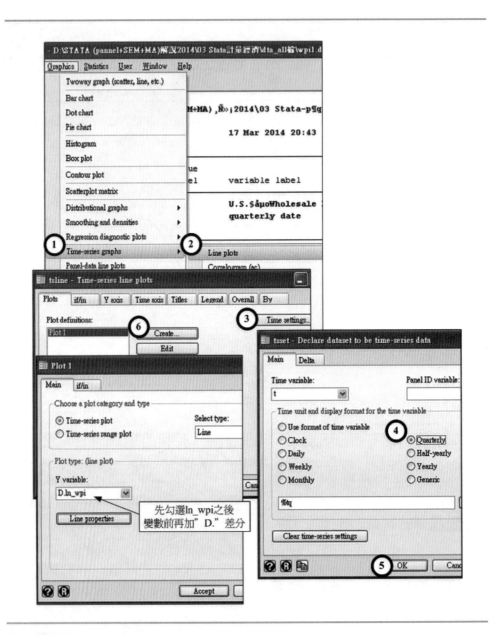

圖 6-50 繪 D.ln_wpi 之走勢 line 圖之畫面

註：Statistics > Time series > Graphs > Line plots

```
. ac d.ln_wpi
. twoway (tsline D.ln_wpi)
```

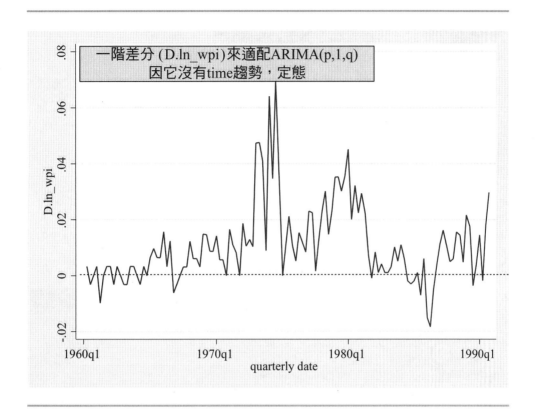

圖 6-51 繪出 D.ln_wpi 之走勢 line 圖

　　因為「一階差分 D.lin_wpi」呈現「圍繞 0 水平軸來回震盪」之定態，走趨很像 white noise 現象，故本例決定用「一階差分的 lin_wpi」來估計 ARIMA(p,1,q) 二參數值 (如下圖) ？

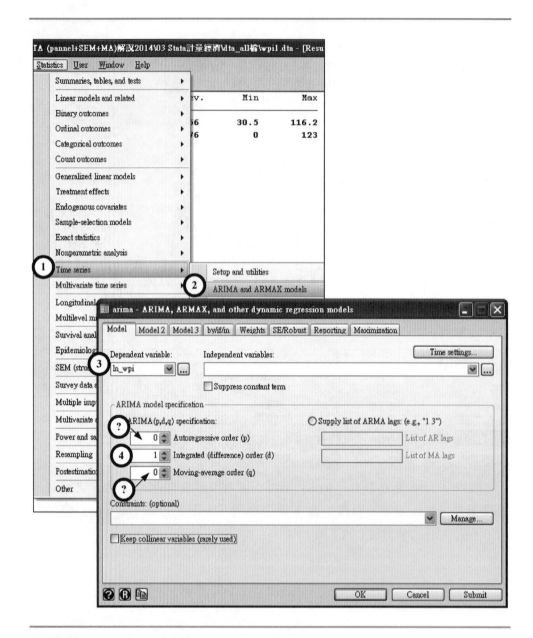

圖 6-52 己決定 d=1，剩 p,q 值如何決定？

Step 3. 繪 ACF 圖

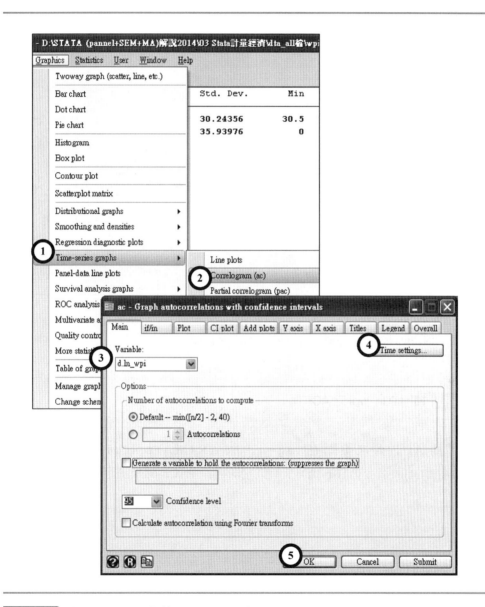

圖 6-53 繪 D.ln_wpi 一階差分之 ACF 圖畫面

註：Statistics > Time series > Graphs > Correlogram (ac)

```
. ac d.ln_wpi
```

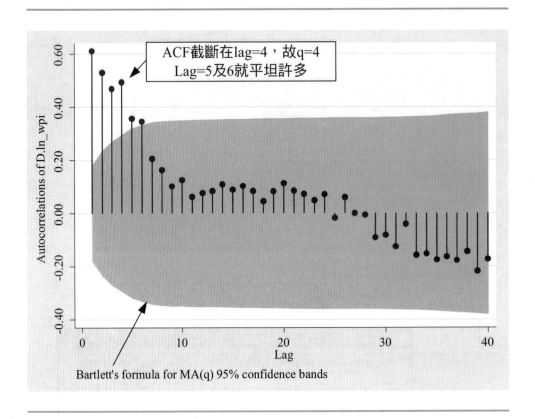

圖 6-54 繪出 D.ln_wpi 之 ACF 圖

因為 ACF 圖之截斷在 lag=4，故 ARIMA(p,1,q) 決定 q=4，即 ARIMA(p,1,4)。迄今仍缺 p 值＝？所以接著再以 PACF 圖來決定 p 參數值。

Step 4. 繪 PACF 圖

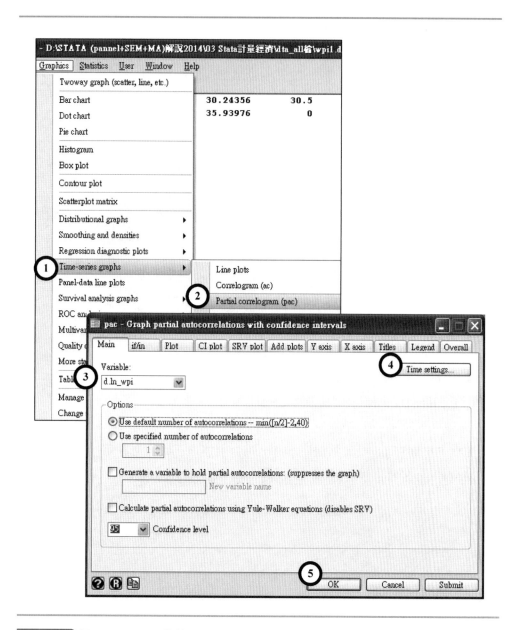

圖 6-55　繪 D.ln_wpi 一階差分之 PACF 圖畫面

註：Statistics > Time series > Graphs > Partial correlogram (pac)

```
. pac d.ln_wpi.
```

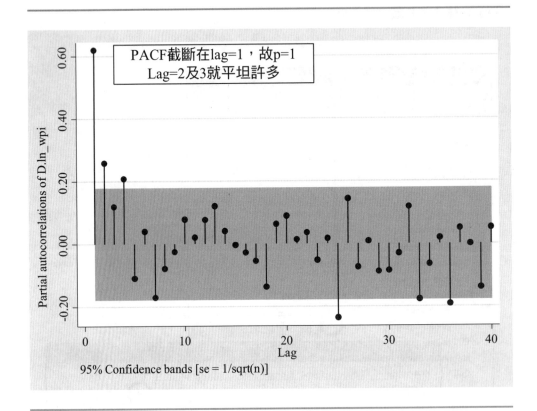

圖 6-56 繪出 D.ln_wpi 一階差分 PACF 圖

　　PACF 截斷在 lag=1，故決定 p=1，綜合上述之三參數之評定，最後決定以 ARIMA(1,1,4) 來當自我迴歸之預測模型。

Step 5. 正式進行 ARIMA(1,1,4)

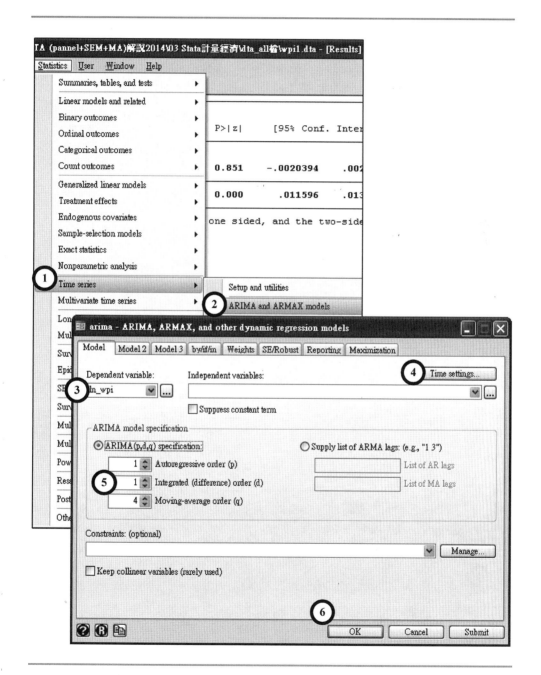

圖 6-57 以 ln_wpi 變數求 ARIMA(1,1,4) 之畫面

```
* 以 arima 指令，分析 ln_wpi 變數之 arima(1,1,4) 型
. arima ln_wpi, arima(1,1,4)

(setting optimization to BHHH)
Iteration 0:   log likelihood = 382.86528
Iteration 1:   log likelihood = 383.45558
Iteration 2:   log likelihood =  385.1183
Iteration 3:   log likelihood = 385.45403
Iteration 4:   log likelihood = 386.00138
(switching optimization to BFGS)
Iteration 5:   log likelihood = 386.07986
Iteration 6:   log likelihood = 386.19343
Iteration 7:   log likelihood = 386.23692
Iteration 8:   log likelihood = 386.25815
Iteration 9:   log likelihood = 386.26517
Iteration 10:  log likelihood = 386.26678
Iteration 11:  log likelihood = 386.26748
Iteration 12:  log likelihood = 386.26752
Iteration 13:  log likelihood = 386.26752


ARIMA regression


Sample:  1960q2 - 1990q4                   Number of obs   =        123
                                          Wald chi2(5)    =     317.31
Log likelihood = 386.2675                 Prob > chi2     =     0.0000


------------------------------------------------------------------------
             |                 OPG
    D.ln_wpi |    Coef.   Std. Err.     z    P>|z|   [95% Conf. Interval]
-------------+----------------------------------------------------------
ln_wpi       |
       _cons |  .011021   .0049928   2.21   0.027    .0012353    .0208067
-------------+----------------------------------------------------------
ARMA         |
          ar |
         L1. | .7730178   .1086771   7.11   0.000    .5600147     .986021
             |
          ma |
```

```
       L1. |  -.3888084   .1339123   -2.90   0.004   -.6512717   -.1263452
       L2. |  -.0399449   .101568    -0.39   0.694   -.2390145    .1591248
       L3. |   .0596653   .0713949    0.84   0.403   -.0802662    .1995968
       L4. |   .3092434   .1265859    2.44   0.015    .0611397    .5573472
-----------+------------------------------------------------------------------
    /sigma |   .0104165   .0005205   20.01   0.000    .0093963    .0114367
-----------+------------------------------------------------------------------
Note: The test of the variance against zero is one sided, and the two-sided
confidence interval is truncated at zero.
```

1. Wald $\chi^2_{(5)} = 317.31$，$p < 0.05$，表示整體 ARIMA(1,1,4) 模型達到顯著水準。

$$y_t = \mu + \alpha_1 y_{t-1} + \alpha_2 y_{t-2} + \cdots + \alpha_p y_{t-p} + \varepsilon_t + \beta_1 \varepsilon_{t-1} + \beta_2 \varepsilon_{t-2} + \cdots + \beta_q \varepsilon_{t-q}$$

2. ARIMA(1,1,4) 模型為

$$\Delta y_t = \mu + \alpha_1 \Delta y_{t-1} + \beta_1 \varepsilon_{t-1} + \beta_2 \varepsilon_{t-2} + \beta_3 \varepsilon_{t-3} + \beta_4 \varepsilon_{t-4}$$
$$\Delta wpi_t = 0.011 + 0.77 \Delta wpi_{t-1} - 0.389 \varepsilon_{t-1} - 0.04 \varepsilon_{t-2} + 0.059 \varepsilon_{t-3} + 0.309 \varepsilon_{t-4}$$
$$\Delta 批發價_t = 0.011 + 0.77 \Delta 批發價_{t-1} - 0.389 \varepsilon_{t-1} - 0.04 \varepsilon_{t-2} + 0.059 \varepsilon_{t-3} + 0.309 \varepsilon_{t-4}$$

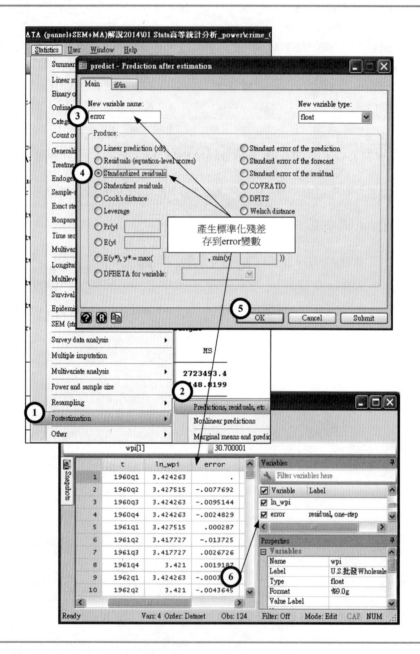

Step 6. 殘差之四大診斷

Step 6-1. 產生標準化殘差

圖 6-58 產生「標準化殘差」之畫面

```
. quietly arima ln_wpi, arima(1,1,4)
* 求最近一次迴歸之殘差，並存至 error 新變數。
. predict error, residuals
```

Step 6-2. 殘差四大診斷法

1. 殘差 Lagrange Multiplier Jarque-Bera normality 檢定：如下圖，用 lmnjb 指令。
2. 殘差之常態性 Jarque-Bera 檢定：用外掛 jb 指令。
3. 殘差前後期是否存在自我相關之 Portmanteau test：用 wntestq 指令 (如下圖)。
4. 殘差前後期之 ARCH 檢定 (如下圖)。

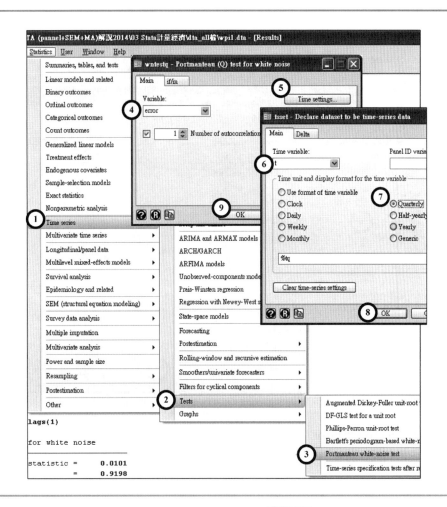

圖 6-59 殘差 Portmanteau test 之畫面 (語法：wntestq myvariance)

Stata 在財務金融與經濟分析的應用

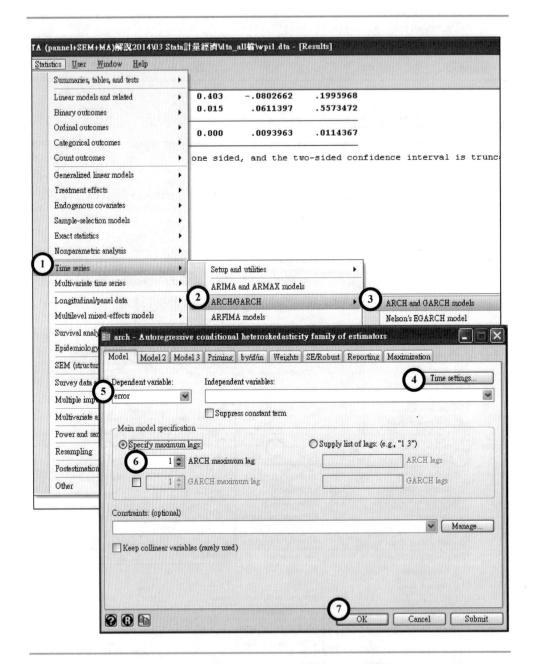

圖 6-60 ARCH 檢定 error 變數之畫面 (語法：arch error, arch(1/1))

```
. quietly arima ln_wpi, arima(1,1,4)
* 殘差前後期是否存在自我相關之「Portmanteau test」
. wntestq error, lags(1)


Portmanteau test for white noise
---------------------------------------
 Portmanteau (Q) statistic =      0.0101
 Prob > chi2(1)            =      0.9198


* 殘差之非常態性檢定：用「findit lmnjb」外掛此指令，再執行「非常態性檢定」
*lmnjb 指令做：Jarque-Bera Non Normality Lagrange Multiplier Test
. lmnjb error
=========================================
* Jarque-Bera Non Normality LM Test      *
=========================================


      Source |       SS       df       MS              Number of obs =     123
-------------+--------------------------------          F(  0,   122) =    0.00
       Model |        0        0        .              Prob > F      =       .
    Residual | .013398418      122 .000109823          R-squared     = 0.0000
-------------+--------------------------------          Adj R-squared = 0.0000
       Total | .013398418      122 .000109823          Root MSE      = .01048


-------------------------------------------------------------------------------
       error |      Coef.   Std. Err.      t    P>|t|     [95% Conf. Interval]
-------------+-----------------------------------------------------------------
       _cons |   .0000867   .0009449     0.09   0.927    -.0017839    .0019573
-------------------------------------------------------------------------------
    Lagrange Multiplier Jarque-Bera Normality Test

    Ho: Normality in Error Distribution
    Ha: Non Normality in Error Distribution

    LM Test      = 39.79898
    DF Chi2      =        2
    Prob. > Chi2 = 0.00000

* 殘差之常態性檢定：用外掛指令 jb 執行 Jarque-Bera 常態性檢定
. jb error
Jarque-Bera normality test:   39.8 Chi(2)  2.3e-09
```

```
Jarque-Bera test for Ho: normality:

* 殘差 error 是否有 lag=1「條件變異數」現象。
. arch error, arch(1/1)

(setting optimization to BHHH)
Iteration 0:   log likelihood =  389.30651
Iteration 1:   log likelihood =  389.91934
Iteration 2:   log likelihood =  390.07192
Iteration 3:   log likelihood =  390.08964
Iteration 4:   log likelihood =  390.09281
(switching optimization to BFGS)
Iteration 5:   log likelihood =  390.09332
Iteration 6:   log likelihood =  390.09345
Iteration 7:   log likelihood =  390.09345


ARCH family regression

Sample: 1960q2 - 1990q4                 Number of obs   =        123
Distribution: Gaussian                  Wald chi2(.)    =          .
Log likelihood =  390.0935              Prob > chi2     =          .


------------------------------------------------------------------------------
             |                OPG
       error |    Coef.   Std. Err.      z    P>|z|    [95% Conf. Interval]
-------------+----------------------------------------------------------------
error        |
       _cons |  -.0001655  .0008706   -0.19   0.849   -.0018719    .001541
-------------+----------------------------------------------------------------
ARCH         |
        arch |
         L1. |   .3178998  .1429306    2.22   0.026     .037761   .5980387
             |
       _cons |   .0000798  8.14e-06    9.80   0.000    .0000638   .0000958
------------------------------------------------------------------------------
```

　　殘差四大診斷法，分析結果如下：

1. 殘差 Jarque-Bera Non Normality LM 檢定結果，LM = 39.798, $p < 0.05$，拒絕「H_0: Normality」，故 ARIMA(1,1,4) 之殘差不具常態性。

2. 殘差之常態性 Jarque-Bera 檢定結果，$\chi^2 = 39.8$，$p < 0.05$，拒絕「H_0: Normality」，故 ARIMA(1,1,4) 之殘差不具常態性。

3. 殘差之 Portmanteau 檢定結果，$p = 0.9198 > 0.05$，拒絕「H_0」，故殘差前後期未存在自我相關，即 $E(\varepsilon_t, \varepsilon_s) = 0$。

4. 殘差前後期是否「條件變異數」現象，ARCH 檢定結果，$p = 0.026 < 0.05$，故殘差 error 變數有 Lag = 1「條件變異數」現象，即有 ARCH(1) 現象。

   綜合上述分析結果，可看出本例 ARIMA(1,1,4) 之模型，殘差診斷只差強人意，尚可接受。

Step 7. 「迴歸係數為 0」 之事後檢定

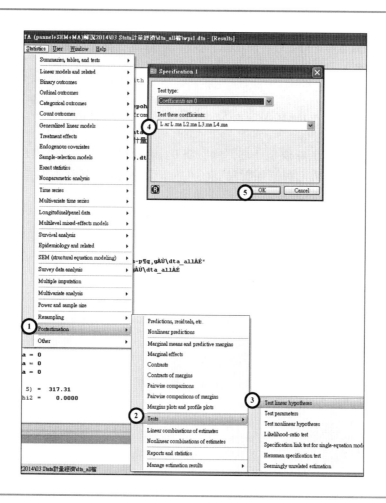

圖 6-61 ARIMA 事後「迴歸係數為 0」檢定之畫面

```
. quietly arima ln_wpi, arima(1,1,4)

. test (L.ar L.ma L2.ma L3.ma L4.ma)

 ( 1)   [ARMA]L.ar = 0
 ( 2)   [ARMA]L.ma = 0
 ( 3)   [ARMA]L2.ma = 0
 ( 4)   [ARMA]L3.ma = 0
 ( 5)   [ARMA]L4.ma = 0

        chi2(  5) =   317.31
      Prob > chi2 =    0.0000
```

1. 之前，Wald $\chi^2_{(5)}$ = 317.31，p<0.05，表示 (6-1) 式，整體 ARIMA(1,1,4) 模型達到顯著水準。

$$\Delta y_t = \mu + \alpha_1 \Delta y_{t-1} + \beta_1 \varepsilon_{t-1} + \beta_2 \varepsilon_{t-2} + \beta_3 \varepsilon_{t-3} + \beta_4 \varepsilon_{t-4} \qquad (6\text{-}1)$$

2. 之後，ARIMA(1,1,4) 模型「迴歸係數為 0」之事後檢定，結果為 $\chi^2_{(5)}$ = 317.31, p<0.05，拒絕「H_0：迴歸係數為 0」，故上面 (6-1) 式五個係數有一不為 0。表示 (6-1) 式五個預測變數具有顯著預測效果。

Step 8. 「樣本外」 之預測值及走勢圖

Step 8-1. 資料檔外加 n=20 筆「樣本外之觀察值」

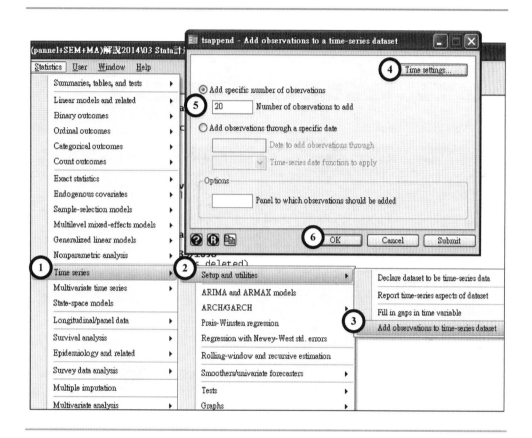

圖 6-62 資料檔外加 20 筆「樣本外觀察值」之畫面 (tsappend , add(20) 指令)

註：Statistics > Time series > Setup and utilities > Add observations to time-series dataset

```
. use wpi1.dta, clear
. tsset t, quarterly
        time variable:  t, 1960q1 to 1990q4
              delta:  1 quarter
* 因電腦只記住最近一次的模型，故再次執行 arima(1,1,4)，但不印出
. quietly arima ln_wpi, arima(1,1,4)

* 在資料檔中，時間序列再加 20 筆觀察值
. tsappend , add(20)
```

```
* arima(0,0,1) 之預測值，存到 y_hat 變數
. predict y_hat
```

Step 8-2. 預測樣本內及樣本外 20 筆「觀察值」之預測值

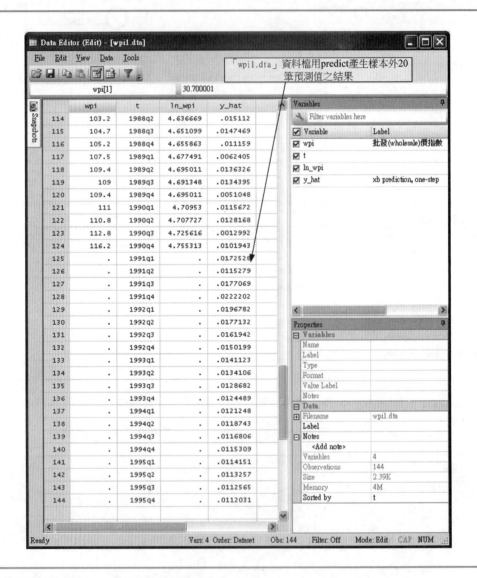

圖 6-63 「wpi1.dta」資料檔用 predict 產生樣本外 20 筆預測值之結果

Step 8-3. 繪樣本內及樣本外預測值之走勢圖

```
* 繪出樣本內及 20 筆樣本外之預測值的走勢圖
. tsline  ln_wpi  y_hat
```

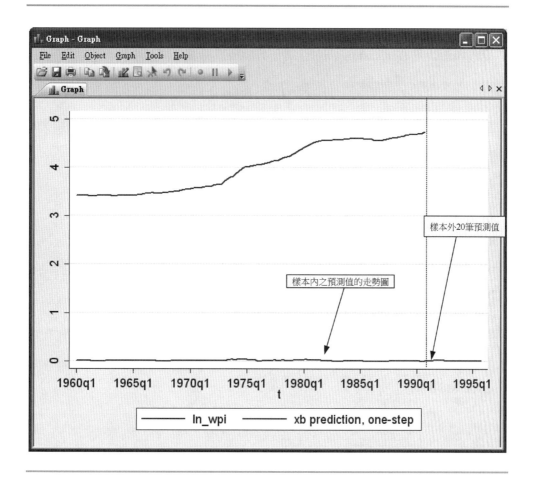

圖 6-64 tsline 繪出 ln_wpi 及 y_hat 的走勢圖

6-5-2 預測表現評估：Diebold-Mariano 法

一、預測表現 (performance) 之評估準則

已知預測模型爲：

$$E_t(y_{t+k}) = [1 \ 0 \ \cdots \ 0]\Phi^k Y_t$$

1. 定義預測誤差 (forecasting errors) 爲預測值與實際值之間的差異：

$$e_{t+k, t} = y_{t+k} - E_t(y_{t+k})$$

2. 預期損失函數 (expected loss function) 就是因爲預測誤差所造成的預期損失或是預期成本：

$$E[L(e_{t+k, t})]$$

其中，L(.) 爲損失函數。常見的損失函數如下表：

(1) 二次函數 (quadratic function)	$L(e_{t+k, t}) = e_{t+k, t}^2$
(2) 絕對函數 (absolute function)	$L(e_{t+k, t}) = |e_{t+k, t}|$
(3) 效用函數 (utility function)	$L(e_{t+k, t}) = u(e_{t+k, t})$

3. 如果損失函數爲二次函數，我們就稱預期損失函數爲均方差 (mean squared error, MS_E)：

$$MS_E = E[e_{t+k, t}^2] = E[(y_{t+k} - E_t(y_{t+k}))^2]$$

4. 有時爲了保有原來的單位，就會考慮均方差的平方根 (rootmean squared error, RMS_E)：

$$RMS_E = \sqrt{E[e_{t+k, t}^2]} = \sqrt{E[(y_{t+k} - E_t(y_{t+k}))^2]}$$

5. 如果損失函數爲絕對函數，就稱預期損失函數爲絕對均差 (mean absolute error, MA_E)

$$MA_E = E[|e_{t+k}, t|] = E[|y_{t+k} - E_t(y_{t+k})|]$$

6. 一般而言，均方差 (MS_E) 係最常使用的預期損失函數。MS_E 也 Stata「dmariano」外掛指令 Diebold-Mariano 法之內定估計法。

7. 在實務上，MS_E 必須以樣本資料來估計，其估計式為

$$\widehat{MS_E} = \frac{1}{T} \sum_{j=1}^{T} \hat{e}_{t+k,t}^2$$

其中，

$$\hat{e}_{t+k,t} = y_{t+k} - \widehat{E_t(y_{t+k})},$$

$$\widehat{E_t(y_{t+k})} = [1 \ 0 \ \cdots \ 0]\hat{\Phi}^k Y_t$$

二、Diebold-Mariano 法：預測表現 (performance) 之評估

問題：**Diebold-Mariano 檢定**

如果有兩個時間序列模型 A 與 B，我們可以分別求得預期預測損失為 $E[L(e_{t+k,t}^A)]$ 與 $E[L(e_{t+k,t}^B)]$，若 $E[L(e_{t+k,t}^A)] < E[L(e_{t+k,t}^B)]$，則稱模型 A 是一個預測表現較好的時間序列模型。

然而，模型 A 的預期預測損失要小多少我們才能認定模型 A 在統計小於模型 B？

答：

1. 已知任何形式之損失函數，我們可執行以下的相同預測能力之虛無檢定：

$$H_0 : E[L(e_{t+k,t}^A)] = E[L(e_{t+k,t}^B)]$$

$$H_1 : E[L(e_{t+k,t}^A)] < E[L(e_{t+k,t}^B)]$$

2. 令

$$d_t = L(e_{t+k,t}^A) - L(e_{t+k,t}^B) = \begin{cases} (e_{t+k,t}^A)^2 - (e_{t+k,t}^B)^2 & \text{二次函數} \\ |e_{t+k,t}^A| - |e_{t+k,t}^B| & \text{絕對函數} \\ u(e_{t+k,t}^A) - u(e_{t+k,t}^B) & \text{效用函數} \end{cases}$$

而且

$$\hat{d} = \frac{1}{T} \sum_{t=1}^{T} d_t$$

3. Diebold & Mariano(1995) 提出了 DM 統計量

$$DM = \frac{\bar{d}}{\sqrt{\dfrac{\hat{G}}{T-1}}} \sim t(T-1)$$

$$\hat{G} = \hat{\gamma}(0) + 2\sum_{j=1}^{m} \hat{\gamma}(j)$$

其中，

$\hat{\gamma}(j)$ 為 j 階自我共變異數，$\gamma(j) = \text{Cov}(d_t, d_{t-j})$ 的一致估計式。

Diebold & Mariano (1995) 建議設定 $m = \sqrt[3]{T}$ (取到最接近的整數)。當樣本很大時，DM 統計量的極限分配為標準常態：

$$DM \xrightarrow{d} \text{符合 N(0,1)}$$

三、範例：預測精準度 (accuracy) 之 Diebold-Ma0riano 比較法

Stata 提供「dmariano」外掛指令，來執行預測精準度之 Diebold-Mariano 法。故你先用「findit dmariano」來安裝它，再根據 dmariano 的語法：

```
dmariano actual pred1 pred2 [if exp] [in range] [,maxlag(lags) crit(criterion)
kernel(kernel) ]
```

註：中括號「[]」為 option，可有可無

承上例，「wpi1.dta」資料檔中，美國批發價 (wpi) 之 ARIMA 建模，儘管所得到「ARIMA(1,1,4)」係暫時最佳模型，但是我們懷疑，此差分「Δ」不但使得原數列喪失長期波動的特性，而且誤差可能亦會更嚴重失真。因此，我們再用 Diebold-Mariano 法來比較，那個預測模型比較精準度？例如，本例旨在比較，未差分的預測模型與差分後的預測模型，即 ln_wpi 變數之「ARIMA(1,1,4)」與「ARIMA(2,1,4)」的精準度比較。

```
*將 arima(1,1,4) 預測值，存到 y_hat 新變數
. quietly arima ln_wpi, arima(1,1,4)
. predict y_hat
```

```
* 將 arima(2,1,4) 預測值，存到 y_hat2 新變數
. quietly arima ln_wpi, arima(2,1,4)
. predict y_hat2


* 執行 Diebold-Mariano 之前，需先設定時間序列為 t 變數，它屬季資料
. tsset
        time variable:  t, 1960q1 to 1990q4
                delta:  1 quarter


* 安裝外掛指令 dmariano
. findit dmariano


* 用 Diebold-Mariano 法進行 ln_wpi 變數之「arima(1,1,4)」與「arima(2,1,4)」的精
準度比較
. dmariano  ln_wpi  y_hat  y_hat2
Diebold-Mariano forecast comparison test for actual : ln_wpi
Competing forecasts:  y_hat versus y_hat2
Criterion: MSE over 124 observations
Maxlag = 12 chosen by Schwert criterion   Kernel : uniform


Series                  MSE
_____

y_hat                   16.3
y_hat2                  16.3
Difference             .0000859


By this criterion, y_hat2 is the better forecast
H0: Forecast accuracy is equal.
S(1) =     .08644  p-value = 0.9311
```

用 Diebold-Mariano 法進行 ln_wpi 變數之「ARIMA(1,1,4)」與「ARIMA(2,1,4)」的精準度比較，結果得：S(1)=0.08644, p>0.05，接受「H_0：預測準確性是否相等 (Forecast accuracy is equal)」，故「ARIMA(1,1,4)」與「ARIMA(2,1,4)」預測精確度沒有顯著差異，故可忽略「y_hat2 is the better forecas」。最後基於模型愈精簡愈好的原則，我們應選 ARIMA(1,1,4) 來預測美國批發價 (wpi)。

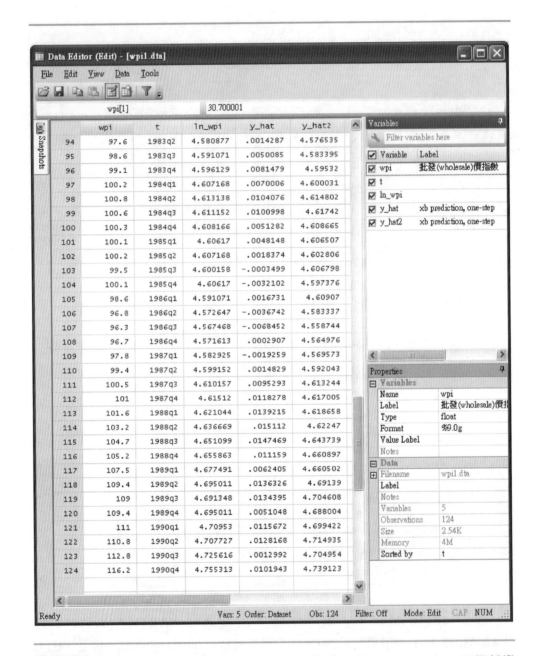

圖 6-65 「arima(1,1,4)」與「ARIMA(2,1,2)」分別產生「y_hat、y_hat2」二個新變數

單變量 ARCH-GARCH、
多變量 MGARCH

一、起源

　　傳統的計量經濟學對時間數列變數，是假定時間數列變數的波動幅度 (變異數) 是固定的，亦即變異數不會隨著時間而改變，稱之爲變異數的同質變異性 (Homoskedasticity)，故在進行金融市場的研究時，直接以標的商品的過去歷史價格報酬率之標準差作爲未來波動性的估計值。然而這個假設不符合實際，早期許多研究都發現：傳統的歷史波動性無法掌握到金融商品眞正的特性，也無法對其未來的變化給予準確的預測。這使得傳統的時間數列分析對實際問題並不有效。

　　羅伯特‧恩格爾在 1982 年發表在《計量經濟學》期刊 (Econometrica) 的一篇論文中提出了 ARCH 模型 (Auto-Regression Conditional Heteroskedasticity model)「自我迴歸條件異質變異數模型」，解決了傳統的計量經濟學對時間數列變數的第二個假設 (變異數恆定) 所引起的問題，當時他研究的是英國通貨膨脹率的波動性。

　　該模型除了能成功地捕捉到時間數列條件平均數隨時間經過而改變的事實之外，可以降低歷史波動性估計上的誤差，同時異質條件變異數的設定也處理了條件變異數隨時間經過而改變的問題，確實掌握到時間數列資料的波動，以便於解釋過去與預測未來。這個模型是獲得 2003 年諾貝爾經濟學獎的計量經濟學成果之一。

二、應用領域

　　ARCH 模型能準確地模擬時間數列變數的波動性的變化，它在金融工程學的實證研究中應用廣泛，使人們能更加準確地把握風險 (波動性)，尤其是應用在風險價值 (Value at Risk) 理論中，在華爾街是人盡皆知的工具。

　　常見 ARCH-GARCH 的應用領域，包括：
1. 新臺幣對人民幣 x_t 與美元 y_t 的匯率波動對臺灣出口的影響。
2. 匯率風險 x_t 對出口貿易 y_t 的影響。
3. 各國股匯市報酬 y_t 與美國股市報酬 x_t 連動關係。
4. 臺灣上市 x_t 與上櫃 y_t 股票市場其股價報酬波動性之外溢效果。
5. 美國 x_t 對臺灣 $y1_t$ 與大陸 $y2_t$ 股價報酬的不對稱分析。
6. 選擇權評價模型。
7. 美國存託憑證的發行對標的證券市場價格波動性的影響。
8. 外匯交易量 x_t 與買 / 賣報價 y_t 之動態交互關係。

9. 費城交易所外匯選擇權隱含波動資訊效果與預測能力。

10. 期貨市場報酬分配之厚尾型態與風險值衡量模式之探討：臺灣臺指期貨與新加坡摩根臺指期貨。

11. 不對稱波動率模型之應用。

12. 文心蘭切花出口波動特性。

13. 臺灣漁產品需求體系：一般化動態模型之應用。

14. 延長交易時間對臺灣股市價格行為之影響。

15. 緩長記憶 (Long-memory) 之虛假迴歸檢定。

　　舉例來說，假如我們想了解「石油期貨避險比率與避險績效」之關係，以美國紐約商品交易所 (NYMEX) 的西德州中級原油 (WTI) 以及英國國際石油交易所 (IPE) 的布蘭特原油作為研究標的，把期貨與現貨視為一個投資組合，並假設已知未來需要多少現貨部位的情況下，再來決定使用多少期貨部位去避險，使得投資組合的價格風險最小，取其「1、2、3、4、5、6 個月後」到期之期貨契約。使用四種避險模型：(1) 完全避險。(2) 最小平方法 (OLS)。(3) Cochrane-orcutt。(4) Bivariate GARCH 來計算其最適避險比率，並觀察直接避險與交叉避險二者的績效差異。接著比較各避險模型間的優劣，以找出最適合的避險比率以及期貨契約，其結論如下：

1. 直接避險由於是使用與現貨相同標的的期貨契約進行避險，彼此間相關性較高，因此消除價格變異的能力明顯比交叉避險佳，符合當初的預期。

2. 在四種模型中除了 Bivariate GARCH 模型外，用到期日愈遠的期貨合約避險時，其最適避險比率愈大。

3. 對美國石油煉製業者而言，使用 OLS 模型進行最適避險比率的計算。

4. 對英國石油煉製業者而言，使用 OLS 模型計算現貨和期貨的最適避險比率。

5. 對我國的業者而言，就消除價格變異的角度來看應使用布蘭特原油期貨合約同時利用 Cochrane-orcutt 模型求出最適避險比率。

6. 整體而言，靜態模型的績效優於動態模型。

三、ARCH 模型內涵

　　以 ε_t 表示收益或者收益殘差，假設 $\varepsilon_t = \sigma_t z_t$，此處 $z_t \overset{iid}{\sim} N(0, 1)$ (即獨立同態分布，符合期望為 0，變異數為 1 的常態分布)，此數列 σ_t^2 建模為

$$\sigma_t^2 = \alpha_0 + \alpha_1 \varepsilon_{t-1}^2 + \cdots + \alpha_p \varepsilon_{t-p}^2$$

(其中 $\alpha_0 > 0$, $\alpha_i \geq 0$, $i > 0$，即各期收益以非負數線性組合，常數項爲正數。)

四、GARCH 模型

如果變異數用 ARMA 模型表示，則 ARCH 模型變形爲 GARCH 模型 (Bollerslev, 1986)。

GARCH(p, q) 模型爲：

$$\sigma_t^2 = \alpha_0 + \alpha_1 \varepsilon_{t-1}^2 + \cdots + \alpha_p \varepsilon_{t-q}^2 + \beta_1 \sigma_{t-1}^2 + \cdots + \beta_p \sigma_{t-p}^2$$

(一) IGARCH

IGARCH 模型對 GARCH 的參數做了限制，IGARCH(p, q) 模型可以表示爲：

$$\sigma_t^2 = \alpha_0 + \sum_{i=1}^{p} \alpha_i \varepsilon_{t-i}^2 + \sum_{i=1}^{q} \beta_i \sigma_{t-i}^2$$

條件是：$\sum_{i=1}^{p} \alpha_i + \sum_{i=1}^{q} \beta_i = 1$

(二) GARCH-M

GARCH-M 模型把異質變異數項引入平均數方程式。一個簡單的 GARCH-M(1, 1) 模型可以表示爲：

$$y_t = \gamma x_t + \phi \sigma_{t-1} + \varepsilon_t$$
$$\sigma_t^2 = \alpha_0 + \alpha_1 \varepsilon_{t-1}^2 + \beta_1 \sigma_{t-1}^2$$

殘差項 ε_t 定義爲：

$$\varepsilon_t \sim N(0, \sigma_t^2)$$

7-1 單變量 ARCH(q)

傳統的計量經濟與時間數列模型，一般通常假設迴歸殘差項變異數是固定常數，不會隨時間而改變，然而此一假設並不符合實際情形，且此假設之合理性已受到許多學者的質疑。直到 Engle(1982) 提出了自我迴歸條件異質變異數模型 (ARCH Model)，有效解決上述之限制，將時間數列資料的異質變異數特性表現在模型中，認爲條件變異數 (即波動性) 是動態的，會受到過去 q 期「殘差

平方」項之影響，且隨時間經過及訊息的累積而改變，條件變異數的估計亦隨著調整；可解釋金融資產價格具有波動聚集現象 (volatility clustering)，可觀察到「大的波動往往伴隨著大的波動，小的波動往往伴隨著小的波動」，更適地的描述金融資產價格的統計資料具有「高狹峰」及「厚尾」(thick tails 或 heavy tails) 的機率分配特性，而成功捕捉到金融時間數列資料的特性。

在財務或其他高頻率的資料，資料往往不是呈現常態，而且具有偏態及峰態，當我們發現偏態的問題不太嚴重，而峰態的問題卻相當嚴重，這些可能是 ARCH 引起的。檢定 ARCH 效果的重點在一階無關，二階相關。即 ε_t 與 ε_{t-1}、ε_{t-2} 無關，但 ε_t^2 與 ε_{t-1}^2、ε_{t-2}^2 相關。

一階無關的檢定用 OLS 進行 y_t 對 x_t 迴歸，並計算出殘差值。再以 (Durbin-Wation) DW test 或 Q test 判定是否一階無關。確定一階無關後，以 LM test 進行二階檢定。進行下列迴歸：

$$\hat{\varepsilon}_t^2 = \hat{\alpha}_0 + \hat{\alpha}_1\hat{\varepsilon}_{t-1}^2 + \cdots + \hat{\alpha}_q\hat{\varepsilon}_{t-q}^2$$

則沒有 ARCH(q) 的虛無假設為 $H_0 : \hat{\alpha}_1 = \hat{\alpha}_2 \cdots = \hat{\alpha}_q = 0$。

如果 $\alpha_1 = \alpha_2 = \cdots = \alpha_q = 0$，則表示 $h_t = \alpha_0$。此時沒有 ARCH 效果，且條件變異數等於非條件變異數。另外，變異數不可能為負，故要求 $\alpha_0, \alpha_1, \cdots \alpha_q$ 均為正。

由於 ARCH 的落後期可能很長，造成參數過多，且要求 $\alpha_0, \alpha_1, \cdots \alpha_q$ 均為正不易達成，Bollerslev (1986) 提出了一般化自我迴歸條件變異數 (Generalized ARCH, GARCH)，一個 GARCH(p, q) 為：

$y_t = x_t'b + \varepsilon_t$ (mean equation 平均數方程式)

$\varepsilon_t|\Omega_{t-1} \sim N(0, h_t)$

$h_t = \gamma_0 + \sum_{i=1}^{q} \gamma_1\varepsilon_{t-i}^2 + \sum_{i=1}^{p} \beta_i h_{t-i}$ (variance equation 變異數方程式)，但使用較多的是 GARCH (1,1)。

7-1-1 時間數列之波動性

以股票而言，其市場波動性 (Stock Market Volatility)，係指股票成交價格，反映買賣雙方勢力量消長，所產生的偏離現象。影響股價波動的因素非常複雜，一般而言，可將影響股價報酬波動的因子略區分為三類：其中包括了基本因素 (Fundamental Factors)、交易因素 (Stock Trading Activity Factors) 及制度因

素 (Institutional Factors)。

1. 基本因素：包括一般經濟變數 (利率波動、貨供波動與通膨波動等)。

2. 交易因素：包括受「漲時重勢、跌時重質」的情結；買賣單的委託、到達過程和頻率對大盤指數報酬率變化的影響。

3. 制度因素：例如證交稅率的高低，會明顯加深股價的波動性。

　　除上述影響臺灣股價報酬波動三個因素外，具有相關性的兩個金融市場間，其報酬波動亦會互相地影響，即具有領先落後的關係以及外溢效果 (Spillover Effects) 的存在。例如，國際股票市場與臺灣股票市場的連動、亞洲股市間報酬的連動及其波動性外溢效果。一般而言，時間數列之波動性，大多屬 GARCH 模型、向量自我迴歸或 VECM 共整合模型之研究範圍。

　　若以臺灣上市股票市場加權指數及臺灣上櫃股票市場加權指數為例，所計算的上市上櫃股票市場日報酬 R_t，可定義為：

$$R_t(\%) = \ln(\frac{S_t}{S_{t-1}}) \times 100$$

其中，S_t 為第 t 期時的股價加權指數。

一、數列波動性之模型

　　坊間所謂時間數列「波動性」，係源自資產報酬的條件變異數 (conditional variance)。像 ARIMA 等模型，都是假定時間數列之條件變異數不會因時間 t 的移動而改變。例如，AR(1) 模型：

$$y_{t+1} = \beta_1 y_t + \varepsilon_{t+1}$$
$$\varepsilon_t \overset{iid}{\sim} N(0, \sigma^2)$$

因此，y_{t+1} 條件期望值：

$$E_t(y_{t+1}) = E_t(\beta_1 y_t + \varepsilon_{t+1}) = \beta_1 y_t$$

會隨著時間 t 改變而改改變，y_{t+1} 條件變異數：

$$Var_t(y_{t+1}) = Var_t(\beta_1 y_t + \varepsilon_{t+1})$$
$$= Var_t(\beta_1 y_t) + Var_t(\varepsilon_{t+1})$$
$$= \beta_1^2 Var_t(y_t) + Var_{t+1}(\varepsilon_{t+1}) = 0 + \sigma^2 = \sigma^2$$

　　證明得知，y_{t+1} 條件變異數不會因時間 t 改變而改變。其中，$Var_t(y_{t+1}) = 0$，係因爲 y_t 在給定 t 期之資訊集合下爲常數 (constant)。而 $Var_t(\varepsilon_{t+1}) = Var_{t+1}(\varepsilon_{t+1})$ 係因爲 ε_t 屬 iid 數列。

　　概括來說，資產報酬數列具有下列特徵 (陳旭昇，2007)：

1. 條件變異數似乎會隨著時間 t 改變而改變。

2. 波動性具有強烈之持續性，即小波動伴隨著小波動，大波動伴隨著大波動，謂之「波動之群聚現象」(volatility clustering)。

　　舉例來說，S&P 500 指數之月報酬率，其報酬之波動特徵如圖 7-2，其峰度約爲 8，且波動隨時間而持續性震盪並具有波動群聚現象，它不像標準常態分配之峰度爲 3，由此可見，像資產報酬這類之數列比常態分配更爲高狹，尾部率度亦比較高。歸納起來，像資產報酬這類之數列有三大特點：因時而變、群聚現象 (volatility clustering)、厚尾現象 (fat/heavy tails)，都可利用 ARCH 或 GARCH 模型來適配。

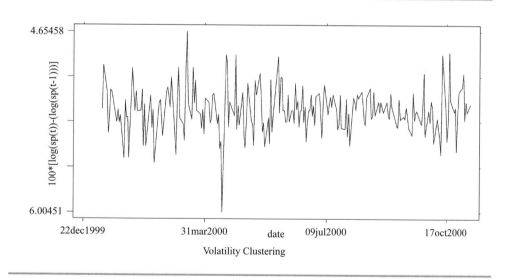

圖 7-1 S&P500 月報酬率 (returns) 之 Volatility Clustering

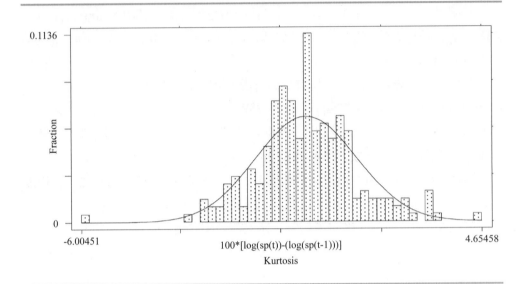

圖 7-2　厚尾現象 (fat heavy tails)

　　ARCH 或 GARCH 模型是一統計模型，它只是「捕捉」像資產報酬這類數列的特徵，卻無法解釋資產報酬這類數列「為何」具有這些特徵，它只是機械式描繪數列之條件變異數。

二、數列波動模型之類型

　　波動模型之研究類型，常見的包括：隨機漫步 (Random Walk, RW) 模型、歷史平均 (Historical Average, HA) 模型、移動平均 (Moving Average, MA) 模型、指數平滑 (Exponential Smoothing, ES) 模型、GARCH(1,1) 模型，以及 GJR-GARCH(1,1) 模型。

1. Random Walk(RW) 模型

　　Random Walk(RW) 模型是採用不含截距項的 RW 模型 (pure random walk)，雖然 RW 模型變數之平均數是一個常數值，但是它的變異數會隨著時間而變大。所以很明顯地，不含截距項的 RW 模型所隱含的資料產生過程 (即 DGP) 並不符合定態變數的定義，但由於此模型極為簡單，大部分的文獻利用此模型作為基準。不含截距項的 RW 模型表示如下：

$$\hat{\sigma}_t^2 = \sigma_{t-1}^2$$

2. Historical Average(HA) 模型

HA 模型是由實際的歷史資料，來推估未來波動可能的變動情形。此法利用投資組合內各風險因子 (如股價、利率、匯率等) 之歷史觀察值，以投資組合過去的平均值來看未來價格的變動。但 HA 模型也有其缺點，因未來風險因子的變動會與過去的表現相同，不一定可以反映現實狀況。另外，樣本的個數仍受限於歷史資料的天數，若某些風險因子並無市場資料或歷史資料的天數太少時，所得的結果可能不具代表性，容易有誤差，HA 模型表示如下：

$$\hat{\sigma}_t^2 = \frac{\sigma_{t-1}^2 + \sigma_{t-2}^2 + \cdots + \sigma_1^2}{t-1}$$

3. Moving Average(MA) 模型

MA 模型也是由實際的歷史資料，預測未來的波動變化。其模型和 HA 模型極為相似，移動平均的計算是根據時間的移動，隨著每增加一筆預測值，樣本內區間也會刪除一筆觀察值，所以 MA 模型的樣本數是固定不變的，而 MA 模型最大的缺點是，要保留相當多的歷史資料，每次新資料加入，才能丟掉最舊的資料。MA 模型表示如下：

$$\hat{\sigma}_t^2 = \frac{\sigma_{t-1}^2 + \sigma_{t-2}^2 + \cdots + \sigma_1^2}{\tau}$$

4. Exponential Smoothing(ES) 模型

ES 模型為一種簡單計算加權平均的程序，優點是每次作預測時只需要上一期的真實值與預測值。其特色在於估計波動時，給予距現在較近的資料較大權數。另一優點為在於近期之市場波動對今日報酬的影響較遠期大，較符合實際現象，且這個影響程度將隨著時間愈久而以指數型態漸漸遞減消失，不像傳統變異數法估計變異數的方式，對於歷史資料的時間遠近不作考慮，一旦極端資料落在資料期之外，其影響也驟然消失，造成變異數巨幅改變，然而一個事件的影響可能會有持續性而非突然消失，因此指數平滑法計算波動應會比傳統變異數法較為合理，ES 模型表示如下：

$$\hat{\sigma}_t^2 = (1-\beta)\sigma_{t-1}^2 + \beta\sigma_{t-1}^2, \quad 0 \le \beta \le 1$$

5. GARCH(1,1) 模型

標準的 GARCH(p, q) 模型，係指條件變異數 σ_t^2 和其前期 (σ_{t-j}^2) 以及誤差項殘差 ε_{t-i} 之預測關係：

$$\sigma_t^2 = \gamma_0 + \sum_{j=1}^{p} \beta_j \sigma_{t-j}^2 + \sum_{i=1}^{q} \gamma_i \varepsilon_{t-i}^2$$

Bollerslev(1986) 提出一般化自我迴歸條件異質變異 (GARCH)，除了考慮干擾項的落後期數，同時將過去的條件變異數加入 ARCH 模型之中而予以一般化，使條件變異數的遞延結構更為完整。

由於財務時間數列資料上的一些性質與 GARCH(1,1) 模型類似，如 (1) 高狹峰分配 (leptokurtic)，其分配之兩尾端比常態分配厚，亦被稱之為厚尾 (thick tails) 分配、(2) 波動群聚現象 (volatility clustering)，可觀察到「大波動通常會跟隨著大波動，而小波動通常會跟隨著小波動」這種現象。因此 GARCH(1,1) 模型之應用十分廣泛。GARCH(1,1) 模型表示如下：

$$\sigma_t^2 = \gamma_0 + \beta_1 \sigma_{t-1}^2 + \gamma_1 \varepsilon_{t-1}^2$$

其中，$\gamma_0 > 0,\ \beta_1 + \gamma_1 < 1,\ \gamma_1 > 0,\ \beta_1 > 0$。

6. GJR-GARCH(1,1) 模型

GJR-GARCH(1,1) 模型可以用特殊的變異數方程式來表示槓桿效果 (leverage effect)，「槓桿效果」指的是「資產的價格變動方向對其波動的變動影響並非對稱」。例如，當資產的上一期價格下跌，代表上一期的報酬率是負值，則會增加持有該資產的風險，GJR-GARCH(1,1) 模型表示如下：

$$\sigma_t^2 = \gamma_0 + \gamma_1 \sigma_{t-1}^2 + \beta_1 \varepsilon_{t-1}^2 + \delta D_{t-1} \sigma_{t-1}^2$$

其中，$D_{t-1} = \begin{cases} 1, \text{若} \varepsilon_{t-1} < 0 \\ 0, \text{若} \varepsilon_{t-1} \geq 0 \end{cases}$。

上式估計的結果若是 $\delta > 0$，且在統計檢定上具顯著意義，則可以說明槓桿效果存在。因為若前一期是壞消息，$D_{t-1} = 1$，則上式中的條件變異數變成：

$$\sigma_t^2 = \gamma_0 + (\gamma_1 + \delta)\sigma_{t-1}^2 + \beta_1 \varepsilon_{t-1}^2$$

而前一期若是好消息，$D_{t-1} = 0$，則上式中的條件變異數變成：

$$\sigma_t^2 = \gamma_0 + (\gamma_1)\sigma_{t-1}^2 + \beta_1 \varepsilon_{t-1}^2$$

若 $\delta > 0$，則很明顯地，前一期的壞消息，會使這一期的條件變異數較前一期是好消息來得大，這符合槓桿效果之意義。

Chapter 07

單變量 ARCH-GARCH、多變量 MGARCH

7-1-2 ARCH- GARCH 分析流程

以上市上櫃股價報酬率之波動性爲例，統計分析流程如圖 7-3：

1. 上市與上櫃股價報酬資料整理與分析 (以 Excel 版先建資料檔 *.cvs，「反白 - 貼上」至 Stata data Edit 視窗，最後存 save 成「*.dta」資料檔)：對上市與上櫃股價指數及日報酬，作敘述性統計 (平均數近 0 嗎、變異數近 1 嗎) 及圖形的偏態峰度觀察，以期對資料有初步的認識。

2. 單根檢定：針對上市、上櫃股價日報酬資料，分別作單根檢定，確定其爲一穩定的時間數列，以建構上市與上櫃股價日報酬時間數列之 ARIMA 預期模型。

   除 stata 外，亦可在 JMulTi 軟體操作方面，執行「Initial → Unit Roots Tests」。

3. 上市上櫃股價報酬 ARIMA 模型配置：建構 ARIMA(p, d, q) 模型之三個參數值。

4. 上市與上櫃股價報酬 ARIMA 模型之殘差平方自我、交叉相關檢定：配置完 ARIMA 模型，所得到的兩個殘差時間數列，予以平方後，可分別代表上市與上櫃股價報酬的波動性。藉由殘差平方的自我相關及交叉相關檢定，了解上市上櫃股價報酬波動自我及相互間的關係。

5. ARCH or GARCH 效果檢定 (LM-test)：檢定上市上櫃股價報酬 ARIMA 模型配置後，所得的殘差平方，是否具有 ARCH 或 GARCH 效果，檢定結果若顯著，則進一步配置 ARCH or GARCH 模型。

6. 配置單變量 GARCH(1, 1) 模型：分別對上市上櫃股價報酬配置 GARCH(1, 1)-ARIMA(p, q) 模型。

7. 自 GARCH(1,1) 萃取出兩市場的股價波動，以向量自我迴歸模型 (VAR) 探討兩市場波動之關聯性。

8. 外溢效果的探討：分別以單變量 GARCH 模型 (Univariate GARCH Model)、雙變量 GARCH 模型 (雙變數 GARCH(1,3) 模型) 及向量自我迴歸模型 (VAR Model) 探討波動性外溢效果 (外部性)。

553

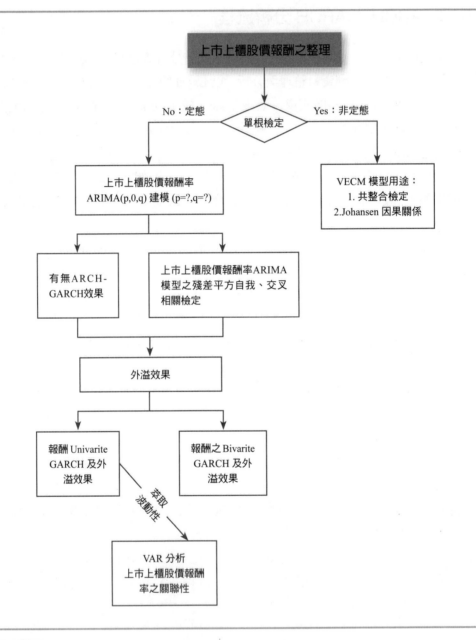

圖 7-3 ARCH- GARCH 分析流程 (上市上櫃股價報酬率為例)

　　舉例來說，楊大龍 (民 90) 研究臺灣上市上櫃股價報酬率時，曾以單變量 GARCH 模型實證結果得知：條件變異異質模型的估計值均大於零，可見臺灣店頭與集中市場股價具有「波動性叢聚」(Volatility Clustering) 現象；上市上櫃

兩市場股價報酬率波動對於對方均存在外溢效果，而且外溢效果是具有持續性的。再者，對來自於另一市場的外溢效果影響，投資人會有過度反映或反映不足的現像，而在三天後做一些投資行為的調整。

雙變量 GARCH 模型實證得知：同樣支持臺灣店頭與集中市場股價具有『波動性叢聚』現象；就外溢效果而言，兩市場對另一市場均具有外溢效果，對於來自另一市場的波動影響，投資人會有過度反映或反映不足的情形，而在隔天做一些投資行為的調整。

向量自我迴歸模型 (VAR) 得知：集中市場股價報酬波動與店頭市場股價報酬波動之間存在著單向的因果關係，此因果關係為上市股價報酬波動領先上櫃股價波動。

換個統計方法，Granger 因果關係檢定亦可發現，臺灣加權股價指數與同時指標指數、領先指標指數與貨幣供給間存在互為回饋之因果關係。而再當總體經濟變數發生變動時，臺灣加權股價指數對領先指標指數變動之反映最為明顯且為正向關係。

7-1-3 單變量 ARCH 模型

迴歸模型 (OLS)，是假定 (assumption) 誤差的變異數是常數，稱為同質變異 (Homoscedasticity)，如果誤差的變異數不是常數，則謂之異質變異 (Heteroscedasticity)，異質變異是一個潛在的嚴重問題，因為它會使得最小平方法估計迴歸式與 H_0 虛無檢定產生錯誤。因此，在實際的研究中，重要的是要先判斷是否存在異質變異。就金融時間數列而言，誤差的變異數通常會隨時間而發生變化，適切地運用時間數列模式以分析市場波動是十分重要的，一般在財金運用上最普遍之波動性模式，為諾貝爾經濟學家 Engle(1982) 率先提出的 ARCH 模型。

一般而言，財務計量經濟學者的研究分析發現，股票報酬 r(return) 本身並沒有很大的相關性，而報酬的平方 (r^2) 有較明顯的自我相關。GRACH 模式正適切地說明此資料特性。GRACH 模式也是許多財務運用研究中，較常採行的研究方法，例如，分析某一重要事件是否對股票報酬之波動結構產生改變，如開放融資融券、期貨保證金下降、發行認購權證、國際股市波動傳遞、漲跌幅限制改變……等。

一、ARCH(1) 模型

標準的 GARCH(p,q) 模型，係指條件變異數 σ_t^2 和其前期 (σ_{t-j}^2) 以及誤差項殘差 ε_{t-j} 之預測關係：

$$\sigma_t^2 = \gamma_0 + \sum_{j=1}^{p}\beta_j\sigma_{t-j}^2 + \sum_{i=1}^{q}\gamma_i\varepsilon_{t-i}^2$$

當 $p = 0$、$q = 1$ 時，GARCH(0,1) 就退化成 ARCH(1) 模型。

若有一數列服從下列迴歸模型 (「$x_t \to y_t$」)：

$$y_t = \beta_0 + \beta_1 x_t + \varepsilon_t \qquad \varepsilon_t \sim N(0, \sigma^2)$$

令誤差 ε_t 的條件變異數 σ_t^2 為：

$$\sigma_t^2 = \gamma_0 + \gamma_1\varepsilon_{t-1}^2$$

表示，隨著時間 t 的改變，其變異數 σ_t^2 亦會隨著改變，這樣的過程，謂之 ARCH(1)。

同理可推，若迴歸之殘差符合 ARCH(2)，其變異數之模型如下：

$$\sigma_t^2 = \gamma_0 + \gamma_1\varepsilon_{t-1}^2 + \gamma_2\varepsilon_{t-2}^2$$

二、ARCH(q) 模型

假設某一預測迴歸 (如資產報酬模型)，其誤差之條件變異數可能存在某種相關，Engle 謂之 ARCH(q) 模型為：

$$y_t = \beta'x_t + \varepsilon_t \qquad (平均數方程式)$$

其中 $\varepsilon_t \sim N(0, \sigma^2)$

$E(\varepsilon_t) = 0, E(\varepsilon_t^2) = \sigma^2 > 0$，且 $E(\varepsilon_t, \varepsilon_s) = 0, t \neq s$，即殘差項彼此互相獨立。

而 ARCH 模型的主要概念就是，既然波動具有群聚現象，何不就令 ε_t 的條件變異數 σ_t^2 與前期 ε_t 的平方有正相關：

令條件變異數 $\sigma_t^2 = \gamma_0 + \sum_{t=1}^{q}\gamma_i\varepsilon_{t-1}^2 + \mu_t$ 其中，$\mu_t \overset{iid}{\sim} WhiteNoise(0,1)$

若誤差之條件變異 σ_t^2 和誤差項之前期 $(\varepsilon_{t-j}^2, i = 1,2,\cdots,q)$ 相關，則誤差項 ε_t^2 符合 ARCH(q)。

即，如果 ε_t 的條件變異數 σ_t^2 符合上式，則我們稱 ε_t 服從一 ARCH(q) 過程 [ARCH(q) process]，以下式表示。

$$\varepsilon_t \sim ARCH(q)$$

為了保證 $\sigma_t^2 > 0$，我們必須限制 $\gamma_0 \geq 0$, $\gamma_t \geq 0$, $\forall i$ 且下式所有根都要落在單位圓之外。

$$1 - \gamma_1 z - \gamma_2 z^2 - \cdots - \gamma_q z^q = 0$$

把這些條件彙整在一起，也就是要求 $\sum_{i=1}^{q} \gamma_i < 1$。

總結來說，ARCH 模型通常都有 2 個方程式：

1. 平均數方程式：$y_t = \beta' x_t + \varepsilon_t$，資產報酬率的平均數為常數。界定平均數方程式，我們可以設定成更為複雜的 ARMA 過程。

2. 誤差之條件變異數方程式：$\sigma_t^2 = \gamma_0 + \sum_{t=1}^{q} \gamma_i \varepsilon_{t-1}^2 + \mu_t$，它的變異數與前期 ε_t 的平方有正相關。

我們可以用另一種方式表示 ARCH(q) 過程。

定義：ARCH(q) 過程

$$\varepsilon_t = \sqrt{h_t} v_t = (\sqrt{\gamma_0 + \sum_{i=1}^{q} \gamma_i \varepsilon_{t-i}^2}) \times v_t$$

其中，$v_t \overset{iid}{\sim} WhiteNoise(0,1)$

$$h_t = c + \sum_{i=1}^{q} \gamma_i \varepsilon_{t-i}^2$$

且對於所有 $i > 0$，v_t 與 ε_{t-j} 為獨立。

Engel(1982) 證明，當 $\gamma_0 > 0$ 且 $\gamma_i \geqq 0$，$i = 1, 2, \cdots, q$ 時，此過程為定態的充要條件是 $\gamma_1 + \cdots + \gamma_q < 1$。而在用 ARCH(q) 的模型中，如果 $\gamma_1 = 0$，則誤差項服從白噪音 (White Noise) 過程，如果 $\gamma_1 > 0$，則前期的預測誤差就會影響到後期。因此一旦 γ_1 過大，那麼將來所估計出來的變異數即可能會無限大，若 $\gamma_1 < 0$，則變異數可能為負，因此必須加以限制。為了滿足 ARCH 過程中之正規條件 (Regularity Conditions)，必須使 $\gamma_0 > 0$，且 γ_1，γ_2，$\cdots$，$\gamma_q \geqq 0$ 及 $\gamma_1 + \cdots + \gamma_q < 1$。

由於 $\gamma_i \geq 0$，所以前期殘差平方產生小幅度變動時，當期的殘差平方會產生小幅度的同向變動，而前期產生大幅度變動時，當期也會產生大幅度的同向變動，ARCH 模型此種變動的特性，可解釋財務上相當著名的波動性群聚 (Volatility Cluster) 的現象。

由 ARCH(q) 定義中，我們可得：

1. h_t 是 ε_t 二階動差之條件期望值

$$E_{t-1}(\varepsilon_t^2) = E(\varepsilon_t^2 \mid I_{t-1})$$
$$= E(\varepsilon_t^2 \mid \varepsilon_{t-1}, \varepsilon_{t-2}, ...)$$
$$= c + \sum_{i=1}^{q} \gamma_i \varepsilon_{t-i}^2$$
$$= h_t$$

2. ε_t 之條件期望值為 0

$$E_{t-1}(\varepsilon_t) = E_t(\varepsilon_t \mid I_{t-1}) = 0$$

3. ε_t 之期望值為 0

$$E(\varepsilon_t) = 0$$

4. ε_t 無數列相關

$$E_t(\varepsilon_t, \varepsilon_s) = 0, \, t \neq s$$

5. ε_t 之變異數是

$$\sigma^2 = E(\varepsilon_t^2) = \frac{c}{1 - \sum_{i=1}^{q} \gamma_i}$$

三、殘差是否具有「ARCH(q) 效果」

在使用 ARCH 模型來配適數列 (如股價報酬率) 的資料時，必須先檢定數列的條件均數方程式的殘差是否具有異質變異的現象，是否有 ARCH(q) 效果，一般檢定方法有四：

(一) ARCH-LM 檢定法

Engle(1982) 建議以殘差來檢定 ARCH 效果，即 ARCH-LM(ARCH 輔助模型) 檢定法：

Step 1. 對於均數建議以一個適當的 ARMA 模型，並得到殘差 $\{\hat{\varepsilon}_t\}$ 與殘差的平方 $\{\hat{\varepsilon}_t^2\}$。

Step 2. 檢驗 q 階的 ARCH：對殘差求平方，然後把它對自身落後 q 階進行迴歸，
$$\hat{\varepsilon}_t^2 = \alpha_0 + \alpha_1 \hat{\varepsilon}_{t-1}^2 + \alpha_2 \hat{\varepsilon}_{t-2}^2 + \cdots + \alpha_q \hat{\varepsilon}_{t-q}^2 + \nu_t$$

v_t 為誤差項,從迴歸中獲得 R^2。

Step 3. $\begin{cases} H_0 : \alpha_1 = \alpha_2 = \cdots = \alpha_q = 0 \\ H_1 : 至少有一\alpha_i 不為 0,\ i = 1,\cdots, q \end{cases}$

Step 4. 統計檢定量:

將求得之判斷係數 R^2(為迴歸解釋能力),乘以樣本總數 T,計算得到 ARCH-LM 統計量,其為 χ^2(q) 的漸近分配。T×R^2~ χ^2(q), q 是模型中落後階數。求統計量大於臨界值,即拒絕 H_0(虛無假設),即該時間數列資料具有 ARCH 效果,表示該時間數列模型的殘差變異數有不同質性,適合利用 ARCH 或 GARCH 模型來配適。此外,如果不存在 ARCH 效果,則此迴歸式的解釋能力非常小,判定係數 R^2 也會非常小。

(二) 殘差平方相關圖法

殘差平方相關圖 (AC、PAC 圖) 可用來檢查「殘差數列」是否仍有 ARCH 效果。若「殘差數列」已沒有 ARCH 效果,則 AC 及 PAC 係數在所有之落後期都應為 0,並且 Q 統計量不會顯著:反之,則「殘差數列」仍有 ARCH 效果。

(三) Ljung-Box 之 Q^2(n) 檢定法

Q^2 統計量檢定過程大致如下:

1. 同樣利用 OLS(最小平方法) 估計均數方程式,求得殘差$\hat{\varepsilon}_k$項平方。
2. 估計殘差項平方自我相關係數 $\rho(i)$。
3. 求得 Q^2 統計量,求統計量大於 $\chi^2(k - p - q)$ 之臨界值,若模型被拒絕,表示殘差項含有數列相關成分,即該時間數列 (如股價報酬率) 資料具有 ARCH 效果。

舉例來說,假設以 Ljung-Box Q test 和 Q^2 test 檢定來檢視加權指數報酬殘差是否具有自我相關異質變異現象,結果由 Q test 檢定量得知各落後項皆接受報酬率殘差無自我相關之假設:而 Q^2 test 檢定量則顯示報酬率殘差平方可能具有自我相關之現象,亦即適合以 GARCH 模型配適。接著,以 AIC 及 SBC 準則評估 GARCH 模型的參數,在落後期 (p, q) 假設於 0~2 之間下,不論 AIC 或 SBC 準則,皆以 GARCH(1,1) 為最適模型。且經由此模型做配適後,假如發現 Q test、Q^2 test 及 LM test 統計量 1.64 (p-value 為 0.179 > 0.05),顯示標準化殘差與殘差平方皆無自我相關,表示你認定的待估計 GARCH(p,q) 模型是可被接受的。

(四) Engle 的拉式乘數 (Lagrange Multiplier, LM) 檢定法

Engle(1982) 提出 LM 法 (Lagrange Multiplier) 來檢定是否有 GARCH 或 ARCH 的效果存在。假如 ε_t^2 數列是存在 ARCH 過程，則我們可將估計第 t 期的殘差平方對估計第 t-1 到 q 期的殘差平方及常數項進行迴歸分析，也就是以 OLS 法估計方程式：

$$\hat{\varepsilon}_t^2 = \alpha_0 + \alpha_1 \hat{\varepsilon}_{t-1}^2 + \alpha_2 \hat{\varepsilon}_{t-2}^2 + \cdots + \alpha_q \hat{\varepsilon}_{t-q}^2 \qquad \sim \chi^2(q) \text{ 分配}$$

$$\begin{cases} H_0 : \alpha_1 = \alpha_2 = \cdots = \alpha_q = 0 \\ H_1 : \alpha_1, \alpha_2, \cdots, \alpha_q \text{有一不為0} \end{cases}$$

若接受上式 H_0，則表示已沒有 ARCH 效果。

Engle 使用 $T \times R^2$(Lagrange Multiplier) 為顯著檢定統計量，當檢定結果拒絕 H_0 時，則表示該數列具有 ARCH 效果。其中 T 是觀察值數目，R^2 是迴歸之判定係數，假如數列沒有 ARCH 效果時，此檢定統計值會收斂為自由度為 q 之 χ^2 分配。若存在有 ARCH 效果，此時即可試著利用 ARCH 或 GARCH 模型配置變異數。

(五) 認定 ARCH 參數 (p, q) 如何判定它適不適配？

ARCH 參數 (p,q) 的診斷 (diagnostics)，常見的有 4 種適合度 (goodness-of-fit) 檢定準則，包括：mean square error(MS_E)、the loglikelihood(Log L)、Schwarz's Bayesian information criterion(SBC)、Akaike's information criterion(AIC)。上述這些模型適配度之判斷準則，值若愈小表示模型適配度愈佳。

四、ARCH(q) 與 AR(1) 關係

事實上，ARCH(q) 較能描述報酬 (r) 平方之相關係數。假設有一股票之報酬率 (r) 符合 ARCH(1)：

$r_t \sim N(0, \sigma_t^2)$ 而且

$\sigma_t^2 = \gamma_0 + \gamma_1 r_{t-1}^2$

若將恆等式左右，同時 $+ (r_t^2 - \sigma_t^2)$，則得：

$$r_t^2 = \gamma_0 + \gamma_1 r_{t-1}^2 + (r_t^2 - \sigma_t^2)$$

令 $v_t^2 = (r_t^2 - \sigma_t^2)$，則上式可改寫成：

$$r_t^2 = \gamma_0 + \gamma_1 r_{t-1}^2 + v_t^2$$

簡單證明，$v_t^2 \sim WhiteNoise$。所以 r_t^2 本身就屬 AR(1) 模型。即，報酬 (r) 若屬 ARCH(1) 模型，則減去平均數後之報酬數列的平方$(r_t - \bar{r})^2$，即屬 AR(1) 模型。

7-2 單變量 GARCH(p, q) 模型

由於早期計量模型只能在變異數為固定下運作，直到 Engle(1982) 發展出自我迴歸條件異質變異數 (ARCH) 模型，之後，大量的學者將此模型應用在財務時間數列的資料上。不過 ARCH 模型往往需要很長的階次，為了符合參數精簡 (parsimonious) 的特性，Bollerslev(1986) 提出更具彈性的階次，一般化自我迴歸條件異質變異 (Generalized Autoregressive Conditional Heteroscedasticity, GARCH)，將過去的條件變異數加入 ARCH 模型之中而予以一般化，使條件變異數的遞延結構更為完整。Franses & Van Dijk(1996) 證明出短階的 GARCH(1,1) 模型即能夠充分地配適條件變異數。雖然 GARCH 模型能夠有效地掌握超額峰態 (excess kurtosis) 的效果，但是它無法處理不對稱的報酬分配，於是 Nelson(1990) 提出一個非線性模型能夠解決此問題，即是 Exponential GARCH(EGARCH)，而在股價指數上，Nelson 證明出 EGARCH 模型在條件異質變異數中表現最佳。

連續時間下的隨機波動性模型中，以 Hull & White(1987) 的雙變數擴散模型 (Bivariate Diffusion Model) 最經典，其他類似隨機波動性模型的研究尚有 Johnson & Shanno(1987)、Scott(1987)、Wiggins(1987)、Stein & Stein(1991)、Heston(1993)。相對地，離散時間下的隨機波動性模型，則可引進經濟學上最經典的計量模型：一般化自我迴歸條件異質變異數模型 (GARCH)，GARCH 是由 Bollerslev(1986) 率先提出，接著 Nelson(1990) 也證明某類 GARCH 模型可以逼近至雙變數擴散模型。例如，GARCH 應用在選擇權 (Stock Options) 評價模型，其優點是：該模型可以利用股價之歷史資料直接估計參數，不像雙變數擴散模型的波動性無法直接觀測，故在實務上較易應用，也比 Black & Scholes 模型更能描述股票價格的行為。在 Black & Scholes(簡稱 B-S) 的公式中，選擇權價格是此刻股票價格、執行價、距到期日期間長度、無風險利率、與預期未來股票報酬率波動性五個變數的函數，即：

$$\text{Option Price} = P(S;K,T,t,r,\sigma)$$

一、GARCH(1,1)

標準的 GARCH(p,q) 模型，係指條件變異數 σ_t^2 和其前期 (σ_{t-j}^2) 以及誤差項殘差 ε_{t-i} 之預測關係：

$$\sigma_t^2 = \gamma_0 + \sum_{j=1}^{p} \beta_j \sigma_{t-j}^2 + \sum_{i=1}^{q} \gamma_i \varepsilon_{t-i}^2$$

若 $p=1$、$q=1$，就是 GARCH(1,1) 模型，其變異數之相關模型如下：

$$\sigma_t^2 = \alpha_0 + \beta_1 \sigma_{t-1}^2 + \gamma_1 \varepsilon_{t-1}^2$$

$$\Rightarrow \sigma_t^2 = \frac{\gamma_0}{(1-\beta_1)} + \gamma_1 \sum_{j=1}^{\infty} \beta_1^{j-1} \varepsilon_{t-j}^2$$

其中，σ_t^2 為 GARCH 所估計出之波動率、γ_0 為長期平均變異數、ε_{t-1}^2 為第 t-1 期的股價報酬率平方值、σ_{t-1}^2 代表第 t-1 期的變異數。

上式 GARCH(1,1) 模型可以表示為 ARCH(∞)，因此採用 GARCH 模型可以達到精簡性 (Parsimony)。

此外，若條件變異數符合 GARCH(1,1) 模式，則殘差平方服從一個 ARMA(1,1) 模式。若 $\sigma_t^2 = \gamma_0 + \gamma_1 \varepsilon_{t-1}^2 + \beta_1 \sigma_{t-1}^2$

$\Rightarrow \varepsilon_t^2 = \gamma_0 + (\gamma_1 + \beta_1) \varepsilon_{t-1}^2 + v_t - \beta_1 v_{t-1}$ (令 $v_t = \varepsilon_t^2 - \sigma_t^2 \sim WN$)

故 $\varepsilon_t^2 \sim ARMA(1,1)$

因此，決定波動衝擊持續性的自我迴歸的根是 $(\gamma_1 + \beta_1)$。

二、一般化自我迴歸條件異質變異數模型 (GARCH Model)

定義：GARCH(p,q) 過程

令 $\varepsilon_t = v_t \sqrt{h_t}$，其中 $v_t \overset{iid}{\sim} N(0,1)$

$$h_t = \gamma_0 + \sum_{j=1}^{p} \beta_j h_{t-j} + \sum_{i=1}^{q} \gamma_i \varepsilon_{t-i}^2$$

或寫成 $\sigma_t^2 = \gamma_0 + \sum_{j=1}^{p} \beta_j \sigma_{t-j}^2 + \sum_{i=1}^{q} \gamma_i \varepsilon_{t-i}^2$

且對所有 $i > 0$，v_t 與 ε_{t-1} 是獨立。

以上過程，謂之 GARCH(p, q) 過程。

其中，

$\varepsilon_t = \beta X_{t-1} - y_t$：為第 t 期已實現之干擾。

y_t：為依變數。

X_{t-1}：為自變數向量。

β：未知參數向量。

顯然地，$\sigma_t^2 = E_{t-1}(\varepsilon_t^2) = h_t$

此外，為了保證 $\sigma_t^2 > 0$，我們必須限制 $\gamma_i \geq 0$，$\forall\, i$；$\beta_j \geq 0$，$\forall\, j$

$$且 \qquad \sum_{i=1}^{q}\gamma_i + \sum_{j=1}^{p}\beta_j < 1$$

最後值得注意的是，ε_t 的非條件變異數為

$$\sigma^2 = \frac{c}{1 - \sum_{j=1}^{p}\beta_j - \sum_{i=1}^{q}\gamma_i}$$

GARCH(p, q) 之模式設定如下：

均數方程式：$y_t = x_t' + \alpha_t$ (7-1)

條件變異數方程式：

$$h_t = \alpha_0 + \sum_{i=1}^{q}\alpha_i\varepsilon_{t-i}^2 + \sum_{j=1}^{p}\beta_j h_{t-j} \tag{7-2}$$

JMulTi 符號用：$h_t = \alpha_0 + \sum_{i=1}^{q}\gamma_i\varepsilon_{t-i}^2 + \sum_{j=1}^{p}\beta_j h_{t-j}$

$\alpha_t|\Omega_{t-1} \sim N(0, h_t)$，$\alpha_i \geq 0$，$\beta_j \geq 0$，$\alpha_0 > 0$

$\sum_{i=1}^{q}\alpha_i + \sum_{j=1}^{p}\beta_j < 1$，$i = 1, 2, \dots, q$ 及 $j = 1, 2, \dots, p$

其中，y_t 符合 GARCH 模型之時間數列資料；x_t 為內生變數落後項或外生變數；Ω_{t-1} 為 1 至 t-1 期中所有可利用的訊息集合 (information set)；h_t 為受到前 q 期殘差平方及 p 期條件變異數影響之 y_t 的條件變異數；(α, β, δ) 為未知參數的向量，上式可知，GARCH 模型與 ARCH 模型最大的不同在於條件變異數除了受到前幾期殘差項平方的影響外，同時也受到條件變異數落後期的影響。因此，GARCH 模型比 ARCH 模型更具有一般性的特質。

在 GARCH(p,q) 模型中，條件變異數函數為過去殘差項平方，及落後期數條件變異數的線性組合，使得條件變異數的結構設定更具彈性，模型的應用也更為廣泛。而由 GARCH 模型看來，ARCH 模型僅是 GARCH 模型的特例，即若 p=0 時，GARCH(p,q) 模型就恢復成為 ARCH(q) 模型。而若 p = 0 與 q = 0 時，

即 GARCH 模型的條件變異數將恢復成白噪音 (white noise) 的過程。

Engle (1982) 提出自我迴歸異質條件變異數 (ARCH) 模型，允許條件變異數受到過去 p 期殘差項平方的影響。而後，Bollerslev(1986) 將落後期的條件變異數納入 ARCH 模型中，成為一般化自我迴歸異質條件變異數 (GARCH) 模型。ARCH 與 GARCH 模型皆允許殘差項的變異數可以隨時間經過而改變，以解決迴歸模型中將殘差項的變異數假設為固定常數之不合理情形。GARCH 模型也被廣泛地運用在波動的估計，主要原因在於 GARCH 模型的平均數方程式可以處理數列自我相關現象，且其變異數方程式允許變異數取決於過去的變異數及干擾項，亦即接受條件異質變異的存在，因此許多學者認為 GARCH 模型能夠更精確地捕捉金融市場動態的特性。根據 Bollerslev 等人 (1992) 的研究指出，GARCH(1,1) 已經能夠捕捉到條件波動的情形了。舉例來說，若我們直接採用 GARCH(1,1) 模型來估計匯率波動，條件平均數及條件變異數方程式設定如下：

$$\Delta RPPP_t = \eta + \varepsilon_t \tag{7-3}$$

$$\varepsilon_t \sim N(0, \sigma_t^2), \quad \varepsilon_t = \sigma_t v_t \tag{7-4}$$

$$\sigma_t^2 = \alpha_0 + \alpha_1 \varepsilon_{t-1}^2 + \beta_1 \sigma_{t-1}^2 \tag{7-5}$$

其中，$\Delta RPPP_t$ 是實質匯率取自然對數後的一階差分，σ_t^2 則是誤差項 ε_t 的條件變異數。式 (7-3) 至 (7-5) 是為人所熟知的 GARCH(1,1) 一般式，在本例「匯率→貿易出口」的出口方程式中，匯率波動估計因子以 $V_{t-n}\{RPPP_t\}$ 表示。

1. 當 $n = 1$ 時，$V_{t-1}\{RPPP_t\} = \alpha_0 + \alpha_1 \varepsilon_{t-1}^2 + \beta_1 V_{t-2}\{RPPP_t\}$ 其實也就等同於式 (7-5)。

2. 當 $n > 1$ 時，則依次遞迴計算可得。因此為了模型表達方式簡便，各種 GARCH 模型的條件變異數方程式都以一般式表示，其後估計出口方程式時，$V_{t-n}\{RPPP_t\}$ 就是在待估計的條件變異數 σ_{t-n}^2。

三、ARIMA(p,q) 與 GARCH(p, q) 的比較

1. ARMA(p,q) 模型，係指變數 y_t 和前期 y_{t-i} 以及誤差項 ε_{t-j} 的預測關係：

$$y_t = \mu + \sum_{i=1}^{p} \alpha_i y_{t-i} + \varepsilon_t + \sum_{j=1}^{q} \beta_j \varepsilon_{t-j}$$

其中，p 為自我迴歸項 AR 的落後期數，q 為移動平均項 MA 的落後期數。

2. GARCH(p, q) 模型，係指條件變異數 σ_t^2 和其前期 (σ_{t-j}^2) 以及誤差項殘差 ε_{t-j} 之預測關係：

$$\sigma_t^2 = \gamma_0 + \sum_{j=1}^{p} \beta_j \sigma_{t-j}^2 + \sum_{i=1}^{q} \gamma_i \varepsilon_{t-i}^2$$

7-3 條件變異數之不對稱 GARCH 模型

何謂「不對稱」(asymmetry)？以「油價→美股」來說，因油價漲跌對美股的效果具有不對稱性因果關係，故要將油價上漲與產出衰退和油價下跌與產出上揚的效果分開處理。例如，Mork(1989) 發現，油價上揚時，確實會使美國的產出衰退，但油價下跌時產出上升的效果並不顯著。

Stata 或 JMulTi 軟體並沒有提供指數型 (exponential) GARCH(EGARCH) 及 Threshold GARCH (TARCH) 模型，故只能用 EViews 來分析。

由於 GARCH 模型中，當期條件變異數為前一期條件變異數與殘差項平方的函數，故誤差項的正負符號無法對條件變異數造成影響。因此，條件變異數只會隨殘差項的大小值變動，而不會隨殘差項的正負符號變動，換言之，GARCH 模型僅考量殘差項的大小規模 (size)，而沒有考量符號為方向 (sign)。其缺點為無法分別反映正向訊息 (好消息) 與負向訊息 (壞消息) 對匯率風險波動的衝擊。因此若好消息與壞消息對條件波動有不同程度的衝擊效果，例如壞消息比好消息所引發的波動為大，若忽略不對稱效果即會導致在壞消息之後低估波動的衝擊，而在好消息之後高估波動性，而導致波動預測能力的降低。

為了改善必解釋此種現象，Schwert(1989) 及 Nelson (1991) 便提出指數型 (exponential) GARCH 模型與 Glosten 等人 (1993) 提出 GJR-GARCH 模型，此即非對稱性波動資料的 GARCH 模型。

一、EGARCH Model

Schwert(1990) 及 Nelson(1991) 提出了指數型 (exponential)GARCH 模型，其條件變異數方程式 (variance equation) 可設定如下：

$$Ln(\sigma_t^2) = \alpha_0 + \sum_{i=1}^{q} \alpha_i \left(\frac{\varepsilon_{t-i}}{\sigma_{t-i}} \right) + \sum_{t=1}^{q} \lambda_i^* \left| \frac{\varepsilon_{t-i}}{\sigma_{t-i}} \right| + \sum_{j=1}^{p} \beta_i \, Ln(\sigma_{t-j}^2)$$

由上式得知，$\alpha_t > 0$ 表示好消息 (代表利多，為正向訊息)，$\alpha_t < 0$ 表示壞消息 (代表利空，為負向訊息)，而在好消息的情況下及在壞消息的情況下取絕對值與不取絕對值的結果是一樣，即 $\left| \frac{\varepsilon_{t-1}}{\sigma_{t-1}} \right| = \frac{\varepsilon_{t-1}}{\sigma_{t-1}}$，但是其符號是相反的，若有槓桿

效果 (即不對稱性) 存在，以 q = 1 為例，上式中 $\alpha_1 < 0$，因 $\alpha_{t-1} < 0$ 且 $\alpha_1 < 0$ 同時成立時，表示前一期的壞消息將使當期的條件變異數值增加很多。故此模型可作為區分好與壞消息對資料波動不同程度的衝擊，進而檢驗資料波動是否具有非對稱性 (asymmetry) 或槓桿效果 (leverage effect)。

　　EGARCH 模型異於 GARCH 模型的主要特點有三：

1. EGARCH 模型並不限制其方程式的係數不得為負，因為其指數函數型態的設定已保證條件變異數必然為正。

2. 由於指數型 GARCH 模型的變異數是和 ε_{t-1} 有關，而非像在 GARCH 模型裡是和 ε_{t-1}^2 有關，因此當 $\varepsilon_{t-1} < 0$ 時，對變異數的影響是 $-\alpha_1 + \lambda_t$，而當 $\varepsilon_{t-1} > 0$ 時，對條件變異數的影響是 $\alpha_1 + \lambda_t$，表示正負衝擊對波動的影響不同。

3. 指數型 GARCH 模型裡使用的是標準化殘差 (standardized residuals)，亦即 $-\dfrac{\varepsilon_{t-1}}{\sigma_{t-1}}$，Nelson(1991) 指出，由於標準化殘差是一個去單位化的測度，因此對於衝擊所帶來的影響能有比較好的解釋力。

　　利用 Stata egarch 指令估計變異數 σ_t^2，實證結果若顯示 $\alpha_t > 0$，其效果如同 TGARCH(Threshold GARCH) 功能。例如，當 $\varepsilon_t > 0$(即 L1.egarch 係數)，代表「臺幣貶值 (有負向衝擊)，相較於有同程度的臺幣升值 (有正向衝擊) 時，匯率波動比較大」，因為臺幣貶值時對匯率波動的影響 $\alpha_1 + \lambda_t$，大於當臺幣升值時對匯率波動的影響 $-\alpha_1 + \lambda_t$；若實證結果顯示 α_1 小於 0，則表示當臺幣升值時，會造成比較大的匯率的波動。

二、GJR GARCH Model 又稱 TGARCH 模型

　　Stata 提供「arch() tarch() [garch()]」指令，旨在處理：GJR 型式 threshold ARCH 模型。

　　Glosten、Jaganathan & Runkle(1993) 提出 TGARCH 模型，此模型與 EGARCH 模型同樣具有區別利多與利空消息對資料波動不同程度的影響。TGARCH(p, q) 的條件變異數 σ_t^2 方程式 (variance equation) 如下：

$$\sigma_t^2 = \alpha_0 + \sum_{i=1}^{q} \alpha_1 \varepsilon_{t-i}^2 + \gamma_i D_{t-i} \varepsilon_{t-i}^2 + \sum_{j=1}^{p} \beta_1 \sigma_{t-j}^2$$

其中，誤差項殘差 ε_{t-i}。

　　D_t 為指標函數 (indicator function)。　　$\begin{cases} D_t = 1 \text{，若 } \varepsilon_{t-i} < 0 & \text{（表壞消息）} \\ D_t = 0 \text{，若 } \varepsilon_{t-i} \geq 0 & \text{（表好消息）} \end{cases}$

在這模型中，前期的好消息 ($\varepsilon_{t-i} \geq 0$) 及壞消息 ($\varepsilon_{t-i} < 0$) 對本期條件變異數 σ_t^2 有不同的影響。以 q = 1 為例，當出現好消息時，對 σ_t^2 有 α_1 之衝擊影響，當出現壞消息時，對 σ_t^2 有 ($\alpha_1 + \gamma_i$) 之衝擊影響，若 $\gamma_i > 0$，代表前一期的壞消息會使當期的條件變異數較前一期是好消息時為大，即此時存在槓桿效應。

由於 GARCH 模型，僅考慮當衝擊到來時所引起的對稱性反映，無法區別正負衝擊對波動程度的不同影響，因此採用 TGARCH 模型和 EGARCH 模型來捕捉匯率市場上可能產生的波動性不對稱情形。

舉例來說，$\Delta RPPP_t$ 是實質匯率取自然對數後的一階差分，若 $\Delta RPPP_t = \eta + \varepsilon_t$，則 TGARCH 模型之變異數方程式的一般式如下：

$$\sigma_t^2 = \alpha_0 + \alpha_1 \varepsilon_{t-1}^2 + \gamma_1 D_{t-1} \varepsilon_{t-1}^2 + \beta_1 \alpha_{t-1}^2$$

$$\begin{cases} D_{t-1} = 1, 若\ \varepsilon_{t-1} < 0 \\ D_{t-1} = 0, 其他情況 \end{cases}$$

當 $\varepsilon_t < 0$, $\Delta RPPP_t = RPPP_t - RPPP_{t-1} < 0$ (例如：$28 - 30 = -2 < 0$)，在本例「匯率→出口量」裡，由於我們對匯率的定義為一單位外幣可換得的新臺幣 (例如：$R_t = 30$ 新臺幣 / 美元)，因此若 $\Delta RPPP_t < 0$，表示 $\Delta RPPP_t < \Delta RPPP_{t-1}$，意味新臺幣升值了，則手中握有的新臺幣資產，其價值提高，視為有正向衝擊，此時條件變異數 $\sigma_t^2 = \alpha_0 + (\alpha_1 + \gamma)\varepsilon_{t-1}^2 + \beta_1 \alpha_{t-1}^2$；而同理可推，當 $\varepsilon_t > 0$ 時，$\Delta RPPP_t > 0$ 表示新臺幣貶值，為一負向衝擊，此時條件變異數 $\sigma_t^2 = \alpha_0 + \alpha_1 \varepsilon_{t-1}^2 + \beta_1 \alpha_{t-1}^2$。若實證結果顯示 $\gamma_t < 0$，表示當新臺幣貶值 (有負向衝擊) 時，相較於有同程度的新臺幣升值 (有正向衝擊) 時，匯率波動比較大，因為新臺幣貶值時對匯率波動的影響 α_t，大於當新臺幣升值時對匯率波動的影響 $\alpha_t + \gamma_t$；若實證結果顯示 $\gamma_t > 0$，則表示當新臺幣貶值時，匯率波動比較小。

「對稱式」正向 (或負向) 延遲誤差 u_{t-1} 對應的 GARCH(p, q) 如下 (Bollerslev, 1986)：

$$\sigma_t^2 = \omega + \gamma_1 u_{t-1}^2 + \gamma_2 u_{t-2}^2 + \cdots + \gamma_q u_{t-q}^2 + \beta_1 \sigma_{t-1}^2 + \cdots + \beta_p \sigma_{t-p}^2$$

其中，殘差 $u_t = \xi_t \sigma_t \overset{iid}{\sim} N(0,1)$，代表 u_t 與它過去歷史是無關的。

σ_t^2 為條件變異數。

上式 GARCH(p, q) 公式，當 p = 0 時，它就退化成 ARCH(q)。同時，這裡的條件變異數 σ_t^2 必須為正數，它也是 GARCH(p, q) 模型的充分條件：

$$\omega > 0; \quad \gamma_{i,}\beta_j \ge 0; \quad i = 1,\cdots,q; \quad j = i = 1,\cdots,p$$

相對地，具有延遲項的正向 (或負向) 衝擊之 threshold GARCH(1,1)，即 TGARCH(1,1)，其 JMulTi 程式對應的公式如下 (Glosten et al.,1993)：

$$\sigma_t^2 = \omega + \gamma_1 u_{t-1}^2 + \gamma_1^- u_{t-1}^2 I(u_{t-1} < 0) + \beta_1 \sigma_{t-1}^2$$

其中，若過去的衝擊是負向的，則指標函數 $I(u_{t-1} < 0) = 1$。也就是說，用 JMulTi TGARCH 分析所產生的報表 "gamma_(1)" coefficient > 0，即 $\gamma_1^- > 0$，表示該 TGARCH(1,1) 模型具有「不對稱」(asymmetric effect)。

三、條件變異數 σ_t^2 之不對稱檢定方法

由於典型 GARCH 模型，其缺點是無法掌握模型內不對稱問題。例如，實質匯率市場的變異數是否有不對稱的現象，亦即無法分別反映正向訊息 (好消息) 或負向訊息 (壞消息) 對未來匯率風險波動的衝擊，若波動過程具有不對稱性，可使用不對稱的 GARCH 模型來捕捉這些波動行為的特性，才能夠具有較好的解釋或預測能力。

有鑑於此，Engle and Ng(1993) 建議使用四種診斷檢定法，檢驗訊息對波動的影響效果。Engle and Ng(1993) 認為若利用觀測到之變數的過去值可以用來預測標準化殘差平方 $(\frac{\alpha_t}{\sigma_t})^2$，$\sigma_t = \sqrt{h_t}$，但如果其並未包含在預測模型中，即表示模型可能誤設，因此發展出一套診斷檢定 (diagnostic test)，對報酬數列資料執行四種診斷檢定方法估計迴歸方程式如下：

1. 符號偏誤檢定 (Sign Bias Test)

$$(\frac{\alpha_t}{\sigma_t})^2 = b_0 + b_1 S_{t-1}^- + e_t$$

其主要考慮 S_{t-1}^- 這個變數，而 S_{t-1}^- 為一虛擬變數。當 $\alpha_t < 0$ 時，即 $S_{t-1}^- = 1$；反之，則為 0。主要目的在檢驗正、負報酬的衝擊對於波動性的影響效果是否有不對稱的現象。

2. 負程度偏誤檢定 (Negative Size Bias Test)

$$(\frac{\alpha_t}{\sigma_t})^2 = b_0 + b_1 S_{t-1}^- (\alpha_{t-1}/\sigma_{t-1}) + e_t$$

其主要考慮 $S_{t-1}^- \alpha_{t-1}$ 這個變數，而 S_{t-1}^- 為一虛擬變數，當 $\alpha_t < 0$ 則 $S_t^- = 1$；反之，則為 0。其主要目的在檢驗不同程度之負報酬衝擊對於波動性是否有不同的影

響效果。

3. 正程度偏誤檢定 (Positive Size Bias Test)

$$(\frac{\alpha_t}{\sigma_t})^2 = b_0 + b_1(1 - S_{t-1}^-)(\alpha_{t-1}/\sigma_{t-1}) + e_t$$

其主要考慮 $(1 - S_{t-1}^-)\alpha_{t-1}$ 這個變數，而 S_{t-1}^- 為一虛擬變數，當 $\alpha_t < 0$，則 $S_t^- = 1$；反之，則為 0。其主要目的在檢驗不同程度之正報酬對於波動性是否有不同的衝擊影響。

4. 聯合檢定 (Joint Test)

$$(\frac{\alpha_t}{\sigma_t})^2 = b_0 + b_1 S_{t-1}^- + b_2 S_{t-1}^-(\alpha_{t-1}/\sigma_{t-1}) + b_3(1 - S_{t-1}^-)(\alpha_{t-1}/\sigma_{t-1}) + e_t$$

其乃是將前述三個檢定合併起來，檢定波動是否同時由 S_{t-1}^-、$S_{t-1}^-\alpha_{t-1}$、$(1 - S_{t-1}^-)\alpha_{t-1}$ 這三個變數來解釋，而 S_{t-1}^- 為一虛擬變數，當 $\alpha_t < 0$，則 $S_t^- = 1$；反之，則為 0。其主要目的在檢驗條件變異是否存有不對稱的現象。

以上 Sign Bias Test、Negative Size Bias Test、Positive Size Bias Test 及 Joint Test 法都是以 F 統計量之 F 分配來檢定。當上述四種診斷檢定方法結果不一時，經驗法則係採用聯合檢定 (Joint Test) 為主要判斷依據。

7-4 多變量 MGARCH

標準的 GARCH(p, q) 模型，係指條件變異數 σ_t^2 和其前期 (σ_{t-j}^2) 以及誤差項殘差 $\varepsilon_{t-i})$ 之預測關係：

$$\sigma_t^2 = \gamma_0 + \sum_{j=1}^p \beta_j \sigma_{t-j}^2 + \sum_{i=1}^q \gamma_i \varepsilon_{t-i}^2$$

由於 ARCH(q) 模型在異質變異數方程式中，限制假設參數為非負條件 (避免產生負的係數)，使得殘差項平方之落後期數較長，造成參數過多估計困難。Bollerslev(1986) 根據傳統 ARIMA 模型認定的方法，將移動平均的部分保留，且將落後期數的條件變異數 h_{t-1} 加入 Engle(1982) 所提之 ARCH 模型中，即擴展為一般化自我迴歸條件異質變異數模型 (GARCH Model)。GARCH 模型是允許條件變異數受前期殘差平方項影響外，亦受本身前期條件變異數的影響，使條件變異數的動態結構，可有效降低 ARCH 模型階數，達到彈性的目的。

7-4-1 多變量 (multivariate) GARCH 模型

單變量 GARCH 模型擴展至多變量 (multivariate) GARCH 模型，需允許以零為平均數之隨機變數 ε_t 的條件共變異數矩陣受資訊集合元素的影響，多變量 MGARCH 模型的殘差項 (ε_t) 可表示如下：

$$\varepsilon_t \mid \Omega_{t-1} \sim N(0, H_t)$$

常態分配，平均數 0，條件共變異數矩陣 (H_t) 的每一個元素不僅受到前 q 期誤差項平方與誤差項交叉的影響，且會受到前 p 期條件共變異數矩陣內元素的值與 J×1 向量的外生變數所影響。因此，共變數矩陣內的元素服從向量 ARIMA 過程 (Vector ARMAX Process)。在沒有外生變數之下，H_t 定義為 n×n 條件變異數 (共變異數矩陣)，$\varepsilon_t' = \{\varepsilon_{1t}, \varepsilon_{2t}, \cdots, \varepsilon_{nt}\}$，為包含 n 個隨機干擾項的 n×1 向量，Bollerslev, Engle 與 Wooldridge(1988) 的 multivariate GARCH(p,q) 模型之條件共變異數矩陣表示如下：

$$vech(H_t) = C + \sum_{k=1}^{q} A_k vech(\varepsilon_{t-k}, \varepsilon_{t-k}') + \sum_{k=1}^{p} G_k vech(H_{t-k})$$

其中，

$\{A_i\}_{i=1}^{q}$ 及 $\{G_j\}_{j=1}^{p}$ 為 $\dfrac{n(n+1)}{2} \times \dfrac{n(n+1)}{2}$ 矩陣

C 是 $\dfrac{n(n+1)}{2}$ 向量

$vech(\bullet)$ 是將一方陣之下三角元素依序排列而形成的行向量，故 $vech(H_t)$ 為 $\dfrac{n(n+1)}{2} \times 1$ 的行向量。

為了簡單說明，以下考慮一個沒有外生變數的雙變量 GARCH(1,1)VEC 模型。將上式簡寫成：

$$h_t = \begin{bmatrix} h_{11} \\ h_{12} \\ h_{22} \end{bmatrix} = \begin{bmatrix} c_{01} \\ c_{02} \\ c_{03} \end{bmatrix} + \begin{bmatrix} a_{11} & a_{12} & a_{13} \\ a_{21} & a_{22} & a_{23} \\ a_{31} & a_{32} & a_{33} \end{bmatrix} \begin{bmatrix} \varepsilon_{1,t-1}^2 \\ \varepsilon_{1,t-1}\varepsilon_{2,t-2} \\ \varepsilon_{2,t-1}^2 \end{bmatrix} + \begin{bmatrix} g_{11} & g_{12} & g_{13} \\ g_{21} & g_{22} & g_{23} \\ g_{31} & g_{32} & g_{33} \end{bmatrix} \begin{bmatrix} h_{11,t-1} \\ h_{12,t-1} \\ h_{22,t-1} \end{bmatrix}$$

條件變異數 (共變異數矩陣)H_t，通常在應用上我們設為對稱矩陣 (Symmetric Matrix)，因此在上式中，共變異數 $h_{21,t}$ 是多餘的，故不加以考慮，因此矩陣 A_1 與 G_1 各有9個參數。然而為了實證的目的，一般須對此一參數化形式加以限制。

Bollerslev、Engle 與 Wooldridge(1988) 提出對角化表示法 (Diagonal Representation)，此模型設定共變異數矩陣 ($h_{jk,t}$) 內的每一元素僅受本身的過去值與 $\varepsilon_{1,t}$ 與 $\varepsilon_{2,t}$ 的過去值所影響。換句話說，變異數 $h_{11,t}$ 及 $h_{22,t}$ 只受本身落後期誤差項平方及前期變異數所影響，而共變異數 $h_{12,t}$ 只受本身落後期誤差交叉項及前期共變異數影響。在兩變數的情況下，雙變量 GARCH(1,1) 對角化模型可表示如下：

$$h_t = \begin{bmatrix} h_{11} \\ h_{12} \\ h_{22} \end{bmatrix} = \begin{bmatrix} c_{01} \\ c_{02} \\ c_{03} \end{bmatrix} + \begin{bmatrix} a_{11} & 0 & 0 \\ 0 & a_{22} & 0 \\ 0 & 0 & a_{33} \end{bmatrix} \begin{bmatrix} \varepsilon_{1,t-1}^2 \\ \varepsilon_{1,t-1}\varepsilon_{2,t-2} \\ \varepsilon_{2,t-1}^2 \end{bmatrix} + \begin{bmatrix} g_{11} & 0 & 0 \\ 0 & g_{22} & 0 \\ 0 & 0 & g_{33} \end{bmatrix} \begin{bmatrix} h_{11,t-1} \\ h_{12,t-1} \\ h_{22,t-1} \end{bmatrix}$$

在上式雙變量 GARCH(1,1) 對角化模型中，矩陣 A_1 與 G_1 分別有 3 個參數。為了使參數化形式非常敏感，必須要求 H_t 符合正定 (Positive Definite)，然而在 VEC 表示法及對角化表示法，此一限制是難以檢驗的。

Engel 與 Kroner(1995) 則提出新的參數化形式，來克服正定的問題，其模型表示如下：

$$H_t = C_0'C_0 + \sum_{k=1}^{k}\sum_{i=1}^{q} A_{ik}'\varepsilon_{t-i}'\varepsilon_{t-i}A_{ik} + \sum_{k=1}^{k}\sum_{j=1}^{q} G_{jk}'H_{t-j}G_{jk}$$

其中，C_0、A_{ik} 與 G_{jk} 為 n×n 參數矩陣，K 的選定視過程的一般化程度，在上述的設定下，上式將為正定。Engel 與 Kroner(1995) 將上式稱為 Baba-Engle-Kraft-Kroner(簡稱 BEKK) 表示法，它也是 VEC 限制模型之一。

Bollerslev(1990) 提出固定相關係數 GARCH 設定，這樣固定相關係數的設定，可以方便且容易以概似函數，求取最大概似估計式 (MLE) 之估計值，GARCH 模型的估計可大為簡化。假設 t 期條件共變異數 $H_{ij,t}$ 如下：

$$h_{ij,t} = \rho_{ij}\sqrt{h_{ii,t}}\sqrt{h_{jj,t}}$$

其中 $h_{ii,t}$，$h_{jj,t}$ 分別為 i 資產與 j 資產的 t 期條件變異數，ρ_{ij} 為 i 與 j 的相關係數，則固定相關係數設定下 GARCH 模型之條件變異數——共變異數矩陣，可表示如下：

$$H_t = \begin{bmatrix} h_{11,t} & h_{12,t} & \cdots & h_{1n,t} \\ h_{21,t} & h_{22,t} & \cdots & h_{2n,t} \\ \vdots & \vdots & \ddots & \vdots \\ h_{n1,t} & h_{n2,t} & \cdots & h_{nn,t} \end{bmatrix} = D_t'RD_t.$$

其中，

$$
\text{特徵值} D_t = \begin{bmatrix} \sqrt{h_{11,t}} & 0 & \cdots & 0 \\ 0 & \sqrt{h_{22,t}} & \cdots & 0 \\ \vdots & \vdots & \ddots & \vdots \\ 0 & 0 & \cdots & \sqrt{h_{nn,t}} \end{bmatrix}, \text{特徵向量} R = \begin{bmatrix} 1 & \rho_{12} & \cdots & \rho_{1n} \\ \rho_{21} & 1 & \cdots & \rho_{2n} \\ \vdots & \vdots & \ddots & \vdots \\ \rho_{n1} & \rho_{n2} & \cdots & 1 \end{bmatrix}
$$

條件共變異數 H_t 部分，如上式之特徵向量的分解，其中，特徵值 h_t 爲 n×1 的條件變異數向量，$h_t = \{h_{11,t}, h_{22,t}, \ldots, h_{nn,t}\}$，固定相關係數 GARCH 模型之條件變異數表示如下：

$$
h_t = C + \sum_{i=1}^{q} A_i \varepsilon_{t-i}^2 + \sum_{j=1}^{p} G_j h_{t-j}
$$

上式中，$\varepsilon_t^2 = \{\varepsilon_{1t}^2, \varepsilon_{2t}^2, \cdots, \varepsilon_{nt}^2\}$

$\{A_i\}$，$\{G_j\}$ 爲 n×n 的矩陣

C 爲 n×1 的向量

7-4-2 Multivariate GARCH(1,1)：BEKK 形式

財經數列實證研究，絕大多數都可用 GARCH(1,1) 來適配。如果需要同步考慮數個金融時間序列的條件變異數是否都會隨時間變動？通常想到，建構一個 Multivariate GARCH 模型來進行實證分析。而從單變量 GARCH 模型擴充而來的多變量 GARCH 模型，因爲其均數方程式的殘差項有可能會彼此影響，所形成的條件共變異數矩陣都十分複雜，造成實證研究在估計上的困擾，且會因所設定的參數假設不同，而有不同的差異。主要的差異在於參數條件之條件變異數與條件共變異數的函數設定，一般會使用三種方式來簡化複雜的條件共變異數：(1) 固定相關形式 (constant correlation form)、(2) 對角化形式 (diagonal form)、(3)BEKK 形式：Baba-Engle-Kraft-Kroner 所提 VEC 之限制模型。

定義：Baba-Engle-Kraft-Kroner (BEKK)
BEKK 此精簡模型是 VEC 的限制版，其建構的條件共變數矩陣 H_t 是正定，故它可被二個三角矩陣來分解。

$$
H_t = CC' + \sum_{j=1}^{q} \sum_{k=1}^{K} A_{kj}' r_{t-j} r_{t-j}' A_{kj} + \sum_{j=1}^{q} \sum_{k=1}^{K} B_{kj}' H_{t-j} B_{kj} \tag{7-6}
$$

其中，A_{kj}、B_{kj} 及 C 為 N×N 參數矩陣，且 C 為下三角矩陣。

BEKK 模型是定態共變數，若且唯若 (if and only if) 下列式子之特徵值小於 1：

$$\sum_{j=1}^{q}\sum_{k=1}^{K}A_{kj}^{'}\otimes A_{kj}+\sum_{j=1}^{q}\sum_{k=1}^{K}B_{kj}^{'}\otimes B_{kj}$$

其中，$\otimes$ 為二個矩陣的 Kronecker 乘積。

為簡化說明，我們以 k=1 階來解釋 BEKK：

$$H_t = CC'+A^{'}r_{t-1}r_{t-1}^{'}A+B^{'}H_{t-1}B \tag{7-7}$$

令 $B = AD$，D 為對角化 (diagonal) 矩陣。則上式可變成：

$$H_t = CC'+A^{'}r_{t-1}r_{t-1}^{'}A+DE[A^{'}r_{t-1}r_{t-1}^{'}A|F_{t-2}]D \tag{7-8}$$

(7-8) 式之條件變異數——共變數矩陣，代表一組資產報酬 r_t 或投資組合的線性組合。Kroner & Ng(1998) 限制 $B = \delta A$，其中，純量 $\delta > 0$。

若 (7-8) 式有可能更簡化，就是 A 及 B 二者都是對角化矩陣。這種對角化 BEKK 必定滿足 $B = AD$ 條件，它是對角化 VAR 的限制式，即共變方程式的參數 (方程式 h_{ijt}, $i \neq j$) 是方程式 h_{iit} 參數的乘積。因此，若想獲得更一般化且 K > 1 模型 (即放寬共變數參數的限制)，則可限制，對角化 BEKK 為純量 BEKK，即 $A = aI$，$B = bI$，其中，a 及 b 都是純量。

例如，林裕傑 (民 98) 研究「英、法、德、加四國股匯市報酬與美國股市報酬連動關係」就用 BEKK 形式。BEKK 形式是由 Baba 等人 (1990) 所提出，用來把複數條方程式動態的多變量之波動模型化，Engle & Kroner(1995) 將之更進一步討論，因為 (1) 固定相關 (constant correlation)、(2) 對角化 (diagonal) 這兩個方法可能會因為模型假設的結構性關係，在實證上難以有效縮減參數，並維持正定 (positive define)，因此提出 BEKK 來解決上述問題。BEKK 可以當作將對角化形式予以正定，它是利用設定模型中的變異數只受到本身落後期誤差項平方與前一期變異數的影響，共變異數只受到本身落後期交叉項與前一期共變異數的影響。

例如，在林裕傑 (民 98) 的實證模型中，首先考慮一個三變數時間序列觀察值的股、匯市報酬 $\{y_t\}$，$t = 1, \cdots, T$，每期皆有三個元素在此序列中，即 $y_t = (y_{1t}, y_{2t}, y_{3t})^{'}$，其中，$y_{1t}$、$y_{2t}$、$y_{3t}$ 分別代表美國股市報酬、本國股市報酬、本國匯市

報酬，由這些基本假設，可用來描述下列模型：

(7-9)～(7-11) 式主要是敘述三個金融市場報酬的平均數。

$$y_t = \mu + \varepsilon_t \tag{7-9}$$

$$\mu = E(y_t \mid \psi_{t-1}) \tag{7-10}$$

$$\text{條件誤差} \varepsilon_t \mid \psi_{t-1} \sim N(0, H_t) \tag{7-11}$$

其中，(7-9) 式為股匯市報酬的均數方程式，而 Ψ_{t-1} 表直到第 t-1 期且不包括第 t 期所有可能的資訊，N 表三維之常態分配。

下列各式主要是敘述三個金融市場的變異數與共變數。

$$\text{條件共變異數矩陣} \quad H_t = E(\varepsilon_t \varepsilon_t' \mid \Psi_{t-1}) \tag{7-12}$$

$$\text{美股報酬之變異} \quad h_{11,t} = \omega_1 + \alpha_1 \varepsilon_{1,t-1}^2 + \beta_1 h_{11,t-1} \tag{7-13}$$

$$\text{臺股報酬之變異} \quad h_{22,t} = \omega_2 + \alpha_2 \varepsilon_{2,t-1}^2 + \beta_2 h_{22,t-1} \tag{7-14}$$

$$\text{臺灣匯市報酬之變異} \quad h_{33,t} = \omega_3 + \alpha_3 \varepsilon_{3,t-1}^2 + \beta_3 h_{33,t-1} \tag{7-15}$$

$$\text{令} \quad h_{ij,t} = \sqrt{\rho_{ij,t}(h_{ii,t} h_{ii,t})} ; h_{ij} = h_{ji} ; i \neq j ; i,j = 1,2,3 \tag{7-16}$$

$$\text{令} \quad \rho_{ij,t} = \rho_1^{ij}(1 - G(s_{ij,t}; \gamma_{ij}, c_{ij})) + \rho_2^{ij} G(s_{ij,t}; \gamma_{ij}, c_{ij}) \tag{7-17}$$

$$= \rho_1^{ij} + (\rho_2^{ij} - \rho_1^{ij}) \times G(s_{ij,t}; \gamma_{ij}, c_{ij}) ; i \neq j ; i,j = 1,2,3$$

其中，在 (7-9) 式的殘差 ε_t 的條件共變異數矩陣 H_t，假設為服從隨時間變動的結構 (time-varying structure) 型態，(7-13)～(7-15) 式為條件變異數方程式，服從 GARCH(1,1)。若我們研究國與國之間股匯市報酬相關性，因為它是非線性關係與結構性轉變對其的影響，故應採用 Teräsvirta(1994) 的平滑轉換迴歸 (Smooth Transition Regression, STR) 模型，來同時分析以及區分非線性和結構性轉變 (time-varying coefficients) 兩種特性。其中，轉換函數 $G(s_{ij,t}; \gamma_{ij}, c_{ij})$，其值介於 0 與 1 之間，令它為一個 logistic 函數的形式，其定義如下：

> **轉換函數 G() 的界定**
>
> 　　平滑轉換迴歸 (STR) 最原始的構想，就是根據下列公式，試圖找一個合適的轉換函數 $g(x)$，使得「新變數」的值域限制在 [0,1] 範圍。因為：
>
> 1. 當 $g(x)$ 趨近 ∞ 時，「新變數」的值為 0。
> 2. 當 $g(x)$ 趨近 0 時，「新變數」的值為 1。

$$新變數 = \frac{1}{1+g(x)}$$

其中，合適的轉換函數 $g(x)$，就是本章節要談「轉換變數 s_t」；「新變數」就是平滑轉換函數 $G(\gamma, c_k, s_t)$ 即 LSTR1 或 LSTR2，它必須是一個介於 0 和 1 之間的連續型函數 (Teräsvirta, 2004)。

$$
\begin{aligned}
y_t &= \phi' z_t + \theta' z_t \times G(\gamma, c, s_t) + u_t \\
&= (\phi' + \theta' \times G(\gamma, c, s_t))' z_t + u_t \quad , t = 1, 2, 3, \cdots, T
\end{aligned}
\tag{7-18}
$$

其中，$\phi' z_{t-i}$ 為 STAR 的線性部分；$\theta' z_{t-1} G(\gamma, c, s_t)$ 為平滑轉換迴歸 (STAR) 的非線性部分。z_{t-i} 為被解釋變數落後 i 期之向量矩陣。

定義 LSTR1：轉換函數 $G(s_{ij,t}; \gamma_{ij}, c_{ij}) = \dfrac{1}{1 + e^{-\gamma_{ij} \prod\limits_{k=1}^{k} (s_{ij,t} - c_k^{ij})}}$

$$\gamma_{ij} > 0, \quad c_1^{ij} \le c_2^{ij} \le \cdots \le c_k^{ij}$$

其中，$S_{ij,t}$ 為轉換變數、γ_{ij} 為斜率參數或稱作轉換速度，c_{ij} 為位置參數或稱作門檻值。

我們為了擴充 Berben & Jansen(2005) 的單門檻平滑轉換相關係數之雙變數 GARCH(Smooth Transition Correlation- Bivariate GARCH model，簡稱 STC-GARCH) 模型，或為允許兩個或兩個以上門檻值來敘述非線性的相關係數平滑轉換關係，因套用在檢視市場報酬相關性的變化是否隨著時間改變而改變的，故我們再定義一個與時間有關的函數 s_t：

定義：$s_{ij,t} = s_t = \dfrac{t}{T}, \forall i \ne j$，$i, j = 1, 2, 3$。

在理論上，任何變數只要符合經濟理論皆可以當作轉換函數。在實證上，藉著轉換變數 $\dfrac{t}{T}$ 的標準差 $\sigma_{\frac{t}{T}}$，來規模化 $\left(\dfrac{t}{T} - c\right)$ 以估計交錯在不同區間的轉換速率 $\hat{\gamma}$。

參數 γ_{ij} 則是用來判斷在各個門檻下，$c_{ij} = \left[c_1^{ij}, c_2^{ij}, \cdots, c_k^{ij}\right]$ 在區間之間轉換函數變化的平滑度。而本 BEKK 模型之假設與 Berben & Jansen(2005) 最大的不同在於門檻值 c 的個數 K 的設定，Berben & Jansen(2005) 認為股市報酬的相關性存

在一個遞增或遞減的特性，而非一般 CC-GARCH 模型所描述的固定相關係數。故在其研究中將相關係數加入一個轉換函數，藉此來控制相關係數的長期變化趨勢，並設定轉換函數的門檻個數為單一門檻，在這樣假設下的 STC-GARCH 模型，只能單純描述一段樣本期間內的市場與市場之間的相關性持續遞增或遞減的情況，為一個單調轉換的變化。而本 BEKK 則擴充 Berben & Jansen 的設定，假設轉換函數含有多個門檻值存在的可能，來描述在市場 i、j 的非線性相關，而擁有二個或三個以上門檻數目的轉換函數，其好處在於多門檻的轉換函數能較精確地描述市場相關性的起伏，更勝於單一門檻僅能描述單調的持續遞增或遞減的現象，較能捕捉真實的情況。

MSTC-MGARCH 模型可以用來捕捉一個廣範圍的相關係數變化之形式。如果 ρ_1^{ij} 和 ρ_2^{ij} 不同，相關係數會在不同動態區間做移動，而隨著時間增加，改變的速度可能會隨之而增加。相關係數在不同區間之間的移轉急劇程度與否會因轉換速率 γ 的大小而不同，若 γ 很大，則移轉會十分劇烈；反之，則移轉十分平緩。於單一門檻的情形下 ρ_1^{ij} 與 ρ_2^{ij} 的大小決定了非線性相關係數轉換函數的初始值，當 $\gamma = 0$，即相關係數退化為線性時，此為 Bollerslev(1990) 所提出的固定相關係數模型，為 STC-GARCH 模型設定 $\rho_1^{ij} = \rho_2^{ij}$ 或 $\gamma = 0$ 的特殊情況。而當 $\gamma \neq 0$，即此相關係數為非線性時。且 $\rho_1^{ij} < \rho_2^{ij}$ 則表示相關性將會被觀察到呈現一直遞增的狀態；反之，$\rho_1^{ij} > \rho_2^{ij}$ 則表示相關性將會被觀察到呈現一直遞減的狀態，而當轉換函數的門檻值不只一個時，此時相關係數的變化情形就必須由本 BEKK 所設定的 MSTC-MGARCH 模型來觀察。而門檻值的個數與位置和轉換速度的大小亦會影響轉換函數的圖形，如圖 7-5 所示。

多門檻平滑轉換相關係數的多變數 GARCH 模型 (Multi-threshold Smooth Transition Correlation of Multivariate GARCH model) 可以應用於捕捉一個更廣範圍變動程度的變化，不僅僅是在各個國家自己國內的金融市場，而且也可以用來追蹤國與國之間金融市場在各個時期的相關性。

結合 (7-17) 式與 (7-18) 式並依照 Teräsvirta(1994) 定義的 Logistic 平滑轉換函數 (logistic STR, LSTR) 模型，且依據不同門檻個數 K 值可以定義不同型態的轉換函數而組成不同型態的非線性平滑轉換迴歸模型。

情況 I：轉換函數之 K = 1 時，稱作 LSTR1

當門檻個數 K = 1 時，稱作 LSTR1 為以下形式：

$$G(\gamma, c_1, s_t) = \frac{1}{1 + e^{-\gamma(s_t - c_1)}}, \gamma > 0$$

LSTR1 模型可藉由單一門檻值 c_1 區分成兩個動態區間，分別為較低區間與較高區間 (lower regime & upper regime)，當轉換變數等於門檻值時 (即 $s_t - c_1 = 0$ 時)，則 $G(\gamma, c_1, s_t) = \frac{1}{2}$；而當轉換變數偏離門檻值的程度趨近於正無窮大或負無窮大時，$G(\gamma, c_1, s_t) = 1$ 或 0。故隨著轉換變數 s_t 由小變動到大，轉換函數 $G()$ 將會由 0 變化到 1，而參數會從 ρ_1 增加到 ρ_2 作單調遞增或遞減轉換。另外，當斜率參數或稱作轉換速度 $\gamma = 0$ 時，則轉換函數 $G(\gamma, c_1, s_t) = \frac{1}{2}$，LSTR1 模型會退化成為線性模型 (linear model)；而當 γ 趨近於無窮大時，LSTR1 模型由較低區間 (lower regime) 轉變到較高區間 (upper regime) 會出現急遽的轉換過程，趨近於由 Tong(1990) 所提出門檻迴歸模型。因此，依照不同調整速度，隨著轉換函數的增加或減少，轉換函數的值會對應不同方向的門檻值偏離程度，故 LSTR1 通常被用來描述不對稱動態的變數，如下圖所示。

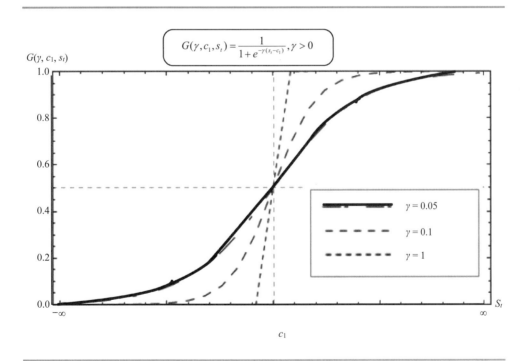

圖 7-4 不同調整速度情況下的 LSTR1 函數值

情況 II：轉換函數之 K = 2 時，稱作 LSTR2

當門檻個數 K = 2 時，稱作 LSTR2 其形式：

$$G(\gamma, c_1, c_2, s_t) = \frac{1}{1 + e^{-\gamma(s_t - c_1)(s_t - c_2)}}, \ \gamma > 0 , \ c_1 < c_2$$

LSTR2 模型的轉換函數與 LSTR1 的不同在於擁有兩個門檻值，c_1 與 c_2，故可區爲分成三個動態區間 (regime)，分別爲兩個外部區間 (outer regime) 與一個內部區間 (Mid regime)，$G(\gamma, c_1, c_2, s_t)$ 會以 $\frac{(c_1 + c_2)}{2}$ 爲對稱點，呈現一個類似 U 型的變動趨勢。當 γ 夠大且轉換變數 s_t 落在 c_1 與 c_2 之間時，轉換函數值會趨近於 0；而轉換函數 s_t 落在 c_1 與 c_2 之外時，$G(\gamma, c_1, c_2, s_t)$ 會趨近於 1。因此，當 $s_t \rightarrow -\infty$ 及 $+\infty$，此轉換函數描述當轉換變數落在兩門檻值以外時，表示在外部區間 (outer regimes) 會有對稱的動態行爲，而和轉換變數落在兩門檻值以內的內部區間 (middle regime) 會有明顯不同的非線性調整。另外，當 $\gamma = 0$ 時，$G(\gamma, c_1, c_2, s_t) = 1/2$，則 LSTR2 模型會退化爲線性模型 (linear model)。因此，依照不同調整速度，隨著轉換變數值的增加或減少，轉換函數的值會以 $\frac{(c_1 + c_2)}{2}$ 作不同程度的偏離。在不同調整速度的情況下，轉換函數的值與轉換變數偏離門檻值程度大小關係，如下圖所示：

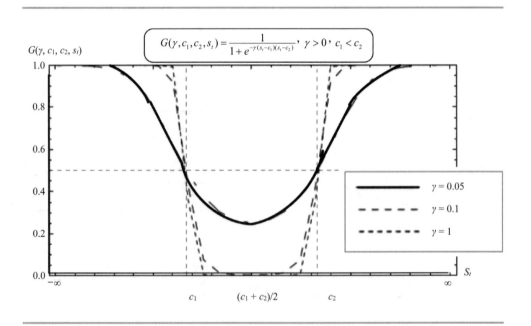

圖 7-5 不同調整速度情況下的 LSTR2 函數值

轉換函數中轉換變數之選擇，依據其經濟理論可以設特定的變數作爲轉換變數，例如以應變數、自變數的落後期或是其他外生變數作爲轉換變數 (Teräsvirta, 1994)。如果考慮轉換變數與時間有相關時，則可以考慮以時間趨勢項作爲轉換變數之轉換函數 (Lin & Teräsvirta, 1994)。

在假設常態下，概似函數 (log-likelihood function) 在樣本數爲 T 個觀察值下可被描述爲：

$$L(\theta) = \sum_{t=1}^{T} l_t(\theta) = \sum_{t=1}^{T} [-\frac{1}{2}(\ln|H_t| + \varepsilon_t' H_t^{-1} \varepsilon_t)]$$

其中 θ 爲在殘差 ε_t 與共變異數矩陣 H_t 中的所有未知參數。最大概似估計 (maximum likelihood estimate, MLE) 是以概似函數對所有參數同時進行估計求出最接近母體的最大概似值。

7-5 Stata ARCH/GARCH 之指令語法

Stata ARCH(Autoregressive conditional heteroskedasticity) 有一系列的估計法。

7-5-1 ARCH 語法

arch depvar [indepvars] [if] [in] [weight] [, **options**]。
其中，各種 **options** 的說明如下：

options	說明
Model	
noconstant	不印出常數項
arch(*numlist*)	ARCH 式 (terms)，即 lags of ε_t^2
garch(*numlist*)	GARCH terms (lags of ε_t^2)
saarch(*numlist*)	單純不對稱 (asymmetric) ARCH terms (請見本章實例)
tarch(*numlist*)	門檻 (threshold) ARCH terms
aarch(*numlist*)	非對稱 (asymmetric) ARCH terms
narch(*numlist*)	非線性 (nonlinear) ARCH terms
narchk(*numlist*)	帶漂移項非線性 ARCH (nonlinear ARCH terms with single shift)
abarch(*numlist*)	絕對值 ARCH (absolute value ARCH terms)
atarch(numlist)	絕對值門檻 ARCH (absolute threshold ARCH terms)

options	說明
sdgarch(numlist)	誤差 σ_t 的 lag 項 (lags of σ_t)
earch(numlist)	Nelson's 及 EGARCH (news terms in Nelson's (1991) EGARCH model) (請見本章實例)
egarch(numlist)	lags of ln (σ_t^2)
parch(numlist)	指數 ARCH (power ARCH terms)
tparch(numlist)	門檻指數 ARCH (threshold power ARCH terms)
aparch(numlist)	非對稱指數 ARCH (asymmetric power ARCH terms) (請見本章實例)
nparch(numlist)	非線性指數 ARCH (nonlinear power ARCH terms) (請見本章實例)
nparchk(numlist)	帶漂移項之非線性指數 ARCH (nonlinear power ARCH terms with single shift)
pgarch(numlist)	指數 GARCH (power GARCH terms)
constraints(constraints)	採特定之線性制限式 (apply specified linear constraints)
collinear	保留共線性變數 (keep collinear variables)
Model 2	例如， . arch y x, archm arch(1) 就是表示： $$y_t = \beta_0 + \beta_1 x_t + \psi\sigma_t^2 + \varepsilon_t$$ $$\sigma_t^2 = \gamma_0 + \gamma\varepsilon_{t-1}^2$$ 又如， . arch y, arima(2,1,3) 就相當於： . arch D.y, ar(1/2) ma(1/3)
archm	在平均數式中包含 ARCH-in-mean 項（include ARCH-in-mean term in the mean-equation specification） ARCH- mean 模型之 2 個方程式為： (平均數方程式) $\begin{cases} y_t = \mu + \delta\sigma_{t-1} + \varepsilon_t \\ \sigma_t^2 = \alpha_0 + \alpha_1\varepsilon_{t-1}^2 + \phi\sigma_{t-1}^2 \end{cases}$ (條件變異數式)
archmlags(*numlist*)	include specified lags of conditional variance in mean equation
archmexp(*exp*)	apply transformation in exp to any ARCH-in-mean terms 例如， . arch y x, archm arch(1) archmexp(sqrt(X)) ，界定 mean equation 為： $$y_t = \beta_0 + \beta_1 x_t + \psi\sigma_t + \varepsilon_t$$ 又如， . arch y x, archm arch(1) archmexp(1/sqrt(X)) ，代表： $$y_t = \beta_0 + \beta_1 x_t + \psi/\sigma_t + \varepsilon_t$$
arima(#*p*,#*d*,#*q*)	界定 ARIMA(p; d; q) model for dependent variable
ar(*numlist*)	結構模型誤差之自我迴歸項 (autoregressive terms of the structural model disturbance)
ma(*numlist*)	結構模型誤差之移動平均 (moving-average terms of the structural model disturbances)

options	說明
Model 3	
distribution(*dist[#]*)	use *dist* distribution for errors (可以是 **gau**ssian, **nor**mal, t, 或 ged 分配；內定值為 **gaussian** 分配)
het(*varlist*)	在條件變異中，包含你界定的 varlist (include varlist in the specification of the conditional variance) 例如，「het(x w) arch(1)」，代表的是： $\sigma_t^2 = \exp(\lambda_0 + \lambda_1 x_t + \lambda_2 w_t) + \alpha \varepsilon_{t-1}^2$ 又如，「het(x w) earch(1) egarch(1)」表達的是： $\sigma_t^2 = \exp(\lambda_0 + \lambda_1 x_t + \lambda_2 w_t) + \alpha \varepsilon_{t-1}^2$ 而 EGARCH model 的 Multiplicative heteroskedasticity，意含著變異數已取 ln(x)，故「het(x w) earch(1) egarch(1)」，代表的是： $\ln(\sigma_t^2) = \lambda_0 + \lambda_1 x_t + \lambda_2 w_t + \alpha z_{t-1} + \gamma(|z_{t-1}| - \sqrt{2/\pi}) + \delta \ln(\sigma_{t-1}^2)$
savespace	估計結果暫存到記憶體 (conserve memory during estimation)
Priming	
arch0(xb)	依據非條件變異外，計算初始值 (priming values on the basis of the expected unconditionalvariance)；此為內定值。
arch0	從 OLS 來估計殘差變異之初始值 ((xb0)compute priming values on the basis of the estimated variance of the residuals from OLS)
arch0(xbwt)	計算 priming values on the basis of the weighted sum of squares from OLS residuals
arch0(xb0wt)	計算 priming values on the basis of the weighted sum of squares from OLS residuals, with more weight at earlier times
arch0(zero)	設定 ARCH 項的初始值為 0 (set priming values of ARCH terms to zero)
arch0(#)	設定 ARCH 項的初始值為 0 (set priming values of ARCH terms to #)
arma0(zero)	此為內定值，set all priming values of ARMA terms to zero; the default
arma0(p)	從第 p 觀察值開始估計 (begin estimation after observation p, where p is the)
maximum	最大 AR lag 值 (in model)
arma0(q)	begin estimation after observation q, where q is the
maximum	最大 MA lag 值 (in model)
arma0(pq)	p + q 觀察值之後來估計 (begin estimation after observation (p + q))
arma0(#)	設 ARMA 初始值為 # (set priming values of ARMA terms to #)
condobs(#)	從第 # 作樣本來設定條件 (set conditioning observations at the start of the sample to #)

options	說明
SE/Robust	
vce(*vcetype*)	*vcetype* 可以是 opg, **r**obust, 或 oim
Reporting	
level(#)	設信賴區間 (set confidence level)；內定值為 95 (default is level(95))
detail	印出時間序列的 gaps 值 (report list of gaps in time series)
nocnsreport	不印限制式 (do not display constraints)
display options	控制直行格式 (control column formats), row spacing, and line width
Maximization	
maximize options	控制最大流程 (control the maximization process); seldom used
coeflegend	印出相關係數 (display legend instead of statistics)

基本 arch 模型為：

$$y_t = x_t\beta + \varepsilon_t$$
$$\text{Var}(\varepsilon_t) = \sigma_t^2 = \gamma_0 + A(\sigma, \varepsilon) + B(\sigma, \varepsilon)^2$$

y_t 可選擇是否要納入 ARCH-in-mean 及 ARMA 項：

$$y_t = x_t\beta + \sum_i \psi_i g\,(\sigma_{t-1}^2) + \text{ARMA}\,(p, q) + \varepsilon_t$$

1. 你若沒選，則系統內定「A()=B()=0」且該模型退化為線性迴歸分析。
2. 若你選下列選項，加入至 A()(其中 α, γ, κ 為待估參數)，則方程式變為：

Option	Terms added to A()
arch()	$A() = A() + \alpha_{1,1}\varepsilon_{t-1}^2 + \alpha_{1,2}\varepsilon_{t-2}^2 + \cdots$
garch()	$A() = A() + \alpha_{2,1}\sigma_{t-1}^2 + \alpha_{2,2}\sigma_{t-2}^2 + \cdots$
saarch()	$A() = A() + \alpha_{3,1}\varepsilon_{t-1} + \alpha_{3,2}\varepsilon_{t-2} + \cdots$
tarch()	$A() = A() + \alpha_{4,1}\varepsilon_{t-1}^2(\varepsilon_{t-1} > 0) + \alpha_{4,2}\varepsilon_{t-2}^2(\varepsilon_{t-2} > 0) + \cdots$
aarch()	$A() = A() + \alpha_{5,1}(|\varepsilon_{t-1}| + \gamma_{5,1}\varepsilon_{t-1})^2 + \alpha_{5,2}(|\varepsilon_{t-2}| + \gamma_{5,2}\varepsilon_{t-2})^2 + \cdots$
narch()	$A() = A() + \alpha_{6,1}(\varepsilon_{t-1} - k_{6,1})^2 + \alpha_{6,2}(\varepsilon_{t-2} - k_{6,2})^2 + \cdots$
narch()	$A() = A() + \alpha_{7,1}(\varepsilon_{t-1} - k_7)^2 + \alpha_{7,2}(\varepsilon_{t-2} - k_7)^2 + \cdots$

3. 下列選項，加到 B()，則方程式變為：

Option	Terms added to B()
abarch()	$B() = B() + \alpha_{8,1}|\varepsilon_{t-1}| + \alpha_{8,2}|\varepsilon_{t-2}| + \cdots$
atarch()	$B() = B() + \alpha_{8,1}|\varepsilon_{t-1}|(\varepsilon_{t-1} > 0) + \alpha_{9,2}|\varepsilon_{t-2}|(\varepsilon_{t-2} > 0) + \cdots$
sdgarch()	$B() = B() + \alpha_{10,1}\sigma_{t-1} + \alpha_{10,2}\sigma_{t-2} + \cdots$

4. 每個 option 都需 *numlist* argument 來界定「lagged 項」。例如：

arch(1)	$\alpha_{1,1}\varepsilon_{t-1}^2$
arch(2)	$\alpha_{1,2}\varepsilon_{t-2}^2$
arch(1,2)	$\alpha_{1,1}\varepsilon_{t-1}^2 + \alpha_{1,2}\varepsilon_{t-2}^2$
arch(1,3)	$\alpha_{1,1}\varepsilon_{t-1}^2 + \alpha_{1,2}\varepsilon_{t-2}^2 + \alpha_{1,3}\varepsilon_{t-3}^2$

5. 若你選「earch() 或 egarch()」選項，表示該模型為：

$$y_t = x_t\beta + \sum_i \psi_i g(\sigma_{t-1}^2) + \text{ARMA}(p, q) + \varepsilon_t$$

$$\ln \text{Var}(\varepsilon_t) = \ln \sigma_t^2 = \gamma_0 + C(\ln \sigma, z) + A(\sigma, \varepsilon) + B(\sigma, \varepsilon)^2$$

其中，$z_t = \varepsilon_t + \sigma_t$。A() 及 B() 比上面基本模型，多加了 $\ln\sigma_t^2$（而非 σ_t^2）。

6. 選項 C() 可挑選：

Option	Terms added to C()
earch()	$C() = C() + \alpha_{11,1}z_{t-1} + \gamma_{11,1}(|z_{t-1}| - \sqrt{2/\pi}) + \alpha_{11,2}z_{t-2} + \gamma_{11,2}(|z_{t-2}| - \sqrt{2/\pi}) + \cdots$
egarch()	$C() = C() + \alpha_{12,1}\ln \sigma_{t-1}^2 + \alpha_{12,2}\ln \sigma_{t-2}^2 + \cdots$

7. 相對地，你若挑選「parch(), tparch(), aparch(), nparch(), nparchk() 或 pgarch()」，其方程式變為：

$$y_t = x_t\beta + \sum_i \psi_i g(\sigma_{t-1}^2) + \text{ARMA}(p, q) + \varepsilon_t$$

$$\{\text{Var}(\varepsilon_t)\}^{\varphi/2} = \sigma_t^\varphi = \gamma_0 + D(\sigma, \varepsilon) + A(\sigma, \varepsilon) + B(\sigma, \varepsilon)^2$$

其中，φ 為待估參數，A() 及 B() 比基本型多加了 σ_t^φ。

8. D() 選項，包括：

Option	Terms added to D()
parch()	$D() = D() + \alpha_{13,1}\varepsilon_{t-1}^{\varphi} + \alpha_{13,2}\varepsilon_{t-2}^{\varphi} + \cdots$
tparch()	$D() = D() + \alpha_{14,1}\varepsilon_{t-1}^{\varphi}(\varepsilon_{t-1} > 0) + \alpha_{14,2}\varepsilon_{t-2}^{\varphi}(\varepsilon_{t-2} > 0) + \cdots$
aparch()	$D() = D() + \alpha_{15,1}(|\varepsilon_{t-1}| + \gamma_{15,1}\varepsilon_{t-1})^{\varphi} + \alpha_{15,2}(|\varepsilon_{t-2}| + \gamma_{15,2}\varepsilon_{t-1})^{\varphi} + \cdots$
nparch()	$D() = D() + \alpha_{16,1}|\varepsilon_{t-1} - k_{16,1}|^{\varphi} + \alpha_{16,2}|\varepsilon_{t-2} - k_{16,2}|^{\varphi} + \cdots$
nparchk()	$D() = D() + \alpha_{17,1}|\varepsilon_{t-1} - k_{17}|^{\varphi} + \alpha_{17,2}|\varepsilon_{t-2} - k_{17}|^{\varphi} + \cdots$
pgarch()	$D() = D() + \alpha_{18,1}\sigma_{t-1}^{\varphi} + \alpha_{18,2}\sigma_{t-2}^{\varphi} + \cdots$

一、書本常談 ARCH 模型之對應 Stata 指令

常見模型	Stata 指令
ARCH (Engle 1982)	arch()
GARCH (Bollerslev 1986)	arch() garch()
ARCH-in-mean (Engle, Lilien, and Robins 1987)	archm arch() [garch()]
GARCH with ARMA terms	arch() garch() ar() ma()
EGARCH (Nelson 1991)	earch() egarch()
TARCH, threshold ARCH (Zakoian 1994)	abarch() atarch() sdgarch()
GJR, form of threshold ARCH (Glosten, Jagannathan, and Runkle 1993)	arch() tarch() [garch()]
SAARCH, simple asymmetric ARCH (Engle 1990)	arch() saarch() [garch()]
PARCH, power ARCH (Higgins and Bera 1992)	parch() [pgarch()]
NARCH, nonlinear ARCH	narch() [garch()]
NARCHK, nonlinear ARCH with one shift	narchk() [garch()]
A-PARCH, asymmetric power ARCH (Ding, Granger, and Engle 1993)	aparch() [pgarch()]
NPARCH, nonlinear power ARCH	nparch() [pgarch()]

1. 以上常見模型其基本語法均為：

```
arch depvar indepvars , options
```

其中，「 options 」選項包括上表所列那幾項。

例如，以坊間最常見 GARCH(1,1) 來適配 cpi 變數之 first-order GARCH，其指令爲：

```
arch cpi, arch(1) garch(1)
```

2. 你若界定「garch(1) arch(1/2)」，代表 GARCH(2,1) 模型。

3. 你若界定「garch(1) arch(2)」，代表 arch 項僅「lag 2」項，不含「lag 1」項。

二、Stata 之 ARCH 報表解讀

基本上，arch 指令產生報表爲：

op.depvar	coef.	std. Err.	z	p > |z|	[95% Conf. Interval]
depvar					
x1	# ⋯				
x2					
L1.	# ⋯				
L2.	# ⋯				
_cons	# ⋯				
ARCHM					
sigma2	# ⋯				
ARMA					
ar					
L1.	# ⋯				
ma					
L1.	# ⋯				
HET					
z1	# ⋯				
z2					
L1.	# ⋯				
L2.	# ⋯				

op.depvar	coef.	std. Err.	z	p > |z|	[95% Conf. Interval]
ARCH					
arch					
L1.	# ···				
garch					
L1.	# ···				
aparch					
L1.	# ···				
etc.					
_cons	# ···				
POWER					
power	# ···				

第 1、第 2 及第 3 方程式，代表的模型為：

$$y_t = x_t \beta + \sum_i \psi_i g\,(\sigma_{t-i}^2) + ARMA\,(p, q) + \varepsilon_t$$

方程式 1：depvar

會印出 β 係數，並以 [*depvar*] 當方程式名字。若你適配「d.cpi 變數」，則方程式以「cpi」命名。本例，係數 x1 代表 [*depvar*]_b[x1]；係數 x2 代表 [*depvar*]_b[L2.x2]。這樣的表示法才可再被 test 指令使用。

方程式 2：ARCHM

若你有界定「ARCH-in-mean」項，才會印出 ψ 係數 (有關此選項，請見 Model 2 說明)。大部分 ARCH-in-mean 模型都僅是同期變異數項，因此，$\sum_i \psi_i g\,(\sigma_{t-i}^2)$ 就變成 $\psi \sigma_t^2$；ψ 係數就變成 [ARCHM] b[sigma2]。若你的模型包含「lags of σ_t^2」，額外係數 [ARCHM]_b[L1.sigma2] 才會被印出，如此類推。若你用 archmexp() 選項界定「transformation g()」，就會印出係數 [ARCHM]_b[sigma2ex]，[ARCHM]_b[L1.sigma2ex]，其中 sigma2ex 代表 $g(\sigma_t^2)$。

方程式 3：ARMA

若你有選此項，才會印出 ARMA 係數。你可參考 Model 2 的說明。此方程式包括：ar 或 ma 變數。在稍後 test 指令，你可用 [ARMA]_b[L1.ar] 或僅寫

[ARMA]_b[L.ar] 來表示「first lag of the autoregressive term」，其中 "L." 代表 lag 1。[ARMA] b[L2.ma] 代表移動平均項的第 2 落後項。

接著，下面三個方程式，都是在談變異數 σ_t^2 模型。

方程式 4：HET

若你有選此項，才會印出乘法異質性 (multiplicative heteroskedasticity)。即 [HET]_b[op.varname] 係數。

方程式 5：ARCH

印出變數的 ARCH, GARCH 項。例如，指令「arch(1) garch(1)」代表：

$$\sigma_t^2 = \gamma_0 + \alpha_{1,1}\varepsilon_{t-1}^2 + \alpha_{2,1}\sigma_{t-1}^2$$

Stata 印出的係數會是：

[ARCH]_B[_cons](γ_0), [ARCH]_b[L.arch]($\alpha_{1,1}$), and [ARCH]_b[L.garch]($\alpha_{2,1}$)

方程 6：POWER

你若挑選「parch(), tparch(), aparch(), nparch(), nparchk() 或 pgarch()」，其代表方程式變為：

$$y_t = x_t\beta + \sum_i \psi_i g(\sigma_{t-i}^2) + ARMA(p, q) + \varepsilon_t$$
$$\{Var(\varepsilon_t)\}^{\varphi/2} = \sigma_t^\varphi = \gamma_0 + D(\sigma, \varepsilon) + A(\sigma, \varepsilon) + B(\sigma, \varepsilon)^2$$

此時，[POWER]_b[power] 代表 φ 係數的估計值。

小結

arch-Autoregressive conditional heteroskedasticity (ARCH) family of estimators			
Option	1 st parameter	2nd parameter	Common parameter
arch()	α_1 = [ARCH]_b[arch]		
garch()	α_2 = [ARCH]_b[garch]		
saarch()	α_3 = [ARCH]_b[saarch]		
tarch()	α_4 = [ARCH]_b[tarch]		
aarch()	α_5 = [ARCH]_b[aarch]	γ_5 = [ARCH]_b[aarch_e]	
narch()	α_6 = [ARCH]_b[narch]	k_6 = [ARCH]_b[narch_k]	
narchk()	α_7 = [ARCH]_b[narch]	k_7 = [ARCH]_b[narch_k]	

abarch()	$\alpha_8 = [\text{ARCH}]\_b[\text{abarch}]$		
atarch()	$\alpha_9 = [\text{ARCH}]\_b[\text{atarch}]$		
sdgarch()	$\alpha_{10} = [\text{ARCH}]\_b[\text{sdgarch}]$		
earch()	$\alpha_{11} = [\text{ARCH}]\_b[\text{earch}]$	$\gamma_{11} = [\text{ARCH}]\_b[\text{earch\_a}]$	
egarch()	$\alpha_{12} = [\text{ARCH}]\_b[\text{egarch}]$		
parch()	$\alpha_{13} = [\text{ARCH}]\_b[\text{parch}]$		$\varphi = [\text{POWER}]\_b[\text{power}]$
tparch()	$\alpha_{14} = [\text{ARCH}]\_b[\text{tparch}]$		$\varphi = [\text{POWER}]\_b[\text{power}]$
aparch()	$\alpha_{15} = [\text{ARCH}]\_b[\text{aparch}]$		$\varphi = [\text{POWER}]\_b[\text{power}]$
nparch()	$\alpha_{16} = [\text{ARCH}]\_b[\text{nparch}]$	$\gamma_{15} = [\text{ARCH}]\_b[\text{aparch\_e}]$	$\varphi = [\text{POWER}]\_b[\text{power}]$
nparchk()	$\alpha_{17} = [\text{ARCH}]\_b[\text{nparch}]$	$k_{16} = [\text{ARCH}]\_b[\text{nparch\_k}]$	$\varphi = [\text{POWER}]\_b[\text{power}]$
pgarch()	$\alpha_{18} = [\text{ARCH}]\_b[\text{pgarch}]$	$k_{17} = [\text{ARCH}]\_b[\text{nparch\_k}]$	$\varphi = [\text{POWER}]\_b[\text{power}]$

7-5-2 各式 ARCH 選擇表 (Menu)

ARCH/GARCH
Statistics > Time series > ARCH/GARCH > ARCH and GARCH models
EARCH/EGARCH
Statistics > Time series > ARCH/GARCH > Nelson's EGARCH model
ABARCH/ATARCH/SDGARCH
Statistics > Time series > ARCH/GARCH > Threshold ARCH model
ARCH/TARCH/GARCH
Statistics > Time series > ARCH/GARCH > GJR form of threshold ARCH model
ARCH/SAARCH/GARCH
Statistics > Time series > ARCH/GARCH > Simple asymmetric ARCH model
PARCH/PGARCH
Statistics > Time series > ARCH/GARCH > Power ARCH model
NARCH/GARCH
Statistics > Time series > ARCH/GARCH > Nonlinear ARCH model
NARCHK/GARCH
Statistics > Time series > ARCH/GARCH > Nonlinear ARCH model with one shift
APARCH/PGARCH
Statistics > Time series > ARCH/GARCH > Asymmetric power ARCH model
NPARCH/PGARCH
Statistics > Time series > ARCH/GARCH > Nonlinear power ARCH model

7-6 Stata 如何判定 GARCH 之 p 及 q 值？

以 Stata 之 ARCH：分析西德 DAX 股市波動的預測

將本書附的「ARCH(5)_ 德股波動率 NP_d_ln_germany_dax_indexdax.dta」
檔，在 Stata 軟體中，用「File > Open」讀入該資料料檔，執行「twoway (tsline
d_ln_germany_dax_index)」指令，即可得到下面「西德DAX股市波動」線性圖。
由於 Stata ARCH 畫面已有提供「ARCH order」，讓你試探該模型條件變異之落
差期數 (q)：$\hat{u}_t^2 = \beta_0 + \beta_1 \hat{u}_{t-1}^2 + \cdots + \beta_q \hat{u}_{t-q}^2 + error_t$。

Step 1：繪德國股價報酬的分配，是否呈現出高狹峰、厚尾與波動性叢聚的現
象？

```
. use ARCH(5)_ 德股波動率 NP_xetradax.dta
* 設定時間變數 t，為 "day"
. tsset t, daily
        time variable:  t, 02jan1960 to 25oct1962
                delta:  1 day

. twoway (tsline d_ln_germany_dax_index)
```

Step 2：判定 ARCH(q) 模型單個參數 (q) 之最佳值為何？

以「西德 DAX 股市波動」來說，arch 指令有提供「arch(q), garch(p)」選項
判定待分析的變數「d_ln_germany_dax_index」，是屬 ARCH(q) 哪一型？假設
你在 ARCH 畫面，勾選是 ARCH(5)。

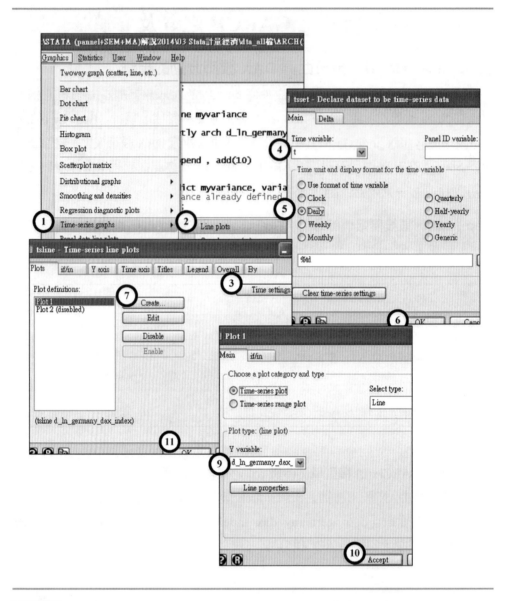

圖 7-6 tsline 指令繪變數 d_ln_germany_dax_index 之波動圖的畫面

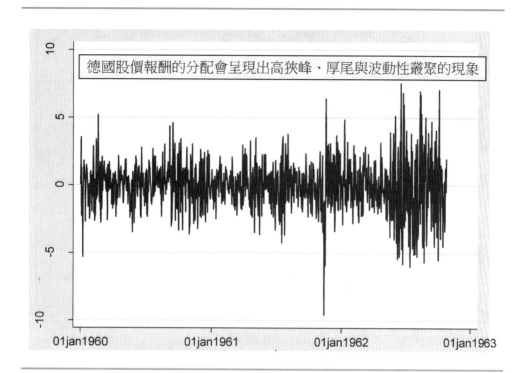

圖 7-7 tsline 指令繪出變數 d_ln_germany_dax_index 之波動圖

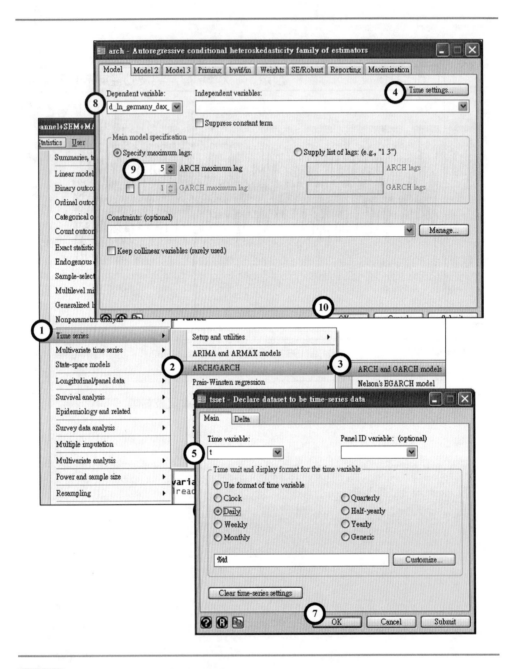

圖 7-8 界定 ARCH(5) 之畫面 (變數 d_ln_germany_dax_index)

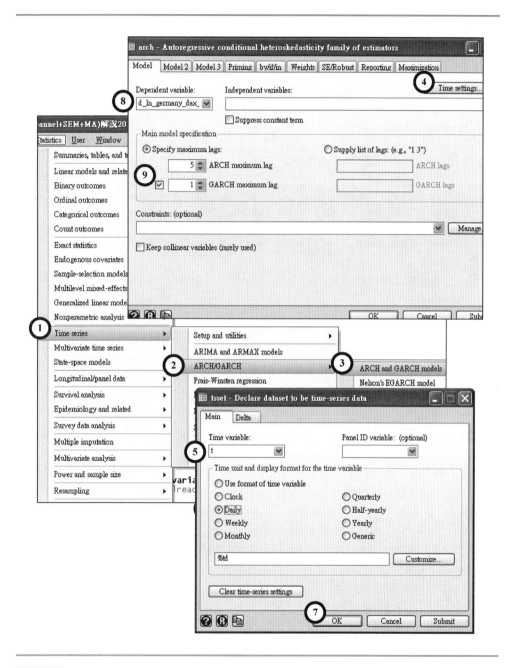

圖 7-9 界定 GARCH(1,5) 之畫面（變數 d_ln_germany_dax_index）

```
. use ARCH(5)_ 德股波動率 NP_xetradax.dta
. arch d_ln_germany_dax_index, arch(1/5)
ARCH family regression


Sample: 1 - 1028                                  Number of obs   =        1028
Distribution: Gaussian                            Wald chi2(.)    =           .
Log likelihood = -1987.273                        Prob > chi2     =           .
```

		OPG				
d_ln_germa~x	Coef.	Std. Err.	z	P>|z|	[95% Conf. Interval]	
d_ln_germa~x						
_cons	-.0051032	.0469356	-0.11	0.913	-.0970953	0868889
ARCH						
arch						
L1.	.0136035	.0260971	0.52	0.602	-.0375459	.064753
L2.	.1433508	.0430044	3.33	0.001	.0590638	2276379
L3.	.150258	.0420657	3.57	0.000	.0678107	.2327053
L4.	.1819594	.0423882	4.29	0.000	.0988801	.2650388
L5.	.2024283	.042657	4.75	0.000	.1188221	.2860345
_cons	1.047814	.1311091	7.99	0.000	.7908443	1.304783

```
* 以上求得 GARCH 之 q=5, 故再試 GARCH 之 p 值 =?，先令 p=1。
. arch d_ln_germany_dax_index, arch(1/5) garch(1/1)

(setting optimization to BHHH)
Iteration 0:    log likelihood = -1987.9665
Iteration 1:    log likelihood = -1978.3489
Iteration 2:    log likelihood = -1976.0471
Iteration 3:    log likelihood = -1975.4144
Iteration 4:    log likelihood =  -1975.369
(switching optimization to BFGS)
Iteration 5:    log likelihood = -1975.3643
Iteration 6:    log likelihood = -1975.3636
Iteration 7:    log likelihood = -1975.3636
```

```
ARCH family regression

Sample: 02jan1960 - 25oct1962              Number of obs   =      1028
Distribution: Gaussian                     Wald chi2(.)    =         .
Log likelihood = -1975.364                 Prob > chi2     =         .


-----------------------------------------------------------------------
                |             OPG
 d_ln_germa~x | Coef.   Std. Err.     z    P>|z|   [95% Conf. Interval]
--------------+--------------------------------------------------------
 d_ln_germa~x |
        _cons | .0003013  .0477386   0.01  0.995  -.0932647   .0938673
--------------+--------------------------------------------------------
 ARCH         |
         arch |
          L1. | -.0275366  .0252008  -1.09  0.275  -.0769292   .021856
          L2. |  .113402   .0479938   2.36  0.018   .0193358  .2074682
          L3. |  .028925   .0601023   0.48  0.630  -.0888734  .1467235
          L4. |  .0002175  .0610431   0.00  0.997  -.1194248  .1198599
          L5. |  .0392367  .0441577   0.89  0.374  -.0473109  .1257842
              |
        garch |
          L1. |  .8091341  .0476739  16.97  0.000   .7156949  .9025733
              |
        _cons |  .1202268  .0476611   2.52  0.012   .0268127  .2136409
-----------------------------------------------------------------------
```

1. ARCH(5) 模型分析，結果：arch「Lag=2」至「Lag=5」之 Z 值之 p，都 <0.05，表示本例符合 ARCH(5)。
2. 相對地，GARCH(1,5) 則沒有那樣完美，因為它只有 arch「Lag=2」及 garch「Lag=1」達到顯著。故我們選擇 ARCH(5) 為：

$$y_t = \mu + v_t \times \sqrt{1.04 + 0.01 \times \hat{\varepsilon}_{t-1}^2 + 0.14 \times \hat{\varepsilon}_{t-2}^2 + 0.14 \times \hat{\varepsilon}_{t-3}^2 + 0.18 \times \hat{\varepsilon}_{t-4}^2 + 0.2 \times \hat{\varepsilon}_{t-5}^2}$$

其中，

$$\varepsilon_t^2 = \gamma_0 + \gamma_1 \times \hat{\varepsilon}_{t-1}^2 + \gamma_2 \times \hat{\varepsilon}_{t-2}^2 + \gamma_3 \times \hat{\varepsilon}_{t-3}^2 + \gamma_4 \times \hat{\varepsilon}_{t-4}^2 + \gamma_5 \times \hat{\varepsilon}_{t-5}^2$$
$$= 1.04 + 0.01 \times \hat{\varepsilon}_{t-1}^2 + 0.14 \times \hat{\varepsilon}_{t-2}^2 + 0.14 \times \hat{\varepsilon}_{t-3}^2 + 0.18 \times \hat{\varepsilon}_{t-4}^2 + 0.2 \times \hat{\varepsilon}_{t-5}^2$$

Step 3：求樣本外之條件變異數的估計值，並繪波動圖

Step 3-1. 資料檔外加 n = 20 筆「樣本外之觀察值」

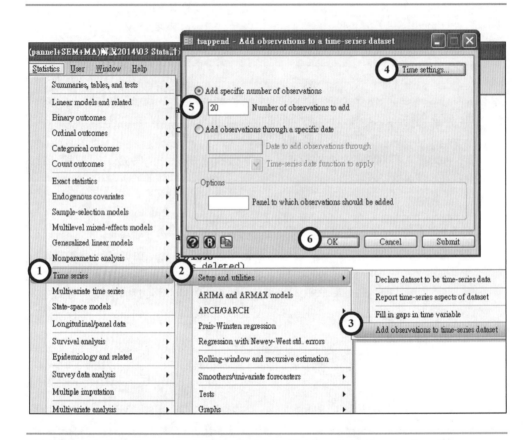

圖 7-10 資料檔外加 20 筆「樣本外觀察值」之畫面

註：Statistics > Time series > Setup and utilities > Add observations to time-series dataset

```
* 因電腦只記住最近一次的模型，故再次執行 ARCH(5) 分析，但不印出
. quietly arch d_ln_germany_dax_index, arch(1/5)

* 在資料檔中，時間數列再加 20 筆觀察值
. tsappend , add(20)

*ARHC(5) 條件變異數之預測值，存到 myvariance 變數
. predict myvariance, variance
```

```
* 繪出樣本內及 20 筆樣本外之條件變異數的波動圖
. tsline myvariance
```

Step 3-2. 預測樣本內及樣本外 20 筆「觀察值」之條件變異數

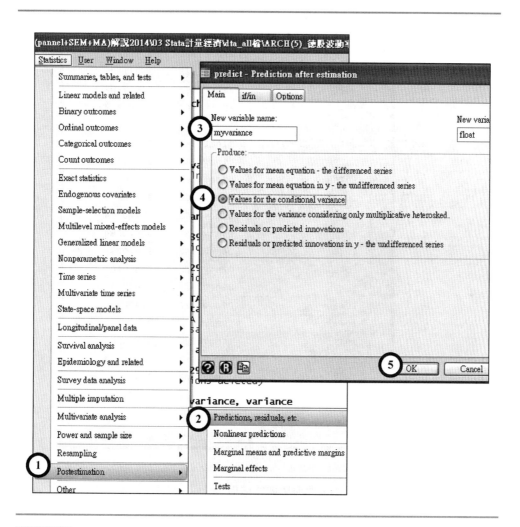

圖 7-11 預測 (predict) 樣本內及 20 筆樣本外的條件變異數之畫面

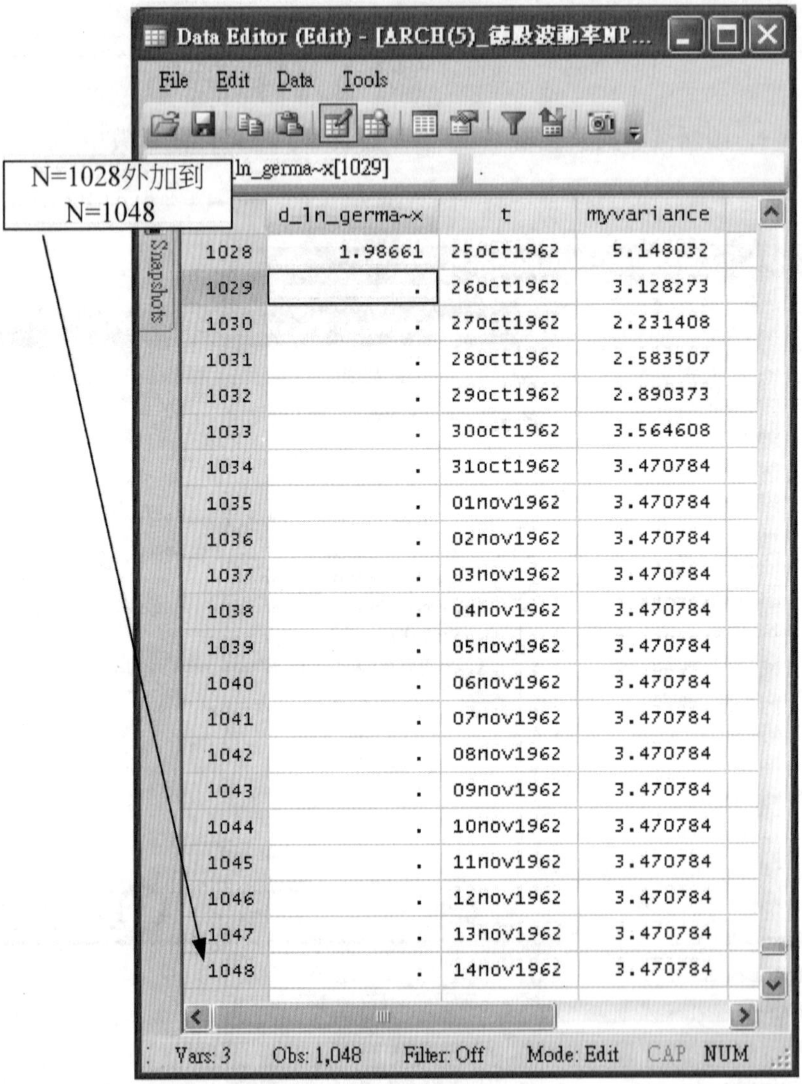

	d_ln_germa~x	t	myvariance
1028	1.98661	25oct1962	5.148032
1029	.	26oct1962	3.128273
1030	.	27oct1962	2.231408
1031	.	28oct1962	2.583507
1032	.	29oct1962	2.890373
1033	.	30oct1962	3.564608
1034	.	31oct1962	3.470784
1035	.	01nov1962	3.470784
1036	.	02nov1962	3.470784
1037	.	03nov1962	3.470784
1038	.	04nov1962	3.470784
1039	.	05nov1962	3.470784
1040	.	06nov1962	3.470784
1041	.	07nov1962	3.470784
1042	.	08nov1962	3.470784
1043	.	09nov1962	3.470784
1044	.	10nov1962	3.470784
1045	.	11nov1962	3.470784
1046	.	12nov1962	3.470784
1047	.	13nov1962	3.470784
1048	.	14nov1962	3.470784

圖 7-12 預測 20 筆樣本外的條件變異數之結果

Step 3-3. 繪樣本內及樣本外條件變異數之波動圖

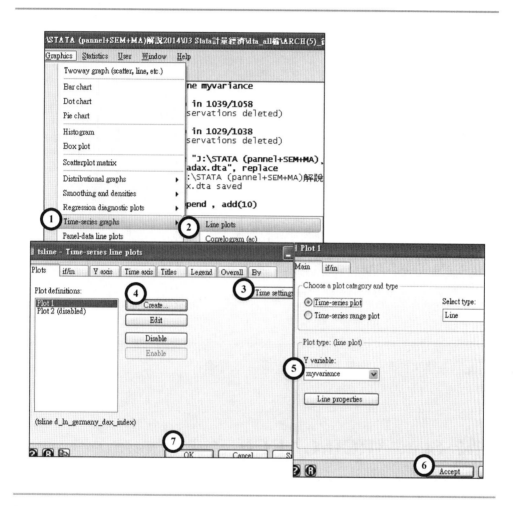

圖 7-13 tsline 繪 myvariance 條件變異數之波動圖的畫面

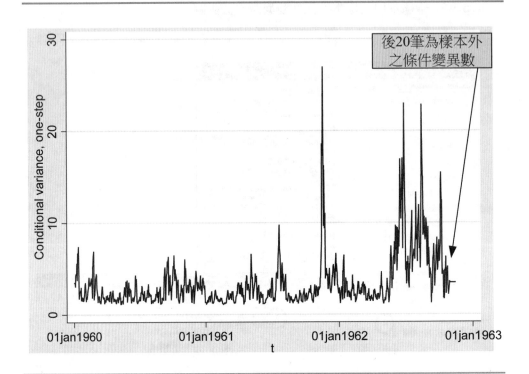

圖 7-14 繪出樣本內及樣本外條件變異數之波動圖

7-7 Stata ARCH/GARCH 之實作

一、ARCH/GARCH 模型

由於像股市報酬率，都不是常態分配，而是厚尾分配。故這種廣義誤差分配的尾巴呈現厚尾，而非常態分配。

Engle(1982) 率先提出 ARCH(m) 模型為

$$y_t = x_t\beta + \varepsilon_t \quad \text{(conditional mean)}$$
$$\sigma_t^2 = \gamma_0 + \gamma_1\varepsilon_{t-1}^2 + \gamma_2\varepsilon_{t-2}^2 + \cdots + \gamma_m\varepsilon_{t-m}^2 \quad \text{(conditional variance)}$$

其中，

ε_t^2：殘差平方或衝擊 (innovations)

γ_t 都是 ARCH 參數們

隨後，將 ARCH(m) 模型擴大，成為 GARCH(m,k) 模型：

$$y_t = x_t\beta + \varepsilon_t$$
$$\sigma_t^2 = \gamma_0 + \gamma_1\varepsilon_{t-1}^2 + \gamma_2\varepsilon_{t-2}^2 + \cdots + \gamma_m\varepsilon_{t-m}^2 + \delta_1\sigma_{t-1}^2 + \delta_2\sigma_{t-2}^2 + \cdots + \delta_k\sigma_{t-k}^2$$

其中，

γ_i 是 ARCH 參數 (are the ARCH parameters)

δ_i 也是 ARCH 參數 (are the ARCH parameters)

二、ARCH-in-mean 模型

ARCH-in-mean 允許時間系列的條件變異數來影響條件平均值。它特別適合於金融之「風險 - 收益」關係的建模。例如你想了解，在所有條件都視為相同情況下，為何高風險投資目標 (如期貨市場 > 現股市場) 其報酬率反而比較低呢？ARCH-in-mean 略為修改模型為：

$$y_t = x_t\beta + \psi\sigma_t^2 + \varepsilon_t \qquad \text{(ARCH-in-mean)}$$

雖然目前主張「線性」條件變異數模型仍是學界的主流，但 arch 指令仍能延伸來處理「非線性」條件變異數模型，你只需透過「nonlinear transformation g()」及其落後項。「非線性」ARCH-in-mean 模型為：

$$y_t = x_t\beta + \psi_0 g(\sigma_t^2) + \psi_1 g(\sigma_{t-1}^2) + \psi_2 g(\sigma_{t-2}^2) + \cdots + \varepsilon_t$$

平方根是「非線性」g() 最常用的變數變換，因為研究者通常都會希望，不論 g() 是那種變換，其研究模型條件標準差是「線性的」。

7-7-1 ARCH 模型

(一) 問題說明

前一章我們已談過，美國批發 (Wholesale) 價格指標 (wpi) 之 ARIMA 的建構模型。在此我們想進一步了解美國批發價格指標 (wpi) 的波動特性模型 (分析單位：季物價)。此「wpi1.dta」資料檔之變數如下：

變數名稱	說明	編碼 Codes/Values
時間數列 wpi	美國批發 (Wholesale) 價格指標	30.5～116.2 美元

變數名稱	說明	編碼 Codes/Values
時間索引 (下標) t	季	1960q1～1990q4
ln_wpi	wpi 變數取自然對數	

(二) 資料檔之內容

讀入資料檔之前,先設定工作目錄,「File > Chang working directory」,指定 CD 所附資料檔之路徑,接著再選「File > Open」,開啓「wpi1」資料檔。

「wpi1.dta」資料檔內容如下圖。

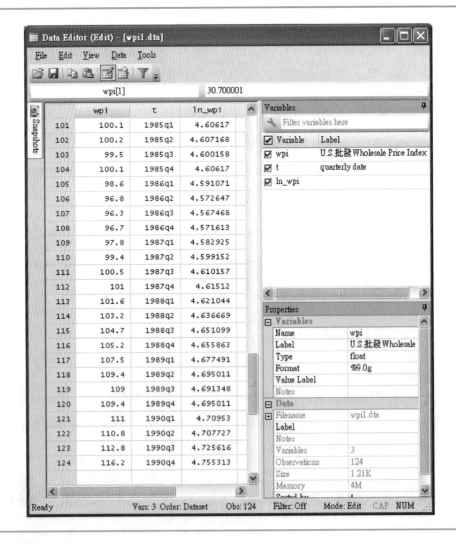

圖 7-15 「wpi1.dta」資料檔 (N=124 季 , 3 variables)

(三) 分析結果與討論

Step1. 先繪 △ln_wpi 之走勢 line 圖,再測試它是否有條件變異數?

　　首先,先繪個線形圖來觀察「continuously compounded rate of change in the WPI」,即 ln(WPIt)-ln(WPIt-1) 圖,結果如下之波動圖。我們可肉眼看出高震動波和平靜波的時段的期間,來判定它是否有 arch 現象。

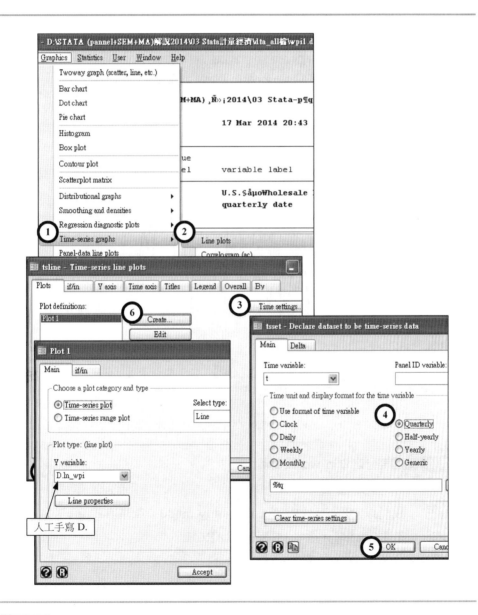

圖 7-16 繪 D.ln_wpi 走勢 line 圖之畫面

註:Statistics > Time series > Graphs > Line plots

```
. use http://www.stata-press.com/data/r11/wpi1, clear

. tsset t, quarterly
        time variable:  t, 1960q1 to 1990q4
                delta:  1 quarter

. twoway (tsline D.ln_wpi)
```

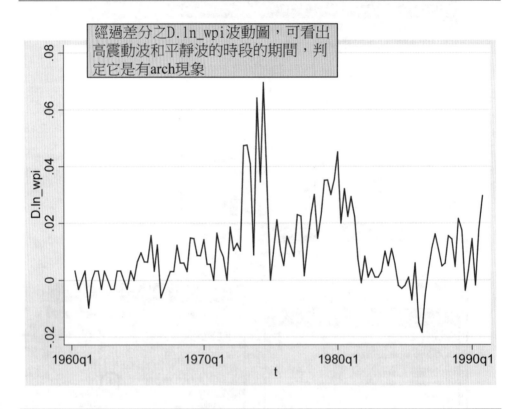

經過差分之D.ln_wpi波動圖，可看出
高震動波和平靜波的時段的期間，判
定它是有arch現象

圖 7-17 經過差分之 D.ln_wpi 波動圖

　　首先，我們以 OLS 來分析 constant-only mode，並用「Engle's Lagrange multiplier test (estat archlm 指令)」來檢定 ARCH 效果。

```
. regress D.ln_wpi

     Source |       SS         df        MS              Number of obs =     123
------------+------------------------------              F(  0,    122) =    0.00
      Model |        0          0         .              Prob > F       =     .
   Residual |  .02521709       122   .000206697          R-squared      =  0.0000
------------+------------------------------              Adj R-squared  =  0.0000
      Total |  .02521709       122   .000206697          Root MSE       = .01438


------------------------------------------------------------------------------------
   D.ln_wpi |    Coef.    Std. Err.        t      P>|t|    [95% Conf. Interval]
------------+-----------------------------------------------------------------------
      _cons |  .0108215   .0012963      8.35      0.000    .0082553    .0133878
------------------------------------------------------------------------------------


. estat archlm, lags(1)

LM test for autoregressive conditional heteroskedasticity (ARCH)
------------------------------------------------------------------------------------
    lags(p) |          chi2                  df                   Prob > chi2
------------+-----------------------------------------------------------------------
       1    |         8.366                   1                      0.0038
------------------------------------------------------------------------------------
          H0: no ARCH effects       vs.    H1: ARCH(p) disturbance
```

1. Lagrange 乘數 (multiplier) 檢定為：

   $$\hat{\varepsilon}_t^2 = \alpha_0 + \alpha_1\hat{\varepsilon}_{t-1}^2 + \alpha_2\hat{\varepsilon}_{t-2}^2 + \cdots + \alpha_q\hat{\varepsilon}_{t-q}^2 \qquad \sim \chi^2(q) \; 分配$$

   $$\begin{cases} H_0 : \alpha_1 = \alpha_2 = \cdots = \alpha_q = 0 \\ H_1 : \alpha_1, \alpha_2, \cdots, \alpha_q \, 有一不為0 \end{cases}$$

   若接受上式 H_0，則表示已沒有 ARCH 效果。

2. 以 OLS 的 constant-only mode 進行 ARCH 模型之 Lagrange multiplier 檢定，結果得 p = 0.0038 < 0.05，拒絕「H_0: no ARCH(1) effects」，故可斷定該數列至少具有 arch(1) disturbance。

Step2. 進行 GARCH(1,1) 建模

　　由於多數進行 conditional variance 時，人們都愛用 Bollerslev(1986) 所提之 first-order generalized ARCH model (GARCH)，因此，我們仍不免俗，先用

GARCH(1,1) 來測試此 log-differenced series，指令如下。

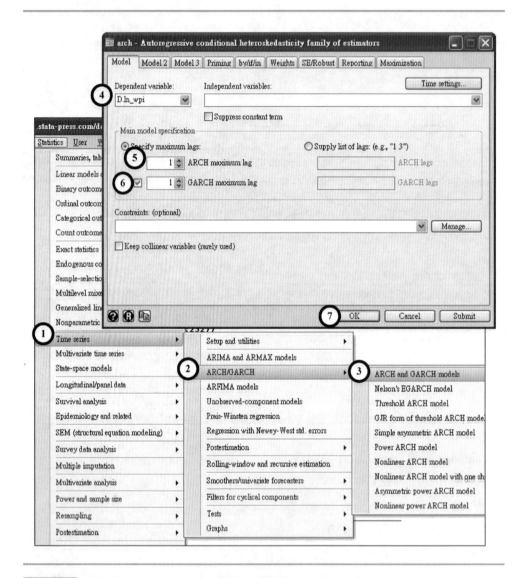

圖 7-18 界定 D.ln_wpi 為 GARCH(1,1) 之畫面

註：Statistics > Time series > ARCH/GARCH > ARCH and GARCH models

```
* 用 GARCH(1,1) 來測試此 log-differenced series
. arch D.ln_wpi, arch(1) garch(1)

ARCH family regression

Sample: 1960q2 - 1990q4                          Number of obs   =        123
Distribution: Gaussian                           Wald chi2(.)    =          .
Log likelihood =    373.234                       Prob > chi2     =          .

------------------------------------------------------------------------------
             |                OPG
   D.ln_wpi |     Coef.   Std. Err.       z    P>|z|     [95% Conf. Interval]
-------------+----------------------------------------------------------------
ln_wpi       |
      _cons |  .0061167   .0010616     5.76   0.000     .0040361    .0081974
-------------+----------------------------------------------------------------
ARCH         |
       arch |
        L1. |  .4364123   .2437428     1.79   0.073    -.0413147    .9141394
            |
      garch |
        L1. |  .4544606   .1866606     2.43   0.015     .0886127    .8203086
            |
      _cons |  .0000269   .0000122     2.20   0.028     2.97e-06    .0000508
------------------------------------------------------------------------------
```

1. GARCH(m,k) 模型為：

$$y_t = x_t \beta + \varepsilon_t$$
$$\sigma_t^2 = \gamma_0 + \gamma_1 \varepsilon_{t-1}^2 + \gamma_2 \varepsilon_{t-2}^2 + \cdots + \gamma_m \varepsilon_{t-m}^2 + \delta_1 \sigma_{t-1}^2 + \delta_2 \sigma_{t-2}^2 + \cdots + \delta_k \sigma_{t-k}^2$$

2. 本例 GARCH(1,1) 模型為：

(平均數方程式)　$\begin{cases} y_t = 0.006 + \varepsilon_t \\ \sigma_t^2 = 0.436\varepsilon_{t-1}^2 + 0.454\sigma_{t-1}^2 \end{cases}$
(條件變異數式)

其中，$y_t = \ln(wpi_t) - \ln(wpi_{t-1})$

此 GARCH(1,1) 模型 Wald 檢定和機率均未印出 (“.” 符號)。有違報表的慣例，
這是因為我們僅以 constant 套入 Stata 平均數方程模型來試驗。

7-7-2 ARCH Model with ARMA process

典型 GARCH(m,k) 模型為：

$$y_t = x_t\beta + \varepsilon_t$$
$$\sigma_t^2 = \gamma_0 + \gamma_1\varepsilon_{t-1}^2 + \gamma_2\varepsilon_{t-2}^2 + \cdots + \gamma_m\varepsilon_{t-m}^2 + \delta_1\sigma_{t-1}^2 + \delta_2\sigma_{t-2}^2 + \cdots + \delta_k\sigma_{t-k}^2$$

條件變異數的 GARCH 模型，亦可視為「an ARMA process in the squared innovations」。具體而言，多數 GARCH 模型本身，都會隱含著「squared innovations」，即：

$$\varepsilon_t^2 = \gamma_0 + (\gamma_1 + \delta_1)\varepsilon_{t-1}^2 + (\gamma_2 + \delta_2)\varepsilon_{t-2}^2 + \cdots + (\gamma_k + \delta_k)\varepsilon_{t-k}^2 + \omega_t - \delta_1\omega_{t-1} - \delta_2\omega_{t-2} - \delta_3\omega_{t-3}$$

其中，

$$\omega_t = \varepsilon_t^2 - \sigma_t^2$$

ω_t 白噪音 (is a white-noise process that is fundamental for ε_t^2)

GARCH 模型多加 ARMA 選項，旨在減少建立條件變異模型時的參數數目。實證研究也證明，絕大多數條件異質誤差 (conditionally heteroskedastic disturbance) 之數列都可用 GARCH(1, 1) 來適配。

「ARMA process in the disturbances」係將 disturbance 以 ARMA(1, 1) 型式來呈現：

$$y_t = x_t\beta + \rho(y_{t-1} - x_{t-1}\beta) + \theta\varepsilon_{t-1} + \varepsilon_t$$

(一) 問題說明

本例仍延續前例之資料檔 wpi(美國批發價格指標) 數列，旨在了解美國批發價格指標的條件變異數模型？(分析單位：季物價)

研究者蒐集數據並整理成下表，此「wpi1.dta」資料檔之變數如下：

變數名稱	說明	編碼 Codes/Values
時間數列 wpi	美國批發 (Wholesale) 價格指標	30.5～116.2 美元
時間索引 (下標) t	季	1960q1～1990q4
ln_wpi	wpi 變數取自然對數	

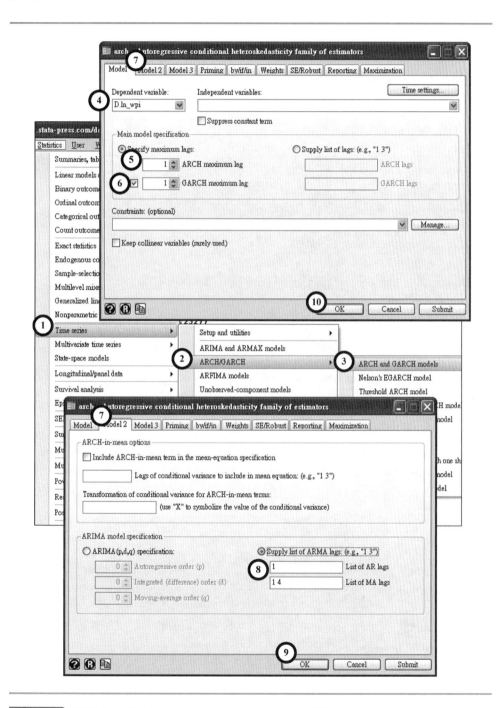

(二) 分析結果與討論

圖 7-19 界定 GARCH(1,1) with ARMA process 之畫面

註：Statistics > Time series > ARCH/GARCH > ARCH and GARCH models

本例保留前例GARCH(1,1)模型之 conditional variance and model，但「model the mean」改採「ARMA process with AR(1) and MA(1) terms 及 fourth-lag MA term」，來控制季節效果的干擾。因此，arch 指令如下：

```
. arch D.ln_wpi, arch(1) garch(1) ar(1) ma(1 4)

(setting optimization to BHHH)
Iteration 0:   log likelihood =   380.9997
Iteration 1:   log likelihood =  388.57823
Iteration 2:   log likelihood =  391.34143
Iteration 3:   log likelihood =  396.36991
Iteration 4:   log likelihood =  398.01098
(switching optimization to BFGS)
Iteration 5:   log likelihood =  398.23668
BFGS stepping has contracted, resetting BFGS Hessian (0)
(刪之)
(switching optimization to BHHH)
Iteration 15:  log likelihood =  399.51441
Iteration 16:  log likelihood =  399.51443
Iteration 17:  log likelihood =  399.51443


ARCH family regression -- ARMA disturbances


Sample: 1960q2 - 1990q4                    Number of obs   =       123
Distribution: Gaussian                     Wald chi2(3)    =    153.56
Log likelihood =  399.5144                  Prob > chi2     =    0.0000


------------------------------------------------------------------------------
             |                 OPG
   D.ln_wpi |    Coef.   Std. Err.      z    P>|z|    [95% Conf. Interval]
-------------+----------------------------------------------------------------
ln_wpi       |
      _cons |  .0069541   .0039517     1.76   0.078    -.000791    0146992
-------------+----------------------------------------------------------------
ARMA         |
         ar |
         L1. |  .7922674   .1072225     7.39   0.000    .5821153   1.00242
             |
```

```
          ma  |
          L1. |    -.341774    .1499943    -2.28    0.023    -.6357574    -.0477905
          L4. |     .2451724   .1251131     1.96    0.050    -.0000447    4903896
--------------+---------------------------------------------------------------------
ARCH          |
         arch |
          L1. |     .2040449   .1244991     1.64    0.101    -.0399688    4480587
              |
        garch |
          L1. |     .6949687   .1892176     3.67    0.000     .3241091    1.065828
              |
        _cons |     .0000119   .0000104     1.14    0.253    -8.52e-06    0000324
--------------+---------------------------------------------------------------------
```

1. 「GARCH(1,1) with ARMA process」的模型為：

$y_t = x_t\beta + \rho(y_{t-1} - x_{t-1}\beta + \theta\varepsilon_{t-1} + \varepsilon_t$

2. 本例「GARCH(1,1) with ARMA process」模型為：

(平均數方程式) $\begin{cases} y_t = 0.007 + 0.792(y_t - 0.007) - 0.342\varepsilon_{t-1} + 0.245\varepsilon_{t-4} + \varepsilon_t \\ \sigma_t^2 = 0.2046\varepsilon_{t-1}^2 + 0.695\sigma_{t-1}^2 \end{cases}$
(條件變異數式)

其中，$y_t = \ln(wpi_t) - \ln(wpi_{t-1})$

3. 儘管單獨的 ARCH(1) 係數 0.204，並未顯著異於零。但 ARCH(1) 及 GARCH(1) 係數，卻是 significant collectively(集體時顯著)。你若存疑，可再用下列 test 指令：

```
. test [ARCH]L1.arch [ARCH]L1.garch

 (1)   [ARCH]L.arch = 0
 (2)   [ARCH]L.garch = 0

        chi2(  2) =    84.92
      Prob > chi2 =    0.0000
```

結果得到 $p < 0.05$，顯示 ARCH(1) 及 GARCH(1) 係數達到 significant collectively(集體時顯著)。

7-7-3 不對稱效果：EGARCH 模型

許多文獻，都會談及不同類型之變異數方程式的界定。爲此多樣性 garch()，Stata arch 指令亦提供不同的選項，包括：saarch()、pgarch() 等。

這些不同型式的 arch 模型，都在強調「不對稱 (asymmetry)」。但傳統 ARCH 及 GARCH 界定多少都隱含著「對稱 (asymmetry) impact of innovations」，可惜都只強調 innovations 大小，但忽略了 innovations ε_t^2 對 σ_t^2 是正向或負向。迄今，有許多理論，都發現 innovations 係有正向 / 負向之分。例如，對於風險厭惡型的投資者而言，他會感覺，股票大跌的波動幅度，往往大於大升的波動幅度。這就是不對稱波動現象。因此，saarch(), tarch(), aarch(), abarch(), earch(), aparch(), 及 tparch() 都可分析不對稱之波動變異數之問題。

narch(), narchk(), nparch() 及 nparchk() 所界定模型，都隱含著不對稱的衝擊。這些模型機型，都有一個最低的條件變異數，當「lagged innovations」都是零。但，narch(), narchk(), nparch() 及 nparchk() 卻都具有「symmetric response to innovations」，只是它們都不是集中在零附近。故整個 news-response 函數 (response to innovations) 會水平地移動，使得，最小變異數落在原始 innovations 之某一正向 (或負向) 值之上。

(一) 問題說明

本例仍延續前例之資料檔 wpi(美國批發價格指標) 數列，旨在了解美國批發價格指標的條件變異數模型？(分析單位：季物價)

研究者蒐集數據並整理成下表，此「wpi1.dta」資料檔之變數如下：

變數名稱	說明	編碼 Codes/Values
時間數列 wpi	美國批發 (Wholesale) 價格指標	30.5～116.2 美元
時間索引 (下標) t	季	1960q1～1990q4
ln_wpi	wpi 變數取自然對數	

(二) 分析結果與討論

假設我們關心經濟數列的意外漲勢及跌勢，二者的反應速率可能是不同的。本例的批發價 (wpi) 的意外下跌及漲勢，就可能不對稱。例如，突漲的批發價，導至現金流，進而引發庫存量及更大的價格波動率。在此 Stata 就要解決這種「asymmetric effect of "news"—innovations or unanticipated hanges」。

Nelson(1991) 提出 EGARCH 係最有名的不對稱模型。以 wpi 變數而言，其 full first-order EGARCH model 為：

```
* 界定 EGARCH(1,1) 模型
* ln_wpi 變數前面，「D.」代表一階差分
. arch D.ln_wpi, earch(1) egarch(1) ar(1) ma( 1 4)
```

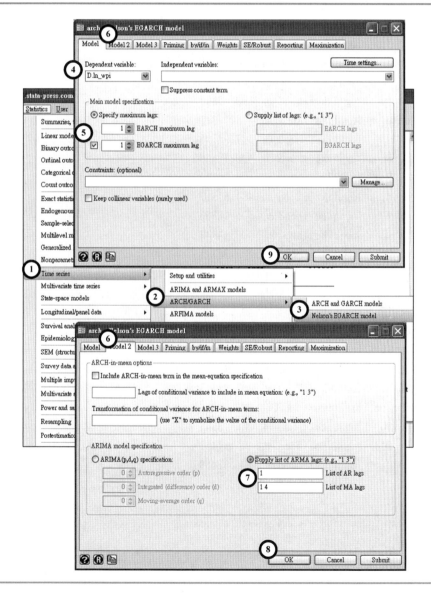

圖 7-20 界定 EGARCH(1,1) 之畫面

註：Statistics > Time series > ARCH/GARCH > Nelson's EGARCH model

Step 1. 界定 EGARCH(1,1) 模型

```
. use http://www.stata-press.com/data/r11/wpi1
. arch D.ln_wpi, earch(1) egarch(1) ar(1) ma(1 4)


(setting optimization to BHHH)
Iteration 0:    log likelihood =    227.5251
Iteration 1:    log likelihood =  381.68412
Iteration 2:    log likelihood =  382.35184
Iteration 3:    log likelihood =  383.54191
Iteration 4:    log likelihood =  390.16447
(switching optimization to BFGS)
Iteration 5:    log likelihood =  390.67805
Iteration 6:    log likelihood =     397.391
Iteration 7:    log likelihood =  397.94505
Iteration 8:    log likelihood =  400.52526
Iteration 9:    log likelihood =  403.05169
Iteration 10:   log likelihood =  404.82517
Iteration 11:   log likelihood =  405.18756
Iteration 12:   log likelihood =  405.24143
Iteration 13:   log likelihood =  405.28775
Iteration 14:   log likelihood =  405.30784
(switching optimization to BHHH)
Iteration 15:   log likelihood =  405.31199
Iteration 16:   log likelihood =  405.31403
Iteration 17:   log likelihood =  405.31433
Iteration 18:   log likelihood =  405.31444
Iteration 19:   log likelihood =  405.31448
(switching optimization to BFGS)
Iteration 20:   log likelihood =   405.3145
Iteration 21:   log likelihood =  405.31452
Iteration 22:   log likelihood =  405.31453
Iteration 23:   log likelihood =  405.31453


ARCH family regression -- ARMA disturbances


Sample: 1960q2 - 1990q4                  Number of obs   =        123
Distribution: Gaussian                   Wald chi2(3)    =     156.02
Log likelihood = 405.3145                Prob > chi2     =     0.0000
```

```
--------------------------------------------------------------------
             |                OPG
    D.ln_wpi |    Coef.   Std. Err.      z    P>|z|   [95% Conf. Interval]
-------------+------------------------------------------------------
ln_wpi       |
       _cons |  .0087342  .0034004     2.57   0.010    .0020695   .0153989
-------------+------------------------------------------------------
ARMA         |
          ar |
         L1. |  .7692142  .0968393     7.94   0.000    .5794128   .9590156
             |
          ma |
         L1. | -.3554624  .1265721    -2.81   0.005   -.6035392  -.1073857
         L4. |  .2414626  .0863834     2.80   0.005    .0721542   4107709
-------------+------------------------------------------------------
ARCH         |
       earch |
         L1. |  .4063931   .11635      3.49   0.000    .1783512   .6344349
             |
     earch_a |
         L1. |  .2467327  .1233357     2.00   0.045    .0049992   .4884661
             |
      egarch |
         L1. |  .8417338  .0704073    11.96   0.000    .703738    9797295
             |
       _cons | -1.48836   .660435     -2.25   0.024   -2.782789  -.1939317
--------------------------------------------------------------------
```

1. EGARCH(1,1) 模型，分析得到的變異數方程式為：

$$\ln(\sigma_t^2) = -1.49 + .406z_{t-1} + .247(|z_{t-1}| - \sqrt{2/\pi}) + .842\ln(\sigma_{t-1}^2)$$

其中，$z_t = \dfrac{\varepsilon_t}{\sigma_t} \sim$ 符合 $N(0,1)$

2. 上式數學式，已強烈暗示著它有槓桿效果 (leverage effect)，因為「L1.earch」正係數隱含著正向 innovations(unanticipated price increases) 比負向 innovations 更不穩定。表示，美國批發價 (wpi) 受至 good 消息衝擊的波動率，遠大於 bad 消息衝擊的波動率。

3. 「L1.earch」係數為 0.406，又比「L1.earch_a」(0. 2467) 效果來得大。從這兩

個係數的相對大小，隱約暗示正向槓桿完全主導本例對稱的影響效果。

Step 2. 繪出 GARCH(1,1) 的 news-response function 圖

```
* 新變數 et 記錄著「( 第 n 筆資料 -64 期 )/15」，它將時間軸刻度縮小，限 [-4,4]
. generate et = (_n-64)/15

* 參考語法為：predict newvar, variance at(epsilon sigma2)
* 將 GARCH(1,1) 的「Conditional variance, one-step」存到 sigma2 變數。
. predict sigma2, variance at(et 1)

* 繪出 sigma2 et 的線形圖
. line sigma2 et in 2/1, m(i) c(l) title(News-response function)
```

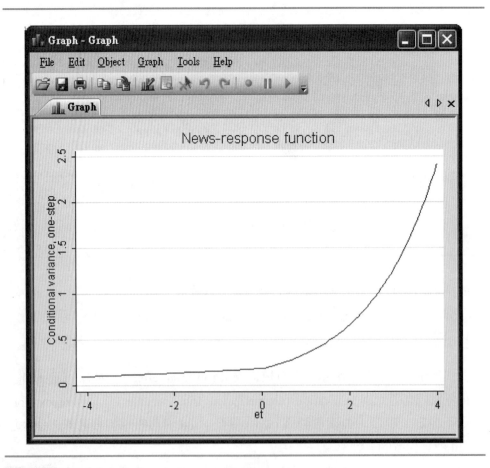

圖 7-21 繪出 GARCH(1,1) 的 news-response function 圖

7-7-4　Asymmetric power ARCH model

(一) 問題說明

　　為了解美股道瓊指數 (Dow Jones Industrial Average Index) 每日收盤價的條件變異數模型？(分析單位：道瓊每日價)

　　由於 19 世紀前半世紀，美股星期六有開市。它與後世紀只開市五天不同，故本例只篩選 1953 年以後的 Dow 研究者蒐集數據並整理成下表，此「dow1.dta」資料檔之變數如下：

變數名稱	說明	編碼 Codes/Values
時間數列 dowclose	美股道瓊每日收盤價	55.5 點～2810.15 點
時間索引 date	日	1953/1/2 至 1990/2/20
時間索引 t	期	1～9341 期
ln_dow	美股道瓊取自然對數	5.543～7.94

(二) 資料檔之內容

　　讀入資料檔之前，先設定工作目錄，「File > Chang working directory」，指定 CD 所附資料檔之路徑，接著再選「File > Open」，開啓「dow1.dta」資料檔。

　　「dow1.dta」資料檔內容如下圖。

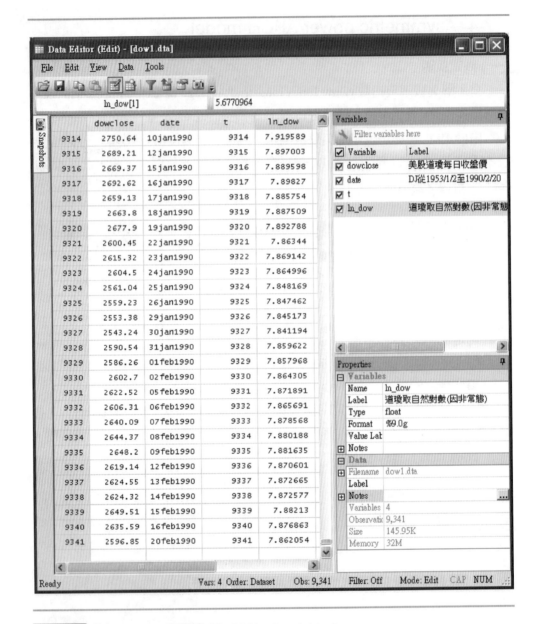

圖 7-22 「dow1.dta」資料檔 (N=9341，4 variables)

```
. use http://www.stata-press.com/data/r11/dowl, clear
. tsset date, daily
        time variable:  date, 02jan1953 to 20feb1990, but with gaps
            delta:  1 day
```

* 新變數 dayofwk，記錄星期幾
```
. generate dayofwk = dow(date)
```
* 查看最前 8 筆樣本資料特徵
```
. list date dayofwk t ln_dow D.ln_dow in 1/8


     +------------------------------------------------------+
     |                                              D.|
     |     date    dayofwk       t      ln_dow    ln_dow |
     |------------------------------------------------------|
  1. | 02jan1953        5    02jan1960   5.677096        . |
  2. | 05jan1953        1    03jan1960   5.682899        . |
  3. | 06jan1953        2    04jan1960   5.677439  -.0054603 |
  4. | 07jan1953        3    05jan1960   5.672636  -.0048032 |
  5. | 08jan1953        4    06jan1960   5.671259  -.0013762 |
     |------------------------------------------------------|
  6. | 09jan1953        5    07jan1960   5.661223  -.0100365 |
  7. | 12jan1953        1    08jan1960   5.653191        . |
  8. | 13jan1953        2    09jan1960   5.659134   .0059433 |
     +------------------------------------------------------+
```

* 查看最後 8 筆樣本資料特徵
```
. list date dayofwk t ln_dow D.ln_dow in -8/1


        +------------------------------------------------------+
        |                                              D.|
        |     date    dayofwk       t      ln_dow    ln_dow |
        |------------------------------------------------------|
  9334. | 08feb1990        4    22jul1985   7.880188   .0016198 |
  9335. | 09feb1990        5    23jul1985   7.881635   .0014472 |
  9336. | 12feb1990        1    24jul1985   7.870601        . |
  9337. | 13feb1990        2    25jul1985   7.872665   .0020638 |
  9338. | 14feb1990        3    26jul1985   7.872577  -.0000877 |
        |------------------------------------------------------|
  9339. | 15feb1990        4    27jul1985   7.88213    .009553 |
```

```
9340. | 16feb1990        5    28jul1985    7.876863    -.0052676 |
9341. | 20feb1990        2    29jul1985    7.862054             . |
      +--------------------------------------------------------+
```

(三) 分析結果與討論

　　由於 date 變數，只記錄一週五天，故以它做時間變數，在差分時會無法精確以 delta=1 來運算 (因跨過了週六日)，故應改以 t 當做時間變數之下標。

Step1. 繪 wpi 之走勢 line 圖

```
. tsset t, daily
* dowclose 變數前 "D."，代表一階差分
. twoway (tsline D.dowclose)
```

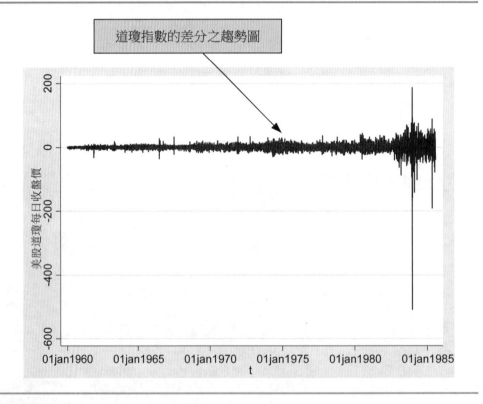

圖 **7-23** 繪出道瓊指數的差分之趨勢圖 (差分後之 D.dowclose 變數)

Step2. A-PARCH(asymmetric power ARCH) 建模

由於 Ding, Granger, and Engle (1993) 曾用 A-PARCH 模型來適配 Standard and Poor's 500 (S&P 500) 每日報酬 (3jan1928–30aug1991)。因此，本例道瓊指數也依樣畫葫蘆，故此 GARCH(1,1) 模型包括：ar(1) 項、A-PARCH 條件變異數。arch 指令如下：

```
. arch D.ln_dow, ar(1) aparch(1) pgarch(1)
```

其中，

aparch(numlist)：界定 asymmetric power ARCH terms。

pgarch(numlist)：界定 power GARCH terms。

ar(numlist)：界定 autoregressive terms of the structural model disturbance。

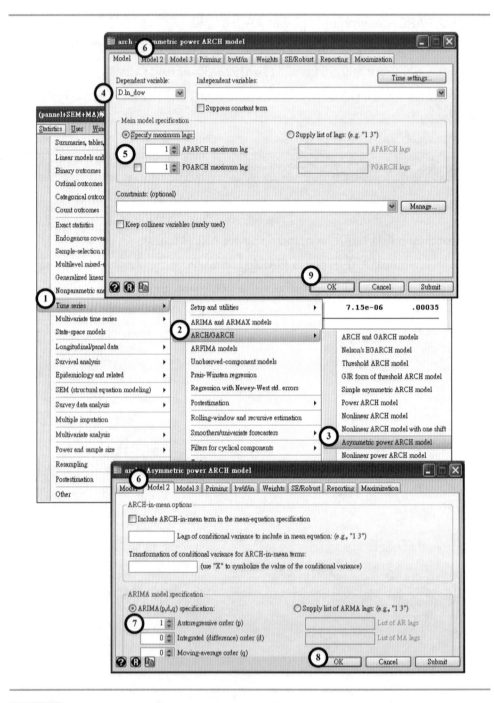

圖 7-24 Asymmetric power ARCH model 之畫面

註：Statistics > Time series > ARCH/GARCH > Asymmetric power ARCH model

```
. tsset t, daily
        time variable:  t, 02jan1960 to 29jul1985
                delta:  1 day


. twoway (tsline D.dowclose)


. arch D.ln_dow, aparch(1) pgarch(1) arima(1,0,0)


(setting optimization to BHHH)
Iteration 0:   log likelihood =  31139.547
Iteration 1:   log likelihood =  31350.751
Iteration 2:   log likelihood =  31351.082  (backed up)
(output omitted )
Iteration 68:  log likelihood =  32273.555  (backed up)
Iteration 69:  log likelihood =  32273.555


ARCH family regression -- AR disturbances


Sample: 03jan1960 - 29jul1985                Number of obs   =      9340
Distribution: Gaussian                       Wald chi2(1)    =    175.46
Log likelihood =  32273.56                   Prob > chi2     =    0.0000


------------------------------------------------------------------------
             |                OPG
    D.ln_dow |   Coef.    Std. Err.      z     P>|z|   [95% Conf. Interval]
-------------+----------------------------------------------------------
ln_dow       |
       _cons |  .0001786   .0000875    2.04    0.041   7.15e-06      .00035
-------------+----------------------------------------------------------
ARMA         |
          ar |
         L1. |  .1410944   .0106519   13.25    0.000   .1202171    .1619716
-------------+----------------------------------------------------------
ARCH         |
      aparch |
         L1. |  .0626323   .0034307   18.26    0.000   .0559082    0693564
             |
    aparch_e |
         L1. | -.3645093   .0378485   -9.63    0.000   -.4386909  -.2903277
```

```
             |
     pgarch  |
         L1. |    .9299015    .0030998   299.99   0.000    .923826    935977
             |
       _cons |    7.19e-06    2.53e-06     2.84   0.004   2.23e-06   0000121
-------------+------------------------------------------------------------------
POWER        |
       power |    1.585187    .0629186    25.19   0.000   1.461869   .708505
-------------+------------------------------------------------------------------
```

1. 本例示範了不對稱 A-PGARCH 模型的 ARMA 推導過程。得到冪次 (power)=1.59。

2. 本例「A-PGARCH(1,1) with AR(1) process」模型為：

   (平均數方程式) $\begin{cases} y_t = 0.0002 + 0.141(y_t - 0.0002) + (|e_t| + g \times e_t)^{1.59} \\ \sigma_t^2 = 0.063(|e_{t-1}| + g \times e_{t-1})^{1.59} + 0.929 s_{t-1}^{1.59} \end{cases}$
   (條件變異數式)

   其中，$y_t = \ln(dow_t) - \ln(dow_{t-1})$

3. 上式數學式，已強烈暗示著它有槓桿效果 (leverage effect)，因為「L1. aparch=0.0626」正係數隱含著正向 innovations(unanticipated price increases) 比負向 innovations 更加穩定。表示，美國道瓊 (dow) 受到 good 消息衝擊的波動率遠小於 bad 消息衝擊的波動率。

4. 「L1.aparch」係數為 0.0626，又比「L1.aparch _a」(|-0.365|) 效果來得小。從這兩個係數的相對大小，隱約暗示負向槓桿完全主導本例「不對稱」的影響效果。即道瓊會受負面突然衝擊 (e.g. 雷曼兄弟造成的金融風暴) 造成波動率，遠大於正面突然衝擊。

7-7-5 ARCH model with nonnormal error

　　股票報酬率往往是 leptokurtotic 問題，意味著，較大的報酬率 (不論正面或負面) 往往發生非常態時；股市處在常態分配時報酬反而會變小。

　　本例延續前例之道瓊股市：A-PARCH(asymmetric power ARCH) 建模，只是假定改為「股市誤差是 generalized error distribution」，並且改由電腦來估計誤差的分配。arch 指令如下：

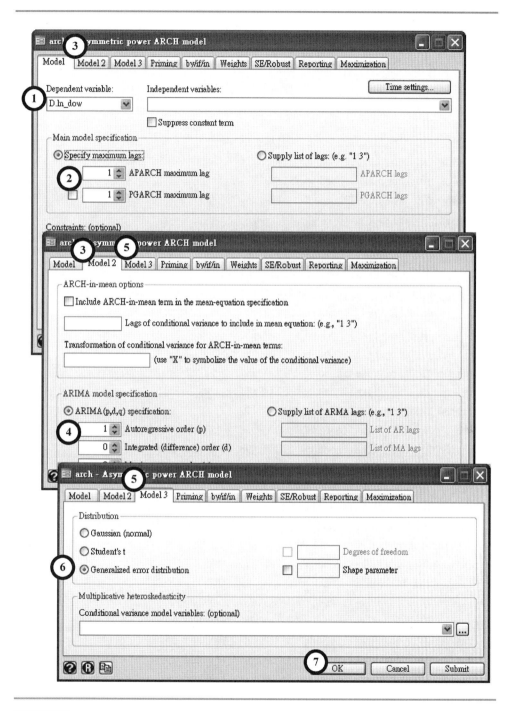

圖 7-25 Asymmetric power ARCH model with nonnormal error 之畫面

註：Statistics > Time series > ARCH/GARCH > Asymmetric power ARCH model

```
. use http://www.stata-press.com/data/r11/dow1, clear
. arch D.ln_dow, ar(1) aparch(1) pgarch(1) distribution(ged)
. arch D.ln_dow, ar(1) aparch(1) pgarch(1) distribution(ged)

(setting optimization to BHHH)
Iteration 0:    log likelihood =  31139.547
Iteration 1:    log likelihood =   31348.13
Iteration 2:    log likelihood =    31387.4
Iteration 3:    log likelihood =  31390.768
Iteration 4:    log likelihood =   31391.39
(switching optimization to BFGS)
Iteration 5:    log likelihood =  31391.537
Iteration 6:    log likelihood =  31466.915
Iteration 7:    log likelihood =  31522.003
Iteration 8:    log likelihood =  31688.107
Iteration 9:    log likelihood =  31698.989
Iteration 10:   log likelihood =  31709.756
Iteration 11:   log likelihood =  31724.687
Iteration 12:   log likelihood =  31724.687  (backed up)
Iteration 13:   log likelihood =   31742.81
Iteration 14:   log likelihood =  31749.132
(switching optimization to BHHH)
Iteration 15:   log likelihood =  31749.498  (backed up)
Iteration 16:   log likelihood =  31751.372
Iteration 17:   log likelihood =   31752.53
Iteration 18:   log likelihood =  31753.535
Iteration 19:   log likelihood =  31754.495
(switching optimization to BFGS)
Iteration 20:   log likelihood =  31755.475
BFGS stepping has contracted, resetting BFGS Hessian (0)
Iteration 21:   log likelihood =  31811.667
Iteration 22:   log likelihood =  31811.736  (backed up)
Iteration 23:   log likelihood =  31812.084  (backed up)
Iteration 24:   log likelihood =  31828.201  (backed up)
Iteration 25:   log likelihood =  31906.631  (backed up)
Iteration 26:   log likelihood =  31942.853  (backed up)
Iteration 27:   log likelihood =  31989.489  (backed up)
Iteration 28:   log likelihood =  31998.706  (backed up)
Iteration 29:   log likelihood =  32123.936  (backed up)
```

```
(switching optimization to BHHH)
Iteration 30:   log likelihood =   32193.716
Iteration 31:   log likelihood =   32257.081
Iteration 32:   log likelihood =   32292.492
Iteration 33:   log likelihood =   32392.086
Iteration 34:   log likelihood =   32423.023
(switching optimization to BFGS)
BFGS stepping has contracted, resetting BFGS Hessian (1)
Iteration 35:   log likelihood =    32466.46
Iteration 36:   log likelihood =   32466.688   (backed up)
Iteration 37:   log likelihood =    32467.07   (backed up)
Iteration 38:   log likelihood =   32467.648   (backed up)
Iteration 39:   log likelihood =   32484.576   (backed up)
Iteration 40:   log likelihood =   32484.864   (backed up)
Iteration 41:   log likelihood =   32484.919   (backed up)
Iteration 42:   log likelihood =   32485.295   (backed up)
Iteration 43:   log likelihood =   32485.303   (backed up)
Iteration 44:   log likelihood =   32486.111
(switching optimization to BHHH)
Iteration 45:   log likelihood =   32486.185
Iteration 46:   log likelihood =   32486.305
Iteration 47:   log likelihood =   32486.401
Iteration 48:   log likelihood =    32486.45
Iteration 49:   log likelihood =   32486.457
(switching optimization to BFGS)
BFGS stepping has contracted, resetting BFGS Hessian (2)
Iteration 50:   log likelihood =   32486.459
Iteration 51:   log likelihood =   32486.459   (backed up)
Iteration 52:   log likelihood =   32486.459   (backed up)
Iteration 53:   log likelihood =    32486.46   (backed up)
Iteration 54:   log likelihood =    32486.46   (backed up)
Iteration 55:   log likelihood =   32486.461   (backed up)
Iteration 56:   log likelihood =   32486.461   (backed up)
Iteration 57:   log likelihood =   32486.461   (backed up)
Iteration 58:   log likelihood =   32486.461   (backed up)
BFGS stepping has contracted, resetting BFGS Hessian (3)
Iteration 59:   log likelihood =   32486.461
(switching optimization to BHHH)
Iteration 60:   log likelihood =   32486.461
```

```
ARCH family regression -- AR disturbances

Sample: 2 - 9341                                    Number of obs   =     9340
Distribution: GED                                   Wald chi2(1)    =   178.21
Log likelihood =  32486.46                          Prob > chi2     =   0.0000

------------------------------------------------------------------------------
              |                 OPG
     D.ln_dow |    Coef.   Std. Err.      z    P>|z|     [95% Conf. Interval]
--------------+---------------------------------------------------------------
ln_dow        |
        _cons |  .0002735   .000078      3.51   0.000     .0001207     0004264
--------------+---------------------------------------------------------------
ARMA          |
           ar |
          L1. |  .1337466   .0100187    13.35   0.000     .1141102    .1533829
--------------+---------------------------------------------------------------
ARCH          |
       aparch |
          L1. |  .0641766   .00494      12.99   0.000     .0544943    .0738589
              |
     aparch_e |
          L1. | -.4052296   .0573057    -7.07   0.000    -.5175467   -.2929125
              |
       pgarch |
          L1. |  .9341743   .0045667   204.56   0.000     .9252237      943125
              |
        _cons |  .0000216   .0000117     1.84   0.066    -1.39e-06    .0000446
--------------+---------------------------------------------------------------
POWER         |
        power |  1.325284   .1030717    12.86   0.000     1.123267    1.527301
--------------+---------------------------------------------------------------
      /lnshape |  .3527012   .0094819    37.20   0.000     .3341169     3712854
--------------+---------------------------------------------------------------
        shape |  1.422906   .0134919                       1.396706     .449597
------------------------------------------------------------------------------
```

1. ARMA 及 ARCH 係數，與前例 (假定誤差是常態) 非常相似。但本例 power

較接近 1。

2. 報表下面印出，電腦估計 generalized error distribution。shape 參數為 1.42，因為 shape<2，表示誤差分配尾巴是厚肥，它不是常態分配的薄瘦尾巴。

7-7-6 ARCH model with contraints

自從 Engle's (1982) ARCH model 之後，引發人們思考，如何利用「constraint」指令來保持彈性動態模型。迄今，arch 模型，你都可用 GARCH 選項，在沒有過多參數估之下，展現彈性動態模型。例如，思考如何減少 lags？或直覺地，將條件變異數各個落後 (Lags) 給予限制比例的組合。假設你界定的條件變異數方程式為：

$$\sigma_t^2 = \alpha_0 + \alpha(0.4\varepsilon_{t-1} + 0.3\varepsilon_{t-2} + 0.2\varepsilon_{t-3} + 0.1\varepsilon_{t-4})$$
$$= \alpha_0 + 0.4\alpha\varepsilon_{t-1} + 0.3\alpha\varepsilon_{t-2} + 0.2\alpha\varepsilon_{t-3} + 0.1\alpha\varepsilon_{t-4}$$

此方程式對應的 Stata 指令為

$$\sigma_t^2 = [\text{ARCH}]\_cons + 0.4[\text{ARCH}]L1.arch\varepsilon_{t-1} + 0.3[\text{ARCH}]L2.arch\varepsilon_{t-2}$$
$$+ 0.2[\text{ARCH}]L3.arch\varepsilon_{t-3} + 0.1[\text{ARCH}]L4.arch\varepsilon_{t-4}$$

4 個 lags，以 [ARCH]L1.arch 常限制式的比較基礎，故延伸了 3 個 constraint 如下：

```
* 開啟 stata 網上提供之資料檔 wpi1.tda
. use http://www.stata-press.com/data/r11/wpi1, clear

*3 個 constraint 之界定如下：
. constraint 1 (3/4)*[ARCH]L1.arch = [ARCH]L2.arch
. constraint 2 (2/4)*[ARCH]L1.arch = [ARCH]L3.arch
. constraint 3 (1/4)*[ARCH]L1.arch = [ARCH]L4.arch
```

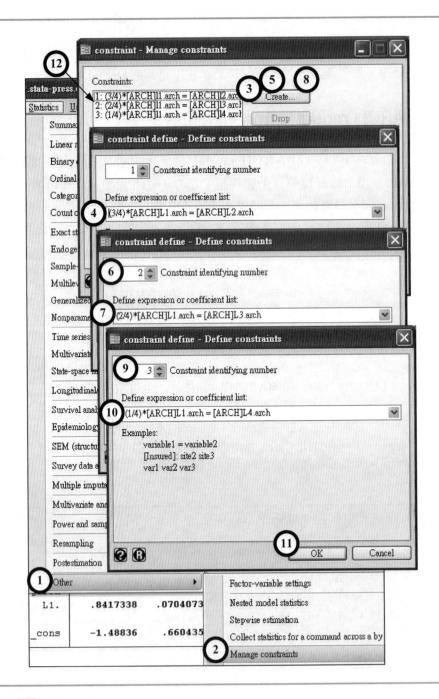

圖 7-26 界定 3 個 constraint 之畫面

註：Statistics > Other > Manage constraints

```
Constraint 補充說明：
1. Constraint 指令：旨在 defines, lists, and drops linear constraints.
2. 範例一：for cnsreg 迴歸
. sysuse auto
. constraint 1 price = weight
. cnsreg mpg price weight, constraints(1)


3. 範例二：for mlogit 迴歸
. webuse sysdsn1
. constraint 2 [Uninsure]2.site = 0
. mlogit insure age male i.site, constraints(2)


. constraint 10 [Indemnity]: 2.site 3.site
. constraint 11 [Indemnity=Prepaid]: 3.site
. mlogit insure age male i.site, constraints(10/11) baseoutcome(3)
```

　　本例，arch 模型源自英國通貨膨脹，故我們延用批發價 wpi 及先前界定「平均數方程式」，只是本例 arch 指令多加了 3 個 constraint 指令。

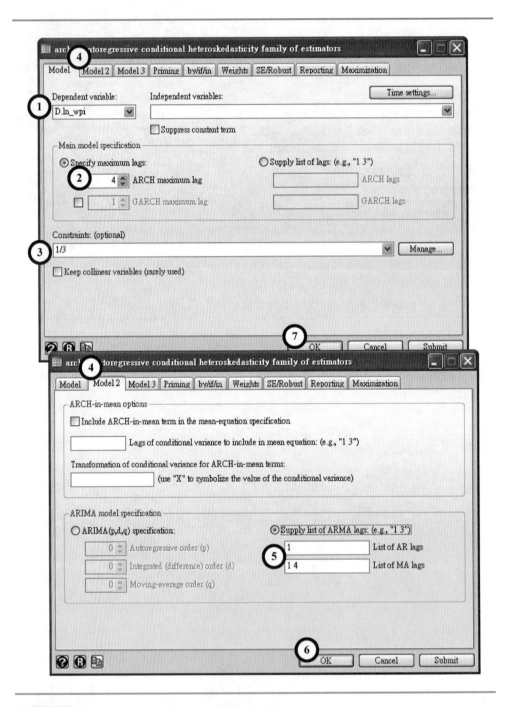

圖 7-27 ARCH model with 3 contraints 之畫面

註：Statistics > Time series > ARCH/GARCH > ARCH and GARCH models

```
* ln_wpi 差分之 arch 分析，再納入先前界定的 3 個 constraint 指令
. arch D.ln_wpi, arch(1/4) constraints(1/3) ar(1) ma(1 4)

(setting optimization to BHHH)
Iteration 0:    log likelihood =  396.80198
Iteration 1:    log likelihood =  399.07809
Iteration 2:    log likelihood =  399.36905
Iteration 3:    log likelihood =  399.41998
Iteration 4:    log likelihood =  399.43799
(switching optimization to BFGS)
Iteration 5:    log likelihood =  399.44862
Iteration 6:    log likelihood =  399.45847
Iteration 7:    log likelihood =  399.46217
Iteration 8:    log likelihood =  399.46242
Iteration 9:    log likelihood =  399.46243


ARCH family regression -- ARMA disturbances


Sample: 1960q2 - 1990q4                    Number of obs   =        23
Distribution: Gaussian                     Wald chi2(3)    =     23.32
Log likelihood =  399.4624                 Prob > chi2     =    0.0000


 (1)   .75*[ARCH]L.arch - [ARCH]L2.arch = 0
 (2)   .5*[ARCH]L.arch - [ARCH]L3.arch = 0
 (3)   .25*[ARCH]L.arch - [ARCH]L4.arch = 0
-----------------------------------------------------------------------
             |            OPG
    D.ln_wpi |   Coef.   Std. Err.      z    P>|z|   [95% Conf. Interval]
-------------+---------------------------------------------------------
ln_wpi       |
       _cons |  .0077204  .0034531    2.24   0.025   .0009525    0144883
-------------+---------------------------------------------------------
ARMA         |
          ar |
         L1. |  .7388168  .1126811    6.56   0.000   .5179659    9596676
             |
          ma |
         L1. | -.2559691  .1442861   -1.77   0.076  -.5387646   .0268264
         L4. |  .2528923  .1140185    2.22   0.027    .02942     .4763645
```

```
--------------+-------------------------------------------------------
ARCH          |
       arch  |
        L1.  |  .2180138    .0737787    2.95    0.003    .0734101    .3626174
        L2.  |  .1635103    .055334     2.95    0.003    .0550576    .2719631
        L3.  |  .1090069    .0368894    2.95    0.003    .0367051    .1813087
        L4.  |  .0545034    .0184447    2.95    0.003    .0183525    .0906544
              |
      _cons  |  .0000483    7.66e-06    6.30    0.000    .0000333    .0000633
--------------+-------------------------------------------------------
```

1. L1.arch, L2.arch, L3.arch 及 L4.arch 的係數大小，都依據先前 3 個限制比率來分配。

2. 本例「ARCH(4) with ARMA process and 3 contraints」模型為：

   (平均數方程式) $\begin{cases} y_t = 0.0077 + 0.739(y_t - 0.0077) - 0.256\varepsilon_{t-1} + 0.253\varepsilon_{t-4} + \varepsilon_t \\ \sigma_t^2 = 0.218\varepsilon_{t-1}^2 + 0.164\varepsilon_{t-2}^2 + 0.109\varepsilon_{t-3}^2 + 0.054\varepsilon_{t-4}^2 \end{cases}$
   (條件變異數式)

   其中，$y_t = \ln(wpi_t) - \ln(wpi_{t-1})$

3. ARCH(1) 至 ARCH(4) 係數都顯著異於零 (P < 0.05)。

7-8 用 Stata 判定 multivariate GARCH(p,q) 之實例

Stata 指令「dvech (Diagonal vech multivariate GARCH models)」，旨在估計「multivariate generalized autoregressive conditional-heteroskedasticity (GARCH)」模型的參數 p 及 q。

Multivariate GARCH 模型允許依變量的條件變異數矩陣符合靈活的動態架構。dvech 所估計「diagonal vech GARCH」模型的參數，係根據「過去」依變數們的衝擊 (shocks) 來估計「目前」條件共變數矩陣。

本例將分析 Acme 及 Avil 二家公司每週生產零件的不良率的百分比。此 GARCH 模型係一階自我迴歸 (first-order autoregressive) 程序。我們相信，企業的適應性管理，旨在降低不良率的變異數 (不良率忽高忽低)，故 ARCH 及 GARCH 都需符合「diagonal vech GARCH process」。

首先，用 Stata 之「File > Open」，開啓 CD 片中的「acme.dta」檔，內容如下。

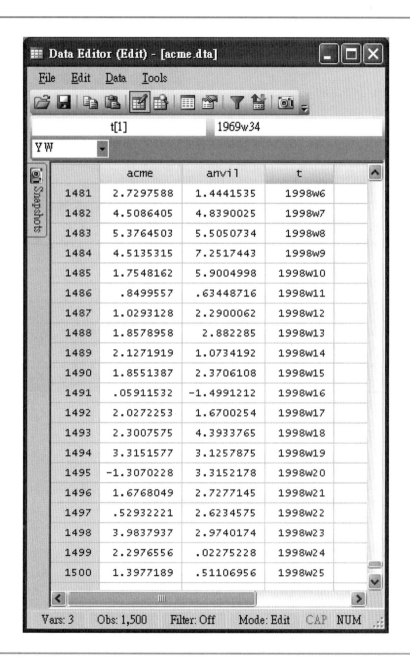

圖 7-28 「acme.dta」檔內容 (N=1500，3 variables)

先描述變數之特徵

```
. clear
. use http://www.stata-press.com/data/r11/acme.dta

. describ

Contains data from http://www.stata-press.com/data/r11/acme.dta
  obs:         1,500
  vars:            3                      15 Apr 2009 12:33
  size:        36,000 (99.7% of memory free)
-------------------------------------------------------------------
              storage  display   value
variable name   type   format    label       variable label
-------------------------------------------------------------------
acme            double %10.0g                percentage of bad widgets from Acme Inc
anvil           double %10.0g                percentage of bad widgets from Avil Inc
t               float  %tw
-------------------------------------------------------------------
```

Step 1. Multivariate GARCH 分析

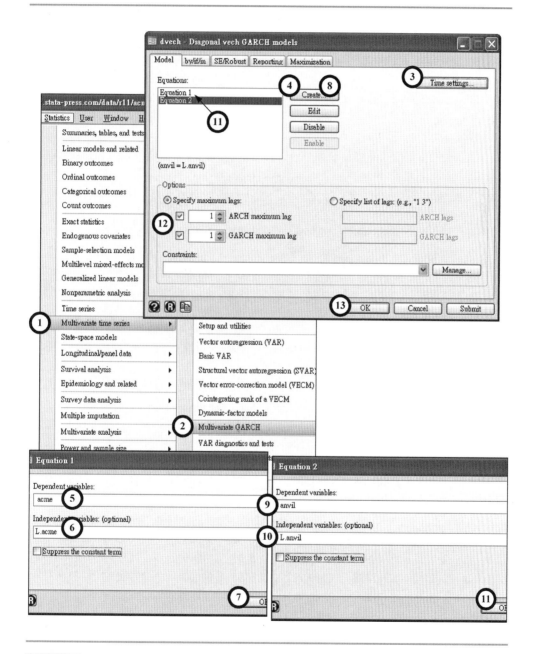

圖 7-29 Multivariate GARCH 分析之畫面

註：Statistics > Multivariate time series > Multivariate GARCH

```
. dvech (acme = L.acme) (anvil = L.anvil), arch(1/1) garch(1/1) nolog

Diagonal vech multivariate GARCH model

Sample: 1969w35 - 1998w25                      Number of obs   =      1499
                                               Wald chi2(2)    =    275.66
Log likelihood = -5972.0527                    Prob > chi2     =    0.0000


------------------------------------------------------------------------------
            |     Coef.    Std. Err.      z     P>|z|    [95% Conf. Interval]
------------+-----------------------------------------------------------------
acme        |
      acme  |
       L1.  |   .3388568   .0254684    13.30   0.000    .2889397      388774
            |
      _cons |   1.120651   .0598184    18.73   0.000    1.003409     .237893
------------+-----------------------------------------------------------------
anvil       |
     anvil  |
       L1.  |   .3159488   .0263346    12.00   0.000    .264334      3675636
            |
      _cons |   1.216031   .0642366    18.93   0.000    1.09013     1.341933
------------+-----------------------------------------------------------------
Sigma0      |
       1_1  |   2.399669   .2847566     8.43   0.000    1.841556    2.957781
       2_1  |   .4358023   .1059507     4.11   0.000    .2281429    .6434618
       2_2  |   1.802058   .2685172     6.71   0.000    1.275774     .328342
------------+-----------------------------------------------------------------
L.ARCH      |
       1_1  |   .2958368   .0433673     6.82   0.000    .2108384    .3808352
       2_1  |   .1808973   .0334578     5.41   0.000    .1153212    .2464734
       2_2  |   .2782433   .0400212     6.95   0.000    .1998032    .3566833
------------+-----------------------------------------------------------------
L.GARCH     |
       1_1  |  -.0244739   .0827987    -0.30   0.768   -.1867563    .1378085
       2_1  |   .1305242   .1315984     0.99   0.321   -.127404     .3884524
       2_2  |   .2280066   .0830777     2.74   0.006    .0651773     3908359
------------------------------------------------------------------------------
```

multivariate GARCH(p,q) 模型之條件共變異數矩陣表示如下：

$$vech(H_t) = C + \sum_{k=1}^{q} A_k vech(\varepsilon_{t-k}, \varepsilon_{t-k}^{'}) + \sum_{k=1}^{p} G_k vech(H_{t-k})$$

在兩變數的情況下，雙變量 GARCH(1,1) 對角化模型可表示如下：

$$h_t = \begin{bmatrix} h_{11} \\ h_{12} \\ h_{22} \end{bmatrix} = \begin{bmatrix} c_{01} \\ c_{02} \\ c_{03} \end{bmatrix} + \begin{bmatrix} a_{11} & 0 & 0 \\ 0 & a_{22} & 0 \\ 0 & 0 & a_{33} \end{bmatrix} \begin{bmatrix} \varepsilon_{1,t-1}^2 \\ \varepsilon_{1,t-1}\varepsilon_{2,t-2} \\ \varepsilon_{2,t-1}^2 \end{bmatrix} + \begin{bmatrix} g_{11} & 0 & 0 \\ 0 & g_{22} & 0 \\ 0 & 0 & g_{33} \end{bmatrix} \begin{bmatrix} h_{11,t-1} \\ h_{12,t-1} \\ h_{22,t-1} \end{bmatrix}$$

即

$$h_t = \begin{bmatrix} h_{11} \\ h_{12} \\ h_{22} \end{bmatrix} = \begin{bmatrix} 2.39 \\ 0.44 \\ 1.80 \end{bmatrix} + \begin{bmatrix} 0.29 & 0 & 0 \\ 0 & 0.18 & 0 \\ 0 & 0 & 0.28 \end{bmatrix} \begin{bmatrix} \varepsilon_{1,t-1}^2 \\ \varepsilon_{1,t-1}\varepsilon_{2,t-2} \\ \varepsilon_{2,t-1}^2 \end{bmatrix} + \begin{bmatrix} -.024 & 0 & 0 \\ 0 & 0.13 & 0 \\ 0 & 0 & .228 \end{bmatrix} \begin{bmatrix} h_{11,t-1} \\ h_{12,t-1} \\ h_{22,t-1} \end{bmatrix}$$

在上式雙變量 GARCH(1,1) 對角化模型中，矩陣 A_1 與 G_1 分別有 3 個迴歸參數，其 p 值多數是「$p < 0.05$」。故可以說，本例 multivariate GARCH(p,q) 係適配的。

Step 2. 限制二變數之 ARCH 及 GARCH 的係數是相同的

dvech 指令 (Diagonal vech multivariate GARCH models) 亦可搭配 constraints 指令，來設定這二家公司不良率產生的波動過程是一樣的。因此，我們可限制這兩家公司 ARCH 及 G ARCH 係數是相同的，如下所示：

```
. constraint define 1 [L.ARCH]1_1 =[L.ARCH]2_2
. constraint define 2 [L.GARCH]1_1 =[L.GARCH]2_2

*限制 1 及限制 2，再做一次 Diagonal vech multivariate GARCH
. dvech (acme = L.acme) (anvil = L.anvil), arch(1) garch(1) constraints(1 2)
(1)  [L.ARCH]1_1 - [L.ARCH]2_2 = 0
(2)  [L.GARCH]1_1 - [L.GARCH]2_2 = 0
------------------------------------------------------------------------
             |    Coef.    Std. Err.     z     P>|z|    [95% Conf. Interval]
-------------+----------------------------------------------------------
acme         |
      acme   |
```

```
        L1. |   .3365278    .0255134    13.19   0.000     .2865225    .3865331
            |
      _cons |   1.124611     .060085    18.72   0.000     1.006847    1.242376
------------+----------------------------------------------------------------
anvil       |
      anvil |
        L1. |   .3151955    .0263287    11.97   0.000     .2635922    3667988
            |
      _cons |   1.215786    .0642052    18.94   0.000     1.089947    1.341626
------------+----------------------------------------------------------------
Sigma0      |
        1_1 |   1.889237    .2168733     8.71   0.000     1.464173    2.314301
        2_1 |   .4599576    .1139843     4.04   0.000     .2365525    .6833626
        2_2 |   2.063113    .2454633     8.40   0.000     1.582014    .544213
------------+----------------------------------------------------------------
L.ARCH      |
        1_1 |   .2813443    .0299124     9.41   0.000      .222717    .3399716
        2_1 |    .181877    .0335393     5.42   0.000     .1161412    .2476128
        2_2 |   .2813443    .0299124     9.41   0.000      .222717    .3399716
------------+----------------------------------------------------------------
L.GARCH     |
        1_1 |   .1487581    .0697531     2.13   0.033     .0120445    .2854716
        2_1 |    .085404    .1446524     0.59   0.555    -.1981094    .3689175
        2_2 |   .1487581    .0697531     2.13   0.033     .0120445    2854716
------------+----------------------------------------------------------------
```

dvech 結果為：

$$h_t = \begin{bmatrix} h_{11} \\ h_{12} \\ h_{22} \end{bmatrix} = \begin{bmatrix} 1.88 \\ 0.45 \\ 2.06 \end{bmatrix} + \begin{bmatrix} {}^1 0.28 & 0 & 0 \\ 0 & 0.18 & 0 \\ 0 & 0 & {}^1 0.28 \end{bmatrix} \begin{bmatrix} \varepsilon_{1,t-1}^2 \\ \varepsilon_{1,t-1}\varepsilon_{2,t-2} \\ \varepsilon_{2,t-1}^2 \end{bmatrix} + \begin{bmatrix} {}^2 0.148 & 0 & 0 \\ 0 & 0.085 & 0 \\ 0 & 0 & {}^2 0.148 \end{bmatrix} \begin{bmatrix} h_{11,t-1} \\ h_{12,t-1} \\ h_{22,t-1} \end{bmatrix}$$

在上式雙變量 GARCH(1,1) 對角化模型中，矩陣 A_1 與 G_1 分別有 3 個迴歸參數，其 p 值多數是「$p < 0.05$」。故可以說，係數受限制 multivariate GARCH(p,q) 亦適配本例的。

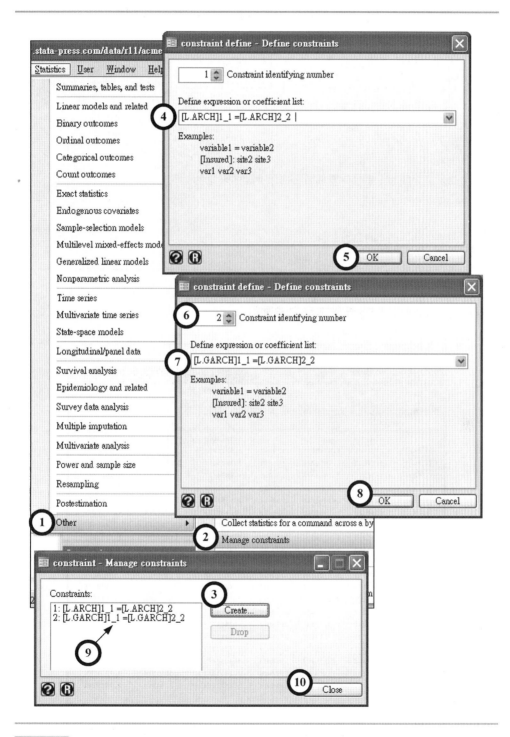

圖 7-30 constraints 指令之畫面

註:Statistics > Other > Manage constraints

Step 3. 預測條件變異數來觀察模型的不良率波動 (volatility) 現象

```
* 因電腦只記住最近一次的模型,故再次執行 dvech,但不印出
. quietly dvech (acme = L.acme) (anvil = L.anvil), arch(1) garch(1) constraints(1 2)

* 在資料檔中,時間數列再加 1 筆觀察值
. tsappend , add(1)

* 產生二數列之間共 3 個條件變異數,都以 v 開頭來命名
. predict v*, variance

* 繪 2 個條件變異數本身之波動圖
. tsline  v_acme_acme v_anvil_anvil
```

Step 3-1. 繪 2 個條件變異數本身之波動圖

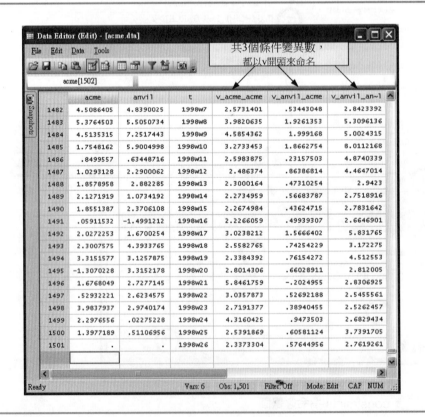

圖 7-31 predict 指令會產生二數列之間共 3 個條件變異數

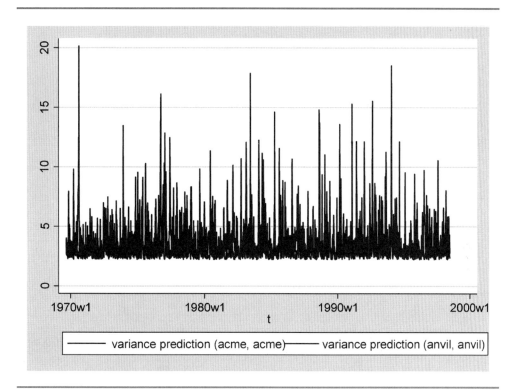

圖 7-32 繪 2 個條件變異數本身之波動圖

Step 3-2. 繪 2 家公司不良率對彼此之條件變異數的波動圖

```
. tsline v_anvil_acme
```

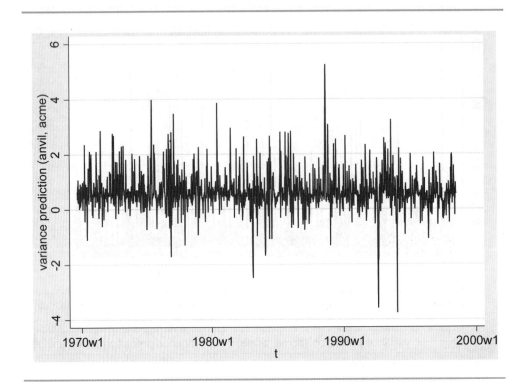

圖 7-33 二家公司不良率對彼此之波動圖

共整合 (共同隨機趨勢)、VECM

一、時間數列

時間數列 (Time series) 是實證經濟學的一種統計方法。時間數列是用時間排序的一組隨機變數，國內生產毛額 (GDP)、消費者物價指數 (CPI)、臺灣加權股價指數、利率、匯率等等都是時間數列。

時間數列的時間間隔可以是分秒 (如高頻金融數據)，可以是日、周、月、季、年、甚至更大的時間單位。

二、時間數列變數的特徵

1. 非定態 (nonstationarity，也譯作非平穩性，非穩定性)：即時間數列的變異數無法呈現出一個長期趨勢並最終趨於一個常數或是一個線性函數。
2. 波動幅度隨時間變化 (Time varying Volatility)：即一個時間數列變數的變異數隨時間的變化而變化。

這兩個特徵使得有效分析時間數列變數十分困難。

定態型時間數列 (Stationary Time Series) 係指一個時間數列其統計特性將不隨時間之變化而改變者。

三、傳統計量經濟學的假設

1. 假設時間數列變數是從某個隨機過程中隨機抽取並按時間排列而形成的，因而一定存在一個 (狹義) 穩定趨勢 (stationarity)，即：平均值是固定的。
2. 假定時間數列變數的波動幅度不隨時間改變，即：變異數是固定的。但這明顯不符合實際，人們早就發現股票收益的波動幅度是隨時間而變化的，並非常數。

這兩個假設使得傳統的計量經濟學方法對實際生活中的時間數列變數無法有效分析。克萊夫‧格蘭傑和羅伯特‧恩格爾的貢獻解決了這個問題。

四、如何解決非定態性？

個別來看不同的時間數列，它們可能是非定態，但按某比例的結構組合後，該新時間數列卻有可能變成定態，意即這個新時間數列長期來看，它會趨向於一個常數或是一個線性函數。

例如，時間數列變數 $X(t)$ 非穩定，但其 d 階差分卻可能是穩定的；時間數列變數 $X(t)$ 和 $Y(t)$ 都是非定態，但線性組合「$X(t) - bY(t)$」後卻是穩定的。

故分析非定態的時間數列，焦點放在「如何尋找結構關係」入手 (例如尋

找上述常數 *b*)，把非定態的時間數列穩定化，以利觀察它們長期的共同發展趨
勢，進而做成我們的財經政策。

五、共整合性

Granger 在 1981 年一篇論文中引入了「共整合性」這個概念 (cointegration，
也譯「協整」)。

如果兩個時間數列 $X(t)$ 和 $Y(t)$ 各自有整合階 $I(x)$ 和 $I(y)$，而將兩數列做某種
線性組合後的數列 $Z(t)$ 具有更低的「整合階」：$I(z) < I(x), I(z) < I(y)$，便稱這兩
個時間數列具有「共整合性」。用上一節的例子說明，若常數 b 存在，那麼原
時間數列 $X(t)$ 和 $Y(t)$ 就具共整合性。

Granger 和 Weiss 合著的 1983 年的一篇論文中提出了「格蘭傑表述定理」
(Granger representation theorem)，證明了以一組特定的動態方程可以重新表述具
有「共整合性」的時間數列變數 (cointegrated variables) 之間的動態關係，而這
組動態方程更具有經濟學含義，從而使得時間數列分析更有效。

六、三種共整合性檢定法

1. Engle–Granger two-step 法

若 x_t 及 y_t 具有共整合 (cointegrated) 方程式，則其「線性組合」必為定態：

$$y_t - \beta x_t = u_t$$

其中，殘差 u_t 為定態 (白噪音)。

u_t 是否為定態，你可採 Dickey–Fuller test、Phillips-Perron 單根檢定。由於 β
是未知，所以可用最小平方法 (ordinary least squares) 來估計其值，再用 ADF 單
根檢定此 u_t 數列，上述做法，謂之：$\hat{\mu}_t$ 代入 Engle–Granger two-step「共整合檢
定」法。

2. Johansen 檢定法

Johansen 共整合檢定法，就不像 Engle–Granger two-step 法，它能檢定超過
二個以上「共整合關係」，故廣受學界採用，它也是 Stata VECM 內定估計法。

3. Phillips–Ouliaris cointegration test

詳情請見：http://en.wikipedia.org/wiki/Cointegration。

七、共整合之解說

若一非定態的數列 x_t 要經過 *d* 次差分才會變成定態數列，則稱此數列的整

合階 (order of integration) 為 d，以 $x_t \sim I(d)$ 表示。若數列本身就是一定態數列，則以 $x_t \sim I(0)$ 表示。

當時間數列符合下列兩個條件時，稱為共整合 (Engle&Granger, 1987)：

1. 時間數列中之所有變數有相同的整合階 (設為 d)，即 $x_t \sim I(d)$。
2. 倘若存在一向量 β，使得時間數列模型 $x_t \sim I(d)$ 之線性關係為 $z_t = \beta'x_t \sim I(d-b)$，$d > b > 0$，則稱 x_t 存在 (d, b) 階的共整合關係，記為 $x_t \sim CI(d-b)$，而 β 稱為共整合向量 (cointegration vector)，亦即代表變數間的長期均衡關係。

若變數均為 $I(1)$，透過 $\alpha\beta'$ 線性組合後成為一 $I(0)$ 的數列，代表兩變數彼此的隨機趨勢相互匹配，獲得一恆定的線性組合，雖長期變數間會呈各自來回漫步狀態，但彼此間存在著比例的共同因素，而成群飄移，故不會互相游移而越移越遠。

其中，z_t 為均衡誤差，用來衡量變數間長期下的偏離程度，若變數間具有共整合關係，則 z_t 會是 $I(0)$ 數列。

八、共整合之應用例子

常見「共整合」的應用領域，包括：

1. 臺灣國民小學教師人數 x_t 與學生數 y_t、教師人數 x_t 與班級數 y_t ——共整合之分析。
2. 最適公共債務比率之研究：例如，想檢測臺灣是否存在最適的公共債務比率使得經濟成長率為最大。實證結果顯示，實質 GDP 經濟成長率 x_t 的決定因素，包含政府公共債務比率 y_t 與政府公共債務比率平方 y_t^2 存在一個長期均衡關係。
3. 股價指數期貨 x_t 與現貨價格 y_t 關聯性。
4. 指數基金 x_t 與大盤股價 y_t 之價格發現：以 S&P 500 指數為例。
5. 歐、亞股 x_t 匯市 y_t 關係之實證研究：以臺灣、日本、韓國、德國、英國與法國為例。
6. 股價現值模型長短期非線性行為的探討：跨國的實證研究。
7. 原油價格 x_t、石油類股 y_t、太陽能類股 z_t 動態關係。
8. 金融發展 x_t 與經濟成長 y_t ——臺灣之實證。
9. 資本移動 x_t 對匯率 y_t 之影響——以泰國及馬來西亞為例。
10. 臺灣短期利率期貨避險比率 x_t 與績效 y_t 研究，假如依序用 Naive 模型、最小平方法 (OLS) 模型及 VECM 模型，對臺灣 30 天期利率期貨與臺灣 30、90 與

180 三種天期的商業本票進行最適避險比率的計算，並比較其避險績效，有人發現：

(1) 由單根檢定後發現，原始資料的價格時間數列具有單根的現象，而經過一階差分後成爲穩定數列。

(2) 在共整合的檢定中，發現期貨 x_t 與現貨 y_t 間具有長期均衡的關係，因此可在實證中加入誤差修正項進行避險。

(3) 樣本內與樣本外的實證中都得到相同的結論，在避險績效的衡量上，投資組合之避險績效由大到小依序是：OLS > VECM > Naive，即利用 OLS 模型進行避險可得到最好的效果，另外在避險模型中加入誤差修正項，並無法有效的改善其績效；在投資組合的選取上，可發現以臺灣 30 天期利率期貨和臺灣 90 天期商業本票所組合成的投資避險組合，具有最佳之避險績效。

11. 私募股票的流動性風險 x_t 與股價報酬率 y_t 之關聯。

12. 貨幣供給 x_t、新臺幣匯率 y_t 對房價指數 z_t 與股價報酬率 w_t 關聯性。

13. 臺灣外匯市場匯率過度反應模型，例如想探討匯率變動 x_t 與資本移動 y_t 之關聯性，及臺灣外匯市場是否存在匯率過度反應的情形。以臺灣經濟體爲研究對象。理論架構採自 Frenkel & Rodriguez(1982) 資本不完全移動模型，及 MacDonald(1995) 國際收支平衡分析，架構除了考量資本移動因素之外，並納入預期心理因素進行分析。依據實證結果解釋資本移動與匯率的關聯性及各因素之市場效益。該研究方法採用單根檢定、Johansen 共整合檢定及誤差修正模型，分別對匯率、兩國利率差距、名目有效匯率值、兩國相對股價報酬率及外匯交易價量值進行實證分析，期望可以從所獲致的資訊中進一步了解各個變數在長期均衡關係與短期動態調整之相關性，以及外匯市場發生匯率過度反應情形之時機與原因，並分析央行干預效果對短期匯率波動的影響。有人發現：

(1) 資本移動因素對短期匯率波動確實有顯著的影響；兩國利率差距、兩國相對股價報酬率對匯率具有長期的負向關係，外匯交易價量值對匯率具有長期的正向關係。

(2) 長期而言，臺灣外匯市場匯率過度反應的情形並不明顯，除了少數幾個時間點可調整的均衡匯率與名目匯率產生較大的偏離，亦即表示匯率出現短期的過度反應，可能的原因是受到國際美元走勢或其他非經濟因素的影響，產生對新臺幣過度升貶的預期心理。

(3) 隨著資本管制的逐一放寬，央行穩定外匯市場的功能將愈來愈明顯，亦即呈現管理浮動匯率制度的特色。

14. 匯率 x_t、公司規模 y_t 與股票報酬 z_t 相關性之研究——以臺灣股票市場為例。

15. 景氣循環 x_t 與股票市場 y_t 之動態關聯。

16. 臺灣 x_t 半導體產業股價與美國 y_t 半導體產業關聯性之研究——以 DRAM 業為例。

17. 臺灣花卉批發市場整合性。運用 Ravallion 的市場整合檢定模式、Engle & Granger 的共整合檢定法，以及 Johansen 最大概似共整合檢定法三種檢定方法，以臺灣四個花卉批發市場之大菊、小菊、劍蘭、康乃馨、玫瑰、大文心蘭、洋桔梗及滿天星等八種花卉品項之交易行情資料，來檢定其市場共整合現象。

18. 總體經濟變數 x_t 與臺灣加權股價指數 y_t 之現貨與期貨間領先或落後關聯性。

19. 匯率波動 x_t 對出口 y_t 的影響：ARDL 共整合分析的應用。

20. 臺灣 x_t、美國 y_t、日本 z_t 半導體產業股價連動關係。

21. 臺灣 x_t 與美國 y_t 股市動態關聯性之傳遞效果。

22. 兩岸四地股票市場連動關係之研究——分數共整合應用。

23. 國防支出 x_t 對經濟成長 y_t 影響。

24. 共整合分析在策略資產配置上之應用。常見策略資產配置之理論模型，有三種：多變量模型 (Campbell 等人 ,2003)、動能交易策略 (Brouwer & Philippe, 2009)、共整合分析法 (Lucas, 1997)。假設以 12 檔避險基金指數及代表傳統資產的 S&P 500、NASDAQ 與 J.P. Morgan bond 為研究對象，採用共整合分析法，來探究經共整合測試後的策略資產配置之效率前緣。可發現，在「平均數—變異數」及「平均數—條件風險值」的「報酬—風險」架構下，以不具共整合的資產為選取標的之策略資產配置能有較高報酬，且風險較低。

25. 臺灣、日本、南韓玉米 及黃豆進口價格之共整合分析。

26. 以共整合分析臺灣地區犯罪率函數。發生犯罪絕大部分來自於經濟面的問題未能獲得解決，其中失業率應是關鍵因素，另外犯罪後被逮捕的機率，亦是誘使犯罪發生的重要因素，因此透過單根檢定法、Johansen 最大概似估計法，以犯罪率 x_t、破獲率 y_t、失業率 z_t 變數之 138 筆月資料為樣本，針對這三變數進行共整合分析。可發現：在其他情況不變下，當失業率增加 1%，會引發犯罪率增加 3.38%，即失業率為犯罪率之增函數；當破獲率增加 1%，會引發犯罪率減少 0.67%，即破獲率為犯罪率之減函數。

27. 臺灣 x_t、中國大陸 y_t 與美國 z_t 貿易金額之共整合分析。
28. 監獄新入監受刑人再犯比率之研究——隨機共整合分析。
29. 臺灣人力資本 x_t 與經濟成長 y_t ——隨機共整合分析。

8-1 共整合檢定

因為大部分的時間數列資料為非定態的資料，變數經由差分 (difference 符號 Δ) 形式轉換成定態數列後，將喪失變數之間所隱含的長期資訊，以致無法觀察變數之間是否存在長期均衡關係。在探討彼此的相關性時可能喪失期間原本存在的長期均衡關係，因此，Granger(1981,1986) 及 Engle & Granger(1987) 發展出的共整合分析，即在探討兩數列是否存在長期穩定關係，避免變數差分後可能產生不當推論之缺失。

Engle & Granger(1987) 指出：若非定態的時間數列之間存在著定態的線性組合，則變數間具有長期穩定的均衡關係。短期的衝擊波動雖會使得變數偏離均衡水準，隨著時間的演進，其偏離程度將逐漸消退而回歸至均衡水準。

當數列經過差分處理後的迴歸分析將導致原有的長期關係喪失，故 Engle & Granger(1987) 最早以兩階段 (Two-Step) 最小平方方法來估計共整合 (cointegration) 向量，乃利用檢定共整合迴歸的殘差項是否具有單根，來判斷變數之間是否存在共整合的關係，而其對共整合定義如下：

> 1. n 維向量中所有變數皆為 $I(d)$，$d > 0$，式中 $I(d)$ 代表整合階次 (Integrated Order) 為 d。
> 2. 若存在一個 n 維向量 $\beta_{n \times 1}$，使得線性組合 $\beta'X \sim I(d-b)$，$d > b > 0$，則此向量被稱為存有 d 階 b 次的共整合關係，以 $CI(d，b)$ 符號表示。

後來 Engle & Granger(1987) 又改良共整合檢定法，若要證明兩變數具有共整合關係 (亦即設兩數列 X_t 與 Y_t 存在同一整合級次的差分，則存在 $\delta \in R$ 使得其線性組合存在 $Z_t = Y_t - \beta \cdot X_t$，且 Z_t 為 $I(0)(i.e.$ 為定態數列)，則稱 X_t 與 Y_t 具有共整合的關係存在，δ 值稱為共整合係數，Z_t 稱為均衡誤差，存在則其變數間的關係可藉由誤差修正模型來表示，數列間的共整合關係即為數列間的長期均衡關係。

Engle & Granger 的方法雖易於估計，但 Engle & Granger 檢定只適用於變數間的共整合向量只有一個，即兩變數的整合關係檢定，故當變數多於兩個時，共整合關係可能不只一個時，可能會產生檢定結果拒絕共整合關係的存在，但這並不表示一定不存在共整合關係。

坊間 JMulTi、Eviews 軟體常見的共整合檢定有二種方法：Johansen 共整合檢定、Enders-Siklos 門檻 (Threshold) 共整合檢定 (圖 8-2)。

8-1-1 共整合分析之流程

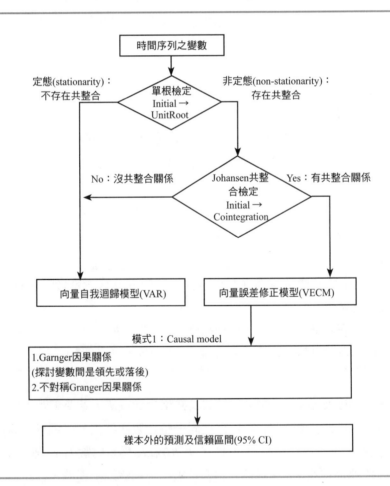

圖 8-1 共整合之分析流程

8-1-2 二種共整合檢定法

JMulTi「VECM」procedure 只有兩種共整合檢定法：Johansen 法、Engle &
Granger 二階段檢定法。Stata 則採 Johansen 法。

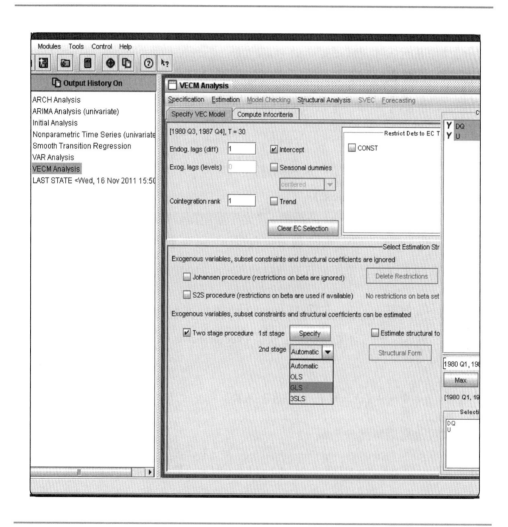

圖 8-2 JMulTi「VECM」有兩種共整合檢定法：Johansen 法、二階段檢定法

一、Johansen 共整合檢定

Engle & Granger(1987) 之後，Johansen(1991) 與 Johansen & Juselius(1990)

改用最大概似估計檢定法 (Maximum Likelihood Estimation, MLE) 來檢定多變數間的共整合關係，適合作長期均衡分析，它可取代 Engle & Granger 二階段檢定法，此法透過一階差分後的 VAR(Vector Autoregressive) 模型，利用所對應的誤差修正模型會產生一衝擊矩陣，並用兩種概似比統計量來檢定衝擊矩陣的秩 (rank)，即多變數間共整合的個數，其優點在於可找出所有共整合向量的個數，以及經濟理論對變數關係的限制均可直接估計。Johansen 最大概似估計法之理論基礎及相關的估計與檢定如下：

假設一向量 $X_t = (X_1, X_2, \cdots, X_n)^t$，為 n 維的 $I(1)$ 向量，落後 p 且具 n 個變數向量自我迴歸模型 (Vector AutoRegression, VAR)：

$$X_t = \mu + \Phi D_t + \Lambda_1 X_{t-1} + \Lambda_2 X_{t-2} + \cdots + \Lambda_p X_{t-p} + \varepsilon_t \quad t = 1, 2, \cdots\cdots, T \qquad (8\text{-}1)$$

其中，X_t 為 $(n \times 1)$ 隨機變數所成的向量

$\quad\quad D_t$ 為扣除均數 (demean)

$\quad\quad \mu$ 為 $(n \times 1)$ 常數向量 (截距項) 後之季節虛擬變數

$\quad\quad \Lambda_1, \Lambda_2, \cdots, \Lambda_p$ 均為未知參數所組成的 $(n \times n)$ 係數矩陣

$\quad\quad \varepsilon_t$ 為 $(n \times 1)$ 的誤差項，且符合白噪音，$\varepsilon_t \overset{iid}{\sim} N(0, \Omega)$

根據 Granger Representation 定理，再將上式 VAR 模型取一階差分運算 (「$\triangle$」)，則其對應的向量誤差修正模型 (Vector Error Correction Model, VECM) 如下：

$$\Delta X_t = \mu + \Phi D_t + \Pi X_{t-1} + \Gamma_1 \Delta X_{t-1} + \Gamma_2 \Delta X_{t-2} + \cdots + \Gamma_{k-1} \Delta X_{t-p+1} + \varepsilon_t \qquad (8\text{-}2)$$

上式可改寫成：

$$\Delta X_t = \mu + \Pi X_{t-1} + \Gamma_1 \Delta X_{t-1} + \cdots + \Gamma_{k-1} \Delta X_{t-p+1} + \varepsilon_t \text{，可簡寫成：}$$

$$\Delta X_t = \mu + \Pi X_{t-1} + \sum_{i=1}^{p-1} \Gamma_i \Delta X_{t-i} + \varepsilon_t \qquad (8\text{-}3)$$

其中，$\Gamma_i = -(\sum_{i=2}^{p-1} \Lambda_i)$，$\Pi = (\sum_{i=1}^{p} \Lambda_i) - I$，I 為單位矩陣。

上式中的 $\sum_{i=1}^{p-1} \Gamma_i \Delta X_{t-i}$ 即為 X_t 中各變數之間的短期動態關係，表示當受到外生衝擊致使各個變數短期偏離均衡時的動態調整過程，即 Γ_i 衡量短期影響。

ΠX_{t-1} 代表 X_t 之長期關係，可將「因差分而失去的長期關係」調整至均衡的

狀態，它將系統中由於「各數列經取一次差分後而喪失之長期關係」引導回去，即所謂的誤差修正項 (Error Correction Item)，即若 X_t 有過度差分時可利用此項將喪失的長期訊息調整回來，矩陣 $\Pi_{n \times n}$ 為所有落後項的線性組合，又稱衝擊矩陣 (Impact Matrix)，能反映出各變數間長期均衡關係，即 Π 衡量長期影響，此一誤差修正項即為 Johansen 最大概似估計法中共整合向量估計與檢定的中心項目，而 Π 的秩 (Rank) 決定了共整合向量個數，亦即決定了變數間具有多少個長期關係。

二、共整合個數的檢定

依據 rank(Π) 有三種不同的情況：

Case 1. rank($\Pi_{n \times n}$) = n，表 $\Pi_{n \times n}$ 為全秩 (Full Rank)，則 X_t 為定態的時間數列，即 $X_t \sim I(0)$，此時可直接以 X_t 估計 VAR。

Case 2. rank($\Pi_{n \times n}$) = 0，表 $\Pi_{n \times n}$ 為零矩陣則沒有任何一個 X_{t-1} 的線性組合為定態時間數列，即 $X_t \sim I(1)$，X_t 各變數間不存在共整合關係，此時直接以 ΔX_t 估計 VAR。

Case 3. rank($\Pi_{n \times n}$) = r，$0 < r < n$，表 X_{t-1} 部分的線性組合為定態時間數列，X_t 各變數間存在 r 個共整合關係。根據 Granger Representation 定理，Π 可分解成 $\alpha \beta'$，α 與 β 均為 $(n \times r)$ 矩陣，α 為誤差修正項的係數，又可稱為調整係數 (adjustment coefficient)，表示各變數在短期失衡的狀態之下，調整至長期均衡水準的平均速度，β 為共整合向量之矩陣，使非定態的 X_t 經過 $\beta' X_t$ 之線性組合而成為定態。

在共整合檢定中，Johansen 利用概似比檢定決定共整合向量個數之方法有下列兩種：

1. **軌跡檢定 (Trace Test)** —— JMulTi 軟體採用

   H_0：最多有 r 個共整合向量 [rank($\Pi_{n \times n}$) $\leq r$]

   H_1：至少有 $r + 1$ 個共整合向量 [rank($\Pi_{n \times n}$) $> r$]

   其檢定統計量為：$\lambda_{trace} = -T \sum_{i=r+1}^{n} \ln(1 - \hat{\lambda}_i)$

2. **最大特徵值 ($\lambda_{\max}$) 檢定 (Maximum Eigenvalue Test)**

   H_0：有 r 個共整合向量 [rank($\Pi_{n \times n}$) = r]

   H_1：有 $r + 1$ 個共整合向量 [rank($\Pi_{n \times n}$) = $r + 1$]

   其檢定統計量為：$\lambda_{\max} = -T \ln(1 - \hat{\lambda}_{r+1})$

其中，T：觀察值個數

$\hat{\lambda}_i$：Π 矩陣中的特徵值估計值

r：共整合向量個數

上述兩種統計量，從虛無假設為 H_0：$r = 0$，即變數間沒有任何共整合關係開始檢定，再陸續增加 r 的個數，直到無法拒絕虛無假設為止，即可以確定共整合向量的個數，進而得知變數之間是否具有共整合關係。若共整合檢定結果顯示變數之間存在共整合關係，則可進一步利用誤差修正模型分析變數之間的長、短期均衡關係。

此外，Johansen(1991) 也證明了以上兩種檢定統計量並不如一般的概度比檢定統計量呈現卡方分配，而是布朗運動 (Brownian Motion) 的函數，故，Cheung & Lai(1993) 認為當殘差項存有偏態及超額峰度時，亦或 Serletis(1993) 認為特徵值的分配不均勻時，使用軌跡檢定統計量較最大特徵值統計量穩定。

依 Granger Representation 定理，若變數間具共整合關係則可用一誤差修正模型來表示，藉著誤差修正項可得到長期實際值與理想值間的失衡情形，即公式：

$$\Delta X_t = \mu + \sum_{i=1}^{k-1} \Gamma_i \Delta X_{t-i} + \Pi X_{t-k} + \varepsilon_t$$

上式中，Johansen 共整合長期關係估計式之落後一期的誤差修正項 ΠX_{t-1} 結合了短期動態調整過程與長期均衡關係的訊息；然對許多經濟財務研究而言，感興趣的是共整合式中係數大小值或正負號是否符合理論所預期，因此對共整合係數的檢定採用概似比檢定的方法；如上所述，若 Π 的秩介於 0 和 n 之間，則此時 Π 可分解成 $\alpha\beta'$，則估計出來的誤差修正項為下式：

$$\Pi X_{t-1}^* = \alpha\beta' X_{t-1}^*$$

其中，α 稱為短期調整係數矩陣，β 稱為共整合矩陣，若此時三個變數中有兩組共整合向量存在，則共整合矩陣以第一個變數係數為 1 的方式標準化後，上式可表示成下式：

$$\alpha\beta' X_{t-1}^* = \begin{bmatrix} \alpha_{11} & \alpha_{12} \\ \alpha_{21} & \alpha_{22} \\ \alpha_{31} & \alpha_{32} \end{bmatrix} \times \begin{bmatrix} 1 & \beta_{11} & \beta_{12} \\ 1 & \beta_{21} & \beta_{22} \end{bmatrix} \times \begin{bmatrix} x_{t-1} \\ y_{t-1} \\ z_{t-1} \end{bmatrix}$$

如果要判斷一變數適不適合納入共整合模型中，例如第 2 個變數 y_t，則此時的限制式為 $H_0 : \beta_1 = \beta_{21} = 0(m = 2)$，然後令未加入限制式前所估得的最大概似值為 L_U，而加入限制式後所估得之最大概似值為 L_R，接著計算下式。

$$LR = -2(L_R - L_U) \sim \chi^2(m)$$

或是利用未受限和加入限制式的模型所估計出來之特徵值計算下式：

$$LR = T \sum_{i=1}^{r} [\ln(1 - \lambda_i^R) - \ln(1 - \lambda_i^U)] \sim \chi^2(m)$$

其中，λ_i^R 為受限模型的特徵值，λ_i^U 為未受限模型的特徵值。

當 $LR > \chi^2(m)$，表示拒絕限制式成立的虛無假設，即未受限模型較佳，第 2 個變數 y_t 就適合放入共整合模型中；反之，當 $LR < \chi^2(m)$，代表加入限制式的模型較好，第 2 個變數 y_t 不適合放入共整合模型中，應以加入限制式後的模型重新估計；同樣的方法亦可用來檢定短期調整係數矩陣。

三、誤差修正模型 (ECM)

若變數之間存在共整合關係，即存在長期的均衡關係。但共整合只能顯示出是否具有長期的均衡關係，卻無法表示短期關係。因此 Engle & Granger 提議以誤差修正模型 (error correction model, ECM)，若兩個變數均屬一階整合，且有共整合的情況，則可採下列二種方法之一，檢定共整合關係「不存在」之非定態數列的短期動態關係：(1) 誤差修正模型 (ECM)；(2) 以差分項之向量自我迴歸模型 (VAR)。

當誤差修正模型 (ECM) 的功能為前期有失衡的現象時，可在當期時對部分失衡加以修正，使得長期與短期的行為變成一致，即考慮到變數不只受到本身及其他變數之影響，也可能受到前期之共整合均衡誤差的影響。ECM 的優點就是能夠把系統內變數之長期均衡關係與短期動態關係結合在同一模型來分析，以保持長短期資訊之完整性。

當確定非定態之數列間「有」共整合關係後，則可再將模式修改為向量誤差修正模型 (VECM)，來觀察變動間的短期關係。其模式係將下列式：

$$\Delta X_t = \Phi D_t + \Pi X_{t-1} + \Gamma_1 \Delta X_{t-1} + \Gamma_2 \Delta X_{t-2} + \cdots + \Gamma_{k-1} \Delta X_{t-P+1} + \varepsilon_t$$

再縮寫成：

$$\Delta X_t = \Phi D_t + \alpha \beta' X_{t-1} + \sum_{i=1}^{p-1} \Gamma_i \Delta Y_{t-i} + \varepsilon_t$$

其中，

ΦD_t：常數項及時間趨勢

α：調整係數矩陣

β：共整合矩陣

p：落差期數

ε_t：誤差項向量，$\varepsilon_t \overset{iid}{\sim} N(0, \Omega_{n \times n})$，$\Omega_{n \times n}$ 為共變異矩陣

上式中，$\sum_{i=1}^{p-1} \Gamma_i \Delta Y_{t-i}$ 為各變數的短期波動關係，當一個變數產生衝擊時，另一個變數的調整過可以藉由 ECV 看出，這是由於變數的變動及其自我落差之變動存明相關。誤差向量 (ECV) 的誤差修正項 $\alpha \beta'$，可視為變數與前期長期均衡的偏離程度，且此偏離程度有朝向長期均衡靠近的趨勢。調整係數 α 代表往長期均衡靠近的速度，若調整係數 $\alpha > 0$，則表示該變數短期內被低估，故會以特定的速度「向上」調整到下一期；反之，若 $\alpha < 0$，則表示該變數短期內被高估，故會以特定的速度「向下」調整到下一期。

四、Engle-Granger 兩階段共整合檢定法

若兩數列 $(F_t$ 及 $C_t)$ 間具有共整合關係，則會存在一係數 β，使得 $e_t = F_t - \beta C_t$ 為穩定的狀態。根據 Engle-Granger 檢定程序包括兩階段，分述如下：

(一) 第一階段

先判斷原始數列的整合級次 (Order of Integration) 為何，即認定其為何種 I(d) 的型態。在此步驟中，主要是利用單根檢定，來作為檢定的方法，誠如前面所述，檢定結果顯示數列存在單根 (即數列並不穩定)，則需先將數列做差分處理，直至穩定為止。由差分的次數可認定該數列的整合級次。

最後，所有數列是否具有相同的 I(d)。若數列的整合級次並不相同，表示此兩數列並不存在共整合關係。反之，若認定結果為相同的整合級次，則此兩數列有可能存在共整合關係，需繼續第二階段的檢定。

(二) 第二階段

估計長期均衡關係。假設第一階段所得出的結果兩數列均為 $I(1)$，則將資料數列做普通最小平方 (OLS) 迴歸：

$$F_t = \beta_0 + \beta_1 C_t + e_t$$

在 $\{F_t\}$ 與 $\{C_t\}$ 有共整合關係的情況下，殘差項 (e_t) 應為穩定數列。因此，我們需對殘差項做進一步的單根檢定，若檢定結果顯示殘差項並不穩定，我們可得出兩時間數列並不存在共整合關係的結論。然而，檢定結果若顯示殘差項呈穩定狀態，則可知兩數列具有共整合關係，且上述所得的迴歸關係，即為兩者的長期均衡關係。

8-1-3 向量誤差修正模型 (VECM)

一、VECM 數學式

將單一個迴歸模式公式之誤差修正模型 (error correction model, ECM) 擴充成多個迴歸模式之聯立方程式，就形成向量誤差修正模型 (VECM)。VECM 常用來分析二個數列間是否有存在「共整合」數學式。坊間軟體 JMulTi、RATS 都有提供 VECM 分析。

當確定數列間存在有共整合關係時，可藉由誤差修正模型來探討數列間短期變動關係以及由短期不均衡狀態調整至長期均衡的過程，其模型如下：

$$\Delta X_t = \mu_1 + \Pi_1 \cdot Z_{t-1} + \sum_{i=1}^{p} \phi_{1x} \cdot \Delta X_{t-i} + \sum_{j=1}^{q} \varphi_{1y} \cdot \Delta Y_{t-j} + \varepsilon_{1t} \tag{8-8}$$

$$\Delta Y_t = \mu_2 + \Pi_2 \cdot Z_{t-1} + \sum_{i=1}^{p} \phi_{2x} \cdot \Delta X_{t-i} + \sum_{j=1}^{q} \varphi_{2y} \cdot \Delta Y_{t-j} + \varepsilon_{2t} \tag{8-9}$$

式中，μ_1、μ_2 為截距項。

$Z_{t-1} = X_{t-1} - \alpha \cdot Y_{t-1}$ 為誤差修正項或長期調整項。

Π_1、Π_2 為誤差修正係數表示上一期偏離均衡部分反映在本期的能力。

ε_{1t}、ε_{2t} 透過 p、q 的決定後為白噪音。

$\phi_{1x}(\phi_{2x})$ 表變數 $X_t(Y_t)$ 的變化可由變數 X_t 過去的變化來解釋。

$\varphi_{1y}(\varphi_{2y})$ 表變數 $X_t(Y_t)$ 的變化可由變數 Y_t 過去的變化來解釋。

二、VECM 應用領域

Eun & Shim(1989)、Kasa(1992)、Chowdhury(1994)、Brocato(1994)、Masih & Masih(1997)、Francis & Leachman (1998)，及 Nasseh & Strauss (2000) 等皆採用了向量自我迴歸模型和共整合模型 (VECM)，來探討世界各國股市及總體

經濟變數間的連動關係。實證結果發現：各國股市的多邊互動關係明顯存在，且美國股市在國際資本市場常具有領先地位。但也有些學者如：Chan、Gup & Pan(1992)，使用共整合檢定，測試結果顯示，各國股市間未能形成一個整合市場，換句話說，國際投資組合分散風險於各股市間是有效的。另一方面，也有學者利用國際金融危機發生的前後對各國股市的波動情形作研究。例如：Liu 等人 (1993)、Masih & Masih(1997)，結果顯示：當危機發生後，國際股市的共整合關係皆有明顯增加的現象。

8-1-4 共整合關係應用在價差交易策略

一階差分後之 p 階向量自我迴歸模型：

$$\Delta y_t = \Pi Y_{t-1} + \Gamma_1 \Delta y_{t-1} + \cdots + \Gamma_{p-1} \Delta y_{t-p+1} + \varepsilon_t$$

將 $\alpha\beta'$ 代入上式，可改寫 VECM 如下：

$\Delta y_t = \alpha\beta' Y_{t-1} + \Gamma_1 \Delta y_{t-1} + \cdots + \Gamma_{p-1} \Delta y_{t-p+1} + \varepsilon_t$ 或縮寫成：

$$\Delta y_t = \alpha\beta' Y_{t-1} + \sum_{i=1}^{p-1} \Gamma_i \Delta y_i + \varepsilon_t$$

例如，期貨商品在交易買賣時，由於其交易單位為「口」，若在估計共整合關係時，所得到的共整合估計值不是整數，則可乘上一最小之共同倍數，使它「共整合估計值」變成整數「口數」後，再進行「價差」(spread) 買進或賣出交易的判定。即期貨商品間若存在共整合關係，則採用標準化之共整合係數「整數調整」(變數變換後) 來進行價差交易。

定義：價差 (spread) 之公式

$$\text{Spread}_t = N_1 \times F_{1t} + N_2 \times F_{2t} + N_3 \times F_{3t}$$

其中，

N_i，$i = 1, 2, 3$，代表第 i 種期貨商品在「整數調整」後之共整合係數。

F_{it}，$i = 1, 2, 3$，代表第 i 種期貨商品在第 t 日股價指數 × 對應契約價值。

共整合關係應用在價差之 Max-Min 交易策略有二：放空、買進做多：

1. 放空價差部位 (short spread position)

(1) 進場時機：當價差 > $\mu + k\sigma$，若 $N_i > 0$(或 $N_i < 0$) 時，放空 (買進)「N_i 口數」第 i 種期貨。

(2) 出場時機：當價差「回跌」至平均數 (以下) 或該期貨商品之最後交易日到期時結清部位。

2. 買進價差部位 (long spread position)

(1) 進場時機：當價差 < $\mu + k\sigma$，若 $N_i > 0$(或 $N_i < 0$) 時，買進 (放空)「N_i 口數」第 i 種期貨。

(2) 出場時機：當價差「回升」至平均數 (以上) 或該期貨商品之最後交易日到期時結清部位。

8-2 Granger 因果關係之檢定

定義：Granger 因果關係

已知 Ω_t 為 t 期的資訊集合，$\Omega_t / \{x_t, x_{t-1}, \cdots\}$ 為 t 期資訊集合與 $\{x_t, x_{t-1}, \cdots\}$ 的餘集 (relative complement), 且 F(.S.) 為條件分配。如果

$$F(y_{t+h}|\Omega_t / \{x_t, x_{t-1}, \cdots\}) = F(y_{t+h}|\Omega_t \quad \forall h \geq 1$$

則我們稱：x 不會「Granger 影響」y。亦即，x 預測 y 是無效果。

定義：Granger 因果關係之虛無假設 H_0

例如，有一迴歸式為

$$y_t = \alpha + \beta_1 y_{t-1} + \beta_2 y_{t-2} + \cdots + \beta_p y_{t-p} + \gamma_1 x_{t-1} + \gamma_2 x_{t-2} + \cdots + \gamma_p x_{t-p} + e_t$$

假如，接受 $H_0：\gamma_1 = \gamma_2 = \cdots = \gamma_p = 0$

則稱 x 不會「Granger 影響」y。

根據 Granger(1969) 所提出以變數預測力 (Predictability) 來衡量變數間的因果關係，如果兩時間數列間存在因果關係時，則一獨立變數加入過去的訊息會增加因變數的解釋能力，我們稱之為存在因果關係。此一因果關係不可謂為是「前因後果」的關係，即其不是指一個變量的變動會引起另一個變量的變動，

此因果關係乃是一種「領先—落後」的概念，其指的是一個變量的當期和其他變量的過去值之間的相關關係。因此 Granger 因果關係檢定，它是定義在「預測因果關係」。如果變數 X 過去的資訊有助於預測變數 Y 所需的資訊，則就可以說 X 變數「Granger 影響」(Granger cause) 變數 Y；相反地，當變數 Y 過去的資訊有助於預測變數 X 所需的資訊，則就可以說 Y 變數「Granger 影響」變數 X；或是，當 X、Y 變數相互「Granger 影響」時，此即是兩者間存在回饋 (feedback) 關係。因此，Granger 因果關係檢定，它是用來解釋變數間之關係，是為領先 (Granger cause)、落後 (does not Granger cause)、互相回饋關係或是無關係之一種統計檢定方法。

兩個變數 X_t、Y_t 若存在因果關係 (causal model)「$X_t \to Y_t$」，其中，X_t 係解釋變數，Y_t 係被解釋變數，除了使用 Y_t 過去數值提供訊息外，若加入 X_t 之前期資訊可以增加對 Y_t 的預測力，表示 X_t 為 Y_t 的因 (X_t cause Y_t)，亦可解釋為 X_t 領先 Y_t，或 Y_t 落後 X_t。若 Y_t 與 X_t 彼此相互因果影響「$Y_t \Leftrightarrow X_t$」，則稱兩者間具有回饋 (feedback) 關係 (Granger, 1969)。

一、因果關係的定義

依據 Granger 所定義的因果關係如下：

定義 1：因果關係 (Causality)

若 $Var(X_{t+1} \mid X_t) = Var(X_{t+1} \mid X_t, Y_t)$，且 $Var(Y_{t+1} \mid Y_t) > Var(Y_{t+1} \mid X_t, Y_t)$ 則稱變數 X 是變數 Y 的因 (X is causing Y)。此即表示當額外加入一個訊息，如果變數 X 可以解釋更多變數 Y 的行為，則可以降低變數 Y 的變異數。

定義 2：回饋關係 (Feedback)

若 $Var(X_{t+1} \mid X_t) > Var(X_{t+1} \mid X_t, Y_t)$，且 $Var(Y_{t+1} \mid Y_t) > Var(Y_{t+1} \mid X_t, Y_t)$，則稱變數 X、Y 之間具有回饋關係。此即表示 X 為 Y 之因且 Y 也為 X 之因。

定義 3：聯立因果關係 (Instantaneous Causality)

若 $Var(X_{t+1} \mid X_t) = Var(X_{t+1} \mid X_t, Y_t)$，$Var(X_{t+1} \mid X_t, Y_t) > Var(X_{t+1} \mid X_t, Y_t, Y_{t+1})$ 且 $Var(Y_{t+1} \mid X_t) = Var(Y_{t+1} \mid X_t, Y_t)$，$Var(Y_{t+1} \mid X_t, Y_t) > Var(Y_{t+1} \mid X_t, Y_t, Y_{t+1})$，則稱變數 X 立即影響 Y。此即表示若加入 X 與 Y 的過去值之後再加入 X 之當期值來解釋 Y，則可以降低變數 Y 的變異數。

二、各類型的因果關係

學界較常見非定態變數間之因果關係的類型有二：

(一) 類型 I ： 不同變數間的因果

Granger(1969) 由預測誤差的角度定義變數之間的因果關係,如果兩變數之間存在因果關係時,則加入一變數 x_{2t} 的過去訊息會使其對另一變數 x_{1t} 的解釋能力提高,並能降低預測誤差,藉以判斷因果關係是否成立。故可由 Granger 因果關係檢定 (causality test) 的過程,從變數的預測能力來衡量變數之間的領先與落後關係。

假設兩個時間數列變數 x_{1t} 和 x_{2t},其向量自我迴歸模型如下:

$$\begin{cases} x_{1t} = a + \sum_{i=1}^{k} \eta_{1i} x_{1t-i} + \sum_{j=1}^{k} \theta_{1j} x_{2t-j} + \mu_t \\ x_{2t} = a + \sum_{i=1}^{k} \eta_{2i} x_{1t-i} + \sum_{j=1}^{k} \theta_{2j} x_{1t-j} + \nu_t \end{cases}$$

上式中的 μ_t 和 ν_t 為兩個互相獨立之殘差項。若要檢定 x_1 與 x_2 之間是否具有 Granger 因果關係,則虛無假設表示為:

1. $H_0：\theta_{11} = \theta_{12} = \cdots = \theta_{1k} = 0$

表示 x_2 的過去訊息並不有助於預測當期的 x_1,即 x_{2t} 沒有領先 x_{1t}。因此若檢定的結果不能拒絕虛無假設,表示 x_2 對於 x_1 沒有 Granger 因果關係;反之,檢定結果若是拒絕虛無假設,代表 x_2 對於 x_1 具有 Granger 因果關係。

2. $H_0：\theta_{21} = \theta_{22} = \cdots = \theta_{2k} = 0$

表示 x_1 的過去訊息對於預測當期的 x_2 沒有幫助,即 x_{1t} 沒有領先 x_{2t}。因此若檢定的結果不能拒絕虛無假設,表示 x_1 對於 x_2 沒有 Granger 因果關係;反之,檢定結果若是拒絕虛無假設,代表 x_1 對於 x_2 具有 Granger 因果關係。

(二) 類型 II ： 前後期回饋的因果

設 $Y_t = (Y_1, Y_2, \cdots, Y_n)$,$Y_t$ 為 $(n \times 1)$ 向量,則落差期數為 p 之向量自我迴歸模型「VAR(p)」如下:

$$Y_t = \Phi D_t + \Pi Y_{t-1} + \cdots + \Pi_p Y_{t-p} + \varepsilon_t \tag{8-10}$$

其中,

ΦD_t：常數及時間趨勢項

$$\Pi_i : (n \times n) \text{ 的係數矩陣} \begin{bmatrix} \phi_{11} & \phi_{12} & \cdots & \phi_{1n} \\ \phi_{21} & \phi_{22} & \cdots & \phi_{2n} \\ \vdots & \vdots & \ddots & \vdots \\ \phi_{n1} & \phi_{n2} & \cdots & \phi_{nn} \end{bmatrix}$$

p：落差期數

ε_i：誤差項向量，$\varepsilon_t \overset{iid}{\sim} N(0, \Omega_{n \times n})$，$\Omega_{n \times n}$ 為共變異矩陣

進行 Granger 因果關係檢定前，需先將 Y_t 分成：組 I 及組 II，再探討這二組之因果關係。其虛無假設如下：

$$H_0 : \phi^1_{I, II} = \phi^2_{I, II} = \cdots \phi^p_{I, II} = 0 \tag{8-11}$$

$$H_0 : \phi^1_{II, I} = \phi^2_{II, I} = \cdots \phi^p_{II, I} = 0 \tag{8-12}$$

舉例來說，令變數 $Y_t = (Y_1, Y_2, Y_3)$，假設落差期數為 2，則其 VAR(2) 模型如下：

$$\begin{bmatrix} Y_{1t} \\ Y_{2t} \\ Y_{3t} \end{bmatrix} = \begin{bmatrix} \Phi D_{1t} \\ \Phi D_{2t} \\ \Phi D_{3t} \end{bmatrix} + \begin{bmatrix} \phi^1_{11} & \phi^1_{12} & \phi^1_{13} \\ \phi^1_{21} & \phi^1_{22} & \phi^1_{23} \\ \phi^1_{31} & \phi^1_{32} & \phi^1_{33} \end{bmatrix} \begin{bmatrix} Y_{1t-1} \\ Y_{2t-1} \\ Y_{3t-1} \end{bmatrix} + \begin{bmatrix} \phi^2_{11} & \phi^2_{12} & \phi^2_{13} \\ \phi^2_{21} & \phi^2_{22} & \phi^2_{23} \\ \phi^2_{31} & \phi^2_{32} & \phi^2_{33} \end{bmatrix} \begin{bmatrix} Y_{1t-2} \\ Y_{2t-2} \\ Y_{3t-2} \end{bmatrix} + \begin{bmatrix} \varepsilon_{1t} \\ \varepsilon_{2t} \\ \varepsilon_{3t} \end{bmatrix}$$

若組 I 為 Y_{1t}，組 II 為 Y_{2t} 及 Y_{3t}，則欲檢定該兩組之因果關係，其虛無假設如下：

$$H_0 : \phi^1_{12} = \phi^1_{13} = \phi^2_{12} = \phi^2_{13} = 0$$

$$H_0 : \phi^1_{21} = \phi^1_{31} = \phi^2_{21} = \phi^2_{31} = 0$$

H_0 可採 Wald 統計量來檢定：

$$Wald = (R \cdot vec(\hat{\Pi}) - r)^t \{R[\hat{A}(vec(\hat{\Pi}))]R^t\}(R \cdot vec(\hat{\Pi}) - r)$$

其中，$\hat{A}(vec(\hat{\Pi}))$：Π_i 的漸近共變異矩陣。

根據 (8-11) 及 (8-12) 式之虛無假設，會產生以下情況：

1. 若拒絕 (8-11) 式假設，而無法拒絕 (8-12) 式假設，則表示「組 II→組 I」，亦可視為組 II 領先組 I。

2. 若拒絕 (8-12) 式假設，而無法拒絕 (8-11) 式假設，則表示「組 I→組 II」，

亦可視爲組 I 領先組 II 。

3. 若同時拒絕 (8-11) 及 (8-12) 式假設，則表示「組 II →組 I」同時「組 I →組 II」，亦即組 II 及組 I 彼此相互因果，稱二者具有回饋關係。

4. 若均無法拒絕 (8-11) 及 (8-12) 式假設，則組 II 及組 I 沒有因果關係。

8-3 Stata 範例：cointegration 分析步驟

8-3-1 cointegration 分析步驟

定態數列可用 SPSS/SAS 軟體來分析。非定態數列可用：(1) 免費軟體 JMulTi(可以由 www.jmulti.de 免費下載)。(2) 選擇表與寫指令並用的 Stata 或 Eview。(3) 功能強大且要寫指令的財經軟體 R (http://cran.r-project.org/bin/windows/base/) 等各種軟體來分析。至於，橫斷面 + 縱貫面之縱橫資料 (Panel data)，可用 Stata 或 Limdep 軟體來分析。

認定兩個時間數列 x_t 及 y_t 是否有共整合，其意義係代表兩者後幾期波動的線性組合之趨勢有「common stochastic trend」，除了「x_t 落差幾期的線性組合 → y_t」，亦有可能「y_t 落差幾期的線性組合→ x_t」。

本節將以 CD 所附的「interest-inflation.dat」資料檔爲範例，以求得西德央行「季通貨膨脹率 Dp 與央行利率 R」共整合關係之數學式。

由於各國央行爲了控制通貨膨脹，會調漲利率來抑制通膨，即「$Dp_t \to R_t$」。同時，央行調利率後，會有幾期的時間來影響通貨膨脹，即「$R_t \to Dp_t$」。有了這樣 logic 後，我們心裡就出現疑問：R_t 與 Dp_t 二數列波動之長期趨勢，是否存在「common stochastic trend」共整合關係？

兩個數列共整合分析前的必要條件認定

兩個時間數列 x_t 及 y_t 之波動變化，是否具有共同隨機趨勢 (同向下、同上升) 之共整合檢定前，我們可用 JMulTi 軟體，先檢查這兩個數列的波動 pattern 是否符合以下條件：

步驟 1　描述性統計 (descriptive statistics)：判定「平均數是否接近 0」，「標準差是否接近 1」，若二個條件都符合，則可初步斷定 $y_t \sim N(0, 1)$。接著，以較正式常態性 Jarque Bera 檢定，即以「偏態接近 0」，「峰度接近 3」兩準則，斷定數列 x_t 及 y_t 是否「非常態」，若 x_t 及 y_t 是「非

常態」則下一階段再試試 x_t 及 y_t 是否需要差分才會定態。

步驟 2 以 ADF 法進行單根檢定，以判定這二個數列是否同時具有單根 [若 y_t ~ $I(1)$，Δy_t ~ $I(0)$；若 x_t ~ $I(1)$，Δx_t ~ $I(0)$]，若 x_t 及 y_t 數列都需要差分一次，波動才會定態，表示 x_t 及 y_t「同時」具有單根，那麼就有機會構成「波動變動趨勢有共整合」的機會。

步驟 3 條件異質變異數 (ARCH) 檢定

Stata 亦可仿照 JMulTi ARCH$_{LM}$ 觀念來檢定：y_t 單一數列波動變異數 (第 2 級動差) 特性，是否有落後 q 期的現象，若有，表示 y_t 是「條件異質變異數」之 ARCH(q) 模型。易言之，ARCH$_{LM}$ 法可用來判定 y_t 數列，只要落後 q 期的差分，就已足夠預測前期的差分。這種 ARCH 檢定在自我迴歸 (AR)、向量自我迴歸 (VAR) 之建模過程時，非常有用。

步驟 4 常態性 JB 檢定、ADF 單根檢定：若二個數列都屬常態、且都要有單根，則這二個數列才可能存在共整合方程式。

1. 常態性 JB 檢定

Jarque-Bera 常態性檢定，係考驗殘差向量 $\hat{u}_t$ 的成分之間是否獨立，即計算其第三動差 (moments) 之偏態是否爲 0 及第四動差之峰度是否爲 3。

首先，JMulTi 估計殘差共變矩陣 $\widetilde{\Sigma}_u$：

$$\widetilde{\Sigma}_u = \frac{\sum_{t=1}^{T}(\hat{u}_t - \overline{\hat{u}})(\hat{u}_t - \overline{\hat{u}})'}{T}$$

並算出平方根矩陣 $\widetilde{\Sigma}_u^{1/2}$。即 JMulTi 係以「已標準化殘差」$\hat{u}_t^s$ 的偏態及峰度來判定是否常態性：

$$\hat{u}_t^s = (\hat{u}_{1t}^s, \cdots, \hat{u}_{Kt}^s)' = \widetilde{\Sigma}_u^{1/2}(\hat{u}_t - \overline{\hat{u}})$$

$$定義 \begin{cases} b_1 = (b_{11}, \cdots, b_{1k})'，此處 \ b_{1k} = \dfrac{\sum_{t=1}^{T}(\hat{u}_{kt}^s)^3}{T} \\ b_2 = (b_{21}, \cdots, b_{2k})'，此處 \ b_{2k} = \dfrac{\sum_{t=1}^{T}(\hat{u}_{kt}^s)^4}{T} \end{cases}$$

由 b_1 及 b_2 即可衍生出下二個定義：

$$\begin{cases} s_3^2 = Tb_1'b_1 / 6 \sim \chi^2(K) \text{極限分配} \\ s_4^2 = T(b_2 - 3_K)'(b_2 - 3_K) / 24 \sim \chi^2(K) \text{極限分配} \end{cases}$$

Jarque-Bera(JB) 之虛無假設 vs. 對立假設爲：

$$\begin{cases} H_0 = \text{偏態} e(u_t')^3 = 0 ；且峰度 e(u_t')^4 = 3 \\ H_1 = \text{偏態} e(u_t')^3 \neq 0 ；或峰度 e(u_t')^4 \neq 3 \end{cases}$$

Jarque-Bera(JB) 之檢定統計爲：

$$JB_K = s_3^2 + s_4^2 \sim \text{漸近分配} \chi^2(2K) ，若 H_0 成立。$$

2. ADF 單根檢定

根據差分定義：$\Delta y_t = y_t - y_{t-1}$

若有一序列 y_t 之後一期會影響前一期：$y_t = y_{t-1} + u_t$，左右各減 y_{t-1}

$$y_t = y_{t-1} + u_t$$
$$即 \Delta y_t = u_t \tag{8-13}$$

將 (8-13) 式加以延伸爲：$\Delta y_t = \phi y_{t-1} + u_t \tag{8-14}$

若 $\phi = 0$，則 y_t 屬非定態，故有單根。因爲 $\phi = 0$，則 $\Delta y_t = u_t$，表示 y_t 作一次差分「Δ」後，就屬定態。

將上面 (8-14) 式再擴充 ADF 檢定模型：

$$\Delta y_t = \phi y_{t-1} + \sum_{j=1}^{p-1} \alpha_j^* \Delta y_{t-j} + u_t \quad \text{(c)}$$

ADF 檢定之虛無假設如下：

$$\begin{cases} H_0 : \phi = 0 \\ H_1 : \phi < 0 \end{cases}$$

ADF 係用最小平方法 (OLS) 來估計迴歸係數 ϕ 顯著性，若係數 ϕ 對應的 t 值 > 查表的臨界值 1.96，則拒絕 H_0。相對地，若 $\phi = 0$，表 t_t 爲非定態序列，具有單根，y_t 需要差分一次後才會平穩。

步驟 5 以 rank(Π) 值判定共整合關係之個數。若只有兩個變數，則頂多只有 1 個共整合。

步驟 6 最後再根據以上訊息，認定 VECM「預設模型」的參數值，執行「Cointergration tests」來判定：x_t 及 y_t 彼此領先或落後關係強度及方向性 (正 或負值)。

步驟 7 以「Cointergration tests」所找出 x_t 及 y_t 的線性組合，當「新變數」，並再以單根檢定，此「新變數」是否不需差分一次，本身就是定態。

8-3-2 Stata 實例：cointegration 分析

一、問題說明

1. sample: 1972.2 --1998.4

   West German data until 1990.2, all of Germany aferwards

2. Dp -\Delta log gdp deflator (source: Deutsches Institut f?r Wirtschaftsforschung, Volkswirtschaftliche Gesamtrechnung)

3. R -nominal long term interest rate (Umlaufsrendite)

   (source: Monatsberichte der Deutschen Bundesbank,

   quarterly values are values of last month of quarter)

變數名稱	數列說明	編碼 Codes/Values
時間索引 t	季資料	1972q2–1998q4
時間數列 dp	Delta log gdp deflator。 1.西德國家季通貨膨脹 (GNP deflator) 2.因為非常態性故取 log() 後再差分一次。y_t 為物價水準，則差分一次：$\Delta y_t = y_t - y_{t-1}$ 代表通貨膨脹率。 3.差分之後 dp，再做 ADF 單根檢定，診斷為定態數列。	
時間數列 r	nominal long term interest rate (Umlaufsrendite) 1.西德長天期名目利率。 2.ADF=-2.82，$p>0.05$，接受 H_0：「$X_t \sim I(1)$」，表示有單根，非定態數列。	

二、資料檔之內容

讀入資料檔之前，先設定工作目錄，「File > Chang working directory」，指定 CD 所附資料夾之路徑，接著再選「File > Open」，開啟「interest-inflation.

dta」資料檔。

　　由於本例二個數列，事先已證實：(1) 非常態性 (jb 指令)，故二數列均做自然對數函數之變數變換。(2) 單根檢定，發現 dp 非定態，故已做差分 (Δ，唸 delta) 運算。因此不再重複說明「Jarque-Bera 常態檢定」、「ADF 單根檢定」之變數事前如何診斷。

　　「interest-inflation.dta」資料檔內容如下圖。

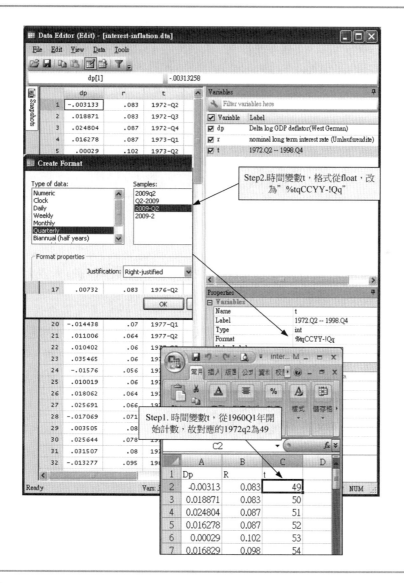

三、vec 相關之選擇表

本例 2 個時間數列，vec 指令分析會採用之輔助指令，其對應 Menu 如下：

1. Statistics > Multivariate time series > VEC diagnostics and tests > Lag-order selection statistics (**preestimation**)
2. Statistics > Multivariate time series > Cointegrating rank of a VECM
3. Statistics > Multivariate time series > VEC diagnostics and tests > Lag-order selection statistics (**postestimation**)
4. Statistics > Multivariate time series > Vector error-correction model (VECM)
5. Statistics > Postestimation > Predictions, residuals, etc.
6. Statistics > Multivariate time series > VEC diagnostics and tests > Check stability condition of VEC estimates
7. Statistics > Multivariate time series > VEC diagnostics and tests > LM test for residual autocorrelation
8. 外掛「gcause」指令執行 Granger causality tests
9. Statistics > Multivariate time series > VEC/VAR forecasts > Compute forecasts (required for graph)

四、VECM 分析步驟與討論

本例有二數列：(1) 差分之後 dp 變數，它為定態數列。(2) 未差分之 r 變數，它屬非定態數列。將它們進行 VECM 分析步驟如下：

Step 1. 用繪圖法來判定 「對數函數轉換」 這 2 個變數是否 「常態」

本例 2 個變數，調查法所蒐集原始數據，經「jb」指令分析，發現二者都違反「迴歸常態性」假定 (assumption)，故原始「2 個舊變數」事前都經過「gen 新變數名 ln(舊變數)」變數變換。

做 ln() 變數變換之新變數，可用「dfuller」指令做「Augmented Dickey-Fuller unit-root 檢定」。

```
.  tsset  t
time variable:   t, 1972-Q2 to 1998-Q4
                 delta:  1 quarter

* 選項 tsline 繪新的 2 時間數列之線形圖
.  twoway (tsline  dp)  (tsline  r)
```

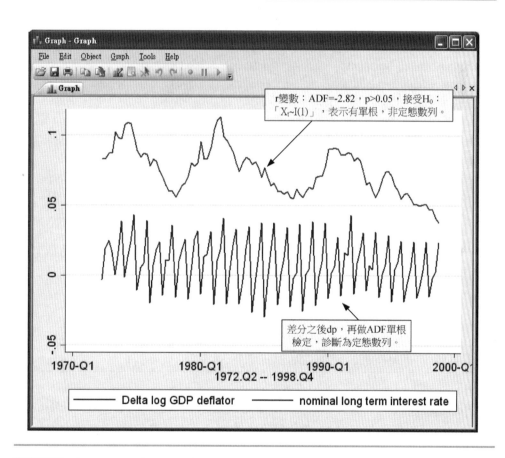

圖 8-4 繪出對數變換後之 2 個變數「dp、r」之線形圖

　　本例二數列「dp、r」的走趨圖，隱約可看出，二者似乎有「共同隨機趨勢」，故我們猜想它們二個可能存在「一個達到均衡之共整合方程式」。

　　如圖 8-4。由 4 數列的走勢，肉眼較難看出「是否常態」，故改用統計法。

Step 2. 用統計法：jb 指令來認定「對數函數轉換之後」新變數是否「常態」

```
*用 dfuller 指令做 ADF 單根檢定
. dfuller dp

Dickey-Fuller test for unit root                 Number of obs   =      106

                           ----------Interpolated Dickey-Fuller ---------
                  Test        1% Critical      5% Critical      10% Critical
                Statistic        Value            Value             Value
------------------------------------------------------------------------------
 Z(t)            -13.170        -3.508           -2.890           -2.580
------------------------------------------------------------------------------
MacKinnon approximate p-value for Z(t) = 0.0000

*用 dfuller 指令對變數 r 做 ADF 單根檢定
. dfuller r

Dickey-Fuller test for unit root                 Number of obs   =       06

                           ----------Interpolated Dickey-Fuller ---------
                  Test        1% Critical      5% Critical      10% Critical
                Statistic        Value            Value             Value
------------------------------------------------------------------------------
 Z(t)            -1.052         -3.508           -2.890           -2.580
------------------------------------------------------------------------------
MacKinnon approximate p-value for Z(t) = 0.7339
```

　　用 dfuller 指令，執行 ADF 單根檢定，結果顯示「dp 數列之 MacKinnon approximate p-value 小於 0.05，故拒絕「$H_0：Y_t \sim I(1)$」，表示這個變數屬定態 (已沒有單根)。相反地，「r 數列之 MacKinnon approximate p-value 大於 0.05，故接受「$H_0：Y_t \sim I(1)$」，表示這個變數屬定態 (有單根)。

　　由於共整合檢定，並未限定二個 (以上) 變數一定都要定態，或一定態另一為非定態。故我再進行下列一連串 VECM 分析。

Step 3. 認定 lags 值為何？

為了測試 VECMs 之共整合及適配度，我們必須先認定 VECM(p) 之 lags p 值為何？Tsay (1984)、Paulsen (1984) 及 Nielsen (2001)3 篇研究，都認定「varsoc」指令係可有效地認定「VAR model with I(1)」的 lag order。從 VECM 聯立方程式，可看出，相對應 VECM 的 order 總是比 VAR 少 1，而且「vec」指令本身都會自動調整 lag order，因此我們參考「VAR 的 lag order」亦可決定 VECM 的 lag order，故本例用「varsoc」指令來決定「dp and r」二數列 VAR 的 lag order(落後期數 = ？)。

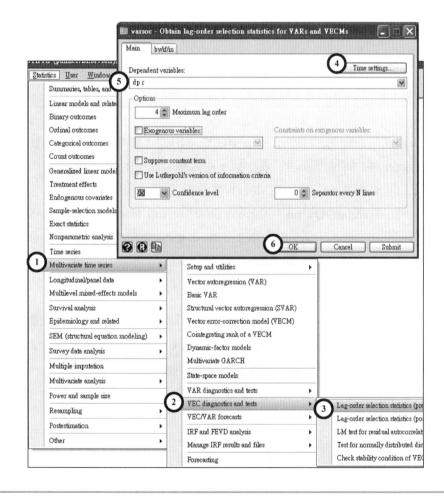

圖 8-5 varsoc 指令求 dp 及 r 二數列 Lag 值之畫面

註：Statistics > Multivariate time series > VEC diagnostics and tests > Lag-order selection statistics (preestimation)

```
* varsoc 指令旨在 Obtain lag-order selection statistics for VARs and VECMs
. varsoc dp r


   Selection-order criteria
   Sample:  1973-Q2 -1998-Q4                    Number of obs    =      103
 +--------------------------------------------------------------------------+
 |lag |   LL      LR      df    p      FPE       AIC      HQIC      SBIC  |
 |----+---------------------------------------------------------------------|
 |  0 |  538.81                       1.0e-07  -10.4235  -10.4028  -10.3723|
 |  1 |  659.665  241.71   4  0.000   1.1e-08  -12.6925  -12.6304  -12.539 |
 |  2 |  673.922  28.515   4  0.000   8.6e-09  -12.8917  -12.7881  -12.6359|
 |  3 |  721.662  95.48    4  0.000   3.7e-09  -13.741   -13.596   -13.3829|
 |  4 |  778.79   114.26*  4  0.000   1.3e-09* -14.7726* -14.5861* -14.3122*|
 +--------------------------------------------------------------------------+
   Endogenous:  dp r
   Exogenous:   _cons
```

1. 根據四種模型適配準則 (PPE,AIC, HQIC, SBIC)，值愈小愈好。varsoc 顯示「Lag order=4」四種準則達到最小值，而且概似比 LR = 114.26 (p < 0.05)，故本例只二個數列時，採用 VECM(4) 模型是最佳的、最適配的。
2. Lag=4 時，Hannan–Quinn information criterion (HQIC)method, Schwarz Bayesian information criterion (SBIC) method, and sequential likelihood-ratio (LR) test all chose two lags, as indicated by the "*" in the output。

Step 4. Testing for cointegration

「vecrank」指令，係利用 Johansen 公式來認定「共整合方程式的數目」。假如「未限制」共整合方程式的 log likelihood(LL)，與「限制」共整合方程式之間達到顯著差異，則我們可拒絕「H_0：no cointegration」。

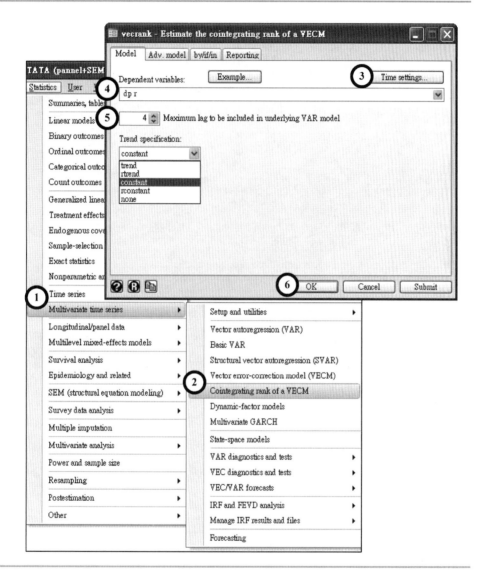

圖 8-6 估算 dp 及 r 變數「cointegrating rank of a VECM」之畫面

註：Statistics > Multivariate time series > Cointegrating rank of a VECM

```
* 估算 cointegrating rank of a VECM，並界定 Lags=4
. vecrank dp r, trend(constant) lags(4)

                    Johansen tests for cointegration
Trend: constant                                     Number of obs =    103
Sample:  1973-Q2 -1998-Q4                                  Lags =      4
--------------------------------------------------------------------------
                                                      5%
maximum                                    trace    critical
   rank    parms       LL    eigenvalue  statistic   value
     0      14     770.20345        .     17.1729   15.41
     1      17     777.27373   0.12828     3.0323*   3.76
     2      18     778.78989   0.02901
--------------------------------------------------------------------------
```

「vecrank」分析二數列「dp r」共整合方程式的數目，顯示當 rank=1 時，log likelihood(LL) 為 777.27373，大於臨界值 3.76，故拒絕「H_0：no cointegration」。因此我們確定了「dp r」這二數列有 1 個共整合關係「有" *"」。接著再求出共整合方程式之長像。

Step 5. Fitting a VECM

「vec」指令可估計 VECM 模型之四個參數，包括：

1. The parameters in the cointegrating equations β。

2. The adjustment coefficients α。

3. The short-run coefficients Γ_i。

4. Some standard functions of β and α that have useful interpretations。

儘管前述時間數列有 4 種型式，但本例只談「types 1– types 3」。

首先由較簡單「dp r」二數列來談，「vec」如何分析「bivariate cointegrating VECM」。

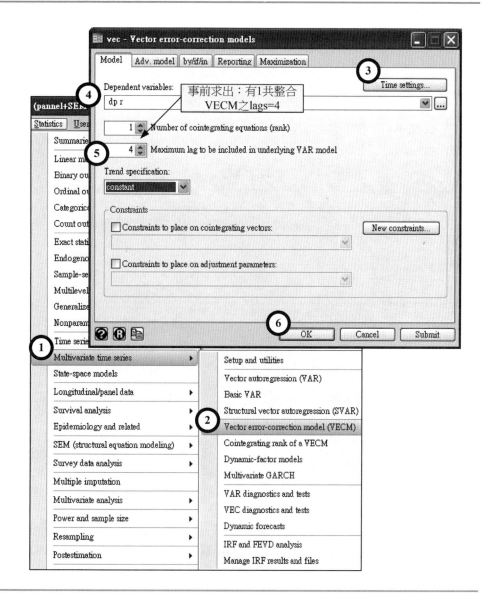

圖 8-7 「dp r」二數列之 Vector error-correction models 之畫面

註：Statistics > Multivariate time series > Vector error-correction model (VECM)

```
* 分析下列二數列之 Vector error-correction models
. vec dp r, lags(4)
Vector error-correction model

Sample: 1973-Q2 -1998-Q4                 No. of obs      =       103
                                         AIC             = -14.7626
Log likelihood = 777.2737                HQIC            =-14.58646
Det(Sigma_ml) = 9.56e-10                 SBIC            =-14.32774


Equation          Parms    RMSE     R-sq     chi2      P>chi2
--------------------------------------------------------------
D_dp               8      .006227   0.9606  2315.624   0.0000
D_r                8      .005393   0.1396  15.41729   0.0515
--------------------------------------------------------------


-----------------------------------------------------------------------
       |     Coef.   Std. Err.     z    P>|z|    [95% Conf. Interval]
-------+---------------------------------------------------------------
D_dp   |
  _ce1 |
   L1. | -.6403197  .2094654    -3.06   0.002  -1.050864   -.2297751
       |
    dp |
   LD. | -.515308   .1597552    -3.23   0.001   -.8284223  -.2021936
  L2D. | -.6545568  .1092396    -5.99   0.000   -.8686625  -.4404512
  L3D. | -.8027476  .0578632   -13.87   0.000   -.9161574  -.6893378
       |
     r |
   LD. |  .0448029  .1213817     0.37   0.712   -.1931009   .2827067
  L2D. |  .1184979  .1210533     0.98   0.328   -.1187622   .3557581
  L3D. | -.053156   .1182239    -0.45   0.653   -.2848705   .1785585
       |
  _cons| -.0002496  .0006176    -0.40   0.686   -.0014601   .0009609
-------+---------------------------------------------------------------
D_r    |
  _ce1 |
   L1. |  .4226635  .1814064     2.33   0.020    .0671136   .7782135
       |
```

```
        dp |
        LD. |   -.321324    .1383551    -2.32   0.020    -.592495    -.050153
       L2D. |  -.2000298    .0946063    -2.11   0.034   -.3854548   -.0146048
       L3D. |  -.0699313    .0501121    -1.40   0.163   -.1681493    .0282867
            |
         r  |
        LD. |   .2530971     .105122     2.41   0.016    .0470618    .4591325
       L2D. |   .0126475    .1048376     0.12   0.904   -.1928304    .2181253
       L3D. |   .2200507    .1023871     2.15   0.032    .0193756    .4207257
            |
      _cons |  -.0003781    .0005349    -0.71   0.480   -.0014265    .0006702
------------------------------------------------------------------------------
```

Cointegrating equations

```
Equation          Parms       chi2     P>chi2
-------------------------------------------------
_ce1                 1     27.11173    0.0000
-------------------------------------------------
```

Identification: beta is exactly identified

Johansen normalization restriction imposed

```
------------------------------------------------------------------------------
     beta  |    Coef.    Std. Err.     z     P>|z|    [95% Conf. Interval]
-----------+------------------------------------------------------------------
_ce1       |
      dp   |       1          .          .      .         .          .
      r    |  -.2731269    .0524549    -5.21   0.000   -.3759365   -.1703172
    _cons  |   .0122411        .          .      .         .          .
------------------------------------------------------------------------------
```

VECM 的通式為：$\Delta y_t = \alpha\beta' \times y_{t-1} + \sum_{i=1}^{p-1}\Gamma_i \times \Delta y_{t-i} + v + \varepsilon_t$

　　以「dp r」二數列來說，其 VECM 分析結果為：

1.「_ce1 欄 L1.」：二數列邁向均衡之調整速度 α = (-0.0002, 0.4226)。[D_dp]L.
　ce1 為 -0.304，表示 dp 平均通膨太高時，亦會快速跌回至 r 利率水準。

2.「beta 欄 _ce1」：長期隨機關係 (即共整合關係)β = (1, -0.2731)。即共整合方

679

程式為「$1 \times dp\ \text{-0.2731} \times r = 0$」，可看出，$dp$ 平均通膨愈高，r 利率就愈高，二者有「正向」的共同隨機趨勢。

3. 「_cons 欄」：常數項 $v = (0.0056, -0.0004)$。

4. 二變數「LD. 欄」代表 $\sum_{j=1}^{p-1} \Gamma_i \Delta y_{t-j}$：為 y_t 中各變數之間的短期動態關係，表示當受到外生衝擊致使各個變數短期均衡。本例，$\Gamma_1 = \begin{bmatrix} -0.165 & -0.0998 \\ -0.062 & -0.333 \end{bmatrix}$，

$\Gamma_2 = \begin{bmatrix} -0.655 & 0.1185 \\ -0.200 & 0.0126 \end{bmatrix}$, $\Gamma_3 = \begin{bmatrix} -0.803 & -0.053 \\ -0.070 & 0.2201 \end{bmatrix}$

整體而言，這二數列的 VECM 適配得很好。

本例 VECM 為：$\Delta y_t = \alpha \beta' \times y_{t-1} + \sum_{i=1}^{p-1} \Gamma_i \times \Delta y_{t-i} + v + \varepsilon_t$

$$\begin{bmatrix} \Delta dp_t \\ \Delta t_t \end{bmatrix} = \begin{bmatrix} -.0002 \\ 0.4223 \end{bmatrix} \begin{bmatrix} 1 & -0.273 \end{bmatrix} \begin{bmatrix} dp_{t-1} \\ t_{t-1} \end{bmatrix} + \begin{bmatrix} -0.165 & -.0998 \\ -0.062 & -0.333 \end{bmatrix} \begin{bmatrix} \Delta dp_{t-1} \\ \Delta t_{t-1} \end{bmatrix} +$$

$$\begin{bmatrix} -0.655 & 0.1185 \\ -0.200 & 0.0126 \end{bmatrix} \begin{bmatrix} \Delta dp_{t-2} \\ \Delta t_{t-2} \end{bmatrix} + \begin{bmatrix} -0.803 & -0.053 \\ -0.070 & 0.2201 \end{bmatrix} \begin{bmatrix} \Delta dp_{t-3} \\ \Delta t_{t-3} \end{bmatrix} + \begin{bmatrix} 0.0056 \\ -.0004 \end{bmatrix} + \begin{bmatrix} \varepsilon 1_t \\ \varepsilon 2_t \end{bmatrix}$$

結論是我們發現：通膨率 Dp 與利率 r 有一共整合關係：$1 \times dp_t - 0.2731 \times Dp_t$，二數列是正向共同隨機趨勢。

Step 6. Fitting VECMs with Johansen's normalization

根據 Johansen (1995) 觀點，若有 r 個共整合方程式，計算 β 參數值則需 r^2 個限制式。在缺乏理論之限制式情況，Johansen 提出一個較方便「identification scheme」方法為：

$$\beta' = (I_r, \widetilde{\beta}')$$

其中，I_r 為 $r \times r$ 單位矩陣，$\widetilde{\beta}'$ 為 $(K-r)$ 單位參數之矩陣。vec 內定採用 Johansen's normalization 估計法。

為了論述本例 2 個數列，在 Lag=4，VECM 如何適配一個共整合方程式，vec 指令另外提供 "noetable" 選項，讓 VECM 分析焦點只放在 "一個共整合方程式"，電腦不要印出整調參數 alpha、短期參數 Γ。

Step 7. 求共整合方程式

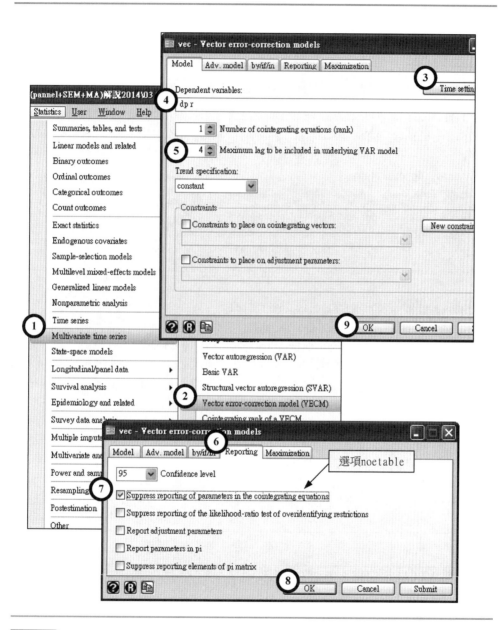

圖 8-8　Johansen's normalization 來適配「dp,r」VECMs 之畫面 (勾選 noetable)

```
* 用 Johansen's normalization 來適配 VECM(4) 模型，並界定 1 個共整合方程式
. vec dp r, lags(4) rank(1) noetable

Vector error-correction model

Sample:  1973-Q2 -1998-Q4                      No. of obs    =         103
                                               AIC           =   -14.7626
                                               HQIC          =  -14.58646
Log likelihood =  777.2737                     SBIC          =  -14.32774
Det(Sigma_ml) =  9.56e-10

Cointegrating equations

Equation            Parms      chi2     P>chi2
-----------------------------------------------
_ce1                   1    27.11173    0.0000
-----------------------------------------------

Identification:  beta is exactly identified

                   Johansen normalization restriction imposed
---------------------------------------------------------------------------
        beta |    Coef.   Std. Err.      z     P>|z|    [95% Conf. Interval]
-------------+-------------------------------------------------------------
_ce1         |
          dp |        1
           r | -.2731269  .0524549    -5.21   0.000   -.3759365   -.1703172
        _cons |  .0122411
---------------------------------------------------------------------------
```

通常 VECM 模型為：$\Delta x_t = \alpha \times \beta' x_{t-1} + \sum_{j=1}^{3-1} \Gamma_j \times \Delta y_{t-j} + u_t$

本例採用 Johansen's normalization 來分析 VECM(4) 模型之 1 個共整合方程式，分析結果為：

「通膨率 Dp 與利率 r」有一共整合關係：$1 \times dp_t - 0.2731 \times Dp_t$，二數列是正向共同隨機趨勢。

Step 8. Postestimation specification testing

產生新變數「FisherEffect」來存這一個「整合方程式」。

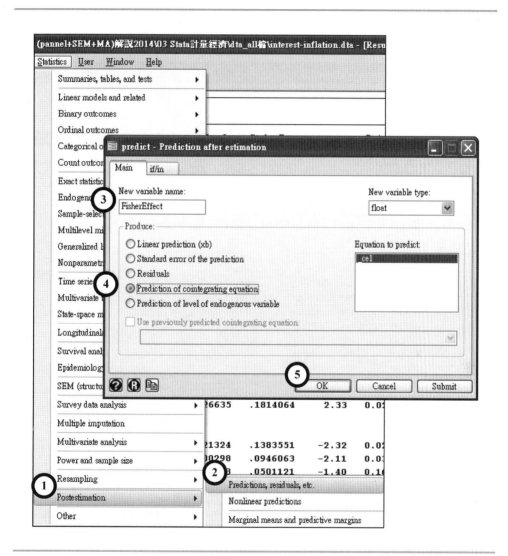

圖 8-9 產生新變數「FisherEffect」來存這一個「整合方程式」之畫面

註：Statistics > Postestimation > Predictions, residuals, etc.

```
*將「ce equ(#1)」存到 FisherEffect 新變數
. predict FisherEffect, ce equation(_ce1)
```

Stata "predict" 指令可將這一個共整合方程式，分別儲存至 FisherEffect 新變數，如下圖所示。且這一個代表共整合方程式之 FisherEffect 新變數，係屬定態，因為它們的線性圖長像「白噪音」。

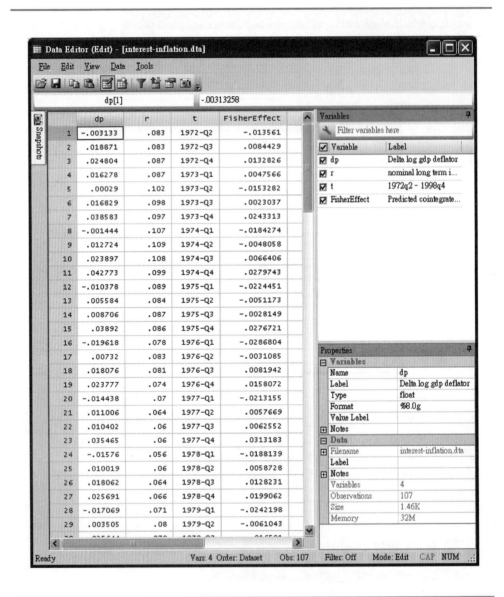

圖 8-10 這一個共整合方程式，新增至 FisherEffect 變數

繪這一個共整合變數走勢圖之指令如下：

```
.  twoway  (line  FisherEffect   t)
```

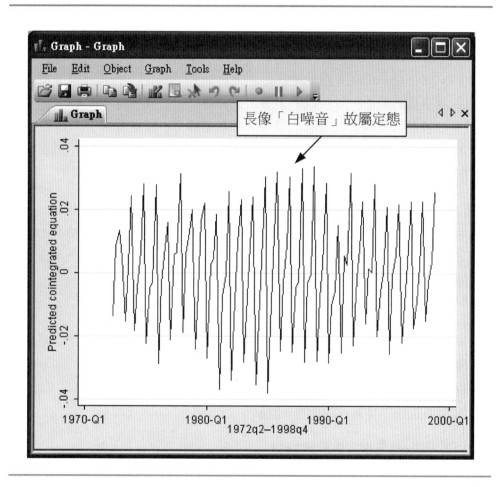

圖 8-11 共整合方程式 FisherEffect 變數之線性圖 (長像「白噪音」)

　　「line」指令繪出這一個共整合方程式之線性圖，在水平軸上下都產生來回之大震盪 (shocks)。

　　為節省篇幅，以下「Step9 至 Step13」Stata 分析步驟之畫面及結果解釋，就此省略，讀者可自行參閱「第 9-3-3 節 Stata 範例：VECM 分析步驟」。

Step 9. 診斷殘差有自我相關 (略)

「veclmar」指令來檢定「VECM 殘差之序列相關」。若有殘差有自我相關，則需再加大 Lags 期數。誠如 Gonzalo(1994) 所說，低估 VECM 之 lags 值，只會顯著增加有限樣本之參數偏誤，進而導致序列相關。基於這個理由，我們再一次令 Lag=5，重新執行 vec。

Step 10. 殘差之常態性 (略)

VECM 分析，係事先假定殘差 $\varepsilon_t \overset{iid}{\sim} N(0, \sigma^2)$ 「獨立且同分配，平均數 0，固定的誤差變異數」，以利我們推導出概似函數。假如殘差不符合「常態」假定，但殘差仍是獨立同分布，具有「平均數為 0、變異數 σ^2」，這種情況 VECM 參數估計仍會是一致的，但不保證 VECM 模型一定有效果的。Stata 提供「vecnorm」指令可來診斷殘差常態性。

Step 11. Granger causality tests (領先─落後之因果關係)

Stata 提供外掛指令「gcause.ado」，來執行「Granger causality 檢定」。本例 2 數列，共分 2 次「gcause」指令來分析 Granger causality，這種因果檢定就會包含了短期和長期關係。

Step 12. Impulse–response functions for VECMs

以下「irf」指令可估算脈衝響應函數和 IRF 圖來呈現兩個正交化的脈衝響應函數。

1. VECM 預測誤差變異 (FEV) 的分解圖。
2. VECM 預測誤差變異 (FEV) 的分解表。

Step 13. VECMs 之樣本外預測 (略)

共整合 VECM 可預測：(1) 差分 (first-differenced) 後變數。(2) 變數的樣本外預測值。定態 VAR 與共整合 VECM 這 2 種模式的根本差別，在於誤差的變異數，VAR 誤差變異數係會隨著時間收斂至固定值 (constant)，即收斂至預測的水平線。相對地，共整合 VECM 之誤差變異數則會發散，離水平值愈來愈遠。

最後我們再用「fcast」指令，來計算「動態預測值」；而「fcast graph」指令來繪「動態預測值及不對稱 95% 信賴區間」。

09

聯立迴歸式：非定態 /
定態都可分析之 VECM

　　誤差修正模型 (error correction model, ECM) 是動態系統，它的特徵是目前狀態之長期關係將恢復並適配至短期動態。動態系統概念係指，任何固定描述時間依變數 "rule" 之周圍空間內某點位置的「時間依賴性 (time dependence)」。

　　誤差修正模型原義不可誤解成「修正另一模型的誤差」，ECM 是多個時間數列模型的類型，旨在估計「在自變數 X 變化之下，依變數 Y 回歸均衡的速度」。理論上，ECMs 旨在估計某一數列在另一數列之「長、短期」效果，因此，它會吻合政治及社會流程理論。誤差修正模型通常係處理非定態數列居多，但它亦可處理定態數列。在二個以上時間數列之共整合分析，不論有沒有單根，Stata「vec」指令都可以分析。

　　例如，經濟學中，假設二個時間數列：消費金額 C_t 及可支配收入 Y_t 具有長期關係，在持久收入 (permanent income) 假設下，二者關係為「$C_t = 0.9Y_t$」，從經濟學學者觀點來看，儘管 Y_t 及 C_t 都不是定態，若迴歸式「$C_t = \beta Y_t + \epsilon_t$」是定態數列，則二者就存有長期關係 (aka cointegration)。假設 Y_t 變化 ΔY_t，C_t 變化量就為「$\Delta C_t = 0.5\Delta Y_t$」，即邊際消費等於 50%。我們再假定，每一期的消費都會比前一期 ($\Delta C_t = C_t - C_{t-1}$) 少 20%，此消費模型為：

$$\Delta C_t = 0.5\Delta Y_t - 0.2(C_{t-1} - 0.9Y_{t-1}) + \epsilon_t$$

恆等式右邊，第一項描述「Y_t 在 C_t」長期變化的衝擊 (impact)。第二項解釋「二個變數長期均衡之引力關係」。第三項 ϵ_t 反應了隨機震盪，即影響消費者的消費信心的衝擊。為了簡化說明，我們令 $\epsilon_t = 0(t = 1, 2, \cdots, T)$，假設在第 $t-1$ 期是均衡的，則 $C_{t-1} = 0.9Y_{t-1}$。假設在第 t 期 ΔY_t 增加 10 單位，則 ΔC_t 增加 5 (= $0.5 \times \Delta Y_t$)，但第 2 期，C_t 開始遞減並且收斂至初始水準。相對地，對 Y_t 的震盪是永久的，則 C_t 慢慢會收斂至某值 (它超過「$9 \times C_{t-1}$」)。

　　上述是典型的 ECM 模型。實務上，經濟學者通常先估計「cointegration relationship」關係式之後，再將它代入主要模型 (差分型式之方程式)。舉例來說，研究「通貨膨脹、美股 DJ 對美元匯率的長期均衡影響」，此研究架構為：

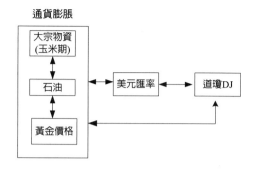

通貨膨脹

圖 9-1 研究架構

本例 5 數列，其對應 VECM(10) 在 4 rank 之模型，$\Delta x_t = \alpha \times \beta' x_{t-1} + \sum_{j=1}^{10-1} \Gamma_j \times \Delta y_{t-j} + \varepsilon_t$ 為：

$$
\begin{bmatrix} \Delta corn_t \\ \Delta gold_t \\ \Delta USD_t \\ \Delta oil_t \\ \Delta DJ_t \end{bmatrix} = \begin{bmatrix} -.371 & 0.104 & -.073 & -118.11 \\ -.363 & -.028 & -1.66 & -707.58 \\ -.029 & -.006 & -.434 & -87.21 \\ -.000 & -.000 & 0.000 & -0.40 \\ -.941 & 0.493 & -23.7 & -1857.8 \end{bmatrix} \begin{bmatrix} 1.0 & - & - & - & -.046 \\ - & 1.0 & - & - & -.048 \\ - & - & 1.0 & - & -.004 \\ - & - & - & 1.0 & 0.01 \end{bmatrix}
$$

$$
\begin{bmatrix} corn_{t-1} \\ gold_{t-1} \\ USD_{t-1} \\ oil_{t-1} \\ DJ_{t-1} \end{bmatrix} + \begin{bmatrix} -.020 & -.294 & 0.894 & -123.91 & -.005 \\ 0.100 & -.478 & 0.941 & 149.90 & -.049 \\ 0.023 & -.035 & 0.423 & 29.53 & -.005 \\ 0.000 & 0.000 & -.002 & 0.31 & 0.000 \\ 0.044 & -3.14 & 11.89 & -626.2 & -.062 \end{bmatrix} \begin{bmatrix} \Delta corn_{t-1} \\ \Delta gold_{t-1} \\ \Delta USD_{t-1} \\ \Delta oil_{t-1} \\ \Delta DJ_{t-1} \end{bmatrix} +
$$

$$
\begin{bmatrix} 0.491 & -0.435 & -0.033 & -166.010 & -0.032 \\ 0.190 & -0.579 & -1.335 & -259.553 & -0.002 \\ 0.092 & -0.061 & 0.226 & 56.674 & -0.002 \\ -0.000 & 0.000 & 0.002 & 0.202 & 0.000 \\ 2.715 & -2.300 & 24.440 & 2138.021 & -0.490 \end{bmatrix} \begin{bmatrix} \Delta corn_{t-2} \\ \Delta gold_{t-2} \\ \Delta USD_{t-2} \\ \Delta oil_{t-2} \\ \Delta DJ_{t-2} \end{bmatrix} +
$$

$$
\begin{bmatrix}
0.259 & -0.288 & -1.188 & -423.432 & -0.012 \\
0.506 & -0.422 & 0.958 & -15.950 & -0.020 \\
0.033 & -0.021 & 0.336 & -27.906 & -0.006 \\
0.000 & 0.000 & -0.002 & 0.233 & 0.000 \\
1.710 & -2.489 & 26.312 & 36.444 & -0.079
\end{bmatrix}
\begin{bmatrix}
\Delta corn_{t-3} \\
\Delta gold_{t-3} \\
\Delta USD_{t-3} \\
\Delta oil_{t-3} \\
\Delta DJ_{t-3}
\end{bmatrix}
+ \cdots +
\begin{bmatrix}
\varepsilon 1_t \\
\varepsilon 2_t \\
\varepsilon 3_t \\
\varepsilon 4_t \\
\varepsilon 5_t
\end{bmatrix}
$$

共整合係指 common stochastic trend。若變數之間存在共整合關係，即存在長期的均衡關係。當確定非定態之數列間「有 1 個以上」共整合關係後，才將研究架構的眾變數納入向量誤差修正模型 (VECM)，來觀察數個波動間的長、短期關係。

通常 VECM 模型如下。表示 Δx_t 除了自己受前一期影響外，y_t 的前幾期「差分」亦有影響力

$$
\Delta x_t = \Pi \times x_{t-1} + \sum_{j=1}^{p-1} \Gamma_j \Delta y_{t-j} + \varepsilon_t
$$

其中，向量 ε_t 是白噪音，$\varepsilon_t \sim (0, \sum_u)$。

在上式中，由於 x_{t-1} 項是非定態，無法「直接」代入：左式「Δx_t」及右式「Δx_{t-j}」都是定態的恆等式中。故我們期望找一個線性組合「$\alpha\beta'$」，「間接」來取代 Π 矩陣：

$$
\Pi x_{t-1} = (\alpha\beta') x_{t-1} = \alpha \times (\beta' x_{t-1})
$$

使得 x_{t-1} 經 β 向量的線性組合之「$\beta' x_{t-1}$」是定態。

其中，

α：調整速度 (大小)。

$\beta' x_{t-1}$：長期隨機關係 (即共整合關係)。

$\sum_{j=1}^{p-1} \Gamma_i \Delta y_{t-j}$：為 y_t 中各變數之間的短期動態關係，表示當受到外生衝擊致使各個變數短期均衡偏離均衡時的動態調整過程，即 Γ_i 衡量短期影響。

ΠX_{t-1} 代表 X_t 之長期關係，可將因差分而失去的長期關係調整至均衡的狀態，它將系統中由於各數列經取一次差分後而喪失之長期關係引導回去，即所謂的誤差修正項 (Error Correction Item)，即若 X_t 有過度差分時可利用此項將喪失的長期訊息調整回來。Π 為所有延遲項的線性組合，又稱衝擊矩陣 (Impact Matrix)，能反映出各變數間長期均衡關係，即 Π 衡量長期影響，此一誤差修正項即為 Johansen (1991) 最大概似估計法中共整合向量估計與檢定的核心項目，

而 Π 的秩 (Rank) 決定了共整合向量個數，亦即決定了變數間具有多少個長期關係。

易言之，誤差向量 (ECV) 的誤差修正項 $\alpha\beta'$，可視為變數與前期長期均衡的偏離程度，且此偏離程度有朝向長期均衡靠近的趨勢。調整係數 α 代表往長期均衡靠近的速度，若調整係數 $\alpha > 0$，則表示該變數短期內被低估，故會以特定的速度「向上」調整到下一期；反之，若 $\alpha < 0$，則表示該變數短期內被高估，故會以特定的速度「向下」調整到下一期。

9-1 共整合、因果模型 VECM

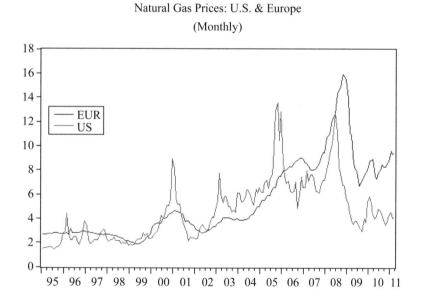

Natural Gas Prices: U.S. & Europe
(Monthly)

圖 9-2 歐洲 vs. 美國之天然氣價格的共整合之示意圖 (二個數列 ~I(1))

向量誤差修正模型 (Vector Error Correction Model, VECM) 就多變量模型而言，若原始變數不具有單根，可用傳統之向量自我迴歸 (VAR) 進行估計，但若原始變數具有單根，即 I(1) 數列，VAR 估計將產生假性迴歸等問題。此時，針對其變數進行共整合檢定以確認變數間是否具有長期均衡關係。若變數間不具

長期均衡關係，則將模型修正爲一階差分後之 VAR 型式，即 DVAR。但若變數
具有長期均衡關係，DVAR 會造成訊息遺漏的問題，使估計發生偏誤。因此將
前期誤差修正項加入 DVAR，不但可避免原始模型所產生之訊息遺漏，也可以
解決假性迴歸之問題，此模型即爲 VECM。因此，Engleand Granger (1987) 提出
若兩數列具共整合關係時，可以利用 VECM 來表示變數間所具有的動態關係。

所以，假設 Y_t 爲一 k 維之 I(1) 時間數列，且存在一 $k \times 1$ 共整合向量 β，使
得 $Z_t = \beta'Y$ 成爲 I(0) 之定態數列。因此在確定共整合關係後，則可找出 VECM
模型：

$$\Delta Y_t = a + \alpha\beta'Y_{t-1} + \sum_{i=1}^{p-1} A_i Y_{t-i} + \varepsilon_t, \qquad t = 1,2,\cdots, T$$

其中，$\Delta Y_t = Y_t - Y_{t-1}$，$a$ 與 α 個別爲 $k \times 1$ 係數向量與調整係數向量，$\beta'Y_{t-1}$ 爲前
一期誤差修正項，A_i 爲 $k \times k$ 係數矩陣，$p-1$ 爲落後期數，而 ε_t 爲誤差項。誤差
項 ε_t 則存在一有限共變異矩陣 $\sum = E(\varepsilon_t \varepsilon_t')$。爲得其唯一性，我們將共整合向量 β
正常化，即設 β 其中一元素爲 1。而在誤差項 ε_t 爲 iid Gaussian 假設之下，其參
數 $(\beta, a, \alpha, A_i, \sum)$ 可由最大概似法 (maximum likelihood) 估計而得。

9-1-1 VECM 之應用領域

由於絕大多數經濟變數皆具有非定態性質，故眾多財經、金融變數都傾向
採用向量誤差修正模型 (VECM) 來分析，包括：
1. 臺灣加權股價指數 y_t 與總體經濟變數 x_t 之關聯性。
2. 金磚四國產出 x_t 與油價 y_t 之關聯性。
3. 臺灣 x_{1t} 及美國 x_{2t} 總體經濟宣告對臺指期 y_{1t} 與摩臺期 y_{2t} 之影響。
4. 美國股價指數 x_t 與臺灣半導體產業股價指數 y_t 報酬之動態連動性。
5. 金融風暴前後之金價 x_{1t}、油價 x_{2t}、美元匯率 x_{3t} 與利率 x_{4t} 之關聯性。
6. 散裝海運市場運價 x_t 與原物料價格 y_t 之關聯性。
7. 波羅的海綜合運價指數 x_t 與臺灣上市散裝航運公司股價 y_t 波動之關聯性。
8. 臺灣匯率 x_{1t}、利率 x_{2t} 與資本移動 x_{3t} 在金融風暴前後之關聯性。
9. 國際原油價格 x_t 與總體經濟 y_t 之間的關聯性。
10. 油價 x_t 與股價 y_t 之關聯性——金磚四國之實證。
11. 原油價格 x_t 與太陽能股價 y_t 指數報酬。
12. 近、遠月期貨契約避險績效之研究——以玉米期貨爲例。

13. 新臺幣匯率預測。

14. 一般投資組合之指數期貨避險策略。

15. 利率期限結構轉嫁過程。

16. 醫療門診量之初診 x_t 與回診量 y_t 關聯性。

17. 汽車產業股價影響因素之探討——以和泰、裕隆及中華汽車股價為例。

18. 房價 x_t 與股價 y_t 對消費支出 z_t 的影響。

19. 港埠貨櫃吞吐量之時間數列模型。

9-1-2 共整合檢定與長期均衡關係

　　若時間數列變數不具定態，而直接以「最小平方法迴歸」(OLS) 進行估計，則其統計量的極限分配已非傳統的常態及 t 分配，因而可能產生虛假迴歸 (spurious regression) 的問題。Lai & Wei (1982) 指出，在迴歸分析中，倘若相關變數為非定態之數列，則不符合中央極限定理成立之安定條件，模型估計所得參數之極限分配已非常態及卡方分配，所以傳統的 t 統計量與 F 統計量分配不再適用。傳統上，為克服此一問題，一些學者遂以差分後的定態數列進行分析。然而，在差分的過程中往往會遺漏長期均衡的訊息，以致估計的方程式無法反映全部的訊息，而減少模型的解釋能力。Granger (1981) 提出共整合的概念，為此問題提出解決方法。而 Engle & Granger (1987) 更進一步認定、估計共整合關係。Engle & Granger (1987) 所建議之兩階段迴歸分析，其主要內容可簡述如下：若 y_t 為一 $I(1)$ 的變數向量且存在一組常數向量 β 使得 $U_t = \beta y_t$，為 $I(0)$，則稱為共整合，且 β 為共整合向量。在經濟學上，U_t 稱為失衡誤差 (disequilibrium Error)。其為 $I(0)$ 的意義為 U_t 將不會遠離其平均值，回到平均值的機率為 1，且相鄰跨越平均值的期望間隔為有限值。在譜相 (spectrum) 上，兩共整合數列在 0 頻率上之相關度 (coherence) 為 1。由於 Engle & Granger (1987) 之兩階段分析方法易於計算與使用，因此被普遍使用。然而在多變量時，此種二階段分析法卻存在若干限制。因為在多變量時可能存在多個共整合關係。而兩階段分析法並無法找到所有可能之共整合向量，且其實證結果並不容易闡釋。Johansen (1991, 1995) 乃針對上述問題提出最大概似估計 (maximum likelihood estimation) 法，而 Gonzalo (1989) 利用模擬分析比較結果顯示，若模型之分配是正確的設定，則 MLE 之估計量為最具效率性之估計量。

　　假設 p 階的向量自我迴歸 (vector autoregression) 之 VAR(p) 模型為：

$$Y_t = A_t Y_{t-1} + \cdots + A_p Y_{t-p} + BX_t + \varepsilon_t$$

其中，

Y_t：$I(1)$ 的內生變數向量 (k 個變數)。

X_t：外生變數向量 (d 個變數)。

ε_t：誤差項向量。

將非定態之上式，取一階差分，即成 VECM 雛形。因為 VECM 旨在尋找二個 $(k \times r)$ 維的 α 及 β 矩陣，來拆解 $\Pi = (\alpha\beta')$、使得 $\beta' y_{t-1}$ 變為定態。

$$\Delta Y_t = \Pi Y_{t-1} + \sum_{i=1}^{p-1} \Gamma_i \Delta Y_{t-i} + BX_t + \varepsilon_t$$

$$\Pi = \sum_{i=1}^{p} A_i - I, \qquad \Gamma_i = -\sum_{j=i+1}^{p} A_j$$

其中，代表 rank (Π) 之秩 r：r 為共整合關係數目，$r < k$。

α 為誤差調整項的調整參數。

β 為共整合向量。

Johansen trace test 旨在估計係數矩陣 Π 之秩 r，並檢定是否拒絕虛無假設 $H_{0:}$ ：$r = 0$。此 trace 檢定採用特徵值 (eigenvalue) 來算出概似比 (likelihood ratio)：

$$Q_r = -T \sum_{i=r+1}^{k} \log(1 - \lambda_i)$$

其中，$r = 0, 1, \cdots, k-1$，λ_i 為第 i 個最大的特性根。

檢定步驟是從 $r = 0$ 開始至 $r = k-1$，看無法拒絕共整合關係有幾個。

9-2 向量誤差修正模型 (VECM)

由於財經變數多數是屬非定態數列，故我們必須對非定態的時間序列先做單根檢定，以檢定該時間序列是否為定態。若變數不具有單根，表示該變數為定態之時間，才可以 VAR 來進行估計。相對地，若分析的數列是有單根之非定態序，而且這兩個以上數列間亦有共整合關係，則必須採用誤差修正模型 (Vector Error Correction Model, VECM) 來進行估計。

以「美國 x_t 對臺灣 y_{1t} 和金磚四國 ($y_{2t} \sim y_{5t}$) 的股匯價關係」為例，由於美國

在金融危機之前一直都主導全球的經濟，但 2008 年美國所爆發的金融風暴是否使主導的地位有所改變，使得全球經濟地位重新洗牌。且許多報導相繼指出中國、印度這些開發中國家可望支撐全球經濟，這樣一來是否使得這些開發中國家的股價影響其他國家的股價。假設以各國股價與匯率的「日資料」進行研究，利用向量誤差修正 (VECM) 和因果關係來探討各國和美國之間的關係，是否存在領先或落後的現象且領先多少期數。VECM 可發現：美國股價 x_t 不僅影響了臺灣 y_{1t}、中國 y_{2t}、印度 y_{3t}、俄羅斯 y_{4t}、巴西 y_{5t} 國家的股價也影響了這些國家的匯率，表示全球的金融體系還是受到美國的經濟所影響，並沒有因為 2008 年金融危機的影響而有所改變。

9-2-1 共整合模型

所謂「共整合」係指「common stochastic trend」。當非定態變數具有共整合關係時，隱含著變數間在長期下，是具有往均衡方向調整的特性。換言之，即使在短期時，變數間可能存在偏離的情況，但該偏離的現象，會愈來愈小，而愈來愈往長期均衡的方向調整。

JMulTi 共整合檢定方法有二：(1)Engel & Granger 提出的二階段共整合檢定及 (2)Johansen 共整合檢定法。前者檢定方法存在著較適合針對小樣本檢定及在兩步驟的估計中，無從判斷某一個變數究竟應否包含在共整合向量中之問題。因此，最近共整合的檢定多採用 Johansen 共整合檢定法。

JMulTi 的共整合檢定之基礎模型為：

$$y_t = D_t + x_t \text{ 或寫成 } \begin{bmatrix} y_{1t} \\ y_t \\ \vdots \\ y_{kt} \end{bmatrix} = \begin{bmatrix} D_{1t} \\ D_{2t} \\ \vdots \\ D_{kt} \end{bmatrix} + \begin{bmatrix} x_{1t} \\ x_{2t} \\ \vdots \\ x_{kt} \end{bmatrix}$$

其中，y_t 代為觀察值之 K 維向量。

D_t 為決定項 (deterministic term)。例如，$D_t = \mu_0 + \mu_1 t$ 是線性趨勢項。

x_t 是具有向量誤差修正模型 (VECM) 之 VAR(P)。

所謂 VECM，其模型如下。表示 x_t 除了自已受前一期有影響外，y_t 的前幾期「差分」亦有影響力：

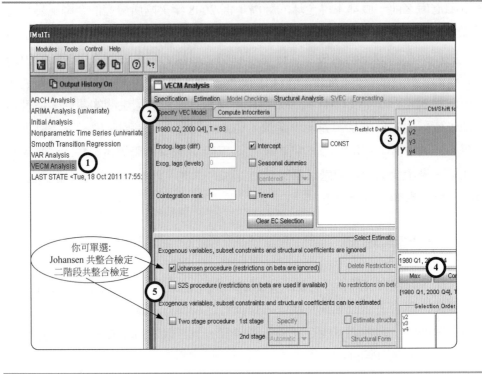

圖 9-3 JMulTi 共整合檢定方法有二種可供挑選

$$x_t = \Pi \times x_{t-1} + \sum_{j=1}^{p-1} \Gamma_j \times \Delta y_{t-j} + u_t$$

其中，向量 u_t 是白噪音，$u_t \sim (0, \sum_u)$。

最後，求得 rank (Π) 就是「共整合的個數」。

典型 VECM 模型如下：

$$\Delta x_t = \Pi \times x_{t-1} + \sum_{j=1}^{p-1} \Gamma_j \times \Delta y_{t-j} + u_t$$

在上式中，由於 x_{t-1} 項是非定態，它是無法「直接」納入此「左右都定態」的恆等式中。

故我們期望找一個「線性組合項」$\alpha\beta'$，「間接」來取代 Π：

$$\Pi x_{t-1} = (\alpha \beta') x_{t-1} = \alpha \times (\beta' x_{t-1})$$

使得 x_{t-1} 經 β 向量的線性組合之「$\beta' x_{t-1}$」是定態。

其中，$\beta' x_{t-1}$：長期隨機關係 (即共整合關係)。

α：調整速度 (大小)。

虛無假設 $\begin{cases} H_0 : rank(\Pi) = r_0 \\ H_1 : rank(\Pi) > r_0, r_0 = 0, 1, 2, \cdots, K-1 \end{cases}$

有 K 個數列，最多 $K-1$ 個共整關係。所以 JMulTi 軟體會疊代「$K-1$」次，來逐次檢定 r_0 是否顯著。

(一) 共整合關係有幾個呢？Trace 檢定

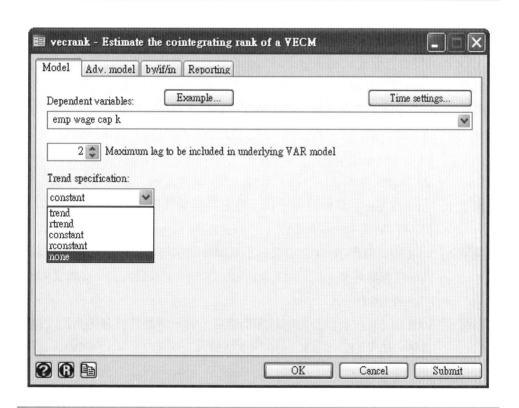

圖 9-4 Stata 提供五種類型之共整合 (vecrank 指令)

註：Statistics > Multivariate time series > Cointegrating rank of a VECM

Stata 除了共整合檢定之內定指令 vecran「估計 cointegrating rank of a VECM」之外，尚有 3 個外掛指令，包括：

1. bayerhanck 指令：compute test for non-cointegration。
2. johans 指令：perform Johansen-Juselius ML estimates of cointegration。
3. mlcoint 指令：compute Johansen cointegration tests。

Johansen 多變量最大概似法 (Multivariate Maximum Likelihood) 來求解之共整合檢定法有 5 種類型：

$$\Delta X_t = \Gamma_1 \Delta X_{t-1} + \cdots + \Gamma_{k-1} \Delta X_{t-(k-1)} + \alpha\beta' X_{t-1} + \Psi D_t + \in_t$$

$$\Delta X_t = \Gamma_1 \Delta X_{t-1} + \cdots + \Gamma_{k-1} \Delta X_{t-(k-1)} + \alpha(\beta', \beta_0)(X'_{t-1}, 1)' + \Psi D_t + \in_t$$

$$\Delta X_t = \Gamma_1 \Delta X_{t-1} + \cdots + \Gamma_{k-1} \Delta X_{t-(k-1)} + \alpha\beta' X_{t-1} + \mu_0 + \Psi D_t + \in_t$$

$$\Delta X_t = \Gamma_1 \Delta X_{t-1} + \cdots + \Gamma_{k-1} \Delta X_{t-(k-1)} + \alpha(\beta', \beta_1)(X'_{t-1}, t)' + \mu_0 + \Psi D_t + \in_t$$

$$\Delta X_t = \Gamma_1 \Delta X_{t-1} + \cdots + \Gamma_{k-1} \Delta X_{t-(k-1)} + \alpha\beta' X_{t-1} + \mu_0 + \mu_1 t + \Psi D_t + \in_t$$

Johansen 誤差修正之多變量 Gaussian 向量自我迴歸模型 (VAR) 與假設檢定，依 VAR 與共整合方程式 (Cointegration equation, CE) 中截距項與時間趨勢項之存在與否，共分為以下五個：

【模型 1】VAR 與 CE 中皆無截距項與時間趨勢項，表示變數共整關係無趨勢共移：$H_0 : \Delta Y_t = \Gamma_1 \Delta Y_{t-1} + \cdots + \Gamma_{k-1} \Delta Y_{t-k+1} + \alpha\beta' Y_{t-1} + \Phi D_t + \varepsilon_t$

【模型 2】VAR 中無截距項，CE 中有截距項，表示變數共整關係無趨勢共移：$H_1^* : \Delta Y_t = \Gamma_1 \Delta Y_{t-1} + \cdots + \Gamma_{k-1} \Delta Y_{t-k+1} + \alpha(\beta', \beta_0)(Y'_{t-1}, 1)' + \Phi D_t + \varepsilon_t$

【模型 3】VAR 與 CE 中有截距項，表示變數共整關係為線性趨勢共移：$H_1 : \Delta Y_t = \Gamma_1 \Delta Y_{t-1} + \cdots + \Gamma_{k-1} \Delta Y_{t-k+1} + \alpha\beta' Y_{t-1} + \mu_0 + \Phi D_t + \varepsilon_t$

【模型 4】VAR 中有截距項，CE 中有截距項與時間趨勢項，表示變數共整關係為線性趨勢共移：$H_2^* : \Delta Y_t = \Gamma_1 \Delta Y_{t-1} + \cdots + \Gamma_{k-1} \Delta Y_{t-k+1} + \alpha(\beta', \beta_1)(Y'_{t-1}, t)' + \mu_0 + \Phi D_t + \varepsilon_t$

【模型 5】VAR 與 CE 中有截距項與時間趨勢項，表示變數共整關係為二次趨勢共移：$H_2 : \Delta Y_t = \Gamma_1 \Delta Y_{t-1} + \cdots + \Gamma_{k-1} \Delta Y_{t-k+1} + \alpha\beta' Y_{t-1} + \mu_0 + \Phi D_t + \varepsilon_t$

以上 5 種模型對應之虛無假設為：

$$H_0(r) : Y = 0$$
$$H_1^*(r) : Y = \alpha\beta_0$$
$$H_1(r) : Y = \alpha\beta_0 + \alpha_\perp \gamma_0$$

$$H_2^*(r) : Y = \alpha\beta_0 + \alpha_\perp\gamma_0 + \alpha\beta_1 t$$
$$H_2(r) : Y = \alpha\beta_0 + \alpha_\perp\gamma_0 + (\alpha\beta_1 + \alpha_\perp\gamma_1)t$$

至於，最適模型可依 Nieh & Lee (2001) 之決定法則，由第一至第五模型，再由低 rank 至高 rank 順序檢測，直到找到不拒絕虛無假設之模型設定為止。

儘管 Johansen 提出 5 種共整合檢定法，但 JMulTi 軟體只提供下列三種檢定法。若從基本型之 VECM 模型：$y_t = D_t + x_t$ 來看，Johansen Trace 檢定有下列 3 類型：

第 1 型　Constant：限制平均項，且沒有線性趨勢

此型之決定項 D_t 為：$D_t = \mu_0 (+ seasonal\ dummies)$

以本例的 GDP (變數 Dp) 所代表的 y_t 來說，其對應的模型為：

$$\Delta y_t = \Pi^* \begin{bmatrix} y_{t-1} \\ 1 \end{bmatrix} + \sum_{j=1}^{p-1}\Gamma_j\Delta y_{t-j} + u_t，長期關係「內」加一個「常數項」$$

其中，$\Pi^* = [\Pi:v_0]$，是 $(K\times(K+1))$ 矩陣，$v_0 = -\Pi\mu_0$　　Johansen (1995)

第 2 型　Constant & trend：趨勢及共整合，兩者是正交 (orthogonal)

此型之決定項 D_t 為：$D_t = \mu_0 + \mu_1 \times t (+ seasonal\ dummies)$

$$\Delta y_t = v + \Pi \times y_{t-1} + \sum_{j=1}^{p-1}\Gamma_j\Delta y_{t-j} + u_t，長期關係「外」加一個「常數項 v」$$

虛無假設的檢定為 $\begin{cases} H_0 : rank(\Pi) = K - 1 \\ H_1 : rank(\Pi) = K \end{cases}$

第 3 型　Orthogonal trend：第 2 型 + 季節虛擬變數

(二) 估計 (Estimation) 該 VECM 參數設定是否適配

事實上，財經數列通常都很複雜，多屬非定態，且需一階差分該數列才會平穩。故我們在建模時，參數個數 n 該選幾個，ARCH(q) 落後期數 q 該選多少，JMulTi 提供下幾個訊息準則。同一類型之迴歸模型，因其不同的參數個數 n、及不同落後期數 q 設定，都會納入 AIC 值計算的考量。以下各種訊息準則 (如 AIC) 值愈小表示模型愈適配。

Stata/JMulTi 軟體有四個訊息準則，讓我們來認定 VAR、ARIMA、VECM 等模型之參數設定 (共整合關係有幾個、落後期數、要不要加常數項或季節虛擬變數…) 是否適配。

1. $AIC(n) = \log\hat{\sigma}_u^2(n) + \dfrac{2}{T} \times n$　　　　　Akaike (1973, 1974)

2. $HQ(n) = \log \hat{\sigma}_u^2(n) + \dfrac{2\log(\log(T))}{T} \times n$ Hannan & Quinn (1979)

4. $SC(n) = \log \hat{\sigma}_u^2(n) + \dfrac{\log(T)}{T} \times n$ Schwarz (1978) & Rissanen (1978)

4. $FPE(n) = \hat{\sigma}_u^2(n) \times \dfrac{T+n^*}{T-n^*}$ Akaike (1969)

其中，

K：外生變數的個數 (即聯立迴歸式有幾個)。

n：內生變數之落後階數 (order)。

n^*：每一方程式之參數有幾個。

殘差之白噪音共變數矩陣 $\hat{\sigma}_u^2(n)$：是 $\dfrac{\hat{u}'\hat{u}}{T}$ 最小平方法的估計值。

由於 $\hat{\sigma}_u^2(n)$ 愈小，AIC 等準則就愈小，表示模型愈適配。但是當模型的內生變數之落後階數 n 愈大，本身就已違反「建模要愈精簡愈好」原則，故以上四種準則都有「懲罰」參數個數 (n^*) 過多或落後階數 n 過多的機制，即 n 或 n^* 愈大，AIC 等準則就變大，讓評鑑的模型顯現得愈不適配。

(三) 三種 VECM 模型類型之選擇

Stata 及 JMulTi 軟體提供我們界定的 VECM 模型沒有「constant」v，但在長期關係「內外」加一個「常數項」，因此合併下列二式：

$\Delta y_t = \Pi^* \begin{bmatrix} y_{t-1} \\ 1 \end{bmatrix} + \sum_{j=1}^{p-1} \Gamma_j \Delta y_{t-j} + u_t$ 長期關係「內」加一個「常數項」

$\Delta y_t = v + \Pi \times y_{t-1} + \sum_{j=1}^{p-1} \Gamma_j \Delta y_{t-j} + u_t$ 長期關係「外」加一個「常數項」

可得到剛剛界定的，綜合 VECM 模型為：

$$\Delta y_t = v + \Pi^* \begin{bmatrix} y_{t-1} \\ 1 \end{bmatrix} + \sum_{j=1}^{p-1} \Gamma_j \Delta y_{t-j} + u_t$$

長期關係「外」加一個常數項

長期關係「內」加一個常數項

我們期望 VECM 能找一個「線性組合項」$\alpha\beta'$，來取代 Π：

$$\Pi x_{t-1} = (\alpha\beta') x_{t-1} = \alpha \times (\beta' x_{t-1})$$

故上式可再改寫成：

$$\Delta y_t = \alpha \times (\beta' \times y_{t-1}) + \sum_{j=1}^{p-1} \Gamma_j \times \Delta y_{t-j} + u_t$$

例如，本書 CD 所附「interest-inflation.dta」資料檔中，有二個變數「利率 vs. 通膨率」，它們經 vec 指令所得 VECM 最適模型 (在 lags = 3) 為：

$$\begin{bmatrix} \Delta R_t \\ \Delta Dp_t \end{bmatrix} = \begin{bmatrix} -0.10 \\ 0.158 \end{bmatrix} \begin{bmatrix} 1.00 & -3.96 \end{bmatrix} \begin{bmatrix} R_{t-1} \\ Dp_{t-1} \end{bmatrix} + \begin{bmatrix} 0.269 & -0.21 \\ 0.065 & -0.34 \end{bmatrix} \begin{bmatrix} \Delta R_{t-1} \\ \Delta Dp_{t-1} \end{bmatrix} + \begin{bmatrix} -0.02 & -0.22 \\ -0.00 & -0.39 \end{bmatrix} \begin{bmatrix} \Delta R_{t-2} \\ \Delta Dp_{t-2} \end{bmatrix}$$

$$+ \begin{bmatrix} 0.223 & -0.11 \\ 0.018 & -0.35 \end{bmatrix} \begin{bmatrix} \Delta R_{t-3} \\ \Delta Dp_{t-3} \end{bmatrix} + \begin{bmatrix} u1_t \\ u2_t \end{bmatrix}$$

上式之矩陣運算式裡，係數大小代表影響力強弱，正負號代表影響的方向。因為向量 Beta 所代表之係數，其 $|t| > 1.96$ 臨界值，此長期趨勢達 0.05 顯著水準，在這個 JMulTi 實例中，我們發現，利率 R 及通膨率 Dp 有一共整合關係，即「$R_t - 3.962 \times Dp_t$」。而且，利率 R 為通膨 Dp 的因，但通膨 Dp 並不會反過來影響利率 R。

9-2-2 誤差修正模型 (ECM) 與向量誤差修正模型 (VECM)

Harvey (1990) 曾運用自我迴歸分配落後 (autoregressive distributed lag, ADL) 模型，推導出誤差修正模型 (error correction model, ECM)，並說明 ECM 模型與共整合的關係。其說明如下：

$$Y_t = \beta_0 + \phi Y_{t-1} + \beta_1 X_t + \beta_2 X_{t-1} + \varepsilon_t \tag{9-1}$$

ε_t：誤差項。

(9-1) 式為一未加限制的模型，且具一般性，在計量分析上一些常使用的函數式，均是 (9-1) 式的特例。例如：當 $\beta_2 = 0$ 時，則 (9-1) 式即變為部分調整模型；若當 $\phi = 0$ 時，則 (9-1) 式即為二階分配落後模型；若當 $\beta_1 = \beta_2 = 0$ 時，則 (9-1) 式即為一階自我相關模型 AR(1)，由 (9-1) 式中之參數加以重新組合後，可以導出 ECM 模型：

$$\Delta Y_t = \beta_0 + \beta_1 \Delta X_t - (1 - \phi)[Y_{t-1} - v X_{t-1}] + \varepsilon_t \tag{9-2}$$

$$v = \frac{\beta_1 + \beta_2}{(1 - \phi)} \tag{9-3}$$

誤差修正項 (error correction term) 為：

$$U_{t-1} = 1Y_{t-1} - vX_{t-1} \qquad (9-4)$$

$(1, -v)$ 為長期均衡關係向量。

(9-2) 式為最簡單的 ECM 模型，而保留 ADL 模型的一般性。若 Y 與 X 數列均為 I(1) 數列，而由 Granger representation theorem 得知：若 Y 與 X 數列存在共整合關係時，必可以 ECM 模型表示，反之亦然。所以，當 ECM 模型中之誤差修正項係數為顯著時，即表示 Y 與 X 數列存在共整合及長期均衡關係，其係數 $(1 - \phi)$ 為調整速度參數。此時，誤差修正項數列 (U_{t-1}) 為一定態的 I(0) 數列，又稱為失衡誤 (disequilibrium error)，亦即其會在長期均衡關係上小幅波動，且回到長期均衡關係的機率為一，相鄰跨趨長期均衡關係的期望間隔為有限值。向量誤差修正模型 (vector error correction model, VECM) 則是結合向量自我迴歸 (vector autoregression, VAR) 及共整合的誤差修正項，可看變數間的 Granger 因果關係 (Granger causality)，並做係數估計檢定。

所以，當 I(1) 數列存在共整合關係時，則 ECM 模型為一定態數列，它以 OLS 進行估計，並不會發生虛假迴歸的問題，且能改善一階差分模型的缺點，納入變數之間長期均衡關係的訊息，提高模型的解釋能力。

9-3 Stata 分析 VECM 步驟

9-3-1 認識 Stata 之 multivariate VECM 數學符號

在實務上，典型 VAR(p) 為：

$$y_t = v + A_1 y_{t-1} + A_2 y_{t-2} + \cdots + A_p y_{t-p} + \varepsilon_t \qquad (9-5)$$

其中，

y_t：$K \times 1$ 代表變數的向量。

v：$K \times 1$ 代表參數的向量。

A_1 至 A_p：$K \times K$ 代表參數的矩陣。

ε_t：$K \times 1$ 代表參數的擾動 (disturbances)，$\varepsilon_t \sim$ 符合 $N(0, \Sigma$ 共變數矩陣)。

從代數觀點來看 (9-5) 式 VAR(p) 可改寫為 VECM(p) 型式：

$$\Delta y_t = v + \Pi \times y_{t-1} + \sum_{i=1}^{p-1} \Gamma_j \times \Delta y_{t-i} + \varepsilon_t \tag{9-6}$$

其中，$\Pi = \sum_{j=1}^{j=p} A_j - I_k$，$\Gamma_i = - \sum_{j=i+1}^{j=p} A_j$，$v$ 及 ε_t 均為單位 (identical) 矩陣。

Engle & Granger (1987) 證明顯出，若 $y_t \sim \mathrm{I}(1)$，Π 矩陣的 rank 介於 $0 \le r < K$，其中 r 為線性且獨立共整合向量的數目。則 (9-6) 式證明出，(9-5) 式 VAR 第一次差分是錯誤的，因為缺了落後項 Πy_{t-1}。

假定 Π 矩陣的秩 (rank)，減少至 $0 < r < K$，則可改寫 $\Pi = \alpha\beta'$，其中，$\alpha_{r \times K}$ 及 $\beta_{r \times K}$ 及矩陣為 r。如果沒有進一步的限制，共整向量是無法發現：對任何 $r \times r$ nonsingular 矩陣 Q 而言，參數 (α, β) 是可從 $(\alpha Q, \beta Q^{-1})$ 來抽離。因為，只要確定了 Π 矩陣的 rank，VECM 就能確定它有「共整空間的 rank」，意即，「rank = 共整向量的數目」。在實務上，要估計 VECM 參數，至少得有 r^2 個限制方程式。

Stata「vec」指令旨在計算 Johansen 限制式。

學界已有多種估算共整合之架構 (frameworks)，但 Stata 只選用 Johansen (1988, 1991, 1995) 最大概似 (maximum likelihood, ML)。其他可用之架構，包括：Park and Phillips (1988, 1989); Sims, Stock, and Watson (1990); Stock (1987); and Stock and Watson (1988)。

9-3-2 Johansen VECM 之趨勢

共整合 VECM 之決定性趨勢，含有二意涵：(1) 共整合關係的意義。(2) 差分之諸數列。若假設有固定 (constant) 且線性趨勢，假定有 r 共整關係時，即可改寫 (9-6) 式為：

$$\Delta y_t = \alpha\beta' \times y_{t-1} + \sum_{i=1}^{p-1} \Gamma_i \times \Delta y_{t-i} + v + \delta t + \varepsilon_t \tag{9-7}$$

$$\text{或 } \Delta y_t = \alpha(\beta' \times y_{t-1}) + \sum_{i=1}^{p-1} \Gamma_i \times \Delta y_{t-i} + v + \delta t + \varepsilon_t$$

其中，δ 參數是 $K \times 1$ 向量。由於 (9-7) 式係以差分之資料來建模，常數項 v 隱含線性時間趨勢，δt 隱含二次 (quadratic) 時間趨勢。上式中，通常我們期望「一個常數或對不同的線性時間趨勢」，而不允許出現「更高階次的趨勢」。

VECM 可根據 α 矩陣性質來達到其靈活性。

因為 α 矩陣是 $K \times r$ 秩的矩陣，故我們再重寫 (9-7) 式之決定項，為：

$$v = \alpha\mu + \gamma \qquad\qquad\qquad (9\text{-}8a)$$

$$\delta r = (\beta v + \tau)t = \beta vt + \tau t \qquad\qquad\qquad (9\text{-}8b)$$

其中，參數 μ 及參數 ρ 都是 $r \times 1$ 向量，參數 γ 及 τ 都是 $K \times 1$ 向量。γ 與 $\alpha\mu$ 二者是正交 (orthogonal)，τ 與 $\alpha\rho$ 二者也是正交，意即 $\gamma'\alpha\mu = 0$，$\tau'\alpha\rho = 0$。因此，我們再改寫為：

$$\Delta y_t = \alpha(\beta' \times y_{t-1} + \mu + \rho t) + \sum_{i=1}^{p-1}\Gamma_i \times \Delta y_{t-i} + \gamma + \tau t + \varepsilon_t \qquad\qquad (9\text{-}9)$$

上式中，對趨勢項做限制，就會有 5 種情況：

CASE 1: Unrestricted trend

如果沒有任何限制套在趨勢參數，則 (9-9) 式隱含著二次趨勢、共整方程式是圍繞時間之趨勢平穩。

CASE 2: Restricted trend, $\tau = 0$

令 $\tau = 0$，係假定存有「線性趨勢」，但無二次趨勢。這個界定允許的共整方程式為趨勢平穩。

CASE 3: Unrestricted constant, $\tau = 0$ and $\rho = 0$

令 $\tau = 0$ 且 $\rho = 0$，我們則排除 (9-9) 式有二次趨勢的可能性。意即我們限制了共整方程式是圍繞固定值之定態。因為，γ 並未限制為 0。這樣的界定，(9-9) 式隱含著「線性時間趨勢」。

CASE 4: Restricted constant, $\tau = 0$, $\rho = 0$ 且 $\gamma = 0$

多加一個 $\gamma = 0$，係假定 (9-9) 式沒有「線性時間趨勢」。這樣的界定，(9-9) 式隱含著「線性時間趨勢」。這樣的界定，(9-9) 式隱含著「定態型共整合方程式」，但沒有其他趨勢及常數項。

CASE 5: No trend, $\tau = 0$, $\rho = 0$, $\gamma = 0$ 且 $\mu = 0$

這樣的界定，認定沒有「非零」趨勢，且「共整合方程式」是平均數為 0 之定態。

有了上述數學方程式的解說，接著思考如何用 Stata 執行 VECM 分析程序，決定共整合方程式的數目。概似比 (LR) 可判定趨勢為那類型？在 VECM 分析之前，你若善用「理論搭配圖形法」將更有助於了解如何認定 VECM 各參數 (Lag

= ?, Rank = ?) 的類型。

9-3-3 Stata 範例：VECM 分析步驟

一、問題說明

　　為了解 Stata「vec」指令的界定，本例以美國德州的 4 個城市房價，包括：Austin, Dallas, Houston, 及 San Antonio，並分別以 4 個變數表示：austin, dallas, houston 及 sa。

　　為了解德州的 4 個城市房價的隨機共同趨勢？(分析單位：月房價)

　　研究者蒐集數據並整理成下表，此「VECM_txhprice.dta」資料檔之變數如下：

變數名稱	數列說明	編碼 Codes/Values
時間索引 (下標) t	月為時間間隔	
時間數列 dallas	Dallas 城市之房價　（事先已 ln(x) 變換）	11.50085~12.17767
時間數列 houston	Houston 城市之房價（事先已 ln(x) 變換）	11.18303~12.11505
時間數列 sa	SA 城市之房價　　（事先已 ln(x) 變換）	11.12873~11.92834
時間數列 austin	Austin 城市之房價　（事先已 ln(x) 變換）	11.11394~12.252

二、資料檔之內容

　　讀入資料檔之前，先設定工作目錄，「File > Chang working directory」，指定 CD 所附資料夾之路徑，接著再選「File > Open」，開啓「VECM_txhprice.dta」資料檔。

　　「VECM_txhprice.dta」資料檔內容如下圖。

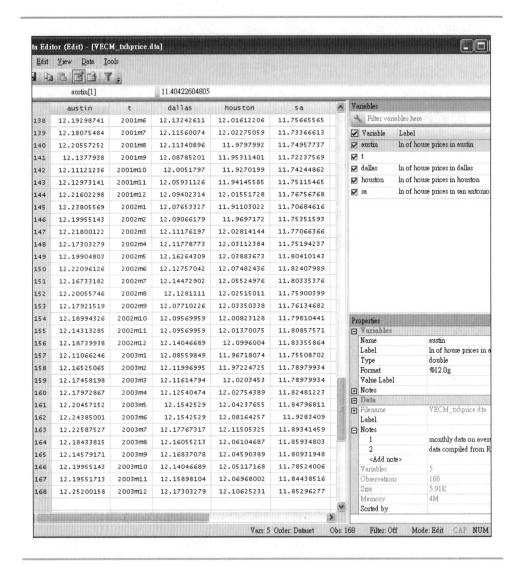

圖 9-5 「VECM_txhprice.dta」資料檔 (N = 168, 5 variables)

觀察資料之特徵

```
· use VECM_txhprice.dta
· describe


Contains data from D:\VECM_txhprice.dta
  obs:            168
  vars:             5                        24 Mar 2014 23:23
  size:         6,048                        (_dta has notes)
-------------------------------------------------------------------
storage    display    value
variable name    type    format    label    variable label
-------------------------------------------------------------------
austin           double  %12.0g             * ln of house prices in austin
t                float   %tm
dallas           double  %12.0g             * ln of house prices in dallas
houston          double  %12.0g             * ln of house prices in houston
sa               double  %12.0g             * ln of house prices in san antonio
                                            * indicated variables have notes
```

三、vec 相關之選擇表

本例 4 個時間數列，**vec** 指令分析會採用之輔助指令，其對應 Menu 如下：

```
1.Statistics > Multivariate time series > VEC diagnostics and tests > Lag-
  order selection statistics (preestimation)
2.Statistics > Multivariate time series > Cointegrating rank of a VECM
3.Statistics > Multivariate time series > VEC diagnostics and tests > Lag-
  order selection statistics (postestimation)
4.Statistics > Multivariate time series > Vector error-correction model (VECM)
5.Statistics > Postestimation > Predictions, residuals, etc.
6.Statistics > Multivariate time series > VEC diagnostics and tests > Check
  stability condition of VEC estimates
7.Statistics > Multivariate time series > VEC diagnostics and tests > LM test
  for residual autocorrelation
8.外掛「gcause」指令執行 Granger causality tests
9.Statistics > Multivariate time series > VEC/VAR forecasts > Compute fore-
  casts (required for graph)
```

四、VECM 分析步驟與討論

Step 1. 用繪圖法來認定「對數函數轉換之後」這 4 個新變數是否「常態」

本例四個變數，調查法所蒐集原始數據，經「jb」指令分析，發現四者都違反「迴歸常態性」假定 (assumption)，故原始「4 個舊變數」事前都經過「gen 新變數名 ln (舊變數)」變數變換，也就是你目前上面所看到「VECM_txhprice.dta」檔之 4 個對數變數 (austin、dallas、houston、sa)。

```
· tsset  t, month
time variable:  t, 1990m1 to 2003m12
                 delta: 1 month

* 選項 tsline 繪新的三時間數列之線形圖
. twoway (tsline  austin) (tsline dallas) (tsline  houston) (tsline sa)
```

繪出對數變換後之 4 個變數「austin、dallas、houston、sa」之線形圖，如圖 9-7。由 4 個數列的走勢，肉眼較難看出「是否常態」，故改用統計法。

Step 2. 用統計法：jb 指令來判定「對數函數轉換之後」新變數是否「常態」

做 ln() 變數變換之新變數，可用「dfuller」指令做「Augmented Dickey-Fuller unit-root test」。

```
·dfuller austin

Dickey-Fuller test for unit root                Number of obs   =      167

                        ---------- Interpolated Dickey-Fuller ---------
               Test         1% Critical        5% Critical       10% Critical
            Statistic          Value              Value              Value
-----------------------------------------------------------------------------
Z(t)          -1.326          -3.488             -2.886             -2.576
-----------------------------------------------------------------------------
MacKinnon approximate p-value for Z(t) = 0.6170
```

```
· dfuller dallas

Dickey-Fuller test for unit root                    Number of obs   =      167

                              ---------- Interpolated Dickey-Fuller ---------
                Test          1% Critical      5% Critical      10% Critical
                Statistic     Value            Value            Value
-----------------------------------------------------------------------------
Z(t)            -1.159        -3.488           -2.886           -2.576
-----------------------------------------------------------------------------
MacKinnon approximate p-value for Z(t) = 0.6910

· dfuller houston

Dickey-Fuller test for unit root                    Number of obs   =      167

                              ---------- Interpolated Dickey-Fuller ---------
                Test          1% Critical      5% Critical      10% Critical
                Statistic     Value            Value            Value
-----------------------------------------------------------------------------
Z(t)            -1.511        -3.488           -2.886           -2.576
-----------------------------------------------------------------------------
MacKinnon approximate p-value for Z(t) = 0.5280

· dfuller sa

Dickey-Fuller test for unit root                    Number of obs   =      167

                              ---------- Interpolated Dickey-Fuller ---------
                Test          1% Critical      5% Critical      10% Critical
                Statistic     Value            Value            Value
-----------------------------------------------------------------------------
Z(t)            -2.335        -3.488           -2.886           -2.576
-----------------------------------------------------------------------------
MacKinnon approximate p-value for Z(t) = 0.1608
```

用 **dfuller** 指令，執行 ADF 單根檢定，結果顯示「austin、dallas、houston、sa」四數列之 MacKinnon approximate p-value 都小於 0.05，故拒絕「$H_0: Y_t \sim$

Stata 在財務金融與經濟分析的應用

I(1)」，表示這 4 個新變數都屬定態 (已沒有單根)。此時，我們才可放心再進
行下列一連串 VECM 分析。

Step 3. 繪圖法來認定是否有共整合

這 4 個數列從「January of 1990」到「December 2003」共 168 個觀察值，
其走勢圖如下。

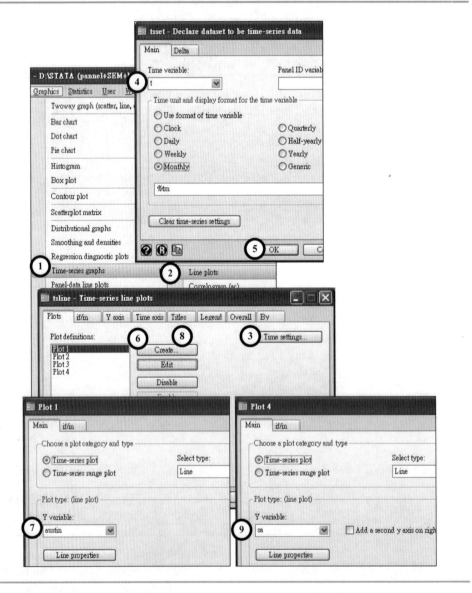

圖 9-6 四個城市房價之走勢圖的畫面 (令時間變數 t 之間隔：Monthly)

710

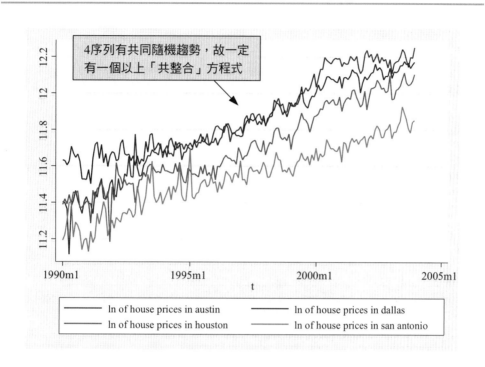

4序列有共同隨機趨勢，故一定有一個以上「共整合」方程式

圖例：
ln of house prices in austin
ln of house prices in houston
ln of house prices in dallas
ln of house prices in san antonio

圖 9-7 四個城市房價之走勢圖

　　此走勢圖顯示，4 個數列共同隨機趨勢 (共整合)，故肉眼可認定它有「線性趨勢及潛在 I(1) 過程」。在競爭激烈的市場，目前的和過去的房市價格 (price) 已包含許多可用的資訊，所以，明天未來的房價，係從今天的價格開始隨機遊走 (random walk)。有些學者，進行 VECM 之前，都會優先執行「dfgls」單根檢定來確定數列是否定態。但本例的 4 個變數都是定態，所以本例只解說共整合檢定，因為 vec 已同時可解「定態或非定態」數列，vec 比 VAR 更有使用廣泛性。至於本例單根檢定，請見前章節的解說，你只要如法泡製「dfgls」指令即可。從上圖之走勢圖可看出「這 4 數列具有線性趨勢」(正斜率傾向)，故我們界定本例 VECM 具有 Stata 內定的「trend (constant)」。

　　為了便於解說「共整合之現象」，首先，下個圖形只繪 Dallas 及 Houston 房價，如此二數列，我們更可由肉眼判出：這二數列具有隨機共同走勢 (即一個共整合方程式)，故屬一階整合，$x_t \sim I(1)$。

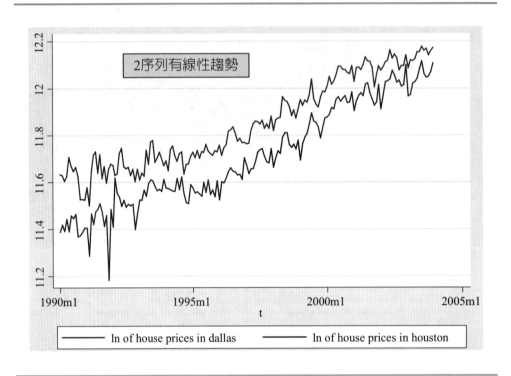

圖 9-8 繪出 Dallas' and Houston's 房價具有線性趨勢

```
· use http://www.stata-press.com/data/r11/txhprice
· tsset t, monthly
           time variable:  t, 1990m1 to 2003m12
                  delta:  1 month


*繪二條線形圖
· twoway (tsline dallas) (tsline houston)
```

Step 4. 認定 lags 值為何？

為了測試 VECMs 之共整合及適配度，我們必須先認定 VECM(p) 之 lags p 值為何？Tsay (1984)、Paulsen (1984) 及 Nielsen (2001)3 篇研究，都認定「varsoc」指令係可有效地認定「VAR model with I(1)」的 lag order。從 (9-7) 式 VECM 聯立方程式，可看出，相對應 VECM 的 order 總是比 VAR 少 1，而且「vec」指令本身都會自動調整 lag order，因此我們參考「VAR 的 lag order」亦可決定

VECM 的 lag order，故本例用「varsoc」指令來決定「Dallas and Houston 價格」
二數列 VAR 的 lag order (落後期數 = ?)。

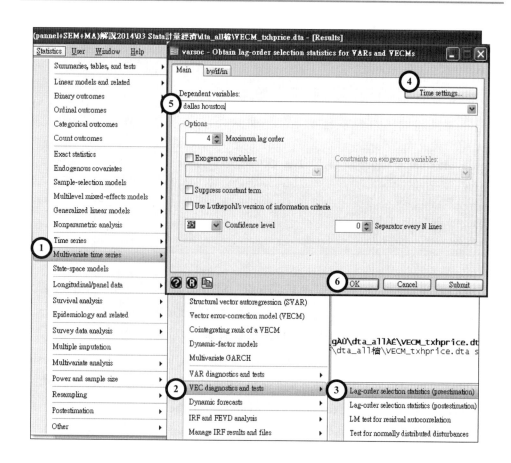

圖 9-9 varsoc 指令之畫面 (求 Dallas and Houston 二數列之 Lag=?)

註：Statistics > Multivariate time series > VEC diagnostics and tests > Lag-order selection statistics (preestimation)

```
* varsoc 指令旨在 Obtain lag-order selection statistics for VARs and VECMs
· varsoc dallas houston


Selection-order criteria
Sample:  1990m5 - 2003m12                    Number of obs    =       164
+-------------------------------------------------------------------------+
|lag |   LL       LR      df    p      FPE      AIC      HQIC      SBIC    |
|----+--------------------------------------------------------------------|
| 0  | 299.525                        .000091  -3.62835  -3.61301  -3.59055 |
| 1  | 577.483  555.92   4  0.000    3.2e-06  -6.9693   -6.92326  -6.85589 |
| 2  | 590.978  26.991*  4  0.000    2.9e-06* -7.0851*  -7.00837* -6.89608* |
| 3  | 593.437   4.918   4  0.296    2.9e-06  -7.06631  -6.95888  -6.80168 |
| 4  | 596.364   5.8532  4  0.210    3.0e-06  -7.05322  -6.9151   -6.71299 |
+-------------------------------------------------------------------------+
Endogenous:  dallas houston
Exogenous:   _cons
```

1. 根據四種模型適配準則 (PPE, AIC, HQIC, SBIC)，值愈小愈好。varsoc 顯示「Lag order = 2」四種準則達到最小值，而且概似比 LR = 26.99(p < 0.05)，故本例只二個數列時，採用 VECM(2) 模型是最佳的、最適配的。

2. Lag = 2 時，Hannan–Quinn information criterion (HQIC) 法，Schwarz Bayesian information criterion (SBIC) 法，and sequential likelihood-ratio (LR) 三者都挑二期 lags，並標示 "*" 符號 (as indicated by the "*" in the output)。

接著，我們將本例四個變數全部納入下面「varsoc」指令。結果顯示：LR 檢定及 AIC 建議應挑 3 個 lags, HQIC 法建議挑 2 lags, SBIC 法建議挑 1 lags。基於「投票取多數」，本例初步決定採用 VECM(3) 模型來測試，若 VECM 模型誤差具有自我相關，則我們再加大 Lag 期數即可。

```
· varsoc austin dallas houston sa

  Selection-order criteria
  Sample:  1990m5 - 2003m12                    Number of obs    =      164
+--------------------------------------------------------------------+
|lag |   LL       LR      df    p     FPE      AIC      HQIC      SBIC    |
|----+---------------------------------------------------------------|
|  0 | 736.851                          1.5e-09  -8.93721  -8.90651  -8.8616  |
|  1 | 1129.33  784.96   16  0.000  1.6e-11 -13.5284  -13.3749 -13.1504* |
|  2 | 1155.49  52.314   16  0.000  1.4e-11 -13.6523  -13.376* -12.9718  |
|  3 | 1175.68  40.378*  16  0.001  1.3e-11* -13.7034* -13.3043 -12.7205  |
|  4 | 1185.84  20.339   16  0.205  1.4e-11 -13.6322  -13.1105 -12.3469  |
+--------------------------------------------------------------------+
  Endogenous:   austin dallas houston sa
  Exogenous:   _cons
```

Step 5. Testing for cointegration

　　「vecrank」指令，係利用 Johansen 公式來認定「共整合方程式的數目」。假如「未限制」共整合方程式的 log likelihood (LL)，與「限制」共整合方程式之間達到顯著差異，則我們可拒絕「H_0：no cointegration」。

```
* 估算 cointegrating rank of a VECM
· vecrank dallas houston
                 Johansen tests for cointegration
Trend: constant                           Number of obs =      166
Sample:  1990m3 - 2003m12                            Lags =        2
--------------------------------------------------------------------
                                              5%
maximum                             trace    critical
   rank    parms      LL      eigenvalue  statistic   value
    0        6     576.26444       .       46.8252    15.41
    1        9     599.58781   0.24498    0.1785*     3.76
    2       10     599.67706   0.00107
--------------------------------------------------------------------
```

　　「vecrank」分析二數列「dallas houston」共整合方程式的數目，顯示當

rank=1 時，log likelihood(LL) 為 599.587，大於臨界值 3.76，故拒絕「H_0：no cointegration」。因此我們確定了「dallas houston」這二數列有 1 個共整合關係 (有 "*")。同理，我們再用「vecrank」分析 4 數列「austin dallas houston sa」共整合方程式的數目，如下圖所示。

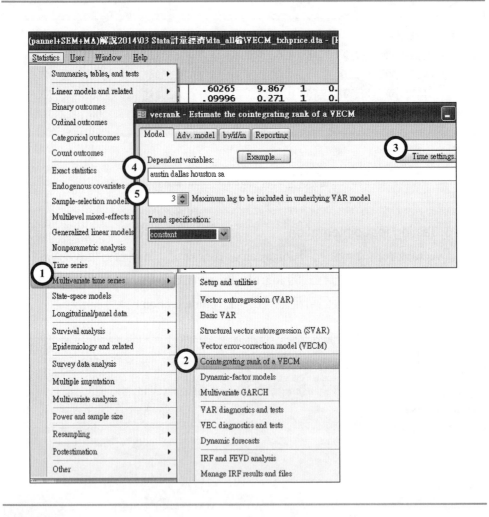

圖 9-10 估算「cointegrating rank of a VECM」之畫面

註：Statistics > Multivariate time series > Cointegrating rank of a VECM

```
* 估算 cointegrating rank of a VECM，並界定 Lags=3
· vecrank austin dallas houston sa, trend(constant) lags(3)
                    Johansen tests for cointegration
Trend: constant                                    Number of obs =      165
Sample: 1990m4 - 2003m12                                  Lags =        3
--------------------------------------------------------------------------
                                                   5%
maximum                                  trace     critical
   rank    parms       LL      eigenvalue  statistic    value
    0       36    1107.7833        .        101.6070    47.21
    1       43    1137.7484     0.30456      41.6768    29.68
    2       48    1153.6435     0.17524       9.8865*   15.41
    3       51    1158.4191     0.05624       0.3354     3.76
    4       52    1158.5868     0.00203
--------------------------------------------------------------------------
```

用「vecrank」分析「austin dallas houston sa」共整合方程式的數目。在 VECM(3) 模型之下，估算出 cointegrating rank 為 2。因此，我們確定了這 4 數列之間存有 2 個共整合方程式 (rank = 2)。

Step 6. Fitting a VECM

「vec」指令可估計 VECM 模型之四個參數，包括：

1. 共整合方程式之 β 參數 (The parameters in the cointegrating equations β)。

2. 調整係數 α (The adjustment coefficients α)。

3. 短期係數 Γ_i (The short-run coefficients Γ_i)。

4. 一些 α 及 β 的標準函數 (Some standard functions of β and α that have useful interpretations)。

   儘管前述時間數列有 4 種型式，但本例只談「types 1– types 3」。

   首先由較簡單「dallas houston」二數列來談，「vec」如何分析「bivariate cointegrating VECM」。

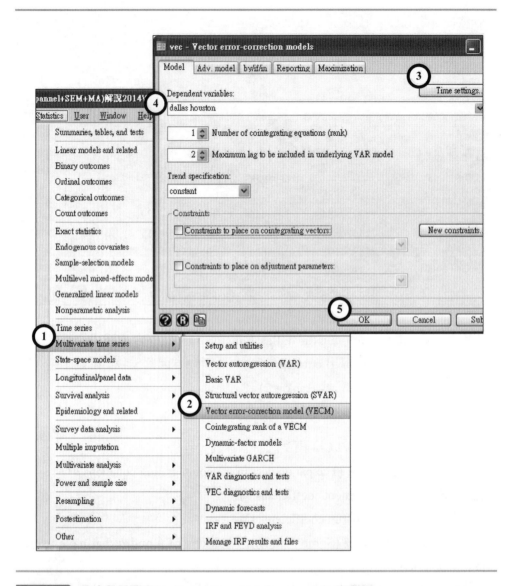

圖 9-11 分析二序列之 Vector error-correction models 之畫面

```
* 分析下列二數列之 Vector error-correction models
· vec dallas houston

Vector error-correction model

Sample:  1990m3 - 2003m12              No. of obs    =         166
                                       AIC           =  -7.115516
Log likelihood =  599.5878             HQIC          =   -7.04703
Det(Sigma_ml) =  2.50e-06              SBIC          =  -6.946794


Equation          Parms     RMSE      R-sq      chi2     P>chi2
---------------------------------------------------------------
D_dallas            4      .038546   0.1692   32.98959   0.0000
D_houston           4      .045348   0.3737   96.66399   0.0000
---------------------------------------------------------------
```

* 短期 (short-run) 參數 之顯著性檢定

```
-----------------------------------------------------------------------
            |    Coef.    Std. Err.     z    P>|z|    [95% Conf. Interval]
------------+----------------------------------------------------------
D_dallas    |
      _ce1  |
       L1.  |  -.3038799   .0908504   -3.34   0.001   -.4819434   -.1258165
            |
     dallas |
       LD.  |  -.1647304   .0879356   -1.87   0.061   -.337081    .0076202
            |
    houston |
       LD.  |  -.0998368   .0650838   -1.53   0.125   -.2273988   .0277251
            |
      _cons |   .0056128   .0030341    1.85   0.064   -.0003339   .0115595
------------+----------------------------------------------------------
D_houston   |
      _ce1  |
       L1.  |   .5027143   .1068838    4.70   0.000    .2932258   .7122028
            |
```

```
       dallas |
          LD. |  -.0619653    .1034547    -0.60   0.549    -.2647327     .1408022
              |
      houston |
          LD. |  -.3328437      .07657    -4.35   0.000    -.4829181    -.1827693
              |
        _cons |   .0033928    .0035695     0.95   0.342    -.0036034      .010389
```

Cointegrating equations

Equation   Parms   chi2   P>chi2

_ce1   1   1640.088   0.0000
----

* 長期 (short-run) 參數 Beta 之顯著性檢定
Identification: beta is exactly identified

              Johansen normalization restriction imposed
----
       beta | Coef.   Std. Err.   z   P>|z| [95% Conf. Interval]
-------------+--
_ce1 |
      dallas | 1   .   .   .   .   .
     houston | -.8675936   .0214231   -40.50   0.000   -.9095821   -.825605
       _cons | -1.688897

$$VECM \text{ 的通式為：} \Delta y_t = \alpha\beta' \times y_{t-1} + \sum_{i=1}^{p-1} \Gamma_i \times \Delta y_{t-i} + v + \delta t + \varepsilon_t$$

以「dallas houston」二數列來說，其 VECM 分析結果為：

1. 「_ce1 欄 L1.」：二數列邁向均衡之調整速度 $\alpha = (-0.304, 0.503)$。[D dallas]L. ce1 為 -0.304，表示 Dallas 平均房價太高時，亦會快速跌回至 Houston 房價水準。Dallas 房價愈高，同時，Houston 平均房價亦會快速調至 Dallas 調整後房價之水準。

2. 「beta 欄 _ce1」：長期隨機關係 (即共整合關係) $\beta = (1, -0.868)$。即共整合

方程式為「$1 \times dallas - 0.868 \times houston = 0$」，可看出，Dallas 房價愈高，Houston 房價就愈高，二者有「正向」的共同隨機趨勢。

3.「_cons 欄」：常數項 $v = (0.0056, 0.0034)$。

4. 二變數「LD. 欄」代表 $\sum_{j=1}^{p-1} \Gamma_i \Delta y_{t-j}$：為 y_t 中各變數之間的短期動態關係，表示當受到外生衝擊致使各個變數短期均衡。本例，$\Gamma_1 = \begin{bmatrix} -0.165 & -0.0998 \\ -0.062 & -0.333 \end{bmatrix}$。

整體而言，這二數列的 VECM 適配得很好。

Step 7. Fitting VECMs with Johansen's normalization

根據 Johansen (1995) 觀點，若有 r 個共整合方程式，計算 β 參數值則需 r^2 個限制式。在缺乏理論之限制式情況，Johansen 提出一個較方便「identification scheme」方法為：

$$\beta' = (I_r, \widetilde{\beta}')$$

其中，I_r 為 $r \times r$ 單位矩陣，$\widetilde{\beta}'$ 為 $(K - r)$ 單位參數之矩陣。vec 內定採用 Johansen's normalization 估計法。

為了論述本例 4 個數列，在 Lag = 3，VECM 如何適配二個共整合方程式，vec 指令另外提供 "noetable" 選項，讓 VECM 分析焦點只放在「二個共整合方程式」，電腦不要印出整調參數 alpha、短期參數 Γ。

Step 7-1. 求二個共整合方程式

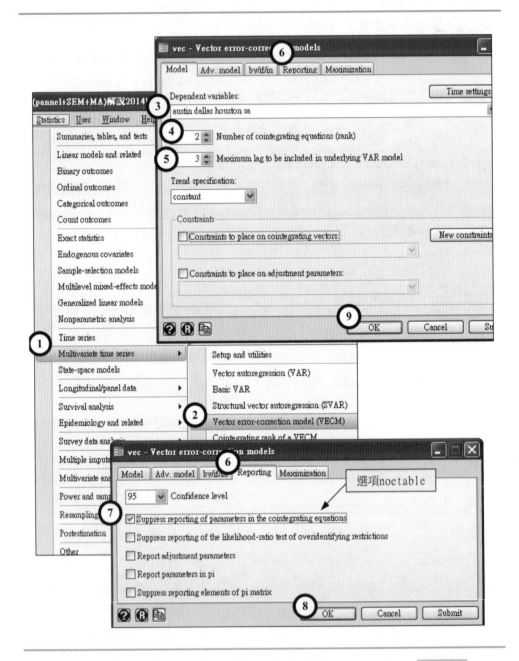

圖 9-12 用 Johansen's normalization 來適配 VECMs 之畫面 (勾選 noetable)

```
* 用 Johansen's normalization 來適配 VECM(3) 模型，並界定 2 個共整合方程式
· vec austin dallas houston sa, lags(3) rank(2) noetable


Vector error-correction model


Sample:  1990m4 - 2003m12                    No. of obs    =       165
                                             AIC           = -13.40174
                                             HQIC          = -13.03496
Log likelihood = 1153.644                    SBIC          = -12.49819
Det(Sigma_ml) = 9.93e-12


Cointegrating equations


Equation          Parms    chi2     P>chi2
-------------------------------------------
_ce1                 2    586.3044   0.0000
_ce2                 2   2169.826    0.0000
-------------------------------------------


Identification:  beta is exactly identified

            Johansen normalization restrictions imposed
------------------------------------------------------------------------------
      beta |    Coef.   Std. Err.      z     P>|z|    [95% Conf. Interval]
-----------+------------------------------------------------------------------
_ce1       |
    austin |        1        .          .      .          .          .
    dallas |  (omitted)
   houston |  -.2623782  .1893625    -1.39   0.166   -.6335219   .1087655
        sa |  -1.241805  .229643     -5.41   0.000   -1.691897  -.7917128
      _cons|   5.577099
-----------+------------------------------------------------------------------
_ce2       |
    austin |  (omitted)
    dallas |        1        .          .      .          .          .
   houston |  -1.095652  .0669898   -16.36   0.000   -1.22695   -.9643545
        sa |   .2883986  .0812396     3.55   0.000    .1291718   .4476253
      _cons|  -2.351372
------------------------------------------------------------------------------
```

通常 VECM 模型為：$\Delta x_t = \alpha \times \beta' x_{t-1} + \sum_{j=1}^{3-1} \Gamma_j \times \Delta y_{t-j} + u_t$

本例採用 Johansen's normalization 來分析 VECM(3) 模型之 2 個共整合方程式，分析結果為：

1.「beta 欄 [_ce1]」：印出我們事前界定之第 1 共整合方程式為，[ce1]austin = 1, [ce1]dallas = 0。第 2 共整合方程式為，[ce2]austin = 0, [ce2]dallas = 1。

　求得這 2 個共整合方程式之長期隨機關係 (即共整合關係)，即這 2 個 β 分別為：

$$\text{共整合方程式 1}: \beta' x_{t-1} = \begin{bmatrix} 1 & - & - & (omitted) \\ - & 1 & - & -0.262 \\ - & - & 1 & -1.241 \end{bmatrix} \times \begin{bmatrix} austin_{t-1} \\ dallas_{t-1} \\ houseton_{t-1} \\ sa_{t-1} \end{bmatrix}$$

$$\text{共整合方程式 2}: \beta' x_{t-1} = \begin{bmatrix} (omitted) & - & - & - \\ - & 1 & - & -1.096 \\ - & - & 1 & 0.2884 \end{bmatrix} \times \begin{bmatrix} austin_{t-1} \\ dallas_{t-1} \\ houseton_{t-1} \\ sa_{t-1} \end{bmatrix}$$

其中，β 參數矩陣之元素，若極乎為 0，則印出 "omitted"。

　上式之 β 矩陣運算式裡，係數大小代表影響力強弱，正負號代表影響的方向。

(1)「第 1 個共整合方程式」向量 $\beta' = \begin{bmatrix} 1 & - & - & (omitted) \\ - & 1 & - & -0.262 \\ - & - & 1 & -1.241 \end{bmatrix}$，Beta 係數顯著性

z 檢定之對應 p 都 < 0.05，表示：Austin 房價與 "Houston 及 San Antonio" 平均房價存有長期均衡 (equilibrium) 關係。即 Austin 房價漲，"Houston 及 San Antonio" 房價就跟著漲。

(2)「第 2 個共整合方程式」向量 $\beta' = \begin{bmatrix} (omitted) & - & - & - \\ - & 1 & - & -1.096 \\ - & 0 & 1 & 0.2884 \end{bmatrix}$，表示：

Dallas 房價與 "Houston 及 San Antonio" 平均房價存有長期均衡關係。即 Dallas 房價漲，Houston 房價就跟著漲，但 San Antonio 房價卻會跟著跌 (彼消此長之負向趨勢)。

Step 7-2. 界定四個限制式

上述「第 2 個共整合方程式」 $\beta' x_{t-1} = \begin{bmatrix} (omitted) & - & - & - \\ - & 1 & 0 & -1.096 \\ - & - & 1 & 0.2884 \end{bmatrix} \times$

$\begin{bmatrix} austin_{t-1} \\ dallas_{t-1} \\ houseton_{t-1} \\ sa_{t-1} \end{bmatrix}$ ，表示：Dallas 房價與 "Houston 及 San Antonio" 平均房價存有長

期均衡 (equilibrium) 關係。即 Dallas 房價漲，Houston 房價就跟著漲，但 San Antonio 房價卻會跟著跌 (有取代效果的現象)。

在上述 vec 分析，第 2 個共整合方程式中，「Johansen normalization」限制 dallas 係數為 "unity"，若我們改換 houston 為 "unity"，就需二組限制式 (constraints) 來界定 VECM 的適配。搭配下列四個 constraint 指令來改變 β 「限制的係數」。

```
* 四個城市第 1 共整合限制式 =(1,0,0,0)
· constraint 1 [_ce1]austin = 1
· constraint 2 [_ce1]dallas = 0
· constraint 3 [_ce2]austin = 0
· constraint 4 [_ce2]houston = 1
```

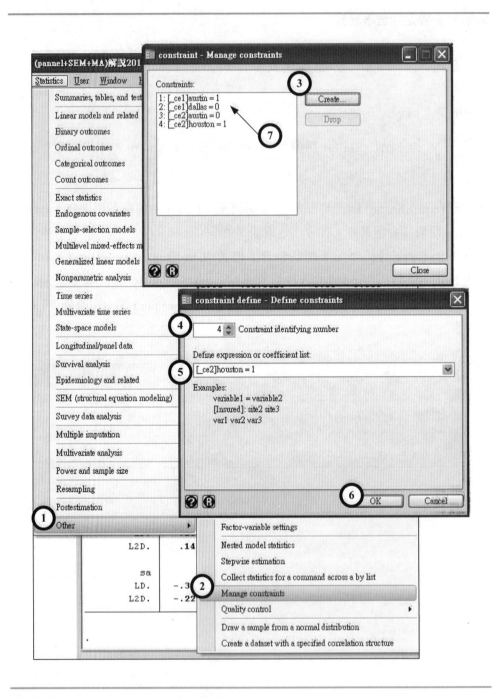

圖 9-13 四個 Constraint 指令之畫面

註：Statistics > Other > Manage constraints

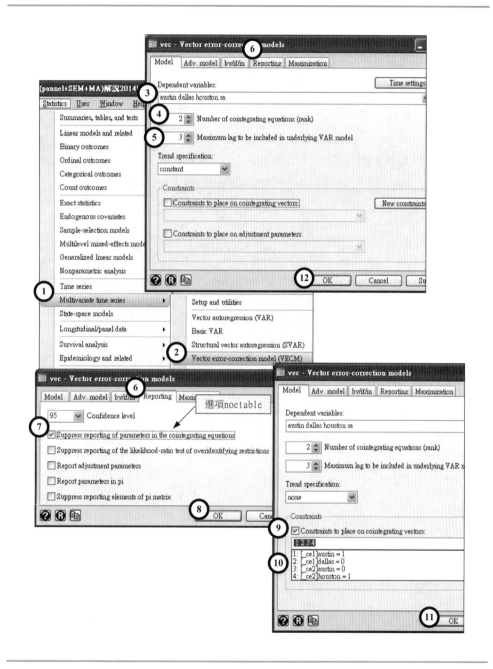

圖 9-14 分析 VECM(3) 時界定：2 個共整合，4 個 Beta 係數限制式

```
* 分析 VECM(3) 時界定：2 個共整合，4 個 Beta 係數限制式
· vec austin dallas houston sa, lags(3) rank(2) bconstraints(1 2 3 4) noetable
Vector error-correction model

Sample: 1990m4 - 2003m12                    No. of obs   =        165
                                            AIC          = -13.40174
                                            HQIC         = -13.03496
Log likelihood = 1153.644                   SBIC         = -12.49819
Det(Sigma_ml) =  9.93e-12

Cointegrating equations

Equation          Parms      chi2     P>chi2
-------------------------------------------------
_ce1                 2     586.3392   0.0000
_ce2                 2     3455.469   0.0000
-------------------------------------------------

Identification:  beta is exactly identified

 ( 1)   [_ce1]austin = 1
 ( 2)   [_ce1]dallas = 0
 ( 3)   [_ce2]austin = 0
 ( 4)   [_ce2]houston = 1
-------------------------------------------------------------------------------
      beta |      Coef.   Std. Err.      z    P>|z|     [95% Conf. Interval]
-----------+-------------------------------------------------------------------
_ce1       |
    austin |          1          .        .      .           .           .
    dallas |  (omitted)
   houston |  -.2623784   .1876727    -1.40   0.162    -.6302102    .1054534
        sa |  -1.241805   .2277537    -5.45   0.000    -1.688194   -.7954157
      _cons |   5.577099

-----------+-------------------------------------------------------------------
_ce2       |
    austin |  (omitted)
    dallas |  -.9126985   .0595804   -15.32   0.000    -1.029474   -.7959231
   houston |          1          .        .      .           .           .
        sa |  -.2632209   .0628791    -4.19   0.000    -.3864617   -.1399802
      _cons |   2.146094
-------------------------------------------------------------------------------
```

限制之「第2個共整合式」$\beta' x_{t-1} = \begin{bmatrix} (omitted) & - & - & - \\ - & -0.912 & - & - \\ - & & 1 & -0.263 \end{bmatrix} \times \begin{bmatrix} austin_{t-1} \\ dallas_{t-1} \\ houseton_{t-1} \\ sa_{t-1} \end{bmatrix}$

表示 Houston 平均房價與 "Dallas 及 San Antonio" 平均房價存有長期均衡 (equilibrium) 關係。即 Houston 房價漲，Dallas 及 San Antonio 房價就跟著漲 (正向共同隨機趨勢的現象)。

Step 8. Postestimation specification testing

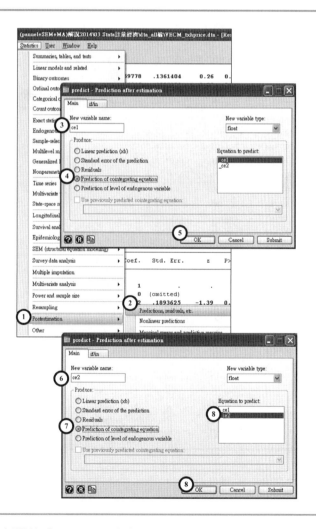

圖 9-15 產生新變數「ce1 ce2」來存二個「整合方程式」之畫面

註：Statistics > Postestimation > Predictions, residuals, etc.

```
* 將「ce equ(#1)」存到 ce1 變數
· predict ce1, ce equation(_ce1)
* 將「ce equ(#2)」存到 ce2 變數
· predict ce2, ce equation(_ce2)
```

Stata "predict" 指令可將上述二個共整合方程式，分別儲存至「ce1,ce2」變數，如下圖所示。且這二個代表共整合方程式之「ce1,ce2」，兩者都屬定態，因為它們的線性圖長像「白噪音」。

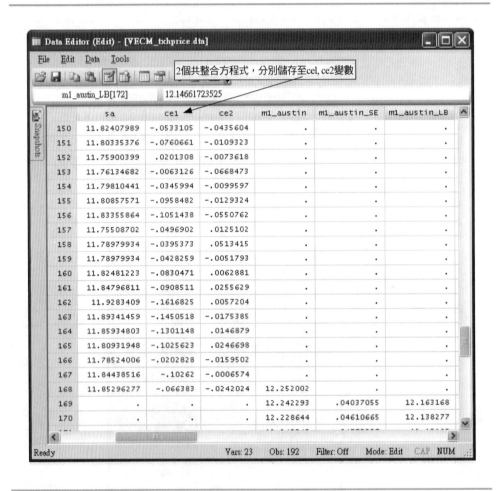

圖 9-16 2 個共整合方程式，分別儲存至 ce1, ce2 變數

繪二個共整合變數走勢圖之指令如下：

```
. twoway  (line  ce1  t)
. twoway  (line  ce2  t)
```

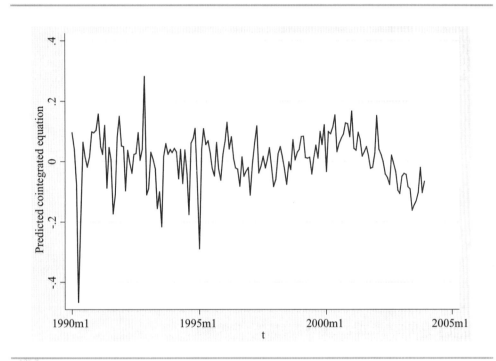

圖 9-17　共整合方程式 1 之線性圖 (長像「白噪音」)

$$\text{共整合方程式 1}: \beta' x_{t-1} = \begin{bmatrix} 1 & - & - & (omitted) \\ - & 1 & - & -0.262 \\ - & - & 1 & -1.241 \end{bmatrix} \times \begin{bmatrix} \text{austin}_{t-1} \\ \text{dallas}_{t-1} \\ \text{houseton}_{t-1} \\ \text{sa}_{t-1} \end{bmatrix}$$

　　「line」指令繪出這二個共整合方程式之線性圖，在水平軸上下都產生來回之大震盪 (shocks)。在此，我們只關心 2000 年底，為何第 1 共整合方程式出現「負向」之向下趨勢呢？因為本例這二個共整合方程式之線性圖隱約透露出：美國 2000 年房市出現泡沫危機。2000 年底 San Antonio 房價已逐漸放緩，開始進入箱形整理。在那期間，Austin 房價仍緩慢地長成。當時 2000 年底恰巧遇到

高科技泡沫化，它衝擊著房價，對 Austin 房價衝擊就比 San Antonio 來得嚴重。

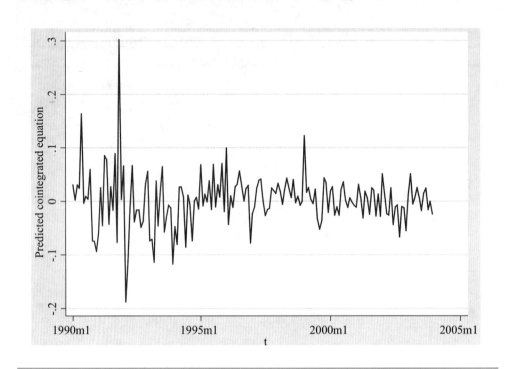

圖 9-18 共整合方程式 2 之線性圖 (長像「白噪音」)

　　vecstable 指令可診斷你界定共整合方程式的數目是否正確。在 VECM 模型中：「有 K 內生變數，r 個共整合方程式」，它有 $K-r$ 個特徵值 (Eigenvalue)。目前仍沒有特徵值的 moduli 之分配理論 (distribution theory)，來確定 moduli 是否接接近 1。

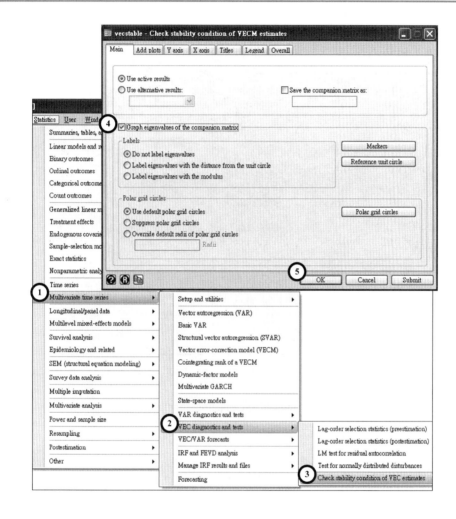

圖 9-19 vecstable 指令來診斷 VECM 估計值的穩定性之畫面

註： Statistics > Multivariate time series > VEC diagnostics and tests > Check stability condition of VEC estimates

* 由於 varstable 指令只能在你執行「var、svar、vec」之後，故再「quietly vec」一次
· quietly vec austin dallas houston sa, lags(3) rank(2) bconstraints(1 2 3 4)
  noetable

* vecstable 指令 graph 選項：診斷 VECM 估計值的穩定條件 (stability condition)
· vecstable, graph

```
 Eigenvalue stability condition
+-----------------------------------------+
|          Eigenvalue          |  Modulus  |
|------------------------------+-----------|
|           1                  |     1     |
|           1                  |     1     |
|   -.6698661                  |  .669866  |
|    .3740191 +   .4475996i    |  .583297  |
|    .3740191 -   .4475996i    |  .583297  |
|   -.386377  +   .395972i     |  .553246  |
|   -.386377  -   .395972i     |  .553246  |
|    .540117                   |  .540117  |
|   -.0749239 +   .5274203i    |  .532715  |
|   -.0749239 -   .5274203i    |  .532715  |
|   -.2023955                  |  .202395  |
|    .09923963                 |  .09924   |
+-----------------------------------------+
 The VECM specification imposes 2 unit moduli.
```

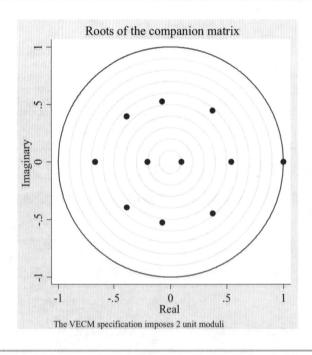

The VECM specification imposes 2 unit moduli

圖 9-20 診斷「stability condition of VECM estimates」之圖

Vecstable 指令 graph 選項所繪「eigenvalues of the companion matrix」，顯示：已沒有剩餘的特徵值將出現在單位圓。此穩定性檢查，因爲特徵值「均勻」分布在單位 moduli 內，表示這 2 個共整合方程式係屬「定態」；反之，若特徵值「不均勻」分布，則表示共整合方程式係屬「非定態」。故此圖形散布圖給的結論是我們界定 VECM(3) 模型在 Rank = 2 情況是正確的。

Step9. 診斷殘差有自我相關

接著再用「veclmar」指令來檢定「VECM 殘差之序列相關」。若有殘差有自我相關，則需再加大 Lags 期數。

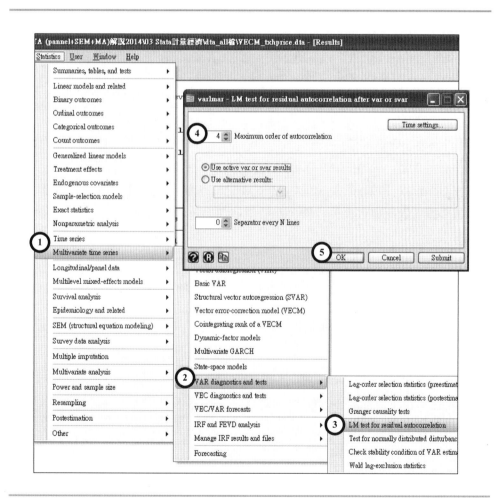

圖 9-21 veclmar 指令之畫面，界定 Lag=4

註：Statistics > Multivariate time series > VEC diagnostics and tests > LM test for residual autocorrelation

735

Stata 在財務金融與經濟分析的應用

```
* 由於 varstable 指令只能在你執行「var、svar、vec」之後，故再「quietly vec」一次
· quietly vec austin dallas houston sa, lags(3) rank(2) bconstraints(1 2 3 4)
  noetable

* veclmar 指令執行 4 期 Lag：LM test for residual autocorrelation after vec
· veclmar, mlag(4)
Lagrange-multiplier test

   +------------------------------------+
   | lag |    chi2    df   Prob > chi2  |
   |-----+------------------------------|
   |  1  |  56.8757   16    0.00000     |
   |  2  |  31.1970   16    0.01270     |
   |  3  |  30.6818   16    0.01477     |
   |  4  |  14.6493   16    0.55046     |
   +------------------------------------+
   H0: no autocorrelation at lag order
```

1. 此結果顯示：VECM(3) 之殘差，在 Lag = 1 至 Lag = 3 之間，都有明顯的自我相關 ($p < 0.05$)。故 VECM(3) 仍不令人滿意。
2. 誠如 Gonzalo (1994) 所說，低估 VECM 之 lags 值，只會顯著增加有限樣本之參數偏誤，進而導致序列相關。基於這個理由，我們再一次令 Lag = 5，重新執行 vec。

```
· vec austin dallas houston sa, lags(5) rank(2) bconstraints(1/4) noetable

Vector error-correction model

Sample: 1990m6 - 2003m12              No. of obs    =       163
                                      AIC           = -13.79075
                                      HQIC          =  -13.1743
Log likelihood = 1203.946             SBIC          = -12.27235
Det(Sigma_ml) = 4.51e-12

Cointegrating equations
```

```
Equation          Parms    chi2      P>chi2
-----------------------------------------------
_ce1                2     498.4682   0.0000
_ce2                2     4125.926   0.0000
-----------------------------------------------


Identification:  beta is exactly identified

( 1 )  [_ce1]austin = 1
( 2 )  [_ce1]dallas = 0
( 3 )  [_ce2]austin = 0
( 4 )  [_ce2]houston = 1
-----------------------------------------------------------------
    beta |     Coef.   Std. Err.      z    P>|z|    [95% Conf. Interval]
---------+-------------------------------------------------------------
_ce1     |
  austin |         1      .          .      .           .          .
  dallas |  (omitted)
 houston | -.6525574  .2047061   -3.19   0.001   -1.053774  -.2513407
      sa | -.6960166  .2494167   -2.79   0.005   -1.184864  -.2071688
    _cons|  3.846275      .          .      .           .          .
---------+-------------------------------------------------------------
_ce2     |
  austin |  (omitted)
  dallas |  -.932048  .0564332  -16.52   0.000   -1.042655  -.8214409
 houston |         1      .          .      .           .          .
      sa | -.2363915  .0599348   -3.94   0.000   -.3538615  -.1189215
    _cons|  2.065719      .          .      .           .          .
-----------------------------------------------------------------
```

此 VECM(5) 與之前 VECM(3) 做比較，可看出：

1. [ce1]houston 不再是 0。
2. 第 1 共整合式之二組係數估計，與 VECM(3) 是不同的。
3. 第 2 共整合式之二組係數估計，與 VECM(3) 是相同的。

Step10. 殘差之常態性

VECM 分析，係事先假定殘差 $\varepsilon_t \overset{iid}{\sim} N(0, \sigma^2)$「獨立同型常態分配

(independently, identically, and normally distributed) with zero mean and finite variance」，以利我們推導出概似函數。假如殘差不符合「常態」假定，但殘差仍是獨立同分布，具有「平均數為 0、變異數 σ^2」，這種情況 VECM 參數估計仍會是一致的，但不保證 VECM 模型一定有效果的。Stata 提供「vecnorm」指令可來診斷殘差常態性。

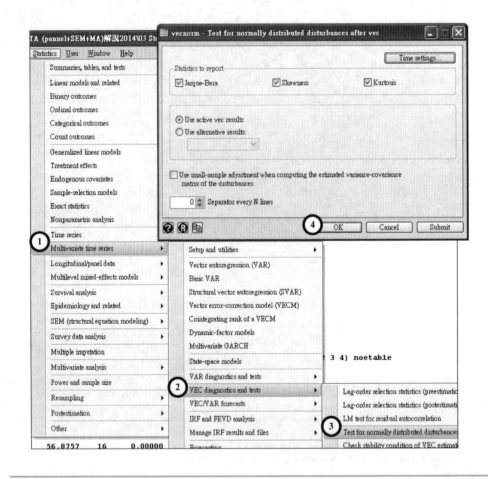

圖 9-22 診斷 vec 殘差 iid 之畫面 (vecnorm 指令)

註：Statistics > Multivariate time series > VEC diagnostics and tests > Test for normally distributed disturbances

```
* quietly 指令：Quietly and noisily perform Stata command
. quietly vec austin dallas houston sa, lags(5) rank(2) bconstraints(1/4)

* vecnorm 指令：Test for normally distributed disturbances after vec
. vecnorm

    Jarque-Bera test
    +---------------------------------------------------------+
    |         Equation |         chi2   df   Prob > chi2 |
    |------------------+--------------------------------------|
    |         D_austin |       74.324    2      0.00000 |
    |         D_dallas |        3.501    2      0.17370 |
    |        D_houston |      245.032    2      0.00000 |
    |             D_sa |        8.426    2      0.01481 |
    |              ALL |      331.283    8      0.00000 |
    +---------------------------------------------------------+
```

* 偏度是否接近 0

```
    Skewness test
    +---------------------------------------------------------+
    |      Equation | Skewness   chi2   df   Prob > chi2 |
    |---------------+-----------------------------------------|
    |      D_austin |  .60265    9.867   1      0.00168 |
    |      D_dallas |  .09996    0.271   1      0.60236 |
    |     D_houston | -1.0444   29.635   1      0.00000 |
    |          D_sa |  .38019    3.927   1      0.04752 |
    |           ALL |           43.699   4      0.00000 |
    +---------------------------------------------------------+
```

* 峰度是否接近 3

```
    Kurtosis test
    +---------------------------------------------------------+
    |      Equation | Kurtosis   chi2   df   Prob > chi2 |
    |---------------+-----------------------------------------|
    |      D_austin |  6.0807   64.458   1      0.00000 |
    |      D_dallas |  3.6896    3.229   1      0.07232 |
    |     D_houston |  8.6316  215.397   1      0.00000 |
    |          D_sa |  3.8139    4.499   1      0.03392 |
    |           ALL |          287.583   4      0.00000 |
    +---------------------------------------------------------+
```

執行 VECM 之後，殘差常態性檢定結果為：

1. Jarque-Bera 檢定，只有 D_dallas 殘差，$\chi^2_{(1)} = 0.271$(p>0.05) 接受「H_0: 常態」，其餘三個序列之殘差都非常態。

2. 殘差之偏態愈接近 0、峰度愈接近 3，則愈傾向常態性。

本例 4 個數列，只有一個數列之殘差符合常態性，三個數列之殘差違反常態性，故我們不敢保證 VECM(5) 在 2 rank 之情況，係百分之百有效果的。

Step 11 Granger causality tests（領先—落後之因果關係）

你可先用「findit gcause」來外掛指令「gcause.ado」，再用它來執行時間數列「Granger causality 檢定」。

```
Granger causality 語法：
gcause var1 var2 [if exp] [in range] , lags(#) [ exog(varlist) regress ]
```

本例共有四變數，故做 Granger causality 檢定至少 $\binom{4}{2} = \frac{4 \times 3}{2 \times 1} = 6$ 次執行「gcause」指令，如下所示：

```
* quietly 指令：Quietly and noisily perform Stata command
· quietly vec austin dallas houston sa, lags(5) rank(2) bconstraints(1/4)

* dallas 為因，austin 為果之 Granger 檢定
· gcause austin dallas , lags(3)
Granger causality test                    Sample: 1990m4 to 2003m12
                                                       obs = 165

H0: dallas does not Granger-cause austin

        F( 3, 158) =      2.80
         Prob > F =    0.0420

          chi2(3) =      8.77        (asymptotic)
       Prob > chi2 =   0.0326        (asymptotic)

* houston 為因，austin 為果之 Granger 檢定
· gcause austin houston, lags(3)
```

```
Granger causality test                        Sample: 1990m4 to 2003m12
                                                          obs = 165

H0: houston does not Granger-cause austin

        F( 3, 158) =      2.83
        Prob > F =      0.0401


         chi2(3) =       8.88      (asymptotic)
       Prob > chi2 =    0.0310      (asymptotic)


.
. gcause austin sa, lags(3)
Granger causality test                        Sample: 1990m4 to 2003m12
                                                          obs = 165

H0: sa does not Granger-cause austin

        F( 3, 158) =      2.35
        Prob > F =      0.0746


         chi2(3) =       7.36      (asymptotic)
       Prob > chi2 =    0.0613      (asymptotic)


.
. gcause dallas houston , lags(3)
Granger causality test                        Sample: 1990m4 to 2003m12
                                                          obs = 165

H0: houston does not Granger-cause dallas

        F( 3, 158) =      3.38
        Prob > F =      0.0197


         chi2(3) =      10.60      (asymptotic)
       Prob > chi2 =    0.0141      (asymptotic)

* sa 為因，dallas 為果之 Granger 檢定
. gcause dallas sa, lags(3)
Granger causality test                        Sample: 1990m4 to 2003m12
                                                          obs = 165
```

```
HO: sa does not Granger-cause dallas


        F( 3, 158) =      0.30
        Prob > F =     0.8254


        chi2(3) =      0.94      (asymptotic)
      Prob > chi2 =   0.8159      (asymptotic)


* sa 為因，houston 為果之 Granger 檢定
· gcause houston sa, lags(3)
Granger causality test                        Sample: 1990m4 to 2003m12
                                                      obs = 165

HO: sa does not Granger-cause houston


        F( 3, 158) =      4.00
        Prob > F =     0.0089


        chi2(3) =     12.53      (asymptotic)
      Prob > chi2 =   0.0058      (asymptotic)
```

　　本例四數列，共六次 Granger causality 檢定，結果如下圖所示。執行 VECM
分析之後，再以「gcause」指令分析 Granger causality，這種因果檢定就會包含
了短期和長期關係。

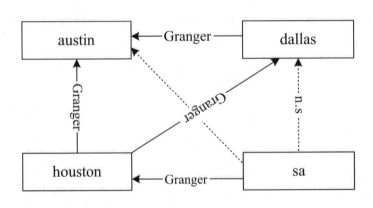

圖 9-23 四變數之 Granger causality 檢定結果 (實線代表有因果關係，虛線則反之)

Step 12 Impulse–response functions for VECMs

在 VAR 分析中，所謂的「衝擊反應函數」(impulse response function,IRF)，旨在說明在其他衝擊不變下，特定衝擊對於內生變數動態之影響。

IRF 代表 impulse–response function；FEVD 代表 forecast-error variance decomposition。「irf」指令只能用在 var, svar 或 vec 指令之後。

當 vec 界定參數確定沒問題之後，再用「irf」指令來分析「IRFs、dynamic-multiplier 函數及 FEVDs」。衝擊反函數，套在定態的 VAR 會慢慢逐漸消失 (死亡)；但共整合 VECM 的 IRF 就不一定會逐漸死亡。

因為在定態的 VAR 每個變數具有不隨時間變化的平均值及變異數，不隨時間變化的共整合，故衝擊到這些變數的任一個效果最後一定會消失；這樣，變數即在震盪幾期之後快速恢復到它原來的平均值 (平靜狀況)。相反地，整合階數為 1「I(1)」之共整合 VECM，衝擊就不一定可恢復至平均數 (平靜狀況)，此外「unit moduli in the companion matrix」也會意味著一些衝擊效應在一段時間之後不會就消失。

上述這二種衝擊結果，衍生了 2 個新名詞，(1) 當衝擊效果會隨時間延長而消失，謂之短暫 (transitory) 衝擊。(2) 當衝擊效果不會隨時間延長而消失，謂之永久 (permanent) 衝擊。

以下「irf」指令可估算脈衝響應函數和 IRF 圖來呈現兩個正交化的脈衝響應函數。

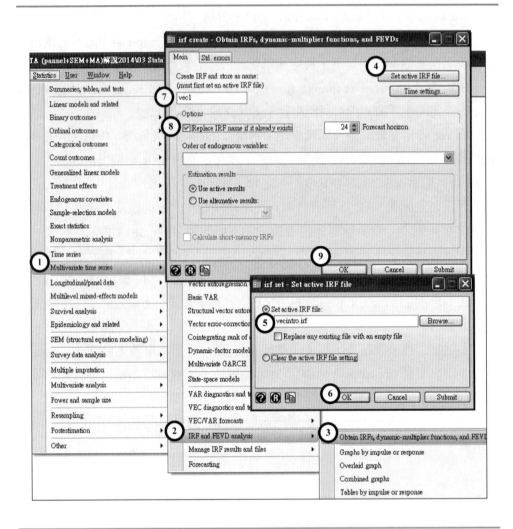

圖 9-24 設定 irfname vec1 為 vecintro.irf 之畫面 (step(24))

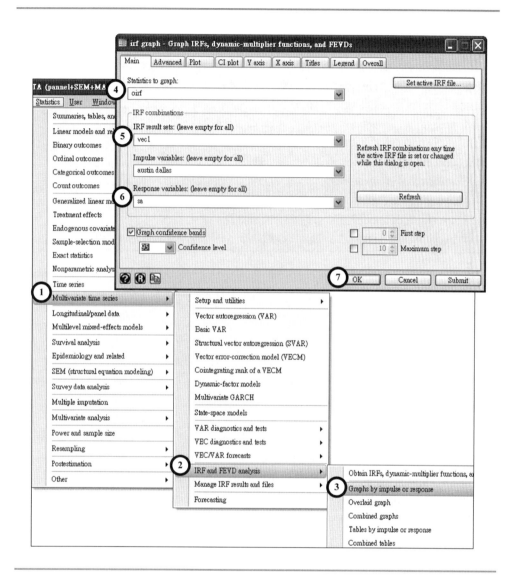

圖 9-25 繪「austin 及 dallas 房價對 sa 房價」irf 之畫面

```
·quietly vec austin dallas houston sa, lags(5) rank(2)

*irf 指令：Create and analyze IRFs, dynamic-multiplier functions, and FEVDs
* 新建 IRF 檔案名 (vecintro.*)，令脈衝高達 24 期
* 先設定 irfname vec1 為 vecintro.irf
·irf create vec1, set(vecintro, replace) step(24)
(file vecintro.irf created)
(file vecintro.irf now active)
(file vecintro.irf updated)

* 再求 austin 及 dallas 房價對 sa 房價的衝擊函數
·irf graph oirf, irf(vec1) impulse(austin dallas) response(sa) yline(0)
```

```
irf 語法
irf  subcommand  ... [, ...]


 subcommand  說明
------------------------------------------------------------------------
Create : create IRF file containing IRFs, dynamic-multiplier functions, and FEVDs
set    : set the active IRF file

graph : graph results from active file
cgraph : combine graphs of IRFs, dynamic-multiplier functions, and FEVDs
ograph : graph overlaid IRFs, dynamic-multiplier functions, and FEVDs
table : create tables of IRFs, dynamic-multiplier functions, and FEVDs from active file
ctable : combine tables of IRFs, dynamic-multiplier functions, and FEVDs

describe : describe contents of active file
add : add IRF results from one file to active file
drop : drop IRF results from active file
rename : rename IRF results within a file
------------------------------------------------------------------------
```

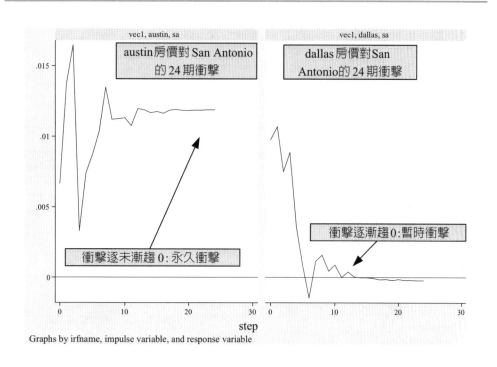

圖 9-26 Impulse–response functions 之結果

Irf 圖呈現的 orthogonalized shock 為：

1. Austin 房價對 San Antonio 房價的衝擊屬永久效果。即 Austin 房價對 San Antonio 意外衝擊會係永久性。

2. Dallas 房價對 San Antonio 房價的衝擊屬暫時效果。即 Dallas 房價對 San Antonio 意外衝擊會係暫時性。

Step 13 VECM 預測誤差變異 (FEV) 的分解

「變異數分解」(variance decomposition) 是將預測誤差的變異數分解成不同衝擊所造成之比例，亦即衡量內生變數的波動，有多少比例可以被特定衝擊所解釋。

$$E\left(A_t - \hat{E}_{t-k}\,A_t\right)\left(A_t - \hat{E}_{t-k}\,A_t\right)' = D_0 E\left(\mu_t \mu_t'\right)D_0' + D_1 E\left(\mu_t \mu_t'\right)D_1' + \ldots + D_{k-1}E\left(\mu_t \mu_t'\right)D_{k-1}'$$

預測之誤差變異分解 (variance decomposition, VDC)，即可了解：

1. 預測誤差變異數分解百分比相互解釋能力 (Forecast error variance)。

2. 變數的相對外生性 (exogeneity ordering) 強弱。

Step 13-1. VECM 預測誤差變異 (FEV) 的分解圖

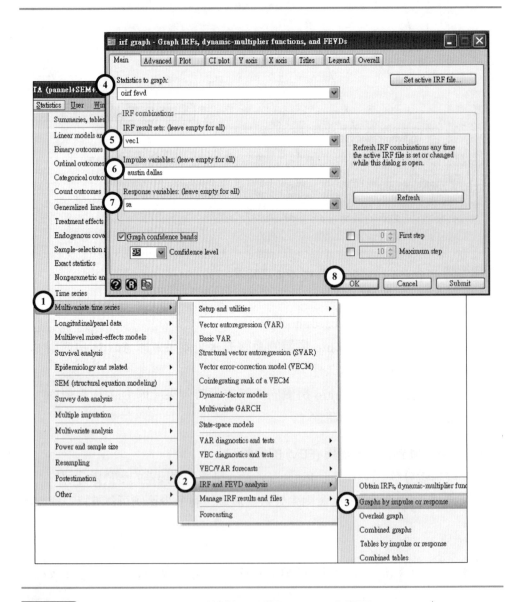

圖 9-27 繪「austin 及 dallas 房價對 sa 房價」FEVD 之畫面

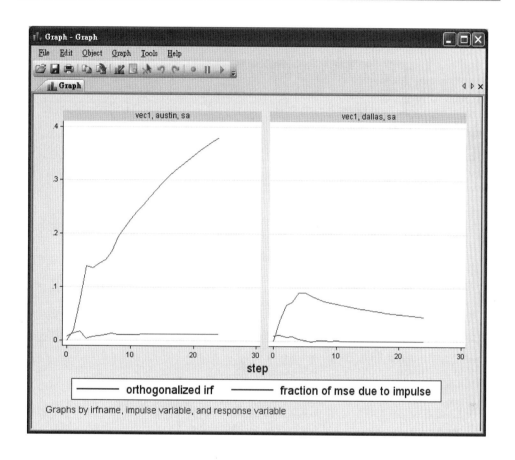

圖 9-28　繪出「austin 及 dallas 房價對 sa 房價」FEVD 之結果

Step 13-2. VECM 預測誤差變異 (FEV) 的分解表

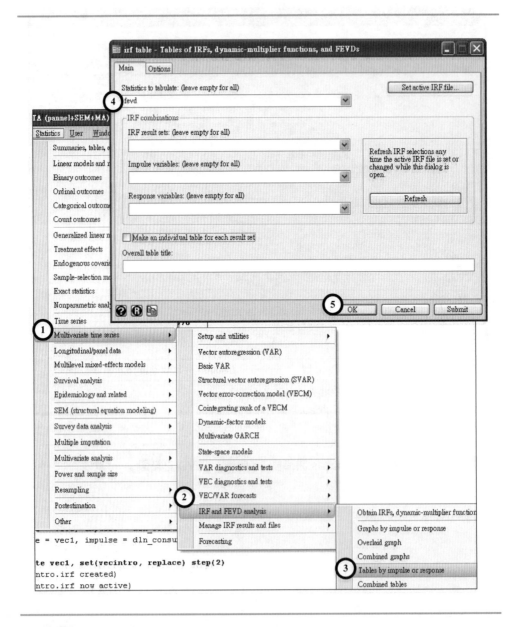

圖 9- 29 二期預測的誤差變異數分解表之畫面

```
. quietly vec austin dallas houston sa, lags(5) rank(2)
* 重新令衝擊 2 期
* 先設定 irfname vec1 為 vecintro.irf
. irf create vec1, set(vecintro, replace) step(2)
(file vecintro.irf created)
(file vecintro.irf now active)
(file vecintro.irf updated)

* 求所有變數前二期之 FEVD
. irf table fevd
```

Results from vec1

		(1)	(2)	(3)	(4)	(5)	(6)	(7)	(8)
step	fevd	fevd	fevd	fevd	fevd	fevd	fevd	fevd
0	0	0	0	0	0	0	0	0
1	1	.015488	.016491	.017876	0	.984512	.155664	.038303
2	.940124	.043836	.034742	.074511	.03532	.93264	.237128	.066897

		(9)	(10)	(11)	(12)	(13)	(14)	(15)	(16)
step	fevd	fevd	fevd	fevd	fevd	fevd	fevd	fevd
0	0	0	0	0	0	0	0	0
1	0	0	.827845	.038528	0	0	0	.905294
2	.004502	.005578	.706407	.06769	.020054	.017945	.021722	.790902

```
(1) irfname = vec1, impulse = austin, and response = austin
(2) irfname = vec1, impulse = austin, and response = dallas
(3) irfname = vec1, impulse = austin, and response = houston
(4) irfname = vec1, impulse = austin, and response = sa
(5) irfname = vec1, impulse = dallas, and response = austin
(6) irfname = vec1, impulse = dallas, and response = dallas
(7) irfname = vec1, impulse = dallas, and response = houston
(8) irfname = vec1, impulse = dallas, and response = sa
(9) irfname = vec1, impulse = houston, and response = austin
(10) irfname = vec1, impulse = houston, and response = dallas
```

```
(11) irfname = vec1, impulse = houston, and response = houston
(12) irfname = vec1, impulse = houston, and response = sa
(13) irfname = vec1, impulse = sa, and response = austin
(14) irfname = vec1, impulse = sa, and response = dallas
(15) irfname = vec1, impulse = sa, and response = houston
(16) irfname = vec1, impulse = sa, and response = sa
```

本例，Austin 會隨新資訊的出現而調整，故國家就能對未來做出正確的預期，並將此預期反映在目前的 Austin 上。而 Dallas 以及 SA 則任意排列組合，觀察其預測誤差變異數分解 (FEVD) 值，其中 Dallas 的外生性比「Austin、Houston、SA」強，FEVD 發現第 2 期 Houston 房價受過去 Dallas 房價之衝擊百比為 23.71%，第 2 期 SA 房價受過去 Austin 房價之衝擊百比為 7.45%。

下表為上述 4 項變數之預測誤差變異數分解 (variance decomposition) 結果。顯示，Austin 房價受過去 Austin 房價衝擊影響很大 (94.01%)。第 2 期 Dallas 房價受到過去 Dallas 預測誤差變異數分解值高達 93.26%，證明了當期 Dallas 房價受過去 Dallas 房價影響甚鉅；相對地，第 2 期 Houston 房價亦受到過去「Austin、Dallas、SA」預測誤差變異數分解值分別為「0.45%、0.56%、6.77%」，比較沒那麼高。

此外，VECM 模型分析發現，第 2 期 Houston 房價以及 SA 房價亦深深受本身過去 Houston 房價以及 SA 房價所影響，分別為 70.64% 以及 79.09%。

表 9-1　第 1 期預測誤差變異數分解 (FEVD) 表

反應變數 衝擊變數	Austin%	Dallas%	Houston%	SA%
1.Austin	100	1.55	1.65	1.78
2.Dallas	0	98.45	15.57	3.83
3. Houston	0	0	82.57	3.85
4.SA	0	0	0	90.53

表 9-2 第 2 期預測誤差變異數分解 (FEVD) 表

反應變數 衝擊變數	Austin%	Dallas%	Houston%	SA%
1.Austin	94.01	4.38	3.47	7.45
2.Dallas	3.53	93.26	23.71	6.69
3. Houston	0.45	0.56	70.64	6.77
4.SA	2.00	1.79	2.17	79.09

Step 14. VECMs 之樣本外預測

共整合 VECM 可預測：(1) 差分 (first-differenced) 後變數。(2) 變數的樣本外預測值。定態 VAR 與共整合 VECM 這 2 種模式的根本差別，在於誤差的變異數，VAR 誤差變異數係會隨著時間收斂至固定值 (constant)，即收斂至預測的水平線。相對地，共整合 VECM 之誤差變異數則會發散，離水平值愈來愈遠。

最後我們再用「fcast」指令，來計算「動態預測值」；而「fcast graph」指令來繪「動態預測值及不對稱 95% 信賴區間」。

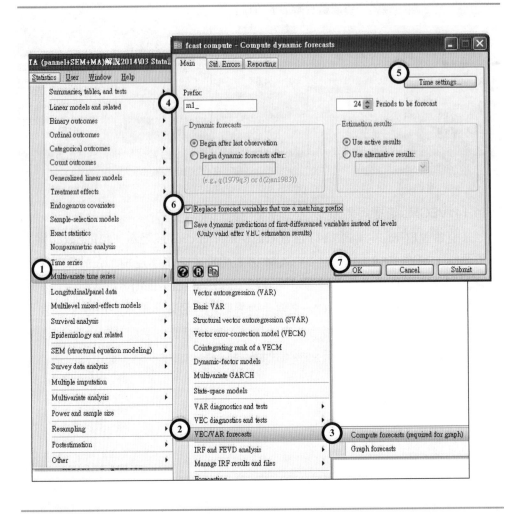

圖 9-30 fcast 指令，預測新變數以「m1_」開頭之畫面

註： Statistics > Multivariate time series > VEC/VAR forecasts > Compute forecasts (required for graph)

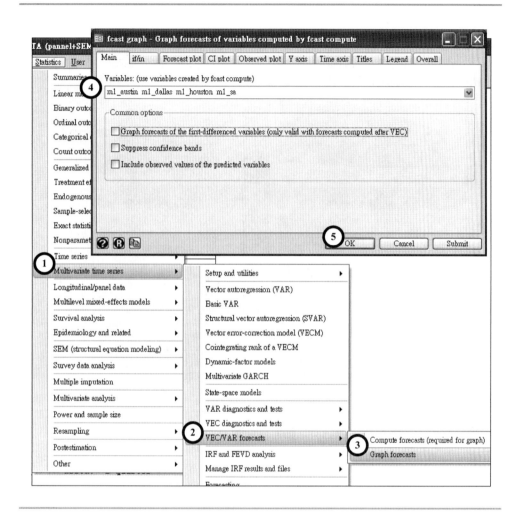

圖 9-31 fcast graph 指令，繪 4 個「m1_」開頭之動態預測圖的畫面

註：

```
· tsset

        time variable:  t, 1990m1 to 2003m12
                delta:  1 month


* 四個數列之 VECMs 樣本外 24 期的 4 個動態預測值，分別存至「m1_」開頭的 4 變數。
· fcast  compute  m1_, step(24)


*「fcast graph」指令繪 4 個序列之動態預測圖
· fcast  graph  m1_austin  m1_dallas  m1_houston  m1_sa
```

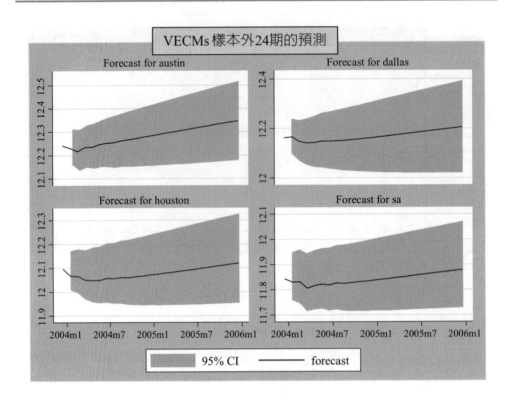

圖 9-32 fcast graph 指令所估計之動態預測圖

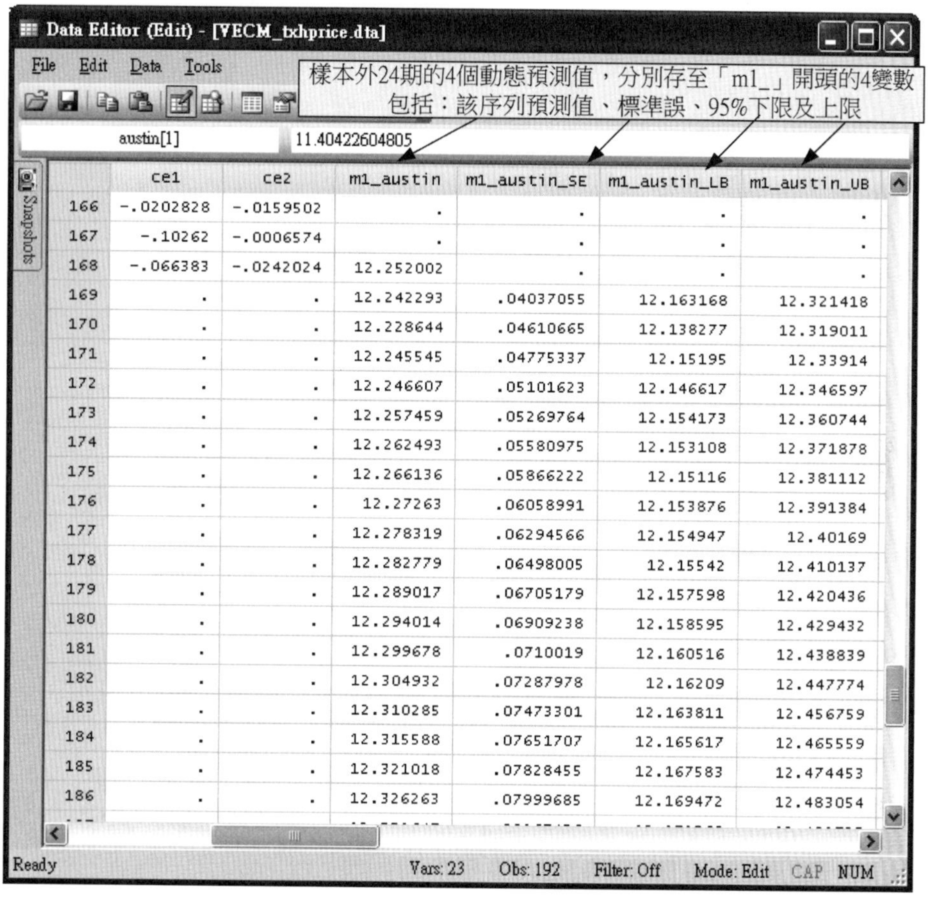

	ce1	ce2	m1_austin	m1_austin_SE	m1_austin_LB	m1_austin_UB
166	-.0202828	-.0159502	.	.	.	.
167	-.10262	-.0006574	.	.	.	.
168	-.066383	-.0242024	12.252002	.	.	.
169	.	.	12.242293	.04037055	12.163168	12.321418
170	.	.	12.228644	.04610665	12.138277	12.319011
171	.	.	12.245545	.04775337	12.15195	12.33914
172	.	.	12.246607	.05101623	12.146617	12.346597
173	.	.	12.257459	.05269764	12.154173	12.360744
174	.	.	12.262493	.05580975	12.153108	12.371878
175	.	.	12.266136	.05866222	12.15116	12.381112
176	.	.	12.27263	.06058991	12.153876	12.391384
177	.	.	12.278319	.06294566	12.154947	12.40169
178	.	.	12.282779	.06498005	12.15542	12.410137
179	.	.	12.289017	.06705179	12.157598	12.420436
180	.	.	12.294014	.06909238	12.158595	12.429432
181	.	.	12.299678	.0710019	12.160516	12.438839
182	.	.	12.304932	.07287978	12.16209	12.447774
183	.	.	12.310285	.07473301	12.163811	12.456759
184	.	.	12.315588	.07651707	12.165617	12.465559
185	.	.	12.321018	.07828455	12.167583	12.474453
186	.	.	12.326263	.07999685	12.169472	12.483054

圖 9-33 VECMs 樣本外 24 期的 4 個預測值，分別存至「m1_」開頭的 4 變數

chapter

10

聯立迴歸式：只限定態才可分析之 VAR

Stock and Watson (2001) 認為，對於總體計量經濟學家(macroeconometricians) 而言，有四個重要的研究項目：

1. 描繪總體經濟時間序列之動態變化。
2. 預測總體經濟時間序列。
3. 刻劃總體經濟時間序列之因果結構。
4. 總體經濟政策分析。

在 1970 年代，在凱因斯理論的指導下，動輒百餘條的方程式充斥於模型中，大型的總體計量模型 (large-scale macroeconometric model) 就順應而生。然而，隨著總體經濟環境日趨複雜，大型總體計量模型在上述的四個重要研究項目中，表現越來越差。因此 Sims(1980) 批評大型總體計量模型並提出一個新的研究方法：向量自我迴歸 (Vector Autoregressions)，簡稱 VAR。

Sims(1980) 認為，大型總體計量模型有以下疑題：

1. 模型設定是事後設定的 (ad hoc)。譬如說，凱因斯消費函數將消費設為可支配所得的函數就是一個例子。
2. 為了模型的認定 (identication)，模型中有太多不可信的限制。譬如說，將某些變數視為外生變數 (即不受外界任何變數的影響)。

Sims(1980) 所提出的 VAR 模型就是將所有變數都當成內生變數，也就避免了任意限制總體經濟變數之間的關係。

Hansen & West(2002) 將 VAR 與非定態序列分析 (analysis of nonstationary time series) 以及廣義動差估計法 (generalized method of moments, GMM) 並列為近 30 年來總體時間序列分析最重要的三大發展。

時間數列，通常首先要認定變數是否為定態 (stationary)。「單根檢定」 (Unit Root Test) 可測定變數是否達到定態。若變數檢定為定態，則「直接」套在「向量自我迴歸模型」(Vector Autoregressive Model, VAR)，但這只檢定變數的長期關係。若變數為非定態 (前期會影響後期)，即該數列具有單根 (unit root)，迴歸分析便會出現虛假 (spurious) 關係。

當非定態變數間不存在共整合 (co-integration) 的關係，則須將各變數進行差分 (differencing)，使得這些 VAR 變數屬於定態時，才可採用 Granger 因果檢定法，來認定 VAR 分析變數之間是否存在因果關係。可惜，變數差分只會將長期趨勢消除，所以，VAR 只可檢定「短期」因果關係。

相對地，若變數之間有共整合的現象存在，即是有「長期」均衡關係，那麼，兩方一定有因果關係；即變數 X 會領先變數 Y(亦即 X 為因，Y 為果)，或

Y 領先 X，或互爲領先。但共整合只能表示有長期關係，不能顯示短期關係。若加入「誤差修正模型」機制 (Error Correction Mechanism, ECM)，可以同時包含短期動態和長期訊息。所以第 9 章，你執行 VECM 分析之後，再以「gcause」指令分析 Granger causality，這種因果檢定就會包含了短期和長期關係。

通常我們要證明，二個 (以上) 時間數列 x_t 及 y_t 的因果關係時，除了會考慮自我的因素 (自己數列之落後項影響) 外，倘會想到來自其他的因素 (別的數列之落後項影響)，像這種二個 (以上) 數列「共同隨機趨勢」，謂之共整合 (共積)、因果關係 (即 $x_t \to y_t$、$x_t \leftarrow y_t$、或 $x_t \leftrightarrow y_t$)。

總之，財經問題，往往波動幅度大，現象與現象關係複雜，問題之分析處理就需 VAR(定態資料)、VECM(非定態資料)。當要證明 x_t 及 y_t 的因果關係時，若二數列都是定態，則「直接」用向量自我迴歸 (VAR) 來分析；反之，若二數列 (以上) 都是非定態且有一個以上共整合方程式，則採向量誤差修正模型 (VECM) 來分析。VECM 就是一個「共整關係與誤差修正項」同時存在之聯立迴歸模型。

10-1 預測之迴歸模型

10-1-1 預測之三種迴歸模型

迴歸模式到底哪一種模型較優，要看它的預測表現 (精準要高、誤差要小、獨立且均勻分布)。例如，新臺幣匯率預測模型的表現評比，若只考慮 ARIMA、VECM(向量修正模型)、及 SVAR(結構向量迴歸，Structural VAR) 這三個模型，我們直覺上會想到的 ARIMA 模型，因 ARIMA 模型是單變數的 (新臺幣匯率)；而 VECM 是於多變數的 VAR 模型加入未拋補利率平價 (uncovered interest parity, UIP) 關係當作理論基礎來作預測。另外 SVAR 模型是將相關的總體經濟變數與金融變數納入到 VAR 模型當變數，並在此模型的參數結構做限制，最後再由這三個模型的匯率預測結果，來比較樣本外 (out-of-sample) 匯率預測的表現，即可知哪一種迴歸模型較優。

定義：利率平價理論 (Interest Rate Parity Theory)
利率平價與購買力平價所不同的是考察資本流動 (而不是商品流動) 與匯率決定之間的關係，它從一個側面闡述了匯率變動的原因 —— 資本在國際間的流動。

利率平價理論認為兩個國家利率的差額相等於遠期兌換率及現貨兌換率之間的差額。由凱因斯和愛因齊格提出的遠期匯率決定理論，他們認為均衡匯率是通過國際拋補套利 (covered interest arbitrage, CIA) 所引起的外匯交易形成的。在兩國利率存在差異的情況下，資金將從低利率國流向高利率國以謀取利潤。但套利者在比較金融資產的收益率時，不僅考慮兩種資產利率所提供的收益率，還要考慮兩種資產由於匯率變動所產生的收益變動，即外匯風險。套利者往往將套利與掉期業務相結合，以避免匯率風險，保證無虧損之虞。大量掉期外匯交易的結果是，低利率國貨幣的現匯匯率下浮，期匯匯率上浮；高利率國貨幣的現匯匯率上浮，期匯匯率下浮。遠期差價為期匯匯率與現匯匯率的差額，由此低利率國貨幣就會出現遠期升水，高利率國貨幣則會出現遠期貼水。隨著拋補套利的不斷進行，遠期差價就會不斷加大，直到兩種資產所提供的收益率完全相等，這時拋補套利活動就會停止，遠期差價正好等於兩國利差，即利率平價成立。因此我們可以歸納一下利率評價說的基本觀點：遠期差價是由兩國利率差異決定的，並且高利率國貨幣在期匯市場上必定貼水，低利率國貨幣在期匯市場上必定升水。

例如，美元的存款利率是 5%，臺幣存款利率是 2%，如果目前美元對臺幣的匯率是 1：33，那麼一年期的美元對臺幣遠期匯率「一定」會是 1：31.754？為何會是這樣？

答：

遠期匯率是如何自動調整的，期貨價格是根據利率平價理論得來的，公式如下：

$$F_S^{NT} = S_\$^{NT} \times \frac{\left(1 + i^{NT} \times \dfrac{\text{天數}}{360}\right)}{\left(1 + i^\$ \times \dfrac{\text{天數}}{360}\right)}$$

其中，F 是遠期匯率，S 為即期匯率，i^{NT}、$i^\$$ 分別代表臺幣利率及美金利率，「天數」是現在與到期日的日數 (每月 30 日)。

以上述例子來說，一年期遠期外匯價格：

$$F_\$^{NT} = 33 \times \frac{\left(1 + 2\% \times \dfrac{360}{360}\right)}{\left(1 + 6\% \times \dfrac{360}{360}\right)} = 31.754$$

為何會這樣呢，期貨買賣不是由投資者雙方買賣的成交價而得來的嗎？那應該是上上下下波動才是，怎會有個固定公式在那邊呢？沒錯，期貨市場價格是買賣叫價決定，但如果價格偏離這公式的話，就會有套利機會發生。當套利發生時，市場機制會快速讓匯率回歸理論值。假設市場價格失衡了，一年期美元匯率來到了 32.5，那麼投資者就可以下列方式執行套利 (以臺幣 100 萬為例)：

第一步：跟臺灣的銀行貸款臺幣 100 萬，年利率 2%，期末本利和償還 102 萬。

第二步：將 100 萬臺幣以即期匯率 33 換成 30,303.03 美元，然後將這美元以 6% 利率存入銀行，同時一年期遠期外匯以 32.5 賣出美元。這一步驟主要目的是鎖住未來要賣出美元之匯率。

第三步：等一年到期後，美元期末之本利和 = $30,303.03 \times 1.06 =$ US\$32,121.21，就可以用 32.5 的匯率交割，得款 NT\$1,043,939。所得款項扣除銀行貸款本利和 102 萬，還多出來了 23,939 元。

利率較高的國家，遠期匯率必須比即期利率貶值，貶值的程度就稱為「貼水」。以前述例子來說，美元利率 6%、臺幣利率 2%，若以拋補利率套利方式將臺幣以即期匯率換成美元生息，到期後再以遠期匯率換回臺幣，則很容易想像美元對臺幣遠期匯率必定貶值，而且幅度必然補足兩國之利差 4%。這道理以美元角度來看也是成立的，如果以美元存款是年利率 6%，那麼若將美元換成臺幣，以臺幣利率 2% 生息，到期再以遠期匯率換成美元，那麼臺幣兌美元遠期匯率必定升值，幅度也剛好彌補 4% 的利差。

匯率貼水與升水公式：

$$匯率貼水與升水 = \frac{遠期匯率 - 即期匯率}{即期匯率} \times \frac{360}{天數} = \frac{31.754 - 33}{33} \times \frac{360}{360} = -3.7758$$

亦就是遠期美元比即期貶值 3.7758%，和兩國利 4% 差不多。而這貼水幅度乘上 (1+ 美元利率)=3.7758%×(1+6%)= 4%，就剛好是兩國之利差。

定義：拋補利率平價理論 (covered interest parity)

指即期匯率與遠期匯率的差異，應等於本國與外國利率的差距。此理論是本於國際費雪效果 (Fisher Effect) 之延伸，而 Fisher Effect 強調資金提供者所要求之報酬率 (名目利率)，必定等於真實利率加上通膨率，而國際費雪效果進一步假設全球的真實利率是相同的，若各國的名目利率不同的話，則差異部分，就是反應各國通貨膨脹的程度。簡言之，利率高的國家，表示通膨率也高，而通膨高的現象，將導致該國貨幣之貶值。因此，可從各國利率水準，預估未來匯率的變化，而拋補利率平價理論是認為利率的變化，一定會 100% 反映在匯率上。

例如，假設遠期匯率 27.7NT/US (90 天期遠期外匯)。臺灣的年利率為 8%，美國 6%。本例子，不服從拋補利率平價理論，因為匯差不等於利差。

兩國匯差：(27.7-27.2)/27.2 = 1.84%

兩國利差：(8%-6%)×90/365 = 0.49%

定義：未拋補利率平價 (uncovered interest parity)

是指如果拋補利率平價不成立，意味著存在套利機會，投機性資本就不會停止流動，直至遠期匯率定價符合利率平價為止。

以上述例子，若依照拋補利率平價理論進行計算，90 天的遠期匯率應為

$27.30 NT/\$1 US，即 $27.2 \times \dfrac{\left(1+6\% \times \dfrac{90}{360}\right)}{\left(1+4.5\% \times \dfrac{90}{360}\right)} = 27.3$。

(PS：計算方式應以複利為之，因為本題的期間在一年以內，單利跟複利的計算結果不會相差太多，故以單利方式為計算)。

利率的變化取決於無風險條件下投資者的投機決策，有二種情況：

1. 在年終若持有單位本幣的存款與收益額大於持有外幣存款與收益額按預期匯率折算成的本幣款，即 $(1 + r) > (1 + r^*)\dfrac{S^e}{S}$，則在本國存款。

2. 在年終若持有單位本幣的存款與收益額小於持有外幣存款與收益額按預期匯率折算成的本幣款，即 $(1 + r) < (1 + r^*)\dfrac{S^e}{S}$，則在外國存款。

其中，r 表示以本幣計價的資產收益率 (年率)，r^* 表示外幣計價的相似資產的平均收益率，S 表示即期匯率 (直接標價)，S^e 表示預期將來某個時點 (比如年末) 的預期匯率。並且這裡假設投資者是風險中性 (risk neutral)。

10-1-2 VAR、VECM 模型之應用領域

至今，坊間常見 VAR、VECM 可解決的財經議題，包括：

1. 股市報酬 (y_t) 與不同交易量 (x_t) 之間的關係。
2. 股票 (x_t) 與基金市場 (y_t) 相關性。
3. REITs 指數 (x_t) 與美國 10 年公債殖利率 (y_t)、股、債 (z_t) 指數長短期互動關係。
4. 臺灣股價 (x_t) 及國際油價 (y_t) 之關聯性。
5. 臺股指數現貨 (x_t)、期貨 (y_t) 與摩根臺股指數期貨 (z_t) 之關聯性。
6. 臺灣加權股價指數 (x_t) 與總體經濟變數 (y_t) 之關聯性。
7. 臺灣房價 (x_t)、股價 (y_t)、利率 (z_t) 互動關係。
8. 臺灣通貨膨脹 (x_t) 預測之貝氏向量自我迴歸模型。
9. 美國 (x_t)、日本 (y_t) 與臺灣股票市場 (z_t) 動態關係。
10. 美國貨幣政策 (x_t) 對臺灣匯率 (y_t) 的影響。
11. 貨幣政策 (x_t) 傳遞機制之 FAVECM 模型。
12. 貨幣政策 (x_t) 之衝擊對股市 (y_t) 多頭與空頭之影響效果。
13. 新臺幣兌美元匯率 (x_t) 與總體經濟變數 (y_t) 之關聯性。
14. 散戶投資者情緒 (x_t) 與上櫃公司股價報酬率 (y_t) 關係。
15. 資本移動性 (x_t) 對菲力浦曲線 (y_t) 之影響。
16. 新臺幣兌美元匯率 x_t 與總體經濟變數 y_t 之關聯性。
17. 期貨三大法人未平倉部位 x_t 與加權指數 y_t 互動關係。

一般文獻在探討國際景氣循環理論 (international business cycle) 大多是利用 VAR 模型 (vector autoregressive model) 來討論主要國家之經濟景氣連動性。例如，Harris(2003) 利用簡單之 VAR 模型，透過衝擊反應函數 (impulse response function) 觀察澳洲最大的兩個出口市場，美國、日本之景氣循環對於澳洲國內經濟之影響，結果發現美國、日本的景氣循環確實會影響澳洲之經濟發展，並且規模較大之美國勝於日本。Watson(2005) 觀察 G-7 國家，利用結構式向量自我相關模型 (Structural VAR) 發現國內的經濟成長可能會受到國外經濟變動之外溢效果影響外，而且，特別指出各國之景氣循環之變異在不同時期有呈現差異性。

Boschen & Mills(1995) 利用 VECM 設定 6 個經濟實質面與 3 個貨幣面變數，又如藉著檢定實質變數與貨幣 (名目) 變數間是否具備共整合現象以判斷長期中立性 (long-run neutrality) 存在與否。接著，King & Watson (1997) 以美國戰後

1949-1990 年間的季資料,並採用結構化向量自我迴歸模型 (SVAR) 檢定貨幣是否長期中立性,模型中設置了先驗限制式 (a priori restriction),在所有變數的整合級次為 1 或大於 1 時,必須先認定貨幣衝擊具有外生性,以釐清貨幣存量變動的原因與產出無關。當短期彈性 (short-run elasticity) 等於零或長期彈性 (long-run elasticity) 等於零時,表示貨幣衝擊與產出沒有關係,則貨幣中立性成立。此研究結果傾向支持長期中立性存在。SVAR 檢定方法的優點是:(1) 以縮減式的向量自我迴歸模型 (reduced form vector autoregressive, RVAR) 出發,當實證的變數皆為 I(1) 之非恆定數列時,可以避免 Lucas(1972) 及 Sargent(1971) 所說「RVAR 無法檢定長期中立假說」的問題。(2) 傳統上由 RVAR 去認定 SVAR 的參數估計值時,都是對某些參數的估計係數進行條件限制,King & Watson 則是採取一種折衷的方式 (eclectic approach),不再採用單一數值的限制條件,而是改而採用區間數值的限制條件進行認定,因此所得到的結果較傳統假設單一參數數值的認定方式更具備頑強性。

定義:長期貨幣中立性

美國經濟學家費雪 (Irving Fisher) 於 1911 年提出著名的交易方程式 (equation of exchange),為古典學派的貨幣數量學說作了權威性的闡述。他認定產出、貨幣、與物價的關係,說明當貨幣的流通速度為常數且實質產出維持充分就業,則貨幣供給量與物價會呈同方向、同比例變動。換言之,貨幣供給量變動只造成名目變數變動,對經濟體系中的實質變數完全沒影響,這稱之為「長期貨幣中立性」。

VAR 實例一:美國經濟變數對臺灣經濟波動的影響

舉例來說,若想了解美國經濟變數對臺灣經濟波動的影響,你可將美國工業生產指數 y_{1t}、美國 3 個月期國庫券利率 y_{2t}、美國 M2 貨幣供給量 y_{3t}、美國躉售物價指數 y_{4t}、臺灣工業生產指數 y_{5t}、臺灣 M1B 貨幣供給量 y_{6t} 和臺灣躉售物價指數 y_{7t} 等七個變數依序放入 VAR 模型。即可發現,美國 3 個月期國庫券利率和美國躉售物價指數是影響臺灣經濟波動的最重要兩個變數,美國經濟變數對臺灣經濟的衝擊大於臺灣本身經濟變數對臺灣經濟的衝擊。而且不管在臺灣現行的浮動匯率制度或以前的固定匯率制度下,美國經濟變數都會透過國際傳遞管道影響臺灣經濟表現。

VAR 實例二：利率、股價、房價變動之因果關係

　　假設我們想證明臺灣的房價 x_t、股價 y_t、利率 z_t 三者有互動關係，構想係自民眾財富及企業價值受到股價及房地產價格波動影響甚巨，尤其房價產生變化後更影響到銀行放款是否可能產生呆帳，同時利率變化不僅使得民眾及企業還款能力受到影響，更可能引發房價及股價之變動。有上述現象，我們猜想：利率、房價、股價可能交互影響，互為解釋變數。故傳統做法，係建議你採用聯立方程模型，三階段最小平方法 (3SLS) 來分析，以別於多數研究係以多元迴歸法，因未考慮到變數間互為影響的情形，容易產生偏誤；當然你亦可直接以向量自我迴歸模型 (VAR) 來證明利率、股價、房價變動之時間因果關係，來發現變數間領先與落後關係，並進行衝擊反應函數分析 (Impulse Response Function)，以發現變數產生自發性變化後對其他變數之衝擊及反應時間。最後，再進行預測殘差分解 (Forecast Error Variance Decomposition)，同以分析變數殘差解釋的內生性與外生孰強孰弱。

利率、股價、房價變動之資料來源及變數操作型定義

(1) 臺灣區發行量加權股價指數：蒐集自民國 XX 年 1 月至 XX 年 X 月為止之月平均資料，資料來源為臺灣證券交易所。

(2) 利率：定義利率為基本放款利率，資料來源為中央銀行，但銀行利率自銀行法修正後 (78 年 7 月 19 日) 廢止存、放款最高及上、下限之規定，故 78 年 7 月以後數字改採第一商業銀行存款牌告利率之基本放款利率 (月底數字)。

(3) 房價：定義房價為預售屋房價，樣本中排除辦公大樓個案及商場個案，因為這二種商用不動產與純住宅個案並不相同，而臺北市、高雄市房價係由總個案排除上述二類個案後以簡單平均法求得區域平均房價，資料來源係蒐集房地產專業市場研究機構所發行之刊物及報告，包括太聯市場雙週報、租售報導、房屋市場月刊，為避免單一採樣之偏誤，樣本資料如果出自二種來源以上，則以簡單平均法求得平均值而為當月之平均房價，以上三種資料來源包括個案名稱、工地位置、投資興建公司、規劃層數、規劃用途、規劃戶數、平均售價，內容翔實可信，廣為建築業所採用。

VAR 與 VECM 實例三：美國存託憑證報酬與風險傳遞

　　臺灣與日本的美國存託憑證 (American Depositary Receipts, ADR) 與其相關

變數，如標的股股價、S&P 500 指數 (Standard & Poor's 500 index) 與匯率間報酬與風險的動態傳遞過程。經向量自我迴歸模型 (Vector Autoregression, VAR)、誤差修正模型 (Vector Error Correction, VECM) 及殘差交叉相關函數 (Cross-Correlation Function, CCF) 等不同方法進行分析，可發現，(1) 臺灣、日本 ADR 與相關變數在報酬的傳遞上，標的股報酬最能解釋臺灣 ADR 報酬的變動，而日本則是標的股與 ADR 自身解釋 ADR 報酬變動的能力相當。S&P 500 報酬對臺灣 ADR 報酬的解釋能力則明顯高於對日本 ADR 的解釋能力。(2) 在波動外溢效果方面，臺灣 ADR 與標的股間具有雙向波動外溢效果，日本則是只有標的股報酬波動會影響 ADR 的報酬波動。日本波動外溢效果期間較臺灣為短，因此日本 ADR 對資訊反應時間較為迅速。(3) 此外，S&P 500 與臺灣 ADR 間的報酬波動關係較 S&P 500 與日本 ADR 間密切，顯示日本 ADR 與美國股市的跨市場避險效果較佳。

1. 資料來源

主要以臺灣、日本上市公司到美國集中市場 NYSE、AMEX 或 NASDAQ 發行 ADR 者為研究對象，臺灣共計有 n 家，日本共計有 m 家。所有的資料都為日資料，以日收盤價為主，股票價格為調整現金股利、股票股利及股票分割後之價格。

臺灣股價取自 TEJ(Taiwan Economic Journal，台灣經濟新報) 資料庫，日本標的股股價取自 PACAP(The Pacific-Basin Capital Markets Databases) 日本資料庫，ADR 價格與 S&P 500 指數取自 Yahoo Finance，新臺幣對美元與日幣對美元的匯率取自臺灣教育部的 AREMOS 經濟統計資料庫 (http：//www.aremos.org.tw/)。

其中，AREMOS 資料庫系統含臺灣地區之國民所得、金融、貿易、工業生產、人口、就業、物價、薪資、交通、能源、農業、教育等資料，以及股票市場、上市 (櫃) 公司財務報表、股票報酬率等等，再加上中國總體經濟資料，總共 54 個資料庫約 32 萬筆時間數列。此外，TEJ 與美國「環球透視公司」(Global Insight, Inc.) 正式授權合作，提供 9 個國際經濟資料庫，含世界各國之總體經濟以及 IMF、OECD、國際金融市場等資料，約 44 萬筆時間數列。

2. 資料處理過程

首先分別將各時間數列資料做單根檢定與共整合檢定，檢定 ADR 與變數間是否具有長期共整合關係。若無長期共整合關係則將資料差分後進行 VAR 模型的分析，若具有長期共整合關係則採用 VECM 模型分析。同時應用衝擊反應

函數與預測誤差變異數分解，分析 ADR 在各個變數衝擊下的反應過程及各個變數對 ADR 報酬的影響程度。第二部分，將各股報酬配適最適的 GARCH in mean(GARCH-M) 模型，將 GARCH-M 模型的標準化殘差 (standardized residuals) 與標準化殘差平方 (squared standardized residuals) 做殘差交叉相關函數 (cross-correlation function, CCF) 檢定。利用 CCF 檢定 ADR 與各變數在報酬率與報酬波動上是否存在因果關係。

VAR 與 VECM 實例四：散裝海運市場運價與原物料價格間之關聯性

由於散裝海運市場運價是由船噸供給與需求決定，散裝船主要運送原物料，故應探討散裝海運市場運價 (包括 BCI、BPI 與 BSI) 與原物料價格 (包括廢鋼、熱燃煤、鋼材、大豆與玉米) 的關聯性。

統計依序採用：單根檢定、共整合檢定、向量自我迴歸模型、誤差修正模型、因果關係檢定、VAR 衝擊反應函數與 VAR 誤差變異數分解等方法，探討這八變數間的關聯性。假設資料選取期間為 20XX 年到 20XX 年之週資料，經分析結果可發現：當海岬型船市場運費上漲時，會激勵巴拿馬型船市場運費上漲，巴拿馬型船運費上揚，也會帶動較小型船超輕便型船運費上漲，此乃比價替代效應。當廢鋼與鋼品價格上漲時，將會帶動海運市場運價指數的上漲，即符合海運運輸需求為經濟發展之引申需求，而穀類價格與海運市場運價關聯性不高。

10-1-3 VAR 的定義

一、VAR 之定義

向量自我迴歸 (Vector autoregression, VAR) 是一個計量經濟學模型，常用來捕捉多個時間數列之直線的相互依存關係。VAR 模型將單變量自我迴歸 (AR) 模型予以一般化。

在 VAR 模型中，所有變數在結構意義上都是對稱的 (儘管估計反應係數不會通通相同)。VAR 每個變數的迴歸方程估計，都是源自本身的 Lag 和其他模型變數的 Lag。因此 VAR 建立模型時，並不需要像結構方式模型 (structural models with simultaneous equations) 那樣，需要很多的數學背景，因為 VAR 長得很像多元迴歸，只是 VAR 是多元迴歸的聯立方程式。

定義：VAR(p)

VAR 模型描述了一組 k 個內生 (endogenous) 變數在歷經 t 期時間上的演變 ($t = 1, \cdots, T$)，是內生變數過去數值的線性函數學。這些變數被排列成 $k \times 1$ 向量 y_t，矩陣 $y_{i,t}$ 代表變數 y_t 的第 i 元素，即第 t 個時間之第 i 個觀察值。例如，第 i 變數叫 GDP，則 GDP 在時間 t 時之值就叫 $y_{i,t}$。

通常 p-th order VAR，其數學符號 VAR(p) 代表：

$$y_t = c + A_1 y_{t-1} + A_2 y_{t-2} + \cdots + A_p y_{t-p} + e_t，$$

其中，

y_{t-1} 為變數 y 第 1 個落後期，簡稱「l-th **lag** of y」。

c 是 $k \times 1$ 常數項 (intercepts) 的向量。

A_i 代表非時變 (time-invariant) $k \times k$ 矩陣。

e_t 是 $k \times 1$ 誤差項的向量，e_t 滿足下列條件：

1. $E(e_t) = 0$，每個誤差項的平均數為 0。

2. $E(e_t e'_t) = \Omega$，誤差項當期的共變數矩陣是 Ω，Ω 是 $k \times k$「正定－半正定」positive-semidefinite 矩陣。

3. $E(e_t e'_{t-k}) = 0$ 對任何一個非 0 的 k。即誤差在跨時間軸是沒有自我相關，尤其，個別誤差項沒有數列相關。詳述可見 Hatemi-J (2004) for multivariate tests for autocorrelation in the VAR models.

「pth-order VAR」稱為「VAR with p lags」。VAR 模型我們要小心挑選落後項 p 值之最大化，因為落後期數 p 會影響 VAR 的推理 (inference)。

舉例來說，VAR(2) 模型為：

$$y_t = c + A_1 y_{t-1} + A_2 y_{t-2} + e_t$$

VAR(2) 就能用 VAR(1) 來重鑄 (疊代)：

$$\begin{bmatrix} y_t \\ y_{t-1} \end{bmatrix} = \begin{bmatrix} c \\ 0 \end{bmatrix} + \begin{bmatrix} A_1 & A_2 \\ I & 0 \end{bmatrix} \begin{bmatrix} y_{t-1} \\ y_{t-2} \end{bmatrix} + \begin{bmatrix} e_t \\ 0 \end{bmatrix}，$$

其中，I 為單位矩陣 (identity matrix)。

10-1-4　VAR 與 VECM 分析流程

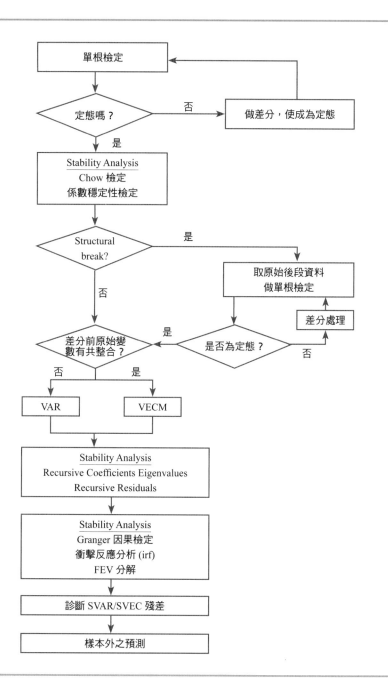

圖 10-1　VAR 與 VECM 分析流程

771

概括來說，Stata 軟體之 VAR 分析流程有 9 個步驟：

Step 1. 首先用「jb 指令」對各變數進行 Jarque-Bera 常態性檢定，若非常態，則做自然對數之變數變換。

Step 2. 首先用「dfuller 指令」對各變數進行 Augmented Dickey-Fuller 單根檢定，若有單根 (非定態)，則做差分「Δ」之變數變換，使它變成定態。

Step 3. Stata 提供「varsoc」指令可自動算「lag-order selection statistics for VARs and VECMs」：分三種 (constant、constant & trend、orthogonal trend) 情況。即 varsoc 自動計算「FPE(final prediction error)、AIC(Akaike information criterion)」準則，來認定 Lags 最適值。

Step 4.「vecrank」指令，係利用 Johansen 公式來認定「共整合方程式的數目」。假如 rank ≧ 1，有一個以上共整合 (cointegration) 方程式則採 VECM，相反地，若沒有共整合則採 VAR。

Step 5-1. VAR 殘差之常態性診斷

「varnorm」指令，旨在檢定「normally distributed disturbances after var or svar」。

Step 5-2. 殘差之自我相關診斷

「varlmar」指令旨在執行「LM test for residual autocorrelation」。

Step 5-3. VAR 係數估計之穩定性

「varstable」指令旨在檢查「the stability condition of VAR or SVAR estimates」。

Step 6. 以 Stata「var 指令」估計向量自我迴歸模型之係數，以測試變數間短期互動。

Step 7. 在「var 或 svar」指令之後，再以 Stata「vargranger 指令」執行「pairwise Granger causality」檢定。

Step 8-1.「irf」指令之 create 選項：Create and analyze IRFs，dynamic-multiplier functions，and FEVDs。

Step 8-2.「irf」指令之 graph 選項：繪衝擊反應函數 (IRF) 圖、預測變異數分解 (FEVD) 圖，預測變異數分解可判定各變數的相對外生性 (exogeneity ordering)。

Step 8-3.「irf」指令之 table 選項：create tables of IRFs，dynamic-multiplier functions，and FEVDs from active file。

Step 9-1. 用「fcast compute」命名樣本外之預測變數。

Step 9-2. 用「fcast graph」指令繪各數列，樣本外之動態預測圖。

10-2 向量自我迴歸模型 (VAR)

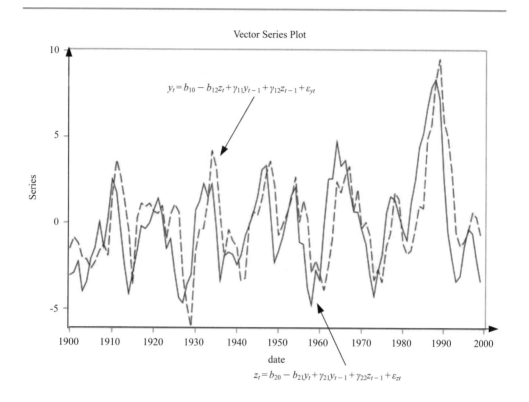

Vector Series Plot

$$y_t = b_{10} - b_{12}z_t + \gamma_{11}y_{t-1} + \gamma_{12}z_{t-1} + \varepsilon_{yt}$$

$$z_t = b_{20} - b_{21}y_t + \gamma_{21}y_{t-1} + \gamma_{22}z_{t-1} + \varepsilon_{zt}$$

圖 10-2 VAR 之示意圖 (2 數列 y_t, z_t)

　　傳統之實證經濟研究首先乃依據先驗 (Prior) 理論作基礎而建立結構化計量模型，然而對內生、外生變數之分別，以及經濟變數間因果關係之正確設定，是相當困難的。一旦設定錯誤可能導致毫無意義的結果。Sim(1980) 認為這種結構模型的認定 (Identification) 是相當困難且令人懷疑的，因而提出向量自我迴歸模型 (Vector Autoregression Models, VAR Model)。由於經濟活動的特性會隨著時間的經過，完全反映在資料上，故 VAR 模型便是依據資料本身的特性來進行研究，屬於時間數列的動態模式，是一種縮減式的時間數列模型。

　　VAR 模型不需考慮變數間之因果關係，也不需有先驗之理論基礎，在模型內皆將各變數視為內生變數，以一組迴歸方程式而非單一迴歸方程式，表示出各變數間彼此的互動關係，每一條迴歸方程式皆以變數之落後項為解釋變數，

因為時間數列分析法認為變數落後項已涵蓋所有相關訊息。

常見向量自我迴歸 (VAR) 的應用領域，包括：

1. 東南亞與歐洲 $(y_{1t}, y_{2t}, \cdots, y_{mt})$ 重點航線運量預測模式之建構。
2. 總體經濟因素 $(x_{1t}, x_{2t}, \cdots, x_{mt})$ 對臺灣年金保險新契約保費收入 y_t 之影響。
3. 臺灣加權股價指數極短線之預測。
4. 結合 ARIMA 與支援向量迴歸於財務時間數列預測模式之建構——以新加坡交易所日經 225 指數期貨為例。
5. 用遞迴式 VAR 模型探討臺灣財政政策有效性，可發現：政府支出衝擊對 GDP 的影響在短期有刺激成長的效果，但自第六季起由正向轉為負向，最終趨於零。政府收入衝擊對 GDP 影響為正向，且其影響實質 GDP 程度大於政府支出衝擊對於 GDP 的影響。另外，由實質 GDP 的變異數分解可知實質 GDP 受財政政策的影響極微小。

10-2-1 VAR 重點整理：雙變數 VAR(1) 為例

有一組 n 個時間變數 $y_t = (y_{1t}, y_{2t}, \cdots, y_{nt})'$，其 p 階 VAR 模型 (VAR(p)) 之數學式為：

$$(1)\ y_t = A_1 y_{t-1} + A_2 y_{t-2} + \cdots + A_p y_{t-p} + u_t$$

其中，A_i's 是 (n×n) 係數矩陣，$u_t = (u_{1t}, u_{2t}, \cdots, u_{nt})'$ 是不可觀察「i.i.d. zero mean」誤差項 (error term)。

一、以雙變數 VAR(1) 來解說

為便於理解 VAR 的原理，我們限定以雙變數，lags=1 的 VAR 為例「two-variable VAR(1) with k=2」：

$(1)\begin{cases} y_t = b_{10} - b_{12}z_t + c_{11}y_{t-1} + c_{12}z_{t-1} + \varepsilon_{yt} \\ z_t = b_{20} - b_{21}y_t + c_{21}y_{t-1} + c_{22}z_{t-1} + \varepsilon_{zt} \end{cases}$
(2)

其中，$\varepsilon_{it} \sim i.i.d(0, \sigma_{\varepsilon i}^2)$ 而且 $\text{cov}(\varepsilon_y, \varepsilon_z) = 0$

將它改成矩陣形式：

$$(3)\begin{bmatrix} 1 & b_{12} \\ b_{21} & 1 \end{bmatrix}\begin{bmatrix} y_t \\ z_t \end{bmatrix} = \begin{bmatrix} b_{10} \\ b_{20} \end{bmatrix} + \begin{bmatrix} c_{11} & c_{12} \\ c_{21} & c_{22} \end{bmatrix}\begin{bmatrix} y_{t-1} \\ z_{t-1} \end{bmatrix} + \begin{bmatrix} \varepsilon_{yt} \\ \varepsilon_{zt} \end{bmatrix}$$

更簡單的數學式為：

(4) $\boxed{BX_t = \Gamma_0 + \Gamma_1 X_{t-1} \varepsilon_t}$ 稱爲 **Structural VAR (SVAR)** 或原始 **(Primitive)** 系統。

爲了常態化 (normalize) 上式等號左側 (LHS) 向量，我們需乘上「B^{-1}」：

$B^{-1} B X_t = B^{-1} \Gamma_0 + B^{-1} \Gamma_1 X_{t-1} + B^{-1} \varepsilon_t$，因此：

(5) $\boxed{X_t = A_0 + A_1 X_{t-1} + e_t}$ 稱爲「標準 **VAR**」或 **unstructured VAR(UVAR)**。

它代表著

(6) $\begin{bmatrix} y_t \\ z_t \end{bmatrix} = \begin{bmatrix} a_{10} \\ a_{20} \end{bmatrix} + \begin{bmatrix} a_{11} & a_{12} \\ a_{21} & a_{22} \end{bmatrix} \begin{bmatrix} y_{t-1} \\ z_{t-1} \end{bmatrix} + \begin{bmatrix} e_{1t} \\ e_{2t} \end{bmatrix}$

這些誤差項 e_{it} 是原始系統之結構干擾 (innovations) 的組合。

這些誤差項的特性／動差 (moments) 呢？

令 $e_t = B^{-1} \varepsilon_t$，其中 $B^{-1} = \dfrac{1}{|B|} B^a = \dfrac{1}{|B|} (B^*)^T = \dfrac{1}{(1 - b_{21} b_{12})} \begin{bmatrix} 1 & -b_{12} \\ -b_{21} & 1 \end{bmatrix}$

B^* 爲 B 的餘因子，$(B^*)^T$ 爲 (B^*) 的轉置矩陣

因此

(7) $\begin{bmatrix} e_{1t} \\ e_{2t} \end{bmatrix} = \dfrac{1}{(1 - b_{21} b_{12})} \begin{bmatrix} 1 & -b_{12} \\ -b_{21} & 1 \end{bmatrix} \begin{bmatrix} \varepsilon_{yt} \\ \varepsilon_{zt} \end{bmatrix}$

或

$e_{1t} = \dfrac{\varepsilon_{yt} - b_{12} \varepsilon_{zt}}{\Delta}$，其中 $\Delta = 1 - b_{21} b_{12}$

$e_{2t} = \dfrac{-b_{21} \varepsilon_{yt} + \varepsilon_{zt}}{\Delta}$

$\varepsilon's$ 都是白噪音 (white noise)，因此 $e's$ 符合 $(0, \sigma_i^2)$：

$E(e_{it}) = 0$

$Var(e_{1t}) = E(e_{1t}^2) = \dfrac{E(\varepsilon_{yt}^2 + b_{12}^2 \varepsilon_{zt}^2)}{\Delta^2} = \dfrac{\sigma_y^2 + b_{12}^2 \sigma_z^2}{\Delta^2}$ 是 time independent，同理 $Var(e_{2t})$ 也

是 time independent。

但共變數不等於 0：

$Covar(e_{1t}, e_{2t}) = E(e_{1t} e_{2t}) = \dfrac{E[(\varepsilon_{yt} - b_{12} \varepsilon_{zt})(\varepsilon_{zt} - b_{21} \varepsilon_{yt})]}{\Delta^2} = \dfrac{-(b_{12} \sigma_z^2 + b_{21} \sigma_y^2)}{\Delta^2} \neq 0$.

因此，標準 VAR 系統內之衝擊 (shocks) 是相關的，去除衝擊相關僅一方法，就是令 covar=0，意即若我們假定「同期 contemporaneous 效果爲 0」：$b_{12} = b_{21} = 0$.

此 VAR shocks 之 var-covar 矩陣，爲：

$$\Sigma = \begin{bmatrix} \sigma_1^2 & \sigma_{12} \\ \sigma_{21} & \sigma_2^2 \end{bmatrix}$$

二、認定 (Identification)

你能用最小平方法 (OLS) 來估計 (6) 式，因為 (6) 式右式的預定 (predetermined) 變數及誤差項 (error terms) 都是 white noise。這些誤差都是 serially uncorrelated，但跨方程式 (across equations) 則有相關。本例，似不相關 迴歸 (seemingly unrelated regression, SUR) 就能套用，因為 RHS(右式) 所有變 數都不需為 identical，儘管 SUR 並沒比 OLS 優，但我們不能採用 OLS 來計估 SVAR，因為同期之間，$\varepsilon's$ (structural innovations) 是有相關的。

目標：

為了方便了解，結構 innovation ε_{it} 如何影響 VAR 的依變數，我們以 reduced VAR (standard VAR) 為例，看原始模型，如何合理地修補其參數？

VAR：有 9 參數 (= 6 coefficient estimates+ 2 variance estimates + 1 Covar estimate).

SVAR：有 10 參數 (=8 parameters + 2 variances). 它是不足 (under identified) 認定

依據 Sims(1980) 提議，採用遞迴 (recursive) 系統來求解，我們就需要對 VAR 某些參數做限制。例如，假設 z 同期影響 y，但 y 不會同期影響 z。如此，令 $b_{21} = 0$。換言之，y 同時被 y 及 z 的結構 innovations 所影響；但 z 僅受到它 本身的結構 innovations 的影響。此下三角分解 (decomposition) 稱為 Cholesky 分解法。然後，我們有 9 個參數及 9 個未知結構參數等待被估計，這就是適足 (exactly identified)SVAR 模型。

因此，SVAR 系統就變為：

$$(8) \begin{bmatrix} 1 & b_{12} \\ 0 & 1 \end{bmatrix} \begin{bmatrix} y_t \\ z_t \end{bmatrix} = \begin{bmatrix} b_{10} \\ b_{20} \end{bmatrix} + \begin{bmatrix} c_{11} & c_{12} \\ c_{21} & c_{22} \end{bmatrix} \begin{bmatrix} y_{t-1} \\ z_{t-1} \end{bmatrix} + \begin{bmatrix} \varepsilon_{yt} \\ \varepsilon_{zt} \end{bmatrix}$$

$$B^{-1} = \frac{1}{(1-b_{21}b_{12})} \begin{bmatrix} 1 & -b_{12} \\ -b_{21} & 1 \end{bmatrix} = \begin{bmatrix} 1 & -b_{12} \\ 0 & 1 \end{bmatrix}.$$

因此，此標準型 VAR 能改寫為：

$$(8a) \begin{bmatrix} y_t \\ z_t \end{bmatrix} = \begin{bmatrix} b_{10} - b_{12}b_{20} \\ b_{20} \end{bmatrix} + \begin{bmatrix} (c_{11} - b_{12}c_{21}) & (c_{12} - b_{12}c_{22}) \\ c_{21} & c_{22} \end{bmatrix} \begin{bmatrix} y_{t-1} \\ z_{t-1} \end{bmatrix} + \begin{bmatrix} \varepsilon_{yt} - b_{12}\varepsilon_{zt} \\ \varepsilon_{zt} \end{bmatrix}$$

假如用 (6) 式 $\begin{bmatrix} y_t \\ z_t \end{bmatrix} = \begin{bmatrix} a_{10} \\ a_{20} \end{bmatrix} + \begin{bmatrix} a_{11} & a_{12} \\ a_{21} & a_{22} \end{bmatrix} \begin{bmatrix} y_{t-1} \\ z_{t-1} \end{bmatrix} + \begin{bmatrix} e_{1t} \\ e_{2t} \end{bmatrix}$ 估計值，來適配 (8') 式係數，即能求得 SVAR 係數為：

$$a_{10} = b_{10} - b_{12}b_{20} \qquad a_{20} = b_{20} \qquad e_1 = \varepsilon_y - b_{12}e_z$$

$$a_{11} = c_{11} - b_{12}c_{21} \qquad a_{21} = c_{21} \qquad e_2 = e_z$$

$$a_{12} = c_{12} - b_{12}c_{22} \qquad a_{22} = c_{22} \qquad Cov_{12} = \frac{-(b_{12}\sigma_z^2 + b_{21}\sigma_y^2)}{\Delta^2} = -b_{12}\sigma_z^2$$

三、衝突反應函數 (Impulse response functions, irf 指令)

若想知道，結構 shocks 對 VAR 模型依變數在時間軌跡的影響。首先，需要將 VAR 型轉變為 VMA 型 (vector moving average)。因此，重寫 UVAR 為：

$$(5)\ X_t = A_0 + A_1 X_{t-1} + e_t \Rightarrow X_t = \frac{A_0}{I - A_1 L} + \frac{e_t}{I - A_1 L}$$

首先，思考右式 (RHS)：

$$\frac{A_0}{I - A_1} = (I - A_1)^{-1} A_0 = \frac{(I - A_1)^a A_0}{|I - A_1|} = \frac{\begin{bmatrix} 1 - a_{11} & -a_{12} \\ -a_{21} & 1 - a_{22} \end{bmatrix} A_0}{\begin{vmatrix} 1 - a_{11} & -a_{12} \\ -a_{21} & 1 - a_{22} \end{vmatrix}} = \frac{\begin{bmatrix} 1 - a_{22} & a_{21} \\ a_{12} & 1 - a_{22} \end{bmatrix} \begin{bmatrix} a_{10} \\ a_{20} \end{bmatrix}}{(1 - a_{11})(1 - a_{22}) - a_{21}a_{12}}$$

$$= \frac{1}{\Delta}\begin{bmatrix} (1 - a_{22})a_{10} + a_{21}a_{20} \\ a_{12}a_{10} + (1 - a_{22})a_{20} \end{bmatrix} = \begin{bmatrix} \bar{y} \\ \bar{z} \end{bmatrix}$$

Stata 「varstable」指令繪出的特徵值之圖形分布，它可判斷你認定的 var 模型是否穩定？若想要 VAR 是穩定系統，則「$I - A_1 L$」的根 (roots) 必需「均勻」分散在單位圓之內。在此，假定它就是穩定系統，則我們可再寫第二 component 為：

$$\frac{e_t}{I - A_1 L} = \sum_{i=0}^{\infty} A_1^i e_{t-i} = \sum_{i=0}^{\infty} \begin{bmatrix} a_{11} & a_{12} \\ a_{21} & a_{22} \end{bmatrix}^i \begin{bmatrix} e_{1,t-i} \\ e_{2,t-i} \end{bmatrix}$$

如此，即能將 VAR 改寫成「具有標準 VAR's error 項」之 VMA：

$$(9)\ \begin{bmatrix} y_t \\ z_t \end{bmatrix} = \begin{bmatrix} \bar{y} \\ \bar{z} \end{bmatrix} + \sum_{i=0}^{\infty} \underbrace{\begin{bmatrix} a_{11} & a_{12} \\ a_{21} & a_{22} \end{bmatrix}^i}_{A^i} \begin{bmatrix} e_{1,t-i} \\ e_{2,t-i} \end{bmatrix}$$

但這些仍是結構 innovations 的組合誤差，故 (7) 式「$e_t = \frac{1}{|\ |}\begin{bmatrix} 1 & -b_{12} \\ -b_{21} & 1 \end{bmatrix}\varepsilon_t$」需用 $\varepsilon's$ 來取代 e's，故再改寫：

$$(9a) \begin{bmatrix} y_t \\ z_t \end{bmatrix} = \begin{bmatrix} \bar{y} \\ \bar{z} \end{bmatrix} + \sum_{i=0}^{\infty} \underbrace{\frac{A^i}{1-b_{12}b_{21}} \begin{bmatrix} 1 & -b_{12} \\ -b_{21} & 1 \end{bmatrix}}_{\Phi_i} \begin{bmatrix} \varepsilon_{y,t-i} \\ \varepsilon_{z,t-i} \end{bmatrix} = \begin{bmatrix} \bar{y} \\ \bar{z} \end{bmatrix} + \sum_{i=0}^{\infty} \begin{bmatrix} \Phi_{11}^{(i)} & \Phi_{12}^{(i)} \\ \Phi_{21}^{(i)} & \Phi_{22}^{(i)} \end{bmatrix}^i \begin{bmatrix} \varepsilon_{y,t-i} \\ \varepsilon_{z,t-i} \end{bmatrix}$$

$$= \bar{X} + \sum_{i=0}^{\infty} \Phi_i \varepsilon_{t-i} .$$

四、動態衝擊乘數 (Impact multipliers)

標準 VAR 為：

$$Y_t = \mu + \sum_{i=0}^{\infty} D_i X_i + \sum_{i=0}^{\infty} \Phi_i u_{t-i}$$

其中，

平均數 μ : $K \times 1$ 時間不變 (time-invariant) 平均數。

D_i 及 Φ_i : 分別為 K×M、K×K 係數矩陣。

殘差 u_{t-i} : 「$u_{t-1}, u_{t-2}, \cdots$」是符合「independent and identically distributed (i.i.d.) shocks or innovations」。

造成 Y_t 波動的原因，係完全受到外生變數 X_t 的過去 (有限) 歷史及「D_i 及 Φ_i」影響。D_i 是動態乘數函數 (dynamic-multiplier functions)、或變數變換函數 (transfer functions)，例如 $\Delta \ln(x)$。移動平均係數 Φ_i，也是簡單第 i 期水平軸之 IRFs。上式之方程式各項參數的估計，都可用 Stata「irt create」指令求得。

名詞解釋：

衝擊 (innovations): 是內生變數的現在或未來值 (current and future values of the endogenous variables)。

shock: 第 i 個變數直接影響自己的衝擊量 (A shock to the i-th variable directly affects the i-th variable)。

以較簡單的 VAR(1) 來說。結構 innovation 變動一單位，對「y_t 及 z_t」 impact 效果。例如，$\varepsilon_{z,t}$ 對同期「y_t 及 z_t」的 impact 效果，為：

$$\frac{dy_t}{d\varepsilon_{z,t}} = \Phi_{12}(0) \qquad \frac{dz_t}{d\varepsilon_{z,t}} = \Phi_{22}(0)$$

再往前一期，$\varepsilon_{z,t}$ 對下一期「y_{t+1} 及 z_{t+1}」的 impact 效果，為

$$\frac{dy_{t+1}}{d\varepsilon_{z,t}} = \Phi_{12}(1) \qquad \frac{dz_{t+1}}{d\varepsilon_{z,t}} = \Phi_{22}(1)$$

注意，這個 impact 效果對前一期「y_{t-1} 及 z_{t-1}」的 impact 效果亦同：

$$\frac{dy_t}{d\varepsilon_{z,t-1}} = \Phi_{12}(1) \qquad \frac{dz_t}{d\varepsilon_{z,t-1}} = \Phi_{22}(1)$$

(一) 衝擊反應函數

衝擊反應函數 (*Impulse response functions*, IRF) 旨在繪圖，即 $\varepsilon_{z,t}$ 對「目前及未來的 y 及 z」效果之圖。從 IRF 圖 (表)，我們可看出「$\{y_t\}$ 或 $\{z_t\}$」如何對不同 shocks 的反應。

y 衝擊反應函數，變動一單位，它對 z 的 shock 為：

$$= \Phi_{12}(0) \ , \ \Phi_{12}(1) \ , \ \Phi_{12}(2) \ , \cdots$$

「累積效果 (*Long-run Cumulated effect*)」就是 IRF 的總和：$\sum_{i=0}^{n}\Phi_{12}(i)$。

則「長期累積效果 (*Cumulated effect*)」：$\lim_{n\to\infty}\sum_{i=0}^{n}\Phi_{12}(i)$。

在實務上，由於 SVAR 是「不足認定 (underidentified)」，故我們無法計算這些效果。因此我們需再提 VAR 額外限制式來認定 impulse 反應。基於這個理由，Cholesky 才提出預測殘差分解法 (Forecast Error Variance Decomposition, FEVD)，並假定 y 沒有同期影響到 z，故令 $b_{12} = 0$，因此誤差結構變爲下三角形矩陣：

$$(10) \begin{bmatrix} e_{1t} \\ e_{2t} \end{bmatrix} = \begin{bmatrix} 1 & -b_{12} \\ 0 & 1 \end{bmatrix} \begin{bmatrix} \varepsilon_{yt} \\ \varepsilon_{zt} \end{bmatrix}$$

此式意涵著 VAR，衝擊(shock) ε_y 對 z 並無「直接」影響；但落後期就會「間接」影響到 z。

(二)*Granger* 因果性 (Causality)

衝擊 (shock) z 影響到「e1, e2」，若衝擊 (shock) y 只影響到「e1」但不會影響到「e2」時，則表示「z is causally prior to y」。

五、實例推算雙變數 VAR(1)

假設有一雙變數之 VAR(1) 聯立方程式，若要計算 z shock (ε_{zt}) 的單位變化，對「$\{y_t\}$, $\{z_t\}$」的衝擊反應函數。

$$\begin{cases} y_t = 0.7y_{t-1} + 0.2z_{t-1} + e_{1t} \\ z_t = 0.2y_{t-1} + 0.7z_{t-1} + e_{2t} \end{cases}$$

$$\sigma_1^2 = \sigma_2^2 \text{ 且 } \rho_{12} = 0.8 \text{ 。}$$

則必須從估計出來的係數，來估計原始函數 (SVAR)。

假設採用 Cholesky 分解法 $\Rightarrow b_{21} = 0$，

$$\rho_{12} = \frac{Cov_{1,2}}{SE_1 SE_2} = \frac{-b_{12}\sigma^2}{\sigma^2} = 0.8 \Rightarrow b_{12} = -0.8$$

儘管這資訊仍不夠來算出這個簡單模型的衝擊反應，但我們依下列式子來求出原始系統所有係數值。

$$a_{10} = a_{20} = 0 \Rightarrow b_{20} = 0$$

$$b_{10} - b_{12}b_{20} = 0 \Rightarrow b_{10} = 0$$

$$a_{22} = c_{22} = 0.7 \quad \text{且} \quad a_{21} = c_{21} = 0.2$$

從 $a_{11} = 0.7 = c_{11} - b_{12}c_{21}$，可得 $c_{11} = 0.54$。

從 $a_{11} = 0.7 = c_{11} - b_{12}c_{21}$，如此類推，

$a_{12} = 0.7 = c_{12} - b_{12}c_{22} = c_{12} + 0.8(0.7) \Rightarrow c_{12} = -0.36$ 且 $c_{11} = 0.54$

將 b_{12} 代 (10) 式，得：

$$\begin{cases} e_{1t} = \varepsilon_{yt} + 0.8\varepsilon_{zt} \\ e_{2t} = \varepsilon_{zt} \end{cases}$$

一單位 ε_{zt} shock，同時被 z 吸收 100%，且被 y 吸收 80%。

衝擊乘數 (multipliers)

$$(11) \begin{cases} y_t = 0.7y_{t-1} + 0.2z_{t-1} + \varepsilon_{yt} + 0.8\varepsilon_{zt} \\ z_t = 0.2y_{t-1} + 0.7z_{t-1} + \varepsilon_{zt} \end{cases}$$

當 $t = 0$： $\dfrac{dy_t}{d\varepsilon_{z,t}} = 0.8 \qquad \dfrac{dz_t}{d\varepsilon_{z,t}} = 1$

當 $t = 1$：即 (11) 式往前一期：

$$\frac{dy_{t+1}}{d\varepsilon_{z,t}} = 0.7\frac{dy_t}{d\varepsilon_{z,t}} + 0.2\frac{dz_t}{d\varepsilon_{z,t}} = 0.76 \qquad \frac{dz_{t+1}}{d\varepsilon_{z,t}} = 0.2\frac{dy_t}{d\varepsilon_{z,t}} + 0.7\frac{dz_t}{d\varepsilon_{z,t}} = 0.86$$

當 $t = 2$：即 (11) 式往前二期：

$$\frac{dy_{t+2}}{d\varepsilon_{z,t}} = 0.7\frac{dy_{t+1}}{d\varepsilon_{z,t}} + 0.2\frac{dz_{t+1}}{d\varepsilon_{z,t}} = 0.70 \qquad \frac{dz_{t+2}}{d\varepsilon_{z,t}} = 0.2\frac{dy_{t+1}}{d\varepsilon_{z,t}} + 0.7\frac{dz_{t+1}}{d\varepsilon_{z,t}} = 0.75$$

長期乘數：雙變數都會恢復為 0。

累積乘數：$\sum_{i=0}^{n}\frac{dy_{t+i}}{d\varepsilon_{z,t}} = 0.8 + 0.76 + 0.70 + \cdots.$

$$\sum_{i=0}^{n}\frac{dz_{t+i}}{d\varepsilon_{z,t}} = 1 + 0.86 + 0.75 + \cdots.$$

小結

1. 衝擊乘數是「順序 (ordering) dependent」。Cholesky 分解法，你若先挑 $b_{12} = 0$ (而非先挑 b_{21})，所得到 irf 會略為不同。
2. 假如誤差之間是低相關 (ρ_{12} small)，則改變 ordering 並沒多大不同。

六、Stata 之 irf 類型

Irf 指令類型	說明
irf	衝擊反應函數 (impulse-response function)
oirf	正交衝擊反應函數 (orthogonalized impulse-response function)
dm	動態乘數函數 (dynamic-multiplier function)
cirf	累積衝擊反應函數 (cumulative impulse-response function)
coirf	累積正交衝擊函數 (cumulative orthogonalized impulse-response function)
cdm	累積動態乘數函數 (cumulative dynamic-multiplier function)
fevd	Cholesky 誤差預測值之變異數分解 (forecast-error variance decomposition)
sirf	結構衝擊反應函數 (structural impulse-response function)
sfevd	結構型誤差預測值之變異數分解 (structural forecast-error variance decomposition)

七、變異數分解 (Variance Decomposition)

變異數分解旨在說明，某變數的變化有多少是來自本身；有多少是來自「其他」變數。通常，絕大多數「衝擊—反應」所產生變異數，絕大數是自身落後項造成的，少數是由其他 shocks 慢慢地與時俱增。

例如，VMA 表示 (9a) 式的 VAR：

$$x_t = \begin{bmatrix} y_t \\ z_t \end{bmatrix} = \begin{bmatrix} \bar{y} \\ \bar{z} \end{bmatrix} + \sum_{i=0}^{\infty} \underbrace{\frac{A^i}{1 - b_{12}b_{21}} \begin{bmatrix} 1 & -b_{12} \\ -b_{21} & 1 \end{bmatrix}^i}_{\Phi_i} \begin{bmatrix} \varepsilon_{y,t-i} \\ \varepsilon_{z,t-i} \end{bmatrix} = \begin{bmatrix} \bar{y} \\ \bar{z} \end{bmatrix} + \sum_{i=0}^{\infty} \begin{bmatrix} \Phi_{11}^{(i)} & \Phi_{12}^{(i)} \\ \Phi_{21}^{(i)} & \Phi_{22}^{(i)} \end{bmatrix}^i \begin{bmatrix} \varepsilon_{y,t-i} \\ \varepsilon_{z,t-i} \end{bmatrix}$$

$$\text{或} \quad x_t = \bar{X} + \sum_{i=0}^{\infty} \Phi_i \varepsilon_{t-i} \; .$$

我們想計算「x 變數的 n 期預測」，旨在求得 y。

首先，從第 1 期：

$$x_{t+1} = \bar{X} + \Phi_0 \varepsilon_{t+1} + \Phi_1 \varepsilon_t + \Phi_2 \varepsilon_{t-1} + ...$$
$$E_t x_{t+1} = \bar{X} + \Phi_1 \varepsilon_t + \Phi_2 \varepsilon_{t-1} + ...$$

第 1 期的預測誤差爲：$x_{t+1} - Ex_{t+1} = \Phi_0 \varepsilon_{t+1}$

如此類推，第 2 期的預測誤差爲：

$$x_{t+2} - Ex_{t+2} = \Phi_0 \varepsilon_{t+2} + \Phi_1 \varepsilon_{t+1}$$

第 3 期的預測誤差爲：

$$x_{t+3} - Ex_{t+3} = \Phi_0 \varepsilon_{t+3} + \Phi_1 \varepsilon_{t+2} + \Phi_2 \varepsilon_{t+1}$$
$$\vdots$$

第 n 期的預測誤差爲：

$$x_{t+n} - Ex_{t+n} = \Phi_0 \varepsilon_{t+n} + \Phi_1 \varepsilon_{t+n-1} + \Phi_2 \varepsilon_{t+n-2} + ... + \Phi_{n-1} \varepsilon_{t+1} = \sum_{i=0}^{n-1} \varepsilon_{t+n-i}$$

現在改思考 y，x 矩陣的第一個元素。它的第 n 期的預測誤差爲：

$$y_{t+n} - Ey_{t+n} = (\Phi_{11,0} \varepsilon_{y,t+n} + \Phi_{11,1} \varepsilon_{y,t+n-1} + ... + \Phi_{11,n-1} \varepsilon_{y,t+1})$$
$$+ (\Phi_{21,0} \varepsilon_{z,t+n} + \Phi_{21,1} \varepsilon_{z,t+n-1} + ... + \Phi_{21,n-1} \varepsilon_{z,t+1})$$

故 n-step-ahead 預測誤差的變異數爲：

$$\sigma_{y,n}^2 = \underbrace{\sigma_y^2 (\Phi^2_{11,0} + \Phi^2_{11,1} + ... + \Phi^2_{11,n-1})}_{\substack{proportion\ of\ variance \\ due\ to\ own\ shock \\ Decreases\ over\ time}} + \underbrace{\sigma_z^2 (\Phi^2_{21,0} + \Phi^2_{21,1} + ... + \Phi^2_{21,n-1})}_{\substack{proportion\ of\ variance \\ due\ to\ a\ z\ shock \\ Grows\ over\ time}}$$

情況 1. 若 ε_z 不能解釋 $\{y_t\}$ 數列的預測誤差，在所有預測水平 horizons(即 $\partial \sigma_{y,n}^2 / \sigma_z^2 \approx 0$)，則稱 $\{y_t\}$ 是外生性 (exogeneity) 變數。

情況 2. 若 ε_z 能解釋 $\{y_t\}$ 數列大部分的預測誤差，在所有預測水平 horizons(即

$\partial \sigma_{y,n}^2 / \sigma_z^2 \approx 0.9$)，則稱 $\{y_t\}$ 是內生 (endogenous) 變數。

注意，此外生性 (exogeneity) 不同於 Granger-causality。外生性的概念，包含：內生變數的同期 (contemporaneous) 值，及其他變數的同期誤差項。

衝擊反應 + 變異數分解 = 干擾量 (innovation accounting)

Impulse responses + Variance decomposition = innovation accounting.

八、假設檢定 (Hypothesis Testing)

Step1. 界定 (Specification) VAR 模型

1. 決定 VAR 模型所需的變數：若你界定 VAR 有遺漏了某變數，Stata 將產生「omitted variable(s)」問題 (即參數 =0)，進而反應在「誤差之數列相關」。

2. 落後項 lags=?
   Stata「varsoc」指令會自動算出 VAR/SVAR 最佳 Lags 值。若 VAR 存在被忽略 (omitted) 變數，即使你再增加 Lags 值，仍舊無法解決「殘差相關」。

3. 即使沒有遺漏變數，且 VAR 你界定的 lags 值是最佳 (或合理的)，但 VAR/SVAR 演算法仍舊無法解決「結構斷點 (structural breaks)」問題，因此 Stata「suchowtest」指令可執行 Chow test，它可找至「第 n 筆」就是結構斷點處。
   例如，「9-5-2 Stata 實例 1：典型 VAR 模型」資料檔中 dln_inc 變數，經過 Chow test 進而找到第 35 筆資料為「結構斷點」，你即可搭配「if」指令，令第 35 筆資料發生的日期「1968q3」為轉折點。故 var 指令可以 1968q3 當斷點，分二批樣本，分別執行：

```
var dln_inv dln_inc dln_consump if qtr<=tq(1968q3), lags(1/3)
var dln_inv dln_inc dln_consump if qtr>tq(1968q3), lags(1/3)
```

Step 2. 決定最佳 lag 值？

方法 1   概似比 (likelihood ratio, L R) 檢定，其公式為：

$$(12) \quad LR = (T - m)(\ln|\Sigma_r| - \ln|\Sigma_u|) \sim \chi^2(q)$$

其中，

T = 觀察值數目 (after accounting for lags)

m = 未限制式系統的每一個方程式中，待估參數的數目，包括常數。

$\ln|\Sigma_r|$：限制系統的殘差之共變數的行列式 (determinant)，取自然對數「ln(x)」。

q = 限制式的總數 (=#lags times n^2) 且 n = 變數個數 (或 equations 數目)。

若 LR statistics < critical value，則拒絕「null of the restricted system」。

通常，若你是「不足認定」A-B 參數矩陣時 (或長期 C 矩陣)，Stata「var 或 svar」指令會自動印出 LR 值及 p 值，若 p<0.05 則表示你認定的參數是不正確。var 實例請見本章及下一章「Stata 實例」分析。

假設你選 Lags=k，則 LR 檢定爲：

$$(13) \quad LR = (T - m)(\ln|\Sigma_{t-1}| - \ln|\Sigma_t|) \sim \chi^2(q) \text{ and } q = n^2$$

例如，你若想比較「第 12 lag 與第 8 lag」何者較佳，你可套用 (12) 公式，自已手算一遍。

方法 2 | 資訊準則 (Information criteria)

Stata 提供「varsoc」指令，會印出你界定 var 模型的「FPE(final prediction error)、AIC(Akaike information criterion)、HQIC(Hannan and Quinn information criterion)、SBIC(Schwarz Bayesian information criterion)」，以及自動建議最佳 lags 值。

$$AIC = T \ln|\Sigma| + 2N$$
$$SBC = T \ln|\Sigma| + N \ln T$$

通常，我們挑 FPE、AIC、HQIC、SBIC 值愈小者，表示你挑的「lags 值」愈適配於 VAR/ SVAR 模型。

注意的是，這 4 個準則，並不是檢定，它僅是突顯「不同 lags 方案」適配度。故你可再搭配 LR 檢定來補強。或則，巧妙運用 Stata var 指令，對同一個 var 模型「但 lags 值不同時」分別做分析，亦可看出那個「lags 值」之「FPE、AIC」較小。

Step 3. Diagnostic tests of the residuals (使用 Stata)

1. Portmanteau Autocorrelation Test (Box-Pierce-Ljung-Box Q statistics) for residual correlation.

H_0：無序列相關 (No serial correlation up to chosen lag).

Q statistics～符合 $\chi^2_{(n^2(h-p))}$，n=#variables, h=#max chosen lags, p=order of the VAR.

注意，若存有 quasi-unit root (需要 high order MA coefficients to be 0)，則殘差的 Portmanteau 自我相關就不適合。

Stata 提供外掛「`wntstmvq`.ado」指令檔，讓你執行「Multivariate portmanteau (Q) test for white noise」。

2. Autocorrelation LM Test.

H_0：無序列相關 (no autocorrelation up to lag h).

LM statistics distributed ～ 符合 $\chi^2_{(n^2)}$.

當你執行 var 指令之後，就可再用 veclmar 指令來執行「LM test for residual autocorrelation after vec」。

3. 常態性檢定 (Normality tests)

Multivariate 版本 Jarque Bera 檢定，它可比較第 3rd 及第 4th 動差 (skewness and kurtosis) 來判定是否符合常態分配 (normal distribution)。

多變量 Jarque Bera 檢定，Stata 有二個指令：

(1) `varnorm` 指令：var、svar 之事後指令，檢定誤差是否常態 (Test for normally distributed disturbances after var or svar)。

(2) `vecnorm` 指令：vec 之事後指令，檢定誤差是否常態 (Test for normally distributed disturbances after vec)。

Step 4. Granger Causality

本例，雙變數的 VAR(p)，若所有 $A_{12}(L) = 0$ (或 joint test of $a_{21}(1) = a_{21}(2) = \cdots = a_{21}(p) = 0$ at all lags is not rejected)，則表示「process $\{z_t\}$ does not G-cause $\{y_t\}$」。此概念意涵著，「目前及過去 z 值」是否影響「未來 y 值」。Granger 因果檢定，並不等於「exogeneity tests」，外生性檢定是指「目前」z 值可否解釋「未來的」y 值。

Stata 指供「`vargranger`」指令，讓你執行「Pairwise Granger causality tests after var or svar」。

10-2-2a 聯立方程式：結構式 (structural form) 與縮減式 (reduced form)

一、定義

(一) 結構式 (structural form)

以市場模型為例，若研究者建立一黃豆供需體系：

$$需求 (Demand)：Q_t^D = \alpha_0 + \alpha_1 P_t + \alpha_2 Y_t + \mu_t$$
$$供給 (Supply)：Q_t^S = \beta_0 + \beta_1 P_t + \beta_2 r_t + \upsilon_t$$

其中，P_t 為價格，Q_t 為數量，Y_t 為所得，r_t 為雨量，μ_t、υ_t 為誤差項，α 和 β 為待估參數。P_t 及 Q_t 是內生變數；Y_t 和 r_t 是外生變數。上式即為結構式。

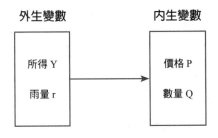

圖 10-3 結構式

(二) 縮減式 (reduced form)

若供需均等 $Q_t^D = Q_t^S = Q_t$，則

$$\alpha_0 + \alpha_1 P_t + \alpha_2 Y_t + \mu_t = \beta_0 + \beta_1 P_t + \beta_2 r_t + \upsilon_t$$

整理得

$$P_t = \frac{\beta_0 - \alpha_0}{\alpha_1 - \beta_1} + \frac{\beta_2}{\alpha_1 - \beta_1} r_t - \frac{\alpha_2}{\alpha_1 - \beta_1} Y_t + \frac{\upsilon_t - \mu_t}{\alpha_1 - \beta_1}$$

令 $\gamma_0 = \dfrac{\beta_0 - \alpha_0}{\alpha_1 - \beta_1}$、$\gamma_1 = \dfrac{\beta_2}{\alpha_1 - \beta_1}$、$\gamma_2 = \dfrac{\alpha_2}{\alpha_1 - \beta_1}$、$\omega_3 = \dfrac{\upsilon_t - \mu_t}{\alpha_1 - \beta_1}$，上式可改為

$$P_t = \gamma_0 + \gamma_1 r_t + \gamma_2 Y_t + \omega_t$$

將上式代入需求函數 (或供給函數)，得

$$Q_t = \alpha_0 + \alpha_1(\gamma_0 + \gamma_1 r_t + \gamma_2 Y_t + \omega_t) + \alpha_2 Y_t + \mu_t$$

整理可得

$$Q_t = (\alpha_0 + \alpha_1\gamma_0) + \alpha_1\gamma_1 r_t + (\alpha_1\gamma_2 + \alpha_2)Y_t + (\alpha_1\omega_t + \mu_t)$$

令 $\lambda_0 = (\alpha_0 + \alpha_1\gamma_0)$ 、 $\lambda_1 = \alpha_1\gamma_1$ 、 $\lambda_2 = (\alpha_1\gamma_2 + \alpha_2)$ 、 $\pi_t = (\alpha_1\omega_t + \mu_t)$ ，則上式可再改寫爲：

$$Q_t = \lambda_0 + \lambda_1 r_t + \lambda_2 Y_t + \pi_t$$

簡言之，下面兩式即爲縮減式

$$P_t = \gamma_0 + \gamma_1 r_t + \gamma_2 Y_t + \omega_t$$
$$Q_t = \lambda_0 + \lambda_1 r_t + \lambda_1 Y_t + \pi_t$$

二、認定 (identification)

若利用最小平方方法估計縮減式，可估得 $\hat{\gamma}_0, \hat{\gamma}_1, \hat{\gamma}_2$ ， $\hat{\lambda}_0, \hat{\lambda}_1, \hat{\lambda}_2$ 等六個縮減式參數，而縮減式參數對應的結構式參數，有下述關係：

$$\hat{\gamma}_0 = \frac{\beta_0 - \alpha_0}{\alpha_1 - \beta_1}$$

$$\hat{\gamma}_1 = \frac{\beta_2}{\alpha_1 - \beta_1}$$

$$\hat{\gamma}_2 = \frac{\alpha_2}{\alpha_1 - \beta_1}$$

$$\hat{\lambda}_0 = (\alpha_0 + \alpha_1\hat{\lambda}_0)$$

$$\hat{\lambda}_1 = \alpha_1\hat{\gamma}_1$$

$$\hat{\lambda}_2 = (\alpha_1\hat{\gamma}_2 + \alpha_2)$$

我們依次可以推得結構式參數：

$$\hat{\hat{\alpha}}_1 = \frac{\hat{\lambda}_1}{\hat{\gamma}_1} \Rightarrow \hat{\hat{\alpha}}_0 = \hat{\lambda}_0 - \hat{\hat{\alpha}}_1\hat{\gamma}_0 \Rightarrow \hat{\hat{\alpha}}_2 = \hat{\lambda}_2 - \hat{\hat{\alpha}}_1\hat{\gamma}_2 \Rightarrow \hat{\hat{\beta}}_1 = \frac{\hat{\gamma}_2\hat{\hat{\alpha}}_1 + \hat{\hat{\alpha}}_2}{\hat{\gamma}_2} \Rightarrow$$

$$\hat{\hat{\beta}}_2 = \hat{\gamma}_2 \left(\hat{\hat{\alpha}}_1 - \hat{\hat{\beta}}_1 \right) \Rightarrow \hat{\hat{\beta}}_0 = \hat{\gamma}_0 \left(\hat{\hat{\alpha}}_1 - \hat{\hat{\beta}}_1 \right) + \hat{\hat{\alpha}}_0$$

恰巧為一對一的關係，剛好為單一認定 (unidentified)。

應用：若研究者建立一玉米供需體系

以市場模型為例，若研究者建立一玉米供需體系，它多加了技術因素 T_t：

需求 (Demand)：$Q_t^D = \alpha_0 + \alpha_1 P_t + \alpha_2 Y_t + \mu_t$

供給 (Supply)：$Q_t^S = \beta_0 + \beta_1 P_t + \beta_2 r_t + \beta_2 T_t + \upsilon_t$

其中，P_t 為價格，Q_t 為數量，Y_t 為所得，r_t 為雨量，μ_t、υ_t 為誤差項，α 和 β 為待估參數。P_t 及 Q_t 是內生變數；Y_t、r_t 和 T_t 是外生變數。上式即為**結構式**。

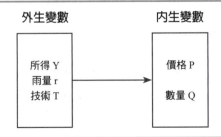

圖 10-4 結構式 2

若供需均等 $Q_t^D = Q_t^S = Q_t$，則

$$\alpha_0 + \alpha_1 P_t + \alpha_2 Y_t + \mu_t = \beta_0 + \beta_1 P_t + \beta_2 r_t + \beta_3 T_t + \upsilon_t$$

整理得

$$P_t = \frac{\beta_0 - \alpha_0}{\alpha_1 - \beta_1} + \frac{\beta_2}{\alpha_1 - \beta_1} r_t - \frac{\alpha_2}{\alpha_1 - \beta_1} Y_t + \frac{\beta_3}{\alpha_1 - \beta_1} T_t + \frac{\upsilon_t - \mu_t}{\alpha_1 - \beta_1}$$

令 $\gamma_0 = \dfrac{\beta_0 - \alpha_0}{\alpha_1 - \beta_1}$、$\gamma_1 = \dfrac{\beta_2}{\alpha_1 - \beta_1}$、$\gamma_2 = \dfrac{\alpha_2}{\alpha_1 - \beta_1}$、$\gamma_3 = \dfrac{\beta_3}{\alpha_1 - \beta_1}$、$\omega_t = \dfrac{\upsilon_t - \mu_t}{\alpha_1 - \beta_1}$，上式可改為

$$P_t = \gamma_0 + \gamma_1 r_t + \gamma_2 Y_t + \gamma_3 T_t + \omega_t$$

將上式代入需求函數 (或供給函數)，得

$$Q_t = \alpha_0 + \alpha_1(\gamma_0 + \gamma_1 r_t + \gamma_2 Y_t + \gamma_3 T_t + \omega_t) + \alpha_2 Y_t + \mu_t$$

整理可得

$$Q_t = (\alpha_0 + \alpha_1\gamma_0) + \alpha_1\gamma_1 r_t + (\alpha_1\gamma_2 + \alpha_2)Y_t + \alpha_1\gamma_3 T_t + (\alpha_1\omega_t + \mu_t)$$

令 $\lambda_0 = (\alpha_0 + \alpha_1\gamma_0)$、$\lambda_1 = \alpha_1\gamma_1$、$\lambda_2 = (\alpha_1\gamma_2 + \alpha_2)$、$\lambda_3 = \alpha_1\gamma_3$、$\pi_t = (\alpha_1\omega_t + \mu_t)$，則上式可再改寫爲：

$$Q_t = \lambda_0 + \lambda_1 r_t + \lambda_2 Y_t + \lambda_3 T_t + \pi_t$$

簡言之，下面兩式即爲縮減式

$$P_t = \gamma_0 + \gamma_1 r_t + \gamma_2 Y_t + \gamma_3 T_t + \omega_t$$
$$Q_t = \lambda_0 + \lambda_1 r_t + \lambda_2 Y_t + \lambda_3 T_t + \pi_t$$

若利用最小平方法估計縮減式，可估得 $\hat{\gamma}_0, \hat{\gamma}_1, \hat{\gamma}_2, \hat{\gamma}_3$，$\hat{\lambda}_0, \hat{\lambda}_1, \hat{\lambda}_2, \hat{\lambda}_3$ 等八個縮減式參數，而縮減式參數對應的結構式參數，有下述關係：

$$\hat{\gamma}_0 = \frac{\beta_0 - \alpha_0}{\alpha_1 - \beta_1}$$

$$\hat{\gamma}_1 = \frac{\beta_2}{\alpha_1 - \beta_1}$$

$$\hat{\gamma}_2 = \frac{\alpha_2}{\alpha_1 - \beta_1}$$

$$\hat{\gamma}_3 = \frac{\beta_3}{\alpha_1 - \beta_1}$$

$$\hat{\lambda}_0 = (\alpha_0 + \alpha_1\hat{\lambda}_0)$$

$$\hat{\lambda}_1 = \alpha_1\hat{\gamma}_1$$

$$\hat{\lambda}_2 = (\alpha_1\hat{\gamma}_2 + \alpha_2)$$

$$\hat{\lambda}_3 = \alpha_1\hat{\gamma}_3$$

我們依次推得結構式參數有兩組：

$\hat{\alpha}_1 = \dfrac{\hat{\lambda}_1}{\hat{\gamma}_1}$ 或 $\hat{\alpha}_1 = \dfrac{\hat{\lambda}_3}{\hat{\gamma}_3}$，此時產生過度認定 (overidentified)，就保證你設定的模型一定有多組解。

你在 Stata 認定模型上可分爲三種情況：(1) 適足認定 (exact identification)，恰恰有一個解。(2) 不足認定 (under-identification)，它係無解。(3) 過度認定 (over-identification)，表示模型有多組解。

10-2-2b Structural VAR、Reduced-form VAR、Recursive VAR

一、三種 VAR 之實例解說

VAR 有三種形式：

1. 縮減式 VAR (reduced-form VAR)。習慣上，我們稱縮減式 VAR 爲 VAR。

2. 結構式 VAR (structural VAR, SVAR)。

3. 遞迴式 VAR (recursive VAR)，又稱半結構式 VAR(semi-structural VAR)。

其中，遞迴式與結構式 VAR 又合稱「正交 VAR」(orthogonalizing VAR)。

(一) 縮減式 (reduced-form)VAR

以下列三個數列 (變數) 來說明：

1. π：物價膨脹率。

2. R：利率。

3. u：失業率。

縮減式 VAR 模型中的每一變數爲變數本身的落後項、其他變數落後項以及誤差項所構成的線性函數，但未考慮變數當期的影響。也就是說，多變數 VAR 與單一變數 AR 模型最大的不同處在於，VAR 考慮了體系內跨變數的動態行爲 (cross-variable dynamics)。

假設落後期數爲一期，稱之爲 **VAR(1)**：

$$\underbrace{\begin{bmatrix} \pi_t \\ u_t \\ R_t \end{bmatrix}}_{y_t} = \underbrace{\begin{bmatrix} \Phi_1^{11} & \Phi_1^{12} & \Phi_1^{13} \\ \Phi_1^{21} & \Phi_1^{22} & \Phi_1^{23} \\ \Phi_1^{31} & \Phi_1^{32} & \Phi_1^{33} \end{bmatrix}}_{\Phi_1} \underbrace{\begin{bmatrix} \pi_{t-1} \\ u_{t-1} \\ R_{t-1} \end{bmatrix}}_{y_{t-1}} + \underbrace{\begin{bmatrix} \varepsilon_{1t} \\ \varepsilon_{2t} \\ \varepsilon_{3t} \end{bmatrix}}_{\varepsilon_t}$$

係數 Φ_p^{ij} 代表第 p 期落後期的第 j 個變數對第 i 個變數的影響。因此，VAR(p) 模型以矩陣形式可以寫成

$$y_t = \mu + \Phi_1 y_{t-1} + \Phi_2 y_{t-2} + \cdots + \Phi_p y_{t-p} + \varepsilon_t$$

(二) 結構式 (structural)VAR

例如，以下列三個數列 (變數) 來說明：

1. π：物價膨脹率。

2. R：利率。

3. u：失業率。

在結構式 **VAR** 中，除了每個內生變數過去的影響，還考慮了變數之間的同期 **(contemporary)** 影響。SVAR 在經濟理論的基礎上建立模型的認定假定 (identifying assumptions)，以設定變數的同期結構參數，使模型成爲非遞迴 (non-recursive) 的型態來進行分析，消除了模型過度參數化及得到多個不同解的困難。因此近年來，SVAR 模型已廣泛被運用在開放經濟體系的政策效果及政策衝擊傳遞作用之分析上。

結構式 VAR 爲：

$$\underbrace{\begin{bmatrix} \pi_t \\ u_t \\ R_t \end{bmatrix}}_{y_t} = \underbrace{\begin{bmatrix} 0 & D_0^{12} & D_0^{13} \\ D_0^{21} & 0 & D_0^{23} \\ D_0^{31} & D_0^{32} & 0 \end{bmatrix}}_{D_0} \underbrace{\begin{bmatrix} \pi_t \\ u_t \\ R_t \end{bmatrix}}_{y_t} + \underbrace{\begin{bmatrix} D_1^{11} & D_1^{12} & D_1^{13} \\ D_1^{21} & D_1^{22} & D_1^{23} \\ D_1^{31} & D_1^{32} & D_1^{33} \end{bmatrix}}_{D_1} \underbrace{\begin{bmatrix} \pi_{t-1} \\ u_{t-1} \\ R_{t-1} \end{bmatrix}}_{y_{t-1}} + \underbrace{\begin{bmatrix} e_{1t} \\ e_{2t} \\ e_{3t} \end{bmatrix}}_{e_t}$$

對於 D_i 中係數的限制，完全依據總體經濟理論來設定，是故稱爲結構式 VAR，亦即一個具有總體經濟結構的模型。我們透過總體經濟理論來確立經濟變數之間的因果關係。

結構式 VAR (structural VAR) 簡稱 SVAR。已知結構式 SVAR(p)：

$$D(L)y_t = Be_t$$

其中，$y_t \in R^k$ 空間，e_t 爲標準化結構性衝擊 (structural shocks)。

$$e_t \sim 符合 N(0, I)$$

注意到 Be_t 爲結構性衝擊，且其變異數矩陣爲：

$$E(Be_t, e_t' B') = BB'$$

已知

$$D(L) = I - D_0 - D_1 L - \cdots - D_p L^p$$

則 SVAR(p) 可改寫成

$$y_t = D_0 y_t + D_1 y_{t-1} + \cdots + D_p y_{t-p} + Be_t，$$
$$(I - D_0)y_t = D_1 y_{t-1} + \cdots + D_p y_{t-p} + Be_t$$

亦即

$$y_t = (I - D_0)^{-1}D_1 y_{t-1} + \cdots + (I - D_0)^{-1}D_p y_{t-p} + (I - D_0)^{-1}Be_t$$

令

$$\Phi_j \equiv (I - D_0)^{-1}D_j$$
$$\varepsilon_t \equiv (I - D_0)^{-1}Be_t$$
$$則 y_t = \sum_{j=1}^{p} \Phi_j y_{t-j} + \varepsilon_t$$

以及，變異數—共變數 (V-C) 矩陣：

$$
\begin{aligned}
\sum_{\varepsilon} &= E[(\varepsilon_t - E(\varepsilon_t))(\varepsilon_t - E(\varepsilon_t))'], \\
&= E(\varepsilon_t \varepsilon'_t), \\
&= E[(I - D_0)^{-1}Be_t e'_t B'(I - D_0)^{-1'}], \\
&= (I - D_0)^{-1}BE(e_t e'_t)B'(I - D_0)^{-1'}, \\
&= (I - D_0)^{-1}BIB'(I - D_0)^{-1'}, \\
&= (I - D_0)^{-1}BB'(I - D_0)^{-1'}.
\end{aligned}
$$

因此，我們可以改寫 SVAR(p) 為 VAR(p)

$$y_t = \Phi_1 y_{t-1} + \cdots + \Phi_p y_{t-p} + \varepsilon_t$$

在 VAR 中，我們可以利用 OLS 估計出 $\hat{\Phi}_1, \cdots, \hat{\Phi}_p$ 以及 $\hat{\Sigma}_\varepsilon = \frac{1}{T}\Sigma_{t=1}^{T}\hat{\varepsilon}_t\hat{\varepsilon}'_t$，也就是說參數 $\Phi_1, \cdots, \Phi_p$ 與 $\sum_\varepsilon$ 就是可認定的 (identified)。

相對的，SVAR 為一組聯立方程組，由於內生性的問題，我們無法直接以最小平方法 (ordinal least squares, OLS) 估計之。也就是說，$\{D_0, D_1, \cdots, D_p, B\}$ 是無法認定的 (unidentified)。

因此，我們需要認定條件 (identication condition)，將 $\{D_0, D_1, \cdots, D_p, B\}$ 由已知的 $\{\Phi_1, \Phi_2, \cdots, \Phi_p, \sum_\varepsilon\}$ 找出來。則我們可以改寫 SVAR(p) 為 VAR(p)

$$y_t = \Phi_1 y_{t-1} + \cdots + \Phi_p y_{t-p} + \varepsilon_t$$

在 VAR 中，我們可以利用 OLS 估計出 $\hat{\Phi}_1, \cdots, \hat{\Phi}_p$ 以及 $\hat{\Sigma}_\varepsilon = \frac{1}{T}\Sigma_{t=1}^{T}\hat{\varepsilon}_t\hat{\varepsilon}'_t$，也就是說參數 $\Phi_1, \cdots, \Phi_p$ 與 $\sum_\varepsilon$ 就可認定的 (identified)。

相反的，SVAR 為一組聯立方程組，由於內生性的問題，我們無法直接以 OLS 估計之。也就是說，$\{D_0, D_1, \cdots, D_p, B\}$ 是無法認定的 (unidentified)。

1. 認定條件 (identified condition)

SVAR(p) 中的參數數目

$$\underbrace{(k^2 \times p)}_{D_1, D_2 \cdots, D_p} + \underbrace{(k^2)}_{D_0} + \underbrace{k^2}_{B} = k^2 p + 2k^2$$

VAR(p) 中的參數數目

$$\underbrace{k^2 \times p}_{\Phi_1, \Phi_2 \cdots, \Phi_p} + \underbrace{\frac{k(k-1)}{2} + k}_{\Sigma_\varepsilon} = k^2 p + \frac{k(k+1)}{2}$$

亦即，還須認定 (限制) 的參數數目為兩者之差。

對於 $j > 1$ 而言，一但我們找出 D_0 後，我們可以透過 $D_j = (I - D_0)\Phi_j$ 找出 Φ_j，亦即 $\{D_1, D_2 \cdots, D_p\}$ 與 $\{\Phi_1, \Phi_2 \cdots, \Phi_p\}$ 為一對一關係。

所謂的「認定」，事實上是要由以下方程式解出未知參數，

$$\Sigma_\varepsilon = (I - D_0)^{-1} BB'(I - D_0)^{-1\,'}$$

其中 Σ_ε 有 $\frac{k(k-1)}{2} + k$ 個參數可以透過資料估計出來，而 D_0 與 B 中待求算的參數有 $2k^2$ 個，所謂的認定條件就是要在 D_0 與 B 矩陣上加入

$$2k^2 - \left(\frac{k(k-1)}{2} + k\right) = \frac{(3k-1)k}{2}$$

個限制條件。

2. SVAR 常用基本假設

(1) 首先，假設 B 矩陣為對角矩陣

$$B = \begin{bmatrix} b_{11} & 0 & \cdots & 0 \\ 0 & b_{22} & & \vdots \\ \vdots & & \ddots & 0 \\ 0 & \cdots & 0 & b_{kk} \end{bmatrix} = \begin{bmatrix} \sigma_1 & 0 & \cdots & 0 \\ 0 & \sigma_2 & & \vdots \\ \vdots & & \ddots & 0 \\ 0 & \cdots & 0 & \sigma_k \end{bmatrix}$$

也就是，除了主對角線上的元素外，我們都限制為零。此條件給了我們 $(k^2 - k)$ 個限制。

(2) 其次，我們有以下的標準化假設

$$
D_0 = \begin{bmatrix} 0 & D_0^{12} & \cdots & D_0^{1k} \\ D_0^{21} & 0 & \cdots & \vdots \\ \vdots & & \ddots & \\ D_0^{k1} & D_0^{k2} & 0 & 0 \end{bmatrix}
$$

亦即限制 D_0 的主對角線上元素為零，第二個條件給了我們 k 個限制。

以上是我們常用的基本認定條件，除此之外，我們還需要：

$$
\frac{k(3k-1)}{2} - (k^2 - k) - k = \frac{k^2 - k}{2} = \frac{k(k-1)}{2}
$$

個其他認定條件。

(3) 如果我們的認定 (限制) 條件放在 D_0 矩陣，則稱之為短期限制 (short-run restriction)。

(4) 如果我們要求 D_0 矩陣具有如下遞迴形式，或稱下三角矩陣形式 (lower triangular)。

$$
D_0 = \begin{bmatrix} 0 & 0 & 0 & \cdots & 0 \\ D_0^{21} & 0 & & & 0 \\ D_0^{31} & & 0 & & 0 \\ \vdots & \vdots & & \ddots & \vdots \\ D_0^{k1} & D_0^{k2} & \cdots & D_0^{k(k-1)} & 0 \end{bmatrix}
$$

則此 SVAR 又稱之為遞迴式 VAR，或是半結構式 VAR。

(5) 這樣的認定條件又稱短期遞迴限制 (short-run recursiverestriction)。這樣的遞迴限制隱含 y_k 為最傾向於外生的變數，而 y_k 無法影響任何其他變數 (a→b 代表變數 a 影響變數 b)：

$$
\begin{array}{llllll}
y_1 \rightarrow y_2, & y_1 \rightarrow y_3, & y_1 \rightarrow y_4, & y_1 \rightarrow y_5, & \cdots & y_1 \rightarrow y_{k-1}, & y_1 \rightarrow y_k, \\
& y_2 \rightarrow y_3, & y_2 \rightarrow y_4, & y_2 \rightarrow y_5, & \cdots & y_2 \rightarrow y_{k-1}, & y_2 \rightarrow y_k, \\
& & y_3 \rightarrow y_4, & y_3 \rightarrow y_5, & \cdots & y_3 \rightarrow y_{k-1}, & y_3 \rightarrow y_k, \\
& & & & & \vdots & \vdots \\
& & & & & y_{k-2} \rightarrow y_{k-1}, & y_{k-2} \rightarrow y_k, \\
& & & & & & y_{k-1} \rightarrow y_k,
\end{array}
$$

這樣的遞迴限制又被稱做 Wold 排序 (Wold ordering) 或是 Wold 因果鏈鍵 (Wold causal chain)。

3. 如何加入短期遞迴限制

$$\Sigma_\varepsilon = (I - D_0)^{-1} BB'(I - D_0)^{-1\prime}$$

而且

$$B = \begin{bmatrix} \sigma_1 & 0 & \cdots & 0 \\ 0 & \sigma_2 & & \vdots \\ \vdots & & \ddots & 0 \\ 0 & \cdots & 0 & \sigma_k \end{bmatrix}$$

為對角矩陣 (diagonal matrix)。短期遞迴限制要求 D_0 矩陣為下三角矩陣。

$((I - D_0)^{-1}B$ 矩陣之性質)

D_0 矩陣為下三角矩陣，

$(I - D_0)$ 矩陣是下三角矩陣，且主對角線上的元素都是 1，

$(I - D_0)^{-1}$ 矩陣是下三角矩陣，且主對角線上的元素都是 1。

$(I - D_0)^{-1}B$ 矩陣也是下三角矩陣。

更美妙的事情是，$(I - D_0)^{-1}B$ 矩陣主對角線上的元素，就是 B 矩陣主對角線上的元素！

我們可以利用 Choleski 分解 (Choleski decomposition)，將 Σ_ε 分解成 $\Sigma_\varepsilon = CC'$
則

$$\Sigma_\varepsilon = \underbrace{(I - D_0)^{-1} B}_{C} \underbrace{B'(I - D_0)^{-1\prime}}_{C'}$$

即

$$(I - D_0)^{-1} B = C$$

我們就可以將 D_0 與 B 認定出來。一但將 D_0 與 B 認定出來後，我們可以進一步求得

$$D_j = (I - D_0)\Phi_j$$

以及

$$e_t = B^{-1}(I - D_0)\varepsilon_t$$

(短期遞迴認定的實務做法)

估計縮減式 VAR，找出估計式 $\hat{\Phi}_j$ 以及 $\hat{\Sigma}_\varepsilon$。

對 $\hat{\Sigma}_\varepsilon$ 作 Choleski 分解，找出 $\hat{C}$。

根據 $\hat{C}$ 找出估計式 $\hat{D}_0$ 與 $\hat{B}$。

根據 $\hat{D}_0$ 與 $\hat{B}$ 找出

$$\hat{D}_j = (I - \hat{D}_0)\hat{\Phi}_j$$
$$\hat{e}_t = \hat{B}^{-1}(I - \hat{D}_0)\hat{\varepsilon}_t$$

(三) 遞迴式 VAR

在遞迴式 VAR 中，變數之間的同期影響存在著遞迴影響。遞迴 VAR 模型中的各迴歸方程式包含了前面方程式的同期參數值，但以遞迴 VAR 分析時，改變變數的排序方式同時會改變了模型的方程式、係數及殘差值，而產生不同的分析結果。

以物價膨脹率、失業率以及利率為例，遞迴式 VAR 為

$$\underbrace{\begin{bmatrix}\pi_t\\u_t\\R_t\end{bmatrix}}_{y_t} = \underbrace{\begin{bmatrix}0&0&0\\D_0^{21}&0&0\\D_0^{31}&D_0^{32}&0\end{bmatrix}}_{D_0}\underbrace{\begin{bmatrix}\pi_t\\u_t\\R_t\end{bmatrix}}_{y_t} + \underbrace{\begin{bmatrix}D_1^{11}&D_1^{12}&D_1^{13}\\D_1^{21}&D_1^{22}&D_1^{23}\\D_1^{31}&D_1^{32}&D_1^{33}\end{bmatrix}}_{D_1}\underbrace{\begin{bmatrix}\pi_{t-1}\\u_{t-1}\\R_{t-1}\end{bmatrix}}_{y_{t-1}} + \underbrace{\begin{bmatrix}e_{1t}\\e_{2t}\\e_{3t}\end{bmatrix}}_{e_t}$$

變數之間的關係為：物價膨脹率不受其他變數影響，失業率受物價膨脹率影響，而利率則同時受到物價膨脹率與失業率影響。即

$$u_t = D_0^{21}\pi_t$$
$$R_t = D_0^{31}\pi_t + D_0^{32}\pi_t$$

因此，物價膨脹率一方面直接影響利率 D_0^{31}，另一方面又透過失業率間接影響利率 D_0^{21}、D_0^{32}，這就是所謂的「遞迴」結構。

遞迴式 VAR 也是結構式 VAR 的一種，而遞迴式 VAR 又稱半結構式 (semi-structural)VAR。也就是說，模型中的經濟變數有某種程度的結構 (越不受體系

內其他變數影響的變數排在越前面)，卻不是完全由總體經濟理論所決定。

小結

在縮減式 VAR 中的誤差項為ε_{jt}，是 VAR 的迴歸誤差 (regression errors)，而遞迴式與結構式 VAR 中的誤差項為e_{jt}，稱之為結構性誤差 (structural errors)，或是叫做結構性衝擊 (structural shocks)。迴歸誤差與結構性誤差最大不同在於，迴歸誤差之間具有相關性，亦即

$$
\Sigma_\varepsilon = E(\varepsilon_t \varepsilon'_t) = E\left(\begin{bmatrix} \varepsilon_{1t} \\ \varepsilon_{2t} \\ \varepsilon_{3t} \end{bmatrix} \begin{bmatrix} \varepsilon_{1t} & \varepsilon_{2t} & \varepsilon_{3t} \end{bmatrix}\right)
$$

$$
= \begin{bmatrix} E(\varepsilon_{1t}^2) & E(\varepsilon_{1t}\varepsilon_{2t}) & E(\varepsilon_{1t}\varepsilon_{3t}) \\ E(\varepsilon_{2t}\varepsilon_{1t}) & E(\varepsilon_{2t}^2) & E(\varepsilon_{2t}\varepsilon_{3t}) \\ E(\varepsilon_{3t}\varepsilon_{1t}) & E(\varepsilon_{3t}\varepsilon_{2t}) & E(\varepsilon_{3t}^2) \end{bmatrix}
$$

$$
= \begin{bmatrix} Var(\varepsilon_{1t}) & Cov(\varepsilon_{1t}, \varepsilon_{2t}) & Cov(\varepsilon_{1t}, \varepsilon_{3t}) \\ Cov(\varepsilon_{2t}, \varepsilon_{1t}) & Var(\varepsilon_{2t}) & Cov(\varepsilon_{2t}, \varepsilon_{3t}) \\ Cov(\varepsilon_{3t}, \varepsilon_{1t}) & Cov(\varepsilon_{3t}, \varepsilon_{2t}) & Var(\varepsilon_{3t}) \end{bmatrix}
$$

相反的，結構性誤差之間沒有相關：

$$
\Sigma_\varepsilon = E(e_t e'_t) = E\left(\begin{bmatrix} e_{1t} \\ e_{2t} \\ e_{3t} \end{bmatrix} \begin{bmatrix} e_{1t} & e_{2t} & e_{3t} \end{bmatrix}\right)
$$

$$
= \begin{bmatrix} E(e_{1t}^2) & E(e_{1t}e_{2t}) & E(e_{1t}e_{3t}) \\ E(e_{2t}e_{1t}) & E(e_{2t}^2) & E(e_{2t}e_{3t}) \\ E(e_{3t}e_{1t}) & E(e_{3t}e_{2t}) & E(e_{3t}^2) \end{bmatrix}
$$

$$
= \begin{bmatrix} Var(e_{1t}) & Cov(e_{1t}, e_{2t}) & Cov(e_{1t}, e_{3t}) \\ Cov(e_{2t}, e_{1t}) & Var(e_{2t}) & Cov(e_{2t}, e_{3t}) \\ Cov(e_{3t}, e_{1t}) & Cov(e_{3t}, e_{2t}) & Var(e_{3t}) \end{bmatrix}
$$

$$
= \begin{bmatrix} Var(e_{1t}) & 0 & 0 \\ 0 & Var(e_{2t}) & 0 \\ 0 & 0 & Var(e_{3t}) \end{bmatrix}
$$

也就是加入了 $E(e_{it}, e_{jt,}) = t$ 的正交條件 (orthogonalization)。

10-2-3 Stata 之 VAR 數學符號

多變數時間數列模型，若以線性迴歸來表示時，其實隱含著變數之間存在著因果關係之假設。也就是說，假設迴歸方程式的因變數是受到自變數的影響，而自變數並不會受到因變數的影響。因變數我們謂之「內生變數」(endogenous variable)，而自變數則是「外生變數」(exogenous variable)。然而由於經濟體系的微妙運作，使得有時候無法確定某些變數是不是因變數或自變數。像變數間存在錯綜複雜的關係時，在實證上經常採用所謂的「結構系統方程式」(structural system equations) 的方法來估計。

有鑑於此，Sims(1980) 提出向量自我迴歸模型 (VAR) 以解決結構模型的認定問題，VAR 可以視為是結構系統方程式的縮減式。這種方式將所有的變數均以內生變數來處理，可以克服內生外生變數認定的質疑，不過值得注意的是，VAR 主要的目的在於預測任一變數變動對所有變數的影響，並根據聯立迴歸式來預測未來幾期之估計值。

故 VAR 模型將所欲分析之變數排列成一組迴歸模型，像向量 X = (x_1, x_2, ⋯, x_n) 每一個變數均視為內生變數 (Edogenous Variables)。此外，時間數列分析中，變數的落差項亦可能隱含影響結果之訊息，故在迴歸分析中亦將每一個變數之遞延項加入當做解釋變數。

最典型的 VAR 模型估計方程式如下：

$$Y_t = v + A_1 Y_{t-1} + A_2 Y_{t-2} + \cdots + A_p Y_{t-p} + B_0 X_t + B_1 X_{t-1} + \cdots + B_s X_{t-s} + \varepsilon_t,\ t \in \{-\infty, \infty\}$$

其中，

v：常數項之 $K \times 1$ 向量。

$Y_t = (y_{1t}, \cdots, y_{Kt})'$：內生變數之 $K \times 1$ 隨機向量。

$A_1, \cdots, A_p, B$：所欲估計之 $K \times K$ 係數矩陣。

$X_t = (x_{1t}, \cdots, x_{Mt})'$：外生 (exogenous) 變數之 $M \times 1$ 隨機向量。

$B_0, \cdots, B_s$：所欲估計之 $K \times M$ 係數矩陣。

p：落後期數。

ε_t：為白噪音，其假定是：$E(\varepsilon_t) = 0$、$E(\varepsilon_t, \varepsilon_t') = \Sigma$、$E(\varepsilon_t, \varepsilon_s') = 0$，for $t \neq s$。這裡，Y_t 方程式共有 $K^2 \times p + K \times (M(s+1)+1)$ 個參數；共變數矩陣 Σ 共有 $\{K \times (K+1)\}/2$ 個參數。由於參數太多，很難估計。若想減少估計參數的數目，有二方法：(1) VAR 認定為不完全 (incomplete) 模型，即矩陣 A 及矩陣 B 有些元素設為

0。(2) 在 VAR 模型中，在係數認定上係有些「線性限制」。

縮減式 VAR 之動態聯立方程式，可表示為：

$$W_0 Y_t = a + W_1 Y_{t-1} + W_2 Y_{t-2} + \cdots + W_p Y_{t-p} + \widetilde{W}_1 X_{t-1} + \cdots + \widetilde{W}_s X_{t-s} + e_t$$

其中，a 為 $K \times 1$ 參數向量。W_i 為 $K \times K$ 參數矩陣，$i = 0$，$\cdots$，p。e_t 為 $K \times 1$ 擾動 (disturbance) 向量。傳統上，動態聯立方程式 (dynamic simultaneous equations) 之解法，就是 W_i 有足夠的限制。假定 W_0 係非奇異 (nonsingular) 矩陣。上式之方程式可改寫為：

$$Y_t = \frac{a}{W_0} + \frac{W_1}{W_0} Y_{t-1} + \frac{W_2}{W_0} Y_{t-2} + \cdots + \frac{W_p}{W_0} Y_{t-p} + \frac{\widetilde{W}_1}{W_0} X_{t-1} + \cdots + \frac{\widetilde{W}_s}{W_0} X_{t-s} + \frac{e_t}{W_0}$$

再令 VAR 係數：

$$v = \frac{a}{W_0}$$

$$A_i = \frac{W_i}{W_0}$$

$$B_i = \frac{\widetilde{W}_i}{W_0}$$

$$u_i = \frac{e_i}{W_0}$$

得

$$Y_t = v + A_1 Y_{t-1} + A_2 Y_{t-2} + \cdots + A_p Y_{t-p} + B_1 X_{t-1} + \cdots + B_s X_{t-s} + u_t$$

$u_t \overset{iid}{\sim}$ Gaussian 常態 $(0, \Sigma)$。

上式，cross-equation 之誤差 variance–covariance(V-C) 矩陣 Σ，包含了 VAR 模型所有資訊之當期相關 contemporaneous correlations。也因此，這是 VAR 最大優點，但也是大缺點。因為沒有提出如何適配 VAR 的「先驗假定」；但也沒有提出 Σ 的結構限制式，我們就無法詮釋「結果的因果關係」。

若增加額外技術性假定 (assumptions)，我們就可推導上式之方程式。假如 VAR 是穩定的 (stable)，則可重寫為：

$$Y_t = \mu + \sum_{i=0}^{\infty} D_i X_i + \sum_{i=0}^{\infty} \Phi_i u_{t-i}$$

其中，

平均數 μ：$K \times 1$ 時間不變 (time-invariant) 平均數。

D_i 及 Φ_i：分別為 $K \times M$、$K \times K$ 係數矩陣。

殘差 u_{t-i}：「$u_{t-1}, u_{t-2}, \cdots$」是符合「獨立同態 (i.i.d.) shocks or innovations」。造成 Y_t 波動的原因，係完全受到外生變數 X_t 的過去（有限）歷史及「D_i 及 Φ_i」影響。D_i 是動態乘數函數 (dynamic-multiplier functions)、或變數變換函數 (transfer functions)，例如 $\Delta \ln(x)$。移動平均係數 Φ_i，也是簡單第 i 期水平軸之 IRFs。上式之方程式各項參數的估計，都可用 Stata「irt create」指令求得。

Y_t 聯合分配，係由「X_t 及 u_t」分配及參數「v, A_i, B_i」來決定的。要 VAR 估計參數，有一個假定：「X_t 與 Y_t」的變數之間是共變定態，意即它們的前二個動差 (moment) 存在且是時間不變。倘若 Y_t 不是定態（有單根），一階差分之後才定態，則你改採用 VECM 來適配該模型。

假如 u_t 符合 $\overset{iid}{\sim} N(0, \sigma^2)$ 且殘差無自我相關、X_t 與 Y_t 是定態、v 是從「seemingly unrelated regression」所求得的、而且算出的估計值是漸近常態分配，則 VAR 求出的係數，與「equation-by-equation OLS」所求出的結果會是一樣的。

此外，VAR 比 OLS 多了「forecasts、IRFs、dynamic-multiplier functions、FEVDs」等參數估計函數。我們在估計這些函數時，求這些函數之漸近標準誤差 (asymptotic standard errors) 都有一個事前條件，就是假定誤差 u_t 符合「平均數為 0、i.i.d. Gaussian (normal) vector process」。此外，有些你認定 VAR 檢定（例如 Lag=?、共整合數目、Granger 因果檢定…），Stata 都是使用概似比 (likelihood-ratio，LR) 公式來推導，並嚴守 Gaussian 假定。

方程式中，若不考慮外生變數 X_t 時，擾動 variance–covariance 矩陣 Σ 已包含 VAR 變數之間相關的所有數學資訊。VAR 又可分成三類型：Structural VAR、reduced-form VAR、recursive VAR。

(一)Structural VAR 解說

在結構式 VAR 中，除了每個內生變數過去的影響，還考慮了變數之間的同期 (contemporary) 影響。

對於 VAR 方程式中 B_i 係數的限制，完全依據總體經濟理論來設定，是故稱為結構式。

結構式 (structural)VAR *with p lags*（簡寫 **SVAR**) 為

$$B_0 y_t = c_0 + B_1 y_{t-1} + B_2 y_{t-2} + \cdots + B_p y_{t-p} + \varepsilon_t,$$

其中，

c_0 是 $k \times 1$ 常數項向量

B_i 是 $k \times k$ 係數矩陣 (for $i = 0, \cdots, p$)

ε_t 是 $k \times 1$ 誤差項向量。

B_0 矩陣主對角線之元素被設為 1(the coefficients on the ith variable in the ith equation)。

誤差項 ϵ_t (***structural shocks***) 滿足：常態性、獨立性及無自我自關。故我們令誤差共變數矩陣Σ之主對角線元素為 0，$E(\epsilon_t \epsilon'_t) = \Sigma$。即 structural shocks 是無相關的。

例如，二個變數 structural VAR(1) 為：

$$\begin{bmatrix} 1 & B_{0;2,1} \\ B_{0;2,1} & 1 \end{bmatrix} \begin{bmatrix} y_{1,t} \\ y_{2,t} \end{bmatrix} = \begin{bmatrix} c_{0;1} \\ c_{0,2} \end{bmatrix} + \begin{bmatrix} B_{1;1,1} & B_{1;1,2} \\ B_{1;2,1} & B_{1;2,2} \end{bmatrix} \begin{bmatrix} y_{1,t-1} \\ y_{2,t-1} \end{bmatrix} + \begin{bmatrix} \epsilon_{1,t} \\ \epsilon_{2,t} \end{bmatrix}$$

其中，

$$\Sigma = E(\varepsilon_t \varepsilon'_t) = \begin{bmatrix} \sigma_1^2 & 0 \\ 0 & \sigma_2^2 \end{bmatrix}$$

即 structural shocks 的變異數：記為 $\text{var}(\epsilon_i) = \sigma_i^2$ ($i = 1$，2)；structural shocks 的共變數 $\text{cov}(\epsilon_1, \epsilon_2) = 0$。

第一方程式可表示為：

$$y_{1,t} = c_{0;1} - B_{0;1,2} y_{2,t} + B_{1;1,1} y_{1,t-1} + B_{1;1,2} y_{2,t-1} + \epsilon_{1,t}$$

注意，若 $B_{0;1,2} \neq 0$，$y_{2,t}$ 就會被 $y_{1,t}$ 同步影響。當 B_0 為單位矩陣之情況下 (all off-diagonal elements are zero - the case in the initial definition)，且 $y_{2,t}$ 能被 $y_{1,t+1}$ 及本身後續未來值直接衝擊。

由於變數認定及最小平方法二個問題 (parameter identification problem, ordinary least squares)，使得估計 structural VAR 參數可能產生不一致。我們可用 reduced VAR 來克服這個問題。

從經濟觀點，若一組變數的聯合動態，可用 VAR 來表達，則經濟關係就可用 "structural" 來表示。結構形式有兩個特點，即有下列二個關係：

1. Error terms are not correlated.

經濟衝擊而帶動的經濟變量的動態「結構式」，係假定誤差間是零相關。此假定將有助於 VAR 來分離非經濟因素影響。例如，我們不能說，石油價格衝擊 (供給衝擊) 會改變消費者偏好的服裝風格 (需求衝擊)。因此，數學家都假定，這些經濟因素彼此是獨立。

2. **除了每個內生變數過去的影響，還考慮了變數之間的同期 (contemporary) 影響**

有一非常理想但低使用頻率的數據，就是政府宣布「調高間接稅率」時，並不會影響當天的稅收收入，但該季度的各稅收就產生了衝擊。

(二)Reduced-form VAR **解說**

縮減式 VAR 就是考慮變數均為其自身落後項以及其他變數落後項的函數，也就是說，多變數 VAR 與單一變數 AR 模型最大的不同處在於，VAR 考慮了體系內跨變數的動態行為 (cross-variable dynamics)。

若將上面之 structural VAR 方程式，左右都乘上 $(1/B_0)$，則得

$$y_t = B_0^{-1}c_0 + B_0^{-1}B_1 y_{t-1} + B_0^{-1}B_2 y_{t-2} + \cdots + B_0^{-1}B_p y_{t-p} + B_0^{-1}\epsilon_t$$

並重新註釋為

$$B_0^{-1}c_0 = c,\ B_0^{-1}B_i = A_i \text{ for } i = 1, \cdots, p \text{ and } B_0^{-1}\epsilon_t = e_t$$

即可獲得「*p*th order reduced VAR」

$$y_t = c + A_1 y_{t-1} + A_2 y_{t-2} + \cdots + A_p y_{t-p} + e_t$$

方程式右邊的所有變數，都被規定在時間 t。因為方程式右邊已沒有時間 t 內生變數，而且沒有變數再對其他變數存有直接同期的效果。然而，reduced VAR 誤差項仍是 structural shocks 的複合體，即 $e_t = B_0^{-1}\varepsilon_t$，因此，「structural shock $\varepsilon_{i,t}$」有可能導致所有誤差項 $e_{j,t}$ 的震盪發生，因此，在所有的內生變數產生同期的移動。故 reduced VAR 的共變數矩陣

$$\Omega = E(e_t e_t') = E(B_0^{-1}\epsilon_t \epsilon_t'(B_0^{-1})') = B_0^{-1}\Sigma(B_0^{-1})'$$

Ω 非對角就可以有「非零」元素，因此使得誤差項之間存有非零的相關。

10-2-4 Sims 所提 VAR(p)

傳統迴歸分析均假設某一變數爲內生變數，而其他變數爲外生變數，但是如果沒有經濟理論基礎，在總體實證分析會遇到質疑，因此 Sims(1980) 提出 VAR 模型，將所有變數都視爲內生變數 (endogeneous variables) 來估計，而時間數列分析認爲變數的落後期涵蓋了所有的訊息，因此將所有變數的落後項當作模型的解釋變數。

通常 VAR(p) 模型爲：

$$Y_t = \alpha + \beta_1 Y_{t-1} + \beta_2 Y_{t-2} + \cdots + \beta_p Y_{t-p} + \varepsilon_t$$

其中，

Y_t：爲 $p \times 1$ 變數矩陣。

α：爲 $p \times 1$ 截距項矩陣。

β_i：爲 $p \times 1$ 係數矩陣。

p：爲落後期數。

ε_t：爲白噪音矩陣。

值得注意的是 $\Sigma_\varepsilon = E(\varepsilon_t \varepsilon_t') \neq 0$，也就是迴歸誤差之間有相關性。

(一)VAR 因果模型的建立

Sims(1980) 提出的 VAR 模型，是假設 $\{y_t\}_{t=1}^T$ 是一個 n 維的向量時間數列，VAR(p) 模型表示成矩陣形式則爲

$$y_t = C + B_1 y_{t-1} + \cdots + B_p y_{t-p} + u_t \quad , \quad t = 1,2,\cdots,T \tag{10-1}$$

其中 $C = [c_1,\cdots,c_n]'$ 爲截距項向量，B_i 爲 $n \times n$ 的參數矩陣，$\varepsilon_t = [\varepsilon_{1,t},\cdots,\varepsilon_{n,t}]$ 爲誤差向量，並且 ε_t 爲獨立同態地符合 $N(0,\Sigma)$ 分配。將 (10-1) 式轉置 (transpose) 成：

$$y_t' = C' + y_{t-1}'B_1' + \cdots + y_{t-p}'B_p' + u_t' \tag{10-2}$$

即 $y_t' = x_t B + u_t'$，$t = 1, 2, \cdots, T$；其中，$x_t = \left[1, y_{t-1}',\cdots, y_{t-p}'\right]$，$B = \left[C, B_1,\cdots,B_p\right]$。

再將各列向量 y_t'、x_t 與 u_t' 堆疊，(10-2) 式可重新表示成

$$\begin{bmatrix} y_1 \\ \vdots \\ y_T \end{bmatrix} = \begin{bmatrix} x_1 \\ \vdots \\ x_T \end{bmatrix} B + \begin{bmatrix} u_1 \\ \vdots \\ u_T \end{bmatrix}$$

即 $Y = XB + \varepsilon$ $\varepsilon \sim N(0, I_T, \Sigma)$ (10-3)

所以，VAR(p) 模型經由一些矩陣運算可有多種迴歸模型表示法。這裡所介紹的先驗分配皆針對 (10-3) 式中涉及的參數而定。

因為 (10-3) 式的右邊沒有包含非落後期的內生變數 (unlagged endogenous variables)，且每個方程式的右邊變數是相同的，因此模型可以用 OLS 加以估計。而最適落後期數的選擇是以 AIC 或 SIC 來決定。AIC(Akaike Information Criterion) 值或 SBIC(Schwartz Bayesian information criterion) 值二者所計算出來的值愈小，表示模型配適度愈好。為了使 VAR 結果更符合穩健度 (robustness) 的特性，你可以 AIC 為主，並配合 Hsiao(1981) 所提出之最終預測誤差準則(FPE) 來決定最適落後期數。

有鑑於 VAR 模型所需要估計的參數很多，尤其是當模型中的變數或落差期數增加時，所需要估計的參數亦會隨著大幅增加。因此當樣本期間短時，VAR 模型會產生過度配適 (over fitting) 的問題發生，造成參數估計的不正確，影響預測的精確性。所以 Stata 及 JMulTi 軟體都有提供 Structural vector autoregressive(SVAR)，以 LR 檢定來檢視 VAR 模型參數是否過多：

$$LR = T[\log \ \det(\hat{\Sigma}_u^r) - \log \ \det(\hat{\Sigma}_u)]$$

其中，$\det(\hat{\Sigma}_u^r)$：縮簡模型之 ML 估計值。

        $\det(\hat{\Sigma}_u)$：限制結構之對應的估計值。

定義：Sims 的 VAR(p) 模型

$$Y_t = \sum_{i=1}^{p} \Phi_i \cdot Y_{t-i} + \varepsilon_t \qquad\qquad (10\text{-}4)$$

或 $\Phi(L)Y_t = \varepsilon_t$ 其中 $\Phi(L) = I_n - \Phi_1 L^1 - \Phi_2 L^2 - \cdots - \Phi_P L^P$ (10-5)
$E(\varepsilon_t) = 0$

$$E(\varepsilon_t \cdot \varepsilon_\tau') = \begin{cases} \Omega & \text{當 } t = \tau \\ 0 & \text{其他} \end{cases}$$

式中

L：落後運算子，即 $L^i Y_t = Y_{t-i}$

Y_t：($n \times 1$) 階向量所組成具有聯合共變異定態線性隨機過程。

Y_{t-i}：Y 的第 i 期落後項所組成的 ($n \times 1$) 向量。

Φ_i：$(n \times n)$ 階的自我迴歸係數矩陣，可視爲傳導機能 (propagation mechanism)。

I_n：$(n \times n)$ 階的單位矩陣。

ε_t：$(n \times 1)$ 階向量的結構干擾項，可視爲隨機衝擊項 (innovation)。

Ω：$(n \times n)$ 階共變異數矩陣，爲對稱正定矩陣 (symmetric positive definite matrix)。

1. 正定矩陣：矩陣 A 的所有特徵值須均有正的實數，稱矩陣 A 爲正定矩陣 (Positive definite matrix)。

2. 負定矩陣：矩陣 A 的所有特徵值須均有負的實數，稱矩陣 A 爲負定矩陣 (Negative definite matrix)。

定義：正定矩陣 (Positive Definite Matrices)

對一實數對稱矩陣 A，可由以下條件認定是否爲正定。

1. A 的特徵值 (eigenvalue) 皆爲正。

2. 對任何非零的向量 $X_{n \times 1}$ 而言，二次形式 (quadratic form) 的條件爲：

$$X^t AX = \sum_{j=1}^{n} \sum_{i=1}^{n} a_{ij} x_i x_j > 0$$

3. A 可以被一個行向量間彼此線性獨立的矩形 (rectangular) 矩陣，表示成 $A = B^t B$。

4. A 的主對角線之軸元素 $d_i > 0$ (當主軸沒有交換時)。

5. 所有 A 的子矩陣 (submatrix) 之行列式值 > 0。

若將 A 矩陣，由實數 $[a_{i,j}]_{n \times n}$ 延伸複數 $[a_{(x+iy, x+jy)}]_{n \times n}$ 型，則對一複數漢米頓 (Hermitian) 矩陣 A($A = A^H$，H 表示共軛轉置)，可由以下條件認定是否爲正定。對任何非零的複數向量 $X_{n \times 1}$，滿足 $X^H AX > 0$。

對上述正定矩陣 A，可用一個上三角矩陣 R，因子化爲 (實數) 或 (複數)，並評估矩陣狀況，求線性方程組的解，求 A 的行列式值或反矩陣。

對一個對稱矩陣的上三角區域元素，即可把它存在一個長度爲 $n \times (n - 1)/2$ 的一維陣列，這樣可以節省一半的記憶體，這種做法叫做「vech(.)」，旨在壓縮儲存 (packed storage)。

(二)Diffuse 先驗分配 (prior distribution)

典型 VAR 模型的做法並不對各迴歸式中任何變數遞延項的係數是否爲零或

其他值，作任何強烈的先驗假設，而是對各係數可能的值，提供一個先驗統計分配的假設。而各參數最後的值，則由資料與先驗統計分配假設共同決定。此做法的好處是，由對先驗統計分配參數的假設替代了個別係數的估計，可大幅減少模型所需估計參數的數目，進而解決模型參數過多與自由度不足的問題。此外，VAR 模型對於各係數先驗統計分配相關參數的假設，亦不似大型結構計量模型對各係數值的直接假設來得強烈，因此也避免了「不可信的認定限制」的問題。

為了便於計算，VAR 常用參數之先驗分配的選用，都不出多元常態的共軛分配的 Normal-Wishart 之範圍。至於其中參數的設定法，則各有不同。其中，Diffuse 先驗分配 (Geisser, 1965; Tiao & Zellner, 1964) 如下：

$$p(B, \Sigma) \propto |\Sigma|^{-\frac{n+1}{2}}$$

經由導證後，可以得到後驗分配如下：

$$p(B, \Sigma | X, Y) \propto |\Sigma|^{-\frac{n+1}{2}} |\Sigma|^{-\frac{T}{2}} \exp\{-\frac{1}{2} tr \, [\Sigma^{-1}(Y - XB)'(Y - XB)]\}$$
$$\propto |\Sigma|^{-\frac{n+1}{2}} |\Sigma|^{-\frac{k}{2}} |\Sigma|^{-\frac{T-k}{2}} \times \exp\{-\frac{1}{2} \Sigma^{-1}(B - \widehat{B})'X'X(B - \widehat{B})\}$$
$$\times \exp\{-\frac{1}{2} tr \, [\Sigma^{-1}(Y - X\widehat{B})'(Y - X\widehat{B})]\}.$$

即 $\Sigma | X, Y \sim IW((Y - X\widehat{B})'(Y - X\widehat{B}), T - k)$

$B | \Sigma, X, Y \sim N(\widehat{B}, (X'X)^{-1}, \Sigma).$

其中，$\widehat{B} = (X'X)^{-1}X'Y$。

將聯合後驗分配中的 Σ 積分掉後，我們可以得到 B 的邊際後驗分配如下：

$$B | X, Y \sim MT(\widehat{B}, (X'X), (Y - X\widehat{B})'(Y - X\widehat{B}), T - k)$$

B 的邊際後驗分配為矩陣多變數 t 分配 (matricvariate-t distribution)。

在先驗分配的實證方面，Kadiyala 與 Karlsson(1997) 曾重新分析 Litterman 資料，但樣本期間是依據 1948 年第 1 季到 1980 年第 1 季的數據。在探討美國的實質國民生產毛額增加率時，Diffuse 先驗分配所產生的預測雖比 VAR 模型來得好，卻遠不如 Minnesota 先驗分配所產生的結果。而 Lee 與 Wang(2000) 在預測臺灣高科技產業的生產力時，發現 Diffuse 先驗分配有好的預測能力，優於 M(s) 與 M(l-w) 模型。

10-2-5 預測表現評估、Diebold-Mariano 法

一、預測表現 (performance) 之評估準則

對於各種計量經濟模型而言，預測能力的高低正是檢定該模型的理論或假設 (hypothesis) 優劣與否的重要標準。一般而言，預測能力的評量可分為樣本內的比較和樣本外的比較，通常會用樣本外來比較並評估模型的預測能力，這是因為樣本外預測能力的成功表示模型的設定被一組全新的樣本所證實，當然比達到好的樣本內配適度更具有說服力。

用來評量迴歸 (ARIMA、VAR、SVAR、VECM) 預測力高低的二種評量工具，分別是：絕對平均誤差 (mean absolute deviation, MAD)，均方根誤差 (root mean square error, RMS_E)。

1. 絕對平均誤差 (MAD)

$$MAD \text{ 計算方式為：} MAD = \frac{\sum\limits_{t=1}^{T} |Y_t - \hat{Y}_t|}{T}$$

當分析之數列具有相同單位時，MAD 不失為一種有效偏差衡量的工具，且 MAD 經過絕對值運算後，其值大小可用以評估模型預測值與真實值的差距。

2. 均方根誤差 (RMS_E)

$$RMS_E \text{ 計算方式為：} RMS_E = \sqrt{\frac{\sum\limits_{t=1}^{T} (Y_t - \hat{Y}_t)^2}{T}}$$

RMS_E 可以表示模型預測能力的好壞，而且對於每個預測誤差值給予不同的平方加權方式，故可以得到較為精確的比較基礎。

3. 誤差標準差 (FESD)

$$FESD \text{ 計算方式為：} FESD = \sqrt{\frac{1}{T} \sum\limits_{t=1}^{T} (e_t - \bar{e})^2}$$

4. 均方百分誤差 ($RMSP_E$)

$$RMSP_E \text{ 計算方式為：} RMSP_E = \sqrt{\frac{1}{T} \sum\limits_{t=1}^{T} \frac{(Y_t - \hat{Y})^2}{|Y_t|}}$$

5. 絕對平均相對誤差 (MARD)

MARD 計算方式為：$MARD = \frac{1}{T}\sum_{t=1}^{T}|\frac{Y_t - \hat{Y}_t}{Y_t}$

一般而言，均方差 (MSE) 係最常使用的預期損失函數。MSE 也是 Stata 「dmariano」外掛指令 Diebold-Mariano 法之內定估計法。

二、Diebold-Mariano 法：預測表現 (performance) 之評估

Stata 外掛指令「dmariano」可執行任何你認定二模型之「Diebold-Mariano comparison of forecast accuracy」。「dmariano」語法為：

```
dmariano actual pred1 pred2 [if exp] [in range] [,maxlag(lags) crit(criterion)
    kernel(kernel)]
```

問題：Diebold-Mariano 檢定

如果有兩個時間序列模型 A 與 B，我們可以分別求得預期預測損失為 $E[L(e^A_{t+k,t})]$ 與 $E[L(e^B_{t+k,t})]$，若 $E[L(e^A_{t+k,t})] < E[L(e^B_{t+k,t})]$，則稱模型 A 是一個預測表現較好的時間序列模型。

然而，模型 A 的預期預測損失要小多少我們才能認定模型 A 在統計上顯著小於模型 B？

答：

1. 已知任何形式之損失函數，我們可執行以下的相同預測能力之虛無檢定：

$$H_0 : E[L(e^A_{t+k,t})] = E[L(e^B_{t+k,t})]$$
$$H_1 : E[L(e^A_{t+k,t})] < E[L(e^B_{t+k,t})]$$

2. 令

$$d_t = L(e^A_{t+k,t}) - L(e^B_{t+k,t}) = \begin{cases} (e^A_{t+k,t})^2 - (e^B_{t+k,t})^2 & \text{二次函數} \\ |e^A_{t+k,t}| - |e^B_{t+k,t}| & \text{絕對函數} \\ u(e^A_{t+k,t}) - u(e^B_{t+k,t}) & \text{效用函數} \end{cases}$$

而且

$$\bar{d} = \frac{1}{T} \sum_{t=1}^{T} d_t$$

3. Diebold & Mariano(1995) 提出了 DM 統計量

$$DM = \frac{\bar{d}}{\sqrt{\dfrac{\hat{G}}{T-1}}} \sim t(T-1)$$

$$\hat{G} = \hat{\gamma}(0) + 2 \sum_{j=1}^{m} \hat{\gamma}(j)$$

其中，

$\hat{\gamma}(j)$ 為 j 階自我共變異數，$\gamma(j) = \mathrm{Cov}\,(d_t, d_{t-j})$ 的一致估計式。

Diebold & Mariano (1995) 建議設定 $m = \sqrt[3]{T}$ (取到最接近的整數)。當樣本很大時，DM 統計量的極限分配為標準常態：

$$DM \xrightarrow{d} 符合 N(0,1)$$

10-2-6　VAR 實例之研究法

實例：臺股指數現貨、期貨與選擇權之關係

以臺股指數現貨 $y_{1,t}$、期貨 $y_{2,t}$ 與選擇權 $y_{3,t}$ 為研究對象，從臺灣期貨交易所於 2001 年 12 月 24 日開始推出「臺灣證券交易所股價指數選擇權」為起始日。為了加入創立於時間不久的選擇權為探討研究對象，故以收盤日價格數列為投入變數，研究期間為 2001 年 12 月 24 日至 20xx 年 x 月 x 日止。研究方法依序為：(1) 採用 ADF 單根檢定法檢定數列是否定態。(2) 應用 Granger 因果關係檢定。(3) 建立向量自我迴歸模型 (VAR) 找出最適模型。(4) 以衝擊反應分析與變異數分解分析探討各變數間的互動關係。(5) 最後以狀態空間模型 (SSM) 的典型相關分析找出狀態向量，以找出臺股指數現貨、期貨與選擇權間之關聯性。

此例子之「現貨報酬率」、「期貨報酬率」與「選擇權報酬率」三變數，其操作型定義如下：

1. 臺股指數現貨報酬率

$$R_{S,t} = \frac{P_{S,t} - P_{S,t-1}}{P_{S,t-1}}$$

$R_{S,t}$：臺股指數現貨在第 t 期的報酬率。

$P_{S,t}$：臺股指數現貨在第 t 期的價格。

$P_{S,t-1}$：臺股指數現貨在第 t-1 期的價格。

2. 臺股指數期貨報酬率

$$R_{F,t} = \frac{P_{F,t} - P_{F,t-1}}{P_{F,t-1}}$$

$R_{F,t}$：臺股指數期貨在第 t 期的報酬率。

$P_{F,t}$：臺股指數期貨在第 t 期的價格。

$P_{F,t-1}$：臺股指數期貨在第 t-1 期的價格。

3. 臺股指數選擇權報酬率

$$R_{O,t} = \frac{P_{O,t} - P_{O,t-1}}{P_{O,t-1}}$$

$R_{O,t}$：臺股指數選擇權在第 t 期的報酬率。

$P_{O,t}$：臺股指數選擇權在第 t 期的價格。

$P_{O,t-1}$：臺股指數選擇權在第 t-1 期的價格。

從上面例子來看，我們可不難發現，VAR 之分析流程，可分成下列步驟：

Step 1. 首先對各變數進行單根檢定 (unit root test) 來看各變數間是否具有相同的整合階數 (order)：根據 Engle & Granger(1987) 將整合階數 (integration) 定義視為一時間數列 X_t，經過 d 次差分後仍可視為定態、可逆 (invertible) 的 ARMA (Autoregressive Moving Average) 形式，又稱之為 d 階整合，記為 I(d)。由於經濟變數大多屬於 I(0) 及 I(1)。其中，I(0) 表示原始數列為定態，其特性有：數列的變異數有限，衝擊只具有暫時性效果；數列與 X = 0 交叉的預期時間長度為有限；且當落後項 (lags) 夠大時自我相關函數將迅速下降。I(1) 數列本身變異數隨時間增加發散至無限，而特性有：當時間趨於無限大時，變異數也趨於無限大；衝擊具有恆久的效果；數列與 X = 0 交叉的預期時間長度為無限；當時間趨於無限大時，對所有落後階數其理論的自我相關函數趨於 1。故必須藉由單根檢定來檢定數列的定態與否。

Step 2. 運用 Johansen(1988, 1990 & 1994) 向量自我相關 (VAR) 模型，來做變數間共整合檢定 (Cointegration test)，以判斷各變數間是否具有長期均衡穩定關係。

Step 3. 以向量自我迴歸模型進行變數間「短期」互動測試。

Step 4. 利用 Granger(1988) 考慮誤差修正項之 ECM 模型進行 Granger Causality 因果「長期」關係檢定。此一因果關係不可謂為是「前因後果」的關係，即其不是指一個變量的變動會引起另一個變量的變動，此因果關係乃是一種「領先－落後」的概念，其指的是一個變量的當期和其他變量的過去值之間的相關關係。因此，Granger 因果關係檢定，它是用來解釋變數間之關係，是為領先 (Granger cause)、落後 (does not Granger cause)、互相回饋關係或是無關係之一種統計檢定方法。

Step 5. 運用衝擊反應函數 (Impulse Response Function,irf) 來評估各變數間的跨期動態效果。

Step 6. 採用變異數分解 (Variance Decomposition) 來判定各變數的相對外生性 (exogeneity ordering)。

10-3　VAR 之結構分析

　　VAR 模型本身就是 Autoregression(AR) 和 Seemingly unrelated model(SUR) 的結合，其中 VAR 模型大致分成兩種形式：縮減式向量自我迴歸模型 (Reduced-form Vector Autoregressive, RVAR) 及 Structural VAR(SVAR)。

　　Sims(1980) 指出 VAR 模型的迴歸係數在分析上不具經濟意義，因此不易用其係數作為判斷變數間關係的分析，故 Stata 及 JMulTi 提供三種 VAR 模型的結構分析：因果關係檢定 (Causality Test)、衝擊反應分析 (Impulse Response Analysis, IR) 及預測誤差變異數分解 (Forecast Error Variance Decomposition, FEV)，作為變數間關係的分析工具。

10-3-1　Granger 因果關係檢定

　　Sims(1980) 提出向量自我迴歸模型 (Vector Autoregression, VAR)，用來解決變數應屬內生或外生所產生的問題。因此，向量自我迴歸模型是將所有的變數均以內生變數來處理，以變數自己的落後期，加上其他變數的落後期為解釋變數，來探討變數間之互動關係。如此，就可以清楚明瞭一個變數的變動對其他變數之影響，亦可克服變數應為內生或外生變數認定的疑議。

　　VAR 是一組由多變數、多條迴歸方程式所組成，這些在每一條方程式中，

因變數皆以因變數自身的落後期，加上其他變數落後期來表示。n 個變數間，其 VAR(p) 的一般化模型為：

$$Y_t = \alpha + \sum_{i=1}^{p} A_i \times Y_{t-i} + \mu_t$$

$$(n \times 1)\,(n \times 1) \quad (n \times n) \quad (n \times 1) \quad (n \times 1)$$

簡單來說，假設只有二數列 y_1 與 $y_2 (n = 2$ 變數$)$，則其 VAR(p) 模型就簡化成為：

$$\begin{bmatrix} y_{1,t} \\ y_{2,t} \end{bmatrix}_{2 \times 1} = \begin{bmatrix} v_1 \\ v_2 \end{bmatrix}_{2 \times 1} + \begin{bmatrix} a_{11,1} & a_{12,1} \\ a_{21,1} & a_{22,1} \end{bmatrix}_{2 \times 2} \begin{bmatrix} y_{1,t-1} \\ y_{2,t-1} \end{bmatrix}_{2 \times 1} + \cdots + \begin{bmatrix} a_{11,p} & a_{12,p} \\ a_{21,p} & a_{22,p} \end{bmatrix}_{2 \times 2} \begin{bmatrix} y_{1,t-p} \\ y_{2,t-p} \end{bmatrix}_{2 \times 1} + \begin{bmatrix} v_{1,t} \\ v_{2,t} \end{bmatrix}_{2 \times 1}$$

這裡，$E(\mu_t) = 0$、$E(\mu_t \times \mu_t')\Sigma \neq 0$ 且 $E(\mu_t \times \mu_s') = 0$。

上式中，Y_t 為分析模式中之 $(n \times 1)$ 維的內生變數向量，並且具有聯合共變異定態 (jointly covariance stationary) 特性的線性隨機過程 (linearly stochastic process)，亦是攸關變數；μ_t 為 $(n \times 1)$ 維的預測誤差向量 (forecast error)，可視為隨機衝擊項 (shock, innovation or impulse)。A_i 為 $(n \times 1)$ 的 m 階落後變數。$E(\mu_t \times \mu_s') = 0$ 表示聯立方程組中每一方程式皆具有時間數列獨立的特性；$E(\mu_t \times \mu_t')\Sigma \neq 0$ 表示聯立方程組間同期誤差向量是彼此相關的。

檢定 Y_2 對 Y_1 之因果關係，其虛無假設為：

$$\begin{cases} H_0 & : a_{12,1} = a_{12,2} = \cdots = a_{12,p} = 0 \\ H_1 & : a_{12,1}、a_{12,2}、\cdots、a_{12,p} 有一不為 0 \end{cases}$$

檢定 Y_1 對 Y_2 之因果關係，其虛無假設為：

$$\begin{cases} H_0 & : a_{21,1} = a_{21,2} = \cdots = a_{21,p} = 0 \\ H_1 & : a_{21,1}、a_{21,2}、\cdots、a_{21,p} 有一不為 0 \end{cases}$$

舉例來說，若想了解散戶投資人情緒 y_2 與上櫃公司股價報酬 y_1 之間因果關係，利用上述雙數列 VAR(p) 分析其因果關係，即可發現：(1) 直接投資人情緒指標 y_2 對股價報酬 y_1 影響，並不明顯；反之，股價報酬 y_1 對直接投資人情緒指標 y_2 的影響，則非常明顯；(2) 間接投資人情緒指標 y_2 對股價報酬 y_1 並不明顯，反之，股價報酬 y_1 對間接投資人情緒指標 y_2 的影響，亦非常明顯。

一、Granger causality 檢定之解說

定義：Granger 因果關係

已知Ω_t為 t 期的資訊集合，$\Omega_t/\{x_t,x_{t-1},\cdots\}$為 t 期資訊集合與$\{x_t,x_{t-1},\cdots\}$的餘集 (relative complement)，且 F(.S.) 為條件分配。如果

$$F(y_{t+h}|\Omega_t/\{x_t,x_{t-1},\cdots\}) = F(y_{t+h}|\Omega_t) \quad \forall h \geq 1$$

則我們稱：x 不會「Granger 影響」y。亦即，x 預測 y 是無效果。

定義：Granger 因果關係之虛無假設 H_0

例如，有一迴歸式為

$$y_t = \alpha + \beta_1 y_{t-1} + \beta_2 y_{t-2} + \cdots + \beta_p y_{t-p} + \gamma_1 x_{t-1} + \gamma_2 x_{t-2} + \cdots + \gamma_p x_{t-p} + e_t$$

假如，接受 $H_0 : \gamma_1 = \gamma_2 = \cdots = \gamma_p = 0$

則稱 x 不會「Granger 影響」y。

Granger(1969) 提出以預測力是否增加來定義變數之間的因果關係，條件式定義如下：

$$F(X_t \mid I_{t-1}) = F(X_t \mid I_{t-1} - Y_{t-L_y}^{L_y}) \text{，} t = 1,2,3,\cdots$$

$\{X_t\}$ 和 $\{Y_t\}$ 為雙變量線性隨機過程 (bivariate linear stochastic process) 所產生的定態數列。在 $t-1$ 期間的訊息集合，$F(X_t \mid I_{t-1})$為變數給定$\{I_{t-1}\}$集合下的條件機率分配。而$Y_{t-L_y}^{L_y}$為擁有 L_y 空間長度的變數 Y_t 之訊息集合，與$X_{t-L_y}^{L_y}$共同組合成$\{I_{t-1}\}$訊息集合。

上式若不成立，表示 Y 對 X 有 Granger 因果關係，且 Y 的歷史資料有助於預測 X。

相對的，考慮下式：

$$F(Y_t \mid I_{t-1}) = F(Y_t \mid I_{t-1} - X_{t-L_y}^{L_y}) \text{，} t = 1, 2, 3, \cdots$$

上式若不成立，表示 X 對 Y 有 Granger 因果關係，且 X 的歷史資料有助於預測 Y。

一般的 VAR 模型如下：

$$\begin{cases} X_t = \sum_{j=1}^{p} \alpha_j X_{t-j} + \sum_{j=1}^{p} \beta_j Y_{t-j} + u_t \\ Y_t = \sum_{j=1}^{p} \gamma_j X_{t-j} + \sum_{j=1}^{p} \delta_j Y_{t-j} + v_t \end{cases}$$

其中，

u_t、v_t 為兩個不相關的白噪音 (white noise)，p 表示模型選擇的落後期數。
虛無假設如下：

$$\begin{cases} H_0 = \beta_1 = \beta_2 = \cdots = \beta_p = 0 \\ H_0 = \gamma_1 = \gamma_2 = \cdots = \gamma_p = 0 \end{cases}$$

以上模型使用 F 統計量進行檢定，檢定結果可分成四種情形：

1. 若拒絕 $H_0 = \beta_1 = \beta_2 = \cdots = \beta_p = 0$ 而不拒絕另一個虛無假設，表示變數 Y「Granger 影響」變數 X，也就是 Y 領先 X 發生。

2. 若拒絕 $H_0 = \gamma_1 = \gamma_2 = \cdots = \gamma_p = 0$ 而不拒絕另一個虛無假設，表示變數 X「Granger 影響」變數 Y，也就是說 X 領先 Y 發生。

3. 若同時拒絕 $H_0 = \beta_1 = \beta_2 = \cdots = \beta_p = 0$，$H_0 = \gamma_1 = \gamma_2 = \cdots = \gamma_p = 0$ 兩個虛無假設，表示 X、Y 兩個變數互相 Granger 影響，兩變數之間具有回饋 (feedback) 關係。

4. 若無法拒絕兩個虛無假設，表示變數 X 與變數 Y 沒有因果關係，不會互相影響。

然而，兩變數因果關係 (bi-variate causality test) 在檢定三個變數以上時可能會忽略了變數之間的間接關係而不適用，比較完整的做法是使用 VAR 因果關係檢定 (VAR Granger causality test)，這是由於 VAR 因果關係檢定考慮方程式的聯立體系，故可避免變數透過方程式而產生間接影響。

10-3-2 Stata 及 JMulTi 的二種 VAR 因果檢定

Stata 及 JMulTi 軟體 VAR 有二種因果關係檢定 (Causality Test)：Granger 因果及聯立 (instantaneous) 因果，其數學式推理如下。

令外生變數 y 先拆解成二部分：$y_t = (y_{1,t}, y_{2,t})'$，其中，$y_{1,t}$、$y_{2,t}$ 分別為 $(K_1 \times 1)$ 及 $(K_2 \times 1)$ 階向量，$K = K_1 + K_2$，且對應白噪音過程 (white noise process) $\varepsilon_t = (\varepsilon'_{1,t}, \varepsilon'_{2,t})$。則其對應的模型為：

$$\begin{bmatrix} y_{1t} \\ y_{2t} \end{bmatrix} = \sum_{i=1}^{p} \begin{bmatrix} \alpha_{11,t} & \alpha_{12,t} \\ \alpha_{21,t} & \alpha_{22,t} \end{bmatrix} \times \begin{bmatrix} y_{1,t-i} \\ y_{2,t-i} \end{bmatrix} + C \times D_t + \begin{bmatrix} u_{1t} \\ u_{2t} \end{bmatrix}$$

若且唯若 (if only if) $\alpha_{21,t} = 0$，則次向量 $Y_{1,t}$ 為 $Y_{2,t}$ 的 Granger 因。因此，其對應的虛無假設為：

$$\begin{cases} H_0 : \alpha_{21,t} = 0 \\ H_1 : \alpha_{21,t} \text{有一不為0} \end{cases}$$

相反地，若要考驗「$Y_{2t} \to Y_{1t}$」因果性，則要反過來考驗：$H_0 : \alpha_{12,t} = 0$。以上 H_0 顯著性考驗，JMulTi 係採用 Wald 統計量，Wald$\sim F(pK_1K_2, KT - n^*)$。其中，

n^*：系統內之參數個數 (含決定項的參數)

P：VAR(p) 之落後期數

T：總期數

值得一提的是，VAR(p) 之顯著性 Wald 檢定，若遇到分析的 y 數列是非定態，則 Wald 檢定會失效。故遇到 2 個以上之定態數列，才可執行 VAR(p)；反之，非定態數列的聯立迴歸式，則改用 VECM 模型來求解。

舉例來說，假設有二個定態 (Stationary) 之時間數列 x_t(為上市股價波動性) 及 y_t(為上櫃股價波動性)，其對應 VAR 模型為：

$$\begin{cases} x_t = \alpha_0 + (\alpha_1 x_{t-1} + \cdots + \alpha_p x_{t-p}) + (\beta_1 y_{t-1} + \cdots + \beta_q x_{t-q}) + \mu_{1t} \\ y_t = \phi_0 + (\phi_1 y_{t-1} + \cdots + \phi_r y_{t-r}) + (\eta_1 x_{t-1} + \cdots + \eta_r x_{t-r}) + \mu_{2t} \end{cases}$$

上式二個聯立方程式，利用遞迴之 Lag 運算子 (「L」) 則可改寫成：

$$x_t = \alpha_0 + \alpha(L)x_{t-1} + \beta(L)y_{t-1}$$
$$y_t = \phi_0 + \phi(L)y_{t-1} + \eta(L)x_{t-1} + \mu_{2t}$$

其中，

$$\alpha(L) = \alpha_1 + \alpha_2 L^1 + \alpha_3 L^2 + \cdots + \alpha_p L^{p-1}$$
$$\beta(L) = \beta_1 + \beta_2 L^1 + \beta_3 L^2 + \cdots + \beta_q L^{q-1}$$
$$\phi(L) = \phi_1 + \phi_2 L^1 + \phi_3 L^2 + \cdots + \phi_r L^{r-1}$$
$$\eta(L) = \eta_1 + \eta_2 L^1 + \eta_3 L^2 + \cdots + \eta_s L^{s-1}$$

上式為一簡單的 VAR，式中只有兩個變數。若想要延伸至 N 個變數，原理完全相同。而在了解「上式上櫃股價報酬變異間的因果關係」時，首先我們必須先進行 Granger-causality(GC) 檢定。其分析的原理為，若利用所有過去的資訊來預測 Y 值，其結果若優於以未包含 X 的過去資訊所預測的情形，則應該用 X 的過去值來預測 Y。若 X(領先變動於 Y，則應將 X(矩陣) 的過去值加諸於預測 Y 矩陣) 的模型中，以增加模型的預測能力，因此 Granger 因果關係可視為領先落後變動的觀念。

$$\begin{cases} X_t = \alpha_0 + (\alpha_1 X_{t-1} + \cdots + \alpha_p X_{t-p}) + (\beta_1 Y_{t-1} + \cdots + \beta_q Y_{t-q}) + \mu_{1t} \\ Y_t = \phi_0 + (\phi_1 Y_{t-1} + \cdots + \phi_r Y_{t-r}) + (\eta_1 X_{t-1} + \cdots + \eta_r X_{t-r}) + \mu \end{cases}$$

就上式而言，若檢定上櫃股價報酬波動變數 Y 是否有領先變動於上市股價報酬波動 X，其虛無假設：

$$\begin{cases} H_0 : \beta_1 = \beta_2 = \cdots = \beta_q \\ H_1 : \beta_1, \beta_2, \cdots, \beta_q 有一不為0 \end{cases}$$

若拒絕 H_0，即接受 H_1，則表示變數 Y 領先變動於變數 X。

10-3-3 衝擊反應分析

衝擊反應函數 (Impulse Response Function, IRF) 旨在分析當其他衝擊不變下，特定衝擊對於內生變數動態之影響。換言之，由脈衝反應函數我們可看出某一變數的自發性干擾，引起其他變數在時間過程中所產生的反應，亦可觀察某一變數受到其他變數的自發性干擾，在時間過程中所產生的各種可能反應。因此，運用衝擊反應函數來評估各變數間的跨期動態效果。IRF 亦即將每一個變數都可以表示成模型內變數當期與落後期隨機衝擊項的線性組合，以檢視衝擊的變化是呈正向還是負向，是持續性 (persistence) 還是跳動性 (volatility) 狀態，是長期性還是短期性的影響。例如，我們可用它來評估各國公債殖利率間的影響力與方向為何。

（一）衝擊反應函數：以 AR(1) 為例

衝擊反應函數分析的演算法

1. 估計一個縮減式 VAR(p).

2. 算出 VAR 估計式 $\hat{\Phi}_j$ 及 $\hat{\Sigma}_\varepsilon$

3. 根據 $\hat{\Phi}_j$ 求出 $\hat{A}$

4. 對 $\hat{\Sigma}_\varepsilon$ 作 Choleski 分解，找出 $\hat{C}$

5. 根據 $\hat{C}$ 求出估計式 $\hat{D}_0$ 及 $\hat{B}$

6. 依據 $\hat{D}_0$ 及 $\hat{B}$，求出 $\hat{G} = \dfrac{\hat{B}}{1 - \bar{D}_0}$

7. 求出實證衝擊反應函數 (impulse response functionirt, irf)

$$\hat{\Psi}_s = \theta_1' \hat{A}^s \begin{bmatrix} \hat{G} \\ 0 \\ \vdots \\ 0 \end{bmatrix} \theta_2$$

我們以 AR(1) 為例，並根據上述 IRF 演算法，來說明 IRF 的推理。AR(1) 的數學式為：

$$\underbrace{\begin{bmatrix} y_t \\ y_{t-1} \\ \vdots \\ \vdots \\ y_{t-p+1} \end{bmatrix}}_{kp \times 1} = \underbrace{\begin{bmatrix} \Phi_1 & \Phi_2 & \cdots & \cdots & \Phi_p \\ I & 0 & \cdots & \cdots & 0 \\ 0 & \cdots & \cdots & \cdots & \vdots \\ \vdots & \cdots & \cdots & \cdots & \vdots \\ 0 & \cdots & 0 & I & 0 \end{bmatrix}}_{kp \times kp} \underbrace{\begin{bmatrix} y_{t-1} \\ y_{t-2} \\ \vdots \\ \vdots \\ y_{t-p} \end{bmatrix}}_{kp \times 1} + \underbrace{\begin{bmatrix} G \\ 0 \\ \vdots \\ \vdots \\ 0 \end{bmatrix}}_{kp \times k} \underbrace{e_t}_{k \times 1}$$

上式之聯立方程式，可縮寫為

$$\underbrace{Y_t}_{kp \times 1} = A Y_{t-1} + \begin{bmatrix} G \\ 0 \\ \vdots \\ 0 \end{bmatrix} e_t = \sum_{j=0}^{\infty} A^j \begin{bmatrix} G \\ 0 \\ \vdots \\ 0 \end{bmatrix} e_{t-j}$$

再以上式作為反覆疊代的結果。

左式，令 $kp \times 1$ 向量 θ_1 為

$$\theta_1 = \begin{bmatrix} 0 \\ \vdots \\ 1 \\ 0 \\ \vdots \\ 0 \end{bmatrix}$$

θ_1 包含所有元素為零，除了第 i 個元素為 1。同理，定義 $k \times 1$ 向量 θ_2 包含所有元素為零，除了第 j 個元素為 1。

則第 i 個變數對應第 j 個結構性衝擊的衝擊反應函數 (impulse response function) 為

$$\Psi_s = \frac{\partial y_{it+s}}{\partial e_{jt}} = \frac{\partial y_{it}}{\partial e_{jt-s}} = \underbrace{[0 \cdots 0 \ 1 \ 0 \cdots 0]}_{1 \times kp} A^s \begin{bmatrix} G \\ 0 \\ \vdots \\ \vdots \\ \vdots \\ 0 \end{bmatrix} \underbrace{\begin{bmatrix} G \\ \vdots \\ 0 \\ 1 \\ 0 \\ \vdots \\ 0 \end{bmatrix}}_{k \times 1}$$

$$= \theta'_1 A^s \begin{bmatrix} G \\ 0 \\ \vdots \\ 0 \end{bmatrix} \theta_2$$

(二) 衝擊反應函數 (IRF)：以 VAR(p) 為例

衝擊反應函數 (IRF) 旨在觀察 VAR 模型變數受到隨機項衝擊 (innovation) 時，該變數及其他變數對此一衝擊的動態反應過程。傳統衝擊反應有二種：(1) Sims(1980) 的 Cholesky 過程，正交化 (orthogonalize)VAR 模型的衝擊，此一分析結果受到 VAR 模型變數排列順序的影響，不同的排列順序產生不同的結果。(2)Pesaran 及 Shin(1998) 建立的共整合 VAR 模型，一般化衝擊反應則不需要衝擊的正交化過程，且不受變數排列順序的影響。

在傳統計量模型分析中，皆以經濟理論來建構變數間的因果關係，但卻無法描繪出變數間動態影響過程，對於總體經濟與財務理論錯綜複雜之資料型態更是一籌莫展。Sims(1980) 認為採用一般經濟分析理論所得到之參數估計值，

是無法說明經濟變數互相影響之過程，更無法看出變數間之實質特性。因此，建構向量自我迴歸模型 (VAR)，即針對模型內每一個內生變數之落遲項設立動態結構模型，更能有效處理多個相關經濟指標之分析與預測，模型如下所示：

$$Y_t = \alpha + \sum_{p=1}^{n} A_i Y_{t-p} + B X_t + \varepsilon_t \quad , \quad t = 1,2,3,\cdots,T \tag{10-6}$$

由 (10-6) 式中，Y_t 為 K 維的內生變數向量，X_t 為 d 維的外生變數向量，p 為落後階數，T 為模型樣本資料個數亦即落後期數，B 是模型外生變數估計之 $K \times d$ 維係數矩陣，殘差項 ε_t 與 Y_t 同為 K 維向量，但模型中僅允許同期樣本估計殘差相關，不允許與自我落後項和外生變數相關。擴展式如下所示：

$$\begin{bmatrix} y_{1,t} \\ y_{2,t} \\ \vdots \\ y_{k,t} \end{bmatrix} = A_1 \begin{bmatrix} y_{1,t-1} \\ y_{2,t-1} \\ \vdots \\ y_{k,t-1} \end{bmatrix} + \ldots + A_p \begin{bmatrix} y_{1,t-p} \\ y_{2,t-p} \\ \vdots \\ y_{k,t-p} \end{bmatrix} + B \begin{bmatrix} x_{1,t} \\ x_{2,t} \\ \vdots \\ x_{k,t} \end{bmatrix} + \begin{bmatrix} \varepsilon_{1,t} \\ \varepsilon_{2,t} \\ \vdots \\ \varepsilon_{k,t} \end{bmatrix} \quad t = 1, 2, \cdots, T \tag{10-7}$$

上式經由 Wold 分解定理 (Wold Decomposition Theorem) 轉換成向量之移動平均 (Vector Moving Average Representation, VMA) 的形式，亦即將每一個變數都可以表示成模型內變數當期與落後期隨機衝擊項的線性組合，以檢視衝擊的變化是呈正向還是負向，是持續性還是跳動性狀態，是長期性還是短期性的影響。藉由衝擊反應函數的變化，可表示出變數間的互相影響，是否為持續性或是跳動性的形式。根據衝擊反應函數，可以觀察模式內某一內生變數以一個單位標準差的大小發生自發性干擾時，對模式內所有的內生變數當期與未來各期的動態影響過程。

定義：L 為落遲運算子 (Lag operator)，亦即 $y_{t-1} = L \times y_t$，則

$y_{t-2} = L \times y_{t-1} = L(L \times y_t) = L^2 y_t$，$\cdots$，如此類推到 L^p，AR(p) 則可表示為：

$$y_t = \mu + (\alpha_1 L + \cdots + \alpha_p L^p) y_t + e_t$$

或 $(\alpha_1 L + \cdots + \alpha_p L^p)^{-1} y_t = \mu + e_t$

或 $y_t = \dfrac{\mu}{(\alpha_1 L + \cdots + \alpha_p L^p)} + \dfrac{e_t}{(\alpha_1 L + \cdots + \alpha_p L^p)^{-1}}$

最後得 $\alpha(L) y_t = \mu + e_t$

其中，$\alpha(L) = 1 - \alpha L - \cdots - \alpha_p L^p$

向量自我迴歸模型的一般型態：

$$Y_t = \alpha + \sum_{i=1}^{p} A_i \times Y_{t-i} + \mu_t \tag{10-8}$$

若將 (10-8) 式，經由 Wold 分解定理 (Wold decomposition theorem) 將聯立變異定態矩陣轉換為移動平均 (moving average) 的表示方式，如此每一變數可以用當期和各落後項的隨機衝擊項線性組合來表示之，如下所示：

$$Y_t = \alpha + \sum_{i=1}^{m} A_i Y_{t-i} + \varepsilon_t \Rightarrow Y_t - \sum_{i=1}^{m} A_i Y_{t-i} = \alpha + \varepsilon_t$$

$$(I - A_1 L^1 - A_2 L^2 - \cdots - A_m L^m) Y_t = \alpha + \varepsilon_t$$

$$Y_t = \frac{\alpha}{(I - A_1 L^1 - A_2 L^2 - \cdots - A_m L^m)} + \frac{\varepsilon_t}{(I - A_1 L^1 - A_2 L^2 - \cdots - A_m L^m)}$$

$$Y_t = \alpha_0 + \sum_{i=1}^{\infty} C_i \varepsilon_{t-i} \tag{10-9}$$

其中，α_0 為 $(n \times 1)$ 的常數向量，C_i 為 $(n \times n)$ 的矩陣且 $C_0 = I$ (單位矩陣)。

因此上式說明了，每一變數皆可由體系內所有變數的當期及落後期的隨機衝擊項 (ε_t) 表示，若隨機衝擊項與當期無關 (contemporemeously uncorrelated)，則將每一變數表示為各期隨機衝擊項的組成，可獲唯一的組合；但若隨機衝擊項是具有當期相關時，須利用 Cholesky 分解定理完成正交化過程 (orthogonalization)，以去除隨機衝擊項之間的當期相關。換言之，就是在上中放入一個下三角矩陣 (lower triangular matrix)V(其中 $VV' = I$)：

$$Y_t = \alpha_0 + \sum_{i=1}^{\infty} (C_i \times V) \times (V' \times \varepsilon_{t-i}) \tag{10-10}$$

令 $D_i = C_i \times V$，$\eta_{t-i} = V' \times \varepsilon_{t-i}$

則 $Y_t = \alpha_0 + \sum_{i=1}^{\infty} D_i \times \eta_{t-i}$

其中，$D_i = C_i \times V$，$\eta_{t-i} = V' \times \varepsilon_{t-i}$為一數列無關且當期無關之正交化隨機衝擊項。

由上式可獲得對角化 (diagonalized) 的共變異矩陣：

$$E \begin{bmatrix} \eta_{1t} \\ \eta_{2t} \\ \vdots \end{bmatrix} = 0$$

$$E \left[\begin{pmatrix} \eta_{1t} \\ \eta_{2t} \\ \vdots \end{pmatrix} (\eta_{1t}, \eta_{2t}, \cdots) \right] = \begin{bmatrix} \sigma_{11} & 0 & 0 & \cdots \\ 0 & \sigma_{22} & 0 & \cdots \\ \vdots & \vdots & \vdots & \ddots \end{bmatrix}$$

$$E\left[\begin{pmatrix} \eta_{1t} \\ \eta_{2t} \\ \vdots \end{pmatrix}(\eta_{1t}, \eta_{2t}, \cdots)\right] = 0$$

其中，$t \neq s$。

由 (10-10) 式 VAR 模式的移動平均表示法可知，每個變數皆可寫成隨機衝擊項的函數，故由衝擊項比例的大小可看出某變數的隨機衝擊項變動時，會對另外其他變數產生何種影響，進而觀察衝擊反應大小的變化、正向或負向的影響、持續性的 (persistence) 或反覆跳動性的 (volatility) 衝擊，以及反應速度的快慢。D_i 由於衝擊反應模型中變數排列順序的不同，會透過 Choleski 下角方式進行分解，以完成正交化 (orthogonalization) 過程，影響衝擊反應分析結果。但是在統計方法中對變數的排序並沒有一個明確的準則，而是由分析者自行判斷，故依 Granger 因果檢定的領先落後結果去排列變數順序，如果因為變數間具有回饋關係或無明顯的互動關係時，則以 F 檢定統計量 (或 P-value 值) 之大小作為衝擊反應分析之排列依據，因此，依上述 Granger 因果檢定的領先落後結果。

小結

VAR 衝擊反應可細分成二種模型：簡單雙變量 VAR 衝擊反應分析、多變量 VAR 衝擊反應分析模型。

1. 簡單雙變量 VAR 衝擊反應分析模型

$$\begin{cases} x_t = a_1 x_{t-1} + a_2 x_{t-2} + b_1 z_{t-1} + b_2 z_{t-2} + \varepsilon_{1t} \\ z_t = c_1 x_{t-1} + c_2 x_{t-2} + d_1 z_{t-1} + d_2 z_{t-2} + \varepsilon_{2t} \end{cases} \quad t = 1, 2, \cdots, T \quad (10\text{-}11)$$

由 (10-11) 式中，當 $t = 0$ 時，且設 $x_0 = 1$、$z_0 = 0$，將變數帶入 (10-11) 式可得知 $x_1 = a_1$、$z_1 = c_1$，當 $t = 1$ 時，可得知 $x_2 = a_1^2 + a_2 + b_1 c_1$、$z_2 = c_1 a_1 + c_2 + d_1 c_1$，以此類推，當 t 無限期延伸即可得知 Z 對 X 變數之動態衝擊效應。反之，為 X 對 Z 變數之動態衝擊效應，其中模型假設殘差項 $\varepsilon_t = (\varepsilon_{1t}, \varepsilon_{2t})'$，個別殘差項期望值 $E(\varepsilon_{it}) = 0$，$i = 1, 2$，並且變數間殘差期望值交乘項為零 $E(\varepsilon_{1t}, \varepsilon_{2t}) = 0$。

2. 多變量 VAR 衝擊反應分析模型

$$Y_{it} = \sum_{j=1}^{k} (c_{ij}^{(0)} \varepsilon_{jt} + c_{ij}^{(1)} \varepsilon_{jt-1} + c_{ij}^{(2)} \varepsilon_{jt-2} + c_{ij}^{(3)} \varepsilon_{jt-3} + \cdots), \quad t = 1, 2, \cdots, T \quad (10\text{-}12)$$

考慮加入雙變量後 (10-12) 式之擴展式如下所示：

$$\begin{bmatrix} Y_{1t} \\ Y_{2t} \end{bmatrix} = \begin{bmatrix} c_{11}^{(0)} & c_{12}^{(0)} \\ c_{21}^{(0)} & c_{22}^{(0)} \end{bmatrix}\begin{bmatrix} \varepsilon_{1t} \\ \varepsilon_{2t} \end{bmatrix} + \begin{bmatrix} c_{11}^{(1)} & c_{12}^{(1)} \\ c_{21}^{(1)} & c_{22}^{(1)} \end{bmatrix}\begin{bmatrix} \varepsilon_{1t-1} \\ \varepsilon_{2t-1} \end{bmatrix} + \begin{bmatrix} c_{11}^{(2)} & c_{12}^{(2)} \\ c_{21}^{(2)} & c_{22}^{(2)} \end{bmatrix}\begin{bmatrix} \varepsilon_{1t-2} \\ \varepsilon_{2t-2} \end{bmatrix} + \cdots \quad (10\text{-}13)$$

由 (10-12)、(10-13) 式中，i、j 為變量代號，k 為變量個數，$c_q = \left(c_{ij}^{(q)}\right)$ 為 q 階殘差項移動平均矩陣，說明各變量交乘項係數互相影響關係。

綜合上述，利用 VAR 衝擊反應模型，即可探討變數間互相影響之動態過程，試圖了解變數間互相影響之持續性 (persistence)、相關性，以及變數互相衝擊程度大小。

10-3-4 預測誤差變異數分解 (FEVD)

變異數分解 (Variance Decomposition) 來判定各變數的相對外生性 (exogeneity ordering)。變異數分解是將預測誤差的變異數 (Forecast Forecast Variance Decomposition, FEVD) 分解成不同衝擊所造成之比例。亦即，衡量變數之波動，有多少比例是由自身衝擊 (innovation) 及其他變數的衝擊所解釋的程度，該特定衝擊對於變數波動的貢獻為何，而當比例愈大，則表示受影響的程度愈大。

誤差變異數分解是將預測誤差的變異數分解成不同衝擊所造成之比例。亦即，衡量變數之波動，有多少比例是由自身衝擊及特定衝擊所解釋，該特定衝擊對於變數波動的貢獻為何，而當比例愈大，則表示受影響的程度愈大。

在 Stata / JMulTi 之 VAR 模式裡，可對各變數的預測誤差變異數作分解，以預測誤差變異數分解百分比的大小，來判斷變數間，何者被解釋力較強，進而測出其被自己的變動 (innovation) 和其他變數變動所解釋的程度。殘差分解值可顯示變數間資訊傳動之速度。

將 $Y_t = \alpha_0 + \sum_{i=1}^{\infty} D_i \times \eta_{t-i}$ 式，透過 Y_t 的 k 期向前預測誤差 (k period-ahead forecast error) 改寫成：

$$Y_t - E_{t-k}Y_t = \alpha_0 + \sum_{i=0}^{\infty} D_i \eta_i - E_{t-k}\left(\alpha_0 + \sum_{i=0}^{\infty} D_i \eta_i\right) = D_0 \eta_t + D_1 \eta_{t-1} + \ldots + D_k \eta_{t-k+1}$$

其中，$E_{t-k}Y_t = E[Y_t | Y_{t-k}, Y_{t-k-1}, \Lambda]$ 表示在 $t-k$ 期，利用所有已知訊息對 Y_t 做預測所得到的預測值與可能產生的誤差，該預測誤差共變異數矩陣表示為：

$$E(Y_t - E_{t-k}Y_t)(Y_t - E_{t-k}Y_t)'$$
$$= D_0 E(\eta_t \eta_t')D_0' + D_1 E(\eta_{t-1}\eta_{t-1}')D_1' + ... + D_{k-1}E(\eta_{t-k+1}\eta_{t-k+1}')D_{k-1}'$$

上式係說明每一變數的變異數皆可表示為所有變異數之加權總和，亦可推估每一期對角線上之數值，且此數值的大小決定於 D_k 之矩陣元素，故透過 VAR 模型的移動平均表示法中之係數矩陣 D，可對各變數的預測 k 階誤差變異數進行分解，由預測變異分解百分比的大小，即可判斷經濟變數外生性之相對強弱。

變異數分解之原理

令 VAR 模型對前 s 期的預測誤差為：

$$Y_{t+s} - \hat{Y}_{t+s|t} = \varepsilon_{t+s} + \psi_1 \varepsilon_{t+s-1} + \psi_2 \varepsilon_{t+s-2} + \cdots + \psi_{s-1}\varepsilon_{t+1} \tag{10-14}$$

將正交化的隨機衝擊項

$$\varepsilon_t = A u_t = a_1 u_{1t} + a_2 u_{2t} + \cdots + a_n u_{nt}$$

其中，a_j 表矩陣 A 的第 j 行，代入前 s 期預測的均方差 (mean squared error)。

$$MS_E(\hat{Y}_{t+s|t}) = \sum_{j=1}^{n}\{Var(u_{jt})\cdot[a_j a_j' + \psi_1 a_j a_j'\psi_1' + \psi_2 a_j a_j'\psi_2' + \cdots + \psi_{s-1}a_j a_j'\psi_{s-1}']\} \tag{10-15}$$

故從上式的右式：$Var(u_{jt})\cdot[a_j a_j' + \psi_1 a_j a_j'\psi_1' + \cdots + \psi_{s-1}a_j a_j'\psi_{s-1}'] \tag{10-16}$

可知第 j 個正交隨機衝擊項對前 s 期預測的 MS_E 的貢獻，並由 (10-16) 與 (10-15) 式之比值知其貢獻的比率。

(一)Choleski 變異數分解法

Stata 提供「irf create」指令搭配「irf graph fevd」或「irf table fevd」，就可求得 FEVD 圖或 FEVD 表。

Choleski 變異數分解法：

令 $D(L) Y_i = B \times u_t$

其中，$D(L)$ 為落遲算子 (lag operator) 多項式，u_t 為結構衝擊。

利用 $D(L)$，將上式展開即可得到：

$$(I - D_0)Y_t = (I - D_1)Y_{t-1} + (I - D_2)Y_{t-2} + \cdots + (I - D_p)Y_t + Bu_{t-p}$$

將上式左右同乘$(I-D_0)^{-1}$矩陣後，

令$(I-D_0)^{-1} \times B\mathbf{u}_t = e_t$，$(I-D_0)^{-1} \times D_i = A_i$，可得

  $Y_t = A_1Y_{t-1} + A_2Y_{t-2} + \cdots + A_pY_{t-p} + e_t$，將它縮寫成$B \times u_t = A \times e_t$

此種 SVAR 的精神即限定同期變數之間是如何影響的，在解釋結構的意涵 (上式) 有兩種解讀方式：

1. $e_t = \dfrac{B \times u_t}{A}$：可解釋成一單位的結構衝擊如何影響被解釋變數。

2. $u_t = \dfrac{A \times e_t}{B}$：變數之間扣除掉本身與其他變數的落後期影響後的關係為何。

  Choleski decomposition 即將一行列數相等的正定且對稱之矩陣，分解為「嚴格下三角」的矩陣與其轉置矩陣兩者的相乘。

  Structural VAR(SVAR) 模型包含預測誤差 e 與結構衝擊 u_t，兩者常有的關係為：

$$e_t = A^{-1}Bu_t$$

  結構衝擊之間是獨立，預測誤差之間則有關。通常因模型認定的關係，會假設結構衝擊的變異數為單位矩陣 I，在估計 SVAR 的結構參數前要先估 RVAR，即算出預測誤差的變異數共變數矩陣，因為變異數—共變數矩陣屬對稱且正定 (positive definition) 矩陣，故可將它分解為兩個轉置後相等的矩陣 ($A = A'$)，Choleski decomposition 就是將 $e_t = A^{-1}Bu_t$，該關係式展開後發現，最上方的變數為完全外生一路往下內生性就持續增加，而且下方變數只受到上方變數和自己所影響但卻無法影響上方變數。

(二)Wold 變異分解法

  若將 $Y_t = \alpha + \sum\limits_{i=1}^{p} A_i \times Y_{t-i} + \varepsilon_t$ 的 VAR(p) 模型轉換成移動平均 (MA(∞)) 的表示方式：

$$Y_t = \sum_{i=0}^{\infty} A_i\varepsilon_{t-i} \tag{10-17}$$

  式中，A_i 表 ($n \times n$) 階的係數矩陣，用以觀察任一衝擊對 VAR 變數的影響。Y_t 的 n 期衝擊反應方程式定義為：

$$GI_Y(n, \delta, \Omega_{t-1}) = E(Y_{t+n}|\varepsilon_t = \delta, \Omega_{t-1}) - E(Y_{t+n}|\Omega_{t-1}) \tag{10-18}$$

式中，δ爲衝擊規模，Ω_{t-1}爲$t-1$期未受到衝擊前的狀況。根據 (10-17)、(10-18) 式可得$GI_Y(n,\delta,\Omega_{t-1})=A_n\delta$，$\delta$爲決定衝擊反應函數特徵的核心。若僅出現一個衝擊$j$，則第$j$個衝擊規模的條件期望值爲$\delta_j$的線性函數，亦即

$E(\varepsilon_t|\varepsilon_{jt}=\delta_j)=(\delta_{1j},\delta_{2j},\cdots,\delta_{mj})'\sigma_{jj}^{-1}\delta_j=\Sigma e_j\sigma_{jj}^{-1}\delta_j$，其中，$\Sigma=E(\varepsilon_t\varepsilon_t')$，$e_j$爲第$j$個元素爲 1 其他爲 0 的 $(n\times1)$ 階向量，$\sigma_{jj}=E(\varepsilon_{jt}^2)$。令衝擊唯一標準差單位，此及$\delta_j=\sqrt{\sigma_{jj}}$，則比例化的一般衝擊反應方程式爲：

$$IRF_{Y,j}(n)=\sigma_{jj}^{-\frac{1}{2}}A_n\Sigma e_j，n=0,1,2,\cdots$$

此用來衡量第j個方程式t期一個標準差衝擊對$t+n$期Y的影響。

(三)「衝擊」 報表如何解釋？

Stata 提供「irf create」指令搭配「irf table fevd」即可求得 FEVD 衝擊報表。

舉例來說，保險公司的獲利指標 CR(綜合成本率) 會隨新資訊的出現而調整，故產險公司能對未來做出正確的預期，並將此預期反映在目前的 CR 上。而 MS(市場占有率) 以及 IV(投資報酬率) 則任意排列組合，觀察其預測誤差變異數分解值，其中 MS(市場占有率) 的外生性比 IV(投資報酬率) 強 (用 Stata「irf」(impulse-response functions) 指令，即可發現 MS 受過去 IV 之衝擊百比爲 61%，IV 受過去 MS 之衝擊百比爲 50%)，故 JMulTi 在進行 VAR 分析時，變數的排列順序爲 CR、MS、IV。

假定，表 10-1 爲上述三項變數之預測誤差變異數分解 (variance decomposition) 結果。顯示，CR 之過去衝擊影響目前 CR 甚鉅，目前 CR 受到本身 CR 過去預測誤差變異數分解值高達 98.5%，證明了產險公司的目前獲利能力受過去獲利能力影響；相對地，產險公司目前 CR 受到過去 MS 與 IV 預測誤差變異數分解值分別爲 1.22% 與 0.28%，明顯不高，所以由此顯示，這二個研究假設不成立。

值得一提的是，雖然產險公司的目前獲利能力 (CR) 不受過去市場占有率 (MS) 以及投資報酬率 (IV) 所影響，但是經過 VAR 模型分析發現，產險公司的目前市場占有率 (MS) 以及投資報酬率 (IV) 卻深深受過去獲利能力 (CR) 所影響，分別爲 98.59% 以及 98.53%。

表 10-1 五年期預測誤差變異數分解值

變數 ＼ 衝擊	獲利能力 CR%	市場占有率 MS%	投資報酬率 IV%
獲利能力 (CR)	98.50	1.22	0.28
市場占有率 (MS)	98.59	1.17	0.24
投資報酬率 (IV)	98.53	1.20	0.27

(四) 變數的外生性 (Exogeneity)

一變數隨著時間的經過，在預測誤差變異數分解中，變數影響比例若是顯著，則可以稱其為「外生變數」；反之則為內生變數。

經濟計量分析旨在統計推論 (估計與檢定)、預測與政策分析，經濟變數對模型中欲估計之參數的外生性有三種統計上的定義，分別為弱外生 (weak exogeneity)、強外生 (strong exogeneity) 與超外生 (super exogeneity)。Ericsson、Hendry & Mizon(1998) 指出一個變數是否外生 (exogeneous)，決定於該變數被視為已知時 (taken as given)，是否不會對統計分析的目標有損失資訊 (losing information) 的情形。一般而言，大部分的實證研究，在精簡原則 (parsimony)下，很少將所有的經濟變數同時納入一個計量模型內討論，多半依循 LSE 的方法 (London School of Economics method)，將實證模型從一般化模型縮減至特定化模型 (from general to specific) 來進行分析。然而經濟計量模型的設定並不一定等於資料產生過程 (data generation process)，加上經濟變數對欲估計之參數的外生性假設不同，將影響模型的設定與參數的估計結果，故在實證研究時，若能透過檢定，判斷變數對估計參數的外生與否，將有助於簡化模型的設立、降低計算的成本，並使經濟體系參數不具變異的變數 (invariants) 獨立出來，俾利政策分析及模擬。

基本上，若分析的目的在估計結構模型 (了解目前情況) 者，變數應滿足弱外生條件；若是為了預測 (預知未來情況) 者，則應滿足強外生條件；若是為了政策分析與模擬，則應滿足超外生條件。

假設以下列 x、y、z 三變數之方程式為例：

$$y_t = a_0 + b_0 x_t + c_0 z_t + d_0 z_{t-1}$$

說明統計觀念上，對參數 b_0 而言，x 在解釋 y 的方程式中的外生性

(exogeneity of x_t with respect to b_0 on it in the equation explaining y) 與檢定的做法：

1. 弱外生

若滿足：(1) 當期 y 不影響當期 x；(2)x 與 y 不同時受另一變數 z 的影響；及 (3) 解釋 y 統計過程 (statistical process) 的參數不影響解釋 x 的參數三項條件，隱含 x 對 y 為弱外生。檢定步驟：(1) 就 x 變數，以方程式的外生變數及本身的落後項為工具變數，估計邊際模型：$x_t = a_1 + b_1 x_{t-1} + c_1 z_t + d_1 z_{t-1} + v_t$；(2) 將估計殘差至於方程式估計，若殘差項的估計係數顯著，則拒絕 x 對 y 為弱外生的假設。

2. 強外生

若滿足：(1)x 對 y 為弱外生；及 (2)y 對 x 不具 Granger 因果關係，隱含 x 對 y 為強外生。檢定步驟為：(1)x 對 y 之弱外生檢定；(2)y 對 x 之 Granger 因果關係檢定。

3. 超外生

若滿足：(1)x 對 y 為弱外生；及 (2)y 與 x 的關係不變，隱含 x 對 y 為超外生。檢定步驟為：(1)x 對 y 弱外生檢定；(2) 檢定模型參數的不變性 (invariant)。

10-4 結構性變動檢定

經濟學統計，除了隨機趨勢，另一個導致時間序列為非定態的成因為結構性變動 (structural changes)，又稱結構性斷裂 (structural breaks)。造成結構性變動的原因可能是政策變動或是制度上的改變 (如證交稅)，甚或是外生的衝擊 (例如全球金融風暴)。

定義：結構性變動 (structural change)

在特定模型下，特定參數的變動。Hansen(2001) 定義："Structural change is a statement about parameters, which only have meaning in the context of a model."

在研究時間序列的變數時，常常忽略序列變數是否為線性函數，若序列資料呈現非線性函數或片斷線性函數 (piece-wise linear) 時，則表示其序列資料極可能發生結構轉變。再者，採用的時間資料比較長或者資料期間曾經有重大的經濟因素發生改變時，都應該將結構性變動納入考量，才能減低模型估計的謬誤，避免分析結果產生問題。

　　結構性變動可能是來自平均值的變動、變異數的變動、或是迴歸係數的變動。結構性變動的例子，包括：1929 年美國股市大崩盤，1970 年代的全球石油危機，以及 1997 年亞洲金融風暴等，都是結構性變動的例子。此外，1972 年布列頓森林體系 (BrettonWoods system) 崩潰後，主要工業化國家貨幣對美元匯率由固定改為浮動，就是一個制度上改變造成結構性變動的顯著例子。1970 年石油危機；1997 年亞洲金融風暴；2000 年網路泡沫；2008 年全球金融風暴…。

　　學界較常使用的結構性變動檢定有：(1)Chow F 檢定；(2) 門檻式自我相關模型 (Threshold Autoregressive model, TAR) 檢定；或 (3)Brown-Durbin-Evans(1975) 之 CUSUM 和 CUSUM of squares 檢定。其中，Chow 公式如下：

$$\text{Chow} = \frac{(\text{RSS} - \text{RSS}_1 - \text{RSS}_2)/k}{(\text{RSS}_1 - \text{RSS}_2)/(n_1 + n_2 - 2k)} \sim \text{符合 } F_{(k, n_1 + n_2 - 2k)}$$

　　事件研究法，假定事件的影響期間有限，針對已訂定固定的事件期間作反應，以 Chow test 針對某事件發生點前後檢定其變數間是否發生結構性變動；而 CUSUM test 及 CUSUM of square test 不需先假設時間斷裂點，CUSUM test 著重檢查迴歸係數的變動，CUSUM of square test 則著重檢查遞迴殘差的變異。

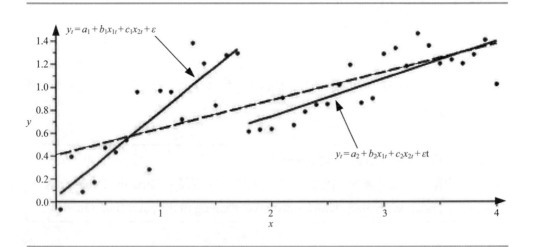

圖 10-5 結構性變動之 AR(1) 示意圖

　　學界常見 Chow 檢定結構性變動之議題，包括：
1. 臺灣能源需求之結構性變化、影響因素及節能政策效果。其研究法包括：(1) 事件研究分析法；(2)Chow test；(3)CUSUM test；(4)CUSUM of square test。

結果發現：(1) 自由化事件對於車用汽油的消費量有結構性的影響，對其他油品則無。(2) 政府採用分級徵收空污費的政策，會造成車用汽油消費量產生結構性的變化。

2. 通貨膨脹、就業及貨幣政策與景氣循環之關聯性。其研究法包括：(1) 多重結構性變動；(2)Chow test；(3) 向量自我迴歸；(4) 共整合檢定。結果發現：(1) 國內生產毛額存在結構性變動。(2) 結構性斷裂點分別為 1968、1974、1980、1990、1996 年。(3) 就業人口存在結構性變動。

3. 臺灣金融業權益存續期間之研究──金融風暴與金控成立前後比較。其研究法包括：(1)Chow test；(2)虛擬變數(Dummy variable)檢定；(3)因果關係檢定。結果發現：(1)1997 年金融風暴期間因權益存續期間曲線伴隨利率變動而逐漸下滑。(2)2000 年金融控股公司成立所產生的結構性變動與金融風暴不同。(3) 投資人所面對的價格風險相對於金融風暴所造成的風險為提升的。

4. 金融風暴下違約機率之結構變化，包括：(1) 臺灣上市公司每日平均違約機率；(2) 高科技產業每日平均違約機率；(3) 傳統產業每日平均違約機率。

10-4-1 穩定性之 Chow 檢定

結構性變動最有名，就是 Chow(1960) 檢定。若是把非線性的時間序列變數當作線性序列直接應用檢定方法分析時，將會造成研究結果產生錯誤。因此 Chow 提出兩種檢定方法，一種是「斷裂點檢定」(breakpoint test)，另一種則是「預測性檢定」(predictive test)，皆利用 F 值來判斷序列資料是否產生結構性變動。其中 Chow 斷裂點檢定就是檢定樣本中的子樣本之間，迴歸係數或資料產生過程 (Data Generating Process, DGP) 是否有不一樣的性質。但是當樣本數不夠大時，或者子樣本數不足以估計迴歸式時，則無法使用斷裂點檢定。

舉例來說，假設電子股時間序列變數共有 T 個樣本，而 y_t 若在時間點 k 時發生結構性變動，因此 y_t 的 DGP 從樣本 1 到 $k-1$ 與樣本 k 到 T 的 DGP 是不同的，如下所示：

$$\begin{cases} y = a_{01} + \sum_{i=1}^{k-1} a_{i1} y_{t-i} \\ y = a_{02} + \sum_{i=k}^{T} a_{i2} y_{t-i} \end{cases}$$

在檢定的過程中，若是序列資料沒有發生結構性變動時，上式之 a_{01} 與 a_{02} 會

相等，因此 Chow 檢定的虛無假設「H_0：無結構性變動」，即 $H_0 : a_{i1} = a_{i2}$，其中，$i = 0, 1, \cdots, p$，當檢定結果「拒絕」虛無假設時，表示數列資料發生結構性變動。然而，當虛無假設成立時，模型可以寫成：

$$y_{1t} = b_0 + \sum_{i=1}^{p} b_i y_{t-i} \quad \text{當 } t = 1, 2, \cdots, k, \cdots, T$$

若是在估計之前，事先就已知結構轉變的時點可能發生在 k 時，就可以以下列 Chow 斷裂點檢定的步驟來檢定資料是否產生結構性變動 (楊奕農，2006)：

1. 以 $y_{1t} = b_0 + \sum_{i=1}^{p} b_i y_{t-i}$ 估計 DGP，並且令其殘差平方和為 SSR。

2. 已知斷裂點為 k 的前提下，將樣本分割成 $1, 2, \cdots, k - 1$ 和 $k, k + 1, \cdots, T$ 兩個子樣本，再分別估計其 DGP，並分別令子樣本的迴歸殘差平方和為 SSR_1 和 SSR_2。

3. 計算 Chow 斷裂點檢定的 F 統計量，並以自由度 $(p + 1, T - 2p - 2)$ 的 F 分配進行檢定。

$$F = \frac{\dfrac{SS_R - SSR_1 - SSR_2}{p+1}}{\dfrac{SSR_1 + SSR_2}{T - 2(p+1)}} \sim \text{符合} F_{(p+1, \, T-2p-2)}$$

而且，Chow 檢定也可以在模型中加入虛擬變數來做檢定，若已知斷裂點為 k 時，自訂一個虛擬變數 D_t。

$$D_t = \begin{cases} 0, & \text{當} t = 1,2,\cdots,k-1 \\ 1, & \text{當} t = k,\cdots,T \end{cases}$$

令其模型為

$$y_t = a_0 + \sum_{i=1}^{p} a_i y_{t-i} + c_0 D_t + \sum_{i=1}^{p} c_i D_t y_{t-i}$$

假設其虛擬變數的虛無假設為 $H_0 : c_0 = c_1 = \cdots = c_p = 0$，此時可以一般判斷迴歸係數是否顯著的方式檢定即可。

亦可應用「事件研究法」的觀念，只在模型中設定虛擬變數來做檢定，因此，模型則變成

$$y_t = a_0 + \sum_{i=1}^{p} a_i D_t$$

Chow 檢定也可以進行檢定 N 個結構性斷裂點，若是以虛擬變數的方式來檢定時，只要加入 N 個虛擬變數即可。由於事先已知美國央行聯準會宣布美元匯率改變的時間點，因此可加入虛擬變數的方式，檢定美元匯率制度改變的當天是否使得電子股股價產生結構性變動。

在應用方面，Chow 結構斷裂點檢定，可以美元匯率制度改變當天的時間點當作結構性斷裂點，探討此一總體經濟因素的改變是否造成臺灣電子股股價產生結構性變動；並且將在門檻共整合檢定時應用 TAR 的觀念，檢定臺灣電子股股價與美元匯率之間的共整合關係是否為非線性的不對稱現象。

10-4-2 Chow test 實作：chowreg 指令

一、Stata 解說 Chow 檢定

Stata 如何求 Chow test 呢？

你可在 full model 迴歸中，納入虛擬 (dummy) 變數，並且 test 指令來檢驗虛擬變數。首先，你可分開執行二樣本的迴歸，手寫記錄這二個迴歸分析摘要表，並用 Stata functions 算出對應的 p-values。

舉例來說，我們有一迴歸模型為：

$$y = a + b*x_1 + c*x_2 + u$$

而且樣本可斷點成二群，並分開求得這二群的迴歸分析摘要表：

$$\begin{cases} y = a_1 + b_1*x_1 + c_1*x_2 + u & \text{for group} == 1 \\ y = a_2 + b_2*x_1 + c_2*x_2 + u & \text{for group} == 2 \end{cases}$$

接著，合併這二群樣本，再一次執行 pooled regression。

$$y = a + b*x_1 + c*x_2 + u \qquad \text{for both groups}$$

在合併群組之迴歸中，我們主張「**a1==a2, b1==b2, c1==c2**」。根據 "Chow test" 公式：

$$\frac{\dfrac{ess\_c-(ess\_1+ess\_2)}{k}}{\dfrac{ess\_1+ess\_2}{N\_1+N\_2-2*k}} \sim 符合 \ F(k, N\_1+N\_2-2*k) \ 分配$$

其中，ess_1 及 ess_2 分別為第一群及第二群迴歸「error sum of squares」，**ess_c** 是合併組迴歸的「error sum of squares」，k 是待估計參數的數目 (本例 k=3)，**N_1** 及 **N_2** 是第一群人數及第二群人數。

Step 1. 用 Stata 來模擬二個樣本

```
* 模擬第 1 個樣本，並存至 one.dta 資料檔中
clear
set obs 100
set seed 1234
generate x1 = uniform( )
generate x2 = uniform( )
generate y = 4*x1 - 2*x2 + 2*invnormal(uniform( ))
generate group = 1
save one, replace
* 模擬第 2 個樣本，並存至 two. dta 資料檔中
clear
set obs 80
generate x1 = uniform( )
generate x2 = uniform( )
generate y = -2*x1 + 3*x2 + 8*invnormal(uniform( ))
generate group = 2
save two, replace

* 合併這 2 個樣本，並存至 combined.dta 資料檔中
use one, clear
append using two
save combined, replace
```

one. dta資料檔

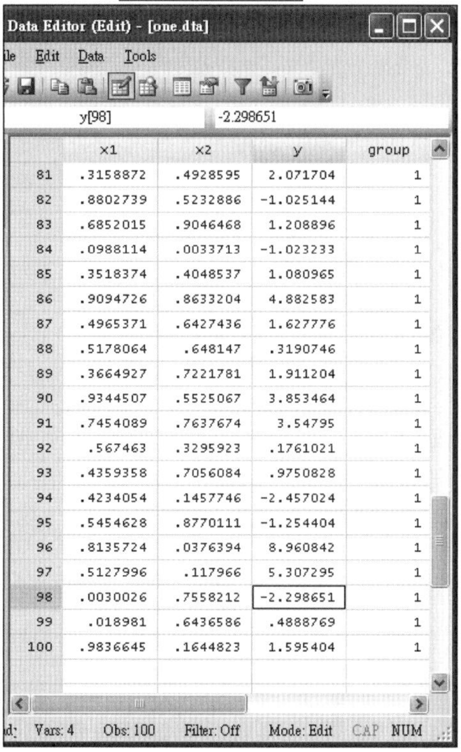

	x1	x2	y	group
81	.3158872	.4928595	2.071704	1
82	.8802739	.5232886	-1.025144	1
83	.6852015	.9046468	1.208896	1
84	.0988114	.0033713	-1.023233	1
85	.3518374	.4048537	1.080965	1
86	.9094726	.8633204	4.882583	1
87	.4965371	.6427436	1.627776	1
88	.5178064	.648147	.3190746	1
89	.3664927	.7221781	1.911204	1
90	.9344507	.5525067	3.853464	1
91	.7454089	.7637674	3.54795	1
92	.567463	.3295923	.1761021	1
93	.4359358	.7056084	.9750828	1
94	.4234054	.1457746	-2.457024	1
95	.5454628	.8770111	-1.254404	1
96	.8135724	.0376394	8.960842	1
97	.5127996	.117966	5.307295	1
98	.0030026	.7558212	-2.298651	1
99	.018981	.6436586	.4888769	1
100	.9836645	.1644823	1.595404	1

two. dta資料檔

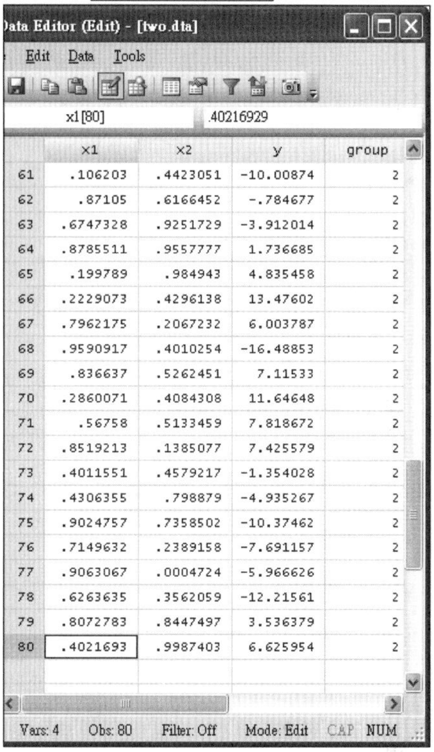

	x1	x2	y	group
61	.106203	.4423051	-10.00874	2
62	.87105	.6166452	-.784677	2
63	.6747328	.9251729	-3.912014	2
64	.8785511	.9557777	1.736685	2
65	.199789	.984943	4.835458	2
66	.2229073	.4296138	13.47602	2
67	.7962175	.2067232	6.003787	2
68	.9590917	.4010254	-16.48853	2
69	.836637	.5262451	7.11533	2
70	.2860071	.4084308	11.64648	2
71	.56758	.5133459	7.818672	2
72	.8519213	.1385077	7.425579	2
73	.4011551	.4579217	-1.354028	2
74	.4306355	.798879	-4.935267	2
75	.9024757	.7358502	-10.37462	2
76	.7149632	.2389158	-7.691157	2
77	.9063067	.0004724	-5.966626	2
78	.6263635	.3562059	-12.21561	2
79	.8072783	.8447497	3.536379	2
80	.4021693	.9987403	6.625954	2

圖 10-6 模擬 2 樣本，分別存到「one.dta 及 two.dta」檔，二者再合併至 combined.dta 檔

由於這二樣本資料不同，故殘差及樣本數也都不同。

Step 2. reg 指令分別分析 「二個樣本、 合併樣本」 的迴歸

```
* 第一樣本的迴歸分析
. regress y x1 x2 if group==1

      Source |       SS       df       MS              Number of obs =     100
-------------+------------------------------           F(  2,    97) =   36.10
       Model |  328.686307     2  164.343154           Prob > F      =  0.0000
    Residual |  441.589627    97  4.55247038           R-squared     =  0.4267
-------------+------------------------------           Adj R-squared =  0.4149
       Total |  770.275934    99  7.78056499           Root MSE      =  2.1337
```

```
-------------------------------------------------------------------------------
          y |    Coef.   Std. Err.      t    P>|t|    [95% Conf. Interval]
-----------+-------------------------------------------------------------------
         x1 |  5.121087    .728493    7.03   0.000     3.67523     6.566944
         x2 | -3.227026   .7388209   -4.37   0.000    -4.693381   -1.760671
      _cons | -.1725655   .5698273   -0.30   0.763    -1.303515    .9583839
-------------------------------------------------------------------------------
```

* 第二樣本的迴歸分析
. regress y x1 x2 if group==2

```
      Source |       SS       df       MS              Number of obs =      80
-------------+------------------------------           F(  2,    77) =    0.52
       Model |  80.5306924     2  40.2653462           Prob > F      =  0.5975
    Residual |  5979.93162    77  77.6614496           R-squared     =  0.0133
-------------+------------------------------           Adj R-squared = -0.0123
       Total |  6060.46231    79  76.7147128           Root MSE      =  8.8126
```

```
-------------------------------------------------------------------------------
          y |    Coef.   Std. Err.      t    P>|t|    [95% Conf. Interval]
-----------+-------------------------------------------------------------------
         x1 |  .3263733   3.602248    0.09   0.928    -6.846619    7.499366
         x2 |  3.920905    3.90464    1.00   0.318    -3.854226    11.69604
      _cons | -3.120287   3.261389   -0.96   0.342    -9.614543    3.373969
-------------------------------------------------------------------------------
```

* 二樣本合併後的迴歸分析
. regress y x1 x2

```
      Source |       SS       df       MS              Number of obs =     180
-------------+------------------------------           F(  2,   177) =    1.26
       Model |  97.2327841     2   48.616392           Prob > F      =  0.2871
    Residual |  6847.21178   177  38.6848123           R-squared     =  0.0140
-------------+------------------------------           Adj R-squared =  0.0029
       Total |  6944.44457   179  38.7957797           Root MSE      =  6.2197
```

```
-------------------------------------------------------------------------------
          y |    Coef.   Std. Err.      t    P>|t|    [95% Conf. Interval]
-----------+-------------------------------------------------------------------
```

x1	2.482293	1.614332	1.54	0.126	-.7035211	5.668107
x2	-.293342	1.689321	-0.17	0.862	-3.627145	3.040462
_cons	-1.156096	1.346926	-0.86	0.392	-3.814197	1.502005

```
* 印出 F(n1,n2,f) 分配之 p 值，得 p0.000<0.05
· di Ftail(100, 80, 8.87)
2.755e-20
```

註：Ftail (n1,n2,f): returns the reverse cumulative (upper-tail, survival) F distribution with n1 numerator and n2 denominator degrees of freedom.

將上述三次迴歸分析結果如下：

```
ess_c =  6847.21178        (from combined regression)

ess_1 =  441.5896277       (from group==1 regression)
ess_2 =  5979.93162        (from group==2 regression)

  k = 3                    (we estimate 3 parameters)
N_1 = 100                  (from group==1 regression)
N_2 =  80                  (from group==2 regression)
```

代入 Chow test：

$$\frac{\frac{ess_c - (ess_1 + ess_2)}{k}}{\frac{ess_1 + ess_2}{N_1 + N_2 - 2k}} = \frac{\frac{6847.21}{3}}{\frac{441.59 + 5979.93}{100 + 80 - (2*3)}} = 8.8730491 \sim F(k, N_1 + N_2 - 2k)$$

本例 Chow test 之 F(k, $N_1 + N_2 - 2k$) = F(3, 174) = 8.8730，大於查表$F_{0.95(3,174)}$，故顯示在「N=100」有斷點。

Step 3. 指令 「ssc install chowreg」 來安裝 chowreg 外掛指令

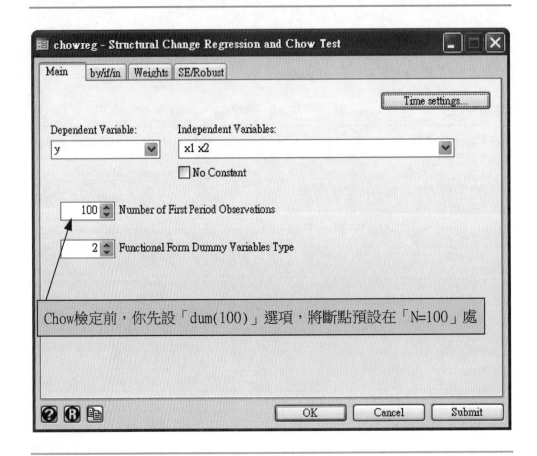

圖 10-7 「db chowreg」指令來開啟 chowreg 對話盒，挑選「dum(100) type(2)」

```
. ssc install chowreg
* 因 Stata 只存最近一次迴歸，再一次 reg, 但不印出
. quietly reg y x1 x2

* 標準化殘差存至 error 變數
. predict error, rstandard

* 畫殘差 error 的線性圖
. twoway (line error t)

*db 是 command-line way to launch a dialog for a Stata command

. db chowreg

*chowreg 外掛指令 :Structural Change Regressions and Chow Test
* 你亦可試，type(1) 型之 Chow 檢定。結果亦發現，測試斷點是否在「N=100」處？
. chowreg y x1 x2 , dum(100) type(1)

* 開啟 chowreg 對話盒，讓你界定 chow 模型 ( 如圖之畫面 )
. db chowreg
* 本例只印出：type(2) 型之 Chow 檢定。結果發現，測試斷點是否在「N=100」處？
. chowreg y x1 x2 , dum(100) type(2)


=============================================================
* Structural Change Regression *
=============================================================


    Source |      SS        df      MS              Number of obs =      180
-----------+------------------------------          F(  4,   175) =     3.26
     Model | 481.206444     4  120.301611           Prob > F      =   0.0132
  Residual | 6463.23813   175  36.9327893           R-squared     =   0.0693
-----------+------------------------------          Adj R-squared =   0.0480
     Total | 6944.44457   179  38.7957797           Root MSE      =   6.0772


---------------------------------------------------------------------------
         y |     Coef.   Std. Err.      t    P>|t|     [95% Conf. Interval]
-----------+---------------------------------------------------------------
        x1 |   5.965463   1.916824     3.11   0.002     2.182396    9.748531
        x2 |  -2.320087   1.923578    -1.21   0.229    -6.116485    1.476312
```

```
    Dx_x1 |   -7.236954    2.279446    -3.17   0.002    -11.7357    -2.738211
    Dx_x2 |    4.471158     2.30986     1.94   0.055   -.0876112     9.029928
    _cons |   -1.181969    1.316119    -0.90   0.370    -3.779477      1.41554
------------------------------------------------------------------------------

(1) Dx_x1 = 0
(2) Dx_x2 = 0

      F(  2,   175) =      5.20
          Prob > F =     0.0064
==============================================================================

* Structural Change Test: Y = X + DX
==============================================================================

  Ho: no Structural Change

- N1: 1st Period Obs          =   100
- N2: 2nd Period Obs          =    80
- Chow Test                   =  5.1983      P-Value > F(2 , 175)  0.0064

* 你亦可試，type(3) 型之 Chow 檢定。結果亦發現，測試斷點是否在「N=100」處？
. chowreg y x1 x2 , dum(100) type(3)
```

1. Chow 檢定前，你先設「dum(100)」選項，將斷點預設在「N=100」處。
2. 本例只印出：type(2) 型之 Chow 檢定。結果發現，斷點在「N=100」處達到顯著效果。
3. Chow 檢定值 = 5.198, p = 0.0064 < 0.05，絕拒「H_0: no Structural Change」，故你可新增一個虛擬變數 (如 group) 來區分「第 100 筆前 vs. 第 101 筆」資料，並分割成二群組，分別執你的迴歸 (OLS, WLS, Robust, VAR, SVAR, ARIMA 等等)。

此外，更多 Chow 檢定，你可參考：

http://www.stata.com/support/faqs/statistics/computing-chow-statistic/

http://www.stata.com/support/faqs/statistics/chow-tests/

10-4-3 橫斷面 Chow test 實作：suchowtest 指令

(一) 問題說明

　　爲了解 74 國家之總體經濟之發展模型，橫斷面之平均值 (從 1975 年至 2004 年的平均)。

　　此「suchowtestcross.dta」資料檔之變數如下：

變數名稱	說明	編碼 Codes/Values
Y: **croisspibt**	實質人均 GDP 成長率	-0.0169~.07358
X1: **lninitgdppc**	Log(最初實質人均 GDP)	6.3617~9.8935
X2: **lnstmktcap**	Log of stock market capitalization over GDP(股票市值當作金融發展)	-4.657~0.87761
X3: **lnyr_sch_sec**	Log of initial years of secondary schooling(當作人力資本)	-2.8188~1.5807
門檻 : **lnstmktcap**	同上	

(二) 資料檔之內容

　　讀入資料檔之前，先設定工作目錄，「File > Chang working directory」，指定 CD 所附資料夾之路徑，接著再選「File > Open」，開啓「suchowtestcross.dta」資料檔，其內容如下圖。

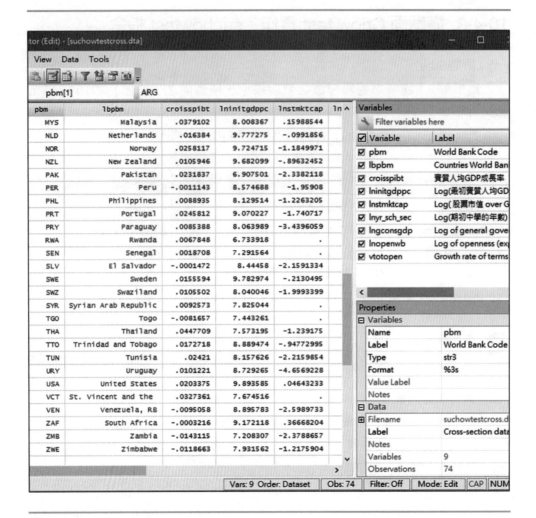

圖 10-8 「suchowtestcross.dta」資料檔 (N=74 個國家 , 9 variables)

觀察資料之特徵

```
. set more off
* 開啟 suchowtestcross.dta 資料檔，它是橫斷面 ( 從 1975 to2004 之平均值 )。
. use http://fmwww.bc.edu/repec/bocode/s/suchowtestcross.dta, clear
. describe
```

(三)suchowtest 指令的分析

suchowtest 指令：Berthelemy 和 Varoudakis (1996) 提出「suchowtest」指令，旨在執行橫斷面 (cross-section) 和時間序列的連續 Chow 檢定。通常，Chow 檢定會預先利用外生斷點 (exogenous break point) 將樣本分二群組，再執行 Chow 檢定。但 suchowtest 會自動找斷點，如果你不知斷點處，此 suchowtest 命令也會告知我們，故我們不必事先預設斷點在第幾筆資料？由於 suchowtest 根據「thresv(varname)」變數的資訊來判定斷點，這種方法較符合我們的迴歸分析時如何快速找出斷點處。

---

suchowtest 語法

suchowtest depvar [indepvars] [if] [in] [weight] [, options]

其中，options 包括：

thresv(varname)：門檻 (threshold) 變數。

stub(string)：給新變數一個指定 string name。

本例，我們假設，各國家之人均 GDP 成長率 (croisspibt)，可被初始人均 GDP(lninitgdppc)、股市資本市場 (lnstmktcap) 及人力資本 (lnyr_sch_sec) 三者所預測 (The real GDP per capita growth rate is regressed on initial real GDP per capita, stock market capitalization (financial development) and human capital)，如下迴歸式，由於這三個解釋變數都違反常態性假定，故都經自然對數 Ln(x) 變換過才納入 suchowtest 檢定。本例，依變數係金融發展 (lnstmktcap) 當「thresv 選項」之門檻變數。字串 "sct" 當作新變數的命名的前導字元。

故本例橫斷面之迴歸模型為：

$$\text{Croisspibt} = \beta_0 + \beta_1 \times \text{lninitgdppc} + \beta_2 \times \text{lnstmktcap} + \beta_3 \times \text{lnyr\_sch\_sec}$$

Step 1. 執行 suchowtest 指令

```
. use http://fmwww.bc.edu/repec/bocode/s/suchowtestcross.dta, clear
. suchowtest croisspibt lninitgdppc lnstmktcap lnyr_sch_sec,
  thresv(lnstmktcap) stub(sct)
```

Break Point	=	39	Max. QL Stat. = 297.2739
Chow Test F(4 , 49) = .0356633			P-Value > F = .0025154

```
Value of lnstmk~p   = -1.184997
======================================================================

======================================================================
Regression For The Values of lnstmk~p Below the Break Point Number 39
======================================================================


   Source |      SS        df       MS              Number of obs =       39
----------+------------------------------           F(  3,    35) =     2.71
    Model | .002780567      3    .000926856          Prob > F      =   0.0600
 Residual |   .0119765     35    .000342186          R-squared     =   0.1884
----------+------------------------------           Adj R-squared =   0.1189
    Total | .014757068     38    .000388344          Root MSE      =    .0185


----------------------------------------------------------------------
 croisspibt |    Coef.    Std. Err.      t     P>|t|    [95% Conf. Interval]
------------+---------------------------------------------------------------
lninitgdppc | -.0098789   .0046148    -2.14   0.039   -.0192473   -.0005104
 lnstmktcap |  .0071014   .0038457     1.85   0.073   -.0007059    .0149087
lnyr_sch_sec|  .0055571   .0063508     0.88   0.388   -.0073358     .01845
      _cons |  .1108648   .0388549     2.85   0.007    .0319852    .1897443
----------------------------------------------------------------------


======================================================================
Regression For The Values of lnstmk~p Above the Break Point Number 39
======================================================================


   Source |      SS        df       MS              Number of obs =       18
----------+------------------------------           F(  3,    14) =     3.45
    Model | .000724126      3    .000241375          Prob > F      =   0.0460
 Residual | .000979828     14    .000069988          R-squared     =   0.4250
----------+------------------------------           Adj R-squared =   0.3017
    Total | .001703954     17    .000100233          Root MSE      =    .00837


----------------------------------------------------------------------
 croisspibt |    Coef.    Std. Err.      t     P>|t|    [95% Conf. Interval]
------------+---------------------------------------------------------------
lninitgdppc | -.0113731   .0040687    -2.80   0.014   -.0200996   -.0026466
```

lnstmktcap	.005151	.0043112	1.19	0.252	-.0040955	.0143975
lnyr_sch_sec	.0095683	.0056773	1.69	0.114	-.0026083	.0217449
_cons	.1205736	.0351109	3.43	0.004	.0452683	.1958789

本例橫斷面之迴歸模型為：

$$Croisspibt = \beta_0 + \beta_1 \times lninitgdppc + \beta_2 \times lnstmktcap + \beta_3 \times lnyr\_sch\_sec$$

1. 橫斷面共 74 個國家之平均值，執行「suchowtest」結果發現，斷點發生在「新參數 QL=39」處。故 Stata 自動再以此斷點，分二批做迴歸分析，分別得到

(斷點前) $\begin{cases} Croisspibt = 0.11 - 0.009 \times lninitgdppc + 0.007 \times lnstmktcap + 0.0055 \times lnyr\_sch\_sec \\ Croisspibt = 0.12 - 0.011 \times lninitgdppc + 0.005 \times lnstmktcap + 0.0095 \times lnyr\_sch\_sec \end{cases}$
(斷點後)

2. 它會自動產生三個圖：

   (1) "QL STATISTIC" 繪出 QL statistic against the break point parameter。垂直的綠色線，標示著「斷點發生處」。

   (2) "P-VALUES OF THE CHOW TEST" 繪出 p-values of the Chow test against the break point parameter。水平的綠色線為 Chow 檢定 p 值「達顯著水準」處。

   (3) "PV. CHOW TEST AND QL STAT" 為以上二個圖的組合。左側 y-axis 為 Chow 檢定 p 值；右側 y-axis 為 QL 統計值。

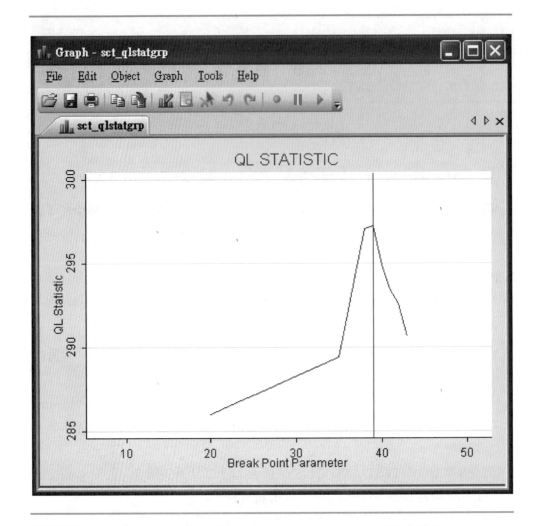

圖 10-9 QL STATISTIC 圖顯示斷點在 QL 為多少？(QL=39 處發生斷點)

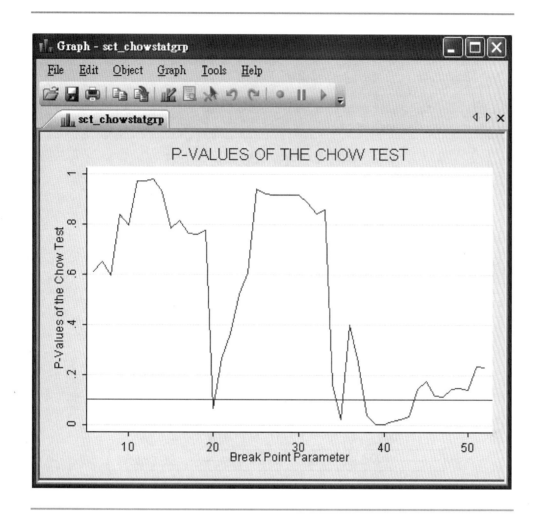

圖 10-10 「P-VALUES OF THE CHOW TEST」圖顯示斷點有五處

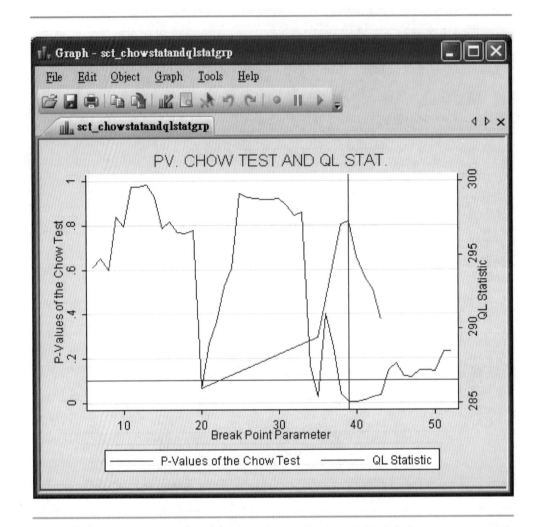

圖 10-11 「PV. CHOW TEST AND QL STAT」圖為上述二圖的合體

圖 10-12 新增「sct_」開頭之四個變數（參數 QL<=39 為第 1 群組；QL>39 為第 2 群組）

```
* 印出 "sct_" 開頭之變數描述性統計值
. describe sct_*


              storage   display    value
variable name   type    format     label        variable label
-------------------------------------------------------------------
sct_itervar     double  %10.0g                   Break Point Parameter
sct_qlstatvar   double  %10.0g                   QL Statistic
sct_chowstatp~e double  %10.0g                   P-Values of the Chow Test
sct_chowfisher  double  %10.0g                   Chow F-Statistic
```

Step 2. 變更 threshold(臨界值) 的搜尋範圍

Suchowtest 指令內定的斷點，從第 10% 至第 90%。若你要擴大 threshold(臨界值) 搜尋範圍為「第 5% 至第 95%」，則可加「fpctile(#) 和 lpctile(#)」選項。如下所示：

```
. suchowtest croisspibt lninitgdppc lnstmktcap lnyr_sch_sec lngconsgdp lno-
  penwb, thresv(lnstmktcap) stub(sct) fpctile(5) lpctile(95)
=============================================================================
Break Point        =        41            Max. QL Stat. =   308.5966

Chow Test F(6 , 45) =    .314036          P-Value > F    =    .073661

Value of lnstmk~p   = -.8963245
=============================================================================


=============================================================================
Regression For The Values of lnstmk~p Below the Break Point Number 41
=============================================================================



      Source |       SS       df       MS              Number of obs =      41
-------------+------------------------------           F(  5,    35) =    1.75
       Model |  .002955761     5   .000591152           Prob > F      =  0.1491
    Residual |  .011825253    35   .000337864           R-squared     =  0.2000
-------------+------------------------------           Adj R-squared =  0.0857
       Total |  .014781014    40   .000369525           Root MSE      =  .01838


------------------------------------------------------------------------------
  croisspibt |      Coef.   Std. Err.      t    P>|t|     [95% Conf. Interval]
-------------+----------------------------------------------------------------
 lninitgdppc | -.0092869   .0046388    -2.00   0.053    -.0187041    .0001304
  lnstmktcap |  .0083205   .0041667     2.00   0.054    -.0001384    .0167793
 lnyr_sch_sec|   .003916   .0064047     0.61   0.545    -.0090862    .0169183
  lngconsgdp | -.0082264    .011436    -0.72   0.477    -.0314428     .01499
     lnopenwb |  .0022329   .0067303     0.33   0.742    -.0114303    .0158962
        _cons |  .0927136   .0465781     1.99   0.054     -.001845    .1872722
------------------------------------------------------------------------------
```

```
================================================================
Regression For The Values of lnstmk~p Above the Break Point Number 41
================================================================


      Source |       SS           df       MS            Number of obs =       16
-------------+-------------------------------            F(  5,     10) =     6.64
       Model |  .001211271        5   .000242254         Prob > F       =   0.0057
    Residual |  .000364806       10   .000036481         R-squared      =   0.7685
-------------+-------------------------------            Adj R-squared  =   0.6528
       Total |  .001576077       15   .000105072         Root MSE       =   .00604


------------------------------------------------------------------------------
  croisspibt |      Coef.   Std. Err.      t    P>|t|     [95% Conf. Interval]
-------------+----------------------------------------------------------------
 lninitgdppc |  -.0036892   .0036441    -1.01   0.335    -.0118089    .0044304
  lnstmktcap |  -.0070005   .0045904    -1.53   0.158    -.0172287    .0032276
 lnyr_sch_sec|   .0078547   .0048363     1.62   0.135    -.0029212    .0186306
  lngconsgdp |  -.0243188   .0072928    -3.33   0.008    -.0405682   -.0080694
    lnopenwb |   .0059427   .0027223     2.18   0.054    -.0001229    .0120083
       _cons |   .0096674   .0399142     0.24   0.814    -.0792669    .0986017
------------------------------------------------------------------------------
```

1. 橫斷面共 74 個國家之平均值，執行「suchowtest」結果發現，斷點發生在「新參數 QL=41」處 (而不是「QL=39」處)，但此斷點 Chow 檢定並未達 0.05 顯著差異效果。本次分析 Stata 仍自動再以此斷點，分二批做迴歸分析。

2. 它會自動產生上述三個斷點圖。

Step 3. 用 「sig()」 變更 Chow test 顯著性的 p 值

假設你變數 p 值為 0.01：

```
. suchowtest croisspibt lninitgdppc lnstmktcap lnyr_sch_sec lngconsgdp lno-
penwb, thresv(lnstmktcap) stub(sct) sig(0.01)
* 卻出現下面字，表示電腦找不到斷點
There is no break point at this significance level.
Please increase the significance level with the option sig() to augment the
chance of obtaining a break point.
```

Step 4. 它可套用 regression 指令的所有選項

例如，OLS 迴歸分析之特例，就是 robust 迴歸 (「vce(robust) 」選項)，它特別適合「殘差異質性之迴歸」。此種強靭迴歸，亦可套用在 suchowtest 指令上。因此：

```
. suchowtest croisspibt lninitgdppc lnstmktcap lnyr_sch_sec lngconsgdp vtoto-
pen, thresv(lnstmktcap) stub(sct) vce(robust)
```

```
Break Point          =        41        Max. QL Stat. =  312.5899

Chow Test F(6 , 45) = .3402757          P-Value > F    = .0881723

Value of lnstmk~p   = -.8963245
```

Regression For The Values of lnstmk~p Below the Break Point Number 41

Linear regression

				Number of obs =	41
				F(5, 35) =	2.38
				Prob > F =	0.0583
				R-squared =	0.2961
				Root MSE =	.01724

croisspibt	Coef.	Robust Std. Err.	t	P>|t|	[95% Conf. Interval]	
lninitgdppc	-.0099303	.0045643	-2.18	0.036	-.0191962	-.0006643
lnstmktcap	.0076859	.0038598	1.99	0.054	-.0001499	.0155217
lnyr_sch_sec	.003036	.0062889	0.48	0.632	-.0097311	.015803
lngconsgdp	-.0025671	.0093961	-0.27	0.786	-.0216423	.0165081
vtotopen	.7909016	.428176	1.85	0.073	-.078342	1.660145
_cons	.1081235	.0471156	2.29	0.028	.0124738	.2037731

850

```
==================================================================
Regression For The Values of lnstmk~p Above the Break Point Number 41
==================================================================



Linear regression                          Number of obs =       16
                                            F(  5,    10) =     8.08
                                            Prob > F      =   0.0028
                                            R-squared     =   0.7496
                                            Root MSE      =   .00628

------------------------------------------------------------------
             |               Robust
 croisspibt  |    Coef.    Std. Err.      t    P>|t|    [95% Conf. Interval]
-------------+----------------------------------------------------
lninitgdppc  | -.0054131   .0032165    -1.68   0.123   -.0125799    .0017537
 lnstmktcap  | -.0038659   .0048277    -0.80   0.442   -.0146227    .0068909
lnyr_sch_sec |  .0084441   .0074596     1.13   0.284    -.008177    .0250652
 lngconsgdp  |   -.01297   .0087236    -1.49   0.168   -.0324073    .0064674
    vtotopen |  2.342829   1.386062     1.69   0.122   -.7455088    5.431167
       _cons |  .0415186   .0374497     1.11   0.294   -.0419246    .1249617
------------------------------------------------------------------

. suchowtest croisspibt lninitgdppc lnstmktcap lnyr_sch_sec lngconsgdp vtoto-
pen, thresv(lnstmktcap
> ) stub(sct) vce(robust)


==================================================================
Break Point       =        41          Max. QL Stat. =  312.5899

Chow Test F(6 , 45) = .3402757         P-Value > F    = .0881723

Value of lnstmk~p   = -.8963245
==================================================================


==================================================================
Regression For The Values of lnstmk~p Below the Break Point Number 41
==================================================================
```

```
Linear regression                                    Number of obs =        41
                                                     F(  5,     35) =      2.38
                                                     Prob > F       =    0.0583
                                                     R-squared      =    0.2961
                                                     Root MSE       =    .01724


------------------------------------------------------------------------------
             |              Robust
  croisspibt |      Coef.   Std. Err.      t    P>|t|     [95% Conf. Interval]
-------------+----------------------------------------------------------------
 lninitgdppc |  -.0099303   .0045643    -2.18   0.036    -.0191962   -.0006643
  lnstmktcap |   .0076859   .0038598     1.99   0.054    -.0001499    .0155217
  lnyr_sch_sec|   .003036   .0062889     0.48   0.632    -.0097311     .015803
   lngconsgdp |  -.0025671  .0093961    -0.27   0.786    -.0216423    .0165081
    vtotopen |   .7909016    .428176     1.85   0.073     -.078342    1.660145
       _cons |   .1081235   .0471156     2.29   0.028     .0124738    .2037731
------------------------------------------------------------------------------
```

Regression For The Values of lnstmk~p Above the Break Point Number 41

```
Linear regression                                    Number of obs =        16
                                                     F(  5,     10) =      8.08
                                                     Prob > F       =    0.0028
                                                     R-squared      =    0.7496
                                                     Root MSE       =    .00628


------------------------------------------------------------------------------
             |              Robust
  croisspibt |      Coef.   Std. Err.      t    P>|t|     [95% Conf. Interval]
-------------+----------------------------------------------------------------
 lninitgdppc |  -.0054131   .0032165    -1.68   0.123    -.0125799    .0017537
  lnstmktcap |  -.0038659   .0048277    -0.80   0.442    -.0146227    .0068909
  lnyr_sch_sec|  .0084441   .0074596     1.13   0.284     -.008177    .0250652
   lngconsgdp |   -.01297   .0087236    -1.49   0.168    -.0324073    .0064674
    vtotopen |   2.342829   1.386062     1.69   0.122    -.7455088    5.431167
       _cons |   .0415186   .0374497     1.11   0.294    -.0419246    .1249617
------------------------------------------------------------------------------
```

1. 強韌迴歸之 Chow 檢定，斷點發生在「新參數 QL=41」處 (而不是「QL=39」處)，但此斷點 Chow 檢定並未達 0.05 顯著差異效果。本次分析 Stata 仍自動再以此斷點，分二批做迴歸分析。

2. 它仍會自動產生上述三個斷點圖。

10-4-4 縱貫面時間數列 Chow test 實作：suchowtest 指令

(一) 問題說明

長達 54 年法國國家之總體經濟，此縱貫面之時間數列數據從 1960 至 2013 年。這些變數存到「suchowtesttime.dta」資料檔之內容如下：

變數名稱	說明	編碼 Codes/Values
時間變數 year	年份	1960 至 2013 年
Y: linvest	Log of real investment(因非常態故取 ln(x))	26.051~26.891
X1: lrgdp	Log of real GDP(因非常態故取 ln(x))	26.977~28.441
X2: rirs	Real interest rate(因非常態故取 ln(x))	-0.03201~0.079129
X3: inflati	Log of (1+Inflation rate)	0.00088~0.12794
門檻 : linvest	同上	
時間趨勢 :trend		記錄 1~54 期

由於 1 個依變數及 3 個自變數都非定態，故先做差分「△, 唸 Delta」運算之後，再代入線性迴歸式。

本例縱貫面之迴歸模型為：

$$\Delta linvest_t = \beta_0 + \beta_1 \times lrgdp_t + \beta_2 \times \Delta rirs_t + \beta_3 \times \Delta inflati_t + \beta_4 \times trend_t$$

其中，trend 為時間趨勢。

(二) 資料檔之內容

讀入資料檔之前，先設定工作目錄，「File > Chang working directory」，指定 CD 所附資料夾之路徑，接著再選「File > Open」，開啟「suchowtesttime.dta」資料檔，其內容如下圖。

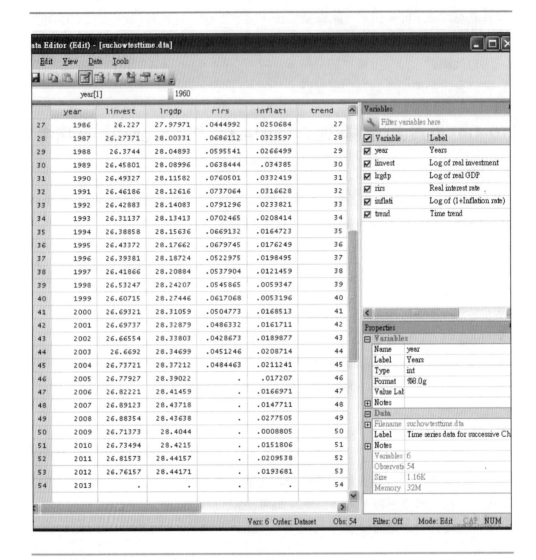

圖 10-13 「suchowtesttime.dta」資料檔 (N=54 年 , 6 variables)

觀察資料之特徵

```
. set more off
* 開啟 suchowtesttime.dta 資料檔，它是縱貫面。
. use http://fmwww.bc.edu/repec/bocode/s/suchowtesttime.dta, clear
. describe
```

```
obs:              54     Time series data for successive Chow tests, France
                         1960-2013 , 10Jan2014
vars:             10     11 Apr 2014 22:20
size:          2,916
--------------------------------------------------------------------------
                storage  display     value
variable name   type     format      label     variable label
--------------------------------------------------------------------------
year            int      %8.0g                  Years
linvest         float    %9.0g                  Log of real investment
lrgdp           float    %9.0g                  Log of real GDP
rirs            float    %9.0g                  Real interest rate
inflati         float    %9.0g                  Log of (1+Inflation rate)
trend           float    %9.0g                  Time trend
--------------------------------------------------------------------------
Sorted by:  year
* 設定時間變數為 year
. tsset year
        time variable:  year, 1960 to 2013
                delta:  1 unit
```

(三) suchowtest 指令的分析

suchowtest 指令：Berthelemy 和 Varoudakis(1996) 提出「suchowtest」指令，旨在執行橫斷面 (cross-section) 和時間序列的連續 Chow 檢定。通常，Chow 檢定會預先利用外生斷點 (exogenous break point) 將樣本分二群組，再執行 Chow 檢定。但 suchowtest 會自動找斷點，如果你不知斷點處，此 suchowtest 命令也會告知我們，故我們不必事先預設斷點在第幾筆資料？由於 suchowtest 根據「thresv(varname)」變數的資訊來判定斷點，這種方法較符合我們的迴歸分析時如何快速找出斷點處。

---

suchowtest 語法
suchowtest depvar [indepvars] [if] [in] [weight] [, options]
其中，options 包括：
thresv(varname)：門檻 (threshold) 變數。
stub(string)：給新變數一個指定 string name。

實質 GDP 每個資本，都可被初始 GDP 資本、股市資本及人力資本三者來預測 (The real GDP per capita growth rate is regressed on initial real GDP per capita, stock market capitalization (financial development) and human capital)。

本例我們使用金融發展當作「thresv 選項」門檻變數。字串 "sct" 當作新變數的名稱開頭。

Step 1. 執行 suchowtest 指令

```
. use http://fmwww.bc.edu/repec/bocode/s/suchowtesttime.dta, clear
(Time series data for successive Chow tests, France 1960-2013, 10Jan2014)
* 變數前，加「d.」代表一階差分 (first difference)
. suchowtest d.linvest d.lrgdp d.rirs d.inflati trend, thresv(d.lrgdp) stub(invsb)


================================================================
Break Point       =        19          Max. QL Stat. =  77.05926

Chow Test F(5 , 23) = .2899135          P-Value > F    =  .0863247

Value of D.lrgdp   =   .0238838
================================================================


================================================================
Regression For The Values of D.lrgdp Below the Break Point Number 19
================================================================


  Source |       SS       df       MS              Number of obs =      18
---------+------------------------------           F(  4,    13) =   26.26
   Model | .932905952      4  .233226488           Prob > F      =  0.0000
Residual | .115462476     13  .008881729           R-squared     =  0.8899
---------+------------------------------           Adj R-squared =  0.8560
   Total | 1.04836843     17  .061668731           Root MSE      =  .09424


-----------------------------------------------------------------------------
D.linvest |      Coef.   Std. Err.      t    P>|t|     [95% Conf. Interval]
----------+------------------------------------------------------------------
    lrgdp |
      D1. |   1.268231   .2235565     5.67   0.000     .7852663    1.751195
```

```
         |
   rirs  |
    D1.  |  -1.308918   1.086762   -1.20   0.250   -3.656724    1.038887
         |
 inflati |
    D1.  |   .2386294   1.164365    0.20   0.841   -2.276828    2.754087
         |
   trend |  -.0029657   .0042195   -0.70   0.495   -.0120813      .00615
   _cons |   .0902517   .1362004    0.66   0.519   -.2039914    .3844948
```

Regression For The Values of D.1rgdp Above the Break Point Number 19

```
   Source |      SS        df       MS            Number of obs =      15
----------+-----------------------------         F(  4,   10) =   36.69
    Model | 1.14978104     4   .287445261        Prob > F     =  0.0000
 Residual | .078338775    10   .007833877        R-squared    =  0.9362
----------+-----------------------------         Adj R-squared =  0.9107
    Total | 1.22811982    14   .087722844        Root MSE     =  .08851
```

```
 D.linvest |    Coef.    Std. Err.     t     P>|t|    [95% Conf. Interval]
-----------+----------------------------------------------------------------
    lrgdp  |
     D1.   |  1.007224   .1526696    6.60   0.000    .6670549    1.347393
           |
    rirs   |
     D1.   | -.7409428   1.012982   -0.73   0.481   -2.998007    1.516121
           |
  inflati  |
     D1.   |  .1040164   .7052785    0.15   0.886   -1.467442    1.675475
           |
    trend  | -.0012099   .0027686   -0.44   0.671   -.0073788     .004959
    _cons  |  .0476733   .0754942    0.63   0.542   -.1205382    .2158848
```

印出報表中，變數前出現「D.」或「D1.」，代表一階差分 (first difference)。
本例縱貫面之迴歸模型為：

$$\Delta \text{linvest}_t = \beta_0 + \beta_1 \times \text{lrgdp}_t + \beta_2 \times \Delta \text{rirs}_t + \beta_3 \times \Delta \text{inflati}_t + \beta_4 \times \text{trend}_t$$

1. 本例追蹤法國長達 54 年法國國家之總體經體，執行「suchowtest」結果發現，
   斷點發生在「新參數 QL=19」處，即 N= 第 23 筆 (year=1982)。故 Stata 自動
   再以此斷點，分二批做迴歸分析，分別得到

(斷點前) $\Delta \text{linvest}_t = 0.09 + 1.27 \times \text{lrgdp}_t - 1.31 \times \Delta \text{rirs}_t + 0.238 \times \Delta \text{inflati}_t - 0.0029 \times \text{trend}_t$

(斷點後) $\Delta \text{linvest}_t = 0.047 + 1.01 \times \text{lrgdp}_t - 0.74 \times \Delta \text{rirs}_t + 0.10 \times \Delta \text{inflati}_t - 0.001 \times \text{trend}_t$

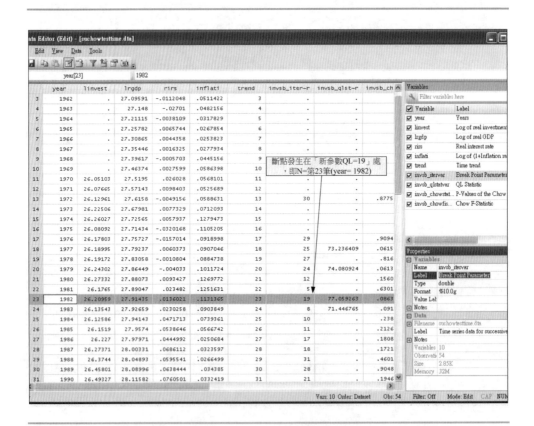

圖 10-14 「suchowtest」新增 4 個「invsb_」開頭的變數

2.「suchowtest」會自動產生三個圖：

   (1) "QL STATISTIC" 繪出 QL 值對斷點值 (QL statistic against the break point

parameter)。垂直的綠色線，標示著「斷點發生處」。

(2) "P-VALUES OF THE CHOW TEST" 繪出 Chow 檢定顯著性 p 值對斷點值 (p-values of the Chow test against the break point parameter)。水平的綠色線 為 Chow 檢定 p 值「達顯著水準」處。

(3) "PV. CHOW TEST AND QL STAT" 為以上二個圖的組合。左側 y-axis 為 Chow 檢定 p 值；右側 y-axis 為 QL 統計值。

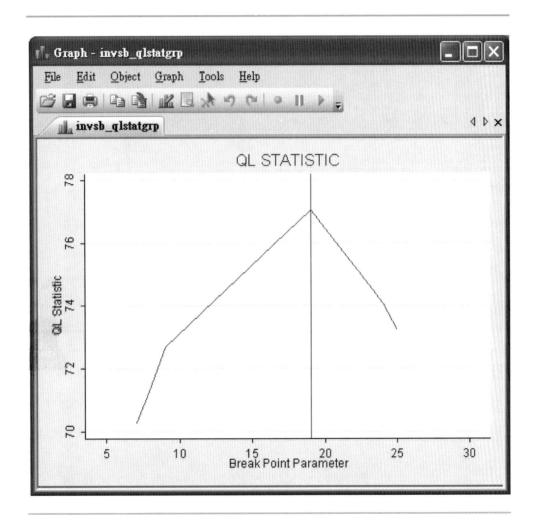

圖 10-15 時間序列之 QL 值顯示斷點在 QL 為多少？ (QL=19,year=1982 處發生斷 點)

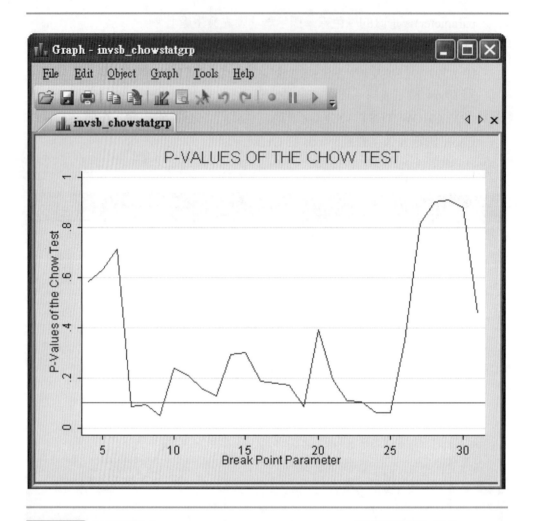

圖 10-16 時間序列「P-VALUES OF THE CHOW TEST」圖顯示斷點有五處

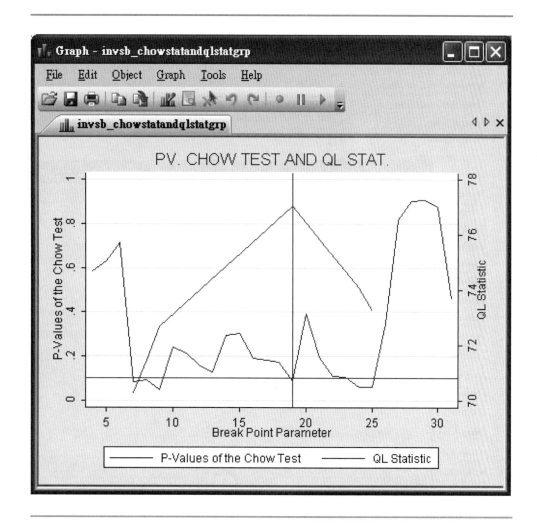

圖 10-17 時間序列「PV. CHOW TEST AND QL STAT」圖為上述二圖的合體

Step 2. 儲存迴歸分析之誤差 (本例為 error 變數)

```
* 令最近一次迴歸分析之誤差為 error 變數
. predict error, rstandard
```

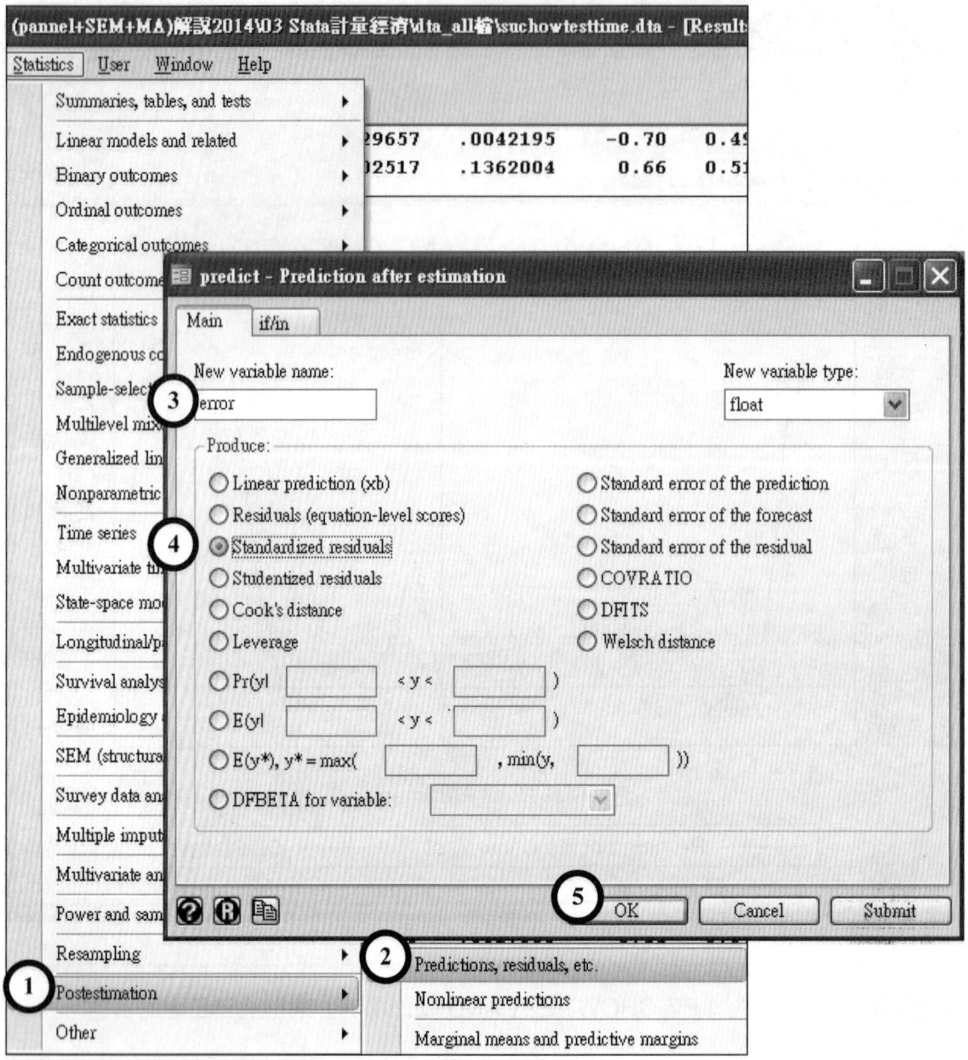

圖 10-18 令迴歸分析之誤差為 error 變數之畫面

Step 3. 繪時間數列線形圖來查看某斷點處

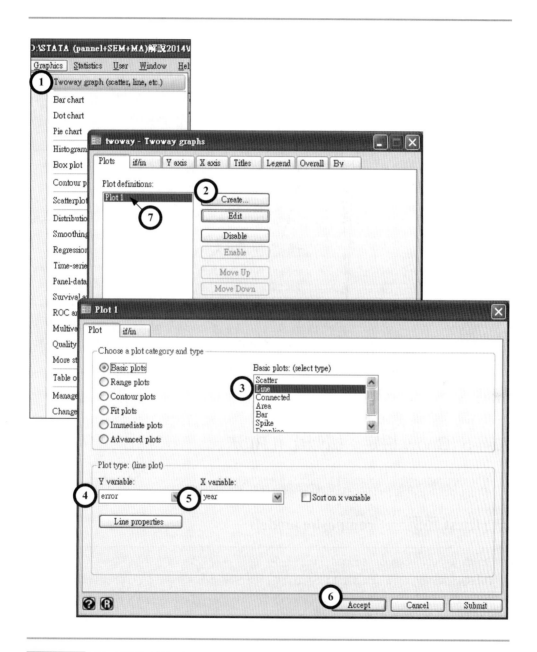

圖 10-19 繪時間數列線形圖來查看某斷點處之畫面

```
. twoway (line error year)
```

Stata 在財務金融與經濟分析的應用

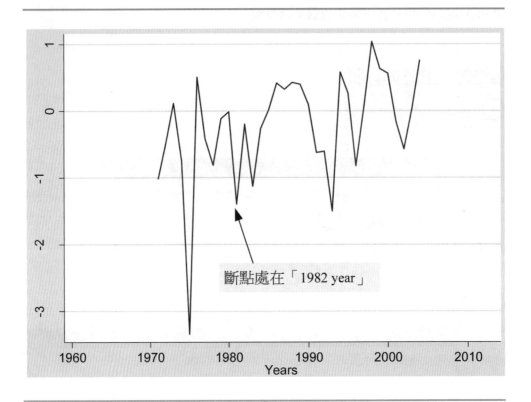

圖 10-20　時間數列線形圖顯示斷點處在「1982 year」

10-4-5　Chow 檢定：概似比 (LR) 法

註：Statistics > Postestimation > Tests > Likelihood-ratio test

一、lrtest 範例一：composite models

```
* Examples with composite models
* We want to test in heckman that participation decision is stochastically
* independent of the outcome (wage rate). If this correlation is 0, Heckman's model
* is equivalent to the combination of a regress for the outcome and a probit model
* for participation.

. webuse womenwk
. heckman wage educ age, select(married children educ age)
. estimates store H
```

864

```
. regress wage educ age
. estimates store R
. generate dinc = !missing(wage)
. probit dinc married children educ age
. estimates store P
. lrtest H (R P), df(1)

* Chow-type tests are appropriate for hypotheses that specify that all coefficients
* of a model do not vary between disjointed subsets of the data.

. webuse vote, clear
. logit vote age moinc dependents
. estimates store All
. logit vote age moinc dependents if county==1
. estimates store A1
. logit vote age moinc dependents if county==2
. estimates store A2
. logit vote age moinc dependents if county==3
. estimates store A3
. lrtest (All) (A1 A2 A3), df(7)
```

二、lrtest 範例二：nested models

```
*Examples with nested models

. webuse lbw
. logit low age lwt i.race smoke ptl ht ui
. estimates store A
. logit low lwt i.race smoke ht ui
. estimates store B
. lrtest A .
. lrtest A  (equivalent to above command)
. lrtest A B(equivalent to above command)
. logit low lwt smoke ht ui
. estimates store C
. lrtest B
. lrtest C A, stats
```

10-4-6 Threshold autoregression for time-to-event analysis

Tiao & Tasy(1994) 研究美國自 1947 年至 1991 年調整後的實質 GNP(real gross national production) 資料，並且分別以線性 AR(autoregressive) 模型及 TAR 模型進行分析比較，實證結果，TAR 模型較 AR 模型更能適當的描述實質 GNP 資料在美國歷經景氣衰退及擴張期間時具有的非對稱性質。再者，以均方誤差 (mean squared error) 做爲衡量樣本外預測能力之準則，亦充分顯示 TAR 模型較 AR 模型具有較佳的預測力。

Hansen(1999) 曾用的門檻迴歸模型 (Threshold Regressive Model, TAR)，並以自變數 (國民生產毛額成長率 GNP) 爲模型 (儲蓄成長模型) 之中所可能改變的轉折點，來找出自變數的門檻值。進而探討臺灣在不同的 GNP 門檻值之下，經濟成長對儲蓄成長的效果有何不同。即經濟成長對儲蓄成長之間存在有門檻的效果，亦即在不同的經濟狀態下，儲蓄成長會呈現出不同的型態。(1) 當 GNP 低於 6.475% 的情形下，對儲蓄成長率的影響爲負向且效果是並不顯著的；(2) GNP 高於 6.475% 時，對儲蓄成長率卻有正向且效果顯著的影響。此表示，經濟成長與儲蓄成長間存在有雙向因果之現象，經濟的持續成長同時可以促進儲蓄成長的結論，只有在高經濟成長率的狀態下才會成立，但是在低經濟成長率的狀態下，兩者間的正向關係便會消失。

(一) 門檻迴歸模型的緣起

現有研究非線性的時間數列模型可以分爲兩大主流，傳統的做法是以「時間」做爲結構改變的轉折點 (piecewise in time)，探討當模型中解釋變數發生結構改變的時間點前後，與被解釋變數之間的關係是否有所不同。另一類則是以 Tong(1978, 1990) 所提出門檻迴歸方法爲基礎，以「變數」爲結構改變的轉折點 (piecewise in variable) 分析在解釋變數門檻值之上與之下，與被解釋變數之間的關係是否有所不同。由於以「時間」爲轉折點的分析方法，必須先主觀的認定發生結構性改變的時間點，方法上較不客觀，因此所得出的結論也就相當分歧。此外，當解釋變數在短期間內持續地發生大幅度的變化時，以時間爲結構改變轉折點的模型可能會無法診斷出模型的結構改變。相較之下，以變數爲轉折點的分析方法，可以避免上述的缺失。

自 Tong(1978) 提出了門檻自我迴歸模型 (Threshold Autoregressive Model, TAR) 之後，它即成爲非線性時間數列上最爲常用的模型之一。門檻自我迴歸模

型在經濟及財務研究上有許多的用途，特別是用在需要依據某個分類標準來分割迴歸樣本 (sample splitting) 資料時。可見，TAR 旨在探討當變數的值大於門檻值時將使迴歸係數不同，使用門檻自我迴歸模型較可客觀的判斷門檻值並將模型分段，避免用主觀的方法決定門檻值。此方法最常用在檢定非線性時間序列模型，其原理乃是利用門檻變數的觀察值估計出適合的門檻值 (Threshold)，將資料依門檻分段，令每段資料呈現線性 AR 模型，並將所有分段後的 AR 模型，依門檻變數大小順序合併排列成迴歸模型，另外，必須檢定其殘差是否符合白噪音，即以門檻變數於門檻值不同區間來認定變數之自我迴歸的情形。

如在估計門檻自我迴歸模型之前，要事先檢定模型中的門檻效果 (threshold effect)。Hansen(1996) 就提出以拔靴反覆抽樣法 (bootstrapping) 來求其檢定統計量的分配，用以檢定模型的門檻效果，並且解決在虛無假設為無門檻效果之下，會使門檻參數無法認定，以及傳統檢定統計量為非標準分配且會受到未知參數影響的問題。Chan(1993) 及 Hansen(1996) 在存在有門檻效果的情形下，提出了以兩階段的線性最小平方法來估計門檻值與迴歸係數。Chan 亦證明了在門檻效果固定時，門檻的最小平方估計式具有一致性 (consistent)，並且推導出其漸近分配。

然而，Tong 的原始門檻回歸模型並未考慮其他的解釋變數，因此 Shen 及 Hakes(1995) 修正了原始門檻迴歸的方法，允許迴歸式的右方放入其他的解釋變數，並且將其用在解釋臺灣中央銀行的反應函數。Hansen(1996) 也曾提出以「循序最小平方法」(sequential OLS) 來估計門檻值以及迴歸參數，將門檻變數的所有觀察值都當作是可能的門檻值，以此來分割樣本資料並且進行 OLS 迴歸，再以對應最小殘差項平方和之總合的分割點作為所估計的門檻值。

(二) 門檻迴歸模型的模式

一般的最小平方估計式 (Generalized Least Squares, GLS) 是以估計單一的迴歸方程式來說明因變數與自變數之間的關係。但是有可能此模型並非只是單一的迴歸式。而是在某一個特定的時間點或是當其中的某一個自變數達到某個特定值時，會使整個模型的截距或者斜率產生改變。於是使得迴歸線產生有凹折的現象。此種情形稱之為非線性迴歸 (non-linear regression) 或是片斷線性迴歸 (piecewise-linear regression)。而門檻迴歸模型即是應用在此種非線性迴歸的計量方法。將所有的資料以門檻值區分為兩個以上的區間 regime(體制)，每一個不同的迴歸方程式即代表著不同的區間，藉此可以求得比用傳統最小平方法所得

到之迴歸方程式更具有解釋能力的模型。

> **定義：不對稱 (asymmetry)**
>
> 以「油價→美股」來說，因油價漲跌對美股的效果具有不對稱性 Granger 因果關係，故要將油價上漲與產出衰退和油價下跌與產出上揚的效果分開處理。例如，Mork(1989) 發現，油價上揚時，確實會使美國的產出衰退，但油價下跌時產出上升的效果並不顯著。

　　門檻迴歸模型通常是用來描述變數的資料產生過程存在有不對稱性的現象，一組時間數列的樣本資料，如果會因為某種因素產生結構性的改變，在發生結構性改變的前後，則是以不同的「區間」(regime) 來表示。在不同的區間之下，每一個區間所呈現出來的是不同線性迴歸式的形式。所謂模型之中的不同區間就是透過以門檻變數大於某個值來表示。以 Hansen(1999) 的兩區間門檻迴歸模型為例，可以表示如下：

$$Y_t = \begin{cases} \alpha_1 + \beta_1 X_{it} + \varepsilon_{it}, & 若 X_{it} \leq r \qquad\qquad (10\text{-}19) \\ \alpha_2 + \beta_2 X_{it} + \varepsilon_{it}, & 若 X_{it} > r \qquad\qquad (10\text{-}20) \end{cases}$$

其中，

　　X_t：為解釋變數，同時也是假設的門檻變數，它可將所有的樣本觀察值分割成兩個區間。

　　Y_t：為被解釋變數。

　　r：為門檻值。

　　殘差項 ε_{it}：則呈現期望值為 0，變異數為 σ^2 的同質獨立分配，即 $\varepsilon_{it} \overset{iid}{\sim} N(0, \sigma^2)$。

　　上述的模型表示，為當門檻變數 X_t 不大於門檻值 r 時，其迴歸式為 (10-19) 式；而當門檻變數 X_t 大於門檻值 r 時，其迴歸式為 (10-20) 式。此門檻值 r 是經由估計而得。當資料形式存在一個門檻值時，表示會存在有兩個區間，以此類推，當存在有 k 個門檻值時，則會存在有 $k+1$ 個區間。

　　當 ε_t 在為獨立且常態的假設之下，上述的兩區間門檻模型可以改寫成下式：

$$Y_t = \alpha_i + \beta_1 X_{1t} I(X_{it} \leq r) + \beta_2 X_{2t} I(X_{2t} > r) \qquad\qquad (10\text{-}21)$$

其中，$I(A)$ 為一個指標函數 (indicator function)，表示為當事件 A 發生之時，$I(A)$ 為 1，否則 $I(A)$ 為 0。因此我們可以將此指標函數視為是一個區分區間的虛擬變

數 (dummy variables)，令當 $X_{it} \leq r$ 時，$I(X_{it} \leq r)$ 為 1；而當 $X_{it} > r$ 時，$I(X_{it} > r)$ 為 1。

當 $X_{it} \leq r$ 時，$I(X_{it} \leq r)$ 為 1，但 $I(X_{it} > r)$ 為 0，此時 (10-21) 式為 $Y_t = \alpha_1 + \beta_1 X_{it} + \varepsilon_{it}$。

當 $X_{it} > r$ 時，$I(X_{it} > r)$ 為 1，但 $I(X_{it} \leq r)$ 為 0，則此時 (10-21) 式為 $Y_t = \alpha_2 + \beta_2 X_{it} + \varepsilon_{it}$。

(10-21) 式又可以進一步表示為：

$$Y_t = \alpha_i + \beta X_{it}(r) + \varepsilon_{it} \tag{10-22}$$

其中，$\beta = (\beta_1, \beta_2)'$，$X_{it} = \begin{bmatrix} X_{it}I(X_{it} \leq r) \\ X_{it}I(X_{it} > r) \end{bmatrix}$

殘差項 $\varepsilon_{it} = [\varepsilon_{1t}, \varepsilon_{2t}]'$

α_1, β_1, β_2, r 為待估計的參數。

將 (10-22) 式重新整理，可得：

$$\sum_{t=1}^{T} Y_t = \sum_{t=1}^{T} (\alpha_i + \beta X_{it}(r) + \varepsilon_{it})$$

因此，$\sum_{t=1}^{T} Y_t = \sum_{t=1}^{T} \alpha_i + \beta \sum_{t=1}^{T} X_{it}(r) + \sum_{t=1}^{T} \varepsilon_{it}$ $\tag{10-23}$

將 (10-23) 式等號左右同除以 T，可得：

$$\frac{\sum_{t=1}^{T} Y_t}{T} = \frac{\sum_{t=1}^{T} \alpha_i}{T} + \frac{\beta \sum_{t=1}^{T} X_{it}(r)}{T} + \frac{\sum_{t=1}^{T} \varepsilon_{it}}{T} \tag{10-24}$$

或是

$$\overline{Y}_i = \alpha_i + \beta \overline{X}_i(r) + \overline{\varepsilon}_i \tag{10-25}$$

將 (10-22) 式與 (10-25) 式相減，可得：

$$(Y_t - \overline{Y}_i) = \beta(X_{it}(r) - \overline{X}_i(r)) + (\varepsilon_{it} - \overline{\varepsilon}_i) \tag{10-26}$$

或是

$$Y_i^* = \beta X_i^*(r) + \varepsilon_{it}^* \tag{10-27}$$

$$
\text{其中，} Y_t^* = \begin{bmatrix} Y_{i2}^* \\ \vdots \\ Y_{iT}^* \end{bmatrix}, \ X_i^*(r) = \begin{bmatrix} X_{i2}^*(r)' \\ \vdots \\ X_{iT}^*(r)' \end{bmatrix}, \ \varepsilon_i^* = \begin{bmatrix} \varepsilon_{i2}^* \\ \vdots \\ \varepsilon_{iT}^* \end{bmatrix}
$$

再將 (10-27) 式整理之後，可得

$$
F^* = R^*(r)\beta + e^* \tag{10-28}
$$

其中，$F^* = \begin{bmatrix} Y_1^* \\ \vdots \\ Y_i^* \\ \vdots \\ Y_n^* \end{bmatrix}$, $R^*(r) = \begin{bmatrix} X_1^*(r) \\ \vdots \\ X_i^*(r) \\ \vdots \\ X_n^*(r) \end{bmatrix}$, $e^* = \begin{bmatrix} \varepsilon_1^* \\ \vdots \\ \varepsilon_i^* \\ \vdots \\ \varepsilon_n^* \end{bmatrix}$, (10-28) 式即為門檻效果的主要估

計式。

根據 (10-28) 式可以再進一步求出估計值與參數值，同時得到殘差項平方之加總 (sum of square error) 為：

$$
\begin{aligned}
SSE_1(r) &= \hat{e}^*(r)'\hat{e}^*(r) \\
&= F^*(I - R^*(r)(R^*(r)'R^*(r))^{-1}R^*(r)')F^*
\end{aligned} \tag{10-29}
$$

其中，$\hat{e}^*(r) = F^* - R^*(r)\hat{\beta}(r)$，$\hat{\beta}(r) = (R^*(r)'R^*(r))^{-1}R^*(r)F^*$，$\beta$ 的估計值 $\hat{\beta}$ 可以由 OLS 法來求得。

最適的門檻估計值為：

$$
\hat{r} = \arg\min_t SSE_1(r) \tag{10-30}
$$

表示最適的門檻估計值是要對應在殘差平方和為最小的情形之下。

而殘差變異數則為：

$$
\hat{\sigma}^2(\hat{r}) = \frac{\hat{e}^*(\hat{r})'\hat{e}^*(\hat{r})}{(T-1)} = \frac{SSE_1(\hat{r})}{(T-1)} \tag{10-31}
$$

其中，T 為估計期間的樣本總數。

所以若要由 (10-21) 式要來估計一個 TAR 的模型，我們須先經由指標函數 $I(A)$ 劃分出區間，然後再使用最小平方法分別地來估計這兩個區間下迴歸方程式中的每一個參數值。用最小平方法所估計出來的截距項以及斜率項參數的門檻變數值皆會服從一致性。

依照上述的過程，本例所擬設定之儲蓄動態成長的實證迴歸方程式 (10-21)

式以在兩區間之下的門檻迴歸模型可以表示成下式：

$$
\begin{aligned}
\dot{S}_t =\ & (\gamma_{10} + \gamma_{11}\dot{Y}_t + \gamma_{12}\dot{i}_t + \gamma_{13}\dot{dr}_t + \gamma_{14}\dot{ca}_t + \gamma_{15}\dot{GD}_t)I(X_t \le r) \\
& + (\gamma_{20} + \gamma_{21}\dot{Y}_t + \gamma_{22}\dot{i}_t + \gamma_{23}\dot{dr}_t + \gamma_{24}\dot{ca}_t + \gamma_{25}\dot{GD}_t)I(X_t > r) \\
& + \varepsilon_t
\end{aligned}
\tag{10-32}
$$

(10-32) 式可以視為是一多變數的門檻迴歸模型 (multiple threshold regression model)。

(三) 門檻效果檢定

　　欲檢定門檻迴歸模型的門檻效果，如以 (10-32) 式為例，門檻值 r 的選擇方式為依照某一個門檻變數排序後去估計 (10-32) 式，使得門檻值所對應的殘差平方和之加總為最小。例如 Tsay(1989) 對「門檻變數是外生變數」的 F 檢定或是 Hansen(1996) 的 LM(Lagrange multiplier) 檢定就可以用來檢定門檻迴歸模型假定為線性的虛無假設，且門檻變數必須為外生變數。

　　一旦得到估計值，下一步即可以來進行統計檢定，但是檢定的方式與一般傳統的檢定方法並不相同，原因是在於線性模型 (即無門檻效果) 的虛無假設下，門檻參數的無法認定 (unidentified)，會造成傳統的檢定統計量其大樣本的分配並非為 χ^2 分配，而是受到干擾參數 (nuisance parameter) 所影響的「非標準」且「非相似」(non-standard & non-similar) 分配，使得其分配的臨界值無法以模擬的方式得知。為了克服這個問題，Hansen(1996) 曾進一步以統計量本身的大樣本分配函數來轉換，得到大樣本的 p 值 (asymptotic p-value)。在虛無假設成立下，p 值統計量的大樣本分配為一均勻 (uniform) 分配，此種轉換方式可以透過「拔靴反覆抽樣」(Bootstrap) 的方式來計算。此種檢定的虛無假設與對立假設為：

$$
\begin{cases}
H_0 : \gamma_{1i} = \gamma_{2i} \\
H_1 : \gamma_{1i} \neq \gamma_{2i}
\end{cases}
$$

　　在虛無假設 H_0 成立之下，此時若是係數 $\gamma_{1i} = \gamma_{2i}$，則迴歸式會退化成為線性模型，表示不存在門檻效果；反之，若是 $\gamma_{1i} = \gamma_{2i}$，則表示 γ_{1i} 與 γ_{2i} 在兩個區間會有不同的效果。

　　在 H_0 成立的情況下，線性迴歸式可表示如下：

$$
Y_t = \alpha_i + \beta X_{it}(r) + \varepsilon_{it}
\tag{10-33}
$$

將 (10-33) 式做轉換，去除固定效果 (fixed-effect transformation) 之後，可得到：

$$F^* = R^*(r)\beta + e^* \tag{10-34}$$

由 (10-34) 式，可以使用 OLS 法估計出此模型在限制條件下之係數估計值 $\hat{\beta}$，並且進而求得所要估計的殘差值 $\hat{e}^*$ 以及在此限制條件下的殘差平方和 $SSE_0 = \hat{e}^{*'}\hat{e}^*$。Hansen(1999) 建議使用 F 檢定法來進行檢定，檢定虛無假設的 Wald 統計量為 sup-Wald 統計量，表示如下：

$$F = \sup F(r) \tag{10-35}$$

而其檢定統計量模型則表示如下：

$$F_1(r) = \frac{(SSE_0 - SSE_1(\hat{r}))/1}{SSE_1(\hat{r})/(T-1)} = \frac{SSE_0 - SSE_1(\hat{r})}{\hat{\sigma}^2} \tag{10-36}$$

另外，Hansen 指出當存在有門檻效果時，門檻的最適估計值 $\hat{r}$ 會與實際的門檻值 r_0 具有一致性，此時由於干擾參數的存在，會使得漸進分配呈現高度的非標準分配。Hansen 以最大概似法來檢定門檻值 r，以求得統計量的漸近分配，而門檻值檢定的虛無假設 (H_0) 為 $r = r_0$，其檢定統計量為：

$$LR_1(r) = \frac{(SSE(r) - SSE_1(\hat{r}))/1}{SSE_1(\hat{r})/(T-1)} = \frac{SSE(r) - SSE_1(\hat{r})}{\hat{\sigma}^2} \tag{10-37}$$

LR_1 同樣為非標準常態分配。然而 (10-36) 式與 (10-37) 式並不相同，(10-36) 式的 F_1 檢定是在檢定兩個區間的迴歸係數是否相等，而 (10-37) 式的 LR_1 檢定則是檢定門檻估計值 $\hat{r}$ 是否會等於實際的門檻值 r。

上述的過程為樣本資料存在一個門檻值的檢定程序，但有時為了要確定是否存在兩個或是兩個以上的門檻值，就必須進行多個門檻值的檢定。以 (10-36) 式的 F_1 檢定為例，當拒絕 F_1 檢定，表示該資料至少存在有一個門檻值，接著就要假設一個估計得到的門檻值 $\hat{r}_1$ 為已知，再進行另一個門檻值 r_2 的求算。則此最適門檻值估計值 $\hat{r}_2$ 為：

$$\hat{r}_2 = \underset{r_2}{\arg\min}\, SSE_2(r_2) \tag{10-38}$$

而殘差變異數則為：

$$\hat{\sigma}_2^2(\hat{r}_2) = \frac{\hat{e}^*(\hat{r}_2)'\hat{e}^*(\hat{r}_2)}{(T-1)} = \frac{SSE_2(\hat{r}_2)}{(T-1)} \tag{10-39}$$

此檢定的虛無假設與對立假設分別為：

$$H_0：只有一個門檻值 \tag{10-40}$$
$$H_1：有兩個門檻值$$

其檢定統計量模型則表示如下：

$$F_2(r) = \frac{(SSE_1(\hat{r}_1) - SSE_2(\hat{r}_2))/1}{SSE_2(\hat{r}_2)/(T-1)} = \frac{SSE_1(\hat{r}_1) - SSE_2(\hat{r}_2)}{\hat{\sigma}_2^2} \tag{10-41}$$

其中，$SSE_1(\hat{r}_1)$是用存在一個門檻值所求算出的殘差平方和之加總。當檢定統計量 F_2 大於臨界值時，就表示存在兩個門檻值。同理，應用上述的過程也可以進行三個門檻值的 F_3 檢定，以致於 n 個門檻值的 F_n 檢定。

(四)TAR 模型的檢定

Tasy(1989) 提出一套檢定與估計 TAR 模型的步驟和方法如下：

$$y_t = \Phi_0^{(j)} + \sum_{i=1}^{p} \Phi_i^{(j)} y_{t-i} + e_t^{(j)}, \ r_{j-1} \le y_{t-d} < r_j$$

其虛無假設 $H_0：\Phi_i^{(1)} = \Phi_i^{(2)} = \cdots = \Phi_i^{(j)}$，$e_t^{(j)}$為白噪音，$r_j$為門檻值，$j = 1, 2, \cdots, k$。

上式模型簡稱 TAR(k; p, d) 模型，k 代表模型總共有 k 種狀態，有 k-1 個門檻值 r_j，AR 項的落後期數為 p，其中落後期數 p 的選定，可應用部分自我相關函數 (partial autocorrelation function, PACF) 和 SBC(Schwartz Bayesian information criterion) 兩種方法判斷。而使序列狀態改變的期數可以是任何前 d 期的 y_{t-d}，其中，y_{t-d} 稱為轉換變數，d 為轉換變數落後期；$\Phi_i^{(j)}$則是模型中第 j 狀態下的參數，i = 0, 1, 2, $\cdots$, p。

Tasy 認為 TAR 的主要概念是以可能的轉換變數來重新排序，再利用逐次迴歸之殘差進行 F 檢定，並配合 Chow 結構斷裂點檢定協助判斷可能的轉換變數落後期 d 和門檻值，最後再估計 TAR 模型。這種模型通常用來描述序列資料存在不對稱性的現象。

10-5 Stata 分析 VAR 之範例

定態數列可用 SPSS/SAS 軟體來分析。非定態數列可用：(1) 免費軟體 JMulTi(可在 www.jmulti.de 免費下載)；(2) 同時供 Menu 及指令的 Stata、

RATS、S-PLUS 及 Eviews；或用 (3) 功能強大且要寫指令的財經軟體 R(http：// cran.r-project.org/bin/windows/base/) 等軟體來分析。至於，橫斷面 + 縱貫面之縱橫資料 (Panel data)，可用 Stata 或 Limdep 軟體來分析。

假設有 x, y, z 三數列，採用 Stata 軟體進行 VAR，其分析步驟，如圖 10-21。

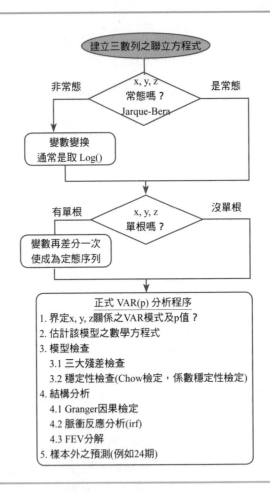

圖 10-21 Stata 進行 VAR 之分析步驟

10-5-1 Stata 之 VAR 相關指令

一、向量自我迴歸 (VAR) 之 Stata 指令

Estimators 指令：說明

Var 指令：Vector autoregressive models

var postestimation 選項：Postestimation tools for var

var svar 選項：Structural vector autoregressive models

var svar 選項：postestimation Postestimation tools for svar

varbasic 選項：Fit a simpleVARand graph IRFs or FEVDs

varbasic postestimation 選項：Postestimation tools for varbasic

Diagnostic tools

varlmar 指令：Perform LM test for residual autocorrelation

varstable 指令：Check the stability condition ofVARor SVAR estimates

varnorm 指令：Test for normally distributed disturbances

varsoc 指令：Obtain lag-order selection statistics for VARs and VECMs

varwle 指令：Obtain Wald lag-exclusion statistics

Forecasting，inference，and interpretation

irf 指令：create Obtain IRFs，dynamic-multiplier functions，and FEVDs

fcast compute 選項：Compute dynamic forecasts after var，svar，or vec

vargranger 指令：Perform pairwise Granger causality tests

Graphs and tables

corrgram 指令：Tabulate and graph autocorrelations

xcorr 指令：Cross-correlogram for bivariate time series

pergram 指令：Periodogram

irf graph 選項：Graphs of IRFs，dynamic-multiplier functions，and FEVDs

irf cgraph 選項：Combined graphs of IRFs，dynamic-multiplier functions，and FEVDs

irf ograph 選項：Overlaid graphs of IRFs，dynamic-multiplier functions，and FEVDs

irf table 選項：Tables of IRFs，dynamic-multiplier functions，and FEVDs

irf ctable 選項：Combined tables of IRFs，dynamic-multiplier functions，and FEVDs

fcast graph 選項：Graph forecasts after fcast compute

tsline 選項：Plot time-series data

varstable 指令：Check the stability condition ofVARor SVAR estimates

vecstable 指令：Check the stability condition of VECM estimates

wntestb 指令：Bartlett's periodogram-based test for white noise

```
Forecasting models
forecast 指令：Econometric model forecasting
forecast adjust 選項：Adjust a variable by add factoring，replacing，etc.
forecast clear 選項：Clear current model from memory
forecast coefvector 選項：Specify an equation via a coefficient vector
forecast create 選項：Create a new forecast model
forecast describe 選項：Describe features of the forecast model
forecast drop 選項：Drop forecast variables
forecast estimates 選項：Add estimation results to a forecast model
forecast exogenous 選項：Declare exogenous variables
forecast identity 選項：Add an identity to a forecast model
forecast list 選項：List forecast commands composing current model
forecast query 選項：Check whether a forecast model has been started
forecast 指令：solve Obtain static and dynamic forecasts
```

10-5-2 Stata 實例 1：典型 VAR 模型

一、問題說明

西德央行統計全國的總投資 (investment)、總收入 (income)、消費 (consumption) 的數據如下表。試求這三數列的向量自我迴歸之模型？(分析單位：季)，時間從 1960 年春季至 1982 年冬季。

本例資料來自 Lutkepohl(1993) 蒐集「Quarterly SA West German macro data，Bil DM」數據，並整理成下表，此「lutkepohl2.dta」資料檔之三個時間數列如下：

變數名稱		編碼 Codes/Values
時間索引 qtr	季 (quarter)	1960q1~ 1982q4
inv	西德的總投資 (investment)	179~870 (十億馬克)
inc	西德的總收入 (income)	451~2651 (十億馬克)
consump	西德的消費 (consumption)	415~2271 (十億馬克)
ln_inv	Ln(investment)	
ln_inc	Ln(income)	
ln_consump	Ln(consumption)	

變數名稱		編碼 Codes/Values
dln_inv	一階差分是 (first-difference) of ln_inv	-0.14018~0.19358
dln_inc	一階差分是 (first-difference) of ln_inc	-0.02887~0.05023
dln_consump	一階差分是 (first-difference) of ln_consump	-0.01299~0.04483

二、資料檔之內容

讀入資料檔之前，先設定工作目錄，「File > Chang working directory」，指定 CD 所附資料檔之路徑，接著再選「File > Open」，開啟「VAR_lutkepohl2.dta」資料檔。

「VAR_lutkepohl2.dta」資料檔內容如下圖。

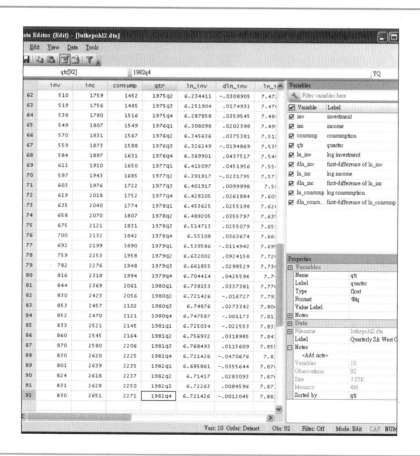

圖 10-22 「VAR_lutkepohl2.dta」資料檔 (N=92 季，10 variables)

觀察資料之特徵

```
* 開啟 Stata 網上資料檔「lutkepohl2.dta」
. clear
. use http：//www.stata-press.com/data/r11/lutkepohl2
* 或用 use VAR_lutkepohl2.dta，亦可開啟 CD 附的資料檔

. describe

Contains data from http：//www.stata-press.com/data/r11/lutkepohl2.dta
obs：          92  Quarterly SA West German macro data，Bil DM，from Lutkepohl
1993 Table E.1
vars：         10   4 Dec 2012 14：31
size：      3，128
-------------------------------------------------------------------------------
              storage   display    value
variable name   type    format    label      variable label
-------------------------------------------------------------------------------
inv             int     %8.0g                 investment
inc             int     %8.0g                 income
consump         int     %8.0g                 consumption
qtr             float   %tq                   quarter
ln_inv          float   %9.0g                 log investment
dln_inv         float   %9.0g                 first-difference of ln_inv
ln_inc          float   %9.0g                 log income
dln_inc         float   %9.0g                 first-difference of ln_inc
ln_consump      float   %9.0g                 log consumption
dln_consump     float   %9.0g                 first-difference of ln_consump
-------------------------------------------------------------------------------
Sorted by： qtr
```

(一) 常態性診斷、 自然對數之變數變換

先繪原始三數列之走勢線形圖。

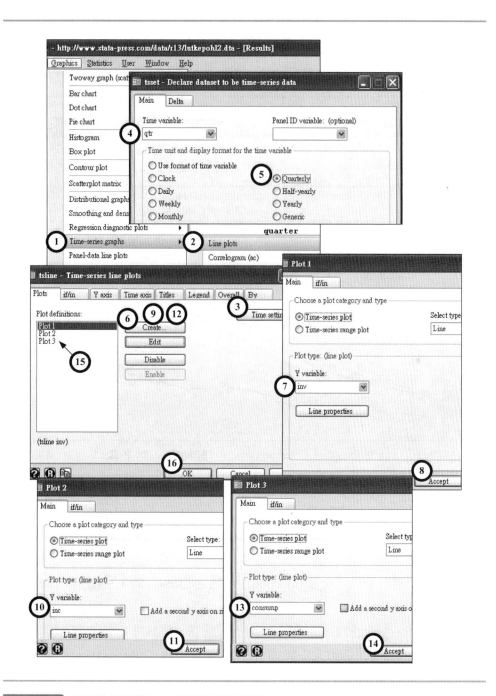

圖 10-23 繪原始三數列之走勢線形圖的畫面

```
. tsset qtr，quarterly
        time variable： qtr，1960q1 to 1982q4
                delta： 1 quarter


* 選項 tsline 繪三時間數列之線形圖
. twoway (tsline inv) (tsline inc) (tsline consump)
```

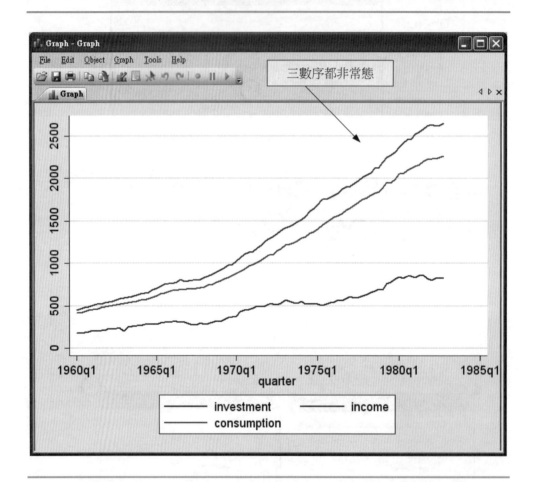

圖 10-24　繪原始「inv，inc 及 consump」數列之走勢線形圖（三數序都非常態）

　　使用「jb」指令之前，先執行指令「findit jb」來外掛 jb.ado 命令檔。接著再執行下列 jb 指令，即可求三數列 JB 常態性檢定值「Jarque-Bera asymptotic test for normality on the specified variable in level form」。

```
* 變數 inv 之 Jarque-Bera 常態檢定
. jb inv
Jarque-Bera normality test： 6.576 Chi(2)   .0373
Jarque-Bera test for Ho： normality：


* 變數 inc 之 Jarque-Bera 常態檢定
. jb inc
Jarque-Bera normality test： 8.156 Chi(2)   .0169
Jarque-Bera test for Ho： normality：


* 變數 consump 之 Jarque-Bera 常態檢定
. jb consump
Jarque-Bera normality test： 8.48 Chi(2)   .0144
Jarque-Bera test for Ho： normality：
```

三個數列之 Jarque-Bera 常態檢定結果，三者之卡方顯著性 p 值都 <0.05，故全都拒絕「H_0：normality」，表示「inv, inc 及 consump」三變數都非常態，故三變數都用 generate 指令，做「Natural log」變數，並分別存至「ln_inv, ln_inc 及 ln_consump」之後，再重做 Jarque-Bera 常態檢定，結果如下：

```
* 先做 3 個自然對數之變數變換
*inv 變數取自然對數之後，存至新變數 ln_inv
. gen ln_inv ln(inv)
. gen ln_inc ln(inc)
. gen ln_consump ln(consump)


* 先外掛 jb 指令
. findit jb
* 再做 3 個新變數之單根
. jb ln_inv
Jarque-Bera normality test： 5.8 Chi(2)   .055
Jarque-Bera test for Ho： normality：


. jb ln_inc
Jarque-Bera normality test： 6.883 Chi(2)   .032
Jarque-Bera test for Ho： normality：
```

```
. jb ln_consump
Jarque-Bera normality test：  6.93 Chi(2)  .0313
Jarque-Bera test for Ho：normality：
```

　　對數之 3 個變數，Jarque-Bera 單根檢定，結果：

1. 新變數 ln_inv 之卡方值為 5.8，p=0.055>0.05，接受「H_0：normality」，故 inv 變數取對數函數之後，ln_inv 新變數符合「線性迴歸常態性」假定。

2. 儘管 ln_inc 及 ln_consump 之 P 都 <0.05，但仍非常接近常態性的臨界值。故往後單根分析，就以「ln_inv, ln_inc 及 ln_consump」新變數來取代「inv, inc 及 consump」舊變數。

(二) 單根檢定、 一階差分運算

　　傳統常態分配之檢定係根據 x_i 數的偏態 (Skewness) 及峰度 (kurtosis) 大小，代入 Z 檢定來判定。偏態及峰度如下：

$$\text{Skewness} = \frac{E(x-\mu)^3}{\sigma^3} \qquad (\text{第三動差})$$

$$\text{Kurtosis} = \frac{E(x-\mu)^4}{\sigma^4} \qquad (\text{第四動差})$$

　　Stata 軟體之 Jarque-Bera 常態性檢定如下。它係考驗殘差向量 $\hat{u}$ 的成分之間是否獨立，即計算其第三動差 (moments) 之偏態是否為 0 及第四動差之峰度是否為 3。

　　首先，Stata 估計殘差共變矩陣 $\tilde{\Sigma}_u$：

$$\tilde{\Sigma}_u = \frac{\sum_{t=1}^{T}(\hat{u}_t - \bar{\hat{u}})(\hat{u}_t - \bar{\hat{u}})'}{T}$$

　　並算出平方根矩陣 $\tilde{\Sigma}_u^{1/2}$。即 Stata 係以「已標準化殘差」$\hat{u}_t^s$ 的偏態及峰度來判定是否具常態性：

$$\hat{u}_t^s = (\hat{u}_{1t}^s, \cdots, \hat{u}_{Kt}^s)' = \tilde{\Sigma}_u^{1/2}(\hat{u}_t - \bar{\hat{u}})$$

$$\text{定義}\begin{cases} b_1 = (b_{11}, \cdots, b_{1k})' \text{，此處 } b_{1k} = \dfrac{\sum_{t=1}^{T}(\hat{u}_{kt}^s)^3}{T} \\[2em] b_2 = (b_{21}, \cdots, b_{2k})' \text{，此處 } b_{2k} = \dfrac{\sum_{t=1}^{T}(\hat{u}_{kt}^s)^4}{T} \end{cases}$$

由 b_1 及 b_2 即可衍生出下二個定義：

$$\begin{cases} s_3^2 = Tb_1'b_1/6 \sim \chi^2(K)\text{極限分配} \\ s_4^2 = T(b_2 - 3_K)'(b_2 - 3_K)/24 \sim \chi^2(K)\text{極限分配} \end{cases}$$

Jarque-Bera(JB) 之虛無假設 vs. 對立假設為：

$$\begin{cases} H_0 = \text{偏態} e(u_t^t)^3 = 0 \quad and \quad \text{峰度} e(u_t^t)^4 = 3 \\ H_1 = \text{偏態} e(u_t^t)^3 \neq 0 \quad or \quad \text{峰度} e(u_t^t)^4 \neq 3 \end{cases}$$

Jarque-Bera(JB) 之檢定統計為：

$$JB_K = s_3^2 + s_4^2 \sim \text{漸近} \chi^2(2K)\text{分配，若} H_0 \text{成立時。}$$

Step 1. 用統計法：dfuller 指令來認定 「ln() 轉換後之新變數」 是否 「定態」

dfuller 指令可執行 ADF(Augmented Dickey-Fuller) unit-root 檢定。

```
* 先找到：外掛 dfuller 指令
. findit dfuller

* 再用 dfuller 指令執行 ADF 單根檢定
. dfuller ln_inv

Dickey-Fuller test for unit root                    Number of obs    =        91

                          ---------- Interpolated Dickey-Fuller ---------
                  Test        1% Critical      5% Critical     10% Critical
               Statistic         Value            Value            Value
-----------------------------------------------------------------------------
 Z(t)            -1.201         -3.523           -2.897           -2.584
-----------------------------------------------------------------------------
MacKinnon approximate p-value for Z(t) = 0.6732


.
. dfuller ln_inc

Dickey-Fuller test for unit root                    Number of obs    =        91
```

```
                            ---------- Interpolated Dickey-Fuller ----------
                  Test      1% Critical      5% Critical      10% Critical
                Statistic      Value            Value            Value
------------------------------------------------------------------------------
Z(t)             -2.291        -3.523          -2.897           -2.584
------------------------------------------------------------------------------
MacKinnon approximate p-value for Z(t) = 0.1750


.
. dfuller ln_consump

Dickey-Fuller test for unit root                 Number of obs     =        91

                            ---------- Interpolated Dickey-Fuller ----------
                  Test      1% Critical      5% Critical      10% Critical
                Statistic      Value            Value            Value
------------------------------------------------------------------------------
Z(t)             -1.688        -3.523          -2.897           -2.584
------------------------------------------------------------------------------
MacKinnon approximate p-value for Z(t) = 0.4371
```

MacKinnon approximate p-value for Z(t) = 0.6732

1. 變數 ln_inv 單根檢定，MacKinnon approximate p-value for Z(t) = 0.6732>0.05，拒絕「$H_0 : y_t \sim I(1)$」，故 ln_inv 數列屬非定態。

2. 變數 ln_inc 單根檢定，MacKinnon approximate p-value for Z(t) = 0.1750>0.05，拒絕「$H_0 : y_t \sim I(1)$」，故 ln_inc 數列屬非定態。

3. 變數 ln_consump 單根檢定，MacKinnon approximate p-value for Z(t) = 0.4371>0.05，拒絕「$H_0 : y_t \sim I(1)$」，故 ln_consump 數列屬非定態。

由上述三數列 ADF 單根檢定，發現本例三個對數變數都是非定態，故套入 VAR 之前，先將它們做差分運算，等到三者都是定態數列再代入 VAR 分析。

Step 2. 因非定態， 故再差分運算 ： 即對 「ln() 轉換後之新變數」 做差分

差分運算子 (△)，唸 "delta"。典型「first-difference 定態程序」為 random walk，其數列可用 $x_t = x_{t-1} + \varepsilon_t$ 表示：

其中，$\varepsilon_t \overset{iid}{\sim} N(0, \sigma^2)$，即 ε_t 獨立同態 (are independently and identically distributed (i.i.d.)) with mean zero and a finite variance σ^2」。所謂「一階 (first-difference 差分運算」就是$\Delta x_t = x_t - x_{t-1} = \varepsilon_t$，其中，$\varepsilon_t$是共變數定態。

本例三個對數變數做差分，需搭配「gen 及 replace」二指令。差分運算指令如下：

```
* 變數 ln_inv 做一階差分之後，存到 dln_inv 新變數
* 新產生 dln_inv 變數值，都是 missing value "."
gen dln_inv= .
* 更換 dln_inv 值，為 ln_inv 後期減前期的差。"_"符號開頭均為 Stata 系統變數。
replace dln_inv=ln_inv[_n] - ln_inv[_n-1]

* 變數 ln_inc 做一階差分之後，存到 dln_inc 新變數
gen dln_inv= .
replace dln_inc=ln_inc[_n] - ln_inc[_n-1]

* 變數 ln_consump 做一階差分之後，存到 dln_consump 新變數
gen dln_consump= .
replace dln_consump=ln_consump[_n] - ln_consump[_n-1]
```

差分之後的新變數，先看走勢圖，再做一次單根檢定，來認定它是否已成定態。診斷所差分之後三個新變數「dfuller dln_inv、dfuller dln_inc、dfuller、dln_consump」，若都是定態數列，則我們可放心進行 VAR 分析。

Step 3. 用繪圖法來認定 「差分之後」 最新變數是否 「定態」

```
. tsset qtr，quarterly
        time variable： qtr，1960q1 to 1982q4
               delta： 1 quarter

* 選項 tsline 繪新的三時間數列之線形圖
. twoway (tsline dln_inv) (tsline dln_inc) (tsline dln_consump)
```

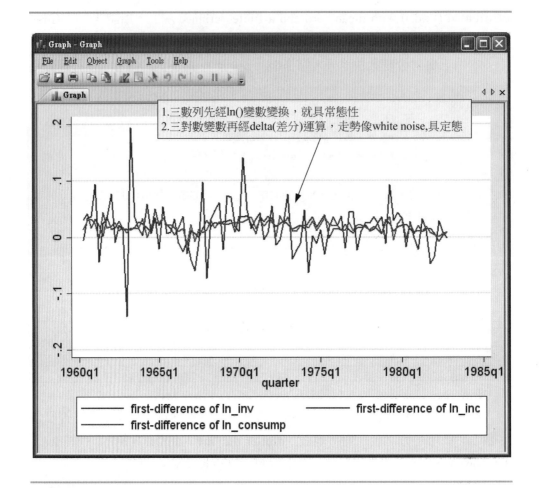

圖 10-25 三新變數「dln_inv、dln_inc、dln_consump」之線形圖

Step 4. 統計法：再用 **dfuller** 指令來判定 「差分之後」 最新變數是否 「定態」

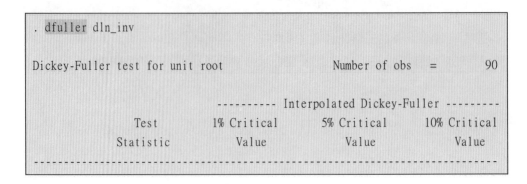

```
 Z(t)              -11.136            -3.524              -2.898              -2.584
 ------------------------------------------------------------------------------------
 MacKinnon approximate p-value for Z(t) = 0.0000

 . dfuller dln_inc

 Dickey-Fuller test for unit root                    Number of obs   =        90

                              ---------- Interpolated Dickey-Fuller ---------
                     Test        1% Critical        5% Critical       10% Critical
                  Statistic         Value              Value              Value
 ------------------------------------------------------------------------------------
 Z(t)               -8.389            -3.524              -2.898              -2.584
 ------------------------------------------------------------------------------------
 MacKinnon approximate p-value for Z(t) = 0.0000

 . dfuller dln_consump

 Dickey-Fuller test for unit root                    Number of obs   =        90

                              ---------- Interpolated Dickey-Fuller ---------
                     Test        1% Critical        5% Critical       10% Critical
                  Statistic         Value              Value              Value
 ------------------------------------------------------------------------------------
 Z(t)               -9.750            -3.524              -2.898              -2.584
 ------------------------------------------------------------------------------------
 MacKinnon approximate p-value for Z(t) = 0.0000
```

　　用 **dfuller** 指令，執行 ADF 單根檢定，結果顯示「dln_inv、dln_inc、dln_consump」三數列之 MacKinnon approximate p-value 都小於 0.05，故拒絕「H_0：$Y_t \sim I(1)$」，表示這三個最新變數都屬定態 (已沒有單根)。此時，我們才可放心再進行 VAR 分析。

三、VAR 分析結果與討論

　　VAR 分析前，要先確定本例三數列，都已成定態且部分屬常態之後，再正式進行下列 VAR 分析程序：

Step 1. 認定 x, y, z 關係之 VAR 模式及 p 值？

方法一 人工用 **AIC** 及 **FPE** 準則來認定 **Lags** 最適值 **=?**

分別以「Lag=1」、「Lag=2」、「Lag=3」選項來執行 var 指令，再挑 AIC
及 FPE 值最小者。

```
. use VAR_lutkepohl2.dta

* 清除 output 畫面
. cls
* 測試 VAR(1)， lags=1 時，模型適配之 4 資訊準則為何？
. var dln_inv dln_inc dln_consump , lags(1) lutstats

Vector autoregression

Sample：1960q3 - 1982q4                        No. of obs    =         90
Log likelihood = 735.1226          (lutstats) AIC           =  -24.64969
FPE            = 2.11e-11                      HQIC          =  -24.54888
Det(Sigma_ml)  = 1.61e-11                      SBIC          =  -24.39971


Equation         Parms      RMSE     R-sq      chi2     P>chi2
-----------------------------------------------------------------
dln_inv            4      .044046   0.0733   7.12148    0.0681
dln_inc            4      .011666   0.0782   7.634221   0.0542
dln_consump        4      .01071    0.0860   8.463599   0.0373
-----------------------------------------------------------------


-----------------------------------------------------------------------------
             |    Coef.    Std. Err.     z     P>|z|    [95% Conf. Interval]
-------------+---------------------------------------------------------------
dln_inv      |
     dln_inv |
         L1. | -.2218512   .1065351   -2.08   0.037   -.4306562   -.0130462
             |
     dln_inc |
         L1. |  .4151093   .4412282    0.94   0.347   -.4496822    1.279901
             |
 dln_consump |
```

```
       L1. |    .5764471    .5011716    1.15   0.250    -.4058312    1.558725
           |
      _cons |    .0018593    .0099456    0.19   0.852    -.0176338    .0213524
-----------+----------------------------------------------------------------
dln_inc    |
    dln_inv |
       L1. |    .0340018    .0282177    1.20   0.228    -.0213038    .0893074
           |
    dln_inc |
       L1. |   -.0082769    .1168669   -0.07   0.944    -.2373318     .220778
           |
dln_consump |
       L1. |    .2360513    .1327439    1.78   0.075    -.0241221    .4962246
           |
      _cons |    .0144912    .0026343    5.50   0.000     .0093281    .0196543
-----------+----------------------------------------------------------------
dln_consump |
    dln_inv |
       L1. |   -.0013918    .0259054   -0.05   0.957    -.0521655    .0493819
           |
    dln_inc |
       L1. |    .3078467    .1072905    2.87   0.004     .0975612    .5181321
           |
dln_consump |
       L1. |   -.2067657    .1218665   -1.70   0.090    -.4456197    .0320882
           |
      _cons |    .0166045    .0024184    6.87   0.000     .0118645    .0213445
----------------------------------------------------------------------------
```

```
.
* 測試 VAR(2)， lags=2 時，模型適配之 4 資訊準則為何？
. var dln_inv dln_inc dln_consump , lags(1/2) lutstats


Vector autoregression


Sample：1960q4 - 1982q4                  No. of obs     =        89
Log likelihood = 742.2131   (lutstats)   AIC            = -24.78808
FPE            = 1.84e-11                 HQIC           = -24.58521
Det(Sigma_ml)  = 1.15e-11                 SBIC           = -24.28476
```

Equation	Parms	RMSE	R-sq	chi2	P>chi2
dln_inv	7	.044295	0.1051	10.45617	0.1067
dln_inc	7	.011224	0.1514	15.87886	0.0144
dln_consump	7	.009938	0.2400	28.09971	0.0001

	Coef.	Std. Err.	z	P>|z|	[95% Conf. Interval]	
dln_inv						
dln_inv						
L1.	-.2725654	.1093372	-2.49	0.013	-.4868623	-.0582684
L2.	-.1340503	.1089367	-1.23	0.218	-.3475624	.0794617
dln_inc						
L1.	.3374819	.4805209	0.70	0.482	-.6043217	1.279286
L2.	.1827302	.466292	0.39	0.695	-.7311852	1.096646
dln_consump						
L1.	.6520473	.5450985	1.20	0.232	-.4163261	1.720421
L2.	.5980687	.5434576	1.10	0.271	-.4670886	1.663226
_cons	-.0099191	.0126649	-0.78	0.434	-.0347419	.0149037
dln_inc						
dln_inv						
L1.	.0433473	.0277054	1.56	0.118	-.0109542	.0976488
L2.	.0616319	.0276039	2.23	0.026	.0075293	.1157345
dln_inc						
L1.	-.1232543	.121761	-1.01	0.311	-.3619015	.1153928
L2.	.0209769	.1181555	0.18	0.859	-.2106036	.2525573
dln_consump						
L1.	.3050571	.1381245	2.21	0.027	.034338	.5757762
L2.	.0490208	.1377087	0.36	0.722	-.2208833	.318925
_cons	.0125949	.0032092	3.92	0.000	.0063049	.0188848

```
-----------+------------------------------------------------------------
dln_consump |
    dln_inv |
        L1. |    .0027381      .02453      0.11    0.911    -.0453398      .050816
        L2. |    .0497402    .0244401      2.04    0.042     .0018384      .097642
            |
    dln_inc |
        L1. |    .2893204    .1078057      2.68    0.007     .0780251     .5006157
        L2. |    .3664341    .1046134      3.50    0.000     .1613955     .5714726
            |
dln_consump |
        L1. |   -.2845172    .1222938     -2.33    0.020    -.5242086    -.0448257
        L2. |   -.1159776    .1219257     -0.95    0.341    -.3549475     .1229924
            |
      _cons |    .0123795    .0028414      4.36    0.000     .0068104     .0179485
------------------------------------------------------------------------
```

.

* 測試 VAR(3)， lags=3 時，模型適配之 4 資訊準則為何？
. var dln_inv dln_inc dln_consump ， lags(1/3) lutstats

Vector autoregression

```
Sample：1961q1 - 1982q4                        No. of obs      =        88
Log likelihood = 737.5558        (lutstats)   AIC             = -24.66263
FPE            = 2.09e-11                      HQIC            = -24.35641
Det(Sigma_ml)  = 1.05e-11                      SBIC            = -23.90254


Equation          Parms     RMSE      R-sq      chi2     P>chi2
----------------------------------------------------------------
dln_inv            10      .045251    0.1096   10.83066   0.2875
dln_inc            10      .011309    0.1800   19.32314   0.0226
dln_consump        10      .00973     0.2953   36.88078   0.0000
----------------------------------------------------------------


------------------------------------------------------------------------
            |    Coef.    Std. Err.       z     P>|z|    [95% Conf. Interval]
------------+-----------------------------------------------------------
dln_inv     |
```

dln_inv						
L1.	-.2598316	.1124604	-2.31	0.021	-.4802499	-.0394132
L2.	-.1253296	.1158199	-1.08	0.279	-.3523324	.1016732
L3.	.0466697	.1154959	0.40	0.686	-.1796981	.2730374
dln_inc						
L1.	.3711541	.5144135	0.72	0.471	-.6370779	1.379386
L2.	.2534399	.5277999	0.48	0.631	-.7810289	1.287909
L3.	.3569366	.5198299	0.69	0.492	-.6619114	1.375784
dln_consump						
L1.	.4585587	.6067165	0.76	0.450	-.7305837	1.647701
L2.	.4443132	.6309431	0.70	0.481	-.7923126	1.680939
L3.	-.199181	.5598253	-0.36	0.722	-1.296419	.8980565
_cons	-.0100135	.0150477	-0.67	0.506	-.0395066	.0194795
dln_inc						
dln_inv						
L1.	.0476297	.0281055	1.69	0.090	-.0074561	.1027154
L2.	.0598946	.0289451	2.07	0.039	.0031633	.1166259
L3.	.0155151	.0288641	0.54	0.591	-.0410576	.0720877
dln_inc						
L1.	-.0815851	.1285595	-0.63	0.526	-.3335571	.1703869
L2.	.0624807	.131905	0.47	0.636	-.1960483	.3210096
L3.	.1984851	.1299131	1.53	0.127	-.05614	.4531101
dln_consump						
L1.	.1923453	.1516274	1.27	0.205	-.1048388	.4895295
L2.	-.0339177	.157682	-0.22	0.830	-.3429687	.2751333
L3.	-.0434862	.1399086	-0.31	0.756	-.317702	.2307296
_cons	.011234	.0037607	2.99	0.003	.0038632	.0186047
dln_consump						
dln_inv						
L1.	.0034602	.0241822	0.14	0.886	-.043936	.0508565
L2.	.0437956	.0249046	1.76	0.079	-.0050165	.0926076

```
      L3.  |   .0168297    .0248349    0.68   0.498   -.0318458    .0655053
           |
   dln_inc |
      L1.  |   .2940007    .1106136    2.66   0.008    .077202     .5107994
      L2.  |   .3438497    .1134921    3.03   0.002    .1214093    .5662901
      L3.  |   .1810283    .1117783    1.62   0.105   -.0380531    .4001098
           |
dln_consump |
      L1.  |  -.3930788    .1304614   -3.01   0.003   -.6487784   -.1373792
      L2.  |  -.1281016    .1356708   -0.94   0.345   -.3940115    .1378083
      L3.  |   .1015717    .1203785    0.84   0.399   -.1343658    .3375091
           |
     _cons |   .0091472    .0032357    2.83   0.005    .0028054    .0154891
----------------------------------------------------------------------------
```

VAR 最適落後期數的選擇，主流是以 AIC(Akaike Information Criterion) 或 SBIC(Schwartz Bayesian information criterion) 資訊準則來決定；而 QIC(Hannan and Quinn information criterion)、SBIC(Schwarz Bayesian information criterion) 僅當參考。其中，

$$AIC = T \ln|\Sigma| + 2N$$
$$SBC = T \ln|\Sigma| + N \ln T$$

AIC 值或 SBIC 值，二者所計算出來的值愈小，表示模型配適度愈好。為了使 VAR 結果更符合穩健度 (robustness) 的特性，本例以 AIC 為主，並配合 Hsiao(1981) 所提出之最終預測誤差準則 (Final Prediction Error, FPE) 來決定最適落後期數。

1. VAR(1), lags=1 時，得 AIC = -24.649，FPE= 2.11×10^{-11}。

2. VAR(2), lags=2 時，得 AIC = -24.788，FPE= 1.84×10^{-11}。

3. VAR(3), lags=3 時，得 AIC = -24.662，FPE= 2.09×10^{-11}。

上述「lags=1」至「lags=3」，AIC 及 FPE 適配準則愈大愈好，以 lags=2 奪標，故以下 VAR 分析定調為 VAR(2) 模型。

方法二 「**varsoc**」電腦來界定最佳 **Lags =?**

除了利用人工使用 AIC 及 FPE 準則來認定 Lags 最適值外，Stata 提供「varsoc」指令，更是簡單好用。

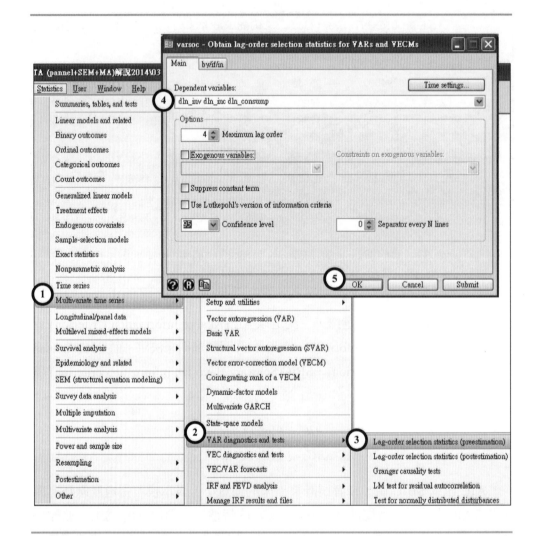

圖 10-26 本例 varsoc 指令之畫面

註：Statistics > Multivariate time series >VARdiagnostics and tests > Lag-order selection statistics (preestimation)

```
. varsoc dln_inv dln_inc dln_consump

  Selection-order criteria
  Sample：1961q2 - 1982q4                    Number of obs      =        87
  +--------------------------------------------------------------------+
  |lag|   LL       LR      df   p      FPE       AIC       HQIC       SBIC   |
  |----+---------------------------------------------------------------|
  | 0 | 696.398                      2.4e-11   -15.9402  -15.9059  -15.8552* |
  | 1 | 711.682   30.568   9 0.000  2.1e-11   -16.0846  -15.9477* -15.7445  |
  | 2 | 724.696   26.028   9 0.002  1.9e-11*  -16.1769* -15.9372  -15.5817  |
  | 3 | 729.124   8.8557   9 0.451  2.1e-11   -16.0718  -15.7294  -15.2215  |
  | 4 | 738.353   18.458*  9 0.030  2.1e-11   -16.0771  -15.632   -14.9717  |
  +--------------------------------------------------------------------+
  Endogenous：  dln_inv dln_inc dln_consump
   Exogenous：  _cons
```

　　根據 FPE(final prediction error) 及 AIC(Akaike information criterion) 準則，本例應挑 Lag=2 當 VAR 最佳落後期。

Step 2. Testing for cointegration

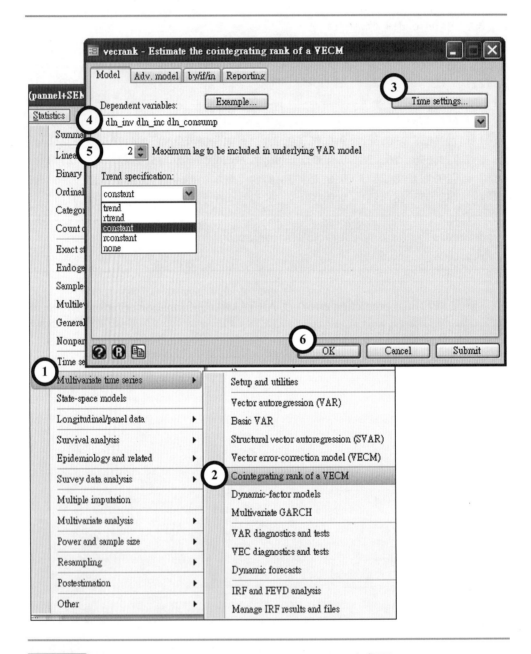

圖 10-27 估算三數列「cointegrating rank of a VECM」之畫面

註：Statistics > Multivariate time series > Cointegrating rank of a VECM

　　「vecrank」指令，係利用 Johansen 公式來認定「共整合方程式的數目」。
假如「未限制」共整合方程式的 log likelihood(LL)，與「限制」共整合方程式之
間達到顯著差異，則我們可拒絕「H_0：no cointegration」。

```
* 估算 cointegrating rank of a VECM
. vecrank dln_inv dln_inc dln_consump，trend(constant) lags(2)

                    Johansen tests for cointegration
Trend：constant                              Number of obs =        89
Sample：  1960q4 - 1982q4                               Lags =         2
--------------------------------------------------------------------
                                                    5%
maximum                                  trace    critical
   rank    parms       LL      eigenvalue  statistic   value
     0       12     661.88983        .       160.6466   29.68
     1       17     701.58223    0.59015     81.2618    15.41
     2       20     733.3005     0.50972     17.8252     3.76
     3       21     742.21311    0.18150
--------------------------------------------------------------------
```

　　「vecrank」分析 3 數列「dln_inv dln_inc dln_consump」共整合方程式的數
目，rank=1 至 3，「trace statistic 欄」都沒出印出 "*"，表示 log likelihood(LL)
檢定都沒有證據顯示：「trace statistic 值」小於「5% critical」，故全部接受「H_0：
no cointegration」。因此我們確定了「dln_inv dln_inc dln_consump」這 3 數列都
沒有共整合關係。故我們捨棄 VECM，只有採用 VAR 來分析。

Step 3. 估算 VAR(2) 模型之數學式

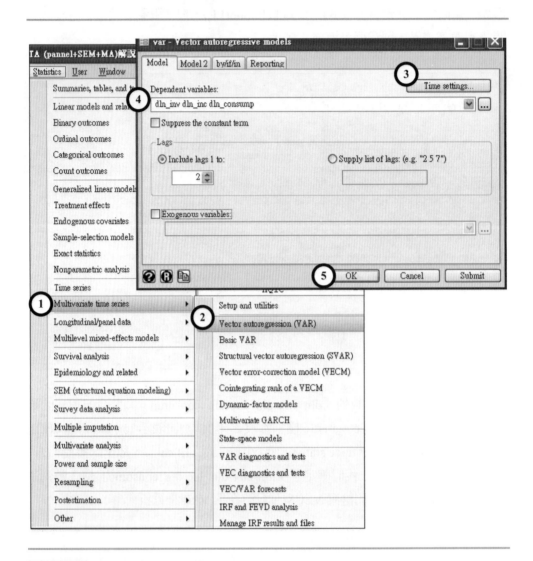

圖 10-28 認定 VAR(2) 之畫面

註:Statistics > Multivariate time series > Vector autoregression (VAR)

```
* 以全體樣本，進行 VAR(2) 之係數估計
. var dln_inv dln_inc dln_consump , lags(1/2)


Vector autoregression


Sample： 1960q4 - 1982q4                    No. of obs    =        89
Log likelihood =  742.2131                 AIC          = -16.20704
FPE            =  1.84e-11                  HQIC         = -15.97035
Det(Sigma_ml)  =  1.15e-11                  SBIC         = -15.61983


Equation          Parms      RMSE     R-sq      chi2     P>chi2
----------------------------------------------------------------
dln_inv             7       .044295   0.1051   10.45617   0.1067
dln_inc             7       .011224   0.1514   15.87886   0.0144
dln_consump         7       .009938   0.2400   28.09971   0.0001
----------------------------------------------------------------



----------------------------------------------------------------------------
             |      Coef.   Std. Err.      z    P>|z|    [95% Conf. Interval]
-------------+--------------------------------------------------------------
dln_inv      |
     dln_inv |
         L1. | -.2725654   .1093372    -2.49   0.013   -.4868623   -.0582684
         L2. | -.1340503   .1089367    -1.23   0.218   -.3475624    .0794617
             |
     dln_inc |
         L1. |  .3374819   .4805209     0.70   0.482   -.6043217   1.279286
         L2. |  .1827302   .466292      0.39   0.695   -.7311852   1.096646
             |
 dln_consump |
         L1. |  .6520473   .5450985     1.20   0.232   -.4163261   1.720421
         L2. |  .5980687   .5434576     1.10   0.271   -.4670886   1.663226
             |
       _cons | -.0099191   .0126649    -0.78   0.434   -.0347419    .0149037
-------------+--------------------------------------------------------------
dln_inc      |
     dln_inv |
         L1. |  .0433473   .0277054     1.56   0.118   -.0109542    .0976488
         L2. |  .0616319   .0276039     2.23   0.026    .0075293    .1157345
```

```
                 |
       dln_inc   |
           L1.   |   -.1232543     .121761      -1.01    0.311    -.3619015    .1153928
           L2.   |    .0209769    .1181555       0.18    0.859    -.2106036    .2525573
                 |
   dln_consump   |
           L1.   |    .3050571    .1381245       2.21    0.027     .034338     .5757762
           L2.   |    .0490208    .1377087       0.36    0.722    -.2208833    .318925
                 |
         _cons   |    .0125949    .0032092       3.92    0.000     .0063049    .0188848
-------------+------------------------------------------------------------------------
dln_consump  |
       dln_inv   |
           L1.   |    .0027381     .02453         0.11    0.911    -.0453398    .050816
           L2.   |    .0497402    .0244401        2.04    0.042     .0018384    .097642
                 |
       dln_inc   |
           L1.   |    .2893204    .1078057        2.68    0.007     .0780251    .5006157
           L2.   |    .3664341    .1046134        3.50    0.000     .1613955    .5714726
                 |
   dln_consump   |
           L1.   |   -.2845172    .1222938       -2.33    0.020    -.5242086   -.0448257
           L2.   |   -.1159776    .1219257       -0.95    0.341    -.3549475    .1229924
                 |
         _cons   |    .0123795    .0028414        4.36    0.000     .0068104    .0179485
-------------+------------------------------------------------------------------------
```

為了簡化聯立方程式的解說，我們簡化變數名為：

x_t：代表 dln_inv (即 ininvest 變數取 log 再差分一次)

y_t：代表 dln_inc (即 income 變數取 log 再差分一次)

z_t：代表 dln_consump (即 consumption 變數取 log 再差分一次)

上述 var 指令分析這三數列 VAR(2) 之聯立方程式為：

$$
\begin{bmatrix} x_t \\ y_t \\ z_t \end{bmatrix} = \begin{bmatrix} -.0099 \\ 0.0125 \\ 0.0123 \end{bmatrix} + \begin{bmatrix} -.2725 & 0.3374 & 0.6520 \\ 0.0433 & -.1232 & 0.3050 \\ 0.0027 & 0.2893 & -.2845 \end{bmatrix} \begin{bmatrix} x_{t-1} \\ y_{t-1} \\ z_{t-1} \end{bmatrix} + \begin{bmatrix} -.1340 & 0.1827 & 0.5980 \\ 0.0616 & 0.0209 & 0.0490 \\ 0.0497 & 0.3664 & -.1159 \end{bmatrix} \begin{bmatrix} x_{t-2} \\ y_{t-2} \\ z_{t-2} \end{bmatrix}
$$

　　由 VAR(3) 迴歸係數之 z 檢定的顯著性 $p<0.05$，顯示：落後 1 期 (t-1) 及落後 2 期 (t-2) 都對當期 (t) 有「顯著」預測。將它化成因果圖如下：

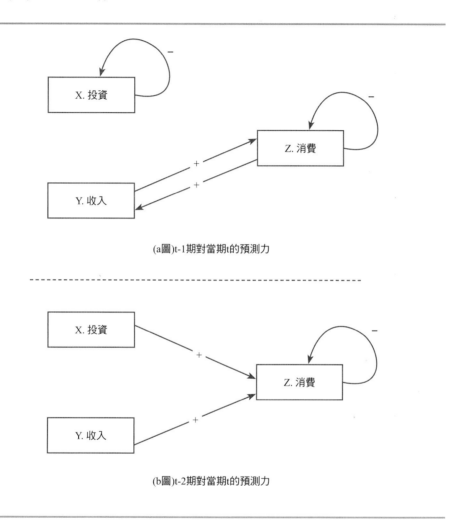

(a圖)t-1期對當期t的預測力

(b圖)t-2期對當期t的預測力

圖 10-29 三數列 VAR 之因果圖

Step 4. 模型之殘差診斷

Step 4-1. VAR(2) 殘差之常態性診斷

　　「jb」指令係檢定單一變數的 Jarque-Bera 常態性。相對地，Stata 尚有更簡單「varnorm」指令，旨在檢定「normally distributed disturbances after var or svar」。

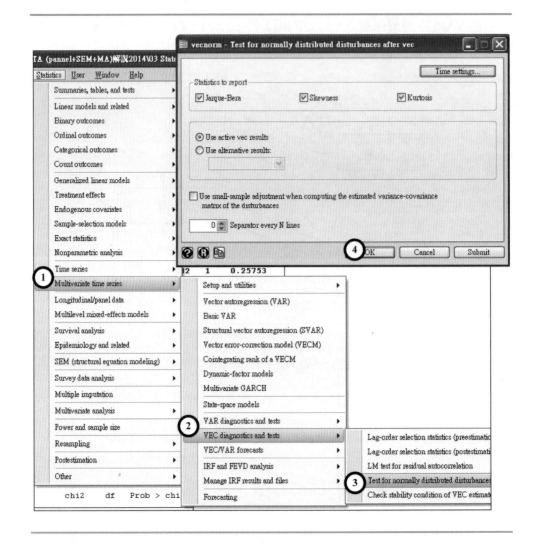

圖 10-30 varnorm 指令之畫面

註：Statistics > Multivariate time series >VARdiagnostics and tests > Test for normally distributed disturbances

```
* 先執行 var(2) 之後，再執行「varnorm」指令來診斷
. quietly var dln_inv dln_inc dln_consump , lags(1/2)
. varnorm
```

Jarque-Bera test

```
+----------------------------------------------------------+
|          Equation |     chi2    df   Prob > chi2 |
|-------------------+--------------------------------------|
|           dln_inv |    14.845    2     0.00060   |
|           dln_inc |     8.606    2     0.01353   |
|       dln_consump |     0.313    2     0.85499   |
|               ALL |    23.764    6     0.00058   |
+----------------------------------------------------------+
```

Skewness test

```
+----------------------------------------------------------+
|          Equation | Skewness  chi2    df   Prob > chi2 |
|-------------------+--------------------------------------|
|           dln_inv |  .09925   0.146    1     0.70228   |
|           dln_inc | -.29398   1.282    1     0.25753   |
|       dln_consump | -.12539   0.233    1     0.62915   |
|               ALL |           1.661    3     0.64557   |
+----------------------------------------------------------+
```

Kurtosis test

```
+----------------------------------------------------------+
|          Equation | Kurtosis  chi2    df   Prob > chi2 |
|-------------------+--------------------------------------|
|           dln_inv |  4.9909  14.699    1     0.00013   |
|           dln_inc |  4.4053   7.324    1     0.00681   |
|       dln_consump |  2.853    0.080    1     0.77713   |
|               ALL |          22.102    3     0.00006   |
+----------------------------------------------------------+
```

Step 4-2. VAR(2) 殘差之自我相關診斷

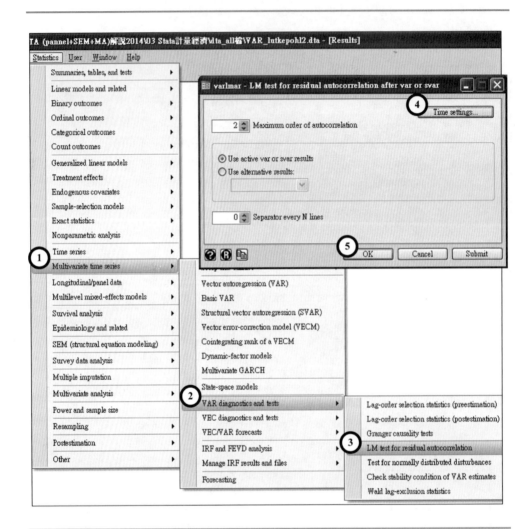

圖 10-31 varlmar 指令執行 Lagrange-multiplier 檢定之畫面

註：Statistics > Multivariate time series >VARdiagnostics and tests > LM test for residual autocorrelation

　　varlmar 指令旨在執行殘差是否自我相關之 LM 檢定「LM test for residual autocorrelation」。

```
.  varlmar

   Lagrange-multiplier test
   +-------------------------------------+
   | lag  |       chi2     df    Prob > chi2 |
   |------+------------------------------|
   |  1   |     8.8693      9      0.44942   |
   |  2   |    10.9722      9      0.27762   |
   +-------------------------------------+
   H0： no autocorrelation at lag order
```

　　Lagrange-multiplier 檢定結果，落後期 1 及落後期 2，二者 p>0.05，故接受
「H_0：在界定 lags 值是否自我相關 (no autocorrelation at lag order)」。表示本例
VAR(2) 殘差本身沒有自我相關。

Step 4-3. VAR 係數估計之穩定性

　　varstable 指令旨在檢查 VAR、SVAR 估計是否穩定性「the stability
condition ofVARor SVAR estimates」。

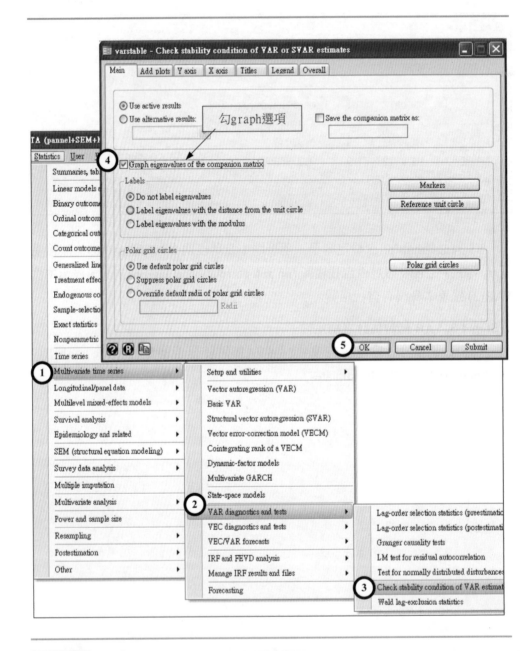

圖 10-32 varstable 指令，勾 graph 選項之畫面

註：Statistics > Multivariate time series >VARdiagnostics and tests > Check stability condition ofVARestimates

```
* 執行 varstable 指令，並繪特徵值之圖形分布
. varstable，graph

    Eigenvalue stability condition
  +----------------------------------------+
  |       Eigenvalue        |   Modulus   |
  |-------------------------+-------------|
  |   .6013242              |   .601324   |
  |  -.3400288 +  .4403555i |   .556356   |
  |  -.3400288 -  .4403555i |   .556356   |
  |  -.1063275 +  .4781304i |   .48981    |
  |  -.1063275 -  .4781304i |   .48981    |
  |  -.3889484              |   .388948   |
  +----------------------------------------+
  All the eigenvalues lie inside the unit circle.
  VARsatisfies stability condition.
```

僅特徵值上下均勻分布，表示VAR(2)估計的係
數值尚穩定的，若能左右均勻則達完美穩定

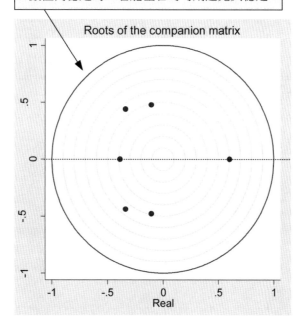

圖 10-33　varstable 指令所繪特徵值之圖形分布

Step 5.VAR 結構穩定性之 Chow 檢定

本例之三數列可探 Chow 穩定性檢定。

先用「findit suchowtest」安裝「suchowtest.ado」指令檔，再執行 suchowtest 指令，即可認定整體數列，是否「在那個年代遇到重大事件，而結構產生轉折」。

'SUCHOWTEST'：橫斷面／縱貫面 chow 檢定，係可檢定橫斷面／縱貫面的 Chow 穩定性檢定。

```
findit suchowtest

* 認定「dln_inv=dln_inc + dln_consump」迴歸式，認定 threshold 變數為 dln_inc 並
求其轉折點
*Chow 儲存新變數以 "stub" 開頭來命名
. suchowtest dln_inv dln_inc dln_consump，thresv(dln_consump) stub(stub) sig(0.05)
=================================================================================
Break Point        =        35           Max. QL Stat. =   227.4624
---------------------------------------------------------------------------------
Chow Test F(3 ，85) = .0714944            P-Value > F   =  .0249454
---------------------------------------------------------------------------------
Value of dln_inc   = .0158525
=================================================================================


=================================================================================
Regression For The Values of dln_inc Below the Break Point Number 35
=================================================================================


      Source |     SS        df      MS           Number of obs =       35
-------------+----------------------------        F( 2， 32)    =     1.45
      Model | .007130946     2   .003565473       Prob > F      =   0.2491
   Residual | .078571833    32   .00245537        R-squared     =   0.0832
-------------+----------------------------        Adj R-squared =   0.0259
      Total | .08570278     34   .00252067        Root MSE      =   .04955


---------------------------------------------------------------------------------
   dln_inv |   Coef.   Std. Err.      t     P>|t|   [95% Conf. Interval]
-----------+---------------------------------------------------------------------
```

```
      dln_inc |  -.3743554   1.102938    -0.34   0.737   -2.620966    1.872256
  dln_consump |   1.449516   .8800263     1.65   0.109   -.3430389    3.242071
        _cons |  -.0025852   .0143654    -0.18   0.858   -.0318466    .0266763
```

==

Regression For The Values of dln_inc Above the Break Point Number 35

==

Source	SS	df	MS		
				Number of obs =	56
				F(2 , 53) =	3.19
Model	.010161796	2	.005080898	Prob > F =	0.0492
Residual	.084416701	53	.001592768	R-squared =	0.1074
				Adj R-squared =	0.0738
Total	.094578497	55	.001719609	Root MSE =	.03991

dln_inv	Coef.	Std. Err.	t	P>|t|	[95% Conf. Interval]
dln_inc	.0487851	.7480828	0.07	0.948	-1.451679 1.549249
dln_consump	1.329274	.5710279	2.33	0.024	.1839371 2.474611
_cons	-.0118251	.0198333	-0.60	0.554	-.0516057 .0279555

情況 1：認定「dln_inv=dln_inc + dln_consump」迴歸式，當認定 threshold 變數為 dln_inc 所求其轉折點為「dln_inc=35」，故以 dln_inc 第 35 筆觀察值當「sample split 點」，第 35 筆以前觀察值之迴歸式未達顯著預測效果；但第 36 筆以後觀察值之迴歸式則達顯著預測效果。

情況 2：認定「dln_inv=dln_inc + dln_consump」迴歸式，當認定 threshold 變數為 dln_consump 所求其轉折點為「dln_consump=17」，故以 dln_consump 第 17 筆觀察值當「sample split 點」。

情況 3：認定「dln_inv=dln_inc + dln_consump」迴歸式，當認定 threshold 變數為 dln_inv 所求其轉折點係沒有找到。

通常，Chow test 找到第 n 筆資料為「結構斷點」時，你可再搭配「if」指令。以本例「threshold 變數為 dln_inc」來說，第 35 筆資料為斷點，對應資料檔的日

期爲「1968q3」，故 var 指令可以 1968q3 當斷點，分二批樣本，分別執行：

```
var dln_inv dln_inc dln_consump if qtr<=tq(1968q3), lags(1/3)

var dln_inv dln_inc dln_consump if qtr>tq(1968q3), lags(1/3)
```

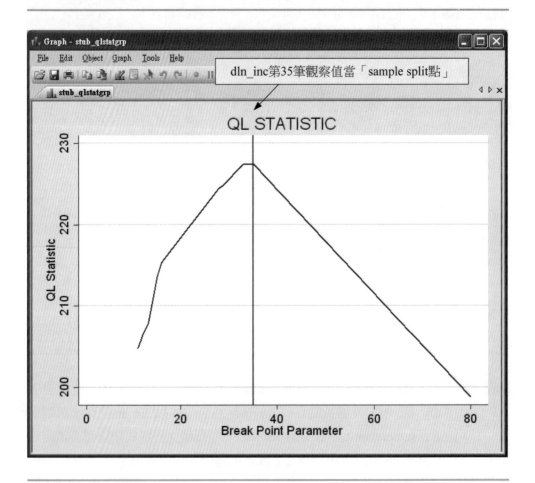

圖 10-34 Chow 檢定之 sample split Chow 圖

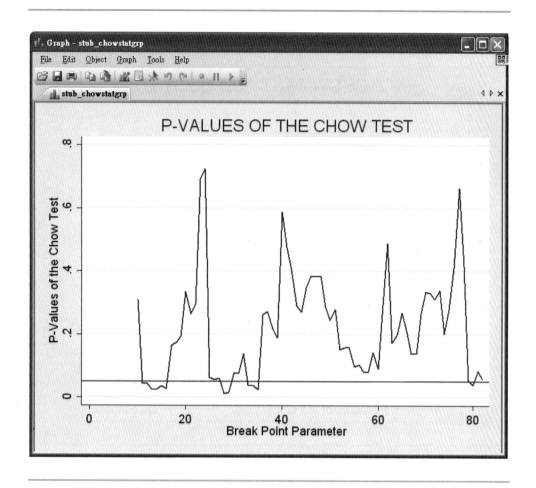

圖 10-35　Chow 檢定之顯著性 p 值

Stata 在財務金融與經濟分析的應用

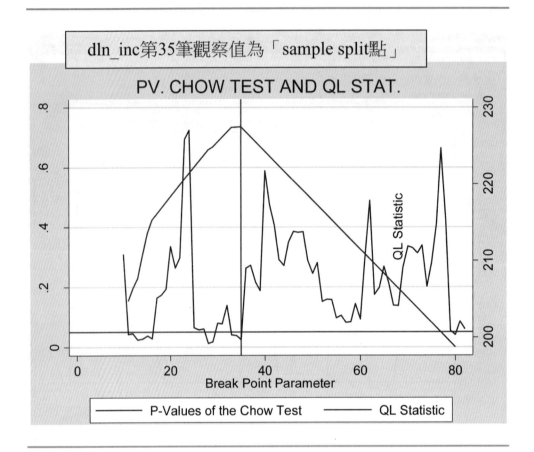

圖 10-36 Chow 檢定之 p 值 vs. QL 值

Step 6. 結構分析

VAR(p) 結構有三大分析：Granger 因果檢定、衝擊反應分析 (irf)、FEV 分解。

其中，若我們想了解各種總體經濟變數衝擊的持續性與相對效果，使用 Stata/JMulTi 衝擊反應函數 (Impulse Response Function) 便可得到答案。衝擊反應函數圖形，係刻畫一總體變數變化下，對受衝擊下的其他總體變數的反應路徑。以 AR(P) 為例，當 IRF=△Y/△ε，即假設其他條件不變下，第 t-j 期的隨機干擾項變動一單位相對第 t 期的被解釋變數如何變動；如果是 VAR(P)，即第 t-j 期的第 m 個結構衝擊變動一單位相對第 t 期的第 n 個被解釋變數變動若干單位。

藉由衝擊反應分析，可以看出當某一變數變動一個標準差時，其他變數對此一衝擊之反應如何。亦可由其正負值，來判斷其反應之方向。

(一) Granger 因果檢定

雙變數之 VAR 模型為：$\begin{bmatrix} y_{1,t} \\ y_{2,t} \end{bmatrix} = \sum_{i=1}^{p} \begin{bmatrix} \alpha_{11,t} & \alpha_{12,t} \\ \alpha_{21,t} & \alpha_{22,t} \end{bmatrix} \times \begin{bmatrix} y_{1,t-i} \\ y_{2,t-i} \end{bmatrix} + C \times D_t + \begin{bmatrix} u_{1t} \\ u_{2t} \end{bmatrix}$

Granger 因果性檢定之假設為$\begin{cases} H_0 : \alpha_{21,t} = 0 \text{，} i = 1,2,...,p \\ H_1 : \alpha_{21,t} \text{有一不為}0 \end{cases}$

Stata 指供「.vargranger」指令，讓你執行 var/svar 之事後指令：配對的變數的 Granger 因果檢定「Pairwise Granger causality tests after var or svar」。

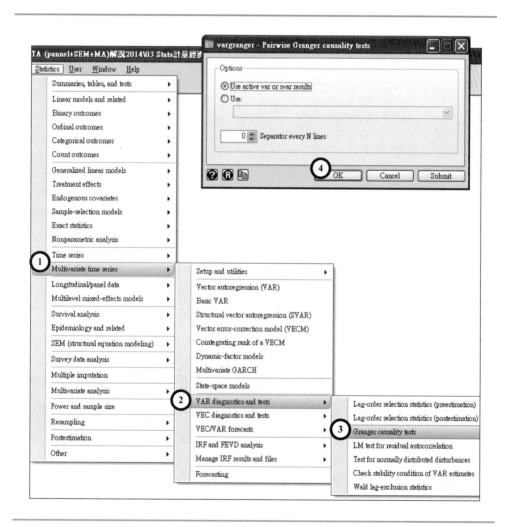

913

```
* 再執行一次 var 指令，但不印出
. quietly var dln_inv dln_inc dln_consump ,  lags(1/2)


.* vargranger 指令只能在 var/svar 指令之後
. vargranger


  Granger causality Wald tests
  +----------------------------------------------------------------+
  |      Equation          Excluded |   chi2     df Prob > chi2 |
  |---------------------------------+------------------------------|
  |      dln_inv           dln_inc | .55668     2     0.757     |
  |      dln_inv       dln_consump | 1.9443     2     0.378     |
  |      dln_inv               ALL | 7.3184     4     0.120     |
  |---------------------------------+------------------------------|
  |      dln_inc           dln_inv | 6.2466     2     0.044     |
  |      dln_inc       dln_consump | 5.1029     2     0.078     |
  |      dln_inc               ALL | 13.087     4     0.011     |
  |---------------------------------+------------------------------|
  |  dln_consump           dln_inv | 4.2446     2     0.120     |
  |  dln_consump           dln_inc | 16.275     2     0.000     |
  |  dln_consump               ALL | 21.717     4     0.000     |
  +----------------------------------------------------------------+
```

Granger causality 檢定結果：

1. 第 1 個因果檢定「dln_inv ← dln_inc」，卡方 =0.557(P=0.757>0.05)，故接受「H_0：變數 dln_inc does not Granger-cause dln_inv」，即「dln_inv ← dln_inc」達顯著的因果關係。

2. 第 2 個因果檢定「dln_inv ← dln_consump」，卡方 =1.94 (P>0.05)，故接受「H_0：變數 dln_consump does not Granger-cause dln_inv」，即「dln_inv ← dln_consump」達到顯著的因果關係。

3. 第 3 個因果檢定「dln_inc ← dln_inv」，卡方 =6.25(P<0.05)，故拒絕「H_0：x not Granger-cause y」，即「dln_inv ← dln_inv」達顯著的因果關係。

4. 第 4 個因果檢定「dln_inc ← dln_consump」，卡方 =5.10 (P>0.05)，故接受「H_0：變數 x does not Granger-cause y」，即「dln_inc ← dln_consump」未達到顯著的因果關係。

5. 如此類推其他因果檢定，並將它們整理成下圖。

6. 本例中，三數列之 Granger 因果檢定結果，顯示西德整個國家，過去 92 季的
   總體經濟循環係：「投資→收入」、「收入→消費」，三者息息相關。

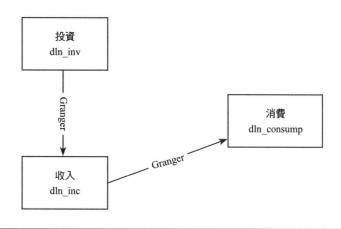

圖 **10-38**　三數列 Granger 因果檢定結果之示意圖

(二) 衝擊反應 (irf) 分析

在 VAR 分析中，所謂的「衝擊反應函數」(impulse response function, irf) 旨
在說明在其他衝擊不變下，特定衝擊對於內生變數動態之影響。

你執行「var、svar 或 vec」之後，就可用 irf 指令 (impulse response
function) 來估計「IRFs，dynamic-multiplier functions，forecast-error variance
decompositions (FEVDs)」。

irf 旨在評估各變數間衝擊的跨期動態效果。若以二個數列 x_t, z_t 來說，衝擊
反應模型為：

$$\begin{bmatrix} y_t \\ z_t \end{bmatrix} = \begin{bmatrix} \bar{y} \\ \bar{z} \end{bmatrix} + \sum_{i=0}^{\infty} \begin{bmatrix} \phi_{11}(i) & \phi_{12}(i) \\ \phi_{21}(i) & \phi_{22}(i) \end{bmatrix} \begin{bmatrix} \varepsilon_{yt-i} \\ \varepsilon_{zt-i} \end{bmatrix}$$

$$x_t = \mu + \sum_{i=0}^{\infty} \phi_i \varepsilon_{t-i}$$

其中，ϕ_i 為衝擊反應函數。

例如，國內股市，進行衝擊反應分析，有人發現：報酬面變數 (x_1, x_2, x_3) 彼
此衝擊皆能夠快速收斂於「長期」平均水準，證明臺灣公開交易是一個有效率
的市場，此與 Holden & Subrahmanyam(1992) 論點一致：共有的私有訊息將因為
競爭而快速在市場揭露。

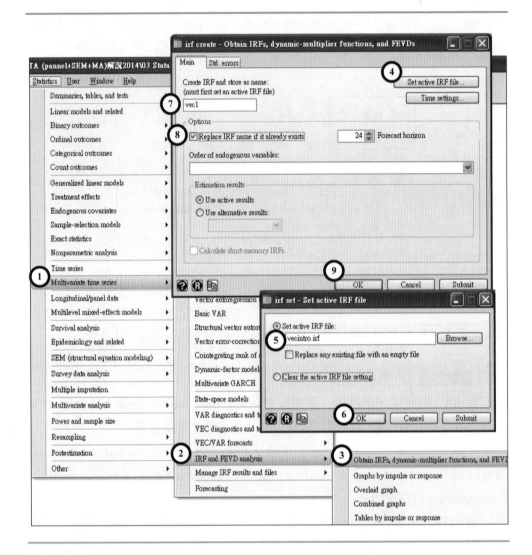

圖 10-39 設定 irfname vec1 為 vecintro.irf 之畫面 (step(24))

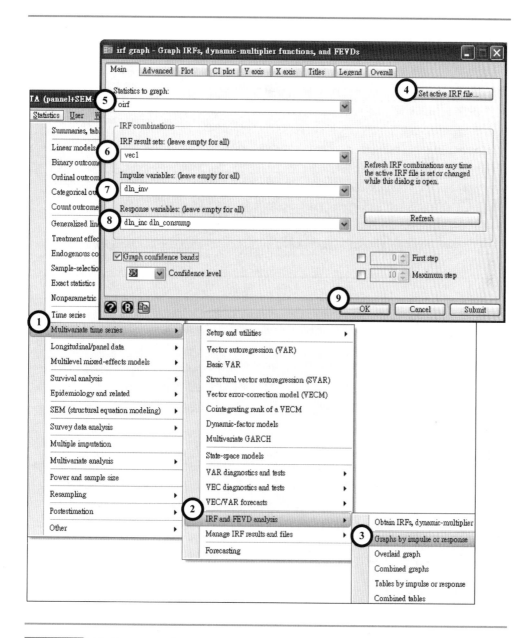

圖 10-40 繪「dln_inc(收入) 及 dln_consump(消費) 對 dln_inv(投資)」irf 之畫面

```
. quietly var dln_inv dln_inc dln_consump ,  lags(1/2)

*irf 指令：Create and analyze IRFs，dynamic-multiplier functions，and FEVDs
* 新建 IRF 檔案名 (vecintro.*)，令脈衝高達 24 期
* 先設定 irfname vec1 為 vecintro.irf
. irf create vec1 , set(vecintro,replace) step(24)
(file vecintro.irf created)
(file vecintro.irf now active)
(file vecintro.irf updated)

* 再求 dln_inc( 收入 ) 及 dln_consump( 消費 ) 對 dln_inv( 投資 ) 的衝擊函數
. irf graph oirf,irf(vec1) impulse(dln_inc dln_consump) response(dln_inv)
yline(0)
```

```
irf 語法
irf  subcommand ... [ , ... ]

subcommand  說明
--------------------------------------------------------------------------
Create  : create IRF file containing IRFs，dynamic-multiplier functions，and FEVDs
set     : set the active IRF file

graph   : graph results from active file
cgraph  : combine graphs of IRFs，dynamic-multiplier functions，and FEVDs
ograph  : graph overlaid IRFs，dynamic-multiplier functions，and FEVDs
table   : create tables of IRFs，dynamic-multiplier functions，and FEVDs  from
          active file
ctable  : combine tables of IRFs，dynamic-multiplier functions，and FEVDs

describe : describe contents of active file
add     : add IRF results from one file to active file
drop    : drop IRF results from active file
rename  : rename IRF results within a file
--------------------------------------------------------------------------
```

　　故從 irf 衝擊反應分析，可看出某變數發生變化對另一變數的衝擊是「長期」或「短期」性。

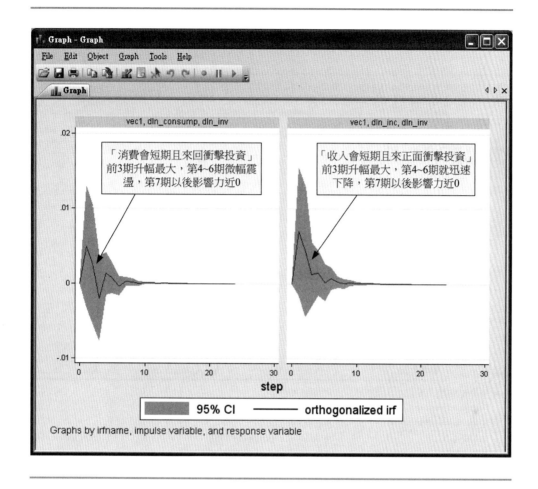

圖 10-41 繪出「dln_inc(收入)及 dln_consump(消費)對 dln_inv(投資)」irf 之結果

(三)VAR 預測誤差變異 (FEV) 的分解

「變異數分解」(variance decomposition) 是將預測誤差的變異數分解成不同衝擊所造成之比例，亦即衡量內生變數的波動，有多少比例可以被特定衝擊所解釋。

$$E(A_t - \hat{E}_{t-k}A_t)(A_t - \hat{E}_{t-k}A_t)' = D_0 E(\mu_t\mu'_t)D'_0 + D_1 E(\mu_t\mu'_t)D'_1 + \cdots + D_{k-1}E(\mu_t\mu'_t)D'_{k-1}$$

預測之誤差變異數分解 (variance decomposition, VDC)，即可了解：

1. 預測誤差變異數分解百分比相互解釋能力 (Forecast error variance)。

2. 變數的相對外生性 (exogeneity ordering) 強弱。

VAR 預測誤差變異 (FEV) 的分解圖

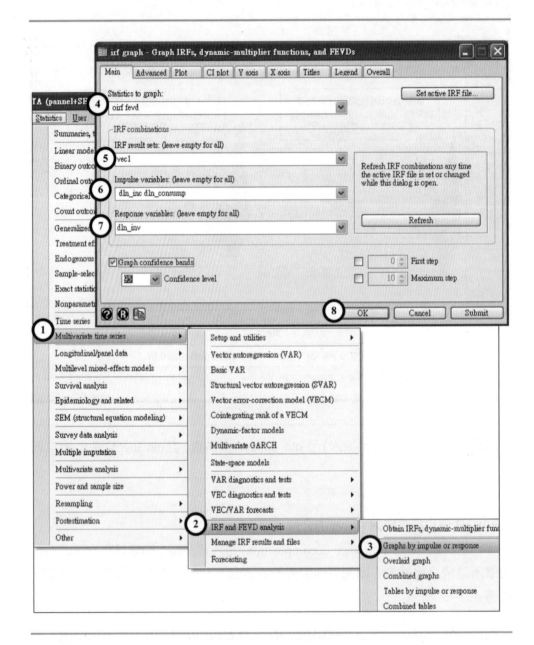

圖 10-42　繪「dln_inc(收入)及 dln_consump(消費)對 dln_inv(投資)」FEVD 之畫面

```
. irf graph oirf fevd,irf(vec1) impulse(dln_inc dln_consump) response(dln_inv)
```

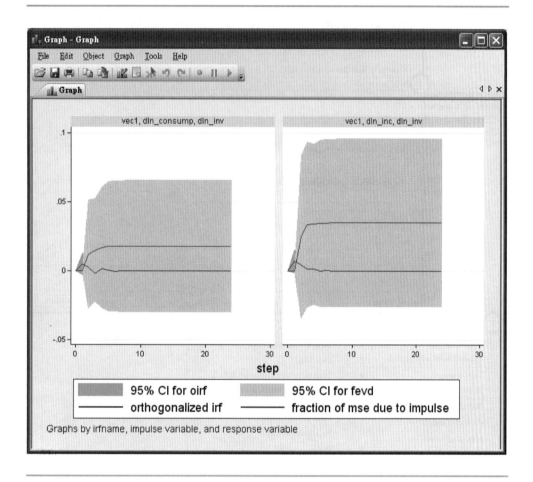

圖 10-43 繪出「dln_inc(收入) 及 dln_consump(消費) 對 dln_inv(投資)」FEVD
之結果

VAR 預測誤差變異 (FEV) 的分解表

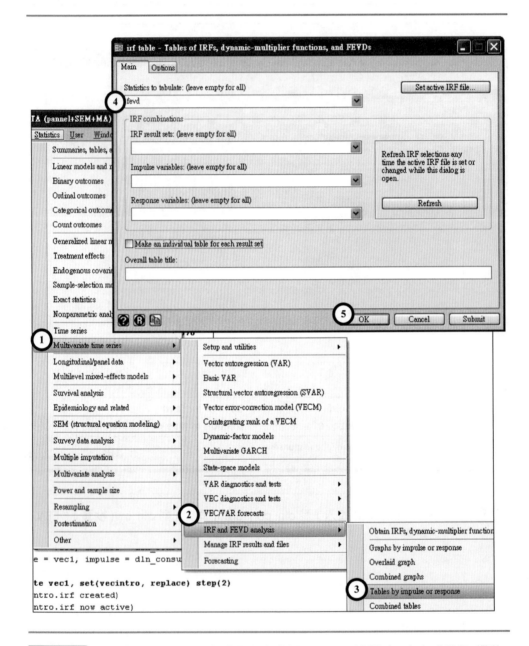

圖 10-44 二期預測的誤差變異數分解表之畫面 (variable 沒選時 , 內定「所有」變數)

```
. quietly var dln_inv dln_inc dln_consump ,  lags(1/2)

* 重新衝擊 2 期
* 先設定 irfname vec1 為 vecintro.irf
. irf create vec1 , set(vecintro,replace) step(2)
(file vecintro.irf created)
(file vecintro.irf now active)
(file vecintro.irf updated)

* 求所有變數前二期之 FEVD
. irf table fevd


                                          Results from vec1

+----------------------------------------------------------------------+
|    |    (1)       (1)       (1)    |    (2)       (2)       (2)    |
|step|   fevd      Lower     Upper   |   fevd      Lower     Upper   |
|----+---------------------------------+-------------------------------|
|0   | 0         0         0         | 0         0         0         |
|1   | 1         1         1         | .015318   -.03532   .065955   |
|2   | .9634     .89445    1.03235   | .067008   -.033042  .167058   |
+----------------------------------------------------------------------+


+----------------------------------------------------------------------+
|    |    (3)       (3)       (3)    |    (4)       (4)       (4)    |
|step|   fevd      Lower     Upper   |   fevd      Lower     Upper   |
|----+---------------------------------+-------------------------------|
|0   | 0         0         0         | 0         0         0         |
|1   | .10216    -.01708   .221401   | 0         0         0         |
|2   | .095934   -.017319  .209187   | .024593   -.034103  .083289   |
+----------------------------------------------------------------------+


+----------------------------------------------------------------------+
|    |    (5)       (5)       (5)    |    (6)       (6)       (6)    |
|step|   fevd      Lower     Upper   |   fevd      Lower     Upper   |
|----+---------------------------------+-------------------------------|
|0   | 0         0         0         | 0         0         0         |
|1   | .984682   .934045   1.03532   | .288494   .13663    .440357   |
|2   | .892713   .775506   1.00992   | .294288   .149797   .43878    |
+----------------------------------------------------------------------+
```

```
+-------------------------------------------------------------------+
|    |    (7)         (7)          (7)     |   (8)         (8)          (8)     |
|step| fevd      Lower        Upper    | fevd      Lower        Upper    |
|----+------------------------------------+------------------------------------|
|0   | 0          0            0        | 0          0            0        |
|1   | 0          0            0        | 0          0            0        |
|2   | .012007   -.027199     .051212   | .040279   -.030234     .110792   |
+-------------------------------------------------------------------+


+------------------------------------------------+
|    |    (9)         (9)          (9)     |
|step| fevd      Lower        Upper    |
|----+------------------------------------|
|0   | 0          0            0        |
|1   | .609346   .451096      .767596   |
|2   | .609778   .456598      .762957   |
+------------------------------------------------+
95% lower and upper bounds reported
(1) irfname = vec1，impulse = dln_inv，and response = dln_inv
(2) irfname = vec1，impulse = dln_inv，and response = dln_inc
(3) irfname = vec1，impulse = dln_inv，and response = dln_consump
(4) irfname = vec1，impulse = dln_inc，and response = dln_inv
(5) irfname = vec1，impulse = dln_inc，and response = dln_inc
(6) irfname = vec1，impulse = dln_inc，and response = dln_consump
(7) irfname = vec1，impulse = dln_consump，and response = dln_inv
(8) irfname = vec1，impulse = dln_consump，and response = dln_inc
(9) irfname = vec1，impulse = dln_consump，and response = dln_consump
```

　　本例，西德國家投資 (INVEST) 會隨新資訊的出現而調整，故國家能對未來做出正確的預期，並將此預期反映在目前的 INVEST 上。而 INCOME(收入) 以及 CONS(消費) 則任意排列組合，觀察其預測誤差變異數分解 (FEVD) 值，其中 INCOME(收入) 的外生性比 CONS(消費) 強，FEVD 發現第 2 期 CONS 受過去 INCOME 之衝擊百比為 29.34%，第 2 期 INCOME 受過去 CONS 之衝擊百比為 4.03%)。

　　下表為上述三項變數之預測誤差變異數分解 (variance decomposition) 結果。顯示，投資 (INVEST) 受過去投資衝擊影響很大。第 2 期投資 (INVEST) 受到過去 INVEST 預測誤差變異數分解值高達 96.34%，證明了西德當期投資受過去投

資影響甚鉅；相對地，第 2 期投資 (INVEST) 受到過去收人 (INCOME) 與消費 (CONS) 預測誤差變異數分解值分別為 6.70% 與 9.59%，比較沒那麼高，但增加收人 (INCOME) 會比縮減消費 (CONS) 更能刺激投資 (INVEST)。

此外，VAR 模型分析發現，第 2 期收入 (INCOME) 以及消費 (CONS) 亦深深受本身過去收入 (INCOME) 以及消費 (CONS) 所影響，分別為 89.27% 以及 60.98%。

表 10-2 第 1 期預測誤差變異數分解 (FEVD) 表

反應變數　衝擊變數	投資 INVEST%	收入 INCOME%	消費 CONS%
1. 投資 (INVEST)	100	1.53	10.2
2. 收入 (INCOME)	0	98.46	28.85
3. 消費 (CONS)	0	0	60.93

表 10-3 第 2 期預測誤差變異數分解 (FEVD) 表

反應變數　衝擊變數	投資 INVEST%	收入 INCOME%	消費 CONS%
1. 投資 (INVEST)	96.34	6.70	9.59
2. 收入 (INCOME)	2.46	89.27	29.43
3. 消費 (CONS)	1.20	4.03	60.98

Step 7. VAR 樣本外之預測 (24 期)

經濟學家通常沒什麼耐性，於是我們會採用一種預測方法稱為「擬真樣本外預測」(pseudo out-of-sample forecasting)，簡稱「樣本外預測」(out-of-sample forecasting)。

樣本外預測的概念十分簡單，將手頭有的資料拆成兩部分，將其中 N 筆資料 $\{y_1, y_2, \cdots, y_N\}$ 稱做樣本內資料 (in-sample observations)，另外 P 筆資料 $\{y_{N+1}, y_{N+2}, \cdots, y_T\}$ 稱做樣本外資料 (out-of-sample observations)，$N + P = T$，一般而言，$N/T = 10\%$ 或是 15%。

共整合 VECM 可預測：(1) 差分 (first-differenced) 後變數。(2) 變數的樣本外預測值。定態 VAR 與共整合 VECM 這 2 種模式的根本差別，在於誤差的變異數，VAR 誤差變異數係會隨著時間收斂至固定值 (constant)，即收斂至預測的

水平線。相對地，共整合 VECM 之誤差變異數則會發散，離水平值愈來愈遠。

最後我們再用「fcast」指令，來計算「動態預測值」；而「fcast graph」指令來繪「動態預測值及不對稱 95% 信賴區間」。

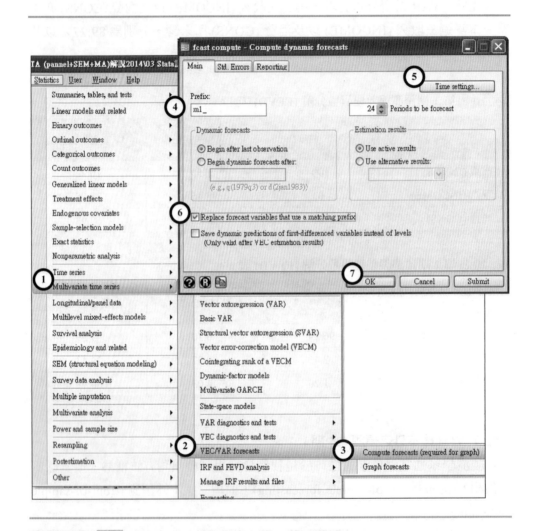

圖 10-45 fcast 指令，預測新變數以「m1_」開頭之畫面

註：Statistics > Multivariate time series > VEC/VAR forecasts > Compute forecasts (required for graph)

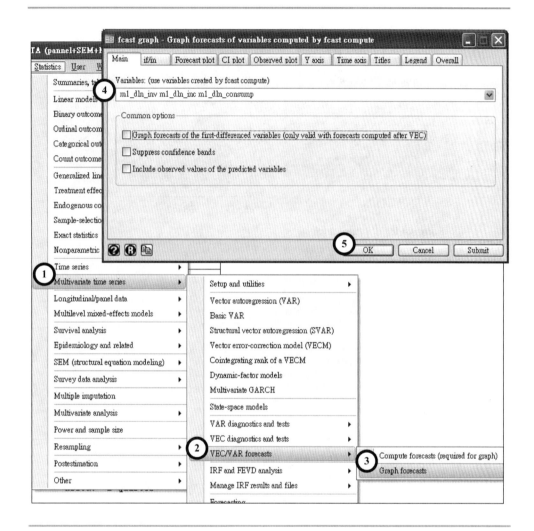

圖 10-46 fcast graph 指令，繪 n 個「m1_」開頭之動態預測圖的畫面

註：

```
tsset qtr，quarterly
        time variable： qtr，1960q1 to 1982q4
            delta： 1 quarter


* 四個數列之 VECMs 樣本外 24 期的 4 個動態預測值，分別存至「m1_」開頭的 4 變數。
. fcast compute m1_,step(24)


*「fcast graph」指令繪 4 個數列之動態預測圖
. fcast graph m1_austin m1_dallas m1_houston m1_sa
```

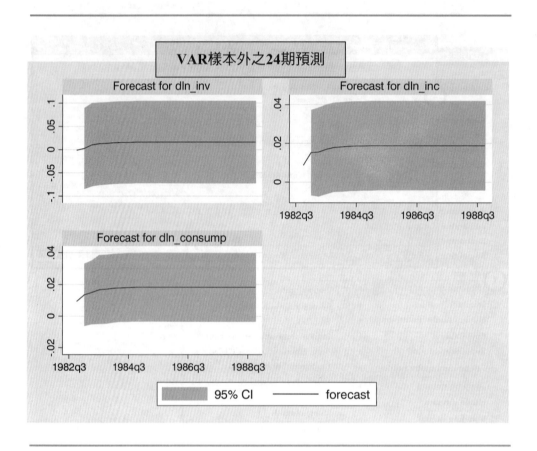

圖 10-47 fcast graph 指令所估計 3 個「m1_」開頭數列之動態預測圖

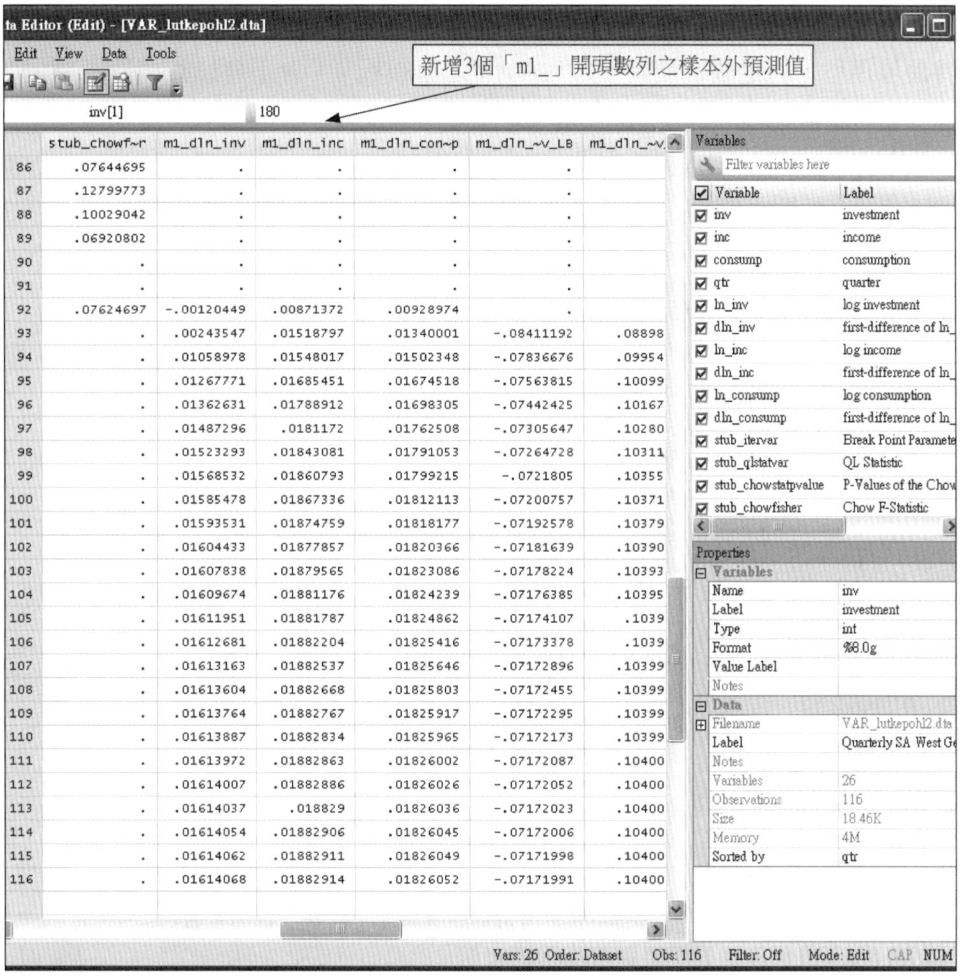

新增3個「m1_」開頭數列之樣本外預測值

圖 10-48 資料檔「VAR_lutkepohl2.dta」中新增 3 個「m1_」開頭數列之預測值

10-5-3 預測表現評估之實例：Diebold-Mariano 法

Stata 提供「dmariano」外掛指令，來執行預測精準度之 Diebold-Mariano 法。故你先用「findit dmariano」來安裝它，再根據 dmariano 的語法：

```
dmariano actual pred1 pred2 [if exp] [in range] [, maxlag(lags)
crit(criterion) kernel(kernel) ]
```

註：中括號 "[]" 為 option，可有可無。

　　承上例，資料檔「VAR_lutkepohl2.dta」中 3 個數列：dln_inv(投資)、dln_inc(收入)、dln_consump(消費)。用 var 指令所建模，儘管所得到 VAR(2) 係暫時最佳模型，但是我們懷疑，加大 VAR 之落後期 p，會不會比較精確？還是多此一舉？因此，我們再用 Diebold-Mariano 法來比較，哪個預測模型比較精準？例如，本例旨在比較 VAR(2) 與 VAR(4) 的預測模型，即三變數之 VAR(2) 與 VAR(4) 的精準度比較。

```
. use http：//www.stata-press.com/data/r11/lutkepohl2

* 將 VAR(2) 預測值，存到 y_hat1 新變數
. quietly var dln_inv dln_inc dln_consump , lags(1/2)

. predict y_hat1
(option xb assumed; fitted values)
(3 missing values generated)

.* 將 VAR(4) 預測值，存到 y_hat2 新變數
. quietly var dln_inv dln_inc dln_consump , lags(1/4)

. predict y_hat2
(option xb assumed; fitted values)
(5 missing values generated)

. * 執行 Diebold-Mariano 之前，需先設定時間序列為 t 變數，它屬季資料
. tsset
        time variable： qtr，1960q1 to 1982q4
                delta： 1 quarter

. * 安裝外掛指令 dmariano
. findit dmariano

. * 用 Diebold-Mariano 法進行三變數之 VAR(2) 與 VAR(4) 的精準度比較

. dmariano dln_inv y_hat1 y_hat2

Diebold-Mariano forecast comparison test for actual：dln_inv
Competing forecasts： y_hat1 versus y_hat2
```

```
Criterion：MSE over 87 observations
Maxlag = 11 chosen by Schwert criterion    Kernel：uniform


Series                 MSE
_____
y_hat1             .001798
y_hat2             .001603
Difference         .0001944


By this criterion，y_hat2 is the better forecast
H0：Forecast accuracy is equal.
S(1) =      1.142  p-value = 0.2534


. dmariano dln_inc y_hat1 y_hat2


Diebold-Mariano forecast comparison test for actual：dln_inc
Competing forecasts：y_hat1 versus y_hat2
Criterion：MSE over 87 observations
Maxlag = 11 chosen by Schwert criterion    Kernel：uniform

Series                 MSE
_____
y_hat1             .0003704
y_hat2             .000547
Difference        -.0001766


By this criterion，y_hat1 is the better forecast
H0：Forecast accuracy is equal.
S(1) =     -3.356  p-value = 0.0008


. dmariano dln_consump y_hat1 y_hat2


Diebold-Mariano forecast comparison test for actual：dln_consump
Competing forecasts：y_hat1 versus y_hat2
Criterion：MSE over 87 observations
Maxlag = 11 chosen by Schwert criterion    Kernel：uniform
```

```
Series                    MSE
─────────────────────────────────────
y_hat1                   .0003078
y_hat2                   .000509
Difference              -.0002012


By this criterion，y_hat1 is the better forecast
H0：Forecast accuracy is equal.
S(1) =      -2.497   p-value = 0.0125
```

1. 對 dln_inv 而言，因為 p>0.05，接受「H_0：Forecast accuracy is equal」，故可忽略「y_hat2 is the better forecast」。因此 VAR(4) 模型預測並沒有比 VAR(2) 模型更精準。

2. 對 dln_inv、dln_consump 而言，因為 p=0.0125<0.05，故拒絕「H_0：Forecast accuracy is equal」，VAR(2) 模型預測比 VAR(4) 模型更精準。因為電腦印出「y_hat1 is the better forecast」。

3. 對 dln_inc 而言，因為 p=0.0008<0.05，故拒絕「H_0：Forecast accuracy is equal」，VAR(2) 模型預測比 VAR(4) 模型更精準。因為電腦印出「y_hat1 is the better forecast」。

4. 最後，綜合上述結果，我們應挑 VAR(2) 來分析本例三數列。

10-5-4 Stata 實例 2：VAR model with exogenous variables

　　承上例，我們仍沿用西德央行資料「VAR_lutkepohl2.dta」之三個定態數列：dln_inv(投資)、ln_inc(收入)、ln_consump(消費)。在此，就不再重複解說：常態性診斷 (ln(x) 之變數變換)、單根檢定 (一階差分運算)。假設原始三數列中，dln_inv(投資) 變成外生 (exogenous) 變數，研究架構如下圖。

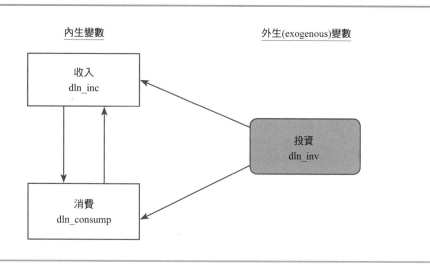

圖 10-49 VAR model with exogenous variables 之架構圖

最典型的 VAR 模型估計方程式如下：

$$Y_t = v + A_1 Y_{t-1} + A_2 Y_{t-2} + \cdots + A_p Y_{t-p} + B_0 X_t + B_1 X_{t-1} + \cdots + B_s X_{t-s} + \varepsilon_t$$

其中，

v：常數項之 $K \times 1$ 向量。

$Y_t = (y_{1t}, \cdots, y_{Kt})'$：內生變數之 $K \times 1$ 隨機向量。

$A_1, \cdots, A_p, B$：所欲估計之 $K \times K$ 係數矩陣。

$X_t = (x_{1t}, \cdots, x_{Mt})'$：外生 (exogenous) 變數之 $M \times 1$ 隨機向量。

$B_0, \cdots, B_s$：所欲估計之 $K \times M$ 係數矩陣。

p：落後期數。

ε_t：爲白噪音。

執行存有外生變數之 VAR(2) 之畫面

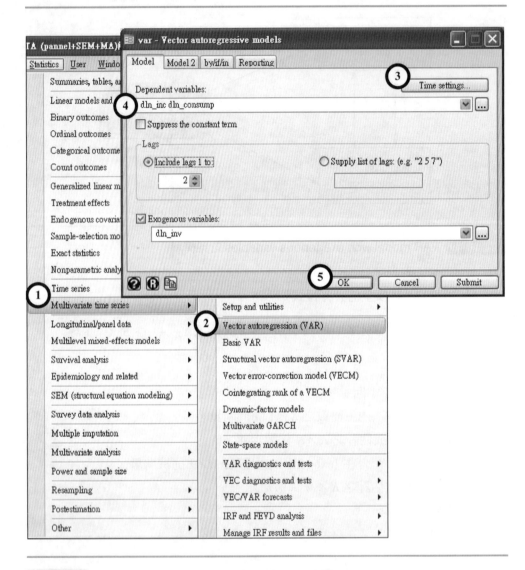

圖 10-50 VAR model with exogenous variables 之畫面

```
. use http://www.stata-press.com/data/r11/lutkepoh12
.tsset
        time variable：qtr，1960q1 to 1988q4
               delta： 1 quarter
. var dln_inc dln_consump, lags(1/2) exog(dln_inv)
```

Vector autoregression

Sample： 1960q4 - 1982q4		No. of obs	=	89
Log likelihood = 582.7991		AIC	=	-12.82695
FPE	= 9.22e-09	HQIC	=	-12.6917
Det(Sigma_ml)	= 7.04e-09	SBIC	=	-12.4914

Equation	Parms	RMSE	R-sq	chi2	P>chi2
dln_inc	6	.011521	0.0951	9.350914	0.0959
dln_consump	6	.009699	0.2672	32.44909	0.0000

	Coef.	Std. Err.	z	P>|z|	[95% Conf. Interval]
dln_inc					
dln_inc					
L1.	-.1069295	.1241932	-0.86	0.389	-.3503436 .1364846
L2.	.010718	.1220859	0.09	0.930	-.228566 .2500019
dln_consump					
L1.	.3388838	.1362094	2.49	0.013	.0719183 .6058494
L2.	.1438588	.1363849	1.05	0.292	-.1234507 .4111684
dln_inv	.0150847	.0267424	0.56	0.573	-.0373294 .0674989
_cons	.0115945	.0032757	3.54	0.000	.0051742 .0180148
dln_consump					
dln_inc					
L1.	.299476	.104558	2.86	0.004	.0945461 .504406
L2.	.3482793	.1027839	3.39	0.001	.1468265 .5497321

```
dln_consump |
        L1. |  -.3215156    .1146745   -2.80   0.005    -.5462735   -.0967578
        L2. |  -.0757683    .1148223   -0.66   0.509    -.3008158    .1492792
            |
    dln_inv |   .062507     .0225144    2.78   0.005     .0183797    .1066344
       _cons |   .0123194    .0027578    4.47   0.000     .0069142    .0177246
------------------------------------------------------------------------------
```

1. 具有外生變數之 VAR(p) 為

$$Y_t = v + A_1 Y_{t-1} + A_2 Y_{t-2} + \cdots + A_p Y_{t-p} + B_0 X_t + B_1 X_{t-1} + \cdots + B_s X_{t-s} + \varepsilon_t$$

2. 本例三數列 VAR(p) 分析結果為

為了簡化聯立方程式的解說，我們簡化變數名為：

x_t：代表投資 dln_inv (即 ininvest 變數取 log 再差分一次)。

y_t：代表收入 dln_inc (即 income 變數取 log 再差分一次)。

z_t：代表消費 dln_consump (即 consumption 變數取 log 再差分一次)。

上述 var 指令分析這三數列 VAR(2) 之聯立方程式為：

$$\begin{bmatrix} y_t \\ z_t \end{bmatrix} = \begin{bmatrix} 0.011 \\ 0.012 \end{bmatrix} + \begin{bmatrix} -.1069 & 0.3388 \\ 0.2994 & -.3215 \end{bmatrix} \begin{bmatrix} y_{t-1} \\ z_{t-1} \end{bmatrix} + \begin{bmatrix} 0.0107 & 0.1438 \\ 0.3482 & -.0757 \end{bmatrix} \begin{bmatrix} y_{t-2} \\ z_{t-2} \end{bmatrix} + \begin{bmatrix} 0.0151 \\ 0.0625 \end{bmatrix} x_t + \begin{bmatrix} \varepsilon1_t \\ \varepsilon2_t \end{bmatrix}$$

本例所有 var 事後檢定 (如 Granger 因果檢定、殘差檢定、irf 及 FEDV 分析、樣本外預測)，都與前例 var 一樣，唯獨往前 h 步預測之漸近標準誤「the asymptotic standard errors for the h-step-ahead forecasts」係無法分析。

10-5-5 Stata 實例 3：VAR model with constraints

承上例，我們仍沿用西德央行資料「VAR_lutkepohl2.dta」之三個定態數列：dln_inv(投資)、dln_inc(收入)、dln_consump(消費)。在此，就不再重複解說：常態性診斷 (ln(x) 之變數變換)、單根檢定 (一階差分運算)。

Stata 實例 1 係三個方程式之 VAR(2) 模型。用 dln inc(收入) 預測 dln inv(投資) 方程式，有些係數係聯合不顯著的 (jointly insignificant)。用 dln_consump(消費) 預測 dln inc(收入) 也有些係數係聯合不顯著的。因此，本例就應該二限制：

1. 第 2 期收入對投資的係數爲 0　　([dln_inv]L2.dln_inc = 0)。
2. 第 2 期消費對收入的係數爲 0　　([dln_inc]L2.dln_consump = 0)。

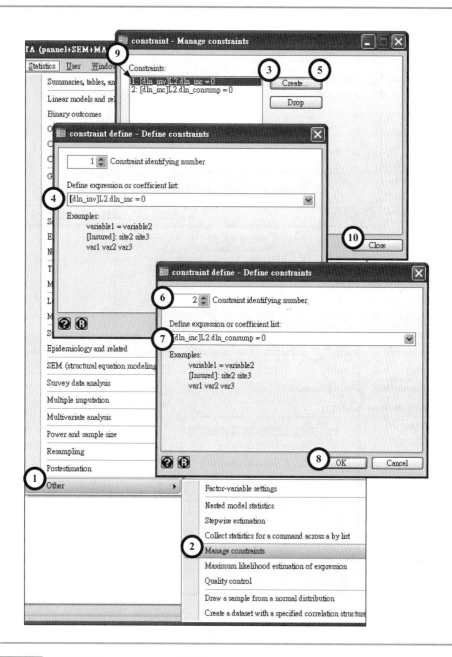

圖 10-51　界定二個 constraint 之畫面

註：Statistics > Other > Manage constraints

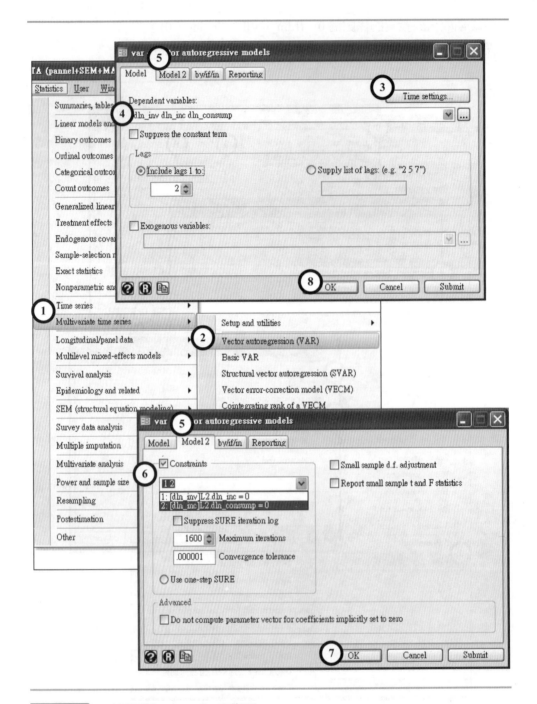

圖 10-52 var 受二個 constraint 之畫面

```
. constraint 1 [dln_inv]L2.dln_inc = 0
. constraint 2 [dln_inc]L2.dln_consump = 0


. var dln_inv dln_inc dln_consump ,  lags(1/2) constraints(1 2)
Estimating VAR coefficients


Iteration 1：   tolerance =  .01623977
Iteration 2：   tolerance =  .00002904
Iteration 3：   tolerance = 7.916e-08



Vector autoregression

Sample： 1960q4 - 1982q4                        No. of obs      =        89
Log likelihood =  742.0633                     AIC           = -16.20367
FPE          =  1.76e-11                        HQIC          = -15.96698
Det(Sigma_ml) =  1.15e-11                       SBIC          = -15.61646


Equation          Parms    RMSE     R-sq      chi2     P>chi2
----------------------------------------------------------------
dln_inv            6      .042554   0.1036   10.18806   0.0701
dln_inc            6      .010781   0.1502   15.69549   0.0078
dln_consump        7      .009541   0.2397   29.65636   0.0000
----------------------------------------------------------------


(1)  [dln_inv]L2.dln_inc = 0
(2)  [dln_inc]L2.dln_consump = 0
---------------------------------------------------------------------------
            |    Coef.   Std. Err.     z     P>|z|    [95% Conf. Interval]
------------+--------------------------------------------------------------
dln_inv     |
   dln_inv  |
       L1.  |  -.2718792  .1094002   -2.49   0.013   -.4862997  -.0574587
       L2.  |  -.1339963  .1089467   -1.23   0.219   -.3475278   .0795352
            |
   dln_inc  |
       L1.  |   .303536   .4703169    0.65   0.519   -.6182683   1.22534
       L2.  |   2.16e-17  5.17e-17    0.42   0.675   -7.97e-17   1.23e-16
            |
```

```
  dln_consump |
          L1. |    .718437    .5142684     1.40   0.162    -.2895104    1.726384
          L2. |   .6922878    .4590433     1.51   0.132    -.2074207    1.591996
              |
         _cons |  -.0086941      .01243    -0.70   0.484    -.0330564    .0156682
--------------+------------------------------------------------------------------
dln_inc       |
      dln_inv |
          L1. |   .0453827     .027204     1.67   0.095    -.0079361    .0987015
          L2. |   .0642211    .0267553     2.40   0.016     .0117816    .1166606
              |
      dln_inc |
          L1. |  -.1089993    .1148797    -0.95   0.343    -.3341593    .1161607
          L2. |   .0388653    .0997877     0.39   0.697     -.156715    .2344457
              |
  dln_consump |
          L1. |   .2882875     .128854     2.24   0.025     .0357382    .5408367
          L2. |   6.08e-18    1.53e-17     0.40   0.691    -2.39e-17    3.60e-17
              |
         _cons |   .0131283    .0029263     4.49   0.000     .0073929    .0188637
--------------+------------------------------------------------------------------
dln_consump   |
      dln_inv |
          L1. |   .0037525    .0243847     0.15   0.878    -.0440407    .0515456
          L2. |   .0509841    .0241963     2.11   0.035     .0035603    .0984079
              |
      dln_inc |
          L1. |   .2942279    .1056847     2.78   0.005     .0870898    .5013661
          L2. |     .36465    .0946342     3.85   0.000     .1791703    .5501297
              |
  dln_consump |
          L1. |   -.288791    .1191247    -2.42   0.015    -.5222711   -.0553108
          L2. |  -.1341301    .0986681    -1.36   0.174    -.3275161    .0592559
              |
         _cons |   .0127045    .0027547     4.61   0.000     .0073054    .0181037
--------------+------------------------------------------------------------------
```

　　自由參數估計值並沒多大改變。dln_inv 及 dln_consump 二個方程式裡多數係數達到 10% 顯著水準。但 dln_inc 程式裡多數係數仍未達到 10% 顯著水準。

聯立迴歸式：定態之 Structural VAR(SVAR)

往昔財經政策、貨幣政策傳遞機制裡不同管道的運作及效果，人們較常使用向量自我迴歸模型 (VAR)、結構向量自我迴歸模型 (Structural Vector Autoregressive, SVAR) 來解決。

一般的向量自我迴歸 (VAR) 是指縮減式體系 (reduced-form system)，較缺乏理論的支持，且由於估計完全由資料估計結果而定，因此欠缺估計效率與較高的預測誤差。Bernanke(1986) 提出可以應用相關的經濟理論來設定變數之間的同期關係 (contemporaneous relationship)，再來使用 VAR 作估計，被稱為結構性自我迴歸分析法。SVAR 被用來解決傳統 VAR 估計無效率問題，但如何應用經濟理論所形成的同期相關外，還必須搭配理論來認定 (identification) 模型之條件才能成功 (Enders, 2004)。

通常，當我們遇到非定態變數之數列，要納入 VAR 或 SVAR 前，可人工事先用「第 5-3 節 Stata 差分運算 (first-difference)」將非定態變數做差分 ("Δ") 後，再「File > Open」到 Stata 軟體做分析。

11-1 SVAR 模型

向量自我迴歸模型 (vector autoregression，VAR) 包含了：縮減式 (reduced form)、遞迴式 (recursive) 以及結構式 (structural) 三種型態。

一、縮減式 (reduced-form)VAR

以下列三個數列 (變數) 來說明：

1. π：物價膨脹率。
2. R：利率。
3. u：失業率。

縮減式 VAR 模型中的每一變數為變數本身的落後 (lags) 項、其他變數落後項以及誤差項所構成的線性函數，但未考慮變數當期的影響。也就是說，多變數 VAR 與單一變數 AR 模型最大的不同處在於，VAR 考慮了體系內跨變數的動態行為 (cross-variable dynamics)。

假設落後期數為一期，稱之為 VAR(1)：

$$y_t = \mu + \Phi_1 y_{t-1} + \Phi_2 y_{t-2} + \cdots + \Phi_p y_{t-p} + \varepsilon_t$$

係數 Φ_p^{ij} 代表第 p 期落後期中，第 j 個變數對第 i 個變數的影響。因此，VAR(p) 模型以矩陣形式可以寫成

$$\underbrace{\begin{bmatrix} \pi_t \\ u_t \\ R_t \end{bmatrix}}_{y_t} = \underbrace{\begin{bmatrix} \Phi_1^{11} & \Phi_1^{12} & \Phi_1^{13} \\ \Phi_1^{21} & \Phi_1^{22} & \Phi_1^{23} \\ \Phi_1^{31} & \Phi_1^{32} & \Phi_1^{33} \end{bmatrix}}_{\Phi_1} \underbrace{\begin{bmatrix} \pi_{t-1} \\ u_{t-1} \\ R_{t-1} \end{bmatrix}}_{y_{t-1}} + \underbrace{\begin{bmatrix} \varepsilon_{1t} \\ \varepsilon_{2t} \\ \varepsilon_{3t} \end{bmatrix}}_{\varepsilon_t}$$

二、結構式 (structural)VAR

例如，以下列三個數列 (變數) 來說明：

1. π：物價膨脹率。

2. R：利率。

3. u：失業率。

在結構式 VAR 中，除了每個內生變數過去的影響，還考慮了變數之間的同期 (contemporary) 影響。因此近年來，SVAR 模型已廣泛被運用在開放經濟體系的政策效果及政策衝擊傳遞作用之分析上。

結構式 VAR 為：

$$\underbrace{\begin{bmatrix} \pi_t \\ u_t \\ R_t \end{bmatrix}}_{y_t} = \underbrace{\begin{bmatrix} 0 & D_0^{12} & D_0^{13} \\ D_0^{21} & 0 & D_0^{23} \\ D_0^{31} & D_0^{32} & 0 \end{bmatrix}}_{D_0} \underbrace{\begin{bmatrix} \pi_t \\ u_t \\ R_t \end{bmatrix}}_{y_t} + \underbrace{\begin{bmatrix} D_1^{11} & D_1^{12} & D_1^{13} \\ D_1^{21} & D_1^{22} & D_1^{23} \\ D_1^{31} & D_1^{32} & D_1^{33} \end{bmatrix}}_{D_1} \underbrace{\begin{bmatrix} \pi_{t-1} \\ u_{t-1} \\ R_{t-1} \end{bmatrix}}_{y_{t-1}} + \underbrace{\begin{bmatrix} e_{1t} \\ e_{2t} \\ e_{3t} \end{bmatrix}}_{e_t}$$

對於 D_i 中係數的限制，完全依據總體經濟理論來設定，是故稱為結構式 VAR，亦即一個具有總體經濟結構的模型。我們透過總體經濟理論來確立經濟變數之間的因果關係。

三、遞迴式 VAR

在遞迴式 VAR 中，變數之間的同期影響存在著遞迴影響。遞迴 VAR 模型中的各迴歸方程式包含了前面方程式的同期參數值，但以遞迴 VAR 分析時，改變變數的排序方式同時會改變了模型的方程式、係數及殘差值，而產生不同的分析結果。

以物價膨脹率、失業率以及利率為例,遞迴式 VAR 為:

$$\underbrace{\begin{bmatrix} \pi_t \\ u_t \\ R_t \end{bmatrix}}_{y_t} = \underbrace{\begin{bmatrix} 0 & 0 & 0 \\ D_0^{21} & 0 & 0 \\ D_0^{31} & D_0^{32} & 0 \end{bmatrix}}_{D_0} \underbrace{\begin{bmatrix} \pi_t \\ u_t \\ R_t \end{bmatrix}}_{y_t} + \underbrace{\begin{bmatrix} D_1^{11} & D_1^{12} & D_1^{13} \\ D_1^{21} & D_1^{22} & D_1^{23} \\ D_1^{31} & D_1^{32} & D_1^{33} \end{bmatrix}}_{D_1} \underbrace{\begin{bmatrix} \pi_{t-1} \\ u_{t-1} \\ R_{t-1} \end{bmatrix}}_{y_{t-1}} + \underbrace{\begin{bmatrix} e_{1t} \\ e_{2t} \\ e_{3t} \end{bmatrix}}_{e_t}$$

變數之間的關係為:物價膨脹率不受其他變數影響,失業率受物價膨脹率影響,而利率則同時受到物價膨脹率與失業率影響。即

$$u_t = D_0^{21} \pi_t$$
$$R_t = D_0^{31} \pi_t + D_0^{32} u_t$$

用制度訊息對 SVAR 參數矩陣 (A-B 矩陣) 設定限制,就適用於財政政策的評估,其理由有二 (Blanchard & Perotti, 2002):

1. 與貨幣政策不同,財政政策變動有許多原因,其產出穩定 (output stabilization) 幾乎是主要的 (predominant) 原因,換句話說,有許多財政衝擊是外生的 (對產出而言)。

2. 相對於貨幣政策,財政政策的決定與實行的落後期 (implementation lags) 意味著在足夠高的頻率之下 (如:一季內),財政政策對未預料到經濟活動變動是較少或沒有權衡性反應 (discretionary responses)。

(一) 添加額外條件以增加 VAR 模型的適配度

如何在時間數列模型添加額外條件以增加該模型的適配度呢?有二種方法:

1. VAR 改成結構性向量自我迴歸模型 (Structural Vector Autoregressive, SVAR) 為架構,並透過額外認定條件賦予干擾項經濟意義。這種方法主要係藉由經濟理論對干擾項變異數、共變異數矩陣中待定係數找出認定所需的額外條件。由於額外條件僅讓結構性向量自我迴歸模型足以認定 (just identified),故有無法利用統計檢定方法檢驗認定這些條件是否成立的缺點。

2. 利用完整設定的經濟模型以及理性預期假設說導出對模型待估的結構性參數 (structural parameters) 的跨式限制條件 (cross-equation restrictions)。

例如,最近經濟學家嘗試用結構式向量自我迴歸模型 (SVAR),來評估財政政策衝擊對總體經濟變數 (如:民間消費、民間投資、實質工資、就業等) 的影響結果。為了讓 SVAR 模型有經濟意義,就需在縮減式向量自我迴歸模型

(Reduced-form Vector Autoregressive, RVAR) 上加入某些認定條件以認定政策衝擊。我們可用來認定財政政策衝擊的方式包括：(1) 在 VAR 模型上加入遞迴式 (recursive) 的結構，並利用 Cholesky 分解認定財政政策衝擊，以去除變數間同期相關性；或 (2) 像 Blanchard & Perotti(2002) 利用制度訊息對參數矩陣設定限制以認定財政政策衝擊，即利用有關租稅及移轉支付制度、徵稅時間、財政政策決定的落後期等制度訊息，建構財政政策對經濟體系的自動反應以認定財政政策衝擊；(3)Romer & Romer(1989) 的敘述法 (Narrative Approach) 應用於財政政策分析上。

此外，像新臺幣匯率預測模型的準確度做評比，SVAR 模型在匯率預測就比 ARIMA 模型及 VEC 模型表現更佳，或從迴歸檢定 (regression test) 亦可發現 SVAR 模型的解釋能力較佳，另外，在市場時序檢定 (market timing test) 的結果，SVAR 模型在匯率之預測方向變動較佳。

(二) SVAR 的應用領域

學界常見結構向量自我迴歸 (SVAR) 之研究議題，包括：(以下變數如何來的？結果如何來的？)

1. 臺灣金融性資產負債餘額表 y_{1t} 與經濟活動 y_{2t} —— SVAR 模型應用。
2. 以結構式向量自我迴歸模型推估信用 y_{1t}、資產價格 y_{2t}、消費 y_{3t} 受彼此之結構衝擊之影響。
3. 臺灣 y_{1t} 與韓國 y_{2t} 信用管道之研究——以結構性 VAR 方法探討。
4. 價格風險 y_{1t} 對亞洲匯率 y_{2t} 的動態傳遞效果。
5. 小型開放經濟體系匯率制度 y_{1t} 與貨幣政策 y_{2t} 效果之分析—— SVAR 模型對臺灣之應用。
6. 股價波動的總體因素 y_{it} ——以臺灣、南韓、新加坡及香港為例。
7. 臺灣經常帳變動分析——以長短期觀點為例。

SVAR 非常適合「評估財政政策衝擊對臺灣財政政策的總體經濟效果」，它有 8 個變數，共可組成 8 個聯立迴歸式。若用 SVAR，研究可發現：

1. 政府支出 y_{1t} 衝擊對民間消費 y_{2t} 短期效果為負，中長期效果為正，但並不顯著。
2. 政府支出 y_{1t} 衝擊對於民間投資 y_{3t} 短期會產生排擠效果，中長期則有提振的效果，但不顯著。

3. 政府支出 y_{1t} 衝擊引發短期名目利率 y_{4t} 上漲，國外資金流入，實質有效匯率 y_{5t} 上升，貿易收支 y_{6t} 因而下跌。

4. 政府支出 y_{1t} 衝擊對於實質 GDP(y_{7t}) 一開始有正向效果，但短期排擠效果會使實質 GDP(y_{7t}) 下跌，一旦政府支出 y_{8t} 帶動中長期民間投資後，對實質 GDP 有正向效果，但並不顯著。

5. 政府收入衝擊短期對實質 GDP(y_{7t})、民間消費 y_{2t}、民間投資 y_{3t} 有正向效果，中長期的效果為負。若以政府支出 y_{8t} 衝擊細項來看，政府消費支出衝擊對實質 GDP(y_{7t}) 有顯著提振的效果，政府投資支出 y_{8t} 衝擊對於實質 GDP(y_{7t}) 的助益十分有限。

11-1-1 Structural VAR 的重點整理：雙變數 SVAR(1) 為例

方法論的回顧：

	定態 (stationary)	非定態 (Nonstationary)
1.單變量模型	AR, MA, ARMA 模型。	ARIMA 模型。 因有虛假 (spurious) 迴歸，故要 Nonstationarity 檢定 (如 ADF、PP 單根檢定)。
2. 多變數單一方程式	最小平方法 (OLS)。	ECM 模型。 共整合 (cointegration) 檢定，來偵測殘差 (residual) 之非定態檢定。
3.多變數多方程式 (VAR/SVAR/VECM)	OLS 或 UVAR (未限制 VAR)。	VECM 或 CVAR(限制 VAR)：它採共整合及 Johansen MLE 法來建模。 若存在 1 個以上共整合 β 向量，則你要對 β 提出認定的限制 (identification restrictions)。

一、挑選 UVAR, SVAR, CVAR (VECM) 的準則？

1.分析目標：推論 (inference)，參數估計	**條件：不限非定態** (non-stationarity)、定態數列亦可分析。 1.VECM(例如：量化 SR(短期) 反應)。 　(1) 若變數們存在 I(1) 但無 CI 向量，可能是你界定模型有誤。 　(2) 若無理論模型可支持 CI(共整合) 向量，則將變數做差分 (irst-difference)。 2.VECM 可分析模型的 LR(長期) 意涵。

2.分析目標：
預測 (forecasting)，
衝擊反應 (impulse responses)

條件：數列必需為「定態」。

1.例如，政策分析：政策限制對財經變數的反應 shocks、央行 (CB) 反應函數、利率調幅對失業率影響。

2.擴大充夠 lags 值，來消除 serial correlation 及確保 errors 為 I(0)。

3.未考慮 CI 項，只會降低分析效率，但不會影響預測／衝擊反應。

4.若變數之間有相關，未限制 VAR(UVAR) 誤差項會在跨方程式之間出現相關。為了認定 shocks，你必需確保它們是正交 (orthogonal)，即在方程式之間係無相關，這有三種可能：

 (1) 使用 recursive VAR (Cholesky decomposition)：但這是「事後 (ad hoc)」且結果有 order-dependent。

 (2) 同期短期 (SR) 限制式之 SVAR：考量的認定假定 (identifying assumptions)，包括：

 (I) 變數間是 I(1) 或 I(0)。

 (II) 加大足夠 Lags 值來確保誤差 I(0)。

 若都符合上述 2 假定，則 A-B 型 SVAR 求出的相關，即可解釋為 Granger 因果。例如，Taylor rule 就主張，利率方程式等於「lagged inflation and unemployment(= 工具變數迴歸)」。

 (3) 長期 (LR) 限制式 (Blanchard-Quah 模型)：至少有一個 I(1) 變數，且 SVAR 內所有數列都為 I(0)。你可將 I(1) 變數做差分運算，使它變成定態的 I(0) 變數。

二、以雙變數 SVAR(1) 為例來解說

回想前一章所談「Lags = 1，雙變數 VAR(1)」，為便於解說 VAR 的原理，亦沿用此 VAR(1)：

1. $y_t = b_{10} - b_{12}z_t + c_{11}y_{t-1} + c_{12}z_{t-1} + \varepsilon_{yt}$

2. $z_t = b_{20} - b_{21}y_t + c_{21}y_{t-1} + c_{22}z_{t-1} + \varepsilon_{zt}$

其中，$\varepsilon_{ij} \overset{iid}{\sim} N(0, \sigma_{\varepsilon i}^2)$ 而且 $\text{cov}(\varepsilon_y, \varepsilon_z) = 0$

將它改成矩陣形式：

3. $\begin{bmatrix} 1 & b_{12} \\ b_{21} & 1 \end{bmatrix} \begin{bmatrix} y_t \\ z_t \end{bmatrix} = \begin{bmatrix} b_{10} \\ b_{20} \end{bmatrix} + \begin{bmatrix} c_{11} & c_{12} \\ c_{21} & c_{22} \end{bmatrix} \begin{bmatrix} y_{t-1} \\ z_{t-1} \end{bmatrix} + \begin{bmatrix} \varepsilon_{yt} \\ \varepsilon_{zt} \end{bmatrix}$

更簡單的數學式為：

4. $\boxed{BX_t = \Gamma_0 + \Gamma_1 X_{t-1} + \varepsilon_t}$ 稱為 Structural VAR (SVAR) 或原始 (Primitive) 系統。

為了常態化 (normalize) 上式等號左側 (LHS) 向量，我們需乘上「B^{-1}」：

$B^{-1}BX_t = B^{-1}\Gamma_0 + B^{-1}\Gamma_1 X_{t-1} + B^{-1}\varepsilon_t$，因此：

5. $\boxed{X_t = A_0 + A_1 X_{t-1} + e_t}$ 稱為「標準 **VAR**」或 **unstructured VAR(UVAR)**。

它代表著

6. $\begin{bmatrix} y_t \\ z_t \end{bmatrix} = \begin{bmatrix} a_{10} \\ a_{20} \end{bmatrix} + \begin{bmatrix} a_{11} & a_{12} \\ a_{21} & a_{22} \end{bmatrix} \begin{bmatrix} y_{t-1} \\ z_{t-1} \end{bmatrix} + \begin{bmatrix} e_{1t} \\ e_{2t} \end{bmatrix}$

誤差項 e_t 是結構 innovations 的組合：

7. $e_t = B^{-1} \varepsilon_t \Rightarrow \begin{bmatrix} e_{1t} \\ e_{2t} \end{bmatrix} = \frac{1}{(1-b_{21}b_{12})} \begin{bmatrix} 1 & -b_{12} \\ -b_{21} & 1 \end{bmatrix} \begin{bmatrix} \varepsilon_{yt} \\ \varepsilon_{zt} \end{bmatrix}$

或

$e_{1t} = \dfrac{\varepsilon_{yt} - b_{12}\varepsilon_{zt}}{\Delta}$ $e_{2t} = \dfrac{-b_{21}\varepsilon_{yt} + \varepsilon_{zt}}{\Delta}$，其中 $e\Delta = 1 - b_{21} b_{12}$

VAR shocks 的變異數—共變數矩陣為

$\Sigma = \begin{bmatrix} \sigma_1^2 & \sigma_{12} \\ \sigma_{21} & \sigma_2^2 \end{bmatrix}$。

三、SVAR 認定 (Identification)

為了求得依變數之結構 innovation 效果量，我們需從被估計系統來修補原始 (primitive) 系統的參數。以 lags = 1，雙變數 VAR(1) 來說：

VAR 就有 9 個參數；SVAR 亦有 10 個參數 (underidentified)。

三角 Cholesky 分解法旨在確保 SVAR 的適足認定 (exactly identified)：令「b_{12} 或 b_{21}」為 0 條件。

但此限制條件的認定仍有二個疑問：

1. 衝擊反應仍是「ordering chosen」，若變數之間是低相關，則它對時間數並不構成嚴重問題。

2. 我們如何對 B 矩陣提議限制條件？能夠悖離常理 (counterintuitive) 嗎？

根據 Sims (1986)，Bernanke (1986) 理論，就可推導出 B 矩陣的認定限制：

估計誤差項 e 時，先定義為 $e_t = B^{-1}\varepsilon_t$，故

$$\boxed{\varepsilon_t = Be_t}$$

四、推導至 n 變數 SVAR(1) 為例來解說

n 變數 SVAR(1) 為：

$BX_t = \Gamma_0 + \Gamma_1 X_{t-1} + \varepsilon_t$，其中，$B$ 及 Γ_1 是 $(n \times n)$ 矩陣，Γ_0 是 $(n \times 1)$ 矩陣。

$$X_t = B^{-1}\Gamma_0 + B^{-1}\Gamma_1 X_{t-1} + B^{-1}\varepsilon_t = A_0 + A_1 X_{t-1} + e_t.$$

判定是否對 VAR 認定是適當的，你可計數「已知參數數目 vs. 未知參數數目」。

情況一：適足認定論 (Exact identification) order condition

「*已知參數*」：誤差之變異數—共變數 (*V-C*) 矩陣的元素為：

$$Eee' = \Sigma = \begin{bmatrix} \sigma_1^2 & \sigma_{12} & . & \sigma_{1n} \\ \sigma_{21} & \sigma_2^2 & . & \sigma_{2n} \\ . & . & . & . \\ \sigma_{n1} & \sigma_{n2} & . & \sigma_n^2 \end{bmatrix} \text{共有 } \frac{n(n-1)}{2} + n = \frac{n^2+n}{2} \text{ 個元素。}$$

「*未知參數*」：包括，矩陣 B 的元素及純結構 shocks 的元素：

(1) 矩陣 B 的對角元素為 1 或已知，故矩陣 B 的未知參數個數為 $n^2 - n$。

(2) 純結構 shock's 共變數是 0。

$$E\varepsilon\varepsilon' = \Sigma_\varepsilon = \begin{bmatrix} \sigma_{\varepsilon 1}^2 & 0 & . & 0 \\ 0 & \sigma_{\varepsilon 2}^2 & . & 0 \\ . & . & . & . \\ 0 & 0 & . & \sigma_{\varepsilon n}^2 \end{bmatrix} \rightarrow \text{此共變數矩陣共有 } n \text{ 個未知參數。}$$

故未知參數總共 $= n^2 - n + n = n^2 > \frac{n^2+n}{2}$

因此，需要額外限制來認定 SVAR(1) 的數目為：

$$n^2 - \frac{n^2+n}{2} = \frac{n^2-n}{2} \text{ (適足認定之必要條件)}$$

更正式地，可以說：

$$e_t = B^{-1}\varepsilon_t \Rightarrow Ee_t e_t' = EB^{-1}\varepsilon_t\varepsilon_t'(B^{-1})' = B^{-1}E(\varepsilon_t\varepsilon_t')(B^{-1})'$$

因此 $\underset{(n \times n)}{\Sigma} = \underset{(n \times n)}{B^{-1}} \underset{(n \times n)}{\Sigma_\varepsilon} \underset{(n \times n)}{(B^{-1})'}$

$\Sigma:$	$B:$	$\Sigma_\varepsilon:$
$\dfrac{n^2+n}{2}$	n^2-n	n
known	*unkown*	*unknown*

五、舉例解說，Cholesky 分解法 (decomposition)

$(n \times n)$ 矩陣，若對角線以上的元素都為 0，則限制參數仍有：

$\dfrac{n(n-1)}{2} = \dfrac{n^2 - n}{2}$ 個限制，謂之適足認定 (exactly identified)。

例如，雙變數 SVAR(1) 的 Cholesky 分解法

t	1	2	3	4	5	$E(e_{it})$
e_{it}	1	−0.5	0	−1	0.5	0
e_{2t}	0.5	−1	0	−0.5	1	0

認定限制：當 $n = 1$，因「已知參數」有 $2(1 + 2)/2 = 3$ 個，「未知參數」共 $= 2^2 = 4$ 個，我們仍需要 1 個以上限制，請見下列數字：

$$\sigma_1^2 = \frac{E(e_{1t})^2}{5} = 0.5 = \sigma_2^2$$

$$\sigma_{12} = \frac{E(e_{1t}e_{2t})}{5} = 0.4 = \sigma_{21}$$

$$\Sigma = \begin{bmatrix} \sigma_1^2 & \sigma_{12} \\ \sigma_{21} & \sigma_2^2 \end{bmatrix} = \begin{bmatrix} 0.5 & 0.4 \\ 0.4 & 0.5 \end{bmatrix} \text{且} \Sigma_\varepsilon = \begin{bmatrix} Var(\varepsilon_y) & 0 \\ 0 & Var(\varepsilon_z) \end{bmatrix}$$

可得下列關係

$$\Sigma = B^{-1}\Sigma_\varepsilon (B^{-1})' \text{ 或 } \Sigma_\varepsilon = B\Sigma B' \text{，其中} B = \begin{bmatrix} 1 & b_{12} \\ b_{21} & 1 \end{bmatrix}。$$

因此

$$\begin{bmatrix} Var(\varepsilon_y) & 0 \\ 0 & Var(\varepsilon_z) \end{bmatrix} = \begin{bmatrix} 1 & b_{12} \\ b_{21} & 1 \end{bmatrix} \begin{bmatrix} 0.5 & 0.4 \\ 0.4 & 0.5 \end{bmatrix} \begin{bmatrix} 1 & b_{21} \\ b_{12} & 1 \end{bmatrix}$$

共 4 個方程式及 4 個未知數：$Var(\varepsilon_y)$, $Var(\varepsilon_z)$, b_{12}, b_{21}.

因為 Σ 對角線元素是單元 (identical)，故實際上，只剩 3 個方程式：

$$Var(\varepsilon_y) = 0.5 + 0.8b_{12} + 0.5b_{12}^2$$

$$\begin{cases} 0 = 0.4 + 0.5b_{12} + 0.5b_{21} + 0.4b_{12}b_{21} \\ 0 = 0.4 + 0.5b_{12} + 0.5b_{21} + 0.4b_{12}b_{21} \end{cases}$$

$$Var(\varepsilon_z) = 0.5 + 0.8b_{21} + 0.5b_{12}^2$$

其中，第 2 個及第 3 個方程式是單元 (identical)，故我們仍需額外限制來求解：

$$\begin{cases} \varepsilon_{yt} = e_{1t} + b_{12}e_{2t} \\ \varepsilon_{zt} = b_{21}e_{1t} + e_{2t} \end{cases}$$

Step 1. Cholesky decomposition：$b_{12} = 0$

根據上述之適足認定，已知參數數目爲「2(3)/2 = 3」個；未知參數數目爲「$2^2 - 1 = 3$」個。此限制相對應於遞迴系統，就是多數內生變數都擺在後面。

數值分析爲：

$$Var(\varepsilon_y) = 0.5$$
$$0 = 0.4 + 0.5b_{21} \qquad \Rightarrow b_{21} = -0.8 \Rightarrow Var(\varepsilon_z) = 0.18$$
$$Var(\varepsilon_z) = 0.5 + 0.8b_{21} + 0.5b_{21}^2$$

由於 $\varepsilon_t = Be_t$，故現在可認定此結構 shocks：

$$\begin{bmatrix} \varepsilon_{yt} \\ \varepsilon_{zt} \end{bmatrix} = \begin{bmatrix} 1 & 0 \\ -0.8 & 1 \end{bmatrix}\begin{bmatrix} e_{1t} \\ e_{2t} \end{bmatrix} \text{因此} \begin{matrix} \varepsilon_{yt} = e_{1t} \\ \varepsilon_{zt} = -0.8e_{1t} + e_{2t} \end{matrix}$$

然後，我們再逆向時間來追蹤此結構 shocks：

t	1	2	3	4	5	$E(\varepsilon_{it})$
$\varepsilon_{yt} = e_{1t}$	1	−0.5	0	−1	0.5	0
ε_{zt}	−0.3	−0.6	0	0.3	0.6	0

Step 2. 帶當期係數限制之結構模型 (Structural models with contemporaneous coefficient restriction)：

例如，令 $b_{12} = 1$
則可得：

$$\begin{bmatrix} 1 & b_{12} \\ b_{21} & 1 \end{bmatrix}\begin{bmatrix} y_t \\ z_t \end{bmatrix} = \begin{bmatrix} b_{10} \\ b_{20} \end{bmatrix} + \begin{bmatrix} c_{11} & c_{12} \\ c_{21} & c_{22} \end{bmatrix}\begin{bmatrix} y_{t-1} \\ z_{t-1} \end{bmatrix} + \begin{bmatrix} \varepsilon_{yt} \\ \varepsilon_{zt} \end{bmatrix}$$

此限制的認定：

假設 $\partial z_t/\partial \varepsilon_{yt} = 1/b_{12} = 1$，因此 $b_{12} = 1$，且我們可以拖住第一個結構衝擊：

$$\varepsilon_{yt} = e_{1t} + e_{2t}$$

然後，我們求得的剩餘未知數可代入：

$$Var(\varepsilon_y) = 0.5 + 0.8 + 0.5 = 1.8$$

$$0 = 0.4 + 0.5 + 0.5 + 0.4b_{21} \qquad \Rightarrow b_{21} = -1 \Rightarrow \varepsilon_{zt} = -e_{1t} + e_{2t}$$

$$Var(\varepsilon_z) = 0.5 + 0.8(-1) + 0.5 = 0.2$$

且

$$\begin{bmatrix} \varepsilon_{yt} \\ \varepsilon_{zt} \end{bmatrix} = \begin{bmatrix} 1 & 1 \\ -1 & 1 \end{bmatrix} \begin{bmatrix} e_{1t} \\ e_{2t} \end{bmatrix}$$

Step 3. Symmetry restriction

例如：$b_{12} = b_{21}$，則解答為

(I) $b_{12} = b_{21} = -0.5 \quad \Rightarrow \begin{bmatrix} \varepsilon_{yt} \\ \varepsilon_{zt} \end{bmatrix} = \begin{bmatrix} 1 & -0.5 \\ -0.5 & 1 \end{bmatrix} \begin{bmatrix} e_{1t} \\ e_{2t} \end{bmatrix}$

(II) $b_{12} = b_{21} = -2 \quad \Rightarrow \begin{bmatrix} \varepsilon_{yt} \\ \varepsilon_{zt} \end{bmatrix} = \begin{bmatrix} 1 & -2 \\ -2 & 1 \end{bmatrix} \begin{bmatrix} e_{1t} \\ e_{2t} \end{bmatrix}$

Step 4. 對 VAR 結構 shocks 的變異數做限制：矩陣 B 的係數之解答

例如：$Var(\varepsilon_{yt}) = 1.8$

$Var(\varepsilon_{yt}) = 0.5 + 0.8b_{12} + 0.5b_{12}^2 = 1.8 \qquad \Rightarrow b_{12} = (1 \text{ or } -2.6)$

(I) $b_{12} = 1 \Rightarrow b_{21} = -1 \quad \Rightarrow \begin{bmatrix} \varepsilon_{yt} \\ \varepsilon_{zt} \end{bmatrix} = \begin{bmatrix} 1 & 1 \\ -1 & 1 \end{bmatrix} \begin{bmatrix} e_{1t} \\ e_{2t} \end{bmatrix}$

(II) $b_{12} = -2.6 \Rightarrow b_{21} = -5/3 \quad \Rightarrow \begin{bmatrix} \varepsilon_{yt} \\ \varepsilon_{zt} \end{bmatrix} = \begin{bmatrix} 1 & -2.6 \\ -5/3 & 1 \end{bmatrix} \begin{bmatrix} e_{1t} \\ e_{2t} \end{bmatrix}$

Step 5. Model restrictions：過度認定 (overidentification)

若 (#restrictions) $> (n^2 - n)/2$，仍不會影響 VAR 係數的估數。

依據以下步驟，來檢定限制參數的顯著性：

(I) 執行「VAR without additional restrictions」，求得變異數—共變數 (V-C)

矩陣 Σ。

(II) 提議額外限制，及概似函數最大化來求得 $\Sigma(r)$，它是受限制。

(III) 並計算 $|\Sigma(r)| - |\Sigma|$，它符合 $\chi^2(R)$ 分配。

其中，R = #restrictions-$(n^2 - n)/2$。若檢定求得統計值小於查表，則未拒絕虛無假設 (of restrictions)。

11-1-2 Structural VAR 的解說

Structural VAR 又可分成：

1. 短期 SVAR A-B 型：$A(I_K - A_1 L - A_2 L_2 - \cdots - A_2 L_2)y_t = A\varepsilon_t = Be_t$

2. 長期 SVAR 型：$y_t = C \times e_t$。

其中，$C = \overline{A}^{-1}B$

例如，以下列三個數列 (變數) 來說明：

1. π：物價膨脹率。

2. R：利率。

3. u：失業率。

在結構式 VAR 中，除了每個內生變數過去的影響，還考慮了變數之間的同期 (contemporary) 影響。SVAR 在經濟理論的基礎上建立模型的認定假定 (identifying assumptions)，以設定變數的同期結構參數，使模型成為非遞迴 (non-recursive) 的型態來進行分析，消除了模型過度參數化及得到多個不同解的困難。在結構式 VAR 為

$$\underbrace{\begin{bmatrix} \pi_t \\ u_t \\ R_t \end{bmatrix}}_{y_t} = \underbrace{\begin{bmatrix} 0 & D_0^{12} & D_0^{13} \\ D_0^{21} & 0 & D_0^{23} \\ D_0^{31} & D_0^{32} & 0 \end{bmatrix}}_{D_0} \underbrace{\begin{bmatrix} \pi_t \\ u_t \\ R_t \end{bmatrix}}_{y_t} + \underbrace{\begin{bmatrix} D_1^{11} & D_1^{12} & D_1^{13} \\ D_1^{21} & D_1^{22} & D_1^{23} \\ D_1^{31} & D_1^{32} & D_1^{33} \end{bmatrix}}_{D_1} \underbrace{\begin{bmatrix} \pi_{t-1} \\ u_{t-1} \\ R_{t-1} \end{bmatrix}}_{y_{t-1}} + \underbrace{\begin{bmatrix} e_{1t} \\ e_{2t} \\ e_{3t} \end{bmatrix}}_{e_t}$$

對於 D_i 中係數的限制，完全依據總體經濟理論來設定，是故稱為結構式 VAR，亦即一個具有總體經濟結構的模型。我們透過總體經濟理論來確立經濟變數之間的因果關係。

結構式 VAR(structural VAR) 簡稱 SVAR。已知結構式 SVAR(p)：

$$D(L)y_t = Be_t$$

其中，$y_t \in R^k$ 空間，e_t 為標準化結構性衝擊 (structural shocks)。

$$e_t \sim N(0, I_k)$$

注意到 Be_t 為結構性衝擊，且其變異數矩陣為：

$$E(Be_t, e_t' B') = BB'$$

已知

$$D(L) = 1 - D_0 - D_1 L - \cdots - D_p L^p$$

則 SVAR(p) 可改寫成

$$y_t = D_0 y_t + D_1 y_{t-1} + \cdots + D_p y_{t-p} + Be_t$$
$$(I - D_0) y_t = D_1 y_{t-1} + \cdots + D_p y_{t-p} + Be_t$$

亦即

$$y_t = (I - D_0)^{-1} D_1 y_{t-1} + \cdots + (I - D_0)^{-1} D_p y_{t-p} + (I - D_0)^{-1} Be_t$$

令

$$\Phi_j \equiv (I - D_0)^{-1} D_j$$
$$\varepsilon_t \equiv (I - D_0)^{-1} Be_t$$
$$\text{則} \, y_t = \sum_{j=1}^{p} \Phi_j y_{t-j} + \varepsilon_t$$

以及，變異數—共變數 (V-C) 矩陣：

$$
\begin{aligned}
\Sigma_\varepsilon &= E[(\varepsilon_t - E(\varepsilon_t))(\varepsilon_t - E(\varepsilon_t))'] \\
&= E(\varepsilon_t \varepsilon_t') \\
&= E[(I - D_0)^{-1} Be_t e_t' B'(I - D_0)^{-1'}] \\
&= (I - D_0)^{-1} B E(e_t e_t') B'(I - D_0)^{-1'} \\
&= (I - D_0)^{-1} B I B'(I - D_0)^{-1'} \\
&= (I - D_0)^{-1} BB'(I - D_0)^{-1'}
\end{aligned}
$$

因此，我們可以改寫 SVAR(p) 為 VAR(p)

$$y_t = \Phi_1 y_{t-1} + \cdots + \Phi_p y_{t-p} + \varepsilon_t$$

在 VAR 中，我們可以利用 OLS 估計出$\hat{\Phi}_1, \cdots, \hat{\Phi}_p$ 以及$\hat{\Sigma}_\varepsilon = \frac{1}{T}\Sigma_{t=1}^T \hat{\varepsilon}_t \hat{\varepsilon}_t'$，也就是說參數 $\Phi_1, \cdots, \Phi_p$ 與 Σ_ε 是可認定的 (identified)。

相對的，SVAR 為一組聯立方程組，由於內生性的問題，我們無法直接以最小平方法 (ordinal least squares, OLS) 估計之。也就是說，$\{D_0, D_1, \cdots, D_p, B\}$ 是無法認定的 (unidentified)。

因此，我們需要認定條件 (identication condition)，將 $\{D_0, D_1, \cdots, D_p, B\}$ 由已知的 $\{\Phi_1, \Phi_2, \cdots, \Phi_p, \Sigma_\varepsilon\}$ 找出來。則我們可以改寫 SVAR(p) 為 VAR(p)

$$y_t = \Phi_1 y_{t-1} + \cdots + \Phi_p y_{t-p} + \varepsilon_t$$

在 VAR 中，我們可以利用 OLS 估計出$\hat{\Phi}_1, \cdots, \hat{\Phi}_p$以及$\hat{\Sigma}_\varepsilon = \frac{1}{T}\Sigma_{t=1}^T \hat{\varepsilon}_t \hat{\varepsilon}_t'$，也就是說參數 $\Phi_1, \cdots, \Phi_p$ 與 Σ_ε 是可認定的 (identified)。

相反的，SVAR 為一組聯立方程組，由於內生性的問題，我們無法直接以 OLS 估計之。也就是說，$\{D_0, D_1, \cdots, D_p, B\}$ 是無法認定的 (unidentified)。

一、認定條件 (identified condition)

SVAR(p) 中的參數數目：

$$\underbrace{(k^2 \times p)}_{D_1, D_2\cdots, D_p} + \underbrace{(k^2)}_{D_0} + \underbrace{(k^2)}_{B} = k^2 p + 2k^2$$

VAR(p) 中的參數數目：

$$\underbrace{k^2 \times p}_{\Phi_1, \Phi_2\cdots, \Phi_p} + \underbrace{\frac{k(k-1)}{2} + k}_{\Sigma_\varepsilon} = k^2 p + \frac{k(k+1)}{2}$$

亦即，還須認定 (限制) 的參數數目為兩者之差。

對於 $j > 1$ 而言，一但我們找出 D_0 後，我們可以透過 $D_j = (I - D_0)\Phi_j$ 找出 Φ_j，亦即 $\{D_1, D_2, \cdots, D_p\}$ 與 $\{\Phi_1, \Phi_2, \cdots, \Phi_p\}$ 為一對一關係。

所謂的「認定」，事實上是要由以下方程式解出未知參數，

$$\Sigma_\varepsilon = (I - D_0)^{-1} BB'(I - D_0)^{-1'}$$

其中 Σ_ε 有$\frac{k(k-1)}{2} + k$ 個參數可以透過資料估計出來，而 D_0 與 B 中待求算的參數有 $2k^2$ 個，所謂的認定條件就是要在 D_0 與 B 矩陣上加入

Stata 在財務金融與經濟分析的應用

$$2k^2 - \left(\frac{k(k-1)}{2} + k\right) = \frac{(3k-1)k}{2}$$

個限制條件。

二、SVAR 常用基本假設

1. 首先，假設 B 矩陣為對角矩陣

$$B = \begin{bmatrix} b_{11} & 0 & \cdots & 0 \\ 0 & b_{22} & & \vdots \\ \vdots & & \ddots & 0 \\ 0 & \cdots & 0 & b_{kk} \end{bmatrix} = \begin{bmatrix} \sigma_1 & 0 & \cdots & 0 \\ 0 & \sigma_2 & & \vdots \\ \vdots & & \ddots & 0 \\ 0 & \cdots & 0 & \sigma_k \end{bmatrix}$$

也就是，除了主對角線上的元素外，我們都限制為零。此條件給了我們 $(k^2 - k)$ 個限制。

2. 其次，我們有以下的標準化假設

$$D_0 = \begin{bmatrix} 0 & D_0^{12} & \cdots & D_0^{1k} \\ D_0^{21} & 0 & \cdots & \vdots \\ \vdots & & \ddots & \\ D_0^{k_1} & D_0^{k_2} & \cdots & 0 \end{bmatrix}$$

亦即限制 D_0 的主對角線上元素為零，第二個條件給了我們 k 個限制。

以上是我們常用的基本認定條件，除此之外，我們還需要：

$$\frac{k(3k-1)}{2} - (k^2 - k) - k = \frac{k^2 - k}{2} = \frac{k(k-1)}{2}$$

個其他認定條件。

3. 如果我們的認定 (限制) 條件放在 D_0 矩陣，則稱之為短期限制 (short-run restriction)。即 SVAR A-B 模型。

4. 如果我們要求 D_0 矩陣具有如下遞迴形式，或稱下三角矩陣形式 (lower triangular)：

$$D_0 = \begin{bmatrix} 0 & 0 & 0 & \cdots & 0 \\ D_0^{21} & 0 & & & 0 \\ D_0^{31} & & 0 & & 0 \\ \vdots & \vdots & & \ddots & \vdots \\ D_0^{k_1} & D_0^{k_2} & \cdots & D_0^{k(k-1)} & 0 \end{bmatrix}$$

則此 SVAR 又稱之為遞迴式 VAR，或是半結構式 VAR。

5. 這樣的認定條件又稱短期遞迴限制 (short-run recursiverestriction)。這樣的遞迴限制隱含 y_k 為最傾向於外生的變數，而 y_k 無法影響任何其他變數 ($a \rightarrow b$ 代表變數 a 影響變數 b)：

$$y_1 \rightarrow y_2, \quad y_1 \rightarrow y_3, \quad y_1 \rightarrow y_4, \quad y_1 \rightarrow y_5, \quad \cdots \quad y_1 \rightarrow y_{k-1}, \quad y_1 \rightarrow y_k,$$
$$y_2 \rightarrow y_3, \quad y_2 \rightarrow y_4, \quad y_2 \rightarrow y_5, \quad \cdots \quad y_2 \rightarrow y_{k-1}, \quad y_2 \rightarrow y_k,$$
$$y_3 \rightarrow y_4, \quad y_3 \rightarrow y_5, \quad \cdots \quad y_3 \rightarrow y_{k-1}, \quad y_3 \rightarrow y_k,$$
$$\vdots \qquad \vdots$$
$$y_{k-2} \rightarrow y_{k-1}, \quad y_{k-2} \rightarrow y_k$$
$$y_{k-1} \rightarrow y_k$$

這樣的遞迴限制又被稱做 Wold 排序 (Wold ordering) 或是 Wold 因果鏈 (Wold causal chain)。

三、如何加入短期遞迴限制

Stata 提供「constraints」指令語法，可應用在：(1)mlogit 指令 (即 multiple equations)。(2)var 指令「Model 2」選項就可「constraints(*numlist*)」。(3) svar 指令，(I) 在 *A-B* 型短期 SVAR 模型中：「bcns(*matrix_bcns*)」選項就可「define and apply to *B* cross-parameter constraint matrix_bcns」；且選項「aconstraints(*constraints_a*)」就可「apply previously defined constraints_a to *A*」。(II) 在長期 SVAR 模型中：svar 指令中選項：lrconstraints(*constraints_lr*), lreq(*matrix_lreq*), lrcns(*matrix_lrcns*) 都可定義你的限制式。

$$\Sigma_\varepsilon = (I - D_0)^{-1} BB' (I - D_0)^{-1'}$$

而且

$$B = \begin{bmatrix} \sigma_1 & 0 & \cdots & 0 \\ 0 & \sigma_2 & \vdots & \\ \vdots & & \ddots & 0 \\ 0 & \cdots & 0 & \sigma_k \end{bmatrix}$$

為對角矩陣 (diagonal matrix)。短期遞迴限制要求 D_0 矩陣為下三角矩陣。

($(I - D_0)^{-1}B$ 矩陣之性質)

D_0 矩陣為下三角矩陣，

$(I - D_0)$ 矩陣是下三角矩陣，且主對角線上的元素都是 1，

$(I - D_0)^{-1}$ 矩陣是下三角矩陣，且主對角線上的元素都是 1。

$(I - D_0)^{-1}B$ 矩陣也是下三角矩陣。

更美妙的事情是，$(I - D_0)^{-1}B$ 矩陣主對角線上的元素，就是 B 矩陣主對角線上的元素！

我們可以利用 Choleski 分解 (Choleski decomposition)，將 Σ_ε 分解成 $\Sigma_\varepsilon = CC'$

則

$$\Sigma_\varepsilon = \underbrace{(I - D_0)^{-1}B}_{C} \underbrace{B'(I - D_0)^{-1'}}_{C}$$

即

$$(I - D_0)^{-1}B = C$$

我們就可以將 D_0 與 B 認定出來。一旦將 D_0 與 B 認定出來後，我們可以進一步求得

$$D_j = (I - D_0)\Phi_j$$

以及

$$e_t = B^{-1}(I - D_0)\varepsilon_t$$

(短期遞迴認定的實務做法)

估計縮減式 VAR，找出估計式 $\hat{\Phi}_j$ 以及 $\hat{\Sigma}_\varepsilon$。

對 $\hat{\Sigma}_\varepsilon$ 作 Choleski 分解，找出 $\hat{C}$。

根據 $\hat{C}$ 找出估計式 $\hat{D}_0$ 與 $\hat{B}$。

根據 $\hat{D}_0$ 與 $\hat{B}$ 找出

$$\hat{D}_j = (I - \hat{D}_0)\hat{\Phi}_j$$

$$\hat{e}_t = \hat{B}^{-1}(I - \hat{D}_0)\hat{\varepsilon}_t$$

四、SVAR 之短期認定 (即 Stata A-B 矩陣之係數設定為 free, 1, 0)

SVAR(p) 可改寫成

$$y_t = D_0 y_t + D_1 y_{t-1} + \cdots + D_p y_{t-p} + Be_t,$$

$$(1 - D_0)y_t = D_1 y_{t-1} + \cdots + D_p y_{t-p} + Be_t,$$

亦即

$$y_t = (1 - D_0)^{-1}D_1 y_{t-1} + \cdots + (1 - D_0)^{-1}D_p y_{t-p} + (1 - D_0)^{-1}Be_t$$

欲短期認定結構式 VAR(1)，就需要求解以下數學式

$$(1 - D_0)\varepsilon_t = Be_t \tag{11-1}$$

$$\underbrace{\begin{bmatrix} 1 & 0 & \cdots & 0 \\ d_{21} & 1 & & 0 \\ \vdots & & \ddots & \vdots \\ d_{k1} & d_{k2} & \cdots & 1 \end{bmatrix}}_{1 - D_0} \underbrace{\begin{bmatrix} \varepsilon_{1t} \\ \varepsilon_{2t} \\ \vdots \\ \varepsilon_{kt} \end{bmatrix}}_{\varepsilon_t} = \underbrace{\begin{bmatrix} b_{11} & 0 & \cdots & 0 \\ 0 & b_{22} & & \vdots \\ \vdots & & \ddots & 0 \\ 0 & \cdots & \cdots & b_{kk} \end{bmatrix}}_{} \underbrace{\begin{bmatrix} e_{1t} \\ e_{2t} \\ \vdots \\ e_{kt} \end{bmatrix}}_{e_t}$$

一般來說，一旦將 (11-1) 式中 $\dfrac{(3k-1)k}{2}$ 個認定條件確定下來，使得 (11-1) 式的關係式中，「未知參數數目」≤「已知參數數目」，接著就可以用最大概似法來估計 D_0 與 B 矩陣。

1. 當認定條件使得 (未知參數數目 = 已知參數數目)，我們稱之「適足認定」(just-identified)。

2. 若 (未知參數數目 > 已知參數數目)，稱之為「不足認定」(under-identified)。

3. 若 (未知參數數目 < 已知參數數目)，稱之為「過度認定」(over-identified)。

　　「不足認定」係無法估計出所有參數，但「適足認定」與「過度認定」則沒有估計上的問題。

　　在「過度認定」下，我們可用概似比 (*LR*) 來做「過度認定檢定」(over-identification tests)：

$$LR = 2(l_u - l_r)$$

且在限制為正確 (模型為正確) 的虛無假設下：

$$LR \xrightarrow{\;p\;} \chi^2(q - k)$$

其中，l_u 與 l_r 分別為「未受限」與「受限」的對數概似函數，q 為認定條件數目。l_r 一定小於 l_u，但是如果認定的限制條件是正確的，則 l_r 會非常接近 l_u。

如果 *LR* 的值很大，我們就傾向拒絕「限制為正確 (模型為正確)」的虛無假設。

「過度認定」的模型提供我們檢定 SVAR 的限制條件是否為正確的機會。

概似比 (*LR*) 之補充說明

短期 *A-B* 矩陣之 Log-likelihood 函數為：

$$L(A,B) = -\frac{NK}{2}\ln(2\pi) + \frac{N}{2}\ln\left(|W|^2\right) - \frac{N}{2}tr(W'W\hat{\Sigma})) \text{，其中 } W = B^{-1}A$$

對長期限制 *C* 矩陣而言，因 $C = \overline{A}^{-1}B$，$A = I_k$，故 $W = B^{-1}I = B = C^{-1}\overline{A}^{-1} = (\overline{A}C)^{-1}$。
只要更換 $W = B^{-1}A$，就能求出長期 SVAR 的 log-likelihood 函數為

$$L(C) = -\frac{NK}{2}\ln(2\pi) + \frac{N}{2}\ln\left(|\widetilde{W}|^2\right) - \frac{N}{2}tr(\widetilde{W}'\widetilde{W}\hat{\Sigma}))$$

其中 $\widetilde{W} = (\overline{A}C)^{-1}$

根據 Amisano and Giannini (1997) 說法，對短期 SVAR 模型做偏微分

$$\frac{\partial LR(A,B)}{\partial[vec(A), vec(B)]} = N\Big[\{vec(W'^{-1})\}' - \{vec(W)\}'(\hat{\Sigma} \otimes I_K)\Big]$$
$$\times \left[(I_K \otimes B^{-1}), -(A'B'^{-1}) \otimes B^{-1}\right]$$

而且，我們預期之資訊矩陣為

$$I[vec(A), vec(B)] = N \begin{bmatrix} W^{-1} \otimes B'^{-1} \\ -(I_K \otimes B'^{-1}) \end{bmatrix} (I_{K^2} + \oplus) [(W'^{-1} \otimes B^{-1}), -(I_K \otimes B^{-1})]$$

其中，$\oplus$ 為 Magnus and Neudecker (1999, 46-48) 定義的 commutation matrix。根據 Amisano and Giannini(1997) 的結論，你可推導出長期之 score vector 為

$$\frac{\partial LR(C)}{\partial [vec(C)]} = N \left[\{vec(W'^{-1})\}' - \{vec(W)\}' (\hat{\Sigma} \otimes I_K) \right] \times [-(\overline{A}'^{-1} C'^{-1}) \otimes C^{-1}]$$

以及預測的資訊矩陣為

$$I[vec(C)] = N(I_K \otimes C'^{-1})(I_{K^2} + \oplus)(I_K \otimes C'^{-1})$$

LR 認定的檢查

檢查短期 / 長期限制式之二方法略同。假如 SVAR 你認定的短期矩陣為

$$V_{sr}^* = \begin{bmatrix} N_K & N_K \\ N_K & N_K \\ R_a(W' \otimes B) & 0_{K^2} \\ 0_{K^2} & R_a(W' \otimes B) \end{bmatrix}$$

它有 $2K^2$ 之 full column rank。其中，$N_K = \dfrac{I_{K^2} + \oplus}{2}$；$R_a$ 為 A 矩陣的限制矩陣 (即 $R_a vec(A) = r_a$)；R_b 為 B 矩陣的限制矩陣 (即 $R_b vec(B) = r_b$)。

根據 Amisano and Giannini (1997) 結果，對長期 SVAR 的認定矩陣為

$$V_{lr}^* = \begin{bmatrix} (I \otimes C'^{-1})(2N_K)(I \otimes C^{-1}) \\ R_c \end{bmatrix}$$

它有 K^2 之 full column rank。其中，R_c 為 c 矩陣的限制矩陣 (即 $R_c vec(B) = r_c$)。

認定的概似比 (LR) 檢定

$LR = 2(LL_{var} - LL_{s\,var}) \sim$ 符合 $\chi^2(q)$，q 為過度認定限制式 (overidentifying restrictions) 的數目。

其中，LR 旨在診斷「過度認定限制式」，即「檢定統計值對 null 假設」的比值。LL_{var} 代表 VAR(p) 模型的 log likelihood；$LL_{s\,var}$ 代表 SVAR(p) 模型的 log likelihood。LR 的虛無假設「H_0：所有限制式是有效的 (all the restrictions are valid)」。

> **小結**
>
> 　　Stata 在執行 svar 指令時，若你認定的「(1) 短期 SVAR 之 *A-B* 矩陣。或 (2) 長期 SVAR 之 *C* 陣」是正確時，它可能不會顯示概似比 (*LR*)；相對地，若 Stata 顯示概似比 (*LR*) 之 *p* 值 <0.05，則表示你認定是「不足」(under-identified)、不正確，即「未知參數數目 > 已知參數數目」。

五、SVAR 解說

　　為了讓 SVAR 模型更有經濟意義，需在縮減式向量自我迴歸模型 (Reduced-form Vector Autoregressive, VAR) 上加入某些認定條件以認定政策衝擊。

　　Sim(1980) 帥先對傳統計量方法在模型設定上有先驗 (priori) 假設之限制，提出無先驗限制的縮減式向量自我迴歸模型 (即 VAR) 的實證方法。由於它未做先驗之假設限定，不僅在估計和檢定上有其方便性，而且能充分顯現總體經濟變數間的動態相互關係。接著，Blanchard & Quah(1989) 亦提出結構式向量自我迴歸模型來加強 VAR 功能，並根據先驗的理論基礎建立一個結構模型 SVAR，再透過迴歸分析求得該模型的參數值，並利用檢定來驗證理論。Sim 提出「短期 *A-B* 型 SVAR」；Blanchard & Quah 提出「長期 Blanchard-Quah 型 SVAR」。

短期 A-B 型 SVAR

　　首先，令 Y_t 是一個 $(n \times 1)$ 的變數向量，並且假設 Y_t 的動態關係可由經濟理論來決定該結構模型 VAR(p) 所表示：

$$
\underset{(n \times 1)}{Y_t} = \sum_{i=0}^{p} \underset{(n \times n)}{B_j} \times \underset{(n \times 1)}{Y_{t-j}} + \underset{(n \times n)}{A} \times \underset{(n \times 1)}{v_t}
$$

(11-2)

其中，v_t 是數列無關的結構式衝擊 (shocks) 向量，且 $E(v_t v_t') = \Sigma_v$ 是一個對角矩陣，v_t 中的各結構式干擾項均具結構式解釋能力。B_j 是 $n \times n$ 的係數矩陣，顯示模型中各經濟變數的傳導過程。A 是一個 $n \times n$ 的非奇異矩陣 (nonsingular matrix)，其對角元素等於一而其餘的元素可以設定為任意數。由於 (11-2) 式有許多須估計的參數，因此必須先估計 VAR(p)：

$$
\underset{(n \times 1)}{Y_t} = \sum_{i=0}^{p} \underset{(n \times n)}{C_j} \times \underset{(n \times 1)}{Y_{t-j}} + \underset{(n \times 1)}{\mu_t}
$$

(11-3)

其中，$C_j = \dfrac{B_j}{I - B_0}$。$\mu_t$ 是一個數列無關的縮減式衝擊向量，$E(v_t v_t') = \Sigma_\mu$ 爲對稱矩陣，而且它滿足下列關係式：

$$\mu = B_0 \mu_t + A v_t \tag{11-4}$$

(11-4) 式表示結構式衝擊向量 v_t 與縮減式衝擊向量 μ_t 的同期 (contemporaneous) 關係，估計過程可分兩階段。首先估計 (11-3) 式的縮減式向量自我迴歸模型得到 μ_t，再估計 (11-3) 式。由 (11-3) 式可以得 Σ_v、Σ_μ、A 和 B_0 之間的關係爲：

$$\Sigma_v = A^{-1}(I - B_0)\Sigma_\mu (I - B_0)'(A^{-1})' \tag{11-5}$$

求得 B_0 後，則可求得結構式衝擊向量。但是，根據樣本估計只能得到 Σ_μ 中的 $n(n+1)/2$ 個相異共變異數，所以我們有模型不能完全認定的問題。爲了使(11-5) 式是可以完全認定，Blanchard & Quah(1989) 利用零限制條件加在變數間的同期交互影響上，而且這些零限制條件式是根據經濟理論加以設定 (其中 B_0 不一定是下三角矩陣)。

定義：非奇異矩陣 (nonsingular matrix)

令 $A_{n \times n}$ 爲一方陣。如果有另一個方陣 B 滿足下述條件：

$$AB = BA = I \quad (I \text{ 爲單元矩陣 })$$

則稱 A 爲非奇異矩陣 (nonsingular matrix) 或可逆矩陣 (invertible matrix)，或稱 B 爲 A 的反矩陣 (A^{-1})。

反之，若 A 沒有反矩陣，則稱 A 爲奇異矩陣 (singular matrix) 或不可逆矩陣 (noninvertible matrix)。

可見，行列式的值爲零是奇異矩陣。反之，若方陣有一個非零的行列式值，這個矩陣是非奇異矩陣。

Stata／JMulTi 軟體都同時提供 Structural VAR 二種模型：短期 A-B 模型、長期 Blanchard-Quah 模型。

11-1-3 Stata SVAR 之數學符號

沒有外生變數，短期 SVAR(p) 方程式可改為：

$$A(I_K - A_1 L - A_2 L^2 - \cdots - A_2 L^2)y_t = A\varepsilon_t = Be_t$$

其中，

L：Lag operator。

$A, B, A_1, \cdots, A_p$：$K \times K$ 參數矩陣。矩陣 A 及 B 都需是非奇異矩陣才可認定。

ε_t：$K \times 1$ 帶誤差之衝擊向量 vector of innovations with $e_t \sim N(0, \Sigma)$，$E[\varepsilon_t, \varepsilon_s'] = 0$, $t \neq s$。此殘差項代表每一方程式之特別干預 (innovation) 或衝擊 (shock)

e_t：$K \times 1$ 誤差正交之向量 (vector of orthogonalized disturbances), $e_t \sim N(0, I_k)$, $E[e_t, e_s'] = 0_K, t \neq s$。

這些 ε_t 干預 (innovations) 的變換，讓我們可分析 e_t 元素的改變之動態系統。注意，矩陣 A 及 B 都必需是非奇異矩陣才可解出 A-B 型 SVAR 模型。

11-1-4 短期 SVAR A-B 模型之 Stata 實作

以下介紹的短期 SVAR A-B 模型之分析過程，基本上，數列變數還是要符合 VAR 的 assumption(常態性、定態)。舉例來說，若想以結構式向量自我迴歸模型來推估：銀行房貸授信總額 (L)、資產價格 (MQI)、股價指數 SPI、消費 (CON) 四者受彼此結構衝擊。則其對應式為：

$$B \times u_t = A \times e_t$$

Step 1. 模型變數選取

這四個變數之資料來源，係分別從台灣經濟新報 (TEJ) 與情報贏家所取得。

表 11-1 SVAR 模型變數之資料來源

變數名稱	變數符號	資料來源	說明
銀行房貸授信總額	L	台灣經濟新報	表示信用的變數是「臺灣地區本國銀行消費者貸款餘額」。
股價指數	SPI	情報贏家	表示股價指數的變數為「加權股價指數季底值」。

變數名稱	變數符號	資料來源	說明
房地產熱度	MQI	情報贏家	原欲以房仲業房價指數作為解釋變數之一，但因資料過短的問題而使用代理變數，成交量也代表了市場上的熱度，某種程度上會和信用有關。用於表示房地產熱度變動的變數是「臺灣地區辦理土地所有權移轉買賣登記面積」。
去除季節性後之消費	CONS_SA	台灣經濟新報	表示消費的變數為「臺灣實質民間消費 PEC 2001」。使用 X-12 去除季節性的之後得到新的變數。

Step 2. 執行 Augmented Dickey Fuller(ADF) 檢查數列是否拒絕數列為單根的虛無假設與去除季節、長期趨勢。

檢查數列是否拒絕數列為單根的虛無假設，如果無法拒絕則做一次差分後再檢查。如果數列還是無法拒絕則傾向放寬第一型誤差，使 ADF 單根檢定較容易拒絕，支持這麼做的原因有三：(1)ADF 檢定其檢力本來就低；(2) 如果做到兩次差分以上難以做經濟上的解釋；(3) 樣本有限下，損耗樣本的機會成本可能很高，差分會導致資料特性遭一定程度的扭曲。有些資料可能做完一階差分後還是無法拒絕 ADF 檢定。譬如，消費同時具有季節性與長期趨勢單只做一階差分還是無法讓數列呈現弱性穩定，此時就可考慮先去除季節、長期趨勢後再差分。

Step3. 判斷 VAR 較適當的落後期數 p

Stata 提供「varsoc」指令，可印出「FPE、AIC、HQIC、SBIC」資訊準則，並自動算出 VAR/SVAR 最適「lags=?」。

結構 VAR 模型分析之前，需選定最適落後期數，因為落後項期數太少，則會因參數過度精簡而產生偏誤，但若所選用的落後期數太長，則會因參數過度化 (over parameterization) 而使得估計無效。Stata 提供 Akaike Info Criterion(AIC)、Final Prediction Error(FPE)、Hannan-Quinn Criterion(HQ)、Schwarz Criterion(SBC) 準則來選取最適落後期數。當兩種準則所選取的最適落後期不一致時，可運用概似比檢定 (Likelihood Ratio, LR) 來協助判斷。

Step4. 建立傳統短期預設的 structure1

Choleski 本身是適足認定的結構，最上方的變數為完全外生，一路往下內生

性就持續增加，而且下方變數只受到上方變數和自己所影響，但卻無法影響上方變數。

在 Stata 操作方面，若想以結構式向量自我迴歸模型推估：銀行授予房貸信用 (L)、資產價格 (MQI)、股價指數 (SPI)、消費 (CON) 四者受彼此結構衝擊 $B_0 \mu_t$。其中，信用的定義是 M1b 加全體銀行的房貸金額。此 4 數列之對應 SVAR 式為：

$$B \times u_t = A \times e_t$$

在本例之 VAR 模型，我們共納入四個變數 (銀行授予房貸信用 L、地產熱度 MQI、股價指數 SPI、去除季節性後之消費 CON)，則上式之「$Bu_t = Ae_t$」矩陣對應式結構為 (圖 11-1)：

$$\begin{bmatrix} c(7) & 0 & 0 & 0 \\ 0 & c(8) & 0 & 0 \\ 0 & 0 & c(9) & 0 \\ 0 & 0 & 0 & c(10) \end{bmatrix} \times \begin{bmatrix} u_L \\ u_{MQI} \\ u_{SPI} \\ u_{CON} \end{bmatrix} = \begin{bmatrix} 1 & 0 & 0 & 0 \\ c(1) & 1 & 0 & 0 \\ c(2) & c(3) & 1 & 0 \\ c(4) & c(5) & c(6) & 1 \end{bmatrix} \times \begin{bmatrix} e_L \\ e_{MQI} \\ e_{SPI} \\ e_{CON} \end{bmatrix}$$

其中，$c(1) \sim c(10)$ 為 B, A 矩陣中待估參數 (free parameters)。

Step 4-1. 概似比 (LR) 來判定，你認定 A-B 矩陣參數是否「過度認定」

Stata 可用「matrix」來界定 A 及 B 矩陣之參數 (待估 free parameter, fixed parameter)，本例對應 Stata 之 matrix 指令為：

```
. matrix A = (1,0,0,0\.,1,0,0\.,.,1,0\.,.,.,.,1)
*B矩陣之對應 c(10)，故意改為 "1" 為固定參數，不估它
. matrix B = (.,0,0,0\0,.,0,0\0,0,.,0\0,0,0,1)
```

Step 4-2. 不正確認定之 **A** 及 **B** 矩陣參數，再執行 **svar** 指令

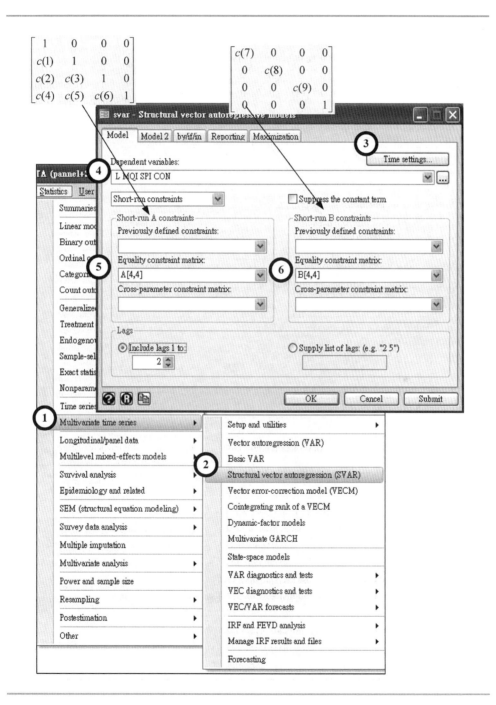

$$\begin{bmatrix} 1 & 0 & 0 & 0 \\ c(1) & 1 & 0 & 0 \\ c(2) & c(3) & 1 & 0 \\ c(4) & c(5) & c(6) & 1 \end{bmatrix} \qquad \begin{bmatrix} c(7) & 0 & 0 & 0 \\ 0 & c(8) & 0 & 0 \\ 0 & 0 & c(9) & 0 \\ 0 & 0 & 0 & 1 \end{bmatrix}$$

圖 11-1 Stata SVAR 模型的認定 structure1 畫面 (B 矩陣不正確認定)

```
* 自認定 A 矩陣代入 aeq；自認定 B 矩陣代入 beq
* 若 svar 遇到錯誤認定，電腦才會印出 LR 檢定
. svar L MQI SPI CON, aeq(A) beq(B) lags(1/2)

Estimating short-run parameters

Structural vector autoregression

( 1)  [a_1_1]_cons = 1
( 2)  [a_1_2]_cons = 0
( 3)  [a_1_3]_cons = 0
( 4)  [a_1_4]_cons = 0
( 5)  [a_2_2]_cons = 1
( 6)  [a_2_3]_cons = 0
( 7)  [a_2_4]_cons = 0
( 8)  [a_3_3]_cons = 1
( 9)  [a_3_4]_cons = 0
(10)  [a_4_4]_cons = 1
(11)  [b_1_2]_cons = 0
(12)  [b_1_3]_cons = 0
(13)  [b_1_4]_cons = 0
(14)  [b_2_1]_cons = 0
(15)  [b_2_3]_cons = 0
(16)  [b_2_4]_cons = 0
(17)  [b_3_1]_cons = 0
(18)  [b_3_2]_cons = 0
(19)  [b_3_4]_cons = 0
(20)  [b_4_1]_cons = 0
(21)  [b_4_2]_cons = 0
(22)  [b_4_3]_cons = 0
(23)  [b_4_4]_cons = 1

Sample:  1990m3 - 2003m12                    No. of obs     =      166
Overidentified model                         Log likelihood = 729.6282

------------------------------------------------------------------------
            |    Coef.   Std. Err.      z    P>|z|    [95% Conf. Interval]
------------+-----------------------------------------------------------
     /a_1_1 |        1   (constrained)
     /a_2_1 | -.132419   .0599104    -2.21   0.027   -.2498412  -.0149969
     /a_3_1 | -.0501615  .0645409    -0.78   0.437   -.1766593   .0763363
     /a_4_1 |   .01413   1.646189     0.01   0.993   -3.212341   3.240601
     /a_1_2 |        0   (constrained)
     /a_2_2 |        1   (constrained)
```

```
/a_3_2 |   -.401106    .0824101    -4.87   0.000    -.5626268    -.2395852
/a_4_2 |   -.3008324   2.24287     -0.13   0.893    -4.696778    4.095113
/a_1_3 |          0   (constrained)
/a_2_3 |          0   (constrained)
/a_3_3 |          1   (constrained)
/a_4_3 |   -.2095251   1.976069    -0.11   0.916    -4.082549    3.663499
/a_1_4 |          0   (constrained)
/a_2_4 |          0   (constrained)
/a_3_4 |          0   (constrained)
/a_4_4 |          1   (constrained)
-------------+------------------------------------------------------------
/b_1_1 |    .047924    .0026302    18.22   0.000     .042769     .0530791
/b_2_1 |          0   (constrained)
/b_3_1 |          0   (constrained)
/b_4_1 |          0   (constrained)
/b_1_2 |          0   (constrained)
/b_2_2 |    .0369921   .0020302    18.22   0.000     .033013     .0409713
/b_3_2 |          0   (constrained)
/b_4_2 |          0   (constrained)
/b_1_3 |          0   (constrained)
/b_2_3 |          0   (constrained)
/b_3_3 |    .0392775   .0021556    18.22   0.000     .0350525    .0435025
/b_4_3 |          0   (constrained)
/b_1_4 |          0   (constrained)
/b_2_4 |          0   (constrained)
/b_3_4 |          0   (constrained)
/b_4_4 |          1   (constrained)
-------------------------------------------------------------------------
LR test of identifying restrictions:   chi2(  1)=      837.6   Prob > chi2 = 0.000
```

　　過度認定之概似比 (LR) 檢定結果，得到 $\chi^2_{(1)} = 837.6$，$P = 0.00<0.05$，故拒絕 H_0：SAVR 待估參數是過度認定，表示本例 structure1 認定的條件不正確。故我們再將 A 及 B 矩陣改成下列，再執行一次 svar 指令：

$$\begin{bmatrix} c(7) & 0 & 0 & 0 \\ 0 & c(8) & 0 & 0 \\ 0 & 0 & c(9) & 0 \\ 0 & 0 & 0 & c(10) \end{bmatrix} \times \begin{bmatrix} u_L \\ u_{MQI} \\ u_{SPI} \\ u_{CON} \end{bmatrix} = \begin{bmatrix} 1 & 0 & 0 & 0 \\ c(1) & 1 & 0 & 0 \\ c(2) & c(3) & 1 & 0 \\ c(4) & c(5) & c(6) & 1 \end{bmatrix} \times \begin{bmatrix} e_L \\ e_{MQI} \\ e_{SPI} \\ e_{CON} \end{bmatrix}$$

其中，$c(1)$~$c(10)$ 為 B, A 矩陣中待估參數 (free parameters)。

本例對應 Stata 之 matrix 指令為：

```
. matrix A = (1,0,0,0\.,1,0,0\.,.,1,0\.,.,.,.,1)
. matrix B = (.,0,0,0\0,.,0,0\0,0,.,0\0,0,0,.)
```

Step 4-3. 正確認定：修改 **B** 矩陣之參數 b_{44}

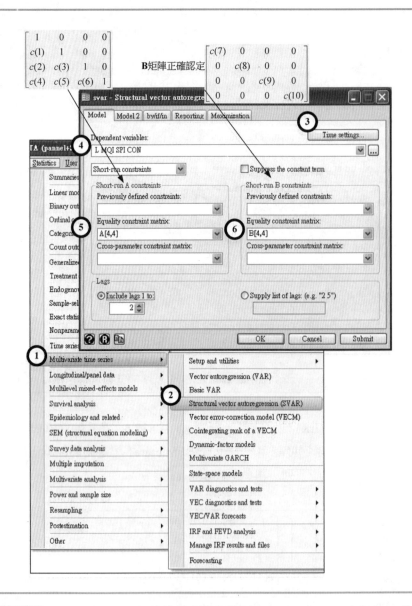

$$\begin{bmatrix} 1 & 0 & 0 & 0 \\ c(1) & 1 & 0 & 0 \\ c(2) & c(3) & 1 & 0 \\ c(4) & c(5) & c(6) & 1 \end{bmatrix}$$

B矩陣正確認定

$$\begin{bmatrix} c(7) & 0 & 0 & 0 \\ 0 & c(8) & 0 & 0 \\ 0 & 0 & c(9) & 0 \\ 0 & 0 & 0 & c(10) \end{bmatrix}$$

圖 11-2 SVAR 模型之 B 矩陣正確認定的畫面 (structure1: b_{44} 改為 free 參數)

```
* 正確認定 B 參數之情況
. matrix B = (.,0,0,0\0,.,0,0\0,0,.,0\0,0,0,.)


. svar L MQI SPI CON, aeq(A) beq(B) lags(1/2)
Estimating short-run parameters


Structural vector autoregression


Sample: 1990m3 - 2003m12                    No. of obs    =       166
Exactly identified model                    Log likelihood = 1148.436


------------------------------------------------------------------------
           |    Coef.    Std. Err.     z    P>|z|    [95% Conf. Interval]
-----------+------------------------------------------------------------
    /a_1_1 |        1  (constrained)
    /a_2_1 | -.132419    .0599104   -2.21   0.027   -.2498412   -.0149969
    /a_3_1 | -.0501615   .0645409   -0.78   0.437   -.1766593    .0763363
    /a_4_1 |   .01413    .0801953    0.18   0.860   -.1430498    .1713099
    /a_1_2 |        0  (constrained)
    /a_2_2 |        1  (constrained)
    /a_3_2 | -.401106    .0824101   -4.87   0.000   -.5626268   -.2395852
    /a_4_2 | -.3008324   .109263    -2.75   0.006   -.514984    -.0866808
    /a_1_3 |        0  (constrained)
    /a_2_3 |        0  (constrained)
    /a_3_3 |        1  (constrained)
    /a_4_3 | -.2095251   .0962656   -2.18   0.030   -.3982022   -.020848
    /a_1_4 |        0  (constrained)
    /a_2_4 |        0  (constrained)
    /a_3_4 |        0  (constrained)
    /a_4_4 |        1  (constrained)
-----------+------------------------------------------------------------
    /b_1_1 |  .047924    .0026302   18.22   0.000    .042769     .0530791
    /b_2_1 |        0  (constrained)
    /b_3_1 |        0  (constrained)
    /b_4_1 |        0  (constrained)
    /b_1_2 |        0  (constrained)
    /b_2_2 |  .0369921   .0020302   18.22   0.000    .033013     .0409713
    /b_3_2 |        0  (constrained)
```

```
/b_4_2 |          0  (constrained)
/b_1_3 |          0  (constrained)
/b_2_3 |          0  (constrained)
/b_3_3 |   .0392775   .0021556   18.22   0.000   .0350525   .0435025
/b_4_3 |          0  (constrained)
/b_1_4 |          0  (constrained)
/b_2_4 |          0  (constrained)
/b_3_4 |          0  (constrained)
/b_4_4 |   .0487157   .0026736   18.22   0.000   .0434755   .0539559
```

$$A\text{-}B\ \text{認定參數為}\begin{bmatrix} c(7) & 0 & 0 & 0 \\ 0 & c(8) & 0 & 0 \\ 0 & 0 & c(9) & 0 \\ 0 & 0 & 0 & c(10) \end{bmatrix} \times \begin{bmatrix} u_L \\ u_{MQI} \\ u_{SPI} \\ u_{CON} \end{bmatrix} = \begin{bmatrix} 1 & 0 & 0 & 0 \\ c(1) & 1 & 0 & 0 \\ c(2) & c(3) & 1 & 0 \\ c(4) & c(5) & c(6) & 1 \end{bmatrix} \times \begin{bmatrix} e_L \\ e_{MQI} \\ e_{SPI} \\ e_{CON} \end{bmatrix}$$

所執行 svar 分析 structure1，求得銀行房貸授信之結構衝擊方程式為：

$$\begin{bmatrix} .0479 & 0 & 0 & 0 \\ 0 & .0369 & 0 & 0 \\ 0 & 0 & .0392 & 0 \\ 0 & 0 & 0 & .0487 \end{bmatrix} \times \begin{bmatrix} u_L \\ u_{MQI} \\ u_{SPI} \\ u_{CON} \end{bmatrix} = \begin{bmatrix} 1 & 0 & 0 & 0 \\ -.132 & 1 & 0 & 0 \\ -.050 & -.401 & 1 & 0 \\ .0141 & -.301 & -.209 & 1 \end{bmatrix} \times \begin{bmatrix} e_L \\ e_{MQI} \\ e_{SPI} \\ e_{CON} \end{bmatrix}$$

Step5. 第 2 個認定結構 structure2

以 $B \times u_t = A \times e_t$ 恆等式來說，假設短期認定條件結構為：

$$\begin{bmatrix} 1 & 1 & c(8) & 0 \\ 0 & 1 & 0 & 0 \\ 0 & 0 & c(9) & 0 \\ 0 & 0 & 0 & c(10) \end{bmatrix} \times \begin{bmatrix} u_L \\ u_{MQI} \\ u_{SPI} \\ u_{CONS\_SA} \end{bmatrix} = \begin{bmatrix} 1 & 0 & 0 & 0 \\ c(1) & 1 & c(2) & 0 \\ c(3) & c(4) & 1 & 0 \\ c(5) & c(6) & c(7) & 1 \end{bmatrix} \times \begin{bmatrix} u_L \\ u_{MQI} \\ u_{SPI} \\ u_{CONS\_SA} \end{bmatrix}$$

其中，$c(1) \sim c(10)$ 為 B, A 矩陣中待估係數。

structure2 的第二個認定，係主張：(1)Column 1：銀行房貸授信 L 能夠廣泛地影響同期資產價格 MQI，房貸授信創造的多寡 L，在當期可能是一個很複雜的過程，因此直接假設為結構衝擊的線性組合。(2)Column 2：資產價格 MQI 間也會互動，互動的關係可能是互補或替代。(3)Row 4：當期的資產價格 MQI 與房貸授信 L 會回饋到實體消費 CONS。

structure2 的第二個認定，其指令為：

```
. matrix A = (1,0,0,0\.,1,.,0\.,.,1,0\.,.,.,.,1)
. matrix B = (1,1,.,0\0,1,0,0\0,0,.,0\0,0,0,.)
```

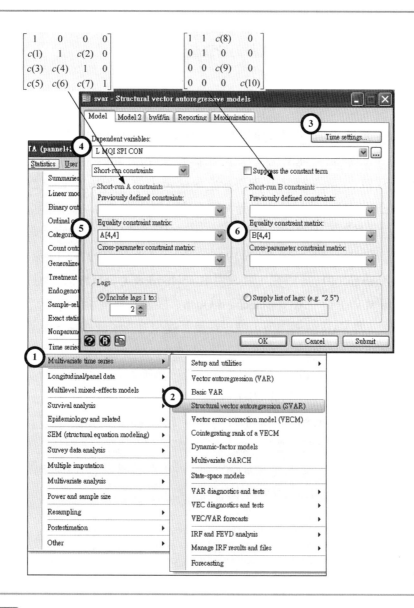

圖 11-3 Stata SVAR 模型的認定 structure2 畫面

Step6. 判定 structure 是否過度認定

在 Stata 的 svar 指令下,若螢幕自動 LR-test,且印出:卡方顯著性 $P < 0.05$,則可拒絕「H_0:SVAR 待估參數是過度認定」,表示剛剛你認定的參數矩陣 A-B 是不正確認定。

最後,若本例結合拔靴反覆抽樣法 (Bootstrapping) 與「自已認定」結構式向量自我迴歸 (SVAR),最後利用 irf 指令來繪衝擊反應函數,亦可描繪房貸 L 與股票結構衝擊對於實體消費的影響路徑;房貸與股票市場之間遭到彼此結構衝擊後的影響路徑;房貸結構衝擊對於資產價格扮演的角色。

11-1-5 長期 Blanchard-Quah SVAR 模型

早期學者探討有關外人直接投資與經濟成長的關係時,大多應用 Granger(1969) 或 Sim(1980) 因果檢定法探討二變數間的關係。例如 Riezman 等人 (1996) 利用 Granger(1969) 因果檢定,檢定出口 x_t 對成長 y_t 有直接因果關係。但 Ibrahim(2000) 指出使用二元共整合法並無法檢定出:馬來西亞股價與匯率之間存在「長期」因果關係,可見 Granger 因果關係只能檢定變數間短期因果關係。有鑑於此,Jun and Singh(1996)、Khan & Leng(1997)、Luiz & Kilchiro (2000) 與 Zhang(2001) 等研究,就改用 Blanchard & Quah(1989) 所提的結構式 VAR(structural VAR),此種「Blanchard-Quah」模型」分析過程為:

1. 首先自建一個 VAR 結構模型,輔以理論基礎來確認辨認條件,賦予干擾項結構性的意義。
2. 再透過結構干擾項之間不具有相關的假設,以脈衝反應函數及預測誤差變異數分解來解釋各個變數之間的關係。

例如,評估財經政策有效性這類問題,「Blanchard-Quah 模型」即可檢定 19XX 年到 20XX 年東亞 (臺灣、新加坡、韓國、馬來西亞、泰國) 與拉丁美洲國家 (阿根廷、巴西、墨西哥、哥倫比亞) 外人直接投資 (y_1)、進出口貿易 (y_2, y_3) 與經濟成長 (y_4) 三者之間的因果關係。

$$認定 C_{4\times4} = \begin{cases} y_1 \\ y_2 \\ y_3 \\ y_4 \end{cases} \begin{bmatrix} * & 0 & 0 & 0 \\ * & * & 0 & 0 \\ * & * & * & 0 \\ * & * & * & * \end{bmatrix}, *是你界定二變數有相關$$

對應 matrix C 指令如下：

```
. matrix C = ( .,0,0,0\.,.,,0,0\.,.,,,,0\.,,,,,,)
. tsset

. svar y1 y2 y3 y4, lreq(C) lags(1/3)
```

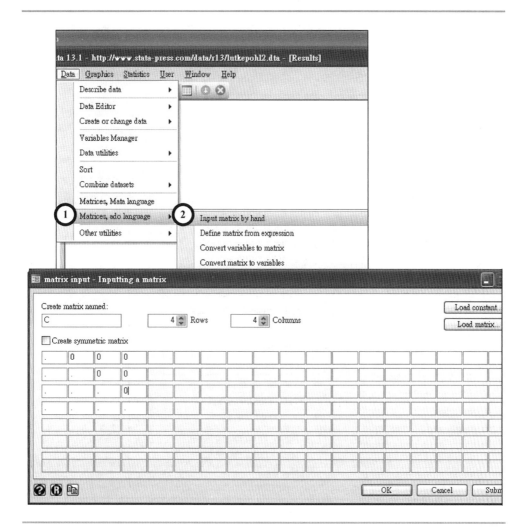

Blanchard-Quah 模型之 C 矩陣認定之畫面 (長期 SVAR)

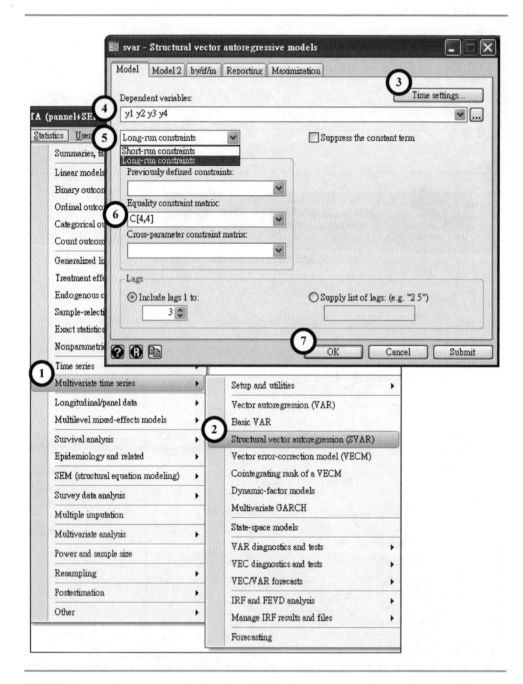

圖 11-5 認定「svar y1 y2 y3 y4, lreq(C)」之畫面

11-1-6　SVAR 應用實例：外人直接投資、貿易與經濟成長

VAR 模型除可分析經濟體系間各變數的同期相關性外，它亦可討論變數間的跨期衝擊反應關係，藉由衝擊反應函數 (IRF) 及預測誤差。

變異數分解 (forecast error variance decomposition, FEVD)，藉此了解較長期間的變數相互反應關係。

舉例來說，以東亞與拉丁美洲來說，邱魏頌、黃秋閔提出一 SVAR 模型有四變數 (外人直接投資 y_1、國內生產毛額 y_2、出口 y_3、進口 y_4) 結構式向量自我迴歸。

Step 1. 認定 SVAR 之結構：設定 A-B 矩陣之參數 (free, 1, 或 0)

首先我們假設 A 是 4×4 的單位矩陣，故我們仍需至少 6(1 + 2 + 3) 個短期動態相互關係的零限制條件。這些零限制條件指的是我們假設一個干擾項間在一年之內不受另一個干擾項的影響。

這四個變數之資料來源：臺灣取自 Taiwan Statistical Data Book ，其餘各國均摘錄自 International Monetary Fund(IMF) 之 International Financial Statistics(IFS) 資料庫。本例的變數包括：出口 (EX)：爲出口總額除以生產毛額平減指數 (1995 年 = 100)，單位爲十億美元；進口 (IM)：爲出口總額除以生產毛額平減指數 (1995 年 = 100)，單位爲十億美元；生產毛額 (GDP)：名目生產毛額總額除以生產毛額平減指數 (1995 年 = 100)，單位爲十億美元；外人直接投資 (inward FDI)：名目外人直接投資總額除以生產毛額平減指數 (1995 年 = 100)，單位爲十億美元。所有的變數均季節調整，並以對數的形式表示。

以下爲本例「元素 0」之零限制條件的解釋：

1. Row 1：外人直接投資 (FDI) 的決定權操之在國外投資者，所以假設 y_1 外人直接投資 (FDI) 爲一外生變數，即外人直接投資 y_1 不受國內生產毛額 y_2、出口 y_3 與進口 y_4 的影響。

2. Row 2：根據成長模型理論，國內生產毛額 y_2 只受出口 y_3 與進口 y_4 影響。且國內生產毛額 y_2 與出口 y_3 爲正相關、與進口 y_4 爲負相關。

3. Row 3：國內出口 y_3 不影響國外進口 y_4。

4. Row 4：國外進口 y_4 也不影響國內出口 y_3，並假設其有不對稱影響的可能。

一共有 6 個零限制條件，此 SVAR 模型 $\mu_t = B_0 t + A v_t$ 對應之矩陣式爲：

$$\begin{bmatrix} \mu_{1t} \\ \mu_{2t} \\ \mu_{3t} \\ \mu_{4t} \end{bmatrix} = \begin{bmatrix} 1 & 0 & 0 & 0 \\ 0 & 1 & 1 & 1 \\ 1 & 1 & 1 & 0 \\ 1 & 1 & 0 & 1 \end{bmatrix} \times \begin{bmatrix} \mu_{1t} \\ \mu_{2t} \\ \mu_{3t} \\ \mu_{4t} \end{bmatrix} + \begin{bmatrix} 1 & 0 & 0 & 0 \\ 0 & 1 & 0 & 0 \\ 0 & 0 & 1 & 0 \\ 0 & 0 & 0 & 1 \end{bmatrix} \times \begin{bmatrix} v_{1t} \\ v_{2t} \\ v_{3t} \\ v_{4t} \end{bmatrix}$$

或簡寫成 $\mu_t = B_0 \mu_t + v_t$

$$\begin{bmatrix} \mu_{1t} \\ \mu_{2t} \\ \mu_{3t} \\ \mu_{4t} \end{bmatrix} = \begin{bmatrix} 1 & 0 & 0 & 0 \\ 0 & 1 & 1 & 1 \\ 1 & 1 & 1 & 0 \\ 1 & 1 & 0 & 1 \end{bmatrix} \times \begin{bmatrix} \mu_{1t} \\ \mu_{2t} \\ \mu_{3t} \\ \mu_{4t} \end{bmatrix} + \begin{bmatrix} v_{1t} \\ v_{2t} \\ v_{3t} \\ v_{4t} \end{bmatrix}$$

其中 μ_{it} 及 v_{it}，$i = 1, 2, 3, 4$，分別代表：外人直接投資、國內生產毛額、出口與進口的縮減式與干擾項。

根據上述推理，我們認定「A, B」矩陣為：

$$認定 A_{4\times 4} = \begin{cases} y_1 \\ y_2 \\ y_3 \\ y_4 \end{cases} \begin{bmatrix} 1 & 0 & 0 & 0 \\ 0 & 1 & 0 & 0 \\ 0 & 0 & 1 & 0 \\ 0 & 0 & 0 & 1 \end{bmatrix}$$

$$認定 B_{4\times 4} = \begin{cases} y_1 \\ y_2 \\ y_3 \\ y_4 \end{cases} \begin{bmatrix} 1 & 0 & 0 & 0 \\ 0 & 1 & 1 & 1 \\ 1 & 1 & 1 & 0 \\ 1 & 1 & 0 & 1 \end{bmatrix}$$

「A, B」矩陣對應之 matrix 指令如下：

```
. matrix A = (1,0,0,0\0,1,0,0\0,0,1,0\0,0,0,1)
. matrix B = (1,0,0,0\0,1,1,1\1,1,1,0\1,1,0,1)

. svar y1 y2 y3 y4, aeq(A) beq(B) lags(1/3)
```

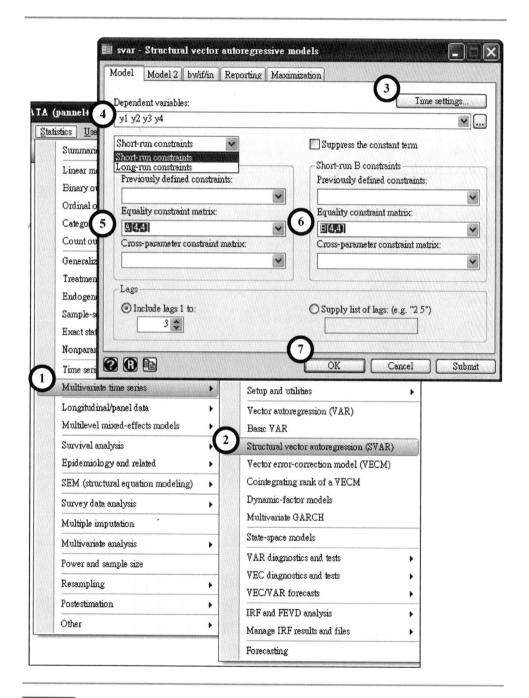

圖 11-6 SVAR 對應「AB- 模型」之參數認定

Stata 在財務金融與經濟分析的應用

本例經 SVAR 分析，可發現：出口 y_3 的增加會吸引外人直接投資 y_1，此理論是被肯定，但進口 y_4 增加，卻不是吸引外人直接投資 y_1 考慮的因素。且對拉丁美洲而言，出口 y_3、進口 y_4 與經濟成長 y_2 的增加會吸引外人直接投資 y_1，但外人直接投資 y_1 卻無法促進當地的進口 y_4、出口 y_3 與經濟成長 y_2。但在東亞地區的國家，外人直接投資 y_1 顯著增加當地的出口 y_3 與經濟成長 y_2。最後，外人直接投資在地點的選擇方面，不單只考慮低工資與勞力密集等因素。

Step 2. VAR 之因果關係檢定 (Causality tests)

Stata 可外掛「gcause」指令，來執行 Granger causality test。本例共四個變數 (y1,y2,y3,y4)，故 4 變數雙向之 Granger causality 檢定，gcause 指令如下

```
* 以 y1 為果，y2 為因之 Granger 檢定為：
. gcause y1 y2,lags(2)

. gcause y1 y3,lags(2)
. gcause y1 y4,lags(2)
. gcause y2 y3,lags(2)
. gcause y2 y4,lags(2)
. gcause y3 y4,lags(2)

. gcause y2 y1,lags(2)
. gcause y3 y1,lags(2)
. gcause y4 y1,lags(2)
. gcause y3 y2,lags(2)
. gcause y4 y2,lags(2)
. gcause y4 y3,lags(2)
```

Granger 因果檢定結果，東南亞各國 4 經貿變數間的因果關係為：
1. 泰國外人直接投資 y_1 對出口 y_3 有單向因果關係，也對國內生產毛額 y_2 有單向因果關係，進口 y_4 對外人直接投資 y_1 亦有單向因果關係。

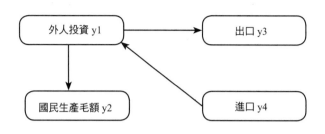

圖 11-7 以 Granger 因果檢定 4 變數所得的因果圖

2. 新加坡出口 y_3 對外人直接投資 y_1 有單向因果關係，外人直接投資 y_1 對進口 y_4 有單向因果關係。

3. 馬來西亞出口 y_3 與進口 y_4 對外人直接投資 y_1 有單向因果關係。

4. 在哥倫比亞與墨西哥，外人直接投資 y_1 與出口 y_3 與進口 y_4、國內生產毛額 y_2 沒有因果關係。

Step 3. SVAR 脈衝反應分析 (SVAR IRA)

當你執行「var、svar 或 vec」之後，就可用 irf 指令 (impulse response function) 來估計「IRFs, dynamic-multiplier functions，and forecast-error variance decompositions (FEVDs)」。有關 irf 實例分析，請見後面例子的操作。本例就跳過 irf 分析過程。

本例 irf 指令之脈衝反應結果，可發現當外人直接投資 y_1 發生自發性的變動時，各國出口 y_3 與進口 y_4 與經濟成長 y_2 的正負影響沒有一定的規則。以邊際貢獻的觀點來看，在某一期間出口 y_3 與進口 y_4 對經濟成長 y_2 的邊際貢獻是正向的，但到達某一轉折點之後，此期間出口 y_3 與進口 y_4 對經濟成長 y_2 的邊際貢獻會達到零甚至負向的影響，所以造成各國現象不一的情況發生，此結論與 Khan & Leng(1997) 研究吻合。此外，外人直接投資 y_1 會增加拉丁美洲國家 (除了墨西哥以外) 與泰國的經濟成長 y_2，此與 Zhang(2001) 實證結果拉丁美洲部分結論相同，但泰國的部分結論是相反的。

小結

SVAR 特別適合於外生變數非常多之模型。例如,王泓仁 (2004)「臺幣匯率對我國經濟金融活動之影響」的 SVAR 模型,就是一個包含 8 個經濟與金融變數的 SVAR 模型,探討臺幣匯率對主要經濟金融變數間的短期關係,共有 8 個主要經濟金融變數如下:

FX:央行持有國外資產淨額

R:銀行隔夜拆款利率

M2:貨幣總量

P:取自然對數之消費者物價指數

Y:取自然對數之工業生產指數

ER:新臺幣兌美元匯率

TRD:出口 / 進口

TOT:出口價格 / 進口價格

這 8 個變數之對應 SVAR 模型為:

$$
\begin{bmatrix}
a_{11} & 0 & 0 & 0 & 0 & a_{16} & 0 & 0 \\
a_{21} & a_{22} & a_{23} & a_{24} & 0 & a_{26} & 0 & 0 \\
0 & a_{32} & a_{33} & a_{34} & a_{35} & 0 & 0 & 0 \\
0 & 0 & a_{43} & a_{44} & 0 & 0 & 0 & 0 \\
0 & 0 & 0 & 0 & a_{55} & 0 & 0 & 0 \\
a_{61} & a_{62} & a_{63} & a_{64} & a_{65} & a_{66} & 0 & 0 \\
0 & 0 & 0 & 0 & 0 & a_{76} & a_{77} & a_{78} \\
0 & 0 & 0 & 0 & 0 & a_{86} & 0 & a_{88}
\end{bmatrix}
\begin{bmatrix}
FX \\ R \\ M_2 \\ P \\ Y \\ ER \\ TRD \\ TOT
\end{bmatrix}
= u_0 + \sum_{i=1}^{p} A_i L^i
\begin{bmatrix}
FX \\ R \\ M_2 \\ P \\ Y \\ ER \\ TRD \\ TOT
\end{bmatrix}
+
\begin{bmatrix}
\varepsilon^{FX} \\ \varepsilon^{R} \\ \varepsilon^{M2} \\ \varepsilon^{P} \\ \varepsilon^{Y} \\ \varepsilon^{ER} \\ \varepsilon^{TRD} \\ \varepsilon^{TOT}
\end{bmatrix}
$$

其中,

p 代表滯延期數。

L 代表滯延運算子。

ε 代表殘差項,在每一方程式中代表一個特別的干預 (innovation) 或衝擊 (shock)。

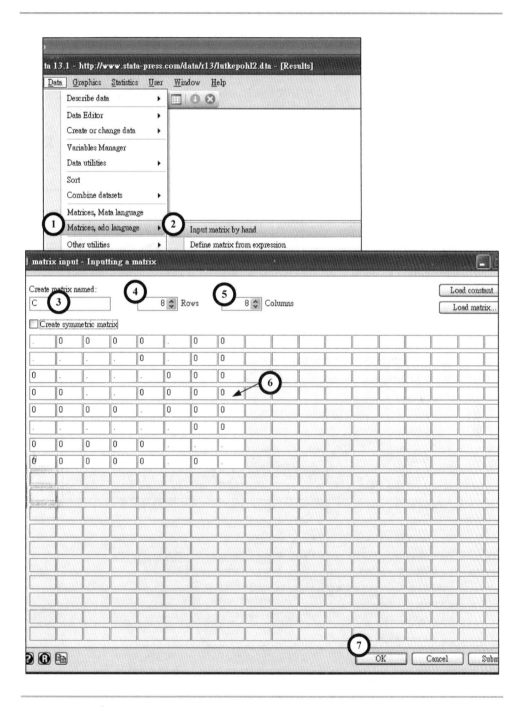

圖 11-8 長期 SVAR 八數列之 C 矩陣認定的畫面

註：Data > Matrices, ado language > Input matrix by hand

本例對應之 C 矩陣及 svar 指令如下：

```
. matrix C = (.,0,0,0,0,.,0,0 \.,.,.,.,.,0,.,0,0 \0,.,.,.,.,.,0,0,0
              \0,0,.,.,.,0,0,0,0 \0,0,0,0,0,.,0,0,0 \.,.,.,.,.,.,.,0,0
              \0,0,0,0,0,.,.,.. \0,0,0,0,0,.,0,.)

. svar FX R M2 P Y ER TRD TOT, lreq(C) lags(1/3)
```

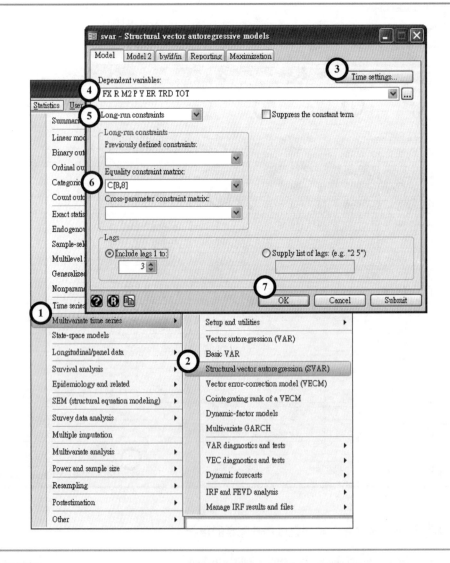

圖 11-9 認定「svar FX R M2 P Y ER TRD TOT, lreq(C)」之畫面

984

11-2 Stata 分析 Structural VAR 範例

Structural VAR 又可分成：

1. 短期 SVAR *A-B* 型：$A(I_k - A_1L - A_2L^2 - \cdots - A_2L^2)y_t = A\varepsilon_t = Be_t$

2. 長期 SVAR 型：$y_t = C \times e_t$。

其中，$C = \overline{A}^{-1}B$

11-2-1 短期 Structural SVAR(A-B 型)

Jarque-Bera 常態檢定、單根檢定等分析程序，請見「10-5-2 典型 VAR 模型」的介紹。本例 SVAR 直接採用「lutkepohl2.dta」資料檔，它已有西德央行統計「ln(*x*) 變數變數及差分 Δ 運算」之三數列：dln_inv(投資)、dln_inc(收入)、dln_consump(消費)。

此「lutkepohl2.dta」資料檔之三個時間數列如下：

變數名稱		編碼 Codes/Values
時間索引 qtr	季 (quarter)	1960q1~1982q4
inv	西德的總投資 (investment)	179~870(十億馬克)
inc	西德的總收入 (income)	451~2651(十億馬克)
consump	西德的消費 (consumption)	415~2271(十億馬克)
ln_inv	Ln(investment)	
ln_inc	Ln(income)	
ln_consump	Ln(consumption)	
dln_inv	first-difference of ln_inv	-0.14018~0.19358
dln_inc	first-difference of ln_inc	-0.02887~0.05023
dln_consump	first-difference of ln_consump	-0.01299~0.04483

進行 Structural VAR 分析前，跟 VAR 一樣，都要先檢查變數：(1) 常態性檢定：若非常態則取 Ln(*x*)。(2) 單根檢定：若有單根 (非定態數列)，則可用 Excel 或直接用 Stata「5-3 差分運算 (first-difference)」做一階差分 (Δ*x*)。在此這二種檢定就省略。

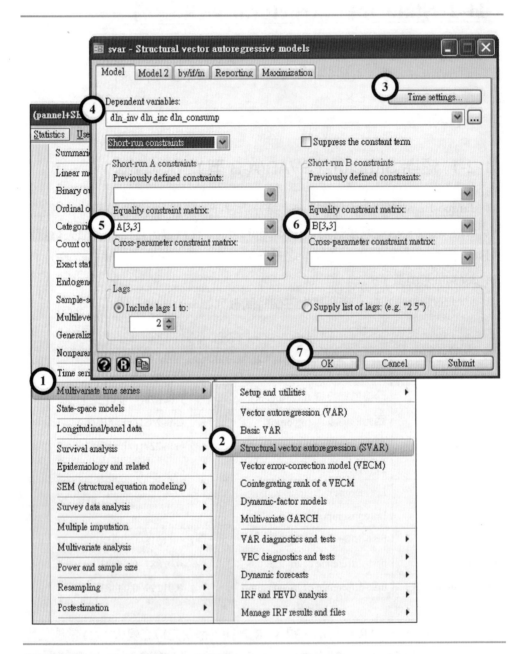

圖 11-10　三數列之 SVAR 認定畫面

註：Statistics > Multivariate time series > Structural vector autoregression (SVAR)

(一) 適足認定 (just-identified) SVAR model

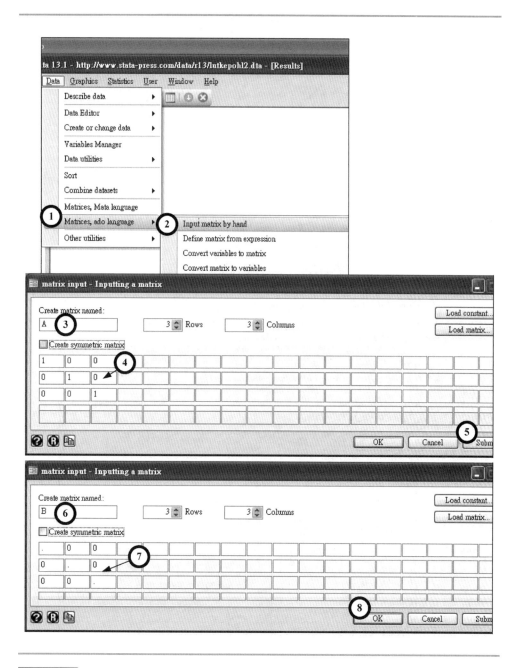

圖 11-11 適足認定 A 及 B 參數之畫面 (未知參數數目 = 已知參數數目)

註：Data > Matrices, ado language > Input matrix by hand

Stata 在財務金融與經濟分析的應用

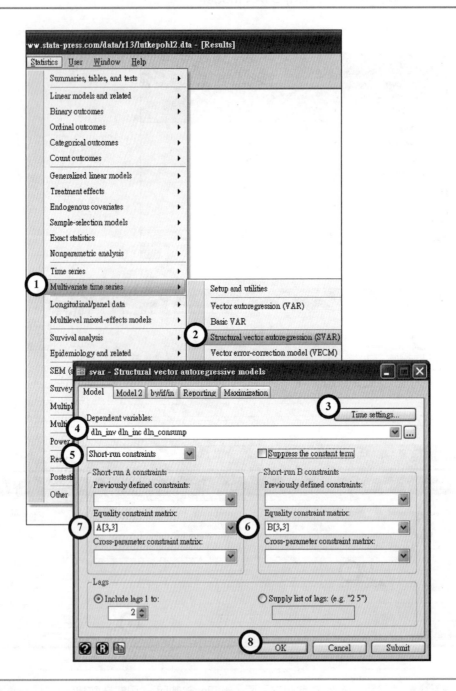

圖 11-12 Short-run SVAR A-B 型之認定畫面

```
*Setup
. webuse lutkepohl2, clear

* 矩陣是 row major。本有 3 數列，故 A 及 B 都是 3×3 矩陣。
* free parameter 以 "." 符號表示，為待估參數；1 為 fixed parameter;0 為零參數
* 令 A 及 B 參數，使得 ( 未知參數數目 = 已知參數數目 )，故稱「適足認定」
. matrix A = (1,0,0 \.,1,0 \.,.,1)
. matrix B = (.,0,0 \0,.,0 \0,0,.)

*Short-run 適足認定 (just-identified) SVAR model
. svar dln_inv dln_inc dln_consump, aeq(A) beq(B)
Structural vector autoregression


 ( 1)   [a_1_1]_cons = 1
 ( 2)   [a_1_2]_cons = 0
 ( 3)   [a_1_3]_cons = 0
 ( 4)   [a_2_1]_cons = 0
 ( 5)   [a_2_2]_cons = 1
 ( 6)   [a_2_3]_cons = 0
 ( 7)   [a_3_1]_cons = 0
 ( 8)   [a_3_2]_cons = 0
 ( 9)   [a_3_3]_cons = 1
 (10)   [b_1_2]_cons = 0
 (11)   [b_1_3]_cons = 0
 (12)   [b_2_1]_cons = 0
 (13)   [b_2_3]_cons = 0
 (14)   [b_3_1]_cons = 0
 (15)   [b_3_2]_cons = 0


Sample:  1960q4 - 1982q4                    No. of obs      =       89
Overidentified model                       Log likelihood = 719.4823


------------------------------------------------------------------------
            |    Coef.   Std. Err.    z    P>|z|    [95% Conf. Interval]
------------+-----------------------------------------------------------
    /a_1_1 |       1   (constrained)
    /a_2_1 |       0   (constrained)
    /a_3_1 |       0   (constrained)
```

```
      /a_1_2 |          0  (constrained)
      /a_2_2 |          1  (constrained)
      /a_3_2 |          0  (constrained)
      /a_1_3 |          0  (constrained)
      /a_2_3 |          0  (constrained)
      /a_3_3 |          1  (constrained)
-------------+--------------------------------------------------------------
      /b_1_1 |   .0425173    .0031868    13.34   0.000    .0362712    .0487633
      /b_2_1 |          0  (constrained)
      /b_3_1 |          0  (constrained)
      /b_1_2 |          0  (constrained)
      /b_2_2 |   .0107736    .0008075    13.34   0.000    .0091909    .0123563
      /b_3_2 |          0  (constrained)
      /b_1_3 |          0  (constrained)
      /b_2_3 |          0  (constrained)
      /b_3_3 |   .0095388     .000715    13.34   0.000    .0081375    .0109401
-----------------------------------------------------------------------------
 LR test  of identifying restrictions:  chi2(  3)=   45.46   Prob > chi2 = 0.000
* 與上面 var 一樣，但你亦可縮小 SVAR 期間範圍 (date range)
* svar dln_inv dln_inc dln_consump if qtr<=tq(1978q4), aeq(A) beq(B)
```

沒有外生變數，短期 SVAR(p) 方程式為：

$$A(I_k - A_1 L - A_2 L^2 - \cdots - A_2 L^2) y_t = A\varepsilon_t = Be_t$$

1. svar 指令求得短期 SVAR(p) 為：

$$A\varepsilon_t = \begin{bmatrix} 1 & 0 & 0 \\ 0 & 1 & 0 \\ 0 & 0 & 1 \end{bmatrix} \begin{bmatrix} \varepsilon_{1t} \\ \varepsilon_{2t} \\ \varepsilon_{3t} \end{bmatrix} = Be_t = \begin{bmatrix} 0.043 & 0 & 0 \\ 0 & 0.011 & 0 \\ 0 & 0 & 0.0096 \end{bmatrix} \begin{bmatrix} e_{1t} \\ e_{2t} \\ e_{3t} \end{bmatrix}$$

投資，收入，消費　　　　　　　　　　投資，收入，消費

2. 可惜以上「A-B 參數」認定係不正確，因為概似比 (LR) 檢定，結果 $\chi^2_{(3)} =$ 45.46, $p < 0.05$，故拒絕 H_0「過度認定」。因此你亦可改採「或不採」「過度認定 (over-identified) SVAR model」。

(二)Granger 因果檢定

　　Stata 指供「vargranger」指令，讓你執行「Pairwise Granger causality tests after var or svar」。

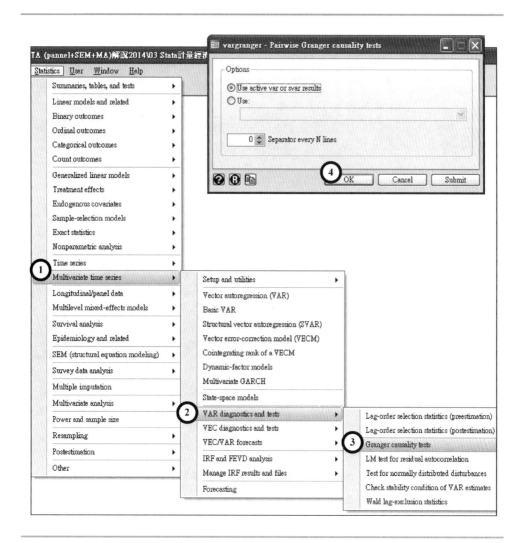

圖 11-13 「vargranger」指令之畫面

註：Statistics > Multivariate time series > VAR diagnostics and tests > Granger causality tests

```
* 再執行一次 svar 指令，但不印出
. quietly svar dln_inv dln_inc dln_consump, aeq(A) beq(B)


.* vargranger 指令只能在 var/svar 指令之後
. vargranger


   Granger causality Wald tests
  +---------------------------------------------------------------+
  |      Equation          Excluded |    chi2     df Prob > chi2 |
  |---------------------------------+-----------------------------|
  |       dln_inv            dln_inc |   .55668     2    0.757    |
  |       dln_inv       dln_consump |   1.9443     2    0.378    |
  |       dln_inv                ALL |   7.3184     4    0.120    |
  |---------------------------------+-----------------------------|
  |       dln_inc            dln_inv |   6.2466     2    0.044    |
  |       dln_inc       dln_consump |   5.1029     2    0.078    |
  |       dln_inc                ALL |   13.087     4    0.011    |
  |---------------------------------+-----------------------------|
  |   dln_consump            dln_inv |   4.2446     2    0.120    |
  |   dln_consump            dln_inc |   16.275     2    0.000    |
  |   dln_consump                ALL |   21.717     4    0.000    |
  +---------------------------------------------------------------+
```

Granger causality 檢定結果：

1. 第 1 個因果檢定「dln_inv ← dln_inc」，卡方 = 0.557($P = 0.757 > 0.05$)，故接受「H_0：變數 dln_inc does not Granger-cause dln_inv」，即「dln_inv ← dln_inc」達顯著的因果關係。

2. 第 2 個因果檢定「dln_inv ← dln_consump」，卡方 = 1.94 ($P > 0.05$)，故接受「H_0：變數 dln_consump does not Granger-cause dln_inv」，即「dln_inv ← dln_consump」達到顯著的因果關係。

3. 第 3 個因果檢定「dln_inc ← dln_inv」，卡方 = 6.25($P < 0.05$)，故拒絕「H_0：變數 x not Granger-cause y」，即「dln_inv ← dln_inv」達顯著的因果關係。

4. 第 4 個因果檢定「dln_inc ← dln_consump」，卡方 = 5.10($P > 0.05$)，故接受「H_0：變數 x does not Granger-cause y」，即「dln_inc ← dln_consump」未達到顯著的因果關係。

5. 如此類推其他因果檢定，並將它們整理成圖 11-14。

6. 本例中，三數列之 Granger 因果檢定結果，顯示西德整個國家，過去 92 季的
   總體經濟循環係：「投資→收入」、「收入→消費」，三者息息相關。

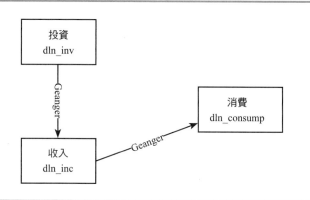

圖 11-14 三數列 Granger 因果檢定結果之示意圖

(三) **過度認定 (over-identified) SVAR model**

　　改成「過度認定 SVAR」模型，旨在確保「未知參數數目 < 已知參數數
目」。因此，我們重新認定「*A-B* 參數」，如下圖所示，之後再執行上圖「Short-
run SVAR *A-B* 型之認定畫面」即可。

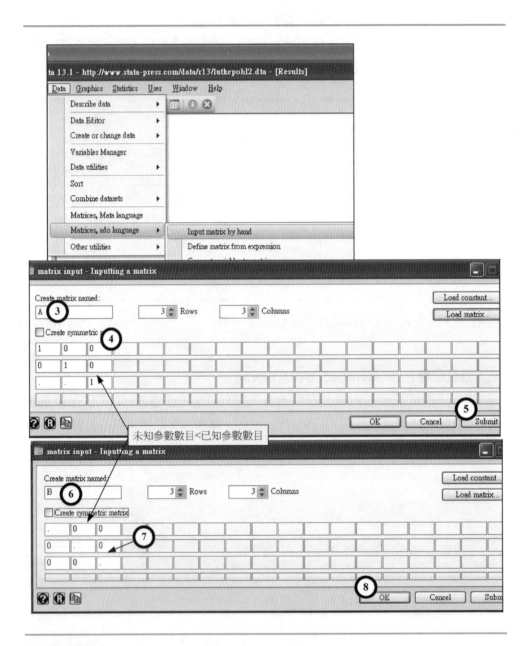

圖 11-15 過度認定 A 及 B 參數之畫面 (未知參數數目 < 已知參數數目)

註：Data > Matrices, ado language > Input matrix by hand

```
*Setup
. webuse lutkepohl2, clear

* 矩陣是 row major。本有 3 數列，故 A 及 B 都是 3x3 矩陣。
* free parameter 以 "." 符號表示，為待估參數；1 為 fixed parameter；0 為零參數
* 重新 Setup A 及 B 參數，使得 ( 未知參數數目 < 已知參數數目 )，故稱「過度認定」
. matrix A = (1,0,0 \0,1,0 \.,.,1)
. matrix B = (.,0,0 \0,.,0 \0,0,.)

* 若 ( 未知參數數目 < 已知參數數目 )，稱之為「過度認定」(over-identified)
*Short-run 過度認定之 SVAR 模型
. svar dln_inv dln_inc dln_consump, aeq(A) beq(B)
Structural vector autoregression

 ( 1)  [a_1_1]_cons = 1
 ( 2)  [a_1_2]_cons = 0
 ( 3)  [a_1_3]_cons = 0
 ( 4)  [a_2_1]_cons = 0
 ( 5)  [a_2_2]_cons = 1
 ( 6)  [a_2_3]_cons = 0
 ( 7)  [a_3_3]_cons = 1
 ( 8)  [b_1_2]_cons = 0
 ( 9)  [b_1_3]_cons = 0
 (10)  [b_2_1]_cons = 0
 (11)  [b_2_3]_cons = 0
 (12)  [b_3_1]_cons = 0
 (13)  [b_3_2]_cons = 0

Sample: 1960q4 - 1982q4              No. of obs     =      89
Overidentified model                Log likelihood =  41.5262
-------------------------------------------------------------------------
             |    Coef.  Std. Err.     z    P>|z|   [95% Conf. Interval]
-------------+-----------------------------------------------------------
     /a_1_1  |       1  (constrained)
     /a_2_1  |       0  (constrained)
     /a_3_1  | -.0566846  .0185638  -3.05  0.002  -.0930689  -.0203002
     /a_1_2  |       0  (constrained)
     /a_2_2  |       1  (constrained)
```

```
/a_3_2 |  -.4792397   .0732606    -6.54   0.000   -.6228279   -.3356515
/a_1_3 |          0  (constrained)
/a_2_3 |          0  (constrained)
/a_3_3 |          1  (constrained)
-------------+------------------------------------------------------------
/b_1_1 |   .0425173   .0031868    13.34   0.000    .0362712    .0487633
/b_2_1 |          0  (constrained)
/b_3_1 |          0  (constrained)
/b_1_2 |          0  (constrained)
/b_2_2 |   .0107736   .0008075    13.34   0.000    .0091909    .0123563
/b_3_2 |          0  (constrained)
/b_1_3 |          0  (constrained)
/b_2_3 |          0  (constrained)
/b_3_3 |   .0074461   .0005581    13.34   0.000    .0063522    .0085399
-------------------------------------------------------------------------
LR test of identifying restrictions: chi2( 1)=    1.374  Prob > chi2 = 0.241
```

沒有外生變數，短期 SVAR(p) 方程式為：

$$A(I_K - A_1 L - A_2 L^2 - \cdots - A_2 L^2)y_1 = A\varepsilon_t = Be_t$$

1. svar 指令求得短期 SVAR(p) 為：

$$A\varepsilon_t = \begin{bmatrix} 1 & 0 & 0 \\ 0 & 1 & 0 \\ -.0567 & -.479 & 1 \end{bmatrix}\begin{bmatrix} \varepsilon_{1t} \\ \varepsilon_{2t} \\ \varepsilon_{3t} \end{bmatrix} = Be_t = \begin{bmatrix} 0.043 & 0 & 0 \\ 0 & 0.011 & 0 \\ 0 & 0 & 0.007 \end{bmatrix}\begin{bmatrix} e_{1t} \\ e_{2t} \\ e_{3t} \end{bmatrix}$$

投資，收入，消費　　　　　　　投資，收入，消費

2. 這次「A-B 參數」認定就對了，因為概似比 (LR) 檢定，結果 $\chi^2_{(1)} = 1.374$, $p > 0.05$，故接受 H_0「過度認定」。因此這次 SVAR A-B 參數之認定，大功告成。

11-2-2 長期 Blanchard-Quah SVAR

舉例來說，以書上 CD 所附資料檔「Blanchard-Quah.dta」來講，你可用 Stata「File > Open」將它讀入。接著，再進行下列 SVAR 分析步驟，便可找出這二個數列的因果關係：出口成長率 DQ、失業率 U。其中，DQ 為 $100 \times Ln(GNP)$ 之一階分。資料期間：1984Q2~1987Q4。此檔之資料來源：Weber, C.E. (1995).

Cyclical Output, cyclical unemployment,and Okun's coefficient: A new approach, Journal of Applied Econometrics. 10, 433-335.

一、問題說明

U.S. 時間數列：

(1) 美國出口成長率 growth rate of output (DQ)　　　　　　　　(1) 式

(2) 美國人民失業率 civilian unemployment rate (U)　　　　　　(2) 式

資料來源：

Weber, C.E. (1995). Cyclical Output, cyclical unemployment,and Okun's coefficient: A new approach, Journal of Applied Econometrics, Vol. 10, pp. 433-335.).

DQ 及 U 之變數變換，說明如下：

變數 DQ：

(1) 它是 100×Ln (實質 GNP) 的一階差分 [1st differences of 100*log(real GNP) is taken, where "real GNP" is from the Weber data].

(2) 樣本係 1973 年第 4 季開始，之後資料取 1 階差分 [The 1st differences are regressed on a constant and step dummy (1 after 1973Q4, 0 = else) in order to demean and adjust for the change in the output growth rate].

(3) DQ is given by **residuals** from the regression in (2) 式 .

變數 U：

(1) 它是月資料，取自 Weber 資料庫之失業率的時間序列 (The monthly unemployment rate series from the Weber data is converted to quarterly frequency by averaging the monthly values).

(2) To account for a linear trend, the quarterly data are regressed on a constant and a deterministic trend (using observations for 1948Q2-1987Q4).

(3) U is given by **residuals** from the regression in (2) 式 .

二、資料檔之內容

　　讀入資料檔之前，先設定工作目錄，「File > Chang working directory」，指定 CD 所附資料夾之路徑，接著再選「File > Open」，開啓「Blanchard-Quah.

dta」資料檔。

「Blanchard-Quah.dta」資料檔內容如下圖。

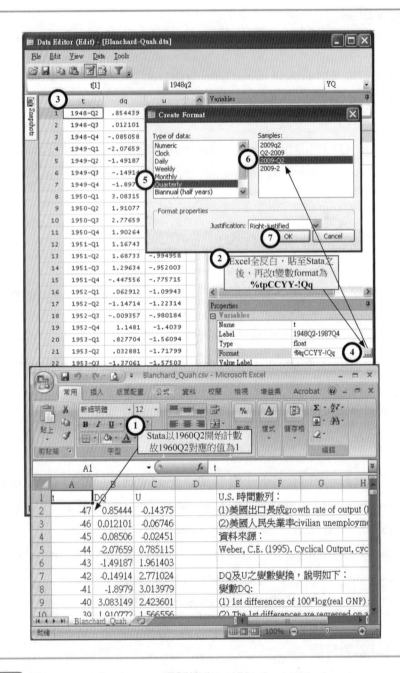

圖 11-16 「Blanchard-Quah.dta」資料檔 (N＝159，3 variables)

998

三、分析結果與討論

Step 1. 以 AIC 認定 VAR(p) 之落後期數 p=?

varsoc 指令，主要係以 FPE、AIC 值愈小愈佳來認定 lags 最適值，結果建議 lags=3。即 SVAR(3) 模型是適配的。

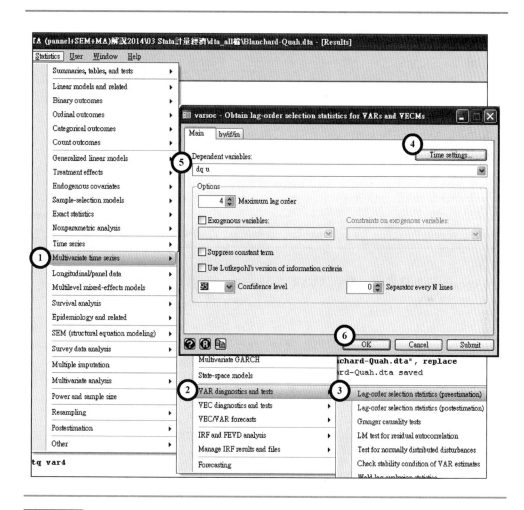

圖 11-17 以 FPE AIC 判定 VAR(p) 之落後期數 p=3

```
. use Blanchard-Quah.dta

* 判定 VAR(p) 之最佳落後期數 p=?
. varsoc dq u

   Selection-order criteria
   Sample:  1949-Q2 - 1987-Q4                    Number of obs     =      155
  +---------------------------------------------------------------------------+
  |lag |   LL        LR      df    p      FPE       AIC      HQIC      SBIC    |
  |----+----------------------------------------------------------------------|
  | 0  | -498.696                        2.19204  6.46059   6.47654   6.49986  |
  | 1  | -221.921   553.55   4   0.000   .064905  2.94092   2.98877   3.05873  |
  | 2  | -207.497   28.849*  4   0.000   .056739  2.80641   2.88617*  3.00276* |
  | 3  | -203.441   8.1131   4   0.088   .056702* 2.80568*  2.91734   3.08057  |
  | 4  | -201.783   3.3148   4   0.507   .05845   2.83591   2.97947   3.18934  |
  +---------------------------------------------------------------------------+
   Endogenous:  dq u
    Exogenous:  _cons
```

varsoc 指令建議這二數列 SVAR 之 lags=3。即 SVAR(3) 型最佳。

Step 2. 估 Blanchard-Quah SVAR(3) 模型

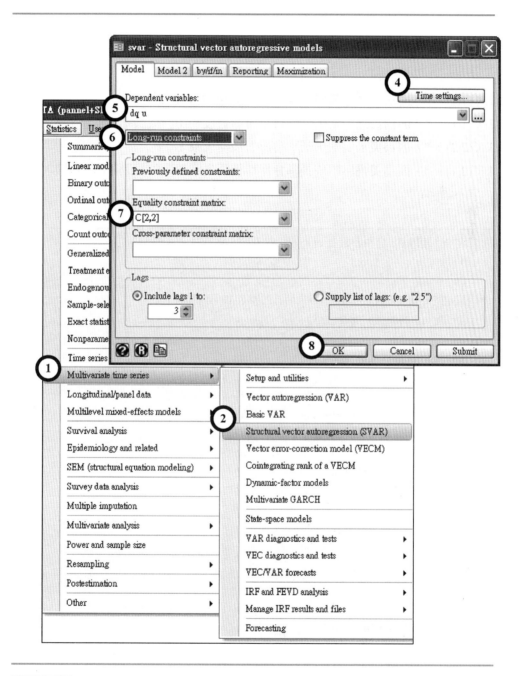

圖 11-18 以認定的矩陣 C，執行 svar 指令來估計長期 SAVR(3) 模型

1001

長期限制之 C 矩陣被認定為：

$$\mathbf{C}_{2*2} = \begin{array}{c} \begin{array}{cc} dq & u \end{array} \\ \begin{bmatrix} * & 0 \\ * & * \end{bmatrix} \end{array}$$

1. $C(1,2) = 0$，因為美國失業率不會影響「美國出口成長率」。

2. $C(1,1) = *$，因為美國前期出口成長率會影響後期出口成長率。

3. $C(2,2) = *$，因為美國前期失業率會影響後期失業率。

4. $C(2,1) = *$，因為美國出口成長率會影響後期失業率。(此段與下段重複，唯數字不同。)

```
* 認定 2*2 矩陣 C，自由參數為 c(1,1)、c(2,1)、c(2,2)
. matrix C = (.,0 \.,.)

* 以認定的矩陣 B，執行 svar 指令來估計長期 SAVR 模型
. svar dq u, lreq(C) lags(1/3)

Estimating long-run parameters


Iteration 0:    log likelihood = -1065.6496
Iteration 1:    log likelihood = -262.42336
Iteration 2:    log likelihood = -208.04467
Iteration 3:    log likelihood = -207.55706
Iteration 4:    log likelihood = -207.55679
Iteration 5:    log likelihood = -207.55679


Structural vector autoregression

 ( 1)  [c_1_2]_cons = 0

Sample:  1949-Q1 - 1987-Q4            No. of obs     =       156
Exactly identified model             Log likelihood =-207.5568

------------------------------------------------------------------------
         |   Coef.   Std. Err.     z    P>|z|    [95% Conf. Interval]
---------+--------------------------------------------------------------
```

```
/c_1_1 |   .5701377   .0322777    17.66   0.000     .5068746   .6334008
/c_2_1 |   1.048181   .3168219     3.31   0.001     .4272214   1.669141
/c_1_2 |          0  (constrained)
/c_2_2 |   3.887073   .2200622    17.66   0.000     3.455759   4.318387
----------------------------------------------------------------------------
```

長期限制之 C 矩陣被認定為：

$$\mathbf{C}_{2*2} = \begin{array}{c} \quad dq \quad u \\ \begin{bmatrix} * & 0 \\ * & * \end{bmatrix} \end{array}$$

1. $C(1, 2)$ 係數限制為 0，因為美國失業率不會影響「美國出口成長率」。

2. $C(1, 1) = 0.57$，$Z = 17.66(p < 0.05)$，表示美國前期出口成長率會長期正向影響後期出口成長率。

3. $C(2, 2) = 3.89$，$Z = 17.66(p < 0.05)$，表示美國前期失業率會長期正向影響後期失業率。

4. $C(2, 1) = 1.05$，$Z = 3.31(p < 0.05)$，表示美國出口成長率會長期正向影響後期失業率。

Step 3. 結構分析

　　SVAR(p) 結構有三大分析：Granger 因果檢定、衝擊反應分析 (irf)、FEV 分解。

　　其中，若我們想了解各種總體經濟變數衝擊的持續性與相對效果，使用 Stata/JMulTi 衝擊反應函數 (Impulse Response Function) 便可得到答案。衝擊反應函數圖型，係刻畫一總體變數變化下，對受衝擊下的其他總體變數的反應路徑。以 AR(P) 為例，當 IRF $= \Delta Y/\Delta \varepsilon$，即假設其他條件不變下，第 $t\text{-}j$ 期的隨機干擾項變動一單位相對第 t 期的被解釋變數如何變動；如果是 SVAR(P)，即第 $t\text{-}j$ 期的第 m 個結構衝擊變動一單位相對第 t 期的第 n 個被解釋變數變動若干單位。

　　藉由衝擊反應分析，可以看出當某一變數變動一個標準差時，其他變數對此一衝擊之反應如何。亦可由其正負值，來判斷其反應之方向。

Step 3-1. Granger 因果檢定

雙變數之 VAR 模型為：$\begin{bmatrix} y_{1,t} \\ y_{2,t} \end{bmatrix} = \sum_{i=1}^{p} \begin{bmatrix} \alpha_{11,t} & \alpha_{12,t} \\ \alpha_{21,t} & \alpha_{22,t} \end{bmatrix} \times \begin{bmatrix} y_{1,t-i} \\ y_{2,t-i} \end{bmatrix} + C \times D_t + \begin{bmatrix} u_{1t} \\ u_{2t} \end{bmatrix}$

Granger 因果性檢定之假設為 $\begin{cases} H_0 : \alpha_{21,t} = 0 , \ i = 1,2,...,p \\ H_1 : \alpha_{21,t} \text{有一不為} 0 \end{cases}$

```
* 先安裝 gcause 外掛指令
. findit gcause

* 以出口長成率 dq 為果，失業率 u 為因之 Granger 檢定
. gcause dq u,lags(2)
Granger causality test                    Sample: 1948-Q4 to 1987-Q4
                                                       obs = 157

H0: u does not Granger-cause dq

        F( 2, 152) =    12.82
        Prob > F =      0.0000

        chi2(2) =       26.49        (asymptotic)
        Prob > chi2 =   0.0000       (asymptotic)

* 以出口長成率 dq 為因，失業率 u 為果之 Granger 檢定
. gcause u dq , lags(2)
Granger causality test                    Sample: 1948-Q4 to 1987-Q4
                                                       obs = 157

H0: dq does not Granger-cause u

        F( 2, 152) =     5.57
        Prob > F =       0.0046

        chi2(2) =       11.51        (asymptotic)
        Prob > chi2 =   0.0032       (asymptotic)
```

Granger causality 檢定結果：

1. 第 1 個因果檢定「$dq \leftarrow u$」，$F(2,152) = 12.82(P = 0.000 < 0.05)$，故拒絕「$H_0$：變數 u does not Granger-cause dq」，即「$dq \leftarrow u$」」達顯著的 Granger 因果關

係。

2. 第 2 個因果檢定「$u \leftarrow dq$」，$F(2, 84) = 5.57$ ($P = 0.005 < 0.05$)，故拒絕「H_0：變數 dq does not Granger-cause u」，即「$u \leftarrow dq$」亦達到顯著的因果關係。

3. 綜合上述，本例二數列之 Granger 因果檢定結果，顯示美國整個國家，過去 159 季的總體經濟循環係：「失業率 $u \rightarrow$ 出口成長率 dq」、且「出口成長率 $dq \rightarrow$ 失業率 u」。二者因果循環生生不息。

Step 3-2. 衝擊反應 (irf) 分析

在 VAR 分析中，所謂的「衝擊反應函數」(impulse response function,irf) 旨在說明在其他衝擊不變下，特定衝擊對於內生變數動態之影響。

你執行「var、svar 或 vec」之後，就可用 irf 指令 (impulse response function) 來估計「IRFs，dynamic-multiplier functions，forecast-error variance decompositions (FEVDs)」。

irf 旨在評估各變數間衝擊的跨期動態效果。若以二個數列 x_t, z_t 來說，衝擊反應模型爲：

$$\begin{bmatrix} y_t \\ z_t \end{bmatrix} = \begin{bmatrix} \bar{y} \\ \bar{z} \end{bmatrix} + \sum_{i=0}^{\infty} \begin{bmatrix} \phi_{11}(i) & \phi_{12}(i) \\ \phi_{21}(i) & \phi_{22}(i) \end{bmatrix} \begin{bmatrix} \varepsilon_{yt-i} \\ \varepsilon_{zt-i} \end{bmatrix}$$

$$x_t = \mu + \sum_{i=0}^{\infty} \phi_i \varepsilon_{t-i}$$

其中，ϕ_i 爲衝擊反應函數。

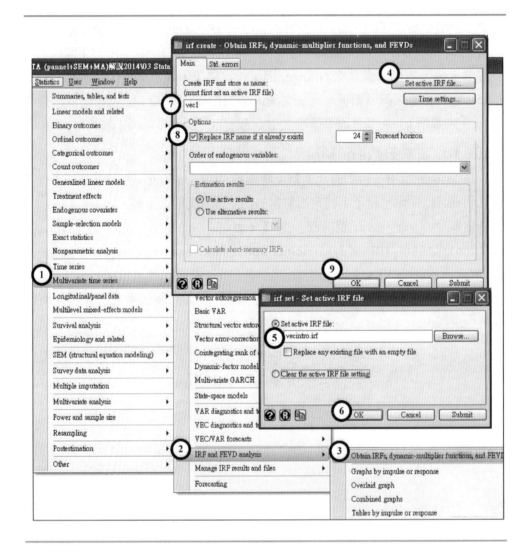

圖 11-19 設定 irfname vec1 為 vecintro.irf 之畫面 (step(24))

1006

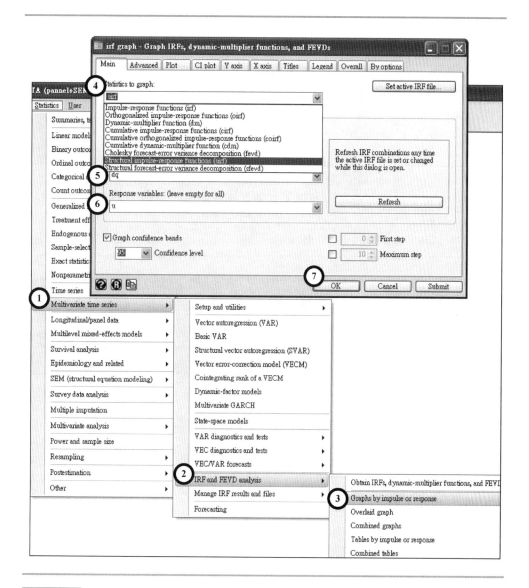

圖 11-20 繪「出口成長率 dq →失業率 u」irf 之畫面 ()

```
. matrix C = (.,0 \.,.)

. quietly svar dq u, lreq(C) lags(1/3)

*irf 指令：Create and analyze IRFs，dynamic-multiplier functions，and FEVDs
* 新建 IRF 檔案名 (vecintro.*)，令脈衝高達 24 期
```

```
* 先設定 irfname vec1 為 vecintro.irf
. irf create vec1 ,set(vecintro,replace) step(24)
(file vecintro.irf created)
(file vecintro.irf now active)
(file vecintro.irf updated)

* 再求 dq( 出口 ) 對 u( 失業率 ) 的衝擊函數
.irf graph sirf,irf(vec1) impulse(dq) response(u) yline(0)
```

故從 irf 衝擊反應分析，可看出，某變數變化對另一變數的衝擊是「長期」或「短期」性。

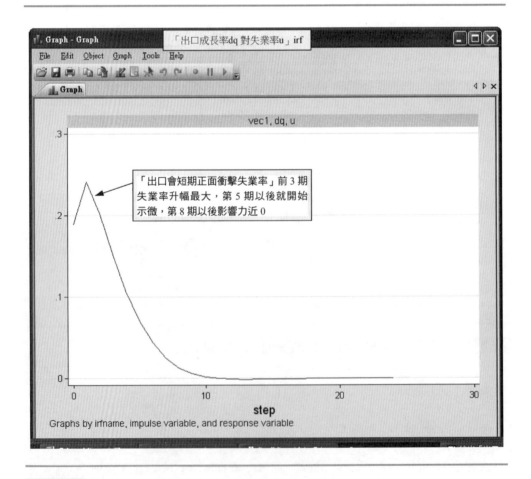

圖 11-21 繪出「出口成長率 dq →失業率 u」irf 之結果

Step 3-3. SVAR 預測誤差變異 (FEV) 的分解

「變異數分解」(variance decomposition) 是將預測誤差的變異數分解成不同衝擊所造成之比例，亦即衡量內生變數的波動，有多少比例可以被特定衝擊所解釋。

$$E\left(A_t - \hat{E}_{t-k}A_t\right)\left(A_t - \hat{E}_{t-k}A_t\right)' = D_0 E\left(\mu_t \mu_t'\right) D_0' + D_1 E\left(\mu_t \mu_t'\right) D_1' + \cdots + D_{k-1} E\left(\mu_t \mu_t'\right) D_{k-1}'$$

預測之誤差變異數分解 (FEVD)，可了解：

1. 預測誤差變異數分解百分比相互解釋能力 (Forecast error variance)。
2. 變數的相對外生性 (exogeneity ordering) 強弱。

1. SVAR 預測誤差變異 (FEV) 的分解圖

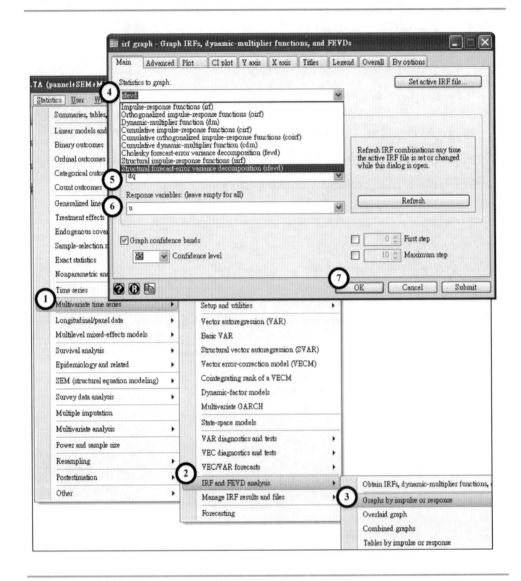

圖 11-22 繪「出口成長率 dq 對失業率 u」FEVD 之畫面

```
. irf graph sfevd, irf(vec1) impulse(dq) response(u)
```

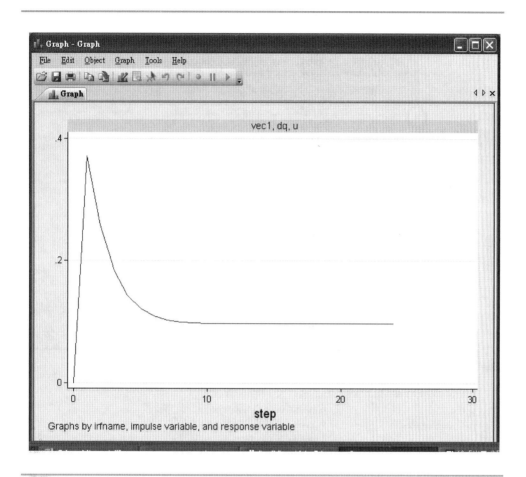

圖 11-23 繪「出口成長率 dq 對失業率 u」FEVD 圖

2. SVAR 預測誤差變異 (FEV) 的分解表

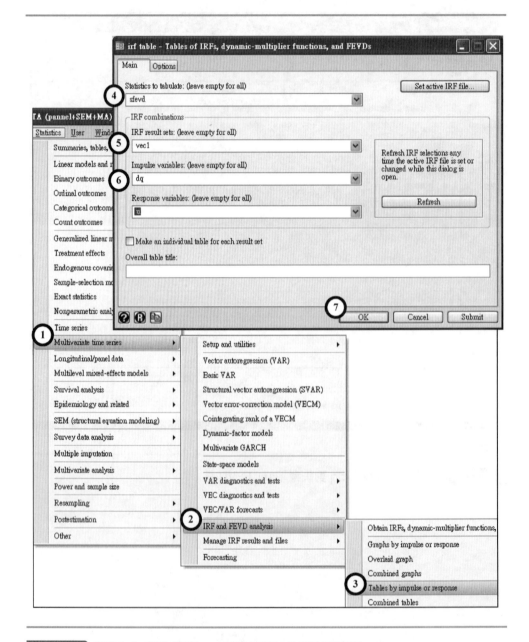

圖 11-24 「出口 dq 對失業率 u」二期 FEDV 分解表之畫面

```
. irf table sfevd, irf(vec1) impulse(dq) response(u)

              Results from vec1

+-------------------------------------------------+
|        |    (1)        (1)        (1)       |
| step   |   sfevd      Lower      Upper      |
|--------+----------------------------------------|
|0       | 0             .          .          |
|1       | .37124        .          .          |
|2       | .25878        .          .          |
|3       | .183775       .          .          |
|4       | .143281       .          .          |
|5       | .121394       .          .          |
|6       | .109452       .          .          |
|7       | .103028       .          .          |
|8       | .099726       .          .          |
|9       | .098133       .          .          |
|10      | .097422       .          .          |
|11      | .097131       .          .          |
|12      | .097024       .          .          |
|13      | .096989       .          .          |
|14      | .096979       .          .          |
|15      | .096977       .          .          |
|16      | .096977       .          .          |
|17      | .096977       .          .          |
|18      | .096977       .          .          |
|19      | .096977       .          .          |
|20      | .096977       .          .          |
|21      | .096977       .          .          |
|22      | .096977       .          .          |
|23      | .096977       .          .          |
|24      | .096977       .          .          |
+-------------------------------------------------+
95% lower and upper bounds reported
(1) irfname = vec1, impulse = dq, and response = u
```

Step 4. VAR 樣本外之預測 (24 期)

　　樣本外預測的概念十分簡單，將手頭有的資料拆成兩部分，將其中 N 筆資料 $\{y_1, y_2, \cdots, y_N\}$ 稱做樣本內資料 (in-sample observations)，另外 P 筆資料 $\{y_{N+1}, y_{N+2}, \cdots, y_T\}$ 稱做樣本外資料 (out-of-sample observations)，$N + P = T$，一般而言，$N/T = 10\%$ 或是 15%。

　　最後我們再用「fcast」指令，來計算「動態預測值」；而「fcast graph」指令來繪「動態預測值及不對稱 95% 信賴區間」。

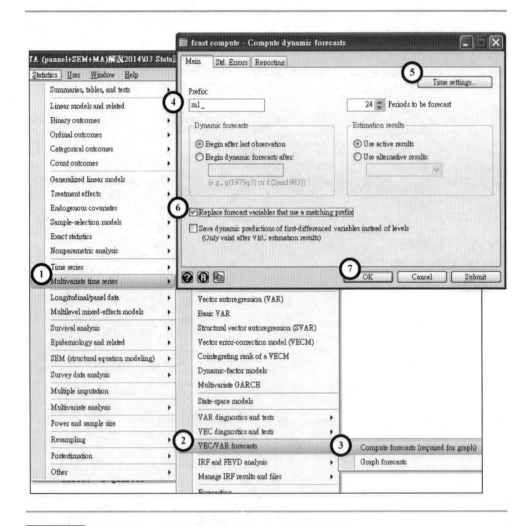

圖 11-25　fcast 指令，預測新變數以「m1_」開頭之畫面

註：Statistics > Multivariate time series > VEC/VAR forecasts > Compute forecasts (required for graph)

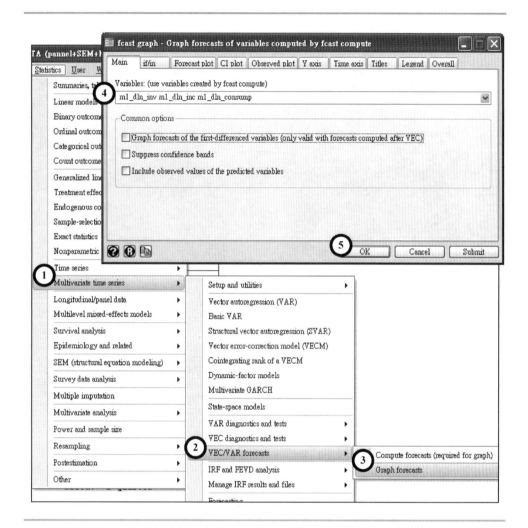

圖 11-26 fcast graph 指令，繪 n 個「m1_」開頭之動態預測圖的畫面

註：

```
. tsset

        time variable:  t, 1948-Q2 to 1987-Q4
            delta:  1 quarter
* 四個數列之 VECMs 樣本外 24 期的 4 個動態預測值，分別存至「m1_」開頭的 4 變數。
. fcast  compute  m1_,step(24)


*「fcast graph」指令繪 2 個數列之動態預測圖
. fcast  graph  m1_dq  m1_u
```

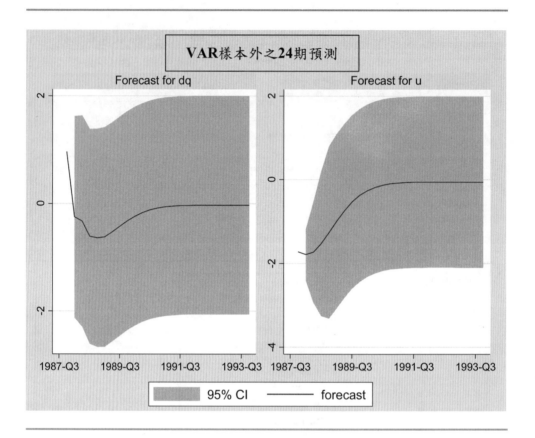

圖 11-27 fcast graph 指令所估計 2 個「m1_」開頭數列之動態預測圖

新增2個「m1_」開頭數列之預測值

	t	dq	u	m1_dq	m1_u	m1_dq_LB	m1_dq_UB
153	1986-Q2	-1.06945	-.247942	.	.	.	.
154	1986-Q3	-.414718	-.471653	.	.	.	.
155	1986-Q4	-.055611	-.628698	.	.	.	.
156	1987-Q1	.641805	-.885744	.	.	.	.
157	1987-Q2	.403708	-1.24279	.	.	.	.
158	1987-Q3	.380276	-1.53317	.	.	.	.
159	1987-Q4	.963758	-1.72355	.96375841	-1.7235456	.	.
160	1988-Q1	.	.	-.24861053	-1.7928734	-2.1233564	1.6261354
161	1988-Q2	.	.	-.3273072	-1.7285836	-2.2914646	1.6368502
162	1988-Q3	.	.	-.61200448	-1.5284512	-2.6108448	1.3868359
163	1988-Q4	.	.	-.63885206	-1.2600156	-2.6667977	1.3890936
164	1989-Q1	.	.	-.62208644	-.98305046	-2.6645695	1.4203966
165	1989-Q2	.	.	-.52534569	-.73449704	-2.5643169	1.5136255
166	1989-Q3	.	.	-.42205061	-.53018093	-2.4585002	1.614399
167	1989-Q4	.	.	-.31958552	-.37325403	-2.3539367	1.7147657
168	1990-Q1	.	.	-.23442816	-.25926215	-2.2672968	1.7984405
169	1990-Q2	.	.	-.16728543	-.18046626	-2.1992605	1.8646897
170	1990-Q3	.	.	-.11833002	-.12846965	-2.1498359	1.9131759
171	1990-Q4	.	.	-.08422946	-.09572227	-2.1155129	1.947054
172	1991-Q1	.	.	-.06173801	-.0761029	-2.0929249	1.9694489
173	1991-Q2	.	.	-.0475741	-.06500984	-2.0787218	1.9835736
174	1991-Q3	.	.	-.03913126	-.05918395	-2.0702638	1.9920012
175	1991-Q4	.	.	-.03439342	-.05643759	-2.0655201	1.9967333
176	1992-Q1	.	.	-.03194266	-.05537569	-2.0630671	1.9991818
177	1992-Q2	.	.	-.03081978	-.05515526	-2.0619433	2.0003037
178	1992-Q3	.	.	-.03041648	-.05529724	-2.0615395	2.0007066
179	1992-Q4	.	.	-.03036556	-.05554995	-2.0614884	2.0007573
180	1993-Q1	.	.	-.03046029	-.05579567	-2.0615831	2.0006625
181	1993-Q2	.	.	-.03059327	-.05599032	-2.061716	2.0005294
182	1993-Q3	.	.	-.03071562	-.0561266	-2.0618383	2.0004071
183	1993-Q4	.	.	-.03081023	-.05621291	-2.0619329	2.0003124

Variables

Filter variables here

Variable	Label
t	1948Q2-1987Q4
dq	出口長成
u	美國失業率
m1_dq	m1_dq, dyn(1988-
m1_u	m1_u, dyn(1988-Q
m1_dq_...	95%LB for m1_dq
m1_dq_...	95%UB for m1_dq
m1_dq_SE	SE for m1_dq
m1_u_LB	95%LB for m1_u
m1_u_UB	95%UB for m1_u
m1_u_SE	SE for m1_u

Properties

Variables
Name   t
Label   1948Q2-1987
Type   float
Format   %tqCCYY-!Q
Value Label
Notes
Data
Filename   Blanchard-Qu
Label
Notes
 <Add note>
Variables   11
Observations 183
Size   13.76K
Memory   4M
Sorted by   t

Vars: 11 Order: Dataset Obs: 183 Filter: Off Mode: Edit CAP NUM

圖 11-28 資料檔「Blanchard-Quah.dta」中新增 2 個「m1_」開頭數列之預測值

參考文獻

Ahmed, A. and Asseery, A., (1996). Evidence Form Time Series on Militarizing the Economy, The Case Iraq, Applied Economics, 28, 5, 1257-1261.

Ahn, S. K. and Reinsel, G. C. (1990). Estimation of partially nonstationary multivariate autoregressive models, Journal of the American Statistical Association 85, 813-823.

Akaike, H. (1969). Fitting autoregressive models for prediction, Annals of the Institute of Statistical Mathematics 21, 243-247.

Akaike, H. (1971). Autoregressive model fitting for control, Annals of the Institute of Statistical Mathematics 23, 163-180.

Akaike, H. (1973). Information theory and an extension of the maximum likelihood principle, in B. Petrov and F. Csáki (eds). 2nd International Symposium on Information Theory, Académiai Kiadó, Budapest, 267-281.

Akaike, H. (1974). A new look at the statistical model identification, IEEE Transactions on Automatic Control AC-19, 716-723.

Amisano, G. and Giannini, C. (1997). Topics in Structural VAR Econometrics, 2nd edn, Springer, Berlin.

Ansely, C. F. (1979). An algorithm for the exact likelihood of a mixed autoregressive-moving average process, Biometrika 66, 59-65.

Baba, Y., Engle, R., Kraft, D. and Kroner, K. (1990). Multivariate simultaneous generalized ARCH, mimeo, UCSD.

Bacon, D. W. and Watts, D. G. (1971). Estimating the Transition between Two Intersecting Straight Lines, Biometrika, 58, pp. 525-534.

Banerjee, A., R. Lumsdaine and J. Stock (1992), Recursive and Sequential Tests of Unit Root and Trend Breaks Hypothesis: Theory and International Evidence, *Journal of Business and Economic Statistics*, 10, 3, 271-288.

Bartlett, M. S. (1950). Periodogram analysis and continuous spectra, Biometrika 37, 1-16.

Becketti, S. (2013). Introduction to Time Series Using Stata. College Station, TX: Stata Press.

Benkwitz, A., Lütkepohl, H. and Neumann, M. (2000). Problems related to bootstrapping impulse responses of autoregressive processes, Econometric Reviews 19, 69-103.

Benoit, E., (1978). Growth and Defense in Developing Countries. Economic Development and Cultural Change, 26, 2, 271-280.

Berben, R.P. and Jansen, W.J., (2005a). Comovement in international equity markets, A sectoral view. Journal of International Money and Finance, 24, 832-857.

Berben, R.P. and Jansen, W.J., (2005b). Bond market and stock market integration in Europe. DNB working paper, 66.

Berndt, E., Hall, B., Hall, R. and Hausman, J. (1974). Estimation and inference in nonlinear structural models, Annals of Economic and Social Measurement 3/4, 653-665.

Biswas, B. and R. Ram, (1986). Military Expenditures and Economic Growth in Less Developed Countries, An Augmented Model and Further Evidence, Economic Development and Cultural Change, 34, 2, 361-372.

Black, F., (1975). **Fact and Fantasy in the Use of Options**, *Journal of Financial Analysis*, 31, 36-41, 61-72.

Black, F., and M. Scholes, (1972). **The Valuation of Option Contracts and a Test of Market Efficiency**, *Journal of Finance*, 27, 399-417.

Black, F., and M. Scholes, (1973)., **The Pricing of Options and Corporate Liabilities**, *Journal of Political Economics*, 81, 637-659.

Blanchard, Oliver and Danny Quah., (1989). The Dynamic Effects of Aggregate Demand and Supply Disturbances, American Economic Review,.79, 655-673.

Bollerslev, T. (1986). Generalized autoregressive conditional heteroskedasticity, Journal of Econometrics 31, 307-327.

Bollerslev, T. (1987). A Conditional Heteroskedastic Time Series Model for Speculative Price and Rate of Return. Review of Economics and Statistics, 19,.542-547.

Bollerslev, T. and Wooldridge, J. (1992). Quasi maximum likelihood estimation and inference in dynamic models with time varying covariances, Econometric

Reviews 11, 143-172.

Boucher, C., (2007). Asymmetric Adjustment of Stock Prices to Their Fundamental Value and the Predictability of US Stock Returns, Economics Letters, 95, 3, 339-347.

Box, G.E.P. and Jenkins, G.M., (1970). Time Series Analysis, Forecasting and Control, Holden-Day, Third Edition. Prentice Hall.

Breitung, J., Brüggemann, R. and Lütkepohl, H. (2004). Structural vector autoregressive modelling and impulse responses, in H. Lütkepohl and M. Krätzig (eds). Applied Time Series Econometrics, Cambridge University Press.

Brocato, J., (1994). Evidence on Adjustments in Major National Stock Market Linkages over the 1980s Journal of Finance and Accounting, 21, 643-667.

Brouwer D. & Philippe J. S. (2009). Maslowian portfolio theory, An alternative formulation of the behavioural portfolio theory. Journal of Asset Management, 9(6). 359-365.

Brown, R. L., Durbin, J. and Evans, J. M. (1975). Techniques for testing the constancy of regression relationships over time, Journal of the Royal Statistical Society B 37, 149-192.

Brüggemann, R. and Lütkepohl, H. (2001). Lag selection in subset VAR models with an application to a U.S. monetary system, in R. Friedmann, L. Knüppel and H. Lütkepohl (eds). Econometric Studies, A Festschrift in Honour of Joachim Frohn, LIT Verlag, Münster, 107-128.

Campbell, J. Y., Lo, A. W., and MacKinlay, A.C. (1997). The Econometrics of Financial Markets, Princeton University Press.

Campbell, John Y., Chan, Yeung Lewis, and Viceira, Luis M. (2003). A multivariate model of strategic asset allocation. Journal of Financial Economics, 67(1). 41-80.

Candelon, B. and Lütkepohl, H. (2000). On the reliability of Chow type tests for parameter constancy in multivariate dynamic models, Discussion paper, Humboldt-Universität Berlin.

Chan, K. C., B. E. Gup and M.S.Pan, (1992). An Empirical Analysis of Stock Prices in Major Asian Market and the United States, Financial Review, May. 289-307.

Chang, T., Fang, W., Wen, L.F. and Liu, C., (2001). Defense Spending, Economic Growth and Temporal Causality, Evidence from Taiwan and Mainland China, 1952-1995, Journal of Applied Economics, 33, 10, 1289-1299.

Chelley-Steeley, P. (2004). Equity Market Integration in the Asia-Pacific Region: A Smooth Transition Analysis, International Review of Financial Analysis, 13, pp. 621-632.

Chelley-Steeley, P. L. (2005). Modeling Equity Market Integration Using Smooth Transition Analysis: A Study of Eastern European Stock Markets, Journal of International Money and Finance, 24, pp. 818-831.

Chester, E., (1978). Military Spending and Capitalist Stability, Cambridge Journal of Economics, 2, 3, 293-298.

Cheung, Y. and K.S. Lai, (1993), Finite-sample sizes of Johansen's likelihood ratio tests for cointegration, Oxford Bulletin of Economics and Statistics 55, 313-328.

Chowdhury Abdur R., (1994). Stock Market Interdependence, Evidence from the Asia NIEs, *Journal of Macroeconomics*, 16, 629-651.

Chowdhury, A. R., (1991). A Causal Analysis of Defense Spending and Economic Growth, Journal of Conflict Resolution, 35, 1, 80-97.

Davidson, J. (2000). Econometric theory, Blackwell publishers, Oxford.

Davidson, R. and MacKinnon, J. (1993). Estimation and Inference in Econometrics, Oxford University Press, London.

Davidson, Russell; MacKinnon, James G. (2004). Econometric Theory and Methods. New York: Oxford University Press. p. 623. ISBN 0-19-512372-7.

de Brouwer, G. and N. Ericsson (1995). Modelling Inflation in Australia, *Research Discussion Paper*, 9510, Reserve Bank of Australia.

Deger, S. and R. P. Smith., (1983). Military Expenditures and Growth in the Less Developed Countries, Journal of Conflict Resolution, 27, 2, 335-353.

Dickey, D. A. and Fuller, W. A., (1979). Distribution of the Estimators for Autoregressive Time Series with Unit Root, Journal of American Statistical Association, 74, 3, 427-431.

Dickey, D. A. and W. A. Fuller., (1981). The likelihood ratio statistics for autoregressive process, Economics, 49, 5, 1057-1072.

Dolado, J. J. and Lütkepohl, H. (1996). Making Wald tests work for cointegrated VAR systems, Econometric Reviews 15, 369-386.

Doornik, J. A. (1998). Approximations to the asymptotic distributions of cointegration tests, Journal of Economic Surveys 12, 573-593.

Doornik, J. A. and Hansen, H. (1994). A practical test of multivariate normality, unpublished paper, Nuffield College.

Doornik, J. A. and Hendry, D. F. (1997). Modelling Dynamic Systems Using PcFiml 9.0 for Windows, International Thomson Business Press, London.

Duan, J. (1995). The GARCH Option Pricing Model, Mathematical Finance, 5, 13-32.

Duan, J. (1996). A Unified Theory of Option Pricing under Stochastic Volatility-from GARCH to Diffusion, Unpublished manuscript, Hong Kong University of Science and Technology. 14. Duan, J., 1996b, Cracking the Smile, Risk, 9, 55-59.

Duan, J. (1997). Augmented GARCH(p,q) Process and Its Diffusion Limit, Journal of Econometrics, 79, 97-127.

Duan, J., and J. Wei, (1999). Pricing Foreign Currency and Cross-Currency Options Under GARCH, Journal of Derivatives, 3, 51-63.

Duan, J., G. Gauthier, and J. Simonato, (1990). An Analytical Approximation for the GARCH Option Pricing Model, Journal of Computational Finance, 2, 75-116.

Dunne, P. and Vougas, D., (1999). Military Spending and Economic Growth in South Africa, Enders, W., 2004, Applied Econometric Time Series. New York, John Willey and Sons, Inc.

Edgerton, D. and Shukur, G. (1999). Testing autocorrelation in a system perspective, Econometric Reviews 18, 343-386.

Efron, B. and Tibshirani, R. J. (1993). An Introduction to the Bootstrap, Chapman & Hall, New York.

Enders, W. and Granger, C. W., (1998). Unit-Root Tests and Asymmetric Adjustment with an Example Using the Term Structure of Interest Rates, Journal of Business and Economic Statistics, 16, 3, 304-311.

Enders, W. and Siklos, P. L., (2001). Cointegration and Threshold Adjustment, Journal of Business and Economic Statistics, 29, 2, 166-176.

Enders, Walter (2004). Applied Econometric Time Series 2nd, New York, John Wiley & Sons, Inc.

Engle, R. and Granger, C. W., (1987). Cointegration and Error Correction, Representation, Estimation, and Testing, Econometrics, 55, 2, 251-276.

Engle, R. and Yoo, S., 1987, Forecasting and Testing in Co-integration Systems, Journal of Econometrics, 35, 2, 143-159.

Engle, R. F. (1982). Autoregressive conditional heteroscedasticity, with estimates of the variance of United Kingdoms inflations, Econometrica 50, 987-1007.

Engle, R. F. and Bollerslev, T. (1986). Modelling the persistence of conditional variances, Econometric reviews, 5(1).1-50.

Engle, R. F., and C. W. J. Granger. (1987). Co-integration and error correction: Representation, estimation, and testing. Econometrica 55: 251-276.

Engle, R.F. and V. Ng, (1993). Measuring and Testing the Impact of News on Volatility, Journal of Finance, 45, 1749-1777.

Ericsson, R. N., D. F. Hendry and G. E. Mizon (1998). Exogeneity, Cointegration, and Economic Policy Analysis, *Journal of Business & Economic Statistics*, 16, 14, American Statistical Association.

Eun, C. and S. Shim, (1989). International Transmission of Stock Market Movements, *Journal of Financial and Quantitative Analysis*, 24, 241-256.

Francis, Bill B. and Lori L. (1998). Leachman, Superexogeneity and the dynamic linkages among international equity markets, *Journal of International Money and Finance*, 17(3). Jun 475-492.

Franses, P. H. (1990). Testing for seasonal unit roots in monthly data, Econometric Institute Report 9032A, Erasmus University Rotterdam.

Franses, P. H. and Hobijn, B. (1997). Critical values for unit root tests in seasonal time series, Journal of Applied Statistics 24, 25-46.

Franses, P. H. and van Kijk, D. (2000). Non-Linear Time Series Models in Empirical Finance, Cambridge University Press, Cambridge.

Frenkel, J.A. and Rodriguez, C.A. (1982). Exchange Rate Dynamics and the Overshooting Hypothesis, IMF Staff Papers, 29, 1-30.

Fuller, W. A. (1976). Introduction to Statistical Time Series, John Wiley & Sons, New York.

Gerace, M. P., (2002). US military expenditures and economic growth, some evidence from spectral methods, Defense and Peace Economics, 13, 1, 1-11.

Glosten, L., Jagannathan, R. and Runkle, D. (1993). Relationship between the expected value and the volatility of the nominal excess return on stocks, Journal of Finance 48, 1779-1801.

Godfrey, L. (1988). Misspecification Tests in Econometrics, Cambridge University Press, Cambridge.

Goldfeld, S. M. and Quandt, R. (1972). Nonlinear Methods in Econometrics, North Holland, Amsterdam.

Gonzalo, J. 1994. Five alternative methods of estimating long-run equilibrium relationships. Journal of Econometrics, 60: 203-233.

Granger, C. and Newbold, P. (1974), Spurious Regressions in Econometrics, Journal of Econometrics, 2(2), pp. 111-120.

Granger, C. and Newbold, P. (1986). Forecasting Economic Time Series, 2nd edn, San Diego, Academic Press.

Granger, C. W. J. (1981). Some properties of time series data and their use in econometric model specification. Journal of Econometrics 16: 121-130.

Granger, C. W. J. and P. Newbold., (1974). Spurious regressions in econometrics, Journal of Econometrics, 2, 2, 111-120.

Granger, C. W. J. and Teräsvirta, T. (1993). Modelling Nonlinear Economic Relationships, Oxford University Press, Oxford. Greenaway, D., Leybourne, S., and Sapsford, D. (1997), Modeling Growth (and Liberalisation) Using Smooth Transitions Analysis, Economic Inquiry, 35, pp.798-814.

Granger, C. W. J., and P. Newbold. (1974). Spurious regressions in econometrics. Journal of Econometrics 2: 111-1(20.

Hall, P. (1992). The Bootstrap and Edgeworth Expansion, Springer, New York.

Hamilton, J. D. (1994). Time Series Analysis. Princeton: Princeton University Press.

Hannan, E. J. and Quinn, B. G. (1979). The determination of the order of an autoregression, Journal of the Royal Statistical Society B41, 190-195.

Hannan, E. J. and Rissanen, J. (1982). Recursive estimation of mixed atoregressive-moving average order, Biometrika 69, 81-94.

Hansen, B. E. (1996), Inference When a Nuisance Parameter is Not Identified Under the Null Hypothesis. Econometrics.

Hansen, B. E. (2001). The New Econometric of Structural Change：Dating Breaks In U.S. Labor Productivity. Journal of Economic Perspectives, 15, (4), 117-128.

Hansen, B. E. (2000). Sample Splitting and Threshold Estimation, Econometrica, 68(3), 575-603.

Hansen, H. and Johansen, S. (1999). Some tests for parameter constancy in cointegrated VAR-models, Econometrics Journal 2, 306-333.

Harvey, A. C. (1990). The econometric analysis of time series, 2nd edn, Philip Allan, Hemel Hempstead.

Herwartz, H. (2004). Conditional heteroskedasticity, in H. Lütkepohl and M. Krätzig (eds). Applied Time Series Econometrics, Cambridge University Press.

Heston, S., (1993). **A Closed-Form Solution for Options with Stochastic Volatility**, *Review of Financial Studies*, 6, 327-344.

Heston, S., and S. Nandi, (2000). **A Closed-Form GARCH Option Valuation Model**, *The Review of Financial Studies*, 13, 585-625.

Holmes, M. J. and Maghrebi, N. (2004), Asian Real Interest Rates, Nonlinear Dynamics, and International Parity, International Review of Economics and Finance, 13, pp.387-405.

Hubrich, K., H. Lutkepohl, and P. Saikkonen. (2001). A review of systems cointegration tests. Econometric Reviews. (20: 247-318.

Hull, J., and A. White, (1987). **The Pricing of Options on Assets with Stochastic Volatilities**, *Journal of Finance*, 42, 281-300.

Hull, J., and A. White, (1990). **Valuing Derivative Securities Using the Explicit Finite Difference Method**, *Journal of Financial and Quantitative Analysis*, 25, 1.

Hylleberg, S., Engle, R. F., Granger, C. W. J. and Yoo, B. S. (1990). Seasonal integration and cointegration, Journal of Econometrics 44, 215-238.

Ibrahim, M. H., (2000). Cointegration and Granger Causality Test of Stock Price and Exchange Rate Interactions in Malaysia. ASEAN Economic Bulletin, 17(1), 136-47.

Jarque, C. M. and Bera, A. K. (1987). A test for normality of observations and regression residuals, International Statistical Review 55, 163-172.

Johansen, S. (1988). Statistical analysis of cointegration vectors, Journal of Economic Dynamics and Control 12, 231-254.

Johansen, S. (1991). Estimation and hypothesis testing of cointegration vectors in Gaussian vector autoregressive models, Econometrica 59, 1551-1581.

Johansen, S. (1992). Determination of cointegration rank in the presence of a linear trend, Oxford Bulletin of Economics and Statistics 54, 383-397.

Johansen, S. (1994). The role of the constant and linear terms in cointegration analysis of nonstationary time series, Econometric Reviews 13, 205-231.

Johansen, S. (1995). Likelihood-based Inference in Cointegrated Vector Autoregressive Models, Oxford University Press, Oxford.

Johansen, S. (1991). Estimation and hypothesis testing of cointegration vectors in Gaussian vector autoregressive models. Econometrica 59: 1551-1580.

Johansen, S. (1995). Likelihood-Based Inference in Cointegrated Vector

Autoregressive Models. Oxford: Oxford University Press.

Johansen, S., (1988). Statistical Analysis of Cointegration Vectors, Journal of Economic Dynamics and Control, 12, 3, 231-254.

Johansen, S., Mosconi, R. and Nielsen, B. (2000). Cointegration analysis in the presence of structural breaks in the deterministic trend, Econometrics Journal 3, 216-249.

Johnson, H. and D. Shanno, (1987). Option Pricing When the Variance Is Changing, Journal of Financial and Quantitative Analysis, 22, 143-151.

Jung, W. S., and Peyton J. M. (1985). Exports, Growth and Causality in Developing Countries, Journal of Development Economics, 18,.1-12.

Kasa, K., (1992). Common Stochastic Trends in International Stock Market, *Journal of Monetary Economics*, 29, 95-124.

Khan, H. and Leng, K. B., (1997). Foreign Direct Investment, Exports and Economic Growth in the Three Little Dragons : Evidence from Cointegration and Causality Tests, The Singapore Economic Review, 42(1),. 40-60.

Killias, Naxakis and Zarangas. (2004). Defense Spending and Growth in Cyprus, A Causal Analysis, Defense and Peace Economic, 15, 3, 299-307.

Kim, Y. C., (1977). Statistical Analysis of the Relationship Between the Defense Burden and the Economic Growth of the R.O.K., Naval Post-graduate School Master's Thesis.

Knight, M., N. Loayza, and Villanueva., D. (1996). The Peace Dividend, Military Spendings Cuts and Economic Growth, IMF staff paper, 43, 1, 1-37.

Kwiatkowski, D., Phillips, P. C. B., Schmidt, P. and Shin, Y. (1992). Testing the null of stationarity against the alternative of a unit root, How sure are we that the economic time series have a unit root?, Journal of Econometrics 54, 159-178.

Lanne, M., Lütkepohl, H. and Saikkonen, P. (2001). Test procedures for unit roots in time series with level shifts at unknown time, Discussion paper, Humboldt-Universität Berlin.

Lanne, M., Lütkepohl, H. and Saikkonen, P. (2002). Comparison of unit root tests for time series with level shifts, Journal of Time Series Analysis.

Lebovic, J. H. and Ishaq, A., (1987). Military Burden Security Needs and Economic Growth in The Middle East, Journal of Conflict Resolution, 31, 1, 106-138.

Lee, Chingnun (2009). Factor-Augmented VECM, Working Paper, Institute of Economics, National Sun Yat-Sen University, Taiwan.

Lee, S. and Hansen, B. (1994). Asymtotic theory for the GARCH(1,1) quasi maximum likelihood estimator, Econometric Theory 10, 29-52.

Leybourne, S. J., and Mizen, P. (1999). Understanding the Disinflations in Australia, Canada and New Zealand: Evidence from Smooth Transition Analysis, Journal of International Money and Finance, 18, pp.799-816.

Leybourne, S. J., Newbould, P., and Vougas, D. (1998). Unit Roots and Smooth Transitions, Journal of Time Series Analysis, 19, pp. 83-97.

Lin, C.-F.J. and Teräsvirta, T., (1994). Testing the constancy of regression parameters against continuous structural change. Journal of Econometrics, 62, 211-228.

Liu, Y. A., M. S. Pan., K. C. Chan.and J. C. P. Shieh, International Transmission of Stock Market Movements, Evidence on the U.S. and Five Asian Stock Markets, Working Paper.

Ljung, G. M. and Box, G. E. P. (1978). On a measure of lack of fit in time-series models, Biometrika 65, 297-303.

Lomnicki, Z. A. (1961). Tests for departure from normality in the case of linear stochastic processes, Metrika 4, 37-62.

Lucas, A. (1997). Strategic and tactical asset allocation and the effect of long-run equilibrium relations. Research Memorandum, Vrije University, Amsterdam, Holland. Markowitz, H. M. (1952). Portfolio selection. Journal of Finance, 7(1). 77-91.

Luiz, R., and Kiichiro, (2000). Trade And Foreign Direct Investment In Latin America And Southeast Asia: Temporal Causality Analysis, Journal of International Development, 12,. 903-924.

Lumsdaine, R. (1996). Consistency and asymptotic normality of the quasi maximum likelihood estimator in IGARCH(1,1) and covariance stationary GARCH(1,1) models, Econometrics 64, 575-596.

Lütkepohl, H. (1991). Introduction to Multiple Time Series Analysis, Springer Verlag, Berlin.

Lütkepohl, H. (2004). Univariate time series analysis, in H. Lütkepohl and M. Krätzig (eds). Applied Time Series Econometrics, Cambridge University Press, Cambridge, 8-85.

Lutkepohl, H. (2005). New Introduction to Multiple Time Series Analysis. New York: Springer.

Lütkepohl, H. and Krätzig, M. (2003). Applied Time Series Econometrics.

Lütkepohl, H. and Krätzig, M. (eds) (2004). Applied Time Series Econometrics, Cambridge University Press, Cambridge.

Luukkonen, R., Saikkonen, P. and Teräsvirta, T. (1988). Testing Linearity Against Smooth Transition Autoregressive Models, Biometrika, 75, pp.491-499.

MacDonald, R. (1995). Long-Run Exchange Rate Modeling：A Survey of the Recent Evidence, IMF Working Paper, 437-452.

Maddala, G. S., and I.-M. Kim. (1998). Unit Roots, Cointegration, and Structural Change. Cambridge: Cambridge University Press.

Masih, A. M. M. and R. Masih, (1997). Dynamic Linkages and the Propagation MeChanism Driving Major International Stock Markets, An Analysis of Pre-and Post-Crash Eras, *The Quarterly Review of Economics and Finance*, 859-885.

Nasseh, Alireza and Jack Strauss, (2000). Stock prices and domestic and international macroeconomic activity, A cointegration approach, *Quarterly Review of Economics and Finance*, 40(2). Summer 229-245.

Nelson, C.R., and Plosser, C.I., (1982). Trends and Random Walks in Macroeconomic Time Series, Some evidence and implications. Journal of Monetary Economics, 10, 2, 139-162.

Nelson, D., (1991). Conditional Heteroskedasticity in Asset Returns, A New Approach. Econometrica, 59(2). 347-370.

Newey, W. and Steigerwald, D. (1997). Asymptotic bias for quasi maximum likelihood estimators in conditional heteroskedasticity models, Econometrica 65, 587-599.

Nielsen, B. (2001). Order determination in general vector autoregressions. Working paper, Department of Economics, University of Oxford and Nuffield College. http://ideas.repec.org/p/nuf/econwp/0110.html.

Öcal, N. and Osborn, D. R. (2000). Business Cycle Nonlinearities in UK Consumption and Production, Journal of Applied Econometrics, 15, pp. 27-43.

Park, J. Y(1989). Statistical inference in regressions with integrated processes: Part II. Econometric Theory 5: 95-131.

Park, J. Y., and P. C. B. Phillips. (1988. Statistical inference in regressions with integrated processes: Part I. Econometric Theory 4: 468-497.

Paulsen, J. (1984). Order determination of multivariate autoregressive time series with unit roots. Journal of Time Series Analysis 5: 115-127.

Phillips, P. C. B. (1986). Understanding spurious regressions in econometrics.

Journal of Econometrics 33: 311-340.

Phillips, P. C. B. and Perron, P., (1988). Testing for a Unit Root in Time Series Regression, Biometrika, 75, 3, 335-346.

Phillips, P. C. B., and S. N. Durlauf. (1986). Multiple time series regressions with integrated processes. Review of Economic Studies 53: 473-495.

Ploberger, W., Krämer, W. and Kontrus, K. (1989). A new test for structural stability in the linear regression model, Journal of Econometrics 40, 307-318.

Quandt, R. E. (1958), The Estimation of Parameters of a Linear Regression System.

Quinn, B. G. (1980). Order determination for a multivariate autoregression, Journal of the Royal Statistical Society B42, 182-185.

Rissanen, J. (1978). Modeling by shortest data description, Automatica 14, 465-471.

Saikkonen, P. and Lütkepohl, H. (2000a). Testing for the cointegrating rank of a VAR process with an intercept, Econometric Theory 16, 373-406.

Saikkonen, P. and Lütkepohl, H. (2000b). Testing for the cointegrating rank of a VAR process with structural shifts, Journal of Business & Economic Statistics 18, 451-464.

Saikkonen, P. and Lütkepohl, H. (2000c). Trend adjustment prior to testing for the cointegrating rank of a vector autoregressive process, Journal of Time Series Analysis 21, 435-456.

Saikkonen, P. and Lütkepohl, H. (2002). Testing for a unit root in a time series with a level shift at unknown time, Econometric Theory 18, 313-348.

Sarantis, N. (1999). Modelling Nonlinearities in Effective Exchange Rates, Journal of International Money and Finance, 18, pp.27-45.

Sarantis, N. (2001). Nonlinearities, Cyclical Behavior and Predictability in Stock Markets: International Evidence, International Journal of Forecasting, 17, pp.459-482.

Sarantis, N. and Stewart, C. (1995). Monitory and Asset Market Models for Sterling Exchange Rates: A Cointegration Approach, Journal of Economic Integration, September, 335-371.

Schmidt, P. and Phillips, P. C. B. (1992). LM tests for a unit root in the presence of deterministic trends, Oxford Bulletin of Economics and Statistics 54, 257-287.

Schwarz, G. (1978). Estimating the dimension of a model, Annals of Statistics 6, 461-464.

Schwert, G.W., (1989). Margin Requirements and Stock Volatility, Journal of

Financial Service Research, 3, 153-164.

Scott, L. (1987). Option Pricing When the Variance Changes Randomly, Theory, Estimation and An Application, *Journal of Financial and Quantitative Analysis*, 22, 419-438.

Serletis, A. (1993). Money and stock price in the United States. Applied Financial Economics, 3(1), 51-54.

Siklos, P., (2002). Asymmetric Adjustment from Structural Booms and Slumps, Economics Letters, 77, 3, 329-333.

Silverman, B. (1986). Density estimation for Statistics and Data Analysis, Chapman and Hall, London.

Sims, C. A., J. H. Stock, and M. W. Watson. (1990). Inference in linear time series models with some unit roots. Econometrica 58: 113-144.

Stein, E., and J. Stein, (1991). Stock Price Distributions with Stochastic Volatility, An Analytic Approach, *The Review of Financial Studies*, 4, 727-752.

Stock, J. H. (1987). Asymptotic properties of least squares estimators of cointegrating vectors. Econometrica 55: 1035-1056.

Stock, J. H., and M. W. Watson. (1988). Testing for common trends. Journal of the American Statistical Association. 83: 1097-1107.

Taylor, S. J. (1986). Modelling financial time series, John Wiley & Sons, Chichester.

Teräsvirta, T. (1998). Modeling Economic Relationships with Smooth Transition Regressions, in A, Ullah and D. E. Giles (eds.), Handbook of Applied Economic Statistics, Dekker, New York, pp. 507-552.

Teräsvirta, T. (1994). Specification, Estimation, and Evaluation of Smooth Transition Autoregressive Models, Journal of the American Statistical Association, 89, pp.208-218.

Teräsvirta, T. (1998). Modeling economic relationships with smooth transtition regressions, in A. Ullah and D. Giles (eds). Handbook of Applied Economic Statistics, Dekker, New York, 229-246.

Teräsvirta, T. (2004). Smooth Transition Regression Modeling, in H. ütkepohl and M. Krätzig (eds), Applied Time Series Econometrics, Cambridge University Press, Cambridge.

Teräsvirta, T. and Anderson, H. M. (1992). Characterizing Nonlinearities in Business Cycles Using Smooth Transition Autoregressive Models, Journal of Applied Econometrics, 7, pp. 119-136.

Teräsvirta, T. and Anderson, H.M., (1992). Characterizing nonlinearities in business cycles using smooth transition autoregressive models. Journal of Applied Economics, 7, 119-136.

Teräsvirta, T., (1994). Specification, estimation, and evaluation of smooth transition autoregressive model. Journal of the American Statistical Association, 89, 208-218.

Tjøstheim, D. and Auestad, B. (1994). Nonparametric identification of nonlinear time-series - selecting significant lags, Journal of the American Statistical Association 428(89). 1410-1419.

Toda, Hiro Y. and Peter C.B. Phillips (1993). Vector Autoregressions and Causality. Econometrica, 61(6). 1367-93.

Toda, Hiro Y. and Taku Yamamoto (1995). Statistical Inference in Vector Autoregressions with Possibly Integrated Processes. Journal of Econometrics, 66(1-2). 225-50.

Tong, H. (1978). On a Threshold Model, in C.H Chen (eds), Pattern Recognition and Signal Processing, Amsterdam: Sijthoff and Noordhoff, pp. 101-141.

Tong, H. (1990). Non-Linear Time Series. A Dynamical System Approach, Oxford.

Trenkler, C. (2004). Determining p-values for systems cointegration tests with a prior adjustment for deterministic terms, mimeo, Humboldt-Universität zu Berlin.

Tsay, R. S. (1984). Order selection in nonstationary autoregressive models. Annals of Statistics 12: 1425-1433.

Tschernig, R. and Yang, L. (2000). Nonparametric lag selection for time series, Journal of Time Series Analysis 21(4). 457-487.

van Dijk, D. and Franses, P. H. (1999). Modeling Multiple Regimes in the Business Cycle, Macroeconomic Dynamics, 3, pp. 311-340.

Watson, M. W. (1994). Vector autoregressions and cointegration. In Vol. 4 of Handbook of Econometrics, ed. R. F.Engle and D. L. McFadden. Amsterdam: Elsevier.

Weed. E., (1983). Military Participation Ration, Human Capital Formation, and Economic Growth, A Cross National Analysis, Journal of Political and Military Sociology, 11, 1, 11-19.

Wiggins J., (1987). Options Values Under Stochastic Volatility, Theory and Empirical Estimates, Journal of Financial Economics, 19, 351-372.

Yang, L. and Tschernig, R. (1999). Multivariate bandwidth selection for local linear regression, Journal of the Royal Statistical Society, Series B 61, 793-815.

Yang, L. and Tschernig, R. (2002). Non- and semiparametric identification of seasonal nonlinear autoregression models, Econometric Theory 18, 1408-1448.

Zhang, G., Patuwo, B. E., & Hu, M. Y. (1998). Forecasting with artificial neural networks, The state of the art. International Journal of Forecasting, 14(1). 35-62.

Zhang, K. H., (2001). Does Foreign Direct Investment Promote Economic Growth? Evidence from East Asia and Latin America, Contemporary Economic Policy, 19(2), 175-185.

王泓仁 (2005)，臺幣匯率對我國經濟金融活動之影響，中央銀行季刊，第 27 卷第一期，11-28。

王啓秀、孔祥科、林玉玲 (1998)，全球半導體產業產值預測模型之研究，清雲科技大學學報。

王瑞宏 (2007)，股利價格比與股票報酬之非線性研究，國立高雄大學經濟管理研究所碩士論文。

林裕傑 (民 98)，英、法、德、加四國股匯市報酬與美國股市報酬連動關係之研究，國立高雄大學應用經濟學系碩士論文。

陳旭昇 (2007)，時間序列分析：總體經濟與財務金融之應用，臺北：東華書局。

黃筱雯 (2008)，東亞各國股市與美日德三國股市相關係數之非線性研究，中山大學經濟學研究所碩士在職專班碩士論文。

楊大龍 (民 90)，臺灣上市與上櫃股票市場其股價報酬波動性外溢效果之實證研究，淡江大學管理科學系碩士班碩士論文。

楊奕農 (2009)，時間序列分析：經濟與財務上之應用，第二版，臺北：雙葉書廊。

薛立敏、曾喜鵬 (2001)，臺灣各都市內部遷移率與住宅市場關係之實證研究，國科會專題研究計畫經費之補助，計畫編號 NSC-89-2415-H-170-004。

謝宗穎 (2008)，通貨替代的非線性研究——東亞六國的實證分析，國立高雄大學經濟管理研究所碩士論文。

聶建中、李文傳、洪榆雲 (2004)，金融風暴前後對先進國家之股匯市連動關係變化影響，中華管理學報，第五卷，第二期，第 19-35 頁。

國家圖書館出版品預行編目資料

Stata在財務金融與經濟分析的應用／張紹勳
著. ──初版.──臺北市：五南, 2016.11
　　面；　公分
ISBN 978-957-11-8862-1 (平裝)

1.統計套裝軟體　2.統計分析

512.4　　　　　　　　　　　105018098

1HA8

Stata在財務金融與經濟分析的應用

作　　者 ─ 張紹勳

發 行 人 ─ 楊榮川

總 編 輯 ─ 王翠華

主　　編 ─ 侯家嵐

責任編輯 ─ 劉祐融

文字校對 ─ 丁文星　鐘秀雲

封面設計 ─ 盧盈良

出 版 者 ─ 五南圖書出版股份有限公司

地　　址：106台北市大安區和平東路二段339號4樓

電　　話：(02)2705-5066　　傳　　真：(02)2706-6100

網　　址：http://www.wunan.com.tw

電子郵件：wunan@wunan.com.tw

劃撥帳號：01068953

戶　　名：五南圖書出版股份有限公司

法律顧問　林勝安律師事務所　林勝安律師

出版日期　2016年11月初版一刷

定　　價　新臺幣1000元